大学赤本シリーズ

483

関西大学

文

JN044391

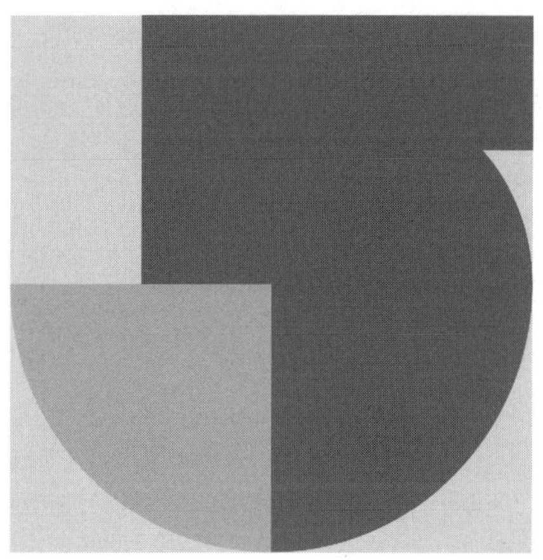

は　し　が　き

おかげさまで，大学入試の「赤本」は，今年で創刊 70 周年を迎えました。

これまで，入試問題や資料をご提供いただいた大学関係者各位，掲載許可をいただいた著作権者の皆様，各科目の解答や対策の執筆にあたられた先生方，そして，赤本を使用してくださったすべての読者の皆様に，厚く御礼を申し上げます。

以下に，創刊初期の「赤本」のはしがきを引用します。これからも引き続き，受験生の目標の達成や，夢の実現を応援してまいります。

本書を活用して，入試本番では持てる力を存分に発揮されることを心より願っています。

編者しるす

＊　＊　＊

学問の塔にあこがれのまなざしをもって，それぞれの志望する大学の門をたたかんとしている受験生諸君！　人間として生まれてきた私たちは，自己の欲するままに，美しく，強く，そして何よりも人間らしく生きることをねがっている。しかし，一朝一夕にして，この純粋なのぞみが達せられることはない。私たちの行く手には，絶えずさまざまな試練がまちかまえている。この試練を克服していくところに，私たちのねがう真に人間的な世界がはじめて開かれてくるのである。

人生最初の最大の試練として，諸君の眼前に大学入試がある。この大学入試は，精神的にも身体的にも，大きな苦痛を感ぜしめるであろう。あるスポーツに熟達するには，たゆみなき，はげしい練習を積み重ねることが必要であるように，私たちは，計画的・持続的な努力を払うことによって，この試練を克服し，次の一歩を踏みだすことができる。厳しい試練を経たのちに，はじめて満足すべき成果を獲得できるのである。

本書は最近の入学試験の問題に，それぞれ解答を付し，さらに問題をふかく分析することによって，その大学独特の傾向や対策をさぐろうとした。本書を一般の参考書とあわせて使用し，まとはずれのない，効果的な受験勉強をされるよう期待したい。

（昭和 35 年版「赤本」はしがきより）

挑む人の、いちばんの味方

1954年に大学入試の過去問題集を刊行してから70年。赤本は大学に入りたいと思う受験生を応援しつづけてきました。これからも，苦しいとき落ち込むときにそばで支える存在でいたいと思います。

そして，勉強をすること，自分で道を決めること，努力が実ること，これらの喜びを読者の皆さんが感じることができるよう，伴走をつづけます。

そもそも赤本とは…

受験生のための大学入試の過去問題集！

70年の歴史を誇る赤本は，500点を超える刊行点数で全都道府県の370大学以上を網羅しており，過去問の代名詞として受験生の必須アイテムとなっています。

なぜ受験に過去問が必要なのか？

大学入試は大学によって問題形式や頻出分野が大きく異なるからです。

赤本の掲載内容

傾向と対策

これまでの出題内容から，問題の「**傾向**」を分析し，来年度の入試に向けて具体的な「**対策**」の方法を紹介しています。

問題編・解答編

- 年度ごとに問題とその解答を掲載しています。
- 「**問題編**」ではその年度の試験概要を確認したうえで，実際に出題された過去問に取り組むことができます。
- 「**解答編**」には高校・予備校の先生方による解答が載っています。

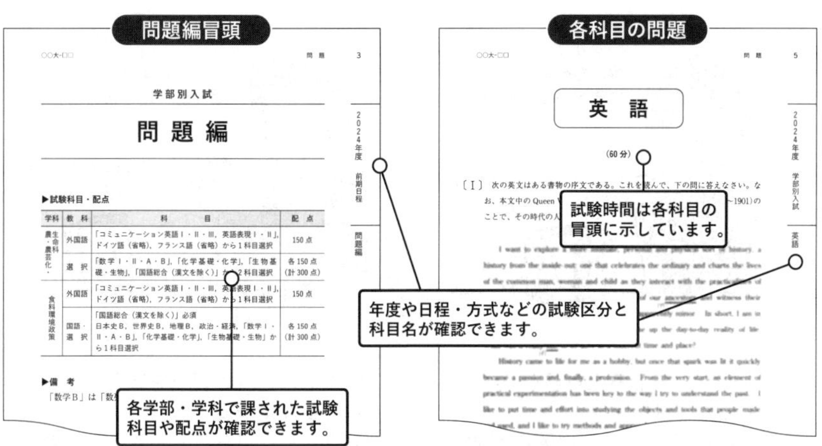

他にも，大学の基本情報や，先輩受験生の合格体験記，在学生からのメッセージなどが載っていることがあります。

掲載内容について

著作権上の理由やその他編集上の都合により問題や解答の一部を割愛している場合があります。なお，指定校推薦入試，社会人入試，編入学試験，帰国生入試などの特別入試，英語以外の外国語科目，商業・工業科目は，原則として掲載しておりません。また試験科目は変更される場合がありますので，あらかじめご了承ください。

受験勉強は

過去問に始まり，

STEP 1

なにはともあれ

まずは解いてみる

しずかに…
今，自分の心と
向き合ってるんだから

ムーン

それは
問題を解いて
からだホン!

過去問は，**できるだけ早いうちに解く**のがオススメ！
実際に解くことで，**出題の傾向，問題のレベル，今の自分の実力**がつかめます。

STEP 2

じっくり具体的に

弱点を分析する

間違いは自分の弱点を教えてくれる**貴重な情報源。**
弱点から自己分析することで，**今の自分に足りない力や苦手な分野**が見えてくるはず！

合格者があかす赤本の使い方

傾向と対策を熟読
（Fさん／国立大合格）

大学の出題傾向を調べるために，赤本に載っている「傾向と対策」を熟読しました。

繰り返し解く
（Tさん／国立大合格）

１周目は問題のレベル確認，２周目は苦手や頻出分野の確認に，３周目は合格点を目指して，と過去問は繰り返し解くことが大切です。

過去問に終わる。

STEP 3

苦手分野の重点対策

参考書や問題集を活用して，苦手分野の**重点対策**をしていきます。**過去問を指針**に，合格へ向けた具体的な学習計画を立てましょう！

STEP 1▶2▶3

サイクルが大事！

実践を繰り返す

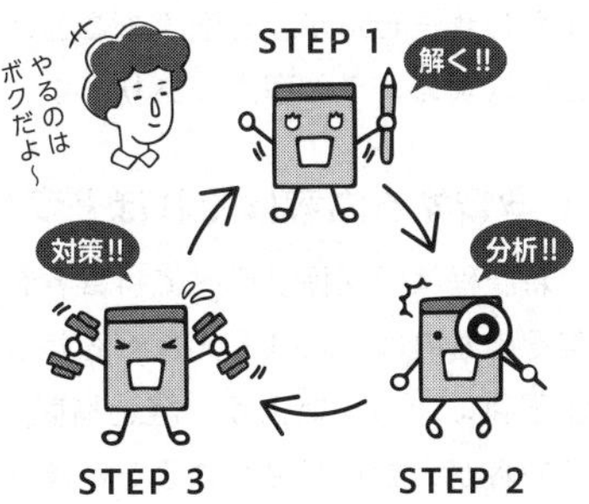

STEP 1～3を繰り返し，実力アップにつなげましょう！
出題形式に慣れることや，**時間配分を考えること**も大切です。

目標点を決める
(Yさん／私立大合格)
赤本によっては合格者最低点が載っているので，それを見て目標点を決めるのもよいです。

時間配分を確認
(Kさん／私立大学合格)
赤本は時間配分や解く順番を決めるために使いました。

添削してもらう
(Sさん／私立大学合格)
記述式の問題は先生に添削してもらうことで自分の弱点に気づけると思います。

新課程入試 Q&A

2022年度から新しい学習指導要領（新課程）での授業が始まり，2025年度の入試は，新課程に基づいて行われる最初の入試となります。ここでは，赤本での新課程入試の対策について，よくある疑問にお答えします。

Q1. 赤本は新課程入試の対策に使えますか？

A. もちろん使えます！

OK

旧課程入試の過去問が新課程入試の対策に役に立つのか疑問に思う人もいるかもしれませんが，心配することはありません。旧課程入試の過去問が役立つのには次のような理由があります。

● 学習する内容はそれほど変わらない

新課程は旧課程と比べて科目名を中心とした変更はありますが，学習する内容そのものはそれほど大きく変わっていません。また，多くの大学で，既卒生が不利にならないよう「経過措置」がとられます（Ｑ３参照）。したがって，出題内容が大きく変更されることは少ないとみられます。

● 大学ごとに出題の特徴がある

これまでに課程が変わったときも，各大学の出題の特徴は大きく変わらないことがほとんどでした。入試問題は各大学のアドミッション・ポリシーに沿って出題されており，過去問にはその特徴がよく表れています。過去問を研究してその大学に特有の傾向をつかめば，最適な対策をとることができます。

出題の特徴の例	・英作文問題の出題の有無 ・論述問題の出題（字数制限の有無や長さ） ・計算過程の記述の有無

新課程入試の対策も，赤本で過去問に取り組むところから始めましょう。

Q2. 赤本を使う上での注意点はありますか？

A. 志望大学の入試科目を確認しましょう。

過去問を解く前に，過去の出題科目（問題編冒頭の表）と 2025 年度の募集要項とを比べて，課される内容に変更がないかを確認しましょう。ポイントは以下のとおりです。科目名が変わっていても，実際は旧課程の内容とほとんど同様のものもあります。

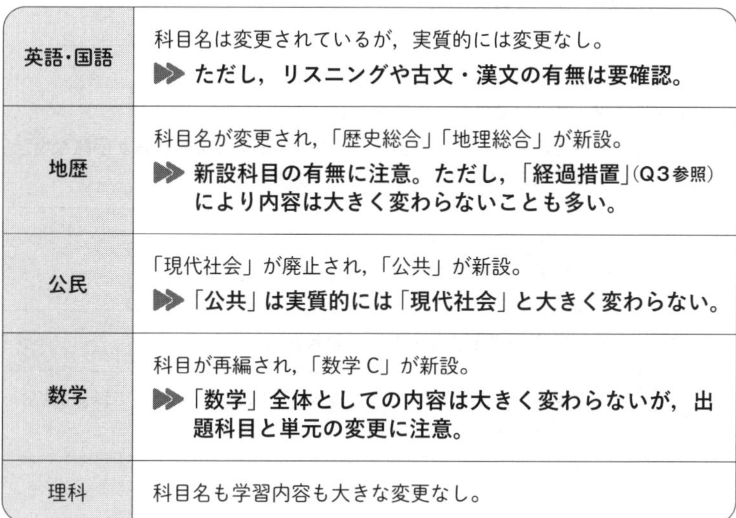

英語・国語	科目名は変更されているが，実質的には変更なし。 **▶▶ ただし，リスニングや古文・漢文の有無は要確認。**
地歴	科目名が変更され，「歴史総合」「地理総合」が新設。 **▶▶ 新設科目の有無に注意。ただし，「経過措置」（Q3参照）により内容は大きく変わらないことも多い。**
公民	「現代社会」が廃止され，「公共」が新設。 **▶▶「公共」は実質的には「現代社会」と大きく変わらない。**
数学	科目が再編され，「数学 C」が新設。 **▶▶「数学」全体としての内容は大きく変わらないが，出題科目と単元の変更に注意。**
理科	科目名も学習内容も大きな変更なし。

数学については，科目名だけでなく，どの単元が含まれているかも確認が必要です。例えば，出題科目が次のように変わったとします。

旧課程	「数学Ⅰ・数学Ⅱ・数学 A・数学 B（数列・ベクトル）」
新課程	「数学Ⅰ・数学Ⅱ・数学 A・**数学 B（数列）・数学 C（ベクトル）**」

この場合，新課程では「数学C」が増えていますが，単元は「ベクトル」のみのため，実質的には旧課程とほぼ同じであり，過去問をそのまま役立てることができます。

Q3.「経過措置」とは何ですか？

A. 既卒の旧課程履修者への対応です。

多くの大学では，既卒の旧課程履修者が不利にならないように，出題において「経過措置」が実施されます。措置の有無や内容は大学によって異なるので，募集要項や大学のウェブサイトなどで確認しておきましょう。

○旧課程履修者への経過措置の例

- 旧課程履修者にも配慮した出題を行う。
- 新・旧課程の共通の範囲から出題する。
- 新課程と旧課程の共通の内容を出題し，共通範囲のみでの出題が困難な場合は，旧課程の範囲からの問題を用意し，選択解答とする。

例えば，地歴の出題科目が次のように変わったとします。

旧課程	「日本史 B」「世界史 B」から１科目選択
新課程	「**歴史総合**，日本史探究」「**歴史総合**，世界史探究」から１科目選択※ ※旧課程履修者に不利益が生じることのないように配慮する。

「歴史総合」は新課程で新設された科目で，旧課程履修者には見慣れないものですが，上記のような経過措置がとられた場合，新課程入試でも旧課程と同様の学習内容で受験することができます。

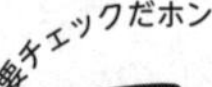

新課程の情報は WEB もチェック！
より詳しい解説が赤本ウェブサイトで見られます。
https://akahon.net/shinkatei/

科目名が変更される教科・科目

	旧課程	新課程
国語	国語総合 国語表現 現代文A 現代文B 古典A 古典B	現代の国語 言語文化 論理国語 文学国語 国語表現 古典探究
地歴	日本史A 日本史B 世界史A 世界史B 地理A 地理B	歴史総合 日本史探究 世界史探究 地理総合 地理探究
公民	現代社会 倫理 政治・経済	公共 倫理 政治・経済
数学	数学Ⅰ 数学Ⅱ 数学Ⅲ 数学A 数学B 数学活用	数学Ⅰ 数学Ⅱ 数学Ⅲ 数学A 数学B 数学C
外国語	コミュニケーション英語基礎 コミュニケーション英語Ⅰ コミュニケーション英語Ⅱ コミュニケーション英語Ⅲ 英語表現Ⅰ 英語表現Ⅱ 英語会話	英語コミュニケーションⅠ 英語コミュニケーションⅡ 英語コミュニケーションⅢ 論理・表現Ⅰ 論理・表現Ⅱ 論理・表現Ⅲ
情報	社会と情報 情報の科学	情報Ⅰ 情報Ⅱ

目 次

2023年度 問題と解答

2022年度 問題と解答

●全学日程２：２月６日実施分

３教科型，３教科型（同一配点方式），２教科型（英語＋１教科選択方式），２教科型（英数方式〈総合情報〉〈社会安全〉）

掲載内容についてのお断り

- 本書では，一般入試のうち２日程分を掲載しています。
- 本書に掲載していない日程のうち，一部の問題については以下の書籍に収録しています。

  『関西大学（英語〈３日程×３カ年〉）』

  『関西大学（国語〈３日程×３カ年〉）』

  『関西大学（日本史・世界史・文系数学〈３日程×３カ年〉）』
- 公募制推薦入試，AO 入試，SF 入試は掲載していません。

下記の問題に使用されている著作物は，2024 年 4 月 17 日に著作権法第 67 条の 2 第 1 項の規定に基づく申請を行い，同条同項の規定の適用を受けて掲載しているものです。

2024 年度：2 月 1 日実施分「英語」大問〔Ⅰ〕

2 月 6 日実施分「英語」大問〔Ⅰ〕-A

2023 年度：2 月 1 日実施分「英語」大問〔Ⅰ〕

2 月 6 日実施分「英語」大問〔Ⅰ〕

2022 年度：2 月 1 日実施分「英語」大問〔Ⅰ〕

2 月 6 日実施分「英語」大問〔Ⅰ〕-A

基本情報

沿革

1886（明治 19）	大阪願宗寺で関西法律学校を開校
1904（明治 37）	専門学校令による専門学校として認可される
1905（明治 38）	社団法人私立関西大学に改組・改称
1918（大正　7）	大学令公布に伴い，昇格の体制作り開始
1920（大正　9）	財団法人関西大学に改組・改称
1922（大正 11）	大学令による関西大学として認可され，法学部・商学部を設置
1924（大正 13）	商学部を経済学部に改称
1925（大正 14）	法学部を法文学部に改称
1935（昭和 10）	経済学部を経商学部に改称
1945（昭和 20）	法文学部を法学部，経商学部を経済学部に改称
1947（昭和 22）	法学部を法文学部に改称
1948（昭和 23）	学制改革により新制大学に移行，法・文・経済・商学部を設置
1951（昭和 26）	学校法人関西大学に改組

1958（昭和 33） 工学部を設置
1967（昭和 42） 社会学部を設置
　1972（昭和 47）考古学研究室が飛鳥の高松塚古墳を発掘調査し，極彩色の壁画を発見
1994（平成 6） 総合情報学部を設置
2007（平成 19） 政策創造学部を設置
工学部を改組し，システム理工・環境都市工・化学生命工学部を設置
2009（平成 21） 外国語学部を設置
2010（平成 22） 人間健康学部・社会安全学部を設置
2016（平成 28） 創立 130 周年
2022（令和 4） 大学昇格 100 周年
2025（令和 7） ビジネスデータサイエンス学部（仮称・設置構想中）開設予定

校章

関西大学の校章は，「大学」の二字を葦の葉で囲んだものです。
大阪を貫流する淀川の絶えぬ流れに，風雨に耐えて根強く生い繁る葦の葉は，明治 19 年（1886 年），西日本で最初の法律学校として創立以来，発展を重ねてきた関西大学の質実剛健の気風を表したものです。

学部・学科の構成

（注）下記内容は 2024 年 4 月時点のもので，改組・新設等により変更される場合があります。

大　学

●**法学部**　千里山キャンパス
法学政治学科
●**文学部**　千里山キャンパス
総合人文学科（英米文学英語学専修，英米文化専修，国語国文学専修，

哲学倫理学専修，比較宗教学専修，芸術学美術史専修，ヨーロッパ文化専修，日本史・文化遺産学専修，世界史専修，地理学・地域環境学専修，教育文化専修，初等教育学専修，心理学専修，映像文化専修，文化共生学専修，アジア文化専修）

●**経済学部**　千里山キャンパス

経済学科（経済政策コース，歴史・思想コース，産業・企業経済コース，国際経済コース）

●**商学部**　千里山キャンパス

商学科（流通専修，ファイナンス専修，国際ビジネス専修，マネジメント専修，会計専修）

●**社会学部**　千里山キャンパス

社会学科（社会学専攻，心理学専攻，メディア専攻，社会システムデザイン専攻）

●**政策創造学部**　千里山キャンパス

政策学科（政治経済専修，地域経営専修）

国際アジア学科

●**外国語学部**　千里山キャンパス

外国語学科

●**人間健康学部**　堺キャンパス

人間健康学科（スポーツと健康コース，福祉と健康コース）

●**総合情報学部**　高槻キャンパス

総合情報学科

●**社会安全学部**　高槻ミューズキャンパス

安全マネジメント学科

●**システム理工学部**　千里山キャンパス

数学科

物理・応用物理学科（基礎・計算物理コース，応用物理コース）

機械工学科

電気電子情報工学科（電気電子工学コース，情報通信工学コース，応用情報工学コース）

●**環境都市工学部**　千里山キャンパス

建築学科

都市システム工学科（都市インフラ設計コース，社会システム計画コース）
エネルギー環境・化学工学科

●化学生命工学部 千里山キャンパス
化学・物質工学科（マテリアル科学コース，応用化学コース，バイオ分子化学コース）
生命・生物工学科（ライフサイエンスコース，バイオテクノロジーコース）

●ビジネスデータサイエンス学部（仮称・設置構想中） 吹田みらいキャンパス
ビジネスデータサイエンス学科

（備考）専修・コース等に分属する年次はそれぞれで異なる。

大学院

●大学院
法学研究科 / 文学研究科 / 経済学研究科 / 商学研究科 / 社会学研究科 / 総合情報学研究科 / 理工学研究科 / 外国語教育学研究科 / 心理学研究科 / 社会安全研究科 / 東アジア文化研究科 / ガバナンス研究科 / 人間健康研究科

●専門職大学院
法科大学院（法務研究科）/ 会計専門職大学院（会計研究科）

大学所在地

高槻キャンパス

高槻ミューズキャンパス

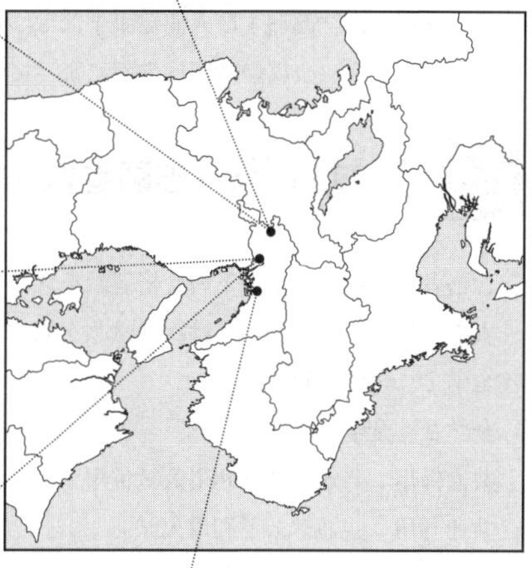

千里山キャンパス

吹田みらいキャンパス

堺キャンパス

千里山キャンパス	〒564-8680	大阪府吹田市山手町3-3-35
吹田みらいキャンパス	〒565-8585	大阪府吹田市山田南50-2
高槻キャンパス	〒569-1095	大阪府高槻市霊仙寺町2-1-1
高槻ミューズキャンパス	〒569-1098	大阪府高槻市白梅町7-1
堺キャンパス	〒590-8515	大阪府堺市堺区香ヶ丘町1-11-1

入試データ

◯文学部は学部一括で入学し，２年次進級時に各専修に分属するが，初等教育学専修については，一般入試「３教科型（同一配点方式をのぞく）」で入学定員50名のうち，30名の募集・選抜を専修単位で行い，入学後は１年次から初等教育学専修に所属する。なお，学部一括枠で入学し，２年次進級時に分属することも可能（50名定員から１年次入学者を減じた人数となり，分属人数は年度によって異なる）。
◯経済学部・商学部および人間健康学部は学部一括で入学し，各専修・コースに分属することになる（分属の時期は学部によって異なる）。

入試状況（志願者数・合格者数）

◯合格者数は第２志望以下の合格者数を含むため，実質的競争率は算出していない。
◯表の「日程」欄については次の試験を表す。
全学１：全学日程１
全学２：全学日程２
共通併用：共通テスト利用入試併用
共通利用：共通テスト利用入試
学部独自：学部独自日程

2024年度　入試状況

●一般入試・共通テスト利用入試

学部・学科・専攻・専修		日　程	教科（科目）型	志願者数	合格者数
法	法学政治	全学1・2	3教科型	3,088	796
		全学１	英語外部試験利用方式	625	172
		共通併用	2科目型	546	191
			小論文	39	19
		共通利用	前期	1,204	600
			後期	144	54

（表つづく）

学部・学科・専攻・専修			日　程	教科（科目）型	志願者数	合格者数
文	総合人文	通常枠	全学1・2	3　教　科　型	4,582	1,269
			全　学　1	英語外部試験利用方式	486	35
			共通併用		909	265
			共通利用	前　期	1,388	585
				後　期	273	76
		初等教育学専修	全学1・2	3　教　科　型	599	143
経済	経　済		全学1・2	3　教　科　型	5,092	1,138
			全　学　1	英語外部試験利用方式	885	147
			共通併用	2　科　目　型	1,813	346
				小　論　文	49	13
			共通利用	前　期	1,109	404
				後　期	170	10
商	商		全学1・2	3　教　科　型	5,292	1,295
			共通併用		476	101
			共通利用	前　期	365	40
社会	社会	社会学	全学1・2	3　教　科　型	1,828	270
			全　学　2	3教科型同一配点方式	415	40
			共通併用		293	67
			共通利用	前　期	261	102
		心理学	全学1・2	3　教　科　型	1,751	271
			全　学　2	3教科型同一配点方式	417	50
			共通併用		233	50
			共通利用	前　期	319	101
		メディア	全学1・2	3　教　科　型	1,566	218
			全　学　2	3教科型同一配点方式	329	38
			共通併用		251	51
			共通利用	前　期	248	66
		社会システムデザイン	全学1・2	3　教　科　型	730	241
			全　学　2	3教科型同一配点方式	191	51
			共通併用		241	55
			共通利用	前　期	224	65

（表つづく）

学部・学科・専攻・専修		日　程	教科（科目）型	志願者数	合格者数
政策創造	政　策	全学1	3 教 科 型	856	193
			英語外部試験利用方式	330	71
		全学2		1,104	246
		共通併用	2/1	101	17
			2/5	80	12
		共通利用	前　期	340	61
			後　期	84	37
	国際アジア	全学1	3 教 科 型	324	75
			英語外部試験利用方式	131	28
		全学2		407	112
		共通併用	2/1	57	8
			2/5	45	8
		共通利用	前　期	129	18
			後　期	29	15
外国語	外 国 語	全学1		1,072	285
		全学2		538	127
		共通併用		344	62
		共通利用	前　期	340	70
			後　期	62	18
人間健康	人間健康	全学1	3 教 科 型	910	142
			英語外部試験利用方式	266	64
		全学2		1,413	247
		共通併用		728	183
		共通利用	前　期	351	102
			後　期	48	20
総合情報	総合情報	全学1・2		2,457	599
		学部独自		452	123
		共通併用		458	90
		共通利用	前　期	347	71
			後　期	40	26

（表つづく）

学部・学科・専攻・専修		日程	教科（科目）型	志願者数	合格者数
社会安全	安全マネジメント	全学1・2	3教科型	2,013	390
		全学1	英語外部試験利用方式	212	35
		全学1・2	英数方式	328	78
		全学2	英数方式（数学重視）	48	18
		共通併用		49	18
		共通利用	前期	207	59
			後期	56	35
システム理工	数	全学1	理科1科目選択方式 理科設問選択方式（2科目型）	185	61
		全学2	理科設問選択方式	120	45
			理科設問選択方式（理数重視）	114	42
		共通併用		138	37
		共通利用	前期	72	18
			後期	9	3
	物理・応用物理	全学1	理科1科目選択方式 理科設問選択方式（2科目型）	197	88
		全学2	理科設問選択方式	162	70
			理科設問選択方式（理数重視）	174	72
		共通併用		159	46
		共通利用	前期	112	47
			後期	21	9
	機械工	全学1	理科1科目選択方式 理科設問選択方式（2科目型）	902	333
		全学2	理科設問選択方式	672	220
			理科設問選択方式（理数重視）	504	196
		共通併用		370	111
		共通利用	前期	374	124
			後期	59	25

（表つづく）

学部・学科・専攻・専修		日程	教科（科目）型	志願者数	合格者数
システム理工	電気電子情報工	全学1	理科1科目選択方式	874	242
			理科設問選択方式（2科目型）		
		全学2	理科設問選択方式	767	174
			理科設問選択方式（理数重視）	524	138
		共通併用		427	134
		共通利用	前期	353	109
			後期	78	39
環境都市工	建築	全学1	理科1科目選択方式	652	143
			理科設問選択方式（2科目型）		
		全学2	理科設問選択方式	526	100
			理科設問選択方式（理数重視）	409	90
		共通併用		649	119
		共通利用	前期	471	84
			後期	22	10
	都市システム工	全学1	理科1科目選択方式	372	121
			理科設問選択方式（2科目型）		
		全学2	理科設問選択方式	376	140
			理科設問選択方式（理数重視）	213	74
		共通併用		469	108
		共通利用	前期	247	58
			後期	22	5
	エネルギー環境・化学工	全学1	理科1科目選択方式	209	123
			理科設問選択方式（2科目型）		
		全学2	理科設問選択方式	236	119
			理科設問選択方式（理数重視）	86	36
		共通併用		267	132
		共通利用	前期	208	90
			後期	33	17

（表つづく）

学部・学科・専攻・専修		日　程	教科（科目）型	志願者数	合格者数
化学生命工	化学・物質工	全 学 1	理科1科目選択方式 / 理科設問選択方式（2科目型）	621	325
		全 学 2	理科設問選択方式	533	292
			理科設問選択方式（理数重視）	359	214
		共通併用		382	174
		共通利用	前　期	338	162
			後　期	27	9
	生命・生物工	全 学 1	理科1科目選択方式 / 理科設問選択方式（2科目型）	719	172
		全 学 2	理科設問選択方式	367	79
			理科設問選択方式（理数重視）	415	100
		共通併用		404	93
		共通利用	前　期	373	102
			後　期	29	4

2023年度 入試状況

●一般入試・共通テスト利用入試

学部・学科・専攻・専修			日程	教科（科目）型	志願者数	合格者数
法	法学政治		全学1・2	3教科型	5,270	818
			全学1	英語外部試験利用方式	931	154
			共通併用	2科目型	766	189
				小論文	40	14
			共通利用	前期	1,159	426
				後期	137	26
文	総合人文	通常枠	全学1・2	3教科型	5,467	1,294
			全学1	英語外部試験利用方式	550	33
			共通併用		972	261
			共通利用	前期	1,624	570
				後期	192	115
		初等教育学専修	全学1・2	3教科型	626	139
経済	経済		全学1・2	3教科型	5,717	1,091
			全学1	英語外部試験利用方式	666	137
			共通併用	2科目型	1,751	344
				小論文	14	7
			共通利用	前期	1,288	438
				後期	182	65
商	商		全学1・2	3教科型	5,608	1,271
			共通併用		524	98
			共通利用	前期	533	50
社会	社会	社会学	全学1・2	3教科型	1,444	336
			全学2	3教科型同一配点方式	360	46
			共通併用		277	61
			共通利用	前期	380	100

（表つづく）

学部・学科・専攻・専修			日　程	教科（科目）型	志願者数	合格者数
社会	社会	心理学	全学1・2	3教科型	1,391	355
			全学2	3教科型同一配点方式	396	70
			共通併用		321	49
			共通利用	前期	304	99
		メディア	全学1・2	3教科型	1,241	240
			全学2	3教科型同一配点方式	348	48
			共通併用		226	48
			共通利用	前期	220	66
		社会システムデザイン	全学1・2	3教科型	391	351
			全学2	3教科型同一配点方式	138	57
			共通併用		206	49
			共通利用	前期	190	70
政策創造	政策		全学1	3教科型	648	159
				英語外部試験利用方式	154	38
			全学2		867	206
			共通併用	2/1	101	18
				2/5	76	14
			共通利用	前期	498	99
				後期	83	37
	国際アジア		全学1	3教科型	279	86
				英語外部試験利用方式	80	16
			全学2		361	108
			共通併用	2/1	56	21
				2/5	28	12
			共通利用	前期	253	55
				後期	19	7
外国語	外国語		全学1		1,015	268
			全学2		695	137
			共通併用		246	99
			共通利用	前期	127	83
				後期	20	8

（表つづく）

学部・学科・専攻・専修		日　程	教科（科目）型	志願者数	合格者数
人間健康	人間健康	全学1	3教科型	991	173
			英語外部試験利用方式	221	42
		全学2		1,422	255
		共通併用		686	184
		共通利用	前期	379	119
			後期	51	13
総合情報	総合情報	全学1・2		3,963	640
		学部独自			
		共通併用		812	96
		共通利用	前期	683	116
			後期	65	22
社会安全	安全マネジメント	全学1・2	3教科型	1,965	310
		全学1	英語外部試験利用方式	138	22
		全学1・2	英数方式	320	60
		全学2	英数方式（数学重視）	52	17
		共通併用		61	17
		共通利用	前期	434	121
			後期	57	16
システム理工	数	全学1	理科1科目選択方式	169	63
			理科設問選択方式（2科目型）		
		全学2	理科設問選択方式	128	53
			理科設問選択方式（理数重視）	108	50
		共通併用		135	40
		共通利用	前期	56	17
			後期	33	6
	物理・応用物理	全学1	理科1科目選択方式	201	87
			理科設問選択方式（2科目型）		
		全学2	理科設問選択方式	183	82
			理科設問選択方式（理数重視）	142	67
		共通併用		141	41
		共通利用	前期	140	46
			後期	37	14

（表つづく）

学部・学科・専攻・専修		日　程	教科（科目）型	志願者数	合格者数
システム理工	機械工	全学１	理科１科目選択方式 理科設問選択方式（２科目型）	945	360
		全学２	理科設問選択方式	713	222
			理科設問選択方式（理数重視）	553	206
		共通併用		548	128
		共通利用	前期	522	183
			後期	81	24
	電気電子情報工	全学１	理科１科目選択方式 理科設問選択方式（２科目型）	875	284
		全学２	理科設問選択方式	739	207
			理科設問選択方式（理数重視）	624	218
		共通併用		601	148
		共通利用	前期	435	131
			後期	97	48
環境都市工	建築	全学１	理科１科目選択方式 理科設問選択方式（２科目型）	581	141
		全学２	理科設問選択方式	482	102
			理科設問選択方式（理数重視）	404	88
		共通併用		393	83
		共通利用	前期	342	106
			後期	40	8
	都市システム工	全学１	理科１科目選択方式 理科設問選択方式（２科目型）	367	151
		全学２	理科設問選択方式	348	155
			理科設問選択方式（理数重視）	213	89
		共通併用		294	75
		共通利用	前期	168	29
			後期	48	7

（表つづく）

学部・学科・専攻・専修		日　程	教科（科目）型	志願者数	合格者数
環境都市工	エネルギー環境・化学工	全学１	理科１科目選択方式	201	105
			理科設問選択方式（２科目型）		
		全学２	理科設問選択方式	230	119
			理科設問選択方式（理数重視）	91	62
		共通併用		151	56
		共通利用	前期	124	70
			後期	52	15
化学生命工	化学・物質工	全学１	理科１科目選択方式	699	302
			理科設問選択方式（２科目型）		
		全学２	理科設問選択方式	644	302
			理科設問選択方式（理数重視）	400	189
		共通併用		433	176
		共通利用	前期	434	192
			後期	108	24
	生命・生物工	全学１	理科１科目選択方式	697	211
			理科設問選択方式（２科目型）		
		全学２	理科設問選択方式	360	90
			理科設問選択方式（理数重視）	425	108
		共通併用		482	90
		共通利用	前期	459	129
			後期	67	8

2022年度 入試状況

●一般入試・共通テスト利用入試

学部・学科・専攻・専修			日程	教科（科目）型	志願者数	合格者数
法	法学政治		全学1	3教科型	2,611	653
				英語外部試験利用方式	900	254
			全学2	3教科型	1,171	351
				3教科型同一配点方式	1,858	459
			共通併用	2/4	53	15
				2/5〜7	437	115
			共通利用	前期	1,269	510
				後期	382	15
文	総合人文	通常枠	全学1・2	3教科型	5,878	1,393
			全学1	英語外部試験利用方式	564	34
			共通併用		955	192
			共通利用	前期	1,620	512
				後期	279	170
		初等教育学専修	全学1・2	3教科型	750	144
経済	経済		全学1・2	3教科型	5,176	1,194
			全学1	英語外部試験利用方式	601	112
			共通併用		2,322	381
			共通利用	前期	1,501	407
				後期	357	80
商	商		全学1・2	3教科型	6,058	1,366
			共通併用		645	99
			共通利用	前期	498	68
社会	社会	社会学	全学1・2	3教科型	1,249	333
			全学2	3教科型同一配点方式	351	55
			共通併用		227	64
			共通利用	前期	244	109

（表つづく）

学部・学科・専攻・専修			日　程	教科（科目）型	志願者数	合格者数
社会	社会	心理学	全学1・2	3教科型	1,318	297
			全学2	3教科型同一配点方式	374	60
			共通併用		254	58
			共通利用	前期	273	102
		メディア	全学1・2	3教科型	1,192	203
			全学2	3教科型同一配点方式	361	41
			共通併用		215	45
			共通利用	前期	267	71
		社会システムデザイン	全学1・2	3教科型	380	329
			全学2	3教科型同一配点方式	114	89
			共通併用		172	43
			共通利用	前期	219	70
政策創造	政策		全学1	3教科型	973	170
				英語外部試験利用方式	246	20
			全学2		1,277	228
			共通併用	2/1	88	31
				2/5	92	34
			共通利用	前期	586	161
				後期	95	45
	国際アジア		全学1	3教科型	342	70
				英語外部試験利用方式	138	10
			全学2		430	83
			共通併用	2/1	44	18
				2/5	20	11
			共通利用	前期	194	69
				後期	29	15
外国語	外国語		全学1		1,054	302
			全学2		944	176
			共通併用		271	35
			共通利用	前期	173	48
				後期	53	10

（表つづく）

学部・学科・専攻・専修		日程	教科（科目）型	志願者数	合格者数
人間健康	人間健康	全学１	3教科型	1,125	170
			英語外部試験利用方式	260	58
		全学２		1,687	291
		共通併用		761	160
		共通利用	前期	288	73
			後期	51	23
総合情報	総合情報	全学1・2		3,615	736
		学部独自			
		共通併用		717	141
		共通利用	前期	396	132
			後期	121	40
社会安全	安全マネジメント	全学1・2	3教科型	1,993	348
		全学１	英語外部試験利用方式	144	23
		全学1・2	英数方式	304	52
		全学２	英数方式（数学重視）	50	18
		共通併用		34	11
		共通利用	前期	278	76
			後期	60	12
システム理工	数	全学１	理科１科目選択方式	192	67
			理科設問選択方式（2科目型）		
		全学２	理科設問選択方式	141	64
			理科設問選択方式（2科目型・理科重視）	78	32
		共通併用		99	25
		共通利用	前期	77	10
			後期	14	3
	物理・応用物理	全学１	理科１科目選択方式	244	107
			理科設問選択方式（2科目型）		
		全学２	理科設問選択方式	211	86
			理科設問選択方式（2科目型・理科重視）	123	53
		共通併用		115	26
		共通利用	前期	126	38
			後期	16	6

（表つづく）

学部・学科・専攻・専修		日　程	教科（科目）型	志願者数	合格者数
システム理工	機械工	全学1	理科1科目選択方式	954	428
			理科設問選択方式（2科目型）		
		全学2	理科設問選択方式	765	240
			理科設問選択方式（2科目型・理科重視）	425	199
		共通併用		426	110
		共通利用	前期	444	137
			後期	46	19
	電気電子情報工	全学1	理科1科目選択方式	1,101	258
			理科設問選択方式（2科目型）		
		全学2	理科設問選択方式	878	174
			理科設問選択方式（2科目型・理科重視）	562	143
		共通併用		534	119
		共通利用	前期	428	90
			後期	54	24
環境都市工	建築	全学1	理科1科目選択方式	672	166
			理科設問選択方式（2科目型）		
		全学2	理科設問選択方式	519	118
			理科設問選択方式（2科目型・理科重視）	324	85
		共通併用		274	62
		共通利用	前期	265	60
			後期	28	15
	都市システム工	全学1	理科1科目選択方式	429	194
			理科設問選択方式（2科目型）		
		全学2	理科設問選択方式	377	158
			理科設問選択方式（2科目型・理科重視）	157	72
		共通併用		199	52
		共通利用	前期	171	40
			後期	51	16

（表つづく）

<table>
<tr><th colspan="2">学部・学科・専攻・専修</th><th>日　程</th><th>教科（科目）型</th><th>志願者数</th><th>合格者数</th></tr>
<tr><td rowspan="7">環境都市工</td><td rowspan="7">エネルギー環境・化学工</td><td rowspan="2">全学1</td><td>理科1科目選択方式</td><td rowspan="2">269</td><td rowspan="2">119</td></tr>
<tr><td>理科設問選択方式（2科目型）</td></tr>
<tr><td rowspan="2">全学2</td><td>理科設問選択方式</td><td>286</td><td>135</td></tr>
<tr><td>理科設問選択方式（2科目型・理科重視）</td><td>74</td><td>28</td></tr>
<tr><td>共通併用</td><td></td><td>129</td><td>41</td></tr>
<tr><td rowspan="2">共通利用</td><td>前期</td><td>109</td><td>48</td></tr>
<tr><td>後期</td><td>35</td><td>16</td></tr>
<tr><td rowspan="14">化学生命工</td><td rowspan="7">化学・物質工</td><td rowspan="2">全学1</td><td>理科1科目選択方式</td><td rowspan="2">824</td><td rowspan="2">409</td></tr>
<tr><td>理科設問選択方式（2科目型）</td></tr>
<tr><td rowspan="2">全学2</td><td>理科設問選択方式</td><td>666</td><td>350</td></tr>
<tr><td>理科設問選択方式（2科目型・理科重視）</td><td>350</td><td>173</td></tr>
<tr><td>共通併用</td><td></td><td>327</td><td>132</td></tr>
<tr><td rowspan="2">共通利用</td><td>前期</td><td>428</td><td>179</td></tr>
<tr><td>後期</td><td>42</td><td>27</td></tr>
<tr><td rowspan="7">生命・生物工</td><td rowspan="2">全学1</td><td>理科1科目選択方式</td><td rowspan="2">662</td><td rowspan="2">225</td></tr>
<tr><td>理科設問選択方式（2科目型）</td></tr>
<tr><td rowspan="2">全学2</td><td>理科設問選択方式</td><td>307</td><td>103</td></tr>
<tr><td>理科設問選択方式（2科目型・理科重視）</td><td>368</td><td>100</td></tr>
<tr><td>共通併用</td><td></td><td>310</td><td>64</td></tr>
<tr><td rowspan="2">共通利用</td><td>前期</td><td>413</td><td>128</td></tr>
<tr><td>後期</td><td>28</td><td>16</td></tr>
</table>

合格最低点（一般入試）

2024 年度 合格最低点

学部	試験日	方式		合格最低点／満点
法学部	2月1日	3教科型		276/450
		2教科型《英語外部試験利用方式》		154/250
	2月2日	3教科型		276/450
		2教科型《英語外部試験利用方式》		154/250
	2月3日	3教科型		276/450
		2教科型《英語外部試験利用方式》		154/250
	2月5日	3教科型		276/450
		3教科型《同一配点方式》		276/450
	2月6日	3教科型		276/450
		3教科型《同一配点方式》		276/450
	2月7日	3教科型		276/450
		3教科型《同一配点方式》		276/450
文学部	2月1日	3教科型	総合人文学科	263/450
			初等教育学専修	248/450
		2教科型《英語外部試験利用方式》		171/250
	2月2日	3教科型	総合人文学科	270/450
			初等教育学専修	265/450
		2教科型《英語外部試験利用方式》		179/250
	2月3日	3教科型	総合人文学科	264/450
			初等教育学専修	249/450
		2教科型《英語外部試験利用方式》		172/250
	2月5日	3教科型	総合人文学科	276/450
			初等教育学専修	261/450
		3教科型《同一配点方式》		276/450
	2月6日	3教科型	総合人文学科	272/450
			初等教育学専修	259/450
		3教科型《同一配点方式》		272/450

（表つづく）

学部	試験日	方式		合格最低点/満点
文学部	2月7日	3教科型	総合人文学科	275/450
			初等教育学専修	262/450
		3教科型《同一配点方式》		275/450
経済学部	2月1日	3教科型		268/450
		2教科型《英語外部試験利用方式》		154/250
	2月2日	3教科型		268/450
		2教科型《英語外部試験利用方式》		154/250
	2月3日	3教科型		268/450
		2教科型《英語外部試験利用方式》		154/250
	2月5日	3教科型		268/450
		3教科型《同一配点方式》		269/450
	2月6日	3教科型		268/450
		3教科型《同一配点方式》		269/450
	2月7日	3教科型		268/450
		3教科型《同一配点方式》		269/450
商学部	2月1日	3教科型		270/450
	2月2日	3教科型		270/450
	2月3日	3教科型		270/450
	2月5日	3教科型		270/450
	2月6日	3教科型		270/450
	2月7日	3教科型		270/450
社会学部	2月1日	3教科型		279/450
	2月2日	3教科型		279/450
	2月3日	3教科型		279/450
	2月5日	3教科型		279/450
	2月6日	3教科型		279/450
		3教科型《同一配点方式》		287/450
	2月7日	3教科型		279/450
		3教科型《同一配点方式》		287/450
政策創造学部	2月1日	3教科型	政策学科	260/450
			国際アジア学科	261/450
		2教科型《英語外部試験利用方式》	政策学科	148/250
			国際アジア学科	146/250

（表つづく）

学　部	試験日	方　式		合格最低点／満点
政策創造学部	2月2日	3教科型	政策学科	263/450
			国際アジア学科	263/450
		2教科型《英語外部試験利用方式》	政策学科	148/250
			国際アジア学科	151/250
	2月3日	3教科型	政策学科	263/450
			国際アジア学科	263/450
		2教科型《英語外部試験利用方式》	政策学科	149/250
			国際アジア学科	151/250
	2月5日	3教科型	政策学科	270/450
			国際アジア学科	268/450
		3教科型《同一配点方式》	政策学科	269/450
			国際アジア学科	270/450
	2月6日	3教科型	政策学科	264/450
			国際アジア学科	271/450
		3教科型《同一配点方式》	政策学科	263/450
			国際アジア学科	263/450
	2月7日	3教科型	政策学科	267/450
			国際アジア学科	267/450
		3教科型《同一配点方式》	政策学科	265/450
			国際アジア学科	266/450
外国語学部	2月1日	3教科型		283/450
	2月2日	3教科型		289/450
	2月3日	3教科型		290/450
	2月5日	2教科型《英語＋1教科選択方式》		183/250
	2月6日	2教科型《英語＋1教科選択方式》		178/250
	2月7日	2教科型《英語＋1教科選択方式》		178/250
人間健康学部	2月1日	3教科型		251/450
	2月2日	3教科型		256/450
		2教科型《英語外部試験利用方式》		142/250
	2月3日	3教科型		255/450
		2教科型《英語外部試験利用方式》		144/250
	2月5日	3教科型		261/450
		3教科型《同一配点方式》		258/450

（表つづく）

学　部	試験日	方　式		合格最低点／満点
人間健康学部	2月6日	3教科型		255/450
		3教科型《同一配点方式》		255/450
	2月7日	3教科型		257/450
		3教科型《同一配点方式》		257/450
総合情報学部	2月1日	2教科型《英国方式》		202/350
		2教科型《英数方式》		202/350
		2教科型《国数方式》		202/350
	2月2日	3教科型		260/450
	2月3日	3教科型		250/450
		2教科型《英数方式》		219/400
	2月4日	2教科型《英数方式》		213/400
	2月5日	3教科型		263/450
	2月6日	3教科型		252/450
		2教科型《英数方式》		221/400
	2月7日	3教科型		255/450
社会安全学部	2月1日	3教科型		251/450
		2教科型《英語外部試験利用方式》		141/250
	2月2日	3教科型		246/450
	2月3日	3教科型		249/450
		2教科型《英数方式》		217/350
	2月5日	3教科型		254/450
		2教科型《英数方式（数学重視）》		212/400
	2月6日	3教科型		245/450
		2教科型《英数方式》		197/350
	2月7日	3教科型		253/450
		2教科型《英数方式》		206/350
システム理工学部	2月2日	3教科型《理科1科目選択方式》	数学科	327/550
			物理・応用物理学科	307/550
			機械工学科	316/550
			電気電子情報工学科	342/550
		3教科型《理科設問選択方式（2科目型）》	数学科	371/550
			物理・応用物理学科	351/550
			機械工学科	350/550
			電気電子情報工学科	377/550

（表つづく）

学部	試験日	方式		合格最低点／満点
システム理工学部	2月5日	3教科型《理科設問選択方式》	数学科	368/550
			物理・応用物理学科	358/550
			機械工学科	366/550
			電気電子情報工学科	392/550
	2月7日	3教科型《理科設問選択方式（理数重視)》	数学科	282/550
			物理・応用物理学科	289/550
			機械工学科	275/550
			電気電子情報工学科	313/550
環境都市工学部	2月2日	3教科型《理科1科目選択方式》	建築学科	369/550
			都市システム工学科	347/550
			エネルギー環境･化学工学科	310/550
		3教科型《理科設問選択方式（2科目型)》	建築学科	412/550
			都市システム工学科	364/550
			エネルギー環境･化学工学科	351/550
	2月5日	3教科型《理科設問選択方式》	建築学科	408/550
			都市システム工学科	369/550
			エネルギー環境･化学工学科	342/550
	2月7日	3教科型《理科設問選択方式（理数重視)》	建築学科	330/550
			都市システム工学科	293/550
			エネルギー環境･化学工学科	284/550
化学生命工学部	2月2日	3教科型《理科1科目選択方式》	化学・物質工学科	300/550
			生命・生物工学科	352/550
		3教科型《理科設問選択方式（2科目型)》	化学・物質工学科	347/550
			生命・生物工学科	381/550
	2月5日	3教科型《理科設問選択方式》	化学・物質工学科	338/550
			生命・生物工学科	368/550
	2月7日	3教科型《理科設問選択方式（理数重視)》	化学・物質工学科	273/550
			生命・生物工学科	318/550

2023年度 合格最低点

学部	試験日	方式		合格最低点／満点
法学部	2月1日	3教科型		296/450
		2教科型《英語外部試験利用方式》		158/250
	2月2日	3教科型		295/450
		2教科型《英語外部試験利用方式》		164/250
	2月3日	3教科型		296/450
		2教科型《英語外部試験利用方式》		162/250
	2月5日	3教科型		296/450
		3教科型《同一配点方式》		291/450
	2月6日	3教科型		293/450
		3教科型《同一配点方式》		286/450
	2月7日	3教科型		295/450
		3教科型《同一配点方式》		287/450
文学部	2月1日	3教科型	総合人文学科	287/450
			初等教育学専修	264/450
		2教科型《英語外部試験利用方式》		182/250
	2月2日	3教科型	総合人文学科	279/450
			初等教育学専修	265/450
		2教科型《英語外部試験利用方式》		188/250
	2月3日	3教科型	総合人文学科	276/450
			初等教育学専修	264/450
		2教科型《英語外部試験利用方式》		186/250
	2月5日	3教科型	総合人文学科	292/450
			初等教育学専修	272/450
		3教科型《同一配点方式》		292/450
	2月6日	3教科型	総合人文学科	280/450
			初等教育学専修	263/450
		3教科型《同一配点方式》		280/450
	2月7日	3教科型	総合人文学科	287/450
			初等教育学専修	262/450
		3教科型《同一配点方式》		287/450

（表つづく）

学　部	試験日	方　式		合格最低点／満点
経済学部	2月1日	3教科型		276/450
		2教科型《英語外部試験利用方式》		150/250
	2月2日	3教科型		276/450
		2教科型《英語外部試験利用方式》		150/250
	2月3日	3教科型		276/450
		2教科型《英語外部試験利用方式》		150/250
	2月5日	3教科型		274/450
		3教科型《同一配点方式》		272/450
	2月6日	3教科型		274/450
		3教科型《同一配点方式》		272/450
	2月7日	3教科型		274/450
		3教科型《同一配点方式》		272/450
商学部	2月1日	3教科型		277/450
	2月2日	3教科型		277/450
	2月3日	3教科型		277/450
	2月5日	3教科型		277/450
	2月6日	3教科型		277/450
	2月7日	3教科型		277/450
社会学部	2月1日	3教科型		269/450
	2月2日	3教科型		269/450
	2月3日	3教科型		269/450
	2月5日	3教科型		269/450
	2月6日	3教科型		269/450
		3教科型《同一配点方式》		282/450
	2月7日	3教科型		269/450
		3教科型《同一配点方式》		282/450
政策創造学部	2月1日	3教科型	政策学科	276/450
			国際アジア学科	276/450
		2教科型《英語外部試験利用方式》	政策学科	152/250
			国際アジア学科	154/250

（表つづく）

学　部	試験日	方	式	合格最低点／満点
政策創造学部	2月2日	3教科型	政策学科	271/450
			国際アジア学科	280/450
		2教科型《英語外部試験利用方式》	政策学科	157/250
			国際アジア学科	168/250
	2月3日	3教科型	政策学科	270/450
			国際アジア学科	269/450
		2教科型《英語外部試験利用方式》	政策学科	155/250
			国際アジア学科	157/250
	2月5日	3教科型	政策学科	277/450
			国際アジア学科	276/450
		3教科型《同一配点方式》	政策学科	272/450
			国際アジア学科	273/450
	2月6日	3教科型	政策学科	272/450
			国際アジア学科	274/450
		3教科型《同一配点方式》	政策学科	264/450
			国際アジア学科	274/450
	2月7日	3教科型	政策学科	276/450
			国際アジア学科	274/450
		3教科型《同一配点方式》	政策学科	267/450
			国際アジア学科	267/450
外国語学部	2月1日	3教科型		291/450
	2月2日	3教科型		287/450
	2月3日	3教科型		287/450
	2月5日	2教科型《英語＋1教科選択方式》		219/250
	2月6日	2教科型《英語＋1教科選択方式》		217/250
	2月7日	2教科型《英語＋1教科選択方式》		221/250
人間健康学部	2月1日	3教科型		259/450
	2月2日	3教科型		256/450
		2教科型《英語外部試験利用方式》		144/250
	2月3日	3教科型		254/450
		2教科型《英語外部試験利用方式》		144/250
	2月5日	3教科型		259/450
		3教科型《同一配点方式》		257/450

（表つづく）

学　部	試験日	方　式		合格最低点/満点
人間健康学部	2月6日	3教科型		255/450
		3教科型《同一配点方式》		250/450
	2月7日	3教科型		254/450
		3教科型《同一配点方式》		251/450
総合情報学部	2月1日	2教科型《英国方式》		230/350
		2教科型《英数方式》		230/350
		2教科型《国数方式》		230/350
	2月2日	3教科型		268/450
	2月3日	3教科型		258/450
		2教科型《英数方式》		243/400
	2月4日	2教科型《英数方式》		244/400
	2月5日	3教科型		279/450
	2月6日	3教科型		260/450
		2教科型《英数方式》		271/400
	2月7日	3教科型		269/450
社会安全学部	2月1日	3教科型		258/450
		2教科型《英語外部試験利用方式》		140/250
	2月2日	3教科型		259/450
	2月3日	3教科型		257/450
		2教科型《英数方式》		208/350
	2月5日	3教科型		260/450
		2教科型《英数方式（数学重視）》		215/400
	2月6日	3教科型		260/450
		2教科型《英数方式》		202/350
	2月7日	3教科型		256/450
		2教科型《英数方式》		205/350
システム理工学部	2月2日	3教科型《理科1科目選択方式》	数学科	309/550
			物理・応用物理学科	304/550
			機械工学科	307/550
			電気電子情報工学科	322/550
		3教科型《理科設問選択方式（2科目型）》	数学科	338/550
			物理・応用物理学科	332/550
			機械工学科	327/550
			電気電子情報工学科	352/550

（表つづく）

学　部	試験日	方	式	合格最低点／満点
システム理工学部	2月5日	3教科型《理科設問選択方式》	数学科	359/550
			物理・応用物理学科	354/550
			機械工学科	364/550
			電気電子情報工学科	377/550
	2月7日	3教科型《理科設問選択方式（理数重視）》	数学科	319/550
			物理・応用物理学科	325/550
			機械工学科	318/550
			電気電子情報工学科	343/550
環境都市工学部	2月2日	3教科型《理科1科目選択方式》	建築学科	352/550
			都市システム工学科	305/550
			エネルギー環境･化学工学科	286/550
		3教科型《理科設問選択方式（2科目型）》	建築学科	375/550
			都市システム工学科	340/550
			エネルギー環境･化学工学科	332/550
	2月5日	3教科型《理科設問選択方式》	建築学科	400/550
			都市システム工学科	355/550
			エネルギー環境･化学工学科	335/550
	2月7日	3教科型《理科設問選択方式（理数重視）》	建築学科	372/550
			都市システム工学科	328/550
			エネルギー環境･化学工学科	301/550
化学生命工学部	2月2日	3教科型《理科1科目選択方式》	化学・物質工学科	288/550
			生命・生物工学科	310/550
		3教科型《理科設問選択方式（2科目型）》	化学・物質工学科	325/550
			生命・生物工学科	339/550
	2月5日	3教科型《理科設問選択方式》	化学・物質工学科	340/550
			生命・生物工学科	365/550
	2月7日	3教科型《理科設問選択方式（理数重視）》	化学・物質工学科	313/550
			生命・生物工学科	341/550

2022 年度 合格最低点

学部	試験日	方式		合格最低点／満点
法学部	2月1日	3教科型		265/450
		2教科型《英語外部試験利用方式》		150/250
	2月2日	3教科型		265/450
		2教科型《英語外部試験利用方式》		150/250
	2月3日	3教科型		263/450
		2教科型《英語外部試験利用方式》		150/250
	2月5日	3教科型		267/450
		3教科型《同一配点方式》		269/450
	2月6日	3教科型		266/450
		3教科型《同一配点方式》		269/450
	2月7日	3教科型		269/450
		3教科型《同一配点方式》		262/450
文学部	2月1日	3教科型	総合人文学科	270/450
			初等教育学専修	261/450
		2教科型《英語外部試験利用方式》		178/250
	2月2日	3教科型	総合人文学科	270/450
			初等教育学専修	261/450
		2教科型《英語外部試験利用方式》		175/250
	2月3日	3教科型	総合人文学科	264/450
			初等教育学専修	260/450
		2教科型《英語外部試験利用方式》		177/250
	2月5日	3教科型	総合人文学科	283/450
			初等教育学専修	270/450
		3教科型《同一配点方式》		283/450
	2月6日	3教科型	総合人文学科	281/450
			初等教育学専修	269/450
		3教科型《同一配点方式》		281/450
	2月7日	3教科型	総合人文学科	283/450
			初等教育学専修	270/450
		3教科型《同一配点方式》		283/450

（表つづく）

学　部	試験日	方　式		合格最低点／満点
経済学部	2月1日	3教科型		260/450
		2教科型《英語外部試験利用方式》		157/250
	2月2日	3教科型		265/450
		2教科型《英語外部試験利用方式》		157/250
	2月3日	3教科型		260/450
		2教科型《英語外部試験利用方式》		157/250
	2月5日	3教科型		273/450
		3教科型《同一配点方式》		270/450
	2月6日	3教科型		275/450
		3教科型《同一配点方式》		270/450
	2月7日	3教科型		275/450
		3教科型《同一配点方式》		270/450
商学部	2月1日	3教科型		273/450
	2月2日	3教科型		273/450
	2月3日	3教科型		273/450
	2月5日	3教科型		273/450
	2月6日	3教科型		273/450
	2月7日	3教科型		273/450
社会学部	2月1日	3教科型		296/450
	2月2日	3教科型		294/450
	2月3日	3教科型		298/450
	2月5日	3教科型		326/450
	2月6日	3教科型		317/450
		3教科型《同一配点方式》		324/450
	2月7日	3教科型		308/450
		3教科型《同一配点方式》		314/450
政策創造学部	2月1日	3教科型	政策学科	269/450
			国際アジア学科	269/450
		2教科型《英語外部試験利用方式》	政策学科	172/250
			国際アジア学科	174/250
	2月2日	3教科型	政策学科	276/450
			国際アジア学科	278/450
		2教科型《英語外部試験利用方式》	政策学科	176/250
			国際アジア学科	179/250

（表つづく）

学　部	試験日	方　式		合格最低点／満点
政策創造学部	2月3日	3教科型	政策学科	272/450
			国際アジア学科	269/450
		2教科型《英語外部試験利用方式》	政策学科	179/250
			国際アジア学科	181/250
	2月5日	3教科型	政策学科	289/450
			国際アジア学科	290/450
		3教科型《同一配点方式》	政策学科	271/450
			国際アジア学科	271/450
	2月6日	3教科型	政策学科	276/450
			国際アジア学科	276/450
		3教科型《同一配点方式》	政策学科	275/450
			国際アジア学科	275/450
	2月7日	3教科型	政策学科	272/450
			国際アジア学科	272/450
		3教科型《同一配点方式》	政策学科	268/450
			国際アジア学科	268/450
外国語学部	2月1日	3教科型		278/450
	2月2日	3教科型		281/450
	2月3日	3教科型		277/450
	2月5日	2教科型《英語＋1教科選択方式》		224/250
	2月6日	2教科型《英語＋1教科選択方式》		224/250
	2月7日	2教科型《英語＋1教科選択方式》		217/250
人間健康学部	2月1日	3教科型		254/450
	2月2日	3教科型		257/450
		2教科型《英語外部試験利用方式》		143/250
	2月3日	3教科型		252/450
		2教科型《英語外部試験利用方式》		147/250
	2月5日	3教科型		263/450
		3教科型《同一配点方式》		259/450
	2月6日	3教科型		260/450
		3教科型《同一配点方式》		259/450
	2月7日	3教科型		259/450
		3教科型《同一配点方式》		256/450

（表つづく）

学　部	試験日	方　式		合格最低点／満点
総合情報学部	2月1日	2教科選択型		244/400
	2月2日	3教科型		259/450
	2月3日	3教科型		255/450
	2月4日	2教科型《英数方式》		243/400
	2月5日	3教科型		266/450
	2月6日	3教科型		268/450
		2教科型《英数方式》		247/400
	2月7日	3教科型		260/450
社会安全学部	2月1日	3教科型		253/450
		2教科型《英語外部試験利用方式》		147/250
	2月2日	3教科型		257/450
	2月3日	3教科型		255/450
		2教科型《英数方式》		209/350
	2月5日	3教科型		258/450
		2教科型《英数方式（数学重視）》		238/400
	2月6日	3教科型		261/450
		2教科型《英数方式》		209/350
	2月7日	3教科型		255/450
		2教科型《英数方式》		208/350
システム理工学部	2月2日	3教科型《理科1科目選択方式》	数学科	328/550
			物理・応用物理学科	320/550
			機械工学科	311/550
			電気電子情報工学科	357/550
		3教科型《理科設問選択方式（2科目型）》	数学科	386/550
			物理・応用物理学科	370/550
			機械工学科	352/550
			電気電子情報工学科	403/550
	2月5日	3教科型《理科設問選択方式》	数学科	377/550
			物理・応用物理学科	367/550
			機械工学科	378/550
			電気電子情報工学科	415/550

（表つづく）

学　部	試験日	方	式	合格最低点／満点
システム理工学部	2月7日	3教科型《理科設問選択方式（2科目型・理科重視)》	数学科	313/550
			物理・応用物理学科	296/550
			機械工学科	292/550
			電気電子情報工学科	339/550
環境都市工学部	2月2日	3教科型《理科1科目選択方式》	建築学科	364/550
			都市システム工学科	318/550
			エネルギー環境·化学工学科	298/550
		3教科型《理科設問選択方式（2科目型)》	建築学科	399/550
			都市システム工学科	350/550
			エネルギー環境·化学工学科	350/550
	2月5日	3教科型《理科設問選択方式》	建築学科	412/550
			都市システム工学科	371/550
			エネルギー環境·化学工学科	350/550
	2月7日	3教科型《理科設問選択方式（2科目型・理科重視)》	建築学科	335/550
			都市システム工学科	302/550
			エネルギー環境·化学工学科	310/550
化学生命工学部	2月2日	3教科型《理科1科目選択方式》	化学・物質工学科	294/550
			生命・生物工学科	314/550
		3教科型《理科設問選択方式（2科目型)》	化学・物質工学科	350/550
			生命・生物工学科	365/550
	2月5日	3教科型《理科設問選択方式》	化学・物質工学科	347/550
			生命・生物工学科	383/550
	2月7日	3教科型《理科設問選択方式（2科目型・理科重視)》	化学・物質工学科	284/550
			生命・生物工学科	304/550

＜合否判定方法について＞

合否は受験科目の総合点で判定する。なお，選択科目間の有利不利をなくすこと，各試験教科の配点ウエイトを試験結果に反映することなどを目的に，一般入試および共通テスト利用入試の個別学力検査では，「中央値方式」による得点調整を行う。

■「中央値方式」とは

中央点（各試験科目の成績順で中央に位置する人の得点。例えば 101 人受験した場合は 51 番目の人の得点）をその科目の満点の半分の点数となるように全体を補正するもの。

■得点調整を実施する学部

法・文・経済・商・政策創造・外国語・人間健康・総合情報・社会安全学部
※社会安全学部の 2 教科型（英数方式〈数学重視〉）を除く

一般入試および共通テスト利用入試（併用）の個別学力検査の全科目

社会学部

一般入試の全科目

●素点が中央点以上の場合

$$換算得点=\frac{素点-中央点}{満点-中央点}\times 満点の半分の得点+満点の半分の得点$$

●素点が中央点以下の場合

$$換算得点=\frac{満点の半分の得点}{中央点}\times 素点$$

システム理工・環境都市工・化学生命工学部

【2023・2024 年度】

一般入試〔3 教科型(理科 1 科目選択方式)〕の理科

共通テスト利用入試〔併用(数学力／理科力重視方式)〕の理科

●素点が中央点以下の場合

$$換算得点=\frac{75点}{中央点}\times 素点$$

●素点が中央点以上の場合

$$換算得点=\frac{75点}{xm-中央点}\times(素点-中央点)+75点$$

共通テスト利用入試〔併用(数学力／理科力重視方式)〕の数学

●素点が中央点以下の場合

$$換算得点=\frac{100点}{中央点}\times 素点$$

●素点が中央点以上の場合

$$換算得点=\frac{100点}{xm-中央点}\times(素点-中央点)+100点$$

【2022 年度】

一般入試〔3 教科型(理科 1 科目選択方式)〕の理科

●素点が中央点以下の場合

$$換算得点=\frac{75点}{中央点}\times 素点$$

●素点が中央点以上の場合

$$換算得点=\frac{75点}{xm-中央点}\times(素点-中央点)+75点$$

共通テスト利用入試〔併用(数学力／理科力重視方式)〕の数学・理科

●素点が中央点以下の場合

$$換算得点=\frac{100点}{中央点}\times 素点$$

●素点が中央点以上の場合

$$換算得点=\frac{100点}{xm-中央点}\times(素点-中央点)+100点$$

なお，中央点と xm は以下の通りとなる。

• 中央点＝素点の中央点　• xm＝素点の最高点

参考

2022 年度入試では，社会学部は「標準得点方式」で得点調整を行った。

■「標準得点方式」とは

個々の受験生の素点と全体の平均点との差を，標準偏差（全受験者の得点のばらつき）によって補正し，科目間における問題の難易度を調整するもの。社会学部の一般入試の選択科目では，平均点が 70 点になるように調整している。

$$標準得点 = \frac{(素点 - 平均点)}{標準偏差} \times 10 + 70$$

※選択科目の得点が 0 点の場合は標準得点方式による得点調整は行わない。

「中央値方式」「標準得点方式」※および「傾斜配点方式」による得点換算により，換算後の得点が整数値にならないこともあるため，各科目の得点について小数点以下第 4 位を四捨五入し，小数点以下第 3 位まで取り扱う。合計点については，小数点以下第 1 位を四捨五入し整数値となった得点を用いて合否判定する。これは，得点換算による小数点以下の点数を厳密に取り扱うことで，四捨五入の結果による有利・不利が生じないように配慮したものである。

※2023 年度入試より「標準得点方式」による得点調整は行われていない。

いずれのイベントも内容は2024年4月時点の予定です。開催形式を変更する可能性もありますのであらかじめご了承ください。イベントの詳細は「関西大学入学試験情報総合サイト Kan-Dai web」でご確認ください。

関西大学入試説明会のご案内

関西大学入試説明会 (10-11月)

全国約30会場で開催予定。

関西大学の2025年度入試についてわかりやすく説明します！英語対策講座も実施。
〈昨年度開催地〉東京・石川・福井・静岡・愛知・三重・滋賀・京都・大阪・兵庫・奈良・和歌山・岡山・広島・鳥取・山口・香川・愛媛・高知・福岡・熊本・鹿児島

プログラム（予定）

①予備校講師による「関大・英語対策講座」
②「2025年度関西大学一般選抜のポイント」
③個別相談

※プログラム内容や開催地は変更になることがあります。

LIVE 入試説明会

７月から入試直前まで年間を通してオンラインでの説明会も配信予定！実施の詳細は下記 QR コードから！

関西大学入試イベント情報

※日程・会場は変更になることがあります。

〈英語・長文読解〉実力アップセミナー (9月)

大学受験で必須の英語長文問題の攻略法と、関大入試で出題された会話文・文整序問題を基に、予備校講師が対策について詳しくレクチャーします。秋以降の受験勉強を効果的に進めたい方、英語長文問題を克服して得点力アップをめざしたい方はぜひ参加してください！

2024/9/22（日）
大阪　関西大学千里山キャンパス
※ライブ配信を同時開催予定。

受験直前トライアル (12月)

受験本番さながらの環境で、共通テストと関西大学の過去問題に挑戦し、その直後に予備校講師による解説講義を受けられるイベントです。

- 2024/12/8（日）東京　関西大学東京センター
- 2024/12/14（土）・12/15（日）大阪 ※大阪のみ2日間開催　関西大学千里山キャンパス
- 2024/12/21（土）京都
- 2024/12/21（土）広島
- 2024/12/22（日）名古屋
- 2024/12/22（日）神戸
- 2024/12/22（日）福岡

※12/15（日）はライブ配信を同時開催予定。　※実施内容は、日程・会場によって一部異なります。

●詳細は「関西大学入学試験情報総合サイト Kan-Dai web」
（https://www.kansai-u.ac.jp/nyusi/）でご確認ください。

2次元バーコードからアクセス！

〈お問い合わせ〉
関西大学 入試センター 入試広報グループ
〒564-8680 大阪府吹田市山手町3-3-35 Tel.06-6368-1121（大代表）

New
2025年4月
ビジネスデータサイエンス学部
（仮称・設置構想中）開設予定！

募集要項（出願書類）の入手方法

大学案内・入試ガイド，一般入試・共通テスト利用入試の入学試験要項は，テレメールから，また大学ホームページからも請求できます。

問い合わせ先

関西大学　入試センター
〒564-8680　大阪府吹田市山手町 3-3-35
TEL　06-6368-1121（大代表）
ホームページ　https://www.kansai-u.ac.jp

関西大学のテレメールによる資料請求方法

スマートフォンから	QRコードからアクセスしガイダンスに従ってご請求ください。
パソコンから	教学社 赤本ウェブサイト(akahon.net)から請求できます。

合格体験記
募集

2025 年春に入学される方を対象に，本大学の「合格体験記」を募集します。お寄せいただいた合格体験記は，編集部で選考の上，小社刊行物やウェブサイト等に掲載いたします。お寄せいただいた方には小社規定の謝礼を進呈いたしますので，ふるってご応募ください。

応募方法

下記 URL または QR コードより応募サイトにアクセスできます。
ウェブフォームに必要事項をご記入の上，ご応募ください。
折り返し執筆要領をメールにてお送りします。
※入学が決まっている一大学のみ応募できます。

応募の締め切り

総合型選抜・学校推薦型選抜	2025年 2 月 23日
私立大学の一般選抜	2025年 3 月 10日
国公立大学の一般選抜	2025年 3 月 24日

受験にまつわる川柳を募集します。
入選者には賞品を進呈！
ふるってご応募ください。

応募方法　http://akahon.net/senryu/　にアクセス！

気になること、聞いてみました！

在学生メッセージ

大学ってどんなところ？ 大学生活ってどんな感じ？
ちょっと気になることを，在学生に聞いてみました。

以下の内容は 2020・2021 年度入学生のアンケート回答に基づくものです。ここで触れられている内容は今後変更となる場合もありますのでご注意ください。

Message from current students

メッセージを書いてくれた先輩 ［文学部］T.K. さん ［社会学部］H.S. さん

大学生になったと実感！

大学生になったなと一番実感したのは，時間割を組むときでした。高校生のときはあらかじめ授業が組まれており，自分のホームルームもある状態でしたが，大学生になった途端にホームルームというものがなくなり，自分の取りたい授業を決められた単位数の中で，日程調整しながら選ぶというスタイルになります。はじめは単位の仕組みなどもわからず手間がかかったのを覚えています。（H.S. さん／社会）

高校は基本的に教えられたことを暗記するということが主になりますが，大学では自分で考えて発言をしたりレポートにまとめたりということが主となります。特に，自分の意見・感想は今まで以上に膨らませて書けるようにならないといけません。単に興味深かった，おもしろかったというような単純なものは通用せず，それだけでは単位はもらえないと思ってください。（T.K. さん／文）

大学生活に必要なもの

大学生として必要なものは，さほど高校生のときとは変わらないと思われます。パソコンは必須です。授業ではあまり使いませんが，課題作成や提出などで使います。授業を受けるときの筆記用具だったりもあまり変わらないです。（H.S. さん／社会）

大学の学びで困ったこと＆対処法

大学の学びの中で最も困ったなと思ったのは，オンライン授業期間中のパソコンの扱い方でした。私は大学が推奨しているパソコンとは違うメーカーのパソコンを使っていたので結構大変でした。おそらくこれからパソコンを使う機会はたくさんあると思いますので，もしできるなら，大学がどのメーカーのパソコンを推奨しているのかをあらかじめ確認しておくとよいと思います。（H.S. さん／社会）

部活・サークル活動

バドミントンのサークルに入っています。基本週１～２回で活動しています。自由参加なので，この日は行けそうにないから行かないでおこうなどの融通もききますし，先輩方も優しいのでとても楽しめています。サークルなどに入ると友達も増えるのでオススメです。（H.S. さん／社会）

交友関係は？

友達とは，初回の授業で近くに座った人などに話しかけることで仲良くなりました。自分から行動しないと置いていかれるのがしんどいなと思います。高校のようにホームルームなどがないので，はじめは苦労することもあるんじゃないかなと思います。（H.S. さん／社会）

普段の生活で気をつけていることや心掛けていること

私は必修科目が１限に入っていることが多いので，朝早く出なければいけません。なので，健康を維持するためになるべく早く寝て，朝が早くても朝ごはんをしっかり食べていくということを心掛けています。（H.S. さん／社会）

いま「これ」を頑張っています

いま頑張っていることはそこまでないのですが，アルバイトと勉強との両立を頑張っていると思います。大学生は単位さえ落とさなければ大丈夫という考え方もあると思いますが，私はやはり大学で学ぶからにはしっかり自分の身につけていきたいなと思うので両立を頑張っています。（H.S. さん／社会）

大学から軽音部に入りベースを練習しています。高校からやってきてとても上手な同級生もいるので，早く上達できるように毎日 10 分でもいいから楽器を弾こうと努力しています。（T.K. さん／文）

おススメ・お気に入りスポット

千里山キャンパスでは「悠久の庭」などは結構人で賑わっています。お昼ご飯を外で買ってきたりして，そこで食べるのはオススメです。大学の食堂も安くて美味しいですよ。(H.S. さん／社会)

入学してよかった！

この大学に入学してよかったなと思うことは，設備が整っているところです。図書館の蔵書数もすごいですし，高校ではあまり見られなかった設備も色々とあったりするのがよいところの一つではないでしょうか。また，個性豊かな友達ができる点もこの大学でよかったなと思うところです。(H.S. さん／社会)

高校生のときに「これ」をやっておけばよかった

私は大学でおもに心理学を学んでいるのですが，高校の授業で心理学を学ぶことはなかなかないので，もう少し本などを読んで勉強しておいてもよかったかなと思いました。ほかにも，私には積極性が足りないので，それを身につけられるような何かをしておけばよかったなと思います。大学では積極性が大切なので，控えめにならずに積極的に物事をなしていくことは大事だと思います。(H.S. さん／社会)

合格体験記

みごと合格を手にした先輩に，入試突破のためのカギを伺いました。入試までの限られた時間を有効に活用するために，ぜひ役立ててください。

（注）ここでの内容は，先輩方が受験された当時のものです。2025 年度入試では当てはまらないこともありますのでご注意ください。

・アドバイスをお寄せいただいた先輩・

Message

K.S. さん　文学部
一般入試全学日程 2024 年度合格，兵庫県出身

部活を秋まで続けて大変だったけど最後まで努力した経験が受験でも役に立ったと思います！

その他の合格大学　関西大（社会安全），立命館大（法〈共通テスト併用〉），京都産業大（法〈公募推薦〉），神戸学院大（法〈公募推薦〉）

Message

H.S. さん　社会学部
一般入試全学日程 2021 年度合格，京都府出身

直前まで粘ることが大切だと思います。最初から無理だと思わないでください。なかなかハードな 1 年でしたが，終わってみるととても達成感があって清々しかったです。

入試なんでもQ&A

受験生のみなさんからよく寄せられる，
入試に関する疑問・質問に答えていただきました。

「赤本」の効果的な使い方を教えてください。

A 赤本は一度夏休みくらいに解いてみて，試験問題の雰囲気をつかみました。その後，自分ができていないところを補強するように心がけ，冬休みにもう一度解いて何点くらい取れるかを把握しました。冬休み以降は共通テスト対策が増えるので，共通テストが終わってから最終確認で赤本を解いていきました。最初のほうはあまり解けていなくて心が折れることもありましたが，対策してからまた別日程のものを解いてみると結構解けるようになっていて，自信にもつながりました。

(H.S. さん／社会)

関西大学を攻略する上で，特に重要な科目は何ですか？

A 関西大学を受けるにあたって，特にあまり差がつかない世界史は高得点勝負なので頑張りました。とにかく教科書に書いてあることはしっかり頭に入れて，関関同立の問題集をひたすら解いていました。そして，私学は英語で差がつくと学校の先生に言われたので，英単語や長文読解の演習にかなり時間を割きました。なので，特に重要な科目は英語だと思います。関西大学の入試問題は難易度がそこまで高くはなく高得点が必要になると思うので，基礎はしっかり身につけておくことが大前提です。

(H.S. さん／社会)

Q 苦手な科目はどのように克服しましたか？

A 英語が本当に苦手でした。最初はとにかく英単語を覚えるところから始めました。『英単語ターゲット 1900』(旺文社)を使い，何周したのかわからないくらい勉強して完璧にしました。長文読解は『関正生の The Rules 英語長文問題集 1 入試基礎』(旺文社)を使って長文を読むときに使えるルールを学ぶことができました。解説に SVO が振ってあるので，それをてがかりに全文が訳せるように徹底的に復習しました。最初は長文を見るのもしんどかったけど，易しい文から始めていくと慣れていき最後はスラスラと読めるようになりました。 (K.S. さん／文)

Q スランプに陥ったとき，どのように抜け出しましたか？

A 関西大学の国語の対策を早くからしていたので問題に慣れて得意になっていたのですが，12 月ぐらいに急に点数が取れなくなってしまい，それが入試直前まで続きました。メンタル的にもキツくなってしまったところで点数を取れていた問題のやり直しと，受験勉強を始めた頃にやっていた参考書に戻って復習をするようにしました。とにかく自信を取り戻すことを意識しました。その効果があってか本番ではある程度の点数を取ることができました。 (K.S. さん／文)

Q 併願をする大学を決めるうえで重視したことは何ですか？ また，注意すべき点があれば教えてください。

A 公募推薦入試で京都産業大学に合格していたので，関西大学と立命館大学に絞って受験することにしました。体力には自信があったので関西大学を 2 日，立命館大学を 2 日，関西大学を 3 日の 7 連続で受験しました。5 日目までは大丈夫でしたが，6 日目からはしんどくて集中力も落ち結果的に不合格になってしまいました。よく連続受験は 3 日が限界と言われますが自分的にも 5 日が限界だったので，体力に自信がない人は連戦はやめておいたほうがよいと思います。 (K.S. さん／文)

試験当日の試験場の雰囲気はどのようなものでしたか？注意点等があれば教えてください。

A　とても静かでした。私は関西大学ではない試験会場だったのですが，みんな勉強道具を開いて，特に暗記系のものをやっていて，周りの人がとても賢く見えて緊張しました。ご飯を食べているときも勉強している感じで，私も置いていかれないように直前まで勉強していました。時計がまったく置かれていない状態だったので，絶対に時計だけは忘れないでください。また，HB の鉛筆しか使えない（0.5 ミリ以上の HB のシャープペンシルは可でした）ので，HB の鉛筆は用意しておいてください。

（H.S. さん／社会）

受験生のときの失敗談や後悔していることを教えてください。

A　後悔していることはたくさんあります。特に，私は国公立大志望だったのですが，共通テストで大コケして私学に切り替えました。勉強時間などは他の人よりも圧倒的に少なかったと思いますし，スマホを触っている時間がとても長かったところもすごく後悔しています。苦手だった数学に関しては，やるのが嫌すぎて後回しにしてしまっていたことはほんとうにもったいなかったと思います。だから，受験生の人たちには苦手な教科は後回しにしないようにしてほしいです。　（H.S. さん／社会）

受験生へアドバイスをお願いします。

A　最初過去問を解いて自分には無理だと諦めそうになりました。そんなときはオープンキャンパスに行ったときのことを思い出して大学に通う自分を想像し，とにかく受かるまで勉強しようと気持ちを切り替えました。模試も判定が悪く，先生からも無理だという感じのことを言われて，見返したいという気持ちで勉強を続けました。勉強していくと壁にぶつかることが何度もあると思うけれど諦めず努力し続けてください！

努力した過程が受験では一番大事だと思うので自分を信じて頑張ってください!!
(K.S. さん／文)

科目別攻略アドバイス

みごと入試を突破された先輩に，独自の攻略法や
おすすめの参考書・問題集を，科目ごとに紹介していただきました。

英　語

下の参考書は，会話文，整序，長文読解と出題形式別になっているので，自分が弱い問題の対策だけを集中して勉強することができてよかったです。
(K.S. さん／文)

おすすめ参考書　『関西大の英語』(教学社)

日本史

関西大学では文化史が多く出題されています。下の参考書をやるとおおよその問題はカバーできると思うので，後は過去問で出てきた文化史の問題をなるべく落とさないようにしてください。
(K.S. さん／文)

おすすめ参考書　『攻略日本史　テーマ・文化史 整理と入試実戦』(Z会)

世界史

教科書の内容は完璧にしてください。細かいところまで出題されます。

(H.S. さん/社会)

おすすめ参考書　『関関同立大 世界史』(河合出版)

国　語

関西大学は問題傾向に特徴があるので，とにかく過去問を解いて慣れることで自分なりの問題の解き方を確立できるようにしました。

(K.S. さん/文)

おすすめ参考書　『関西大学(国語〈3日程×3カ年〉)』(教学社)

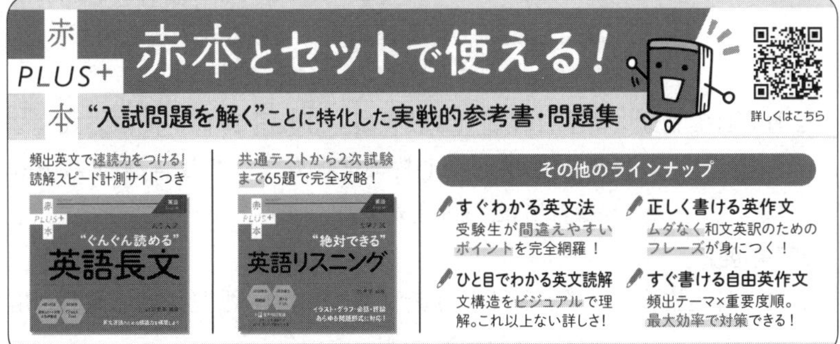

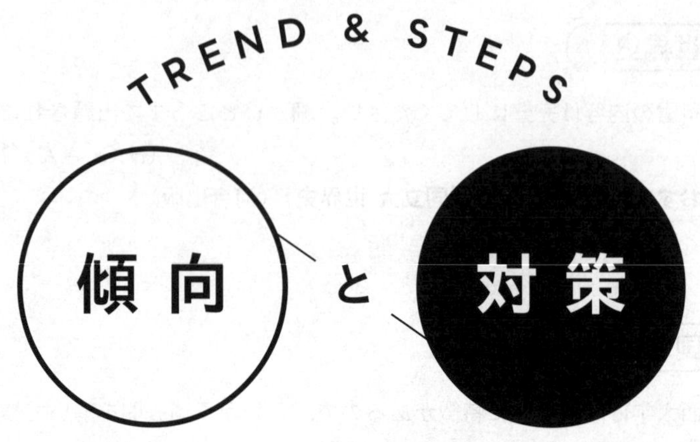

科目ごとに問題の「傾向」を分析し，具体的にどのような「対策」をすればよいか紹介しています。まずは出題内容をまとめた分析表を見て，試験の概要を把握しましょう。

注意

「傾向と対策」で示している，出題科目・出題範囲・試験時間等については，2024年度までに実施された入試の内容に基づいています。2025年度入試の選抜方法については，各大学が発表する学生募集要項を必ずご確認ください。

掲載日程・方式・学部

〔2024・2023年度〕

2月1日実施分：全学日程1（3教科型，2教科型 英語外部試験利用方式，2教科型 英国方式，英数方式〈総合情報〉，国数方式）

2月6日実施分：全学日程2（3教科型，3教科型 同一配点方式，2教科型 英語＋1教科選択方式，2教科型 英数方式〈総合情報〉〈社会安全〉）

〔2022年度〕

2月1日実施分：全学日程1（3教科型，2教科型 英語外部試験利用方式，2教科選択型）

2月6日実施分：全学日程2（3教科型，3教科型 同一配点方式，2教科型 英語+1教科選択方式，2教科型 英数方式〈総合情報〉〈社会安全〉）

試験日が異なっても出題傾向に大きな差はないから過去問をたくさん解いて傾向を知ることが合格への近道

関西大学は，複数の日程から自由に受験日を選ぶことができる全学日程での実施となっています（ただし，総合情報学部は全学日程に加えて学部独自日程を実施)。

大学から公式にアナウンスされているように，**全学日程は試験日が異なっても出題傾向に大きな差はありません**ので，受験する日程以外の過去問も対策に使うことができます。

多くの過去問にあたり，苦手科目を克服し，得意科目を大きく伸ばすことが，関西大学の合格への近道といえます。

関西大学の赤本ラインナップ

Check!

総合版　まずはこれで全体を把握！

✓『関西大学（文系)』

✓『関西大学（理系)』

科目別版　苦手科目を集中的に対策！（本書との重複なし）

✓『関西大学（英語〈3日程×3カ年〉)』

✓『関西大学（国語〈3日程×3カ年〉)』

✓『関西大学（日本史・世界史・文系数学〈3日程×3カ年〉)』

難関校過去問シリーズ

最重要科目「英語」を出題形式別にとことん対策！

✓『関西大の英語〔第10版〕』

英　語

『No. 485 関西大学（英語〈3日程×3カ年〉）』に，本書に掲載していない日程の英語の問題・解答を3日程分収載しています。関西大学の入試問題研究にあわせてご活用ください。

年度		番号	項目	内容
2024 ●	2月1日	〔1〕A	会話文	空所補充
		B	読解	段落整序
		〔2〕	読解	空所補充，内容説明
		〔3〕	読解	同意表現，内容説明，主題
	2月6日	〔1〕A	会話文	空所補充
		B	読解	段落整序
		〔2〕	読解	空所補充，内容説明，主題
		〔3〕	読解	内容説明，同意表現，主題
2023 ●	2月1日	〔1〕A	会話文	空所補充
		B	読解	段落整序
		〔2〕	読解	空所補充，内容説明
		〔3〕	読解	内容説明，同意表現，主題
	2月6日	〔1〕A	会話文	空所補充
		B	読解	段落整序
		〔2〕	読解	空所補充，内容説明，主題
		〔3〕	読解	内容説明，同意表現
2022 ●	2月1日	〔1〕A	会話文	空所補充
		B	読解	段落整序
		〔2〕	読解	空所補充，内容説明
		〔3〕	読解	内容説明，同意表現，主題
	2月6日	〔1〕A	会話文	空所補充
		B	読解	段落整序
		〔2〕	読解	空所補充，内容説明，主題
		〔3〕	読解	内容説明，同意表現，主題

（注）●印は全問，◑印は一部マークセンス法採用であることを表す。

読解英文の主題

年度		番号	主題
2024	2月1日	〔1〕B	世界最大の齧歯類動物,カピバラ
		〔2〕	現代版ヘレン＝ケラー,ハーベン＝ギルマ
		〔3〕	デジタルツインとはどういうものか
	2月6日	〔1〕B	タルトタタン誕生秘話
		〔2〕	古代ローマの戦車レース
		〔3〕	「ナッジ理論」による駅の安全性向上
2023	2月1日	〔1〕B	本を書くということ
		〔2〕	『セサミストリート』の生みの親:ジョーン＝ガンツ＝クーニー
		〔3〕	テレビゲームは社会生活を送るための能力を高める
	2月6日	〔1〕B	グラウンドホッグデー
		〔2〕	驚くべき綱渡りの裏話
		〔3〕	エナジードリンクと睡眠不足
2022	2月1日	〔1〕B	人気上昇,キノア
		〔2〕	ピカソの絵,盗まれる
		〔3〕	文化の一般化とステレオタイプの問題
	2月6日	〔1〕B	知性と文化を持つイルカ
		〔2〕	オーストラリアの日本人コミュニティで活躍する日本人
		〔3〕	料理の文法

長文読解対策を万全に
速読力・精読力の養成を!

01 出題形式は?

例年,両日程とも大問3題で,ほぼ同一のスタイルである。全問マークセンス法による選択問題で,試験時間は90分。

02 出題内容はどうか?

レベル・分量とも,例年ほぼ同程度であり,長文読解問題の占める割合が非常に大きい。

〔1〕はAの会話文と,Bの段落整序問題からなる。Aの会話文は,空

所補充形式で，前後の文脈に合った内容の文を4つの選択肢から1つ選ぶ。Bの段落整序問題は，一つのまとまりのある英文が6つの部分に分けられており，前後のつながりを読み取り，意味が通る英文に並べ替える問題である。最初にくる段落は指定されているので，それを手がかりに，代名詞・冠詞・時間の前後関係などをヒントにする。英文と英文の結束性や，論理構造をつかむ読解力が求められる。

〔2〕〔3〕の読解問題は，空所補充，同意表現，内容説明（指示内容，具体例など），主題などが出題されている。〔2〕の空所補充，〔3〕の同意表現では，語法・文法および語彙の知識を問う問題も出題されている。取り上げられるテーマはバラエティーに富んでおり，現代社会の技術や問題の他，歴史を扱ったものや人物伝も取り上げられている。

03 難易度は？

会話文の問題はレベル・分量とも標準的である。読解問題は英文・設問内容ともに標準レベルといえる。90分の試験時間は妥当といえるであろうが，英文量が多いので速読力が求められる。また，さまざまなテーマの英文が出題されるので，単に英語力だけではなく，論理的に文章を読み進めていくことのできる読解力が不可欠である。

対策

01 長文読解力の養成

長文読解問題は，受験生の英語力を多角的に問うものである。長めの英文を読み進めていく原動力は，まずは語彙力である。基本的な語彙力を確実に知識として蓄え，それと併せてできるだけ多くの英文にあたり，その中で適切な訳語を当てはめながら読み進める訓練をする。まず，『大学入試 ぐんぐん読める英語長文〔BASIC〕』（教学社）などの長文対策用の問題集を用いて，さまざまなテーマの英文（300〜500語程度のエッセー，評論）をできるだけ多く読み，パラグラフ単位で英文内容を把握する練習をしておこう。英文を読む速度，問題を解く方法論が備わってくれば本番に近い 700〜900 語レベルの速読問題を解いて実力アップに努めよう。関西大学の英語の問題は，他の日程も含めて，ほぼ同一のスタイルである。できるだけ過去問にもあたっておこう。

02　語彙力の養成

頻出度の高い語句はしっかり押さえておく。空所補充問題は短文完成の語彙・文法問題と同様の解法が使えることが多いので，文中での語句の意味，語と語の結びつきを通して語彙力をつけておくとよい。また，同意表現の問題に対応できるように，単語や熟語はできるだけ同意語句と併せて覚えておこう。さらに，辞書にある訳語を英文にそのまま当てはめるのではなく，本文の意味・内容をふまえて文脈に合った訳ができてこそ，同意表現の問題の解法に役立つ語彙力であるといえる。そのため，辞書などから短い英文を抜き出してノートに書き出し，その中で語句を覚える習慣を身につけておこう。

03　口語表現に慣れる

会話文問題は必出なので，日常会話のレベルの会話表現は必ず覚えておこう。会話表現に関しては，過去問のみにとどまらず，実用英語技能検定用（2級，準1級レベル）の問題集など多方面の教材を利用し，できるだけ多くの表現に慣れておこう。

関西大「英語」におすすめの参考書

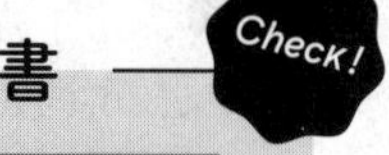

✓『大学入試 ぐんぐん読める英語長文〔BASIC〕』（教学社）

✓『関西大の英語』（教学社）

日本史

『No. 487 関西大学(日本史・世界史・文系数学〈3日程×3カ年〉)』に，本書に掲載していない日程の日本史の問題・解答を2日程分収載しています。関西大学の入試問題研究にあわせてご活用ください。

年度		番号	内容	形式
2024 ●	2月1日	〔1〕	弘仁・貞観文化	選択
		〔2〕	江戸～明治時代前半期の社会・経済	選択
		〔3〕	「稲荷山古墳出土鉄剣銘」「続日本紀」「百錬抄」「方丈記」など―古代～中世の政治史 ⊘史料	選択
		〔4〕	様々な都道府県の歴史 ⊘年表	選択
	2月6日	〔1〕	江戸後期～昭和戦後期の政治・外交	選択
		〔2〕	室町～江戸後期の文化	選択
		〔3〕	「鉄炮記」「教令類纂」「戊戌夢物語」―中世～近世の史料からみる外交 ⊘史料	選択
		〔4〕	原始・古代～近代の小問集合 ⊘地図	選択
2023 ●	2月1日	〔1〕	古墳～飛鳥時代の文化	選択
		〔2〕	江戸～明治時代前半期の社会・経済	選択
		〔3〕	「邪馬台国」「遣唐使の停止」「日明貿易」ほか―古代～中世の外交史 ⊘史料	選択
		〔4〕	世界遺産からみた政治・経済・文化	選択
	2月6日	〔1〕	明治～昭和戦後期の政治	選択
		〔2〕	飛鳥・白鳳文化	選択
		〔3〕	「分国法」「太閤検地」「相対済し令」―中世～近世の史料からみる社会経済 ⊘史料	選択
		〔4〕	古代～近代の小問集合 ⊘地図	選択

年度	日程	番号	内容	形式
2022 ●	2月1日	〔1〕	平安時代の文化	選 択
		〔2〕	江戸～明治時代初期の対外関係	選 択
		〔3〕	「地租改正条例」「それから」「国民所得倍増計画」―近現代の小問集合 ⊘史料	選 択
		〔4〕	世界遺産からみた古代～現代	選 択
	2月6日	〔1〕	明治～昭和戦後期の貨幣・金融史	選 択
		〔2〕	江戸～明治時代の教育史	選 択
		〔3〕	「大化改新」「三善清行意見封事十二箇条」「守護・地頭の設置をめぐる交渉」ほか―古代～中世の小問集合 ⊘史料	選 択
		〔4〕	足利義持・徳川吉宗・西園寺公望の人物史 ⊘地図	選 択

(注) ●印は全問,◑印は一部マークセンス法採用であることを表す。

傾向 史料問題は必出,地図や地名に注意

01 出題形式は?

例年,大問4題,試験時間は60分。解答個数は50個で,全問選択式のマークセンス法となっている。語群選択や三者択一形式での空所補充問題を中心に,語句の選択問題も出題されている。また,年表や地図を用いた問題が出題されている。なお,他の日程では視覚資料を用いた問題も出題されている。

なお,2025年度は出題科目が「歴史総合(主に日本史分野),日本史探究」となる予定である(本書編集時点)。

02 出題内容はどうか?

時代別では,(原始・)古代から近現代までまんべんなく出題されている。

分野別では,政治,外交,社会経済,文化の各分野から出題されているが,文化の比重がやや高いのが特徴である。学習が不十分になりがちな近現代の文化史も出題されており,注意したい。図説や資料集にもあたって,美術作品や建築物の写真も日頃からチェックしておこう。

史料問題は毎年出題されている。なじみの薄い史料から出題されることもあるが，大半は史料を知らなくても正解が導けるように配慮されている。史料を素材にして関連した知識を問う問題が中心だが，史料の読解を求める問題もみられる。

また，問題文に示された遺跡・城柵・寺院などの文化遺産が所在する位置を地図中から選んだり，都道府県名を問う問題が出題されることが多い。

03 難易度は？

全体として基本知識を問う問題が中心だが，一部には教科書の掲載頻度が低いものや判断に迷う設問もみられる。全問マークセンス法ではあるが，地図を用いるなど難度が下がらないように工夫された出題もみられる。とはいえ，大半は教科書レベルの出題である。基本事項を確実に学習していれば合格点は確保できるであろう。難問の検討に十分な時間を割けるよう，時間配分を工夫しよう。

対策

01 教科書学習の徹底を

教科書の内容を超える出題も一部にみられるが，教科書の知識に基づく問題を解答できれば合格点は確保できる。逆に，こうした問題を取りこぼすと差がついてしまうので，ケアレスミスには十分注意する必要がある。学習にあたっては，まず教科書の精読が基本となる。このとき，『日本史用語集』（山川出版社）などの用語集を併用することで知識のさらなる定着を図ることができる。用語集の記述によく似た文章も問題文にみられるので，日頃から目を通しておくのが有効である。重要な歴史用語や著名人物については，単に暗記するのではなく，歴史事象の内容と関連づけながら正確に覚えていくようにしよう。

02 過去問の研究を

他日程も含め，ここ数年，近代経済史や近世・近現代の文化など特定の分野の問題や，地図や史料を用いた問題が出題されている。また，過去に同じ内容を問う問題や類題が出題されており，過去問の研究は重要である。さらに，出題形式は全日程を通じて共通しているので，本シリーズを活用して，こうした出題に対応できるようにしておきたい。

03 文化史の対策を

例年，文化史の出題比重が高いことが特徴である。近世・近現代の文化も出題されることが多い。教科書学習と併行して図説・資料集にも丹念に目を通しておきたい。文化史は受験生が後回しにしておろそかにしがちな分野であるが，きちんと押さえておきたい。市販の参考書なども利用してしっかり学習しておこう。

04 史料に目を通す

史料問題は必出といえる。初見史料も出題されるが，史料中の語句からその史料が何について書かれているかを判断できれば問題ない。最低でも教科書に掲載されている史料に関しては，一読して何の史料かを判断できるようにしておいた上で，『詳説 日本史史料集』（山川出版社）などの市販の史料集に一通り目を通しておくと心強い。また，史料の読解を求める問題もみられ，過去に出題された史料が繰り返し出題されることもあるので，本シリーズを用いて過去問の史料を精読し，史料中にあるキーワードを見つけ出す練習をしておこう。史料の出典や関連知識にも目を通しておきたい。

05 地理的な知識を蓄えよう

歴史地理的な知識を問う問題も出されている。今後もこうした出題は予想されるので，教科書に載っている地図はもちろんのこと，図説・資料集などを活用して，事件の起こった場所，施設や寺院・神社などがあった場所を意識的に学習しておきたい。旧国名と現在の都道府県名を比較して把握しておこう。

06 出来事の時期を意識しよう

他日程も含めると，歴史上の出来事の時期を年表で判断する問題も頻出である。地理的な知識を問う問題と並んで，今後も出題される可能性がある。ここでいう「時期」とは，「西暦年代」をひたすら覚えるという行為ではない。奈良時代や鎌倉時代などの「時代区分」や飛鳥文化や白鳳文化などの「文化区分」を意識して，時期のイメージをつかむということである。日々の日本史の勉強において，一問一答形式に終始しがちな中で，数多くの過去問にあたり，少しでも時期や地理の重要性を考えながら勉強に取り組んでほしい。

世界史

『No. 487 関西大学(日本史・世界史・文系数学〈3日程×3カ年〉)』に，本書に掲載していない日程の世界史の問題・解答を2日程分収載しています。関西大学の入試問題研究にあわせてご活用ください。

年度		番号	内容	形式
2024 ●	2月1日	〔1〕	古代オリエント世界	選択
		〔2〕	清末の中国	選択
		〔3〕	ハンガリー史	選択
		〔4〕	唐宋時代の北方民族	選択
	2月6日	〔1〕	春秋・戦国時代から唐までの中国文化史 ⊘**視覚資料**	選択
		〔2〕	プロイセン王国の歴史	選択
		〔3〕	元号・干支と世界史	選択
		〔4〕	疫病と世界史	選択・正誤
2023 ●	2月1日	〔1〕	中国の儒教・仏教・道教	選択
		〔2〕	11〜20世紀ヨーロッパの都市と交易	選択・正誤
		〔3〕	朝鮮人の移住・移民の歴史	選択・配列
		〔4〕	古代から現代にいたる中東の歴史	選択・正誤
	2月6日	〔1〕	中国と中央アジアの諸民族 ⊘**地図**	選択
		〔2〕	両大戦期の欧米	選択・正誤
		〔3〕	8世紀以降の東南アジア史	選択
		〔4〕	古典古代とルネサンス	選択
2022 ●	2月1日	〔1〕	中国仏教史	正誤・選択
		〔2〕	19世紀後半〜20世紀前半のアメリカ	選択
		〔3〕	成都・武漢・広州の歴史	選択
		〔4〕	ビザンツ帝国と周辺諸国	選択
	2月6日	〔1〕	唐と東西交易 ⊘**視覚資料**	選択
		〔2〕	19世紀後半における科学技術の発展，アフリカの植民地化と独立	選択
		〔3〕	18世紀から20世紀初頭の中国と東南アジア	選択
		〔4〕	古代オリエント世界とギリシア	選択・正誤

(注) ●印は全問，◐印は一部マークセンス法採用であることを表す。

空所補充を中心に，正誤判定問題も出題

01 出題形式は？

例年，大問４題の出題で解答個数50個，全問マークセンス法となっている。設問は，空所補充形式が中心で，短文の正誤判定問題，下線部の正誤判定問題，地図や視覚資料を用いた問題なども出題されている。試験時間は60分。

なお，2025年度は出題科目が「歴史総合（主に世界史分野），世界史探究」となる予定である（本書編集時点）。

02 出題内容はどうか？

地域別では，欧米地域とアジア地域から２題ずつが基本となっているが，多地域混合問題も出題されており，年度によって変化している。

アジア地域では，例年，中国史の大問が出題されることが多く，2023・2024年度ともに，両日程でそれぞれ大問で出題された。中国史以外では，2022年度は２月６日実施分〔３〕で東南アジア，2023年度は，２月１日実施分〔３〕で朝鮮，２月６日実施分〔３〕で東南アジア，2024年度は，２月１日実施分〔１〕で古代オリエントが出題されている。

欧米地域では，西ヨーロッパが中心であるが，2022年度２月１日実施分〔４〕「ビザンツ帝国と周辺諸国」，2024年度２月１日実施分〔３〕「ハンガリー史」，２月６日実施分〔２〕「プロイセン王国の歴史」のように，周辺部の地域からも出題されている。また，2022年度２月６日実施分〔２〕は植民地化したアフリカからの出題であった。

時代別では，古代から近現代まで幅広く出題されており，時代的な偏りは少ない。第二次世界大戦以降の出題も多く，2022年度２月６日実施分では，アフリカの第二次世界大戦後の動向，2023年度２月１日実施分では，中世から現代にいたるヨーロッパの都市について問われた。

分野別では，政治史・外交史関係が中心ではあるが，文化史からの出題も多い。2022年度２月１日実施分〔１〕で「中国仏教史」，２月６日実施分〔2〕で「科学技術の発展」, 2023 年度 2 月 1 日実施分〔1〕「中国の儒教・仏教・道教」が出題された。また, 経済史に重点をおいた問題もみられるほか, 2023 年度 2 月 1 日実施分〔3〕で「朝鮮人の移住・移民の歴史」, 2024 年度 2 月 6 日実施分〔3〕で「元号・干支と世界史」,〔4〕で「疫病と世界史」といった特定のテーマも問われている。さらに, 都市名など地理的な知識を要求される問題もよくみられる。

03 難易度は？

やや難しい問題も散在しているが, おおむね標準的問題である。教科書レベルの内容は正確に解答できる力を身につけておきたい。また受験生の苦手とする文化史関連も多い。年度によっては正誤判定問題で「正しければ(ア)をマークし, 誤っている場合は最も適当なものを…マークしなさい」という正誤法が出題されることもあり, 幅広く正確な知識が求められる。空所補充問題がほとんどなので, リード文を読む時間を考慮したうえで, 時間配分を行いたい。各大問 15 分以内で余裕をもって解答し, 見直しの時間を確保しよう。

対策

01 まず教科書のマスターを

教科書レベルの知識を問う設問が多いこと, 空所補充問題が多いことなどから, 文章の前後のつながりに注意しながら教科書を精読し, 教科書の事項を脚注・写真・地図も含めてしっかりと身につけることが大切である。また, 理解が不十分な事項については『世界史用語集』(山川出版社) などで調べ, その説明文を読んで確認することも大切である。

02 歴史地図で確認する習慣を

国名や都市名, さらには山脈や海, 河川など, 地理的な知識がキーポイントになるような問題もよく出題されている。都市を中心に，教科書に出ている地名を歴史地図で確認する習慣をつけよう。トルキスタンやガリアなどのように，現在の地図にはない歴史的な地域名も重要である。また，コンスタンティノープルや大都など歴史的な都市の場合，名称の変遷も確認しておくこと。さらに，中国の歴代王朝やイスラーム王朝などの版図とその変遷などもしっかり理解しておきたい。

03 文化史と経済史の対策は万全に

文化史は年度によってはウエートが大きく，踏み込んで問われることもある。地域別，時代別に整理して学習しておきたい。美術作品や建築物については教科書や図説の写真にも目を通しておくこと。政治史などと絡めて問われることもあるので，その書物や芸術作品や科学技術が生まれた時代背景を理解しながら覚えていく必要がある。問題集としては，『体系世界史』（教学社）など，歴史の流れと文化史の両方が学習できるものに取り組むとよいだろう。また経済史の問題も出題されている。世界史の学習の中で，経済史のウエートは大きいとはいえないが，これについても十分に注意しておきたい。

04 過去問や類題の研究を

空所補充中心の出題形式，教科書レベルの標準的問題中心の難易度など，例年同じような傾向である。また，全日程を通じて出題形式や内容，難易度に共通性があるので，できるだけ多くの過去問に取り組んでおきたい。

地　理

年　度		番号	内　容	形　式
2024 ●	2月1日	〔1〕	乾燥に関する諸問題　**⊘グラフ・視覚資料**	正誤・選択
		〔2〕	長野県軽井沢町付近の地形図読図　**⊘視覚資料・地形図・図・統計表**	選択・計算・正誤
		〔3〕	村落と都市	選　択
		〔4〕	北ヨーロッパ地誌	正　誤
	2月6日	〔1〕	環境問題　**⊘統計表**	選択・正誤
		〔2〕	世界と日本のエネルギーと資源　**⊘グラフ・地図・統計表**	選択・正誤
		〔3〕	世界の民族・紛争・領土問題　**⊘地図**	選　択
		〔4〕	東南アジア地誌　**⊘グラフ**	選択・配列
2023 ●	2月1日	〔1〕	湖沼と関連する用語・地名	選　択
		〔2〕	新居浜市付近の地形図読図　**⊘地形図・視覚資料・図**	選　択
		〔3〕	資源・エネルギー	正　誤
		〔4〕	日本の離島　**⊘地図**	選択・正誤
	2月6日	〔1〕	台地の特色と利用　**⊘地図・統計表・グラフ**	正誤・配列・選択
		〔2〕	主要国の貿易　**⊘統計表・グラフ**	選択・配列
		〔3〕	世界や日本の人口	正　誤
		〔4〕	東アジア地誌　**⊘地図**	選択・正誤
2022 ●	2月1日	〔1〕	山地等の地形　**⊘地図・視覚資料**	正誤・選択・計算
		〔2〕	世界の水産資源と水産業　**⊘地図・統計表・グラフ**	選　択
		〔3〕	第三次産業　**⊘グラフ・統計表**	選　択
		〔4〕	中央ヨーロッパ地誌　**⊘地図・統計表**	選　択
	2月6日	〔1〕	気候地形区の諸相　**⊘地図**	選　択
		〔2〕	国家・領域　**⊘視覚資料**	選択・計算
		〔3〕	地理情報と地図　**⊘地図**	正誤・選択
		〔4〕	北アメリカ地誌	正　誤

(注)　●印は全問，◐印は一部マークセンス法採用であることを表す。

教科書準拠の基本事項重視
地名問題頻出，地誌問題への対応を

01 出題形式は？

例年，大問４題の構成で，すべてがマークセンス法となっている。地図・地形図・統計表などの資料が用いられることが多い。正誤問題は，2022年度以降毎年出題されているので注意したい。試験時間は60分。

なお，2025年度は出題科目が「地理総合，地理探究」となる予定である（本書編集時点）。

02 出題内容はどうか？

例年，大問４題のうち３題は系統地理，１題は地誌の分野から出題されることが多いが，特定の地域を設定せずに地誌的に問う総合問題が出題されることもある。用語や地名についての知識を求める問題が中心で，大半は教科書準拠の基礎的事項を問うものだが，2022年度２月６日実施分〔１〕の気候地形区分図の判読のように，一部に詳細な知識や分析力を問うものも含まれている。また，2023年度２月１日実施分〔２〕，2024年度２月１日実施分〔２〕のように地形図読図問題も出題されることがあるので，基本的な読図力を身につけておく必要がある。

03 難易度は？

例年，一部にやや詳細な知識が要求される問題も含まれるが，基礎的事項が中心であり，それらをケアレスミスなく解答することが肝心である。統計判定問題や地形図の読図に落ち着いて取り組めるよう，それ以外の問題はなるべく短時間で処理したい。

01 基本事項を確実に

出題の大半は基本レベルの事項なので，教科書をすみずみまで徹底して読みこなし，高校地理の基本事項をしっかりと理解することが大切である。教科書では系統地理分野での各事項の扱いが少なくなっているので，『新編 地理資料』（東京法令出版）などの資料集を併用しての学習が望まれる。各分野の重要な地理用語については，『地理用語集』（山川出版社）などを活用して定義や具体例の確認をしておこう。

02 地名に強くなる

地名に関する理解を問う問題が多い。したがって，学習の際に出てくる地名は必ず地図上で位置を確認する習慣をつけること。また，白地図に中心となる緯線・経線や重要な都市名・地形名（山脈・河川・湖沼・島嶼など）を記入する学習を積み重ねておく必要がある。

03 統計資料の検討を

2023年度2月6日実施分の〔2〕主要国の貿易，2024年度2月6日実施分〔4〕問5，問7では，『データブック オブ・ザ・ワールド』（二宮書店）をもとに出題されている。学習の際には，『データブック オブ・ザ・ワールド』などの統計集にこまめに目を通すようにしたい。「なぜこれらの国々が上位になるのか」といったことを考えながら，統計の背後にある地理的事象を考えることが大切である。また，各種生産物の上位国や主要国の面積・人口・1人あたりGDP（GNI）などの概数を知っておくと，思わぬところで役に立つ場合もある。できれば，『日本国勢図会』『世界国勢図会』（ともに矢野恒太記念会）の解説にも目を通しておきたい。

04 地形図学習もしっかりと

2023 年度 2 月 1 日実施分〔2〕, 2024 年度 2 月 1 日実施分〔2〕では大問として，地形図の読図が出題されている。等高線の読み方と縮尺判断や地図記号の意味など，読図の基本的知識を押さえるだけでなく，地形と土地利用の関係，地名と歴史事象の関係などについても理解を広げておきたい。なお，2022 年度 2 月 1 日実施分〔1〕問 4，2024 年度 2 月 1 日実施分〔2〕問 1 ①のように，陰影起伏図（レリーフマップ）や，2022 年度 2 月 1 日実施分〔1〕問 3，2022 年度 2 月 6 日実施分〔3〕問 4 のように地理院地図から作成した地図，2023 年度 2 月 6 日実施分〔1〕問 2 のように等高線図を使用した出題がみられた。しっかり準備しておきたい。

05 過去問に取り組む

全日程を通じて出題形式や内容・傾向が類似しているので，できるだけ多くの過去問を解いてみることをすすめる。関西大学特有の傾向とレベルを知ることによって，今後の学習プランが立てやすくなり，実戦力向上にも直結する。

政治・経済

年度		番号	内容	形式
2024 ●	2月1日	〔1〕	政治における女性の活躍	選択
		〔2〕	市場の失敗	選択
		〔3〕	バブル経済崩壊と失われた10年	選択
		〔4〕	刑事裁判の原則	選択
	2月6日	〔1〕	基本的人権	選択
		〔2〕	インフレーションとデフレーション	選択・計算
		〔3〕	労働法と日本型雇用システム	選択
		〔4〕	日本の農業	選択
2023 ●	2月1日	〔1〕	難民	選択
		〔2〕	経済主体	選択
		〔3〕	労働問題	選択
		〔4〕	ビジネスと人権	選択・正誤
	2月6日	〔1〕	ヤングケアラー	選択・正誤
		〔2〕	企業と資金調達	正誤・選択
		〔3〕	オリンピックと世界情勢	選択
		〔4〕	GDPと経済成長，景気循環	選択
2022 ●	2月1日	〔1〕	言論・表現の自由	選択
		〔2〕	自由貿易体制	選択
		〔3〕	東シナ海の対立	選択
		〔4〕	日本の中小企業	選択
	2月6日	〔1〕	日本国憲法と外国法	選択
		〔2〕	近代経済思想史	選択
		〔3〕	選挙制度	選択
		〔4〕	日本銀行の金融政策	選択・計算

(注) ●印は全問，◑印は一部マークセンス法採用であることを表す。

基本事項の理解を問う 時事問題に注意！

01 出題形式は？

大問 4 題で，解答個数は 40〜50 個程度，全問マークセンス法となっている。試験時間は 60 分。出題の形式は，語句選択問題と正文・誤文選択問題，空所補充問題などオーソドックスなものが中心である。また，計算問題も出題されている。

02 出題内容はどうか？

年度により出題分野が偏ることもあるが，おおむね「政治・経済」の全分野からバランスよく出題されている。時事的な問題としては，2024 年度は近年のイギリス政治，地域別最低賃金，マイナス金利，袴田事件について出題された。また，2023 年度は夫婦別姓訴訟や東京オリンピック，パリ協定復帰，コロナ禍での働き方の変化について出題されている。近年，関西大学ではこうした時事的な問題が増えているので，教科書だけでなく，資料集を活用したり，新聞・テレビのニュースなどをチェックして，知識を補っておきたい。

03 難易度は？

教科書の範囲を超える問題は少ない。ただし，憲法の条文や法律，判例に関する出題もみられるため，十分な理解が求められ，難度が高めである。2024 年度は法律についてのかなり細かな出題がなされるなど，傾向が変化してきている。まずは教科書の内容をしっかり学習すること。その上で，資料集を参照したり普段からニュースをチェックするなどして，時事問題や，論理的思考力を問う問題にも対応できる力をつけておきたい。60 分の試験時間に不足はないと思われるが，これらの問題に十分時間が割けるよう，時間配分を工夫しよう。

01 教科書の徹底理解を

まずは教科書レベルの基本事項をしっかり押さえたい。教科書を繰り返し読み，サブノートにまとめたり，区切りのよいところで基本レベルの問題集を解いて確認したりすると効果的である。日頃の授業を大切にして不明なところは先生に質問し，『用語集 公共＋政治・経済』（清水書院）や一問一答式の問題集などで用語の意味を正確に理解したい。一部の難問を除けば，教科書の基礎知識を押さえることで正解を得られるだろう。

02 時事問題に関心を

時事問題は，何がどのように出されるかという傾向は読み取りにくいし，まとまった学習もしにくい。これに対処するには，テレビニュースや新聞，インターネットを通してできるだけ社会の出来事に関心をもち，それを「政治・経済」の知識に結びつけるよう，日頃から習慣づけることである。入試で取り上げられる時事問題は，盛んに報道された出来事が多い。新聞の社説や解説，テレビのニュース解説番組などは進んで活用したい。経済についての理解を深め，時事がよくわかるようになるために，『池上彰のやさしい経済学 1・2』（日本経済新聞出版，池上彰著）などを読んでみるのも良いだろう。

03 過去問の研究を

すべて選択法による出題となっているので，過去問を通してこの形式の問題に数多くあたっておくとよい。出題内容や傾向が類似している他日程の過去問も，本シリーズを活用してぜひ解いておきたい。

数　学

『No. 487 関西大学（日本史・世界史・文系数学〈3日程×3カ年〉)』に，本書に掲載していない日程の数学の問題・解答を2日程分収載しています。関西大学の入試問題研究にあわせてご活用ください。

年度		区分	番号	項目	内容
2024	2月1日	3教科型・2教科型(英語外部試験利用方式)	〔1〕	高次方程式	相加・相乗平均，相反方程式の解法　⊘証明
			〔2〕	積分法	定積分で表された関数
			〔3〕	ベクトル	ベクトルの内積，2つのベクトルのなす角
		2教科型	〔1〕	ベクトル，数列	平面ベクトルの図形への応用，等比数列の和　⊘証明
			〔2〕	積分法	x 軸と放物線で囲まれた部分の面積
			〔3〕	確率	4人でじゃんけんをするときの確率
			〔4〕	図形と方程式	点と直線との距離，直線の媒介変数表示
	2月6日	3教科型ほか*	〔1〕	微分法	3次関数のグラフとその接線
			〔2〕	三角関数	正弦定理，2倍角の公式，三角不等式
			〔3〕	高次方程式	因数定理，2次方程式の解の理論
		英数方式〈総合情報〉	〔1〕	三角関数	2倍角・3倍角の公式，三角方程式・不等式
			〔2〕	積分法，対数関数	x 軸と放物線で囲まれた部分の面積，対数の計算
			〔3〕	ベクトル，確率	サイコロを3回投げたときに，ある条件に合う確率
			〔4〕	三角関数	加法定理，2直線のなす角
2023	2月1日	3教科型・2教科型(英語外部試験利用方式)	〔1〕	三角関数	三角関数の最大・最小
			〔2〕	数列	1の3乗根，数列の漸化式
			〔3〕	図形と方程式	不等式と領域，円と直線　⊘図示
		2教科型	〔1〕	三角関数，微分法	三角関数の最大・最小，区間における3次関数の最大・最小
			〔2〕	三角関数	三角比の図形への応用，三角関数の最大・最小
			〔3〕	整数の性質，確率	倍数，連続する整数の積，確率の計算
			〔4〕	2次関数	恒等式，区間における2次関数の最大・最小

年度	日程	方式	番号	項目	内容
	2月6日	3教科型ほか*	〔1〕	三角関数	三角比の図形への応用，余弦定理，正弦定理，加法定理
			〔2〕	微分法	3次関数のグラフと接線の方程式
			〔3〕	整数の性質	ユークリッドの互除法と不定方程式
		英数方式〈総合情報〉	〔1〕	微・積分法	3次関数のグラフと放物線の囲む部分の面積
			〔2〕	数列	階差数列，数列の和
			〔3〕	ベクトル	ベクトルの空間図形への応用
			〔4〕	確率	コインを投げるときの確率，数列の和
2022	2月1日	3教科型・2教科型（英語外部試験利用方式）	〔1〕	2次方程式	解と係数の関係，2次関数の最小値
			〔2〕	数列	連立漸化式の解法
			〔3〕	微分法，対数関数	3次方程式の極値，3次不等式，対数不等式
		2教科選択型	〔1〕	場合の数	最短経路の個数
			〔2〕	積分法	絶対値を含む1次関数，直線と放物線で囲まれた部分の面積
			〔3〕	数列，確率	隣接2項間漸化式，サイコロを2回投げるときの確率
			〔4〕	三角関数	三角関数の最大・最小
	2月6日	3教科型ほか*	〔1〕	対数関数	3次不等式，対数不等式
			〔2〕	積分法	放物線とその2つの接線で囲まれる部分の面積
			〔3〕	数列	隣接3項間漸化式の解法　⊘証明
		2教科型（英数方式〈総合情報〉）	〔1〕	ベクトル，積分法	空間ベクトル，内積，定積分の計算　⊘証明
			〔2〕	数列，積分法	数列の和と定積分，放物線と直線で囲まれた部分の面積
			〔3〕	図形と方程式，確率	円の方程式，復元抽出の確率
			〔4〕	数列	対数で表された数列，2項間漸化式の解法

＊3教科型，3教科型（同一配点方式），2教科型（英語＋1教科選択方式），2教科型（英数方式〈社会安全〉）

出題範囲の変更

2025年度入試より，数学は新教育課程での実施となります。詳細については，大学から発表される募集要項等で必ずご確認ください（以下は本書編集時点の情報）。

2024年度（旧教育課程）	2025年度（新教育課程）
数学Ⅰ・Ⅱ・A・B（数列，ベクトル）	数学Ⅰ・Ⅱ・A・B（数列）・C（ベクトル）

旧教育課程履修者への経過措置

2025年度は，旧教育課程履修者に不利にならないように配慮した出題を行う。

教科書レベルの標準問題を幅広く出題

01 出題形式は？

総合情報学部の 90 分で実施されている方式（2 教科型 英数方式〈総合情報〉・国数方式）は大問 4 題，その他の 60 分で実施されている方式は大問 3 題の出題となっている。いずれも 2 題が答えのみを記入する空所補充形式で，そのほかは計算過程も求められる記述式である。記述式では，図示問題や証明問題が出題されることもある。

02 出題内容はどうか？

微・積分法，ベクトル，数列，三角関数からの出題がやや目立つが，数年を通してみると，各分野から満遍なく出題されている。また，複数分野からの融合問題が出題されることもあり，幅広い知識と総合力が求められているといえよう。

03 難易度は？

標準的な問題の出題が続いている。教科書の章末問題のレベルであり，基本事項をしっかり学習していれば十分対応できる。1 題を 20 分弱で処理して見直しの時間も取りたい。計算ミスなどがなければ高得点をねらえるだろう。

対策

01 基本事項の整理

記号・用語の定義，公式・定理などの確実な理解からはじめ，基礎力を十分身につけておくのがまず第一。教科書の章末問題までは確実に押さえ，教科書傍用問題集も１冊は仕上げて，基本的・標準的な問題に対しては公式・定理をすぐ使えるようにしておくことが大切である。

02 記述式答案に慣れること

単に答えを出すだけでなく，論理的に筋の通った答案が書けるように日頃から訓練しておく必要がある。また，記述式の答案は，答えを導くまでの過程が採点者に伝わるかどうかが大切なので，学校の先生に自分の答案を添削してもらうのもよいだろう。

03 計算力の養成

空所補充問題では計算ミスは許されない。十分なスペースをとって工夫しながら計算すること。また，検算も忘れないこと。速く，正確な計算力を養っておきたい。

04 過去問の研究

問題の難易度や設問のパターンを知るには，やはり過去問にあたることが有効である。関西大学では，他日程でも似通ったレベル・内容の問題が出題されているので，他日程の過去問も大いに参考になるだろう。

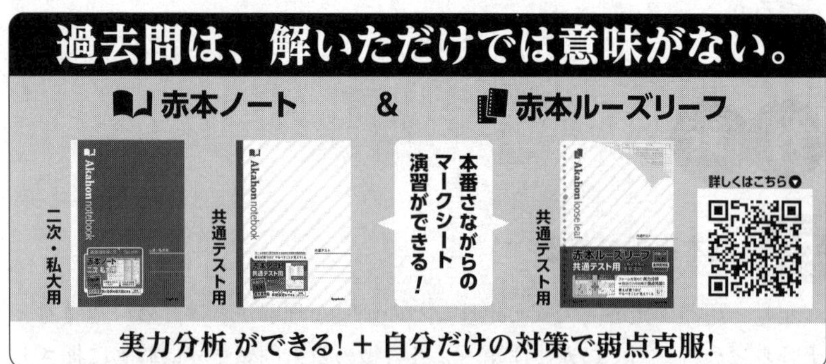

国　語

『No. 486 関西大学（国語〈3日程×3カ年〉）』に，本書に掲載していない日程の国語の問題・解答を3日程分収載しています。関西大学の入試問題研究にあわせてご活用ください。

年度	区分	番号	種　類	類別	内　容	出　典
2024	2月1日◑	〔1〕	現代文	評論	内容説明，書き取り **記述**：書き取り，内容説明（50字）	「人権と国家」筒井清輝
		〔2〕	古　文	物語	内容説明，和歌解釈 **記述**：口語訳	「源氏物語」紫式部
	2月6日●	〔1〕	現代文	評論	内容説明，書き取り	「可能性としての戦後以後」加藤典洋
		〔2〕	古　文	擬古物語	内容説明，和歌解釈	「雲隠六帖」
2023	2月1日◑	〔1〕	現代文	評論	内容説明，書き取り **記述**：書き取り，内容説明（50字）	「グロテスクな教養」高田里惠子
		〔2〕	古　文	物語	内容説明，和歌解釈，和歌修辞 **記述**：口語訳	「堤中納言物語」
	2月6日●	〔1〕	現代文	評論	内容説明，書き取り	「大学は何処へ」吉見俊哉
		〔2〕	古　文	物語	内容説明，和歌解釈	「源氏物語」紫式部
2022	2月1日◑ 3教科型・2教科型（英語外部試験利用方式）	〔1〕	現代文	評論	内容説明，書き取り **記述**：書き取り，内容説明（50字）	「プライバシーという権利」宮下紘
		〔2〕	古　文	物語	内容説明 **記述**：口語訳	「源氏物語」紫式部
	2月1日◑ 2教科選択型	〔1〕	現代文	評論	内容説明，書き取り，段落区分，表題 **記述**：書き取り，内容説明（50字）	「プライバシーという権利」宮下紘
		〔2〕	〈3教科型・2教科型（英語外部試験利用方式）〉〔2〕に同じ			

2月6日●	〔1〕	現代文	評論	内容説明，書き取り	「近代化と世間」 阿部謹也
	〔2〕	古　文	物語	内容説明	「源氏物語」 紫式部

(注) ●印は全問，◑印は一部マークセンス法採用であることを表す。
2022 年度：2 教科選択型〔1〕は，同一日程の 3 教科型・2 教科型（英語外部試験利用方式）〔1〕と一部を除き共通問題。

内容説明中心の設問
現代文・古文ともに読解力が問われる

01　出題形式は？

いずれの日程も，現代文・古文各 1 題で計 2 題の出題となっている。試験時間は 75 分。

全学日程 1（2 月 1 日実施分）はマークセンス法と記述式の併用であり，大部分はマークセンス法による選択問題であるが，現代文では漢字の書き取りと 50 字の内容説明問題が，古文では口語訳が記述式で出題されている。

全学日程 2（2 月 6 日実施分）はマークセンス法による選択問題のみの出題だが，設問形式は全学日程 1 の選択問題とほぼ同様である。

02　出題内容はどうか？

現代文：評論からの出題が多く，内容的にはメディア，心理，教育，政治経済など幅広いテーマから出題されている。出題内容は記述式，マークセンス法とも内容説明が中心であるが，問題文に傍線を施さない形で出題されている。漢字の書き取り問題が毎年出題されている。空所補充などの部分的な設問は出題されておらず，文章全体が読めているか，文章の主旨が把握できているかを問う良問が多い。

古　文：中古・中世の作品からの出題が多い。ジャンルは物語からの出題が多く，比較的長い文章が出題されている。設問は，文法や語意などの正確な知識を土台とした内容の理解を問う問題が中心であるが，設問そのものが文章読解の手助けともなるので，本文を一読して理解できなくても，落ち着いて考えれば正解にたどり着ける。口語訳以外は傍線を施さない形式なので，該当箇所を見つけて答えていく必要があるが，その箇所の重要語句，重要表現を正確に訳せば解答できるものが多い。

03 難易度は？

例年，設問内容と選択肢については標準的なものが出題されている。問題文自体の難易度によるところはあるが，全体として標準レベルの出題である。解答の根拠は本文にあり，長めの本文と選択肢をすばやく読み進める処理力が必要だろう。

対策

01 現代文

評論対策として，日頃から新書やブックレットなど手近な評論に親しんでおくことが必要である。また，最近の書籍や雑誌からの出題も多いので，時事問題に興味をもって新聞のコラムや文化欄などに目を通すことを心がけよう。関西大学ならではの形式での出題が続いているので，『関西大学(国語〈3日程×3カ年〉)』(教学社) を使って他日程の過去問を解いてみるのも効果的である。正解の選択肢には必ず本文中に根拠となる記述があるので，丁寧に本文の表現や文脈と照らし合わせて，確実に読む力をつけよう。記述式の対策としては，着眼箇所の特定や置き換えなど，解答作成の手順をきちんと踏まえる練習を積んでおきたい。

02 古　文

基本的には中古・中世の作品で物語性のあるものが出題の中心であるが，ジャンルを問わずさまざまな作品を読んでおくこと。そこで基本古語，助動詞・助詞を中心にした文法事項，敬語法などを身につけよう。比較的長文が出題されることが多いので，文章全体の概要をさっとつかめるような練習をしておきたい。古文についても，関西大学の問題にできるだけ多くあたることが有効である。和歌を中心にした文章もよく出題されているので，和歌の解釈や修辞には慣れておく必要があるだろう。さらに，いわゆる古典常識についても，国語便覧などを使ってこつこつと知識を身につけておこう。また，和歌や古典常識に関する問題を多数収載している『大学入試 知らなきゃ解けない古文常識・和歌』(教学社) を使って，実戦的な演習をしておくとよい。また，『源氏物語』が頻出しているので，国語便覧などで必ずあらすじや登場人物を確認しておくこと。『あさきゆめみし』(大和和紀著，講談社)，『大摑源氏物語 まろ，ん？』(小泉吉宏著，幻冬舎) といった漫画でも，あらすじをわかりやすく学習できる。余裕があれば，『源氏物語 ビギナーズ・クラシックス 日本の古典』(角川ソフィア文庫) といった，現代語訳と解説つきの本で原文も味わってみよう。

03 漢 字

漢字はごく基本的なものが出題されているので，取りこぼしのないようにしたい。記述式の書き取りと同音異字の選択式の両方の形式がある。問題集などで演習を繰り返し，得点源とできるようにしておこう。

関西大「国語」におすすめの参考書

- ✓『大学入試 知らなきゃ解けない古文常識・和歌』(教学社)
- ✓『あさきゆめみし』(講談社)
- ✓『大摑源氏物語 まろ，ん？』(幻冬舎)
- ✓『源氏物語 ビギナーズ・クラシックス 日本の古典』(角川ソフィア文庫)

2024年度

問題と解答

全学日程1：2月1日実施分

3教科型，2教科型（英語外部試験利用方式），2教科型（英国方式，英数方式〈総合情報〉，国数方式）

問題編

▶**試験科目・配点**

● 3教科型

教　科	科　　目	配　点
外国語	コミュニケーション英語Ⅰ・Ⅱ・Ⅲ，英語表現Ⅰ・Ⅱ	200点
選　択	日本史B，世界史B，地理B，政治・経済，「数学Ⅰ・Ⅱ・A・B」から1科目選択	100点
国　語	国語総合・現代文B・古典B（いずれも漢文を除く）	150点

● 2教科型（英語外部試験利用方式）

教　科	科　　目	配　点
選　択	日本史B，世界史B，地理B，政治・経済，「数学Ⅰ・Ⅱ・A・B」から1科目選択	100点
国　語	国語総合・現代文B・古典B（いずれも漢文を除く）	150点

● 2教科型（英国方式，英数方式〈総合情報〉，国数方式）

区分	教　科	科　　目	配　点
英国方式	外国語	コミュニケーション英語Ⅰ・Ⅱ・Ⅲ，英語表現Ⅰ・Ⅱ	200点
	国　語	国語総合・現代文B・古典B（いずれも漢文を除く）	150点
英数方式〈総合情報〉	外国語	コミュニケーション英語Ⅰ・Ⅱ・Ⅲ，英語表現Ⅰ・Ⅱ	175点
	数　学	数学Ⅰ・Ⅱ・A・B	175点
国数方式	国　語	国語総合・現代文B・古典B（いずれも漢文を除く）	150点
	数　学	数学Ⅰ・Ⅱ・A・B	200点

▶備　考

- **2教科型（英語外部試験利用方式）**：学部指定の英語外部試験のスコアが基準を満たした者のみを対象とした方式。外部試験の証明書は出願時に提出する。文〈初等教育学専修〉・商・社会・外国語・総合情報学部では実施されていない。
- **2教科型（英国方式，英数方式〈総合情報〉，国数方式）**：総合情報学部で実施。英語および国語は３教科型と同一問題を使用し，上記の配点に換算する。また，数学は英数方式と国数方式とで同一問題を使用し，上記の配点に換算する。
- 「数学Ｂ」は「数列，ベクトル」から出題する。

英　語

(90 分)

〔Ⅰ〕A. 次の会話文の空所(1)～(5)に入れるのに最も適当なものをそれぞれA～Dから一つずつ選び，その記号をマークしなさい。

Kenzo, an international student, is discussing the upcoming history test with his classmate Maddie.

Maddie: Hey, Kenzo, the history test is just around the corner. Are you prepared for it?

Kenzo: No, not yet. Are you?

Maddie: Me neither. (1) ＿＿＿＿＿＿＿＿ There's so much to study.

Kenzo: I agree, and it makes it all the more important to begin reviewing early. I think we need to come up with a plan.

Maddie: (2) ＿＿＿＿＿＿＿＿ What do you have in mind?

Kenzo: What about studying together? We could decide what to study and how to study. And it would be easier to work out what we need to focus on.

Maddie: (3) ＿＿＿＿＿＿＿＿ Studying with a classmate is more fun than studying alone!

Kenzo: That's true! And teamwork always motivates us. We could even test each other to measure how much we've improved.

Maddie: Absolutely! So, when shall we begin? Tomorrow?

Kenzo: Yeah! (4) ＿＿＿＿＿＿＿＿ We can set a target of ten questions tomorrow and ten questions the next day. Then, we can review on the third day. What do you say?

Maddie: Perfect! Shall we meet tomorrow at the cafeteria at 8 a.m.?

Kenzo: Well, 8 a.m. is a bit too early for me, and I never really like studying there. ＿＿＿(5)＿＿＿ Could we meet at 9 a.m. in the library's group study room instead?

Maddie: Sure, let's do that!

(1) A. I couldn't care less.
B. I have to work that day.
C. I'll wait till the last minute.
D. I don't know where to begin.

(2) A. Yes, we should.
B. I hate planning.
C. No, I disagree.
D. Take it easy.

(3) A. Are you sure about that?
B. That's not a bad idea.
C. This might be a problem.
D. What about this suggestion?

(4) A. Let's think about it then.
B. Before we go to bed.
C. That works for me.
D. In a few days' time.

(5) A. It's too noisy!
B. Their food is bad!
C. I'd rather stay home!
D. I need a real breakfast!

B．下の英文A～Fは，一つのまとまった文章を，6つの部分に分け，順番をばらばらに入れ替えたものです。ただし，文章の最初にはAがきます。Aに続けてB～Fを正しく並べ替えなさい。その上で，次の(1)～(6)に当てはまるものの記号をマークしなさい。ただし，当てはまるものがないもの(それが文章の最後であるもの)については，Zをマークしなさい。

(1) Aの次にくるもの
(2) Bの次にくるもの
(3) Cの次にくるもの
(4) Dの次にくるもの
(5) Eの次にくるもの
(6) Fの次にくるもの

A. The capybara is the world's largest rodent. Other rodents include mice and beavers. The beaver, known for building dams in rivers and lakes, is the second-largest rodent—but the capybara is twice as big again, weighing anything from 35 to 66 kilograms.

B. And out of the water, it can move rapidly, too, reaching ground speeds of up to 34 kilometers per hour. That's about as fast as the average dog.

C. The capybara is well adapted to such wet conditions. Its pig-like body travels freely through the water, its duck-like feet help it swim swiftly, and its brown or reddish fur dries out quickly on land.

D. Unfortunately, the capybara also has to worry about being attacked by humans, who hunt it for its skin. Numbers are on the decline. We need to allow the world's largest rodent to continue to play its part in the beautifully complex ecosystem of the South American forests in which it lives.

E. While both live on the American continents, the capybara has a different range of habitat than the beaver, which can be found throughout much of North America. The capybara is confined to the wetlands and forests of the upper parts of South America.

F. But many animals lie in wait there to eat the capybara. Large cats such as pumas attack the adults, while snakes and birds can snatch their babies. The capybara itself eats no meat: its large, constantly growing front teeth slice effortlessly through the plants and grasses it chews.

〔Ⅱ〕A. 次の英文の空所(　1　)～(　15　)に入れるのに最も適当なものをそれぞれA～Dから一つずつ選び，その記号をマークしなさい。

The cafeteria menu was only available in print when 19-year-old Haben Girma started at Lewis & Clark College in Portland, Oregon. "I asked the cafeteria manager to provide something that I as a deafblind student could access," she says. "Blindness wasn't the problem: the format was the problem." But she says the manager refused, because the cafeteria was too busy. It had a massive impact on her life. "For the first few months I tolerated eating food without knowing what it was and told myself that at least I was being fed. It was frustrating, (　1　) as a vegetarian."

Girma (　2　) her rights. "Eventually I was able to tell the manager that the Americans with Disabilities Act (ADA) gave me the right to an accessible menu. The manager started emailing me the choices, immediately." Another blind student arrived the following year to find an accessible menu.

The manager and Girma learned valuable lessons. The cafeteria management learned not to ignore the rights of disabled people. Girma learned that advocating for her own rights benefited everyone, not just herself. The experience set her (3) to become a leading disability-rights advocate, lawyer, and author.

When we meet, Girma's assistant types a message on a wireless keyboard connected to a device that translates it into a braille display, which consists of raised dots that can be interpreted by touch, (4) I can interview her. Girma developed the combination of keyboard and braille describer herself in 2010, when she became Harvard Law School's first deafblind student. She reads the braille and replies in a high-pitch speaking tone. Girma is clear that she identifies and is accepted as deafblind, a specific condition, where the loss of sight and hearing means communication is significantly affected. "I was lucky enough to be growing up in a place where disability rights were celebrated, the Bay area of California," she says. "The classes were integrated between disabled and non-disabled students, and the (5) were available in braille. I learned that we can work together."

Now 31, Girma goes everywhere with a three-year-old German shepherd called Mylo, who is trained to help disabled people. But the host of the accommodation she booked in London (6) to let her stay, because he wouldn't allow Girma to bring her dog. She complained, and the accommodation website suspended the host. But Girma doesn't think this is good enough. "It's a fairly light slap on the wrist," she says.

"In the US, we have a lot of non-profit organizations and advocates enforcing the ADA. Success against one company sends out a message to others. The US is also known for having a high rate of legal (7), which has its issues but does mean individual rights tend to be enforced," she says. "I understand there are problems enforcing the law in the UK."

For Girma, educating people is as important as enforcing rights. She says that many people don't appreciate how interdependent we all are or that a simple sense such as touch is, for example, so important. It enables her to read, feel music, and enjoy the beauty of surfing in the sea. Technology is also crucial. "We can learn to develop technology and set up structures to ensure that everyone has access to be able to fully engage in society," Girma says. Any one of us could become disabled, she (8), and there are 1.3 billion disabled people worldwide. She stresses that they can make a substantial (9) to companies and to society and offer a valuable market for businesses. "Disabled people cannot be ignored."

That's certainly (10) Girma. In 2013, after graduating from Harvard and becoming a lawyer, she was named a White House Champion of Change by President Obama. The following year she was part of the team that fought a case for the National Federation of the Blind (NFB) in the US against the world's largest digital library, Scribd. Blind readers and writers wanted to be able to access its subscription service's content. Scribd's lawyer argued that the ADA only (11) physical, not digital, places. The judge ruled in favor of the NFB.

This year, she has published her memoir, *Haben: The Deafblind Woman Who Conquered Harvard Law*, to widespread (12), and last month she made her first speaking tour of the UK. The book is the incredible story of the journey of a daughter of African refugees—her mother is Eritrean, from where she gets her name Haben, which means pride, and her father is Ethiopian—who both fled the 30-year war between their two countries. She has a disability that many would describe as (13) but that she defines as "an opportunity for innovation."

Girma captivated a large audience, including a deafblind trainee doctor, at a Society for Computers and Law (SCL) event in London last month, with her light touch and humor. Her talk (14) slides showing her surfing, dancing, and accompanied by her adored dog. The SCL is a charity that campaigns for better technology use and training in the law. She has given other talks in the UK at the Oxford Faculty of Law, Rhodes House, and TechShare Pro in London.

"Stories influence the organizations we design, the products we build, the futures we imagine for ourselves," she tells the audience. "As the daughter of refugees, and as a disabled black woman, lots of stories say my life doesn't matter. I had to learn to resist those stories. If you face a challenge, it's an opportunity to (15) new solutions. Disability drives innovation."

(1) A. originally　B. actually
C. fundamentally　D. especially

(2) A. decided　B. extended
C. improved　D. researched

(3) A. on course　B. in charge
C. up front　D. by example

(4) A. so that　B. whereas
C. while　D. in which

(5) A. rooms　B. materials
C. objects　D. tools

(6) A. stopped　B. tried
C. refused　D. argued

(7) A. connections　B. disputes
C. inspections　D. opportunities

(8) A. points out　B. points back
C. turns down　D. turns up

出典追記：Copyright Guardian News & Media Ltd

(9) A. response B. payment
C. delivery D. contribution

(10) A. right for B. fine with
C. true of D. done by

(11) A. made up B. acted on
C. applied to D. looked into

(12) A. criticism B. praise
C. rumor D. worship

(13) A. far-flung B. deep-rooted
C. eye-opening D. life-limiting

(14) A. featured B. facilitated
C. adapted D. designed

(15) A. keep track of B. come up with
C. give in to D. make up with

B. 本文の内容に照らして最も適当なものをそれぞれA～Cから一つずつ選び，その記号をマークしなさい。

(1) When Girma first arrived at college, she suffered the inconvenience of being unable to
A. understand the cafeteria menu.
B. find a place to sit in the cafeteria.
C. get along with the cafeteria staff.

(2) Girma's experience of the college cafeteria encouraged her to

A. take legal action against the manager.

B. implement similar change at other colleges.

C. dedicate her life to helping others like her.

(3) According to the fourth paragraph, starting with "When we meet," Girma was able to improve her ability to communicate with others by

A. inventing a special communication tool.

B. choosing to live in a famous area of California.

C. hiring an assistant to write out what she wants to say.

(4) According to the seventh paragraph, starting with "For Girma," Girma feels it is important to

A. establish technology courses aimed at disabled people.

B. spread understanding about disabled people's situations widely.

C. campaign for more assistance for disabled people from IT businesses.

(5) According to the eighth paragraph, starting with "That's certainly," Girma was involved in legal action that was successful in

A. forcing libraries to stock some materials written by blind people.

B. changing blind people's access to physical and digital spaces.

C. enhancing the right of blind people to access online texts.

(6) Girma has written a book, in which she

A. describes how her disability is considered a blessing in her mother's culture.

B. focuses on the life she made for herself after her parents' escape from Africa.

C. reveals that her parents came from a country engaged in a long conflict with another.

(7) From the last two paragraphs, we can infer that Girma believes that sharing her experiences with audiences will

A. give her the chance to find friends with similar stories.

B. help bring an end to discrimination against refugees.

C. lead to positive practical outcomes for others like her.

〔Ⅲ〕A. 次の英文の下線部①～⑩について，後の設問に対する答えとして最も適当なものをそれぞれA～Cから一つずつ選び，その記号をマークしなさい。

With limited space in our cities, and a majority of the world's population expected to live in urban areas within the next few decades, there's less room for trial and error when it comes to urban planning, with decisions made today having critical impacts on the future. But what if there was a way to test and analyze different scenarios first, before ever breaking ground? That's the thinking behind "digital twins" that are being made of cities all over the world, including Shanghai, New York, Singapore, and Helsinki.

Digital twins elevate traditional 3D city models to new possibilities, says Anders Logg, a professor of computational mathematics and director of the Digital Twin Cities Centre at Chalmers University of Technology in Sweden. Using real-time data and artificial intelligence, digital twins become virtual①, living mirrors of their physical counterparts, providing opportunities to simulate everything from infrastructure and construction to traffic patterns and energy consumption.

Chattanooga, a city of roughly 180,000 people, sits in the foothills of the Appalachian Mountains, situated almost equally far from the larger cities of Atlanta, Georgia, to the south and Nashville, Tennessee, to the north. While ②larger urban areas typically get the most attention for their digital-twin projects, Chattanooga is a strong test case for the US because its smaller size allows it to be more responsive, says Kevin Comstock, consultant with KCI Technologies and former Smart City director for Chattanooga.

The city of Chattanooga and its various partners, including Oak Ridge National Laboratory and the University of Tennessee at Chattanooga, have tackled individual issues and areas by creating digital-twin projects. The first, called "CTwin," focused on one of the city's major roadways to examine mobility-related energy use by building a digital representation of traffic-signal infrastructure, says Comstock. Another current project uses sensors and laser imaging at intersections to monitor pedestrian movements and compare them to vehicle traffic, ③ in the interest of safety. "If we know where pedestrians are in the intersection, and we know where cars are in the intersection, we can begin to imitate 'near-miss' activity," Comstock says, by tracking pedestrians and bicyclists ④ who alter their course to avoid cars.

⑤ Unlike actual accidents, those near misses aren't usually reported. Collecting data on them would provide more accurate information on how safe an intersection is, says Comstock, enabling him to figure out how to resolve issues.

Can ⑥ this be scaled up for larger cities? "Bigger cities have bigger problems," says Dr. Ville Lehtola, assistant professor at the University of Twente in the Netherlands. "But such problems are also experienced by smaller cities ... so if you do the planning well, there will be fewer risks and the actual costs of construction and other operations will be cheaper. Doing better planning pays off."

Lehtola is a former city councilor in Espoo, Finland, just outside of Helsinki. He says when a new metro line was proposed, Espoo first digitized the planning of the operations and construction. ⑦ The digital twin can reveal what the finished job will look like, Lehtola says, "so you could show the public, for example, if there's some construction work or land development taking place, what the outcome is, and then also get more-precise estimates on the benefits, usability, and added value of different projects."

Logg says there are two fundamental questions to answer when creating digital-twin cities: ⑧"What is analyzed to fit the current state of the city?" and "How can we predict how the city will behave?" He points to Gothenburg, Sweden, which has taken data from sources including regular street maps to generate its digital twin. "From the data, you can add things like park benches, the atmosphere, clouds, and water," Logg says, and then use that raw data to create a visual model of ⑨how a new building would impact wind patterns, for example, or even potential problems lurking underground.

"Gothenburg is built on clay, so it becomes very important to model the behavior of the clay," he says. "What happens if you start a new, big infrastructure project? Will there be any potential risk in digging or building new tunnels?"

The key to success is what Logg calls "data sustainability"—the frequent, real-time updates feeding into the digital twin to keep pace with the constant evolution of the physical city. Otherwise, he says, the digital-twin model "becomes stale."

The technical challenges are considerable, agrees Logg, because cities are extremely complex systems. But, he adds, "those are challenges that we are used to as researchers and developers." Logg sees a future where everything from building maintenance and new construction to roads and traffic signals will be "integrated and connected," allowing city planners to make decisions that will still make sense decades down the line. ⑩Digital twins "will be everywhere," he says, "as the system that answers all your questions about future plans."

(1) Which of the following has a meaning closest to Underline ①?

A. electronic

B. nonexistent

C. ethical

(2) What does Underline ② actually mean?

A. Projects like these usually attract more resources to bigger cities.

B. The level of funding of such projects is usually higher in bigger cities.

C. Bigger cities usually receive greater interest for such projects of theirs.

(3) Which of the following has a meaning closest to Underline ③?

A. so as to improve

B. closely monitoring

C. thereby providing extra data on

(4) What does Underline ④ refer to?

A. pedestrians

B. bicyclists

C. both pedestrians and bicyclists

(5) What does Underline ⑤ imply?

A. Near misses aren't judged as significant as actual accidents.

B. Cities don't consider actual incidents when recording near misses.

C. Reporting near misses doesn't aid in the reduction of actual accidents.

(6) What does Underline ⑥ refer to?

A. resolving safety issues

B. collection of data

C. the accuracy of information

(7) What does Underline ⑦ actually mean?

A. The digital twin is able to carry out promotional work for the completed project.

B. The digital twin can help people imagine the final state of a given project.

C. The digital twin compares final versions of people's occupations on a certain project.

(8) What does Underline ⑧ actually mean?

A. "How is the present nature of the city represented through data?"

B. "What could be added to our understanding of the city as it is today?"

C. "Which are considered to be the best features of the city now?"

(9) Which of the following can be a concrete example of Underline ⑨?

A. the strength of the building

B. the height of the building

C. the interiors of the building

(10) What does Underline ⑩ imply?

A. Digital twins will be able to converse with us about planning our cities.

B. In the future, digital twins will likely replace human urban planners.

C. We will one day come to rely heavily on digital twins in urban planning.

B．本文の内容に照らして最も適当なものをそれぞれA～Cから一つずつ選び，その記号をマークしなさい。

(1) Anders Logg believes that digital twins of cities

A．lead to them being built to the maximum possible height.

B．allow developers to test out ideas before construction begins.

C．physically come to life in reflecting the world as it really is.

(2) Chattanooga is particularly suitable as a digital twin because

A．it can rapidly make operational changes based on data feedback.

B．it has received backing from a number of powerful politicians.

C．it is located much the same distance between two major cities.

(3) In the fourth paragraph, starting with "The city," Kevin Comstock provides an example of a digital-twin project that

A．requires no additional funding from the municipal budget.

B．was pioneered in the state of Tennessee due to its rich data sets.

C．focuses on transportation as an important issue facing modern cities.

(4) According to the sixth paragraph, starting with "Can this," what Dr. Ville Lehtola believes to be true is that

A．the larger a city, the more important it is to plan elements of it.

B．the smaller the city, the fewer planning risks it presents.

C．the more you plan a city, the better the result is likely to be.

(5) In the eighth paragraph, starting with "Logg says," the professor implies that

A．planners tend to underestimate how much data they need to model city development.

B. the careful selection of appropriate and detailed data makes for a better digital version of a city.

C. countries like Sweden are leading the development of data models around the world.

(6) In the tenth paragraph, starting with "The key," Logg argues that a successful digital model requires

A. a reliance on eco-friendly infrastructure and management systems.

B. the freshest sets of information that are available to developers.

C. deep knowledge of the potential dangers of construction work.

(7) The most appropriate title for this article is

A. "Digital Twins: Modeling Cities for the Future."

B. "Digital Twins: Born in the USA."

C. "Digital Twins: Connecting Residents and Technology."

日本史

(60分)

〔Ⅰ〕 次の文の(1)～(10)に入れるのに最も適当な語句を下記の語群から選び，その記号をマークしなさい。

8世紀末から9世紀末頃までの文化は，嵯峨・清和天皇時の年号にちなんで，弘仁・(1)文化と呼ばれるが，この時代には貴族文化が発展した。嵯峨天皇は唐風を重んじ，教養として漢詩文をつくることが重視された。有名な文人としては空海や菅原道真らが知られており，前者の詩文は『(2)』にまとめられている。後者は同じく詩文集の『(3)』を著したことで知られる。

この時代には，南都仏教に代わって天台宗や真言宗が天皇に重んじられた。天台宗を開いた最澄は，それまでの(4)寺戒壇に対して新しい大乗戒壇を創設しようとしたが，南都諸宗から激しく反対されたため，『(5)』を著してその批判に反論した。また，空海は唐で密教を学んで即身成仏の教えを説き，加持祈禱を盛んに行った。宮中でも正月に(6)が執り行われて，天皇・国家の安穏が祈念された。

天台・真言の両宗が盛んになったことから密教芸術も発展し，たとえば彫刻では，密教と関わりのある仏像が作られた。その多くは一木造で，神護寺金堂の本尊である(7)像などが有名である。絵画では，密教の世界観を表わした曼荼羅が伝わった。曼荼羅は，密教で重んじる(8)の智徳を表わす金剛界と，同じく(8)の慈悲を表わす胎蔵界の二つの仏教世界を図化したものである。

この時代の絵師としては，写実にすぐれたとされる(9)が有名であり，また，書道でも嵯峨天皇・空海・(10)らが出て，のちに三筆と称せられた。

〔語群〕

(ア) 興福　　(イ) 性霊集　　(ウ) 盂蘭盆会

(エ) 顕戒論	(オ) 承和	(カ) 釈迦如来
(キ) 藤原行成	(ク) 阿弥陀如来	(ケ) 元慶
(コ) 如意輪観音	(サ) 百済河成	(シ) 菅家文草
(ス) 貞観	(セ) 後七日御修法	(ソ) 十住心論
(タ) 唐招提	(チ) 小野道風	(ツ) 不動明王
(テ) 鳥羽僧正覚猷	(ト) 類聚国史	(ナ) 常盤光長
(ニ) 凌雲集	(ヌ) 橘逸勢	(ネ) 薬師如来
(ノ) 大日如来	(ハ) 灌仏会	(ヒ) 経国集
(フ) 文華秀麗集	(ヘ) 山家学生式	(ホ) 東大

〔Ⅱ〕次の(A)〜(E)各文の(　1　)〜(　10　)に入れるのに最も適当な語句を下記の語群から選び，その記号をマークしなさい。

(A) 蝦夷地は，(　1　)や鮭の漁場として知られた。(　1　)は〆粕(しめかす)などに加工され，肥料として用いられた。蝦夷地の物資は西廻り航路によって，日本海を通り下関を廻って大坂などへ輸送され，その輸送に従事した船は(　2　)と呼ばれた。

(B) 五街道とは，東海道，中山道，(　3　)，日光道中，奥州道中のことであり，1659年に設置された道中奉行によって管理された。街道の発達とともに通信制度も整備され，幕府公用の書状や荷物は(　4　)によって送り届けられた。

(C) 1858年，安政の五カ国条約が調印され，翌年から貿易が開始されたが，輸出入額の最も多かった開港場は(　5　)であった。1860年，幕府は五品江戸廻送令によって，生糸や(　6　)などの五品について，江戸の問屋を経由して輸出するよう命じた。

(D) 1872年，政府は群馬県に官営模範工場の富岡製糸場を開設した。この工場は(　7　)の先進技術を導入したものであった。同じ年に日本初の鉄道も開業し，その後，1874年には(　8　)・大阪間，1877年には大阪・京都間も開通した。

(E)　(　9　)藩出身の岩崎弥太郎は，海運業を中心として三菱商会(のちに，郵便汽船三菱会社へ改称)を経営した。1885年に郵便汽船三菱会社は共同運輸会社と合併し，日本郵船会社が設立された。その後，三菱は1896年に(　10　)の払下げを受けるなど，次第に財閥へと成長していった。

〔語群〕

(ア) 箱館	(イ) 大名飛脚	(ウ) 内海船
(エ) 鮪	(オ) イギリス	(カ) 横浜
(キ) 蚕卵紙	(ク) 土佐	(ケ) 堺
(コ) 甲州道中	(サ) 三池炭鉱	(シ) 俵物
(ス) 運脚	(セ) 北前船	(ソ) 肥前
(タ) 神戸	(チ) 佐渡金山	(ツ) 鰊
(テ) フランス	(ト) 院内銀山	(ナ) 水油
(ニ) 鰹	(ヌ) 長州	(ネ) 長崎
(ノ) 奈良	(ハ) 山陽道	(ヒ) 継飛脚
(フ) 高瀬船	(ヘ) アメリカ	(ホ) 伊勢街道

〔Ⅲ〕 次の(A)～(E)の各史料に関する問１～問15について，(ア)～(ウ)の中から最も適当な語句を選び，その記号をマークしなさい。

(A) 〔表〕辛亥年①七月中記す。乎獲居臣(おわけのおみ)，上祖(かみつおや)の名は意富比垝(おおひこ)，其の児多加利(たかり)足尼(すくね)，其の児名は弖已加利獲居(てよかりわけ)，其の児名は多加披次獲居(たかはしわけ)（後略）

〔裏〕其の児名は加差披余(かさはよ)，其の児名は乎獲居臣，世々杖刀人の首と為(な)り，奉事し来り今に至る。獲加多支鹵大王(わかたけるだいおう)②の寺，斯鬼宮(しき)に在る時，吾，天下を左治し，此の百練の利刀を作らしめ，吾が奉事せる根原を記す也。

問１　上の文は，埼玉県行田市にある古墳から出土した鉄剣に金象嵌された銘文である。出土した古墳を，次の中から選びなさい。

(ア) 江田船山古墳　(イ) 稲荷山古墳　(ウ) 岡田山１号墳

問２　この銘文に刻まれた下線部①の「辛亥年」は，西暦では何年とみる説が有力と考えられているか，次の中から選びなさい。

(ア) 411年　(イ) 471年　(ウ) 531年

問３　下線部②の大王は，『宋書』倭国伝に記されたどの人物に比定されているか，次の中から選びなさい。

(ア) 讃　(イ) 珍　(ウ) 武

(B) (和銅六年(713))五月甲子(かつし)，畿内③七道諸国④の郡郷の名に好(よ)き字を着けしむ。其の郡内に生ずる所の，銀・銅・彩色・草木・禽獣(きんじゅう)・魚虫等の物は，具(つぶさ)に色目(しきもく)を録せ。また土地の沃塉(よくせき)，山川原野の名号の所由(よるところ)，又古老の相伝旧聞異事(そうでんふるること)は，史籍に載せて亦宜(またよろ)しく言上すべし。

問４　上の文は，諸国に郷土の産物や地名の由来，古老の伝承などを筆録し，地誌をまとめるよう求めたものである。上の文が記されている書物を，次の中から選びなさい。

(ア)『古事記』　(イ)『風土記』　(ウ)『続日本紀』

問5　次の国名のうち，下線部③の「畿内」には含まれない国を選びなさい。

(ア)　近江　　(イ)　山背　　(ウ)　河内

問6　下線部④の「七道諸国」について，南海道に属した国を，次の中から選びなさい。

(ア)　日向　　(イ)　伊勢　　(ウ)　淡路

(C)　(寛治五年[1091])六月十二日，宣旨を五畿七道に給ひ，前(さきの)陸奥守義家⑤，兵を随(したが)へて京に入ること，幷(あわ)せて諸国の百姓，田畠の公験(くげん)を以て好みて義家朝臣に寄する事を停止(ちょうじ)す。

問7　上の文は，『百錬抄』の一節である。これによって，朝廷が下線部⑤の源義家に対して兵を率いて京に入ることを禁じたこと，彼のもとに多数の荘園が集中することを停止して，その勢力を抑えようとしていたことがわかる。この4年前に義家が勝利をおさめた戦いを，次の中から選びなさい。

(ア)　前九年の役　　(イ)　平忠常の乱　　(ウ)　後三年の役

問8　義家はのちに，陸奥守時代の功績が認められて院の昇殿を許された。しかし，その後に子の義親が謀反を起こして追討された。義親を追討した人物を，次の中から選びなさい。

(ア)　平正盛　　(イ)　平忠盛　　(ウ)　平維盛

(D)　また，治承四年[1180]水無月の比，にはかに都遷り侍りき⑥。いと思ひの外なりし事なり。おほかた，この京のはじめを聞ける事は，嵯峨の天皇の御時(おんとき)，都と定まりにけるより後，すでに四百余歳を経たり⑦。ことなるゆゑなくて，たやすく改まるべくもあらねば，これを世の人安からず憂へあへる，実(げ)にことわりにも過ぎたり。

問9　上の文の下線部⑥には，都が遷されたことが記されている。この時に都が遷された場所は，現在の行政区域ではどこにあたるか，次の中から選びなさい。

(ア)　神戸市　(イ)　明石市　(ウ)　西宮市

問10　下線部⑦には，「この京」は「嵯峨の天皇の御時」に都と定まって以来，「すでに四百余歳を経たり」とある。「この京」とは何か，次の中から選びなさい。

(ア)　平城京　(イ)　平安京　(ウ)　長岡京

問11　上の文が記されている書物は何か，次の中から選びなさい。

(ア)　『明月記』　(イ)　『方丈記』　(ウ)　『愚管抄』

(E)　(正長元年(1428))九月　日，⑧一天下の土民蜂起す。⑨徳政と号し，酒屋・土倉・寺院等を破却せしめ，雑物(ぞうもつ)等恣(ほしいまま)にこれを取り，借銭等悉(ことごと)くこれを破る。⑩官(管)領これを成敗す。凡(およ)そ亡国の基(もとい)，これに過ぐべからず。日本開白(かいびゃく)以来，土民蜂起是れ初めなり。

問12　上の文は，下線部⑧にあるように，天下の土民が蜂起した一揆の記事である。この一揆は，ある場所の馬借たちが最初に蜂起したことがきっかけとなって広がった。どこの馬借たちが蜂起したのか，次の中から選びなさい。

(ア)　大山崎　(イ)　柳生　(ウ)　坂本

問13　下線部⑨にあるように，この一揆は将軍の代替わりに際して，徳政を要求するものであった。この一揆の3年前に死去した前将軍は誰か，次の中から選びなさい。

(ア)　足利義持　(イ)　足利義量　(ウ)　足利義教

問14　下線部⑩の，この一揆の鎮圧にあたった管領は誰か，次の中から選びなさい。

(ア)　畠山満家　(イ)　細川頼之　(ウ)　赤松満祐

問15　上の文が記されている書物は何か，次の中から選びなさい。

(ア)『建内記』　(イ)『薩戒記』　(ウ)『大乗院日記目録』

〔Ⅳ〕次の(A)～(C)各文の(　1　)～(　10　)に入れるのに最も適当な語句を下記の語群から選び，その記号をマークしなさい。また，文中の下線部①～⑤の出来事はどの時期に起こったものか，下記の年表の(あ)～(お)から選び，その記号をマークしなさい。

(A)　千葉県は，旧安房国と上総国，および旧下総国の大部分を範囲とする県である。

県内には，大型の貝塚をもつ縄文時代の遺跡が多数みられるが，千葉市の(　1　)貝塚はその代表例である。

平安時代の中期には，上総・下総両国で勢力をのばした平忠常が，安房国守を滅ぼすなど朝廷に反乱を起こした。その子孫の千葉常胤は，(　2　)の戦いに敗れて安房国に逃れた源頼朝を助け，のちに下総国の守護に任じられた。また，鎌倉時代には，安房国の片海(現，鴨川市小湊)で生まれた日蓮が，法華経を所依の経典とする日蓮宗を開き，のちに前執権の北条時頼に『(　3　)』を提出している。

室町時代中期から戦国時代にかけては，新田氏の子孫である里見氏が安房国を拠点に勢力を築き，その範囲を上総国まで広げた。しかし，<u>小田原攻めの際に参陣が遅れた</u>①ことから，豊臣秀吉により安房一国に減封される。関ヶ原の戦いで徳川方に参戦して加増されたものの，のちに伯耆国倉吉3万石へ減・転封され，嗣子もなく里見氏は断絶した。

明治4年(1871)の廃藩置県で成立した20あまりの県は，次第に統廃合されて同6年に千葉県1県となり，同8年に現在の県域が確定した。また，『牛肉と馬鈴薯』や『武蔵野』を著した小説家の(　4　)は，同県の出身である。

第二次世界大戦後，東京湾岸に大規模な埋立地が造成されるとともに，川崎製鉄の千葉製鉄所をはじめとする多数の工場が進出し，京葉工業地帯が形成された。

(B) 新潟県は，旧越後国と佐渡国を範囲とする県である。

承久の乱の結果，鎌倉幕府により（ 5 ）上皇が佐渡に流された。室町時代には，関東管領家の上杉氏が越後国の守護に任じられた。また，能楽を完成した世阿弥は，6代将軍足利義教の在任中に佐渡へ流されている。②

戦国時代に入ると，越後国守護代の長尾氏が春日山城を拠点に現地を支配した。また，守護代の長尾景虎は，上杉氏の名跡と関東管領職を譲り受け，のちに謙信と号した。謙信は，周辺諸国にも勢力をのばしたが，信濃国川中島で武田信玄と激闘を繰り広げた③ことはよく知られている。さらに，謙信の後継である上杉景勝は，豊臣秀吉によって越後国春日山から陸奥国会津120万石へ移された。

江戸時代の後期には，（ 6 ）が越後国の庶民の生活を『北越雪譜』に描き，それを江戸で出版した。また，安政5年(1858)の日米修好通商条約では，新潟も開港地に定められたが，河口の港であるため水深が浅く，実際の開港は大幅に遅れた。

明治4年(1871)の廃藩置県で成立した13の県は，統廃合されて同9年に新潟県1県となり，同19年に現在の県域が確定した。さらに，明治7年より地租改正事業が進められたが，少数の地主が広大な耕地を所有する状況となった。

第二次世界大戦後には農地改革が徹底的に行われ，巨大な地主は消滅する。また，同県選出の衆議院議員である（ 7 ）は，首相に就任すると，昭和47年(1972)に中華人民共和国との国交を正常化した。

(C) 広島県は，旧安芸国と備後国を範囲とする県である。

平安時代の末，安芸守に任じられた（ 8 ）は，厳島神社を篤く崇敬し，社殿を造営した。また，鎌倉時代には，平家の滅亡や承久の乱などをきっかけに，関東の武士が地頭として各地の荘園に入ってきたが，沼田荘の小早川氏はその代表例である。

戦国時代になると，安芸国吉田の国人であった毛利元就が，守護への従属よりも国人同士の団結に力を入れ，3男の隆景を小早川氏へ養子に入れるなど，次第に国人たちのリーダーへと成長した。また，周防・長門国で実権をにぎった陶晴賢を厳島の戦いで破り，山陰地方の尼子氏を倒すと，中国地方の10カ国にわたる領国を形成した。

元就の孫である毛利輝元は，備中高松城の戦いで織田信長配下の羽柴秀吉と講和を結び④，のちに天下人となった豊臣秀吉から中国地方の9カ国112万石を与えられた。また，本拠地を内陸の吉田から海沿いの広島へ移し，豊臣政権の五大老として重きをなした。

関ヶ原の戦いの結果，輝元の領地は周防・長門の2カ国へ大幅に削減され，安芸・備後両国49万8000石は福島正則に与えられた。しかし，幕府に無断で城を修築したことを理由に正則が改易される⑤と，紀伊国和歌山から浅野氏が広島に入って安芸国全体と備後国西部の42万6500石を領し，備後国東部は福山藩となった。

明治4年(1871)の廃藩置県で成立した4つの県は，その後の統廃合を経て，同9年に現在の県域が確定した。また，(　9　)の際には広島市に大本営が置かれた。昭和20年(1945)，広島に原子爆弾が投下されたが，軍港の呉や備後地域の中心都市である福山なども，米軍の激しい空襲を受けている。

第二次世界大戦後には，自動車や造船・鉄鋼・化学などの工場が沿岸部に多く立地し，瀬戸内工業地域の一角を構成した。また，平成11年(1999)には，本州四国連絡橋の一つとして，広島県の尾道と愛媛県の(　10　)を結ぶルートが全線開通したが，これは「瀬戸内しまなみ海道」と呼ばれている。

〔語群〕

(ア) 菅江真澄	(イ) 立正安国論	(ウ) 第一次世界大戦
(エ) 日清戦争	(オ) 福田赳夫	(カ) 後鳥羽
(キ) 田山花袋	(ク) 坂出	(ケ) 中曽根康弘
(コ) 大森	(サ) 正法眼蔵	(シ) 富士川
(ス) 鳴門	(セ) 粟津	(ソ) 田中角栄
(タ) 国木田独歩	(チ) 土御門	(ツ) 鳥浜
(テ) 藤原忠通	(ト) 平清盛	(ナ) 石橋山
(ニ) 今治	(ヌ) 日露戦争	(ネ) 鈴木牧之
(ノ) 徳冨蘆花	(ハ) 順徳	(ヒ) 良寛
(フ) 教行信証	(ヘ) 源義朝	(ホ) 加曽利

《年表》

1422年	一条兼良が『公事根源』を著す
	(あ)
1500年	京都で祇園会が再興される
	(い)
1567年	松永久秀の兵火で東大寺大仏殿が焼失する
	(う)
1587年	北野大茶会が催される
	(え)
1602年	海北友松が『山水図屏風』を描く
	(お)
1625年	上野に寛永寺が建立される

世界史

(60分)

〔Ⅰ〕次の文の(　1　)~(　10　)に入れるのに最も適当な語句を下記の語群から選び，その記号をマークしなさい。

古代オリエント世界のメソポタミア南部では，紀元前2700年ごろまでには民族系統不明の(　1　)人によってウルやウルクといった都市国家が形成された。前24世紀になると，これらの都市国家はセム語系の(　2　)人によって征服された。

その後，(　3　)人による古バビロニア王国(バビロン第1王朝)がおこり，全メソポタミアを支配し，文明が栄えた。そのため，いくつもの民族がメソポタミアに侵入するようになった。ザグロス山脈方面からやってきた民族系統不明の(　4　)人もその一つである。

エジプトでは，例外はあるものの基本的にエジプト人がナイル川に沿って支配を続けた。上エジプトのテーベに中心を移した(　5　)時代の末期には，(　6　)という異民族が侵入してきてエジプトを支配したが，これは例外に属する。その後，エジプトは独立を取り戻しており，(　7　)の治世では一神教を創始するなど独特な文化をも生み出している。

古代オリエントの統一は前7世紀前半になされたが，前6世紀半ば以降，その統一を長く維持したのは(　8　)人によるアケメネス朝であった。(　8　)人の信仰したゾロアスター教は，この世を光明の神(　9　)と暗黒の神とのたえまない闘争であると説いた。前4世紀後半にはマケドニアの王がアケメネス朝を滅ぼし大帝国を築いたが，彼の死後，諸国に分裂した。

紀元後3世紀には(　8　)人がササン朝を建国した。ササン朝は，6世紀に(　10　)系遊牧民の突厥と結んでエフタルを滅ぼすなど強勢を誇り，その文化は西方や東方にも伝えられた。

〔語群〕

(ア) クフ	(イ) カッシート	(ウ) アラム
(エ) ヒッタイト	(オ) 古王国	(カ) 中王国
(キ) 新王国	(ク) フェニキア	(ケ) トルコ
(コ) イラン	(サ) ギリシア	(シ) ローマ
(ス) アフラ=マズダ	(セ) アムル	(ソ) アーリマン
(タ) シュメール	(チ) アメンホテプ4世	(ツ) ヘブライ
(テ) ミトラ	(ト) ケルト	(ナ) カナーン
(ニ) ヒクソス	(ヌ) アルサケス	(ネ) ソロモン
(ノ) ダレイオス1世	(ハ) ホスロー1世	(ヒ) ハンムラビ
(フ) アッカド		

〔Ⅱ〕 次の文の(1)～(6)に入れるのに最も適当な語句を{ }内の(ア)～(エ)から選び，その記号をマークしなさい。また，問1～4に答えなさい。

日清戦争で敗北した清では，<u>19世紀の末，ヨーロッパ各国や日本が租借地やその周辺での鉄道の敷設権などを手にいれ，各国がその勢力範囲をさだめるようになった</u>①。こうした動きに対し，<u>中国への関心を強めるアメリカは，(1){(ア) セオドア=ローズヴェルト (イ) マッキンリー (ウ) ジョン=ヘイ (エ) ウィルソン}の名で門戸開放通牒を発し，他国の動きを牽制した</u>②。こうした中，中国の(2){(ア) 山東省 (イ) 浙江省 (ウ) 遼寧省 (エ) 湖南省}では，義和団が運動を始めた。やがてその動きは広がり，天津・北京に入って外国人を攻撃した。清の(3){(ア) 曾国藩 (イ) 西太后 (ウ) 李鴻章 (エ) 同治帝}は義和団を支持して軍と民に外国勢力と戦うよう命じたが，列強の連合軍に敗北した。この戦いに敗れた清では，保守的・排外的勢力が後退し，<u>本格的な政治改革が進められた</u>③。しかし，この改革にともなう中央集権的施策や増税に対して地方の反発が強まった。特に郷紳層の間ではナショナリズムが高まり，アメリカ製品不買運動や列強がもつ鉄道や鉱山の利権を買い戻す運動が起こった。しかし，清朝政府は中央集権的な施策を強め，また民間の鉄道の国有化と新規路線敷設に外資を導入する方針を発表した。するとこれに対し，利権回収運動を進めていた地方の漢人官僚や郷紳層は反発し，反対運動を起こした。こうした中，長江中流域にある(　4　){(ア)　西安　(イ)　洛陽　(ウ)　武昌　(エ)　上海}の軍隊の中にいた革命派が蜂起し清朝からの独立を宣言すると，多くの省も次々と独立を宣言した。1912年1月，かつて(　5　){(ア)　孝文帝　(イ)　順治帝　(ウ)　道武帝　(エ)　洪武帝}が都を置いた南京で(　6　)④{(ア)　袁世凱　(イ)　孫文　(ウ)　梁啓超　(エ)　康有為}が臨時大総統に選ばれ，中華民国が成立した。

問1　下線部①に関して，ヨーロッパ各国の国名とその租借地の組み合わせとして**誤っているもの**を次の(ア)〜(エ)から一つ選び，その記号をマークしなさい。

(ア)　ドイツ — 膠州湾　　(イ)　ロシア — 旅順

(ウ)　フランス — 杭州湾　　(エ)　イギリス — 威海衛

問2　下線部②に関連し，19世紀末にアメリカがアジアで獲得した地域として最も適当なものを次の(ア)〜(エ)から一つ選び，その記号をマークしなさい。

(ア)　プエルトリコ　　(イ)　マカオ　　(ウ)　フィリピン　　(エ)　海南島

問3　下線部③に関連し，1900年代に行われた改革について述べた次の文(ア)〜(エ)のうち，**誤っているもの**を一つ選び，その記号をマークしなさい。

(ア)　科挙を廃止した。

(イ)　新軍の整備が進められた。

(ウ)　憲法大綱が発布された。

(エ)　外交を担当する総理各国事務衙門を設置した。

問4　下線部④の人物の事績として最も適当なものを次の(ア)〜(エ)から一つ選び，その記号をマークしなさい。

(ア)　清朝皇帝を中心とした立憲君主政を目指す政治改革を進めた。

(イ)　公羊学派に属し，特異な儒教解釈を唱え，清の体制改革を訴えた。

(ウ)　淮軍を組織し，清国内の反乱の鎮圧にあたった。

(エ)　ハワイで華僑を中心に興中会を結成した。

〔Ⅲ〕 次の文の(1)～(8)に入れるのに最も適当な語句を下記の語群Ⅰから，(9)～(15)に入れるのに最も適当な語句を下記の語群Ⅱから選び，その記号をマークしなさい。

10世紀末，(1)人は(2)中流のパンノニア平原にハンガリー王国を建国した。ハンガリー王国は15世紀にもっとも繁栄したが，16世紀前半には，(3)治世下のオスマン帝国の支配下にはいった。1683年の第2次ウィーン包囲の失敗は，オスマン帝国にとって領土の拡大から縮小に転じる契機となった。1699年のカルロヴィッツ条約で，オスマン帝国はハンガリー・(4)をオーストリアに割譲した。古典派音楽を確立したオーストリア出身の作曲家(5)は，ハンガリー貴族エステルハージ家の楽長を務め，数多くの作品を残した。

1848年にパリで起こった二月革命により，フランス王(6)は亡命した。革命の波はドイツ・オーストリアにも波及し，ハンガリーではコシュートが指導する民族運動が高揚したが，(7)治下のロシアによって制圧された。

1867年，プロイセンを盟主とする(8)が結成され，ドイツ統一が大きく進んだ。ドイツから除外されたオーストリアは，同年，(1)人にハンガリー王国の建設を認めた。こうして，オーストリア皇帝がハンガリー王を兼ねる同君連合のオーストリア=ハンガリー帝国がうまれた。

〔語群Ⅰ〕(1)～(8)

(ア) ハイドン	(イ) エルベ川	(ウ) クリミア半島
(エ) スレイマン1世	(オ) ライン同盟	(カ) マジャール
(キ) ルイ18世	(ク) アヴァール	(ケ) ヘンデル
(コ) 北ドイツ連邦	(サ) ドニエプル川	(シ) ドナウ川
(ス) アレクサンドル2世	(セ) セリム1世	(ソ) ライン川
(タ) セリム2世	(チ) ブルガール	
(ツ) アレクサンドル1世	(テ) ドイツ連邦	(ト) ルイ=フィリップ
(ナ) シューベルト	(ニ) メフメト2世	(ヌ) シャルル10世
(ネ) バッハ	(ノ) ニコライ1世	(ハ) ドイツ関税同盟
(ヒ) トランシルヴァニア	(フ) ボスニア・ヘルツェゴヴィナ	

1919年のパリ講和会議では，アメリカ合衆国大統領によって前年に発表された十四カ条が講和の基礎になる原則であった。しかし，フランス首相(　9　)は敗戦国に厳しい態度でのぞんだため，この原則は部分的にしか実現しなかった。

1919年9月，連合国とオーストリアとの間で講和条約が締結され，オーストリアからハンガリーが独立することとなった。1920年6月には，連合国とハンガリーとの間で(　10　)条約が締結された。その結果，旧ハンガリー領からスロヴァキア・クロアティア・(　4　)が切り離されて，ハンガリーは領土面積の3分の2を失った。第一次世界大戦後のハンガリーでは，国王不在の中で(　11　)が摂政に就任し，権威主義的な体制が築かれた。第二次世界大戦に際して，ハンガリーは枢軸国側について参戦した。

第二次世界大戦後のハンガリーでは，ソ連の後押しを受けて，1949年に人民共和国が成立する。1955年には，東欧諸国の共同防衛を定めた(　12　)の発足にも加わった。翌年2月にスターリン批判をおこなったソ連共産党第一書記(　13　)が資本主義国との平和共存を提唱すると，同年10月，ハンガリーでは社会主義体制とソ連からの離脱を求める大衆行動が全国に拡大した。ソ連はこの動きを軍事介入によって鎮圧し，ハンガリー首相(　14　)をのちに処刑した。

1980年代後半，ソ連ではいきづまった社会主義体制を立て直すために，書記長(　15　)の指導下でペレストロイカと呼ばれる改革が推進された。1988年3月，ソ連は新ベオグラード宣言で東欧社会主義圏に対する内政干渉を否定した。翌年ハンガリーは複数政党制に移行し，共産党単独政権が倒壊した。

〔語群Ⅱ〕(　9　)～(　15　)

(ア) ホルティ	(イ) ダラディエ	(ウ) ヴェルサイユ
(エ) 連帯	(オ) 北大西洋条約機構	(カ) ゴルバチョフ
(キ) ナジ=イムレ	(ク) ブリアン	(ケ) コメコン
(コ) クレマンソー	(サ) ヌイイ	(シ) トリアノン
(ス) エリツィン	(セ) コスイギン	(ソ) サン=ジェルマン
(タ) ワレサ	(チ) ピウスツキ	(ツ) コミンフォルム
(テ) チャウシェスク	(ト) セーヴル	(ナ) ゴムウカ
(ニ) ブレジネフ	(ヌ) ドプチェク	(ネ) ポワンカレ

(ノ) フルシチョフ (ハ) ワルシャワ条約機構 (ヒ) ロイド=ジョージ

〔Ⅳ〕 次の文の(1)～(9)に入れるのに最も適当な語句を{ }内の(ア)～(エ)から選び，その記号をマークしなさい。また，問1～6に答えなさい。

8世紀半ばに安禄山が起こした動乱により，唐朝は大きなダメージをこうむった。動乱以前の様々な制度は崩壊し，新しい制度がうまれた。①また，この動乱が鎮圧された後，モンゴル高原の(1){(ア) 匈奴 (イ) 柔然 (ウ) 突厥 (エ) ウイグル}と唐の西方にあった(2){(ア) 南詔 (イ) 大理 (ウ) 吐蕃 (エ) 亀茲}が西域をめぐって争う状況となった。9世紀に(1)と(2)は相次いで滅びたが，唐はさらに50年以上命脈を保った。しかし，9世紀後半に塩の密売商人が反乱を起こすと，唐の財源地帯であった長江下流域が荒廃し，唐の皇室の権威も地に落ち，10世紀の初め，唐はついに滅んだ。唐の滅亡と前後して，唐の東北辺では契丹の(3){(ア) 大祚栄 (イ) 耶律阿保機 (ウ) 完顔阿骨打 (エ) 耶律大石}が台頭して国を建てた。この国は契丹語では一貫して「契丹国」を国号としたが，中国世界に向けては中国風に漢語で(4){(ア) 梁 (イ) 遼 (ウ) 金 (エ) 元}と名のる時もあった。(3)は，7世紀末に高句麗の遺民をひきいた(5){(ア) 大祚栄 (イ) 耶律阿保機 (ウ) 完顔阿骨打 (エ) 耶律大石}が建てた国を滅ぼし国家の礎を築きあげた。(3)の後を継いだ契丹の太宗は中国世界の後晋②の建国を援助し，その見返りとして燕雲十六州を割譲させた。契丹の太宗は，国号を(4)としたが，これは中国世界を統治しようとする彼の姿勢を示すものだった。10世紀後半，中国では後周の武将だった(6){(ア) 朱全忠 (イ) 朱元璋 (ウ) 趙匡胤 (エ) 張居正}が宋③(北宋)を建国した。(6)の弟である宋の太宗の時，中国主要部を統一し，その後の宋にとって燕雲十六州の奪還が悲願となる。契丹国と宋の対立はその後しばらく続いたが，11世紀の初め，両国の間で盟約が結ばれた。宋はまた，西北方面で勢力を伸ばしてきた(7){(ア) タングート (イ) オイラト (ウ) ナイマン (エ) チャハル}とも対峙した。(7)の族長である(8){(ア) 李世民 (イ) 李成桂 (ウ) 李時珍④

(エ) 李元昊}が皇帝を称して国を建て，しばしば宋に侵入して銀や絹を要求したのである。宋ではこれらの国々と和議を結び，多額の銀や絹などを贈ることになった。それに加え宋では膨大な数の官僚と兵士に対する人件費がかさみ，国家財政が逼迫していった。11世紀後半，宋では神宗が即位すると(　9　){(ア) 欧陽脩　(イ) 王安石　(ウ) 蘇軾　(エ) 周敦頤}を宰相に任命し改革(新法)⑤を断行した。しかし，この改革に反対する勢力⑥と改革推進派の争いがうまれ，政局は混乱した。

問1　下線部①に関連し，安禄山の動乱後に導入された制度として最も適当なものを次の(ア)〜(エ)から一つ選び，その記号をマークしなさい。

(ア) 府兵制　(イ) 両税法　(ウ) 均田制　(エ) 租調庸制

問2　下線部②はトルコ系武将が建国した王朝である。次の(ア)〜(エ)のうち，トルコ系武将によって建てられた王朝として最も適当なものを一つ選び，その記号をマークしなさい。

(ア) 後周　(イ) 後梁　(ウ) 南唐　(エ) 後唐

問3　下線部③に関連し，南宋も含む宋について述べた次の(ア)〜(エ)のうち，最も適当なものを一つ選び，その記号をマークしなさい。

(ア) 官撰の注釈書である『五経正義』が編集された。

(イ) 「湖広熟すれば天下足る」というように長江中流域が穀倉地帯となった。

(ウ) 科挙に皇帝みずからが審査する殿試が加えられた。

(エ) 産業技術を図版を用いて解説した『天工開物』が編さんされた。

問4　下線部④の国の都として最も適当なものを次の(ア)〜(エ)のうちから一つ選び，その記号をマークしなさい。

(ア) 上京臨潢府　(イ) 興慶　(ウ) 臨安　(エ) 上京会寧府

問5　下線部⑤の改革について述べた次の(ア)〜(エ)のうち，**誤っているもの**を一つ選び，その記号をマークしなさい。

(ア) 農民に低利で貸し付ける青苗法が行われた。

(イ) 人民統治のため，里甲制がしかれた。

(ウ) 農村を組織化し民兵を強化する保甲法が行われた。

(エ) 中小商人へ低利で融資する市易法が行われた。

問6 下線部⑥の改革反対派の人物が著わした書物として最も適当なものを次の(ア)～(エ)から一つ選び，その記号をマークしなさい。

(ア) 『史記』 (イ) 『水経注』

(ウ) 『資治通鑑』 (エ) 『集史』

地　理

(60分)

〔Ⅰ〕 湿潤な国土に住む私たちは，教科書で乾燥した環境について学習する。そこでは大陸スケールから市町村スケールまで様々な乾燥の状況が説明される。そこでそのような乾燥に関する問いを準備した。以下の問1～問5について答えなさい。

問1　気候に関する次の文(1)～(5)の下線部①，②の正誤を判定し，①のみ正しい場合は**ア**を，②のみ正しい場合は**イ**を，①，②とも正しい場合は**ウ**を，①，②とも誤っている場合は**エ**をマークしなさい。

(1)　アフガニスタンの乾燥地域に見られる地下用水路を<u>フォガラ</u>①と呼ぶが，それと同様の横井戸式地下水灌漑(かんがい)体系は，温暖湿潤な<u>日本では見られない</u>②。

(2)　砂漠気候区は，カラハリ砂漠のように亜熱帯高圧帯の<u>上昇</u>①気流が生じる緯度や，ゴビ砂漠のように<u>海から遠い内陸</u>②に生じる。

(3)　湿気を多く含む風が風上斜面で雨を降らせ，乾燥した風が風下斜面を吹き降ろし昇温する現象を<u>フェーン</u>①現象と呼ぶが，その名称は<u>アドリア海沿岸</u>②での高温乾燥の局地風に由来する。

(4)　内陸の乾燥地帯にあり流出する河川がない湖では，湖水の塩分濃度が高まり，<u>アラル海</u>①のように塩湖になることがある。また海岸に近い湖では，淡水と海水が混合し汽水湖になりやすいが，茨城県の<u>霞ヶ浦</u>②のように人工的に淡水化されることもある。

(5)　宮崎県の大根やぐらで大根を干し乾燥させる景観は，<u>シベリア高気圧</u>①の影響下にある乾燥と晴天，秋田県の大根を燻(いぶ)して乾燥させて作る「いぶりがっこ」は，<u>シベリア高気圧</u>②の影響下にある低温と曇天の，気候的な条件が背景にある。

問2　香川県，佐賀県，北海道，山口県に関し，農林水産省の資料によれば，2021年12月末時点の溜池(ためいけ)数（個）を2019年の田の面積（ha）で割った値は，0.49，0.21，0.06，0.01のいずれかである。(ア)〜(エ)の中から香川県の値を選び，その記号をマークしなさい。ちなみに大阪府の値は0.53である。

(ア)　0.49　　(イ)　0.21　　(ウ)　0.06　　(エ)　0.01

問3　**図1**は，イラク，エジプト，サウジアラビア，スーダンについて，2017年の電力発電量（kWh）における火力と水力の割合を示したものである。**図1**の①〜④の中からエジプトを選び，その記号をマークしなさい。

(ア)　①　　(イ)　②　　(ウ)　③　　(エ)　④

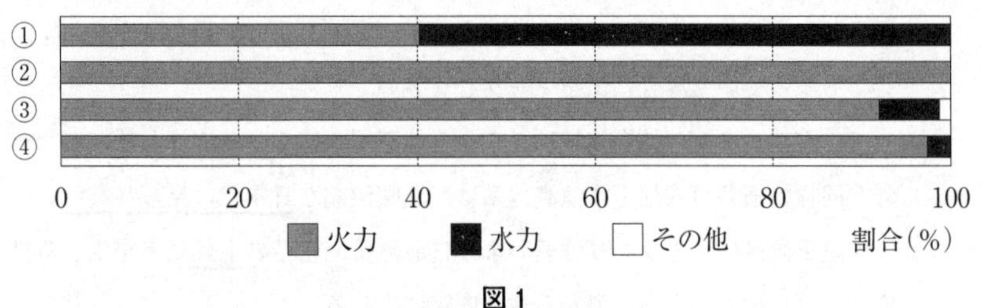

図1

（出典：『世界の統計2021』）

問4　**図2**は，チュニス，パース，バンコク，ンジャメナ（チャド）の気温と降水量の月別平年値によるハイサーグラフである。**図2**の①〜④の中からバンコクを選び，その記号をマークしなさい。

(ア)　①　　(イ)　②　　(ウ)　③　　(エ)　④

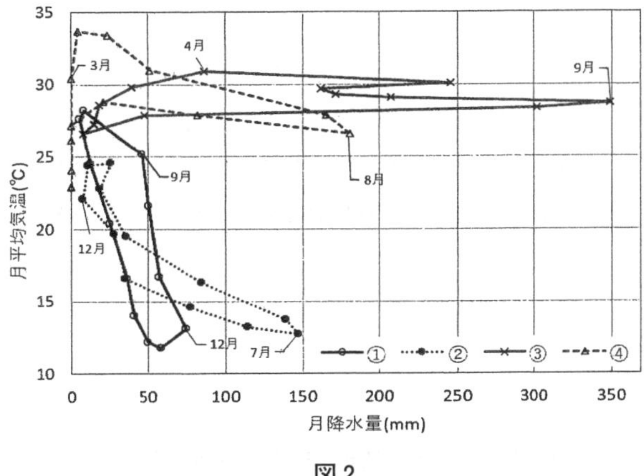

図 2

(出典:『理科年表 2021』)

問 5　GoogleEarth で乾燥地を参照し，特徴的な景観が見られた場所を示す**写真 1** と**写真 2** を用意し，それぞれを説明する文の(1)と(2)を作成した。各文の下線部①〜④の中から**最も不適当なもの**を選び，その記号をマークしなさい。

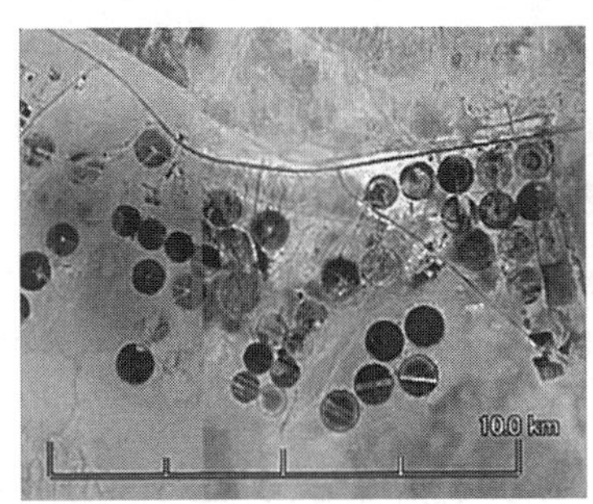

写真 1

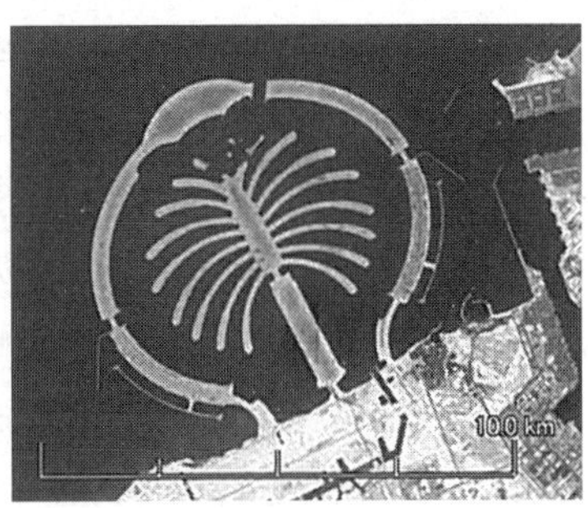

写真 2

(1)　**写真 1** は，サウジアラビアのリヤド付近であり，直径 1 km 程度の円形の農地が多く見られる。この一帯では 360 度回転するアームで散水される，①<u>センターピボット方式</u>による灌漑が行われている。この灌漑農法は乾燥・半乾燥地域で見られる②<u>粗放的</u>なものだが，③<u>地下水の枯渇</u>や④<u>地盤沈下</u>が懸念されている。

(ア) ①　(イ) ②　(ウ) ③　(エ) ④

(2) **写真2**は，カタール①の海岸付近であり，リゾート②目的で作られたヤシの木の形状をした人工島が見られる。この近傍にあるドバイ国際空港は中東地域のハブ空港③で，2018年では国際線の旅客数が約8千9百万人あり，その値は世界第1位④である。

(ア) ①　(イ) ②　(ウ) ③　(エ) ④

〔Ⅱ〕 2つの地図を解説した次の文章を読み，問1～問8に答えなさい。

図1は，国土地理院の「地理院地図」からダウンロードしたものであり，北西上方から光を当てて描いた陰影起伏図である。**図1**の東側は群馬県，中央部から西側にかけては長野県である。なお**図1**には，**図2**の範囲が破線で示されている。**図2**は電子地形図25000であり，おもに軽井沢町の中心部が示されている。

図1の北西部にある浅間山は，裾野が広い山体をなしている。南東斜面の末端部には，避暑地として有名な軽井沢町が広がる。なお，浅間山山頂付近から東南東方面に展開している波状の場所(**図1のA**)は，〔(ア) 火砕流　(イ) 火山泥流　(ウ) 溶岩ドーム　(エ) 溶岩流〕①の地形を示している。浅間山は，現在でも噴煙をあげることがあり，日本で有名な活火山aの1つである。

図2を見てみると，軽井沢町の東側には長野県と群馬県の県境となる2つの峠がある。江戸時代にはその1つの峠から軽井沢町を横断するルートで〔(ア) 奥州街道　(イ) 甲州街道　(ウ) 中山道　(エ) 日光街道〕②が整備された。かつて峠の麓には関所があり(群馬県安中市横川駅付近)，幕府によって人々の往来が管理されていた。なお，宿場町の1つである軽井沢宿bは，明治時代以降になると別荘所有者向けの商店街へと変貌していき，1980年代以降になると，土産店，レストランなどが連なる観光地に成長した。

軽井沢町は，明治時代以降，避暑地として開発された地域であるc。同様に〔(ア) アユタヤ　(イ) ダージリン　(ウ) フエ　(エ) ペナン〕③など避暑地として有名な地域は，おもにアジアの高地に存在する。なお，第二次世界大戦後になると，東京などから不動産やホテルなどを営む企業が進出するようになり，軽井沢町は避暑地から観光地へと変貌していった。特に，1997年に長野新幹線の軽井沢駅が開業すると，駅周辺にショッピングセンターなどの集客施設が整備された。
d

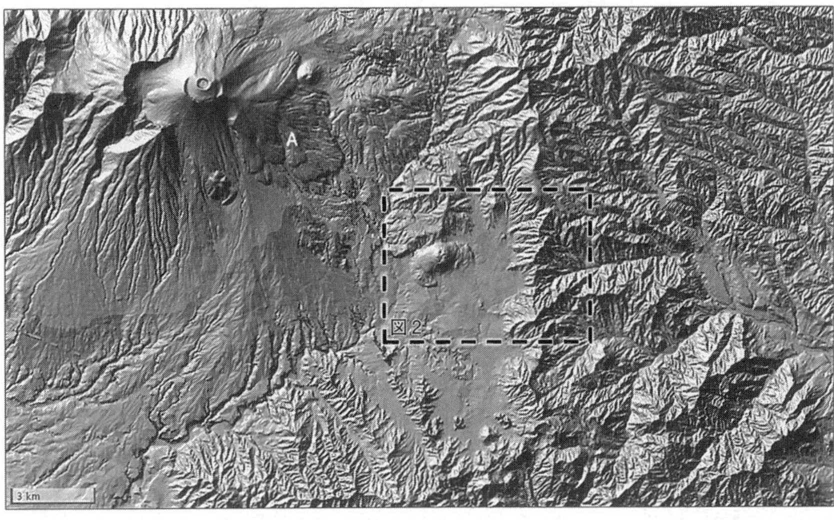

図1

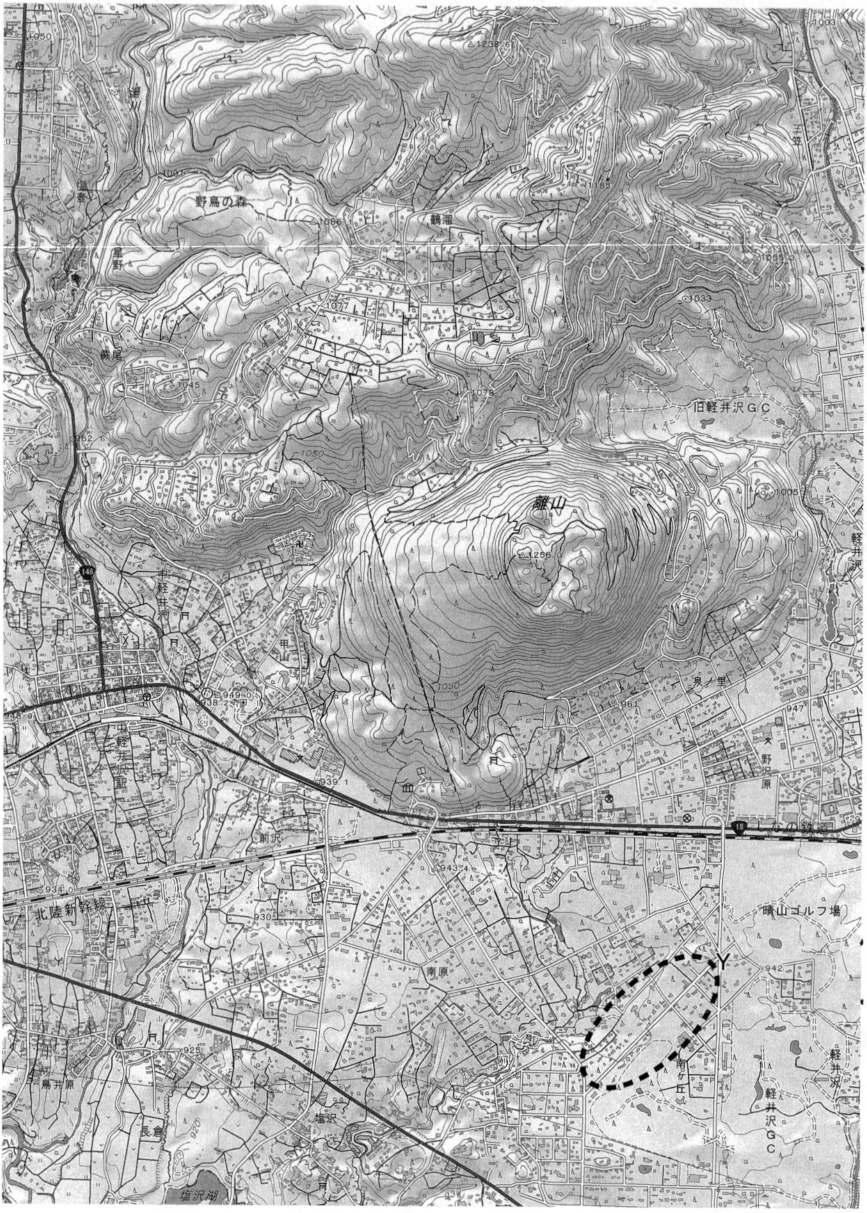

図2

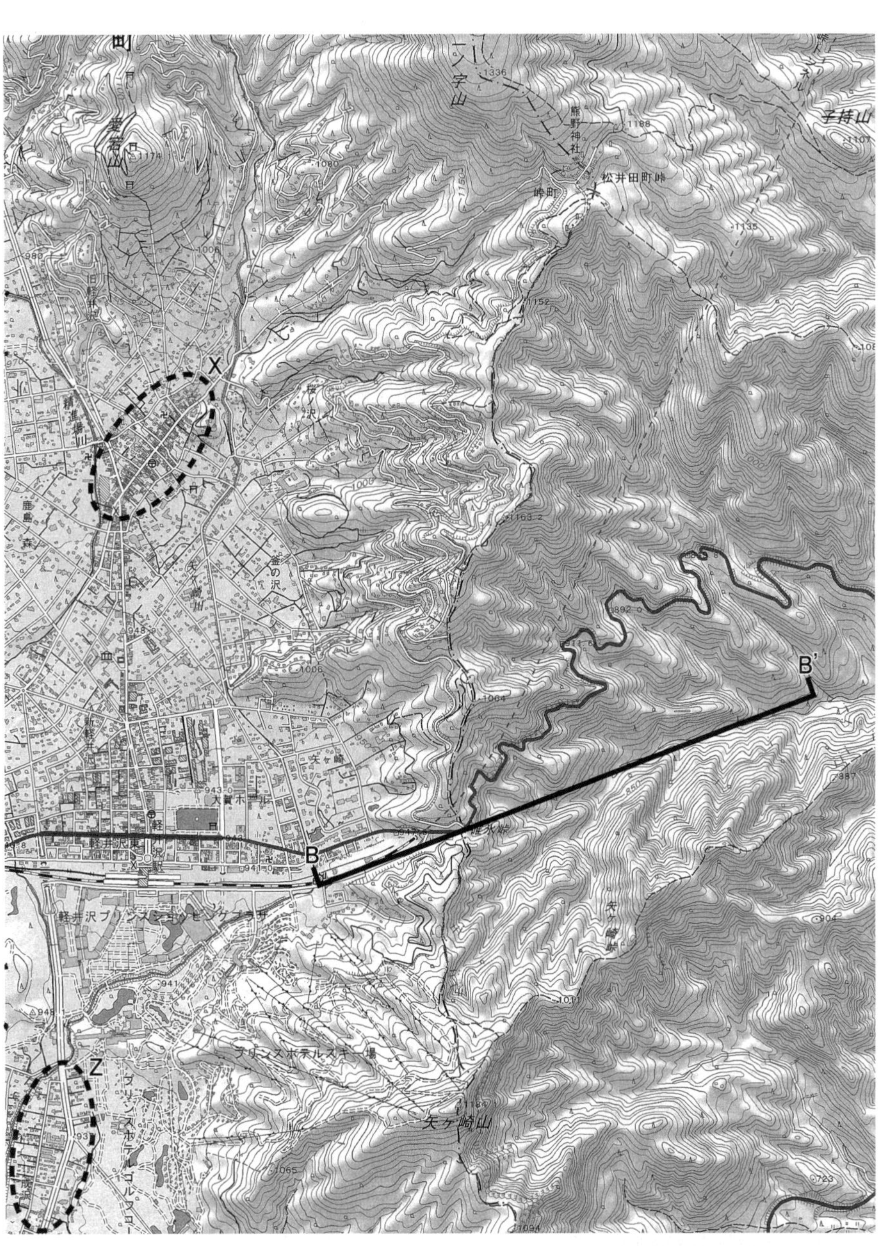

編集部注：編集の都合上，70%に縮小

問1　〔　①　〕～〔　③　〕中の選択肢からそれぞれ最も適当なものを選び，その記号をマークしなさい。

問2　**図2**から読み取れる地域の自然環境について述べた下の文章 (ア)～(エ)のうち，**最も不適当と考えられるもの**を選び，その記号をマークしなさい。

(ア)　鹿島ノ森地区付近では，おもに広葉樹林に別荘が建てられている。

(イ)　軽井沢駅の南側では，かつての低湿地が開拓され，現在では観光地となっている。

(ウ)　離山では，森林の中に登山道や散策路が整備されている。

(エ)　**図2**中の群馬県内を流れる河川の水源は，すべて群馬県内にある。

問3　**図2**の中央南の東側にあるスキー場について，リフトの最高点と最低点の標高差はおよそ何メートルか，最も適当なものを選び，その記号をマークしなさい。

(ア)　120メートル　　(イ)　150メートル

(ウ)　180メートル　　(エ)　210メートル

問4　**図2**の**B－B'**の断面図として最も適当なものを，**図3**の(ア)～(ウ)から選び，その記号をマークしなさい。なお，**図3**の高さは，水平距離に対して約2.4倍に強調している。

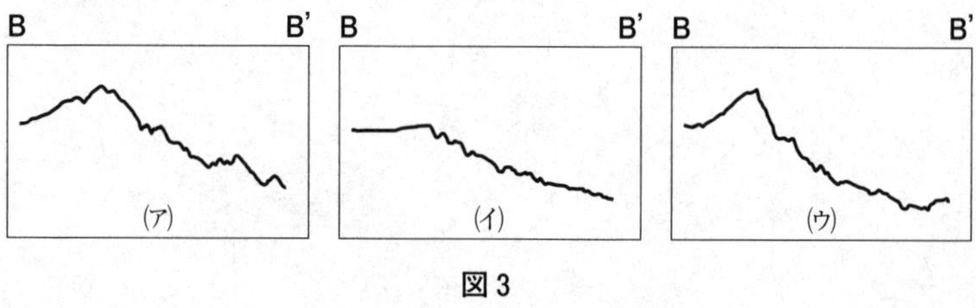

図3

問5　下線部**a**について，日本にある活火山として**最も不適当なもの**を選び，その記号をマークしなさい。

(ア)　有珠山　　(イ)　御嶽山（長野県・岐阜県）

(ウ)　桜島（鹿児島県）　　(エ)　筑波山

問６　下線部ｂについて，元々軽井沢宿であった場所はどこか，**図２**に示したＸ～Ｚの中から最も適当なものを選び，その記号をマークしなさい。

(ア)　X　　(イ)　Y　　(ウ)　Z

問７　下線部ｃについて，月平均気温と月降水量を示した下の**表**から読み取れる軽井沢町の特徴を述べた文について，下線部①，②の正誤を判定し，①のみ正しい場合は**ア**を，②のみ正しい場合は**イ**を，①，②とも正しい場合は**ウ**を，①，②とも誤っている場合は**エ**をマークしなさい。

軽井沢町は，高原に位置していることから冷涼な気候となっている。ケッペンの気候区分によると，軽井沢町は<u>Df気候</u>①に位置づけられる。軽井沢町では，冷涼な気候を生かしてキャベツなどの高原野菜の栽培が盛んであり，②<u>出荷のピークは10月から11月</u>となっている。

表

	1月	2月	3月	4月	5月	6月	7月	8月	9月	10月	11月	12月
月平均気温(℃)	−3.3	−2.6	1.1	7.0	12.3	16.0	20.1	20.8	16.7	10.5	4.8	−0.5
月降水量(mm)	36.8	36.8	68.3	81.0	108.8	154.6	191.8	141.6	193.5	151.1	52.5	29.6

『理科年表(令和４年度版)』より作成

月平均気温，月降水量ともに，1991年から2020年の平均値

問８　下線部ｄについて，**図２**から読み取れる観光開発について述べた下の文章(ア)～(エ)のうち，**最も不適当なもの**を選び，その記号をマークしなさい。

(ア)　いくつかの美術館・博物館が設けられている。

(イ)　**図２**中の群馬県内において，大規模な観光施設の立地は見られない。

(ウ)　別荘地の美しい景観を守るため，堅ろう建物や高層建物が建設されていない。

(エ)　一年を通してスポーツが楽しめるリゾートとして開発されている。

〔Ⅲ〕 村落と都市に関連する次の文を読み，問1～問6に答え，その記号をマークしなさい。

人々が集まり社会生活を営む空間は集落と呼ばれ，都市と村落に分けられる。古くから成立する集落は自然条件と深い関わりがあり，生活に欠かせない水を得るために河川沿いや扇状地の扇端部，オアシスや山麓などに立地することが多い。沖積平野の河川下流部の氾濫原や扇状地沿いでは水害をさけるため(　1　)などの微高地などが選ばれる。その他にも防御上有利な場所(a)や政府の開拓政策，街道沿いや交通の利便性などの社会条件も集落立地には深く関連している(b)。

村落は家屋の分布から集村と散村に分けられる。ヨーロッパやアジアの歴史の古い村落は集村が多く，家屋が不規則で塊状に密集する塊村と呼ばれる自然発生的なものが多い。一方，散村は北アメリカの(　2　)によって土地区画がなされた地域やオーストラリアの小麦栽培地域でよく見られる。

都市が世界的に発達するのは交易都市があらわれる中世以降である。交易都市は陸上のみならず海上交通の重要な場所にも見られ，ペルシャ湾と(　3　)を結び17世紀まで隆盛を誇ったホルムズや，東南アジアの重要交通路となっているムラカ(マラッカ)などがある。都市の発達要因から見れば，アメリカ東部のピードモント台地と海岸平野の境には滝や急流が一線上に分布し，この滝線の水力資源を利用し発達した都市群(c)が並んで立地する。また都市の中には，政治都市として成立したキャンベラのように特定機能(d)を中心として成立したものもある。都市は機能以外にも道路網によっても分類可能(e)で，アジアの古代都市や新大陸では直交路型の道路がよく見られる。

発展途上国の大都市では国内の農村部から多くの人々が流入しており，そうした人々の働く場所が十分に存在していないため，(　4　)と呼ばれる経済部門に従事し不安定な生活を送る人も多い。これらの低所得な人々が暮らす住環境の悪いスラムや，街頭で日雇い労働や物乞いを行いその日暮らしをするストリートチルドレンが問題となっている。

一方，先進国では都市中心部に隣接する古い市街地でインナーシティ問題が見られる。これらの地区ではライフラインや建物の老朽化が進み，生活環境は良くない。インナーシティの中でも都心部に近い場所では再開発が行われた結果，より高所得の人々が都心部に流入する(　5　)と呼ばれる現象が見られるようになった。

問1　文中の(　1　)～(　5　)に当てはまるものとして最も適当なものを選びなさい。

(ア)　三角州　(イ)　自然堤防　(ウ)　干潟　(エ)　紅海
(オ)　アデン湾　(カ)　オマーン湾　(キ)　インフォーマルセクター
(ク)　ジェントリフィケーション　(ケ)　スプロール現象
(コ)　セグリゲーション　(サ)　タウンシップ制
(シ)　ドーナツ化現象　(ス)　ニュータウン

問2　文中の下線部aに関して，防御機能を主機能の1つとして**持っていない集落**を選びなさい。

(ア)　囲郭村　(イ)　環濠集落　(ウ)　丘上集落　(エ)　林地村

問3　文中の下線部bに関して，谷口集落として最も適当なものを選びなさい。

(ア)　青梅　(イ)　唐津　(ウ)　甲府　(エ)　松山(愛媛県)

問4　文中の下線部cに関して，アメリカ東部の滝線都市として最も適当なものを選びなさい。

(ア)　フィラデルフィア　(イ)　セントルイス
(ウ)　シカゴ　(エ)　ニューオーリンズ

問5　文中の下線部dに関して，学術・研究施設が都市発展の**基盤となっていない都市**を選びなさい。

(ア)　つくば　(イ)　倉敷
(ウ)　オックスフォード　(エ)　ハイデルベルク

問6　文中の下線部eに関して，テヘラン旧市街の道路網の形態として最も適当なものを選びなさい。

(ア)　直交路型　　(イ)　放射環状路型
(ウ)　放射直交路型　　(エ)　迷路型

〔Ⅳ〕 アイスランド，スウェーデン，デンマーク，ノルウェー，フィンランド(以下，この問では「北欧5カ国」と記す)に関して述べた次の文(A)～(J)の下線部①，②の正誤を判定し，①のみ正しい場合は**ア**を，②のみ正しい場合は**イ**を，①，②とも正しい場合は**ウ**を，①，②とも誤っている場合は**エ**をマークしなさい。

(A)　北欧5カ国のうち，EU加盟国は<u>3つ</u>①であり，通貨としてユーロを導入している国は<u>2つ</u>②である(2022年現在)。

(B)　北欧5カ国のうち，自治領を含めない本土の国土面積がいちばん大きいのは<u>スウェーデン</u>①であるが，自治領まで含めると，世界最大の島であるグリーンランドを領有する<u>ノルウェー</u>②の国土面積がいちばん大きくなる。

(C)　北欧5カ国で広く信仰されている宗教はキリスト教であるが，その宗派・教派を細かく見ると，アイスランドでは<u>カトリック</u>①が広く信仰され，フィンランドでは<u>東方正教</u>②が広く信仰されている。

(D)　アイスランド島は<u>大西洋中央海嶺</u>①の地上露出部分にあたり，島内のギャオと呼ばれる大地の裂け目は<u>現在も東西に拡大している</u>②。

(E)　スウェーデンのキルナ，イェリヴァレの鉄鉱石は，夏季はボスニア湾(バルト海)の<u>アルハンゲリスク</u>①に運ばれるが，冬季はこの港が凍るため，暖流の北大西洋海流の影響で凍らないノルウェーの<u>ナルヴィク</u>②に運ばれ輸出される。

(F)　国民所得に占める税金と社会保障費の負担の割合を国民負担率と言う。アメリカ合衆国，イギリス，スウェーデン，日本の4カ国のうち，国民負担率(2018年)のいちばん高い国は<u>スウェーデン</u>①であり，いちばん低い国は<u>アメリカ合衆国</u>②である。

(G)　世界で最も環境意識が高い国の1つと言われるデンマークは，環境税の一種である<u>炭素税</u>①を導入して，化石燃料に課税して温室効果ガスの排出量を削減しようとしている。また，再生可能エネルギーを重視して，<u>地熱発電</u>②に力を入れている。

(H) 冷涼な気候とやせた土壌のために穀物栽培にあまり適さないユーラン(ユトランド)半島の特に西側では集約的な混合農業①が発達した。この半島の中北部はデンマーク領，南部はドイツ領で，半島の根元をミッテルラント運河②が横切っている。

(I) ノルウェーは(ロシアを除く)ヨーロッパ諸国で原油生産量(2019年)が第1位①であり，自国の電力の大半を天然ガスを利用した火力発電②によってまかなっている。

(J) フィンランドは，「湖沼の国」を意味する「ラップランド」①が正式名称であり，国土のいたるところに点在する氷河湖を利用したサーモン(鮭)の養殖②が盛んである。

政治・経済

(60分)

〔Ｉ〕次の文章を読んで，問(A)〜問(G)に答えなさい。

世界経済フォーラムは,「経済」,「教育」,「健康」,「政治」の4つの分野のデータから作成されるジェンダー・ギャップ指数を発表している。2023年に発表されたジェンダー・ギャップ指数では，日本の総合スコアは146カ国中125位となり，過去最低だった。「政治」の順位は146カ国中138位で，女性議員の少なさが問題視された。それに対し世界に目を向けると，2023年現在，多くの女性が政治に関わる分野で活躍している。

2023年1月時点でアメリカ合衆国の副大統領を務めているのはカマラ・ハリスである。ハリスは副大統領に選ばれた初の女性であり，初の黒人であり，初の南アジア系である。インドとジャマイカから移住してきた両親の下で，ハリスはアメリカに生まれた。副大統領に選ばれる前は，カリフォルニア州司法長官や上院議員などを歴任してきた。2020年の<u>大統領選挙</u>①では，(　1　)のジョー・バイデンが(　2　)のドナルド・トランプに勝利し，大統領に選出された。

2022年には，(　3　)の首相としてジョルジャ・メローニが就任した。欧州連合(EU)の前身である<u>欧州経済共同体(EEC)設立のための条約</u>②に調印した6カ国の一つが(　3　)である。(　3　)はG7の構成国の一つであり，2024年のG7サミット開催予定国である。

<u>EUの主要機関</u>③の一つである欧州委員会においては，2019年に(　4　)が女性として初めて委員長に就任した。2009年に発効した(　5　)条約では，欧州理事会常任議長と外務・安全保障政策上級代表が新設された。2023年1月時点で欧州理事会常任議長に女性が選出されたことはない。

欧米だけでなく，アジア・太平洋地域においても，女性が政治に関わる分野で活躍している。1948年に(　6　)から独立したビルマ(現在のミャンマー)には，

民主化運動の指導者であるアウン・サン・スー・チーがいる。1991年に<u>ノーベル平和賞</u>④を受賞したことからもわかるように，彼女の活動は海外で高く評価されてきた。しかし2021年にはミャンマーで非常事態宣言が発せられ，民主化に向けた動きも頓挫してしまった。2023年1月時点で，ミャンマーは<u>ASEAN</u>⑤の加盟国である。

2023年に辞任するまで，2017年からニュージーランドの首相を務めていたのはジャシンダ・アーダーンだった。ニュージーランドでは，長い間，先住民であるマオリは不利な立場におかれていた。2007年に国連総会で<u>「先住民族の権利に関する宣言」</u>⑥が採択された際には，ニュージーランドはオーストラリアなどとともに反対票を投じていた。しかし首相在任中，アーダーンはマオリの地位向上に努めた。

問(A)　文中の(　1　)～(　6　)に入れるのに最も適当な語句を下記の語群から選び，その記号をマークしなさい。

〔語群〕

(ア) パリ	(イ) 共和党	(ウ) ドイツ	(エ) ニース
(オ) 保守党	(カ) イタリア	(キ) 労働党	(ク) フランス
(ケ) 民主党	(コ) ギリシャ	(サ) 社会党	(シ) スペイン
(ス) リスボン	(セ) キャサリン・アシュトン		(ソ) オランダ
(タ) イギリス	(チ) マーストリヒト		(ツ) アンゲラ・メルケル
(テ) ウルズラ・フォン・デア・ライエン			(ト) アムステルダム

問(B)　下線部①に関連して，アメリカ合衆国憲法で定めているアメリカ合衆国の大統領に関する説明として最も適当なものを次の(ア)～(エ)から一つ選び，その記号をマークしなさい。

(ア)　大統領の任期は5年とされている。

(イ)　大統領選出後に，副大統領は議会によって指名される。

(ウ)　出生もしくは帰化により合衆国市民である者は大統領の職に就くことができる。

(エ)　何人も大統領の職に2回を超えて選出されることはできない。

問(C)　下線部②に関連して，この条約に1957年に調印した国を次の(ア)～(エ)から一つ選び，その記号をマークしなさい。

(ア)　アイルランド　　(イ)　ポルトガル

(ウ)　デンマーク　　(エ)　ルクセンブルク

問(D)　下線部③の一つである欧州議会に関連する記述として最も適当なものを次の(ア)～(エ)から一つ選び，その記号をマークしなさい。

(ア)　欧州議会の議員は，直接普通選挙によって選ばれる。

(イ)　欧州議会はフランクフルトに設置されている。

(ウ)　欧州議会の議員は，すべての加盟国から同じ人数が選出される。

(エ)　欧州議会においてユーロの通貨流通量が決定される。

問(E)　下線部④に関連して，この賞を受賞している者を次の(ア)～(エ)から一つ選び，その記号をマークしなさい。

(ア)　緒方貞子　　(イ)　マザー・テレサ

(ウ)　レイチェル・カーソン　　(エ)　マーガレット・サッチャー

問(F)　下線部⑤に関連する記述として最も適当なものを次の(ア)～(エ)から一つ選び，その記号をマークしなさい。

(ア)　ASEAN加盟国の共通政策を決定するのはASEAN議会である。

(イ)　ASEANが設立された際の原加盟国は，インドネシア，シンガポール，フィリピン，タイ，マレーシアの5カ国である。

(ウ)　ASEAN設立時から域内共通通貨が発行されている。

(エ)　ASEANの正式名称は「アジア太平洋経済協力」である。

問(G)　下線部⑥に関連する記述として**最も適当でない**ものを次の(ア)～(エ)から一つ選び，その記号をマークしなさい。

(ア)　「先住民族の権利に関する宣言」に先立ち，国際連合は「世界の先住民の国際の10年」を宣言していた。

(イ)「先住民族の権利に関する宣言」に先立ち，日本は1997年に「北海道旧土人保護法」を廃止した。

(ウ)「先住民族の権利に関する宣言」後の2019年に，日本政府はアイヌの人々を先住民族と明記した法律を成立させた。

(エ)「先住民族の権利に関する宣言」後に，国際連合は法的拘束力のある「先住民族の権利保護条約」を制定した。

〔Ⅱ〕次の文章を読んで，問(A)～問(F)に答えなさい。

市場経済では，財やサービスの取引を市場で行う。市場機構がうまく機能すれば，財やサービスの生産に必要な資源が効率的に配分されるが，市場は万能ではなく，市場の失敗が生じることがある。ここでは市場の失敗が生じる場合をいくつかみておこう。

まず，少数の大企業が市場を支配し，企業間の競争が弱まる場合に市場の失敗が生じることがある。このような寡占市場では，価格が競争ではなく，協調によって決定されてしまうことがある。具体的には，有力な大企業が(　1　)となって価格を決定し，他の企業がそれに追随することがある。その結果，消費者は割高な商品しか購入できなくなり，市場での価格調整がうまく働かなくなる場合がある。

次に，市場の失敗が生じる場合として，財の供給に際して外部経済①や外部不経済といった外部効果が発生する場合が挙げられる。外部不経済の例としては，公害を発生させる企業の生産活動②が挙げられる。公害を発生させ第三者に被害や損失をもたらした場合，適切な政府の介入がないと市場の失敗が生じる場合がある。

また，(　2　)の供給に際しても市場の失敗が生じる場合がある。(　2　)は非排除性③と非競合性という特徴を持つ財やサービスであるが，こうした財やサービスは民間企業で供給することが難しい場合がある。

こうした市場の失敗にともなう弊害を取り除き，効率的な資源配分を実現するためには，政府がさまざまな政策や法整備を行う必要がある。例えば，外部不経済を是正する公害の規制では，原因物質などの排出量を直接規制する方法と，企業に公害防止に必要な費用などを負担させる方法などがある。後者の方法に関連して，今日では，公害防止費用や企業が社会に与えた損害は，本来，公害を発生させた企業が負担すべきであるという原則がある。このような原則に基づいた対策により外部不経済の(　3　)化が期待される。また，公害防止のための原則としては，その他にも，公害を発生させた企業に故意や過失がなくとも被害者への賠償責任を義務付ける(　4　)の原則もある。公害対策の結果，企業の生産過程に起因する公害である(　5　)については，高度経済成長期のような深刻なものは減少した。しかしながら，近年は，建設資材などに利用された公害源④や家庭などから出るゴミの増加⑤が問題となった。

問(A)　文中の(　1　)～(　5　)に入れるのに最も適当な語句を下記の語群から選び，その記号をマークしなさい。

〔語群〕

(ア)　拡大生産者責任	(イ)　高度	(ウ)　生活公害
(エ)　内部	(オ)　トラスト	(カ)　相対
(キ)　補完財	(ク)　無過失責任	(ケ)　産業公害
(コ)　経済財	(サ)　プライス・リーダー	(シ)　メセナ
(ス)　公共財	(セ)　総量規制	(ソ)　都市公害

問(B)　下線部①に関して，市場を通さないで他の経済主体に直接影響を与える外部経済の例として**最も適当でない**ものを次の(ア)～(エ)から一つ選び，その記号をマークしなさい。

(ア)　肥料価格高騰により農産物の供給が減少したため，消費者は以前よりも高い価格で農産物を購入するようになった。

(イ)　ある家の庭の花壇が整備されたため，近所の住民は美しい花壇を楽しめるようになった。

(ウ)　新駅が建設されたため，駅周辺に多くの人が来るようになり，新駅周辺の商店街の店舗の売上が増加した。

(エ)　地域の多くの人が感染症の予防接種を受けたため，予防接種を受けなかった人の感染率が低下した。

問(C)　下線部②に関して，ある企業が有害な物質を排出し，周辺地域の住民に健康被害をもたらし，市場の失敗が生じている状況を考える。この企業の財の供給に関する説明として最も適当なものを次の(ア)～(エ)から一つ選び，その記号をマークしなさい。

(ア)　財の供給は社会的に望ましい量となる傾向がある。

(イ)　全ての社会的費用を考慮して財の供給が決定される傾向がある。

(ウ)　財の供給が社会的に望ましい量に比べて過少となる傾向がある。

(エ)　財の供給が社会的に望ましい量に比べて過大となる傾向がある。

問(D)　下線部③に関して，非排除性の説明として最も適当なものを次の(ア)～(エ)から一つ選び，その記号をマークしなさい。

(ア)　ひとりの人しか同時に消費することができない。

(イ)　複数の人が同時に消費できる。

(ウ)　特定の人の消費を制限できない。

(エ)　売り手は，対価を支払わない買い手が消費できないようにすることができる。

問(E)　下線部④に関して，中皮腫や肺がんを発症する危険性のある公害源の物質がある。この物質が建設資材などに使用されたため健康被害の問題が起き，その結果，2006年には労災補償の対象とならない生産工場の周辺住民などを救済する法律も制定された。この物質の名称として最も適当なものを次の(ア)～(エ)から一つ選び，その記号をマークしなさい。

(ア)　水銀

(イ)　アスベスト

(ウ)　ダイオキシン

(エ)　光化学スモッグ

問(F)　下線部⑤に関して，限られた資源の有効活用などのための三つの取り組みは3Rと呼ばれる。この三つの取り組みとして最も適当なものを次の(ア)～(エ)から一つ選び，その記号をマークしなさい。

(ア)　リサイクル，リペア，リフォーム

(イ)　リサイクル，リユース，リデュース

(ウ)　リフォーム，リユース，リデュース

(エ)　リサイクル，リデュース，リフューズ

〔Ⅲ〕次の文章を読んで，問(A)～問(O)に答えなさい。

「失われた10年」といわれる。10年ごとに「失われた20年」，「失われた30年」と続ける人もいるが，そもそも，いつから「失われた10年」が始まったのかというと，それは1991年のバブル経済崩壊以降の景気低迷からである。

バブル経済に至るきっかけは，1985年，先進諸国の財務相・中央銀行総裁会議，いわゆる(　1　)でのプラザ合意にあると考えられる。プラザ合意以降，ドル安・円高が急速に進み，日本の(　2　)は一時的に競争力を失った。一方，円高と貿易摩擦への対応策として海外への生産拠点の移転が進められ，(　3　)が急増し，日本国内では(　4　)が懸念されるようになった。輸出依存から脱却するために，①内需拡大政策がとられ，一方，②公定歩合の引き下げなど大幅な金融緩和が実施された。

1987年，ルーブル合意やブラック・マンデーにより，日本は，利上げの機会を失い，低金利政策を継続した。この低金利政策によって生み出された資金が土地と株式に向かい，株価と地価は経済の実態を超えて高騰した。消費者の保有する株価や地価の大きさが消費行動に影響する(　5　)を通じて，消費は著しく刺激され，高級品などの消費も増加した。これが③平成景気である。

その後，経済のバブル化を懸念した日本銀行は一転，金融を引き締めた。また，不動産融資規制や地価税なども導入され，株価と地価は大幅に下落し，バブル経済は崩壊した。こうして「失われた10年」の幕が切って落とされたのである。

④バブル崩壊後の低迷は，「失われた」という修飾が大げさでないほどのもので

あった。1991年3月から1993年10月までの景気後退期間は平成不況とよばれる。失業率は，1990年の2.1%から1993年には2.5%に上昇した。しかしながら，この後も景気停滞感が続き，日本経済は⑤1997年には再び低迷しだした。この間，種々の政策が講じられたにもかかわらず，大きな成果が上がらなかったのである。

2001年に新自由主義的政策により日本経済を再生しようという小泉内閣が誕生した。この内閣による⑥「構造改革」は，自由化，規制緩和，民営化をスローガンに，様々な分野で実験的試みが行われた。2001年から2005年までの経済財政白書の副題は「改革なくして成長なし」である。2002年からは長期の景気拡大が始まった。区分上は景気拡大期ではあるが，⑦「実感なき景気回復」といわれた。

問(A)　文中の(　1　)に入れるのに最も適当な語句を次の(ア)〜(エ)から一つ選び，その記号をマークしなさい。

(ア)　G5　(イ)　G7　(ウ)　G8　(エ)　G20

問(B)　文中の(　2　)に入れるのに最も適当な語句を次の(ア)〜(エ)から一つ選び，その記号をマークしなさい。

(ア)　公企業　(イ)　非営利企業

(ウ)　輸出企業　(エ)　輸入企業

問(C)　文中の(　3　)に入れるのに最も適当な語句を次の(ア)〜(エ)から一つ選び，その記号をマークしなさい。

(ア)　間接投資　(イ)　公共投資

(ウ)　財政投融資　(エ)　直接投資

問(D)　文中の(　4　)に入れるのに最も適当な語句を次の(ア)〜(エ)から一つ選び，その記号をマークしなさい。

(ア)　産業の空洞化　(イ)　産業の高度化

(ウ)　産業の国営化　(エ)　産業の集中化

問(E)　下線部①に関連して，内需拡大への転換を提言した1986年の報告書，いわゆる前川レポートは，当時の首相の私的諮問機関による報告書である。その首相の名前を次の(ア)〜(エ)から一つ選び，その記号をマークしなさい。

(ア)　大平正芳　(イ)　鈴木善幸

(ウ)　竹下登　(エ)　中曽根康弘

問(F)　問(E)の前川レポートの内容として**最も適当でない**ものを次の(ア)〜(エ)から一つ選び，その記号をマークしなさい。

(ア)　規制緩和の推進　(イ)　金融市場の自由化

(ウ)　製造業からサービス業への転換　(エ)　保護貿易政策の強化

問(G)　下線部②に関する記述として最も適当なものを次の(ア)〜(エ)から一つ選び，その記号をマークしなさい。

(ア)　金融機関の総資産のうち，リスクのある資産に対する自己資本の割合のことである。

(イ)　市中銀行が受け入れた預金のうち日本銀行に預けなければならない割合のことである。

(ウ)　短期金融市場のうち，金融機関の間で資金の融通が行われる市場の金利のことである。

(エ)　日本銀行が現在「基準割引率および基準貸付利率」と呼んでいるものである。

問(H)　文中の(　5　)に入れるのに最も適当な語句を次の(ア)〜(エ)から一つ選び，その記号をマークしなさい。

(ア)　価格効果　(イ)　資産効果

(ウ)　規模効果　(エ)　代替効果

問(I)　下線部③に関連して，80年代後半のバブル経済に関する記述として**最も適当でない**ものを次の(ア)〜(エ)から一つ選び，その記号をマークしなさい。

(ア)　過剰流動性による資産インフレーションが起きた。

(イ)　これまで土地・株取引にあまり関係なかった企業や個人までもが財テクを行った。

(ウ)　実質 GDP 成長率が年率 10% を超えた。

(エ)　マイホームが持てない，相続税が払えないという弊害が生じた。

問(J)　下線部④に関連して，1991 年から 2000 年頃までの記述として**最も適当でない**ものを次の(ア)～(エ)から一つ選び，その記号をマークしなさい。

(ア)　銀行は不良債権を処理するために積極的に資金を貸し出した。

(イ)　政府は銀行に多額の公的資金を注入した。

(ウ)　不況下にあって，企業の設備投資は停滞した。

(エ)　不良債権の急増により金融機関の破綻が起きた。

問(K)　下線部⑤に関連して，1997 年に起きたこととして最も適当なものを次の(ア)～(エ)から一つ選び，その記号をマークしなさい。

(ア)　消費税３％導入　　(イ)　アジア通貨危機

(ウ)　ペイオフ全面解禁　　(エ)　リーマンショック

問(L)　下線部⑥に関連して，小泉構造改革に関する語句として**最も適当でない**ものを次の(ア)～(エ)から一つ選び，その記号をマークしなさい。

(ア)　日本版金融ビッグバン　　(イ)　構造改革特区

(ウ)　三位一体の改革　　(エ)　郵政民営化

問(M)　下線部⑥に関連して，労働市場の規制緩和も進み，非正規労働者が増えた。非正規労働者に関する記述として最も適当なものを次の(ア)～(エ)から一つ選び，その記号をマークしなさい。

(ア)　非正規労働者の平均賃金は正規労働者のそれよりも高い。

(イ)　正規労働者数に対する非正規労働者数の比率は男性の方が女性よりも高い。

(ウ)　平均的に非正規労働者は正規労働者に比べて職場における訓練機会に恵まれず，技術習得がしにくい。

(エ)　非正規労働者はパートタイム労働者のみを表す用語である。

問(N)　下線部⑦に関連して，かげろう(いざなみ)景気とも言われるこの景気拡大期間は2002年2月から2008年2月まで，当時，日本の1945年以降最長の73カ月を記録した。かげろう景気に抜かれるまで戦後最長であった景気の名称を次の(ア)～(エ)から一つ選び，その記号をマークしなさい。

(ア)　神武景気　　(イ)　いざなぎ景気

(ウ)　岩戸景気　　(エ)　オリンピック景気

問(O)　下線部⑦に関連して，この景気拡大期間の記述として最も適当なものを次の(ア)～(エ)から一つ選び，その記号をマークしなさい。

(ア)　消費者物価上昇率は高く，狂乱物価の再現となった。

(イ)　株式価格は回復し，日経平均株価はバブル経済時の最高値を超えた。

(ウ)　企業収益が増加したものの，雇用者報酬は低迷し，ほとんど変化しなかった。

(エ)　失業率は年率で２％台で推移した。

〔Ⅳ〕次の新聞記事を読んで，問(A)～問(E)に答えなさい。

1966年に静岡県のみそ製造会社の専務一家４人が殺害された事件で，強盗殺人罪などで死刑①が確定した袴田巖さんについて，東京高裁が裁判をやり直す再審開始を認めた静岡地裁の決定を支持し，検察側の即時抗告を棄却する決定を出しました。検察側が最高裁への(　1　)を断念すれば再審開始が確定し，地裁で再審公判が開かれ，袴田さんは無罪となる公算が大きいと見られています。

無実であるのに犯罪者とされることを「冤(えん)罪」といいます。いわゆる濡れ衣です。もちろんあってはならないことです。袴田さんは冤罪だった可能性が強くなっています。冤罪をなくすために，わたしたちはこうしたニュースに注目する必要があると思います。間違った裁判が行われないように，関係者により緊張感を持ってもらうためです。ただ，裁判のニュースは複雑でわかりにくいと感じている人も少なくないでしょう。今回は，ニュースを理解する手助けになる「刑事裁判の原則」を４つ紹介します。

まず,「公開の原則」があります。日本国憲法第82条に「裁判の対審及び判決は,公開法廷でこれを行ふ」とあります。誰でも裁判を傍聴できるということです。例外として私生活に深く踏み込まないといけない場合や企業秘密にかかわる場合などは裁判官が全員一致すれば非公開にすることができます。ただし,「政治犯罪,(　2　)又はこの憲法第三章で保障する国民の権利が問題となつてゐる事件の対審は,常にこれを公開しなければならない」とされています。裁判が公平公正におこなわれているかどうかを国民が監視できるようにするための原則です。

二つめの原則は,「証拠裁判主義」といわれるものです。事実の認定は証拠②によっておこなわれないといけないという原則です。つまり,検察官や弁護人から法廷に出された証拠だけに基づいて事実認定が行われ,判決が下されないといけません。法廷に出されなかった証拠や報道によって知ったこと,個人的に聞いた話などは判断の材料になりません。

袴田さんの再審開始決定を支持した東京高裁は新証拠に基づいて,袴田さんの犯行時の着衣とされた証拠品は捜査③機関が捏造(ねつぞう)した可能性が「極めて高い」としました。また,自白は「証拠の王」といわれるくらい強い証拠ですが,袴田さんが自白したとして提出された45通の自白調書のうち44通を「連日の長時間の取り調べで任意性に疑いがある」とし,残る1通も「証拠価値が乏しい」としました。

三つめの原則は,「疑わしきは被告人の利益に」というものです。法廷に出された証拠だけからは有罪か無罪かどちらとも判断しにくい場合,被告人を有罪にすることはできないという原則です。罪を犯していないにもかかわらず有罪になってしまうとその人の人生を大きく狂わせることになります。それを避けるために,不確かな場合は被告人の利益になる方向で判断をしようという考え方です。

似た原則に「無罪推定の原則」があります。犯罪をしたと疑われている人(被疑者)や刑事裁判を受けることになった人(被告人)については,有罪が確定するまでは罪を犯していない人として扱われるという原則です。新聞などのマスメディアは,かつては容疑者が警察や検察に逮捕された段階で名前を呼び捨てにして報道するのが一般的でしたが,今は「無罪推定の原則」の考え方を入れて起訴前の人には容疑者,起訴後の人には被告という呼称を名前のあとにつけて報道するのが一般的になっています。

四つめの原則は,「一事不再理の原則」です。これは,刑事裁判が確定した場合,その事件で再び起訴することは許されないというものです。たとえば，殺人罪で起訴された人の無罪が確定したあとに，検察がもう一度起訴して裁判をやり直そうとすることを禁じているわけです。このことは，④日本国憲法第39条に規定されています。

一事不再理は再審請求の考え方と矛盾するようですが，矛盾するわけではありません。どちらも「被告人の利益」の方向でできている考え方です。このため，確定した判決でも刑を軽くする方向でのやり直しはできると考えられています。ただ，同じ事件で何度も裁判がおこなわれることは，裁判の意味を軽くすることにつながります。そのため，再審請求には高いハードルが設けられています。①確定判決により原判決の証拠が偽造，変造，虚偽であったことが証明された場合など，②無罪などを言い渡すべき明らかな新証拠を発見した場合，③確定判決により関与裁判官などに職務犯罪があったことが証明された場合のどれかに当てはまる必要があります。袴田さんの場合は，②の新証拠の発見が東京高裁の再審開始決定につながりました。検察は，1年以上たってみそタンクから犯行時の着衣とするものを発見しましたが，その着衣についていた血痕の写真には赤みがありました。しかし，弁護団がおこなった実験では，赤みは消えました。それが検察の証拠を否定する新証拠になって，再審の扉が開こうとしているのです。

日本の警察や検察の優秀さを示す数字としてよく使われるのが，有罪率(　3　)%です。起訴した刑事事件のうち約(　3　)%が有罪になっているという数字です。証拠をしっかり固めて起訴しているという点では優秀と言っていいと思いますが，中にもし冤罪が含まれているとすれば，評価は変わります。冤罪ほど理不尽なものはありません。捜査機関には，真犯人を見つけ，真犯人だけを起訴するように努力していただきたいと思います。

一色清　2023年3月17日付朝日新聞電子版

「袴田さんの再審開始を東京高裁が決定 → 刑事裁判の四つの原則を知っておこう」

https://www.asahi.com/edua/article/14861099

(一部省略・改変)

問(A)　文中の(　1　)〜(　3　)に入れるのに最も適当な語句を下記の語群から選び，その記号をマークしなさい。

〔語群〕

(ア)　特別上告　(イ)　跳躍上告　(ウ)　特別抗告
(エ)　跳躍抗告　(オ)　殺人罪　(カ)　秘密を侵す罪
(キ)　出版に関する犯罪　(ク)　国交に関する罪
(ケ)　文書偽造罪　(コ)　死刑に当たる罪に係る事件
(サ)　死刑又は無期の懲役若しくは禁錮に当たる罪に係る事件
(シ)　70　(ス)　80　(セ)　90
(ソ)　99

問(B)　下線部①に関して，死刑に関する説明として最も適当なものを次の(ア)〜(エ)から一つ選び，その記号をマークしなさい。

(ア)　アムネスティ・インターナショナルの調査によれば，2022年12月末現在，すべての犯罪に対して死刑を廃止している国は112カ国あり，ここにはカナダやアメリカ，ドイツのほか，ベラルーシ，シンガポール，ベトナムが含まれている。

(イ)　アムネスティ・インターナショナルの調査によれば，2022年12月末現在，死刑を存置している国は55カ国あり，ここには日本や中国，南アフリカのほか，ボリビア，ウクライナ，ルワンダが含まれる。

(ウ)　日本の刑法上，外患誘致罪(81条)，激発物破裂罪(117条)，殺人罪(199条)には法定刑として死刑が規定されているが，内乱罪(77条)，現住建造物等放火罪(108条)，強盗・不同意性交等致死罪(241条)には法定刑として死刑は規定されていない。

(エ)　最大判昭和23年3月12日は，「憲法第十三条においては，すべて国民は個人として尊重せられ，生命に対する国民の権利については，立法その他の国政の上で最大の尊重を必要とする旨を規定している」としつつ，「生命に対する国民の権利といえども立法上制限乃至剥奪されることを当然予想している」と判示した。

問(C) 下線部②に関して，証拠に関する説明として最も適当なものを次の(ア)～(エ)から一つ選び，その記号をマークしなさい。

(ア) 刑事訴訟法第318条は「証拠の証明力は，裁判官の自由な判断に委ねる」と規定する。これに対して，裁判員の参加する刑事裁判(裁判員裁判)では一般国民が職業裁判官とともに証拠の評価を行うことから，裁判員の参加する刑事裁判に関する法律第62条は「裁判員の関与する裁判における証拠の証明力について，裁判員は裁判官の判断に従う」と規定する。

(イ) 憲法第38条第3項は「何人も，自己に不利益な唯一の証拠が本人の自白である場合には，有罪とされ，又は刑罰を科せられない」と規定するが，これを受けた刑事訴訟法第319条は「裁判所において当事者が自白した事実及び顕著な事実は，証明することを要しない」と規定している。それゆえ，裁判所において裁判官の面前で被告人が自白した事実であれば，自白以外の証拠による証明がなくても有罪とすることができる。

(ウ) 白鳥事件(最高裁昭和50年5月20日決定)は，再審の請求にあたって求められる「『無罪を言い渡すべき明らかな証拠』とは，確定判決における事実認定につき合理的な疑いをいだかせ，その認定を覆すに足りる蓋然性のある証拠をいうものと解すべきであるが，……この判断に際しても，再審開始のためには確定判決における事実認定につき合理的な疑いを生ぜしめれば足りるという意味において，『疑わしいときは被告人の利益に』という刑事裁判における鉄則が適用されるものと解すべきである」と判示した。

(エ) 刑事収容施設及び被収容者等の処遇に関する法律第15条は，「被勾留者は，留置施設に留置することに代えて，刑事施設に収容することができる」と規定している。これがいわゆる「代用刑事施設」(かつての「代用監獄」)で，被疑者が捜査機関の管理下に置かれるため，自白の強要に繋がりやすいと指摘されている。

問(D) 下線部③に関して，捜査に関する説明として最も適当なものを次の(ア)～(エ)から一つ選び，その記号をマークしなさい。

(ア) 刑事訴訟法第203条および第205条によれば，司法警察員は逮捕状により被疑者を逮捕した場合において，留置の必要があると思料するときは被疑者が身体を拘束されたときから24時間以内に書類および証拠物とともに被疑者を検察官に送致する手続をしなければならない。また，司法警察員から身柄送致された被疑者を受け取った検察官が留置の必要があると思料するときは，被疑者を受け取ったときから10日以内に裁判官に被疑者の勾留を請求しなければならない。

(イ) 憲法第33条は「何人も，現行犯として逮捕される場合を除いては，権限を有する司法官憲が発し，且つ理由となつてゐる犯罪を明示する令状によらなければ，逮捕されない」と規定し，憲法第35条は「何人も，その住居，書類及び所持品について，侵入，捜索及び押収を受けることのない権利は，第三十三条の場合を除いては，正当な理由に基いて発せられ，且つ捜索する場所及び押収する物を明示する令状がなければ，侵されない」と規定する。また，刑事訴訟法第220条は，「検察官，検察事務官又は司法警察職員は，……現行犯人を逮捕する場合において必要があるときは，左の処分をすることができる」としたうえで，この処分として「逮捕の現場で差押，捜索又は検証をすること」を挙げ，これらの処分をするには，「令状は，これを必要としない」と規定している。

(ウ) 憲法第38条第1項は「何人も，自己に不利益な供述を強要されない」と規定し，刑事訴訟法第198条第2項は「取調に際しては，被疑者に対し，あらかじめ，自己の意思に反して供述をする必要がない旨を告げなければならない」と規定する。もっとも，これらの黙秘権は捜査段階で保障されるものであり，裁判官の面前では虚偽の自白を強要される危険性は低い。それゆえ，同法第311条第1項は「被告人は，公判廷において終始沈黙し，又は個々の質問に対し供述を拒んではならない」と規定している。

(エ) 刑事訴訟法第301条の2第1項によれば，検察官，検察事務官または司法警察職員は，6箇月以上の有期の懲役または30万円以上の罰金に当たる罪に係る事件について被疑者を取り調べるときは，被疑者の供述およびその状況を録音および録画を同時に行う方法により記録媒体に記録しておかなければならない。同条第2項によれば，この取調べの状況を記録した書面の証拠調べにおいて検察官が当該記録媒体の取調べを拒否した場合，裁判所は当該書面の取調べ請求を棄却することができる。

問(E) 下線部④に関して，憲法第39条の規定として最も適当なものを次の(ア)～(エ)から一つ選び，その記号をマークしなさい。

(ア) 何人も，実行の時に適法であつた行為又は既に無罪とされた行為については，刑事上の責任を問はれない。又，同一の犯罪について，重ねて刑事上の責任を問はれない。

(イ) 何人も，法律の定める手続によらなければ，その生命若しくは自由を奪はれ，又はその他の刑罰を科せられない。

(ウ) 公務員による拷問及び残虐な刑罰は，絶対にこれを禁ずる。

(エ) 何人も，抑留又は拘禁された後，無罪の裁判を受けたときは，法律の定めるところにより，国にその補償を求めることができる。

数　学

◀3教科型・2教科型（英語外部試験利用方式）▶

（60分）

〔Ⅰ〕 関数 $f(x)$ を

$$f(x) = x^4 - 3x^3 + 2x^2 - 3x + 1$$

と定める。また，0でない実数 x に対して，$t = x + \dfrac{1}{x}$ とする。

(1) x を0でない実数としたとき，$|t| \geqq 2$ であることを示せ。

(2) $x^2 + \dfrac{1}{x^2}$ を t を用いて表せ。

(3) $\dfrac{f(x)}{x^2}$ を t を用いて表せ。

(4) $f(x) = 0$ を満たす x をすべて求めよ。

〔Ⅱ〕 次の □ をうめよ。ただし，[①]，[④] は c を含む t の3次多項式でうめよ。

3次関数 $f(x)$ が

$$f(x) = x^3 - \int_0^2 x|f(t)|dt \quad \cdots\cdots(*)$$

を満たすとする。$c = \int_0^2 |f(t)|dt$ とおく。

$c \geqq 4$ のとき

$$c = \int_0^2 \left(\boxed{\;①\;} \right) dt$$

が成り立ち，$c =$ [②] となる。

$0 < c < 4$ のとき

$$c = \int_0^{\boxed{③}} \left(\boxed{\;①\;} \right) dt + \int_{\boxed{③}}^2 \left(\boxed{\;④\;} \right) dt$$

が成り立ち，c は2次方程式 [⑤] $= 0$ を満たし，$c =$ [⑥] となる。

よって，式(＊)を満たす3次関数 $f(x)$ は

$x^3 -$ [②] x または $x^3 -$ [⑥] x

となる。

〔Ⅲ〕 xを実数とし，平面上の2つのベクトル$\vec{a}$，$\vec{b}$は

$$|\vec{a}| = 4^x,\ |\vec{b}| = \sqrt{2}\cdot 2^x,\ |\vec{a}-\vec{b}| = 8^x$$

を満たしている。次の［　　］をうめよ。ただし，［⑤］，［⑥］は数値でうめよ。

$|\vec{a}-\vec{b}|^2 - |\vec{a}|^2 - |\vec{b}|^2$を内積$\vec{a}\cdot\vec{b}$を用いて表すと［①］である。$4^x = X$とおくと，$|\vec{b}|^2$は$X$を用いて$|\vec{b}|^2 =$［②］と表される。同様に，$|\vec{a}|^2$，$|\vec{a}-\vec{b}|^2$を$X$を用いて表すことにより，$\vec{a}\cdot\vec{b}$は$X$を用いて

$$\vec{a}\cdot\vec{b} = \frac{\boxed{③}}{2}$$

と表されることがわかる。したがって，$\vec{a}$と$\vec{b}$のなす角θが$0^\circ \leqq \theta < 90^\circ$となるような$x$の範囲は［④］である。

$x = \dfrac{1}{2}\log_2(\sqrt{5}-1)$のとき$X =$［⑤］であり，$\vec{a}+t\vec{b}$と$\vec{a}-\vec{b}$が垂直となるとき$t =$［⑥］である。

◀ 2教科型（英数方式〈総合情報〉・国数方式）▶

（90分）

〔Ⅰ〕 正三角形 $A_0B_0C_0$ において，$\overrightarrow{A_0B_0}=\vec{p}$，$\overrightarrow{A_0C_0}=\vec{q}$ とおく。辺 A_0B_0，B_0C_0，C_0A_0 を $2:1$ に内分する点をそれぞれ A_1，B_1，C_1 とする。さらに $\triangle A_1B_1C_1$ について，辺 A_1B_1，B_1C_1，C_1A_1 を $2:1$ に内分する点をそれぞれ A_2，B_2，C_2 とする。この操作を n 回繰り返したときに得られる点を A_n，B_n，C_n とするとき，次の問いに答えよ。

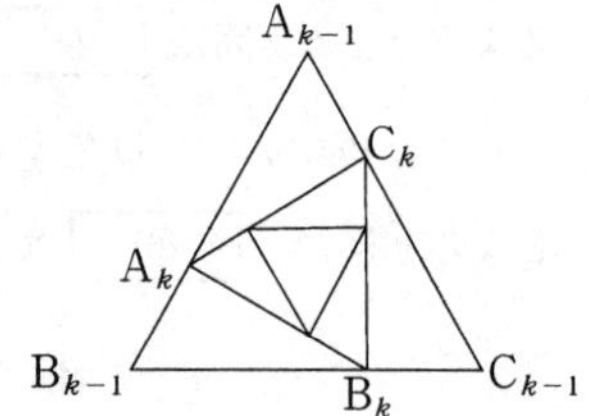

(1) $\overrightarrow{A_1B_1}$ を $\vec{p}$ と $\vec{q}$ で表し，内積 $\overrightarrow{A_0B_0}\cdot\overrightarrow{A_1B_1}$ の値を求めよ。

(2) 自然数 k に対して，

$$\overrightarrow{A_{k+1}B_{k+1}}=-\frac{1}{3}\overrightarrow{A_{k-1}B_{k-1}}$$

が成立することを示せ。

(3) $\overrightarrow{A_0A_{2n}}$ を $\vec{p}$，$\vec{q}$ と n で表せ。

〔Ⅱ〕 k を実数として $f(x)=x^2-2kx+2k^2-3k+1$ とする。方程式 $f(x)=0$ が 2つの実数解 α，β をもつとき，次の問いに答えよ。

(1) α，β が $\alpha\leqq 1\leqq\beta$ を満たすとき，k のとりうる値の範囲を求めよ。

(2) (1)のとき，xy 平面内の曲線 $y=f(x)$ と x 軸とで囲まれた部分の面積 S を k を用いて表せ。また，S の最大値と最小値を求めよ。

〔Ⅲ〕 4人がじゃんけんで勝ち抜き戦を行う。ただし，グー，チョキ，パーを出す確率は4人ともすべて $\frac{1}{3}$ とする。1回目のじゃんけんであいこであるか，勝者が複数の場合に限り，1回目で負けた者を除いて2回目のじゃんけんを行うことにする。次の □ をうめよ。

(1) 1回目のじゃんけんで1人だけが勝つ確率は ① である。

(2) 1回目のじゃんけんで2人だけが勝つ確率は ② である。

(3) 1回目のじゃんけんであいこになる確率は ③ である。

(4) 1回目のじゃんけんでちょうど2人が勝ち残り，勝った2人で2回目のじゃんけんを行って勝者が1人決まる確率は ④ である。

(5) ちょうど2回目のじゃんけんで勝者が1人決まる確率は ⑤ である。

〔Ⅳ〕 xy 平面において，点 $(-1,\ 3)$ からの距離が $\frac{2}{13}$ で傾きが $-\frac{12}{5}$ である2直線のうち，y 切片が小さいほうを ℓ_1 とし大きいほうを ℓ_2 とする。次の □ をうめよ。

ℓ_1，ℓ_2 の方程式は，それぞれ $12x+5y=$ ① ，$12x+5y=$ ② であるから，ℓ_1，ℓ_2 上の任意の格子点の座標は，整数 k，n を用いてそれぞれ

(③ $k-$ ④ ，$5-$ ⑤ k)，

(③ n， ⑥ $-$ ⑤ n)

と表すことができる。ただし，格子点とはその x 座標，y 座標がともに整数である点をいう。点 P_1 と点 P_2 がそれぞれ ℓ_1，ℓ_2 上の格子点であるとき，P_1 と P_2 の距離の最小値は ⑦ である。

ますね」とささやいている。

問9 傍線部Ⓐについて、「昔」の内容を明らかにして、現代語訳せよ。

るだろうか。つまらないことだ。ただ聡明さだけが、親しく言葉を交わすうえでは、大切なのだろう」と考えている。

問8　落葉の宮に懸想する夕霧を見て、女房たちはどのように考えているか。最も適当なものを選択肢から一つ選び、その記号をマークせよ。

a　女房は「柏木様は何事につけても古風で落ち着きがあり、高貴で人を引きつける魅力がおありだったところは、肩を並べる人もなかった。夕霧様は男らしく明るくて、なんと清々しいことかと、はっとさせられるような香りがして、他の人とは違いますね」とささやいている。

b　女房は「柏木様は何事につけても古風で落ち着きがあり、上品で人を引きつける魅力がおありだったところは、肩を並べる人もなかった。夕霧様は男らしく明るくて、なんと華麗なことかと、はっとさせられるようなつややかさがあって、柏木様と似ていますね」とささやいている。

c　女房は「柏木様は何事につけても親しみやすく、高貴で人を引きつける魅力がおありだったところは、肩を並べる人もなかった。夕霧様は男らしく明るくて、なんと華麗なことかと、はっとさせられるようなつややかさがあって、柏木様と似ていますね」とささやいている。

d　女房は「柏木様は何事につけても親しみやすく、上品で人を引きつける魅力がおありだったところは、肩を並べる人もなかった。夕霧様は男らしく明るくて、なんと華麗なことかと、はっとさせられるようなつややかさがあって、他の人とは違いますね」とささやいている。

e　女房は「柏木様は何事につけても親しみやすく、上品で人を引きつける魅力がおありだったところは、肩を並べる人もなかった。夕霧様は男らしく明るくて、なんと清々しいことかと、はっとさせられるような香りがして、柏木様と似ていいになることを、悲しみに加えてさらに悩ましく思っていらっしゃるのだろう」と思うにつけてもむなしい思いで、落葉の宮の様子をさらにお尋ねになった。

問7　夕霧は恋愛について、どのように考えているか。最も適当なものを選択肢から一つ選び、その記号をマークせよ。

a　夕霧は「ご器量は申し分のないというほどではないようだけれど、まったく見苦しくてはた目に困るほどでさえなければよいのだ。どうして容姿によって、女性を棄ててしまったり、また道に外れた恋に心を惑わせたりしてよいだろうか。みっともないことだ。ただ気立てだけが、結局のところ、大切なのだろう」と考えている。

b　夕霧は「ご器量は並とまでも申し上げられないようだけれど、まったく見苦しくてはた目に困るほどでさえなければよいのだ。どうして容姿によって、女性を棄ててしまったり、また道に外れた恋に心を惑わせたりしてよいだろうか。みっともないことだ。ただ気立てだけが、結局のところ、大切なのだろう」と考えている。

c　夕霧は「ご器量は申し分のないというほどではないようだけれど、まったく見苦しくてはた目に困るほどでさえなければよいのだ。どうして容姿によって、女性を棄ててしまったり、それほど身分の高くない方に心を惑わせたりすることがあるだろうか。つまらないことだ。ただ気立てだけが、親しく言葉を交わすうえでは、大切なのだろう」と考えている。

d　夕霧は「ご器量は申し分のないというほどではないようだけれど、まったく見苦しくてはた目に困るほどでさえなければよいのだ。どうして容姿によって、女性を棄ててしまったり、それほど身分の高くない方に心を惑わせたりすることがあるだろうか。みっともないことだ。ただ聡明さだけが、結局のところ、大切なのだろう」と考えている。

e　夕霧は「ご器量には並とまでも申し上げられないようだけれど、まったく見苦しくてはた目に困るほどでさえなければよいのだ。どうして容姿によって、女性を棄ててしまったり、それほど身分の高くない方に心を惑わせたりすることがあたところ、このように度々重ねてお訪ねくださいますのが、まことにありがたく存じますので、気持ちを奮い立たせてお目にかかります」と語りかけたが、その様子はいかにも苦しそうだった。

問6　夕霧は落葉の宮と歌の贈答をして、どのように感じ、どのようにふるまったか。最も適当なものを選択肢から一つ選び、その記号をマークせよ。

a　夕霧は「落葉の宮は、噂で聞いていたよりも思慮深い方と見える。お気の毒なことだ。なるほど、御息所が笑顔を取り戻されないことを、悲しみに加えてさらに悩ましく思っていらっしゃるのだろう」と思うにつけてもむなしい思いで、落葉の宮の様子をさらにお尋ねになった。

b　夕霧は「落葉の宮は、噂で聞いていたよりも思慮深い方と見える。おかわいそうなことだ。なるほど、世間のもの笑いになることを、悲しみに加えてさらに悩ましく思っていらっしゃるのだろう」と思うにつけてもむなしい思いで、落葉の宮の様子をさらにお尋ねになった。

c　夕霧は「落葉の宮は、噂で聞いていたよりも思慮深い方と見える。おいたわしいことだ。なるほど、世間のもの笑いになることを、悲しみに加えてさらに悩ましく思っていらっしゃるのだろう」と思うにつけても心を寄せて、落葉の宮の様子をさらにお尋ねになった。

d　夕霧は「落葉の宮は、噂で聞いていたよりも思慮深い方と見える。悲しいことだ。なるほど、御息所が笑顔を取り戻されないことを、悲しみに加えてさらに悩ましく思っていらっしゃるのだろう」と思うにつけても心を寄せて、落葉の宮の様子をさらにお尋ねになった。

e　夕霧は「落葉の宮は、噂で聞いていたよりも思慮深い方と見える。深く情趣を解することだ。なるほど、世間のもの笑づけてよいものでしょうか」と歌を詠み、「軽率なお言葉は、私のことを浅くしか思っていらっしゃらないのですね」と返事をした。夕霧はそんなことはないとお思いになって、少し苦笑なさった。

問5 御息所が夕霧に語りかけたときの様子はどのようだったか。最も適当なものを選択肢から一つ選び、その記号をマークせよ。

a 御息所は夕霧に、「つらいこの世の中を嘆き悲しむ月日が重なってか、気分がすぐれず、ぼんやりと過ごしておりましたところ、このように度々重ねてお送りくださる進物が、まことにありがたく存じますので、気持ちを奮い立たせてお目にかかります」と語りかけたが、その様子はいかにも苦しそうだった。

b 御息所は夕霧に、「つらいこの世の中を嘆き悲しむ月日が重なってか、気分がすぐれず、ぼんやりと過ごしておりましたところ、このように度々重ねてお送りくださる進物が、まことにありがたく存じますので、これからも私たちのことを思い出してください」と語りかけたが、その様子はいかにも苦しそうだった。

c 御息所は夕霧に、「つらいこの世の中を嘆き悲しむ月日が重なってか、気分がすぐれず、ぼんやりと過ごしていらっしゃるようですが、このように度々重ねてお訪ねくださいますのが、まことにありがたく存じますので、気をたしかに持ってお過ごしください」と語りかけたが、その様子はいかにも苦しそうだった。

d 御息所は夕霧に、「つらいこの世の中を嘆き悲しむ月日が重なってか、気分がすぐれない落葉の宮に、心を寄せて過ごしていらっしゃるようですが、このように度々重ねてお訪ねくださいますのが、まことにありがたく存じますので、気持ちを奮い立たせてお目にかかります」と語りかけたが、その様子はいかにも苦しそうだった。

e 御息所は夕霧に、「つらいこの世の中を嘆き悲しむ月日が重なってか、気分がすぐれず、ぼんやりと過ごしておりましとなならば、この連理の枝のように親しくしていただきたいものです。葉守の神——今は亡き柏木——の許しがあったとお思いになって」と歌を詠み、「他人行儀のお扱いが残念です」と長押に寄っておいでになった。

問4　夕霧の歌に落葉の宮はどのように答え、それに対する夕霧の反応はどのようであったか。最も適当なものを選択肢から一つ選び、その記号をマークせよ。

a　落葉の宮は、少将の君に取り次がせて、「柏の木に葉守の神はいらっしゃらなくても——夫はいなくても——、人を近づけてよいものでしょうか」と歌を詠み、「突然のお言葉で、お志のあさはかなお方のように思えてまいりました」と返事をした。夕霧はいかにもそのとおりだとお思いになって、少し苦笑なさった。

b　落葉の宮は、少将の君に取り次がせて、「柏の木に葉守の神はいらっしゃらなくても——夫はいなくても——、人を近づけてよいものでしょうか」と歌を詠み、「思いもよらぬお言葉で、お志のあさはかなお方のように思えてまいりました」と返事をした。夕霧はそんなことはないとお思いになって、少し苦笑なさった。

c　落葉の宮は、少将の君に取り次がせて、「柏の木に葉守の神はいらっしゃらなくても——夫はいなくても——、人を近づけてよいものでしょうか」と歌を詠み、「気取ったお言葉で、お志のあさはかなお方のように思えてまいりました」と返事をした。夕霧はいかにもそのとおりだとお思いになって、少し苦笑なさった。

d　落葉の宮は、少将の君に取り次がせて、「柏の木に葉守の神はいらっしゃらなくても——夫はいなくても——、人を近づけてよいものでしょうか」と歌を詠み、「ぶしつけなお言葉は、私のことを浅くしか思っていらっしゃらないのですね」と返事をした。夕霧はいかにもそのとおりだとお思いになって、少し苦笑なさった。

e　落葉の宮は、少将の君に取り次がせて、「柏の木に葉守の神はいらっしゃらなくても——夫はいなくても——、人を近で、女房たちは、例によって御息所に応対を促すものの、御息所はこのところ応対がおっくうだといって、物に寄りかかっていらっしゃった。

問3　夕霧が落葉の宮に歌を贈ったときの様子はどのようだったか。最も適当なものを選択肢から一つ選び、その記号をマークせよ。

a　夕霧は、「どういう祈りの効験があってか、梢が一つになっているのは頼もしいことですね」とおっしゃって、「同じことならば、この連理の枝のように親しくなれるはずです。葉守の神――今は亡き柏木――の許しがきっとあるでしょうから」と歌を詠み、「他人行儀のお扱いが残念です」と長押に寄っておいでになった。

b　夕霧は、「どういう祈りの効験があってか、梢が一つになっているのは頼もしいことですね」とおっしゃって、「同じことならば、この連理の枝のように親しくなれるはずです。葉守の神――今は亡き柏木――の許しがあったとお思いになって」と歌を詠み、「まだ親しくお思いくださらないのは無理もないことです」と長押に寄っておいでになった。

c　夕霧は、「どういう前世の因縁があってか、梢が一つになっているのは頼もしいことですね」とおっしゃって、「同じことならば、この連理の枝のように親しくしていただきたいものです。葉守の神――今は亡き柏木――の許しがきっとあるでしょうから」と歌を詠み、「まだ親しくお思いくださらないのは無理もないことです」と長押に寄っておいでになった。

d　夕霧は、「どういう前世の因縁があってか、梢が一つになっているのは頼もしいことですね」とおっしゃって、「同じことならば、この連理の枝のように親しくなれるはずです。葉守の神――今は亡き柏木――の許しがあったとお思いになって」と歌を詠み、「まだ親しくお思いくださらないのは無理もないことです」と長押に寄っておいでになった。

e　夕霧は、「どういう前世の因縁があってか、梢が一つになっているのは頼もしいことですね」とおっしゃって、「同じこもみな好き勝手に茂り、すすきも伸び広がって、虫の音が聞こえる秋よりもむしろと感じられるので、夕霧はまことにしみじみと悲しみをそそられ、涙の露に濡れながら一条宮にお入りになった。

問2　一条宮の人々が夕霧に応対したときの様子はどのようだったか。最も適当なものを選択肢から一つ選び、その記号をマークせよ。

a　夕霧が簀子にお座りになったので、女房は褥を御簾の中から差し出した。あまりにぞんざいなおふるまいだということで、女房たちは、例によって御息所を大声で呼ぶものの、御息所はこのところ応対がおっくうだといって、物に寄りかかっていらっしゃった。

b　夕霧が簀子にお座りになったので、女房は褥を御簾の中から差し出した。あまりに粗略なお席だということで、女房たちは、例によって御息所を大声で呼ぶものの、御息所はこのところ気分がすぐれないといって、物に寄りかかっていらっしゃった。

c　夕霧が簀子にお座りになったので、女房は褥を御簾の中から差し出した。あまりにぞんざいなおふるまいだということで、女房たちは、例によって御息所に応対を促すものの、御息所はこのところ気分がすぐれないといって、物に寄りかかっていらっしゃった。

d　夕霧が簀子にお座りになったので、女房は褥を御簾の中から差し出した。あまりに粗略なお席だということで、女房たちは、例によって御息所に応対を促すものの、御息所はこのところ気分がすぐれないといって、物に寄りかかっていらっしゃった。

e　夕霧が簀子にお座りになったので、女房は褥を御簾の中から差し出した。あまりにぞんざいなおふるまいだということにある縁側。　＊7　枝さしかはしたる＝枝先がひとつになっていること。『長恨歌』の「連理の枝」になぞらえた表現。　＊8　葉守の神＝葉を守る神。当時の考え方では、柏の木に「葉守の神」が宿るとされた。　＊9　長押（なげし）＝簀子と廂との境で一段高くなっているところ。
＊10　少将の君＝落葉の宮の女房。

問1　夕霧が一条宮を訪れたときの様子はどのようであったか。最も適当なものを選択肢から一つ選び、その記号をマークせよ。

a　一条宮は、何事につけてもひっそりと心細く、日々を過ごすのが難しい。主人が丹精を込めてお手入れなさっていた前栽もみな好き勝手に茂り、すすきも伸び広がって、虫の音が加わる秋もさぞかしと想像されるほど、たいそう荒涼として露にぬれている庭を踏み分けて、夕霧は一条宮にお入りになった。

b　一条宮は、何事につけてもひっそりと心細く、日々を過ごすのが難しい。主人が丹精を込めてお手入れなさっていた前栽もみな好き勝手に茂り、すすきも伸び広がって、虫の音が加わる秋もさぞかしと想像されるので、夕霧はまことにしみじみと悲しみをそそられ、涙の露に濡れながら一条宮にお入りになった。

c　一条宮は、何事につけてもひっそりと心細く、日々を過ごすのが難しい。主人が丹精を込めてお手入れなさっていた前栽もみな好き勝手に茂り、すすきも伸び広がって、虫の音が聞こえる秋よりもむしろと感じられるので、夕霧はまことにしみじみと悲しみをそそられ、涙の露に濡れながら一条宮にお入りになった。

d　一条宮は、何事につけても心細く、穏やかに過ごすことなどできない。主人が丹精を込めてお手入れなさっていた前栽もみな好き勝手に茂り、すすきも伸び広がって、虫の音が聞こえる秋よりもむしろと感じられるほど、たいそう荒涼として露にぬれている庭を踏み分けて、夕霧は一条宮にお入りになった。

e　一条宮は、何事につけても心細く、穏やかに過ごすことなどできない。主人が丹精を込めてお手入れなさっていた前栽うちつけなる御言の葉になむ、浅う思ひたまへなりぬる」と聞こゆれば、げにと思すにすこしほほ笑みたまひぬ。

御息所ゐざり出でたまふけはひすれば、やをらゐなほりたまひぬ。「うき世の中を思ひたまへ沈む月日の積もるけぢめにや、乱り心地もあやしう、ほれぼれしうて過ぐしはべるを、かくたびたび重ねさせたまふ御とぶらひのいとかたじけなきに思ひたまへ起こしてなむ」とて、げになやましげなる御けはひなり。「思ほし嘆くは世のことわりなれど、また、いとさのみはいかが。よろづのことさるべきにこそはべめれ。さすがに限りある世になむ」と慰めきこえたまふ。この宮こそ、聞きしよりは、心の奥見えたまへ、あはれ、げにいかに人笑はれなることをとり添へて思すらむと思ふもただならねば、いたう心とどめて、御ありさまも問ひきこえたまひけり。容貌ぞいとまほにはえものしたまふまじけれど、いと見苦しうかたはらいたきほどにだにあらずは、などて見る目により人をも思ひ飽き、また、さるまじきに心をもまどはすべきぞ、さまあしや、ただ心ばせのみこそ、言ひもてゆかむには、やむごとなかるべけれ、と思ほす。

「今は、なほ、Ⓐ昔に思ほしなずらへて、疎からずもてなさせたまへ」など、わざと懸想びてはあらねど、ねむごろに気色ばみて聞こえたまふ。直衣姿いとあざやかにて、丈だちものものしうそぞろかにぞ見えたまひける。「かの大殿は、よろづのことなつかしうなまめき、あてに愛敬づきたまへることの並びなきなり。これは男々しうはなやかに、あなきよらとふと見えたまふにほひぞ、人に似ぬや」とうちささめきて、「同じうは、かやうにても出で入りたまはましかば」など、人々言ふめり。

(『源氏物語』柏木による)

注
＊1　もの思ふ宿＝「鳴きわたる雁の涙や落ちつらむもの思ふ宿の萩の上露」(古今和歌集)による。　＊2　砂子＝庭に敷く白砂。
＊3　蓬も所得顔なり＝蓬が生い茂っていることで、家の荒廃を表現している。　＊4　一叢薄＝「君が植ゑしひとむら薄の虫の音のしげき野辺ともなりにけるかな」(古今和歌集)による。
＊5　伊予簾＝篠竹で編んだ粗略な簾。　＊6　簀子＝寝殿造りで廂のさらに外側

二　次の文章は、『源氏物語』柏木巻の一節である。柏木（本文では「大殿」）が病気で死ぬ直前に、夕霧は、柏木から遺言で、妻の落葉の宮（本文では「宮」）のことを託された。柏木の死後、夕霧は、落葉の宮とその母（本文では「御息所」）の住む一条宮を訪れる。これを読んで、後の問いに答えよ。

かの一条宮にも、常にとぶらひきこえたまふ。四月ばかりの空は、そこはかとなう心地よげに、一つ色なる四方の梢もをかしう見えわたるを、＊1もの思ふ宿は、よろづのことにつけて静かに心細う暮らしかねたまふに、例の、渡りたまへり。庭もやうやう青み出づる若草見えわたり、ここかしこの＊2砂子薄き物の隠れの方に、＊3蓬も所得顔なり。前栽に心入れてつくろひたまひしも、心にまかせて茂りあひ、＊4一叢薄も頼もしげにひろごりて、虫の音添へむ秋思ひやらるるより、いとものあはれに露けくて、分け入りたまふ。＊5伊予簾かけわたして、鈍色の几帳の更衣したる透影涼しげに見えて、よき童のこまやかに鈍ばめる汗衫のつま、頭つきなどほの見えたる、をかしけれど、なほ目おどろかるる色なりかし。

今日は、＊6簀子にゐたまへば、褥さし出でたり。いと軽らかなる御座なりとて、例の、御息所おどろかしきこゆれど、このごろなやましとて寄り臥したまへり。とかく聞こえ紛らはすほど、御前の木立ども、思ふことなげなるけしきを見たまふも、いとものあはれなり。柏木と楓との、ものよりけに若やかなる色して＊7枝さしかはしたるを、「いかなる契りにか、末あへる頼もしさよ」などのたまひて、忍びやかにさし寄りて、

「ことならばならしの枝にならさなむ＊8葉守の神のゆるしありきと

御簾の外の隔てあるほどこそ、恨めしけれ」とて、＊9長押に寄りゐたまへり。「なよび姿、はた、いといたうをやぎけるをや」とこれかれつきしろふ。この御あへしらひ聞こゆる＊10少将の君といふ人して、

「柏木に葉守の神はまさずとも人ならすべき宿の梢か

㋓　キュウジョウ

a　事実関係のキュウメイに乗り出す。
b　沈みかけた船から乗客をキュウシュツする。
c　国会で議論がフンキュウする。
d　ビジネスではカンキュウ自在に対応することが大切だ。
e　太って服がキュウクツになった。

㋔　タンショ

a　京都にはユイショのある古い寺が多い。
b　事情に応じて前向きにゼンショする。
c　ショム課では会社の各部署間の調整を行っている。
d　ショセンかなわぬ夢だとあきらめる。
e　ショハンの事情で大会の開催を中止する。

問8　書簡体小説が、他者への共感を芽生えさせたのは、どのような理由からか。五十字以内で記せ。なお、句読点・符号も字数に含めるものとする。

問7　二重傍線部あいうえおのカタカナと同じ漢字を用いる語を選択肢から一つ選び、その記号をマークせよ。

あ　ホウセツ
a　商品をホウフにそろえる。
b　荷物を厳重にホウソウする。
c　将来のホウフを語る。
d　計画がすべてスイホウに帰す。
e　シダ植物は種子ではなくホウシでふえる。

い　ユウゴウ
a　住宅ローンのためにユウシを受ける。
b　過密ダイヤが事故をユウハツする。
c　遅刻しそうなのにユウチョウに構える。
d　もはや一刻のユウヨも許されない。
e　遊んでいるヨユウはない。

う　シイ
a　この本の内容はシサに富んでいる。
b　地球温暖化対策について専門委員会にシモンする。
c　生活がホウシに流れる。
d　新しい組織の設立のシュシに賛同する。
e　人生の意味についてシサクをめぐらす。

集団を「国民」という外集団へと拡大させることによって、普遍的人権思想の発展に大きく貢献したと述べている。

b　普遍的人権思想の根底にあるのは、自分とは異質な外集団の構成員としての他者への共感であるのに対して、同じ生活空間で日常的に顔を合わせる者との間に限られてきた共同体の概念を、「国民」という観念に拡大した国民国家の思想は、遠くに住む見知らぬ日本人同士の間における他者への共感には直接つながらなかったと述べている。

c　一生会うこともない見知らぬ他者でも、同じ国家に属しているという一点で内集団の一員と考えさせる国民国家の思想は、内集団を拡大させることによって普遍的人権思想の発展にも貢献したが、集団間の壁を超えて、他の国や他の宗教集団の構成員に対して感じる他者への共感の醸成にはつながらないという限界があったと述べている。

d　一生会うこともない見知らぬ他者でも、同じ国家に属しているという一点で内集団の一員と考えさせる国民国家の思想は、遠くに住む見知らぬ日本人同士の間での共感の発展に大きく貢献したが、国内における自分とは異質な外集団の構成員としての他者への共感を醸成することには直接つながらなかったと述べている。

e　同じ生活空間で日常的に顔を合わせる者との間に限られてきた共同体の概念を、「国民」という観念に拡大する国民国家の思想が、ヨーロッパでは普遍的な人権思想の発展にも貢献してきたのに対して、日本ではナショナリズムが醸成されたために、国内における自分とは異質な外集団の構成員としての他者への共感が充分に発展しなかったと述べている。

も、為政者の権力行使を外から抑制するのは、国家や権力者にとっては不都合なはずであると述べている。

b 内集団の利益よりも外集団の利益を優先することを原則としている人権の普遍性原理は、特に政治的・経済的に優位な立場にある集団が利他的にこれを受け入れるのは、合理的な判断ではなく不都合であり、内政干渉肯定の原理も、為政者の権力行使を外から抑制するのは、国家や権力者にとっては不都合なはずであると述べている。

c 人権の普遍性原理は、強い立場にある集団にとっては、遠くの見知らぬ集団のキュウジョウのために立ち上がるというのはリスクとコストが高い行動なので不都合であり、内政干渉肯定の原理も、為政者の権力行使を外から抑制するのは、国家や権力者にとっては不都合であるにもかかわらず、それらが確立されたのは不可解でしかないと述べている。

d 人権の普遍性原理は、内集団の利益を優先するはずの人間にとっては必ずしも望ましいものではなく不都合であり、内政干渉肯定の原理も、為政者の権力行使を外から抑制するのは、国家や権力者にとっては不都合であったが、この二つの原理は、国際人権が現在のように発展を遂げることによって、もはや不都合ではなくなったと述べている。

e 政治的・経済的に優位な立場にある集団が利他的に人権の普遍性原理を受け入れるのは、合理的な判断ではなく不都合であり、内政干渉肯定の原理も、為政者の権力行使を外から抑制するのは、国家や権力者にとっては不都合であったが、様々な偶然的要素や予測しない展開が見られたことによって、それらの不都合が不都合ではなくなったと述べている。

問6 他者への共感と国民国家との関わりについて、筆者はどのように述べているか。最も適当なものを選択肢から一つ選び、その記号をマークせよ。

a 普遍的人権思想の根底にあるのは、見知らぬ他者の、自分ではしたことのない経験に思いを馳せて感じる他者への共感であり、それは特に政治的・宗教的な距離があればあるほど、難しくなってくるが、近代の国民国家は、共同体という内も、他国での内政干渉への関心や意見を持ち、何らかの行動を起こすことが求められていると述べている。

b　20世紀半ばまでの世界では、国家主権の原則の下で、内政干渉は避けられる傾向にあったが、普遍的人権思想の下では、遠い国の出来事であっても、深刻な人権侵害が行われている場合には、それに無関心であったり、それを許容することは道徳的に許されず、人権侵害を止めるためには内政への干渉が必要なこともあると述べている。

c　20世紀半ばまでの世界では、国家主権の原則の下で、国内での政治的・宗教的な事案について、外から干渉することは内政干渉であるとして避ける傾向にあったが、普遍的人権思想の下での内政への干渉は、しばしば国際社会の連帯の中で、直接の権益に関わりなく、多くの国による国際的な制裁として行われるようになってきたと述べている。

d　普遍的人権思想の下では、他国の人権問題に外から干渉することが肯定されており、直接の権益に関わりなく、あるいは経済関係などでの権益を失う可能性があっても、内政への干渉や国際的な制裁を行わないことは許されないのであるが、それはあくまでも理論的な可能性であり、現実には実行できていないと述べている。

e　普遍的人権思想の下での内政干渉や国際的な制裁は、あくまでも理論的な可能性であり、実際には多くの国家が今も国家の主権を聖域と考え、内政干渉を避けることには、反対したり躊躇したりするのが現実であるが、国家の主権の名の下に国内で人権を侵し続けることは許されないという考え方自体は画期的なものであると述べている。

問5　人権の普遍性原理と内政干渉肯定の原理とが含んでいる不都合な要素について、筆者はどのように述べているか。最も適当なものを選択肢から一つ選び、その記号をマークせよ。

a　内集団の利益を優先するはずの人間にとって、人権の普遍性原理は必ずしも望ましいものではなく、特に政治的・経済的に優位な立場にある集団が利他的にこれを受け入れるのは、合理的な判断ではなく不都合であり、内政干渉肯定の原理なったと述べている。

c　普遍的人権は誰もが人間であるというだけで持っている権利であり、内集団と外集団の区別に関係なく、人は誰でも基本的な人権を保障されるという考え方である。一方、自然権の考え方は、人は誰しも生まれながらに権利を持つとはいうものの、「人」の範囲が内集団に限定されて理解されていたのであり、自分が所属する社会集団の外にある外集団の構成員の権利も保障されなければならないとするものではなかったと述べている。

d　普遍的人権は、人が人であるだけで、宗教、人種、民族、ジェンダー、階層、信条などに関わりなく、基本的な人権を保障されるという考え方である。一方、自然権の考え方は、人は誰しも生まれながらに権利を持つとはいうものの、「人」の範囲が白人男性という内集団に限定されて理解されているものであり、外集団を構成する黒人や女性の権利が保障されていない点で、普遍的人権とはまったく違っていると述べている。

e　普遍的人権は、人が人であるだけで、宗教、人種、民族、ジェンダー、階層、信条などに関わりなく、基本的な人権を保障されるという考え方である。一方、自然権の考え方は、誰もが生まれながらにして人間であるというだけで持っている権利をいうものであるが、内集団を優先し、その構成員の生活や権利を守ろうとする点で、内集団と外集団の区別を許さない普遍的人権とはまったく違っていると述べている。

問4　普遍的人権思想と内政干渉との関わりについて、筆者はどのように述べているか。最も適当なものを選択肢から一つ選び、その記号をマークせよ。

a　普遍的人権思想の普及した現代では、外集団の構成員に甚大な人権侵害が行われている場合には、それに無関心であったり、それを許容することは、道徳的に許されないのであり、これらの外集団の人権問題に直接関係を持たない日本人でを受けたが、1970年代が国際人権にとって大きな飛躍の時期であったことは認められるべきである。1970年代以降の国際人権は、その国際性、普遍性において、それまでとは決定的に異なるものであると述べている。

d　人権の歴史の連続性と非連続性に関する論争を喚起したモインのラディカルな主張は、論争が始まってから10年近く経ち、評価が変化してきている。1970年代が国際人権にとって大きな飛躍の時期であったことが認められるようになり、それが1990年代にさらに強力に国際社会を覆う波となったと述べている。

e　人権の歴史の連続性と非連続性に関する論争を喚起したモインのラディカルな主張は、否定されるべきだという理解が一般的となった。人権の歴史は非連続的なものであり、特に第二次世界大戦以降、大きな濁流となって世界中に広がり、その後さらに強力に国際社会を覆う波となったと述べている。

問3　普遍的人権と自然権の考え方について、筆者はどのように述べているか。最も適当なものを選択肢から一つ選び、その記号をマークせよ。

a　普遍的人権は誰もが人間であるというだけで持っている権利であり、1948年の世界人権宣言によって国際社会で規定された人権理念の考え方である。一方、人は生まれながらにして固有の権利を持つという、自然権の考え方は、国家が構成員の生命、自由、財産などに関する自然権を守ることを理想としていたが、その人道主義的な価値観は、啓蒙主義の時代に特有のものだったと述べている。

b　普遍的人権は誰もが人間であるというだけで持っている権利であり、20世紀半ばになって初めて世界中で受け入れられた考え方である。一方、人は生まれながらにして固有の権利を持つという、自然権の考え方は、古代ギリシャ以来存在し、その後の人権および民主主義の発展にも大きな影響を及ぼしたが、普遍的人権が普及した現代では、もはや許されなく

（一五八八～一六七九）　＊5　ロック＝イギリスの哲学者・政治思想家。（一六三二～一七〇四）　＊6　ウェストファリア条約＝ドイツ国内の宗教的対立を契機とする紛争に諸外国が介入した三十年戦争を終結させるため、一六四八年に締結された諸条約の総称。　＊7　ロヒンギャ＝ミャンマー西部のラカイン州に住むイスラム系少数民族。　＊8　ジェノサイド＝ある人種・民族を、計画的に絶滅させようとすること。　＊9　ルソー＝ジャン＝ジャック・ルソー。フランスの作家・啓蒙思想家。（一七一二～一七七八）　＊10　ベネディクト・アンダーソン＝アメリカの政治学者。（一九三六～二〇一五）　＊11　リン・ハント＝アメリカの歴史学者。（一九四五～　）　＊12　サミュエル・リチャードソン＝イギリスの小説家。（一六八九～一七六一）　＊13　ナラティブ＝物語。語り口。

問1　太線部㋐「キョウイ」、㋑「クツジョク」を漢字に改めよ。

問2　人権の歴史に関するモインの主張について、筆者はどのように述べているか。最も適当なものを選択肢から一つ選び、その記号をマークせよ。

a　国際人権が生まれたのは1970年代であるというモインのラディカルな主張が、批判を受けたのは理解できる。人権の歴史には連続性と非連続性があり、国連憲章と世界人権宣言が生まれた第二次大戦前後を最も重要な転機として、それ以前の普遍的人権の前段階にあたる古代ギリシャやルネッサンス時代の人権観念から大きく変化したと述べている。

b　国際人権が生まれたのは1970年代であるというモインのラディカルな主張が、批判を受けたのは理解できる。それまでの正統的な歴史的見解のとおり、1940年代を国際人権誕生の時代とすべきであり、特に第二次世界大戦以降、大きな濁流となって世界中に広がり、その後さらに強力に国際社会を覆う波となったと述べている。

c　国際人権が生まれたのは1970年代であるというモインのラディカルな主張は、正統主義的な研究者から大きな批判のとなっていた。

例えば、リチャードソンの代表作『パメラ』では、召使の女性である主人公パメラが、低い身分ゆえに受ける理不尽な仕打ちに苦しみながらも、その精神的美徳を貫き、階層を超えて結婚し、その後もその出自を理由とした(イ)クツジョク的な扱いを受けながらも、その高潔な振る舞いゆえに周りの人々の尊敬を勝ち取っていく。またルソーの『新エロイーズ』でも、貴族の娘ジュリーが平民の家庭教師の青年と恋に落ちるが、階級を超えた恋に対する家族の反対など様々な障害に直面し、それを乗り越えようとする姿が描かれている。手紙の交換や日記を読むという形態で書かれたこれらの作品で、読者は主人公の視点に立ち、女性の権利が様々に制限された当時の社会で女性が自己実現を図り、強く生き抜く姿を自分に置き換えて体験したのであった。中流階級以上の間での識字率の上昇によって、より幅広く読まれるようになったこれらの小説では、個人が自己の運命を自分で決することが重視されており、この自律性(autonomy)も人権感覚の基盤として重要であった。

こうしたナラティブ[*13]構成が、階級や性別を超えた外集団への共感を可能にし、自律的な個人を大事にする人権理念を受け入れる土壌を作ったというのがハントの主張である。そして、後にこの共感の範囲の拡大が、例えばフランスで政治参加の権利がカトリック教徒だけだったのが、プロテスタント、ユダヤ人、黒人へと広がっていくこととつながっていく。これらの小説で中心的な役割を果たした女性の権利はまだ限定されていたが、平等な相続の権利や離婚する権利などは獲得し始めていた。

(筒井清輝『人権と国家—理念の力と国際政治の現実』による　＊一部省略したところがある)

注　＊1　サミュエル・モイン＝アメリカの歴史学者。(一九七二〜　)　＊2　ハンムラビ法典＝紀元前十八世紀頃、古代メソポタミアの王ハンムラビによって制定された法典。「目には目を」という同害報復の原則で名高い。　＊3　マグナ・カルタ＝イギリス憲法の土台となった文書。一二一五年、イングランド王ジョンの不法な政治に抵抗した貴族たちが承認を強制したもの。　＊4　ホッブズ＝イギリスの哲学者。

普遍的人権思想の根底にあるのは、他者への共感である。しかも、自分もした同じ経験をもとにする他者との共感・同感(sympathy)ではなくて、見知らぬ他者の、自分ではしたことのない経験に思いを馳せて感じる他者への共感(empathy)が重要になってくる。多くの人間が、家族やその延長線上にある内集団の構成員の痛みや苦しみに共感する能力は持っている。しかし、自分とは異質な外集団の構成員に対する共感は、特に政治的・宗教的な距離があればあるほど、難しくなってくる。

近代の国民国家形成の歴史の中で、内集団の拡大が重要であったことは、*10ベネディクト・アンダーソンの『想像の共同体』などで広く指摘されてきたところである。同じ生活空間で日常的に顔を合わせる者との間に限られてきた共同体の概念を、「国民」という観念に拡大し、一生会うこともない見知らぬ他者でも、同じ国家に属しているという一点で内集団の一員と考えさせるのが、国民国家の思想である。こうして醸成されたナショナリズムは、新聞などのメディアや教育、文化をはじめ、美術館、博物館、地図、歴史、「創られた伝統」などを媒体に、近代国家を構成する国民の形成に貢献してきた。

この国民意識の形成は、内集団の拡大にとって重要であり、普遍的人権思想の発展にも貢献したが、集団間の壁を超えて、他の国や他の宗教集団に対する共感を醸成するものではなかった。例えば、明治時代以降に醸成された日本のナショナリズムは、遠くに住む見知らぬ日本人同士の間での共感の発展に大きく貢献し、国内で国民の権利が守られるためには重要な要素であるが、異国に住む見知らぬルワンダ人やクロアチア人への共感には直接つながらないのである。

では、自分とは違う社会集団に属する人間に対する共感はいつ芽生え、どのようにして広がったのか？　*11リン・ハントは著書『人権を創造する』の中で、啓蒙主義の時代に西欧で流行した書簡体小説にその(お)タンショを見る。*12サミュエル・リチャードソンやジャン＝ジャック・ルソーによる書簡体小説は、手紙の交換を読むというスタイルで読者の埋没感を高め、登場人物との一体化を促進した。そこで繰り広げられる人間ドラマは、恋愛や結婚、裏切り、出世など世俗的なことが多かったが、登場人物の階層・宗教・国籍・性別の違いが物語のバックボーンをなす場合が多く、そうした社会集団の壁を超えた人間関係を想像させるももちろん、このような人権侵害を止めるための内政への干渉や国際的な制裁は、あくまでも理論的な可能性であり、実際には国際政治の現実の前に、実効性のある行動が取られないことが多いのは後に見る通りである。多くの国家が今も国家の主権を聖域と考え、それを冒すことには、反対したり躊躇(ちゅうちょ)したりするのが現実である。しかし、普遍的人権思想の下では、少なくとも理論上は、国家の主権の名の下に国内で人権を侵し続けることは許されないのであり、この考え方自体が画期的なものなのだ。

以上をまとめると、自分の属する集団に限らず全ての人間に人権が保障されるという普遍性原理と、他国での見知らぬ人々に対する人権侵害であっても、内政問題であるとして無視してはならないという内政干渉肯定の原理が、現代の国際人権をそれまでの人道主義と区別する二つの柱である。この二つの原理は、それぞれに不都合な要素を含んでいる。普遍性原理は、内集団の利益を優先するはずの人間にとっては必ずしも望ましいものではなく、特に政治的・経済的に優位な立場にある集団が利他的にこれを受け入れるのは、ホッブズ的な競争社会の前提でもルソー*9的な社会契約論の下でも、合理的な判断には思えない。強い立場にある集団にとっては、遠くの見知らぬ集団の(え)キュウジョウのために立ち上がるというのはリスクとコストが高い行動であり、みすみす自分たちに火の粉がかかるような状況に飛び込んでいくよりは、自分たちの権益を守ることに注力し無関心でいる方が得策であることが多い。また、内政干渉肯定の原理にしても、為政者の権力行使を外から抑制するものであり、国家や権力者にとっては不都合極まりないものであるはずである。にもかかわらず、国家の代表者で構成される国際組織を中心に、普遍的人権が確立され、人権に関する問題で内政干渉が可能なシステムが作り上げられてきたのは、歴史の不思議であると言わざるを得ない。

国際人権が現在のような発展を遂げるためには、これらの不都合が不都合とみなされなくなる必要があった。その歴史の中では、思想家や運動家の献身的な努力や一般市民の善意はもちろん、国家の偽善的な言説や国際社会での競争の中での計算違いなどが大きな役割を果たし、様々な偶然的要素や予測しない展開が見られた。

あった。内集団と外集団の区別は現在でも当然残っており、内集団を優先する場面が多いことも変わりはないが、普遍的人権思想の普及した現代では、外集団の構成員に甚大な人権侵害が行われている場合には、それに無関心であったり、それを許容することは、道徳的に許されないこととされている。ウガンダで同性愛者が迫害されていることやカザフスタンで反政府勢力が弾圧されていることなどは、普遍的人権思想が確立される前の時代であれば、遠い国の出来事として無視されていたことであろう。しかし、今日の世界では、これらの外集団の人権問題に直接関係を持たない日本人でも、関心や意見を持ち、何らかの行動を起こすことが求められているのである。

この外から干渉する必要があるという点が普遍的人権思想の第二の革新である。20世紀半ばまでの世界では、1648年のウェストファリア条約*6で定式化された国家主権の原則の下で、国内での政治的・宗教的な事案について、外からとやかく批判したり、何らかのアクションを起こすことは、内政干渉であるとして多くの場合、避けられてきた。これは支配者にとって相互に都合の良いシステムであり、自国がその規範を破って他国の国内政治に干渉すれば、後から他国が自国の内政に干渉してくる事態を招く恐れがあるので、なるべくこれを忌避するのが得策であった。それでもフランスのようなカトリックの国が、他国でのカトリック信徒の弾圧に抗議するとか、ドイツが東欧の国にいるドイツ人の権益を保護するなどの、自国の利益を守る形での干渉は以前からあった。しかし、普遍的人権思想の下での内政への干渉は、しばしば国際社会の連帯の中で、直接の利益を持たない国も巻き込んで行われるのである。

例えば、ミャンマー政府がロヒンギャ*7に対して民族浄化政策を行っているとなれば、直接の権益に関わりなく、多くの国が国際社会としてこの問題に対応することが求められる。また、中国政府が新疆(しんきょう)*8でジェノサイドとも言える人権侵害を行っているということになれば、中国との経済関係などでの権益を失う可能性があっても、この問題を無視することは許されないということになる。

的な思想と違うのか?

まず第一の大きな違いは、普遍的人権は誰もが人間であるというだけで持っている権利であるという点である。人が人であるだけで、宗教、人種、民族、ジェンダー、階層、信条などに関わりなく、基本的な人権を保障されるという思想は、今では当たり前に思われるかもしれないが、これまでの長い人間社会の歴史の中で、20世紀半ばになって初めて世界中で受け入れられた考え方である。人は生まれながらにして固有の権利を持つという、自然権(natural rights)の考え方は、古代ギリシャ以来存在しており、ホッブズ*4やロック*5などの啓蒙思想家によって発展を遂げた。その普遍的な方向性から、自然権はその後の人権および民主主義の発展にも大きな影響を及ぼした。しかし、自然権は、主に社会の中での構成員と政府との関係、すなわち社会契約を考える中で、法制度や政府の存在以前の自然状態で人に保障された権利に言及する概念であった。そして、専制政治を行う君主は社会の構成員の自然権を侵害しているのであり、人々は自然権を根拠に君主に対抗できるという考え方が革命の時代に大きな影響を与えた。ロックは、国家が構成員の生命、自由、財産などに関する自然権を守ることを理想としていたが、その場合に想定されていた社会の構成員は限定的に理解され、主に男性、しかもキリスト教徒の白人男性を指していた。すなわち、人は誰しも生まれながらに権利を持つとはいうものの、「人」の範囲が内集団に限定されて理解されていたのである。

自分が所属する社会集団である内集団とその外にある外集団の区別は人間社会に普遍的なものであり、内集団を優先し、その構成員の生活や権利を守るのが社会集団の役目であった。しかし普遍的人権の考え方は、内集団と外集団の区別に関わらず、一定の人権は誰にでも保障されなければならないとするものである。フランス革命後の人権宣言やアメリカの独立宣言などでもこれに近い普遍的な権利が謳(うた)われてはいたが、実際の権利主体は白人男性など一部の人々に限定されており、その内集団に入っていない者の権利は㋒シイ的に扱われてきた。普遍的人権観念の下では、このような区別はもはや許されなくなるのである。

人間は多くの場合、外集団に対しては無関心であるか、一定の友好関係を保つか、あるいは㋐キョウイとして敵対心を持つかでなるものであるという議論を展開し、正統主義的な研究者から大きな批判を受けた。

この論争が始まってから10年近く経ち、1970年代が国際人権にとって大きな飛躍の時期であったことは認められるものの、それ以前に国際人権が存在しなかったというような修正主義者の極端な議論は否定されるべきだという理解が一般的となった。人権の歴史については、人権理念が(あ)ホウセツする様々な概念の流れが長い歴史の中で発展・(い)ユウゴウし、特に第二次世界大戦以降、大きな濁流となって世界中に広がり、それが1970年代、1990年代などにさらに強力に国際社会を覆う波となったというのが、多くの研究者の間でのコンセンサスである。

それでは、なぜ国際人権はこのような発展の歴史を辿(たど)ったのか? この歴史の中で人権理念はどのように変容してきたのか? また、国家にとってはその力の行使を制約するものでしかない人権が、なぜ多くの国で法制度に取り込まれるようになり、さらには国際条約や機構で制度化されるようにまでなったのか?

人権の起源について考えるにあたっては、まず人権の定義を考えなくてはならない。弱者救済や平等、正義、自由、尊厳などの人権とも通底する人道主義的な価値観であれば、人間社会に古くから見られたものが多くある。例えばメソポタミア文明のハンムラビ法典[*2]などのように、相手を自分と同様の存在と見て、自分がされたいのと同等の対応を相手にもするという発想は、紀元前から見られるものである。また、権力者の力を制限し、法の下で弱い立場にある者の権利を守るという考え方は、1215年のマグナ・カルタ[*3]などに見られるように中世の社会でも存在していた。

しかし、現在の人権理念は、これらの人道主義的な観念を超えたものである。そしてこの理念を国際社会で最初に規定したのは、1948年の世界人権宣言(Universal Declaration of Human Rights)である。この時生まれた普遍的人権(universal human rights)は、相当に革命的な思想で、人類の歴史の中でも画期的なものであった。では、それはどのようにそれまでの人道主義

2024年度　2月1日 全学日程1　国語

国語

（七五分）

一　次の文章を読んで、後の問いに答えよ。

現在我々が当然のことと考えている人権理念や制度はいつ生まれたものなのか？　人権の起源に関するこの問いに答えるべく、2000年代半ば以降、歴史学者や法制史学者を中心に、多くの研究者が意欲的な研究を発表してきた。そこではまず普遍的人権の前段階として、現在の人権観念につながる古代ギリシャやルネッサンス時代のヨーロッパでの人間の尊厳や自由に対する考え方の発展、啓蒙(けいもう)主義と市民革命の時代における国家権力制限の動き、19世紀以降の奴隷制度廃止運動、女性の権利拡大運動など、現在の人権運動と直接つながる政治運動の展開が扱われる。そして、人権の歴史にとって最も重要な転機として、国連憲章と世界人権宣言が生まれた第二次大戦前後、国際社会で人権への関心が急激な高まりを見せた1970年代、冷戦後に人権制度が実効性を持ち始めたとされる1990年代などが取り上げられる。

人権の歴史に関する近年の研究を最も活気づけたのは、歴史学者サミュエル・モイン[*1]の『ラスト・ユートピア』であろう。様々な物議を醸したこの本で、モインは国際人権が生まれたのは1970年代であるというラディカルな主張を行い、人権の歴史の連続性と非連続性に関する論争を喚起した。モインを中心とする修正主義者は、それまでの1940年代を国際人権誕生の時代とする正統的な歴史的見解に対して、1970年代以降の国際人権は、その国際性、普遍性において、それまでとは決定的に異

解答編

英語

I 解答 **A.** (1)—D (2)—A (3)—B (4)—C (5)—A
B. (1)—E (2)—F (3)—B (4)—Z (5)—C
(6)—D

全訳

A.《留学生とクラスメートの会話》

留学生であるケンゾーが，クラスメートのマディーと次の歴史の試験について話をしている。

マディー：こんにちは，ケンゾー。歴史のテストはすぐね。準備できている？

ケンゾー：いや，まだだよ。君は？

マディー：私もよ。どこから始めたらいいかわからないわ。勉強しないといけないことが多すぎるんだもの。

ケンゾー：そうだよね。だから，早くから復習を始めるのが一層重要なんだよね。計画を立てる必要があると思うね。

マディー：そうね，そうすべきね。何か考えでもある？

ケンゾー：一緒に勉強するのはどう？　何をどのように勉強するか決められるよ。どこに集中すればいいか，それを見つけるのが簡単になると思うよ。

マディー：悪くない考えね。クラスメートとの勉強は一人でするより楽しいわね！

ケンゾー：その通りだよ！　それにチームワークがあればいつでもやる気が出るしね。お互いテストし合って，どれくらいできるようになったかわかるしね。

マディー：確かに！　それでいつから始める？　明日？

ケンゾー：うん！　僕はそれでいいよ。明日，10題の問題を目標に決めて，次の日にまた10題決めよう。そうして，3日目に復習できるよね。これでどう？

マディー：完璧ね！　明日，午前8時にカフェテリアで会いましょうか？

ケンゾー：うーん，8時は僕にはちょっと早すぎるなあ。で，僕はカフェテリアで勉強するのは絶対嫌だよ。うるさすぎるよ！　代わりに図書館のグループ学習室で9時に会える？

マディー：もちろん，そうしましょう！

B.《世界最大の齧歯類動物，カピバラ》

A．カピバラは世界で最も大きな齧歯類動物である。齧歯類には他にネズミとビーバーがいる。川や湖にダムを作ることで知られているビーバーは2番目に大きな齧歯類であるが，カピバラはそれより2倍も大きく，体重は35～66キロほどもある。

E．アメリカ大陸ではその両方がいるが，カピバラは北米の多くの地域で見られるビーバーとは生息地の範囲が異なっている。カピバラの生息地は南米の北のほうの地域の湿原や森林に限られている。

C．カピバラはそのような湿地帯の環境によく適応している。その豚のような身体は自由に水の中を移動でき，アヒルのような足のおかげで素早く泳ぐことができる。また，その茶色もしくは赤味がかった毛は陸に上がるとすぐに乾く。

B．そして水から出ると，速いスピードで動くこともでき，地上でのスピードは時速34キロまで出る。そのスピードはほぼ平均的な犬に相当する。

F．しかし，カピバラを食べようと，そこで待っている動物も多くいる。蛇や鳥がカピバラの幼獣を獲る一方で，ピューマのような大型のネコ科動物はカピバラの成獣を攻撃する。カピバラ自身は肉を食べない。大きな，絶えず成長を続ける前歯で難なく植物や草を切り取り，かんで食べている。

D．残念なことに，カピバラは自分たちの毛皮を取るために狩りをする人間による攻撃も心配しないといけない。カピバラの数は減ってきている。この世界最大の齧歯類がその生息地である南米の森林の美しく複雑な生態系において，彼らの役割を続けられるようにすることが必要だ。

解説

A. (1) ケンゾーが，歴史の試験の準備ができていない，という返答に続けてマディーに「君は？」と聞いたのに対して，マディーは「私もよ」と答え，「勉強しないといけないことが多すぎる」と言っている。したがって，勉強することが多すぎて，D.「どこから始めてよいかわからない」とするのが妥当。なお，A. I couldn't care less. は「どうでもいい」という意味の慣用表現。

(2) ケンゾーが，復習が大切で「計画を立てる必要があると思う」と言ったのに対して，マディーは「何か考えでもある？」と応答している。つまり，ケンゾーの発言に同意している流れになるので，A.「そうね，そうすべきね」が適切。なお，D. Take it easy. は「気楽にいこう」という意味の慣用表現。

(3) マディーはケンゾーの「一緒に勉強するのはどう？」という提案に，「クラスメートとの勉強は一人でするより楽しいわね」と言っているので，ケンゾーの提案に賛成していると考えられる。この応答にふさわしいマディーの言葉は，B.「悪くない考えね」である。

(4) マディーが一緒の勉強を「明日」から始めるか，と聞いたのに対して，ケンゾーは「うん」と答えている。この肯定の応答に続く言葉としては，C.「僕はそれでいいよ」が適切。That works for me. は「自分はそれで都合がいい」という意味の表現。

(5) マディーがカフェテリアでの午前8時の待ち合わせを提案したのに対して，ケンゾーは「8時は僕にはちょっと早すぎるなあ。僕はカフェテリアで勉強するのは絶対嫌だよ」と言っているので，それに続く言葉としては，A.「うるさすぎるよ！」が適切。

B. (1) Aはカピバラという齧歯類が同じ齧歯類のビーバーとの比較を通じて紹介されている。この2種類の齧歯類をうけて，さらにこの両者の違いについて述べられているEが後続の段落になる。文頭の While both の both が何を指しているかを考えると，どの段落に接続するかわかりやすい。

(2) Bでは，「それが水から出ても，猛スピードで移動することができる」とあり，it が何をうけているかをまず判断する。冒頭の And out of the water から，直前の段落では水に関連するトピックが述べられていること，かつ too という表現から「速く動ける」能力について言及されているとわかる。この条件に相当する段落はC。よって，it はカピバラであるとわかる。カピバラは犬のような速さで走れる，というトピックをうけての段落では，そのようなカピバラの能力に関連したトピックを掘り下げる展開が考えられ，体長や生息地などの基本的な属性について述べている段落はBより前に来ると判断できる。DやFは，カピバラにとっての脅威について述べているので，「カピバラは犬のように速く走れるが，…のような脅威もある」という逆接的な展開となり，文脈にかなう。Dは also があることから，Bの直後にくるものとしてはFが適切。

(3)　Cでは，カピバラが湿地帯に適応していて，水の中を素早く泳ぐことができるだけでなく，陸地に上がれば毛はすぐ乾くというカピバラの特性について説明されている。これをさらに説明するのが，BのAnd out of the water「そして水から出れば」以降で，陸上での特性が続いている。

(4)　Dでは，カピバラは人間にも襲われるために数が減少しており，カピバラが複雑な生態系の中でその役割を果たせるようにしてやらないといけない，ということが述べられている。文頭近くの also「また」という副詞に続いてカピバラにとっての脅威が述べられている。つまり，この直前の段落でも近しいトピックが述べられているとわかる。Dは，他の動物からの捕食の脅威について述べたFに後続するものとわかる。生態系の保全に関するトピックを引き受ける段落は選択肢にないため，Dが最終段落となる。

(5)　Eでは，ビーバーとカピバラの両者の違いについて述べられ，カピバラは南米の北の地域の湿地帯や森林に生息していると述べられている。この湿地帯をうけて，Cの第1文の「そのような湿地帯」でのカピバラの振る舞いがさらに説明されている。such wet conditions の such「そのような」が何をうけているかが大きなヒントになっている。

(6)　Fでは，カピバラが多くの動物に狙われているということが述べられている。それをうけて，Dで人間にまで攻撃されるという説明になっている。Dの第1文中の also「また」がFをうけて「人間に襲われることもまた（心配しないといけない）」と接続しているヒントになっている。

Ⅱ 解答

A. (1)―D (2)―D (3)―A (4)―A (5)―B (6)―C (7)―B (8)―A (9)―D (10)―C (11)―C (12)―B (13)―D (14)―A (15)―B

B. (1)―A (2)―C (3)―A (4)―B (5)―C (6)―C (7)―C

全訳

《現代版ヘレン＝ケラー，ハーベン＝ギルマ》

1 19歳のハーベン＝ギルマがオレゴン州ポートランドのルイス＆クラーク大学に通い始めたころ，そのカフェテリアのメニューは活字のものしかなかった。「カフェテリアの支配人に，盲ろう者の学生の私が利用できるようなものを何か用意してくれるように頼みました」と彼女は言った。「盲目であることが問題なのではなくて，そのフォーマットが問題なのです」と彼女は言う。しかし彼女によれば，支配人はカフェテリアが忙しすぎるという理由で拒否した。そのことが彼女の人生に多大な影響を与えた。「最初の数カ月，何を食べているのかもわからず，我慢して食べていました。そして，少なくとも食べ物は補給していると自分に言い聞かせていましたが，特にベジタリアンとしては苛立たしいものでした」（と彼女は言う。）

2 ギルマは自分の権利について調べた。「ついに私は支配人に，障害のあるアメリカ人法（ADA）によって，自分にはアクセシビリティ対応のメニューを手にする権利が与えられているということを言うことができました。すぐに支配人は私にメールで選択肢を伝えてくるようになったのです」と彼女は言う。もう一人の盲目の学生が次の年に入ってきたが，アクセシビリティ対応のメニューを見つけることができたのだった。

3 支配人とギルマは貴重な教訓を得た。カフェテリアの経営陣は障害者の権利を無視してはいけないことを学んだ。ギルマは自分自身の権利を主張することは単に自分のためだけでなく，みんなのためにもなると知った。この経験から，ギルマは障害者の権利を主張する代弁者，法律家，そして著者への道を歩み始めた。

4 私たちが会うときは，ギルマの助手がワイヤレスのキーボードにメッセージをタイプして，それが繋がれた装置がメッセージを点字に翻訳する。点字のディスプレイは浮き上がった点からできていて，触れることによって解釈できるようになっている。それで，私はギルマにインタビューできるのである。ギルマは，ハーバード大学ロースクールの初めての盲ろう者の学生になった2010年に，自分でキーボードと点字記述機器を組み合わせたものを開発した。彼女は点字を読み，高音の話し声で返事をする。彼女は，自分が盲ろう者という特殊な状況，目も見えず，声も聞こえないということはコミュニケーションに非常に大きな影響を与えるということを認識し，そしてそういう者として受け入れられているということをはっきり言う。「私は幸運にも，障害者の権利が周知され尊重されるところ，カリフォルニアのベイ地区で育ちました。教室では，障害者と健常者の生徒が一緒に勉強し，教材は点字の教科書が使えたのです。私たちは一緒に勉強できるということを私は知りました」(と彼女は言う。)

5　現在31歳のギルマは，どこへ行くにもマイロという名の3歳のジャーマンシェパードと一緒だ。マイロは障害者を助けるように訓練を受けている犬である。しかし，ロンドンでギルマが予約しておいた宿泊施設では，宿の主人が彼女の宿泊を拒否した。なぜなら彼はギルマが犬を連れてくることを許そうとしなかったからだ。彼女が苦情を言うと，その施設のウェブサイトはその主人を停職にした。しかしギルマはその措置で十分だとは思っていない。「かなり生ぬるい罰です」と彼女は言う。

6　「アメリカには，ADA法の遵守を主張する多くの非営利団体や支持者がいます。一つの会社に対して成功を収めると，それが他の会社へのメッセージになります。アメリカは訴訟の割合が高いことで有名で，それはそれで問題ですが，個人の権利が徹底される傾向だということでもあります。私の理解ではイギリスは法を執行する上で問題があるということです」(と彼女は言う。)

7　ギルマにとって，人々の教育は権利の行使と同じくらい重要なことだ。彼女によれば，人はみな相互に依存している，もしくは，例えば，触覚のような単純な感覚がとても重要だということを多くの人はわかっていない。その触覚のおかげで，彼女は文字が読め，音楽も感じられ，海でのサーフィンの魅力も楽しめるのである。技術もまた決定的に重要である。「人間は技術を発展させ，確実にすべての人が完全に社会参加できるような構造を作ることができるようになります」とギルマは言う。私たちの誰もが障害者になる可能性があり，世界には13億人の障害者がいるということを彼女は指摘する。その障害者の人たちは企業や社会にかなりの貢献ができ，またビジネスをするのに価値ある市場を提供できるということを彼女は強調する。「障害者を無視することはできないのです」(と彼女は言う。)

⑧ このことは，ギルマには確かに当てはまる。2013年にハーバードを卒業し法律家になると，オバマ大統領に「ホワイトハウスの変革チャンピオン」と命名された。翌年，アメリカの全国盲人協会（NFB）と世界最大のデジタルライブラリーのスクリブドとが争った裁判で，彼女はNFB側のチームの一員となった。盲人の読者と作家は，登録サービスのコンテンツを利用できるようにしてほしいと望んだ。スクリブド側の弁護士はADA法はデジタルではなく，ただ物理的な場所に適用されるものだと主張した。判事はNFB勝訴の判決を下した。

⑨ 今年，彼女は『ハーベン　ハーバード大学法科大学院初の盲ろう女子学生の物語』という回想録を出版し，広く称賛を得た。そして，先月彼女は初めてのイギリス講演旅行を行った。この本はアフリカ難民の娘の信じられないような旅路の物語である。彼女の母親はエリトリア人で，そこからハーベンという彼女の名前が付けられている。ハーベンの意味は「誇り」である。彼女の父親はエチオピア人で，2人は両国の30年戦争から逃れてきたのである。彼女は，生活が制限されると多くの人が言うであろう障害を持っているが，彼女はその障害を「革新の機会」と定義している。

⑩ ギルマは，先月ロンドンで行われたコンピュータ・法律協会（SCL）のイベントで盲ろう者研修医を含めた多くの聴衆を，彼女の軽いタッチとユーモアで魅了した。彼女の話の特徴は，スライドを使って，彼女がサーフィンをしたりダンスをしたり，彼女の愛犬と一緒にいる姿などを見せることだった。このSCLというのは，慈善団体で，より良い技術の利用と法律の研修のための活動をしている。イギリスでは，彼女は他にもオックスフォード大学法学部，ロードスハウス，ロンドンで行われるテクシェア・プロで講演を行った。

⑪ 彼女は聴衆に語る。「物語は私たちが設計する組織，私たちが作り上げる製品，私たちが描く自分たちの未来に影響を与えます。難民の娘として，障害を持った黒人女性として，たくさんの物語が私の人生は重要ではないと言います。私はそのような物語に抵抗することを学ばなければなりませんでした。もし困難に直面すれば，それは新しい解決方法を考え出す機会なのです。障害が革新へと駆り立てるのです」

解説

A. (1)　ギルマは自分が食べているものが何かもわからず食べることはfrustrating「苛立たしいもの」だったと述べている。普通の人でもそうであろうが，as a vegetarian「菜食主義者としては」，食べるものにより注意を払うので，特にそうであろうと考えられる。したがって，D. especially「特に」が適切。

(2)　空欄を含む文の次文で，ギルマはADA法によって自分が利用できるメニューを与えられる権利があることを知り，そのことをカフェテリアの支配人に告げている。ということはギルマはher rights「自分の権利」について，D. researched「調べた」ことがわかる。

(3)　イディオム問題。set *A* on course to become～で「～になる道を*A*に歩ませる」という意味。ギルマはカフェテリアの体験によって，障害者の権利を主張する弁護士への道を歩み始めたということ。

(4)　空欄を含む第4段第1文の前半部分で，ギルマの助手が点字の翻訳機器を使うことが述べられている。それによって，著者である「私」がinterview her「ギルマにインタビュー」できるという文脈であるから，A. so that S can「それで，その結果～できる」と理解するのが妥当。B. whereasは「～に反して」，C. whileは「～している間に，～する一方で」の意。

(5)　ギルマが通っていた学校では，健常者と障害者がintegrated「統合されていた」。そして，in braille「点字で」利用できたものといえば，学校の教材だと考えられる。「教材」に相当するのは，B. materialsである。

(6)　空欄の後のbecause以下で，宿泊施設の主人はギルマが犬を連れていくことを許そうとしなかったと述べられている。したがって，その宿泊施設の主人はギルマの宿泊をC. refused「断った」と考えるのが妥当。

(7)　空欄直前のlegalは「法律の」という意味。当該箇所の前文では，ADA法の遵守を主張する団体が多数あることが述べられている。したがって，B. disputes「争い，紛争」を入れ，係争が多いとする文脈にするのが適切。アメリカが訴訟社会であることは有名。

(8)　A. points out「指摘する」，B. points back「(intoを従えて)～を蒸し返す」，C. turns down「～を断る」，D. turns up「～を見つける」直前の文でギルマは，技術を発展させ誰もが社会に十全に参画できるような仕組みを作ることができる，と述べている。当該箇所では，誰もが障害者になる可能性と，世界には13億人もの障害者がいるという情報が提示されている。Aを入れれば，目標の提示→現状の提示という流れとなり，適切。She points out that any one of … and there are … という文のShe points outが挿入句の形になったものである。

(9)　この文中のtheyは前文の世界の13億人の障害者を指す。13億人もの障害者が存在するということは，障害関連ビジネスにとって巨大な市場が存在することを意味する。障害者が企業を利する存在でもある，という文意を作るD．contribution「貢献」が適切。

(10)　文頭のThatは前段落の最終部分で障害者も社会に貢献できる存在であり，無視はできないということをうけている。そのことを頭に入れて考えると，ギルマはまさに社会に貢献しているので，C．true ofが適切。be true of～は「～に当てはまる」という意味。

(11)　ADA法は「障害を持つアメリカ人法」という障害者保護の法律。また，physical, not digital, placesのphysicalはplacesを修飾する形容詞で，「デジタルの場所ではなく，物理的な場所」という意味。この目的語の部分にふさわしい動詞はC．applied to「～に当てはまる」である。つまり，スクリブドというデジタルライブラリー利用に関して，スクリブド側の弁護士が，ADA法は物理的な図書館に適用されるものであって，電子図書館には適用されないと主張したということ。

(12)　空欄の後のand以下で，ギルマが回想録を出版した後，イギリスに講演旅行に行ったと述べられている。ということは，彼女の本はよく売れたと考えられる。したがって，B．praise「称賛」が適切。A．criticism「批判」を受けていたら，講演旅行はなかったはずである。

(13)　disability「障害」があれば，普通の人々はどう思うであろうか。常識的には，行動の自由がきかない，D．life-limiting「生活を制限するもの」と考えるであろう。ところが，ギルマはan opportunity for innovation「革新の機会」と捉えたということ。なお，C．eye-openingは「目を見張るような，びっくりするような」という意味。A．far-flungは「広範囲に及ぶ」という意味。

(14)　ギルマの講演では，ギルマがサーフィンやダンスなどをしているところを見せてくれるスライドを使ったということが文脈からわかる。この

slides を目的語に取って不自然でないのは，A．featured「～を特徴としていた」である。ちなみにB．facilitated は「(会議などを）円滑に進める，容易にする」という意味。

⒂　チャレンジ精神旺盛なギルマにとって，a challenge「難題」は克服不可能なものではなく，new solutions「新たな解決方法」のためのopportunity「機会」と捉えられていると考えられる。したがって，B．come up with「～を考え出す，提案する」が適切。なお，A．keep track of は「追跡する」，C．give in to は「～に屈する」，D．make up with は「～と仲直りする」というイディオム。すべて覚えておきたい。

B. ⑴　ギルマが大学に入学して最初に不便を感じたことに関しては，第１段第１文でメニューが活字のものしかなかったと述べられており，第２文（“I asked the …）で，カフェテリアの支配人に盲ろう者が利用できるものを求めたが，第４文（But she says …）では，忙しいという理由で断られたと述べられている。同段の最後にある発言の第１文では，彼女は自分が何を食べているのかわからなかったことを我慢していた，とも述べられている。この内容に一致するのは，A．「カフェテリアのメニューが理解」できなかったということである。

⑵　カフェテリアの経験のおかげでギルマがこれからやろうとしたことについては，第３段最終文（The experience set …）で「この経験から，ギルマは障害者のための権利を主張する代弁者，法律家，そして著者への道を歩み始めた」と述べられている。この内容に一致するのは，C．「彼女のような他の人々を助けることに人生を捧げる」ことである。

⑶　盲ろう者のギルマが他の人とのコミュニケーション能力を改善するためにしたことについては，第４段第２文（Girma developed the …）に「自分でキーボードと点字記述機器を組み合わせたものを開発した」と述べられている。この内容に一致するのはA．「特別なコミュニケーションツールを発明した」である。Cについては，第１文で「助手がメッセージをタイプ打ちする」と述べられているが，メッセージが点字となる，ということから，タイプするのは「ギルマが言いたいこと」ではなく，インタビュアー（筆者）の発する言葉だとわかるので，これは不適。

⑷　第７段第１文で，educating people「人々を教育すること」が法の遵守を強めることと同様に重要だ，と述べられている。教育が重要とされる

現状について，ギルマは続く文で，我々皆が相互依存していることや触覚という感覚がいかに重要なことか十分理解されていないと述べている。この内容に相当するのは，B.「障害者の状況に関する理解を広めること」。

(5) ギルマが関わった裁判の結果については，第8段最終文（The judge ruled…）に「判事はNFBに有利な判決を下した」と述べられている。つまり，目の見えない人たちにもスクリブドのデジタルライブラリーのコンテンツを利用できるようにせよという判決であったということである。この内容と一致するのは，C.「目の見えない人たちの権利を強化し，オンラインのテキストを利用できるようにする」である。

(6) ギルマの本の内容と一致するのは，C.「彼女の両親が長年紛争状態の国の出身であったことを明らかにしている」である。このことは，第9段第2文（The book is…）の後半で「両親ともども二国間の30年戦争から逃れてきた」と述べられている。Bは少々紛らわしいが，この選択肢の内容ではギルマは「両親がアフリカから逃げた後，独力で（for herself）生きた」ことになり，そのようなことは本文で述べられていない。

(7) 最後の2つの段落から推測できるのは，C.「(彼女の経験を伝えることで,）彼女と同じような他の人々に積極的で，実践的な結果をもたらすであろう」である。このことは，最終段最終文で，「障害は革新の原動力である」と述べられていることからわかる。Bは本文はrefugees「難民」に対する差別の話ではないので，不適。

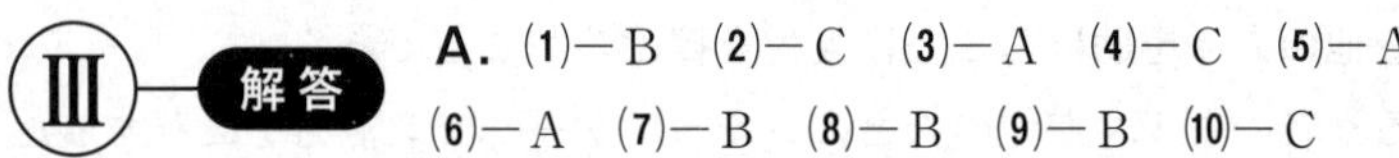

A. (1)—B (2)—C (3)—A (4)—C (5)—A
(6)—A (7)—B (8)—B (9)—B (10)—C

B. (1)—B (2)—A (3)—C (4)—C (5)—B (6)—B (7)—A

全訳

《デジタルツインとはどういうものか》

[1] 都市の限られた空間の中で，また世界の大多数の人々が今後数十年のうちに都会に住むようになると予測されるなかで，都市計画ということになると試行錯誤をしている余裕がなくなってきている。それは今日行われる決定が将来に非常に重要な影響を与えるからである。しかし，都市計画に実際に着手する前に様々なシナリオをまず初めに検証，分析する方法があったらどういうことになるだろうか。それが「デジタルツイン」の背後に

ある思想である。デジタルツインは上海，ニューヨーク，シンガポール，ヘルシンキを含め世界中の都市で作られている。

2 デジタルツインは伝統的な3Dの都市モデルを新たな可能性に高めてくれる，とスウェーデンのチャルマース工科大学の計算数学教授であり，またデジタルツイン・シティセンター所長でもあるアンデシュ＝ログは言う。リアルタイムで得られたデータとAIを使うデジタルツインは，実在する都市を仮想空間内で実物そっくりに映し出したものであり，インフラ，建設から交通のパターン，エネルギー消費まであらゆるものをシミュレートする機会を提供してくれる。

3 チャタヌーガは人口約18万人のアパラチア山脈の麓にある市で，南はジョージア州アトランタ，北はテネシー州ナッシュビルというこの市より大きな市からほぼ等距離のところに位置している。デジタルツイン計画ではもっと大きな都市地域が一般的には最も注目を集めるが，チャタヌーガは他よりも小さいということで対応が素早くできるため，アメリカにとって強力なテストケースとなっていると，KCIテクノロジーのコンサルタントであり前チャタヌーガ・スマートシティ所長のケビン＝コムストックは言う。

4 チャタヌーガ市はオークリッジ国立研究所やテネシー大学チャタヌーガ校を含め，チャタヌーガ市と提携している様々な機関と一緒に，デジタルツイン計画を作成して個々の問題や地域の課題に取り組んでいる。「CTウィン」と呼ばれるその最初のものは，街の幹線道路の一つに焦点を当て，信号インフラをデジタル的に表現できるものを作って，移動関連エネルギーの使用を調べたとコムストックは言う。今行われているもう一つのプロジェクトでは，交差点のセンサーとレーザーイメージングを使って，歩行者の動きをモニターし，それを安全性向上のために車の流れと比較している。「もし歩行者が交差点のどこにいて，車が交差点のどこにいるかわかれば」，車を避けようとして方向を変える歩行者と自転車に乗っている人を追跡して，「『ニアミス』行動のシミュレーションを始めることができる」とコムストックは言う。

5 実際に生じた事故と違い，このようなニアミスは通常報告されない。ニアミスのデータを集めれば，交差点がどれくらい安全なのか，そのもっと正確な情報が得られ，問題を解決する方法がわかるだろうとコムストックは言う。

6 これは規模を拡大してもっと大きな都市でも使えるだろうか。「大都会にはもっと大きな問題がある。しかし，そのような問題は小さな市でも経験されることだ。したがって，もし計画をうまく立てれば，危険性が減り，実際の建設費や他の運用費が安くつくことになる。計画をうまく立てれば元は取れる」とオランダのトゥウェンテ大学の助教ヴィラ＝レホトラは言う。

7 レホトラはヘルシンキのすぐ外にあるフィンランドのエスポー市の元市議会議員である。彼によれば，新しい地下鉄が提案されたとき，エスポー市はまずその運用と建設計画をデジタル化した。デジタルツインによって地下鉄の完成像が明らかにできる。「それで，例えば，何らかの建設作業や都市開発が始まったとき，市民に対し，その結果がどうなるかとか，またその計画がもたらす利益，利便性，様々なプロジェクトの付加価値などに関してより精密な評価ができるだろう」とレホトラは言う。

8 ログによれば，デジタルツインの町を作るときには，２つの基本的な問いに答えなければならない。「その町の現状に適するようにするためにどんな分析がなされるか」ということと「その町の振る舞い方をどのように予測できるか」という問いである。彼はスウェーデンのヨーテボリの街を取り上げる。この街は通常の街路図を含め，いろいろなものからデータを取り，デジタルツインを作っている。「そのデータから公園のベンチ，大気，雲，水のようなものを付け加えることができます」とログは言う。また，それから，その生のデータを使って，例えば，どのようにして新しい建物が風の流れや，さらには地下に伏在する潜在的な問題にまで影響を与えるかということに関して視覚的モデルを作ることができる。

9 「ヨーテボリは粘土質の土壌の上に作られている。したがって，粘土質の土の振る舞い方に関するモデルを作ることはとても重要なことになる。もし新規に大型インフラ計画を始めたらどうなるか。新たにトンネルを掘ったり造ったりすることに潜在的な危険性はあるだろうか」と彼は言う。

10 成功の鍵はログが「データ・サステナビリティ」と呼んでいるものにある。それは，頻繁にリアルタイムで行われる情報の更新をデジタルツインに送り込み，その物理的都市が絶えず行っている進化についていくようにすることである。さもないと，デジタルツインモデルは「陳腐なものになってしまう」と彼は言う。

11 都市は極度に複雑なシステムであるため，技術的な問題はかなり大きいという点にはログも同意する。しかし，「私たちは研究・開発者としてそのような問題には慣れている」ともログは言う。ログが見ている未来像は，建物の修繕，新たな建設ということから道路や信号機まであらゆるものが「統合され，連結され」，そして都市計画を行う者が今後何十年も意義を有し続ける決定ができるような未来である。デジタルツインは「未来の計画に関するあらゆる問いに答えてくれるシステムとして，どこにでもあるものとなるだろう」と彼は言う。

出典追記：Cities are being cloned in the virtual world. Here's what that means for the future, CNN on January 31, 2023 by Samantha Bresnahan

解説

A. (1) virtualは一般的に「仮想の」と訳される。つまり，「仮のもの」で本当のものではないということ。したがって，B．nonexistent「実在していない」が最も近い。Aは「電子の」，Cは「倫理的な」という意味。

(2) get the most attention for～は「～で最も注目を集める」という意味。この「注目」に近い意味を表しているのが，Cにあるinterest「関心」である。したがって，C．「より大きな都市の方が，たいていは彼らのそのようなプロジェクトに大きな関心を集める」が正解。Aのresources「資源」やBのfunding「資金集め」はattentionの意味からは遠い。

(3) in the interest of～は「～のために，～の利益のために」という意味。in the interest of safetyで「安全のために」ということ。これに近い意味を表す表現はAのso as to improve「向上させるために」である。なお，so as to *do*「～するために」は必須イディオム。

(4) 関係代名詞のwhoは直前のbicyclists「自転車に乗っている人」だけをうけているわけではないことに注意。who以下で，車を避けるためにコースを変える，とあるので，pedestriansの説明にもなっていることがわかる。したがって，Cが正解。

(5) 下線部は，ニアミスは実際の事故のように報告されることはない，という主旨。B．「市は，ニアミスを記録する際，実際の事故のことは考慮しない」とC．「ニアミスの報告は実際の事故の減少に役立たない」だと，ニアミスが報告されているという前提となってしまうため不適。下線部のような状況の理由の推測として適切なものは，A.「ニアミスは実際の事故ほどは重要だと判断されていない」のみ。

(6) 指示代名詞 this は基本的に前に述べられている近くのものを指す。近くにあるのは，前段最終文にある to figure out how to resolve issues「問題の解決方法を見つけること」である。この内容と一致するA.「安全性の問題を解決すること」が適切。

(7) reveal は「明らかにする」という意味。また，the finished job というのは，この文脈では a new metro line「新たな地下鉄線」の建設という仕事が終わったときということ。したがって，下線部は「仕事が終わったとき，どのようなものになっているかをデジタルツインは明らかにすることができる」という意味である。この内容と一致するのは，B.「デジタルツインは，あるプロジェクトの最終段階をイメージしやすくする」である。Aの promotional work「促進するための仕事」，Cの people's occupations「人々の仕事」は関係ないので不適。

(8) fit the current state of the city は「都市の現在の状況に合わせる」という意味。したがって，下線部の直訳は「都市の現在の状況に合わせるために何が分析されるか」となる。ログが第10段で，実際の都市の進化は日々生じているため頻繁にデータを更新する必要がある，と述べていることにも着目。つまり，我々の都市に対する認識と，都市の最新の姿との間にはギャップが生じることになる。それを埋める取り組みの重要性に言及している選択肢としては，B.「今日の都市の理解に何が加えられるか」がふさわしい。A.「データで表される都市の現在の特質がどうであるか」は，どんなデータを取るのかを検討することの重要性に言及する下線部の主旨と一致しない。Cも現在の「都市の最善の特徴」だけを調べるわけではないから，これも不適。

(9) 下線部は「新しい建物が風の吹き方に与える影響」という意味である。選択肢の中で「風」に影響を与えるものは，Bの「建物の高さ」。Aの「建物の強度」，C「建物の内装」は風の吹き方とは関係しない。

(10) 下線部中の be everywhere は「どこにでもある」という意味。また，the system 以下は，「デジタルツインは将来の計画に関する問題すべてに答えるシステム」という意味。この下線部の意味が示唆しているものは，C.「私たちが都市計画においてデジタルツインにかなり頼る日がくるだろう」ということである。なぜなら，すべての問題に答えてくれるということは，都市計画に関わるすべての問題でデジタルツインを使うということになるからである。Aの converse with us「デジタルツインが私たちと会話する」は都市計画をするものがデジタルツインと「会話をする」わけではないので不適。また，Bも将来デジタルツインが都市計画立案者に取って代わるわけではないので，不適。

B. (1) ログが確信していることについては第2段第2文（Using real-time data …）の後半で，simulate everything from infrastructure and construction to traffic patterns and energy consumption「(デジタルツインで) インフラ，建設から交通のパターン，エネルギー消費まであらゆるものをシミュレーションできる」と述べている。この内容に近いのは，B.「(都市のデジタルツインで) デベロッパーは建設を始める前に複数のアイデアを試すことができる」である。Aはデジタルツインそのものが建設されることになり，また，Cもデジタルツインそのものが活気づくことになるので，不適。

(2) チャタヌーガがデジタルツインに適している理由については，第3段第2文（While larger urban …）の後半の because 以下に，チャタヌーガが小さいので，responsive「対応が素早くできる」と述べられている。つまり，いろいろな変化に小回りが効くということ。この内容と一致するのは，A.「フィードバックされるデータに基づいて迅速に運用を変えることができる」である。Cの「チャタヌーガが大きな2つの都市から等距離にある」ということは間違っていないが，それがデジタルツインに都合が良い理由ではないので不適。

(3) 第4段でコムストックが挙げている例では，第2文（The first, called …）で，major roadways「幹線道路」に，第3文（Another current project …）では交差点での歩行者などに焦点が当てられている。このことからC.「現代の都市が直面している重要な問題として輸送・交通を重要視している」が適切。Aの funding「資金」，Bの be pioneered「先駆者である」ということとは関係がない。

(4) レホトラ博士は，第6段第2・3文（“Bigger cities have … will be cheaper.）で，大都市で生じる問題は規模が小さな都市でも生じることであり，それゆえ都市計画がうまくできればリスクを下げ建設コストや他の施策の実施コストを下げることができる，と述べている。当該段落は，冒頭文の問い「都市の問題をどう解決するかを把握することは，より大きな都市にも拡大できるか」に応えるものであり，拡大可能だという主旨でレホトラ博士は意見を述べていることを押さえる。入念な都市計画がその効果を高めるという主張と合致するのはC.「都市の計画を練れば練るほど，より良い結果が得られるだろう」。都市の規模により都市計画の重要性に差異が生じる，としている点で，B.「より小さな都市では，都市計画のリスクは小さくなる」と，A.「より大きな都市では，都市の諸要素を計画することがより重要になる」は不適。

(5)　第8段では，ログは第1文でデジタルツイン都市を作る上の基本的な2つのこと，「何を分析するか」ということと「その都市の振る舞い方の予測」を挙げ，具体例として建物と風の関係を挙げている。Bの「適切なデータを集めること」が「何を分析するか」に相当し，「建物と風の関係」が具体的な「細かいデータ」に相当する。したがって，B.「適切で細かいデータを丁寧に集めることが，より良いデジタルバージョン作りに寄与する」が適切。

(6)　ログがデジタルモデルを成功させるのに必要だと考えていることに関しては，第10段第1文で，frequent，real-time updates「リアルタイムで頻繁にアップデートすること」を挙げているが，これがBの freshest sets of information「最も新しい情報」に相当する。したがって，B.「デベロッパーに利用できる最も新しい情報」が正解。Aの「生態系に優しいインフラ」，Cの「建設作業の危険性に関する知識」には言及されていない。

(7)　この英文の表題としては，A.「デジタルツイン：未来都市のモデルを作ること」が最も適切。Bはデジタルツインがアメリカに誕生したかどうかが語られているわけではないので不適。Cは，デジタルツインが結果的に住民と技術を関係づけるものであっても，本文の趣旨とはまったく関係がないので不適。

講評

大問の構成は，会話文・段落整序1題，長文読解2題の計3題で，従来通りであった。

I　Aが会話文の空所補充，Bがひとまとまりの文章を6つに分けたものを並べ替える段落整序形式。Aは対話の流れをつかめば取り組みやすい問題。Bは注意深く論旨の流れをつかむ力が求められる。接続詞の and や but，人称代名詞，副詞の both，also，such などは文の流れをつかむ指標になるので，特に注意が必要である。

II　現代版ヘレン＝ケラーともいうべき，ハーベン＝ギルマという女性の話である。set *A* on course というイディオム，so that S can，be true of～，come up with～などの文法必須表現，さらに文脈把握をしっかりしておかないと間違える設問など，文法，内容理解など総合的英語力が問われる出題となっている。

III　「デジタルツイン」というバーチャル都市を使った都市開発計画の話である。「バーチャル」という言葉は日本語化しているが，英語で virtual と出てきたときに理解できるかどうかを問う設問や，指示代名詞の this が指すものを問う設問，in the interest of の意味，簡単そうで難しい，S is everywhere. などの意味を問う問題，関係代名詞の問題，本文中での直接的な意味ではなく，著者の言いたいことを問う設問など多様な設問が用意されている。

いろいろな形で総合力が問われているが，全体的には標準的な英文，標準的な出題である。

日本史

I 解答 1―(ス) 2―(イ) 3―(シ) 4―(ホ) 5―(エ) 6―(セ) 7―(ネ) 8―(ノ) 9―(サ) 10―(ヌ)

解説

《弘仁・貞観文化》

2. 空海の著書には詩文集の『性霊集』の他に，漢詩文作成についての評論『文鏡秘府論』，儒教や道教に対して仏教の優位性を説く『三教指帰』などがある。

3.『菅家文草』は，その名の通り「菅」原道真によって書かれた詩文集である。その他，菅原道真が編纂した歴史書『類聚国史』などが入試頻出である。『菅家文草』は，2023年度の関西大学の入試問題（2月1日実施分）でも，史料として出題されている（遣唐使の停止についての史料）ので，確認しておこう。

4. 東大寺戒壇は，下野薬師寺・筑紫観世音寺とならぶ天下三戒壇の一つとされている。8世紀後半に，唐から招かれた鑑真によって戒律が伝えられて以降，戒壇が最初に東大寺に建立された。

5. 最澄は『顕戒論』を著して南都諸宗に対して反論を行ったのち，死後，延暦寺での戒壇の設立が朝廷から認められたこともおさえておきたい。その他，最澄の著書として天台宗の規則『山家学生式』も覚えておこう。

6. 難問。後七日御修法は初め宮中で行われていた年中行事の一つであるが，教科書ではほとんど記載されていない行事であるので，消去法で解答しよう。語群には，儀式を示すものが後七日御修法の他に盂蘭盆会と灌仏会の2つある。そのうち前者の盂蘭盆会は「盆」という言葉から，リード文の「正月」という部分で不適と判断し，消去しよう。後者の灌仏会は，仏教の開祖である釈迦の誕生を祝う行事（いわゆる「花祭り」）であるので，4月に行われる行事である。したがって，これも時期の部分で不適であるから，解答の選択肢として消去できる。

8. 密教の中心仏である大日如来は，宇宙の根本仏とされている。曼荼羅はその仏の世界を壇の形式で図示したもので，金剛界・胎蔵界の2つを合わせて両界曼荼羅という。

9. やや難。百済河成(くだらのかわなり)は弘仁・貞観期に出た官人で，写実に優れた絵師でもあった。語群の中で他に絵師として知られるのは，『伴大納言絵巻』の絵師と言われている常盤光長と，『鳥獣戯画』の作者とされる鳥羽僧正覚猷であるが，いずれも院政期に出た人物であり，時期が違うために消去法でも答えを導くことができる。

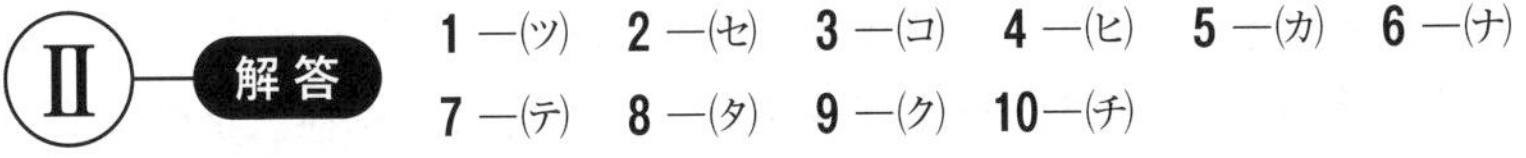

Ⅱ 解答　**1**—(ツ)　**2**—(セ)　**3**—(コ)　**4**—(ヒ)　**5**—(カ)　**6**—(ナ)　**7**—(テ)　**8**—(タ)　**9**—(ク)　**10**—(チ)

解説

《江戸～明治時代前半期の社会・経済》

2.「蝦夷地の物資」がヒント。北前船は，松前や日本海各地に寄港して，下関を廻って大坂などに物資を輸送した。北前船や，語群にもある内海船(うつみぶね)(尾州廻船(びしゅうかいせん)ともいう)は，それまでの廻船（菱垣廻船など）が他人の荷物を運搬することで運賃を得る運賃積(うんちんづみ)だったのに対し，荷物の買い付けから輸送・売却まですべてを行う買積(かいづみ)型の廻船業者だったということも近年では頻出である。

4. 設問文にある「通信制度」という部分から，空欄には「大名飛脚」か「継飛脚」があてはまると推測できるだろう。大名飛脚とは，幕府公用の飛脚である継飛脚にならう形で，大名が国元と江戸間に置いた飛脚である。したがって，「幕府公用の書状や荷物」という設問文の部分から，正解は継飛脚となる。また，民間営業の飛脚である町飛脚も存在し，東海道を6日で走ったことから定六(じょうろく)とも呼ばれた。

5. 当初，貿易は横浜・長崎・箱館の３港で開始された。そのうち，全体の約８割を占めたのが横浜で，貿易に従事した商人はイギリス人が中心であった。決済は主に銀で行われ，貿易開始直後は輸出超過であったことも覚えておきたい。

6. 五品江戸廻送令は，在郷商人などの特権を持たない商人が，問屋を通さずに直接開港場へ輸出品を持ち込んでいることを問題視した幕府によって江戸問屋の保護と流通を統制するために発令された。ところが，結果としては在郷商人や欧米の商人の反発にあって，効果はあがらなかった。ちなみに生糸や水油のほかに，雑穀・蠟・呉服を合わせて五品という。

7． 富岡製糸場は，フランスの技術を導入して官営模範工場として開設された。明治時代初期は，欧米諸国に対抗できる国力を育成するため，政府主導によって外国にならう形で近代化が進められた。

8． やや難。1872 年にイギリスの資金や技術指導を受けて新橋（東京）～横浜間に日本で最初の鉄道が引かれた。1889 年に東京～神戸間の東海道線（官営）が全通した，という知識をもとに考えるとよい。全通した東海道線の最西端が神戸であることをヒントに，語群にある地名（堺や長崎は最西端とは考えづらい）から正解を導きたい。

10． 官営事業の払い下げ先を問う問題は，2023 年度の関西大学の入試問題（2月1日実施分）でも出題されており，頻出といえる。ちなみに，語群にある三池炭鉱は三井に，院内銀山は古河市兵衛(ふるかわいちべえ)に払い下げられた。

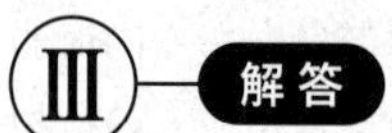

問1． (イ)　**問2．** (イ)　**問3．** (ウ)　**問4．** (ウ)　**問5．** (ア)
問6． (ウ)　**問7．** (ウ)　**問8．** (ア)　**問9．** (ア)　**問10．** (イ)
問11． (イ)　**問12．** (ウ)　**問13．** (イ)　**問14．** (ア)　**問15．** (ウ)

解説

《古代～中世の政治史》

問2・問3．「辛亥年」は5世紀後半の(イ)471 年が正しい。史料中の「獲加多支鹵大王」は「大泊瀬幼武(おおはつせわかたけ)（雄略天皇）」を指し，『宋書』倭国伝における「倭の五王」の一人「武」と比定されている。このことから，倭王武の上表文が5世紀後半であることを思い出せば，正解を導くことができる。

問4． 史料(B)は，各国の歴史や地誌をまとめる（『風土記』の作成を命じる）ように政府が諸国へ命じたものを示す史料である。設問は「上の文が記されている書物」を選ぶ問題なので，(イ)『風土記』ではなく，奈良時代の基本史料である(ウ)『続日本紀』が正しい。問題の読み間違いに注意しよう。

問6．「南海道」とは，現在の四国地方にあたる。したがって，(ウ)淡路が正解となる。(ア)日向は現在の宮崎県，(イ)伊勢は現在の三重県にあたる。関西大学では旧国名など地名を問うものが頻出であるので，律令制下の五畿七道についてしっかり確認しておきたい。

問7．「この4年前」「義家が勝利をおさめた」がヒントとなる。源義家が清原氏の相続争いに介入し，武家の棟梁としての地位を確立した戦いは(ウ)

後三年の役である。源頼義・義家が出羽の豪族である清原氏の助けを得て，朝廷と対立した安倍頼時・貞任を追討した(ア)前九年の役と間違えないようにしよう。

問8. やや難。源義親は対馬守の在任中に横領などによって受領を解任され，のちに出雲で反乱を起こした人物である。この反乱を討伐したのが(ア)平正盛で，平清盛の祖父にあたる人物である。ちなみに，(イ)平忠盛は平清盛の父にあたり，博多で日宋貿易に着手したことで知られる。(ウ)平維盛は平清盛の孫にあたり，時期も設問に合わない。

問10.「嵯峨の天皇の御時」に都として定まったと記されているのは，(イ)平安京である。嵯峨天皇の時代に，平城京へ遷都を主張する平城太上天皇と嵯峨天皇が対立した平城太上天皇の変（薬子の変）が起こった。この政変に嵯峨天皇が勝利したことから，平安京が都として定まった。

問11. 史料の内容としてはやや難ではあるが，解答としては(イ)『方丈記』が正解。『方丈記』は鴨長明によって著された日本三大随筆の一つであり，1180年前後の災害などを回想し人生の無常を嘆いている点が特徴的である。(ア)『明月記』は藤原定家の日記で，(ウ)『愚管抄』は慈円によって書かれた歴史書である。3つの史料のいずれも，平安時代後期〜鎌倉時代初期という，ほぼ同時期に成立し，時期だけで正解を判断するのは難しい。

問13. 史料(E)は正長の徳政一揆である。この時期の室町幕府は，1425年に5代将軍足利義量が早世したため，4代将軍足利義持が統治を再開していた。しかし，義持も1428年に後継を決定しないまま死去し，くじ引きにより6代将軍足利義教が翌年に就任すると決定した。こうした将軍職の空位を背景として，正長の徳政一揆が発生した。中世には，為政者の交代により所有や貸借関係が改められるという観念が存在したため，土一揆は徳政を要求した。

問14. 正長の徳政一揆を鎮圧した管領は(ア)畠山満家である。(イ)細川頼之は3代将軍足利義満が幼少の頃に管領として義満を補佐した人物，(ウ)赤松満祐は管領ではなく侍所所司（四職）であることがわかれば，消去法でも正解を導くことができるが，細川頼之も細かい知識であるため，やや難である。

問15. この史料(E)の出典は，興福寺の僧である尋尊（じんそん）によって著された(ウ)『大乗院日記目録』であり，頻出である。(ア)『建内記』は室町期の公卿である万里小路時房による日記，(イ)『薩戒記』は同時期の公卿中山定親による日記で，いずれも室町時代中期を代表する日記であり，史料から当時の社会の様子をうかがい知ることができる。

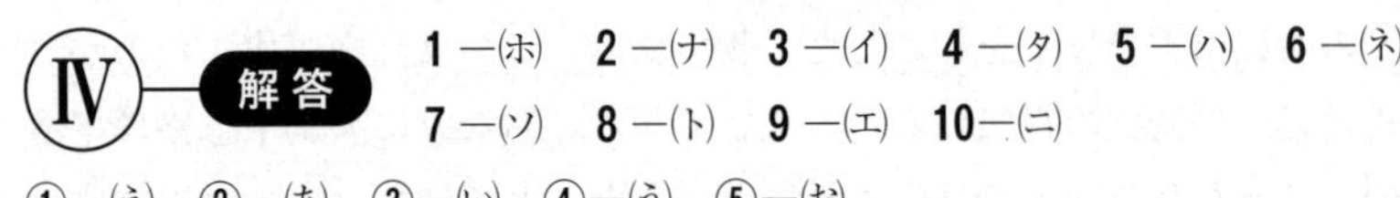

Ⅳ　解答　1―(ホ)　2―(ナ)　3―(イ)　4―(タ)　5―(ハ)　6―(ネ)
7―(ソ)　8―(ト)　9―(エ)　10―(ニ)

①―(え)　②―(あ)　③―(い)　④―(う)　⑤―(お)

解説

《様々な都道府県の歴史》

2．以仁王の令旨を受けて挙兵した源頼朝は，相模国の石橋山で平氏方の大庭景親に敗れた。「敗れて安房国に逃れた源頼朝」がヒントとなる。

3．日蓮が前執権（5代執権）に提出した著書名を問うている。したがって，答えは『立正安国論』となる。鎌倉仏教の開祖と著書名は頻出であるので，表などで整理して覚えておきたい。また，室町時代に活躍した日蓮宗の日親の著書『立正治国論』と混同しないように注意しよう。

5．承久の乱に関係した三人の上皇の流刑先は押さえておきたい。後鳥羽上皇が隠岐，順徳上皇が佐渡，土御門上皇は自ら配流を申し出，土佐に流された。

6．「『北越雪譜』に描き」がヒント。鈴木牧之は越後出身の商人，文人である。彼は化政文化のころに活躍し，雪国の自然や農民の生活・風俗を写実的に描いた。

8．「安芸守」や「厳島神社を篤く崇敬し」がヒントとなる。厳島神社は，日宋貿易の本格化を背景に，平清盛によって整備された神社である。院政期の文化でも，平清盛ら平氏一門が繁栄を祈願するために厳島神社に納めた『平家納経』も頻出である。

9．大本営とは，戦時における最高統帥機関のことである。1893年に大本営に関する法令が整備され，翌年の日清戦争時には，大本営は広島に置かれた。

10．尾道（広島）・今治（愛媛）ルートを結ぶのは，「瀬戸内しまなみ海道」である。その他に本州四国連絡橋には，児島（岡山）・坂出（香川）ルートの瀬戸大橋，神戸（兵庫）・鳴門（徳島）ルートの明石海峡大橋と大鳴門橋がある。

① 小田原攻めは，小田原討伐ともいう。関東の北条氏は豊臣秀吉から降伏を勧告されるも応じなかったので，秀吉は1590年に大軍で小田原城を包囲してこれを降伏させた。これをもって全国統一とされている。したがって，時期は㈣となる。

② 時期を示すキーワードは，「6代将軍足利義教の在任中」である。義教が将軍へ就任する直前に結ばれた正長の徳政一揆（1428年）や，義教が赤松満祐によって暗殺された嘉吉の変（1441年）が想起できれば，時期は㈠と判断できる。

③ やや難。川中島の戦いは，戦国時代（16世紀中頃）に上杉謙信と武田信玄との間で行われた5回にわたる合戦である。松永久秀による東大寺大仏殿の焼打ち（1567年）との時期が近いために少々判断が難しい。

④ 羽柴秀吉が毛利輝元と一時講和を結んだ理由が，明智光秀による本能寺の変（1582年）によるものであると想起できれば，㈢であることがわかる。

⑤ 幕府に無断で城を修築するのを幕府が禁じたのは武家諸法度元和令によるもので，これは幕府による大名統制の一つである。この改易処分が1603年に開かれた江戸幕府によるものだということがわかれば，答えは㈤であると判断できる。

講評

2024年度は，大問が4題，小問数が50，試験時間が60分であった。Ⅰ・Ⅱでは語群選択式の空所補充問題，Ⅲは史料問題，Ⅳは各都道府県の歴史をテーマとして，語群選択式の空所補充問題とリード文に下線を施した出来事の時期を判断する問題で，形式や試験時間に特に大きな変化はみられなかった。

Ⅰ 9世紀前半の弘仁・貞観文化について出題された。ほとんどが一つの文化の範囲からの出題であったため，やや細かい書物名（2の『性霊集』，3の『菅家文草』，5の『顕戒論』など）が問われたが，関西大学では古代の文化史が頻出であるから，対策をしていればそこまで難しくは感じないだろう。なお，年中行事の一つを問う6の後七日御修法や，弘仁・貞観文化期の絵師を問う9の百済河成は教科書でもほとんど取り上げられておらず難問であるが，この2問以外は特に難しくはない基本的な内容が問われている。著書名や仏像名などは，この機会に整理してしっかり対策しておこう。

Ⅱ 2023年度の2月1日実施分と同様に，江戸時代から明治時代初期の社会経済史が出題された。とくに難しい設問はなく，2023年度より解きやすかったと思われる。明治時代以降については，1870年代の東海道線の開通区間が問われたり，三菱が払い下げを受けた鉱山の名称を答える問題が，受験生にとってはやや難しいと思われるが，過去にも類題が出題されているので，過去問によくあたって対策をしよう。

Ⅲ 古代から中世の政治に関する史料問題が出題された。(A)は稲荷山古墳から出土した鉄剣銘，(B)は風土記の編纂を命じる歴史書（『続日本紀』)，(C)は後三年の役（後三年合戦）について（『百錬抄』)，(D)は福原京への遷都（『方丈記』)，(E)は正長の徳政一揆について（『大乗院日記目録』）を題材としている。(A)や(E)を中心に，頻出史料からの出題が多い。とりわけ特徴的なのは，問5や問6，問9，問12といった〈場所・地名〉を問う問題が15問中4問も占めており，日ごろからの〈場所・地名〉を意識した学習が重要となっている。関西大学では，最後の大問で地図を用いて場所を問う問題が出題されることも多く，決して軽んじてはいけない出題テーマである。旧国名を中心に，まずは古代の行政区分からしっかり復習しておこう。

Ⅳ 各都道府県（2024年度は，千葉・新潟・広島の3県）の歴史に焦点をあてて書かれたリード文(A)～(C)を読んだ上で，語群からリード文にある空欄に語句を補充するという問題が出題された。また，リード文中に施された下線部の時期を問う問題も併せて出題されている。全体を通して語句選択問題・時期判定問題ともに難易度はさほど高くない。時期を判定する際に用いる年表は，15世紀前半から17世紀前半までの約200年間の中で作成されており，大まかな時期のイメージが頭にあれば容易に解答できるであろう。

世界史

I 解答

1―(タ)　2―(フ)　3―(セ)　4―(イ)　5―(カ)　6―(ニ)
7―(チ)　8―(コ)　9―(ス)　10―(ケ)

解説

《古代オリエント世界》

3． セム語系遊牧民のアムル人が建てた古バビロニア王国（バビロン第1王朝）は，前18世紀のハンムラビ王の時に全盛期をむかえた。

4． ザグロス山脈方面から侵入した民族系統不明のカッシート人は，古バビロニア王国を滅ぼしたヒッタイトに代わりバビロニアを支配した。

5・6． テーベを都とした中王国では，その末期にシリア方面から遊牧民族のヒクソスが侵入してエジプトを一時支配した。

7． ヒクソスを追放したエジプト新王国では，前14世紀のアメンホテプ4世（イクナートン）の治世に，唯一神アトンへの信仰を強制するなどの改革（アマルナ改革）が実施された。

8． アケメネス朝はイラン人（ペルシア人）のキュロス2世によって，前6世紀半ばに建国された。

9． この世を光明の神アフラ＝マズダと暗黒の神アーリマンとの絶え間ない闘争であるととらえたゾロアスター教（拝火教）は，最終的にアフラ＝マズダが勝利し最後の審判が下されると説いた。

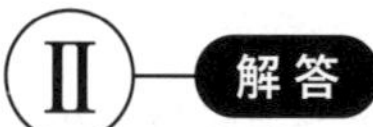

II 解答

1―(ウ)　2―(ア)　3―(イ)　4―(ウ)　5―(エ)　6―(イ)
問1．(ウ)　問2．(ウ)　問3．(エ)　問4．(エ)

解説

《清末の中国》

2． 山東省で仇教運動を始めた義和団は，「扶清滅洋」を掲げて北京に入り外国人を攻撃した（義和団事件）。

4． 長江中流域の武昌で起きた湖北新軍の蜂起をきっかけに，辛亥革命が始まった。

5． 明の初代皇帝である洪武帝は南京に都を定めた。その後3代永楽帝の時に北京に都が移された。

問1. (ウ)誤り。フランスが清から租借したのは広州湾。

問2. 19世紀末のアメリカ＝スペイン戦争（1898年）に勝利したアメリカは，スペインからフィリピン・グアム・プエルトリコを獲得した。このうちアジアに位置するのはフィリピンなので，正解は(ウ)。

問3. 義和団事件（1900～01年）後，西太后を中心に進められた光緒新政では(ア)の科挙の廃止，(イ)の新軍の整備，(ウ)の憲法大綱の発布などが行われた。(エ)の総理各国事務衙門の設置はアロー戦争後の1861年なので誤り。

問4. 下線部④の人物は孫文。

(ア)・(イ)不適。光緒帝の下で立憲君主政をめざす変法運動を進めたのは公羊学派の康有為。

(ウ)不適。淮軍を組織し，太平天国の乱の鎮圧にあたったのは，漢人官僚の李鴻章。

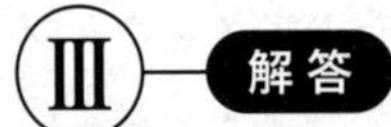

1―(カ)　**2**―(シ)　**3**―(エ)　**4**―(ヒ)　**5**―(ア)　**6**―(ト)
7―(ノ)　**8**―(コ)　**9**―(コ)　**10**―(シ)　**11**―(ア)　**12**―(ハ)
13―(ノ)　**14**―(キ)　**15**―(カ)

解説

《ハンガリー史》

2. ドナウ川はドイツからハンガリーを経て東欧へ流れる国際河川。この中流に位置するパンノニア平原に，10世紀末ハンガリー王国が建国された。

3. オスマン帝国のスレイマン1世は，モハーチの戦い（1526年）でハンガリー軍を撃破し，のちハンガリーを支配した。

4. やや難。カルロヴィッツ条約（1699年）でオーストリアにハンガリー・トランシルヴァニアを割譲したことで，東欧におけるオスマン帝国の勢力は大きく後退した。

5. やや難。古典派音楽を確立したオーストリアの作曲家ハイドン（1732～1809年）は「交響曲の父」とも呼ばれ，「皇帝賛歌」（現ドイツ国歌）など多くの作品を残した。

7. 1848年革命の際，オーストリア支配下のハンガリーではコシュートの指導により民族運動が展開されたが，ニコライ1世治下のロシアがオーストリア皇帝の求めに応じて派兵したことにより運動は鎮圧された。

8. 1866年のプロイセン＝オーストリア戦争に勝利したプロイセンは，翌67年にオーストリアを除外してプロイセンを盟主とする北ドイツ連邦を結成した。

9. 第一次世界大戦後のパリ講和会議には，アメリカ大統領ウィルソン，イギリス首相ロイド＝ジョージ，フランス首相クレマンソーなどが参加した。

11. やや難。第一次世界大戦後のハンガリーでは，革命により成立したソヴィエト政権を倒したホルティが国王不在のなか摂政となり，権威主義的な体制を樹立した。

12. 1955年，西ドイツの北大西洋条約機構（NATO）加盟に対し，ソ連・ポーランド・東ドイツ・ハンガリーなどの東欧8カ国は，東欧諸国の共同防衛を定めたワルシャワ条約機構を発足させた。

14. 1956年，ソ連のフルシチョフのスターリン批判などを受けてハンガリーで反ソ暴動が起こると，国民の支持でナジ＝イムレが首相となり改革を進めた。しかし，ソ連の軍事介入によりナジ＝イムレは逮捕され，のち処刑された。

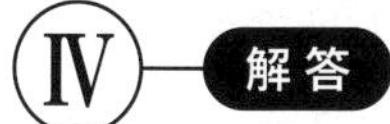

1―(エ)　**2**―(ウ)　**3**―(イ)　**4**―(イ)　**5**―(ア)　**6**―(ウ)
7―(ア)　**8**―(エ)　**9**―(イ)

問1. (イ)　**問2.** (エ)　**問3.** (ウ)　**問4.** (イ)　**問5.** (イ)　**問6.** (ウ)

解説

《唐宋時代の北方民族》

1・2. 安禄山が起こした動乱に対し唐に援軍を送ったモンゴル高原のウイグル，その動乱に際し一時長安を占領したチベットの吐蕃は，動乱ののち西域をめぐって争った。

3～5. 高句麗の遺民を率いて7世紀末に大祚栄が中国東北地方に建国した渤海は，契丹（遼）を建国した耶律阿保機によって10世紀に滅ぼされた。

7・8. 中国西北地方にチベット系タングートの李元昊が建てた西夏は，宋（北宋）との間に慶暦の和約を結び，銀や絹などを歳賜として獲得した。

問1. (イ)両税法は安禄山が起こした動乱鎮圧後の780年に，宰相楊炎の建議によって施行された。

問2． やや難。五代十国の五代（後梁・後唐・後晋・後漢・後周）のうち，後唐・後晋・後漢はトルコ系の突厥出身者が建国した王朝。

問3． ㈠不適。孔穎達らにより『五経正義』が編集されたのは唐代。

㈡不適。「湖広熟すれば天下足る」というように長江中流域が穀倉地帯となったのは明代。宋代は「江浙（蘇湖）熟すれば天下足る」というように長江下流域が穀倉地帯となった。

㈢不適。宋応星により『天工開物』が編さんされたのは明代。

問4． やや難。下線部④の李元昊が建国した西夏は興慶に都をおいた。

問5． 下線部⑤は北宋の王安石の改革（新法）を指している。

㈡誤文。人民統治のために里甲制がしかれたのは明代。

問6． 下線部⑥の旧法党を率いて王安石の改革に反対した司馬光は，編年体通史『資治通鑑』の著者としても知られる。

講評

Ⅰ　古代オリエント世界をテーマとした空所補充問題である。「ザグロス山脈」などの地理的知識を必要とする問題もあるが，内容は標準的であり，教科書レベルの知識を確実におさえていれば対応できる。

Ⅱ　日清戦争後から辛亥革命までの中国（清）をテーマとしている。問2ではアメリカ＝スペイン戦争，問3では光緒新政を年代から想起する力が求められており，時期と出来事を結びつけた学習に取り組む必要がある。

Ⅲ　ハンガリーの歴史をテーマとした空所補充問題である。内容は標準的であるが，2．ドナウ川，5．ハイドン，11．ホルティなど，地理・文化も含め，やや詳細な知識を問う問題も見受けられる。3．スレイマン1世は基本的な語句ではあるが，彼がモハーチの戦いでハンガリー軍を破ったことを想起して解答する必要がある。

Ⅳ　唐宋時代の中国と北方民族の関係をテーマとして出題されている。トルコ系武将が建国した王朝を問う問2，西夏の都を問う問4など，やや詳細な知識も問われている。唐宋時代にどのような周辺民族が活躍したかを，地図などを用いてしっかりと押さえておきたい。

全体としては教科書レベルの知識で対応できる内容となっているが，地理・文化も含めた詳細な学習が求められている。日頃から資料集・用語集なども用いて丁寧に学習を進めていきたい。

地 理

Ⅰ 解答

問1．(1)―エ (2)―イ (3)―ア (4)―ウ (5)―ウ
問2．(ア) 問3．(ウ) 問4．(ウ) 問5．(1)―(イ)
(2)―(ア)

解説

《乾燥に関する諸問題》

問1．(1) ①誤。アフガニスタンの地下用水路はカレーズと呼ばれる。フォガラはシリアなどのアラビア半島や北アフリカでの名称である。
②誤。日本でも三重県・岐阜県・愛知県などに，マンボと呼ばれる地下水路が分布している。
(2) ①誤。高圧帯では下降気流が発達する。②正。
(3) ①正。②誤。フェーンは元々はヨーロッパ・アルプスを吹き下ろす風を指す。アドリア海沿岸では寒冷風のボラ。
(4) ①正。②正。かつては汽水湖であったが，江戸時代に利根川の東遷事業により流入する水量が増加したため，次第に淡水化した。
(5) ①正。宮崎県では冬季の乾燥した冷たい西風を活用して大根を干す。
②正。シベリア高気圧の影響を背景として，日本海の湿気を帯びた西風が奥羽山脈に阻まれることで，曇天で降雨と降雪が多くなり，日照時間が短く気温も下がる。「いぶりがっこ」は，たくあん作りのための天日干し大根が十分乾燥しないため，家の中の囲炉裏で大根を干したのがはじまりとされる。
問2．(ア)適当。溜池数は1位兵庫県 22,017， 2位広島県 18,793， 3位香川県 12,269， 4位岡山県 9,504 の順である（2021年，厚生労働省）。香川県は大阪府よりも小さく日本で最も小さい県であることと，溜池密度が一番大きい大阪府の 0.53 を手がかりに判断したい。
問3．エジプトはアスワンハイダムがあるので水力発電が多いと考えがちであるが，発電量には限りがあり需要をまかなえない。石油・天然ガス産出国であるので火力発電がもっとも多い。また近年は，化石燃料依存から脱却するため太陽光発電や風力発電が増加しており，割合は小さいが「そ

の他」も存在する③と判断する。①は水力が約60%を占めていることから青ナイル川・白ナイル川・アトバラ川に多くのダムが建設されているスーダンと考える。②は水力が全くないので日常的な流水のある河川がないサウジアラビアと判断する。④はわずかではあるが水力があるので，トルコ国境に近いティグリス川で水力発電が行われているイラクと考える。イラク北部のモスル付近に小規模ながら複数のダムがある。

問4． バンコクは典型的なサバナ気候なので③である。①・②はともに地中海性気候であるが，①は8月に乾燥することから北半球のチュニス，②は12月に乾燥することから南半球のパースである。④は乾燥月が多いことからステップ気候のンジャメナとなる。

問5． ⑴②誤。センターピボットは設備に多大な資本が必要なため，灌漑農法として「粗放的」ではなく集約的であるといえる。

⑵①誤。ドバイ国際空港はアラブ首長国連邦に立地している。

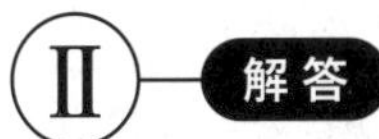

問1． ①―㈤　②―㈥　③―㈠　**問2．** ㈀　**問3．** ㈤
問4． ㈠　**問5．** ㈤　**問6．** ㈀　**問7．** ㈀　**問8．** ㈥

解説

《長野県軽井沢町付近の地形図読図》

問1． ①図1のAは波状の地形であり，舌状の地形面で末端に崖が見られることから溶岩流となる。火砕流や泥流なら途中で固まらず下方まで流下するため末端に崖が生じにくい。溶岩ドームは粘性の高い溶岩が火口に形成される。

②軽井沢町は長野県であるので，江戸と京を結ぶ街道は中山道である。図2の北部にある「峠町」集落と「松井田町峠」集落は文字どおり街道の峠に立地したものである。

③㈠が適当。ダージリンはインド北部の避暑地である。㈀アユタヤはタイの古都，㈥フエはベトナム中部の古都，㈤ペナンはマレーシア北東部の海浜リゾート都市である。

問2． ㈀誤文。広葉樹林だけでなく針葉樹林も広く見られる。

㈠正文。「軽井沢駅」の南側にある「軽井沢プリンスショッピングプラザ」には複数の池が見られることから，この地区は水が多いと考えられ，かつては湧水による湿地があったと考えられる。広大な未利用地であったため，現在は商業施設やゴルフ場となっている。

(ウ)正文。「離山」には東面からジグザグ状の登山道（実線表示）が，西面にも2本の登山道（破線）が見られ，山頂付近には回遊する散策路が見られる。

(エ)正文。長野県・群馬県の県境は分水嶺である尾根を通っているので，群馬県内の河川の水源はすべて群馬県内にあるといえる。

問3． もっとも標高差のあるリフトは，矢ヶ崎山山頂の西側に架かるものである。最高地点は1150メートルより少し高く，最低地点は補助曲線945メートルの少し下であるので，その差は約210メートルとなる。

問4． (イ)適当。B地点から碓氷峠まではほぼ平坦な地形である。

問5． (エ)筑波山は関東平野内の茨城県にある山である。地中で固まった硬い火成岩が長い年月を経て隆起したもので，火山ではない。

問6． (ア)**X**は峠の麓にあり街村状の形態を有することや，「旧軽井沢」の地名から宿場町であると判断できる。中山道は図の北東部の「峠町」から旧軽井沢を経て中軽井沢に通じていた。

問7． ①正。最寒月平均気温が－3℃未満で明瞭な乾季がないことから，Df気候区である。

②誤。軽井沢町のある長野県や群馬県嬬恋村などのキャベツは，夏の冷涼な気候を利用して栽培される（抑制栽培）。したがって，その出荷は7月から10月にかけてが中心で，11月になると温暖地で栽培されたものが出荷される。

問8． (ウ)誤文。堅ろう建物は，地上3階相当以上60m未満の非木造建物のことで，地形図上では建物に斜線を引いて示している。軽井沢駅北側地域をはじめ，学校・病院などに見られるが，「美しい景観を守るため」に建設されたとは考えられない。

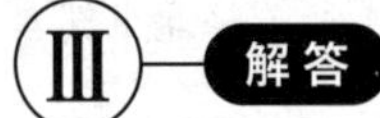

問1． **1**―(イ)　**2**―(サ)　**3**―(カ)　**4**―(キ)　**5**―(ク)
問2． (エ)　**問3．** (ア)　**問4．** (ア)　**問5．** (イ)　**問6．** (エ)

解説

《村落と都市》

問2． (エ)不適当。林地村は森林を開拓するためにつくられた村で，路村形態をなすが，防御機能は主機能ではない。

問3. (ア)青梅は，多摩川が関東山地から武蔵野台地に流れ出る扇頂部に発達した谷口集落である。

問4. (ア)適当。(イ)セントルイスや(エ)ニューオーリンズはミシシッピ川沿い，(ウ)シカゴはミシガン湖岸に立地している。

問5. (イ)不適当。倉敷は江戸時代に代官所が立地し，明治以降は繊維工業，高度経済成長期には新産業都市に指定され鉄鋼，自動車，石油化学工業などが立地し，都市発展の基盤となった。

問6. (エ)適当。「旧市街」とあるので迷路型街路となる。外敵の侵入を防ぐ機能があるとされ，中近東や北アフリカ地域の都市に見られる。

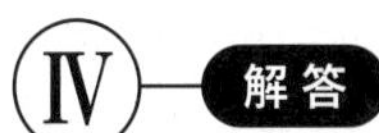

(A)―ア　(B)―ア　(C)―エ　(D)―ウ　(E)―イ　(F)―ウ
(G)―ア　(H)―エ　(I)―ア　(J)―エ

解説

《北ヨーロッパ地誌》

(A)　①正。EU 加盟国はスウェーデン，デンマーク，フィンランドである。②誤。ユーロ導入国はフィンランドのみ。

(B)　①正。スウェーデンの面積は約 44 万 km^2 で，北欧 5 カ国のうちで唯一日本より広い。②誤。グリーンランドを領有するのは，デンマークである。

(C)　①・②とも誤。両国ともプロテスタントの信仰者が多い。

(D)　①・②とも正。

(E)　①誤。ボスニア湾の港は，ルレオである。②正。

(F)　①正。北欧諸国をはじめ西ヨーロッパ諸国は，高福祉であるが高負担国でもある。②正。アメリカ合衆国は健康保険をはじめ福祉関係は個人責任が基本であるため，国民負担率が低い低福祉低負担国である。日本は中福祉中負担国といえる。

(G)　①正。②誤。デンマークは再生エネルギーとして卓越する偏西風を活用した風力発電が盛んである。

(H)　①誤。混合農業ではなく酪農である。②誤。半島の根元にある運河は，北海・バルト海（キール）運河である。ミッテルラント運河は，北ドイツ平原にある。

(I)　①正。②誤。豊富な水資源を背景に，水力発電が盛んである。

(J)　①誤。スオミが正式国名である。ラップランドはサーミ（ラップ）人の居住地域である。②誤。サーモン養殖はノルウェーのように海域で行われる。氷河湖は淡水であるため，養殖されるのはニジマス類である。

講評

Ⅰ　乾燥に関係した地理的諸事象に関する知識・理解が問われている。問1は関西大学特有の正誤問題で，誤った箇所を正しい用語・地名に置き換えられれば正解に至る。(1)日本の灌漑用地下水路は，高校地理学習ではほとんど扱われない事項である。問2は大阪府の値を参考に，香川県が面積最小県であることを踏まえて考える。問3はアスワンハイダムでの発電を過大評価すると誤りやすい。問5の(1)では，「粗放的」の意味の理解が必要である。

Ⅱ　長野県軽井沢町付近の電子地形図の読図を中心にした問題である。問1の①の陰影起伏図からの溶岩流の判断は難しい。問2の(ア)は針葉樹・広葉樹とも見られるので判断しにくい。(イ)の軽井沢駅の南側の低湿地の開拓は，旧版地形図がないので判断は難しい。問7の②の高原野菜の出荷時期のピークはやや紛らわしいが，高原野菜は夏に出荷されることで判断すればよい。

Ⅲ　村落と都市に関する基本的理解をみる問題である。問2は林地村が開拓村落であって防御機能に特化していないことがポイント。

Ⅳ　北欧5カ国の地誌に関する基本的な理解をみる関西大学特有の正誤問題である。(F)は西ヨーロッパ諸国が高福祉高負担，アメリカ合衆国は低福祉低負担であることから解答できる。(H)は詳細な知識も要求されているが，混合農業と酪農の違いから考える。(J)はフィンランドでサーモン養殖が可能かどうかの判断が難しい。

政治・経済

I　解答

問(A). **1**—(ケ)　**2**—(イ)　**3**—(カ)　**4**—(テ)　**5**—(ス)　**6**—(タ)

問(B). (エ)　**問(C).** (エ)　**問(D).** (ア)　**問(E).** (イ)　**問(F).** (イ)　**問(G).** (エ)

解説

《政治における女性の活躍》

問(A). **1・2.** アメリカの二大政党制は民主党と共和党によって担われている。**5.** リスボン条約では，欧州理事会常任議長と外務・安全保障政策上級代表が新設され，EUではさらなる政治統合が図られた。

問(B). 正答は(エ)。大統領は3選が禁じられている。(ア)誤文。大統領の任期は5年ではなく4年である。(イ)誤文。副大統領は議会によって選出されるのではなく，大統領とセットで選挙によって選ばれる。(ウ)誤文。帰化によって合衆国市民となった者は大統領になれない。出生によって合衆国市民となった者だけが大統領になれる。

問(C). (エ)が正答。この時に調印した国はベネルクス三国（ベルギー・オランダ・ルクセンブルク），フランス，西ドイツ，イタリアの6カ国である。

問(D). (ア)が正文。(イ)誤文。欧州議会の本会議場はフランクフルトではなく，ストラスブール（フランス）に置かれている。(ウ)誤文。欧州議会の議員は，全ての加盟国が同じ人数でなく，人口に応じて配分されている。(エ)誤文。ユーロの通貨流通量を決定するのは欧州議会ではなく，欧州中央銀行（ECB）である。

問(E). (イ)が正答。マザー・テレサは1979年にノーベル平和賞を受賞している。

問(F). (イ)が正文。(ア)誤文。ASEAN議会というものは存在しない。(ウ)誤文。ASEANでは，域内共通通貨は発行されていない。(エ)誤文。ASEANの正式名称は東南アジア諸国連合である。アジア太平洋経済協力会議は，APECの正式名称である。

問(G). (エ)が正答。「先住民族の権利に関する宣言」後に，法的拘束力のある「先住民族の権利保護条約」が国連で制定された事実はない。

Ⅱ 解答 **問(A).** 1－(サ)　2－(ス)　3－(エ)　4－(ク)　5－(ケ)
問(B). (ア)　**問(C).** (エ)　**問(D).** (ウ)　**問(E).** (イ)
問(F). (イ)

解説

《市場の失敗》

問(A). **2.** (ス)が正答。公共財は非競合性と非排除性をあわせ持つ。**3.** (エ)が正答。公害防止費用を企業が負担することで，企業が外部に与えていた損害を企業内部に転嫁することを外部不経済の内部化という。**5.** (ケ)が正答。企業の生産過程に起因する公害は産業公害とよばれる。これに対して，ごみや自動車の排気ガスなど，都市生活によって起こる公害を都市公害という。

問(B). (ア)が正答。農産物の供給減少により，農産物価格が上昇するのは市場の働き（市場メカニズム）による。

問(C). (エ)が正文。この場合，公害防止費用を企業が負担しない分，その企業が生み出す財は安く生産され，結果的に過大な供給となる傾向がある。よって，(ア)と(ウ)は誤り。(イ)社会的費用には，この場合，周辺地域の住民の健康被害も含まれるが，それは考慮されずに財の供給が決定されるので，誤り。

問(D). (ウ)が正文。非排除性とは，特定の人の消費を制限できないことを指す。(エ)はその逆の意味となるため誤り。(イ)複数の人が同時に消費できることは非競合性とよばれ，非排除性ではないので，誤り。(ア)は(イ)の逆の意味であるが，非排除性ではないため誤り。

問(E). 正答は(イ)。アスベストは繊維状の鉱物で，石綿ともよばれる。2006年に石綿健康被害救済法が制定された。

問(F). 正答は(イ)。3R はリサイクル（Recycle，再生利用）・リユース（Reuse，再使用）・リデュース（Reduce，ゴミの発生の抑制）のことである。

問(A). (ア)　問(B). (ウ)　問(C). (エ)　問(D). (ア)　問(E). (エ)
問(F). (エ)　問(G). (エ)　問(H). (イ)　問(I). (ウ)　問(J). (ア)
問(K). (イ)　問(L). (ア)　問(M). (ウ)　問(N). (イ)　問(O). (ウ)

解説

《バブル経済崩壊と失われた10年》

問(A). 正答は(ア)。プラザ合意を決定したのはG5で，アメリカ，イギリス，フランス，ドイツ，日本の5カ国がメンバーであった。

問(B). (ウ)が正答。ドル安・円高によって日本からの輸出が相対的に不利となり，輸出産業は一時的に競争力を失った。

問(C). (エ)が正答。海外に生産拠点を移転，すなわち工場などを建設する直接投資が急増した。(ア)の間接投資とは，国外の株式や債券に投資することである。区別して押さえておこう。

問(D). (ア)が正答。国内企業の海外移転によって，国内産業が衰退する「産業の空洞化」が懸念された。

問(F). (エ)が正答。前川レポートでは保護貿易政策ではなく，国内市場の開放を唱えたため，誤り。

問(G). (エ)が正文。(ア)誤文。自己資本比率のことである。(イ)誤文。預金準備率のことである。(ウ)誤文。コール市場の金利のことであり，現在の政策金利となっている。

問(H). (イ)が正答。資産効果とは，株価などの資産価格の上昇（下落）が，個人消費を増加（減少）させる効果を指す。

問(I). (ウ)が正答。80年代後半のバブル経済で，実質GDP成長率が10%を超えた事実はない。年率10%を超えていたのは高度経済成長期である。

問(J). (ア)が正答。銀行は積極的に資金を貸し出したのではなく，逆に，貸し出しを抑える「貸し渋り」を行ったため，誤り。

問(K). (イ)が正答。タイの通貨バーツの暴落から始まって，アジア各国に波及したアジア通貨危機は内容だけでなく，年号も含めて覚えておくこと。

問(L). (ア)が正答。日本版金融ビッグバンは1990年代から始まっているため，小泉構造改革の時期とは異なる。

問(M). (ウ)が正文。(ア)誤文。非正規労働者の平均賃金は正規労働者のそれよりも低い。(イ)誤文。正規労働者に対する非正規労働者数の比率は女性の方が高い。(エ)誤文。非正規労働者という用語はパートタイム以外にも，契約社員や派遣社員も指す。

問(O). (ウ)が正文。(ア)誤文。かげろう（いざなみ）景気の時期の物価は低迷しており，デフレ傾向が続いた。(イ)誤文。日経平均株価がバブル経済時の最高値を超えたのは2024年2月のことである。(エ)誤文。失業率は当時4%を超えていた。

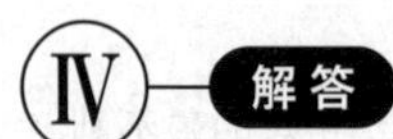

問(A). 1―(ウ)　2―(キ)　3―(ソ)　**問(B).** (エ)　**問(C).** (ウ)
問(D). (イ)　**問(E).** (ア)

解説

《刑事裁判の原則》

問(A). **2.** (キ)が正答。裁判の公開について定めた憲法第82条は，必ず押さえよう。**3.** (ソ)が正答。日本の起訴後の有罪率は99%を超えており，諸外国と比べて高率である。

問(B). (エ)が正文。(ア)死刑存置国であるアメリカやベラルーシ，シンガポール，ベトナムが含まれているので誤文。(イ)死刑廃止国である南アフリカ，ボリビア，ウクライナ，ルワンダが含まれているので誤文。(ウ)内乱罪や現住建造物等放火罪，強盗・不同意性交等致死罪には法定刑として死刑が規定されているため，誤文。

問(C). (ウ)が正文。(ア)誤文。「裁判員は裁判官の判断に従う」のではなく，自由な判断に委ねられている。(イ)誤文。「裁判所において当事者が自白した事実及び顕著な事実は，証明することを要しない」は，刑事訴訟法第319条の規定ではなく，民事訴訟法第179条の規定である。(エ)誤文。刑事収容施設及び被収容者等の処遇に関する法律第15条は「刑事施設に収容することに代えて，留置施設に留置することができる」と規定している。

問(D). (イ)が正文。(ア)誤文。逮捕から48時間以内に被疑者を検察官に送致（送検），その後24時間以内に裁判官に被疑者の勾留を請求しなければならない。(ウ)誤文。被告人は公判廷において供述を拒むことができる。(エ)誤文。刑事訴訟法第301条の2第1項は「6箇月以上の有期の懲役または30万円以上の罰金」ではなく「短期1年以上の有期の懲役又は禁錮に当たる罪であつて故意の犯罪行為により被害者を死亡させたもの」であり，同条第2項も正しくは「検察官が前項の規定に違反して同項に規定する記録媒体の取調べを請求しないときは，裁判所は，決定で，同項に規定する書面の取調べの請求を却下しなければならない」とある。

問(E). (ア)が正文。遡及処罰の禁止を定めた条文である。(イ)は第 31 条，(ウ)は第 36 条，(エ)は第 40 条であるため，それぞれ誤り。

講評

I　政治における女性の活躍をテーマにした問題。空所補充の難易度は標準的である。問(D)の欧州議会に関する問いや，問(F)の ASEAN についての問いは，やや詳細な知識が必要とされる出題であった。

II　市場の失敗をテーマにした問題であり，経済学の基礎となる知識を問う出題が多く見られた。問(B)の外部経済の具体例や，問(C)の外部不経済における財の供給量は，単なる用語だけではなく外部性についての本質的な理解ができているかどうかが問われている。問(D)の公共財の非排除性についての説明は，定義に基づいて落ち着いて考えることを要する問題であった。

III　バブル経済と失われた 10 年をテーマとした出題であった。問(G)の公定歩合の説明など，用語の基礎的な理解も問われている。問(M)の非正規労働者についての問いは，非正規労働者の置かれた状況を理解しているかどうかが問われた。

IV　刑事裁判の原則についての出題。これまでの出題傾向と異なり，問(C)や問(D)を中心に憲法・法律や判例についての正誤判断を求める問題が多く，やや難しい。資料集などをもとに，我が国の法規定についての十分な理解をしておくことが必須となる。

数学

◀3教科型・2教科型（英語外部試験利用方式）▶

I 解答 (1) $x>0$ のとき，相加・相乗平均の関係より

$$t=x+\frac{1}{x}\geqq 2\sqrt{x\cdot\frac{1}{x}}=2$$

$x<0$ のとき

$$t=-\left(-x-\frac{1}{x}\right)\leqq -2\sqrt{(-x)\cdot\left(-\frac{1}{x}\right)}=-2$$

したがって，$x\neq 0$ のとき　$|t|\geqq 2$　（証明終）

(2)　$$t^2=\left(x+\frac{1}{x}\right)^2=x^2+2\cdot x\cdot\frac{1}{x}+\frac{1}{x^2}=x^2+\frac{1}{x^2}+2$$

よって　$x^2+\dfrac{1}{x^2}=t^2-2$　……(答)

(3)　$$\frac{f(x)}{x^2}=x^2-3x+2-\frac{3}{x}+\frac{1}{x^2}$$
$$=x^2+\frac{1}{x^2}-3\left(x+\frac{1}{x}\right)+2$$
$$=t^2-2-3t+2$$
$$=t^2-3t\quad\text{……(答)}$$

(4)　$$\frac{f(x)}{x^2}=t(t-3)$$

$|t|\geqq 2$ より，$\dfrac{f(x)}{x^2}=0$ は $t=3$ のときで，$x\neq 0$ のとき，$f(x)=0$ は

$$t=x+\frac{1}{x}=3$$

すなわち　$x^2-3x+1=0$

これを解いて　$x=\dfrac{3\pm\sqrt{5}}{2}$

$x=0$ は $f(x)=0$ を満たさないので，$f(x)=0$ の解は

$$x=\frac{3\pm\sqrt{5}}{2} \quad \cdots\cdots(\text{答})$$

解説

《相加・相乗平均，相反方程式の解法》

(1)　$t=x+\dfrac{1}{x}$ は，相加・相乗平均の関係を用いて，t の範囲を求める。

x の正，負で場合分けをして，$\begin{cases} x>0 \text{ のとき，} t\geqq 2 \\ x<0 \text{ のとき，} t\leqq -2 \end{cases}$ となる。

(2)　恒等式 $x^2+\dfrac{1}{x^2}=\left(x+\dfrac{1}{x}\right)^2-2$ を用いる。

(3)　(2)の結果より　$\dfrac{f(x)}{x^2}=t^2-3t$

(4)　$\dfrac{f(x)}{x^2}=0$ は t の2次方程式となり，$|t|\geqq 2$ で解を求める。

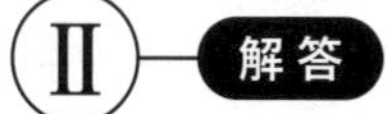

①$ct-t^3$　②4　③$\sqrt{c}$　④t^3-ct

⑤c^2-6c+8　⑥2

解説

《定積分で表された関数》

$$f(x)=x^3-\int_0^2 x|f(t)|dt$$
$$=x^3-x\int_0^2 |f(t)|dt$$

ここで，$\displaystyle\int_0^2 |f(t)|dt=c$ とおくと

$$f(x)=x^3-cx$$

$|f(x)|\geqq 0$ より　$c>0$

よって　$f(x)=x(x-\sqrt{c})(x+\sqrt{c})$

$x<-\sqrt{c}$，$0<x<\sqrt{c}$ において　$f(x)<0$

$-\sqrt{c}\leqq x\leqq 0$，$x\geqq\sqrt{c}$ において　$f(x)\geqq 0$

$c\geqq 4$ のとき　$\sqrt{c}\geqq 2$

$0<t<2\leqq\sqrt{c}$ において　$t^3-ct<0$

2024年度 2月1日 全学日程1 数学

$$c=\int_0^2 |t^3-ct|\,dt$$

$$=\int_0^2 (ct-t^3)\,dt \quad (\to ①)$$

$$=\left[\frac{ct^2}{2}-\frac{t^4}{4}\right]_0^2$$

$$=2c-4$$

ゆえに　$c=4$　(→②)

$0<c<4$ のとき　$0<\sqrt{c}<2$

$0<t<\sqrt{c}$ のとき　$t^3-ct<0$

$\sqrt{c}<t<2$ のとき　$t^3-ct>0$

$$c=\int_0^{\sqrt{c}} (ct-t^3)\,dt+\int_{\sqrt{c}}^2 (t^3-ct)\,dt \quad (\to ③,\ ④)$$

$$=\left[\frac{ct^2}{2}-\frac{t^4}{4}\right]_0^{\sqrt{c}}+\left[\frac{t^4}{4}-\frac{ct^2}{2}\right]_{\sqrt{c}}^2$$

$$=2\left(\frac{c^2}{2}-\frac{c^2}{4}\right)+4-2c$$

$$=\frac{1}{2}c^2-2c+4$$

$$2c=c^2-4c+8$$

$$0=c^2-6c+8 \quad (\to ⑤)$$

$$0=(c-2)(c-4)$$

$0<c<4$ より　$c=2$　(→⑥)

よって，式(＊)をみたす3次関数 $f(x)$ は

x^3-4x　または　x^3-2x

となる。

Ⅲ 解答

① $-2\vec{a}\cdot\vec{b}$　② $2X$　③ $-X^3+X^2+2X$　④ $x<\frac{1}{2}$　⑤ $\sqrt{5}-1$　⑥ $\frac{1}{3}$

解説

《ベクトルの内積，２つのベクトルのなす角》

$$|\vec{a}-\vec{b}|^2=|\vec{a}|^2-2\vec{a}\cdot\vec{b}+|\vec{b}|^2$$

よって

$$|\vec{a}-\vec{b}|^2-|\vec{a}|^2-|\vec{b}|^2=-2\vec{a}\cdot\vec{b}\quad(\to①)$$

$4^x=X$ とおくと

$$|\vec{a}|^2=X^2$$

$$|\vec{b}|^2=(\sqrt{2}\cdot2^x)^2=2\cdot4^x=2X\quad(\to②)$$

$$|\vec{a}-\vec{b}|^2=(8^x)^2=8^{2x}=64^x=(4^x)^3=X^3$$

また

$$\vec{a}\cdot\vec{b}=\frac{|\vec{a}|^2+|\vec{b}|^2-|\vec{a}-\vec{b}|^2}{2}=\frac{-X^3+X^2+2X}{2}\quad(\to③)$$

$\vec{a}$ と $\vec{b}$ のなす角 θ が $0°\leqq\theta<90°$ となるとき　$\vec{a}\cdot\vec{b}>0$

したがって

$$X^3-X^2-2X<0\qquad X(X-2)(X+1)<0$$

$\therefore\quad X<-1,\ 0<X<2$

$X>0$ より

$$0<X<2\qquad 0<4^x<2\qquad 0<2^{2x}<2\qquad 2x<1$$

$\therefore\quad x<\dfrac{1}{2}\quad(\to④)$

次に，$x=\dfrac{1}{2}\log_2(\sqrt{5}-1)$ のとき，$4^x=X$ より

$$x=\log_4X=\frac{1}{2}\log_2X$$

したがって

$$\log_2X=\log_2(\sqrt{5}-1)\qquad X=\sqrt{5}-1\quad(\to⑤)$$

$\vec{a}+t\vec{b}$ と $\vec{a}-\vec{b}$ が垂直となるとき

$$(\vec{a}+t\vec{b})\cdot(\vec{a}-\vec{b})=0$$

$$|\vec{a}|^2+(t-1)\vec{a}\cdot\vec{b}-t|\vec{b}|^2=0$$

$$X^2+(t-1)\frac{-X^3+X^2+2X}{2}-t(2X)=0\quad\cdots\cdots⊛$$

ここで

$$X^2=(\sqrt{5}-1)^2=6-2\sqrt{5}$$

$$X^3=(\sqrt{5}-1)^3=5\sqrt{5}-3\cdot5+3\sqrt{5}-1=8\sqrt{5}-16$$

$$\begin{aligned}-X^3+X^2+2X&=16-8\sqrt{5}+6-2\sqrt{5}+2(\sqrt{5}-1)\\&=20-8\sqrt{5}\end{aligned}$$

㊟に代入して

$$6-2\sqrt{5}+(t-1)(10-4\sqrt{5})-2(\sqrt{5}-1)t=0$$

$$(12-6\sqrt{5})t=4-2\sqrt{5}$$

$$6(2-\sqrt{5})t=2(2-\sqrt{5})$$

$$\therefore\quad t=\frac{1}{3}\quad(\to⑥)$$

講評

2024 年度は大問 3 題のうち，Ⅰが記述式で，Ⅱ・Ⅲが空所補充形式であった。

Ⅰ　相反方程式の解を求める問題である。誘導もあり，基本的なレベルの問題である。

Ⅱ　定積分で表された関数についての問題である。絶対値記号のついた定積分も場合分けされているので難しくはない。基本的な解法で解ける。

Ⅲ　ベクトルの大きさが指数関数で与えられた，ベクトルと指数・対数との融合問題である。いずれも基本的な公式や解法で解決できる。計算に気をつけて行えばよい。

幅広い知識が必要とされるが，いずれも教科書の例題レベルの基本的な公式や解法をマスターしておけばよい。

◀2教科型（英数方式〈総合情報〉・国数方式）▶

I　解答　(1)　点 A_1, B_1 はそれぞれ線分 A_0B_0, B_0C_0 を 2：1 に内分する点なので，$\overrightarrow{A_0B_0}=\vec{p}$, $\overrightarrow{A_0C_0}=\vec{q}$ として

$$\overrightarrow{A_0A_1}=\frac{2}{3}\vec{p},\quad \overrightarrow{A_0B_1}=\frac{1}{3}(\vec{p}+2\vec{q})$$

$$\overrightarrow{A_1B_1}=\overrightarrow{A_0B_1}-\overrightarrow{A_0A_1}=\frac{1}{3}\vec{p}+\frac{2}{3}\vec{q}-\frac{2}{3}\vec{p}=-\frac{1}{3}\vec{p}+\frac{2}{3}\vec{q}\quad\cdots\cdots(答)$$

$$\overrightarrow{A_0B_0}\cdot\overrightarrow{A_1B_1}=\vec{p}\cdot\left(-\frac{1}{3}\vec{p}+\frac{2}{3}\vec{q}\right)=-\frac{1}{3}|\vec{p}|^2+\frac{2}{3}\vec{p}\cdot\vec{q}$$

次に　$\vec{p}\cdot\vec{q}=|\vec{p}||\vec{q}|\cos\frac{\pi}{3}=\frac{1}{2}|\vec{p}|^2$

したがって

$$\overrightarrow{A_0B_0}\cdot\overrightarrow{A_1B_1}=-\frac{1}{3}|\vec{p}|^2+\frac{1}{3}|\vec{p}|^2=0\quad\cdots\cdots(答)$$

(2)　(1)の結果より　$\overrightarrow{A_0B_0}\perp\overrightarrow{A_1B_1}$

同様にして　$\overrightarrow{A_{k+1}B_{k+1}}\perp\overrightarrow{A_kB_k}$, $\overrightarrow{A_kB_k}\perp\overrightarrow{A_{k-1}B_{k-1}}$

よって　$\overrightarrow{A_{k+1}B_{k+1}}\,/\!/\,\overrightarrow{A_{k-1}B_{k-1}}$　（ただし，k は自然数とする）

次に，$\triangle A_kB_kB_{k-1}$ は $\angle A_k=\frac{\pi}{2}$, $\angle B_{k-1}=\frac{\pi}{3}$, $\angle B_k=\frac{\pi}{6}$ なので

$$\frac{1}{\sqrt{3}}|\overrightarrow{A_kB_k}|=|\overrightarrow{A_kB_{k-1}}|=\frac{1}{3}|\overrightarrow{A_{k-1}B_{k-1}}|$$

よって　$|\overrightarrow{A_kB_k}|=\frac{1}{\sqrt{3}}|\overrightarrow{A_{k-1}B_{k-1}}|$

同様にして　$|\overrightarrow{A_{k+1}B_{k+1}}|=\frac{1}{\sqrt{3}}|\overrightarrow{A_kB_k}|$

したがって　$|\overrightarrow{A_{k+1}B_{k+1}}|=\frac{1}{3}|\overrightarrow{A_{k-1}B_{k-1}}|$

点 A_k, B_k, A_{k+1}, B_{k+1} の取り方により，$\overrightarrow{A_{k+1}B_{k+1}}$ と $\overrightarrow{A_{k-1}B_{k-1}}$ は逆向きになるので

$$\overrightarrow{A_{k+1}B_{k+1}}=-\frac{1}{3}\overrightarrow{A_{k-1}B_{k-1}}$$

（証明終）

(3)　$\overrightarrow{A_0A_1}=\frac{2}{3}\vec{p}$, $\overrightarrow{A_0B_1}=\frac{\vec{p}+2\vec{q}}{3}$ より

$$\overrightarrow{A_0A_2}=\frac{\overrightarrow{A_0A_1}+2\overrightarrow{A_0B_1}}{3}=\frac{2}{9}\vec{p}+\frac{2}{9}(\vec{p}+2\vec{q})=\frac{4}{9}(\vec{p}+\vec{q})$$

次に，(2)と同様にして，$k\geqq 2$ のとき

$$\overrightarrow{A_{k+1}C_{k+1}}=-\frac{1}{3}\overrightarrow{A_{k-1}C_{k-1}}$$

また

$$\overrightarrow{A_{2k-2}A_{2k}}=\frac{4}{9}(\overrightarrow{A_{2k-2}B_{2k-2}}+\overrightarrow{A_{2k-2}C_{2k-2}})$$
$$=-\frac{1}{3}\cdot\frac{4}{9}(\overrightarrow{A_{2k-4}B_{2k-4}}+\overrightarrow{A_{2k-4}C_{2k-4}})$$

一方

$$\overrightarrow{A_{2k-4}A_{2k-2}}=\frac{4}{9}(\overrightarrow{A_{2k-4}B_{2k-4}}+\overrightarrow{A_{2k-4}C_{2k-4}})$$

したがって　$\overrightarrow{A_{2k-2}A_{2k}}=-\frac{1}{3}\overrightarrow{A_{2k-4}A_{2k-2}}$

すなわち，$\overrightarrow{A_{2k-2}A_{2k}}$ の係数は，公比 $-\frac{1}{3}$，初項 $\frac{4}{9}$ である等比数列となっている。

ゆえに

$$\overrightarrow{A_{2k-2}A_{2k}}=\frac{4}{9}\left(-\frac{1}{3}\right)^{n-1}(\vec{p}+\vec{q})$$

$$\overrightarrow{A_0A_{2n}}=\sum_{k=1}^{n}\overrightarrow{A_{2k-2}A_{2k}}$$
$$=\frac{4}{9}(\vec{p}+\vec{q})\sum_{k=1}^{n}\left(-\frac{1}{3}\right)^{k-1}$$
$$=\frac{4}{9}(\vec{p}+\vec{q})\cdot\frac{1-\left(-\frac{1}{3}\right)^{n}}{1-\left(-\frac{1}{3}\right)}$$
$$=\frac{1}{3}\left\{1-\left(-\frac{1}{3}\right)^{n}\right\}(\vec{p}+\vec{q})\quad\cdots\cdots(答)$$

解説

《平面ベクトルの図形への応用，等比数列の和》

(1)　分点の公式を用いて，$\overrightarrow{A_0A_1}$，$\overrightarrow{A_1B_1}$ を $\vec{p}$，$\vec{q}$ で表す。

(2)　(1)の結果より，$\overrightarrow{A_0B_0}\perp\overrightarrow{A_1B_1}$ となる。同様にして，$\overrightarrow{A_{k+1}B_{k+1}}\perp\overrightarrow{A_kB_k}$，$\overrightarrow{A_kB_k}\perp\overrightarrow{A_{k-1}B_{k-1}}$ が成り立つので，$\overrightarrow{A_{k+1}B_{k+1}}/\!/\overrightarrow{A_{k-1}B_{k-1}}$ となる。次に，直角三角形 $A_kB_kB_{k-1}$ の辺の比から，$|\overrightarrow{A_kB_k}|=\dfrac{1}{\sqrt{3}}|\overrightarrow{A_{k-1}B_{k-1}}|$ となる。

(3)　$\overrightarrow{A_0A_{2n}}=\displaystyle\sum_{k=1}^{n}\overrightarrow{A_{2k-2}A_{2k}}$ と分解して，$\overrightarrow{A_{2k-2}A_{2k}}$ と $\overrightarrow{A_{2k-4}A_{2k-2}}$ との関係を調べる。(2)の結果より，$\overrightarrow{A_{2k-2}A_{2k}}=-\dfrac{1}{3}\overrightarrow{A_{2k-4}A_{2k-2}}$ が成り立つと予想できる。このことを示すと，$\overrightarrow{A_{2k-2}A_{2k}}$ の係数は公比 $-\dfrac{1}{3}$，初項 $\dfrac{4}{9}$ の等比数列となり，$\overrightarrow{A_{2k-2}A_{2k}}=\dfrac{4}{9}\left(-\dfrac{1}{3}\right)^{n-1}(\vec{p}+\vec{q})$ となる。

(1)　$f(x)=0$ の 2 解 α，β が，$\alpha\leqq1\leqq\beta$ となる条件は，$f(1)\leqq0$ である。

$$f(1)=1-2k+2k^2-3k+1\leqq0$$

$$2k^2-5k+2\leqq0\qquad(2k-1)(k-2)\leqq0$$

$$\therefore\quad\frac{1}{2}\leqq k\leqq2\quad\cdots\cdots(答)$$

(2)　$f(x)=0$ において，2 次方程式の解と係数の関係より

$$\alpha+\beta=2k\quad\cdots\cdots①$$

$$\alpha\beta=2k^2-3k+1\quad\cdots\cdots②$$

①，②より

$$\begin{aligned}(\beta-\alpha)^2&=(\alpha+\beta)^2-4\alpha\beta\\&=4k^2-4(2k^2-3k+1)\\&=4(-k^2+3k-1)\end{aligned}$$

次に，$\alpha\leqq x\leqq\beta$ において，$f(x)\leqq0$ なので

$$S=-\int_{\alpha}^{\beta}f(x)dx$$

$$=-\int_{\alpha}^{\beta}(x-\alpha)(x-\beta)dx$$

$$=\frac{1}{6}(\beta-\alpha)^3$$

$$=\frac{8}{6}(-k^2+3k-1)^{\frac{3}{2}}$$

$$=\frac{4}{3}(-k^2+3k-1)^{\frac{3}{2}}\quad\cdots\cdots(\text{答})$$

また，$g(k)=-k^2+3k-1$ とおくと

$$g(k)=-\left(k-\frac{3}{2}\right)^2+\frac{5}{4}$$

$\frac{1}{2}\leqq k\leqq 2$ より，$k=\frac{3}{2}$ で最大，$k=\frac{1}{2}$ で最小となる。

$$g\left(\frac{1}{2}\right)\leqq g(k)\leqq g\left(\frac{3}{2}\right)\qquad \frac{1}{4}\leqq g(k)\leqq\frac{5}{4}$$

$$\frac{1}{8}\leqq g(k)^{\frac{3}{2}}\leqq\frac{5\sqrt{5}}{8}$$

したがって　$\frac{1}{6}\leqq S\leqq\frac{5\sqrt{5}}{6}$

すなわち，S は

$k=\frac{3}{2}$ のとき，最大値 $\frac{5\sqrt{5}}{6}$

$k=\frac{1}{2}$ のとき，最小値 $\frac{1}{6}$　……(答)

をとる。

解説

《x 軸と放物線で囲まれた部分の面積》

(1)　$f(x)=0$ の 2 解が α，β で，$\alpha\leqq 1\leqq\beta$ となる条件は，$f(1)\leqq 0$ である。

(2)　$y=f(x)$ が x 軸と $x=\alpha$，$x=\beta$ で交わるとき，$\alpha\leqq x\leqq\beta$ において $f(x)\leqq 0$ となる。よって，$y=f(x)$ と x 軸で囲まれる部分の面積を S とすると，$S=-\int_{\alpha}^{\beta}f(x)dx=\frac{1}{6}(\beta-\alpha)^3$ となる。したがって，解と係数の関係を用いて，$\alpha+\beta$，$\alpha\beta$ を k で表し，$(\beta-\alpha)^2=(\alpha+\beta)^2-4\alpha\beta$ に代入して，$(\beta-\alpha)^2$ を k で表す。$(\beta-\alpha)^2$ は k の 2 次式なので，(1)で求めた k

の範囲における $(\beta-\alpha)^2$ の範囲を求めればよい。

III 解答

① $\dfrac{4}{27}$　② $\dfrac{2}{9}$　③ $\dfrac{13}{27}$　④ $\dfrac{4}{27}$　⑤ $\dfrac{196}{729}$

解説

《4人でじゃんけんをするときの確率》

(1)　グー，チョキ，パーをそれぞれ，○，×，△と表す。

1回目に1人だけが勝つ場合，手の選び方は○，×，△から2つ選ぶので，${}_3C_2$ 通りある。次に，○，×，×，×と選んだ場合，勝つ人の選び方は ${}_4C_1$ 通りある。よって，1人だけが勝つ場合の数は ${}_3C_2\cdot{}_4C_1=12$ 通りある。

4人でじゃんけんをするときの全事象は $3^4=81$ 通りあるので，1人だけが勝つ確率は　$\dfrac{12}{81}=\dfrac{4}{27}$　(→①)

(2)　1回目に2人だけが勝つ場合，手の選び方は ${}_3C_2$ 通りある。次に，○，○，×，×と選んだ場合，勝つ人の選び方は ${}_4C_2$ 通りある。

したがって，2人だけが勝つ確率は　$\dfrac{{}_3C_2\cdot{}_4C_2}{81}=\dfrac{18}{81}=\dfrac{2}{9}$　(→②)

(3)　3人だけが勝つ確率は(1)と同様に $\dfrac{4}{27}$ である。

よって，あいこになる確率は　$1-\left(\dfrac{4}{27}+\dfrac{2}{9}+\dfrac{4}{27}\right)=\dfrac{13}{27}$　(→③)

(4)　1回目に勝った2人でじゃんけんをして，勝ちが決まる場合は手の選び方が ${}_3C_2$ 通りあり，勝つ人の選び方は ${}_2C_1$ 通りある。したがって，2人でじゃんけんをして，勝者が1人決まる確率は $\dfrac{3\times2}{3^2}=\dfrac{2}{3}$ である。

よって，求める確率は　$\dfrac{2}{9}\times\dfrac{2}{3}=\dfrac{4}{27}$　(→④)

(5)　ちょうど2回目で勝者が1人に決まるのは，1回目に3人勝ち2回目に1人だけ勝つ，1回目に2人勝ち2回目に1人だけ勝つ，1回目にあいこで2回目に1人だけ勝つ場合の3通りである。

3人でじゃんけんをして1人だけ勝つ確率は

$$\frac{{}_3\mathrm{C}_2\cdot{}_3\mathrm{C}_1}{3^3}=\frac{1}{3}$$

であるので，求める確率は

$$\frac{4}{27}\times\frac{1}{3}+\frac{4}{27}+\frac{13}{27}\times\frac{4}{27}=\frac{196}{729}\quad(\to⑤)$$

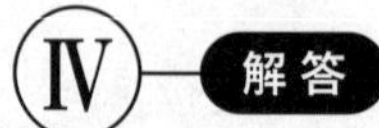

Ⅳ 解答　①1　②5　③5　④2　⑤12　⑥1　⑦$2\sqrt{5}$

解説

《点と直線との距離，直線の媒介変数表示》

傾きが $-\dfrac{12}{5}$ である直線の方程式を $12x+5y=a$ とする。点 $(-1,\ 3)$ からの距離が $\dfrac{2}{13}$ であるとき

$$\frac{|12\times(-1)+5\times3-a|}{\sqrt{12^2+5^2}}=\frac{2}{13}$$

$$\frac{|3-a|}{13}=\frac{2}{13}\qquad|a-3|=2\qquad a-3=\pm2$$

$\therefore\quad a=1,\ 5$

したがって，l_1，l_2 の方程式は

$12x+5y=1$，$12x+5y=5$　(→①，②)

次に，l_1 は点 $(-2,\ 5)$ を通るので，$y=5-12k$ とおくと

$12x+5(5-12k)=1\qquad\therefore\quad x=5k-2$

したがって，l_1 上の格子点は

$(5k-2,\ 5-12k)$　(→③，④，⑤)

と表される。

また，l_2 は点 $(0,\ 1)$ を通るので，$x=5n$ とおくと

$12\cdot5n+5y=5\qquad\therefore\quad y=1-12n$

したがって，l_2 上の格子点は

$(5n,\ 1-12n)$　(→⑥)

と表される。

$\mathrm{P}_1(5k-2,\ 5-12k)$，$\mathrm{P}_2(5n,\ 1-12n)$

として

$$P_1P_2{}^2=\{5(n-k)+2\}^2+\{-12(n-k)-4\}^2$$
$$=169(n-k)^2+116(n-k)+20$$

ここで，$n-k=X$ とおくと

$$P_1P_2{}^2=169X^2+116X+20$$
$$=169\left(X+\frac{58}{169}\right)^2-\frac{58^2}{169}+20$$

X は整数なので，$P_1P_2{}^2$ は $-\frac{58}{169}$ に最も近い整数 0 で最小となる。

$X=0$ のとき　　$P_1P_2{}^2=20$

$P_1P_2>0$ より，P_1P_2 の最小値は　　$2\sqrt{5}$　(→⑦)

講評

2024 年度は大問 4 題のうち，Ⅰ・Ⅱが記述式で，Ⅲ・Ⅳが空所補充形式であった。

Ⅰ　ベクトルと数列の融合問題。ベクトル列の係数が等比数列になっている形で，誘導に従って解いていけばよい。標準的なレベルの問題である。

Ⅱ　x 軸と放物線で囲まれた部分の面積の最大値・最小値を求める問題である。典型問題で，解法に迷うところはない。

Ⅲ　4 人でじゃんけんをするときの確率の問題。すべて数え上げても解決できる。基本的なレベルの問題である。

Ⅳ　平行な 2 直線上の格子点を媒介変数 k，n を用いて表し，その 2 点間の距離の最小値を求める問題。標準的なレベルの問題である。

全体的には例年通り標準的な問題である。融合・混合問題も多く，幅広い知識が必要となるが，教科書の例題，章末問題等の解法をマスターしておけば十分である。

で作られているため、消去法を第一にして解くと迷って時間も使ってしまうので、高得点は望めなくなる。全体で七五分の試験時間だが現代文、古文とも文章量があり、余裕はないだろう。まずは、本文全体の展開を読み取り、設問で問われている部分を理解するという基本を第一にすべきであろう。理解という面で、人権理念の歴史的流れが説明されており近代史の知識が助けになる。これは二〇二三年度も同様だった。評論の読み取りから知識を蓄積する国語だけでなく、他教科の幅広い学習が大切であることは言うまでもない。

二は『源氏物語』「柏木」の一節。中古の物語、特に『源氏物語』の読解は難しい。リード文、注を確認しながら、動作の主体を確認しながら、さらに表現されていない内容を補いながら読んでいくことが必要である。それには古文単語や古典文法の知識が不可欠であり、選択肢も語句の意味、文法、敬語表現の違いから最適なものを読み取る形になっている。選択肢はいずれも三行と長文だが、要素の共通する箇所も多いので、明らかな誤訳を含む選択肢からどんどん消去法で絞り込んでいくのが効率的だろう。『源氏物語』全体の展開についての知識、当時の貴族が住んでいた寝殿造の様子などの知識なども読解する上で重要である。総合的な学習の積み重ねが絶対的に必要であり、受験生の総合力を問う良問である。

の訳出は誤り。「心ばせ」は〝気立て、たしなみ〟などの意味であり、d、eの「聡明さ」の訳とはやや異なる。「さるまじき」は〝そうあるべきではない〟という意なので、c、d、eの「それほど身分の高くない方」は誤訳。

問8　女房たちの会話は最後から三行目「かの大殿は」からであり、この部分を正しく解釈する。柏木は、すべてに心ひかれるほど優美であり、上品で魅力がおありになることは他と比較できないほどだったが、この殿は男らしくきらびやかで、あありっぱだと一目で見せなさる雰囲気が、他の人とは違うと言っており、dが最適。a、bは「なつかし」を古風であると訳しているが、「なつかし」は〝慣れ親しんでいたい〟を原義に、〝側から離したくない、心ひかれる〟の意味。b、c、eは「人に似ぬや」を「柏木様と似ていますね」と訳しているが、この文脈では柏木と夕霧を比較しており、柏木と似ているとするのは不適当。柏木が他の人と比べようもなかったように、夕霧も他の人とは似ていない（どちらも違った個性で人とは比較できないほどすばらしい）とするのが妥当。

問9　「思ひなずらふ」は〝同じものとみなす〟の意。ここから「昔」は亡くなった柏木であり、彼と自分を同じものとみなして、という展開が確認できるだろう。「思ふ」の尊敬語「思ほし」になっている点に注意が必要であり、尊敬語で訳出する。「もてなす」は〝処理する、取り扱う〟の意。「疎からずもてなさせたまへ」は〝疎遠でないように私をお扱いください〟の意。

講評

傍線部を指定しないで、設問で本文の箇所を示しながら、本文と選択肢の読み取りの正確さを問う出題となっている。現代文（評論）一題、古文一題の二題構成である。

一は人権理念の歴史を説く文章であった。設問は「……について、筆者はどのように述べているか」という問い方であり、長めの選択肢と本文の内容との照合を行う。問われているのはかなり限定された部分だが、選択肢が微妙な違い

b、eは「げにと思すに」を「そんなことはない」と解釈しており明らかに誤訳。cは「うちつけ」を「気取った」と訳出しており、誤り。d、eは、「浅う思ひたまへなりぬる」を「浅くしか思っていらっしゃらない」と訳しているが、ここの「たまへ」は「なり」に接続しているところから下二段活用連用形と判断でき、謙譲で解釈すべきであるので誤りである。

問5　御息所が登場した場面の「うき世の中を」以降の解釈。敬語表現に特に注意が必要な部分。「つらい世の中を思い申し上げ、沈む月日が積もるせいか、すぐれない気分も普段とは異なり、ぼんやりして過ごしていますのを、このようにたびたび来訪を重ねなさるそのお見舞いがとてもありがたいと思い申し上げ、起こして」と、まことに苦しそうな御様子であると読むことができ、eの説明が合致。a、bは「お送りくださる進物」としているが、ここは「御とぶらひ」であり〝ご訪問、お見舞い〟のこと。c、dは「うき世の中を思ひたまへ」の「たまへ」は「沈む」という動詞の前にあり、下二段活用連用形で謙譲語であること、「過ぐしはべる」の「はべる」が丁寧語であることから、「過ごしていらっしゃる」という尊敬の訳出は誤り。

問6　傍線部Ⓐの五行前「この宮こそ、聞きしよりは」以降の解釈。この宮は、聞いていたよりは、奥深い配慮が感じ申され、かわいそうに、まことに人の笑いの種になることを取り添えてどのようにお思いだろうと思うとただならないので、とても心にかかって、御様子を問い申し上げなさったとあり、cの内容が適切。a、dは「御息所が笑顔を取り戻されないことを」が誤り。若くして夫に先立たれた不幸を人に笑われることを言っている。a、b、eは「むなしい思いで」の解釈が誤り。宮が苦しんでいると思うとただならないので、心をとめて、宮の様子をうかがっている。

問7　傍線部Ⓐ前文「容貌ぞいとまほに……思ほす」の解釈。容貌はそれほどまで整っているというほどでいらっしゃらないだろうが、見苦しく周りから見られて困るほどでさえなければ、どうして見た目で人を飽きてしまい、また、そうあるべきではないことに心を惑わしていいか、みっともない、ただ気立てのみが結局は大切であるはずだ、という内容で、aが最適。「まほ」は〝整っている、完全である〟の意味であり、b、eの「並とまでも申し上げられない」

がら分け入る、という展開であり、bが最適。c、d、eは「虫の音添へむ秋思ひやらるるより」の解釈が誤り。d、eは「静かに」の訳出もないので外れる。a、dは「秋思ひやらるるより、いとものあはれに露けく」の部分を夕霧の涙ではなく、露に濡れている庭と解釈しており誤り。

問2　第二段落「簀子にゐたまへば」以降次の文までを解釈し照合する。夕霧が簀子に座っていらっしゃるので、とても軽いお席、つまり夕霧の立場からしてぞんざいな席にいらっしゃるので、例により御息所を起こし申し上げるが、このごろ病気がちで気分がすぐれないといって、寄りかかって臥していらっしゃる（おそらく脇息に寄りかかっているのだろう）。この解釈に適合するのはd。a、c、eは「いと軽らかなる御座なり」を「あまりにぞんざいなおふるまい」と解釈しているが、「御座」は貴人のための敷物であり、「おふるまい」という解釈は不可であり不適。a、bは「御息所を大声で呼ぶ」とあるが「御息所おどろかしきこゆれ」の「おどろく」は目を覚まさせることであり、さらに謙譲表現も選択肢に反映されていないので不適。

問3　夕霧の和歌前後の「いかなる契りにか」以降「長押に寄りゐたまへり」までを読み取る。どのような前世の因縁か、枝の末が一つになる頼もしさよとおっしゃって、「同じことならならしの枝にしてほしいものです、葉守の神の許しがあったと」と和歌を詠み、御簾の外の隔てがあるのが恨めしいと言って長押に寄っている。この内容の説明としてはeが最適。a、bは「契り」を「祈りの効験」と解釈しており、〝前世の因縁〟という「契り」の意味を外している。a、b、dは、「ならしの枝にならさなむ」の「なむ」は未然形に接続しているので願望の終助詞であるが、「親しくなれるはず」と解釈しているので不適。b、c、dは「恨めしけれ」を「無理もないことです」としているので誤り。「恨めし」は残念で悔しい心情を表す語。

問4　落葉の宮の「柏木に……」の和歌と次の行の解釈。柏木に葉守の神はいらっしゃらなくとも、人をならすようなこの邸の梢でしょうか、と詠んで、「うちつけ」つまり突然な、軽々しいお言葉に、あなたを浅はかな方と思い申し上げるようになりましたと申し上げたので、夕霧はまことにと思われて微笑みなさった、という展開でありaが正解。

思い申し上げ（嘆きに）沈む月日が積もるせいでしょうか、すぐれない気分も普段とは異なり、ぼんやりして過ごしていますのを、このようにたびたび来訪を重ねなさるそのお見舞いがとてもありがたいと思い申し上げ（気持ちを）起こして」と、まことに苦しそうな御様子である。「思い嘆きなさることは世の道理ですが、また、そのように落ち込んでばかりいるのはどうでしょうか。様々なことはしかるべきようになるのでございます。さすがに限りのある世でございます」と慰め申し上げる。この落葉の宮は、聞いていたよりは、奥深い配慮が感じ申され、かわいそうに、まことに世の人の笑いの種になることを（悲しみに）取り添えてどのようにお思いになっているだろうと思うとただならない心地がするので、とても心にかかって、（落葉の宮の）御様子を問い申し上げなさった。容貌はそれほどまでよく整っているというほどでいらっしゃらないだろうけれど、それほど見苦しく周りから見られて困るほどでさえなければ、どうして見た目によって人を飽きてしまい、また、そうあるべきではないこと（＝浮気心）に心を惑わしていいだろうか、みっともない、ただ気立てのみが、結局は大切であるはずだ、とお思いになる。

「今は、やはり、昔（＝柏木）と同じものとみなされて、疎遠にならないように私をお扱いください」など、とりわけ思いをかけるという様子ではないが、念を入れて意中を申し上げる。直衣姿がたいそうきわだって、背丈も堂々としてすらりとして見えなさった。「あの大殿（＝柏木）は、すべてのことに心ひかれるほどで優美であり、上品で魅力がおありになることは他の人と比較できないほどだった。この殿は男らしくきらびやかで、あありっぱだと一目で見せなさる雰囲気が、他の人とは違っています」とささやいて、「同じことなら、このように（この邸に）出入りなさったらいいのに」など、人々は言っているようだ。

解説

問1　選択肢で説明されている内容の該当箇所を正確に読み取り、選択肢と照合する。選択肢は「何事につけても」から説明されているので、二行目「よろづのことにつけて」からを正確に解釈する。全訳にも示したとおり、静かに心細い様子で暮らすことが難しく、庭は草が茂って荒廃している。虫の声が加わる秋を思いやるとしみじみと涙を流しなだん青く芽を出した若草が見渡せ、あちらこちらの庭に敷く白砂が薄くなっている物陰の方に、蓬が得意顔（に繁茂する様子）である（＝邸の荒廃が見て取れる）。前栽に（柏木が）心を込めて手入れなさったけれども、（植物は）心のままに茂りあい、一群れの薄も頼もしそうにひろがって、虫の音を添えるような秋が思いやられることにより、たいそうしみじみと露の涙に濡れながら、（庭を）分け入りなさった。篠竹で編んだ粗末な伊予簾を一面にかけて、鈍色の几帳で衣替えしたところに透ける姿が涼しく見えて、よい女童の濃い鈍色のかざみの端、髪の様子などがかすかに見えているのが、趣はあるが、やはり（喪に服す色なので）目にはっとさせられる色であることよ。

（夕霧は）今日は、簀子にお座りになるので、（女房が）褥をさし出した。（女房たちは）たいそう軽々しいお席であるといって、いつものように、御息所を起こし申し上げたけれど、このごろ病気で気分が悪いといって寄り伏しなさっている。（女房たちが）あれこれ（夕霧に）申し上げてまぎらして（間をつないで）いるときに、（夕霧は）御前の木立などが、何も思うことのないような様子をご覧になるのも、とてもしみじみと感慨深いのである。柏の木と楓とが、ふだんより一層若々しい色がして枝先が一つになっているのを、「どのような前世の因縁であるのか、枝先が合わさっているのは頼もしいことですよ」などおっしゃって、そっと（簾のそばに）寄って、

「同じことなら慣れ親しむ枝（＝親しい関係）になってほしい、柏の木に宿る葉守の神の許しがあったと御簾の外の隔てがあることが、恨めしいことです」といって、長押に寄って座りなさっている。「ものやわらかな姿は、やはり、たいそうしなやかでいらっしゃること」と（女房たちは）この人あの人で膝をつつき合う。（落葉の宮は）この御対応申し上げている少将の君という人に取りつがせて、

「柏木に葉守の神はいらっしゃらなくとも人を慣れ親しませることができるようなこの宿の梢でしょうか軽々しいお言葉で、（こちらを思う心が）浅はかな方と思い申し上げるようになりました」と申し上げるので、本当に（言われた通りだ）とお思いになり少し微笑みなさる。

御息所が膝をつきながら出ていらっしゃる気配がするので、（夕霧は）そっと居ずまいを正しなさる。「つらい世の中を

代に西欧で流行した書簡体小説は、「手紙の交換を読むというスタイルで読者の埋没感を高め、登場人物との一体化を促進した」。その登場人物の階層・宗教・国籍・性別の違いが物語のバックボーンをなす場合が多く、この物語を読むことで、自分と異なった登場人物を理解し、社会集団の壁を越えた人間関係を想像するようになった。つまり物語を読むことが他者への共感のきっかけとなったということである。この展開を字数内で説明する。

出典　紫式部『源氏物語』〈柏木〉

解答

問1　b
問2　d
問3　e
問4　a
問5　e
問6　c
問7　a
問8　d
問9　柏木と同じものとみなされて、疎遠でないよう私をお扱いください。

全訳

夕霧は、あの一条宮にも、常にお見舞い申し上げなさる。四月ころの空は、なんとなく心地よさそうで、緑で一色である四方の梢も趣あるように見渡せるが、（柏木の死後悲しみの涙で悲嘆に暮れる）ものを思う宿（＝一条宮）では、様々なことにつけても静かに心細く暮らすことが難しく（感じ）なさるところに、いつものようにおいでになった。庭もだんでは国家主権の原則があり他国は干渉しなかったが、普遍的人権思想の考えにより、外集団での人権侵害であっても許容することは道徳的に許されなくなる。ただし今も国際政治の現実により実効性ある行動が取られていないことも多い。この説明としてbが最適。a、「他国での内政干渉への関心や意見」は誤った表現。c、国際社会の連帯の中で干渉するが、「国際的な制裁として行われる」とは述べられていない。d、「現実には実行できていない」とは述べられていない。e、「内政干渉を避けること」に反対、躊躇するのではなく、内政干渉に躊躇するのである。

問5　「不都合な要素」については、二重傍線部㋒を含む段落および次の段落で述べられている。普遍性原理を政治的・経済的に優位な立場にある集団が利他的に受け入れるのはリスクやコストの面から不都合。内政干渉肯定の原理も「為政者の権力行使を外から抑制するものであり、国家や権力者にとっては」明らかに不都合。この二点を説明しているのはa。b、普遍性原理が内集団よりも「外集団の利益」優先を原則とするとは述べられていない。c、外集団での人権侵害に介入するのであって、「遠くの見知らぬ集団の窮状のため」は説明不適切。国際人権は、「思想家や運動家の献身的な努力」や「市民の善意」を中心に、偶然もあって不都合とみなされなくなり発展した。d・e、「発展を遂げること」や「偶然的要素」だけで不都合でなくなったのではない。

問6　最後から六〜三段落目で、他者への共感と国民国家との関わりが説明されている。普遍的人権思想での他者への共感は、自分では経験したことのない、見知らぬ他者の経験に思いをはせる共感だが、国民国家は見知らぬ人であっても同じ「国民」という内集団の拡大であって、人権思想の発展には貢献しても、外集団への共感にはつながらないので、cの説明が最適。a、「内集団を『国民』という外集団へと拡大」、b、「日本人同士の間における他者への共感」には直接つながらなかった」、d、「国内における自分とは異質な外集団の構成員としての他者への共感」は本文とは異なる説明。e、ヨーロッパでの人権思想の発展には貢献したが、日本ではナショナリズムが醸成されたため、という日本の特殊性について説明されている文脈ではない。

問8　書簡体小説が他者への共感を芽生えさせた理由は、最後から三〜二段落目で端的に説明されている。啓蒙主義の時近代国民国家による内集団の拡大ではなく、啓蒙主義下の書簡体小説での登場人物への自己の投影により拡大していったと考えられる。

解説

問2 モインの主張については形式段落二・三段落目で説明されている。モインは国際人権は1970年代に生まれたと主張し、人権の歴史が古代ギリシャからの連続性の中で、1940年代に国際人権が誕生したという従来の考え方に対して非連続性の立場から論争を仕掛けた。その論争後、1970年代の飛躍は認めながらも、従来の正統主義的立場が一般的な理解となったとする。この展開を説明したのはb。a、「人権の歴史には連続性と非連続性があり」が不適。モインが主張したのが「非連続性」。c、「1970年代以降……異なるものである」というのはモインの主張であり、筆者の述べていることではない。d、モインら修正主義への批判は一貫しており、「評価」は「変化」していない。e、選択肢二文目の「人権の歴史は非連続的」はモインの考えで、「特に」以降は「多くの研究者」の考えなので、前後関係に矛盾がある。

問3 二つ目の意味段落の形式段落二段落目からの説明。普遍的人権は1948年の世界人権宣言で生まれた思想で、「誰もが人間であるというだけで持っている権利」である。自然権は古代ギリシャ以来存在し啓蒙思想家により発展を遂げた、「人は生まれながらにして固有の権利を持つ」という考え方だが、この場合の「人」は社会の「内集団」に限定される点で普遍的人権と異なる。よって、cの説明が最適。a、「啓蒙主義の時代に特有」が誤り。b、「自然権の考え方」が許されなくなったのではなく、内集団と外集団の区別が許されないのである。d、「白人男性」という限定はロックの時代のものである。「黒人や女性の権利が保障されていない」点で普遍的人権とは違うのではなく、普遍的人権は「人」の範囲の限定がない点で異なるのである。e、「人間であるというだけで持っている」のは、自然権ではなく普遍的人権の考え方。

問4 普遍的人権思想と内政干渉については、傍線部㋐を含む段落から四つの形式段落に述べられている。20世紀半ばま

国語

一

出典　筒井清輝『人権と国家―理念の力と国際政治の現実』〈第1章　普遍的人権のルーツ――普遍性原理の発展史〉(岩波新書)

解答

問1　㋐脅威　㋑屈辱

問2　b

問3　c

問4　b

問5　a

問6　c

問7　あ―b　い―a　う―c　え―e　お―a

問8　書簡体だと読者が登場人物と一体化しやすく、物語も社会集団の壁を越えた人間関係を想像させたから。(五十字以内)

要旨

古代ギリシャに始まる人権理念の歴史の中で、第二次世界大戦前後、1970年代、90年代が重要な転機だと考えるのが一般的だ。1948年の世界人権宣言で生まれた普遍的人権は、個々の集団内の人に限定されず人間全てが持つ権利であるとすること、外集団の見知らぬ人への人権侵害にも干渉すべきだとすることの二点で革新的であり、現代の国際人権をそれまでの人道主義と区別する。この普遍的人権思想の根底には見知らぬ他者への共感があり、この共感の意識は、

全学日程２：２月６日実施分

３教科型，３教科型（同一配点方式），２教科型（英語＋１教科選択方式），２教科型（英数方式〈総合情報〉〈社会安全〉）

問　題　編

▶試験科目・配点

●３教科型

教　科	科　　　　目	配　点
外国語	コミュニケーション英語Ⅰ・Ⅱ・Ⅲ，英語表現Ⅰ・Ⅱ	200 点
選　択	日本史Ｂ，世界史Ｂ，地理Ｂ，政治・経済，「数学Ⅰ・Ⅱ・Ａ・Ｂ」から１科目選択	100 点
国　語	国語総合・現代文Ｂ・古典Ｂ（いずれも漢文を除く）	150 点

●３教科型（同一配点方式）

教　科	科　　　　目	配　点
外国語	コミュニケーション英語Ⅰ・Ⅱ・Ⅲ，英語表現Ⅰ・Ⅱ	150 点
選　択	日本史Ｂ，世界史Ｂ，地理Ｂ，政治・経済，「数学Ⅰ・Ⅱ・Ａ・Ｂ」から１科目選択	150 点
国　語	国語総合・現代文Ｂ・古典Ｂ（いずれも漢文を除く）	150 点

●２教科型（英語＋１教科選択方式）

教　科	科　　　　目	配　点
外国語	コミュニケーション英語Ⅰ・Ⅱ・Ⅲ，英語表現Ⅰ・Ⅱ	150 点
選　択	日本史Ｂ，世界史Ｂ，地理Ｂ，政治・経済，「数学Ⅰ・Ⅱ・Ａ・Ｂ」，「国語総合・現代文Ｂ・古典Ｂ（いずれも漢文を除く）」から１教科選択	100 点

● **2 教科型（英数方式〈総合情報〉〈社会安全〉）**

区分	教　科	科　　　目	配　点
英数方式〈総合情報〉	外国語	コミュニケーション英語Ⅰ・Ⅱ・Ⅲ，英語表現Ⅰ・Ⅱ	200 点
	数　学	数学Ⅰ・Ⅱ・A・B	200 点
英数方式〈社会安全〉	外国語	コミュニケーション英語Ⅰ・Ⅱ・Ⅲ，英語表現Ⅰ・Ⅱ	200 点
	数　学	数学Ⅰ・Ⅱ・A・B	150 点

▶備　考

- 3教科型と3教科型（同一配点方式），3教科型と2教科型（英数方式）は併願できない。
- **3 教科型（同一配点方式）**：文〈初等教育学専修〉・商・外国語・総合情報・社会安全学部を除く学部で実施。英語および選択科目は3教科型と同一問題を使用し，上記の配点に換算する。
- **2 教科型（英語＋1 教科選択方式）**：外国語学部で実施。英語および国語は3教科型と同一問題を使用し，上記の配点に換算する。また，学部指定の英語外部試験のスコアが基準を満たし，それを証明する書類を提出した者は，英語外部試験の換算得点と，試験当日に受験した英語の得点を比較し，高いほうを「外国語」の得点とする。
- **2 教科型（英数方式〈総合情報〉）**：総合情報学部で実施。
- **2 教科型（英数方式〈社会安全〉）**：社会安全学部で実施。数学は3教科型と同一問題を使用し，上記の配点に換算する。
- 「数学Ｂ」は「数列，ベクトル」から出題する。

英　語

(90分)

〔Ⅰ〕A．次の会話文の空所(1)～(5)に入れるのに最も適当なものをそれぞれA～Dから一つずつ選び，その記号をマークしなさい。

Riku, an exchange student, invites his friend Shane to go to a barbeque.

Riku: Hi Shane. What's going on?

Shane: Not too much. What about you?

Riku: I'm glad you asked! I was actually hoping I'd run into you.

Shane: (1)＿＿＿＿＿＿＿＿

Riku: Some close friends of mine are having a barbeque by the river this weekend. Would you like to join us?

Shane: That sounds like a lot of fun! I'd like to come, but as you know my Japanese isn't so good. (2)＿＿＿＿＿＿＿＿

Riku: I don't think so. Most of them speak at least basic English.

Shane: (3)＿＿＿＿＿＿＿＿

Riku: Great! I'll tell the others you're coming. You're going to have a fun time I bet.

Shane: (4)＿＿＿＿＿＿＿＿

Riku: Well, only the food will be provided, and we will split the cost equally among everyone.

Shane: (5)＿＿＿＿＿＿＿＿

Riku: That's right. Anyway, I'm in a bit of a rush now, but I'll text you more details later.

Shane: All right then. See you this weekend!

(1) A. I hope so too!

B. Do you exercise a lot?

C. Oh, and why's that?

D. Well, you look quite happy!

(2) A. Would that be a problem?

B. Don't you think so?

C. Do they speak some English?

D. Is mine good enough?

(3) A. How clever they are!

B. I wonder if that's good enough.

C. In that case count me in!

D. I'd let them know in advance.

(4) A. By the way, can I keep whatever isn't eaten?

B. By the way, should I get something on the way?

C. By the way, will I go shopping that day?

D. By the way, are vegetarian options available?

(5) A. You said the barbeque is on a weekday, correct?

B. So that means I'll pay for exactly what I eat.

C. You have time now to give me the details, right?

D. Okay, so I'll bring my own drinks then.

B. 下の英文A～Fは，一つのまとまった文章を，6つの部分に分け，順番をばらばらに入れ替えたものです。ただし，文章の最初にはAがきます。Aに続けてB～Fを正しく並べ替えなさい。その上で，次の(1)～(6)に当てはまるものの記号をマークしなさい。ただし，当てはまるものがないもの(それが文章の最後であるもの)については，Zをマークしなさい。

(1) Aの次にくるもの

(2) Bの次にくるもの

(3) Cの次にくるもの

(4) Dの次にくるもの

(5) Eの次にくるもの

(6) Fの次にくるもの

A. The Tarte Tatin is a famous French "upside-down" apple tart. Basically, the apples lie underneath the other ingredients—wrong side up, indeed. The story behind this famous dessert is no less fascinating, as it is the tale of a cooking accident.

B. One day during the hunting season, the story goes, Stéphanie was particularly distracted and forgot about an apple tart she was cooking. She had placed it in the oven the wrong way up; the pastry and apples were upside down.

C. Caroline, the younger sister, was the hostess and in charge of welcoming customers. Stéphanie, the eldest, ran the kitchen. She was a fine cook but apparently not the most careful of people.

D. Be it accident or invention, this is how the Tarte Tatin was born. And we are able to enjoy it to this day, around the world.

E. Not knowing what to do and in a rush, she flipped the dessert onto a plate and served it as it was without giving it time to cool. It is said to have been an immediate hit.

F. The tart is said to have been the creation of the elderly and unmarried Sisters Tatin—Caroline and Stéphanie Tatin—who ran a restaurant and later a hotel right across from the train station in Lamotte-Beuvron, a small village in the Loire Valley.

〔Ⅱ〕A. 次の英文の空所(1)～(15)に入れるのに最も適当なものをそれぞれA～Dから一つずつ選び，その記号をマークしなさい。

In ancient Rome, a city known for its spectacular and violent entertainment, there was one sport that was even more popular than gladiator fights. Chariot racing, staged at the massive Circus Maximus arena located between the Aventine and Palatine hills, gave spectators an opportunity to watch daring chariot drivers and their teams of horses race seven laps around a 2,000-foot-long sand track, where they hit top speeds of close to 40 miles per hour.

When the winning charioteer finally crossed the finish line, his victory was (1) with the blast of a trumpet, and he ascended to the judges' box, where he received a palm branch, a wreath, and prize money. Then he took a quick victory lap, before the next of the day's 24 races began, as Northern Illinois University archaeologist and art historian Sinclair Bell describes.

It was the ancient version of car racing, except that it was a lot more dangerous. Chariot crashes were (2), with teams of attendants on hand to rush onto the track and clear away the wreckage and injured drivers while the race continued.

"Organized chariot racing had (3) appeal to the Romans," says David Matz, a professor and chair of classics at St. Bonaventure University. In legend, the sport dates back to the city's founder, Romulus, who supposedly supervised the construction of the first racetrack, the Circus Maximus, in the eighth century B.C. The contests went on to become not just the most popular sporting event in ancient Rome, but a deeply (4)

出典追記：(Ⅰ－B) Tarte Tatin: The Story Behind The Iconic Pie And The Recipe, The Best of France on September 2, 2023 by Julien Mainguy part of Roman culture that lasted for centuries.

Over time, the races developed into an elaborate (5) that was infused with the Roman religion. According to Bell, the event began with a sacred procession through Rome's streets, which included statues of a dozen different Roman gods, along with dancers, musicians, temple attendants, and the drivers themselves. Eventually the parade reached the Circus Maximus, where 200,000 or more spectators were already waiting.

Then the focus shifted to the 12 starting gates, and the teams of two- or four-horse chariots waiting to compete. The races' sponsor, from a platform above the starting line, dropped a white handkerchief onto the track. The gates opened, and the racers burst onto the track and quickly began battling for the inside position that would give them an advantage over their (6).

"Successful charioteering required a combination of physical strength and endurance, skill in (7) various racing strategies, and superb horsemanship," Matz says. "Most races featured special chariots pulled by four horses harnessed together side by side. These specially bred horses were powerful animals, sensitive and sometimes unpredictable. Managing the team in a race was likely a charioteer's greatest challenge."

Chariot racing wasn't quite as horrific as the death matches between gladiators (8) Romans staged for audiences. Drivers had to be extraordinarily skilled and athletic just to compete. As Bell has written, they came from all over the Roman Empire—most were slaves, freed slaves, or foreigners. It was rare for a driver to be a free Roman citizen. Drivers had a low social status, and a Roman who became a charioteer was prevented from holding public office.

(9), the charioteers were celebrities, and sometimes even became wealthy men. One of the sport's top competitors was a racer named Gaius Appuleius Diocles, who began his career in 122 A.D., and in the course of his 24-year career competed for all four divisions and won 1,462 of the 4,257 races in which he competed. In his career, Diocles won prizes amounting to more than 35 million sesterces, a type of Roman currency, which based on the value of gold would amount to more than $17 million today.

"Chariot racing was a national (10) in which a large percentage of the population from all classes came together, by choice, for the thrill of the races," explains Casey Stark, an assistant professor in the history department at Bowling Green State University. More than that, "It was also a place to see and be seen. Seating arrangements (11) inequality in Roman society. The best seats went to those with rank, such as Roman senators, and wealth, and often with the event's sponsor or the emperor watching from a private box."

Additionally, "Betting on chariot races was very popular," Matz says. But unlike modern sports wagering, there weren't any betting windows at the track or professionals to organize the gambling. (12), Matz explains, "A spectator might simply turn to the fan sitting next to him, and propose a wager for the next race."

Chariot racing was so popular that even after Imperial Rome fell in 476 A.D., the sport continued for a while, with the city's new rulers continuing to hold races. It also remained popular in the eastern empire that had (13) from Rome, though it finally started to decline there after fans' excitement reached uncontrollable extremes. At one hotly contested race in Constantinople in 532 A.D., fans of the Greens group of racers got into a fight with supporters of the Blues.

When authorities arrested and then tried to hang a few of the offenders, all hell broke loose. The two groups joined forces and demanded release of the prisoners, and when that didn't happen, they set fire to the city's racetrack, the Hippodrome. The (14) Nika Riot, which lasted for days, by one estimate killed as many as 30,000 people.

That catastrophe "very likely hastened the end of Roman-style chariot racing in the eastern empire," Matz says. But even after the sport vanished, chariot racing wasn't forgotten. In the 1880s, it was prominently featured in General Lew Wallace's bestselling novel *Ben-Hur*, which was adapted into a theatrical play that 20 million Americans saw between 1899 and 1920, (15) live horses running on concealed moving belts on the stage to simulate chariot racing.

(1) A. announced　B. played
C. decided　D. preceded

(2) A. critical　B. frequent
C. occasional　D. efficient

(3) A. a final　B. a momentary
C. an unexpected　D. an enduring

(4) A. concerned　B. embedded
C. immersed　D. planted

(5) A. technique　B. service
C. ritual　D. pattern

(6) A. races　B. opponents
C. horses　D. spectators

(7) A. considering　B. estimating
C. implementing　D. investigating

(8) A. that　B. and
C. whom　D. or

(9) A. Even so　B. In addition
C. Consequently　D. Besides

(10) A. campaign　B. holiday
C. pastime　D. program

(11) A. recreated　B. discovered
C. dissolved　D. reinforced

(12) A. Regardless　B. Otherwise
C. Furthermore　D. Instead

(13) A. grown　B. recovered
C. split　D. departed

(14) A. expected　B. infamous
C. unavoidable　D. alleged

(15) A. with　B. via
C. through　D. from

B. 本文の内容に照らして最も適当なものをそれぞれA～Cから一つずつ選び，その記号をマークしなさい。

(1) In the third paragraph, starting with "It was," it is claimed that charioteers
A. were usually rewarded based on how few times they crashed.
B. had cleaners on hand to enable the race to proceed after they crashed.
C. would crash their chariots on the track but fixed them by themselves.

(2) In the fifth paragraph, starting with "Over time," Bell explains that chariot racing was preceded by

A. a performance featuring the most talented musicians and dancers.

B. a military ceremony at which soldiers were awarded medals.

C. a religious parade which led up to the entrance to the arena.

(3) In the seventh paragraph, starting with "Successful charioteering," David Matz suggests that the best charioteers

A. were able to breed special horses that had great stamina.

B. knew how to calm the horses when they were nervous.

C. skillfully controlled their team of horses out on the track.

(4) According to the text, while chariot drivers were often from the lower class in Roman society,

A. they had the opportunity to gain Roman citizenship if they won.

B. they could become hugely rich by winning their races.

C. they might find work as a public official if successful on the track.

(5) According to Matz, the decline of chariot racing in the eastern empire was in part due to

A. the impossibility of winning much money.

B. the unacceptable behavior of spectators.

C. strict control over chariot racers.

(6) According to the last paragraph, long after chariot racing ended throughout the Roman Empire,

A. it retained some of its popularity by being featured in fictional works.

B. gladiator fights remained a key element of popular entertainment.

C. related events were staged in the main cities of neighboring countries.

(7) The passage as a whole is best characterized as

A. a brief historical account of chariot racing.

B. a recreation of key moments in chariot racing.

C. an updated analysis of chariot racing.

〔Ⅲ〕A. 次の英文の下線部①～⑩について，後の設問に対する答えとして最も適当なものをそれぞれA～Cから一つずつ選び，その記号をマークしなさい。

Railway stations, whether in Japan or elsewhere, are great places to see "nudge theory" at work. Pioneered by behavioral economist Richard Thaler, who was awarded the 2017 Nobel Memorial Prize for his work, and Harvard Law School professor Cass Sunstein, the theory goes that gentle nudges can subtly influence people towards decisions in their own or society's best interests, such as signing up for private pension schemes or organ donation. In the UK, there's a government office devoted to the idea, the Behavioural Insights Team, or "nudge unit," and their work often shows up in the field of transportation.

In 2016, for instance, London Underground operator Transport for London partnered with the department of behavioral sciences at the London School of Economics to develop ways of encouraging riders to line up on both sides of station escalators as a means of increasing their① capacity in the capital's Holborn Station. Among other measures, simple footprints were painted on each side of the "up" escalators.

When it comes to passenger manipulation, what sets the stations of Japan apart from their counterparts is both the originality behind their nudges and the imperceptible manner in which they are implemented. Japan's nudges reflect a higher level of thinking. The orderliness of society is taken as a given② —Japanese commuters know how to line up on an escalator and can easily navigate the confusing, but wide-open, spaces of

Tokyo's railway stations without assistance. This allows rail operators to instead focus on deeper psychological manipulation.

③Commuting during rush hour in Japan is not for the faint of heart. The trains are jam-packed at as much as 200-percent capacity during the height of rush hour, and ④razor-thin connection times to transfer from one train to another leave little margin for error. Compounding the stressful nature of the commute in years past was the nerve-grating tone—a harsh buzzer used to signal a train's imminent departure. The departing-train buzzer was punctuated by sharp blasts on station attendants' whistles, as stressed-out salarymen raced down stairs and across platforms to beat the train's closing doors.

To calm this stressful audio environment, in 1989 the major rail operator JR East commissioned Yamaha and composer Hiroaki Ide to create *hassha* melodies—short, ear-pleasing tunes—to replace the traditional departure buzzer.

Also known as departure or train melodies, *hassha* tunes are brief, calming, and distinct; their aim is to notify commuters of a train's imminent departure without inducing anxiety. To ⑤that end, most melodies are composed to a length of no more than seven seconds, owing to research showing that shorter-duration melodies work best at reducing passenger stress and rushing incidents, as well as taking into account the time needed for a train to arrive and depart.

As more stations have added melodies over the years, the original thesis has proven correct. A study conducted in October 2008 at Tokyo Station, for instance, found a 25-percent reduction in the number of passenger injuries attributable to rushing after the introduction of *hassha* melodies on certain platforms.

⑥Despite, or perhaps because of, its reputation as a remarkably safe country, Japan is nonetheless active in combating youth crime. Train stations are particularly sensitive in that regard, since large crowds of young people pass through stations at all hours of the day.

To address the fear of lingering groups of youths ⑦ and vandalism, the crime of deliberately damaging public or private property, some train stations employ small, hard-to-notice devices that emit a high-frequency tone as a deterrent. The particular frequency used—17 kilohertz—can generally only be heard by those under the age of 25. Older people can't detect such frequencies, thanks to the age-related hearing loss known as presbycusis. These sonic devices—a Welsh invention also used to deter lingering teens in the US and Europe—have been enthusiastically adopted in Japan.

Standing outside one of Tokyo Station's numerous exits on a recent summer day, it was easy to see the effectiveness of this deterrent in action. ⑧ Weary salarymen and aged *obaachan* passed under the sonic deterrent without changing pace. Among students wearing uniforms, however, the reactions were evident—a suddenly quickened pace, a look of confusion or discomfort, and often a cry of *urusai!* ("loud!"). None appeared to connect the noise to the deterrents placed almost flat in the ceiling panels above.

⑨ Rail employees are not exempt from the behavioral nudges of their employers. Perhaps most famously, Japanese train conductors, drivers, and platform attendants are required to use the "point and call" method—called *shisa kanko*—in executing tasks. By physically pointing at an object, and then verbalizing one's intended action, a greater portion of the brain is engaged, providing improved situational awareness and accuracy. Studies have repeatedly shown that this technique reduces human error by as much as 85 percent. Pointing-and-calling is now a major workplace safety feature in industries throughout Japan.

So, why don't train workers everywhere do this? Like so many aspects of Japanese transport culture, ⑩ *shisa kanko* has proved resistant to export. In this, as in so many things, Japan's rail system stands largely alone.

(1) What does Underline ① refer to?

A. the riders

B. the departments

C. the escalators

(2) What does Underline ② actually mean?

A. understood as a fact

B. gratefully received

C. made compulsory

(3) What does Underline ③ actually mean?

A. Those with a heart condition should not travel during rush hours.

B. Rush-hour commuters must have mental toughness.

C. Deep sympathy toward others is expected during rush hours.

(4) What does Underline ④ actually mean?

A. One has only the minimum time needed to change trains.

B. Changing from one train to the next can be very dangerous.

C. Stations make sure there are no mistakes in transfer times.

(5) What does Underline ⑤ refer to?

A. creating *hassha* tunes that everyone enjoys

B. communicating information in a relaxing way

C. ensuring that commuters arrive on time

(6) What does the author want to express most in Underline ⑥?

A. Contrary to appearances, youth crime is a major social issue in Japan.

B. The safe environment of Japanese train stations attracts troublemakers.

C. Whatever the actual level of such crime, Japan is determined to limit it.

(7) What does Underline ⑦ imply?

A. Crime has become a major problem among youths.

B. Some people don't trust groups of youths to behave well.

C. People worry that youths tend to gather together too much.

(8) What does Underline ⑧ imply?

A. These commuters are able to ignore the sonic devices.

B. These commuters are too tired to mind the sonic devices.

C. These commuters have grown accustomed to the sonic devices.

(9) What does Underline ⑨ actually mean?

A. Rail employers apply nudging methods to their employees.

B. Rail employees refuse to submit to their employers' nudging.

C. Railway managers and staff are immune to behavioral nudging.

(10) What does Underline ⑩ imply?

A. The Japanese do not wish to spread *shisa kanko.*

B. *Shisa kanko* is considered controversial abroad.

C. *Shisa kanko* may be incompatible with some cultures.

B. 本文の内容に照らして最も適当なものをそれぞれA～Cから一つずつ選び，その記号をマークしなさい。

(1) The second paragraph indicates that footprints were painted on each side of "up" escalators to

A. distinguish them from "down" escalators.

B. improve the flow of commuters through the station.

C. encourage users to walk up both sides.

(2) According to the third paragraph, starting with "When," nudges in Japanese train stations are more sophisticated because

A. commuters are already highly competent.

B. few people can identify the methods employed.

C. the technology involved is world-leading.

(3) According to the fourth paragraph, starting with "Commuting," in the past, the use of loud audio cues in Japanese train stations

A. helped commuters remember their train's departure time.

B. did not differ significantly from today's nudges.

C. put unwanted pressure on tense travelers.

(4) In the sixth paragraph, starting with "Also known," seven seconds is suggested as the proper duration for *hassha* melodies because

A. it soothes commuters and matches trains' waiting time in a station.

B. commuters will not memorize a jingle if it exceeds seven seconds.

C. if they are longer, commuters don't pay attention to the melodies.

(5) The ninth paragraph, starting with "To address," explains that special devices that produce a high-pitched tone

A. were first developed to target teenagers in Japan.

B. remain out of the hearing range of older people.

C. are easy to locate, and need to be moved often.

(6) The second-to-last paragraph states that Japanese railway employees use the "point and call" method because

A. moving their hands and mouths is good for their brains.

B. it makes employees more alert to their surroundings.

C. travelers are less likely to get on the wrong train.

(7) The most appropriate title for this passage is

A. "Elements of Mind Control in Train Networks."

B. "The Superiority of Japanese Methods of Transportation."

C. "Subtly Influencing Behavior in Railway Stations."

日本史

(60分)

〔Ⅰ〕次の(A)～(E)各文の(　1　)～(　10　)に入れるのに最も適当な語句を下記の語群から選び，その記号をマークしなさい。

(A) 1862年，(　1　)藩主の父が勅使を奉じ藩兵を率いて江戸に入り，幕府に改革を要求した。その結果，幕府は徳川慶喜を将軍後見職に，前越前藩主の(　2　)を政事総裁職に任命した。

(B) 王政復古の大号令により新政府が樹立されると，将軍や摂政などが廃止され，総裁，議定，(　3　)の三職が新設された。(　3　)に任じられた大久保利通は，1873年に(　4　)に就き，殖産興業や地方行政などを担当し，1875年には地租改正事務局総裁も兼ねた。

(C) 立憲政友会総裁の高橋是清の内閣が短期間で退陣して非政党内閣が続くなか，1923年(　5　)午前11時58分に関東大震災が発生した。第2次山本権兵衛内閣は帝都復興院を置き，総裁に後藤新平を任じたが，(　6　)により総辞職した。

(D) 1940年に大政翼賛会が結成され，総裁には首相の(　7　)が就任した。この内閣では翌年に日ソ中立条約が締結された。その後，1945年(　8　)にソ連はこれを無視して日本に宣戦布告し，その翌日にはアメリカが長崎に原子爆弾を投下した。

(E) (　9　)年，日本民主党と自由党が合同して自由民主党が結成され，翌年，初代総裁に首相であった鳩山一郎が選出された。この内閣では(　10　)が調印され，日本の国連加盟が実現した。

〔語群〕

(ア) 虎の門事件	(イ) 松平慶永	(ウ) 8月6日
(エ) 近衛文麿	(オ) 8月9日	(カ) 土佐
(キ) 参謀	(ク) 12月8日	(ケ) 薩摩
(コ) 堀田正睦	(サ) 参与	(シ) 日ソ共同宣言
(ス) 日米安全保障条約	(セ) 共和演説事件	(ソ) 内務卿
(タ) 9月1日	(チ) 1950	(ツ) 阿部信行
(テ) 日中平和友好条約	(ト) 工部卿	(ナ) 1957
(ニ) 納言	(ヌ) 平沼騏一郎	(ネ) 8月8日
(ノ) 1955	(ハ) 張作霖爆殺事件	(ヒ) 長州
(フ) 松平容保	(ヘ) 農商務卿	(ホ) 3月10日

〔Ⅱ〕次の(A)～(C)各文の(　1　)～(　10　)に入れるのに最も適当な語句を下記の語群から選び，その記号をマークしなさい。

(A)　戦国時代から江戸時代にかけての京都の様子を描いた絵画を，洛中洛外図という。織田信長から越後の武将(　1　)に贈られたと伝わる屏風形式のものが特に優れており，国宝に指定されている。作者は安土城や大坂城の障壁画を手がけた(　2　)とされ，雄大な構図や装飾的な画風は，武将や豪商が力をもったこの時代の雰囲気をよく表している。画面の中には，華美な服装をした人々がくりひろげる(　3　)など，室町時代末期の京都の四季の行事や人々の風俗が描かれている。

(B)　室町時代に(　4　)が創始した侘(わび)茶を様式として完成させたのが，千利休であった。豊臣秀吉の命を受け，利休によって作られたとされる茶室(　5　)は，簡素な空間のなかで心の平安を得る「わび」の精神を体現している。江戸時代に入ると，茶の湯は庶民にも普及し，工芸の発達をうながした。陶芸では，現在の佐賀県有田の陶工(　6　)が赤を主調とする上絵付法を考案した。また，漆工芸では，金粉や銀粉で繊細な装飾をほどこす技術である(　7　)により，名品が多く作られた。

(C)　元禄時代，政治の安定と経済の活発化を背景に，美術や工芸はさらなる発展を見せた。京都では，「色絵藤花文茶壺」のような華麗な色絵陶器で公家や寺社・武士の人気を得た(　8　)が，京焼の祖となった。また，「見返り美人図」で知られる江戸の絵師(　9　)は，女性風俗を描いたすぐれた浮世絵を木版で大量生産し，絵画の大衆化に貢献した。こうした美術品や工芸品は，長崎の出島からヨーロッパに輸出され，王侯貴族や富裕層に珍重された。開国後には，1867年に(　10　)で開かれた万国博覧会などで広く知られるようになり，現地の美術家たちに大きな影響を与えた。

〔語群〕

(ア)　蒔絵	(イ)　加藤景正	(ウ)　古田織部
(エ)　野々村仁清	(オ)　ロンドン	(カ)　上杉謙信
(キ)　娘浄瑠璃	(ク)　濃絵	(ケ)　大徳寺大仙院
(コ)　狩野探幽	(サ)　村田珠光	(シ)　武田信玄
(ス)　催馬楽	(セ)　尾形乾山	(ソ)　パリ
(タ)　菱川師宣	(チ)　狩野正信	(ツ)　酒井田柿右衛門
(テ)　鈴木春信	(ト)　毛利元就	(ナ)　大和絵
(ニ)　狩野永徳	(ヌ)　風流踊り	(ネ)　東求堂同仁斎
(ノ)　今井宗久	(ハ)　本阿弥光悦	(ヒ)　ウィーン
(フ)　沈寿官	(ヘ)　葛飾北斎	(ホ)　妙喜庵待庵

〔Ⅲ〕 次の(A)〜(C)の各史料に関する問1〜問15について，(ア)〜(ウ)の中から最も適当な語句を選び，その記号をマークしなさい。

(A) 天文癸卯秋八月二十五日丁酉，我が①西村の小浦に一大船有り，②何れの国より来れるかを知らず，船客百余人，其の形類せず，其の語通ぜず，見る者以て奇怪と為す。(中略) 賈胡の長二人あり。一は牟良叔舎と曰ひ，一は喜利志多侘孟太と曰ふ。手に一物を携ふ。長さ二三尺，其の体為るや中は通り外は直くして，重きを以て質と為す。(中略) 時尭其の価の高くして及び難きを言はず，而ち③蛮種の二鉄炮を求め以て家珍と為す。

(『鉄炮記』)

問1　これは，臨済宗の僧侶で，薩南学派の朱子学者でもある文之玄昌が，ヨーロッパの鉄砲が伝来した様子を記した史料の一節である。戦国時代に島津氏に招かれ，薩南学派の祖となった人物は誰か。

(ア) 桂庵玄樹　(イ) 万里集九　(ウ) 南村梅軒

問2　下線部①の「西村の小浦」は，鉄砲が伝来した種子島の南部にあたる。種子島が属した旧国はどこか。

(ア) 薩摩国　(イ) 日向国　(ウ) 大隅国

問3　下線部②の「何れの国より来れるかを知らず」について，日本に鉄砲を伝えたのはどこの国の人か。

(ア) イギリス　(イ) ポルトガル　(ウ) スペイン

問4　下線部③の「蛮種の二鉄炮を求め」について，領主である種子島時尭は，このときヨーロッパの鉄砲を2挺購入した。これらを模倣することにより，日本国内でも鉄砲が生産されたが，紀伊国にあった鉄砲の生産地はどこか。

(ア) 国友　(イ) 根来　(ウ) 堺

問5　鉄砲が種子島に伝来した6年後，イエズス会のフランシスコ・ザビエルが鹿児島に上陸し，キリスト教の布教を開始した。このイエズス会に長崎周辺の土地を寄進した大名は誰か。

(ア)　大村純忠　　(イ)　小西行長　　(ウ)　大友義鎮

(B)　一　長崎表廻銅(おもてかいどう)④，凡(およそ)一年の定数四百万斤(きん)より四百五拾万斤迄(まで)の間を以て，其限(そのかぎり)とすべき事。(後略)

一　唐人方⑤商売の法，凡一年の船数，口船(くちぶね)，奥船(おくぶね)合せて(　⑥　)艘(そう)，すべて銀高(　⑦　)貫目に限り，其内銅三百万斤を相渡すべき事。(後略)

一　阿蘭陀人⑧商売の法，凡一年の船数弐艘，凡(すべ)て銀高三千貫目限り，其内銅百五拾万斤を渡すべき事。(後略)

正徳五年正月十一日

(『教令類纂』)

問6　この史料(法令)は，正徳5年(1715)に江戸幕府から出された海舶互市新例である。そのときの将軍は誰か。

(ア)　徳川家治　　(イ)　徳川家継　　(ウ)　徳川家綱

問7　下線部④の「長崎表廻銅」について，長崎貿易で輸出に用いられる銅を産出した鉱山のうち，伊予国にあったものはどれか。

(ア)　尾去沢　　(イ)　別子　　(ウ)　足尾

問8　下線部⑤の「唐人方」について，正徳5年当時の中国の王朝は何か。

(ア)　明　　(イ)　宋　　(ウ)　清

問9　文中の(　⑥　)と(　⑦　)に入る語句の組合せとして，正しいものはどれか。

(ア)　⑥拾　⑦弐千　　(イ)　⑥二拾　⑦四千　　(ウ)　⑥三拾　⑦六千

問10　下線部⑧の「阿蘭陀人」が東南アジアの拠点とした都市はどこか。

(ア)　マカオ　　(イ)　バタヴィア　　(ウ)　マニラ

問11　この法令は，将軍の侍講(主君に仕えて学問を講義する者)である新井白石が中心となって出された ものである。白石が提案し，東山天皇の皇子直仁親王を祖とする宮家が宝永7年(1710)に創設されたが，それは何か。

(ア)　閑院宮　　(イ)　有栖川宮　　(ウ)　八条宮

(C)　イキリスは，日本に対し，敵国にては之無く，いはゞ付合も之無き他人に候故，今彼れ漂流人を憐れみ，仁義を名とし，態々送り来り候者を，何事も取合申さず，直に打払に相成候はゞ，日本は民を憐まざる不仁の国と存じ，若又万一其不仁不義を憤り候はゞ，日本近海にイキリス属島夥しく之有り，始終通行致し候得ば，後来海上の寇と相成候て，海運の邪魔とも罷成申すべく，たとへ右等の事之無く候共，御打払に相成候はゞ，理非も分り申さざる暴国と存じ，不義の国と申し触らし，礼義国の名を失ひ，是より如何なる患害，萌生仕り候やも計り難く，或は又ひたすらイキリスを恐る様に考え付けられ候はゞ，国内衰弱仕り候様にも推察せられ，恐れながら，国家の御武威を損ぜられ候様にも相成候はんやと，恐多くも考えられ候。

(『戊戌夢物語』)

問12　これは，天保9年(1838)に著された史料の一節である。その著者は誰か。

(ア)　渡辺崋山　　(イ)　小関三英　　(ウ)　高野長英

問13　この史料は，日本に来航する外国船への幕府の対応について批判している。「イキリス」はアメリカの間違いであるが，その外国船は何か。

(ア)　モリソン号　　(イ)　フェートン号　　(ウ)　ノルマントン号

問14　この史料と同じ天保9年には，水戸藩主の徳川斉昭が幕政の改革意見書「戊戌封事」をまとめた。斉昭が設立した水戸藩の藩校は何か。

(ア)　弘道館　　(イ)　明倫館　　(ウ)　時習館

問15　この史料について述べた文として適当なものはどれか。

(ア)　日本の近海にはイギリスが支配する島は少なく，イギリスの船もめったに航行しない。

(イ) イギリスが日本の対応に怒れば，海上での敵となり，海運の妨げになる。

(ウ) 日本人の漂流民を送り届けるために来航した外国船は，ただちに撃退すべきである。

〔Ⅳ〕 次の(A)～(E)各文の（ 1 ）～（ 10 ）について，最も適当な語句を(ア)～(ウ)の中から選び，その記号をマークしなさい。あわせて，各文の下線部「この地」の位置を，地図の a ～ o から選び，その記号もマークしなさい。なお，地図の一部は省略してある。

(A) <u>この地</u>は，古代から遣唐使船も寄港した港で，奈良時代に（ 1 ）{(ア) 吉備真備 (イ) 石上宅嗣 (ウ) 淡海三船}が著した『唐大和上東征伝』に鑑真の乗った船が天平勝宝5年(753)に流れ着いたと記された秋妻屋浦は，この地に近い海岸だとされている。

室町時代には，倭寇の拠点や遣明船の寄港地となり，明や東南アジアの諸国との貿易の拠点となった。そして，筑前の博多津，（ 2 ）{(ア) 伊勢 (イ) 土佐 (ウ) 日向}の安濃津とともに，明との交流の主要な港として中国の書物に記された。江戸時代になって貿易の拠点が長崎へ移されると，次第に衰退していった。かつては真言宗の一乗院という大きな寺院があったが，明治の廃仏毀釈で破壊され，その遺物が残っている。

(B) 令和3年(2021)に縄文遺跡群がユネスコの世界文化遺産に登録されたが，<u>この地</u>で見つかった遺跡もそのひとつである。すでに，三河出身の（ 3 ）{(ア) 菅江真澄 (イ) 平賀源内 (ウ) 鈴木牧之}が寛政8年(1796)に訪れており，この地で出土したという土器や土偶のスケッチを著書の『栖家能山(すみかのやま)』に描いている。本格的な遺跡の調査は平成4年(1992)から始まり，2年後に遺跡保存が決定した。紀元前3000年から2200年ごろの竪穴住居跡や掘立柱建物跡が見つかっており，大規模な定住集落であったことがうかがえる。

縄文時代に作られた土偶は人間の姿をかたどっており，妊娠した女性の姿で意図的に破壊して投棄されたと思われるものが多数見つかっている。それらの土偶の中で，長野県の(　4　){(ア)　亀ヶ岡　(イ)　郷原　(ウ)　棚畑}遺跡の土偶は完形のままで出土し，「縄文のビーナス」の愛称が付けられて国宝に指定された。

(C)　慶長19年(1614)，幕府から仙台藩主伊達政宗の子，秀宗に10万石が与えられ，翌年この地に入って以来，幕末まで伊達氏が支配した。そのため，民俗芸能の鹿(しし)踊りなど東北地方の文化がこの地に伝わっている。

幕末の藩主伊達宗城(むねなり)は，殖産興業に力を入れ，軍備などで西欧化を推し進めた。また，幕政に参加し，薩摩の島津久光らと孝明天皇の妹和宮を将軍徳川(　5　){(ア)　家定　(イ)　家茂　(ウ)　家慶}に降嫁させる公武合体を推進した。王政復古後は議定となり，さらに外国官知事を歴任するなど，外交交渉で活躍した。明治4年(1871)には全権大使として，(　6　){(ア)　樺太・千島交換条約　(イ)　日清修好条規　(ウ)　日朝修好条規}を締結した。

(D)　この地には天台宗の寺院があり，最澄の弟子で『(　7　)』{(ア)　三教指帰　(イ)　顕戒論　(ウ)　入唐求法巡礼行記}の著者である円仁が開いたとされている。円仁の死後，遺骨の一部がこの地に埋葬されたという伝承があり，今も周辺地域では，死者の供養のためこの寺院に卒塔婆や石碑を建てる習俗がある。長い参道を上って，岩場に貼りつくように建つ諸堂を参拝して行く様子を，この地を訪れた松尾芭蕉が，「岸をめぐり岩を這(はい)て仏閣を拝し，佳景寂寞(かけいじゃくまく)として心すみ行くのみおぼゆ」として，蝉の句とともに『(　8　)』{(ア)　笈の小文　(イ)　奥の細道　(ウ)　野ざらし紀行}に記している。

(E)　本願寺の門主となった蓮如は，御文とよばれる平易な文書で布教活動を行った。それに対して，延暦寺の僧徒が本願寺門徒を襲撃したため，蓮如は文明3年(1471)に近畿を離れ，この地に道場を設立して布教活動を行った。この道場は，三方を湖に囲まれた地形に建てられていた。しかし，次第に門徒の国人や農民と守護が対立するようになったため，蓮如はこの地を去り，文明10年

(1478)に，(　9　){(ア)　山科　(イ)　堅田　(ウ)　大坂}本願寺の造営を開始した。その後，長享2年(1488)に加賀の門徒たちが守護の富樫氏を倒し，天正8年(1580)に織田信長配下の(　10　){(ア)　池田恒興　(イ)　丹羽長秀　(ウ)　柴田勝家}に滅ぼされるまで加賀の国を支配した。

《地図》

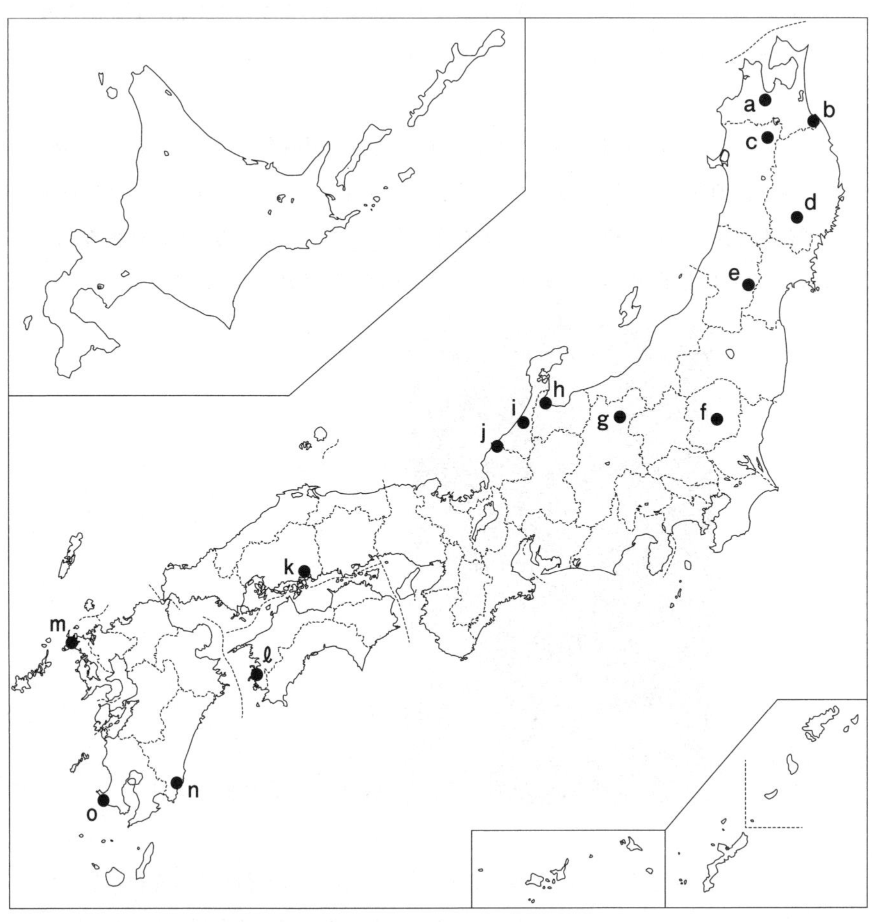

世界史

(60分)

〔Ⅰ〕次の文の(　1　)〜(　7　)に入れるのに最も適当な語句を下記の語群から選び，その記号をマークしなさい。また，問1〜3に答えなさい。

1972年，中国・湖南省長沙市で馬王堆漢墓(ばおうたいかんぼ)の発掘調査が始まった。前漢前期の長沙国の政治家，軑侯利蒼(たいこうりそう)とその家族を被葬者とするこの墓からは，多数の副葬品も発見された。そのなかには絹の布に『老子』A を書写したものが二種類あり，これを帛書(はくしょ)『老子』甲本・乙本と言う。乙本のほうは隷書で書かれている。

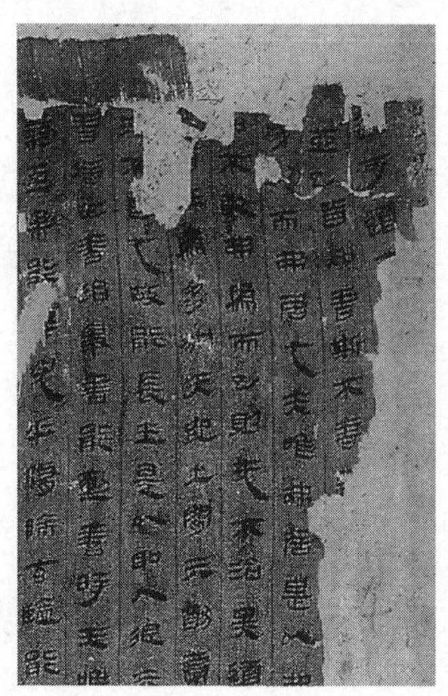

資料A　帛書『老子』乙本

秦王の政は中国を統一して「始皇帝」となり，貨幣・度量衡や文字を統一し，また(　1　)と呼ばれる厳しい思想統制を行った。この時に始皇帝によって国家の標準字体とされたのは，曲線の多い「小篆(しょうてん)」という字体であった。のちに，小篆の字形の構造を簡単にし，曲線を直線に改めて速く書けるように工夫した書体が考案された。これが隷書である。

前漢の時代，儒学者(　2　)の提案によって儒学が官学とされ，儒学の主要な経典として，『易経』『詩経』『書経』『春秋』『礼記』の五経が定められ，五経のそれぞれを講義する五人の博士も任命された。この時代，博士たちは隷書で書かれた経典を使って講義していた。後漢の時代には，(　3　)によって製紙法B が改良されたこともあって文字は紙に書かれるようになり，紙に書かれる文字として，字画を崩さずきちんと書く書体，楷書が生まれた。

資料B　「蘭亭序」

魏・呉・蜀の三国分裂時代を経て，中国を統一した晋王朝は316年，匈奴によって滅ぼされたが，王朝の一族は江南に逃れ東晋を立てた。南北分裂の時代，東晋から宋・斉・梁・陳へと続いた南朝では，優美ではなやかな貴族文化が栄えた。文学では，陶淵明や謝霊運の詩，また，対句を用いたはなやかな四六騈儷文などが生まれ，それらは，梁の昭明太子が編纂した『(　4　)』におさめられる。絵画では，「女史箴図」の作者とされる(　5　)といった画家が現れた。書では(　6　)が有名である。(　6　)の代表作「蘭亭序」は優美な行書体で書かれている。行書とは，楷書の画をやや崩して続け字で書く書体である。

長く続いた南北分裂の状態を終わらせた隋の時代，漢字は楷書で書かれることがふつうになる。隋滅亡後，中国を統一した唐の時代，儒学C では経典のテキストの整理，解釈の統一がはかられる。それで完成したのが『(　7　)』であり，科挙での儒教経典の試験はこれに基づいて出題された。さらに，開成2(837)年，『(　7　)』を基礎として経書の文字を石碑に刻んだ「開成石経」が作られる。これが科挙での標準テキストとなり，さらに漢字の標準字体となった。

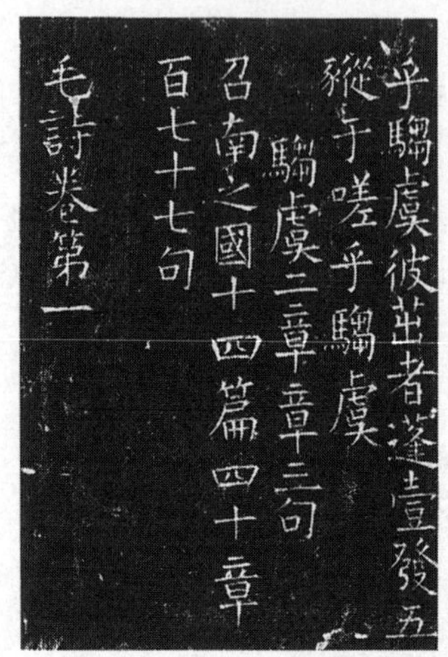

資料C 「開成石経」

〔語群〕

(ア) 党錮の禁	(イ) 靖康の変	(ウ) 焚書・坑儒	(エ) 王莽
(オ) 諸葛亮	(カ) 董仲舒	(キ) 司馬遷	(ク) 鄭玄
(ケ) 顧愷之	(コ) 顔真卿	(サ) 王羲之	(シ) 欧陽詢
(ス) 李白詩集	(セ) 杜甫詩集	(ソ) 文選	(タ) 四書大全
(チ) 五経正義	(ツ) 性理大全	(テ) 董其昌	(ト) 蔡倫
(ナ) 鳩摩羅什			

問1 下線部Aに関連し，諸子百家について述べた次の文(ア)〜(エ)のうち，最も適当なものを一つ選び，その記号をマークしなさい。

(ア) 『論語』は孟子の言行をまとめたものである。

(イ) 『孫子』は兼愛非攻の重要性を説いた。

(ウ) 『荀子』は性善説にもとづいている。

(エ) 『荘子』は道家の著作である。

問2 下線部Bに関連して述べた次の文(ア)〜(エ)のうち，**誤っているもの**を一つ選び，その記号をマークしなさい。

(ア) 後漢では，製紙法が改良されたあとも，行政には木簡と竹簡が使われた。

(イ) 南朝の宋で活字が発明され，紙の印刷物が爆発的に増加した。

(ウ) 唐の時代，中国の製紙法はイスラーム世界へ伝わった。

(エ) 元は紙幣である交鈔を発行した。

問3　下線部Cに関して述べた次の文(ア)～(エ)のうち，**誤っているもの**を一つ選び，その記号をマークしなさい。

(ア) 漢代では訓詁学が発展した。

(イ) 朱子学では四書が重んじられた。

(ウ) 明代，王安石が「理」の重要性を唱えた。

(エ) 清代では，考証学が発展した。

〔Ⅱ〕次の文の(　1　)～(　10　)に入れるのに最も適当な語句を，{　　}内の(ア)ないし下記の語群から選び，その記号をマークしなさい。

十字軍の遠征は中世の社会に大きな変化をもたらした。かつてスラヴ人やマジャール人が住んでいたエルベ川以東，バルト海沿岸の地域には十字軍に際して組織された(　1　){(ア)　テンプル騎士団}が入植し，領土を広げていった。この領土をもとに形成されたプロイセン公国は，(　2　){(ア)　ザクセン家}支配下のブランデンブルク辺境伯領と結びついて，1701年，王国に昇格した。初代の王，フリードリヒ1世を継いだ(　3　){(ア)　ヴィルヘルム2世}は財政改革や軍事強化を行い，絶対王政の基礎を築いた。

17世紀のヨーロッパでは，ハプスブルク家が現在のオーストリアやチェコ，ハンガリーにわたって勢力を拡大していた。ハプスブルク家は15世紀以降，神聖ローマ帝国の皇帝の位を世襲し，積極的な婚姻政策によって領土を拡大していった。17世紀前半に起こった三十年戦争は，ベーメン(ボヘミア)の新教徒がハプスブルク家によるカトリック信仰の強制に抵抗したことにより始まった宗教戦争であるが，スペインは旧教国を支援し，フランス，スウェーデンなどが新教側について対立して，国際戦争に発展した。また，この戦争後の講和条約では，

(4){(ア) イタリア}の独立が正式に認められた。

プロイセンのフリードリヒ2世(大王)は，シュレジエンをめぐって，オーストリア継承戦争，七年戦争と2度にわたってオーストリアと戦い，1763年にこの地を獲得した。七年戦争は海外におけるイギリスとフランスの勢力争いにも波及し，1757年に(5){(ア) アンボイナ事件}が起こった。フリードリヒ2世(大王)は，音楽や文化にも造詣が深く，『(6){(ア) 社会契約論}』を著わしたヴォルテールなどフランスの啓蒙思想家に影響をうけた政策を展開した。フリードリヒ2世(大王)が建てたサンスーシ宮殿は(7){(ア) ロココ}様式の代表的な建築である。

プロイセンでは『(8){(ア) 方法叙説}』を著わしたカントがドイツ観念論哲学を確立した。その後ドイツでは，(9){(ア) ライプニッツ}が弁証法哲学をとなえた。

プロイセン王国の首都であったベルリンは，ヴァイマル共和国，ナチスドイツの時代を経て，1948〜49年のベルリン封鎖の後，東西に分断され，冷戦を象徴する都市となった。その後，世界では米ソ間の対立が激化し，1962年の(10){(ア) ハンガリー動乱}で核戦争の可能性が高まった。ベルリンが再び一つの都市となるのは，1990年にアメリカ合衆国，フランス，イギリス，ソ連の同意のもと東西ドイツが統一された後のことである。

〔語群〕

(イ) フィヒテ　(ウ) 君主論　(エ) キューバ危機
(オ) ニーチェ　(カ) フレンチ=インディアン戦争
(キ) 法の精神　(ク) ホーエンツォレルン家　(ケ) ロマネスク
(コ) オランダ　(サ) バロック　(シ) 純粋理性批判
(ス) ドイツ騎士団　(セ) フッガー家　(ソ) ポーランド
(タ) フリードリヒ=ヴィルヘルム1世　(チ) ヘーゲル
(ツ) 哲学書簡　(テ) プラッシーの戦い　(ト) ヨハネ騎士団
(ナ) フォークランド戦争　(ニ) ヨーゼフ2世

〔Ⅲ〕次の文の(1)〜(10)に入れるのに最も適当な語句を{ }内の(ア)〜(エ)から選び，その記号をマークしなさい。また，問1〜5に答えなさい。

2024年は，日本では令和6年，干支でいえば甲辰の年に当たる。「令和」は元号である。

元号とは，中国で紀元前2世紀後半の(1){(ア) 後漢 (イ) 前漢 (ウ) 秦 (エ) 斉}王朝の時代に創始された紀年法で，(2){(ア) 桓公 (イ) 始皇帝 (ウ) 光武帝 (エ) 武帝}の即位紀元①を「建元」と名付けたのが最初と言われている。(2)の時代は，大規模な対外戦争の時代と評される。建元2年に北方遊牧勢力である(3){(ア) 月氏 (イ) 楽浪 (ウ) 烏孫 (エ) 匈奴}を挟撃するため，(4){(ア) 張騫 (イ) 班超 (ウ) 班固 (エ) 鄭和}を西域に派遣し，大月氏と同盟②を結ぼうとした。建元2年は西暦に換算すると前139年に当たる。

干支は，十干と十二支の組み合わせで60年を周期とする数え方である。これにちなみ，人が60歳を迎えることを還暦という。年月日などの暦以外にも，時間や方位を表す際にも用いられてきた。2024年と同じ甲辰に当たる年は，直近では1964年③であり，この年アジア初の近代オリンピックである東京五輪が開催されている。この会期中，ソ連では(5){(ア) フルシチョフ (イ) ゴルバチョフ (ウ) コスイギン (エ) ブレジネフ}が農業政策や共産党の機構改革などの失敗から突如解任され失脚し，世界を驚かせた。

このような元号や干支紀年を用いて，歴史的事件の名称を言い表すことがしばしばある。例えば，豊臣秀吉が朝鮮に侵攻④した事件を指す名称として，日本では(6){(ア) 文永 (イ) 弘安 (ウ) 元禄 (エ) 文禄}・慶長の役，朝鮮では(7){(ア) 甲午 (イ) 壬辰 (ウ) 丙子 (エ) 戊戌}・丁酉倭乱と呼ぶが，前者は事件当時の日本の元号，後者は事件当時の干支紀年をそれぞれ表している。

日本では，現在の(8){(ア) ユリウス (イ) ローマ (ウ) コプト (エ) グレゴリウス}暦への改暦前は，中国から導入した暦を基礎とする(9){(ア) 太陽 (イ) 太陰 (ウ) 太陰太陽 (エ) 自然}暦を用いていた。日本で(8)暦への改暦が実行されたのは1873(明治6)年である。(9)では，月の満ち欠けによる月計算のために生じる季節のずれを解消するため，約3年に一度閏月を挿入する必要があり，旧暦のままでは明治6年は閏月を挿入する年(閏年)に当たっていた。そのため，明治4年から月俸制となっていた役人への給与負担がひと月分増えることから，財政難を抱えていた明治政府がこれを回避するために改暦を断行したといわれる。一方中国の改暦⑤は，辛亥革命後に(　10　){(ア)　台北　(イ)　上海　(ウ)　武昌　(エ)　南京}で中華民国の建国が宣言された際に実施された。この年を紀元とする中華民国暦では，2024年は中華民国113年に当たる。

問1　下線部①に関連して，ヒジュラ(聖遷)を紀元とするヒジュラ暦について述べた次の文(ア)～(エ)のうち，最も適当なものを一つ選び，その記号をマークしなさい。

(ア)　ヒジュラ暦は月の運行に従って定められた純粋な太陰暦である。

(イ)　ヒジュラ暦の紀元元年は西暦630年に当たる。

(ウ)　シーア派では，ヒジュラ暦を制定した正統カリフ第2代ウマルの子孫だけが共同体を指導する資格があるとされる。

(エ)　聖遷後に建設されたイスラーム教徒の共同体をスンナと呼ぶ。

問2　下線部②に関連して，10世紀に契丹(キタイ)と同盟を結び建国を果たし，その代償に燕雲十六州を割譲した五代の王朝として最も適当なものを次の(ア)～(エ)から一つ選び，その記号をマークしなさい。

(ア)　後唐　　(イ)　後周　　(ウ)　後梁　　(エ)　後晋

問3　下線部③の年にフランスは中華人民共和国を承認した。20世紀フランスの国際関係について述べた次の文(ア)～(エ)のうち，最も適当なものを一つ選び，その記号をマークしなさい。

(ア)　1919年に開かれたパリ講和会議にダラディエ首相がフランス代表として出席した。

(イ)　第一次世界大戦後，ドイツの賠償金支払い不履行を理由に，イギリスやオランダとともにルール占領を行った。

(ウ)　ド=ゴールは第二次世界大戦中にイギリスに亡命して国民にレジスタンス(抵抗運動)を呼びかけた。

(エ) 1952年に西ドイツやイタリアなどとともにヨーロッパ連合(EU)を結成した。

問4 下線部④に関連して，豊臣秀吉による朝鮮侵攻より後の出来事として最も適当なものを次の(ア)〜(エ)から一つ選び，その記号をマークしなさい。

(ア) 薩摩の島津氏による琉球侵攻

(イ) 張居正による明朝の財政改革

(ウ) アルタン=ハンによる北京包囲

(エ) 王直の密貿易活動

問5 下線部⑤に関連して，清朝で使用されていた暦は明末に編纂された『崇禎暦書』を元に作成されたものである。『崇禎暦書』の編著者として最も適当な人物を次の(ア)〜(エ)から一つ選び，その記号をマークしなさい。

(ア) 宋応星　(イ) 徐光啓　(ウ) 黄宗羲　(エ) 李時珍

〔Ⅳ〕 歴史上の人物X，Yについての記述を含む次の文の(　1　)〜(　14　)に入れるのに最も適当な語句を，{　　}内の(ア)ないし下記の語群から選び，その記号をマークしなさい。また，(　A　)の問に答えなさい。

人類の歴史には，多くの犠牲者を出した伝染病の記録が残されている。なかでも有名なのは，14世紀にヨーロッパを襲ったペストの災禍である。このときのペスト流行の背景としてはユーラシアにおける人的交流の活発化がある。13世紀にチンギス=ハンのもとで諸部族が統一され強大な遊牧勢力モンゴルが成立した。チンギス=ハンの死後あとをついだ息子の(　1　){(ア)　オゴタイ}の時代，モンゴルは1234年に東方で(　2　){(ア)　南宋}を滅ぼし，ついで西方では西北ユーラシアの草原を制圧しつつすすんだ遠征軍が東欧にまで進出し，1241年のワールシュタットの戦い①でドイツ・ポーランド連合軍を破った。その後も，モンゴルの勢力拡大は続き，ユーラシアの広大な地域がモンゴルの支配下に入ると，東西の交流がさかんとなった。こうしたなか，中央アジア発祥とみられるペストが14世紀半ばに大流行し，ヨーロッパ全域で猛威をふるった。黒死病と呼ばれたペストによる被害は甚大で，当時のヨーロッパの人口の約3分の1が失われたと推定されている。ペストの影響は「死の舞踏」という図像表現をはじめ社会のさまざまな分野でみられた。その一つがイタリア・ルネサンス文学を代表する作品の『デカメロン』である。

ルネサンスのさきがけとなった『神曲』を著わした(　3　){(ア)　ダンテ}は，14世紀半ばのペスト大流行の前に世を去ったが，彼に続き『叙情詩集』を著わした(　4　){(ア)　エラスムス}や『デカメロン』の著者Xはペスト流行の時代を生きた。『神曲』に対して人間社会の諸相を描いて『人曲』と呼ばれることもある『デカメロン』は，ペストから避難した10人の男女が語った物語集という形式をとっている。

伝染病は，海洋などで隔てられ，それまでその病気に罹患した人々がいなかった地域に侵入したとき，恐るべき威力を発揮する。たとえば1492年のコロンブス航海以来ヨーロッパ人の来航が盛んになったアメリカ大陸である。ヨーロッパ人が進出する以前のアメリカでは，メキシコ高原に(　5　){(ア)　テオティワカン}を首都とするアステカ王国，南アメリカ大陸の<u>東部大西洋岸</u>②に(　6　){(ア)　チチェン=イツァ}を首都とするインカ帝国などがさかえていた。その後，(　7　){(ア)　コルテス}によるアステカ王国の征服などでヨーロッパ勢力の支配のもとにおかれた先住民は植民者による酷使，あらたにもたらされた天然痘，はしか，ペストなどによって人口の激減を経験することとなる。

14世紀の大流行のあともペストはたびたびヨーロッパに襲来した。さらに19世紀になると，もともとインドの風土病であったコレラが数次にわたって世界の各地を襲った。日本は，江戸時代の1820年代にコレラの最初の流行を経験する。ペリー来航を契機とする開国，(　8　){(ア)　1854}年の日米修好通商条約の締結，その後の明治政府の成立などによって国外との往来が盛んになると，コレラはくりかえし日本に上陸し，大きな被害をもたらした。

さまざまな伝染病に対し，その正体を科学的に解明し克服しようとする人類の戦いが続いた。イギリスの(　9　){(ア)　ハーヴェー}は，天然痘への感染を防ぐための種痘法を開発し，予防医学を大きく発展させた。さらに19世紀後半にフランスのYは狂犬病の予防接種を開発した。また，ドイツの(　10　){(ア)　パストゥール}は結核菌の発見やツベルクリンの製造などの業績をあげた。さらに日本人の北里柴三郎が破傷風の血清開発，ペスト菌の発見などで医学の発展に貢献した。

大きな災厄をもたらす疫病は，上記の『デカメロン』をはじめ，多くの文学作品の題材となってきた。『ロビンソン=クルーソー』を著わしたイギリスの作家でジャーナリストでもあった(　11　){(ア)　スウィフト}は『疫病流行記』という作品も残している。さらに20世紀にはいると，アルジェリア生まれのフランス人作家カミュは，『ペスト』において，アルジェリアのオランで発生したペストによって市が閉鎖されたという設定で，疫病の苦難に立ち向かおうとする人々の連帯を描いている。

アルジェリアは，東に隣接する(　12　){(ア)　チュニジア}などとともにフランス領の北アフリカ植民地であり，多くのフランス人入植者が住んでいた。(　12　)が1956年に独立した後も，アルジェリアでは独立勢力と反独立派との抗争が続いたが，1962年にド=ゴールを大統領とする(　13　){(ア)　第三共和政}のフランスからの独立をはたした。翌63年には，(　14　){(ア)　エチオピアのアジスアベバ}でアフリカ諸国首脳会議が開催され，アフリカ統一機構が結成された。

〔語群〕

(イ)　1858	(ウ)　1868	(エ)　チャビン
(オ)　第四共和政	(カ)　クスコ	(キ)　ボッカチオ
(ク)　ペトラルカ	(ケ)　リマ	(コ)　ディケンズ
(サ)　第五共和政	(シ)　フビライ	(ス)　ジェンナー
(セ)　ガーナ	(ソ)　金	(タ)　ケニアのナイロビ
(チ)　デフォー	(ツ)　ラブレー	(テ)　ピサロ
(ト)　コッホ	(ナ)　遼	(ニ)　テノチティトラン
(ヌ)　モンケ	(ネ)　リビア	(ノ)　フレミング
(ハ)　バルボア	(ヒ)　エジプトのカイロ	

（　A　）　下線部①・②について，①のみ正しければ(ア)を，②のみ正しければ(イ)を，両方正しければ(ウ)を，両方誤りであれば(エ)をマークしなさい。

地　理

(60 分)

〔Ⅰ〕 環境に関連する次の文を読み，問1～問5に答え，その記号をマークしなさい。

1970年代後半以降，地球温暖化が深刻な問題として注目され，1988年には気候変動に関する政府間パネル(　1　)が設立された。地球温暖化には熱を溜め込む働きがある温室効果ガスが影響を与えており，二酸化炭素の他にもメタンやフロンなどが該当する。世界平均気温は，ヨーロッパ各国で工業化が本格化し始める19世紀半ばと比べて，2011～2020年で約(　2　)度上昇している。このまま気温の上昇が進むと，海水の体積の膨張や氷河の融解により海面上昇がおこり，複数の国では国土の水没が懸念[a]されている。先進国では産業革命以降に化石燃料の消費量が急激に増加し二酸化炭素の排出量も大幅に増加した。また近年成長が著しい発展途上国でも二酸化炭素の排出量が増加しており，世界的な削減が求められている[b]。さらに近年はオゾン層の破壊も懸念されており，フロンが成層圏に運ばれると強い紫外線を受け塩素に分解され，これを触媒としてオゾン層が破壊される。そのためフロンを含むオゾン層を破壊する物質はウィーン条約のもとでの〔(ア)　京都議定書　(イ)　パリ協定　(ウ)　モントリオール議定書〕①でその生産や消費を規制している。

世界の陸地の約30%は森林である。森林は保水機能を持つほかにも，防潮や防波など私たちの生活には欠かせない。しかし世界中で森林の伐採が現在も続いており，深刻な問題ともなっている。2000～2010年の地域別森林面積の変化をみれば，〔(ア)　アジア　(イ)　アフリカ　(ウ)　オセアニア　(エ)　南アメリカ〕②の森林面積が最も減少しており，温室効果ガスの吸収源の減少が懸念されている。森林の破壊には国ごとの特徴もみられ，2010～2020年の年平均森林面積減少上位国としては第1位が(　3　)，第2位がコンゴ民主共和国，第3位がインドネシアと続く。

工場や自動車から排出される硫黄酸化物や窒素酸化物は大気汚染の原因となり，特に急速に工業が発展する発展途上国では規制や整備が追いつかず被害が深刻化している。大気中の汚染物質が大気中の水蒸気と反応すると酸性雨となる。化石燃料の中でも石炭は石油より硫黄分が多いため，<u>石炭の利用割合が高いほど硫黄酸化物排出量は多くなる</u>(c)。ヨーロッパでは経済活動の活発な地域から排出される硫黄酸化物や，排気ガスなどから発生する窒素酸化物が偏西風によって運ばれるため，(　4　)では80％以上が外国由来とその影響は大きかった。この問題に対してヨーロッパ諸国を中心として1979年に長距離越境大気汚染条約が締結された。

ヨーロッパでは大河川が複数の国をまたいで流れることから水質の汚濁も問題となっている。1986年にライン川上流の(　5　)でおきた水銀などの有害物質の流出はライン川河口まで汚染し，国際的な取組みの必要性が強く認識される結果となった。

問1　文中の(　1　)～(　5　)に当てはまる語句として，最も適当なものを選びなさい。

(ア) 0.1　(イ) 1.1　(ウ) 2.1　(エ) COP
(オ) IPCC　(カ) UNEP　(キ) 中国　(ク) ブラジル
(ケ) カナダ　(コ) イタリア　(サ) オランダ　(シ) スイス
(ス) スウェーデン

問2　文中の〔　　①　　〕と〔　　②　　〕の選択肢として最も適当なものを選びなさい。

問3　下線部aに関して，国土のほとんどが水没すると懸念される国として**最も不適当なもの**を選びなさい。

(ア) キリバス　(イ) ツバル　(ウ) スリランカ　(エ) モルディブ

問4　下線部bに関して，次の文の下線部①，②の正誤を判断し，①のみ正しい場合は**ア**を，②のみ正しい場合は**イ**を，①，②とも正しい場合は**ウ**を，①，②とも誤っている場合は**エ**を選びなさい。

2015年の二酸化炭素排出量でみれば，OECD加盟国の合計排出量よりそれ以外の国の合計排出量の方が多い①。OECD加盟国の中では日本はアメリカ合衆国②に次いで2番目に総排出量が多い国である。

問5　下線部cに関して，下の表は日本，アメリカ合衆国，スウェーデン，フランス，ポーランドの2020年の硫黄酸化物と窒素酸化物の排出量である。ポーランドに当てはまるものを選びなさい。

	総排出量(千t)		一人あたり排出量(kg)	
	硫黄酸化物	窒素酸化物	硫黄酸化物	窒素酸化物
日本	571	1,149	4.5	9.1
A	15	118	1.5	11.4
B	1,579	7,244	4.8	22.0
C	91	664	1.4	9.9
D	432	593	11.3	15.5

『世界の統計2023』より作成

〔Ⅱ〕世界と日本のエネルギーと資源に関して，以下の問1～問8に答えなさい。

問1　次の**図1**は，アメリカ合衆国，インド，日本，ロシアについて，国内における一次エネルギー供給(2018年，石油換算)の内訳を示したものである。(1)インドと(2)ロシアに該当するものを選び，その記号をマークしなさい。

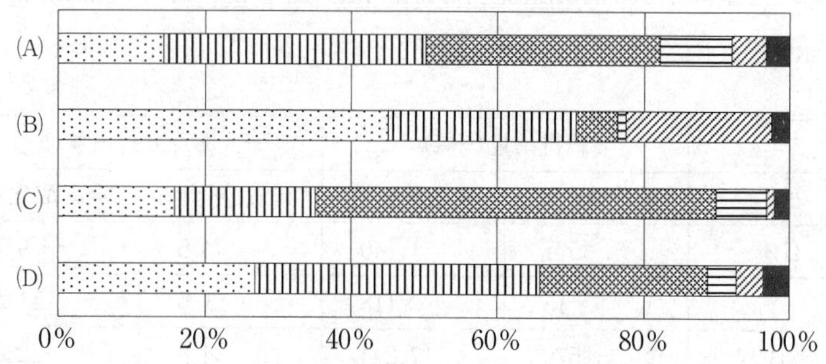

図1

『日本国勢図会 2021/22』より作成

問2　世界の化石燃料の生産や消費について述べた下の文(ア)～(エ)のうち，その内容が**最も不適当なもの**を選び，その記号をマークしなさい。

(ア)　第二次世界大戦後，国際石油資本による油田開発が進んだが，資源ナショナリズムの高まりにより，1960年代以降になるとOPEC等が組織され，産油国が価格の決定権を持つようになった。

(イ)　2000年代に入ると，化石燃料の高騰と採掘技術の発達がきっかけとなり，オイルシェール，オイルサンドからの採掘が進んだ。

(ウ)　一次エネルギーの生産量と消費量(ともに石油換算，2018年)がともに最も多い国はアメリカ合衆国である。

(エ)　日本の一次エネルギー資源について，国内での石炭生産は1960年代まで盛んであったが，エネルギー革命の後に急激に減少していった。

問3　次の**図2**は，カナダ，韓国，ドイツ，フランスについて，国内における発電量(億 kWh)の内訳(2018年)を示したものである。韓国に該当するものを選び，その記号をマークしなさい。

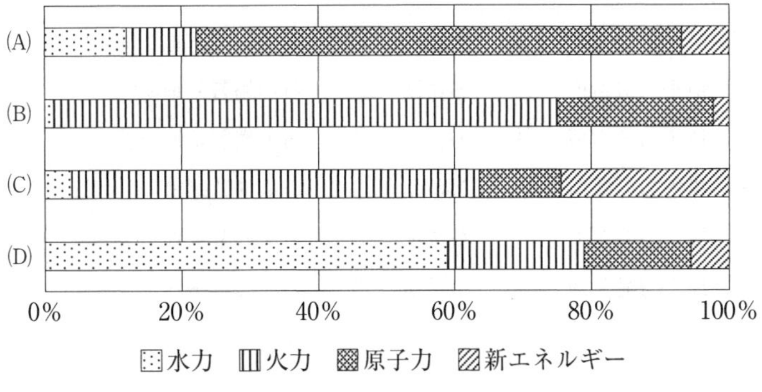

図2

『日本国勢図会 2021/22』より作成

問4　再生可能エネルギーについて説明した次の文について，下線部①，②の正誤を判断し，①のみ正しい場合は**ア**を，②のみ正しい場合は**イ**を，①，②とも正しい場合は**ウ**を，①，②とも誤っている場合は**エ**をマークしなさい。

再生可能エネルギーの中でも太陽光，風力，バイオマスエネルギーは，環境負荷の大きい化石燃料を代替するものとして，積極的に開発されるようになった。この3つのうち日本で最も発電量が多いのは<u>風力</u>①である(2018年)。現生する生物に由来するバイオマスエネルギーの活用例が増えており，酪農地域では<u>牛糞から生成されたバイオガス</u>②が活用されている例がある。

問5　次の**図3**は，日本におけるエネルギー施設(2020年)の分布を示したものであり，①～③は原子力発電所，製油所，石油備蓄基地のいずれかである。原子力発電所，製油所，石油備蓄基地と**図3**の①，②，③との正しい組合せを選び，その記号をマークしなさい。

(ア)　原子力発電所：①　製油所：②　石油備蓄基地：③
(イ)　原子力発電所：①　製油所：③　石油備蓄基地：②
(ウ)　原子力発電所：②　製油所：①　石油備蓄基地：③
(エ)　原子力発電所：②　製油所：③　石油備蓄基地：①
(オ)　原子力発電所：③　製油所：①　石油備蓄基地：②
(カ)　原子力発電所：③　製油所：②　石油備蓄基地：①

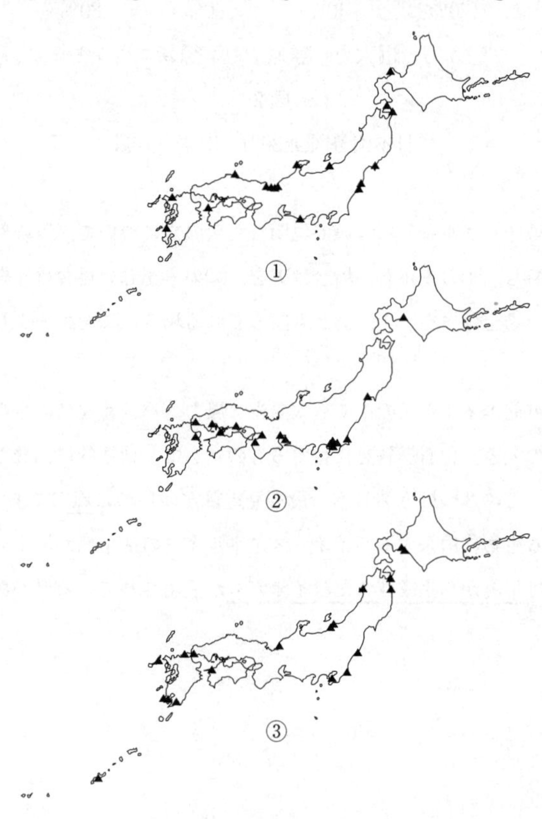

図3

問6　次の**表1**は，4つの鉱産資源の生産における上位4カ国とその世界シェアを示したものであり，(A)～(D)はインド，オーストラリア，中国，ロシアのいずれかである。(1)オーストラリアと(2)中国に該当するものを選び，その記号をマークしなさい。

表1

金鉱(2017)		ダイヤモンド(2016)		ボーキサイト(2017)		石炭(2017)	
(A)	13.2	(C)	30.1	(B)	28.5	(A)	54.7
(B)	9.3	コンゴ民主共和国	17.3	(A)	22.7	(D)	10.5
(C)	8.4	ボツワナ	15.2	ギニア	15.0	インドネシア	7.2
アメリカ合衆国	7.1	(B)	10.4	ブラジル	12.5	(B)	6.4

『世界国勢図会 2021/22』より作成。生産量(t)に占める割合を示している。

問7　日本の地下資源について述べた下の文(ア)～(エ)のうち，その内容が**最も不適当なもの**を選び，その記号をマークしなさい。

(ア)　メタンハイドレートはおもに日本列島の大陸棚縁辺に分布すると推定されている。

(イ)　かつて新潟県佐渡の鉱山では金の採掘，島根県石見の鉱山では銀の採掘が盛んであった。

(ウ)　かつて東北地方では砂金の産出が多く，蒔絵(まきえ)など伝統産業の原料として活用された。

(エ)　日本の石炭生産は北海道と九州が中心で，本州ではほとんど見られなかった。

問8　日本の都市鉱山について述べた下の文(ア)～(エ)のうち，その内容が**最も不適当なもの**を選び，その記号をマークしなさい。

(ア)　都市鉱山とは，都市でゴミとして廃棄される家電製品などに含まれる有用な金属などを鉱山としてみなすものである。

(イ)　都市鉱山として注目されるのは，金やレアメタルである。

(ウ)　2006年時点で，南アフリカ共和国の金埋蔵量は，日本における金の都市鉱山備蓄量より多い。

(エ)　都市鉱山の可能性が注目され，様々な廃棄物のリサイクルが盛んになった。

〔Ⅲ〕 世界の民族・紛争・領土問題について，**図**のA～Iの地域について，下の問に答えなさい。

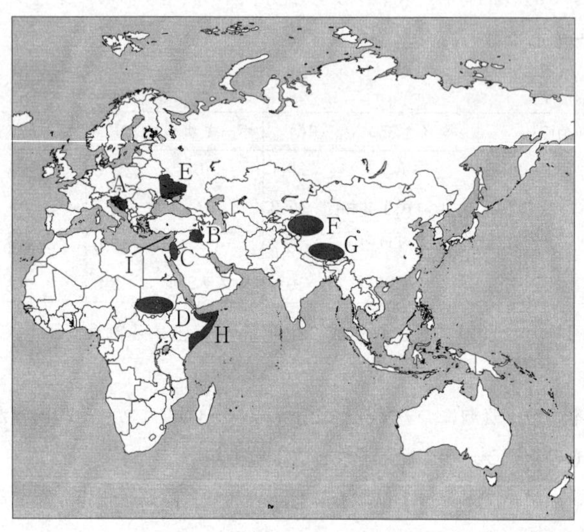

図

問１　**図**のA地域について述べた下の文のうち，下線部が**最も不適当なもの**は次のいずれか。

㈠　この地域は20世紀初頭までオスマン帝国が支配し，キリスト教から改宗した人も多い。

㈡　ユーゴスラビア社会主義連邦共和国(旧ユーゴスラビア)では，1991年，連邦構成国のスロベニアとクロアチアの分離独立を契機として，内戦が勃発した。

㈢　旧ユーゴスラビアのなかでは最も早く工業化が進み，イタリアと接してカルスト地形が発達するのはクロアチアである。

問2　**図**のB地域にまたがる山岳地域に居住する国家をもたない民族は次のいずれか。

(ア)　カザフ人　(イ)　クルド人　(ウ)　チェチェン人
(エ)　ジョージア人

問3　**図**のC地域に関係する用語として，**最も不適当なもの**は次のいずれか。

(ア)　シオニズム運動　(イ)　PLO　(ウ)　エルサレム　(エ)　OPEC

問4　**図**のD地域に関係する用語として，**最も不適当なもの**は次のいずれか。

(ア)　南スーダン　(イ)　ダールフール紛争
(ウ)　アラブ系と黒人系の対立　(エ)　ウラン利権

問5　**図**のE地域で起こっている紛争で，ロシアが併合を宣言したのは次のいずれの地域か。

(ア)　クリム(クリミア)半島　(イ)　ロストフ
(ウ)　オデーサ(オデッサ)　(エ)　ミンスク

問6　宗教と民族の**いずれも**が対立要因となっている紛争地域として**最も不適当なもの**は，**図**のF～Iのうちいずれか。

(ア)　F(シンチアンウィグル)　(イ)　G(チベット)
(ウ)　H(ソマリア)　(エ)　I(キプロス)

問7　日本で急速に話題となっている用語に「地政学」がある。国際政治や国際関係をその地理的条件を重視して考察する学問で，とりわけ地形や位置関係が重要な要素となる。その地政学に，ランドパワー(大陸)国家とシーパワー(海洋)国家という区分がある。中国やロシア，ドイツはランドパワー国家といわれ，イギリスや日本はシーパワー国家といわれてきた。シーパワー国家のイギリスが重要視した地点として**最も不適当なもの**は次のいずれか。

(ア)　シンガポール　(イ)　パナマ運河　(ウ)　ホルムズ海峡
(エ)　ジブラルタル

問8 中国ではシーパワー国家をめざして，習近平主席が2017年から「一帯一路」構想を推進し続け，中国と東南アジア・南アジア・中央アジア・中東・ヨーロッパ・アフリカにかけての広域経済圏の構想・計画・宣伝を行ってきた。これに関わる以下の文の下線部について，**最も不適当なもの**は次のいずれか。

(ア) アフリカ諸国で鉱物資源の多い，南アフリカ共和国，コンゴ民主共和国，ザンビア，アンゴラなどに集中的な経済投資を行ってきた。

(イ) ギリシャの港湾を押さえて，ヨーロッパへの地中海経由の海路での足がかりにしようとしている。

(ウ) スリランカは港湾や空港などインフラ整備に多大の借金をして「債務の罠」に陥り，財政事情の悪化，外貨不足，食料や電力不足などで混乱状態にある。

(エ) 中国からベトナム，ミャンマー，ラオスに鉄道を新たに建設して，港湾と中国内陸部を結ぶようになった。

問9 日本の領土は，現在，地政学上，注目を集めている。次の文の下線部について，**最も不適当なもの**は次のいずれか。

(ア) 島根県に属する竹島は，日本固有の領土であるが，韓国に不法に占拠されている。

(イ) 高等学校地図帳で「世界の国々」として各国を色で識別した世界図には，北方領土4島(歯舞群島，色丹島，国後島，択捉島)とその北の島々の間と，樺太(サハリン)の北緯50度に国境線がひかれている。しかし，その北側の北千島列島や南樺太は帰属未定地として白色で表現されている。

(ウ) 日本の領海は満潮時の海岸線から12海里，排他的経済水域は200海里となっている。

(エ) 日本の最東端の島は北緯24度17分，東経153度59分の南鳥島である。

問10 大陸棚に水産資源や鉱物資源が発見されると，領土権を主張する国が出てくる。南シナ海の南沙諸島(スプラトリー諸島)で領有権を**主張していない国**は次のいずれか。

(ア) 中国　(イ) フィリピン　(ウ) ベトナム　(エ) インドネシア

〔Ⅳ〕 東南アジアに関する以下の文を読み，問1～問9に答えなさい。

東南アジアとは，ユーラシア大陸南東部のインドシナ半島からマレー半島，マレー諸島を経て，ニューギニア島西部にかけての領域を指す。国でみれば，ミャンマー，タイ，ラオス，ベトナム，カンボジア，マレーシア，シンガポール，インドネシア，ブルネイ，東ティモール，フィリピンの11カ国を指す。これらの国々は，①第二次世界大戦後に植民地支配から解放されて独立した国が多い。

東南アジア諸国には多様な民族が住むことから，建国時の大きな課題は異なる民族が混じりあう国家をいかにつくるかということであった。例えばマレーシアでみれば，同国の民族構成において主要な民族が3つあるが，②特定の民族を優遇するブミプトラ政策がとられてきた。また，東南アジアには様々な宗教が分布している。③宗教でみても，それぞれの国で状況は大きく異なる。

東南アジアは世界でも有数の農業地帯である。チャオプラヤ川やメコン川の中流から下流の三角州地帯は一大稲作地帯となっている。タイを南北に流れるチャオプラヤ川周辺では，雨期の到来に合わせて水牛を使って田を耕起し，稲作などの農業が発展してきた。フィリピンでは1960年代半ばからは④「緑の革命」と呼ばれる稲作農業の変革が進められてきた。東南アジア各地では19世紀以降，欧米による植民地支配の下で多くのプランテーションが開発された。⑤プランテーションによって生産される農産物の多くは，現在に至るまでそれぞれの国の主要な商品作物の地位を保っている。

東南アジア諸国は，第二次世界大戦後，最も工業化に成功したといえる。その原動力となったのが，ASEANの結成である。ASEANは1967年にインドネシア，マレーシア，シンガポール，フィリピン，タイの5カ国で結成された。その目的は，東南アジア諸国の経済的発展と域内の平和・安定化である。ASEANの加盟国はその後順次増え，2023年4月現在は東ティモールを除く，東南アジア10カ国で構成されることから，ASEAN10とも呼ばれている。

東南アジア諸国では，植民地時代の旧宗主国の政策等により，単一の鉱産資源や農作物の生産や輸出に依存するモノカルチャー経済からの脱却が大きな課題となっていた。第二次世界大戦後，東南アジア諸国では⑥積極的な工業化が指向された。その中で，最も早く工業化に成功したのがシンガポールで，タイやマレーシアがそれに続いている。

さて，工業化の過程の中でASEAN諸国はグローバル経済との結びつきを強めていった。今日のASEAN諸国の輸出品⑦についてみれば，原材料や燃料および食料品などの一次産品中心の時代から大きく変わりつつある。こうした工業化と経済発展によって，今日においてASEANはグローバル経済においても極めて重要な地位を占めている⑧。

以上から，東南アジア諸国は，全体としてみれば第二次世界大戦後最も経済発展に成功したといえるが，国別でみれば今日においてもGDPでは大きな差異がみられる⑨。

問1　下線部①に関して，国名と旧宗主国の組合せとして**最も不適当なもの**を選び，その記号をマークしなさい。

(ア)　タイ：スペイン　(イ)　マレーシア：イギリス
(ウ)　ベトナム：フランス　(エ)　インドネシア：オランダ

問2　下線部②に関して，マレーシアの民族問題とブミプトラ政策に関する記述として**最も不適当なもの**を選び，その記号をマークしなさい。

(ア)　独立後の同国ではインド系住民が経済的に有利であった。
(イ)　ブミプトラとはマレー語で「土地の子」(マレー系住民および先住民)を意味している。
(ウ)　マレーシアにおける主要な3つの住民とは，インド系，マレー系，中国系である。
(エ)　同政策ではマレー系住民に対して大学への入学や雇用で優遇を与えている。

問3　下線部③に関して，国名とその国で最も信者が多い宗教の組合せとして**最も不適当なもの**を選び，その記号をマークしなさい。

(ア)　タイ：仏教　(イ)　フィリピン：キリスト教
(ウ)　マレーシア：イスラーム(イスラム教)　(エ)　シンガポール：キリスト教
(オ)　インドネシア：イスラーム(イスラム教)

問4　下線部④に関して,「緑の革命」に関する記述として**最も不適当なもの**を選び,その記号をマークしなさい。

(ア)　生育日数が短い高収量品種が導入された。

(イ)　水牛の糞を利用した有機肥料が導入された。

(ウ)　灌漑(かんがい)や排水設備の整備がすすめられた。

(エ)　トラクターなどの農業機械が導入された。

問5　下線部⑤に関して,以下の**図1**は天然ゴム,パーム油,バナナの生産量(トン:2018年)上位6カ国の構成比(%)を示したものである。図中のA国,B国,C国,D国はタイ,マレーシア,インドネシア,フィリピンのいずれかに該当する。A国〜D国のうち,マレーシアに該当するものを選び,その記号をマークしなさい。

(ア)　A国　　(イ)　B国　　(ウ)　C国　　(エ)　D国

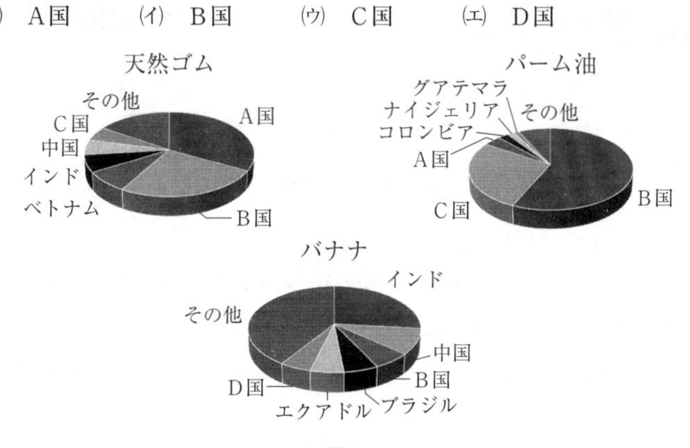

図1

『データブック オブ・ザ・ワールド2021』より作成

問6　下線部⑥に関して,ASEAN諸国の工業化に関する記述として**最も不適当なもの**を選び,その記号をマークしなさい。

(ア)　インドネシアのジュロン工業団地は同国の工業化の象徴である。

(イ)　シンガポールでは早くから輸出指向型の工業化が指向された。

(ウ)　工業化初期には労働集約的な工業の生産拠点の建設が進んだ。

(エ)　製品の輸出を条件に税金を優遇する輸出加工区の開発が進んだ。

問7　下線部⑦に関して，以下の**図2**(ア)〜(エ)はタイ，マレーシア，インドネシア，ベトナムの主要輸出品上位5品(2019年)の構成比(％)を示したものである。(ア)〜(エ)のうち，タイに該当するものを選び，その記号をマークしなさい。

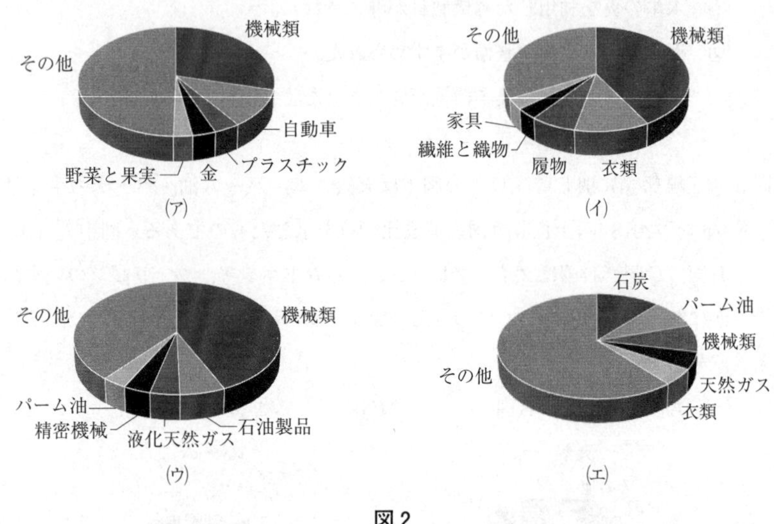

図2

『データブック オブ・ザ・ワールド2021』より作成

問8　下線部⑧に関して，ASEAN10の(1)人口と(2)GDP(USドル)について，EUおよびアメリカ合衆国と比較した場合の順位(2020年)について最も適当なものをそれぞれ選び，その記号をマークしなさい。なお，ここでのEUはイギリスを除くものとする。

(ア)　ASEAN＞EU＞アメリカ合衆国　(イ)　ASEAN＞アメリカ合衆国＞EU
(ウ)　EU＞ASEAN＞アメリカ合衆国　(エ)　EU＞アメリカ合衆国＞ASEAN
(オ)　アメリカ合衆国＞ASEAN＞EU　(カ)　アメリカ合衆国＞EU＞ASEAN

問9　下線部⑨に関して，以下の**図3**は東南アジア諸国の11カ国について，GDP(横軸：億USドル，2020年)と1人当たりのGDP(縦軸：USドル，2020年)を散布図で示したものである。**図3**中の(ア)〜(エ)の中から，タイに該当するものを選び，その記号をマークしなさい。

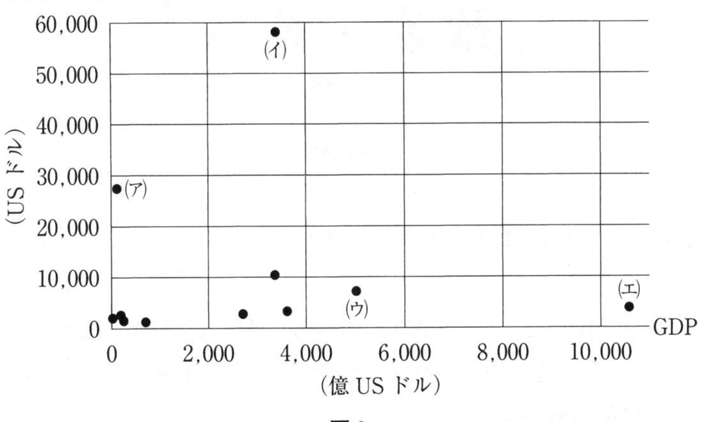

図3

『世界国勢図会 2020/21』『同 2022/23』より作成

注)東ティモールは2018年

政治・経済

(60分)

〔Ⅰ〕 次の文章を読んで，問(A)～問(F)に答えなさい。

日本国憲法第97条は，「この憲法が日本国民に保障する基本的人権は，人類の多年にわたる自由獲得の努力の成果であつて，これらの権利は，過去幾多の試錬に堪へ，現在及び将来の国民に対し，(　1　)として信託されたものである。」と規定している。以下では，衆議院憲法調査会事務局「『憲法と国際法(特に，人権の国際的保障)』に関する基礎的資料」(平成16年4月)を引用し(一部省略・改変)，いかにして基本的人権が獲得され，また保障されてきたのかについて考えてみよう。
（下線①：憲法と国際法）

「今日すべての国の憲法で保障されている基本的人権は，日本国憲法97条のいうように，『人類の多年にわたる自由獲得の努力の成果』であり，そうした努力の記録が人権宣言(または権利宣言)である。この点，自由獲得の苦闘の歴史について，樋口陽一教授は，1989年7月，パリで開かれたフランス革命二百年を記念する国際学会『フランス革命の像(イマージュ)』において，『四つの'89年，または西欧起源の立憲主義の世界での展開にとってフランス革命がもつ意義の重要性』と題する報告を行ない，近代立憲主義の思想が世界的に受容されていく過程を俯瞰(ふかん)している。」
（下線②：四つの'89年）

「1789年という日付のもつ憲法史上の意味は，圧倒的といってよいほど大きいが，1789年のフランスが突然表舞台に登場したわけではない。同じ18世紀の末に新大陸で(　2　)(1776年)による天賦人権の旗印が掲げられ，成文憲法が制定される(1788年)という大きな出来事があり，その背景にはさらに，独立戦争の当の相手方だったイギリス本国での，いちはやい形成，という母体があった。もともと，権利保障といい権力分立といい，それ自体としては近代憲法に特有なものではない。マグナ・カルタ(1215年)や身分制議会(イギリス議会は1965年
（下線③：イギリス）

に700年祭を祝った)という，中世立憲主義の伝統であるからである。身分制社会編成原理を基礎とし，諸特権の多元的並存のうえに成り立つ中世立憲主義と，身分制からの個人の解放を前提とし，解放された諸個人と，権力を集中することとなった国家との間の緊張のなかで権力からの自由を追求しようとする近代立憲主義とでは，論理構造の点でまったくちがう。しかし，17世紀イギリス革命は，中世立憲主義(古い皮袋)の伝統を援用する反王権闘争の成果として，近代立憲主義(新しい酒)の画期を世界にさきがけてきりひらいた。1689年の(　3　)は，その記念碑であった(樋口陽一『自由と国家—いま「憲法」のもつ意味—』(岩波書店，1989年))。」

このように獲得されてきた基本的人権は，それぞれの国家内で保障されてきた。「しかし，第二次世界大戦において連合国側が人権擁護を戦争スローガンの一つとしたことと相俟(あいま)って，同大戦におけるナチズムやファシズムによる残虐な人権侵害行為は，各国内における人権保障には限界があり，国際社会における平和が維持されるためには，世界規模での人権の尊重が不可欠であるとの認識をもたらした④。第二次世界大戦は，人権の普遍的理念が世界的に承認されるための大きな転換点となったのである。」

問(A)　文中の(　1　)～(　3　)に入れるのに最も適当な語句を下記の語群から選び，その記号をマークしなさい。

〔語群〕

(ア)　独立宣言　(イ)　権利章典　(ウ)　権利請願

(エ)　奴隷解放宣言　(オ)　リヴァイアサン　(カ)　チャーティスト運動

(キ)　侵すことのできない永久の権利

(ク)　不断の努力によつて保持される権利

(ケ)　公共の福祉による制限を受ける権利

問(B)　下線部①に関する説明として**最も適当でない**ものを次の(ア)～(エ)から一つ選び，その記号をマークしなさい。

(ア)　日本国憲法第7条第1号によれば，天皇は，内閣の助言と承認により，条約を公布する。

(イ) 日本国憲法第61条及び第60条によれば，条約の締結に必要な国会の承認については，さきに衆議院に提出しなければならない。

(ウ) 日本国憲法第73条によれば，内閣は，条約を締結する。

(エ) 日本国憲法第98条第2項によれば，日本国が締結した条約及び確立された国際法規は，これを誠実に遵守することを必要とする。

問(C) 下線部②に関して，1889年には大日本帝国憲法が発布されている。大日本帝国憲法及びその体制下の状況に関する説明として最も適当なものを次の(ア)～(エ)から一つ選び，その記号をマークしなさい。

(ア) 大日本帝国憲法は，ドイツにおいてすでに制定されていたワイマール憲法を参考にして起草された。

(イ) 大日本帝国憲法は欽定憲法であると言われるが，これは，大日本帝国憲法にその改正に関する規定が存在せず，改正が困難な憲法であったということを意味する。

(ウ) 大日本帝国憲法における帝国議会も，現在の国会と同様に，参議院と衆議院の両院をもって成立するものとされていた。

(エ) 大日本帝国憲法が発布された後の1890年に，「教育ニ関スル勅語」(教育勅語)が発布された。

問(D) 下線部③に関連して，近時の英国に関する説明として最も適当なものを次の(ア)～(エ)から一つ選び，その記号をマークしなさい。

(ア) 英国のスナク首相は，2023年5月に開催されたG7広島サミット出席のために広島市を訪問し，平和記念資料館訪問，原爆死没者慰霊碑への献花，植樹を行った。

(イ) 英国は，2020年1月31日にEUから離脱し，通貨もユーロからスターリング・ポンドに戻された。

(ウ) 英国では伝統的に二大政党制が発達してきたが，ここ20年は労働党が政権を担っており，保守党への政権交代はなされていない。

(エ) ロシアのウクライナ侵攻を契機としてNATOの加盟国が増加しており，

英国も2022年にNATOへ加盟した。

問(E)　下線部④に関連して，日本が締約国となっている条約または議定書として**最も適当でない**ものを次の(ア)〜(エ)から一つ選び，その記号をマークしなさい。

(ア)　児童の権利条約　　(イ)　拷問等禁止条約

(ウ)　自由権規約第2選択議定書　　(エ)　人種差別撤廃条約

問(F)　下線部④に関する説明として最も適当なものを次の(ア)〜(エ)から一つ選び，その記号をマークしなさい。

(ア)　国際連合憲章は，ウィルソンが提唱した「平和原則14か条」を基本思想として，ヴェルサイユ条約の一部として成立した。

(イ)　日本が何らかの人権条約に違反していると考える個人は，国際司法裁判所に訴えを提起し，損害賠償を請求することができる。

(ウ)　欧州人権条約においては，この条約及び条約の諸議定書において締約国が行った約束の遵守を確保するために，欧州連合司法裁判所を設立する旨が規定された。

(エ)　世界人権宣言は，すべての人民とすべての国とが達成すべき共通の基準として，国連総会において採択されたものである。

〔Ⅱ〕 次の文章を読んで，問(A)〜問(J)に答えなさい。

物価とは多数の財・サービス個々の価格を総合的・平均的に表したものである。物価には，消費者が購入する財・サービスの物価を示す消費者物価と，企業間で取引される財の物価を示す企業物価①がある。基準年の物価を100として，比較年の物価を指数で表したものが物価指数である。

物価が持続的に上昇する現象をインフレーション②という。インフレーションが発生するメカニズムは多様である。総需要の増加が総供給の増加を超えたり③，賃金や原材料費などの上昇率が労働生産性の上昇率を超えたりすることによって起きる。また，通貨の過剰供給，輸入価格④の上昇などもインフレーションを引き起こす要因となる。

インフレーションは，その発生メカニズムからわかるように，好況期に発生しやすい。また，好況期は失業率⑤が低くなりそうである。そこで，縦軸に物価上昇率，横軸に失業率をとると，右下がりの曲線の関係が観察される。経済学者フィリップスは，1861年から1957年のイギリスの貨幣賃金上昇率と失業率との間に右下がりの関係があることを示した。この関係は発見者の名前にちなんで，フィリップス曲線⑥とよばれる。しかしながら，この物価上昇率と失業率の関係を示す曲線は必ずしも右下がりになるとは限らない。

一方，物価が持続的に下落する現象をデフレーション⑦という。日本では1945年以降，2000年までは，消費者物価指数の変化率はプラスで推移し，インフレーションが経済にとって懸念材料であった。しかしながら，その後の不況により，2001年3月，政府は「緩やかなデフレ」にあると認定した。デフレーションは不況期に発生しやすいこともあり，デフレ・スパイラルに陥らないように種々の政策⑧が実行された。

経済を破壊するインパクトは，インフレーションもデフレーションも計り知れないほど大きく，臨機応変な対策が必要とされる。そのために，物価水準を測定することはきわめて重要である。

問(A)　下線部①に関連して，企業物価指数の記述として，最も適当なものを次の(ア)〜(エ)から一つ選び，その記号をマークしなさい。

(ア) 総務省統計局が作成し，毎月発表している。

(イ) 家計の消費支出実態を反映する品目に基づいて作成されている。

(ウ) 2003 年より卸売物価指数から名称変更された。

(エ) 輸入財の物価は指数の計算に含まれない。

問(B) 下線部②に関連して，インフレ率は緩やかに上昇するケースから短期間に急上昇するケースまで様々あるが，短期間に物価が数十倍にも高騰する超インフレをハイパー・インフレーションという。ハイパー・インフレーションに分類される出来事として最も適当なものを次の(ア)〜(エ)から一つ選び，その記号をマークしなさい。

(ア) 1970 年代のアメリカのインフレーション

(イ) 1920 年代のドイツのインフレーション

(ウ) 日本の高度経済成長期のインフレーション

(エ) 日本のバブル景気期の資産価格インフレーション

問(C) 下線部③に関連して，この現象を原因とするインフレーションに向けた基本的物価安定政策の組合せとして最も適当なものを次の(ア)〜(エ)から一つ選び，その記号をマークしなさい。

(ア) 政府支出を抑制し，増税する。通貨供給量を抑制する。

(イ) 政府支出を抑制し，増税する。通貨供給量を緩和する。

(ウ) 政府支出を緩和し，減税する。通貨供給量を抑制する。

(エ) 政府支出を緩和し，減税する。通貨供給量を緩和する。

問(D) 下線部④に関連して，現実の為替レートを用いて同一の財・サービスの国内価格と外国価格を比べたときに発生する格差を内外価格差という。自国において国内価格が外国価格よりも高くなる原因として最も適当なものを次の(ア)〜(エ)から一つ選び，その記号をマークしなさい。

(ア) 安価な輸入品の流入を阻むための関税が引き下げられた。

(イ) 生産性の低い自国の産業に対する保護政策が撤廃された。

(ウ) 複雑な国内流通システムが簡素なシステムに変わった。

(エ)　競争力の弱い産業を育成するために規制を強化した。

問(E)　下線部⑤に関連して，失業したときに一定の保険金が支払われる雇用保険に関する記述として**最も適当でない**ものを次の(ア)～(エ)から一つ選び，その記号をマークしなさい。

(ア)　1947年に制定された法律に基づく失業保険制度を発展させた制度である。

(イ)　労働者が子を養育するための休業をした場合に，育児休業給付を受給できる。

(ウ)　生活困窮者のみに対して最低限の生活を国が保障する公的扶助である。

(エ)　五つの社会保険の一つであり，労災保険と合わせて労働保険という。

問(F)　下線部⑤に関連して，日本の失業率は総務省統計局の労働力調査に基づいて測定される。例えば，15歳以上人口を1億人，そのうち非労働力人口が4千万人，完全失業者が180万人であるとすると，失業率(完全失業率)はいくらになるか。最も適当なものを次の(ア)～(エ)から一つ選び，その記号をマークしなさい。

(ア)　1.8%　　(イ)　3.0%　　(ウ)　3.5%　　(エ)　4.5%

問(G)　下線部⑥に関連して，フィリップス曲線に関する記述として**最も適当でない**ものを次の(ア)～(エ)から一つ選び，その記号をマークしなさい。

(ア)　フィリップス曲線の形状は国や時期によって異なる。

(イ)　スタグフレーションの場合も，フィリップス曲線は右下がりになる。

(ウ)　フィリップス曲線が右下がりの場合，失業率を下げることと物価上昇率を下げることはトレードオフの関係にある。

(エ)　第1次石油ショック直後の狂乱物価の状況に，右下がりのフィリップス曲線はあてはまりそうにない。

問(H)　下線部⑦に関連して，デフレーションの国民生活への影響に関する記述として最も適当なものを次の(ア)～(エ)から一つ選び，その記号をマークしなさい。

(ア)　個人の名目賃金が変化しない場合，その人の実質賃金は低下する。

(イ)　預金価値は実質的に低下する。

(ウ)　家計は今後も物価水準が下落すると予想して，消費意欲を高める。

(エ)　借り入れをしている企業にとって，債務の実質的価値が高くなり，新規の投資意欲が抑制される。

問(I)　下線部⑧に関連して，2001年以降の日本銀行による4つの非伝統的金融政策である，マイナス金利，包括的緩和，量的緩和，ゼロ金利，のうち初めて導入された時期が最も遅いものを次の(ア)〜(エ)から一つ選び，その記号をマークしなさい。

(ア)　マイナス金利政策　　(イ)　包括的緩和政策

(ウ)　量的緩和政策　　(エ)　ゼロ金利政策

問(J)　下線部⑧に関連して，2001年以降の日本銀行による非伝統的金融政策で，異次元緩和ともよばれた政策として最も適当なものを次の(ア)〜(エ)から一つ選び，その記号をマークしなさい。

(ア)　預金準備率操作　　(イ)　公開市場操作

(ウ)　量的・質的緩和政策　　(エ)　公定歩合操作

〔Ⅲ〕 次の文章を読んで，問(A)～問(D)に答えなさい。

労働法は，労働者や使用者，労働組合の関係を規制する法的なルールである。一般に，労働者は使用者に対して従属的な立場に立たされる。そこで，この従属性から生じる弊害を解消するために，労働法は以下のような3つの法領域を形成している。

第一が，労働者個人と使用者との間の法律関係を規制する個別的雇用関係法である。この領域において法律は，最長労働時間や最低賃金など労働条件の最低基準①を設定することで労働者が悲惨な条件で労働させられることを防止したり，労働災害に遭った労働者との関係で，使用者に無過失の補償責任を負わせることで労働者の迅速な救済を図ったりする。労働基準法(1947年公布)や(　1　)(1972年公布)が個別的雇用関係法に属する代表的な法律である。個別的雇用関係法は「賃金，就業時間，休息その他の勤労条件に関する基準は，法律でこれを定める」と規定する憲法第27条第2項や「(　2　)は，これを酷使してはならない」と規定する同条第3項にその基礎を有する。

第二が，労働者の集団たる労働組合と使用者，労働者との間の法律関係を規制する集団的労使関係法である。当初，ストライキを背景とした団体交渉とそれに続く労働協約の締結は労働力カルテルの形成や使用者に対する強要行為として認識され，禁圧の対象となった。しかし，現在では多くの国で労働組合は法的に承認，助成されるに至っている。労働組合法②(1949年公布)や労働関係調整法(1946年公布)が集団的労使関係法に属する代表的な法律である。集団的労使関係法は「勤労者の団結する権利及び(　3　)その他の(　4　)をする権利は，これを保障する」と規定する憲法第28条にその基礎を有する。これを受けた労働組合法第7条は，労働組合の団結等の活動に対する使用者の妨害行為を(　5　)として禁止している。

第三が，労働契約締結前の求人者と求職者の関係や労働市場のあり方を規制する労働市場法である。求人者と求職者のマッチングの場である労働市場を契約自由の原則に委ねると，求職者の窮状に付け込んだ高額の紹介料徴収や情報の虚偽伝達，人身拘束・売買，差別的取扱いなどの不公正が生じる。そこで，労働市場法は，民間による職業紹介を規制するとともに，失業者に対する職業訓練や職業紹介，生活保障，労働市場で不利な属性を有する労働者に関する規制③を行っている。職業安定法(1947年公布)や(　6　)(1974年公布)が労働市場法に属する代表的な法律である。労働市場法は，「すべて国民は，勤労の権利を有し，義務を負ふ」と規定する憲法第27条第1項にその基礎を有する。

以上のような法規制を前提として，日本の大企業，中堅企業は世界的に見ても特殊な人事労務管理を展開してきた。「日本型雇用システム」と呼ばれることもあるこの人事労務管理は，長期雇用慣行，年功的処遇，(　7　)をその主な特徴とする。およそ1980年代まで，日本の企業は安定的な雇用・労働条件や充実した教育訓練，柔軟な配置転換を武器として社会・経済状況の変化にうまく対応し，日本型雇用システムは日本の経済成長を支える原動力となった。この時期の最高裁判所も，上記の法規制が日本型雇用システムと適合するものとなるような判決を数多く示し，一連の最高裁の判例法理は2007年に労働契約法が成立したことにより部分的に明文化された。例えば，同法第16条は「(　8　)は，客観的に合理的な理由を欠き，社会通念上相当であると認められない場合は，その権利を濫用したものとして，無効とする」と規定している。

しかし，技術革新の高度化や産業構造の変化，国際競争の激化，労働者の価値観・生活スタイルの変化に直面して，日本型雇用システムが今後どこまで持続可能かには疑問が投げかけられている。例えば，新規学卒者ではなく技術や経験を身に付けた労働者を中途採用する動きや，年功的な賃金制度から成果主義的な賃金制度への移行が見られるし，労働組合の推定組織率(雇用者数に占める労働組合員数の割合)は2022年現在，(　9　)%にまで減少している(厚生労働省「令和4年労働組合基礎調査の概況」(2022年))。日本型雇用システムとそれに適合的なかたちで展開してきた労働法制が今後どのように変化するか，注目されている。

問(A)　文中の(　1　)～(　9　)に入れるのに最も適当な語句を下記の語群から選び，その記号をマークしなさい。

〔語群〕

(ア)　労働安全衛生法	(イ)　労働審判法	(ウ)　雇用保険法
(エ)　女性及び幼児	(オ)　女性及び児童	(カ)　幼児

(キ) 児童	(ク) 団体行動	(ケ) 争議行為
(コ) 団体交渉	(サ) 組合活動	(シ) 同盟罷業
(ス) 団交請求	(セ) 不公正労働行為	(ソ) 不当労働行為
(タ) 不公正団結活動	(チ) 不当団結活動	(ツ) 企業別組合
(テ) 産業別組合	(ト) 職種別組合	(ナ) 一般組合
(ニ) 配転	(ヌ) 出向	(ネ) 懲戒
(ノ) 解雇	(ハ) 16.5	(ヒ) 26.5
(フ) 36.5	(ヘ) 46.5	

問(B) 下線部①に関して，労働条件の最低基準に関する説明として最も適当なものを次の(ア)〜(エ)から一つ選び，その記号をマークしなさい。

(ア) 労働基準法第32条によれば，使用者は労働者に休憩時間を除き1日について8時間，1週間について48時間を超えて労働させてはならない。もっとも，一定の要件を満たせばこの制限を超えて労働させることも可能であり，現行法上，労働時間の上限規制は存在しない。このことが長時間労働や過労死・過労自殺をもたらしていると批判されている。

(イ) 労働基準法第34条によれば，使用者は，労働時間が6時間を超える場合においては少なくとも45分，8時間を超える場合においては少なくとも1時間の休憩時間を与えなければならない。

(ウ) 労働基準法第39条によれば，使用者は雇入れの日から起算して3箇月以上継続勤務し全労働日の8割以上出勤した労働者に有給休暇を付与しなければならない。もっとも，有給休暇の趣旨は長時間の勤務により蓄積した疲労を回復させることにあるから，1週間のうち2日しか勤務しない労働者に有給休暇を付与する必要はない。

(エ) 2023年9月末時点で，都道府県ごとに設定される地域別最低賃金額は東京都で1223円，大阪府で1172円，一番低い沖縄県で1001円となっており，すべての都道府県で最低賃金1000円以上が達成されている。

問(C) 下線部②に関して，日本の労働組合または労働組合法に関する説明として最も適当なものを次の(ア)〜(エ)から一つ選び，その記号をマークしなさい。

(ア)　厚生労働省「令和3年労働組合活動等に関する実態調査の概況」(2022年)によれば，令和3年の調査においてパートタイム労働者がいる事業所で組織されている労働組合のうちパートタイム労働者に組合加入資格がある労働組合は組合加入資格がない労働組合よりも少ない。

(イ)　現行の労働組合法上，使用者と団体交渉できるのは事業所内での選挙により労働者の過半数の支持を得た労働組合に限られており，いわゆる排他的交渉代表制度が採用されている。

(ウ)　日本の労働組合は企業間競争が激化した際に自社の使用者との協力より他企業の労働組合との連帯を重視せざるを得ない傾向にある。この欠点を克服するべく，毎年秋に全国の労働組合が一斉に賃金交渉に入るメーデーが行われている。

(エ)　現行の労働組合法上，労働組合を設立するために一定数以上の組合員を組織することは必要とされていないが，労働組合を結成した場合には労働基準監督署にその旨を届け出て許可を得ることが必要とされている。

問(D)　下線部③に関して，特定の属性を有する労働者に関する法的規制に関する説明として最も適当なものを次の(ア)～(エ)から一つ選び，その記号をマークしなさい。

(ア)　高年齢者等の雇用の安定等に関する法律第8条によれば，事業主がその雇用する労働者の定年の定めをする場合には，当該定年は70歳を下回ることができない。

(イ)　障害者の雇用の促進等に関する法律第36条の2によれば，事業主は，労働者の募集及び採用について，障害者と障害者でない者との均等な機会の確保の支障となっている事情を改善するため，労働者の募集及び採用に当たり障害者からの申出により当該障害者の障害の特性に配慮した必要な措置を講じなければならない。ただし，事業主に対して過重な負担を及ぼすこととなるときはこの限りでない。

(ウ)　短時間労働者及び有期雇用労働者の雇用管理の改善等に関する法律第9条によれば，事業主は，職務内容が通常の労働者と同一の短時間・有期雇用労働者については，短時間・有期雇用労働者であることを理由として基本給について差別的取扱いをしてはならないが，賞与は差別的取扱い禁止の対象となっていない。

(エ) 雇用の分野における男女の均等な機会及び待遇の確保等に関する法律第9条によれば，事業主は，女性労働者が婚姻したことを理由として解雇してはならないが，女性労働者が婚姻し，妊娠し，または出産したことを退職理由として予定する定めをすることはできる。

〔Ⅳ〕 次の文章を読んで，問(A)～問(E)に答えなさい。

日本の農業は，他の先進経済諸国のそれに比べると競争力が劣っていると指摘される。農林水産省が(　1　)ベースで試算した2010年代の食料自給率の推移を見てみると，牛肉が輸出品目の首位となる(　2　)の自給率は多くの年で200%を上回っており，アメリカや(　3　)も130%前後の高い自給率を記録している。しかし日本の自給率は低落傾向が続き，およそ40%弱にまで落ち込んでいる。

なぜ日本の食料自給率は低迷が続くのか。第二次世界大戦後，日本農業のあり方はそれまでとは一変した。(　4　)に高い小作料を払っていた小作人が，1940年代後半の(　5　)によって(　6　)となったのだが，日本の農家の一戸当たり平均経営面積は，2020年代になっても3ha程度で，170haを超えるアメリカと大差がある(両国の農業センサスによる)。また，伝統的な日本人の食生活に合わせて，戦後日本の農業は稲作を中心として展開されたが，1960年代以降，食生活の変化によりコメの消費量が激減したにもかかわらず，その変化にうまく対応することができなかったことも，日本農業低迷の一因である。1970年代から半世紀近くにわたって，コメの生産を抑制しようという(　7　)が政府によって推進され続けたが，これは稲作農家をはじめとする農業従事者のあいだに農業の先行きに対して大きな不安を生むこととなる。こうして新規就農者が減り，農業従事者の著しい高齢化が進んで，農業は衰退産業と揶揄(やゆ)されるようになってしまった。販売農家数は2019年にはおよそ110万戸にまで減少し，年間60日以上農業に従事する65歳未満の者がいない農家と定義される販売農家，すなわち(　8　)

が年々増えている。

競争によって優れたものが生き残るという自由競争の原則を農業にも適用すべきか否かについては，意見が分かれている。

農産物の輸出大国に比べて圧倒的に不利な条件下に置かれた日本の農業経営は，自由貿易にさらされれば輸入農産物によって一掃され，あっというまに壊滅してしまうだろうとして，政府は農業保護政策を続けてきた。人々に食料へのアクセスを常時安定的に確保するという(　9　)の考え方も，それには影響している。また，1999年制定の食料・農業・農村基本法が規定するように①農業は商工業にはない多面的な機能を果たしているのだから，例えば水田で作られるコメは輸入自由化に馴染(なじ)まないと説く人々もいる。「一粒たりともコメは輸入しない」という方針を転換し，(　10　)を設けて1995年から実行した日本政府は，②1999年からはコメの全面的な関税化に踏み切るが，輸入米に対する関税を極めて高く設定することで，実質的には国外からのコメの輸入を非常に厳しく制限している。

しかし一方では，(　11　)にもとづく自由貿易論を提唱し，農産物についてもその自由化を徹底的に進め，上質な食料を世界中から調達して消費者に適地適作の利益をもたらすべきだとする考えも，経済学では根強い。輸入農産物の安全性への懸念についても，農産物の産地や生産者や栽培法についての情報を消費者が得ることができる(　12　)を徹底したシステムを構築することができれば，消費者は安心して輸入農産物を購入できるはずだとされる。

日本農業をめぐる状況は厳しいが，自給率を(　13　)ベースで計算すると，日本の総合食料自給率はヨーロッパのいくつかの先進国と遜色ない数字(6割以上)となるという。競争力がある日本農業をつくりあげるためには，日本の国土で農業を営むことの課題を認識した上で，価格が多少割高であっても品質がよい農産物を求める消費者の声に応えることも，日本農業には求められているのだといえよう。

問(A)　文中の(　1　)～(　3　)に入れるのに最も適当な語句を下記の語群から選び，その記号をマークしなさい。

〔語群〕

(ア) 炭水化物	(イ) 脂質	(ウ) ビタミン
(エ) カロリー	(オ) 栄養素	(カ) イギリス
(キ) オーストラリア	(ク) 韓国	(ケ) スイス
(コ) 台湾	(サ) ドイツ	(シ) フランス

問(B)　文中の(　4　)〜(　8　)に入れるのに最も適当な語句を下記の語群から選び，その記号をマークしなさい。

〔語群〕

(ア) 政府	(イ) 役人	(ウ) 財閥家族
(エ) 寄生地主	(オ) 食糧管理制度	(カ) 財閥解体
(キ) 農地改革	(ク) コメの部分開放	(ケ) 減反政策
(コ) 戸別所得補償制度	(サ) 農奴	(シ) 借地農
(ス) 自作農	(セ) 基幹的農業従事者	(ソ) 自給的農家
(タ) 副業的農家	(チ) 主業農家	(ツ) 準主業農家

問(C)　文中の(　9　)〜(　13　)に入れるのに最も適当な語句を下記の語群から選び，その記号をマークしなさい。

〔語群〕

(ア) フード・マイレージ	(イ) フェアトレード
(ウ) ミニマム・アクセス	(エ) ポスト・ハーヴェスト
(オ) トレーサビリティ	(カ) 6次産業化
(キ) 食料安全保障	(ク) グリーン・ツーリズム
(ケ) 景気循環説	(コ) 比較生産費説
(サ) 有効需要論	(シ) エネルギー量
(ス) 生産額	(セ) 重量
(ソ) 投資額	

問(D)　下線部①に関連して，食料・農業・農村基本法の第3条に掲げられた「農業の多面的な機能」として**最も適当でない**ものを次の(ア)〜(エ)から一つ選び，その記号をマークしなさい。

(ア)　農業は，水源をかん養するなどして，国土と自然環境を保全する役割を果たしている。

(イ)　農業は，農村での生活に関わる日本の伝統的な文化を伝承する。

(ウ)　農業は，おいしい食べ物を供給することで消費者に大きな満足を与えている。

(エ)　農業が地域で営まれることで，そこに良好な景観が形成される。

問(E)　コメの輸入価格は通常1kg 50円から150円ほどになる場合が多いが，下線部②に関連して，その輸入米に対する2022年度現在の関税の説明として最も適当なものを次の(ア)〜(エ)から一つ選び，その記号をマークしなさい。

(ア)　輸入米には，輸入価格の6.6%の従価税が課せられる。

(イ)　輸入米には，輸入価格の34.1%の従価税が課せられる。

(ウ)　輸入米には，1kgあたり66円の従量税が課せられる。

(エ)　輸入米には，1kgあたり341円の従量税が課せられる。

数　学

◀3教科型，3教科型（同一配点方式），2教科型（英語＋1教科選択方式），2教科型（英数方式〈社会安全〉）▶

（60分）

〔Ⅰ〕pを定数とし，曲線$y=x^3-px$をCとおく。C上の異なる2点P$(a,\ a^3-pa)$，Q$(b,\ b^3-pb)$におけるCの接線をそれぞれℓ，mとする。次の問いに答えよ。

(1)　ℓの方程式を求めよ。

(2)　mがPを通るとき，aをbを用いて表せ。

(3)　mがPを通り，さらにℓとmが直交しているとする。このとき，pのとり得る値の範囲を求めよ。

〔Ⅱ〕 次の ☐ をうめよ。ただし，⑥，⑦ は数値でうめよ。

$\triangle$ABC を外接円の半径が 1 であり，$\angle B = \angle C = \theta$ である二等辺三角形とし，$\triangle$DEF を外接円の半径が 1 であり，$\angle E = \angle F = 2\theta$ である二等辺三角形とする。ただし，$0^\circ < \theta < 45^\circ$ である。

$\triangle$ABC について，正弦定理を適用し，辺 AB の長さを $\sin\theta$ を用いた式で表すと AB = ① であり，BC の長さを $\sin\theta$ および $\cos\theta$ を用いた式で表すと BC = ② である。したがって，$\triangle$ABC の面積を S とし，S を $\sin\theta$ および $\cos\theta$ を用いた式で表すと，$S = 4\sin^3\theta$ ③ である。

$x = \cos^2\theta$ とおくと，x のとり得る値の範囲は ④ である。このとき，$\triangle$DEF の面積を T とし，$\dfrac{T}{S}$ を x の多項式として表すと，$\dfrac{T}{S} =$ ⑤ である。

$S = T$ とする。このとき，$x =$ ⑥ であり，$\sin\theta = \dfrac{\sqrt{⑦}}{2}$ である。これを用いて S の値が求められる。

〔Ⅲ〕 c は実数の定数とする。x に関する方程式

$$x^3-(c-1)x^2-2cx+4=0 \quad \cdots\cdots(*)$$

について，次の □ をうめよ。

(1) 方程式$(*)$は c の値によらず，解 ① をもつ。

(2) 方程式$(*)$が異なる3つの整数解をもつのは $c=$ ② のときである。

(3) 方程式$(*)$が2重解をもつのは $c=$ ③ のときである。

(4) 方程式$(*)$が $\alpha<$ ① $<\beta$ を満たす実数解 α, ① , β をもつような c の値の範囲は ④ である。また，α, ① , β がこの順に等差数列となるのは，$c=$ ⑤ のときである。

◀英数方式〈総合情報〉▶

（90 分）

〔Ⅰ〕 自然数 n と $0 \leqq \theta \leqq \pi$ を満たす θ に対して

$$f_n(\theta) = \sum_{k=0}^{n} \cos k\theta$$

とおく。

(1) $f_2(\theta) \geqq 1$ を満たす θ の値の範囲を求めよ。

(2) $f_3(\theta) \geqq 1$ を満たす θ の値の範囲を求めよ。

(3) $f_2(\theta) \geqq 1$，$f_3(\theta) \geqq 1$，$f_4(\theta) = 0$ を同時に満たす θ の値を求めよ。

〔Ⅱ〕 関数 $f(x) = x^2 - 2x - \log_2 a - \log_2 b - 1$ について，次の問いに答えよ。

(1) 2次方程式 $f(x) = 0$ が異なる2つの実数解をもつとき，積 ab のとりうる値の範囲を求めよ。

(2) $f(x) = 0$ が異なる2つの実数解をもち，座標平面内で曲線 $y = f(x)$ と x 軸で囲まれた部分の面積が36以上となるとき，積 ab のとりうる値の範囲を求めよ。

(3) $f(x) = 0$ の異なる2つの実数解が $\log_2 a$ と $\log_2 b$ であるとき，a と b の値を求めよ。

〔Ⅲ〕 O を原点とする座標平面上に 3 点 A$(1,\ 0)$，B$(0,\ 1)$，C$(-1,\ -1)$ をとり，$\vec{a}=\overrightarrow{\mathrm{OA}}$，$\vec{b}=\overrightarrow{\mathrm{OB}}$，$\vec{c}=\overrightarrow{\mathrm{OC}}$ とおく。サイコロを 3 回投げて出た目を順に ℓ，m，n とする。$\vec{d}=\ell\vec{a}+m\vec{b}+n\vec{c}$ とおいて，点 D を $\overrightarrow{\mathrm{OD}}=\vec{d}$ によって定めるとき，次の [　　] をうめよ。

(1) $\vec{d}$ が零ベクトルである確率は [①] である。

(2) 内積 $\vec{d}\cdot\vec{c}\geqq 7$ となる確率は [②] である。

(3) $\vec{d}$ が零ベクトルでなく $\vec{c}$ と $\vec{d}$ のなす角が $\dfrac{\pi}{2}$ となる確率は [③] である。

(4) $\vec{d}$ と $\vec{b}-\vec{c}$ の内積が 0 でない確率は [④] である。

(5) 点 D が線分 AC 上にある確率は [⑤] である。

〔Ⅳ〕 次の [　　] をうめよ。[③] と [④] は k を用いて表せ。

k を正の実数とする。座標平面において，傾きがそれぞれ k，$k(4k^2+3)$ である 2 直線のなす鋭角を 2 等分する直線 ℓ の傾きを求める。

$\tan\alpha=k$，$\tan\beta=k(4k^2+3)$ となる角 α，β をとる $\left(0<\alpha,\ \beta<\dfrac{\pi}{2}\right)$。このとき，$\ell$ と x 軸のなす角を α，β で表せば [①] となる。

$k\neq$ [②] ならば $\tan(\alpha+\beta)=$ [③] なので，

tan [①] $=$ [④] が得られる。

$k=$ [②] ならば $\tan\dfrac{\alpha}{2}=$ [⑤]，$\tan\dfrac{\beta}{2}=$ [⑥] なので，

tan [①] $=$ [⑦] となる。

よって，いずれの場合も ℓ の傾きは [④] で与えられる。

などと古歌を口ずさむ。今日こそ、昔が思い起こされるお話しをしたことによって、罪も消えてほしい気持ちがして帝をいたわりなさった。

a　内大臣は「どうしてそのような過ぎ去ったことをご自身で非難なさるのですか。すべてそうなる因縁だったのでしょう」と言い、昔のその人あの人の楽器の音が際だって優雅であったことなどを語り出し、さらには、「ああ、亡くなった人が多くなった」などと古歌を口ずさむ。今日こそ、昔が思い起こされるお話しをしたことによって、罪も消えてほしい気持ちがして帝をいたわりなさった。

b　内大臣は「どうしてそのような過ぎ去ったことをご自身で非難なさるのですか。すべてそうなる因縁だったのでしょう」と言い、昔のその人あの人の楽器の音が際だって優雅であったことなどを語り出し、さらには、「ああ、亡くなった人が多くなった」などと古歌を口ずさむ。今日こそ、昔が思い起こされるお話しをしたことによって、罪もきっと消えるような気持ちがして心が晴れ晴れなさった。

c　内大臣は「誰がそのような過ぎ去ったことを非難しましょうか。すべてそうなる因縁だったのでしょう」と言い、昔のその人あの人の楽器の音が際だって優雅であったことなどを語り出し、さらには、「ああ、亡くなった人が多くなった」などと古歌を口ずさむ。今日こそ、昔が思い起こされるお話しをしたことによって、罪もきっと消えるような気持ちがして心が晴れ晴れなさった。

d　内大臣は「誰がそのような過ぎ去ったことを非難しましょうか。すべてそうなる因縁だったのでしょう」と言い、昔のその人あの人の楽器の音が際だって優雅であったことなどを語り出し、さらには、「ああ、亡くなった人が多くなった」などと古歌を口ずさむ。今日こそ、昔が思い起こされるお話しをしたことによって、罪もすっかり消えた気持ちがして心が晴れ晴れなさった。

e　内大臣は「誰がそのような過ぎ去ったことを非難しましょうか。すべてそうなる因縁だったのでしょう」と言い、昔のその人あの人の楽器の音が際だって優雅であったことなどを語り出し、さらには、「ああ、亡くなった人が多くなった」

a　内大臣は、たいそう若かった頃でさえ思慮深く、こちらが気おくれするほど立派であり、思っていることも口に出さなかったのを、まして近頃では、この世の道理をわきまえ、諸事について聖がきっと恥じ入るに違いないほど悟っているので、このような昔のことを思いつめることもなく、帝に対しても全く恨めしい気持ちも残していない。

b　内大臣は、たいそう若かった頃でさえ信心深く、こちらが気おくれするほど立派であり、思っていることも口に出さなかったのを、まして近頃では、この世の道理をわきまえ、諸事について聖がきっと恥じ入るに違いないほど悟っているので、このような昔のことを思いつめることもなく、帝に対しても全く恨めしい気持ちも残していない。

c　内大臣は、たいそう若かった頃でさえ思慮深く、こちらが気おくれするほど立派であり、思っていることも口に出さなかったのを、まして近頃では、この世の道理をわきまえ、諸事について聖と比べても恥ずかしくないほど悟っているので、このような昔のことを思いつめることもなく、帝に対しても全く恨めしい気持ちも残していない。

d　内大臣は、たいそう若かった頃でさえ信心深く、奥ゆかしく優しい性格で、思っていることも口に出さなかったのを、まして近頃では、この世の道理をわきまえ、諸事について聖と比べても恥ずかしくないほど悟っているので、このような昔のことを思いつめることもなく、帝に対しても全く恨めしい気持ちも残していない。

e　内大臣は、たいそう若かった頃でさえ思慮深く、奥ゆかしく優しい性格で、思っていることも口に出さなかったのを、まして近頃では、この世の道理をわきまえ、諸事について聖と比べても恥ずかしくないほど悟っているので、このような昔のことを思いつめることもなく、帝に対しても全く恨めしい気持ちも残していない。

問10　帝の言葉に対して、内大臣はどのように答え、どのように感じたか。最も適当なものを選択肢から一つ選び、その記号をマークせよ。

b　昔は私の心が幼かったため、よからぬことを思いはじめてしまったのです。思い返せば、ただこの藤壺があの人を深く隠しなさったので、苦しく、どうにかしてその人の素性を知る方法を得たいと思案していたところ、侍従がまだ童で、藤壺が人目を避けた手紙を侍従に運ばせていたのを、無理に奪い取って見たときから、そういった心が出たのです。藤壺もそれほど隠しだてすべきではなかった。このことに関しての私の非は認めるので、許してください。

c　昔は私の心が幼かったため、よからぬことを思いはじめてしまったのです。思い返せば、ただこの藤壺があの人を深く隠しなさったので、苦しく、どうしてその人の素性を知る方法がないのかと悩んでいたところ、侍従がまだ童で、あの人からの手紙といって藤壺のところへ持ってきたのを、たまたま取って見たときから、そういった心が出たのです。藤壺もそれほど隠しだてすべきではなかった。このことに関しての私の非は認めるので、許してください。

d　昔は私の心が幼かったため、よからぬことを思いはじめてしまったのです。思い返せば、ただこの藤壺があの人を深く隠しなさったので、苦しく、どうにかしてその人の素性を知る方法を得たいと思案していたところ、侍従がまだ童で、藤壺が人目を避けた手紙を侍従に運ばせていたのを、無理に奪い取って見たときから、そういった心が出たのです。どんな人もそういった隠しごとはしてしまう。このことに関しての私の非は認めるので、許してください。

e　昔は私の心が幼かったため、よからぬことを思いはじめてしまったのです。思い返せば、ただこの藤壺があの人を深く隠しなさったので、苦しく、どうしてその人の素性を知る方法がないのかと悩んでいたところ、侍従がまだ童で、藤壺が人目を避けた手紙を侍従に運ばせていたのを、たまたま取って見たときから、そういった心が出たのです。どんな人もそういった隠しごとはしてしまう。このことに関しての私の非は認めるので、許してください。

問9　帝の言葉を聞いた内大臣の様子は、どのようであったか、最も適当なものを選択肢から一つ選び、その記号をマークせよ。

c　大変かわいらしく成長なさっている二の宮を藤壺がかわいがっていたところに、音も無く帝がいらっしゃったので、藤壺はとても恥ずかしく思われて顔を赤らめることになった。藤壺がたくさんの親王たちの親であるというのもわずらわしく気の毒なことであると思われ、じっと藤壺を見つめている帝に対して、藤壺はたえがたく恥ずかしがっている様子である。

d　大変かわいらしく成長なさっている二の宮を女房たちがかわいがっていたところに、音も無く帝がいらっしゃったので、藤壺はとても恥ずかしく思われて顔を赤らめることになった。藤壺がたくさんの親王たちの親であるというのもわずらわしく気の毒なことであると思われ、じっと藤壺を見つめている帝に対して、藤壺はたえがたく恥ずかしがっている様子である。

e　大変かわいらしく成長なさっている二の宮を藤壺がかわいがっていたところに、音も無く帝がいらっしゃったので、藤壺はとても恥ずかしく思われて顔を赤らめることになった。藤壺がたくさんの親王たちの親であるというのもわずらわしく気の毒なことであると思われ、じっと藤壺を見つめている帝に対して、藤壺はどういうわけか恥ずかしがっている様子である。

問8　帝は内大臣に、どのようなことを言ったか。最も適当なものを選択肢から一つ選び、その記号をマークせよ。

a　昔は私の心が幼かったため、よからぬことを思いはじめてしまったのです。思い返せば、ただこの藤壺があの人を深く隠しなさったので、苦しく、どうにかしてその人の素性を知る方法がないものかと思案していたところ、侍従がまだ童で、あの人からの手紙といって藤壺のところへ持ってきたのを、無理に奪い取って見たときから、そういった心が出たのです。藤壺もそれほど隠しだてすべきではなかった。このことに関しての私の非は認めるので、許してください。

b　藤壺の面影が紫の上と似通っているものの、年数が経ったためはっきりとしなくなっていたところ、夢の中でありながら大変よく似ていたので、一段と心が引かれたため、すぐに藤壺に行き対面した。

c　藤壺の面影が紫の上と似通っていると近頃も思い続けているものの、年数が経ったためはっきりとしなくなっていたところ、夢の中でありながら大変美しく感じられたので、より確信を深めるため、すぐに藤壺に行き対面した。

d　藤壺の面影が紫の上と似通っていると近頃も思い続けているものの、年齢による衰えが見られるようになってきたところ、夢の中でありながら大変美しく感じられたので、一段と心が引かれたため、すぐに藤壺に行き対面した。

e　藤壺の面影が紫の上と似通っていると近頃も思い続けているものの、年齢による衰えが見られるようになってきたところ、夢の中でありながら大変よく似ていたので、より確信を深めるため、すぐに藤壺に行き対面した。

問7　帝が訪れた際の藤壺の様子は、どのようであったか。最も適当なものを選択肢から一つ選び、その記号をマークせよ。

a　大変かわいらしく成長なさっている二の宮を帝がかわいがっていたところに、音も無く藤壺が奥からお出ましになったので、二の宮はとても恥ずかしく思われて顔を赤らめることになった。藤壺がたくさんの親王たちの親であるというのもわずらわしく気の毒なことであると思われ、じっと藤壺を見つめている帝に対して、藤壺はどういうわけか恥ずかしがっている様子である。

b　大変かわいらしく成長なさっている二の宮を女房たちがかわいがっていたところに、音も無く藤壺が奥からお出ましになったので、二の宮はとても恥ずかしく思われて顔を赤らめることになった。藤壺がたくさんの親王たちの親であるというのもわずらわしく気の毒なことであると思われ、じっと藤壺を見つめている帝に対して、藤壺はたえがたく恥ずかしがっている様子である。

ずに終わってしまったことが悔しく、たまらなく悲しい上に、本当に幼くして別れてしまったことさえも思い返すと、美しくかわいらしい姿が忘れられない。そこで紫の上から譲り受けた二条院で御八講を行わせるように手配した。

b　袖を取ろうとして体勢を整えようとしたところで目が覚めてしまい、まったくかいのないことであった。一言も交わさずに終わってしまったことが悔しく、たまらなく悲しい上に、本当に何も無くて別れてしまったことさえも思い返すと、美しくかわいらしい姿が忘れられない。そこで紫の上から譲り受けた二条院で御八講を行わせるように手配した。

c　袖を取ろうとして体勢を整えようとしたところで気を失ってしまい、まったくかいのないことであった。一言も交わさずに終わってしまったことが悔しく、たまらなく悲しい上に、本当に何も無くて別れてしまったことさえも思い返すと、美しくかわいらしい姿が忘れられない。そこで紫の上から譲り受けた二条院で御八講を行わせるように手配した。

d　袖を取ろうとして体勢を整えようとしたところで目が覚めてしまい、まったくかいのないことであった。一言も交わさずに終わってしまったことが悔しく、明け方になっても悲しい上に、本当に幼くして別れてしまったことさえも思い返すと、美しくかわいらしい姿が忘れられない。そこで紫の上から譲り受けた二条院で御八講を行わせるように手配した。

e　袖を取ろうとして体勢を整えようとしたところで気を失ってしまい、まったくかいのないことであった。一言も交わさずに終わってしまったことが悔しく、明け方になっても悲しい上に、本当に幼くして別れてしまったことさえも思い返すと、美しくかわいらしい姿が忘れられない。そこで紫の上から譲り受けた二条院で御八講を行わせるように手配した。

問6　帝は、藤壺に対してどのようであったか。最も適当なものを選択肢から一つ選び、その記号をマークせよ。

a　藤壺の面影が紫の上と似通っていると近頃も思い続けているものの、年数が経ったためはっきりとしなくなっていたところ、夢の中でありながら大変よく似ていたので、違いを明らかにするため、すぐに藤壺に行き対面した。

a　上の句では、「君」は藤壺のことを指し、鏡に映った姿は常に映した本人から離れないという考え方を踏まえ、藤壺が帝にふさわしい女性であることを詠んでいる。下の句には、隠しごとのない理想的な夫婦として今後も長続きするように、との励ましの意が含まれている。

b　上の句では、「君」は藤壺のことを指し、鏡に映った姿は常に映した本人から離れないという考え方を踏まえ、藤壺が帝のそばにいつもいることを詠んでいる。下の句には、隠しごとのない理想的な夫婦として今後も長続きするように、との励ましの意が含まれている。

c　上の句では、「君」は紫の上のことを指し、鏡には偽りのない真実の姿が常に映し出されるという考え方を踏まえ、紫の上が成仏していないことを詠んでいる。下の句には、祖先を手厚く供養すると祖先が手助けしてくれるようになる、との教訓の意が含まれている。

d　上の句では、「君」は帝のことを指し、鏡に映った姿は常に映した本人から離れないという考え方を踏まえ、紫の上が帝に寄り添っていることを詠んでいる。下の句には、くもりのない帝の治世がより素晴らしいものになるように、との祝福の意が含まれている。

e　上の句では、「君」は帝のことを指し、鏡には偽りのない真実の姿が常に映し出されるという考え方を踏まえ、帝が理想的な治世者であることを詠んでいる。下の句には、くもりのない帝の治世がより素晴らしいものになるように、との祝福の意が含まれている。

問5　紫の上の姿を見た後の帝は、どのようであったか。最も適当なものを選択肢から一つ選び、その記号をマークせよ。

a　袖を取ろうとして体勢を整えようとしたところで目が覚めてしまい、まったくかいのないことであった。一言も交わさ問3　帝の前に現れた紫の上は、どのようであったか。最も適当なものを選択肢から一つ選び、その記号をマークせよ。

a　夢という感じはなく現実さながらに、生前と変わらないお姿がかわいらしく、「幼い時も格別に目をかけておりました。今もこのように素晴らしくていらっしゃるので、神仏のおそばに奉仕するとの誓いを守り続けたかいがあって、期待どおりに即位なさったことを大変嬉しく思います」と言った。

b　夢という感じはなく現実さながらに、生前と変わらないお姿がかわいらしく、「幼い時も格別に目をかけておりました。今もこのように素晴らしくていらっしゃるので、あなたのおそば近くで見守り申し上げたかいがあって、期待どおりに即位なさったことを大変嬉しく思います」と言った。

c　夢という感じはなく現実さながらに、生前とは異なったお姿もかわいらしく、「幼い時も格別に目をかけておりました。今もこのように素晴らしくていらっしゃるので、あなたのおそば近くで見守り申し上げたかいがあって、期待どおりに即位なさったことを大変嬉しく思います」と言った。

d　夢のような理想的なお姿ではないが、生前と変わらないお姿がかわいらしく、「幼い時も格別に目をかけておりました。今もこのように素晴らしくていらっしゃるので、神仏のおそばに奉仕するとの誓いを守り続けたかいがあって、期待どおりに即位なさったことを大変嬉しく思います」と言った。

e　夢のような理想的なお姿ではないが、生前とは異なったお姿もかわいらしく、「幼い時も格別に目をかけておりました。今もこのように素晴らしくていらっしゃるので、神仏のおそばに奉仕するとの誓いを守り続けたかいがあって、期待どおりに即位なさったことを大変嬉しく思います」と言った。

問4　和歌の解釈として、最も適当なものを選択肢から一つ選び、その記号をマークせよ。

問2　病を患った紫の上の様子を、帝はどのように思い出しているか。最も適当なものを選択肢から一つ選び、その記号をマークせよ。

a　少し回復なさったかのようにお見うけした時に、やはり病気の名残があり、大変心細そうに、将来の見事な様子を見られそうにないことの心残りを様々におっしゃり、「二条院の花々を、私の遺した形見と思って見てください」などと、自分の死後のことにまで思いをはせ、弱々しくも丁寧に指示されていたことを、不意に思い出している。

b　少し回復なさったかのようにお見うけした時に、やはり病気の名残があり、大変心細そうに、将来の見事な様子をすでに見たかのようなそぶりで様々におっしゃり、「二条院の花々を、私の遺した形見と思って見てください」などと、自分の死後のことにまで思いをはせ、しみじみと言い遺されていたことを、ぼんやりと思い出している。

c　少し回復なさったかのようにお見うけした時に、やはり病気の名残があり、大変心細そうに、将来の見事な様子をすでに見たかのようなそぶりで様々におっしゃり、「二条院の花々を、私を思い出すよすがとして見てください」などと、自分の死後のことにまで思いをはせ、しみじみと言い遺されていたことを、不意に思い出している。

d　少し回復なさったかのようにお見うけした時に、やはり病気の名残があり、大変心細そうに、将来の見事な様子を見られそうにないことの心残りを様々におっしゃり、「二条院の花々を、私の遺した形見と思って見てください」などと、自分の死後のことにまで思いをはせ、弱々しくも丁寧に指示されていたことを、ぼんやりと思い出している。

e　少し回復なさったかのようにお見うけした時に、やはり病気の名残があり、大変心細そうに、将来の見事な様子を見られそうにないことの心残りを様々におっしゃり、「二条院の花々を、私を思い出すよすがとして見てください」などと、自分の死後のことにまで思いをはせ、しみじみと言い遺されていたことを、ぼんやりと思い出している。

b　私があの世に行ってからも、今のように思いどおりにできるのであったなら、紫の上をどうにかして満足にお世話申し上げるのだけれど、今は出来ない。親王たちがたくさんいらっしゃる中でも、一品の宮と私を、この上なく大事に養育してくださり、それは唐紅色のように深くて、色が変わる様子もなく、格別大切に扱い、かわいがってくださったものだ、と思い出している。

c　私があの世に行ってからも、今のように思いどおりにできるのであったなら、紫の上をどうにかして満足にお世話申し上げるのだけれど、今は出来ない。親王たちがたくさんいらっしゃる中でも、一品の宮と私を、この上なく大事に養育してくださり、それは唐紅色のように深くて、色が変わる様子もなく、異常なほど心配し、心を痛めるほどであったものだ、と思い出している。

d　紫の上がこの世に生きていらっしゃり、私が今のように思いどおりにできるのであったなら、どうにかして満足にお世話申し上げるのだけれど、今は出来ない。親王たちがたくさんいらっしゃる中でも、一品の宮と私を、この上なく大事に養育してくださり、それは唐紅色のように深くて、色が変わる様子もなく、格別大切に扱い、かわいがってくださったものだ、と思い出している。

e　紫の上がこの世に生きていらっしゃり、私が今のように思いどおりにできるのであったなら、どうして満足にお世話しないことがあろうか、いやそのようなことはない。親王たちがたくさんいらっしゃる中でも、一品の宮と私を、この上なく大事に養育してくださり、それは唐紅色のように深くて、色が変わる様子もなく、異常なほど心配し、心を痛めるほどであったものだ、と思い出している。

君のしばしがほど六条院[*8]の御心を悩ましたてまつりたまひし報いにやとまで思ひ、またまのあたり思ひ知らせたてまつりしぞと思ひたまへれば、いささかつらき心も残らず。「何かその過ぎにしこと咎めのたまはせん。みなさるべきにはべらめ」などのたまひて、果て果ては、昔その人かの人の物の音すぐれて艶(えん)なりしことども、なほ、「あはれ、なきが多くも[*9]」などうち誦じて、今日なん、昔おぼゆる御物語に罪も消えなん心地してなぐさみたまうけり。

(『雲隠六帖』桜人による)

注　＊1　一品(いっぽん)の宮＝帝の兄にあたる人物。　＊2　二条院＝紫の上のかつての居所。　＊3　まなくも散るか＝「ぬきみだる人こそあるらし白玉のまなくも散るか袖のせばきに」(古今集)による表現。　＊4　御八講(みはっかう)＝『法華経』を講じる法会。　＊5　嵯峨院(さがのゐん)＝嵯峨にある離宮。　＊6　藤壺＝本来、藤壺は後宮の殿舎の一つを指す語であり、ここではその意味。　＊7　侍従＝女房の一人。　＊8　六条院＝人物名。内大臣の父は、過去に六条院の妻と密通していた。　＊9　なきが多くも＝「世の中にあらましかばと思ふ人なきが多くもなりにけるかな」(拾遺集)による表現。

問1　帝は、紫の上に対してどのようなことを思い出しているか。最も適当なものを選択肢から一つ選び、その記号をマークせよ。

a　私があの世に行ってからも、今のように思いどおりにできるのであったなら、紫の上をどうして満足にお世話しないことがあろうか、いやそのようなことはない。親王たちがたくさんいらっしゃる中でも、一品の宮と私を、この上なく大事に養育してくださり、それは唐紅色のように深くて、色が変わる様子もなく、異常なほど心配し、心を痛めるほどであったものだ、と思い出している。

たげなりし御面影忘れがたく、＊3「まなくも散るか」とうち誦(ず)じたまひて、名残悲しく思して、譲りたまひし二条院にて＊4御八講行はせたまはんと思す。＊5嵯峨院にて御誦経あるべし。

帝も御念誦などさまざまものしたまひてあはれに思し出でつつ、藤壺の御面影の似かよひたまうけりとこのごろも思ひわたりたまひしも、年経にければ朧(おぼろ)なりしが、夢のうちながらいとよくおぼえたまへば、ひとしほなつかしうて、やがて＊6藤壺へおはしまして見たてまつりたまへば、二の宮のいとうつくしうおよすげたまふを愛したてまつりたまふところへ音なくて上のおはしましければ、いと恥づかしく思して顔うち赤うておはするさまの、いつとなくらうたう、親王たちあまたの親といはんもうるさういたはしき御心地してうちまぼりたまふを、わりなく思して恥ぢらひたまひける御けはひ、いはんかたなく見たてまつりたまふ。

箏(さう)の琴召し寄せてもろともに掻(か)い鳴らしおはす折ふし、「内大臣参りたまふ」と人々申しければ、「こなたへ」とぞ例のへだてなく御簾(みす)の内に御座(おまし)よそひて入れたてまつりたまふ。昔物語さざやかに聞こえたまふ。かたみに浅くはあらぬ御仲らひなりしかば、下には思ひかよはしたまふことやおはしけん、御心の内どもは知らずかし。

上、「まことや、かのうせにし人、求め出でたまふとな。今はさりとも心な置いたまひそ。昔いと御心幼うて、さるまじきことを思ひそめて、我も人も心を尽くしはべりし、思へばただここなる人の深く隠したまひてしかば、つらく、いかにしてその人と知るわざもがなと思ひめぐらすを、＊7侍従はまだ童(わらは)にて、かしこよりの文とて持て来しを、取りに取りて見そめしより、心も出で来しぞや。人もさのみ物隠しはすまじきものにこそ。など、そのことの咎(とが)はさるよし隔てずいふになん、ゆるしたまへ」と今も涙ぐまれたまふ。いと若くおはせしにだに心深く恥づかしげにてものしたまひ、思ふことをもうち出でたまはぬを、まいてこのごろとなりたまひては、いとど世のことわりに仮に宿れる身と思しとりて、善き悪しきにつけて古(いにしへ)のをかしきふしもよく知られては、いみじき罪咎にこそとまで、聖(ひじり)も恥ぢつべう悟りたまへるになん、かうやうなる御ことも思ひ果てたまはず。父

二　次の文章は、『雲隠六帖』の一節で、この作品は『源氏物語』の後日談として、中世期に成立したとされている。帝（みかど）（本文では「内の帝」「上」）にとって、紫の上は養祖母にあたる人物であり、今は亡くなっているものの、幼い頃にかわいがられていた記憶がある。帝には、皇妃として藤壺がおり、藤壺との間には二の宮をはじめ複数の子がいる。また、かつて内大臣とはある女性（本文では「うせにし人」など）をめぐって争ったことがあり、二人に言い寄られたその女性は苦悩の末に失踪してしまった、という過去もある。これを読んで、後の問いに答えよ。

内の帝は、かくおぼえぬ栄えなどにつけても、紫の上の御こと忘るる世なく、あはれ、世にものしたまひてかく思ふさまならましかば、いかでかひあるさまに見あつかひたてまつりなましを、親王（みこ）たちあまたおはする中にも一品の宮*1とまろをばまたなく思ひかしづきたまうけるぞかし、唐紅（からくれなゐ）に深く、変はる御けしきもなく、ことさらにいつくしみかなしうしたまひしことと、幼き御心ながら、愛敬（あいぎやう）づきて、悩みたまひしころも、こちたき御祈りのしるしありて少しおこたりたまふにやと見たてまつりしに、なほ名残悩ましきさまにていとど御心細げに、生ひ先めでたう、見まじきことの名残などさまざまのたまひ、「二条院の花*2ども形見に見よ。仏にもたてまつりてよ」など後の世のことまで思ひやり、あはれにのたまひおきしを、今もかすかに思（おぼ）し出でて、つきせず悲しう思し続けてうちうそぶきたまふに、夜もふけぬらんと御格子（みかうし）参りぬるに、夢とはなしに現（うつつ）ながら、ありしに変はらぬ御姿のらうたげに、「幼くおはせしときも筋ことに見おきたてまつりたまふ。今もかくめでたくおはしませば、御あたりさらずまもりたてまつるかひありて、思ふさまなる御ことのいと嬉（うれ）しうなん」とて、

君があたりさらぬ鏡の影そひてくもりなき世をなほ照らすかな

とのたまふを、世におはしけるものと御袖をとりたまはんとけしきつくろふとておどろきたまふに、いとかひなし。せめて一言を交はさずなりけることの悔しさ、あかず悲しう、誠にいはけなくて別れたてまつりしをだに思ひ返せば、さもうつくしうらう

㋒ ヘンキョウ

a キョウアクな犯罪が増えている。
b 戦争のキョウイにさらされる。
c 法律をキョウギに解釈する。
d 地元チームの優勝にネッキョウする。
e 犯行の動機をキョウジュツする。

㋓ ロンダン

a チームでダンケツして戦う。
b 転職をケツダンする。
c ブツダンに花を供える。
d 問題を解決するためのシュダン。
e 保護者とのコンダン会を開く。

㋔ キュウサイ

a 巨額のフサイを抱える。
b 支払いをサイソクするメールを送る。
c 提案がサイタクされる。
d 社会的なセイサイを受ける。
e クレジットカードでケッサイする。

e　近代の到来によって、近代でないものが隠され、近代と近代でないものの対立が見えなくなる。その代わりに、ナショナリズムか、民主主義か、土着文化か、外来文化かという仮象の対立が現れるが、その仮象性を明らかにするために、後発近代化国が西欧の近代化を学びなおすようになると述べている。

問8　二重傍線部ⓐⓘⓤⓔⓞのカタカナと同じ漢字を用いる語を選択肢から一つ選び、その記号をマークせよ。

ⓐ　トクイ

a　ムサクイにサンプルを抽出する。
b　会議の決定にイゾンはない。
c　健康にリュウイする。
d　法律にイハンして罰せられる。
e　ヒンイに欠ける言動。

ⓘ　シチョウ

a　熱によってボウチョウする。
b　計画はジュンチョウに進んでいる。
c　無知は迷信をジョチョウする。
d　マンチョウ時に船を出す。
e　景気回復のチョウコウが見られる。

化し、民主主義は外来性、近代性を強化され、両者は対項の範型に沿って棲み分けるようになると述べている。

e　ナショナリズムと民主主義は、一六世紀イングランドあたりにはじまる中世から近代への動きの中から現れ、革命を経て国民国家の成立によって現実化する近代概念だが、後発近代化国に輸出されると、ナショナリズムは本来の近代化因子によるチェックを受け、民主主義との対立がより鮮明ではっきりしたものとなると述べている。

問7　筆者は、近代の到来によって何が起きると述べているか。最も適当なものを選択肢から一つ選び、その記号をマークせよ。

a　近代の到来によって、近代でないものが隠され、近代と近代でないものの対立が見えなくなる。その代わりに、外来と土着、近代と反近代という対項が現れるが、それは対立としては見かけにすぎず、近代が移入されることで後発近代化国には解決困難な事態が生じると述べている。

b　近代の到来によって、近代でないものが隠され、近代と近代でないものの対立が見えなくなる。その代わりに、外来と土着、近代と反近代という対項が現れ、近代が移入されることで後発近代化国では、民主主義とナショナリズムの対立がいっそう激しくなると述べている。

c　近代の到来によって、近代でないものが隠され、近代と近代でないものの対立が見えなくなる。その代わりに、外来と土着、近代と反近代という対項が現れ、西欧では民主主義とナショナリズム、後発近代化国では外来と土着という対立が形成されるようになると述べている。

d　近代の到来によって、近代でないものが隠され、近代と近代でないものの対立が見えなくなる。その代わりに、ナショナリズムか、民主主義か、土着文化か、外来文化かという仮象の対立が現れるが、現実の対立を表現しているのは、西欧と後発近代化国との間に生じる解決困難な対立であると述べている。

概念であり、この二つの政治原理は、相補い合う関係にあると述べている。

e 民主主義は、閉集合の集団を前提とする政治原理であって、閉集合の単位としての国民という概念を、ナショナリズムの起源である国民国家の成立から手に入れている。また、民主主義とナショナリズムは、いずれも構成員の同質性を求めるという特徴があり、この二つの政治原理は、いくつかの接点をもつ、双生児的存在であると述べている。

問6 筆者は、ナショナリズムと民主主義の発生とその後の展開について、どのように述べているか。最も適当なものを選択肢から一つ選び、その記号をマークせよ。

a ナショナリズムと民主主義は、一六世紀イングランドあたりにはじまる中世から近代への動きの中から現れ、革命を経て国民国家の成立によって現実化する近代概念だが、民主主義は、自由主義、個人主義、資本主義と同様に、普遍的な性格を保つのに対し、ナショナリズムは土着かつ特殊なものとなると述べている。

b ナショナリズムと民主主義は、一六世紀イングランドあたりにはじまる中世から近代への動きの中から現れ、革命を経て国民国家の成立によって現実化する近代概念だが、民主主義は子どもっぽい子、ナショナリズムは大人びた子として役割を振り分けられるようになると述べている。

c ナショナリズムと民主主義は、一六世紀イングランドあたりにはじまる中世から近代への動きの中から現れ、革命を経て国民国家の成立によって現実化する近代概念だが、後発近代化国に輸出されると、民主主義は外来性、近代性を強化されるのに対し、ナショナリズムは「血と大地」に結び付き、両者は対立していくようになると述べている。

d ナショナリズムと民主主義は、一六世紀イングランドあたりにはじまる中世から近代への動きの中から現れ、革命を経て国民国家の成立によって現実化する近代概念だが、後発近代化国に輸出されると、ナショナリズムは反近代の概念に転姿を想像することが必要であると考えている。

e　民主主義とナショナリズムという二つの実体の中間には両面鏡が介在し、鏡に映っているのは、それぞれ自分自身の鏡像であるにもかかわらず、相手と対面していると思い込んでいることが問題であって、今後は鏡を壊し、これら二つの概念を「言語」として吟味し、身体化し、じかに対面させることが必要であると考えている。

問5　筆者は、民主主義とナショナリズムはどういう関係に置かれる政治原理であると述べているか。最も適当なものを選択肢から一つ選び、その記号をマークせよ。

a　民主主義は、関係者の全員が、対等な資格で、意思決定に加わることを原則にする政治制度であり、閉集合の集団を前提とする政治原理である。一方、ナショナリズムは、民族主義、国民主義とも訳される政治概念であり、閉集合の集団を前提とはしておらず、両者は対立する政治原理であると述べている。

b　民主主義は、関係者の全員が、対等な資格で、意思決定に加わることを原則にする近代初頭に生まれた政治制度であり、民衆に同質性を要求するという本質をもつ政治原理である。また、ナショナリズムも、近代初頭に生まれ、関係者の全員が、対等な資格で、意思決定に加わることを原則にしており、その意味で両者は双生児的存在であると述べている。

c　民主主義は、ナショナリズムの起源である国民国家の成立を、自分の現実的な基盤として成立している政治原理である。一方、ナショナリズムは、民主主義の成立の基盤となるだけでなく、民主主義の原理の一つである平等を、当初から自分のうちに含んでおり、民主主義を包含する政治原理であると述べている。

d　民主主義は、ナショナリズムの起源である国民国家の成立を、自分の現実的な基盤として成立しており、閉集合の集団を前提とする政治原理である。一方、ナショナリズムは、構成員の同質性を民主主義によって自分の基盤に繰り込む政治きなかったと考えている。

e　戦後日本では、民主主義に外来の普遍的な価値を代表させ、同様にナショナリズムに土着の特殊固有な価値を代表させてきたが、両者は国民国家との関係においては二者択一的命題であるにもかかわらず、ともに国民国家と自分を関係づけたがらない傾向をその特徴としてきたと考えている。

問4　筆者は、「民主主義とナショナリズム」という問題領域がもたらす課題をどのように考えているか。最も適当なものを選択肢から一つ選び、その記号をマークせよ。

a　民主主義とナショナリズムという二つの実体の中間には両面鏡が介在し、鏡に映っているのは、民主主義側から見ればナショナリズムで、ナショナリズム側から見れば民主主義であり、一方からしか見えないことが問題であって、今後は鏡を壊し、両者の関係線を斜行させ、じかに対面させることが必要であると考えている。

b　民主主義とナショナリズムという二つの実体の中間には両面鏡が介在し、鏡に映っているのは、それぞれ自分自身の鏡像にすぎず、両者が相手を直接見ていないことが問題であって、今後は鏡を壊し、両者の関係線を斜行させ、二つのイズムを融合させていくことが必要であると考えている。

c　民主主義とナショナリズムという二つの実体の中間には両面鏡が介在し、鏡に映っているのは、それぞれ自分自身の鏡像であるため、その像が逆に見えていることが問題であって、今後は鏡の存在を自覚し、両者が自分自身の像を正確に理解することが必要であると考えている。

d　民主主義とナショナリズムという二つの実体の中間には両面鏡が介在し、鏡に映っているのは、それぞれ自分自身の鏡像であるにもかかわらず、相手と隔てられていることに気づかないのが問題であって、今後は鏡の存在を自覚し、相手の

e　明治期においては、民主主義(民権)は、過去の身分制との関係で、国内的な自由と平等の確立という共時軸を相手にとった動きをし、ナショナリズム(国権)は、他国西洋列強の植民地化の動きに抗して、対外的な独立に必要な国力の増強をめざすという通時軸を相手にとった動きをしていた。両者は、過去の身分制社会を壊し新しい体制を作るという点で、後発国に固有の二項対立の関係にあった。

問3　筆者は、戦後日本の民主主義とナショナリズムはどのようなものだと考えているか。最も適当なものを選択肢から一つ選び、その記号をマークせよ。

a　戦後日本では、民主主義に外来の普遍的な価値を代表させ、同様にナショナリズムに土着の特殊固有な価値を代表させ、両者ともすでにある要素、項目の上にレッテルとしてはられた「符号」となったが、いずれはこのそれぞれが、独自に概念を指示する「言語」として機能するようになると考えている。

b　戦後日本では、民主主義に外来の普遍的な価値を代表させ、同様にナショナリズムに土着の特殊固有な価値を代表させ、この二つに革新派と保守派の対立を代弁させてきたが、この戦後型の対項関係は、鏡像的一対の対項関係に過ぎず、戦後社会の言説を深刻な袋小路に閉じ込める結果を招来してきたと考えている。

c　戦後日本では、民主主義に外来の普遍的な価値を代表させ、同様にナショナリズムに土着の特殊固有な価値を代表させ、両者を独自の概念を指示する「言語」として機能させようとしてきたが、こうした民主主義とナショナリズムの言語化の努力は、ごく一握りの知識人によって続けられたにすぎないと考えている。

d　戦後日本では、民主主義に外来の普遍的な価値を代表させ、同様にナショナリズムに土着の特殊固有な価値を代表させてきたが、両者はともに独自の概念を指示することのない「非言語」にすぎず、革新派と保守派の対立を代弁することはで問2　日本の明治期の民主主義（民権）とナショナリズム（国権）との関係を説明したものとして、最も適当なものを選択肢から一つ選び、その記号をマークせよ。

a　明治期においては、民主主義（民権）は、過去の身分制との関係で、国内的な自由と平等の確立という共時軸を相手にとった動きをし、ナショナリズム（国権）は、他国西洋列強の植民地化の動きに抗して、対外的な独立に必要な国力の増強をめざすという通時軸を相手にとった動きをしていた。両者の対立は、戦後のそれとは異なるあり方で、共通分母もそれぞれの基盤ももたない二項対立の関係にあった。

b　明治期においては、民主主義（民権）は、過去の身分制との関係で、国内的な自由と平等の確立という共時軸を相手にとった動きをし、ナショナリズム（国権）は、他国西洋列強の植民地化の動きに抗して、対外的な独立に必要な国力の増強をめざすという通時軸を相手にとった動きをしていた。近代化を国の独立を確保しつつはかるという意味で、両者は共通分母やそれぞれの基盤をもって対立していた。

c　明治期においては、民主主義（民権）は、過去の身分制との関係で、国内的な自由と平等の確立という通時軸を相手にとった動きをし、ナショナリズム（国権）は、他国西洋列強の植民地化の動きに抗して、対外的な独立に必要な国力の増強をめざすという共時軸を相手にとった動きをしていた。両者の対立は、戦後のそれと同様に、共通分母もそれぞれの基盤ももたない二項対立の関係にあった。

d　明治期においては、民主主義（民権）は、過去の身分制との関係で、国内的な自由と平等の確立という通時軸を相手にとった動きをし、ナショナリズム（国権）は、他国西洋列強の植民地化の動きに抗して、対外的な独立に必要な国力の増強をめざすという共時軸を相手にとった動きをしていた。両者は、近代化を国の独立を確保しつつはからなければならない後発国に固有の二項対立の関係にあった。

問1　筆者は、戦後日本の民主主義理解の特徴についてどのように述べているか。最も適当なものを選択肢から一つ選び、その記号をマークせよ。

a　戦後日本では、民主主義は単なる政治上の制度であるだけでなく、その根本に人間の尊重という精神を内包した近代的精神原理の代表的な主義、思想だととらえられている。また、同じく近代的原理である自由主義や共和主義と組合わせて論じられる一方、ナショナリズムとは鏡像的関係にあり、相互依存的対項関係を成していると述べている。

b　戦後日本では、民主主義は単なる政治上の制度であるだけでなく、その根本に人間の尊重という精神を内包した近代的精神原理の代表的な主義、思想だととらえられている。また、反近代的な原理としてのナショナリズムとは鏡像的関係にあり、相互依存的対項関係を成していると述べている。

c　戦後日本では、民主主義は単なる政治上の制度であるだけでなく、その根本に人間の尊重という精神を内包した戦後日本の良き主義、思想だととらえられている。加えて、近代的原理の代表でもあり、同じく近代的原理であるナショナリズムとは鏡像的関係にあり、相互依存的対項関係を成していると述べている。

d　戦後日本では、民主主義は単なる政治上の制度であるだけでなく、その根本に人間の尊重という精神を内包した近代的精神原理の代表的な主義、思想だととらえられている。加えて、戦前日本の悪しきものを一掃するナショナリズムとは鏡像的関係にあり、相互依存的対項関係を成していると述べている。

e　戦後日本では、民主主義は単なる政治上の制度であると考えられており、近代的な政治制度の一つとして、自由主義あるいは共和主義と並ぶものととらえられている。加えて、戦前日本の悪しきものを一掃する良き価値の体現物として同定され、ナショナリズムとは鏡像的関係にあり、相互依存的対項関係を成していると述べている。

方がすでに近代の所産であるといえば、わたしのいうことが伝わるだろうか。近代は外来文化として移植されると必ず反近代という近代化作用を移植先に発生させるが、それがともに近代の所産であることが、あの民主主義とナショナリズムという大人びた子と子どもっぽい子の一対性に顔を見せているのである。

近代と近代でないものの対立は実をいうと対立という形をとらない。近代の到来は、近代でないものを隠し、近代と近代でないものの対立を見えなくする。その代わり現れるのが、外来と土着、近代と反近代というこの対項である。それは対立としては見かけにすぎない。それは、現実の対立を表現しているのではなく、むしろ多くの場合、近代が移入されることで後発近代化国に生じる事態の解決困難をこそ表現している。ナショナリズムか、民主主義か、土着文化か、外来文化か。問いはどのようにも現れうるが、それは対立としては仮象である。この難問を解こうとすれば、この難問の仮象性を明らかにする以外にない。ここでは、この脱出不可能な袋小路を壊すことが、この袋小路からいかに抜けだすかという仮象の問いを解く、ただ一つの答えなのである。

(加藤典洋『可能性としての戦後以後』による　※一部省略したところがある)

注　＊1　丸山眞男＝日本の政治学者、思想史家。(一九一四～一九九六)　＊2　角逐＝互いに争うこと。　＊3　イズム＝主義・説のこと。　＊4　「敗戦革命」＝敗戦による混乱や弱体化に乗じて、革命により政権を掌握すること。　＊5　橋爪大三郎＝日本の社会学者。(一九四八～　)　＊6　カール・シュミット＝ドイツの思想家、法学者、政治学者、哲学者。(一八八八～一九八五)　＊7　古代ギリシャの民主政＝直接民主政治であり、市民が直接投票した。ただし、選挙権は、大人の男性市民にしかなかった。　＊8　「血と大地」＝民族主義的なイデオロギーで、「血」は民族の文化的な継承を意味し、「大地」は祖国を意味する。　＊9　フィヒテ＝ヨハン・ゴットリープ・フィヒテ。ドイツの哲学者。(一七六二～一八一四)

ミットは自由主義と対比して、民主主義の本質の一つを民衆に同質性を要求する点に見ているが、ナショナリズムもまた、この構成員の同質性を、何らかの形で基盤として自分に繰りこむ政治概念にほかならない。ここで民主主義を、[*7]古代ギリシャの民主政と区別して用いれば、近代初頭にほぼ時を同じくして生まれたこの二つの近代的政治思想、精神態度は、ほんらい対立するものというより、いくつかの接点をもつ、双生児的存在なのである。

ところで、そう考えてみて、面白いのは、次のことではないだろうか。

元来、ナショナリズムと民主主義は、自由主義、個人主義、資本主義と同様、一六世紀イングランドあたりにはじまる中世から近代への動きの中から現れ、革命をへて国民国家の成立によって現実化する、ほぼ同時期生まれの近代概念だが、これがいったん西欧という出生の地を離れ、よその国に輸出されると、二つのうち、一つ、ナショナリズムは土着かつ特殊、もう一つ、民主主義は外来かつ普遍と、それぞれ非西欧後発近代化国の近代の範型に沿って「棲(す)み分け」る。いわば同じ年齢の二人の子どもが、よその土地にやられると一人は子どもっぽい子、もう一人は大人びた子と、役割をそれぞれ「振り分けられ」るのである。

むろんナショナリズムは西欧でもそれに後発的要素のひそむドイツなどの場合には、土着の固有特殊の因子である「血と大地」[*8]と結びつくが、その場合でも、そこでそれはナショナリズム本来の近代的因子によるチェックを受ける。それはフィヒテ[*9]の『ドイツ国民に告ぐ』に見られるように、そのドイツでなお国民国家の一因子であり、カール・シュミットにおいても、同じ一因子たる民主主義とは、同列に置かれこそすれ、対立していないのである。これに対し、後発近代化国では、同じく外来の新しい近代的考え方であるはずのナショナリズムが反近代の概念に転化し、民主主義はたとえば前近代的な慣習などからとらえ返されることなしに、ますます外来性、近代性を強化され、その対項を形成することとなる。

しかし、なぜこのようなことになるのか。外来と土着という後発近代化国に特有の対項の範型は、ふつう思われているように、近代と反近代(=近代でないもの)の対立を意味しているのではない。ここに言われる反近代(=近代に反対するもの)というありその二つの間にある両面の鏡を、取り除くこと。そうすることで、この二つのものをじかに対面させること。

なぜわたし達の社会、とりわけ戦後社会は、ナショナルなものに関心をむける民主主義者、普遍的な価値に身をよせるナショナリストという像を、それほどもたずにきたうえに、現にいまも、もっていないのか。

二つの間にある鏡を取り除くとは、これら二つのものの対項関係の中で、対角線を描くこと、関係線を斜行させ、間に介在する鏡を壊すことである。これら二つの概念を「言語」として再び吟味し、身体化し、じかに対面させ、その対面を生きる以外に、この二つの「イズム」の間に鏡をはさんだ袋小路的対項空間を壊すことはできないのである。

しかし、このじかの対面を生きるとはどういうことだろうか。

その結果、この二つのイズムの「現在」からわたし達はどういう課題を受けとることになるのか。

（中略）

ここで、もう少し別の面から、民主主義とナショナリズムについて見ておきたい。そもそもこの二つは、どういう関係に置かれる政治原理だろうか。

ナショナリズムは民族主義とも、国民主義とも訳され、国民国家の基本要因としての「言語」から「日々の人民投票」までの広がりで解されているが、民主主義は、そういうナショナリズムの起源である国民国家の成立を、ある意味で自分の現実的な基盤として成立している。橋爪大三郎[*5]は、民主主義を「関係者の全員が、対等な資格で、意思決定に加わることを原則にする政治制度」と定義している。民主主義は閉集合の集団を前提とする政治原理であり、この閉集合の単位として、国民（ネイション）という概念を、国民国家の成立から、手に入れているのである。

一方、ナショナリズムは政治思想として、二・二六事件の青年将校が東北農村のキュウサイ（お）を決起の理由にあげていることに知られるように、民主主義の原理の一つである平等を、当初から自分のうちに含んでいる。また後述するようにカール・シュ[*6]

ことにある。このそれぞれが、独自に概念を指示する「言語」であるなら、これが一方を取れば他方を否定しなくてはならない二者択一的命題どころか、ともに国民国家の成立とほぼ時を同じくして誕生した双生児的な近代概念であることが、わたし達の眼(め)に明らかになるだろう。しかし、いわば自力で「敗戦革命」を果たしたのではないわたし達の戦後においては、そのことの直視の回避という無意識の欲望にも動かされて、民主主義もナショナリズムも、ともに国民国家と自分を関係づけたがらない傾向をその特徴としてきた。そのため、この二つのイズムの対項は、ますます鏡像的となり、これまで長い間、戦後社会の言説を、その深刻な袋小路(こうじ)に閉じこめる結果を招来してきたのである。

共産主義を信奉する政党が「平和と民主主義」を標榜(ひょうぼう)し、(う)ヘンキョウな民族主義的志向をおし隠す政党が自由民主党つまり「自由と民主主義」の党を名乗った。そこではあれほどこのコトバが氾濫したにもかかわらず、民主主義の実質を誰もがマトモには受けとっていなかったことが明らかである。(え)ロンダンでは「戦後民主主義」なるコトバが語られたが、このような風潮によりかからない民主主義の言語化の努力は丸山眞男などごく一握りの知識人によって続けられたにすぎなかった。

わたし達は、戦後、ほんとうは民主主義にも、ナショナリズムにも、出会わないできたのではないだろうか。わたし達が民主主義と思ってきたものはナショナリズムの前面の鏡に浮かぶ対立鏡像にすぎず、一方、ナショナリズムと思ってきたものは、民主主義の前面の鏡に浮かぶ対立鏡像にすぎなかった。

したがって、この「民主主義とナショナリズム」という問題領域がわたし達にさしむけてよこしている課題とは、一言でいえば、このようなものとなる。

ここにあるのは、あの合わせ鏡空間のちょうど逆構造の空間であって、そこには民主主義とナショナリズムという二つの実体が存在するが、ただその中間に両面鏡が介在し、両者を隔てている。両者を隔てるものが鏡であるため、両者とも、鏡像を相手と見間違え、隔てられていることに気づかない。

の指摘する民主主義(民権)とナショナリズム(国権)の対立は、戦後のそれと同じではない。というのも、先の戦後の民主主義とナショナリズムの対項の構成要素には、ともに、自力で古い体制を壊し、新しい体制を作るという国家(ネイション)につながる回路が欠けている。明治の民権と国権の対立は、ともに国民国家の創設という目標と、それぞれ、徳川社会、西欧列強という相手をもった自律した理念同士の対立であり、これをボートと見ればこの二つのボートはそれぞれ、同じ岸壁の別種の杭(くい)につなぎとめられているのだが、戦後のそれは、いわば共通分母もそれぞれの基盤ももたない、互いに相手に結びつけられ、浮遊するボート同士にも似た、一方が消えれば他方も消える、鏡像的な対立にすぎないのである。

そうだとすれば、わたし達は、この戦後における二つのイズム[*3]の対項関係を、まったく違う視点から考えなくてはならない。この戦後型対項関係の特徴は、この二つがつねに、先の男女の例のように、相手なしには自分を特定できない概念となっていることである。なぜこのようなことになるのか。そこにあの「敗戦革命」[*4]なるものの他律性が顔をだしていることは、いうまでもない。民主主義という概念は、戦後再び移入されることで戦後日本の社会に何かを新たに〝作りだし〟ているとまでは言えない。ナショナリズムについても同じことがいえる。これらは、外からもってこられ、すでにある要素、項目の上にレッテルとしてはられ、いまもそれを指示する記号として機能している「符号」にすぎないのである。

それでは、この一対のコトバの組合せは、つまるところわたし達の社会の中の何を指示しているのだろうか。

わたし達はこの対項関係の中で、民主主義に外来の普遍的な価値を代表させ、ナショナリズムに土着の特殊固有な価値を代表させている。この二つは、それぞれこうした役割分担を行うことで、戦後についていえば、革新派と保守派の対立を代弁してきた。〝代弁〟されるその当のものがほんらい鏡像的な一対の概念であることを反映して、空の容(い)れ物としてその二つを代弁するこの戦後型の対項関係は、これもやはりそれをなぞり、鏡像的一対の対項関係になり終わっているのである。

問題は、ここにいう民主主義、ナショナリズムが、そのような「非言語」であるにもかかわらず、そうとは受けとられていないにしている。民主主義は、戦前日本の悪しきものを一掃する戦後日本の良き価値の体現物として自分を同定しているので、そこで悪役を務める戦前の悪しき原理をさして、わたし達は、ナショナリズムと呼んでいるのである。

　こういうあり方は、明らかに戦後のものである。この民主主義とナショナリズムの対項関係の特質は、そこで両者が互いの鏡として存在している、ということにほかならない。辞書を見れば、男とは人間のうち、女でないもの、女とは人間のうち、男でないもの、とあり、ここで鏡像的関係というのは、こうした相互依存的対項関係をさすが、ここで民主主義とは、ナショナリズムでないもの、ナショナリズムとは、民主主義でないものなのである。

　しかし、民主主義とナショナリズムというこの対項関係は、もちろん近代日本にあって戦後はじめて現れたものというのではない。＊1丸山眞男は「明治国家の思想」の中で明治維新の精神的な立地点を二つの主張の対項の構図として描いている。その二つの主張とは、尊皇攘夷(じょうい)論に端を発する国権論と、公議輿論(よろん)(い)シチョウに端を発する自由民権論であり、言い方をかえれば、政治的集中の表現であるナショナリズムと政治的拡大の表現である民主主義の二項的対立の形で、この対項関係の起源は、明治期における民権論と国権論の対立にまでさかのぼるのである。

　ところで、この明治期の民主主義(民権)とナショナリズム(国権)の対立は、そこで丸山が、山の頂きを高めようという垂直方向の動きと、山の裾野を広めようという水平方向の動きのせめぎあいとして語っているように、そのそれぞれが、国民国家の創設という目標との関係を保った、国民国家創設の二つの力点の間の角逐＊2にほかならない。なぜこのような対立が生じるか、その理由もはっきりしている。一方は、国内的な自由と平等の実現を先行させようとするが、他方は国家の独立つまり国力の増強を優先させようとする。一方は、通時軸に相手をとり、過去の身分制社会との関係で、国内的な自由と平等の確立をめざすが、他方は、共時軸に相手をとり、他国西洋列強の植民地化の動きに抗して、対外的な独立に必要な国力の増強をめざす。これが、近代化を国の独立を確保しつつはからなければならない後発国に固有の二項対立となる所以(ゆえん)だが、すぐにわかるように、この丸山

国語

（七五分）

一　次の文章を読んで、後の問いに答えよ。

戦後日本と明治期日本とで、「民主主義とナショナリズム」の対項のありようは、どのように違っているだろう。

たとえば、一九四八―四九年に刊行された文部省作成の教科書『民主主義』は、「多くの人々は、民主主義とは単なる政治上の制度だと考えている」が、それだけではそれを「ほんとうに理解することはできない」「たいせつなのは、民主主義の精神をつかむこと」であり、その根本は、「人間の尊重ということにほかならない」と述べている。

この民主主義理解の特徴は、民主主義が、いわば近代的精神原理の代表であるかに――その可能性の最大幅で、広義に――とらえられていることである。これは、民主主義が近代的な政治制度の中の一つ（ワン・ノブ・ゼム）として、たとえば同じく近代的制度である自由主義あるいは共和主義と組合わせて論じられる西欧の場合にくらべ、かなりトクイ(あ)なことといわなければならない。

どんな場合でも新しい主義主張の登場は、先行するそれへの対抗、対位の関係づけをもつ。そして、多くの場合、新しい主義は、先行する主義との対項関係のうちに自分を同定するが、では、この場合、こうした近代的原理の代表としての民主主義は、何を自分の対抗者に擬しているのか。それは別種の近代的な原理を対抗者にしているというより、ある反近代的な原理を対抗者

解答編

英語

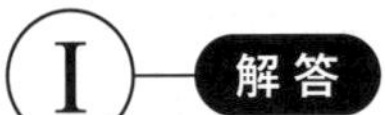

A. (1)—C　(2)—A　(3)—C　(4)—B　(5)—D
B. (1)—F　(2)—E　(3)—B　(4)—Z　(5)—D
(6)—C

全訳

A.《交換留学生をバーベキューに誘う》

交換留学生であるリクが，友だちのシェーンをバーベキューに来ないかと誘っている。

リク：やあ，シェーン。調子はどう？

シェーン：まあまあね。あなたは？

リク：聞いてくれて嬉しいよ！　実は君に偶然出会えればなあと思っていたんだよ。

シェーン：あら，どうして？

リク：僕の親しい友だち何人かと今週末，川辺でバーベキューをする予定なんだ。君も来ない？

シェーン：とっても面白そうね！　行きたいけど，あなたも知っているように，私の日本語はあまり上手じゃないのよね。それ，ちょっと困ったことにならない？

リク：ならないと思うよ。友だちのほとんどは少なくとも基本的な英語は話せるしね。

シェーン：じゃあ，私も数に入れておいてね。

リク：よかった！　他の人にも君が来るって言っておくね。きっと楽しくなると思うよ。

シェーン：ところで，途中で何か買って行った方がいい？

リク：えっと，食べ物だけは用意するので，それはみんなで割り勘にするよ。

シェーン：わかったわ。じゃあ，私は飲み物だけ持っていけばいいのね。

リク：そうだよ。ところで，今ちょっと急いでいるので，後でメールで詳しいことは送るね。

シェーン：わかったわ。じゃあ，今週末に会いましょう！

B.《タルトタタン誕生秘話》

A．タルトタタンは有名なフランスの「逆さま」リンゴタルトである。基本的に，リンゴは他の素材の下にあるが，これは実のところ間違って逆さまになっているのである。この有名なデザートの背後にある物語は，それが料理中のアクシデントの話ということもあり，このタルトと同じくらい魅力的なのだ。

F．そのタルトは未婚のタタン老姉妹，カロリーヌとステファニーが生み出したものだったと言われている。2人はロワール渓谷の小さな村ラモット・ブーヴロンの駅のちょうど向かい側でレストランを，そして後にはホテルも経営していた。

C．妹のカロリーヌが接待係で，お客さんを迎える担当だった。姉のステファニーが厨房を切り盛りしていた。彼女の料理の腕は素晴らしかったが，最も注意深い人間ということではなさそうだった。

B．その物語によれば，狩猟シーズンのある日，ステファニーがこの日は特に気もそぞろで，自分が作っていたリンゴタルトのことを忘れてしまった。彼女はオーブンに上下を間違えて入れてしまった。つまり，生地とリンゴが逆さまだったのだ。

E．何をしているのかもわからず，彼女はそのデザートを大急ぎで皿の上にひっくり返して，さます時間もなくそのまま出した。そして，それがすぐ飛ぶように売れるようになったと言われている。

D．それが偶然であろうと発明であろうと，このようにしてタルトタタンは誕生した。そして，今日も世界中でそれが楽しめるのである。

解説

A. (1) 空所直後のリクの発言は，友人たちとのバーベキューにシェーンを誘うという主旨。これは，リクが第二発言で「君に出会えればなあと思っていた」理由に相当する。したがって，C.「あら，どうして？」と理由を聞く表現が適切。

(2)　シェーンが，自分の日本語は下手だと言った後の応答で，リクは「ならないと思うよ」と言い，その理由として「友だちのほとんどは少なくとも基本的な英語は話せる」と言っている。したがって，シェーンが，自分が日本語が下手なことでA.「困ったことにならない？」と心配していると理解するのが適切。Cでは，「そうは思わない。他の人たちも英語が話せる」とリクが言ったことと矛盾する。

(3)　シェーンの応答にリクは「よかった！　他の人にも君が来るって言っておくね」と言っている。したがって，シェーンは自分も参加すると言ったと考えられるので，C.「じゃあ，私も数に入れておいてね」が適切。count *A* in「*A* を数のうちに入れる」ということで，参加するという意味。

(4)　シェーンの言葉にリクは，「食べ物だけは用意する」と言っている。つまりバーベキューでは個々人は自分の食べる分を持ってくることは必要ないということ。したがって，この応答にふさわしいシェーンの問いはB.「ところで，途中で何か買って行った方がいい？」である。C.「その日に買い物に行きましょうか？」では，バーベキューに間に合わないので不自然。

(5)　リクはバーベキューで「食べ物だけは用意する」と述べていることに留意。空所後でリクは「そうだよ」と応答していることから，シェーンはリクの説明に補足的な確認の言葉，D.「わかったわ。じゃあ，私は飲み物だけ持っていけばいいのね」と言ったと考えるのが適切。

B. (1)　Aでは有名なタルトタタンが偶然の産物であったということが述べられている。この段落以降に，物語の詳細が語られていく流れだと推察できる。まずそのタルトタタンの生みの親であるタタン姉妹のことが紹介されているFが適切。物語の各論に入る前に，登場人物についての説明がなされる運びだと理解できる。

(2)　Bでは，Fで紹介された姉妹のうち姉のステファニーが生地とリンゴの上下を間違って，オーブンに入れてしまったという具体的な話になっている。その後の展開としては，オーブンから取り出した後の話が詳述されているEが適切。she「彼女」や the dessert「そのデザート」が何をうけているかという点や，giving it time to cool「それに冷める時間を与える」といった記述が判断のポイント。

(3) Cでは，Fで紹介されたカロリーヌとステファニーの仕事の役割分担が説明され，姉のステファニーが料理の担当者だったと述べられている。また，姉の性格についての「最も注意深い人間ではない」という記述がポイント。Bが，ステファニーが間違って上下逆にリンゴタルトを焼いてしまったという話となっており，「不注意な人間」という評価の裏付けとなっていることを見抜く。

(4) Dでは，タルトタタンはこのようにして生まれた，という記述があるので，これまでの話を総括する機能を担う最後の段落と判断できる。

(5) Eはステファニーが自分が何をしているのかもわからず焼いたデザートがヒット商品となったと述べられている。タルトタタンが生み出された経緯と，その帰結について言及されていることから，この段落までで「タルトタタン誕生秘話」の核心部分が述べられたのだと判断できる。話を総括する内容となっているDが続く。

(6) Fでは，タルトタタンはタタン姉妹が作り出したものだと述べられ，姉妹の紹介がなされている。妹のカロリーヌと姉のステファニーでは仕事の役割が異なっており，姉が不注意な性格だったというように，この姉妹をさらに詳しく説明する内容となっているCが続く。

Ⅱ 解答

A. (1)―A (2)―B (3)―D (4)―B (5)―C (6)―B (7)―C (8)―A (9)―A (10)―C (11)―D (12)―D (13)―C (14)―B (15)―A

B. (1)―B (2)―C (3)―C (4)―B (5)―B (6)―A (7)―A

全訳

《古代ローマの戦車レース》

1 古代ローマ，その壮観で暴力的な娯楽で有名な都市には，剣闘士の戦いよりもはるかに人気の高い一つのスポーツがあった。巨大なキルクス・マクシムス競技場を舞台に行われた戦車レースである。この競技場は，アヴェンティーノとパラティーノの丘の間にあり，観客は恐れを知らぬ戦車御者と馬の一団が2000フィートのサンドトラック（砂地の競争路）を7周走るのを見ることができた。そこでは，戦車隊の最高時速は40マイル近くに達した。

2 勝利に向かう戦車御者がついにゴールすると，トランペットが吹き鳴らされ，彼の勝利が知らされる。彼は審判席に上り，そこでヤシの枝，花輪，賞金を受け取る。それからさっそうと勝利の1周を走る。そのあと，その日24回あるレースの次のレースが始まる。以上のように，北イリノイ大学の考古学者であり，また美術史家でもあるシンクレア＝ベルは述べている。

3 これは今のカーレースよりはるかに危険だという点を除けば，その古代版だ。戦車の衝突は頻繁に起こり，側にいる補助員の一団がトラックに急行し残骸と負傷した御者をきれいに片付ける。その間もレースは続けられる。

4 「組織化された戦車レースはローマ人に対して長い間魅力を持ち続けました」とセント・ボナベンチャー大学の教授であり，古典講座主任のデイヴィッド＝マッツは言う。伝説では，このスポーツはローマ建国者であるロムルスに遡り，彼が紀元前8世紀にキルクス・マクシムスの最初のレース場の建設を監督したと考えられている。競技はその後，単に古代ローマで最も有名なスポーツ競技になっただけでなく，何世紀も続く古代ローマ文化の中に深く根付いた文化の一つとなった。

5 時とともに，競技はローマの宗教色が染みこんだ手の込んだ儀式に発展した。ベルによれば，この競技はローマの街中を練り歩く神聖な行進から始まった。この行進には踊子，楽隊，寺院の僧，戦車の御者自身とともに，様々な12神像も含まれていた。この行進が最後にキルクス・マクシムス競技場に到着すると，そこには20万人以上の観客がすでに待っていたのである。

6 その後，競技の焦点は12の出走ゲートと競技を待つ2頭から4頭立ての戦車に移る。レースの後援者は，スタートラインの上にあるプラットフォームから白いハンカチを走路に落とす。ゲートが開かれ，競技者たちがトラックにどっと飛び出し，相手よりも有利になる内側のポジション取りの戦いをすぐに始める。

7 「戦車をうまく操るには体力，忍耐力，様々な競争戦略を駆使する能力，そして優れた騎手精神の組み合わせを必要としました」とマッツは言う。「ほとんどのレースは，横一列につながれた4頭の馬が引く特別な戦車によって特徴づけられていました。この特別に育てられた馬は力強い動物で，敏感で，時には予測不可能でした。レースでこの4頭立ての馬を御するのは，おそらく御者にとって最大の難題であったことでしょう」

8 戦車レースはローマ人が観客のために行わせていた剣闘士間の死闘ほど恐ろしいものではなかったが，御者たちは競技に参加するだけでも並外れた技量と運動神経がなければならなかった。ベルが述べているように，彼らはローマ帝国中からやってきた。そのほとんどは奴隷，解放奴隷，もしくは外国人だった。御者がローマの自由市民であることは滅多になかった。彼らの社会的地位は低く，戦車御者になったローマ人は公職に就くことができなかった。

9 たとえそうであったとしても，戦車御者は有名人であり，ときには金持ちになることさえあった。この競技のトップ選手の一人はガイウス＝アプレイウス＝ディオクレスという人物だった。彼は西暦122年に競技人生を始め，その24年間の選手生活で，競技の4部門すべてに参加し，出場した4,257回のレースで1,462回優勝した。ディオクレスはその選手生活の中で，ローマ貨幣の一種であるセステルセスで，3500万セステルセス以上に相当する賞を獲得した。これは金の価値に基づいて計算した場合，今日の1700万ドル以上に相当する。

10 ボーリング・グリーン・ステート大学の歴史学部助教のケーシー＝スタークは，「戦車レースは国民的娯楽で，あらゆる階級の国民のかなり多くが自ら進んでやって来て，レースのスリルを楽しんだのです」と説明する。また，それだけではなく「この競技は見たり，見られたりする場所でもありました。観客席の配列によってローマ社会の不平等が強化されたのです。最上席はローマ元老院議員など地位のある人や裕福な人が座るもので，しばしばこの競技のスポンサーや，皇帝が個人席から観戦することもありました」

11 さらに，「戦車競技での賭けはとても人気がありました」とマッツは言う。しかし，現代のスポーツ賭博と違い，競技場に賭博窓口や賭博を組織する専門家もいなかった。マッツの説明によれば，その代わりに「観客は単に自分の隣に座っているファンに向かって，次のレースの賭けを提案するだけのものでした」。

12 戦車レースは非常に人気が高かったので，西暦476年にローマ帝国が崩壊した後でさえ，ローマの新たな支配者がレースを開催し続け，レースはしばらくの間続いた。戦車レースはローマから分離した東ローマ帝国でも人気はそのまま続いていた。しかしながら，ファンの興奮が制御不能なほど極端になってからは，このレースもついに衰微し始めた。西暦532年，コンスタンティノープルで開催されたある熱戦では，競技者の緑団のファンが青団の支持者と衝突した。

13 当局が違反者の何人かを逮捕し，絞首刑にしようとしたとき，まさに地獄絵図となった。その緑団と青団の2つのグループが力を合わせ，捕らえられた者たちの解放を要求した。そしてそれが実現しないとわかったとき，彼らはヒポドロームという市の競技場に火を放った。この悪名高きニカ暴動は数日間続き，ある推定によれば，3万人の市民が命を落としたのである。

14 この大惨事により，「東ローマ帝国におけるローマ型戦車レースの終焉が早まりました」とマッツは言う。しかし，この戦車競技が消滅した後でさえ，それは忘れ去られたわけではなかった。戦車レースは，1880年代に，ルー＝ウォレス将軍のベストセラー小説『ベン・ハー』で中心的に取り上げられた。『ベン・ハー』は劇場版も作られ，1899年から1920年の間に2千万人のアメリカ人が見たのである。劇場版では，舞台上で見えない移動ベルトの上を本物の馬が走り，戦車レースの様子を再現したのであった。

解説

A. (1) 空所を含む文の前半部 crossed the finish line は「ゴールする」ということ。そこで勝利がトランペットの音で announced「知らされる」と解釈するのが妥当。D．preceded「先立つ」だとトランペットの音が先になり不自然。

(2) 空所を含む文の前文（It was the ancient …）で戦車競技は今日のカーレースより危険だったと述べられている。ということは，戦車の事故がB．frequent「しばしば起こる」とするのが適切。常に attendants「補助員」が近くにおり，戦車同士の衝突があった場合にその残骸を片付けるために待機していた，という後続する記述とも整合する。

(3) 空所直後の appeal「魅力」の意味をあわせて考える。次文で戦車競技は伝説によれば，紀元前8世紀まで遡るとされている。したがって，この競技は相当長期間行われていたと推測される。したがって，D．an enduring「長続きする」を入れ，「魅力が長期間続いた」と理解するのが適切。B．a momentary は「一時的」ということで，意味が反対になる。

(4)　何世紀も続いた競技となれば，それはローマ文化の一部となっても不思議ではない。したがって，B．embedded「根付いた」が適切。D．planted は「植え付けられた」という意味だが，この文脈では不自然。少々難しいかもしれないが，a deeply embedded～「深く根付いた～」はよく出てくる表現なので覚えておきたい。

(5)　that 以下の関係詞節中の religion「宗教」，また，次文の sacred procession「聖なる行進」から，C．ritual「儀式」が適切。

(6)　空所直前の give them an advantage over～は「～よりも彼らを有利にさせる」という意味。競技において選手は当然〈対戦相手〉よりも有利になろうとするはずである。したがって，B．opponents「相手」が適切。over が「～より」の意味なので，A．races「レース」やC．horses「馬」では意味をなさない。

(7)　空所を含む文では，戦車の御者に要求される能力が列挙されている。その中で，various racing strategies「様々なレース戦略」を目的語にとって不自然でないのは，C．implementing「実行すること，実施すること」である。A．considering では「考えること」だけで終わってしまい，実際レースをやっているときには間に合わないので不適。

(8)　空所直後の Romans staged for audiences に注目。この staged は「舞台上で～を行わせる」という他動詞であり，この場合 stage～for…「～を…のために行う」という表現。本文では目的語相当が抜けていることから，目的格の関係代名詞節を作るA．that が適切。C．whom では先行詞が gladiators「剣闘士」となってしまい，「ローマ人が剣闘士を演じる」こととなり，ローマ人は見て楽しむ側の人間なので不自然。ローマ人が奴隷などに staged「舞台上で行わせた」のは the death matches「デスマッチ」であり，これが先行詞。

(9)　前（第8）段で，戦車レースの御者たちは奴隷などであり，社会的地位は低かったと述べられている。しかし，この第9段第1文では，彼らは有名人で時には金持ちになることさえあったと逆接的なことが述べられている。したがって，A．Even so「たとえそうでも」の逆接的副詞句が適切。B．In addition「さらに」やC．Consequently「したがって」では付加的，順接的な意味となり，不適切。

(10) 階級にかかわらず，ほとんどの国民がスリルを味わうためのものと言えば，C．pastime「娯楽」である。a national pastime とは「国民的娯楽」という意。

(11) 前文で戦車レースは単にスリルを味わう娯楽ということだけではなく，It was also a place to see and be seen.「それはまた見る，見られる場所であった」と述べられている。その理由が Seating arrangements「観客席の配列」である。空所を含む文の次文に最上席が元老院議員や金持ちなどに当てられたと述べられている。つまり，観客席をみれば，inequality in Roman society「ローマ社会の不平等」が明らかにわかったということである。したがって，D．reinforced を入れ，観客席の配列がローマ社会の不平等を「強化した，強調した」と理解するのが適当。

(12) 空所の前文では，戦車レースでは賭博が人気だったが，今日的な賭博と異なり組織化はされていなかったと述べられている。空所の後では，賭博は単に隣の観客に，賭けないかと声をかける程度のものだった，とある。空所の直前にある，betting windows at the track or professionals to organize the gambling「賭博の窓口を走路に設けたりギャンブルを組織する専門家を配置する」と空所以下の記述の関係は，A ではなくて B というものになっている。このような多少逆接的な文脈においては，D．Instead「その代わりに」が適切。C．Furthermore「さらに」となれば，付加的説明として，賭博のひどさが記述されなければならないが，そうはなっていない。ちなみにA．Regardless は regardless of ～ で「～にもかかわらず」の必須表現。

(13) 東ローマ帝国はローマ帝国から分離した帝国。C．split「分離した」が適切。A．grown「成長した」やD．departed「出発した」は分割統治の意味にはならないので不適切。

(14) Nika Riot「ニカ暴動」では３万人が殺されたとなっている。この暴動を修飾する形容詞としては，B．infamous「悪名高い」が適切。C．unavoidable「避けられない」だけでは，３万人の死者を出したということを示唆できないので不適切。

(15) 空所直後が live horses running と *doing* の形になっていることに注意。『ベン・ハー』が劇場でどのように上演されたのかの補足説明だと理解する。したがって，付帯状況を表す前置詞 with が適切。

B. ⑴　第3段では，第2文（Chariot crashes were …）の clear away the wreckage「(衝突した戦車の）残骸を片付ける」の意味がわかれば，B.「衝突の後，清掃人が競技を進められるように控えていた」が適切だと判断できる。on hand はこの文脈では「近くにいる」という意味。

⑵　ベルの説明によれば，戦車競技の前に行われた（was preceded by）のは，同（第5）段第2文（According to Bell, …）にある sacred procession「聖なる行進」である。そして次文で，その行進は the Circus Maximus「キルクス・マクシムス」という競技場に達したと述べられている。この内容に一致するのは，C.「競技場の入り口に至る宗教的パレード」である。Aは，確かに musicians and dancers「楽隊や踊子たち」も行進に参加しているが，それが主ではなく，宗教的儀式が主なので不適切。

⑶　第7段でマッツが示唆していることは，戦車の御者は様々な能力が必要だが，greatest challenge「最も難しいこと」は四頭立て戦車の馬の制御（Managing the team）であると同段最終文で述べられている。この内容と一致するのはC.「(最良の御者は）競技場で四頭の馬（their team of horses）を巧みに制御できる御者だった」である。B.「馬が神経質になったときに落ち着かせる方法を知っていること」は紛らわしいが，落ち着かせるだけではなく，in a race「競技しているときに」制御できることが大切なので，Bは不可。

⑷　戦車の御者は，社会的階級は低かったが，その一方でどうだったかについては，第9段第1文で「有名人であり，ときには金持ちであった」と書かれている。この記述と一致するのは，B.「彼らは競技に勝つことによって非常な金持ちになることもできた」である。

⑸　東ローマ帝国における戦車レースの衰退理由については，第13・14段において，ニカ暴動（第13段最終文）の結果，ローマ式戦車レースの衰退が早まった可能性が高い（第14段第1文）と述べられている。この内容と一致するのが，B.「許容しがたい観客の振るまい」である。

⑹　戦車レースが終焉を迎えた後のことについては，最終段第2文（But even after …）で「忘れ去られてはいなかった」と述べられている。そして，第3文（In the 1880s, …）で1880年代の『ベン・ハー』という小説について紹介されている。この内容と一致するのは，A.「fictional works（小説）で取り上げられることによって人気を維持した」である。

Cは，戦車レースのことが舞台で上演された（were staged）のはローマの隣国ではなくアメリカであったことが最終段で説明されているので，不適。

(7)　この英文の特徴は，古代ローマの戦車レースの歴史的記述である。したがって，A.「戦車レースについての短い歴史的説明」が正解。account はここでは「説明」の意。Bは確かにローマ人の「レクリエーション」ではあっても，本文は「戦車レース」の歴史的な経緯が詳しく書かれているので，不適。また，Cは特に updated analysis「最新の分析」が古代ローマの戦車レースに関して行われているわけではないので，これも不適。

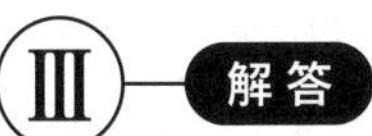

A. **(1)**―C　**(2)**―A　**(3)**―B　**(4)**―A　**(5)**―B
(6)―C　**(7)**―B　**(8)**―A　**(9)**―A　**(10)**―C

B. **(1)**―B　**(2)**―A　**(3)**―C　**(4)**―A　**(5)**―B　**(6)**―B　**(7)**―C

全訳

《「ナッジ理論」による駅の安全性向上》

1　日本であろうとどこであろうと，鉄道の駅というのは，「ナッジ理論」が機能しているのを見るとても良い場所だ。2017年のノーベル経済学賞を受賞した行動経済学者であるリチャード＝セイラーとハーバード大学ロースクール教授キャス＝サンスティーンによって始められたその理論によれば，軽く行動を後押しすることで巧みにその人に影響を与え，彼ら自身に，もしくは社会に最も利益となる決定，たとえば民間の年金に加入するとか臓器提供などを決める方向にもっていくことができる。イギリスでは，この考えを専門にする行動洞察チーム，すなわち「ナッジ・ユニット」という政府の部署がある。彼らの仕事はしばしば交通分野で見られる。

2　たとえば，2016年にロンドン地下鉄の運営機関であるロンドン交通局は，ロンドン・スクール・オブ・エコノミクスの行動科学者と提携し，首都のホルボーン駅のエスカレーターで運べる人の数を増やす手段として，エスカレーターの両サイドに乗るように人々を促す方法を考え出した。他の方法の中には，単純な足マークが「上り」エスカレーターのそれぞれの端に描かれているものもある。

3　乗客操作ということでは，日本の駅を他の国の駅と分かつものがある。それはナッジの背後にある独創性と，それを実行するための目立たない方法の2つである。日本のナッジはより高度な思考を反映している。社会的規律正しさというのは当然のこととして考えられている。日本人の通勤客はエスカレーターの並び方を心得ており，入り組んだ，しかし広々とした東京都内の駅の空間を助けもなく，難なく移動できるのだ。これによって鉄道運営機関はもっと深い心理的操作に集中できる。

④ 日本のラッシュアワー時の通勤は気の弱い人には向いていない。電車は乗客でぎっしり詰まっており，ラッシュアワーのピークには定員の200%にもなる。また，カミソリの刃のような薄さしかない短時間の電車の乗り換え時間では，ミスをする余地はほとんど残されていない。過去何年間もこのストレスの多い通勤を一層ひどくしていたものが神経を苛立たせるあの音，電車の出発が間近に迫っていることを知らせる耳障りなブザー音であった。出発する電車のブザーは，駅員の警笛が鋭く鳴り響く音で中断され，ストレスを抱えたサラリーマンが階段を駆け下り，ホームを横切って，今にもドアが閉まりそうな電車に飛び乗ろうとする。

⑤ このようなストレスがたまる音響環境を落ち着かせるために，1989年に大手鉄道運営会社であるJR東日本は，ヤマハと作曲家の井出祐昭に，今までの出発ブザー音に代わる，短く，耳に心地よい「発車」曲の作曲を依頼した。

⑥ 出発や電車の曲としても知られている「発車」は，短く，心を落ち着かせ，明快な曲である。その目的は電車の通勤客に不安を引き起こすことなく，出発が間近だと知らせることである。その目的のために，ほとんどの曲がたった7秒の長さで作曲されている。これは，研究によって，電車の発着に必要な時間を考慮に入れているということだけではなく，より短い継続時間の曲の方が，乗客のストレスや駆け込み乗車による事故を軽減するということがわかっているからである。

⑦ 過去何年もの間に曲を追加していく駅が増えるにつれ，最初の命題が正しかったことが証明された。たとえば，2008年10月に東京駅で行われた研究では，あるホームに「発車」の曲を導入してからは，駆け込み乗車による乗客の事故が25%減少した。

⑧ 日本は，際立って安全な国という評価にもかかわらず，もしくはそれゆえに，青少年犯罪対策に積極的だ。鉄道駅はその点，特に敏感になっている。というのも，非常に多くの若者が一日中どの時間帯でも駅を行き交う

からである。

9 駅に長居する若者や，故意に公的なものや私的所有物を傷つける破壊行為の恐れに対処するため，駅によっては，抑止装置として高周波を出す小型で気づきにくい装置を採用している。17キロヘルツという特定の周波数を使うと，一般的には25歳以下の人間にしか聞こえない。それ以上の年齢になると，老人性難聴として知られている年齢に関係した聴力喪失のおかげで，そのような周波数の音は探知できないのである。このような音響装置が日本では熱心に採用されているが，それらはウェールズで発明されたもので，アメリカやヨーロッパでは10代の若者がたむろするのを抑止するために使われている。

10 最近の夏のある1日，東京駅の数ある出口の一つの外に立ってみると，この作動中の抑止装置の効果を容易に見ることができた。疲れたサラリーマンや年老いた「おばあちゃん」たちは，その音響抑止装置の下でもペースを変えることなく通り過ぎて行った。しかし，制服を着た生徒たちでは，その反応は明らかだった。突然歩みを速めたり，困惑の表情や不快な表情を浮かべたり，「うるさい！ (loud!)」と叫ぶことも頻繁にあった。しかし，その音を頭上の天井板にほぼ平らに置かれた抑止装置に結びつける者は誰もいなかったようだ。

11 鉄道会社の社員も，会社による行動変容を促すナッジを免れているわけではない。恐らく最も有名な例として，日本の電車の車掌，運転手，ホームの係員などが任務を遂行するときに指差喚呼と呼ばれる「指差し，声出し」という方法を使うことを求められている。ある対象を実際に指で指し，それから自分が意図する行為を言葉で言うことによって，脳のより多くの部分が使われ，状況認識と正確さが高まるのである。この方法によって，85%もヒューマンエラーが減ることが研究によって繰り返し証明されてきた。指差喚呼の方法は，今では日本中の様々な産業で職場の安全対策の大きな特徴となっている。

12 では，なぜこれを他のどの国もしないのか。日本の交通文化の非常に多くの面と同じように，指差喚呼は輸出しがたいものであることがわかっている。この点において，他の多くの点と同じく，日本の鉄道は非常に孤高な存在なのである。

出典追記：The Amazing Psychology of Japanese Train Stations, Bloomberg on May 22, 2018 by Allan Richarz

解説

A. (1) their は複数形を受ける。前を見ると，escalators という物と riders「乗る人」という人間が出てくるが，their capacity「彼らの能力」というかたちで人の能力として理解するのは文脈に合わない。次文で，昇りエスカレーターの両サイドに足形を描く，という取り組みが示されているが，これはエスカレーターの定員を増やす施策である。ここから capacity がエスカレーターの定員数を表すことがわかる。したがって，Cが正解。

(2) take *A* as a given の直訳は「*A* を与えられたものとして受け取る」である。つまり，意訳すれば「当然のこととして受け取る」ということ。この意味に近いのはA.「事実として理解される」である。

(3) the faint of heart というのは「気弱な人」という意味。つまり，下線部の意味は「日本のラッシュアワー時の通勤は気弱な人向きではない」ということ。逆に言えば，B.「ラッシュアワー時の通勤客は精神的に強くなければいけない」ということになる。Aの Those with a heart condition「心臓疾患のある人たち」やCの sympathy toward others「他者への共感」は the faint of heart の意味とは関係がない。

(4) razor-thin connection times to transfer from one train to another は「ある列車から他の列車へ乗り換える接続時間が剃刀の刃のように短い」という意。leave little margin for error「間違える余地がほとんど残されていない」 全体として，下線部の主旨は「列車から他の列車への乗り継ぎにかかる時間はわずかなため，間違える余地は残されていない」ということ。乗り継ぎ時間が極端に短いことを表す選択肢としてはA. One has only the minimum time needed to change trains.「(人が) 列車の乗り換えに必要な時間はわずかしかない」が適切。C. Stations make sure there are no mistakes in transfer times. は「各駅は，乗り換え時間に誤りがないことを保証する」の意。下線部は列車の乗客にとって乗り継ぎ時間が極端に短いためミスできない，ということを述べているのであり，駅が乗り換え時間を保証しているという主旨は含まれていないので，誤り。

(5) end のここでの意味は「目的」，前文のセミコロン直後の aim と同じである。したがって，that end「その目的」が指すものは，前文後半の「不安を引き起こすことなく，すぐに電車が発車するということを知らせること」である。この内容に近いのは，B.「落ち着かせるようにして情報を伝えること」である。なお，induce anxiety は「不安を引き起こす」という意味であり，C の arrive on time「時間通りに到着する」は関係がない。

(6) 下線部は「日本は，極めて安全な国という評判にもかかわらず，あるいはそれゆえか，青少年犯罪対策に積極的である」という意味。安全な国という評判にもかかわらず青少年犯罪対策に積極的であるということは，犯罪率が低くても対策を講じているということ。perhaps because of は「安全な国（＝犯罪率が低い）という評判を落とさないために，対策に力を入れて，犯罪率の低い状態を維持しようとしている」という意味合いが込められている。したがって，C.「このような犯罪の実際のレベルがどのようなものであれ，日本はそれを制限する決意を固めている」が適切。「犯罪レベルがどのようなものであれ」というのは「犯罪レベルがいかに低くても」と解釈できる。A.「見かけによらず，青少年犯罪は日本の大きな社会問題である」も迷うところであるが，下線部後半の nonetheless「それにもかかわらず」は「安全であるにもかかわらず」ということであると考えると，「青少年犯罪が大きな問題になっている」とは考えにくいので不適切と判断する。

(7) 下線部中の linger は「ブラブラする」という意味。したがって，the fear of lingering groups of youths は「若い者が集団でたむろしていることに対する不安」ということ。また，下線部直前の address は「住所」ではなく，「対処する」という意味。以上のことを念頭におけば，B.「若者たちの集団がきちんとした行動をとってくれるものと信じることができない人々もいる」が近い。A の「犯罪が若者たちの主要な問題」というのは，駅の安全とは直接関係がない。また，C は「集まること」よりも lingering「たむろすること」に対する不安，心配なので，これも不適。

(8) 下線部直前の this deterrent in action「作動しているこの抑止装置」は前（第 9）段第 2 文（The particular frequency …）で，「25 歳以下しか聞こえない」と説明されている。したがって，疲れたサラリーマンや年配のおばあちゃんには影響を与えないので，A.「これらの通勤客はこの音響装置を無視できる」が適切。

(9) exempt from ～は「～から免れている」という意味。「鉄道会社の社員もナッジから免れられていない」 具体例として以下に「指差喚呼」の慣習が挙げられている。この「指差喚呼」が nudge の一つの方法である。したがって，A.「鉄道会社は従業員にナッジの方法を適用している」が適切。C の immune to「～に免疫がある」では nudging の効果ゼロなので意味不明になる。

⑽　prove resistant to ～ は「～に抵抗力があるとわかる」という意味。つまり，日本の鉄道会社の「指差喚呼」の慣習は他国へ輸出できないということ。その意味に近いのは，C.「指差喚呼が文化によっては相性が悪いかもしれない」である。be incompatible with ～ は「～と相容れない，両立しない」の意。

B. ⑴　駅のエレベーターの足マークについては，第2段第1文の最終部分で，increasing their capacity「駅のエスカレーターが運べる人数を増やす」手段と述べられている。これはB.「駅を通る通勤客の流れを良くする」ことにつながるので，適切。C は walk up both sides「両サイドを歩いて上がる」ということで，本文中の line up on both sides「両サイドに並ぶ」とは意味が異なる。また，エスカレーターは基本的に「歩かない」ので不適。

⑵　第3段において，日本の駅が用いる「ナッジ」がより洗練されたものである理由を答える問題。同段第2・3文（Japan's nudges reflect … stations without assistance.）で，日本では社会的規律が当然のものであり，通勤客はマナーがよく，東京の入り組んで広大な駅内を，なんら手助けなしに通り抜けることができる，と述べられている。それをうけて，続く最終文（This allows rail …）では，鉄道運営機関はもっと深い心理的操作に集中できる，と結んでいる。よって，日本の通勤客が既に高度な社会性を身につけていることが，日本の駅が駆使する「ナッジ」が高度なものとなる理由だと理解できる。この内容に相当するのは，A.「通勤客の能力はすでに高い」である。

B.「採用されている方法を特定できる人はほとんどいない」は，ナッジの洗練度を示すものであるが，そのような洗練度が獲得された理由を示すものではないので不適。

C.「関係する技術は世界をリードしている」そのような内容に相当する記述は第3段にはない。

⑶　第4段において，かつて日本の駅で用いられていた大音量の案内音が

どのようなものであったかを答えるもの。当該段で，案内音に言及しているのは，第3～最終文（Compounding the stressful … train's closing doors.）。第3文では，列車の出発を知らせるブザー音がかつて日本の駅で通勤のストレスを増幅させていた，という旨が述べられている。また最終文では，そうしたブザー音が，疲れ切ったサラリーマンたちが駅の階段を駆け下りて閉まりかけた電車の扉になんとか滑り込む光景を演出していた，とある。つまり，大音量の案内音は通勤客にストレスをもたらすものだと示されているので，C.「緊張した旅客に不要なプレッシャーを与えた」が適切。続く第5段で，To calm this stressful audio environment「このようなストレスの多い音響環境を落ち着かせるために」，耳に心地よい発車の案内音が生み出されたという旨が述べられていることも参考になる。A.「通勤客が列車の出発時刻を覚えておくのに役立った」は，ブザー音の機能には言及しているが，本文の記述の主眼は，ブザー音がストレスを与えるものであったという点に置かれているので，内容とそぐわない。

(4) 駅の発車メロディーが7秒になっている理由については，第6段第2文（To that end, …）の後半部分で reducing passenger stress and rushing incidents「乗客のストレスと駆け込み乗車による事故を減らすこと」と taking into account the time needed for a train to arrive and depart「電車の発着時間を考慮すること」と述べられている。この2点を盛り込んでいるのがA.「通勤客を落ち着かせ，駅での列車の待ち時間に合わせる」である。

(5) 高音を出す特別な装置については，第9段第2文（The particular frequency …）に「25歳以下の人にしか聞こえない」と説明されている。この内容に近いのはB.「年配の人の聴力範囲には入っていない」である。Aは最終文（These sonic devices …）で，「欧米で使われていたもの」と述べられているので，first「最初に」日本で開発されたというのは間違い。

(6) 日本の鉄道従業員が「指差喚呼」を使う理由については，第11段第3文（By physically pointing …）に providing improved situational awareness and accuracy「状況認識と正確さを高める」と述べられている。この内容と一致するのはB.「それによって，従業員が周囲の状況をより注意するようになる」である。第3文には「指差喚呼」が手と口を使うことによって，脳の多くの部分を使うとは書かれているが，これが目的ではないので，Aの「脳に良い」は不適。

(7)「ナッジ理論」を使った駅の安全性向上について，日本の駅の例を中心に記述されている。「ナッジ理論」はMind Controlとまったく関係ないわけではないが，Mind Controlよりも「安全性の向上」が話の中心となっているので，Aは不適。また，Transportation「輸送」に関して日本は優れているとしても，「輸送」の優秀性がテーマではなく，乗客を安全に運ぶこと，そのための方法として「ナッジ理論」という巧みな人心操縦が主題となっている。したがって，Bは不適で，Cの「鉄道の駅における人の行動に巧みに影響を与えること」が最も適している。

講評

大問の構成は，会話文・段落整序1題，長文読解2題の計3題で，従来通りであった。

Ⅰ　Aが会話文の空所補充，Bがひとまとまりの文章を6つに分けたものを並べ替える整序形式。Aは対話の流れをつかめば取り組みやすい問題。Bは注意深く論旨の流れをつかむ力が求められる。2024年度の出題では，人の名前がどのように扱われているかが一つのヒントになった。当然ながら，sheなどの人称代名詞，it, thisなどの指示代名詞は注意を払う必要がある。本問ではみられなかったが，but, andなどの文頭の接続詞には特に注意したい。代名詞や接続詞を手繰っていくと文や段落の流れがわかる。

Ⅱ　古代ローマの戦車競技の話である。文の内容が理解できているかどうかを問うfrequent / occasionalという反対の意味の形容詞を用意した設問や，be embedded，implementという語彙の意味の知識を問う設問，関係代名詞で文法知識を問う設問，また，文の直接的意味ではなく，その文の意図，示唆するものを問う問題など，多様で総合的な出題となっている。

Ⅲ　人の行動を無意識のうちに誘導する「ナッジ理論」を使った駅の安全性向上の話である。代名詞theirの指示するものを問う設問，take *A* as a givenのようなイディオム表現，多義語endの文中での意味を問う設問，文の直接的意味ではなく，その文の意図や示唆する内容を問う設問など，多様な出題形式となっている。

以上，古代ローマの話や心理学関連など話題も多様である。日頃から様々なことに関心を持って，いろいろな文に接しておくことも重要である。一部，話題，語句において難解なところもあるが，全体としては標準的な出題である。

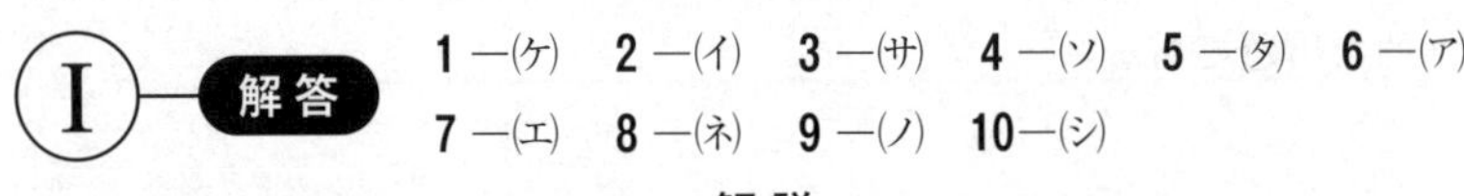

日本史

I 解答 1—(ケ) 2—(イ) 3—(サ) 4—(ソ) 5—(タ) 6—(ア) 7—(エ) 8—(ネ) 9—(ノ) 10—(シ)

解説

《江戸後期～昭和戦後期の政治・外交》

1・2．(A)の文章は，薩摩藩主（島津忠義(ただよし)）の父にあたる島津久光によって幕府改革が求められた結果，幕府が行った文久の改革の説明である。この改革では，将軍後見職に徳川慶喜，政事総裁職に松平慶永（春嶽），京都守護職に松平容保などといった新体制人事が採用されたほかに，西洋式軍制の採用や参勤交代の緩和（3年1勤）などが行われた。

3・4．大政奉還後に大名の支持を得て政治の実権を握ろうとする徳川慶喜の動きを警戒した大久保利通らは，軍事力を背景に慶喜を除く新政府発足を決意した（1867年12月9日「王政復古の大号令」の宣言）。この宣言では，幕府や摂政・関白を廃止して，新たに三職（総裁・議定・参与）を設置して，大久保利通自身は参与に名を連ねた。大久保利通は，のちに内務省が設置されると，初代内務卿に就任して経済・産業の近代化を推し進めた。

6．第2次山本権兵衛内閣は，無政府主義者の難波大助による摂政宮裕仁親王（のちの昭和天皇）が狙撃された虎の門事件の責任を取る形で総辞職した。第1次山本権兵衛内閣が退陣するきっかけとなったシーメンス事件と間違えないようにしよう。

7．大政翼賛会は，第2次近衛文麿内閣のもと結成された公事結社で，総裁には当時の首相であった近衛文麿が就任した。国民統制のための上意下達機関として成立し，のちに町内会や部落会，隣組などが末端に編制された。

9．日本民主党と自由党が合流して自由民主党が結成された1955年以降，40年近くにわたり自由民主党（自民党）と日本社会党の議席数がほぼ2対1のまま推移するという保守一党優位の政治体制を「55年体制」という。「55年体制」が想起できれば，正答は語群の中からすぐに見つけることができるであろう。

Ⅱ 解答

1―(カ)　**2**―(ニ)　**3**―(ヌ)　**4**―(サ)　**5**―(ホ)　**6**―(ツ)
7―(ア)　**8**―(エ)　**9**―(タ)　**10**―(ソ)

解説

《室町～江戸後期の文化》

1・2.『洛中洛外図』は室町時代末期からいくつか描かれている。桃山文化期の狩野永徳によって描かれた『洛中洛外図』は，織田信長が上杉謙信に贈ったものとして特に著名で，これを「上杉本」と呼ぶこともある。しかし，「上杉本」という語句を知らなくとも，リード文の「越後の武将」をヒントに，上杉謙信を導くこともできる。

3. 風流(ふりゅう)踊りは，祭礼に際してさかんに行われていた，歌や笛・太鼓などの囃子(はやし)に合わせて踊る民俗芸能である。念仏踊りなどとともに，歌舞伎踊りの先駆となった。

4. 茶は臨済宗の開祖である栄西が宋よりもたらした。時代が進み，東山文化期に村田珠光によって侘茶が創始され，武野紹鷗を経て，桃山文化期に千利休によって大成された。

6. リード文の「赤を主調とする上絵付法」とは，赤絵のことである。江戸時代初期の寛永期のころに赤絵の手法を完成させたのは酒井田柿右衛門である。

8.「色絵藤花文茶壺(いろえとうかもんちゃつぼ)」という聞きなれない色絵陶器の作者を問う問題のように見えるが，空欄直後の「京焼の祖」から野々村仁清を選ぼう。

10. 万国博覧会は，1851年にロンドンで第一回が開催されて以来，世界の各大都市で開催された。このうち，日本が最初に参加した万国博覧会として知られるのは，1867年のパリで開催されたものである。この万国博覧会で葛飾北斎の浮世絵が出展されたことを契機に，フランスでジャポニスムがおこるなど，西洋の美術界においても大きな影響を与えた。

Ⅲ 解答 **問1.** (ア) **問2.** (ウ) **問3.** (イ) **問4.** (イ) **問5.** (ア)
問6. (イ) **問7.** (イ) **問8.** (ウ) **問9.** (ウ) **問10.** (イ)
問11. (ア) **問12.** (ウ) **問13.** (ア) **問14.** (ア) **問15.** (イ)

解説

《中世～近世の史料からみる外交》

問1. 禅僧の(ア)桂庵玄樹は，大内氏の城下町の山口で活動した後，肥後の菊池氏，さらに薩摩の島津氏に招かれ，朱子学を講じた。これがのちに薩南学派が生まれる素地となった。

問2. 場所を問う問題で，やや難。種子島は現在の鹿児島県であるが，(ア)薩摩国と(ウ)大隅国の2つが鹿児島県に該当するため，消去法では正解は導けない。鹿児島県南西部の半島を薩摩半島，南東部の半島を大隅半島といい，大隅半島に種子島が近いことから(ウ)大隅国と判断しよう。

問4. これら(ア)～(ウ)の場所は，鉄砲の産地としていずれも著名であるが，紀伊国（現在の和歌山）に存在するのは，(イ)根来である。(ア)国友は現在の滋賀，(ウ)堺は現在の大阪府に位置する。

問6.「正徳」という元号から，新井白石による「正徳の政治」を連想しよう。「正徳の政治」は6代将軍徳川家宣（在職1709～12年）のもとで，朱子学者の新井白石が開始した。家宣が早世した後，幼少の7代将軍徳川家継（在職1713～16年）のもと，白石が引き続き幕政を主導した。(ア)徳川家治は10代将軍，(ウ)徳川家綱は4代将軍であることから誤りとわかる。

問7. (ア)～(ウ)のいずれの銅山も頻出である。伊予国にあった銅山は，(イ)別子銅山である。別子銅山は幕府直轄ではなく，大坂の豪商住友家が経営していたことで知られる。明治時代以降も，住友経営の別子銅山から銅がさかんに採掘され，外貨獲得の一つとして欧米諸国に輸出された。

問8. 正徳5年は1715年にあたる。この問題では，西暦年代を覚えておく必要はなく，「海船互市新例」が新井白石による政策だと判断できれば，18世紀前半とわかる。17世紀後半の時点で明清交替の動乱は終わっている（1680年代）ため，答えは(ウ)清となる。

問10. アジアにおけるオランダの拠点は，(イ)バタヴィアである。バタヴィアは現在のインドネシアのジャカルタにあたる。インドネシアは19世紀ごろからオランダの直轄支配を受け，オランダ領東インドと呼ばれた。ちなみに，(ア)マカオはポルトガル，(ウ)マニラはスペインの拠点となった都市である。

問12・問13.『戊戌夢物語』は，1837年に来航したモリソン号に対する幕府の政策を批判したもので，筆者は蘭学者の(ウ)高野長英である。また，モリソン号事件を批判した人物に同じく蘭学者の(ア)渡辺崋山がいるが，彼が著した書物は『慎機論』である。間違えないようにしよう。

問14. やや難。江戸時代には藩学や郷学が多数設けられている。混同しないように整理しておきたい。(ア)弘道館は水戸藩，(イ)明倫館は長州藩，(ウ)時習館は熊本藩の藩校である。ただし，弘道館と称する藩校は佐賀藩にも存在するが，ここでは(イ)と(ウ)が明らかに水戸藩の藩校ではないため，弘道館が水戸藩のものであると断定できる。

問15. (ア)誤文。史料4～5行目に「日本近海にイキリス属島夥しく之有り，始終通行致し」とあるため，選択肢の内容と逆である。

(イ)正文。史料5行目の「後来海上の寇と相成候て，海運の邪魔とも罷成申すべく」の部分を読み取ろう。

(ウ)誤文。(ウ)のような内容は，史料からは読み取れない。史料6行目「たとへ右等の事之無く」以下を読めば，むやみに外国船を撃退すると礼儀の国の面目を失ってしまう，と高野長英は主張していることがわかる。

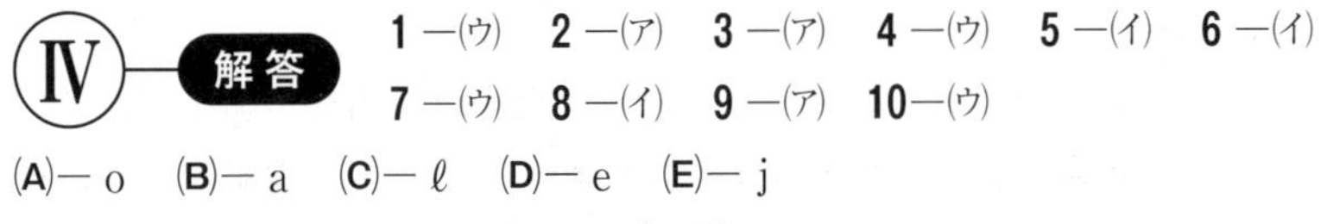
Ⅳ　解答　**1**―(ウ)　**2**―(ア)　**3**―(ア)　**4**―(ウ)　**5**―(イ)　**6**―(イ)
7―(ウ)　**8**―(イ)　**9**―(ア)　**10**―(ウ)

(A)― o　**(B)**― a　**(C)**― ℓ　**(D)**― e　**(E)**― j

解説

《原始・古代～近代の小問集合》

2. やや難。安濃津(あのつ)とは現在の三重県津市に位置した古代～中世にさかえた港町である。したがって，答えは(ア)伊勢となる。産業の発展にともない，多種多様な町が中世には形成された。特に門前町や寺内町，港町はこの機会に地図で場所を参照しつつ，都市名を確認しておこう。

3. やや難。選択肢の3人がほとんど同時期の人物であるため，「三河出身」や「著書の『栖家能山』」というヒントだけで正解を導かなければならない。それぞれ3人の出身地は，(ア)菅江真澄が三河，(イ)平賀源内が讃岐，(ウ)鈴木牧之が越後出身である（その著書の名称から出身地も推測できる）。したがって，国学者であり紀行家でもあった(ア)菅江真澄が正解となる。(ウ)

鈴木牧之は『北越雪譜』を著して越後の魚沼の生活を描写したが，こちらは入試では頻出の作品である。

4． 難。「縄文のビーナス」と呼ばれる土偶は，教科書や資料集などでは写真付きで掲載されているものも多いが，その出土した遺跡の名称までは確認していなかった受験生が多くいたのではないかと思われる。(ア)亀ヶ岡は，青森県にある亀ヶ岡遺跡で，遮光器土偶の出土で知られる。しかし，残りの(イ)郷原遺跡と(ウ)棚畑遺跡の判別が難しい。(イ)郷原遺跡は，ハート形土偶と呼ばれるものが発掘された群馬県の遺跡で，残った選択肢の(ウ)棚畑遺跡がここでは正解となる。

6． (ア)樺太・千島交換条約の日本全権は旧幕臣の榎本武揚，(ウ)日朝修好条規の日本全権は黒田清隆・井上馨である。この中でもとくに覚えておきたいのが，(イ)日清修好条規である。日清修好条規は日本が初めて結んだ近代的な条約であり，相互に関税自主権を認め合うという形での対等条約であった。日本は伊達宗城，清は李鴻章が全権となって条約が締結された。ちなみに，李鴻章は日清戦争の講和条約である下関条約でも全権を務めた。

7． 円仁の著書を答える問題である。円仁は天台宗を開いた最澄を継ぎ，円珍とともに唐へ渡って教義の密教化を進めた。遣唐使として随行し，留学の際に見聞きしたことを旅行記として残したものが(ウ)『入唐求法巡礼行記』である。

9． 15世紀の後半に蓮如によって創建されたのは(ア)山科本願寺である。併せて堀や土塁が築かれて寺内町として発展したが，16世紀の前半に近江の六角氏と法華宗徒の攻撃により焼失した。山科本願寺が焼失した後に本山の機能を大坂に移し，本願寺教団の拠点となった(ウ)大坂本願寺と間違えないようにしよう。

(A)　この地とは鹿児島県の坊津であり，本州最南端の港町として知られる。設問文から坊津を導くのはやや難しいが，「明との交流の主要な港」という部分をヒントにしたい。また，「明や東南アジアの諸国との貿易の拠点となった」とあるが，もちろん琉球王国との交易もこの港でさかんに行われた。鹿児島県を示す場所の記号はｏのみなので，これが正解となる。

(B)　この地とは「世界文化遺産に登録」「紀元前3000年から2200年ごろの竪穴住居跡や掘立柱建物跡」「大規模な定住集落」から，青森県の三内丸山遺跡であると判断できる。ただ，青森県の場所を示す記号がａとｂの

2つあることに注意しよう。bは八戸(はちのへ)市であるが，三内丸山遺跡は青森市にあるので，ここではaが正解となる。

(C)　この地とは愛媛県の宇和島である。「伊達氏が支配」とあることから，東北地方であると誤解しやすいが，「幕末の藩主伊達宗城」から，宇和島藩主の伊達宗城を想起できれば，正解はℓであると判断できる。

(D)　この地とは山形県山形市の立石寺(りっしゃくじ)である。松尾芭蕉がこの寺院を訪れて，(イ)『奥の細道』(8の解答)にこのことを書き遺したことで知られる。知識自体は難問ではあるが，関西大学では過去に地図から場所を選ぶ問題として出題歴がある(2019年度)。山形県を示す記号はeのみであるから，これが正解となる。

(E)　この地とは福井県(越前国)の吉崎である。「蓮如」「布教活動」から吉崎御坊を連想したい。吉崎御坊自体は頻出なので，取りこぼしのないようにしたい。地図で福井県を示している記号はjしかないので，これが正解となる。

講評

2024年度は，大問が4題，小問数が50，試験時間が60分であった。Ⅰ・Ⅱでは語群選択式の空所補充問題，Ⅲは史料問題，Ⅳはテーマ史からの出題で，形式や試験時間ともに変化はみられなかった。全体的に難易度は易しく，教科書に掲載されていないような知識を問う問題は，比較的少ないと言ってよいだろう。

Ⅰ　江戸時代後期の幕末期から昭和時代の戦後期までの政治や外交史が中心に出題された。(E)は2023年度と同様に，基本的に受験生が苦手とする戦後史からの出題であったが，2024年度においては難易度が易しく設定されており，全問正解も十分狙えるレベルであった。

Ⅱ　「戦国時代」・「室町時代」・「元禄時代」の3つの時期の文化に焦点をあてて問題が出題された。文化史の学習も受験生にとっては後回しにされがちで，難しく感じる受験生も多くいたかもしれないが，詳細な知識を問う問題は少なかったので，高得点を狙っていきたい。ただ，陶器や工芸品については，6の酒井田柿右衛門と8の野々村仁清など，混同して覚えている受験生も少なくはないと思われる。

Ⅲ　2023 年度と同様に中世～近世の史料問題が出題された。(A)は鉄砲伝来についての史料（『鉄炮記』），(B)は新井白石の海舶互市新例（『教令類纂』），(C)は高野長英によるモリソン号への対応をめぐる幕府への批判（『戊戌夢物語』）を題材にしたものである。いずれの史料も頻出史料であるが，たとえ史料を知らなくても，史料中の語句や設問文などから十分に史料についての情報を収集し，解答のヒントにすることもできるので，あきらめないようにしたい。問 2 の種子島の場所を旧国名で判断する問題や問 7 の伊予国にある銅山の名称を選択する問題はやや難で，日ごろから場所の確認を怠らないように学習していきたい。また，問 15 については史料の読解問題となっているが，決して難しくはないので，落ち着いて対応しよう。

Ⅳ　原始・古代～近代における，ある場所を題材として，政治や社会経済・文化と幅広く出題されており，2023 年度と同じテーマとなっている。2023 年度と同様に地図問題も出題されており，難易度はやや高めである。特に空欄 2 の安濃津の場所についての問題や，『栖家能山』の著者を選ぶ空欄 3，「縄文のビーナス」の愛称を持つ土偶が出土した遺跡を問う空欄 4 はやや細かい知識が問われており，難しい。その上，地図から場所を選択する問題でも(A)の坊津や(D)の立石寺は，設問文から解答を推測することが難しく，難度は高いが，かつての入試で出題された場所を問うものも多い。怠ることなく過去問研究をしっかりしておこう。

世界史

Ⅰ 解答

1―(ウ)　**2**―(カ)　**3**―(ト)　**4**―(ソ)　**5**―(ケ)　**6**―(サ)
7―(チ)

問1. (エ)　**問2.** (イ)　**問3.** (ウ)

解説

《春秋・戦国時代から唐までの中国文化史》

1. 秦では法家の李斯の進言により，焚書・坑儒と呼ばれる儒者の弾圧などの厳しい思想統制が行われた。

2. 前漢の武帝に仕えた儒学者董仲舒の提案により，儒学が官学とされた。

4.『文選』は梁の昭明太子が編纂した詩文集。周から南朝の梁にかけての名文・詩歌を集めたもので，日本の平安文学にも影響を与えた。

5. 顧愷之は「画聖」と称された東晋の画家で，宮中における女官への戒めを説いた文章「女史箴」に絵を付けた「女史箴図」の作者とされる。

6. 王羲之は後世に「書聖」と仰がれた東晋の書家。代表作「蘭亭序」は名筆といわれ行書の手本ともされた。

問1. (ア)不適。『論語』は儒家の祖である孔子とその弟子の言行をまとめたものである。

(イ)不適。『孫子』は春秋時代の兵法家孫子の兵法書。兼愛非攻の重要性を説いたのは墨家の墨子である。

(ウ)不適。儒家の荀子は性悪説を唱えた思想家で，彼の言行録が『荀子』である。性善説を唱えたことで知られる思想家は孟子で，彼の言行録が『孟子』である。

問2. (イ)誤文。中国で活字が発明されたのは南朝の宋ではなく北宋時代。

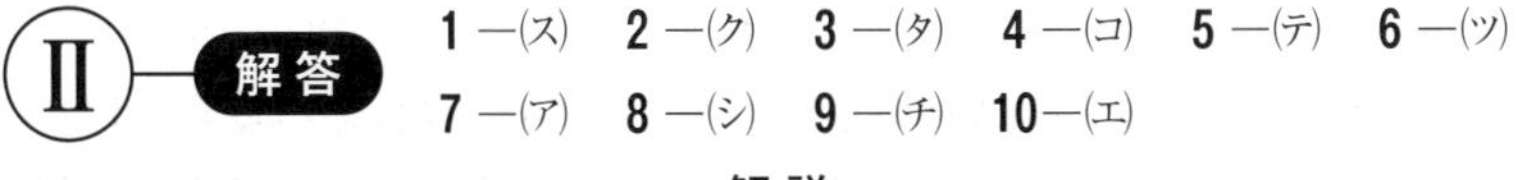

Ⅱ 解答

1―(ス)　**2**―(ク)　**3**―(タ)　**4**―(コ)　**5**―(テ)　**6**―(ツ)
7―(ア)　**8**―(シ)　**9**―(チ)　**10**―(エ)

解説

《プロイセン王国の歴史》

1. エルベ川以東のバルト海沿岸地域では，東方植民を経て13世紀に成立したドイツ騎士団領をもとに，16 世紀にプロイセン公国が形成された。

2． やや難。ブランデンブルク選帝侯国を支配していたホーエンツォレルン家が 17 世紀にプロイセン公を相続したことで，ブランデンブルク＝プロイセン公国が成立。同国はスペイン継承戦争でオーストリア側に立って参戦したことにより，1701 年にプロイセン王国へと昇格した。

3． 第 2 代のプロイセン王フリードリヒ＝ヴィルヘルム 1 世は，軍事強化に力を入れた改革を行い「兵隊王」とも呼ばれた。

4． 三十年戦争後のウェストファリア条約では，スイス・オランダの独立が国際的に承認された。語群にはスイスがないので㈷オランダが正解。

5． 七年戦争（1756～63 年）と同時期に海外で英仏が争った戦争としては，北米のフレンチ＝インディアン戦争（1754～63 年），インドのプラッシーの戦い（1757 年）があげられる。リード文には「1757 年に…起こった」とあるので㈢プラッシーの戦いが正解。

6． プロイセン王フリードリヒ 2 世と親交があったことで知られる啓蒙思想家ヴォルテールは，『哲学書簡』（『イギリス便り』）を著して当時のフランス社会を批判した。

8．『純粋理性批判』などの三大批判書を著したカントは，イギリスの経験論と大陸の合理論を統合したドイツ観念論哲学を確立した。

Ⅲ 解答 **1**―㈠ **2**―㈣ **3**―㈣ **4**―㈦ **5**―㈦ **6**―㈣
7―㈠ **8**―㈣ **9**―㈡ **10**―㈣

問 1． ㈦ **問 2．** ㈣ **問 3．** ㈡ **問 4．** ㈦ **問 5．** ㈠

解説

《元号・干支と世界史》

1・2． 中国の元号は 2 世紀後半に即位した前漢武帝（在位前 141～前 87 年）の「建元」に始まると言われている。

5． ソ連では，農業政策の失敗などを理由にフルシチョフが解任（1964 年）され，ブレジネフが第一書記に就任した。

6・7． 16 世紀末の 2 度にわたる豊臣秀吉の朝鮮侵攻は，日本では日本の元号を用いて文禄・慶長の役，朝鮮では干支を用いて壬辰・丁酉倭乱と呼んでいる。

8． 現在広く用いられているグレゴリウス暦は，ローマ教皇グレゴリウス

13世によって1582年に制定された太陽暦である。

9． グレゴリウス暦導入前の日本の旧暦（天保暦）は太陰太陽暦であり，月の満ち欠けを基準に月計算をすると季節のずれが生じるため，約3年に一度閏月を入れてそのずれを解消していた。

問1． (イ)不適。ヒジュラ暦の紀元元年は西暦622年。

(ウ)不適。シーア派は正統カリフ第4代のアリーとその子孫だけを共同体の指導者だと考える。

(エ)不適。聖遷後に建設されたイスラーム教徒の共同体はウンマという。

問2． 契丹（キタイ）は，五代の後晋の建国を援助した代償として，現在の北京などを含む地域（燕雲十六州）を獲得した。

問3． (ア)不適。第一次世界大戦後の1919年に開かれたパリ講和会議には，クレマンソー首相がフランス代表として出席した。ダラディエは1938年のミュンヘン会談に出席したフランス首相。

(イ)不適。ドイツに対するルール占領を行ったのはフランスとベルギー。

(エ)不適。1952年に西ドイツやイタリアが結成したのはヨーロッパ石炭鉄鋼共同体（ECSC）。ヨーロッパ連合（EU）は1993年に発足した。

問4． やや難。豊臣秀吉の朝鮮侵攻は1592〜93，97〜98年。

(ア)正解。島津氏による琉球侵攻は17世紀初め。

(イ)不適。張居正による明朝の財政改革は1572〜82年。

(ウ)不適。アルタン＝ハンによる北京包囲は明代の1550年。

(エ)不適。倭寇の頭目王直（?〜1559年）が平戸などを拠点に密貿易活動を行っていたのは16世紀半ば頃。

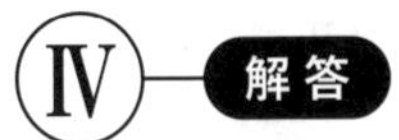

1—(ア)　**2**—(ソ)　**3**—(ア)　**4**—(ク)　**5**—(ニ)　**6**—(カ)
7—(ア)　**8**—(イ)　**9**—(ス)　**10**—(ト)　**11**—(チ)　**12**—(ア)
13—(サ)　**14**—(ア)

A． (ア)

解説

《疫病と世界史》

1・2． チンギス＝ハンの後を継いでモンゴルを率いたオゴタイは，1234年に金を滅ぼして華北に進出した。

8． 日米和親条約が結ばれたのが1854年。日米修好通商条約が結ばれたのは1858年。

9. イギリスの医師ジェンナーは天然痘への予防接種（種痘法）を開発し，免疫学の基礎を築いた。

10. ドイツの医師コッホは結核菌やコレラ菌などを発見し，近代細菌学の基礎を確立した。

11. イギリスの作家デフォーは，『ロビンソン＝クルーソー』で無人島に漂着しそこで生活した男性の28年間の生活を描いた。

12. アルジェリアの東に隣接するチュニジアは，1881年にフランスに支配された。これにイタリアが反発し，翌82年にドイツ・オーストリア・イタリアによる三国同盟が結成された。

13. 第五共和政（1958年～現在）の下で大統領を務めたド＝ゴール（在任1959～69年）は，エヴィアン協定でアルジェリアの独立を承認した(1962年)。

14. やや難。エチオピアのアジスアベバで開かれたアフリカ諸国首脳会議には，ガーナのエンクルマ大統領の呼びかけでアフリカの独立国が集まり，パン＝アフリカニズムを掲げたアフリカ統一機構（OAU）が結成された。

A. ①正しい。

②誤り。インカ帝国が栄えたのは東部大西洋岸ではなく西部太平洋岸。

講評

Ⅰ　春秋・戦国時代から唐までの中国文化史をテーマに視覚資料を使って出題されている。ほぼ全ての問いが中国文化史に関するものである。活字の発明が北宋時代であることを問う問2など詳細な知識も問われているが，全体的には標準的な内容である。

Ⅱ　プロイセン王国を中心に戦後のドイツまでの歴史が空所補充形式で問われている。10問中4問が文化史に関するものである。プロイセン王国の形成過程なども出題されており，資料集などを使って知識を定着させることが求められている。

Ⅲ　元号と干支をテーマに，東アジアを中心とした問題が出されている。元号が中国のいつの時代に始まったかを問う空欄1・2は解答に迷うが，本文中に「大月氏と同盟を結ぼうとした」などの記述があるため，前漢の武帝であると特定できる。1952年のヨーロッパ石炭鉄鋼共同体(ECSC)の成立や，1964年のフルシチョフ解任など，年代と出来事を結び付ける学習も求められている。

Ⅳ　疫病をテーマに13世紀から20世紀まで広い地域・時代について出題されている。また，15問中5問が文化史に関する問いである。20世紀のアフリカについても問われており，現代史の学習も必要とされている。

全体としては教科書レベルの標準的な問題がほとんどであるが，文化史からの出題が多くみられた。文化史の知識もしっかり定着させてから試験に臨みたい。

地理

I　解答

問1．1—(オ)　2—(イ)　3—(ク)　4—(ス)　5—(シ)
問2．①—(ウ)　②—(エ)　問3．(ウ)　問4．ウ
問5．D

解説

《環境問題》

問1．1．(オ)が適当。「気候変動に関する政府間パネル」はIntergovernmental Panel on Climate Changeの訳でIPCCと略される。(エ)COPとはConference of the Partiesの略称で，締約国会議を意味し環境問題に限らない。(カ)は国連環境計画（United Nations Environment Programme）の略称である。

2．(イ)が適当。2019年の世界気象機関（WMO）報告書によると，2018年の世界の平均気温は，産業革命以前の基準とされる1850年から1900年までの値（13.7℃）より1℃ほど高いとされる。

3．アマゾンの熱帯林破壊が続いている(ク)ブラジルと考える。

4．ヨーロッパで経済活動が活発なのはドイツやイギリスであるので，偏西風の風下側にある国を考えると，(ス)スウェーデンが適当。

5．(シ)が適当。「ライン川上流」にある国はスイスである。1986年11月にスイスのバーゼル郊外の化学工場から水銀等の有害物質が流出し，ライン川下流域に深刻な環境被害を発生させた。

問2．①(ウ)が適当。フロンガスの規制はモントリオール議定書で定められた。京都議定書とパリ協定は地球温暖化対策のために合意されたものである。京都議定書では先進国だけに温室効果ガスの削減目標が示されていたが，パリ協定では先進国・途上国関係なくすべての締約国に削減目標が課されている。

②森林面積はアフリカと南アメリカにおいて減少が激しいが，なかでもブラジルで農地や牧場造成のための熱帯林破壊が著しく，(エ)南アメリカにおいて最も減少している。

問3．(ウ)不適当。スリランカは国土の中央部の海抜高度が高く，水没の懸念は小さい。

問4. ①正。経済成長が著しい中国やインドの排出量が多くなっていることから考える。OECD 加盟国の二酸化炭素排出量は 11,720 百万 t であるのに対し，OECD 以外は 19,387 百万 t である。②正。アメリカ合衆国は世界の 15.5%，日本は 3.5%を占めている。

問5. ポーランドは環境対策がそれほど進んでいないと考え，一人あたり排出量が多いDと考える。Aはスウェーデン，Bはアメリカ合衆国，Cはフランスである。なお，総排出量÷一人あたり排出量で，各国の人口が求められることも手がかりとなる。

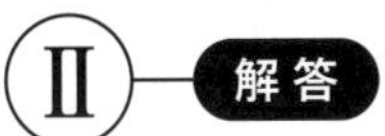

問1. (1)—(B)　(2)—(C)　**問2.** (ウ)　**問3.** (B)
問4. イ　**問5.** (ア)　**問6.** (1)—(B)　(2)—(A)
問7. (エ)　**問8.** (ウ)

解説

《世界と日本のエネルギーと資源》

問1. インドは牛糞のエネルギー利用が多いことを考え(B)と判断する。ロシアは天然ガス産出量が多く主要エネルギー源となっていることから(C)と考える。(A)は天然ガスの割合が高く，他国と比べて原子力の割合が高いことからアメリカ合衆国，(D)は石炭・石油依存度が高く，福島原発事故以降，原子炉の稼働が制限され，原子力が(B)に次いで少ないことから日本である。

問2. (ウ)不適当。一次エネルギーの生産量が最も多いのは中国である。

問3. (A)は原子力の割合が著しく高いことからフランス，(C)は新エネルギーの割合が他国より高いことからドイツ，(D)は水力が高いことからカナダと判断できる。残った(B)が韓国となる。

問4. ①誤。日本では再生可能エネルギーの中で太陽光の発電量が最も多い。②正。北海道をはじめとする酪農地域では，牛糞から発生する悪臭対策としてメタンガスを利用した発電が行われている。

問5. ①は若狭湾に集中していることから原子力，②は太平洋ベルトに集中していることから製油所，③は鹿児島県（喜入）・北海道苫小牧・むつ小川原に多く見られることから石油備蓄基地と判断できる。

問6. (A)は石炭が1位であることから中国，(B)はボーキサイトが1位であるのでオーストラリアと判断できる。(C)はロシア，(D)はインドである。

問7. (エ)不適当。本州にも山口県に宇部炭鉱・大嶺炭鉱，福島県に常磐炭鉱が存在していた。

問8. (ウ)不適当。日本には，都市鉱山として金 6,800t が国内に備蓄されている。南アフリカ共和国には約 6,000t の金が埋蔵されているが，日本の備蓄量には及ばない。

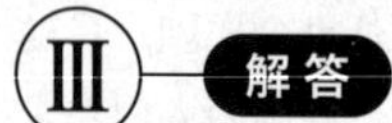

問1. (ウ)　**問2.** (イ)　**問3.** (エ)　**問4.** (エ)　**問5.** (ア)
問6. (ウ)　**問7.** (イ)　**問8.** (エ)　**問9.** (ウ)　**問10.** (エ)

解説

《世界の民族・紛争・領土問題》

問1. (ウ)不適当。「イタリアと接してカルスト地形が発達」しているのは，スロベニアである。

問2. (イ)クルド人は，トルコ・イラク・イラン・シリアなどにまたがるクルディスタンと呼ばれる地域に居住する国家をもたない民族。カザフ人はカザフスタン，ジョージア人はジョージアを国家としている。チェチェン人はカフカス地域にロシア連邦内のチェチェン共和国をもつものの，位置はBではない。

問3. (エ)不適当。C地域はイスラエル・パレスチナ地域である。OPECにはいずれも加盟していない。

問4. (エ)不適当。ウランではなく原油の利権が紛争原因の一つとなっている。

問5. (ア)E地域はウクライナであり，第二次世界大戦後の1954年に，ロシア人の多いクリミア半島はウクライナへ移管されていた。

問6. (ウ)不適当。ソマリア居住民は大部分がイスラム教徒である。紛争の要因は複雑であるが，独立前はイギリスとイタリアの植民地で，その後様々な武装勢力が存在し内戦状態が続いている。シンチアンウィグルではイスラム教徒のウィグル人と中国政府，チベットでは仏教徒のチベット人と中国政府，キプロスはギリシア系住民とトルコ系住民の間で対立している。

問7. (イ)不適当。イギリスが重視したのはパナマ運河ではなくスエズ運河である。

問8. (エ)不適当。中国とベトナムを結ぶ鉄道については，従来の路線を拡充することによって港湾と中国内陸部の結びつきを強めようとする動きはあるが，鉄道の新たな建設は行われていない。

問9． (ウ)不適当。領海の基線は，海水面が最も低くなったとき（干潮時）の陸地と海水面との境界である（最低低潮線）。

問10． (エ)インドネシアは南シナ海の南西域にアナンバス諸島を領有しているものの，南沙諸島からは離れている。

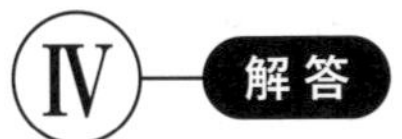

問1． (ア)　**問2．** (ア)　**問3．** (エ)　**問4．** (イ)　**問5．** (ウ)
問6． (ア)　**問7．** (ア)　**問8．** (1)―(ア)　(2)―(カ)
問9． (ウ)

解説

《東南アジア地誌》

問1． (ア)不適当。タイは東南アジアで唯一独立を保っていた国である。

問2． (ア)不適当。経済の実権を握っていたのは，中国系住民であった。

問3． (エ)不適当。シンガポールは多民族国家を反映しており，1位は仏教33.3%，以下キリスト教18.3%，イスラム教14.7%，道教10.9%，ヒンドゥー教5.1%の順になっている（『データブック オブ・ザ・ワールド 2023』）。

問4． (イ)不適当。緑の革命では化学肥料や農薬の利用が行われた。

問5． マレーシアの天然ゴム生産は大幅に減少し，代わってパーム油採取のためにアブラヤシ栽培が盛んになった。もっともアブラヤシはインドネシアでの栽培が急増し，パーム油の最大生産国はインドネシアとなっており，マレーシアは第2位である。なお，天然ゴムはタイが最大の生産国となっている。よって，A国はタイ，B国はインドネシア，C国はマレーシア，D国はフィリピンとなる。

問6． (ア)不適当。ジュロン工業団地はシンガポールにある。

問7． タイは自動車が発達していることから(ア)と判断する。(イ)は衣類・履物など軽工業製品も多いことからベトナム，(ウ)は液化天然ガス・パーム油から判断してマレーシア，(エ)は石炭・天然ガス・パーム油から判断してインドネシアと判断する。

問8． (1)　人口はASEAN 6億6900万人，EU 4億4500万人，アメリカ合衆国3億3600万人である。ASEANにはインドネシア（274百万人），フィリピン（114百万人），ベトナム（97百万人），タイ（72百万人）のように人口大国が多い。

(2)GDPは，アメリカ合衆国208,937億ドル，EU152,922億ドル，ASEAN 29,962億ドルである。ASEANの経済成長が著しいとはいえ，その経済規模はそれほど大きいものではない（2020年，『世界国勢図会2022/23』）。

問9．(イ)は1人当たりのGDPが6万ドルに近いことからシンガポール，(ア)はGDPは少ないものの1人当たりのGDPが3万ドル近いことから産油国ブルネイ，(エ)はGDPが最も高いことからインドネシアと判断できる。したがって，(ウ)がタイとなる。

講評

Ⅰ　環境に関する諸問題の理解をみる問題である。問1の空欄2は1.1℃か2.1℃かで迷いやすい。問2の②はアフリカと南アメリカで迷うが，アマゾンの熱帯林破壊から判断すればよい。問4は関西大学特有の正誤問題である。①は近年BRICSなどOECD以外の国の経済成長に伴うCO_2排出の増加から考えたい。②は西ヨーロッパ諸国ほど日本がCO_2排出削減が進んでいないことから考える。問5は日本との比較も重要だが，ポーランドの環境対策はそれほど進んでいないことから判断すればよい。

Ⅱ　世界と日本のエネルギーと資源に関する問題である。問1はインドではバイオ燃料と廃棄物に含まれる牛糞利用が多いこと，問2は一次エネルギーの生産・消費が急増しているのが中国であることに気づく必要がある。問7はかつての日本の炭田分布の知識が必要である。

Ⅲ　世界の民族・紛争・領土問題に関する基本的理解をみる問題である。問4はやや時事的であるが，スーダンと南スーダンの境界付近には原油が埋蔵されており，両国間でその領有を巡って対立がある。問6は少し細かい知識が必要だが，ソマリアはソマリ人による国家であり宗教や民族が対立要因ではない。

Ⅳ　東南アジアの地誌に関わる問題である。問5はプランテーション作物の主産地変動の知識が必要である。問8は統計の総合的理解から判断しなければならず難しい。ASEANの人口の多さに比してGDPはさほど高くないとの知識が必要である。

政治・経済

I 解答

問(A). 1―(キ) 2―(ア) 3―(イ) 問(B). (イ) 問(C). (エ)
問(D). (ア) 問(E). (ウ) 問(F). (エ)

解説

《基本的人権》

問(A). 1.(キ)が正答。憲法第97条は重要条文であり，必ず解答できるようにしておきたい。

問(B). (イ)が正答。憲法第60条は予算について，第1項で衆議院の先議権を定め，第2項において両院の議決が異なった場合は，衆議院の議決が優先することを定めている。第61条は条約の承認について，両院の議決が異なった場合は，第60条2項と同様であることを規定しているが，条約に関して衆議院の先議権は規定していない。

問(C). 正文は(エ)。(ア)誤文。大日本帝国憲法が参考にしたのはドイツのプロイセン憲法。ワイマール憲法は（大日本帝国憲法よりも後の）1919年に定められた。(イ)誤文。欽定憲法とは，君主が制定した憲法であることを意味する。改正が困難な憲法とは欽定憲法ではなく，硬性憲法である。(ウ)誤文。帝国議会は貴族院と衆議院の両議院によって成立していた。

問(D). 正文は(ア)。(イ)誤文。英国はユーロを導入していない。(ウ)誤文。スナク首相は保守党である。(エ)誤文。英国は1949年時点のNATO原加盟国の1つである。

問(E). (ウ)が正答。自由権規約第2選択議定書は死刑廃止を定めたものであり，日本は締約国となっていない。

問(F). (エ)が正文。(ア)誤文。国際連合ではなく，国際連盟の説明である。(イ)誤文。国際司法裁判所は個人ではなく国家間の紛争についての裁判を行う。(ウ)誤文。欧州人権裁判所の内容である。

Ⅱ 解答

問(A). (ウ) **問(B).** (イ) **問(C).** (ア) **問(D).** (エ) **問(E).** (ウ)
問(F). (イ) **問(G).** (イ) **問(H).** (エ) **問(I).** (ア) **問(J).** (ウ)

解説

《インフレーションとデフレーション》

問(A). 正答は(ウ)。(ア)誤文。企業物価指数は，総務省ではなく，日本銀行調査統計局が作成している。(イ)誤文。企業物価指数ではなく消費者物価指数の説明である。(エ)誤文。輸入材の物価も企業物価指数の計算に含まれる。

問(B). (イ)が正答。ハイパーインフレーションの典型として，第一次世界大戦後のドイツのインフレーションが挙げられる。

問(C). (ア)が正答。まず，インフレーションの抑制のためには政府支出を抑制し，増税する必要がある。さらに通貨供給量についても抑制する必要がある。

問(D). (エ)が正答。産業育成のための規制強化を行えば，国内価格は外国価格よりも高くなることが予想される。(ア)と(イ)は国産品が輸入品との競争にさらされることになるため，いずれも内外価格差が小さくなる。(ウ)は卸売業などの中間段階の業者の利益が減るため，小売価格の低下を招く。

問(E). (ウ)が正答。雇用保険は社会保険制度であり，公的扶助制度とは区別される。

問(F). (イ)が正答。15歳以上人口が1億人，そのうち非労働人口が4千万人とあるため，労働力人口は10000－4000＝6000万人であることがわかる。この数で完全失業者である180万人を割り，100倍すれば失業率が求められる。180÷6000×100＝3より，3％となる。

問(G). (イ)が正答。スタグフレーションは不況と物価上昇が同時に起こる現象なので，この場合は，フィリップス曲線は右下がりとならない。

問(H). (エ)が正答。(ア)誤文。デフレーションの場合，貨幣価値が上昇するので，名目賃金が変化しなければ実質賃金は上昇する。(イ)誤文。預金価値も実質的に上昇する。(ウ)誤文。物価はさらに値下がりするとの見通しから消費意欲は低下する。

問(I). (ア)が正答である。マイナス金利政策は2016年に導入された。(イ)の包括的緩和政策は2010年，(ウ)の量的緩和政策は2001年，(エ)のゼロ金利政策は1999年である。

問(J). (ウ)が正答。2013年から日本銀行の黒田東彦総裁によって始められた量的・質的金融緩和は，異次元緩和と呼ばれた。

III 解答　**問(A).**　**1**―(ア)　**2**―(キ)　**3**―(コ)　**4**―(ク)　**5**―(ソ)
6―(ウ)　**7**―(ツ)　**8**―(ノ)　**9**―(ハ)

問(B). (イ)　**問(C).** (ア)　**問(D).** (イ)

解説

《労働法と日本型雇用システム》

問(B). (イ)が正文。(ア)誤文。法定労働時間は週 40 時間である。(ウ)有給休暇を付与しなければならない労働者の継続勤務期間は6ヵ月以上，また，1週間のうち1日勤務でも付与される。(エ)2023 年 9 月末時点の最低賃金は，東京都は 1072 円，大阪府が 1023 円，沖縄県で 853 円であった。

問(C). (ア)が正文。(イ)誤文。現行の労働組合法では排他的交渉代表制度は採用されていない。(ウ)誤文。日本の労働組合は企業別組合が多く，自社に協力する傾向がある。また，毎年春に全国の労働組合が一斉に賃金交渉に入る春闘が行われている。(エ)誤文。労働組合の結成は憲法に保障された労働者の権利であり，労働基準監督署の許可は不要である。

問(D). (イ)が正文。(ア)誤文。定年を定める場合は，その年齢は（70 歳ではなく）60 歳を下回ることができない。(ウ)誤文。賞与も差別的取扱い禁止の対象である。(エ)誤文。女性労働者が婚姻し，妊娠し，または出産したことを退職理由として予定する定めをしてはならない。

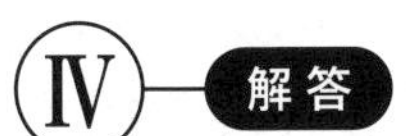

問(A).　**1**―(エ)　**2**―(キ)　**3**―(シ)
問(B).　**4**―(エ)　**5**―(キ)　**6**―(ス)　**7**―(ケ)　**8**―(タ)

問(C).　**9**―(キ)　**10**―(ウ)　**11**―(コ)　**12**―(オ)　**13**―(ス)　**問(D).** (ウ)　**問(E).** (エ)

解説

《日本の農業》

問(A). 食料自給率は，カロリーベースでオーストラリアは 200%を上回っており，アメリカやフランスも 130%前後の高い自給率である。

問(B). **7.** (ケ)が正答。減反政策は半世紀近くにわたって続けられた。

問(C). **13.** (ス)が正答。生産額ベースでは日本の食料自給率は6割以上となる。

問(D). (ウ)が誤文。「おいしい食べ物を供給すること」は「農業の多面的な機能」ではない。

講評

Ⅰ　基本的人権をテーマにした問題。問(B)は憲法の条文の内容を問うものであり，難易度は標準的であった。問(D)の近年の英国に関する説明は時事的な内容を含んでおり，やや難しい。

Ⅱ　インフレーションとデフレーションをテーマにした問題であり，経済学の基礎的理解を問う出題が多く見られた。問(C)のインフレーションに向けた基本的物価安定政策や，問(D)の内外価格差の原因を問う問題，問(H)のデフレーションの国民生活への影響など，用語の理解だけではなく，具体的なケースに当てはめて考える力が問われており，やや難しい。

Ⅲ　労働法と日本型雇用システムをテーマとした出題。問(B)の労働基準を問う問題や，問(C)の労働組合に関する問題，問(D)の特定の労働者に関する法的規制などは，法規制に関する正しい理解ができているかどうかを問う，やや難しい問題であった。

Ⅳ　日本の農業についての出題。空所補充の難易度は標準であるが，問(D)の食料・農業・農村基本法，問(E)のコメの関税などは，いずれも正確な理解が問われている問題であり，やや難しい出題であった。

数　学

◀3教科型，3教科型（同一配点方式），2教科型（英語＋1教科選択方式），2教科型（英数方式〈社会安全〉）▶

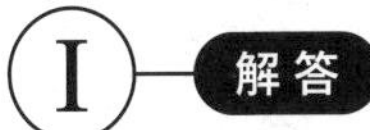

(1)　$f(x)=x^3-px$ とおく。

点 $\mathrm{P}(a,\ f(a))$ における $y=f(x)$ の接線 l の方程式は

$$y-f(a)=f'(a)(x-a)$$

$$y=(3a^2-p)(x-a)+a^3-pa$$

$$y=(3a^2-p)x-2a^3 \quad \cdots\cdots(答)$$

(2)　(1)と同様にして，接線 m の方程式は

$$y=(3b^2-p)x-2b^3$$

これが点Pを通るので

$$a^3-pa=(3b^2-p)a-2b^3$$

$$a^3-3ab^2+2b^3=0 \qquad (a-b)^2(a+2b)=0$$

$a\neq b$ より

$$a+2b=0 \qquad \therefore \quad a=-2b \quad \cdots\cdots(答)$$

(3)　$l\perp m$ のとき

$$(3a^2-p)(3b^2-p)=-1$$

$a=-2b$ より

$$(12b^2-p)(3b^2-p)=-1$$

$$36b^4-15pb^2+p^2+1=0$$

$b^2=X$ とおくと

$$36X^2-15pX+p^2+1=0 \quad \cdots\cdots①$$

①を X の2次方程式として，その判別式を D とする。

次に，$X\geqq 0$ なので，①は $X\geqq 0$ において，解をもつ。

y 切片 $p^2+1>0$ なので，その条件は

$$軸\ X=\frac{5p}{24}>0 \quad \cdots\cdots②,\quad D\geqq 0 \quad \cdots\cdots③$$

②より　　$p>0$　……④

③より　　$(15p)^2-4\times36(p^2+1)\geqq0$

$(3p)^2-4^2\geqq0$　　$(3p+4)(3p-4)\geqq0$

④より

$3p-4\geqq0$　　$\therefore\ \ p\geqq\dfrac{4}{3}$　……(答)

解説

《3次関数のグラフとその接線》

(1)　点 $(a,\ f(a))$ における $y=f(x)$ の接線の方程式は，$y-f(a)=f'(a)(x-a)$ である。

(2)　接線 $y=(3b^2-p)x-2b^3$ が点 $(a,\ a^3-pa)$ を通るので，代入して

$$a^3-pa=(3b^2-p)a-2b^3$$

整理して　　$a^3-3ab^2+2b^3=0$

点Pを通る接線の1つは接線 l であるので，$a^3-3ab^2+2b^2$ は $a-b$ を因数にもつ。

(3)　$l\perp m$ となるとき，$f'(a)\cdot f'(b)=-1$ が成り立つ。(1)の結果より，$f'(a)\cdot f'(b)=-1$ は b の4次方程式となり，$X=b^2$ とおくと X の2次方程式となる。実数 p の存在範囲を求めたいので，この X の2次方程式が $X\geqq0$ で解をもつ条件を求めればよい。

Ⅱ　解答

①$2\sin\theta$　②$4\sin\theta\cos\theta$　③$\cos\theta$

④$\dfrac{1}{2}<x<1$　⑤$16x^2-8x$　⑥$\dfrac{1+\sqrt{2}}{4}$　⑦$3-\sqrt{2}$

解説

《正弦定理，2倍角の公式，三角不等式》

△ABC において，正弦定理より

AB$=2R\sin(\angle\mathrm{C})$　(ただし，R は外接円の半径)

$R=1$，$\angle\mathrm{C}=\theta$ より

AB$=2\sin\theta$　(→①)

同様にして　　BC$=2R\cdot\sin(\pi-2\theta)$

$=2\sin2\theta$

$$=4\sin\theta\cos\theta \quad (\to②)$$

次に

$$S=\frac{1}{2}\mathrm{AB}\cdot\mathrm{BC}\cdot\sin(\angle\mathrm{B})$$
$$=\frac{1}{2}\cdot 2\sin\theta\cdot 4\sin\theta\cos\theta\cdot\sin\theta$$
$$=4\sin^3\theta\cos\theta \quad (\to③)$$

Sと同様にして

$$T=4\sin^3 2\theta\cdot\cos 2\theta$$
$$=4(2\sin\theta\cos\theta)^3(2\cos^2\theta-1)$$
$$=32\sin^3\theta\cos^3\theta(2\cos^2\theta-1)$$
$$\frac{T}{S}=\frac{32\sin^3\theta\cos^3\theta(2\cos^2\theta-1)}{4\sin^3\theta\cos\theta}$$
$$=8\cos^2\theta(2\cos^2\theta-1)$$

ここで，$\cos^2\theta=x$ とおくと，$0^\circ<\theta<45^\circ$ より

$$\frac{1}{\sqrt{2}}<\cos\theta<1 \qquad \frac{1}{2}<\cos^2\theta<1$$

$$\therefore\quad \frac{1}{2}<x<1 \quad (\to④)$$

このとき

$$\frac{T}{S}=8x(2x-1)=16x^2-8x \quad (\to⑤)$$

$\frac{T}{S}=1$ のとき

$$16x^2-8x=1 \qquad 16x^2-8x-1=0$$

これを解いて　$x=\frac{1\pm\sqrt{2}}{4}$

$\frac{1}{2}<x<1$ より　$x=\frac{1+\sqrt{2}}{4}$　$(\to⑥)$

$$\cos^2\theta=\frac{1+\sqrt{2}}{4}$$
$$\sin^2\theta=1-\frac{1+\sqrt{2}}{4}=\frac{3-\sqrt{2}}{4}$$

$0° < \theta < 45°$ より　$\sin\theta > 0$

よって　$\sin\theta = \dfrac{\sqrt{3-\sqrt{2}}}{2}$　(→⑦)

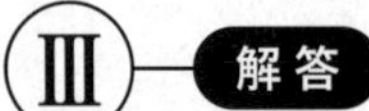 ①-2　②$2$　③-4　④$c<-4$　⑤-5

解説

《因数定理，2次方程式の解の理論》

(1)　$f(x) = x^3 - (c-1)x^2 - 2cx + 4$ とおく。

$$f(-2) = -8 - 4(c-1) + 4c + 4 = 0$$

したがって，方程式(＊)は c の値によらず，$x=-2$ を解にもつ。

(→①)

(2)　$f(x)$ を因数分解すると

$$f(x) = (x+2)\{x^2 - (c+1)x + 2\} = 0$$

ここで，$g(x) = x^2 - (c+1)x + 2$ とおく。

方程式(＊)が異なる3つの整数解をもつとき，$g(x)=0$ は -2 以外の異なる2つの整数解をもつ。

$g(-2) \neq 0$ より　$4 + 2c + 2 + 2 \neq 0$　$\therefore$　$c \neq -4$

$g(x)=0$ が整数解をもつとき，それは $x=\pm 1,\ 2$ のいずれかになる。

$g(1)=0$ より　$1 - (c+1) + 2 = 0$　$\therefore$　$c=2$

$g(-1)=0$ より　$1 + c + 1 + 2 = 0$　$\therefore$　$c=-4$

$g(2)=0$ より　$4 - 2c - 2 + 2 = 0$　$\therefore$　$c=2$

以上のことから，方程式(＊)が異なる3つの整数解をもつのは $c=2$ のときである。(→②)

(3)　方程式(＊)が2重解をもつのは，$c=-4$ のときである。(→③)

(4)　方程式 $g(x)=0$ の実数解を $\alpha,\ \beta$ とする。

$\alpha < -2 < \beta$ となる条件は

$g(-2) < 0$　$8 + 2c < 0$　$c < -4$　(→④)

$\alpha,\ -2,\ \beta$ がこの順で等差数列になる条件は

$-2 - \alpha = \beta - (-2)$　$\alpha + \beta = -4$

2次方程式の解と係数の関係より　$\alpha + \beta = c+1$

よって　$c + 1 = -4$　$\therefore$　$c = -5$　(→⑤)

講評

2024年度は大問3題のうち，Ⅰが記述式で，Ⅱ・Ⅲが空所補充形式であった。

Ⅰ　3次関数のグラフの2つの接線に関する問題。標準的な問題である。

Ⅱ　前半が三角比の平面図形への応用で，後半は三角方程式の解法となっている。どちらも三角比，三角関数の基本的な公式を用いて解ける。

Ⅲ　3次方程式の解に関する問題である。(1)で因数定理を用いて因数分解する。(2)・(3)では2次方程式の解に関する問題となる。

全体的には，基本または標準的なレベルの問題で構成されている。教科書の例題，章末問題を解く学力があれば十分対応できる。

◀英数方式〈総合情報〉▶

I 解答　(1)

$$f_2(\theta)=\sum_{k=0}^{2}\cos k\theta$$
$$=\cos 0+\cos\theta+\cos 2\theta$$
$$=1+\cos\theta+2\cos^2\theta-1$$
$$=2\cos^2\theta+\cos\theta$$

$f_2(\theta)\geqq 1$ より

$2\cos^2\theta+\cos\theta-1\geqq 0$　　$(2\cos\theta-1)(\cos\theta+1)\geqq 0$

$\therefore$　$\cos\theta\leqq -1,\ \dfrac{1}{2}\leqq\cos\theta$

$-1\leqq\cos\theta\leqq 1$ より　　$\cos\theta=-1,\ \dfrac{1}{2}\leqq\cos\theta\leqq 1$

$0\leqq\theta\leqq\pi$ において　　$\theta=\pi,\ 0\leqq\theta\leqq\dfrac{\pi}{3}$　……(答)

(2)　$f_3(\theta)=f_2(\theta)+\cos 3\theta$

$$=2\cos^2\theta+\cos\theta+4\cos^3\theta-3\cos\theta$$

$f_3(\theta)\geqq 1$ より

$$4\cos^3\theta+2\cos^2\theta-2\cos\theta-1\geqq 0$$
$$2\cos^2\theta(2\cos\theta+1)-(2\cos\theta+1)\geqq 0$$
$$(2\cos^2\theta-1)(2\cos\theta+1)\geqq 0$$
$$(\sqrt{2}\cos\theta-1)(\sqrt{2}\cos\theta+1)(2\cos\theta+1)\geqq 0$$

$-1\leqq\cos\theta\leqq 1$ より

$$-\frac{\sqrt{2}}{2}\leqq\cos\theta\leqq-\frac{1}{2},\ \frac{\sqrt{2}}{2}\leqq\cos\theta\leqq 1$$

$0\leqq\theta\leqq\pi$ において

$0\leqq\theta\leqq\dfrac{\pi}{4},\ \dfrac{2\pi}{3}\leqq\theta\leqq\dfrac{3\pi}{4}$　……(答)

(3)　$f_4(\theta)=f_3(\theta)+\cos 4\theta$

$$=4\cos^3\theta+2\cos^2\theta-2\cos\theta+2\cos^2 2\theta-1$$
$$=4\cos^3\theta+2\cos^2\theta-2\cos\theta+2(2\cos^2\theta-1)^2-1$$

$=4\cos^3\theta+2\cos^2\theta-2\cos\theta+8\cos^4\theta-8\cos^2\theta+1$

$=8\cos^4\theta+4\cos^3\theta-6\cos^2\theta-2\cos\theta+1$

$\cos\theta=x$ とおいて，$f_4(\theta)=0$ は

$$8x^4+4x^3-6x^2-2x+1=0$$

$$8x^4-6x^2+1+2x(2x^2-1)=0$$

$$(4x^2-1)(2x^2-1)+2x(2x^2-1)=0$$

$$(4x^2+2x-1)(2x^2-1)=0$$

$\therefore\quad x=\pm\dfrac{\sqrt{2}}{2},\ \dfrac{-1\pm\sqrt{5}}{4}$

よって　　$\cos\theta=\pm\dfrac{\sqrt{2}}{2},\ \cos\theta=\dfrac{-1\pm\sqrt{5}}{4}$

(1)，(2)より　　$0\leqq\theta\leqq\dfrac{\pi}{4}$

したがって　　$\theta=\dfrac{\pi}{4}$　……(答)

解説

《2倍角・3倍角の公式，三角方程式・不等式》

(1)　$f_2(\theta)\geqq1$ は，2倍角の公式 $\cos2\theta=2\cos^2\theta-1$ を用いて，$f_2(\theta)$ を $\cos\theta$ の2次式に直す。

(2)　$f_3(\theta)\geqq1$ は，3倍角の公式 $\cos3\theta=4\cos^3\theta-3\cos\theta$ を用いて，$f_3(\theta)$ を $\cos\theta$ の3次式に直す。

(3)　$\cos4\theta$ は2倍角の公式を2回使って

$$\cos4\theta=2\cos^2 2\theta-1=2(2\cos^2\theta-1)^2-1$$

$$=8\cos^4\theta-8\cos^2\theta+1$$

と $\cos\theta$ で表す。ここで，$\cos\theta=x$ とおくと，$f_4(\theta)=0$ は x の4次方程式となる。

$8x^4+4x^3-6x^2-2x+1=0$ は因数分解できるはずなので，因数定理を用いて，因数分解を試みる。$F(x)=8x^4+4x^3-6x^2-2x+1$ とおく。解の可能性があるのは4次の係数と定数項を考えて，$x=\pm\dfrac{1}{2},\ \pm\dfrac{\sqrt{2}}{2}$ である。

$F\left(\pm\dfrac{\sqrt{2}}{2}\right)=2\pm\dfrac{\sqrt{2}}{2}-3\mp\dfrac{\sqrt{2}}{2}+1=0$ となり，$F(x)$ は $2x^2-1$ を因数

にもつことがわかる。

II 解答 (1) $f(x)=x^2-2x-\log_2 a-\log_2 b-1$

$=x^2-2x-\log_2 2ab$

$f(x)=0$ の判別式を D とする。$f(x)=0$ が異なる2つの実数解をもつ条件は　$D>0$

$D=4+4(\log_2 2ab)>0$

$1+\log_2 2ab>0$　　$\log_2 4ab>0$

$4ab>1$　　$\therefore$　$ab>\dfrac{1}{4}$　……(答)

(2) $f(x)=0$ の2解を α, β として，2次方程式の解と係数の関係より

$\alpha+\beta=2$, $\alpha\beta=-\log_2 2ab$

$(\beta-\alpha)^2=(\beta+\alpha)^2-4\alpha\beta$

$=4+4\log_2 2ab$

$=4\log_2 4ab$

$\alpha<\beta$ として，$\alpha\leqq x\leqq\beta$ において　　$f(x)\leqq 0$

したがって，x 軸と $y=f(x)$ で囲まれた部分の面積を S とすると

$$S=\int_\alpha^\beta\{-f(x)\}dx$$

$$=-\int_\alpha^\beta(x-\alpha)(x-\beta)dx$$

$$=\frac{1}{6}(\beta-\alpha)^3$$

$$=\frac{8}{6}(\log_2 4ab)^{\frac{3}{2}}$$

$$=\frac{4}{3}(\log_2 4ab)^{\frac{3}{2}}$$

$S\geqq 36$ より

$$\frac{4}{3}(\log_2 4ab)^{\frac{3}{2}}\geqq 36$$

$$(\log_2 4ab)^{\frac{3}{2}}\geqq 3^3$$

$$\log_2 4ab\geqq 9$$

$4ab\geqq 2^9$　　$\therefore$　$ab\geqq 128$　……(答)

(3)　2つの解が $\log_2 a$, $\log_2 b$ であるとき

$$\log_2 a+\log_2 b=2 \qquad \log_2 ab=2$$

$\therefore$ $ab=4$

また

$$\log_2 a\cdot\log_2 b=-\log_2 2ab=-\log_2 8=-3$$

したがって，$f(x)=x^2-2x-3$ となって

$$x^2-2x-3=0 \qquad (x+1)(x-3)=0$$

$\therefore$ $x=-1,\ 3$

よって　$(\log_2 a,\ \log_2 b)=(-1,\ 3),\ (3,\ -1)$

ゆえに　$(a,\ b)=\left(\frac{1}{2},\ 8\right),\ \left(8,\ \frac{1}{2}\right)$ ……(答)

解説

《x 軸と放物線で囲まれた部分の面積，対数の計算》

(1)　$f(x)=0$ の判別式を D とすると，$f(x)=0$ が異なる2つの実数解をもつ条件は，$D>0$ である。

(2)　$y=f(x)$ が x 軸と $x=\alpha,\ \beta$ $(\alpha<\beta)$ で交わるとき，$\alpha\leqq x\leqq\beta$ において　$f(x)\leqq 0$

よって，x 軸と $y=f(x)$ とで囲まれた部分の面積を S とすると，

$S=-\int_\alpha^\beta f(x)dx=\frac{1}{6}(\beta-\alpha)^3$ となる。

次に，解と係数の関係より，$\alpha+\beta$, $\alpha\beta$ を a, b で表し，

$(\beta-\alpha)^2=(\alpha+\beta)^2-4\alpha\beta$ に代入して，$(\beta-\alpha)^2$ を a, b で表す。

(3)　2つの解が $\log_2 a$, $\log_2 b$ であるとき，解と係数の関係より

$$\log_2 a+\log_2 b=2,\ \log_2 a\cdot\log_2 b=-\log_2 2ab$$

となる。

$\log_2 a+\log_2 b=\log_2 ab=2$ なので　$ab=4$

よって，$\log_2 a\cdot\log_2 b=-3$ となり，$\log_2 a$, $\log_2 b$ は2次方程式 $x^2-2x-3=0$ の2解となる。

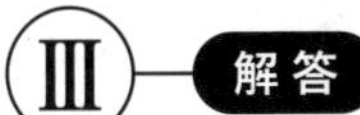

Ⅲ　解答　① $\frac{1}{36}$　② $\frac{13}{216}$　③ $\frac{1}{18}$　④ $\frac{17}{18}$　⑤ $\frac{5}{108}$

解説

《サイコロを3回投げたときに，ある条件に合う確率》

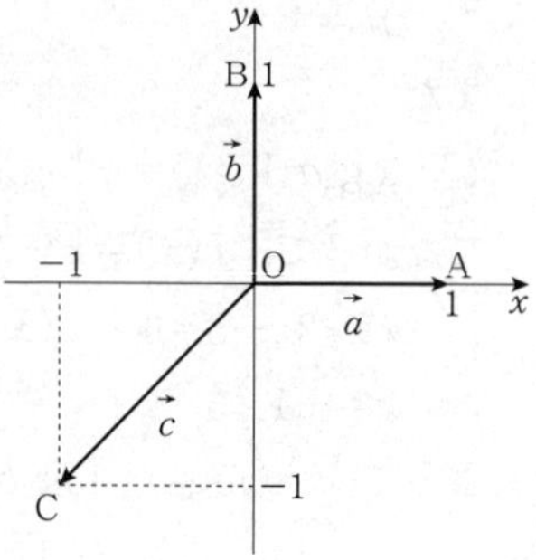

(1) $\vec{c}=-\vec{a}-\vec{b}$ より

$$\vec{d}=l\vec{a}+m\vec{b}+n\vec{c}$$
$$=(l-n)\vec{a}+(m-n)\vec{b}$$

$\vec{d}=\vec{0}$ となるのは，$\vec{a}\neq\vec{0}$，$\vec{b}\neq\vec{0}$，$\vec{a}\not\parallel\vec{b}$ なので

$$l=m=n$$

したがって，l，m，n の取り方は

$$(l,\ m,\ n)=(1,\ 1,\ 1),\ (2,\ 2,\ 2),\ \cdots,\ (6,\ 6,\ 6)$$

の6通りある。

ゆえに，$\vec{d}=\vec{0}$ となる確率は　$\dfrac{6}{6^3}=\dfrac{1}{36}$　(→①)

(2)　$\vec{d}\cdot\vec{c}\geqq 7$

$$\{(l-n)\vec{a}+(m-n)\vec{b}\}\cdot(-\vec{a}-\vec{b})\geqq 7$$

ここで，$|\vec{a}|=1$，$|\vec{b}|=1$，$\vec{a}\cdot\vec{b}=0$ なので

$$n-l+n-m\geqq 7$$
$$2n\geqq l+m+7$$

$1\leqq l\leqq 6$，$1\leqq m\leqq 6$ より

$$2\leqq l+m\leqq 12\qquad 2n\geqq 9$$

n は $1\leqq n\leqq 6$ をみたす整数なので　$n=5,\ 6$

$n=5$ のとき　$2\leqq l+m\leqq 3$

$$(l,\ m)=(1,\ 1),\ (1,\ 2),\ (2,\ 1)$$

$n=6$ のとき　$2\leqq l+m\leqq 5$

$$(l,\ m)=(1,\ 1),\ (1,\ 2),\ (2,\ 1),\ (1,\ 3),\ (2,\ 2),\ (3,\ 1),\ (1,\ 4),\ (2,\ 3),\ (3,\ 2),\ (4,\ 1)$$

したがって，$\vec{d}\cdot\vec{c}\geqq 7$ をみたす $(l,\ m,\ n)$ は13通りある。

ゆえに，$\vec{d}\cdot\vec{c}\geqq 7$ をみたす確率は　$\dfrac{13}{216}$　(→②)

(3) $\vec{d}\cdot\vec{c}=0$ のとき

$2n=l+m$

$n=1$ のとき，$l+m=2$

$n=2$ のとき，$l+m=4$

$n=3$ のとき，$l+m=6$

$n=4$ のとき，$l+m=8$

$n=5$ のとき，$l+m=10$

$n=6$ のとき，$l+m=12$

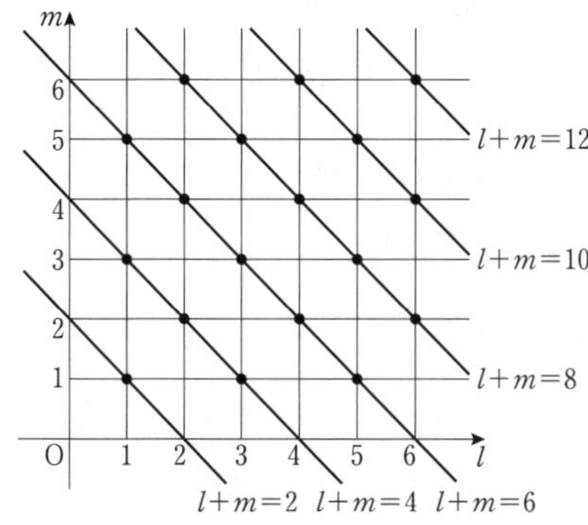

したがって，$(l,\ m,\ n)$ の取り方は

$1+3+5+5+3+1=18$ 通り

(1)より，$l=m=n$ となるとき，$\vec{d}=\vec{0}$ となるため，その6通りを除く。

ゆえに，$\vec{d}$ が零ベクトルでなく $\vec{c}$ と $\vec{d}$ のなす角が $\dfrac{\pi}{2}$ となる確率は

$\dfrac{12}{6^3}=\dfrac{1}{18}$　(→③)

(4) $\vec{d}\cdot(\vec{b}-\vec{c})=0$ のとき

$\{(l-n)\vec{a}+(m-n)\vec{b}\}\cdot(\vec{a}+2\vec{b})=0$

$l-n+2(m-n)=0$　　$l+2m=3n$

$n=1$ のとき，$l+2m=3$

$n=2$ のとき，$l+2m=6$

$n=3$ のとき，$l+2m=9$

$n=4$ のとき，$l+2m=12$

$n=5$ のとき，$l+2m=15$

$n=6$ のとき，$l+2m=18$

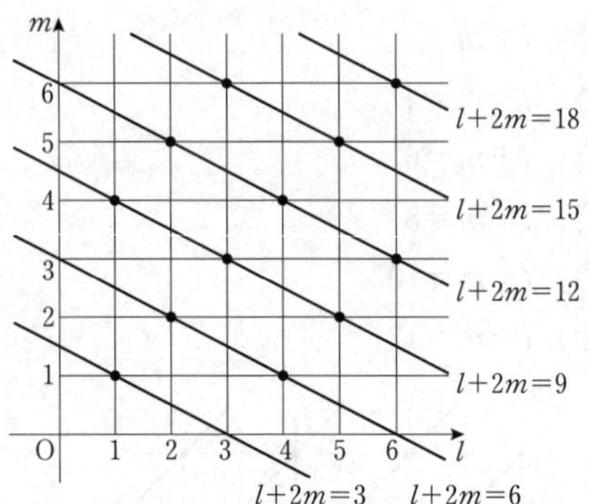

以上より，$(l,\ m,\ n)$ の取り方は

$1+2+3+3+2+1=12$ 通り

したがって，$\vec{d}\cdot(\vec{b}-\vec{c})\neq 0$ となる確率は　$1-\dfrac{12}{6^3}=\dfrac{17}{18}$　(→④)

(5)　点Dが線分AC上にあるとき，t を実数として

$\vec{d}=(1-t)\vec{a}+t(-\vec{a}-\vec{b})\quad(0\leqq t\leqq 1)$

$\vec{d}=(1-2t)\vec{a}-t\vec{b}$

したがって，$\vec{a}\neq\vec{0}$，$\vec{b}\neq\vec{0}$，$\vec{a}\not\parallel\vec{b}$ なので

$l-n=1-2t,\ m-n=-t$

$l,\ m,\ n$ は整数なので，$1-2t,\ -t$ も整数である。

$0\leqq t\leqq 1$ より　$t=0,\ 1$

$t=0$ のとき　$l-n=1,\ m-n=0$

$(l,\ m,\ n)=(6,\ 5,\ 5),\ (5,\ 4,\ 4),\ (4,\ 3,\ 3),$
$(3,\ 2,\ 2),\ (2,\ 1,\ 1)$

$t=1$ のとき　$l-n=-1,\ m-n=-1$

$l-m=0,\ n=l+1$

$(l,\ m,\ n)=(5,\ 5,\ 6),\ (4,\ 4,\ 5),\ (3,\ 3,\ 4),$
$(2,\ 2,\ 3),\ (1,\ 1,\ 2)$

以上より，$l,\ m,\ n$ の取り方は10通りある。

したがって，点Dが線分AC上にある確率は　$\dfrac{10}{6^3}=\dfrac{5}{108}$　(→⑤)

Ⅳ **解答** ①$\dfrac{\alpha+\beta}{2}$　②$\dfrac{1}{2}$　③$\dfrac{4k}{1-4k^2}$　④$2k$　⑤$\sqrt{5}-2$

⑥$\dfrac{\sqrt{5}-1}{2}$　⑦$1$

解説

《加法定理，2直線のなす角》

直線 l と x 軸のなす角は　$\dfrac{\alpha+\beta}{2}$　(→①)

加法定理より

$$\tan(\alpha+\beta)=\frac{\tan\alpha+\tan\beta}{1-\tan\alpha\cdot\tan\beta}$$

$$\begin{aligned}(\text{分母})&=1-\tan\alpha\cdot\tan\beta\\&=1-k^2(4k^2+3)\\&=-(4k^2-1)(k^2+1)\end{aligned}$$

(分母)$=0$ は　$4k^2=1$

$0<\alpha<\dfrac{\pi}{2}$ より　$\tan\alpha=k>0$

よって，(分母)$=0$ となるのは，$k=\dfrac{1}{2}$ のときである。

したがって，$k\neq\dfrac{1}{2}$ のとき　(→②)

$$\begin{aligned}\tan(\alpha+\beta)&=\frac{k+k(4k^2+3)}{(1-4k^2)(k^2+1)}\\&=\frac{4k(k^2+1)}{(1-4k^2)(k^2+1)}\\&=\frac{4k}{1-4k^2}\quad(\to③)\end{aligned}$$

次に，$\tan\dfrac{\alpha+\beta}{2}=x$ とおくと　$\tan(\alpha+\beta)=\dfrac{2x}{1-x^2}$

よって

$$\frac{2x}{1-x^2}=\frac{4k}{1-4k^2}$$

$$2x(1-4k^2)=4k(1-x^2)$$

$$2kx^2+(1-4k^2)x-2k=0$$

$(2kx+1)(x-2k)=0$

$kx>0$ より　$x=2k$　(→④)

$k=\dfrac{1}{2}$ ならば　$\tan\alpha=\dfrac{1}{2}$, $\tan\beta=2$

$\tan\dfrac{\alpha}{2}=y$ とおくと

$$\frac{1}{2}=\frac{2y}{1-y^2}\qquad y^2+4y-1=0$$

$\therefore\quad y=-2\pm\sqrt{5}$

$y>0$ より　$y=\sqrt{5}-2$　(→⑤)

$\tan\dfrac{\beta}{2}=z$ とおくと

$$2=\frac{2z}{1-z^2}\qquad z^2+z-1=0$$

$\therefore\quad z=\dfrac{-1\pm\sqrt{5}}{2}$

$z>0$ より　$z=\dfrac{\sqrt{5}-1}{2}$　(→⑥)

したがって

$$\tan\left(\frac{\alpha+\beta}{2}\right)=\frac{\sqrt{5}-2+\dfrac{\sqrt{5}-1}{2}}{1-(\sqrt{5}-2)\left(\dfrac{\sqrt{5}-1}{2}\right)}$$

$$=\frac{2\sqrt{5}-4+\sqrt{5}-1}{2-(5-3\sqrt{5}+2)}$$

$$=1\quad(\to⑦)$$

講評

2024年度は大問4題のうち，Ⅰ・Ⅱが記述式で，Ⅲ・Ⅳが空所補充形式であった。

Ⅰ　2倍角の公式，3倍角の公式を用いて，三角不等式，三角方程式を解く問題。(2)で3次不等式，(3)で4次方程式を解くことになるが，どちらも因数分解して解ける。標準的なレベルの問題である。

Ⅱ　x 軸と放物線で囲まれた部分の面積に関する問題。定積分と対数の融合問題である。基本的な解法の組み合わせで解ける。

Ⅲ　サイコロを 3 回投げるときの確率の問題であるが，事象の条件がベクトルの式で与えられている。確率・ベクトル・整数問題の融合問題であり，幅広い知識が要求されている。

Ⅳ　2 直線のなす角に関して，tan の加法定理を用いて解く問題。誘導式でもあり，標準的なレベルの問題である。

全体的には，混合・融合問題が多く，幅広い知識が必要とされるが，いずれも教科書の例題，章末問題を解ける学力があれば対応できるだろう。

講評

傍線部を使用しないで、設問で指定しながら問う出題となっている。現代文（評論）一題、古文一題の二題構成、解答時間は七五分である。二月一日実施分の出題と同じ形式であるが、二月六日実施分では記述問題が出題されていない。

一は「民主主義とナショナリズム」の日本的な把握の問題点を指摘する文章。民主主義とナショナリズムが同時期に生まれ、お互いが関係し合う理念であるのに、近代的精神原理と戦前の悪しき原理との対比でしかイメージせず、そのものの意味については理解していないことを指摘し、これが後発近代化国家の解決すべき問題だと述べる。選択肢が微妙な違いで作られているため消去法を中心にすると本文照合で迷い、時間不足に陥ると思われる。本文全体、設問部分の理解が重要である。

二は『雲隠六帖』の一節。『源氏物語』から派生した物語、つまり「スピンオフ」であり、室町時代の作と考えられているが、はっきりしたことはわかっていない。『源氏物語』に似せていることからも、平安時代の物語と同様、主語を確認しながら読み進める必要があり、古文単語や古典文法、敬語の知識が不可欠である。特に文章後半は人物関係が確定しにくく、難解。『源氏物語』の続編であり、紫の上が帝の夢に登場し、帝は匂宮のその後であり、他の人物も『源氏物語』の登場人物なのだがリード、注には『源氏物語』との関係は一切説明されていない。この文章そのもので読み取ることを求めている。選択肢を確認しながら物語の展開をつかんでいくことも有効だと思われる。選択肢は基本的に語句の意味、文法、敬語表現の違いから最適なものを選択する形になっているので、古文読解の基礎知識をフル活用したい。選択肢は二～四行と長文だが、要素の共通する箇所も多いので、明らかな誤訳を含む選択肢からどんどん消去法で絞り込んでいくのが効率的だろう。この問題についてはかなり難しい出題だと判断される。

では「取りに取りて」と強く「取る」が表現されているので、「たまたま取って」は不適。b、d、eは、「かしこよりの文」つまり〝あちらからの手紙〟を、「人目を避けた」と解釈しており、誤り。

問9 「いと若くおはせし……つらき心も残らず」の解釈。内大臣は「若くいらっしゃった時でさえ思慮深く立派でいらっしゃり、思うことをも打ち明けなさらないのを、この歳とおなりになっていっそう道理をお悟りになり、聖もきっと恥ずかしく思うだろうというくらいまでお悟りになっているので、以前の争いごとを根に持ってはいらっしゃらない」という内容でaが最適。d、eは「恥づかし（げ）」という重要古語の解釈が誤っている。b、dでは、「心深し」は〝思慮深い、趣深い〟の意味であり、「信心深」いの解釈は不適。c、d、eは、「聖も恥ぢつべう悟りたまへる」は「つべし」の確述用法からも、〝聖もきっと恥ずかしくなるほど悟っている〟という意味であり、「聖と比べても恥ずかしくないほど悟っている」という表現は不適切。

問10 「何かその過ぎにしこと咎め……」の解釈問題。内大臣は「『なぜ過ぎたことをご自身でおとがめになるのですか。そうなるはずだったのでしょう』と言って、昔のその人あの人の演奏が優美だったことを語り、『亡くなった人が多く』などつぶやいて、今日は、昔を思い出したお話に罪もきっと消えるだろうという気持ちがして心が慰みなさった」と言っており、bが最適。c、d、eは、帝が懺悔したことに対する反応であり、「何かその過ぎにしこと咎めのたまはせん」は「帝はどうして過去のことを気にとがめるのですか」という内容であり、「誰が……非難しましょうか」は誤り。aとeは「罪も消えてほしい」として「なん」を願望の終助詞で解釈するが、「心地」に接続しているところから、強意の助動詞「ぬ」の未然形に婉曲の助動詞「む」の連体形であり、「罪も消えるような心地がして」と訳すのが文法的に妥当。

〝ものたりない、なごり惜しい〟の意味であり、「明け方」の解釈は誤り。

問6　「藤壺の御面影の……やがて藤壺へおはしまして」の解釈。紫の上が藤壺の面影に似ていると、この頃思いなさっていたが、何年もたってはっきりしなかったのが夢の中の紫の上とよく似ていらっしゃるので、心ひかれてすぐに藤壺へいらっしゃって、姿を見申し上げなさったという展開。よって、bが最適。d、eは「年経にければ」を年齢による衰えと解釈しており誤り。a、紫の上と藤壺が似ていることで藤壺の部屋に向かうのであり、「違いを明らかにするため」という解釈は誤り。「おぼえたまへ」の「おぼゆ」は〝自然に思われる、思い出される、似通う〟などの意味がある古文単語だが、ここは二人が似ていることが語られており、c、dの「大変美しく感じられた」という解釈は誤り。

問7　「二の宮のいとうつくしう……恥ぢらひたまひける」の説明を求められている。二の宮がかわいらしく成長しなさるのを慈しみ申し上げなさるところに帝がいらっしゃったので、藤壺は恥ずかしくて顔を赤らめていらっしゃる。その様子がかわいらしく、子どもがたくさんいる母親というのもかわいそうなお気持ちがして帝が見つめなさるのをつらくお思いになる、という内容でありcが最適。a、「帝がかわいがっていたところに」が明らかに誤り。二の宮は母である藤壺と一緒にいて、そこに帝が来たのである。b、dは「女房たちがかわいがってい」るという記述は「愛したてまつりたまふ」と尊敬語が用いられている点から不適と判断できる。a、eでは、「わりなし」は〝分別がない、苦しい、どうしようもない、はなはだしい〟など様々な意味があるが、「どういうわけか」と訳されているため、誤り。

問8　「昔いと御心幼うて、……ゆるしたまへ」までの解釈だが、人物関係がはっきりせず難解。リード文を参考にする。「昔は心が幼くて、私もあの女性も苦しみ、藤壺が女性のことを深く隠しなさったので、どうにかして女性のことを知ろうと、侍従があちらからの手紙を持ってきたのを、無理に見たことで、女性への心もきざした。藤壺も隠しだてしなければよかったのに。そのときの失敗は全て打ち明けるので、許してください」という内容でaが最適。c、e

かに思し出でて」を「不意に」と解釈しており不適。b、cでは「すでに見たかのようなそぶりで」という解釈はできない。a、dは「あはれにのたまひおきし」を「弱々しくも丁寧に指示」としている点で誤り。

問3　「夢とはなしに現ながら」から和歌の直前までは、「帝の前に現れた紫の上は、夢とはなく現実のような生きていた時と変わらない御姿でかわいらしく、『幼くいらっしゃった時から目をかけ申し上げ、今も立派でいらっしゃるので、近くで見守り申し上げるかいがあり、思う通りでいることがうれしくて』と言って」と解釈できる。この内容はbが適当。d、eは「夢のような理想的なお姿ではないが」は誤り。a、d、eでは「神仏のおそばに奉仕するとの誓い」は「あたりさらず」の解釈として誤り。c、eでは「ありしに変はらぬ御姿」は生前と変わらない御姿であり、「生前とは異なったお姿」は誤訳。

問4　この場面は亡くなった紫の上が現れて帝と会話している場面であり、和歌の後の展開からも、「君」は帝を指し、紫の上自身が「帝の周囲から離れないで、鏡に映る姿のように近くから、あなたの曇りのないすばらしい治世を照らしましょう」という内容。この説明としてdが最適。a、bは「君」を藤壺としており、この場面にはまだ藤壺は登場していないので、誤り。cは「君」を紫の上としている点で誤り。この和歌は紫の上が詠んだものである。d以外は「君があたりさらぬ」を紫の上が帝のそばにいることと解釈できていないので誤り。亡くなった紫の上が幼い時からかわいがった帝への思いを伝える和歌であることを押さえられていない。

問5　和歌直後の「世におはしけるものと……御八講行はせたまはんと思す」の解釈問題。この世に現れた紫の上の御袖をとりなさろうと体勢を整えようとして目を覚ましなさってしまったので、かいがなく、一言も交わさなかったことの悔しさ、心残りで悲しく、幼くして別れ申したことを思い出すと、紫の上の美しくかれんな御面影が忘れがたくて、紫の上のために二条院で法会をなさろうとお考えになる、という内容でaが最適。c、eは〝目を覚ます〟という意味の重要古文単語「おどろく」を「気を失」うという意味で説明しており誤訳。b、cでは、「いはけなく」は〝幼い〟という意味であり、「何も無くて」という解釈は誤り。d、eでは、「あかず」は漢字で表記すると「飽かず」で、につけ悪しきにつけて、以前の普通と違ったこともよく理解されて、ひどい罪やとがだとまで、聖もきっと恥ずかしく思うだろうというくらいまで悟りなさっているので、このような（以前の争いの）御ことも（根に持って）思い続けてはいらっしゃらない。（内大臣は自分の）父君がしばらく（密通により）六条院の御心を悩まし申し上げなさった報いではないかとまで思い、また、目の当たりに思い知らせ申し上げたと思いなさったので、少しもつらい心も残っていない。（内大臣は）「どうしてその過ぎたことのとがめをおっしゃるのですか。みなそうなるはずのことであったのでしょう」などおっしゃって、最後には、昔のその人あの人の演奏の優れて優美だったことなどを、やはり、「ああ、亡くなってしまった人が多くて」などつぶやいて、今日は、昔を思い出したお話に罪もきっと消えるだろうという心地がして、心が癒されなさった。

解説

問1　出題形式は本文の正しい解釈を前提に、選択肢から最適なものを選ぶ問題。本文は易しいものではなく、古文単語、文法、敬語などの基本的な知識を前提として読み取る必要がある。全訳を参照してほしい。紫の上の思い出については、「あはれ、世にものしたまひて」以降を正しく訳出した上で選択肢で確認する。「思ふさまならましかば、……見あつかひたてまつりなまし」の反実仮想、「かなしう（く）す」が〝かわいがる〟の意であることの把握は重要であり、dの説明が最適。a、b、cの「私があの世に行ってから」は、「ものす」の敬語表現が反映されていないことはもとより、帝自身があの世に行ってからでは文意が通じない。a、c、eでは「かなしうす」の訳出として「心を痛める」は誤り。

問2　「悩みたまひしころも、……今もかすかに思し出でて」を解釈する問い。紫の上は祈禱の効き目があって少し快方に向かいなさったように見えたが、やはり病気の残りで苦しい様子でますます御心細げに、成長したすばらしい様子を見届けられない残念さなどを語って、「二条院の花を私を思い出すものとして見なさい」などと自らの死後のことまで思いやっていたことを、帝は思い出しなさっている。この内容を説明したものとしてeが最適。a、cは「かすうとお思いになる。嵯峨院で御誦経を催すだろう。

帝も御念誦などをさまざまなさってしみじみと思い出しなさりながら、藤壺の御面影が（紫の上と）似通いなさるなあとこのごろ思い続けなさったけれど、年を経てしまったので（紫の上の記憶は）ぼんやりしていたが、夢のうちであるがとてもよく似ていらっしゃるので、いっそう心ひかれて、すぐに藤壺へいらっしゃって姿を見申し上げなさると、二の宮がとてもかわいらしく成長しなさるのを（藤壺が）慈しみ申し上げなさるところに前触れもなく帝がいらっしゃったので、とても恥ずかしくお思いになって顔を赤らめていらっしゃる様子の、いつになくかわいらしく、親王たちがたくさんいる母親というのもやっかいでかわいそうなお気持ちがして見つめなさるのを、つらくお思いになって恥じらいなさった御様子を、（帝は）ことばにもならず見申し上げなさる。

筝の琴を召し寄せて一緒にかき鳴らしていらっしゃる時に、「内大臣が参上なさいます」と人々が申したので、「こちらへ」といつものように隔てなく御簾の内に御座を支度して入れ申し上げなさる。昔の話をこまごまと申し上げなさる。互いに浅くない御仲であったので、心の内では思い通わしなさることがおありになったのだろうが、御心の内などはわからない。

帝は、「ほんとうか、あのいなくなった女性を探し出しなさったとな。今はだからといって（私に）気を遣いなさるな。昔とても御心が幼くて、あってはならないことを思いはじめて、私もあの女性も心を尽くし（苦しみ）ました、思えばただここにいる人（藤壺）が深く隠しなさったので、つらくて、どのようにしてその女性を知ることができるだろうと思いめぐらすのを、女房の侍従がまだ童の時で、あちらからの手紙を持ってきたのを、（無理に）取りあげて見はじめたことにより、女性への心もきざしたのです。人（藤壺）もそのように隠しだてはしなければよかったのに。どうして、そのときの失敗はこのようなことと隔てず全て打ち明けるので、許してください」と今も涙ぐみなさる。（内大臣は）とても若くいらっしゃった時でさえ思慮深くてこちらが恥ずかしくなるほど立派でいらっしゃって、思うことをも打ち明けなさらないのを、いっそうこの歳におなりになっては、ますます世の道理として（現世は）仮の宿りの身と悟りなさって、よき

問9　a
問10　b

全訳

帝は、このような（天皇に即位するという）思いがけない繁栄などにつけても、紫の上の御ことを忘れることはなく、ああ、この世に生きていらっしゃってこのように（帝として）思うように振るまえるのならば、どうにかして立派にお世話し申し上げるだろうが、親王たちがたくさんいらっしゃる中にも兄の一品の宮と自分をこれ以上なく思い養育なさってくれたことだよ、唐紅の色のように深く、変わるご様子もなく、とくに慈しみかわいがりなさったことと、（帝は）まだ幼いお心であったが、（紫の上は）愛らしさがあり、病に臥せなさったころも、仰々しい御祈禱の効き目があって少し快方に向かいなさっただろうかと見申し上げたが、やはり病気の残りに苦しい様子でますます御心細げに、（子どもたちの）成長していく先すばらしい様子を（紫の上は）見届けられないことの残念さなどさまざまおっしゃって、「二条院の花々を私を思い出すよすがにして見てください。仏にもお供えなさい」など（自分が死んだ）後のことまで思いやり、しみじみとおっしゃっておいたことを、今もかすかに思い出しなさって、悲しみは尽きずに思い続けなさって溜息をつきなさると、夜も更けただろうと御格子を下ろしたところ、夢とはなく現実さながらに、紫の上の生きていた時と変わらない御姿のかれんさで、「幼くいらっしゃった時も格別に目をかけ申し上げておりました。今もこのように立派でいらっしゃるので、お近くから離れず見守り申し上げるかいがあり、（帝に即位し）思う通りでいる御ことがとてもうれしく」と言って、（紫の上）君のあたりを去らないで鏡の映る姿になって（私は）曇りなき世をやはり照らすことよとおっしゃるので、（紫の上が）この世にいらっしゃったと（紫の上の）御袖をとりなさろうと体勢を直そうとして目を覚ましなさるので、まったくかいがない。せめて一言を交わさないで終わってしまったことの悔しさ、心残りで悲しく、まことに幼くして別れ申し上げたことをさえ思い返せば、なんとも美しくかれんな御面影が忘れがたく、「まもなく散るか」と口ずさみなさって、別れた名残を悲しくお思いになって、（紫の上が）譲りなさった二条院で御八講をさせなさろ……対立していない」とあるので、誤り。e、ナショナリズムが本来の近代化因子によるチェックを受けるのはドイツの説明であり、後発近代化国のものではない。

問7 最終段落に着目。「近代の到来は、近代でないものを隠し、近代と近代でないものの対立を見えなく」して、「外来と土着、近代と反近代」という対項を出現させる。それは現実の対立ではなく「後発近代化国に生じる事態の解決困難」を表現している。この「解決困難」とは、本文全体で説明される、民主主義とナショナリズムが同時発生の互いを基盤にするものであるのに、実質を正確に捉えず単に対立概念としてイメージするだけであるという事態を指す。この説明はaでされている。b、「対立がいっそう激しくなる」とは読み取れない。c、西欧では対立が形成されないので誤り。d、「西欧と後発近代化国との間」に対立が生じるわけではない。e、「後発近代化国が西欧の近代化を学びなおす」わけではない。

二

出典　『雲隠六帖』〈桜人〉

解答

問1　d

問2　e

問3　b

問4　d

問5　a

問6　b

問7　c

問8　a

おいては二者択一」ではなく、同時期に発生した近代概念であり（二重傍線部㋒の前段落）、誤りである。

問4　「『民主主義とナショナリズム』という問題領域がわたし達にさしむけてよこしている課題」は、二重傍線部㋓の二段落後以降に述べられている。二つの実体の中間に両面鏡があり、「鏡像を相手と見間違え、隔てられていることに気づかない」。そしてこの二つを「じかに対面させ」、「『言語』として再び吟味し、身体化し、……袋小路的対項空間を壊すこと」と述べている。この内容はeで説明されている。a、両面鏡に映るのは自分の姿であるので、相手の姿が映っているという説明は誤り。b、「二つのイズムを融合」、c、「両者が自分自身の像を正確に理解」、d、「相手の姿を想像」は、それぞれ本文の説明と異なる。

問5　（中略）直後の文脈から、民主主義は「ナショナリズムの起源である国民国家」を基盤としており、国民という閉集団を前提とする政治であり、ナショナリズムは「民主主義の原理の一つ」である民衆の同質性を基盤とする政治概念であり、両者はほぼ同時期に生まれた「双生児的存在」と読み取れる。この説明はeが最適。a、「閉集合の集団を前提とはしておらず、両者は対立する」は誤り。b、ナショナリズムは「対等な資格で、意思決定に加わる」わけではないので誤り。c、ナショナリズムが「民主主義の成立の基盤となる」は誤り。基盤になるのは国民国家である。d、ナショナリズムは「民主主義によって」構成員の同質性を自分の基盤に繰り込むわけではなく、「相補い合う関係」でもないので誤り。

問6　二重傍線部㋔を含む段落の二段落後以降に着目。「ナショナリズムと民主主義は、自由主義、個人主義、資本主義と同様、一六世紀イングランドあたりにはじまる中世から近代への動きの中から現れ、革命をへて国民国家の成立によって現実化する」。そして後発近代化国の範型として、ナショナリズムが反近代に転化し、民主主義は外来性、近代性を強化される。この説明はdが最適。a、「民主主義は、……普遍的な性格を保つ」という説明は本文にはない。b、土着かつ特殊なナショナリズムが「子どもっぽい子」、外来かつ普遍な民主主義が「大人びた子」なので、説明が逆になっている。c、「血と大地」はドイツであり後発的要素はひそむが、最後から三段落目に「民主主義とは、になる。

解説

問1　本文の展開の順に従って、「どのように述べているか」と問われている。戦後日本の民主主義の理解については、教科書の記述のように単なる政治上の制度ではなく、人間尊重を根本とした「近代的精神原理の代表」として捉え（第二段落）、ナショナリズムとの鏡像的関係で認識している（第四段落）。この内容はbで説明されている。a、自由主義や共和主義と「組合わせて論じられる」のは西欧の場合で、戦後日本ではない。c、ナショナリズムを同じ「近代的原理」とは捉えていない。d、「悪しきものを一掃する」のはナショナリズムではない。e、「民主主義は単なる政治上の制度」だとは考えていない。

問2　二重傍線部㋑の次の段落に着目。明治期の民主主義（民権）とナショナリズム（国権）との関係は、丸山眞男の指摘を援用して説明されている。国民国家創設を目標として、民権は過去から現在への通時軸で、江戸時代の身分制社会との関係で国内の自由と平等を先行させようとするが、国権は同時代の共時軸で、西洋列強の植民地主義からの独立維持のために国力増強を目指す。これが「後発国に固有の二項対立」と説明されているdが最適。a、b、eは過去からの時間の流れを「共時軸」としており、誤り。cは戦後と同様に共通分母も基盤ももたないのではなく、国民国家を創設し独立を維持するという目標は民権も国権も同じであり、誤り。

問3　二重傍線部㋒の前の二段落に着目。戦後日本の状況は、民主主義に「外来の普遍的な価値」を、ナショナリズムに「土着の特殊固有な価値」を代表させて、前者を革新、後者を保守として、鏡に映る鏡像的対項関係として捉え、戦後社会の言説を「深刻な袋小路に閉じこめる」結果となったとしており、bの説明が最適。a、「いずれはこのそれぞれが、独自に概念を指示する『言語』として機能する」が誤り。「民主主義の言語化の努力」は一握りの知識人によって続けられたにすぎず（二重傍線部㋓を含む文）、袋小路に入っている。cも同様に「言語」として機能させようとしてはいない。d、「革新派と保守派の対立を代弁することはできなかった」が誤り。e、「国民国家との関係に

国語

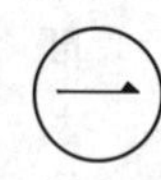

解答

出典 加藤典洋『可能性としての戦後以後』〈「瘠我慢の説」考―「民主主義とファシズム」の閉回路をめぐって―〉（岩波現代文庫）

問1 b

問2 d

問3 b

問4 e

問5 e

問6 d

問7 a

問8 あ―b い―d う―c え―c お―e

要旨

戦後日本では、「民主主義とナショナリズム」について、前者を近代的精神原理の代表、後者を戦前の悪しき原理と捉える。他律である両者は鏡像的な一対の「符号」にすぎず、他律であることの直視を避けたいという思いもあり、両者の実質を真剣に考えてこなかった。民主主義はナショナリズムの起源である国民国家を、ナショナリズムは民主主義の原理である構成員の同質性を基盤とする双生児的存在だ。両者は近代国民国家による同時期生まれの概念だが、後発近代国家ではナショナリズムが反近代の概念に転化し民主主義の近代性が強化され、本来仮象であるものが対立を引き起こすこと

/////////////////// · memo · ///////////////////

/////////////////// · memo · ///////////////////

/ · memo · / / / / / / / / / / / / / / / / / / /

/////////////////// · memo · ///////////////////

2023年度

問題と解答

■全学日程１：２月１日実施分

３教科型，２教科型（英語外部試験利用方式），２教科型（英国方式，英数方式〈総合情報〉，国数方式）

▶試験科目・配点

●３教科型

教　科	科　　　　目	配　点
外国語	コミュニケーション英語Ⅰ・Ⅱ・Ⅲ，英語表現Ⅰ・Ⅱ	200 点
選　択	日本史Ｂ，世界史Ｂ，地理Ｂ，政治・経済，「数学Ⅰ・Ⅱ・Ａ・Ｂ」から１科目選択	100 点
国　語	国語総合・現代文Ｂ・古典Ｂ（いずれも漢文を除く）	150 点

●２教科型（英語外部試験利用方式）

教　科	科　　　　目	配　点
選　択	日本史Ｂ，世界史Ｂ，地理Ｂ，政治・経済，「数学Ⅰ・Ⅱ・Ａ・Ｂ」から１科目選択	100 点
国　語	国語総合・現代文Ｂ・古典Ｂ（いずれも漢文を除く）	150 点

●２教科型（英国方式，英数方式〈総合情報〉，国数方式）

区分	教　科	科　　　　目	配　点
英国方式	外国語	コミュニケーション英語Ⅰ・Ⅱ・Ⅲ，英語表現Ⅰ・Ⅱ	200 点
	国　語	国語総合・現代文Ｂ・古典Ｂ（いずれも漢文を除く）	150 点
英数方式〈総合情報〉	外国語	コミュニケーション英語Ⅰ・Ⅱ・Ⅲ，英語表現Ⅰ・Ⅱ	175 点
	数　学	数学Ⅰ・Ⅱ・Ａ・Ｂ	175 点
国数方式	国　語	国語総合・現代文Ｂ・古典Ｂ（いずれも漢文を除く）	150 点
	数　学	数学Ⅰ・Ⅱ・Ａ・Ｂ	200 点

▶備　考

- ２教科型（英語外部試験利用方式）：学部指定の英語外部試験のスコアが基準を満たした者のみを対象とした方式。外部試験の証明書は出願時に提出する。文〈初等教育学専修〉・商・社会・外国語・総合情報学部では実施されていない。
- ２教科型（英国方式，英数方式〈総合情報〉，国数方式）：総合情報学部で実施。英語および国語は３教科型と同一問題を使用し，上記の配点に換算する。また，数学は英数方式と国数方式とで同一問題を使用し，上記の配点に換算する。
- 「数学Ｂ」は「数列，ベクトル」から出題する。

英語

(90分)

〔Ⅰ〕A．次の会話文の空所(1)～(5)に入れるのに最も適当なものをそれぞれA～Dから一つずつ選び，その記号をマークしなさい。

Yuika, a first-year university student, is talking to her new English teacher, Dr. Bemer, after their first class.

Yuika: I'm sorry I was late today.

Dr. Bemer: It's okay. (1) ______________ I had trouble reading the campus map.

Yuika: Where are you from?

Dr. Bemer: I'm from the US. I started teaching here in the UK recently.

Yuika: No wonder! I could tell your accent wasn't British.

Dr. Bemer: (2) ______________ It all depends on where your English teacher is from, right?

Yuika: I have a question about my group work. I think the topic we talked about today was too easy. We just talked about cats and dogs.

Dr. Bemer: (3) ______________ And after all, the story in our textbook today was about a pet shelter.

Yuika: I understand. So, we will talk about a different topic in the next class, right?

Dr. Bemer: Yes, I would like your group to discuss something more academic next time. (4) ______________ We will be discussing social issues related to the next story. You can review it ahead of class if you like.

Yuika: Thanks. I might. (5) ＿＿＿＿＿＿＿＿

Dr. Bemer: You too!

(1) A. You should have a campus map.
B. I was almost late, too.
C. I am always punctual.
D. Being on time is important.

(2) A. Even if I try, I can't sound British.
B. Every professor sounds the same.
C. Wow, I couldn't tell.
D. I often wonder that as well.

(3) A. I suppose it's not a good story.
B. You're right, it sounds too easy.
C. I think you should be more careful.
D. Don't worry, it was just the first day.

(4) A. You won't do it again and again.
B. You should learn more about animals.
C. You'll like that better, I think.
D. You should pick easy topics.

(5) A. I appreciate the help!
B. Now you're talking!
C. I'd better go now!
D. Have a nice day!

B．下の英文Ａ～Ｆは，一つのまとまった文章を，６つの部分に分け，順番をばらばらに入れ替えたものです。ただし，文章の最初にはＡがきます。Ａに続けてＢ～Ｆを正しく並べ替えなさい。その上で，次の(1)~(6)に当てはまるものの記号をマークしなさい。ただし，当てはまるものがないもの(それが文章の最後であるもの)については，Ｚをマークしなさい。

(1)　Ａの次にくるもの
(2)　Ｂの次にくるもの
(3)　Ｃの次にくるもの
(4)　Ｄの次にくるもの
(5)　Ｅの次にくるもの
(6)　Ｆの次にくるもの

A．Throughout their lives, many people consider writing a book. However, this can often be a frightening task, especially for new writers, since they are not sure where to start.

B．By working on these two important elements of the story, it will be easier to construct an outline. Outlines can be very simple or very detailed, but they are important to use in future writing sessions.

C．At some point, it is necessary to move from the planning to the writing stage. Do not be upset if you feel that your first book is not a literary masterpiece. New writers should try to continue writing until they reach the end.

D．In addition, you must consider whether you have a basic plot and the main characters. While not all details need to be clear before the writing begins, it is helpful to have an idea of the direction of the book.

E. And keep in mind that every good book goes through many rounds of revisions that would improve the quality. Writers can do it themselves, rely on friends or on a professional editor to help. Once you have finished the final draft, it will be time to try publishing your work.

F. Before doing anything else, you should ask yourself if you are prepared to commit the time and energy to writing a whole book. Writing requires setting a daily writing schedule, and writers might have to give up other interests to find time to write.

〔Ⅱ〕A. 次の英文の空所(1)～(15)に入れるのに最も適当なものをそれぞれA～Dから一つずつ選び，その記号をマークしなさい。

Joan Ganz Cooney is the founder of the Children's Television Workshop, an organization that has created educational shows for children's television for more than three decades. Her best-known work is *Sesame Street*, an original children's TV program that features such beloved characters as Big Bird, Elmo, and Bert and Ernie. These puppets talked to each other about their problems, sang children's songs, and did many other things that children need to learn. The show enjoyed such great popularity in the United States that a number of other countries developed their own versions.

Cooney was born on November 30, 1929, in Phoenix, Arizona. Raised as a Catholic, she went to religious elementary schools as a child. She then (1) North Phoenix High School, participating in tennis and drama productions. It was in high school that her life was changed by a teacher. Classroom discussions about such important social issues as poverty, race, and class inspired her to become involved in social reform.

Another early influence in Cooney's life was Father James Keller, a Roman Catholic priest who founded the Christopher Movement to spread Christian values. Father Keller used his position as a religious leader, writer, and radio and television personality to encourage Catholics to become involved in mass communication as a (2) to help people. In several interviews, Cooney noted that Father Keller's message motivated her to work in children's television in order to help (3) kids and make a difference in the world.

During the 1960s, animated cartoons started to dominate children's shows on the major television networks, particularly on Saturday mornings. This popularity of cartoons led to more concerns about the quality of children's TV programming. Critics complained that cartoons had no educational value and pointed out that they often included violence and (4) characters, showing a social or ethnic group in a prejudiced way. Many people felt that the TV networks did not offer enough educational programming for children.

In 1967, the US Congress (5) growing concerns about the quality of television programming by providing government funding to create the Public Broadcasting Service (PBS). It focused on creating programs that would educate and inform the television viewers. Cooney's strong interest in education and social issues helped her get a job as a producer of documentaries for a public television station in New York City. She soon (6) an Emmy Award—an annual honor presented for excellent TV shows—for producing a highly praised documentary on poverty in America.

A short time later, Cooney was given funding to study the impact of educational programming on disadvantaged children. Her study (7) *The Potential Uses of Television in Preschool Education* found significant differences in what middle-class and lower-class children knew even before entering nursery school. Most middle-class children were already familiar with letters and numbers (8) they started school, while poorer children were not. The study concluded that television could be used as a tool to teach disadvantaged children basic skills, such as counting and the alphabet, through programs that were both educational and entertaining.

Cooney and a colleague tried to create this kind of children's programming. She recruited educators, psychologists, and creative personnel to develop a fast-paced and enjoyable TV show that would (9) existing educational programs in schools. The result of this work was *Sesame Street*.

Sesame Street (10) its debut in November 1969. It appeared on about 190 public television stations nationwide and was watched by an estimated 11 million weekly viewers in the United States. Filmed in Queens, New York, the show featured a racially and ethnically diverse cast of characters living in an urban setting. It also included the imaginative puppets of Jim Henson, as well as songs, guest stars, cartoons, and instruction in such topics as the alphabet, counting, colors, and geography. Based on Cooney's research into the way children learn, the show was divided into short segments, and the key concepts were repeated in various parts.

As *Sesame Street* evolved, it also began to address (11) social issues, such as changing gender roles, child abuse, illness, aging, race relations, and death. When Will Lee, the actor who played the beloved character Mr. Hooper, died, the show discussed how his death affected the other characters. Many television critics praised the show for its sensitive (12) the issue, pointing out that the character's death gave parents a valuable opportunity to discuss a difficult topic with their children.

Studies on the impact of *Sesame Street* have (13) that children who watch the program show improvement in their skills and level of school readiness. As Cooney predicted in her study, the show helps poor children by teaching them the alphabet, counting, and reasoning skills at a crucial time in their lives. This knowledge allows them to start school without a serious disadvantage (14) middle-class children.

Sesame Street has remained popular for more than three decades. As of 2006, approximately eight million people watched the show each week in the United States, and versions appeared in over 120 countries around the world. (15), *Sesame Street* was the most widely viewed children's television program in the world. The show received 97 Emmy Awards—more than any other show in television history—as well as numerous other honors.

(1) A. worshipped　B. attended
C. played　D. visited

(2) A. factor　B. prayer
C. means　D. religion

(3) A. weak　B. privileged
C. talkative　D. deprived

(4) A. depicted　B. strengthened
C. stereotyped　D. thoughtless

(5) A. enacted some　B. responded to
C. wrote with　D. fueled the

(6) A. received　B. purchased

出典追記：Television in American Society: Biographies by Laurie Collier Hillstrom, Gale Group

C. presented D. adapted

(7) A. titled B. published
C. listed D. appeared

(8) A. since when B. just after
C. in time for D. by the time

(9) A. create B. add to
C. restore D. switch to

(10) A. sold B. applied
C. witnessed D. made

(11) A. resolved B. flowing
C. current D. outdated

(12) A. fondness for B. dwelling on
C. objection to D. handling of

(13) A. researched B. demonstrated
C. posted D. taught

(14) A. compared to B. over the
C. belonging to D. through the

(15) A. However B. By comparison
C. In fact D. Especially

B．本文の内容に照らして最も適当なものをそれぞれA～Cから一つずつ選び，その記号をマークしなさい。

(1) Cooney's own experiences with learning made her

A． desire future work that would allow her a chance to improve people's lives.

B． curious about the ways in which the government would assist the unfortunate.

C． seek ways of revising the common problems found in teaching and coaching.

(2) Father Keller affected Cooney's life by making her want to

A． become connected to the contemporary work of the Catholic Church.

B． start a mission that would closely follow the Catholic traditions.

C． contribute to society through a career in the media as a Catholic.

(3) In the fourth paragraph, starting with "During the 1960s," the author describes how

A． successful TV shows became when they engaged in teaching.

B． important it was that more enriching shows be available.

C． serious many parents were about thought-provoking shows.

(4) One of the factors that influenced Cooney to start making TV shows was

A． the money she was given for being a teacher of contemporary culture.

B． the prize she was offered for her first series of documentaries in the US.

C． the concerns she had felt about the problems that existed in the country.

(5) The author explains that Cooney's study found that by making educational TV shows,

A. children from richer families would benefit from these learning experiences the most.

B. less fortunate children could catch up to the level of more fortunate children.

C. teaching would become unnecessary, as children would have the fundamentals already.

(6) In the eighth paragraph, starting with "*Sesame Street*," it is implied that the design of *Sesame Street's* programming was informed by

A. effective ways to present educational content to children.

B. children's ability to continuously concentrate on just one problem.

C. what particular areas in children's brains acquire new information.

(7) The purpose of the last paragraph is to show that

A. another series of *Sesame Street* is going to be released soon.

B. more and more people have come to realize the value of *Sesame Street*.

C. issues of economic inequality among children remain unsolved.

〔III〕A. 次の英文の下線部①～⑩について，後の設問に対する答えとして最も適当なものをそれぞれA～Cから一つずつ選び，その記号をマークしなさい。

When gamers get together to defeat a three-headed zombie dragon boss, they may not be thinking much about school or work. Still, they are likely building skills that will turn out to be useful in the real world, a new study finds. Researchers in Scotland found that playing video games in a group can improve young adults' communication skills and resourcefulness, which means their ability to find quick and clever ways to overcome difficulties. ①<u>It</u> can also make them better at *adapting* to new situations.

Sharpening those skills can help someone get a job or advance in a career. "Employers want you to ②<u>think for yourself and adapt to changing situations</u>," says Matthew Barr, who conducted the new study. He studies video games and gamer culture at the University of Glasgow in Scotland. He also played a lot of video games while growing up.

From his own experience, Barr knows that video games demand quick thinking. "Games are always keeping you alert and ready to adapt to new challenges. You have to be able to figure out what to do if you're put into an unexpected situation," he says. Multiplayer games also require good communication among players.

Barr wanted to know whether these gaming skills ③<u>carry over into</u> real life. So he recruited 16 university students to play eight different video games. The students played in a computer room for eight weeks. They could come and go whenever they wanted to, but each had to play for a total of 14 hours. This was the player group.

Another group of students did not play any games in the computer room. This was the *control group*. ④<u>To understand the effect of a change in behavior, scientists must compare two groups.</u> One group will do something, in this case play video games for a total of 14 hours, while the control group will not.

⑤The games covered a variety of genres. For example, *Borderlands 2* is an action-packed role-playing game. Players work together to defeat enemies and collect rewards. *Minecraft* is a game about gathering resources and constructing a world. *Portal 2* is a puzzle game that requires creative thinking. Six of the games in the study included ways for players to work together in the game itself. Two of the games were single-player only. But the students talked through these games as they played. So all of the games led to conversation and cooperation.

Both before and after the study, students in both the player and control groups filled out three questionnaires about their real-life skills. One measured their communication skills, such as talking and listening. Another measured adaptability. ⑥This investigated how well people deal with changing situations. The third questionnaire looked at resourcefulness. This includes problem-solving and knowing when to ask for help.

Each questionnaire included a list of statements. Participants rated how true each statement seemed. For example, one statement related to communication skill was, "I feel nervous in social situations." A statement related to resourcefulness was, "When faced with a difficult problem, ⑦I try to solve it in a systematic way."

Barr found that after two months of playing video games regularly, students' scores on all three skills improved. Resourcefulness scores increased significantly for 81 percent of the gamers. Adaptability scores increased for 75 percent. And communication skills scores increased for 69 percent of gamers. ⑧In contrast, fewer than half of the students in the control group improved their scores in each of the three areas.

When interviewed, several students told Barr that playing games on a team helped not only to reduce their anxieties, but also to build their confidence. In that sense, he believes sports and video games may build similar life skills. “It’s kind of like joining the hockey team,” he says.

Barr thinks schools should have video games as outside-of-class activities—just like baseball clubs or other sports clubs. A school could set up a video game room, for example, or start a gaming club on campus.

Beverley Oliver is an expert in education at Deakin University in Melbourne, Australia. ⑨<u>She was not involved in the study.</u> She is not convinced that schools should add a video game room. “Playing games develops skills,” she says. “This is no surprise.” But that is not only true of video games. The game could just as easily be children’s games such as jump rope or playing house, she notes. And there are other ways to sharpen the same life skills instead of video gaming.

Oliver also worries about the potential disadvantages to video gaming. For example, spending long periods staring into a screen without moving could lead to health problems.

Barr points out that other skill-building activities, such as traditional sports, are not for everybody. ⑩<u>Video games may be a more fun and effective way for certain students to gain the same kinds of skills.</u> In his opinion, the study results are a perfect excuse to be a more devoted gamer.

(1) What does Underline ① refer to?

A. Playing video games

B. Enjoying themselves

C. Forgetting about school

(2) Which of the following can be a concrete example for Underline ②?

A. learning quickly how things are done in the company you work for

B. seeking personal advice from a counselor about a career path

C. coming up with an original solution to deal with a new issue

(3) Which of the following has a meaning closest to Underline ③?

A. lose importance in

B. keep improving in

C. retain usefulness in

(4) What does the author want to express most in Underline ④?

A. A second group is essential for interpreting the results.

B. The more groups you compare, the greater your results will be.

C. Two groups allow for enough participants to get accurate results.

(5) What does Underline ⑤ actually mean?

A. A lot of games offered a diversity of experiences.

B. Many different kinds of video games were included.

C. An expansive selection of genres provided options.

(6) What does Underline ⑥ refer to?

A. the second of the three projects

B. the adaptability questionnaire

C. the communicative competence

(7) Which of the following can be a concrete example of Underline ⑦?

A. organizing a logical approach to overcome an issue

B. trying the first thing you think of to find a solution

C. brainstorming ideas when encountering a challenging obstacle

(8) What does Underline ⑧ imply?

A. The control group students were lazier than those in the player group.

B. Most of the control group students failed to advance their life skills.

C. A few students in the control group played games without permission.

(9) What does Underline ⑨ imply?

A. She had no special reason to support the reported research results.

B. She had a bad relationship with Barr and did not trust his motives.

C. She had her own academic career she was about to pursue.

(10) What does Underline ⑩ actually mean?

A. Life skill learning through video games is just as enjoyable and adequate as through sports.

B. Having good video game skills leads to more efficient life skill development.

C. Some people might successfully and pleasurably develop important life skills through video games.

B. 本文の内容に照らして最も適当なものをそれぞれA～Cから一つずつ選び，その記号をマークしなさい。

(1) Barr argues that playing certain video games will help people

A. develop lasting relationships with others online.

B. learn to deal better with new circumstances.

C. favor cooperation over competitiveness.

(2) The primary reason the control group did not play games was because

A. their scores were to be compared with those of the player group.

B. if they did, their life skills would pass those of the player group.

C. the participants in this group reported a preference for sports.

(3) The player group was most likely offered various genres of games to play in order to

A. see how those games affected different life skills.

B. encourage players to spend more hours on games each week.

C. confirm if participants play single-player games or not.

(4) The primary purpose of the questionnaires in the study was to

A. strongly encourage the improvement of life skills through games.

B. carefully calculate the gap between sports fans and video gamers.

C. precisely understand what and how much life skills increased.

(5) According to the 10th paragraph, starting with "When interviewed," Barr says he believes that sports and video games develop similar life skills because they both

A. can be offered at schools as an outside-of-class activity.

B. aid in helping one believe in oneself and relieving stress.

C. show evidence of similar scores on the questionnaires.

(6) The author most likely included Beverly Oliver's expert opinion to

A. warn that there are no real benefits of video games.

B. give a sense of balance to the discussion of the topic.

C. offer an alternative and controversial viewpoint about sports.

(7) The most appropriate title for this article is

A. "Video Games Provide the Best Life Skills."

B. "Video Games vs. Sports for Life Skills."

C. "Video Games Level Up Life Skills."

日本史

(60 分)

〔Ⅰ〕 次の文の(　1　)〜(　10　)に入れるのに最も適当な語句を下記の語群から選び，その記号をマークしなさい。

　古墳時代に入ると，日本列島には，主に朝鮮半島から渡来した人々によって，新しい文化や技術が伝えられた。例えば，応神朝に渡来したとされる王仁は，『論語』や『千字文』をもたらし，(　1　)氏の祖先となった。(　2　)世紀頃からは漢字の使用が本格化し，その音を借りて人名や地名が書き表せるようになった。その例としては，熊本県の(　3　)から出土した鉄刀の銘文などが挙げられる。

　また，(　4　)から渡来した五経博士は儒教を伝え，同じく朝鮮半島からは仏教ももたらされた。仏教は，公式には聖明王が(　5　)天皇に仏像や経論を送ったと伝わるが，その年代については 538 年とする説と 552 年とする説とがあり，後者は『(　6　)』の記述に基づいている。この仏教の受容をめぐっては，有力な豪族の間で対立が生じ，最終的に(　7　)氏の権勢が確立することとなった。それらの宗教が伝わる以前から，固有の信仰も存在しており，例えば山をご神体としてまつる(　8　)では，古墳時代の祭祀遺跡も発見されている。

　大陸から伝わった文化の影響を受けて，飛鳥文化が誕生した。この時期には，仏教寺院も相次いで建立されたが，そのなかには舒明天皇創建と伝わる(　9　)も含まれる。また，豪族たちも寺院を建立し，国宝の半跏思惟像が残る(　10　)は秦河勝が創建したと伝えられている。

〔語群〕

(ア)　欽明	(イ)　新羅	(ウ)　岡田山１号墳
(エ)　宗像大社	(オ)　大伴	(カ)　上宮聖徳法王帝説
(キ)　高句麗	(ク)　法隆寺	(ケ)　四天王寺

(コ)　稲荷山古墳	(サ)　7	(シ)　百済
(ス)　秦	(セ)　薬師寺	(ソ)　5
(タ)　住吉大社	(チ)　広隆寺	(ツ)　用明
(テ)　元興寺縁起	(ト)　継体	(ナ)　西文
(ニ)　蘇我	(ヌ)　百済大寺	(ネ)　法興寺
(ノ)　6	(ハ)　江田船山古墳	(ヒ)　大神神社
(フ)　東漢	(ヘ)　日本書紀	(ホ)　物部

〔Ⅱ〕 次の(A)～(E)各文の(　1　)～(　10　)に入れるのに最も適当な語句を下記の語群から選び，その記号をマークしなさい。

(A)　17世紀後半から農業生産力は顕著に発展した。農業技術に関しては，農具の考案，普及が見られた。例えば，穀粒と籾殻・塵芥などを選別する(　1　)もその一つとして挙げられる。また，(　2　)が日本で最初の体系的農書『農業全書』を著すなど，農業技術を記した書籍も広く読まれた。

(B)　17世紀末に全国市場が確立すると，各地で商品生産が活発になった。百姓も商品作物を生産した。例えば，(　3　)は葉・茎から染料を採るもので，阿波国の特産物として知られる。楮は和紙の原料として用いられた。杉原紙は，もともと(　4　)国で生産された上質の和紙であり，この地の特産物として有名である。

(C)　徳川吉宗が将軍であった1736年に，米価の上昇などを図るべく，それまでの金銀から品質を下げる改鋳が実施され，(　5　)金銀が発行された。また，徳川家治が将軍であった1765年には，(　6　)が鋳造された。これは江戸時代最初の計数銀貨であったが，流通は進まなかった。

(D)　1867年，(　7　)で万国博覧会が開催され，日本は初めて参加した。将軍徳川慶喜の名代として徳川昭武が派遣され，渋沢栄一も随行した。帰国後，渋沢は大蔵省に出仕し，諸改革を実行したほか，退官後の1875年には，自身も創立に関わった(　8　)の頭取に就いた。

(E)　松方正義が大蔵卿に就任すると，官営事業の払下げが推進されていった。1884年には(　9　)が浅野総一郎に払い下げられたほか，旧幕府の経営していた事業を接収して，官営とした(　10　)は，1887年に三菱に払い下げられた。

〔語群〕

(ア)　南鐐二朱銀	(イ)　富岡製糸場	(ウ)　藍
(エ)　青木昆陽	(オ)　播磨	(カ)　正徳
(キ)　第一国立銀行	(ク)　ロンドン	(ケ)　日本銀行
(コ)　紅花	(サ)　三井銀行	(シ)　明和五匁銀
(ス)　唐箕	(セ)　万延	(ソ)　竜骨車
(タ)　美濃	(チ)　千歯扱	(ツ)　長崎造船所
(テ)　品川硝子製造所	(ト)　深川セメント製造所	(ナ)　茜
(ニ)　石川島造船所	(ヌ)　宮崎安貞	(ネ)　大蔵永常
(ノ)　ウィーン	(ハ)　天保一分銀	(ヒ)　越前
(フ)　元文	(ヘ)　パリ	(ホ)　兵庫造船所

〔Ⅲ〕 次の(A)～(E)各史料に関する問1～問15について，(ア)～(ウ)の中から最も適当な語句を選び，その記号をマークしなさい。

(A) 其の国，本亦男子を以て王となす。住(とど)まること七，八十年。倭国乱れ，相攻伐して年を歴(へ)たり。乃(すなわ)ち共に一女子を立てて王と為す。名を卑弥呼と曰ふ。鬼道を事とし，能く衆を惑はす。年已(すで)に長大なるも，夫壻(ふせい)なし。男弟あり，佐(たす)けて国を治む。王となりしより以来，見るある者少なく，婢(ひ)千人を以て自ら侍せしむ。ただ男子一人あり，飲食を給し，辞を伝へ居処に出入す。宮室・楼観・城柵，厳(おごそ)かに設け(a)，常に人あり，兵を持して守衛す（中略）卑弥呼以て死す。大いに冢(つか)を作る。径百余歩(b)，徇葬する者，奴婢百余人。更に男王を立てしも，国中服せず。更々相誅殺し，当時千余人を殺す。

問1　この文は，『三国志』の『魏書』に記されている倭国の様子である。その編者は誰か。

(ア)　司馬遷　　(イ)　陳寿　　(ウ)　班固

問2　この史料が記された時代にあたる遺跡で，下線部(a)の記述にある楼観や環濠，竪穴住居跡，甕棺墓群などがある大規模集落跡が九州から見つかっている。次のどの遺跡か。

(ア)　須玖岡本遺跡　　(イ)　纒向遺跡　　(ウ)　吉野ヶ里遺跡

問3　下線部(b)の卑弥呼の墓は，記述の年代から出現期の古墳と考えられている。次のうち，この時期にあたる古墳はどれか。

(ア)　藤ノ木古墳　　(イ)　造山古墳　　(ウ)　箸墓古墳

(B) 大業三年(607)，其の王多利思比孤，使(c)を遣して朝貢す。使者曰く「聞くならく，海西の菩薩天子，重ねて仏法を興すと。故，遣して朝拝せしめ，兼ねて沙門数十人，来りて仏法を学ぶ」と。其の国書に曰く「日出づる処の天子，書を日没する処の天子に致す。恙(つつが)無きや，云々」と。帝(d)，之を覧て悦ばず，鴻臚卿(こうろけい)に謂ひて曰く「蛮夷の書，無礼なる有らば，復た以て聞する勿れ」と。明年，上（しょう），(e)文林郎裴清を遣して倭国に使せしむ。（中略）倭王，小徳阿輩台を遣し，数百人を従へ，儀仗を設け，鼓角を鳴らして来り迎へしむ。

問4　この文の出典は『隋書』で，下線部(c)の「使」を派遣したときの天皇は誰か。

(ア)　推古天皇　　(イ)　用明天皇　　(ウ)　舒明天皇

問5　下線部(d)の「帝」は次の誰か。

(ア)　煬帝　　(イ)　恭帝　　(ウ)　文帝

問6　下線部(e)の使者が帰る際に派遣された使節団のことは，『日本書紀』に記事がある。そのなかには中国へ派遣された留学生・学問僧の名前が載っているが，そこに含まれていないのは，次のどの人物か。

(ア)　南淵請安　　(イ)　高向玄理　　(ウ)　犬上御田鍬

(C)　諸公卿をして遣唐使の進止を議定せしめむことを請ふの状

右，(f)臣某，謹みて在唐の僧中瓘（ちゅうかん），去年三月商客王訥（おうとつ）等に附して到る所の録記を案ずるに，大唐の凋弊（ちょうへい），之を載すること具（つぶさ）なり。（中略）臣等伏して旧記を検（けみ）するに，(g)度々の使等，或は海を渡りて命に堪へざりし者有り，或は賊に遭ひて遂に身を亡ぼせし者有り。唯（た）だ，未だ唐に至りて難阻飢寒（なんそきかん）の悲しみ有りしことを見ず。中瓘の申報（しんぽう）する所の如くむば，未然の事，推して知るべし。臣等伏して願はくは，中瓘の録記の状を以て，遍（あまね）く公卿・博士に下し，詳（つまび）らかに其の可否を定められむことを。国の大事にして，独り身の為めのみにあらず。且（しばら）く款誠（かんせい）を陳（の）べ，伏して処分を請ふ。謹みて言（もう）す。

寛平六年（894）九月十四日

問7　上の史料は，入唐大使に選ばれた下線部(f)の臣某が，遣唐使の停止を天皇に奏上した際の文書である。そのときの天皇は誰か。

(ア)　清和天皇　　(イ)　宇多天皇　　(ウ)　醍醐天皇

問8　下線部(f)の人物は，学者として歴史書の編纂にも関わった。次の書物のうち，彼が編纂に関わった歴史書はどれか。

(ア)『日本紀略』　(イ)『類聚国史』　(ウ)『百練抄』

問9　下線部(g)にあるように，中国へ渡るのはさまざまな危険をともなっていたにもかかわらず，遣唐使停止後も民間船を使って中国に渡る僧侶がいた。その一人，成尋の旅行記はどの書物か。

(ア)『参天台五台山記』　(イ)『行歴抄』　(ウ)『入唐求法巡礼行記』

(D)　吾身の栄花を極(きわむ)るのみならず，一門共に繁昌して，嫡子重盛，内大臣の左大将，次男宗盛，中納言の右大将，三男知盛，三位中将，嫡孫維盛，四位少将，惣じて一門の公卿十六人，殿上人卅余人，諸国の受領，衛府，諸司，都合六十余人なり。世には又人なくぞみえられける。（中略）其外御娘八人おはしき。（中略）一人は后(h)にたゝせ給ふ。王子御誕生ありて皇太子にたち，位につかせ給しかば，院号かうぶらせ給て建礼門院とぞ申ける。（中略）日本秋津嶋に纔(わずか)に六十六箇国，平家知行の国卅余箇国，既に半国にこえたり。其外庄園田畠いくらといふ数を知ず。綺羅(きら)充満して，堂上(とうしょう)花の如し。軒騎(けんき)群集して，門前市をなす。(i)揚州の金(こがね)，荊州の珠，呉郡の綾，蜀江の錦，七珍万宝一として闕(かけ)たる事なし。歌堂舞閣(かどうぶかく)の基(もとい)，魚龍爵馬(ぎょりょうしゃくば)の翫(もてあそび)もの，恐くは帝闕(ていけつ)も仙洞(せんとう)も是にはすぎじとぞみえし。

問10　この史料の出典は『平家物語』で，平家一門の繁栄が描写されている。下線部(h)は，どの天皇の后か。

(ア)　安徳天皇　(イ)　高倉天皇　(ウ)　崇徳天皇

問11　下線部(i)は，日宋貿易で輸入されたさまざまな品物を平家一門が所持していた様子を描写している。貿易船が通過しやすいように航路を開削したと伝えられる音戸の瀬戸は，どこの国に位置するか。

(ア)　安芸国　(イ)　播磨国　(ウ)　長門国

問12　このころは，多くの僧侶が大陸に渡って，新しい仏教を学び，日本に持ち帰った。次の中で，大陸に渡れなかった人物は誰か。

(ア)　栄西　　(イ)　俊芿　　(ウ)　明恵

(E)　日本准三后<u>某</u>(j)，書を大明皇帝陛下に上(たてまつ)る。日本国開闢(かいびゃく)以来，聘問(へいもん)を上邦(じょうほう)に通ぜざること無し。某，幸にも国鈞を秉(と)り，海内(かいだい)に虞(おそ)れ無し。特に往古の規法に遵ひて，肥富(こいつみ)をして<u>祖阿</u>(k)に相副(そ)へしめ，好(よしみ)を通じて方物を献ず。金千両，馬十匹，薄様(うすよう)千帖，扇百本，屛風三双，鎧(よろい)一領，筒丸一領，劔十腰，刀一柄，硯筥一合，同文台一箇。海島に漂寄の者の幾許人(いくばくにん)を捜尋し，これを還す。某誠(せい)惶誠恐頓首(こうせいきょうとんしゅ)々々謹言。

問13　上の史料に見える下線部(j)の某は足利義満のことで，彼が明へ使いを送ったことが記されている。この史料の出典は何か。

(ア)　『善隣国宝記』　　(イ)　『大乗院寺社雑事記』　　(ウ)　『樵談治要』

問14　この使者の派遣をきっかけとして始まった明との貿易は，のちの将軍が朝貢形式に反対したため一時中断した。その将軍は誰か。

(ア)　足利義教　　(イ)　足利義持　　(ウ)　足利義勝

問15　下線部(k)の祖阿は，義満に仕えた同朋衆だとされている。次の人物のうち，足利義政の同朋衆で，作庭師として活動した人物は誰か。

(ア)　観阿弥　　(イ)　善阿弥　　(ウ)　世阿弥

〔Ⅳ〕 次の先生と学生の会話文の(　1　)～(　15　)について，(ア)～(ウ)の中から最も適当な語句を選び，その記号をマークしなさい。

先　生：大阪府の「百舌鳥・古市古墳群―古代日本の墳墓群―」が2019年に世界遺産に登録されました。これで近畿地方のすべての府県に世界遺産が存在することになりました。

学生A：身近なところに普遍的な価値のある文化遺産があるのは嬉しいことですね。

学生B：日本で最初に世界遺産の文化遺産に登録されたのは，奈良県と兵庫県の文化財でしたね。

先　生：そうだよ。1993年に「法隆寺地域の仏教建造物」と「姫路城」が登録されました。

学生C：法隆寺は聖徳太子が斑鳩地域に建立した寺院です。現在，金堂に安置されている(　1　){(ア)　百済観音像　(イ)　釈迦三尊像　(ウ)　救世観音像}など，飛鳥時代の貴重な仏像がたくさん伝えられていることでも有名です。

学生B：『日本書紀』に大規模な火災のあったことが書かれています。発掘調査の成果からみても，創建時の法隆寺は(　2　){(ア)　7世紀前半　(イ)　7世紀後半　(ウ)　8世紀前半}に焼失した可能性が高いです。

先　生：いまも議論があるけれど，現在の法隆寺は再建されたものとみる学説が有力だよ。

学生C：姫路城では2009年から大天守の改修工事がはじまり，屋根瓦などが葺き替えられて，真新しい姿の天守が姿を現しました。

学生B：ぼくは姫路出身なので，すごく身近なお城です。

学生A：1994年には「古都京都の文化財」が登録されました。登録された文化遺産は京都市・宇治市・大津市の三市にまたがっています。

先　生：宇治市では平等院と宇治上神社が登録されているね。宇治上神社の本殿と拝殿はどちらも国宝で，とくに本殿は，現存する最古の神社建築として重要だ。

学生A：大津市にあるのは，(　3　){(ア)　延暦寺　(イ)　本願寺　(ウ)　仁和寺}ですね。

先　生：日本天台宗の中心となった寺院だよ。

学生C：織田信長の軍勢と激しく闘ったことでも有名ですね。

学生A：「古都京都の文化財」には上賀茂神社と下鴨神社も含まれています。

学生B：いまでも京都で行われている(　4　){(ア)　祇園祭　(イ)　時代祭　(ウ)　葵祭}は，これらの神社の例祭ですよね。

先　生：その通り。5月には都大路で華やかに王朝絵巻が繰り広げられるよ。

学生C：「古都京都の文化財」には城郭が一つ入っています。

学生D：徳川家康が築造した二条城ですよね。この城は，徳川家光により拡張され，1626年には(　5　){(ア)　後陽成天皇　(イ)　後水尾天皇　(ウ)　明正天皇}が行幸したことで知られています。

先　生：その後，1998年に「古都奈良の文化財」が登録されました。

学生A：東大寺・薬師寺・元興寺・唐招提寺など寺院がたくさん入っていますね。

学生B：このうち藤原京から移された寺院は，(　6　){(ア)　東大寺　(イ)　薬師寺　(ウ)　唐招提寺}です。

先　生：その通り。でも，実際にはお寺の名前だけ移したようだ。飛鳥・藤原地域にも古い寺を残し，平城京に伽藍を新築したといわれている。

学生C：奈良の寺院や神社は源平争乱のときの南都焼き討ちによって大きな被害をこうむったのですよね。

学生A：焼亡した東大寺の再建に尽力したのが(　7　){(ア)　重源　(イ)　叡尊　(ウ)　定朝}です。

学生D：復興のための資金や資材を精力的に集める勧進活動が有名だね。

先　生：2004年には「紀伊山地の霊場と参詣道」が登録されました。

学生A：吉野山・大峰山・熊野三山・高野山などの霊場と，それらをつなぐ参詣道が注目されました。院政期には上皇や貴族が参詣したことでも知られていますね。

学生C：吉野山は大海人皇子・源義経などが，政変や争乱を逃れて一時身を隠した場所としても有名ですね。

学生Ｂ：足利尊氏と対立した(　8　){(ア)　後醍醐天皇　(イ)　足利直義　(ウ)　北条時行}がここに政治的拠点を移しました。

先　生：そして，2019年には「百舌鳥・古市古墳群」が登録されました。

学生Ｂ：大阪府に待望の世界遺産が誕生したんですよね。

学生Ｃ：これらの古墳群は，(　9　){(ア)　4世紀　(イ)　5世紀　(ウ)　6世紀}を中心とする時期に造営されたもので，大王や有力豪族の墳墓群とみなされています。

学生Ａ：大きな古墳はのちに防御施設として再利用されました。藤井寺市の津堂城山古墳は中世に城郭として利用されたと聞いています。

学生Ｂ：それで「城山」という名前で呼ばれているんだね。

先　生：河内国の守護であった(　10　){(ア)　畠山政長　(イ)　畠山満家　(ウ)　畠山義就}が，配下の武将を小山城の城主としたと伝えられています。(　10　)は山名持豊の後援を受けて，細川勝元の後援を受ける同族と対立し，応仁の乱の契機をつくった人物でもあるよ。

学生Ｄ：河内国や山城国では守護や国人たちの戦闘が激しかったようですね。

先　生：ところで，すでに登録された世界遺産以外に，世界遺産の暫定リストに掲載されている候補地があることを知っていますか。

学生Ｂ：鎌倉や彦根城，飛鳥・藤原や佐渡などですよね。

先　生：そう，よく知っているね。

学生Ｃ：奈良県や橿原市・明日香村は「飛鳥・藤原の宮都とその関連資産群」という名称で世界遺産登録をめざしています。

学生Ａ：飛鳥・藤原地域に残る宮都遺跡や寺院・古墳などが構成資産の候補ですね。

学生Ｂ：平城京の時代以前に日本の首都が置かれた地域の文化遺産といえるね。

学生Ｄ：藤原京は日本で最初に条坊制の街区を整えた都城だったんですよね。

先　生：天武天皇の時代の難波京には一部条坊道路が存在した可能性はあるけれど，それは藤原京とほぼ同時代のことなので，やはり藤原京が最初だといえます。

学生Ｂ：(　11　){(ア)　大宝律令　(イ)　養老律令　(ウ)　飛鳥浄御原令}が発布され

たのも，この藤原京においてだったのですよね。

学生Ａ：そうそう，中国にならって体系的な法典の整備がめざされました。

学生Ｃ：いろんな意味で，日本の古代国家の形成期を示す文化遺産が，豊富に残されているといえますね。

学生Ｄ：去年，発掘50周年を迎えた(　12　){(ア)　牽牛子塚古墳　(イ)　高松塚古墳　(ウ)　野口王墓古墳}も構成資産の一つです。

学生Ａ：女子群像や四神像の壁画で有名な古墳ですよね。

先　生：滋賀県の彦根城も暫定リストに入っています。

学生Ｃ：(　13　){(ア)　日米和親条約　(イ)　日米修好通商条約　(ウ)　日米通商航海条約}を締結した，井伊直弼の居城でもあります。

学生Ｂ：17世紀初頭の城郭建築の代表例で，当時の城郭の全体像をよく残しているといわれています。

学生Ａ：彦根は(　14　){(ア)　中山道　(イ)　東海道　(ウ)　甲州道中}に沿った要衝で，琵琶湖の水上交通も利用できる場所でした。

先　生：そう，その通りだよ。彦根城の近くには鳥居本宿と高宮宿の２つの宿場が置かれて，多くの旅人でにぎわった。

学生Ｃ：京都や奈良などの文化遺産が現在までよく残されてきたのは，先人による文化財保護の努力があったからですよね。

学生Ｂ：1966年に古都保存法が公布されたのは，高度成長期の開発によって多くの遺跡や文化財が壊される危機に直面したからですね。

先　生：そう，古都保存法は戦後の急激な都市開発から歴史的風土を守るために制定されたもので，京都市や奈良市・鎌倉市が古都として指定されたんだよ。

学生Ｄ：世界に目を向けると，1966年は(　15　){(ア)　ソ連のアフガニスタン侵攻　(イ)　朝鮮戦争　(ウ)　中国の文化大革命}がはじまった年です。

先　生：災害や戦争をはじめとする社会の大変動期に，文化遺産や歴史的景観が大きく破壊されるということは，直接・間接の経験を通してよく理解しているよね。文化財保護法や古都保存法によって，破壊や改変をまぬかれた遺跡・文化財が多かったことも事実だ。世界遺産に登録された文化財以外でも，貴重なものは少なくないので，法律の助けも借りて未来に正しく伝えていくことが大事です。みんなも日頃からそうした意識をもつようにして下さい。

世界史

(60分)

〔Ⅰ〕 次の文の(　1　)～(　10　)に入れるのに最も適当な語句を下記の語群から選び，その記号をマークしなさい。

中国宗教は「三教一致」あるいは「三教帰一」などと言い表されることがある。「三」とは，「儒」・「仏」・「道」の三であるが，三教の一致が広く民衆に受け入れられるのは明代のことで，それまで三者は非常に複雑な相互影響と相互批判の関係にあった。このうち，「儒」は，前(　1　)世紀に生まれた孔子をその創始とする。「仏」が西域より中国に伝わったのは遅くとも後漢の時代とされるが，その都である(　2　)では2世紀半ばには経典の漢訳が始まっている。「道」は二つの源流をもつ。一つは(　3　)の乱の主導者である張角が組織した(　4　)であり，もう一方は蜀(四川地方)でおこった宗教結社(　5　)である。しかし，「道」が教団として組織化されるのは北魏の人(　6　)の登場を待たねばならない。「仏」を敵視した(　6　)は，(　7　)が断行した，中国での最初の廃仏の担い手でもあった。外来の教えである「仏」は「道」のみならず「儒」からも厳しく批判されたが，その最大の批判点は，出家を標榜する「仏」は家族道徳である(　8　)を欠くとするものであった。一方，昭明太子が『文選』を編纂した南朝(　9　)では，初代皇帝の武帝のように，「釈教に溺る」とまで言われるほど，「仏」に傾倒した為政者もいた。周(武周)の皇帝もまた，その治世において(　2　)南方の(　10　)石窟の造営に巨費を投じるなど，「仏」に傾倒した君主として著名である。

〔語群〕

(ア) 兼愛	(イ) 6	(ウ) 赤眉	(エ) 孔穎達
(オ) 五斗米道	(カ) 孝文帝	(キ) 董仲舒	(ク) アジャンター
(ケ) 4	(コ) 咸陽	(サ) 孝・悌	(シ) 2

(ス)　雲崗	(セ)　陶淵明	(ソ)　梁	(タ)　洛陽
(チ)　白蓮教	(ツ)　長安	(テ)　太平道	(ト)　太武帝
(ナ)　礼	(ニ)　陳	(ヌ)　無為自然	(ネ)　寇謙之
(ノ)　新天師道	(ハ)　竜門	(ヒ)　黄巾	(フ)　太宗

〔Ⅱ〕 次の文の(　1　)～(　9　)に入れるのに最も適当な語句を{　　}内の(ア)ないし下記の語群から選び，その記号をマークしなさい。また，(　A　)の問に答えなさい。

11世紀にトゥグリル=ベクによって建国されたイスラーム勢力である(　1　){(ア)　セルジューク}朝が，東地中海沿岸地方やアナトリアに進出してビザンツ帝国をおびやかすと，ビザンツ皇帝は西方の教皇に援助を求めた。これにこたえ，教皇(　2　){(ア)　インノケンティウス3世}が招集したクレルモン宗教会議における聖戦の呼びかけを契機として十字軍遠征が始まった。

11世紀から13世紀にかけて起こされた7回にわたる十字軍の影響で西ヨーロッパでは遠隔地貿易が発展し，都市や商業の隆盛を見た。遠隔地貿易の主要な担い手の一つはイタリアの諸都市であり，ヴェネツィアやイタリア(　3　){(ア)　北東部}に位置するジェノヴァなどの港市が地中海を通じて東方貿易(レヴァント貿易)を行った。このイタリア商人と東方との仲介をしたのがムスリム商人であり，とくにカーリミー商人と呼ばれる商人グループが，インド商人とイタリア商人のあいだを結んで活躍した。インド洋から(　4　){(ア)　紅海}を通ってエジプトにいたり，地中海商業圏に接続する商業ルートは中世における東西交易の重要な経路の一つであった。その後，19世紀後半にスエズ運河が建設されて地中海と(　4　)が水路でつながれると，地中海，(　4　)，インド洋を結ぶ航路は世界の貿易の大動脈となる。中世のイタリアでは，東方貿易で繁栄したヴェネツィア，ジェノヴァなどの港市とならんでミラノやフィレンツェなど内陸都市も毛織物産業や金融業でさかえた。

イタリア諸都市を中心とする南方の地中海商業圏とならんで中世ヨーロッパの

経済活動で重要であったのは，北海・バルト海における交易を基軸とした北ヨーロッパ商業圏であり，北ドイツの諸都市や，(　5　){(ア)　ニュルンベルク・フランクフルト}などフランドル地方の都市，イギリスのロンドンなどが主導的な役割を演じた。この北方の商業圏と南方の地中海商業圏を結ぶ内陸の通商路にも都市が発達し，とくにフランスのシャンパーニュ地方①は定期市で繁栄した。

商工業の発達により富を得た都市の上層市民のなかには，アウクスブルクの(　6　){(ア)　ロスチャイルド}家のような，皇帝に融資を行うなど政治的な影響力をもつ富豪も現れた。

中世ヨーロッパの有力都市のあいだでは，共通の利害のために同盟を結ぶ動きが見られた。とくに北ドイツの諸都市を中心に結ばれたハンザ同盟は北ヨーロッパの商業圏で支配的な立場を占め，政治的にも大きな勢力となった。ハンザ同盟の加盟都市の一つであったバルト海沿岸の(　7　){(ア)　メーメル}は，第一次世界大戦後にヴェルサイユ条約で国際連盟管理下の自由市となったが，ドイツでナチス政権が成立し，ヴェルサイユ体制の破壊をすすめると，その脅威にさらされるようになる。1938年にオーストリア②を併合し，さらにミュンヘン会談で(　8　){(ア)　ロイド=ジョージ}を首相とするイギリスなどにチェコスロヴァキアの(　9　){(ア)　ズデーテン}地方の割譲を認めさせたナチス=ドイツは，翌年チェコスロヴァキアを解体し，ポーランドに(　7　)の返還などを要求した。

〔語群〕

(イ)　ペルシア湾	(ウ)　南東部	(エ)　ダンツィヒ
(オ)　カラハン	(カ)　カスピ海	(キ)　ウルバヌス2世
(ク)　ベルゲン	(ケ)　ブワイフ	(コ)　シュレジエン
(サ)　北西部	(シ)　メディチ	(ス)　グレゴリウス7世
(セ)　フッガー	(ソ)　サーマーン	(タ)　チャーチル
(チ)　ボルドー・ルーアン		(ツ)　メーレン(モラヴィア)
(テ)　ネヴィル=チェンバレン		(ト)　ガン(ヘント)・ブリュージュ

(　A　)　下線部①・②について，①のみ正しければ(ア)を，②のみ正しければ(イ)を，両方正しければ(ウ)を，両方誤りであれば(エ)をマークしなさい。

〔Ⅲ〕 次の文の(　1　)～(　10　)に入れるのに最も適当な語句を{　　}内の(ア)ないし下記の語群から選び，その記号をマークしなさい。また，問1～5に答えなさい。

1989年，(　1　){(ア)　シチリア}島で冷戦終結宣言が行われると，自由主義陣営と社会主義陣営の間でも交流が進み始めた。韓国もそうした動きに呼応し，1990年にはソ連，1992年には中国と国交を樹立した。この1992年には，韓国と中央アジア5カ国①との間にも，国交が結ばれた。

韓国が中央アジアとの国交樹立にいちはやく関心を示した背景の一つに，同胞の存在があった。19世紀から20世紀初頭にかけて，朝鮮半島から中国東北地方や沿海州②に移住する人が増えていったが，1930年代後半，ソ連の(　2　){(ア)　フルシチョフ}政権は沿海州にいた多くの朝鮮人を現在のウズベキスタン③やカザフスタンの地域に移住させた。中央アジアには現在，その子孫が10万人以上いるとされている。

近代における朝鮮人の移住の例はこれにとどまらない。1910年の韓国併合の後，(　3　){(ア)　大韓民国臨時政府}が行った土地調査事業によって朝鮮農民の多くが土地を失い，その一部は働く場を求めて中国東北地方や日本に移住した。(　4　){(ア)　1941}年の真珠湾攻撃を機に太平洋戦争が始まると，労働力の不足から強制的に日本本土に送られ，鉱山などで働かされた人々もいた。中国東北地方では(　5　){(ア)　国民政府}の軍事力を背景に満洲国が成立④した後，朝鮮人移住者が増加した。

アメリカへの移民も行われていた。1900年代初頭に契約労働者として朝鮮人がハワイに移住したのを皮切りに，1924年⑤の移民法によって入国が制限されるまで，ハワイやアメリカ本土への移住が続けられた。韓国の初代大統領となった(　6　){(ア)　高宗}もその一人であった。

移住とはやや異なるが，(　7　){(ア)　1950}年に勃発した朝鮮戦争は，戦乱の渦中で韓国と北朝鮮に分断されて会えなくなった離散家族を多く生んだ。1990年代の後半に大統領に就任した(　8　){(ア)　朴槿恵}は，朝鮮の南北対話をめざす(　9　){(ア)　太陽政策}を推進し，その一環として離散家族の対面を実現させた。

朝鮮にルーツを持ち，世界各地で暮らす人々の歴史は1世紀を超える。こうした現象は，ユダヤ人がローマの支配に抵抗して鎮圧され，地中海世界の各地に離散したことにちなんでコリアン（　10　）{(ア)　フリーメーソン}と呼ばれることもある。

〔語群〕

(イ)　スターリン	(ウ)　関東軍	(エ)　1940
(オ)　盧泰愚	(カ)　六カ国協議	(キ)　朝鮮総督府
(ク)　キプロス	(ケ)　金大中	(コ)　1942
(サ)　ホロコースト	(シ)　統監府	(ス)　朴正熙
(セ)　李承晩	(ソ)　1945	(タ)　金泳三
(チ)　ディアスポラ	(ツ)　改革・開放政策	(テ)　1948
(ト)　レーニン	(ナ)　北伐軍	(ニ)　マルタ

問1　1991年に結成され，下線部①の国々をはじめウクライナやベラルーシなどが加盟した連合体を次の(ア)〜(エ)から一つ選び，その記号をマークしなさい。

(ア)　CIS　　(イ)　NIES　　(ウ)　COMECON　　(エ)　CSCE

問2　下線部②の沿海州は，19世紀の後半にロシアが獲得した地域であるが，その契機となった条約を次の(ア)〜(エ)から一つ選び，その記号をマークしなさい。

(ア)　キャフタ条約　　(イ)　イリ条約　　(ウ)　アイグン条約

(エ)　北京条約

問3　下線部③と関連して，ウズベク人による建国とされる国家として**誤っているもの**を次の(ア)〜(エ)から一つ選び，その記号をマークしなさい。

(ア)　コーカンド=ハン国　　(イ)　ブハラ=ハン国　　(ウ)　ヒヴァ=ハン国

(エ)　イル=ハン国

問4　下線部④と前後して起こった次の3つの出来事が，起こった順番に並んでいるものを次の(ア)～(エ)から一つ選び，その記号をマークしなさい。

(a)　上海事変　　(b)　北伐完成　　(c)　柳条湖事件

(ア)　b―c―a　　(イ)　a―b―c　　(ウ)　c―a―b

(エ)　c―b―a

問5　下線部⑤の年に起こった出来事として**誤っているもの**を次の(ア)～(エ)から一つ選び，その記号をマークしなさい。

(ア)　イギリスで，労働党の党首マクドナルドが自由党と連立内閣を組織した。

(イ)　アメリカで株価が暴落し，世界恐慌が始まった。

(ウ)　モンゴル人民共和国が成立した。

(エ)　ムスタファ=ケマルがトルコで共和国憲法を発布した。

〔Ⅳ〕 次の文の(　1　)～(　13　)に入れるのに最も適当な語句を{　　}内の(ア)ないし下記の語群から選び，その記号をマークしなさい。また，(　A　)・(　B　)の問に答えなさい。

多くの人々に親しまれている『千夜一夜物語』(『アラビアン=ナイト』)は，シェヘラザードという女性がササン朝の王シャフリヤールに，毎夜不思議な物語を語って聞かせたという設定をとっている。

ササン朝は，イラン系のバクトリア①を倒して建国された。建国の祖であった(　1　){(ア)　アルダシール1世}は，(　2　){(ア)　ユーフラテス川流域}の(　3　){(ア)　セレウキア}に首都を置いた。ササン朝が国教としたのは，この世は善の神アフラ=マズダと悪の神アーリマン②とのたえまない闘争であると説くゾロアスター教である。

ササン朝は，西方のローマ帝国と抗争をくりひろげた。ローマ帝国は，ネルウァから(　4　){(ア)　アントニヌス=ピウス}にいたる五賢帝の時代に最盛期を迎えた。『自省録』を著わした皇帝(　4　)は，ストア派の哲学者でもある。ヘレニズム時代に(　5　){(ア)　ゼノン}を祖として盛んになったストア派は，ローマでも影響力をもった。(6){(ア) エウセビオス}やエピクテトスなどが(4)とともにローマにおけるストア派哲学者として有名である。

212年，(7){(ア) ウァレリアヌス}帝のときに帝国内の全自由人にローマの市民権が与えられた。その後ローマは，各属州の軍団がたてた皇帝がつぎつぎと交代する軍人皇帝の時代にはいる。この時代，ササン朝の第2代皇帝(8){(ア) ホスロー1世}は，シリアに侵入してローマ軍を破り皇帝を捕虜とした。ササン朝は美術・工芸の面でも優れており，その影響は東アジアにもおよんだ。

4世紀末にローマ帝国が分裂した後，ササン朝は東のビザンツ帝国と覇を競ったが，競い合う両者はやがてイスラーム勢力の興隆に直面することとなる。

預言者ムハンマドがとなえた厳格な一神教を受け入れたムスリムは，ムハンマドの死後，(9){(ア) アブー=バクル}に始まる正統カリフの時代に大規模な征服活動を展開し，ササン朝を滅ぼし，シリア，エジプトをビザンツ帝国から奪った。

その後，イスラーム世界では(10){(ア) アンティオキア}に都を置くウマイヤ朝が開かれたが，その支配に対する批判の声が高まると，預言者ムハンマドの叔父③の子孫であるアッバース家に指導された勢力がウマイヤ朝を打倒した。こうして成立したアッバース朝の第2代カリフは，(2)に首都バグダードを造営した。ササン朝時代に書かれた『千物語』という説話集がアラビア語に訳され，『千夜一夜物語』の原型ができあがったのは，アッバース朝のころといわれる。アッバース朝の最盛期を現出させた第5代カリフのハールーン=アッラシードは，『千夜一夜物語』に登場する人物としても知られている。

その後，アッバース朝のカリフの実質的な支配がおよぶ範囲が縮小するなか，13世紀の半ばにフラグの率いるモンゴル軍がバグダードを占領し，アッバース朝は滅亡する。13世紀はキリスト教世界でも，伝統的な秩序に動揺が生じた時期であった。13世紀前半，第4回十字軍がビザンツ帝国の首都コンスタンティノープルを占領し，ラテン帝国④をたてた。13世紀後半には，(11){(ア) シュタウフェン}朝が断絶した後の神聖ローマ帝国で政治的混乱が深まり，事実上，皇帝不在の「大空位時代」となった。

バグダードを含むイラクはその後，オスマン朝の支配下にはいった。さらに帝国主義の時代になると，列強がこの地への進出をはかるようになる。1888年に即位した(　12　){(ア)　ヴィルヘルム1世}のもとで「世界政策」と呼ばれる帝国主義政策をおしすすめたドイツは，ベルリン・ビザンティウム(イスタンブル)・バグダードを結ぶ3B政策をとって，(　13　){(ア)　ナイル川上流域}のカイロとケープタウン・カルカッタを結ぶイギリスの3C政策に対抗した。

〔語群〕

(イ)　カラカラ	(ウ)　ムアーウィヤ	(エ)　ヴィルヘルム2世
(オ)　アリー	(カ)　ダマスクス	(キ)　ホーエンツォレルン
(ク)　セネカ	(ケ)　キュロス2世	(コ)　ティグリス川流域
(サ)　アルサケス	(シ)　ハドリアヌス	(ス)　イラン高原南部
(セ)　ユリアヌス	(ソ)　クテシフォン	(タ)　イスマーイール
(チ)　エピクロス	(ツ)　バビロン	(テ)　シャープール1世
(ト)　エクバタナ	(ナ)　デモクリトス	(ニ)　フリードリヒ2世
(ヌ)　ザクセン	(ネ)　タレス	(ノ)　ナイル川下流域
(ハ)　ディオクレティアヌス	(ヒ)　マルクス=アウレリウス=アントニヌス	

(　A　)　下線部①・②について，①のみ正しければ(ア)を，②のみ正しければ(イ)を，両方正しければ(ウ)を，両方誤りであれば(エ)をマークしなさい。

(　B　)　下線部③・④について，③のみ正しければ(ア)を，④のみ正しければ(イ)を，両方正しければ(ウ)を，両方誤りであれば(エ)をマークしなさい。

地理

(60分)

〔Ⅰ〕次のA欄の(1)〜(10)は，湖沼に関する用語・地名である。B欄には各々に関連する(ア)〜(エ)の用語・地名が挙げられているが，そのうちに**不適当なもの**が一つずつ含まれている。その記号をマークしなさい。

A欄	B欄	
(1) ルゲ氷河湖	(ア) 土石流 (ウ) 富栄養化	(イ) ブータン (エ) 地球温暖化
(2) 塩湖	(ア) 死海 (ウ) カスピ海	(イ) ヴィクトリア湖 (エ) グレートソルト湖
(3) 断層湖	(ア) バイカル湖 (ウ) マラウイ湖	(イ) マラカイボ湖 (エ) タンガニーカ湖
(4) ラグーン(潟湖(せきこ))	(ア) 中海 (ウ) 池田湖	(イ) 上甑島(かみこしきじま)(海鼠池(なまこいけ)) (エ) 小川原湖
(5) 三日月湖	(ア) 蛇行 (ウ) 水無川	(イ) 氾濫原 (エ) 自然堤防
(6) アラル海	(ア) 枯渇の危機 (ウ) アムダリヤ川	(イ) カラクーム運河 (エ) 天然ゴムの栽培
(7) タナ湖	(ア) 人造湖 (ウ) コーヒー	(イ) 青ナイル川 (エ) エチオピア
(8) ヴォルタ湖	(ア) テマ (ウ) ガーナ	(イ) カリバダム (エ) アルミニウムの精錬
(9) アイセル湖	(ア) 北海 (ウ) ベルギー	(イ) ポルダー (エ) 園芸農業
(10) トンレサップ湖	(ア) 浮稲 (ウ) カンボジア	(イ) メコン川に通じる (エ) 雨季(11〜4月)に面積拡大

〔Ⅱ〕 愛媛県新居浜市の地形図(**図1**，原寸)をみて，次ページの問いに答えなさい。

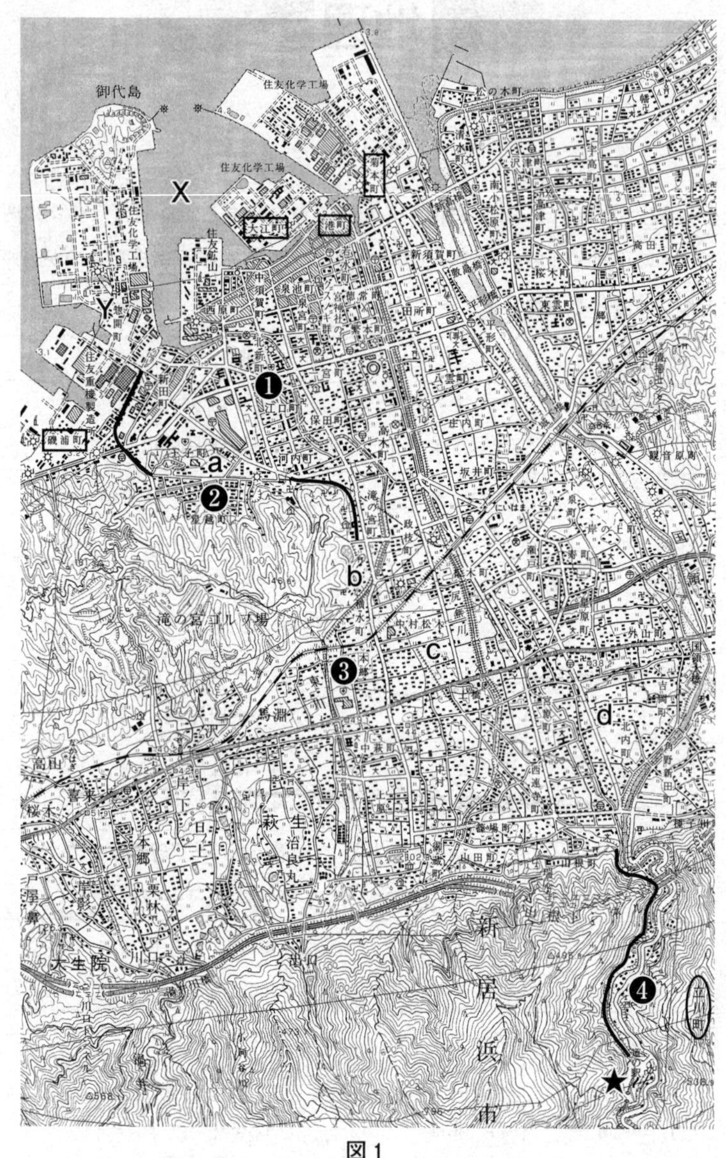

図1

編集部注：編集の都合上，80%に縮小。

問1　等高線の間隔などを参考にして考えれば，**図1**の縮尺は次のうちいずれか。

(ア)　1万分の1　　(イ)　2.5万分の1

(ウ)　5万分の1　　(エ)　10万分の1

問2　**図1**の市街地の形成について，地形図から推定できることとして，最も適当なものは次のいずれか。

(ア)　JR「にいはま」駅の周辺には大規模な商店街がみられる。

(イ)　市役所から半径300m以内に税務署，裁判所，老人ホームが立地する。

(ウ)　平野部の発電所はほとんどが臨海部や埋立地とその周辺に立地する。

(エ)　**図1**のXの港は，住友グループの私港的性格が強い。

問3　新居浜市は現在では臨海部のさまざまな工場群を中心とした工業都市であるが，もともとは**図1**の南東端の「道の駅」(★で示す)から直線距離で約10km南の山地にある別子銅山が17世紀末に開発されたことに起源をもつ。その銅精錬に関わる鉱業や関連する工業部門の拡大によって都市が発展した。その精錬所が明治期に立地したのはY地点の惣開(そうびらき)町である。その鉱石の運搬を担ったのは1893(明治26)年開通の鉄道である。この鉄道路線跡を**図1**でたどろうとした。その路線跡は**図1**に太い実線で記入してある。そのあいだの区間として鉄道路線が通過した**可能性が最も小さい地点**は次のいずれか。

(ア)　a　　(イ)　b　　(ウ)　c　　(エ)　d

問4　**図1**上の四角の枠囲みした4つの町のうち，埋立地と推定されるのが**不適当なもの**は次のいずれか。

(ア)　磯浦町　　(イ)　大江町　　(ウ)　港町　　(エ)　菊本町

問5　新居浜市は住友グループによる「企業城下町」として知られている。その工場に勤務する従業員の社宅群がかつては市内に数多くみられた。福利厚生施設や企業の社宅のある位置として可能性が最も大きいと思われるのは**図1**中の❶～❹のうちいずれか。

(ア)　❶　　(イ)　❷　　(ウ)　❸　　(エ)　❹

問6　**図1**の南東端にある「道の駅」は「マイントピア別子」という赤れんが造りの観光施設である。この付近は1930年から1973年まで別子銅山の採鉱本部がおかれた場所であり，海岸部まで続いていた鉱山鉄道の起点でもある。その路線の一部が現在は観光鉄道として復活している。地形図から読み取れるこの付近の状況として**最も不適当なもの**は次のいずれか。

(ア)　発電所・変電所記号があり，この川の上流にダムがある可能性が高い。

(イ)　河川は深い谷を刻み侵食が顕著である。

(ウ)　「道の駅」は川の右岸に立地する。

(エ)　鉄道路線跡と道路は河川をはさんで対峙(たいじ)する。

問7　銅山の鉱石は，索道で標高750m付近の東平(とうなる)（**図2**に記載）から，「道の駅」がある採鉱本部まで運搬されていた。この東平は1916年から1930年までの採鉱本部があった。最盛期には約3,700人の労働者が暮らす山上の「まち」（**写真**）で，社宅をはじめ，病院出張所，小学校，郵便局，娯楽場まであった。その東平から別子銅山まではさらに別の鉄道で，後には地下坑道で結ばれていた。**図1**と**図2**の地形図から読み取れることのうち，**最も不適当なもの**は次のいずれか。

写真
（新居浜市別子銅山文化遺産課）

(ア)　別子銅山は新居浜市街に流れる川の流域にある。

(イ)　銅山越付近は森林が破壊されて荒地となっており，煙害が推定される。

(ウ)　山腹には雨裂記号が多くみられ，山地斜面は地形変化がはなはだしい。

(エ)　新居浜市街地から東平への道路は河川の上流を遡上して到達する。

※問7については，解答を導くにあたって情報が不足しており，解答が困難な状況となっていたため，採点対象とはしない措置が取られたことが大学から公表されている。

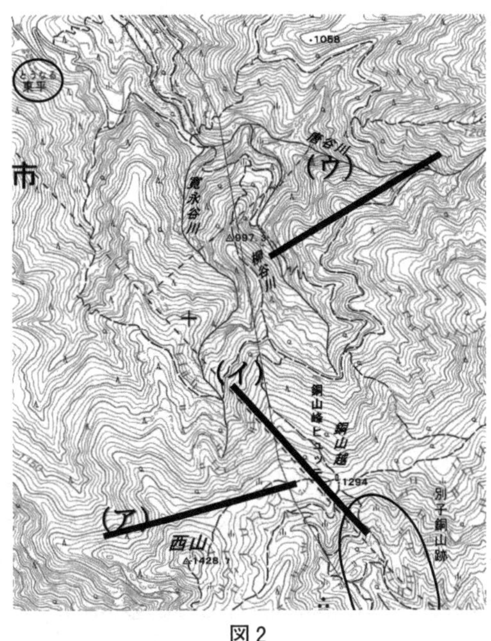

図2

問8　**図3**の地形断面図は**図2**の(ア)〜(ウ)のうち，いずれか。

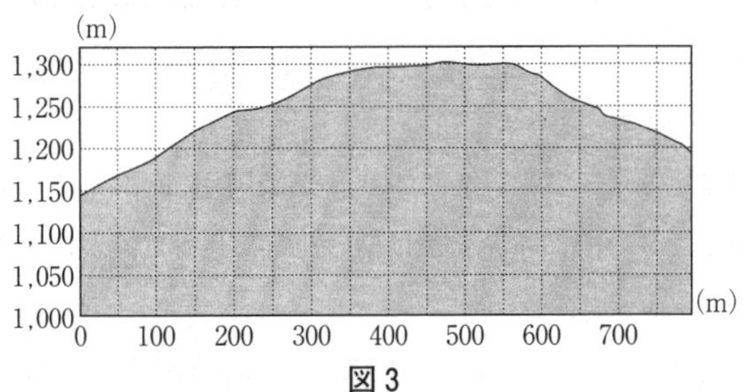

図3

問9　**図1**の東西方向には西南日本を外帯と内帯に分ける中央構造線が走っていると推定されている。**図1**のうち，中央構造線が推定されるのは，次のいずれの区間に位置するか。なお選択肢の立川町は**図1**に丸囲みで示している。

(ア)　新居浜市役所より以北　　(イ)　新居浜市役所〜にいはま駅

(ウ)　にいはま駅〜立川町　　(エ)　立川町より以南

問10　現在，別子のように，鉱山・炭鉱を起源とする都市のうち，**最も不適当なもの**は次のいずれか。

(ア)　田川市(福岡県)　　(イ)　日立市(茨城県)

(ウ)　呉市(広島県)　　(エ)　夕張市(北海道)

〔Ⅲ〕資源・エネルギーに関する以下の文について，下線部①，②の正誤を判定し，①のみ正しい場合は**ア**を，②のみ正しい場合は**イ**を，①，②とも正しい場合は**ウ**を，①，②とも誤っている場合は**エ**をマークしなさい。

(A)　かつて石油生産は先進国のメジャー(国際石油資本)によって支配されてきた。それに対抗して，石油輸出国機構(OPEC)は1960年に産油国の利益を守るために，イラク・イラン・クウェート・サウジアラビア・メキシコ(①)によって結成された国際組織である。石油輸出国機構(OPEC)の本部はニューヨーク(②)にある。

(B)　石油危機(オイルショック)は1970年代に発生した，産油量の削減と価格高騰によって生じた経済の混乱の総称である。1973年(①)の第1回目は，第四次中東戦争時にアラブ諸国から先進国への石油供給が滞ることで起こった。1979年の第2回目のきっかけはイラク(②)でおこった革命によって同国から石油供給が断たれたことなどから起こった。

(C)　水力発電の発電量で世界第1位となるのは中国で，次いでカナダ，ブラジル(①)の順となる(2017年)。水力発電は他の発電に比べて建設時の環境負荷が少ない(②)というメリットを持つ。

(D)　日本は資源の多くを輸入に頼っている。日本の資源輸入相手国について第1位となる国をみると，石炭(単位：トン)はオーストラリア(①)，原油(リットル)はサウジアラビア(②)である(2016年)。

(E)　日本では鉱産資源に恵まれていないと考えられているが，実際にはいくつかの資源は日本でも産出されている。例えば，日本国内の油田は新潟県(①)や秋田県にみられる。また，日本近海の海底には様々な資源が埋蔵されていることが知られている。例えば，「燃える氷」といわれるメタンハイドレート(②)の埋蔵量は世界有数とされ，将来的に有望な資源と考えられている。

(F)　近年では再生可能エネルギーに多くの注目が集まっている。発電量でみれば太陽光発電では中国(①)が世界第1位(2016年)，地熱発電ではアメリカ合衆国(②)が世界第1位(2015年)となっている。

(G)　日本の1次エネルギー供給でみれば最も構成比が大きいのが石油(①)である(2014年)。一方，世界の1次エネルギー供給でみれば最も構成比が大きいのは天然ガス(②)である(2015年)。

(H)　石炭は世界で最も埋蔵量が多い化石燃料である。石炭の産出は中国(①)が最も多く，これにインドが続く(2015年)。一方で，石炭の主な輸出国はオーストラリアやインドネシア，ロシアなどで，これらの国では露天掘り(②)によって大規模な採掘がおこなわれている。

(I)　風力発電は電力への転換効率が高く，設備の設置コストが低下していることから近年普及が進んでいる。太陽光発電と風力発電の全世界における発電量を比較すると太陽光発電の方が大きい(①)(2016年)。風力発電は貿易風(②)が利用できるデンマークなどの西ヨーロッパで普及が進んでいる。

(J)　先端技術産業の発展に伴い，その材料として欠かせないレアメタルの重要性が高まっている。例えばニッケル(①)は，リチウムと並んでハイブリッドカー向け蓄電池等に使用される。同鉱の産出量はフィリピンが最も多く，ロシア，カナダがそれに続く(2015年)。さて，レアメタル産出国の資源ナショナリズムの台頭によって日本国内の安定供給に不安が出てきた。例えば世界のレアアースの大部分を生産するロシア(②)から日本への供給は，2010年に同国の漁船と海上保安庁の巡視船の衝突をきっかけとして外交問題が生じた際に一時滞った。

〔Ⅳ〕 日本の離島について述べた次の文を読み，問1～問3に答えなさい。

日本は6,852の島によって構成されている。そのうち〔(ア)　約6%　(イ)　約32%　(ウ)　約54%　(エ)　約72%〕①が有人島である。面積が大きい上位10の島は，本州，北海道，九州，四国，択捉島，国後島，沖縄本島，〔　1　〕，〔　2　〕，〔　3　〕の順となる。国土交通省では，北海道，本州，四国，九州，沖縄本島の5島以外の島を「離島」と定義している。離島の中には群島②を成しているものもある。火山島では，火山活動によって人々の生活が脅かされたこともあり，〔(ア)　硫黄島　(イ)　八丈島　(ウ)　三宅島　(エ)　屋久島〕③では，2000年の噴火によって全島民が一時的に避難した。

図1～3は，日本のある離島を示したものである。なお，3つとも北が上を向いているわけではなく，縮尺も統一されていない。**図1**は，〔　4　〕である。島の北端と西端に架橋され交通の便が良くなった。近年では，観光開発が盛んとなっている。**図2**は，〔　5　〕である。宇宙センターがありロケットが発射されることで有名である。**図3**は，〔　3　〕である。日本列島の縁に位置していて，海峡を隔てて外国と接している。近年，外国人観光客が増えて島の経済が拡大したが，新型コロナウイルス問題によって観光客が激減している。

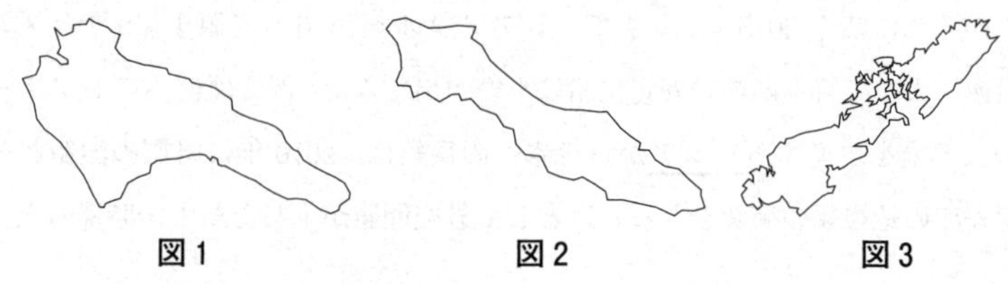

図1　　**図2**　　**図3**

問1　〔　　〕①と〔　　〕③の選択肢から最も適当なものを選び，その記号をマークしなさい。

問2　文中の〔　1　〕から〔　5　〕までの空欄に入る島名は何か，下記の語群から適当なものを選び，その記号をマークしなさい。

(ア)　天草上島　　(イ)　天草下島　　(ウ)　奄美大島　　(エ)　淡路島

(オ)　石垣島　(カ)　隠岐島後　(キ)　隠岐島前　(ク)　佐渡島
(ケ)　色丹島　(コ)　種子島　(サ)　対馬　(シ)　徳之島
(ス)　福江島　(セ)　宮古島

問3　下線部②に関して，小笠原諸島，五島列島，八重山列島を説明した文章について，下線部X，Yの正誤を判定し，Xのみ正しい場合は**ア**を，Yのみ正しい場合は**イ**を，X，Yとも正しい場合は**ウ**を，X，Yとも誤っている場合は**エ**をマークしなさい。

(A)　小笠原諸島は，東京都に属し，伊豆諸島の南方に位置している。(X) 父島，母島，聟島などによって構成され，本土との移動手段は船便のみとなっている。(Y) 2011年，世界自然遺産に登録され，「東洋のガラパゴス」として注目されている。

(B)　五島列島は，長崎県に属し，東シナ海に浮かぶ島々である。(X) 江戸時代には多くのキリシタンが潜伏していた歴史があり，現在でも多くの教会が残されている。そうした教会群は世界文化遺産に登録されている。(Y)

(C)　八重山列島は，沖縄県に属する台湾に近い島々である。西表島は，日本の最西端の島であり，(X) イリオモテヤマネコなど，独特な動植物も多数存在している。(Y) 石垣島が八重山列島の中心地である。

政治・経済

(60分)

〔Ⅰ〕次の文章を読んで，問(A)〜問(G)に答えなさい。

国連難民高等弁務官事務所①は，第二次世界大戦後に設立された。国連難民高等弁務官事務所は，その本部を(　1　)に置き，世界約130カ国で活動を行っている。その活動は高く評価されており，1954年と1981年の2度にわたり(　2　)を受賞している。第10代国連難民高等弁務官のアントニオ・グテーレスに代わり，2016年にフィリッポ・グランディが第11代国連難民高等弁務官に就任した。その後，アントニオ・グテーレスは2017年に(　3　)事務総長に就任した。

当初，国連難民高等弁務官事務所は，戦争により避難を余儀なくされ，家を失ったヨーロッパの人々を救うことを目的としていた。1951年の「難民の地位に関する条約」の第1条A(2)には，難民とは「人種，(　4　)，国籍もしくは特定の社会的集団の構成員であることまたは政治的意見を理由に迫害を受けるおそれがあるという十分に理由のある恐怖を有するために，国籍国の外にいる者」と書かれている。その後，ヨーロッパ以外の地域でも難民支援活動の要請が高まった結果，1967年に「難民の地位に関する議定書」が発効した。通常，1951年条約及び1967年議定書の2つをあわせて「難民条約」と扱う。

近年，条約上の「難民」にはあたらないが，武力紛争や気候変動②などの理由により国境をこえて庇護を求める人々が増加している。また，国外に出ず，国内で避難生活をおくる「国内避難民」の数も増え続けている。難民の発生数が多い国は，シリア③，アフガニスタン，南スーダンなどで，その多くが近隣諸国に受け入れられている。しかし，世界各地で難民化する人々が増え続ける状況において，一部の国に受け入れが集中するのではなく，世界が一体となって難民問題に取り組むことが不可欠である。「難民に関するグローバル・コンパクト」(2018年)の中では，「第三国定住」④を「国際社会が負担と責任を分担するための具体的なメカニズム」と説明している。

日本は他の先進国と比べ，難民受け入れ数が極端に少ない。出入国在留管理庁によれば，2021 年の難民認定者数は 74 人で，国籍別ではミャンマー⑤出身者が最も多かった。一方で，国連難民高等弁務官事務所への拠出金の多さは世界有数である。また，(　5　)は，日本人として初の国連難民高等弁務官として，1991 年から 2000 年まで 10 年間の任期⑥を務めた。くわえて，日本政府は 2010 年度に「第三国定住プログラム」による受け入れを開始した。2021 年に開催された「東京 2020 オリンピック・パラリンピック競技大会」には，2016 年に(　6　)で開催された先の大会に引き続き，難民選手団が結成され，選手が参加した。

問(A)　文中の(　1　)～(　6　)に入れるのに最も適当な語句を下記の語群から選び，その記号をマークしなさい。

〔語群〕

(ア)　宗教	(イ)　ドイツ	(ウ)　ロンドン
(エ)　ブラジル	(オ)　文化勲章	(カ)　欧州連合
(キ)　フィールズ賞	(ク)　天野之弥	(ケ)　貧困
(コ)　緒方貞子	(サ)　国際連合	(シ)　ジュネーヴ
(ス)　明石康	(セ)　世界保健機関	(ソ)　ニューヨーク
(タ)　ノーベル賞	(チ)　フランス	(ツ)　国際司法裁判所
(テ)　中満泉	(ト)　ピューリッツァー賞	(ナ)　性別
(ニ)　能力	(ヌ)　国際原子力機関	(ネ)　ウィーン
(ノ)　年齢		

問(B)　下線部①の略称として最も適当なものを次の(ア)～(エ)から一つ選び，その記号をマークしなさい。

(ア)　ＵＮＤＰ　　(イ)　ＵＮＨＣＲ

(ウ)　ＵＮＥＰ　　(エ)　ＵＮＣＴＡＤ

問(C)　下線部②に関連して，最も適当なものを次の(ア)〜(エ)から一つ選び，その記号をマークしなさい。

(ア)　2021年に第26回気候変動枠組み条約締約国会議(ＣＯＰ26)がパリで開催された。

(イ)　2020年にアメリカのバイデン大統領はパリ協定から正式に離脱した。

(ウ)　1997年に採択された京都議定書では，温室効果ガスの罰則付き削減義務がすべての締約国に課せられた。

(エ)　1988年に設立された気候変動に関する政府間パネルは，気候変動の状態とそれが経済社会に及ぼす影響について科学的見解を提供している。

問(D)　下線部③に関連して，最も適当なものを次の(ア)〜(エ)から一つ選び，その記号をマークしなさい。

(ア)　大統領であった父の死後，2000年にアサドがシリアの大統領に就任した。

(イ)　2010年以降の「プラハの春」と呼ばれる民主化運動が波及し，シリアでの紛争が勃発した。

(ウ)　シリアでの紛争から逃れた人々を，欧州連合加盟国の中で最も多く難民として受け入れているのはフランスである。

(エ)　シリアでの紛争において，北大西洋条約機構がシリア政府軍に武器を供与した。

問(E)　下線部④に関連して，**最も適当でない**ものを次の(ア)〜(エ)から一つ選び，その記号をマークしなさい。

(ア)　『第三国定住ハンドブック』(国連難民高等弁務官事務所，2011)によれば，自主帰還は，第三国定住と並ぶ難民問題に対する恒久的解決策の一つである。

(イ)　出入国在留管理庁の発表(2021年)によれば，日本政府は「第三国定住プログラム」を通じてアフガニスタン出身の難民を受け入れている。

(ウ)　2018年の「難民に関するグローバル・コンパクト」は国連の総会で採択された。

(エ)　2018年の「難民に関するグローバル・コンパクト」には法的拘束力はない。

問(F)　下線部⑤に関連して，最も適当なものを次の(ア)～(エ)から一つ選び，その記号をマークしなさい。

(ア)　独立以前，ミャンマーを統治していた国はフランスである。

(イ)　ミャンマーは東南アジア諸国連合の加盟国である。

(ウ)　ミャンマーのラカイン州に住む仏教徒を，ミャンマー政府はロヒンギャと定義している。

(エ)　ミャンマーの民主化運動の指導者的役割をマララ・ユスフザイが担っている。

問(G)　下線部⑥に関連して，この時期に国連難民高等弁務官事務所が関与したルワンダでの紛争の説明として，最も適当なものを次の(ア)～(エ)から一つ選び，その記号をマークしなさい。

(ア)　独立以前，ルワンダを統治していた国はフランスである。

(イ)　ルワンダでの紛争の主な要因は，カトリックとプロテスタントの対立だった。

(ウ)　ルワンダでの紛争中には，英国を中心とする多国籍軍が空爆を行った。

(エ)　ルワンダでの紛争に関して，国連の安全保障理事会がルワンダ国際刑事裁判所(ICTR)を設立した。

〔Ⅱ〕 次の文章を読んで，問(A)～問(K)に答えなさい。

さまざまな財・サービス①が存在する現代の資本主義経済において，家計や企業などの経済主体は制約のなかで生産や消費活動を行っている。例えば，家計は予算の制約のもとで財・サービスを消費する②。また，企業も生産を行うにあたっては，自社の生産技術水準のもとで生産を行う必要がある。さらに，経済全体では生産に必要な資本③や労働も限られている。こうした限られた資源を効率的に活用するために，生産工程をいくつかに分けてそれぞれの工程で労働者が分担して生産する方法④や多くの労働者が計画的に連携する生産方法⑤が行われてきた。

以上のように，人間の無限の欲望に比べて利用可能な資源が限られているという資源の(　1　)の問題が多くの財・サービスには存在する。そのため，生産や消費にあたっては，どのような財・サービスをどのように生産し消費するかといったことを考える必要がある。こうした制約のもとでの選択では，ある選択をすることによって生じる便益と費用を比較することが重要である。例えば，家計は，財・サービスの購入や貯蓄などの選択に際して，便益と費用を比較し最大限の(　2　)を得られるように決定すると考えられる。また，企業の生産活動では，生産によって発生する便益と費用を比較し，利潤を最大化するように生産水準などを決定する。このような選択に際しては，ある選択のために別の選択をあきらめることが必要になる。こうした選択は，機会費用⑥を考慮したうえで便益と費用を比較しているとも考えることができる。

経済主体の選択の結果，市場における需要と供給が決定される。まず，完全競争市場⑦を考えると，需要と供給が一致するように価格が調整されることが期待される。一方，大型設備を利用する産業などでは，企業の生産が大規模化する傾向があるため，独占や寡占⑧市場となる場合もある。こうした企業の大規模化は，個々の企業が生産規模を拡大して進む場合もある。ただし，これとは別に，他の企業を合併したり，吸収する形で大規模化する(　3　)により進む場合もある。さらに，企業が統合されて大規模化する形ではなく，融資や株式の持ち合いなどにより企業の協力関係が進むこともある。また，特定の規格が市場のなかで広く定着し，既成事実的に業界全体の規格を支配する(　4　)が構築され，市場が独占される場合もある。

財・サービスの生産を担う経済主体は企業である。企業には国営企業などさまざまな形態が存在する。特に，資本主義経済では，民間の資本により経営する企業であり，個人企業や法人企業を含む(　5　)が重要な位置を占めている。近年では，会社形態の企業に関して，内外の環境変化に対応してさまざまな変革が行われている。例えば，上場会社に対する改革も行われており，東京証券取引所における⑨上場会社の市場区分が 2022 年４月より変更された。また，近年の潮流として，企業は，⑩純粋に利潤を追求する以外の活動も求められるようになっている。

問(A)　文中の(　1　)～(　5　)に入れるのに最も適当な語句を下記の語群から選び，その記号をマークしなさい。

〔語群〕

(ア)　組合企業　　(イ)　効率性　　(ウ)　私企業
(エ)　効用　　(オ)　賃金　　(カ)　資本の集積
(キ)　バンドワゴン　　(ク)　生涯所得　　(ケ)　デファクト・スタンダード
(コ)　ユニバーサル・デザイン　　(サ)　ＭＢＯ
(シ)　公平性　　(ス)　希少性　　(セ)　資本の集中
(ソ)　公私合同企業

問(B)　下線部①に関して，生産財の説明として最も適当なものを次の(ア)～(エ)から一つ選び，その記号をマークしなさい。

(ア)　生産された財全般を示す財の名称である。
(イ)　生産性が特に高く，売買の対象となる財の名称である。
(ウ)　海外への輸出のために生産される財の名称である。
(エ)　他の財の生産のために使用される財の名称である。

問(C)　下線部②に関して，家計が保有する株や土地などの価格が上がると消費が増える傾向を示す名称として最も適当なものを次の(ア)～(エ)から一つ選び，その記号をマークしなさい。

(ア) 資産効果 (イ) グレシャムの法則

(ウ) 依存効果 (エ) デモンストレーション効果

問(D) 下線部③に関して，財・サービスの生産に際して生産手段として利用される資本の例として最も適当なものを次の(ア)～(エ)から一つ選び，その記号をマークしなさい。

(ア) 金融資本 (イ) 機械設備

(ウ) 株式 (エ) 資本家

問(E) 下線部④に関して，下記の文章は産業革命前後の生産制度についての文章である。空欄(a)および(b)に当てはまる最も適当な生産制度の名称の組合せを次の(ア)～(カ)から一つ選び，その記号をマークしなさい。

産業革命以前は労働者を集めて手や道具を使い生産する(a)が普及していたが，18世紀後半にイギリスで起こった産業革命以降には機械による大規模な生産である(b)に移行した。

(ア) (a) エンクロージャー (b) 工場制機械工業

(イ) (a) エンクロージャー (b) 重商主義

(ウ) (a) コマーシャリズム (b) 工場制機械工業

(エ) (a) コマーシャリズム (b) 重商主義

(オ) (a) マニュファクチュア (b) 工場制機械工業

(カ) (a) マニュファクチュア (b) 重商主義

問(F) 下線部⑤のような生産方法として最も適当なものを次の(ア)～(エ)から一つ選び，その記号をマークしなさい。

(ア) 減量経営 (イ) 製品差別化

(ウ) 協業 (エ) 拡大再生産

問(G)　下線部⑥の機会費用に関して，工場における生産の例を考える。ある工場では2種類の時計(掛け時計，腕時計)だけが生産できる。ただし，工場の生産能力に限界があるので，掛け時計または腕時計のいずれか1種類の時計を1台だけしか作ることができない。なお，掛け時計1台を生産すると，利益が3万円増加する一方，腕時計1台を生産すると利益は2万円増加する。ここで，あることを選択したとき，他の選択肢をあきらめたために失われた最大の利益として機会費用を考える。このとき，この工場における掛け時計1台の生産に伴う機会費用の値として最も適当なものを次の(ア)〜(エ)から一つ選び，その記号をマークしなさい。

(ア)　1万円　　(イ)　2万円

(ウ)　3万円　　(エ)　4万円

問(H)　下線部⑦の完全競争市場に関する説明として**最も適当でない**記述を次の(ア)〜(エ)から一つ選び，その記号をマークしなさい。

(ア)　完全競争市場における市場の供給曲線は，該当する財・サービスの市場全体の供給量と価格との関係を示したものである。

(イ)　完全競争市場においては，個々の企業や家計は価格に影響を与えられず，市場で決まった価格を目安に需要量や供給量を決定する。

(ウ)　完全競争市場における市場の需要曲線は，一般に，価格の上昇が需要量の低下をもたらす関係を示す曲線である。

(エ)　多くの産業の市場においては完全競争市場の条件が成立しており，均衡価格の分析は広範に活用されている。

問(I)　下線部⑧に関して，独占や寡占に関する記述として**最も適当でない**記述を次の(ア)〜(エ)から一つ選び，その記号をマークしなさい。

(ア)　寡占市場では企業数が限られているので，価格による競争は行われない。

(イ)　寡占企業では，広告や宣伝などを利用した非価格競争によってマーケット・シェアを拡大し，利潤を増加しようとすることがある。

(ウ)　独占や寡占による弊害を防ぐための法律の運用をになう組織として公正

取引委員会が設置された。

(エ)　寡占市場においては，企業間の競争があっても資源配分の効率性が損なわれる場合がある。

問(J)　下線部⑨に関して，2022年4月より開始された東京証券取引所の新しい市場区分の名称の一つとして最も適当なものを次の(ア)〜(エ)から一つ選び，その記号をマークしなさい。

(ア)　市場第二部

(イ)　プライム市場

(ウ)　マザーズ市場

(エ)　コール市場

問(K)　下線部⑩に関して，企業による芸術・文化活動への支援を意味する名称として最も適当なものを次の(ア)〜(エ)から一つ選び，その記号をマークしなさい。

(ア)　ホワイトナイト

(イ)　コンシューマリズム

(ウ)　トリクルダウン

(エ)　メセナ

〔Ⅲ〕 次の文章を読んで，問(A)～問(H)に答えなさい。

学生：先生，私，就職活動を始めました！

先生：いよいよ始まりましたか。どんな社会人になりたいですか。

学生：自分のキャリアを大事にしながら，生涯働き続けるビジネスパーソンを目指しています。

先生：なるほど，将来像が明確ですね。いまはM字型雇用①も徐々に解消されてきているので，一貫したキャリアの形成も可能でしょう。

学生：はい。私の母も，大学を卒業してからずっと仕事を続けています。

先生：身近によいお手本になる方がいらっしゃるのですね。私は就職氷河期②世代でしたから，同年代のとくに女子学生のなかには，正規雇用の職を得られず不本意な形でキャリアを歩み始めた人が多かったものです。

学生：就職や就業の場面で女性が不利な状況③になるなんて，不公平ですよね。

先生：その通り。法的にも男女の平等性④は保障されています。まだ不十分な状況ではありますが，長い時間をかけて実効性が徐々に高まってきていますよ。

学生：ところで先生，ここ数年で話題になってきた「働き方改革」についてなんですが，社会ではだいぶ理解が進んでいるのでしょうか。

先生：一様に理解が進んだとは言いがたいでしょうが，日本でもさまざまな状況を打開するための制度が大企業を中心に整いつつあると聞いています。

学生：さきほど私は生涯働き続けたいと申し上げましたが，実はそのことについて心配もあります。

先生：心配と言いますと？

学生：将来，結婚したいと思っていますし，できれば子どもも欲しいです。だからといってそのためにキャリアを犠牲にしたくはないです。ですから，それを実現するためにはパートナーになる人の理解が欠かせないと思います。

先生：いわゆるワーク・ライフ・バランス⑤についての悩みですね。

学生：はい。賃金制度⑥もこれから変わっていきそうですし，就職って考えないといけないことだらけで，本当に大変です。

先生：そうですよね。⑦新型コロナウイルス感染症が流行して以来，働くということの概念そのものが揺らいでいますからね。

学生：街で見かける私たち日本人以外の方も，いろいろなことを考えながら働いているのでしょうね。

先生：ああ，それは外国人労働者⑧のことでしょうか。就職活動を通してたくさんの気づきがあったようですね。

問(A)　下線部①に関する下記の記述において，(　w　)に当てはまる最も適当な語句を次の(ア)〜(エ)から一つ選び，その記号をマークしなさい。

M字型雇用とは，とりわけ日本において顕著な傾向であった。女性が結婚や出産・育児の時期に就労を中断し，子育てが終わった頃に再度就職することにより，縦軸に(　w　)，横軸に年代(年齢階級)をとったグラフがM字のカーブを描くことからこのような名称が与えられた。

(ア)　有効求人倍率

(イ)　完全失業率

(ウ)　就職内定率

(エ)　労働力率

問(B)　下線部②に関して，最も適当なものを次の(ア)〜(エ)から一つ選び，その記号をマークしなさい。

(ア)　労働者派遣法が改正されて派遣として働くことができる仕事の種類が原則自由化されたため，柔軟な働き方を求める日本の若年層だけが派遣労働者になることを積極的に選択した。

(イ)　2000年代に入ると，定職に就かず時間給で働くフリーターや進学・就職をせず職業訓練も受けないニート(若年無業者)が日本の若年層に増加していることが社会問題化した。

(ウ)　この期間に就職がうまくいかなかった若年層にはそれ以前の世代に比べて結婚や出産が早くなる傾向があったため，この世代の婚姻率・出生率は著しく高まった。

(エ)　企業等への就職を諦めた若年層の多くは自らの専門性を高めて起業に挑戦するようになり，日本のとりわけハイテク分野における国際競争力の底上げに繋がった。

問(C)　下線部③に関して，2019年の日本における正社員・正職員の男女間賃金格差の比率(男性＝100%とした場合)として最も適当なものを次の(ア)〜(エ)から一つ選び，その記号をマークしなさい。

(ア)　約77%

(イ)　約55%

(ウ)　約33%

(エ)　約11%

問(D)　下線部④に関して，最も適当なものを次の(ア)〜(エ)から一つ選び，その記号をマークしなさい。

(ア)　例えば男女雇用機会均等法は，勤労権等に関わる憲法21条に関連した労働法である。

(イ)　例えば男女雇用機会均等法は，労働三権に関わる憲法21条に関連した労働法である。

(ウ)　例えば男女雇用機会均等法は，勤労権等に関わる憲法27条に関連した労働法である。

(エ)　例えば男女雇用機会均等法は，労働三権に関わる憲法27条に関連した労働法である。

問(E)　下線部⑤に関して，**最も適当でない**ものを次の(ア)〜(エ)から一つ選び，その記号をマークしなさい。

(ア)　裁量労働制が拡大することによって長時間労働が常態化する懸念があるため，有給休暇の取得率を向上させる等により労働時間を抑制していくことが求められている。

(イ) 仕事と家庭のバランスをとることにより，一人ひとりが働くことにやりがいや充実感を持ち，家庭ばかりでなく地域社会でも役割をもつという多様な生き方を選ぶことができる。

(ウ) 日々の暮らしに占める仕事の割合が著しく高まると過重労働になってしまい，手当を伴わないサービス残業の慢性化や労働災害に加えて，ひどい場合には過労死に至るといったことが懸念される。

(エ) 仕事と生活の調和を図るため近年は男性の実労働時間は顕著に減少してきており，そのなかでも象徴的なのは育児休業取得率が女性並みに上昇したことである。

問(F) 下線部⑥に関する下記の記述のうち，(x)～(z)に入れるのに最も適当な語句を下記の語群から選び，その記号をマークしなさい。

1980年代の後半に入ると，日本では割り当てられた業務内容の重要性，困難性，さらには責任の重さによって決まる(x)や与えられた任務や役目を遂行するための能力によって決まる(y)に重きを置くように変わってきた。さらに近年は，個人の目標に対する達成度で決まる(z)のように業績を重視した制度も珍しくなくなってきている。

〔語群〕

(ア) 生活給　(イ) 職能給　(ウ) 職務給
(エ) 基本給　(オ) 時間給　(カ) 歩合給
(キ) 先任権制度　(ク) 定期昇給制度　(ケ) 年俸制
(コ) 変形労働時間制

問(G) 下線部⑦に関する下記の記述のうち，**最も適当でない**ものを次の(ア)～(エ)から一つ選び，その記号をマークしなさい。

(ア) 高速インターネット回線を利用したオンライン会議ツール等の発達により，オフィスには出社せず在宅のまま仕事を進めるテレワークが普及したが，その普及度合いには業種・職種間での差が見られなくなった。

(イ)　子育て，介護等での活用が考えられることから，政府は「骨太の方針2022」において選択的週休三日制の企業における導入の促進を明記した。

(ウ)　仕事に従事する場所を都市部に限定することなく，例えば地方に一定期間移住しながらこれまでと同じ仕事をするというワーケーションを導入する企業が現れた。

(エ)　昇進を伴う配置転換やジョブローテーションのため，国内外に転勤する労働者もいるが，近年は転勤を命じられたことがきっかけで退職を考える労働者もいる。

問(H)　下線部⑧に関する下記の記述のうち，**最も適当でない**ものを次の(ア)〜(エ)から一つ選び，その記号をマークしなさい。

(ア)　1980年代後半には，いわゆる3K（きつい，汚い，危険）と呼ばれた職場の人手不足を補うために低賃金での雇用が増加した。

(イ)　少子高齢化による働き手不足のため，例えば外国人技能実習生という形でその労働力に依存せざるを得ない企業も存在する。

(ウ)　2018年には出入国管理及び難民認定法が改正され，単純労働者であっても正式な移民として家族ごと受け入れる制度が確立した。

(エ)　外国人が正式な在留，就労許可を得ないまま働く例として，資格外活動，不法残留による就労，不法入国・上陸による就労等がある。

〔Ⅳ〕 次の文章を読んで，問(A)～問(E)に答えなさい。

経済発展における国際的な企業の役割の重要性が認識されていく中で，企業活動が社会にもたらす影響について関心が高まったことを受けて，企業に対し，責任ある行動が求められるようになった。1976年には，経済協力開発機構(ＯＥＣＤ)①行動指針参加国の多国籍企業に対して，企業に期待される責任ある行動を自主的に取ることを求める勧告を取りまとめた「ＯＥＣＤ多国籍企業行動指針」，1977年には，社会政策と包摂的で責任ある持続可能なビジネス慣行に関して，企業に直接の指針を示す「国際労働機関(ＩＬＯ)多国籍企業及び社会政策に関する原則の三者宣言」(「ＩＬＯ多国籍企業宣言」)等の，企業活動に関する文書が策定された。

さらに，企業活動の人権への影響は社会にもたらす影響の一つであるとの認識が高まる中，企業活動における人権の尊重への注目も高まった。1999年には，企業を中心としたさまざまな団体が社会の良き一員として行動し，持続可能な成長を実現するための自発的な取組として，「国連(　1　)」が提唱された。(　1　)が企業に対し実践するよう要請している4分野にわたる10原則のうち，2分野(6つの原則)は，「人権」及び「労働」である。また，2005年，第69回国連人権委員会は，「人権と多国籍企業」に関する国連事務総長特別代表として，ハーバード大学ケネディ・スクールのジョン・ラギー教授を任命した。2008年に，ラギー特別代表は，「保護，尊重及び救済」枠組みを第8回国連人権理事会②へ提出した。同枠組みは，企業と人権との関係を，(a)企業を含む第三者による人権侵害から保護する国家の義務，(b)人権を尊重する企業の責任，(c)救済へのアクセスの3つの柱に分類し，企業活動が人権に与える影響に係る「国家の義務」及び「企業の責任」を明確にすると同時に，被害者が効果的な救済にアクセスするメカニズム③の重要性を強調し，各主体がそれぞれの義務・責任を遂行すべき具体的な分野及び事例を挙げている。さらに，ラギー特別代表は，「保護，尊重及び救済」枠組みを運用するため，2011年「ビジネスと人権に関する指導原則：国連『保護，尊重及び救済』枠組みの実施(「指導原則」)」を策定した。この「指導原則」は，第17回国連人権理事会の関連の決議において全会一致で支持された。

国際社会において，「指導原則」への支持は高まりつつある。2015年9月に国連総会で採択された「持続可能な開発目標」(ＳＤＧｓ)を中核とする「(　2　)」では，民間企業活動について，国連の「『ビジネスと人権に関する指導原則と国際労働機関の労働基準』，『児童の権利に関する条約』及び主要な多国間環境関連協定等の締約国において，これらの取決めに従い労働者の権利や環境，保健基準を遵守しつつ，民間セクターの活動を促進すること」が謳われた。2015年の(　3　)エルマウ・サミットにおける首脳宣言には，「指導原則」を強く支持し，また各国の行動計画を策定する努力を歓迎する旨の文言が盛り込まれた。2017年７月のＧ20(　4　)首脳宣言においても，我が国を含むＧ20各国は，「指導原則」を含む「国際的に認識された枠組みに沿った人権の促進にコミット」し，「ビジネスと人権に関する行動計画のような適切な政策的な枠組みの構築に取り組む」ことを強調している。さらに，「指導原則」の成立を受けて，「ＯＥＣＤ多国籍企業行動指針」については，2011年の５回目の改定時に人権に関する章が追加され，「ＩＬＯ多国籍企業宣言」についても，2017年の改定時に「指導原則」への言及が追加された。さらに，「ビジネスと人権」に関する国際的な動きとして，子どもの権利の分野では，「指導原則」を補完する文書として，国連児童基金(ＵＮＩＣＥＦ)等が，「子どもの権利とビジネス原則」を策定し，企業活動を通して子どもの権利を守るための10の原則が示された。そのほか，児童の権利に関する条約や，④社会権規約(経済的，社会的及び文化的権利に関する国際規約)など，複数の人権条約の委員会の一般的意見においても，「ビジネスと人権」の重要性が指摘されている。

(ビジネスと人権に関する行動計画に係る関係府省庁連絡会議「『ビジネスと人権』に関する行動計画(2020-2025)」令和２年10月(一部省略・改変))

問(A)　文中の(　1　)～(　4　)に入れるのに最も適当な語句を下記の語群から選び，その記号をマークしなさい。

〔語群〕

(ア)　グローバル・コンパクト　　(イ)　アジェンダ21

(ウ)　Ｇ７プラス１　　(エ)　開発のための10年

(オ)　バリ　　(カ)　ミレニアム開発目標

(キ)　大阪

(ク)　持続可能な開発に関するヨハネスブルグ宣言

(ケ)　Ｇ６　　(コ)　ハンブルグ

(サ)　環境と開発に関するリオデジャネイロ宣言

(シ)　Ｇ７　　(ス)　環境計画

(セ)　持続可能な開発のための2030アジェンダ

(ソ)　Ｇ８　　(タ)　ワシントン

問(B)　下線部①に関する説明として最も適当なものを次の(ア)～(エ)から一つ選び，その記号をマークしなさい。

(ア)　日本は，ＯＥＣＤ発足当時からの加盟国である。

(イ)　ＯＥＣＤは，国際連合の主要機関である経済社会理事会の下部機関である。

(ウ)　2019年におけるＯＥＣＤ加盟国の名目ＧＤＰの総和が世界全体の名目ＧＤＰに占める割合は，2000年における割合よりも低い。

(エ)　ＯＥＣＤは，世界銀行グループの一機関として，国際投資紛争の調停と仲裁を行う場を提供する。

問(C)　下線部②に関する説明として最も適当なものを次の(ア)～(エ)から一つ選び，その記号をマークしなさい。

(ア)　国連としての人権問題への対処能力を強化するため，安全保障理事会の下部機関であった人権委員会に代えて設立された機関である。

(イ)　国連総会は，出席しかつ投票する構成国の３分の２の多数によって，重大かつ組織的な人権侵害を行った国連人権理事会の理事国の，理事国としての権利を停止することができる。

(ウ)　2022年５月，国連人権理事会の決議により，チェコがその理事国に選出された。

(エ)　(ア)～(ウ)はいずれも誤っている。

問(D)　下線部③に関連して,「『ビジネスと人権』に関する行動計画(2020-2025)」において挙げられている我が国の「救済へのアクセスに関する取組」に関する説明として最も適当なものを次の(ア)〜(エ)から一つ選び，その記号をマークしなさい。

(ア)　日本司法支援センター(法テラス)では，資力の乏しい国民や我が国に住所を有し適法に在留する外国人に対し，無料法律相談等の支援を実施し，司法的救済へのアクセス確保に努力してきている。

(イ)　2019年の刑事訴訟法改正により，訴状等のオンライン提出，訴訟記録の電子化，関係者の現実の出頭を要しないウェブ会議等を利用した争点整理や証拠調べ等の実現が図られたため，国民の司法アクセスは大いに向上した。

(ウ)　2009年に成立・施行された消費者契約法に基づき，苦情相談や苦情処理のためのあっせん等が実施されてきている。

(エ)　現在，通報者の保護に関し，一定の要件を満たして通報を行った通報者の保護を図ることを目的とする法令は存在しないため，法制審議会における調査審議を踏まえ，公益通報者を保護するための法律を制定していく。

問(E)　下線部④に関する説明として最も適当なものを次の(ア)〜(エ)から一つ選び，その記号をマークしなさい。

(ア)　社会権規約は国際人権Ｂ規約とも呼ばれ，これに対して，自由権規約は国際人権Ａ規約とも呼ばれる。

(イ)　社会権規約１条１項は,「すべての人民は，自決の権利を有する。この権利に基づき，すべての人民は，その政治的地位を自由に決定し並びにその経済的，社会的及び文化的発展を自由に追求する。」と規定している。

(ウ)　社会権規約20条１項は,「戦争のためのいかなる宣伝も，法律で禁止する。」と規定している。

(エ)　社会権規約選択議定書は，規約に定められた権利を侵害された個人が，社会権規約委員会に通報することができる旨を定めたものであり，我が国は2015年に批准した。

数学

◀3教科型・2教科型（英語外部試験利用方式）▶

（60分）

〔Ⅰ〕次の $\boxed{}$ をうめよ。ただし，$\boxed{①}$ 以外は数値でうめよ。

関数

$$f(\theta) = \frac{\sqrt{2}+\sqrt{3}}{2}\sin^2\theta - \sin\theta\cos\theta + \frac{\sqrt{2}-\sqrt{3}}{2}\cos^2\theta$$

を考える。$\sin^2\theta$ を $\cos 2\theta$ を用いて表すと，$\boxed{①}$ になる。したがって，$f(\theta)$ を

$$a\sin 2\theta + b\cos 2\theta + c$$

という形に変形すると，$a = -\dfrac{1}{2}$，$b = \boxed{②}$，$c = \boxed{③}$ となる。よって，

$$f(\theta) = \cos\left(2\theta + \boxed{④}\right) + \boxed{③} \quad \left(0 \leqq \boxed{④} < 2\pi\right)$$

が成立する。

$-\dfrac{\pi}{6} \leqq \theta \leqq \dfrac{\pi}{2}$ の範囲で，$f(\theta)$ の最小値と最大値は，それぞれ $\boxed{⑤}$，$\boxed{⑥}$ である。また，$f(\theta) = 0$ を満たす θ の値は $\boxed{⑦}$ である。

〔Ⅱ〕 次の □ をうめよ。ω を $\omega^3 = 1$ となる虚数とするとき，等式

$$\omega^2 = p + q\omega$$

を満たす実数 p，q の値は，$p =$ ① ，$q =$ ② である。

正の整数 n に対して，実数 a_n，b_n を

$$(1 + 2\omega)^n = a_n + b_n\omega \quad \cdots(*)$$

で定める。a_{n+1}，b_{n+1} を a_n，b_n の式で表すと

$$a_{n+1} = \boxed{③}, \quad b_{n+1} = \boxed{④}$$

となる。$(*)$ で定めた a_n，b_n に対して

$$c_n = a_n^2 + b_n^2 - a_n b_n$$

とおく。このとき，$c_1 =$ ⑤ で，c_n は n の式で ⑥ と表せる。

〔Ⅲ〕 次の問いに答えよ。

(1) 不等式

$$y^2 + xy + y - 2x^2 - x < 0$$

の表す領域を解答欄の座標平面に図示せよ。

(2) r を正の定数とする。次で定められる円

$$x^2 - 2x + y^2 + y + \frac{5}{4} - r^2 = 0$$

の内部が(1)で求めた領域に含まれるとき，r のとりうる値の範囲を求めよ。

◀2教科型（英数方式〈総合情報〉・国数方式）▶

（90分）

〔Ⅰ〕 $\dfrac{\pi}{12} \leqq x \leqq \dfrac{\pi}{3}$ を満たす x に対して，関数 $f(x)$ を

$$f(x) = (1 - \tan x + 2\tan^2 x - 3\tan^3 x)\left(1 - \frac{1}{\tan x} + \frac{2}{\tan^2 x} - \frac{3}{\tan^3 x}\right)$$

によって定める。$t = \tan x + \dfrac{1}{\tan x}$ とおくとき，次の問いに答えよ。

(1) t の取り得る値の範囲を求めよ。

(2) $f(x)$ を t を用いて表せ。

(3) $f(x)$ の最大値と最小値，およびそのときの x の値をそれぞれ求めよ。

〔Ⅱ〕 $\angle \mathrm{ACB} = 90^\circ$ であるような直角三角形ABCを考える。BCを一辺とする正三角形BPCを△ABCの外側につくり，CAを一辺とする正三角形CQAを△ABCの外側につくる。△BPC，△CQAの重心をそれぞれ G_1，G_2 とし，G_1 と G_2 の距離を d とする。△ABCの外心をO，外接円の半径を R とし，$\angle \mathrm{BAC} = \theta$ とおくとき，次の問いに答えよ。

(1) 辺BC，CAおよび線分 $\mathrm{OG_1}$ の長さを，それぞれ R と θ を用いて表せ。

(2) d を R と θ を用いて表せ。

(3) R を一定に保ったまま θ が変化するとき，d の最大値を R を用いて表せ。また，d が最大となるとき，3辺の長さの比BC：CA：ABを求めよ。

〔III〕 1から9までの各自然数が1枚に1つずつ書かれた9枚のカードがある。それらをよくまぜてから1枚のカードを取り出し，取り出したカードに書かれた数をaとする。次に，残った8枚のカードから1枚を取り出し，取り出したカードに書かれた数をbとする。a，bを用いて2桁の自然数$n = 10a + b$を作るとき，次の［　　］をうめよ。

(1) nが4の倍数である確率は［ ① ］である。

(2) $n^2 - n$が10の倍数になるようなbをすべて求めると$b =$［ ② ］だから，$n^2 - n$が10の倍数である確率は［ ③ ］である。

(3) $n^2 - n$が100の倍数である確率は［ ④ ］であり，$n^2 - n$が100の倍数であるような最大のnは［ ⑤ ］である。

〔IV〕 n次の整式$f(x)$について恒等式$2f(x) = xf'(x) + x - 2$が成り立つとき，次の［　　］をうめよ。

$n = 1$のとき，$f(x) =$［ ① ］である。

$n \geqq 2$とする。$f(x)$の最高次の項をax^nとおく。ただし，aは0でない実数である。$2f(x)$におけるx^nの係数は［ ② ］であり，$xf'(x) + x - 2$におけるx^nの係数は［ ③ ］である。よって，$2f(x) = xf'(x) + x - 2$が成り立つとき$n =$［ ④ ］であることがわかる。このとき，どんな実数xに対しても$f(x)$が1を値にとらないための，実数aに対する必要十分条件は$a <$［ ⑤ ］である。

乱れています」と、「糸」と「いとど」の掛詞(かけことば)を利用した歌を送ったのに対し、女からは「心にも掛けていなかった私にまつわりつく柳の糸のようなあなたなので、打ち解けたと見えてもすぐにまた他の女性に心が乱れるのでしょう」と、「かく」「延ふ」「糸」「解く」「乱る」と縁語をもちいた歌が届いた。

c　主人公から女のもとに「それほどでもなかった昔よりも、青柳の糸ではありませんが、「いとど」(ますます)今朝、あなたは思い乱れていることでしょう」と、「今朝」にかかる「青柳の」の枕詞を使った歌を送ったのに対し、女からは「心にも掛けていなかった私にまつわりつく柳の糸のようなあなたなので、打ち解けたと見えてもすぐにまた他の女性に心が乱れてしまうのでしょう」と、「かく」「延ふ」「糸」「解く」「乱る」と縁語をもちいた歌が届いた。

d　女から主人公のもとに「それほどでもなかった昔よりも、青柳の糸ではありませんが、「いとど」(ますます)今朝は思い乱れています」と、「糸」と「いとど」の掛詞を利用した歌を送ったのに対し、主人公からは「心にも掛けていなかった私にまつわりつく柳の糸のようなあなたなので、打ち解けたつもりでもまたこうして思い乱れています」と、「かく」「延ふ」「糸」「解く」「乱る」と縁語をもちいた歌が届いた。

e　女から主人公のもとに「あなたが私のもとを去ることのなかった昔よりも、青柳の糸ではありませんが、「いとど」(ますます)今朝は思い乱れています」と、「今朝」にかかる「青柳の」の枕詞を使った歌を送ったのに対し、主人公からは「心にも掛けていなかった私にまつわりつく柳の糸のようなあなたなので、打ち解けたつもりでもまたこうして思い乱れています」と、「かく」「延ふ」「糸」「解く」「乱る」と縁語をもちいた歌が届いた。

問9　傍線部Ⓐを現代語訳せよ。

ると、小柄でとてもあどけない様子である。ことばつきも、可憐でありながら気品があるように聞こえる。「うれしいことによいところを見た」と思うけれど、そろそろ夜も明けるので、自宅に帰った。

c　皆衣装を整えて、五、六人である。階段を降りるのもたいそう難儀そうにしていて、「このかたこそ主人だろう」という人をよく見ると、小柄だがとても子どもとは思えない。ことばつきも、少し乱暴だが威厳があるように聞こえる。「うれしいことによいところを見た」と思うけれど、そろそろ夜も明けるので、自宅に帰った。

d　皆衣装を整えて、五、六人である。階段を降りるのもたいそう難儀そうにしていて、「このかたこそ主人だろう」という人をよく見ると、小柄でとてもおっとりとしている。ことばつきも、可憐でありながら気品があるように聞こえる。「うれしいことによいところを見た」と思うけれど、そろそろ夜も明けるので、自宅に帰った。

e　皆あわせて、五、六人である。階段を降りるのもためらっている様子で、「このかたこそ主人だろう」という人をよく見ると、小柄でひどく落ち着きがない。ことばつきも、少し乱暴だが威厳があるように聞こえる。「うれしいことによいところを見た」と思うけれど、そろそろ夜も明けるので、自宅に帰った。

問８　「昨夜のところ」との歌のやりとりの説明として、最も適当なものを選択肢から一つ選び、その記号をマークせよ。

a　主人公から女のもとに「あなたのもとを去ることのなかった昔よりも、青柳の糸ではありませんが、「いとど」(ますます)今朝は思い乱れています」と、「今朝」にかかる「青柳の」の枕詞(まくらことば)を使った歌を送ったのに対し、女からは「心にも掛けていなかった私にまつわりつく柳の糸のようなあなたなので、打ち解けたと見えてもすぐにまた他の女性に心が乱れるのでしょう」と、「かく」「延ふ」「糸」「解く」「乱る」と縁語をもちいた歌が届いた。

b　主人公から女のもとに「それほどでもなかった昔よりも、青柳の糸ではありませんが、「いとど」(ますます)今朝は思い問6　家に残ることになった童の様子として、最も適当なものを選択肢から一つ選び、その記号をマークせよ。

a　「一人で留守番とはつらいですわ。もういいわ、ちょっとおともをして行って、近くで待っていて、お社には行かないでおくわ」と言い、「ばかなことをいって」とたしなめられている。

b　「一人で留守番とはつらいですわ。もういいわ、もうおともにも行かないし、近くにも行かない。お社になんか絶対行かない」と言い、「おかわいそうに」と慰められている。

c　「一人で留守番とはつらいですわ。もういいわ、ちょっとおともをして行って、近くで待っていて、お社には行かないでおくわ」と言い、「おかわいそうに」と慰められている。

d　「一人で留守番してもさびしくなんかありません。そういうことなら、もうおともにも行かないし、近くにも行かない。お社になんか絶対行かない」と言い、「いいかげんにしなさい」とたしなめられている。

e　「一人で留守番してもさびしくなんかありません。そういうことなら、もうおともにも行かないし、近くにも行かない。お社になんか絶対行かない」と言い、「ばかなことをいって」とたしなめられている。

問7　人々が参詣に出発する様子と、そのときの主人公の行動についての説明として、最も適当なものを選択肢から一つ選び、その記号をマークせよ。

a　皆あわせて、五、六人である。階段を降りるのもためらっている様子で、「このかたこそ主人だろう」という人をよく見ると、小柄で子どもとしか思えない。ことばつきも、可憐（かれん）でありながら気品があるように聞こえる。「うれしいことによいところを見た」と思うけれど、そろそろ夜も明けるので、自宅に帰った。

b　皆あわせて、五、六人である。階段を降りるのもためらっている様子で、「このかたこそ主人だろう」という人をよく見そのまま見ていると、おとなびた女房が「季光はどうしてまだ起きてこないの。弁の君さん。ここにいたのね。いらっしゃい」と言うのは、どうも参詣に行くらしい。

b　お伴の者を少し遠ざけ、すすきに隠れて見ていると、「少納言の君さん。夜は明けたでしょうか。外に出てご覧なさい」と声がする。女の子が出て来て扇で顔を隠して古歌を口ずさみながら歩いて来る。気づかせたい気持ちもあるけれども、そのまま見ていると、口数の少ない女房が「季光はどうしてまだ起きてこないの。弁の君さん。ここにいたのね。いらっしゃい」と言うのは、どうも参詣に行くらしい。

c　お伴の者を使いにやり、すすきに隠れて見ていると、「少納言の君さん。夜は明けてはいないでしょう。外に出てご覧なさい」と声がする。女の子が出て来て扇で顔を隠して古歌を口ずさみながら歩いて来る。おどろかせたくない気持ちがあるので、そのまま見ていると、口数の少ない女房が「季光はどうしてまだ起きてこないの。弁の君さん。ここにいたのね。いらっしゃい」と言うのは、どうも参詣に行くらしい。

d　お伴の者を少し遠ざけ、すすきに隠れて見ていると、「少納言の君さん。夜は明けたでしょうか。外に出てご覧なさい」と声がする。女の子が出て来て扇で顔を隠して古歌を口ずさみながら歩いて来る。おどろかせたくない気持ちがあるので、そのまま見ていると、おとなびた女房が「季光はなぜかもう起きてきたのね。弁の君さん。ここにいたのね。いらっしゃい」と言うのは、どうも参詣に行くらしい。

e　お伴の者を使いにやり、すすきに隠れて見ていると、「少納言の君さん。夜は明けてはいないでしょう。外に出てご覧なさい」と声がする。女の子が出て来て扇で顔を隠して古歌を口ずさみながら歩いて来る。おどろかせたくない気持ちがあるので、そのまま見ていると、口数の少ない女房が「季光はなぜかもう起きてきたのね。弁の君さん。ここにいたのね。いらっしゃい」と言うのは、どうも参詣に行くらしい。

でございます」と言うので、「おかわいそうに、尼にでもなったのだろうか」と気がかりで、「あの光遠に逢うつもりもないのだろうか」と微笑みながらおっしゃると、妻戸を静かに開ける音が聞こえてきた。

c　主人公が「ここに住んでいらっしゃった方はまだおいでか。『木こりのような者だが、ご挨拶申し上げたいという人がいます』と取り次ぐように」と言うと、その者は「そのお方はここにはいらっしゃいません。何とかいうところにお住まいでございます」と言うので、「おかわいそうに、尼にでもなったのだろうか」と以前のことが申し訳なく、「あの光遠に逢うつもりもないのだろうか」と微笑みながらおっしゃると、妻戸を静かに開ける音が聞こえてきた。

d　主人公が「ここに住んでいらっしゃった方はまだおいでか。『この山奥にお住まいの方にご挨拶申し上げたいという人がいます』と取り次ぐように」と言うと、その者は「そのお方はここにはいらっしゃいません。何とかいうところにお住まいだそうです」と言うので、「おかわいそうに、尼にでもなったのだろうか」と気がかりで、「あの光遠に逢うつもりもないのだろうか」と微笑みながらおっしゃると、妻戸をすばやく開ける音が聞こえてきた。

e　主人公が「ここに住んでいらっしゃった方はまだおいでか。『この山奥にお住まいの方にご挨拶申し上げたいという人がいます』と取り次ぐように」と言うと、その者は「そのお方はここにはいらっしゃいません。何とかいうところにお住まいでございます」と言うので、「おかわいそうに、尼にでもなったのだろうか」と以前のことが申し訳なく、「あの光遠に逢うつもりもないのだろうか」と微笑みながらおっしゃると、妻戸をすばやく開ける音が聞こえてきた。

問5　妻戸が開いた後の様子の説明として、最も適当なものを選択肢から一つ選び、その記号をマークせよ。

a　お伴の者を少し遠ざけ、すすきに隠れて見ていると、「少納言の君さん。夜は明けたでしょうか。外に出てご覧なさい」と声がする。女の子が出て来て扇で顔を隠して古歌を口ずさみながら歩いて来る。気づかせたい気持ちもあるけれども、不気味だが、気に留める者もいない。

c　「以前ここに親しくしていた女性がいたな」と思い出し、たたずんでいると、塀の崩れたところから白い衣をまとった者が、ひどく咳き込みながら出てくる様子である。気の毒なほどに荒れており、人が住んでいないようなところなので、あちらこちらのぞくけれど、咎めだてする者もいない。

d　「以前ここの話をした人がいたな」と思い出し、たち去ろうとすると、塀の崩れたところから白い衣をまとった者が、ひどく咳き込みながら出てくる様子である。気の毒なほどに荒れており、人が住んでいないようなところなので、あちらこちらのぞくけれど、咎めだてする者もいない。

e　「以前ここに親しくしていた女性がいたな」と思い出し、たち去ろうとすると、塀の崩れたところから白い衣をまとった者が、ひどく咳き込みながら出てくる様子である。恐ろしいほど荒れており、人が住んでいないようなところなので、あちらこちらのぞくけれど、気に留める者もいない。

問4　主人公と白い衣の者との会話の場面の説明として、最も適当なものを選択肢から一つ選び、その記号をマークせよ。

a　主人公が「ここに住んでいらっしゃった方はまだおいでか。『木こりのような者だが、ご挨拶申し上げたいという人がいます』と取り次ぐように」と言うと、その者は「そのお方はここにはいらっしゃいません。何とかいうところにお住まいだそうです」と言うので、「おかわいそうに、尼にでもなったのだろうか」と気がかりで、「あの光遠に逢うつもりもないのだろうか」と微笑みながらおっしゃると、妻戸をすばやく開ける音が聞こえてきた。

b　主人公が「ここに住んでいらっしゃった方はまだおいでか。『この山奥にお住まいの方にご挨拶申し上げたいという人がいます』と取り次ぐように」と言うと、その者は「そのお方はここにはいらっしゃいません。何とかいうところにお住まいの記号をマークせよ。

a　ここまで通り過ぎて見て来た家よりも風流な桜のある家を見て、通り過ぎてしまおうと思いながらも、「あなたの元へ行くことも文を贈ることもできません。花桜の美しい木陰に心奪われてしまって」と詠じた。

b　ここまで通り過ぎて見て来た家よりも珍しい桜のある家を見て、通り過ぎることもためらわれて、「あなたの元へ行くことも文を贈ることもできません。花桜の美しい木陰に心奪われてしまって」と詠じた。

c　ここまで通り過ぎて見て来た家よりも風格のある桜のある家を見て、通り過ぎてしまおうと思いながらも、「あなたの元へ行くこともできません。花桜に映える木陰の方につい足が向いてしまって」と詠じた。

d　ここまで通り過ぎて見て来た家よりも趣き深い桜のある家を見て、通り過ぎることもためらわれて、「あなたの元へ行くことも文を贈ることもできません。花桜の美しい木陰に心奪われてしまって」と詠じた。

e　ここまで通り過ぎて見て来た家よりも風情のある桜のある家を見て、通り過ぎることもためらわれて、「あなたの元へ行くこともできません。花桜の美しい木陰の方につい足が向いてしまって」と詠じた。

問3　主人公が歌を詠じた後の状況の説明として、最も適当なものを選択肢から一つ選び、その記号をマークせよ。

a　「以前ここに親しくしていた女性がいたな」と思い出し、たたずんでいると、塀の崩れたところから白い衣をまとった者が、ひどく咳(せ)き込みながら出てくる様子である。恐ろしいほど荒れており、人が住めるようなところではないので、あちらこちら不気味だが、気に留める者もいない。

b　「以前ここの話をした人がいたな」と思い出し、たたずんでいると、塀の崩れたところから白い衣をまとった者が、ひどく咳き込みながら出てくる様子である。恐ろしいほど荒れており、人が住めるようなところではないので、あちらこちら問１　この文章の冒頭部の内容として、最も適当なものを選択肢から一つ選び、その記号をマークせよ。

ａ　月の明るさに急がされて、夜深くに起きて出てきてしまったが、いつになく早く帰った私のことをどのように思っているだろうと不憫(ふびん)ではあるけれど、引き返すには遠いので、そのまま行く。通りすがりの家のなりわいの音も聞こえてこず、心ない月に照らされ、あちらこちらの桜は霞かと見紛(みまが)うようなさまで風情がある。

ｂ　月の明るさに急がされて、夜深くに起きて出てきてしまったが、いつになく早く帰った私がこうして思っていることで困らせていないかと不安だけれど、このまま家に帰るにはまだ遠いものの、そのまま行く。通りすがりの家のなりわいの音も聞こえてこず、曇りない月に照らされ、ところどころの桜は霞かと見紛うようなさまで風情がある。

ｃ　月の明るさにあざむかれて、夜深くに起きて出てきてしまったが、いつになく早く帰った私がこうして思っていることで困らせていないかと不安だけれど、引き返すには遠いので、そのまま行く。通りすがりの家のなりわいの音も聞こえてこず、曇りない月に照らされ、あちらこちらの桜は霞かと見紛うようなさまで風情がある。

ｄ　月の明るさにあざむかれて、夜深くに起きて出てきてしまったが、いつになく早く帰った私がこうして思っていることで困らせていないかと不安だけれど、このまま家に帰るにはまだ遠いものの、そのまま行く。通りすがりの家のなりわいの音も聞こえてこず、心ない月に照らされ、ところどころの桜は霞かと見紛うようなさまで風情がある。

ｅ　月の明るさにあざむかれて、夜深くに起きて出てきてしまったが、いつになく早く帰った私のことをどのように思っているだろうと不憫ではあるけれど、引き返すには遠いので、そのまま行く。通りすがりの家のなりわいの音も聞こえてこず、曇りない月に照らされ、あちらこちらの桜は霞かと見紛うようなさまで風情がある。

問２　主人公が、「そなたへと」の歌を詠じたときの心境と、詠じた歌の解釈として、最も適当なものを選択肢から一つ選び、そけたるやうだい、ささやかに、いみじう児めいたり。物言ひたるも、らうたきものの、ゆゑゆゑしく聞こゆ。「うれしくも見つるかな」と思ふに、やうやう明くれば、帰りたまひぬ。

日さしあがるほどに起きたまひて、昨夜のところに文書きたまふ。「いみじう深うはべりつるも、ことわりなるべき御気色に、出ではべりぬるは、つらさもいかばかり」など、青き薄様[*13]に、柳につけて、

さらざりしいにしへよりも青柳のいとどぞ今朝は思ひみだるる

とて、やりたまへり。返事めやすく見ゆ。

かけざりしかたにぞ延ひし糸なれば解くと見しまにまたみだれつつ

とあるを見たまふほどに、源中将[*14]、兵衛佐、小弓持たせておはしたり。「昨夜は、いづくに隠れたまへりしぞ。内裏に御遊びありて召ししかども、見つけたてまつらでこそ」とのたまへば、Ⓐ「ここにこそ侍りしか。あやしかりけることかな」などのたまふ。

（『堤中納言物語』花桜折る少将による）

注　＊1　築地＝土塀。　＊2　みつとを＝光遠。自分の素性を隠すため主人公が仕立てた架空の名前。　＊3　妻戸＝寝殿造りの建物の脇にある両開きの板戸。夜間用の出入り口。　＊4　透垣＝板、竹などでできた垣根。　＊5　少納言の君＝この家に住む女房のひとり。　＊6　やうだい＝様態。姿。　＊7　蘇芳＝紫がかった赤色。　＊8　衵＝主に女性や童女が肌近くに着る衣服。　＊9　小袿＝高貴な女性の上着。　＊10　月と花とを＝「あたら夜の月と花とを同じくはあはれ知れらむ人に見せばや」（後撰集）による。　＊11　すゑみつ＝季光。この家に通っていた男。　＊12　弁の君＝この家に住む女房のひとり。　＊13　薄様＝和紙の種類のひとつ。　＊14　源中将、兵衛佐＝主人公の友人。

二　次の文章を読んで、後の問いに答えよ。

月にはかられて、夜深く起きにけるも、思ふらむところいとほしけれど、たち帰らむも遠きほどなれば、やうやうゆくに、小家(こいへ)などに例(れい)おとなふものも聞こえず、くまなき月に、ところどころの花の木どもも、ひとへにまがひぬべく霞(かす)みたり。いま少し、過ぎて見つるところよりも、おもしろく、過ぎがたき心地して、

そなたへとゆきもやられず花桜にほふこかげにたびだたれつつ

と、うち誦(ずん)じて、「はやくここに、物言ひし人あり」と思ひ出(い)でて、立ちやすらふに、＊1築地のくづれより、白きものの、いたう咳(しはぶ)きつつ出づめり。あはれげに荒れ、人けなきところなれば、ここかしこのぞけど、とがむる人なし。このありつるものの返る呼びて、「ここに住みたまひし人は、いまだおはすや。『山人に物聞こえむと言ふ人あり』とものせよ」と言へば、「その御方は、ここにもおはしまさず。なにとかいふところになむ住ませたまふ」と聞こえつれば、「あはれのことや。尼などにやなりたるらむ」と、うしろめたくて、「かのみつとを＊2にあはじや」など、ほほゑみてのたまふほどに、＊3妻戸をやはらかい放つ音すなり。

をのこども少しやりて、＊4透垣のつらなる群(むら)すすきの繁き下に隠れて見れば、「＊5少納言の君こそ。明けやしぬらむ。出でて見たまへ」と言ふ。よきほどなる童(わらは)の、＊6やうだいをかしげなる、いたう萎えすぎて、宿直姿(とのゐすがた)なる、＊7蘇芳にやあらむ、つややかなる＊8衵に、うちすきたる髪のすそ、＊9小袿に映えて、なまめかし。月の明かきかたに、扇をさしかくして、「＊10月と花とを」と口ずさみて、花のかたへ歩み来るに、おどろかさまほしけれど、しばし見れば、おとなしき人の、「＊11すゑみつは、などか今まで起きぬぞ。＊12弁の君こそ。ここなりつる。参りたまへ」と言ふは、ものへ詣づるなるべし。ありつる童はとまるなるべし。「わびしくこそおぼゆれ。さばれ、ただ御供に参りて、近からむところに居て、御社(みやしろ)へは参らじ」など言へば、「ものぐるほしや」など言ふ。みなしたてて、五、六人ぞある。下(お)るるほどもいとなやましげに、「これぞ主(しゅう)なるらむ」と見ゆるを、よく見れば、衣ぬぎか

㋓　ミリョウ
a　ドリョウが大きく頼りがいのある人。
b　先方から快くリョウショウが得られた。
c　各政党のリョウシュウが集まり会合を開く。
d　古今東西の文献をショウリョウする。
e　社会人としてリョウシキある行動をとってほしい。

㋔　キョウイ
a　血路を開いて敵のジュウイを脱する。
b　超高層ビル群のイカンに圧倒される。
c　イギを正して式典に参列する。
d　展覧会でひときわイサイを放つ作品。
e　気分が落ち込んでイキショウチンする。

問8　教養主義批判とはどのようなことだと筆者は述べているか、五十字以内で記せ。なお、句読点・符号も字数に含めるものとする。

問7　二重傍線部ⓐⓘⓤⓔⓞのカタカナと同じ漢字を用いる語を選択肢から一つ選び、その記号をマークせよ。

Ⓐ　センドウ
a　ゆっくりとセンスをあおいで顔に風を送る。
b　ファッション界にセンプウを巻き起こす。
c　政府が緊急事態センゲンを発出する。
d　早寝早起きの生活をジッセンする。
e　みずからソッセンして練習を始める。

Ⓘ　ハクシャ
a　信仰を理由にハクガイを受ける。
b　すべての真実をハクジツの下にさらす。
c　各校とも実力がハクチュウしている。
d　すばらしい演技にハクシュカッサイを送る。
e　彼のハクランキョウキぶりには驚かされる。

Ⓤ　ショウヨウ
a　声高らかにイキヨウヨウと引きあげる。
b　成功するには忍耐がカンヨウだ。
c　海外の論文をエンヨウして説明する。
d　多少の遅れはキョヨウする。
e　人権をヨウゴする活動を行う。

末から昭和初期にかけては、マルクス主義が知識人界を席捲したが、教養主義の土壌が無ければ、マルクス主義が若きエリートたちをミリョウすることはできなかったのであり、自分自身で自分自身を作りあげなくてはならないという脅しが教養主義と同じものであることは、誰の眼にも明白だったと述べている。

b　日本における教養主義は、福沢諭吉に代表される明治の立身出世主義への反撥として、大正初期に隆盛したものである。福沢諭吉の『学問のすゝめ』は、自分自身を作りあげるのは自分自身だという解放の思想であると同時に、西洋からのキョウイとも結びついていたのに対して、第一次世界戦争における「西洋の没落」とともに隆盛した大正教養主義は、政治や経済に関わろうとしないで、もっぱら文化を重んじる傾向にあったと述べている。

c　日本における教養主義は、明治時代における啓蒙思想に対する反動として、大正時代に起こった。福沢諭吉の『学問のすゝめ』やサミュエル・スマイルズの self-help の翻訳である『西国立志編』は、たしかに西洋から入ってきた解放の思想であったが、大正教養主義が隆盛した近代日本の場合には、それが同時に西洋からのキョウイとも結びついていたのであり、自分自身で自分自身を作りあげようとする意志は、近代日本の栄光と悲惨に重なってしまうと述べている。

d　日本における教養主義は、身分制度がホウカイするのを目の当たりにした福沢諭吉の著した『学問のすゝめ』にはじまるが、自分自身で自分自身を作りあげる方法が、その後に隆盛した大正教養主義とはすこし違っていた。近代日本の自己形成は、悠長に構えてもいられなかったのであり、自分自身で自分自身を作りあげようとする意志が、近代日本の栄光と悲惨に重なっていた点が、大正教養主義とは異なっていると述べている。

e　日本における教養主義は、第一次世界戦争という大事件によって大正初期にもたらされたものであり、当時の学歴エリートの青年たちを支配したのは、「教養」という思想である。それは、文化主義的な考え方にもとづいて、文学や哲学を特別に重んじる傾向にあり、科学とか技術とかいうものは「文明」に属するものと見られて軽んじられたように、科学や技術がもたらした第一次世界戦争における「西洋の没落」と大正教養主義の隆盛とは必然の関係にあると述べている。

にともない、自分自身で自分自身を作りあげるために、古典語や哲学を広く、専門にとらわれずに学ぶことが重要だという考えが、近代ドイツに特徴的なものとなったと述べている。

c　ドイツにおける Bildung の覇権は、啓蒙主義とともに伝統的身分秩序と宗教的束縛が解体に向かった、十八世紀後半のブルジョア階級の勃興期にはじまる。そこでは、自分自身で自分自身を作りあげるために、もはやイギリス貴族風、パブリック・スクール風、フランス教養人(オネットム)風、武蔵流などの方法は見られなくなり、ギムナージウムや大学などの高等教育機関の役割が強調されたと述べている。

d　ドイツにおける Bildung の覇権は、ブルジョア階級の若い男性ではなく、のちに教養市民(Bildungsbürger)と呼ばれる男性たちによってもたらされた。当時のドイツでは、ギムナージウムや大学などの高等教育機関において、古典語や哲学を広く、専門にとらわれずに学ぶことによって自分自身を作りあげてゆくのが教養だと考えられたが、その後いかに生くべきかに自覚的になることが教養だという考えに変わっていったと述べている。

e　ドイツにおける Bildung の覇権は、十八世紀後半のブルジョア階級の勃興期にはじまり、まずはブルジョア階級の若い男性から、のちに教養市民(Bildungsbürger)と呼ばれる男性たちへと広まっていった。その過程で、上級学校の役割が強調されたことによって、教養、すなわち、いかに生くべきかに自覚的になることが、中産階級の男の子たちの青春と結びつけられるようになったと述べている。

問6　日本における教養主義の隆盛について筆者はどのように述べているか。最も適当なものを選択肢から一つ選び、その記号をマークせよ。

a　日本における教養主義は、大正初期に我が国の高等教育機関であった旧制高校を舞台として隆盛したものである。大正

c　教養はドイツ語の Bildung の訳語であるが、『宮本武蔵』や『ハリー・ポッター』を教養小説という定訳ではなく、カタカナのままビルドゥングスロマン(Bildungsroman)と呼ぶ者もいる中で、ヴェルテル君を描いた『若きヴェルテルの悩み』こそは、ビルドゥングスロマンの傑作であると考えられるから。

d　教養はドイツ語の Bildung の訳語であり、その動詞に当たる bilden が再帰動詞的に使われると、sich bilden「自分自身を作りあげる」となり、「人格陶冶」につながるが、人格とは、良い悪いというより、かけがえのない自己自身の内面を意味するものであり、ヴェルテル君もまた強烈な個性を作りあげていくから。

e　『若きヴェルテルの悩み』の主人公であるヴェルテル君は、婚約している女に横恋慕する「困ったさん」だが、漱石やトルストイの人物も、ヘッセやジッドの主人公も、そもそも作者本人が、どう見たって強烈な個性の「困ったさん」である一方で、彼らはいずれも高い知的教養の持ち主だから。

問5　ドイツにおける教養のあり方について、筆者はどのように述べているか。最も適当なものを選択肢から一つ選び、その記号をマークせよ。

a　ドイツにおける教養は、何より解放の思想であり、のちに教養市民(Bildungsbürger)と呼ばれるブルジョア階級の男性たちは、自分自身で自分自身を作りあげることの重要性を謳い、それによって自分たちの階級を上からも下からも差異化した。そして、ギムナージウムや大学などの高等教育機関において、古典語や哲学を広く、専門にとらわれずに学ぶことによってこそ、自分自身で自分自身を作りあげることができると考えられたと述べている。

b　ドイツにおける教養は、何より解放の思想であるが、自分自身で自分自身を作りあげるという特権は、ブルジョア階級の若い男性にのみ与えられたのではなく、のちに教養市民(Bildungsbürger)と呼ばれる男性たちにも与えられた。それ

c　教養のための読書の対象となった教養論は、いずれも格調高いが、つねにうっすらと退屈であり、やはり教養の定義の曖昧さが問題となる。そこで、教養論の作法では、教養概念の定義の混乱にハクシャをかけたうえで、思い切った整理整頓をして教養概念の定義が絞り込まれていると述べている。

d　教養のための読書の対象となった教養論は、これまで教養の定義が曖昧であり、ますます混乱するばかりだったが、本来の教養論の作法は、思い切った整理整頓をして教養概念を絞り込むことにある。そうしなければ、教養論はすぐに人生論になるという第二の困難に遭遇せざるをえないと述べている。

e　教養のための読書の対象となった教養論は、いずれも教養の定義の曖昧さが問題であり、まず思い切った整理整頓をして教養概念の定義を絞り込む必要がある。しかしそれでも、単純化しすぎるともっともな人生論にしかならないので、先達の言葉を「引用」するのが正攻法であると述べている。

問4　筆者は、なぜヴェルテル君が教養の仲間入りをすることができると考えているのか。最も適当なものを選択肢から一つ選び、その記号をマークせよ。

a　教養をドイツ語に「翻訳」すると、「人格陶冶」「自己形成」という教養主義のシンズイが出てくるとともに、あまり教養があるようには見えない武蔵やハリーの物語にも、教養小説の名がふさわしくなり、同じく教養を身につけていないヴェルテル君の物語である『若きヴェルテルの悩み』も教養小説と呼べるようになるから。

b　教養をドイツ語に「翻訳」すると、「人格陶冶」「自己形成」という教養主義のシンズイが出てくるとともに、教養小説とは、若者がさまざまな困難を切りぬけ、さまざまな人に出会い、男へと成長していく物語であることが明らかになり、ヴェルテル君もまた高潔な人柄から強烈な個性へと自己を成長させていくから。

c　各国の事情や時代の変化やその言葉の使い方によって、多様な意味を背負わせることができるのが、教養という言葉であり、その便利さゆえに、もはや教養や教養主義が重んじられる時代は終わったにもかかわらず、何でも盛りこめる教養論はいまだに生き残っていると述べている。

d　教養を明確に定義するのは難しいが、各国の事情や時代の変化によって、その言葉を使う者の思想や希望ではなく、むしろ思惑やセンドウなどの多様な意味を背負わせることができるのが教養という言葉であり、教養はきわめて便利な言葉であるせいで、何でも盛りこめる教養論はなかなか滅びないと述べている。

e　教養主義的という言葉は、いまでは、ほとんど侮蔑語であり、さらに教養という言葉は、教養にまとわりついている人文学の響きを利用して、一種の異化効果を狙おうとしている書名に使われるだけになり、教養にも教養主義にも死亡宣告がなされているが、教養論はまだ死んではいないと述べている。

問３　筆者は、教養についての言説の特徴をどのようなものと述べているか。最も適当なものを選択肢から一つ選び、その記号をマークせよ。

a　教養のための読書の対象となった教養論は、教養の定義が曖昧なことが問題であり、教養概念の伝統に逆らい、その定義の混乱にハクシャをかけておくのが教養論の作法となっている。しかし、ぼやぼやしていると、すぐ人生論になってしまうところに第二の困難があると述べている。

b　教養のための読書の対象となった教養論は、まずは教養とは何かを示して教養を定義しようとするが、その定義は曖昧で、ますます教養概念の定義を混乱させるものとなっている。しかも、その定義の行き着くところは、まともすぎて味気ない人生論になりがちであると述べている。

（一八九二〜一九六二）　＊10　ヘッセ＝ドイツの作家。代表作『車輪の下』『デミアン』など。（一八七七〜一九六二）　＊11　ジッド＝フランスの小説家・評論家。代表作『狭き門』『贋金(にせがね)つくり』など。（一八六九〜一九五一）　＊12　グランド・ツアー＝一七世紀末から一八世紀を通じて、イギリスの富裕な貴族の子弟が、古典的教養の修得のために行ったヨーロッパ大陸への旅行をいう。　＊13　バガボンド＝放浪者。　＊14　ギムナージウム＝ドイツの大学入学準備のための中等教育機関。　＊15　旧制高校＝明治から昭和前期にかけて存在した男子のためのエリート教育機関。帝国大学進学のための予備教育を行った。　＊16　アンガージュ＝政治や社会活動に積極的に参加すること。　＊17　柄谷行人(からたにこうじん)＝哲学者・文学者・文芸批評家。（一九四一〜　）　＊18　三木清＝哲学者。（一八九七〜一九四五）　＊19　サミュエル・スマイルズ＝イギリスの著述家。（一八一二〜一九〇四）

問１　太線部㋐「シンズイ」、㋑「ホウカイ」を漢字に改めよ。

問２　教養という言葉について、筆者はどのように述べているか。最も適当なものを選択肢から一つ選び、その記号をマークせよ。

a　教養があるという形容句は、文学や音楽についてのたしなみがあることを誉める場合に使うのが普通であるが、教養は専門の反対語の意味を帯び、教養があるという言い方は、小馬鹿にしたように聞こえるので、教養という言葉そのものが、いまでは使うのを控える表現になっていると述べている。

b　教養は専門の反対語の意味を帯びているが、教養があるという言い方は、小馬鹿にしたように聞こえるので、教養という言葉は、いまでは教養にまとわりついている人文学の響きを利用して、一種の異化効果を狙うことにしか用いられなくなっており、とにかく教養を明確に定義するのは難しいと述べている。

福沢諭吉などによって代表されている——に対する反動として起こったものである。

ただし、身分制度が(イ)ホウカイするのを目の当たりにした福沢諭吉の著した『学問のすゝめ』(一八七二)ほど、自分自身を作りあげるのは自分自身だ(決して「天」ではない)と明言している書物はない、と言い添えておかねばなるまい。だが、その方法がすこし違ったのだ、と。

すでに明治四(一八七一)年には、*19サミュエル・スマイルズの self-help の翻訳である『西国立志編』が出版され、ベストセラーになっていた。自分自身で自分自身を作りあげてよい、作りあげるべきである、天はみずから助くる者だけを助けるのだから。この考えも方法も、たしかに西洋から入ってきた解放の思想であったが、近代日本の場合には、それが同時に、西洋からのキョ(お)ウイとも結びついていた。「一身独立して一国独立す」と福沢諭吉は言ったが、日本の自己形成は悠長に構えてもいられなかったのだ。自分自身で自分自身を作りあげようとする意志は、近代日本の栄光と悲惨に重なってしまう。「あの第一次世界戦争という大事件」、すなわち「西洋の没落」と、日本的教養主義の隆盛とが重なるのは偶然ではない。

(高田里惠子(りえこ)『グロテスクな教養』による　※一部省略したところがある)

注　＊1　立花隆＝ジャーナリスト・ノンフィクション作家・評論家(一九四〇～二〇二一)　＊2　異化効果＝日常見慣れたものを、未知の異様なものに見せる効果。　＊3　『若きヴェルテルの悩み』＝ドイツの作家ゲーテの恋愛小説。一七七四年刊。主人公ヴェルテルは友人の婚約者ロッテに恋をし、あきらめきれずに自殺する。　＊4　阿部次郎＝哲学者・評論家。(一八八三～一九五九)　＊5　倉田百三＝劇作家・評論家。(一八九一～一九四三)　＊6　河合栄治郎＝社会思想家・経済学者。(一八九一～一九四四)　＊7　寅(とら)さん＝山田洋次監督の映画「男はつらいよ」シリーズの主人公、車寅次郎(くるまとらじろう)の呼び名。　＊8　浅羽通明(あさばみちあき)＝評論家。(一九五九～　)　＊9　吉川英治＝小説家。

養主義への批判的議論が、すでに戦時の言論統制下で「空前の」興隆をみていたこと」が、戦後になぜか忘れられてしまったことが、我が国の教養主義の実態をかえって見えにくくしていると指摘している(『近現代日本の教養論』)。

つまり、我が国では、教養主義と教養主義批判とがはじめから複雑に入り組んでいるのだ。教養主義批判は、大正初期に教養主義が(う)ショウヨウされたのとほとんど同時に誕生し、本家よりずっと元気で長生きし、しかも多種多様の展開をみせている。

そのようなかでも誰の目にも明白だった教養主義批判の第一弾が、大正末から昭和初期にかけて知識人界を席捲(せっけん)したマルクス主義であった。にもかかわらず、教養主義の土壌が無ければ、マルクス主義が若きエリートたちを(え)ミリョウすることはできなかったと言われるのは、自分自身で自分自身を作りあげなくてはならないという脅しは同じものだったからである。ただ、その方法がまったく違うのだ、とマルクス青年たちは信じた。ところが実際は、西洋の文物の読書という同じ方法だったので、いまでは教養主義的マルクス主義と特徴づけられてしまうのだ。

教養論という話になれば必ず引用される、*18三木清の「読書遍歴」(一九四一)のなかの有名な一節は、大正教養主義の成立状況、政治や経済に関わろうとしない大正教養主義への批判、そして大正教養主義が抱えていた、明治の立身出世主義への反撥(はんぱつ)を手短にまとめてくれている。

> あの第一次世界戦争という大事件に会いながら、私たちは政治に対しても全く無関心であった。或(ある)いは無関心であることができた。やがて私どもを支配したのは却(かえ)ってあの「教養」という思想である。そしてそれは政治というものを軽蔑して文化を重んじるという、反政治的乃至(ないし)非政治的傾向をもっていた、それは文化主義的な考え方のものであった。あの「教養」という思想は文学的・哲学的であった。それは文学や哲学を特別に重んじ、科学とか技術とかいうものは「文化」には属しないで「文明」に属するものと見られて軽んじられた。云(い)い換えると、大正時代における教養思想は明治時代における啓蒙思想——

性にのみ与えられた。というより、この言い方は反対で、自分自身で自分自身を作りあげることの重要性を謳い、それによって自分たちの階級を上からも下からも差異化したのが、のちに教養市民（Bildungsbürger）と呼ばれる男性たちであったのだ。

それでは、どのように自分自身で自分自身を作りあげるのか。見聞を広めるグランド・ツアー[*12]を企てる（イギリス貴族風）、団体スポーツでリーダーシップを育てる（パブリック・スクール風）、知的サロンの社交のなかで自分を磨く（フランス教養人風）、はたまたバガボンド[*13]となって武者修行する（これは武蔵流）というのではなく、ギムナージウム[*14]や大学などの高等教育機関において、古典語や哲学を広く、専門にとらわれず学ぶことによって自分自身を作りあげてゆくのだとドイツでは考えられた。この考えが、近代ドイツに特徴的なものなのである。

そして、上級学校の役割が強調されたことによって、教養、すなわち、いかに生くべきかに自覚的になることが、中産階級の男の子たちの青春と結びつけられるようになった。

すこし駆け足になったが、ここまで来ると、我が国の教養主義、とりわけ、我が国の高等教育機関であった旧制高校[*15]を舞台とする教養主義の性質がすべて出揃うだろう。教養主義とは、しばしばそう定義されているのに従えば、思想書や文学書の読書を、自分自身を作りあげるための方法と捉えることである。日本型教養主義とドイツ的教養理念、日本の学歴エリートとドイツ教養市民層との関連が云々されるのは、最上とされる自己形成の方法が似ていたためであろう（もちろん、真似をしたのは当方だが）。

教養主義批判とは、そんな方法では、あるいはそんな方法だけでは、自分自身は作りあげられないぞ、ということである。書を捨てよ、アンガージュ[*16]せよ、肉体を鍛えよ、がんばるな、（本を読むなら）声に出して読め、エトセトラ。

ここで見落とせないのは、柄谷行人[*17]の言葉を借りれば「「教養主義」が栄えたのは大正時代であるが、すでにその時期から教養主義批判が存在したのである。というより、教養とはいわば教養主義の批判にほかならなかった。〔……〕要するに、無邪気に教養主義が唱えられた時代は一度もなかった、といってよい」（『必読書150』）ということである。教育学者の渡辺かよ子は、「大正教カタカナをもってくるのは、教養にしみこんでいるイメージを避けるためにちがいない。

Bildungの動詞に当たるbildenは「作りあげる」という意味で(ドイツ語作戦のポイントは動詞に戻すこと)、そこに再帰代名詞sichが加わって再帰動詞的に使われると、sich bilden「自分自身を作りあげる」となり、例の「人格陶冶」「自己形成」という教養主義の(ア)シンズイが出てくるとともに、あまり教養があるようには見えない武蔵やハリーの物語にも、教養小説の名がふさわしくなってくる。教養小説とは、若者がさまざまな困難を切りぬけ、さまざまな人に出会い、男へと成長していく物語である。

人格というと、人格者などという言葉があるので、高潔な人柄やいい人のようなものを想像しがちだが、良い悪いというより、かけがえのない自分自身、とりわけその内面を意味している。人格は、パーソナリティ(人柄)ではなく、パーソナル・セルフである。現在では、強烈な個性と言ったほうが、分かりやすいかもしれない。これで、ヴェルテル君も、教養の仲間入りであろう。繰りかえし言うが、漱石やトルストイの人物も、ヘッセ＊10やジッド＊11の主人公も、そもそも作者本人が、どう見たって強烈な個性の「困ったさん」だ。

だが、われわれの教養の定義にとって重要なのは、自分自身を作りあげるのは、ほかならぬ自分自身だ、いかに生くべきかを考え、いかに生きるかを決めるのは自分自身だ、という認識である。これは当たり前のように聞こえるが、子供が親の身分や職業をそのまま受け継いでいく社会では、この認識は成立しえない。あるいは、たとえば日本の一般女性にとって、自分自身で自分自身を作ってよいということが戦後にようやく与えられたものであったことからも分かるように、人間が、それこそ人格を認められ解放されていてはじめて、自分自身を作りあげるのは自分自身だ、と言える。

教養は、何より解放の思想なのである。

したがって、ドイツにおけるBildungの覇権は、啓蒙(けいもう)主義とともに伝統的身分秩序と宗教的束縛が解体に向かった、十八世紀後半のブルジョア階級の勃興期にはじまる。自分自身で自分自身を作りあげるという特権は、まずはブルジョア階級の若い男この必ずしも簡単でない問題については、筆者に割当てられた各論的な題目よりも、もっと概論的な担当者から適切な解答が与えられているだろうと思うから、すべて割愛するが、ただ読書との関連に於(おい)て一言『教養』という観念に関する私見をまず述べておきたいと思う」。

「まず」教養とは何かを示して、定義の混乱に(い)ハクシャをかけておくのが教養論の作法である。そこで、教養論をめざす第一章においては、伝統に逆らい、「まず」思い切った整理整頓をして教養概念の定義を絞りこみ、この切り口で強引に押し通してみようと思う。

しかしそれでも、たちまち第二の困難に遭遇する。教養とは何か、などとやりはじめると、「ごもっともです」、あるいは寅さん[*7]風に言えば「それを言っちゃあおしめーよ」としか反応しようのない定義が出てきてしまうのだ。ぼやぼやしていると、すぐに人生論になる。浅羽通明[*8]は『教養論ノート』や『野望としての教養』のなかで、「教養とは一人ひとりが社会とどのような関係を結んでいるかを常に自覚して行動している状態を言うのであって、知識ではないのです」という、西洋史学者の阿部謹也の定義をやたら推奨しているが、先達(せんだつ)の言葉の「引用」として言ってしまう正攻法は、さすがである。

ならば、われわれも教養論の堂々たる正道をとって、ドイツ語の「翻訳」からはじめるしかあるまい。もっとも、教養の芳香に満ちたドイツ語作戦のほうが、「ごもっともです」攻撃を受けやすいようだ。たとえば、教育と訳される Erziehung なるドイツ語は我が国ではなかなかの人気者である。動詞の erziehen はもともとは「引っぱりだす」という意味で、だから教育とは子供に何かを詰めこむのではなく、子供のなかに隠れている宝を引っぱりだすことなのです、という具合に……

さて、教養はドイツ語の Bildung の訳語であるわけだが、これを、カタカナのままのビルドゥングというかたちで、われわれが目にするのは、大衆的冒険小説の宣伝文句などで、ビルドゥングスロマン(Bildungsroman)の傑作と銘打たれたりするときであろう。吉川英治[*9]の『宮本武蔵』や、『ハリー・ポッター』をそう呼ぶ者もいる。こういうときに、教養小説という定訳ではなく、教養死すとも、教養論は死せず。

というわけで、われわれが見ていこうとするのは、教養そのものではなく、教養についての言説である。かつて教養のための必読書であったという『若きヴェルテルの悩み』[*3]そのものではなく、『若きヴェルテルの悩み』を教養と結びつける態度を考察しようというのである。だいたい不思議ではないか、婚約している女に横恋慕する「困ったさん」の話のどこが、教養主義の謳い文句である「人格陶冶」に役立つのだろう。

教養のための読書の対象となったのは、哲学書や文学書（いわゆる古今東西の名著）、昔なら『改造』『中央公論』、現在なら『世界』といった綜合雑誌のほかに、教養とは何かを直接教示しようとする教養論であった。大正教養主義の代表作と見なされる[*4]阿部次郎の『三太郎の日記』（一九一四）と倉田百三[*5]の『愛と認識との出発』（一九二一）は、哲学書というより、気取った教養論に近いし、一九三〇年代後半（昭和十年代）に復活する昭和期教養主義の中心となるのは、河合栄治郎[*6]編の「学生叢書」という教養論シリーズ、要するに、教養のためのマニュアル本である。

そうした教養論は格調高いけれど、つねにうっすらと退屈である。それはそれでよいとして、問題なのは、すでに述べたように、やはり教養の定義の曖昧さであろう。一九三九（昭和十四）年の教養ブームのさなかに出版された『現代教養講座』の第一巻の冒頭で、こう言われている。「教養に関する諸問題が頻りに論ぜられ、教養のために役立つべきことを標榜する書物がさかんに出版されるというのは、最近のわが国の社会における顕著な事象の一つであるが、教養について論ずる人々が『教養とはどのようなものであるか』ということに関して互いに異なる見解をいだいている場合が稀れでない。だから、現代日本社会の観点から教養の問題について述べるに当たっても、先ず『教養とはどのようなものであるか』ということを一応考察して、教養の概念の内容を明らかにして置くことが望ましいであろう」（恒藤恭「現代の教養」）。

そして、この巻の最後に登場する英文学者中野好夫も、負けじとばかりに新たに「私見」を付け加える。「教養とは何であるか。

国語

（七五分）

一　次の文章を読んで、後の問いに答えよ。

教養があるという形容句は、文学や芸術についてのたしなみがあることを誉める場合に使うのが普通であろう。音楽家に向かって、音楽の教養がありますね、とは言わないだろうから、大学教育における分類と同じように、教養は専門の反対語の意味を帯びている。もっとも、教養があるという言い方は、小馬鹿にしたように聞こえるので、人に使うのを控える表現になっているかもしれない。教養主義的という言葉は、いまでは、ほとんど侮蔑語である。

立花隆[*1]が、現代の教養はバイオテクノロジーと英語とメディア・リテラシーだと喧伝(けんでん)し、「経済学という教養」(稲葉振一郎)「教養としてのまんが・アニメ」(大塚英志)「死ぬための教養」(嵐山光三郎)「教養としての大学受験国語」(石原千秋)といった書名があるのは、教養にまとわりついている人文学の響きを利用して、一種の異化効果[*2]を狙おうとしているのだろうか。

とにかく、教養を明確に定義するのは難しい。各国の事情や時代の変化によって、あるいは、その言葉を使う者の思想や希望、いや、むしろ思惑や(あ)センドウまで含んで、多様な意味を背負わせることができるのが、教養という言葉だからである。つまり教養はきわめて便利な言葉であり、そのせいで、教養にも教養主義(教養を身につけるためにがんばることと、とりあえず言っておく)にも、すでにさまざまなかたちで死亡宣告がなされているにもかかわらず、何でも盛りこめる教養論はなかなか滅びない。

解答編

英語

I 解答

A. (1)―B　(2)―A　(3)―D　(4)―C　(5)―D

B. (1)―F　(2)―C　(3)―E　(4)―B　(5)―Z　(6)―D

◆全　訳◆

A.≪日本人留学生，先生に授業内容について質問する≫

大学1年生のユイカが，新任の英語のビマー先生と最初の授業の後で話をしている。

ユイカ　　：今日は遅れてすみません。

ビマー先生：いいんだよ。私もほとんど遅れそうになったんでね。キャンパス地図を読むのに苦労してね。

ユイカ　　：先生はどちらの出身ですか？

ビマー先生：アメリカだよ。最近，イギリスのここで教え始めてね。

ユイカ　　：やっぱり！　先生のアクセント，イギリス的ではないですものね。

ビマー先生：イギリス的にしようと思ってもできないからね。アクセントは先生の出身国次第だね，そうじゃない？

ユイカ　　：グループワークのことでお聞きしたいことがあるのですが。今日，私たちが話し合った話題は簡単すぎました。ただ，猫と犬の話をしただけでした。

ビマー先生：心配しなくていいよ。今日はただの第1回目だったからね。それに結局のところ，テキストの今日の話がペットシェルターのことだったからね。

ユイカ　　：わかりました。それで，次の授業では違う話題について話すんですよね？

ビマー先生：ええ。次の授業では，君のグループにはもっとアカデミックなことを何か話し合ってもらおうかな。君にはそのほうがいいだろうね。次の話に関連した社会問題を議論しよう。もしよければ，授業の前にそれを復習しておけるしね。

ユイカ　　：ありがとうございます。そうします。先生，よい一日を！

ビマー先生：君もね！

B. ≪本を書くということ≫

A．自分の生涯のなかで，本を書くことを考える人は多い。しかし，これは恐ろしい仕事になることが多い。特に新人作家にとってはそうだ。なぜなら，どこから書き始めてよいか自信がもてないからだ。

F．まずは何よりも，本を一冊丸々書き上げるのに時間と労力を費やせる心の準備ができているかどうか自分自身に問うべきである。本を書くには日々の書く時間を決める必要がある。作家は書く時間を見つけるために，他の関心事をあきらめる必要が出てくるかもしれない。

D．さらに，基本的な筋書きや主な登場人物たちがそろっているかどうか考えなければいけない。書き始める前にすべての細部がはっきりしている必要はないが，一方で本の方向性については考えておくほうが役に立つ。

B．物語のこれら2つの重要な要素に取り組むことによって，話の概略を構想するのが容易になるであろう。概略はとても簡単なものでも，とても詳しいものでもよいが，それは後で書く段階になったときに使う重要なものである。

C．ある時点で，計画段階から記述段階へと移る必要がある。自分が初めて書いているものが文学的傑作だと思えなくても動揺することはない。新人作家は終わりに達するまで書き続ける努力をすべきなのだ。

E．そして，心に留めておくべきことは，よい本はどんな本でも何度も何度も見直しが行われているということ。それが質を高めるのである。その見直しは，作家自身がやってもよいし，友だちやプロの編集者を頼って，手助けしてもらってもよい。最終原稿ができ上がったら，自分の作品の出版に力を注ぐときとなる。

◀解　説▶

A. (1)ユイカが「遅れてすみません」と言ったのに対して，ビマー先生は「いいんだよ」と言い，また「キャンパス地図を読むのに苦労してね」とも言っている。つまり，ビマー先生も遅れそうになったことを示唆している。したがって，この文脈にふさわしいのは，B.「私もほとんど遅れそうになったんでね」である。

⑵ユイカが先生のアクセントがイギリス的ではないことがわかると言った発言の応答としては，A.「イギリス的にしようと思ってもできないからね」が適切。できない言い訳として，直後に「それ（アクセント）は，先生の出身国次第だね」と述べていると理解される。

⑶ユイカが授業のトピックが簡単すぎたと言ったことに対する応答としては，D.「心配しなくていいよ。今日はただの第１回目だったからね」が適切。Bは「簡単に聞こえる」が現在時制になっており，２人の第１回目の授業についての会話が過去形で話されているのと一致しない。

⑷ビマー先生はユイカが次の授業の話題について質問したのに答えて，ユイカのグループに「アカデミックな内容」について議論をしてもらうと言っている。ビマー先生は次に述べているようにテキストの話は取り上げるが，その話と関連した社会問題を話すことを提案している。これは「簡単」ではないので，授業が簡単すぎると不満を言っているユイカには喜んでもらえるだろうという内容のC.「君にはそのほうがいいだろうね」が適切。

⑸ユイカの最後の言葉は別れるときの決まり文句のD.「よい一日を！」。その応答も決まり文句の「君もね」である。

B. ⑴Aは本を書くということが新人作家には大変なことであるという導入部分。大変な理由の一つが「どこから書いたらよいかわからない」ということ。この大変なことに続く内容としては，本を一冊書くのに時間とエネルギーを割く覚悟があるかどうかを自分自身に問うという心構えを述べたＦが適切。

⑵Bでは，本を書くときにその概略を構想することの重要性が述べられている。これに続くのが，構想を練る段階から実際に書く段階に移る必要性を説いているCである。

⑶Cでは，書き始めたら最後まで書くように勧めている。ただ，最後まで書けばよいというものではなく，何度も見直しを行うことに言及しているEへの流れが自然である。

⑷Dでは，本を書くときには，基本的な筋と登場人物を考えておく必要性が述べられている。なお，文頭に In addition「さらに」とあるので，これが書くときに重要な２つ目のことだとわかる。この２つの重要な点を受

けて，BのBy working on these two important elements「これら重要な2つの要素に取り組むことによって」とつながる。

(5)Eでは，書き終わったら出版に努力するときだと段落の最後に述べられている。これで，本を書く流れの最後となる。

(6)Fでは，本を書くときの心構えが説かれている。他の関心事をあきらめても時間とエネルギーを割く覚悟が要るということが述べられている。これを受けて，Dの，In addition「さらに」，基本的筋書き，登場人物のことを考えておく必要性が続く。

II　解答

A. (1)—B　(2)—C　(3)—D　(4)—C　(5)—B　(6)—A　(7)—A　(8)—D　(9)—B　(10)—D　(11)—C　(12)—D　(13)—B　(14)—A　(15)—C

B. (1)—A　(2)—C　(3)—B　(4)—C　(5)—B　(6)—A　(7)—B

◆全　訳◆

≪『セサミストリート』の生みの親：ジョーン＝ガンツ＝クーニー≫

ジョーン＝ガンツ＝クーニーはチルドレンズ・テレビジョン・ワークショップの創設者である。この団体は30年以上にわたって子ども向けテレビ教育番組を作ってきた。クーニーの最もよく知られた作品は『セサミストリート』である。これは子ども向けのオリジナルテレビ番組で，ビッグバード，エルモ，バート＆アーニーなどのような非常に愛されたキャラクターが登場する。これらの人形はお互いに自分たちの問題について話し合ったり，子どもの歌を歌ったり，ほかにも子どもたちが学ぶ必要のある多くのことを行った。この番組はアメリカで非常な人気を博し，他の多くの国々でも自国版を製作するほどであった。

クーニーは1929年11月30日，アリゾナ州フェニックスで生まれた。カトリック信者として育てられたクーニーは，子どもの頃は宗教系の小学校へ通った。その後，ノースフェニックス高校へ通い，テニスやドラマ製作に参加した。ある先生によって彼女の人生が変わったのは，高校のときだった。貧困，人種，階級といった重要な社会問題についてのクラス討論に刺激されて，彼女は社会改革に関わるようになった。

クーニーの人生初期において影響を与えたもう一人はジェームズ＝ケラー神父というローマ・カトリックの司祭だった。この神父はキリスト教の価値観を広めるクリストファー運動の創始者であった。ケラー神父は宗教的リーダー，作家，ラジオ・テレビのパーソナリティとしての地位を活用して，カトリック信者たちに人々を助ける手段としてマスコミに関わるように勧めた。いくつかのインタビューの中でクーニーが述べているのは，ケラー神父のメッセージが動機となって彼女は恵まれない子どもたちを助け，世の中を変えるために子ども向けテレビの仕事を始めたということであった。

1960年代，アニメが主要テレビ局の子ども向け番組で主流となり始めた。特に土曜日朝の番組はそうであった。このようにアニメが人気となると，子ども向けテレビ番組の質に関する懸念が高まった。批評家たちはアニメに教育的価値はないと不満を言い，アニメには暴力，ステレオタイプのキャラクターが含まれていることが多く，社会集団や民族集団が偏見をもって描かれているということを指摘した。テレビ局は子どもたちに十分教育的な番組を提供していないと多くの人々は感じていた。

1967年，テレビ番組の質に関する懸念の高まりに応えて，アメリカ議会は政府資金を提供して公共放送サービス（PBS）を創設した。その中心となったのは，テレビ視聴者を教育し，また情報を提供する番組を作ることであった。クーニーは，教育，社会問題に強い関心を抱いていたおかげで，ニューヨーク市の公共テレビ局のドキュメンタリー・プロデューサーの仕事を得ることができた。彼女は，アメリカの貧困に関する非常に評価の高かったドキュメンタリー番組を製作し，毎年優秀なテレビ番組に与えられる栄誉賞であるエミー賞をまもなく獲得した。

その後すぐに，クーニーは資金を得て，教育番組が恵まれない子どもたちに与える影響について研究を始めた。*The Potential Uses of Television in Preschool Education*（『就学前教育におけるテレビの潜在的活用法』）という表題の彼女の研究によって，保育園に入る前でさえ，中流階級の子どもたちと下層階級の子どもたちの間には知識において相当の違いがあることがわかった。大抵の中流階級の子どもたちは，学校に行く頃までには，すでに文字や数字に慣れ親しんでいた。一方，貧しい子どもたちはそうではなかった。教育的であるとともに，楽しい番組を通じて，恵まれない子どもたちに計算やアルファベットのような基本的な能力を身につけさせる道具としてテレビは利用できる，と彼女の研究では結論づけている。

クーニーと同僚の一人はこの種の子ども向け番組を作ろうとした。彼女は教育者，心理学者，創造力豊かな人材を雇い，テンポが速く，楽しいテレビ番組を作ったが，それは学校で使われる既存の教育番組に加わることになった。この仕事の結果が『セサミストリート』であった。

『セサミストリート』は1969年11月に初放映された。『セサミストリート』は全国で約190の公共テレビ局で放映され，アメリカでは毎週，推定1100万人の視聴者が見ていた。ニューヨークのクイーンズで撮影されたこの番組に登場するのは，都会という環境に住む人種的，民族的に多様なキャラクターたちであった。また，『セサミストリート』には歌，ゲスト俳優，アニメ，そしてアルファベット，計算，色，地理などをテーマとした教育のほかに，ジム＝ヘンソンの想像力豊かな人形たちがいた。子どもたちの学習方法に関するクーニーの研究に基づいたこの番組は，短い部分部分に分かれており，その鍵となる概念はさまざまな場面で繰り返し現れるようになっていた。

『セサミストリート』は発展するにつれ，性役割の変化，児童虐待，病気，老化，人種関係，死など，現在の社会問題も扱い始めた。フーパーさんという，人々に愛されていたキャラクターを演じていたウィル＝リーという俳優が亡くなったとき，番組では，彼の死が他の登場人物たちにどのような影響を与えるかについて話し合いをした。多くのテレビ評論家が死の問題を扱う『セサミストリート』の繊細なやり方を称賛し，親たちにとってフーパーさんの死が子どもたちと難しい話題を話し合う貴重な機会になったと指摘した。

『セサミストリート』の影響に関する研究によって，この番組を見た子どもたちが就学前の準備段階としての能力，レベルが上がったことが実証されてきた。クーニーが彼女の研究において予測していたように，『セサミストリート』は，子どもたちの人生において非常に重要な時期に，アルファベット，計算，推論技術を教えることによって，貧しい子どもたちを助けているのである。このような知識によって，貧しい子どもたちも中流階級の子どもたちに比べて深刻な遅れもなく，学校へ行けるようになるのである。

『セサミストリート』は30年以上にわたって人気を維持してきた。2006年現在で，アメリカでは約800万人の子どもたちが毎週『セサミストリート』を見ていた。また，世界の120カ国以上の国々で自国版が放映されていた。実際，『セサミストリート』は，世界で最も広く見られた子ども向けテレビ番組であった。この番組は97回エミー賞を受賞した。これはテレビの歴史において他のどの番組よりも多く，また他の数々の栄誉賞も受けている。

◀解　説▶

A. (1)「学校に通う」に相当する適語は，B．attended である。D．visited では「訪問する」だけで，通うことにならない。

(2)C．means は「意味」ではなく，「手段」という意味で，as a means of ～「～の手段として」，as a means to *do*「～するための手段として」のように使う。宗教的話題であってもB．prayer「祈り」やD．religion「宗教」では意味が通らない。

(3)助ける対象となる子どもたちは，B．privileged「特権のある」子どもたちではなく，D．deprived「恵まれない」子どもたちである。A．weak「弱い」だけでは「貧しい」の意味も含まれず不十分である。

(4)批評家たちがアニメに教育的価値がないと批判する理由は，アニメが violence「暴力」や in a prejudiced way「偏見をもって」社会的，民族的集団を描くことである。この文脈にふさわしい，characters「登場人物」の修飾語は，D．thoughtless「思慮のない」では不十分で，C．stereotyped「ステレオタイプの」である。白人，黒人，女性，男性など登場人物は個性のないステレオタイプの人間たちしか出てこないということ。

(5)the US Congress「アメリカ議会」はテレビ番組の質に対する国民の concerns「懸念」が高まれば，それに対処しようとする。したがって，「政府資金を与えて公共放送サービス創設を行うことによって」，B．responded to (growing concerns)「(高まる懸念) に応じた」と考えるのが適切。Dの fueled では「懸念をあおった」ことになり不適。

(6)an Emmy Award「エミー賞」を目的語にする動詞として適切なのは，A．received「受けた」である。クーニーは賞を受けた側で，C．presented「与えた」側ではない。

(7)空所直後のイタリック体の部分は研究論文のタイトルを表している。したがって，A．titled「～というタイトルの」が適切。

(8)貧しい子どもたちが文字や数字を知らない一方で，中流階級の子どもたちは，学校へ行く「前に」すでに文字や数字を知っているということ。この意味に相当するのは，D．by the time「～する頃までには」である。C．in time for～は「～に間に合って」で，意味的にはよいがforの後に文はこないので不可。

(9)クーニーが作ろうとしていたテレビ番組は，fast-paced and enjoyable「テンポの速い，そして楽しい」子ども向けテレビ番組であった。それがB．add to (existing educational programs)「(既存の教育番組) に加わる」と理解すべきところ。A．create「～を創る」を入れると「既存の」形の教育番組を作るということになり，文脈に合わない。

(10)目的語のits debut「初放映」にふさわしい動詞は，D．madeである。make *one's* debutで「デビューする，初放映される」の意味。

(11)空所直前のaddressは「～を扱う」という意味の動詞。such as以下の「性役割の変化，児童虐待，病気，老化，人種関係，死」などのsocial issues「社会問題」は過去の問題ではなく，C．current「今の」問題である。『セサミストリート』はこのような今時の社会問題を扱ったということ。

(12)空所を含む文の前文 (When Will Lee, …) では，キャラクターの一人フーパーさん役の俳優，ウィル＝リーが亡くなったときの『セサミストリート』が，彼の死について話をするという番組を作ったことを扱っている。その番組を評論家たちが称賛したというのは，the issue「その問題」の取り上げ方がsensitive「こまやか」でよかったということ。この文脈でthe issueを前置詞の目的語にとれるのは，D．handling of～「～の扱い方」である。B．dwelling on～「～にこだわっていろいろ考える」だけでは，評論家たちは褒めないので不適切。

(13)この文の主語Studiesは「研究」の意味。つまり研究がthat以下のことを示しているという趣旨の動詞を必要とするということ。それに相当するのは，B．demonstrated「～を実証した」である。A．researched「～を研究した」がthat節を目的語にとるのは不自然。

(14)『セサミストリート』でアルファベットや計算を学んだ恵まれない子どもたちも，middle-class children「中流階級の子どもたち」とA．compared to「比べて」も不利にならずに学校生活が始められると理解すべきところ。

⒂空所直前の文（As of 2006, …）では，『セサミストリート』が120以上の国々でそれぞれのバージョンが放映されていると述べられている。これは，C．In fact「実際」，世界で最もよく見られている子ども向け番組と言える。A． However「しかしながら」の逆接の副詞では，前後の文が逆接的関係になっていないので不適切。B．By comparison「比較して」も何か他のものと特に比較しているわけではないので不適切。

B． ⑴クーニー自身の教育体験の影響については，第2段最終文（Classroom discussions about …）に social reform「社会改革」に関わりたいという気持ちになったという趣旨のことが述べられている。この内容に近いのが，A.「将来，人々の生活を向上させる機会が得られるような仕事を望む」である。「人々の生活向上」が「社会改革」の言い換えになっている。

⑵ケラー神父がクーニーに与えた影響については，第3段第3文（In several interviews, …）に「ケラー神父のメッセージが，恵まれない子どもたちを助けるために子ども向けテレビ番組の仕事をする動機となった」と述べられている。ケラー神父のメッセージについては，同段第2文（Father Keller used …）に「カトリック信者たちに人々を助ける手段としてマスコミに関わるように勧めた」とある。これらの内容に近いのは，C.「カトリック信者としてメディアの仕事を通して社会に貢献する」である。

⑶第4段（During the 1960s, …）では子ども向け番組の質に対する人々の懸念（第2文（This popularity of …））に続いて，子ども向け教育番組が十分に提供されていないということ（最終文（Many people felt …））が述べられており，これがこの段落の主旨である。この主旨を逆から言ったのが，B.「より内容豊かな番組を見られるようにすることが重要だった」である。Cは，第4段では一般の「人々」の懸念について述べられているが，まじめに考えているのを parents「親」に限定している点で不適。

⑷クーニーがテレビ番組製作に携わるようになった一つの要因については，第5段第3文（Cooney's strong interest …）に「クーニーは，教育，社会問題に強い関心を抱いていた」ため公共テレビ局のドキュメンタリー・プロデューサー職に就いたと述べられている。この内容に相当するのが，

C.「国内に存在する問題について彼女が感じていた懸念」である。Bは，彼女がドキュメンタリーを作った後に賞をもらっているので，ドキュメンタリーを作る前の影響という点では不適である。また，賞そのものがドキュメンタリー作りの動機の一つになっているという記述はない。

⑸クーニーの研究でわかったことについては，第6段第2文（Her study …）に「保育園に入る前でさえ，中流階級の子どもたちと下層階級の子どもたちの間には知識において相当の違いがある」と述べられており，さらに同段最終文（The study concluded …）には「教育的であるとともに，楽しい番組を通じて，恵まれない子どもたちに基本的な能力を身につけさせる道具としてテレビは利用できる」とも述べられている。この内容と近いのは，B.「あまり恵まれない子どもたちも，より幸運な子どもたちのレベルに追いつける」である。

⑹『セサミストリート』がどういう特徴を備えているかについては，第8段最終文（Based on Cooney's …）に「子どもたちの学習方法に関するクーニーの研究に基づいて」番組が構成されていると述べられている。この内容に近いのは，A.「教育内容を子どもたちに提供する効果的な方法」である。Cの「脳の部位」についての言及は言いすぎである。

⑺最終段（*Sesame Street* has …）では『セサミストリート』が世界の多くの国で見られ，かつ賞も多く取っているということが述べられている。このことは，B.「『セサミストリート』の価値を認識する人々がますます増えてきた」ということである。Cは，世界中で『セサミストリート』が見られているということが直接，子どもたちの経済格差が解消されていないという事実とつながらないし，全体の主旨にも合わない。

Ⅲ　解答

A. ⑴－A　⑵－C　⑶－C　⑷－A　⑸－B　⑹－B　⑺－A　⑻－B　⑼－A　⑽－C

B. ⑴－B　⑵－A　⑶－A　⑷－C　⑸－B　⑹－B　⑺－C

◆全　訳◆

≪テレビゲームは社会生活を送るための能力を高める≫

ゲーマーたちが集まって三頭龍ゾンビのボスをやっつけようとするとき，彼らは学校や仕事のことはあまり考えていないかもしれない。それでもゲーマーたちは実社会で役立つことになる能力を培っているようだということが，新しい研究でわかっている。スコットランドの研究者たちの発見によれば，グループでテレビゲームをすると，若者のコミュニケーション能力や問題処理能力が向上する，つまり，困難を克服するための速くて賢い方法を見つけることができるということである。また，ゲームをすることで，彼らは新しい状況に「適応する」のも上手になる。

そのような能力を磨くことによって，就職したり，出世したりする助けになることもある。「企業はあなたがたに自分で考え，状況の変化に適応できる人になってほしいと思っている」と，この新しい研究を行ったマシュー＝バーは言う。バーはスコットランドのグラスゴー大学でテレビゲームとゲーマー文化を研究している。彼はまた成長期にテレビゲームをたくさんしていた。

バーは自分自身の経験から，テレビゲームは考えるにもスピードが要求されることを知っている。「ゲームでは常に注意力を働かせ，新しい困難に対処できるようにしておかなければならない。予期せぬ状況に陥ったとしても，そのときどうすべきか解決策を見出せるようにならなければいけない」とバーは言う。また，マルチプレイヤーゲームでは，プレイヤー間のコミュニケーションがうまくいく必要がある。

バーはこのようなゲーム能力が実生活でも使えるかどうか知りたいと思っていた。そこで彼は，16人の大学生を集めて，8つの異なったテレビゲームをしてもらった。学生たちはコンピュータ室で8週間ゲームを行った。彼らは好きなときに部屋に入ったり出たりすることはできたが，それぞれの学生はトータルで14時間ゲームをしないといけないことになっていた。これがプレイヤーグループである。

もう1つの学生グループはコンピュータ室でテレビゲームはまったくしないグループで，こちらが対照群である。科学者たちは，行動に変化が起こるか，その効果を理解するためには2つのグループを比較しなければいけない。1つのグループは何かをするグループで，この場合は，トータル14時間テレビゲームをすることであり，もう一方の対照群はゲームをしないグループである。

テレビゲームにはさまざまなジャンルがあった。例えば，『ボーダーランズ2』はアクション満載のロールプレイングゲームである。プレイヤーたちは協力して敵を倒し，報酬を集める。『マインクラフト』は資源を集めて一つの世界を構築するゲームである。『ポータル2』はパズルゲームで，創造的思考力を必要とする。研究で使われたゲームのうち6つには，プレイヤーたちがゲーム自体のなかで協力する方法が含まれていた。ゲームのうち2つはシングルプレイ専用であった。しかし学生たちはゲームをしながら，これらのゲームを通して話し合っていた。したがって，すべてのゲームで話し合いや協力が生まれていた。

研究を始める前と終わった後の両方で，ゲームをプレイしたグループと対照群の両方の学生たちは実生活の技能に関しての3つのアンケートに答えている。1つ目のアンケートは話す・聞くといったコミュニケーション能力を測定するもので，2つ目は，適応能力を測定するものである。このアンケートによって，状況の変化を人々がどれくらいうまく処理できるかが調べられた。3つ目のアンケートは，問題処理能力をみるものであった。このアンケートには問題解決と，いつ助けを求めるべきかを知る能力が含まれている。

それぞれのアンケートには，複数の文のリストが含まれている。参加者はそれぞれの文がどの程度本当であるように思われるかを評価する。例えば，コミュニケーション能力に関する文には，「人が集まる場所では緊張する」と書かれている。問題処理能力に関する文では，「困難な問題に直面すると，システマチックにその問題を解決しようとする」と書かれている。

2カ月間定期的にテレビゲームをした後で，学生たちのこれら3種類すべての能力に関する得点が伸びたことがバーはわかった。問題処理能力の得点はゲーマーたちの81%でかなり伸びた。適応能力の得点では75%の伸び。コミュニケーション能力ではゲーマーたちの69%で伸びた。対照的に，対照群では，これら3つの分野それぞれの得点が伸びたのは学生の半数以下であった。

何人かの学生がインタビューを受けたが，そのとき，彼らはチームでゲームをすると不安が少なくなるだけでなく，自信が増すのに役立ったとバーに語った。そういう意味で，スポーツやテレビゲームは実生活上における同様の能力を高めるかもしれないとバーは考えている。「それはホッケーのチームに入るのと似たようなものだ」とバーは言う。

学校は，ちょうど野球クラブや他のスポーツクラブのように課外活動としてテレビゲームを取り入れるべきだとバーは考えている。例えば，学校はテレビゲーム室を設けたり，学内でゲームクラブを始めたりすることもできるだろう。

ベバリー＝オリバーは，オーストラリアのメルボルンにあるディーキン大学の教育専門家である。彼女はその研究には関わっていない。彼女は学校がテレビゲーム室を増築すべきだとは納得していない。「ゲームをすることによって能力を伸ばすことはできる」と彼女は言う。「これは驚くべきことではない」 しかし，それはテレビゲームにだけ当てはまることではない。ゲームということなら，縄跳びやままごとのような子どもの遊びでもおかしくはないだろう，と彼女は言う。それにテレビゲームをする代わりに実生活上の能力を同じように磨く方法は他にもいろいろある。

また，オリバーが心配していたのは，テレビゲームをすることの潜在的マイナス面である。例えば，じっと動かずに長時間画面に見入っていれば，健康面で問題が出てくる可能性がある。

バーは，従来のスポーツのような他の能力増進活動は，すべての人向けではないと指摘する。テレビゲームは，ある一定の学生たちにとって同じような能力を獲得するのに，もっと楽しく，効果的な方法になるかもしれない。バーの意見では，この研究結果はより熱心なゲーマーとなるための完璧な口実となっている。

出典追記：Video games level up life skills, Science News Explores on September 27, 2017 by Kathryn Hulick, Society for Science & the Public

◀解　説▶

A. (1)代名詞の it は形式主語構文などを別にして，前文に述べられている単数名詞や語句を受ける。B，Cのような段落中にないものは不可。ここでは，前文の Researchers in Scotland found that 以下の playing video games を受けて It と言っている。

(2)「自分で考え，状況の変化に適応する」ということの具体例としては，C.「新しい問題に対処するために独創的な解決方法を考え出す」が適切。Aは会社のやり方を迅速に学ぶということで，「自分で考える」とは言えない。Bもカウンセラーに個人的なアドバイスを求めるということで，主体的に考えることではないので不可。

(3)carry over into～という表現は「～まで持ち越す，持続する」という意味。carry over into real life とは「(ゲームのスキルが) 実生活まで持続し，そこでも有効」という意味。したがって，C.「〜において有効性を保持する」が適切。

⑷下線部中の two groups の1つは直前文の *control group* のこと。これは「対照群」といい，あるグループで実験をするとき，その実験結果をみるために，何も実験のために手を加えないグループを用意する。これが「対照群」。このことを表しているのが，A.「2つ目のグループは結果を解釈するのに必要不可欠である」である。Bの比較のグループを多くするのがよい，また，Cの十分な参加者を考慮するということではない。

⑸a variety of 〜 は「多様な〜」という意味。また genres は「ジャンル」のこと。したがって，下線部の意味は「ゲームにはいろいろなジャンルがあった」ということ。この意味に近いのは，B.「多くの異なった種類のテレビゲームが含まれていた」である。

⑹代名詞 this の問題。this は前文中の近いものを受け，that は遠いものを受ける。ここの This の近くにあるものは adaptability「適応能力」である。したがって，正解はこの「適応能力」を含むB.「適応能力に関するアンケート」である。

⑺下線部の意味は「組織立った方法で困難な問題を解決しようとする」ということ。具体例として適切なのは，A.「問題を克服するために論理的な方法を組織する」である。Bは思いつきでやるということで不可。Cの brainstorming ideas は「いろいろな考えを出すこと」という意味で，systematic ではない。

⑻対照群の学生でスコアが伸びたのは半分以下だったというのは，ゲームをした学生よりはるかに伸びた学生が少なかったということ。この意味に近いのは，B.「対照群の学生のほとんどは，実生活で役立つ技能を伸ばすことはできなかった」である。

⑼教育の専門家の「彼女はその研究に関わっていなかった」ということは，バーの研究について特別に支持したり，反対したりする理由もないが，以下の記述で彼女は批判的なことばかり述べているので，A.「彼女はその報告された研究結果を支持する特別な理由は何もなかった」が適切。

⑽下線部では，certain students「ある一定の学生たち」にはテレビゲームはスポーツよりも面白く効果的であると述べられている。AとBは一般

論として述べられており，Cのみが Some people とあり，certain の意味を含んだ選択肢となっている。したがって，Cが正解。

B. (1)テレビゲームの効用については，第1段第3・4文（Researchers in Scotland … to new situations.）にコミュニケーション能力，問題処理能力，適応能力の向上が挙げられている。Aの「人間関係の持続」，Cの「競争より協力を好む」ということは述べられていない。したがって，B.「新しい環境によりうまく対処することを学ぶ」が適応能力の向上と一致する。

(2)対照群がテレビゲームをしない理由については，第5段（Another group of …）の下線部④のところで，「2つのグループを比較する」必要性が挙げられている。そのことと一致するのはA.「彼らの得点がゲームをしたグループのものと比較されることになる」である。

(3)実験でさまざまなゲームが用意された理由については，第6段第2・3文（For example, *Borderlands 2* … collect rewards.）で「協力」，第4文（*Minecraft* is a …）で「資源の収集と世界構築」，また第5文（*Portal 2* is a …）では「創造的思考力」など，さまざまな能力をみるためであることがわかる。この内容と一致するのは，A.「それらのゲームが生活上のさまざまな能力にどのような影響を与えるかをみる」である。

(4)アンケートを取る目的については，第9段第2文（Resourcefulness scores increased …）で「問題処理能力」，第3文（Adaptability scores increased …）で「適応能力」，第4文（And communication skills …）で「コミュニケーション能力」のそれぞれの得点について言及されている。このことから，アンケートはこれらの能力の変化をみるためだとわかる。したがって，C.「どんな生活能力がどれくらい伸びたかを精密に理解すること」が適切。Aは「ゲームを通して生活能力の改善」まではよいが，それを encourage「奨励する」のは実験の目的ではないので不可。

(5)スポーツとテレビゲームが類似の能力を発達させる理由については，第10段第1文（When interviewed, several …）で，テレビゲームが「不安を減らし，自信をもたせる」と述べられ，第2文（In that sense, …）で，「テレビゲームとスポーツは同じような能力を培う」と述べられている。この内容と一致するのは，B.「自分自身を信じられるようになること，ストレスを減らすことの助けとして役立つ」である。

⑹オリバーの意見については，第12段第7文（The game could …）で，「縄跳び，ままごと」でもテレビゲームと同じような効果があると言い，第13段（Oliver also worries …）では，テレビゲームが健康に与えるマイナス面に言及している。つまり，テレビゲームはよいことばかりでなく悪い面もあるということを言っている。したがって，著者はテレビゲームのプラス面ばかりではなく，否定的意見を取り上げることによって，B.「このテーマに関する議論にバランスをもたせる」と考えるのが適切。Cは「代替となり，議論の対象となる観点を提供する」はよいが，それが「スポーツについて」というのが不適切。

⑺この英文は，テレビゲームが社会生活を送る上で役立つという話である。A.「テレビゲームは生活する上での最高の能力を提供する」は言いすぎ。B.「社会生活を送るための能力：テレビゲーム vs スポーツ」は，本文では両者を対立的に取り上げていないので不可。C.「テレビゲームは社会生活を送るための能力を高める」が適切。

❖講　評

大問の構成は，会話文・段落整序1題，長文読解2題の計3題で，従来通りであった。

Iは，**A**が会話文の空所補充，**B**がひとまとまりの文章を6つに分けたものを並べ替える段落整序形式。**A**は対話の流れをつかめば取り組みやすい問題。**B**は注意深く論旨の流れをつかむ力が求められる。代名詞の these，副詞句の in addition，接続詞の and などは文の流れをつかむ指標になるので，特に注意が必要である。

Ⅱは，子ども教育番組として有名な『セサミストリート』の生みの親であるジョーン＝ガンツ＝クーニーの話である。means が「意味」ではなく「手段」の意味であることを問う as a means to *do*，動詞と目的語のコロケーションを問う make *one's* debut，さらに文脈把握をしっかりしておかないと間違える設問など，文法，内容理解など総合的英語力が問われる出題となっている。

Ⅲは，テレビゲームで必要とされる各種能力が実生活でも役立つという話である。carry over into ～ などのイディオム的表現，また指示代名詞の this が指すものを問う設問，systematic way の具体例を考えさせる問題，また，科学的実験において control group「対照群」がなぜ必要かを問う設問など，英語力に加え幅広い知識を必要とする問題まで多様な設問が用意されている。

いろいろな形で知識を問われているが，全体的には標準的な英文，標準的な出題である。

日本史

I 解答

1—(ナ)　2—(ソ)　3—(ハ)　4—(シ)　5—(ア)　6—(ヘ)
7—(ニ)　8—(ヒ)　9—(ヌ)　10—(チ)

◀解　説▶

≪古墳～飛鳥時代の文化≫

1・2．朝鮮半島の戦乱から逃れるため，もしくは軍事援助の見返りとして，朝鮮半島の各地から渡来人が日本へ移り住んだ。応神天皇の頃（5世紀初め）に渡来したのは，王仁のほかに阿知使主（あちのおみ）（東漢氏の祖），弓月君（ゆづきのきみ）（秦氏の祖）などがいる。史部（ふひとべ）と呼ばれる渡来人が漢字を用いて外交文書の作成などに携わったのも，5世紀頃からであった。

3．熊本県の江田船山古墳の鉄刀とともに，埼玉県の稲荷山古墳から出土した鉄剣も，当時のヤマト政権の支配領域がうかがえる資料として重要である。

5・6．仏教は朝鮮半島の百済からもたらされた。リード文にもあるように，538年説と552年説の2説があるが，前者は『上宮聖徳法王帝説』や『元興寺縁起』を根拠とし，後者は『日本書紀』を根拠とする。いずれも，欽明天皇の治世である。

9．やや難。百済大寺は天武天皇によって7世紀後半に大官大寺に改称されると，さらに平城京遷都後の8世紀には大安寺と改称された。東大寺が建立される前までは官寺の筆頭であった。

10.「半跏思惟像」や「秦河勝」から広隆寺を導きたい。一方で，中宮寺にも半跏思惟像が残されており，いずれも中国の南朝様式に近く，柔和で丸みのある点が特徴である。

II 解答

1—(ス)　2—(ヌ)　3—(ウ)　4—(オ)　5—(フ)　6—(シ)
7—(ヘ)　8—(キ)　9—(ト)　10—(ツ)

◀解　説▶

≪江戸～明治時代前半期の社会・経済≫

2．江戸時代には武士が城下町へ集住したので，都市の消費需要の高まりを背景に商品作物がさかんに栽培された。17 世紀末には宮崎安貞が『農業全書』で，また，19 世紀前半に大蔵永常が『農具便利論』や『広益国産考』などの農書で栽培技術を各地へ広めた。

３・４．染料では阿波国の藍や，出羽国の紅花が頻出である。また，和紙では美濃国の美濃紙，播磨国の杉原(すいばら)紙，越前国の鳥の子紙が特産品として知られるようになった。

５．やや難。元文金銀は，綱吉期に行われたような出目(でめ)の獲得を目的とした貨幣改鋳（元禄金銀）ではなく，品位・量目を引き下げることで，貨幣の流通量を増やして物価上昇へ誘導する狙いがあった。その上で徳川吉宗は米価を調整しようと考えていた。

６．難。幕府は金貨の補助貨幣として使用させるために，金１両に対して銀 60 匁(もんめ)の法定比価に基づいて，明和五匁銀を発行した。しかし，実際は導入にあたって様々な弊害があった上に，金１両＝銀約 63 匁が市価相場であったこともあって，普及しなかった。南鐐二朱銀と誤る受験生が多いと思われるが，リード文の「最初の計数銀貨」「流通は進まなかった」をヒントに解答したい。

８．渋沢栄一は江戸時代には幕府に仕えた人物で，明治時代になると実業家として様々な会社の設立に携わった。例えば，第一国立銀行のほかに大阪紡績会社などの設立にも携わっている。

９・10．松方財政期には，歳出削減（軍事費を除く）の一環として官営事業の払い下げが着手され，様々な鉱山や工場が民間に払い下げられた。ここで問われた深川セメント製造所（浅野）・長崎造船所（三菱）のほかに，主要なものとしては，三池炭鉱や富岡製糸場（三井），兵庫造船所（川崎），高島炭鉱（後藤象二郎のち三菱）などがある。

Ⅲ 解答

問１．(イ)　問２．(ウ)　問３．(ウ)　問４．(ア)　問５．(ア)
問６．(ウ)　問７．(イ)　問８．(イ)　問９．(ア)　問 10．(イ)
問 11．(ア)　問 12．(ウ)　問 13．(ア)　問 14．(イ)　問 15．(イ)

◀解　説▶

≪古代～中世の外交史≫

問２．やや難。設問文の「大規模集落跡が九州から見つかっている」や「楼観」「環濠」「竪穴住居跡」がヒント。(ア)須玖岡本遺跡は福岡県にある遺跡で，この遺跡からも甕棺墓や竪穴住居跡などが発見されており，(ウ)吉野ヶ里遺跡との区別が難しい。須玖岡本遺跡は，『後漢書』に登場する奴国の中心地とされている。(イ)纒向(まきむく)遺跡は奈良県の遺跡で，この遺跡を邪馬台国の中心地とする意見もある。

問3．出現期の古墳を選択する問題であるが，卑弥呼の墓が(ウ)箸墓古墳とする見解があることを知っていれば，答えを導くことができる。(ア)藤ノ木古墳は古墳時代後期，(イ)造山(つくりやま)古墳は中期の古墳である。

問4．「使」とは小野妹子のことである。小野妹子が遣隋使として派遣された「大業三年」は，当時天皇であった(ア)推古天皇や，蘇我馬子，厩戸王が政権を担当していた時期であることもあわせて覚えておきたい。

問6．「大業三年」の遣隋使で派遣されたときの留学生(るがくしょう)や留学僧(るがくそう)としては，(ア)南淵請安，(イ)高向玄理，旻(みん)などがいる。(ウ)犬上御田鍬は，最後の遣隋使として614年に派遣された人物で，630年の最初の遣唐使も務めた。

問7．「臣某」とは，菅原道真を指す。菅原道真は，遣唐使の停止を(イ)宇多天皇に奏上したが，藤原時平の讒言によって大宰府へ流罪となった。菅原道真が大宰府へ左遷されたときの天皇は(ウ)醍醐天皇である。

問9．難。(ア)『参天台五台山記』や(イ)『行歴抄』（円珍の著書）は教科書でもほとんど触れられておらず，「成尋」という平安時代末期の僧侶も取り上げられていないため，消去法でも選択できない。一方で，(ウ)『入唐求法巡礼行記』は，円仁が唐の五台山などを巡礼したときの巡礼記であり，こちらは頻出なので覚えておきたい。

問10.「后」とは，平清盛の子の平徳子（建礼門院）である。平清盛は(イ)高倉天皇に徳子を嫁がせ，その子の(ア)安徳天皇を即位させると，外戚として勢威をふるった。

問12. やや難。(ウ)明恵は『摧邪輪』を著して法然を批判した。(ア)栄西は，入宋し臨済宗を日本へ伝えたことで知られる。(イ)俊芿(しゅんじょう)は入宋ののち，帰国して京都で泉涌寺(せんにゅうじ)を開いて天台・真言・禅・律宗などの諸宗兼学の場とした。

問13. (ア)『善隣国宝記』は，室町幕府の外交顧問であった瑞溪周鳳が集録した日中外交史である。この中で瑞溪周鳳は足利義満の対明政策を批判している。(イ)『大乗院寺社雑事記』は15世紀中期～16世紀前半を知る重要な史料で，山城の国一揆や加賀の一向一揆を記述している。(ウ)『樵談治要』は，一条兼良が9代将軍足利義尚の求めに応じて著した政治意見書である。

問15.「足利義政の同朋衆」「作庭師」から(イ)善阿弥と判断しよう。(ア)観阿弥，(ウ)世阿弥は，足利義満の保護を受けて能を大成させた人物で，時期が異なる。

Ⅳ 解答

1―(イ)　2―(イ)　3―(ア)　4―(ウ)　5―(イ)　6―(イ)
7―(ア)　8―(ア)　9―(イ)　10―(ウ)　11―(ア)　12―(イ)
13―(イ)　14―(ア)　15―(ウ)

◀解　説▶

≪世界遺産からみた政治・経済・文化≫

1．選択肢のすべてが法隆寺に安置されている仏像である。(ア)百済観音像は大宝蔵院に，(ウ)救世観音像は夢殿にそれぞれ安置されている。

2．『日本書紀』には670年に法隆寺が焼失したことが記されており，若草伽藍跡の発掘調査の結果，現存の法隆寺は7世紀末または8世紀はじめに再建されたものと考えられている。

4．上賀茂神社と下鴨神社で行われる例祭を選択する問題で，やや細かい知識を要する。(ア)祇園祭は八坂神社，(イ)時代祭は平安神宮の例祭である。

5．やや難。(ア)後陽成天皇は，徳川家康を征夷大将軍に任命した天皇で，時期が合わない。したがって，(イ)後水尾天皇とその子で女帝の(ウ)明正天皇の二択となるが，1627年の紫衣事件を契機として後水尾天皇が明正天皇に譲位（1629年）したことから，1626年のときの天皇は後水尾天皇だと判断しよう。

6．(ア)東大寺は鎮護国家を担う寺院として聖武天皇によって建立された。また，(ウ)唐招提寺は，戒律を伝えた鑑真のために建立された寺院で，ともに奈良時代の創建であり，藤原京に都が置かれていた時代には存在しない。

7．(ア)重源は，宋の陳和卿（ちんなけい）の協力を得て様々な人々から寄付（勧進）を募り，南宋の新しい建築様式（大仏様）を取り入れて東大寺を再建した。寄木造の手法を完成させた平安時代後期の僧(ウ)定朝と間違いやすいので注意しよう。

9．「百舌鳥・古市古墳群」には日本最大の前方後円墳である大仙陵古墳も含まれる。大仙陵古墳が古墳時代中期の古墳であるとわかっていれば，正解は(イ)5世紀と判断できる。

11. (ア)大宝律令は，文武天皇の時代の701年に完成し，そのときの都は藤原京に置かれていた。(イ)養老律令は平城京遷都後に藤原不比等を中心に編纂され，(ウ)飛鳥浄御原令は天武天皇の命によって編纂された。

12.「女子群像」や「四神像の壁画」から(イ)高松塚古墳を導きたい。なお，高松塚古墳の発掘調査委員会には，関西大学も関わっていた。志望する受験生は必ず資料集などで確認しておこう。

14. 江戸時代の彦根は，中山道と北国街道の分岐に位置する要衝で，琵琶湖水運の拠点でもあり，譜代大名筆頭格の井伊氏の城下町として栄えた。

15. (イ)朝鮮戦争は1950年代前半，(ウ)中国の文化大革命は1960年代後半，(ア)ソ連のアフガニスタン侵攻は1970年代後半からそれぞれ始まった。西暦年代を直接覚えるより，まずは大きく10年代ずつ整理して覚えていこう。

❖講　評

2023年度は，大問が4題，小問数が50，試験時間が60分であった。**Ⅰ**・**Ⅱ**では語群選択式の空所補充問題，**Ⅲ**は史料問題，**Ⅳ**はテーマ史からの出題で，形式や試験時間ともに変化はみられなかった。

Ⅰ　漢字や仏教などの大陸文化の日本への伝来を中心に，原始・古代の文化が出題された。2・6などは，漢字の使用や仏教の伝来の事実を覚えていても，それらの「時期」についてまで学習できていないと難しく感じるであろう。また，9の百済大寺については教科書でもさほど触れられておらず，やや難問である。全体的にみると難度は高くないが，文化史は学習が後回しになりがちなので，対策をしっかりしておきたい。

Ⅱ　江戸時代から明治時代前半期の社会経済史が出題された。政治史と違い，流れがつかみにくいぶん，受験生にとっては難しく感じられるかもしれないが，全体を通じて難度は高くない。しかし，5の元文金銀は教科書において基本的に小判の金の含有量のグラフのみでしか取り扱われておらず，また6の明和五匁銀は南鐐二朱銀のほうが頻出であるために，選択を誤る受験生も多いと思われるので注意が必要である。

Ⅲ　古代から中世の外交に関する史料問題が出題された。(A)は卑弥呼による魏への遣使（「魏志」倭人伝），(B)は607年の遣隋使の派遣（『隋書』倭国伝)，(C)は菅原道真による遣唐使停止の建議（『菅家文草』)，(D)は平氏の栄華について（『平家物語』)，(E)は足利義満による日明貿易開始（『善隣国宝記』）を題材にしている。いずれの史料も頻出であるが，問９の『参天台五台山記』は選択肢中に『行歴抄』という見慣れない書物もあるために消去法でも解答できず，また問12の明恵の渡航歴に関する問題も，詳細な知識を要するため，やや難問である。

Ⅳ　2022年度に引き続き，先生と学生の会話文を用いた，世界遺産を題材とする問題が出題された。法隆寺の焼失の時期を問う２や，「百舌鳥・古市古墳群」の造営時期を問う９は，標準レベルの学習を中心に行ってきた受験生にとっては，やや難であったと思われる。また，彦根の所在地について，位置を直接問うのではなく，通過する街道の名称を解答させる14のような問題もあるので，細部にわたって注意深く学習する必要がある。

世界史

I 解答

1 —(イ)　2 —(タ)　3 —(ヒ)　4 —(テ)　5 —(オ)　6 —(ネ)
7 —(ト)　8 —(サ)　9 —(ソ)　10—(ハ)

◀解　説▶

≪中国の儒教・仏教・道教≫

1．孔子は春秋時代（前770～前403年）の魯の国に生まれた。

3・4．太平道は張角がはじめた民間信仰で，信徒の農民たちが神をあらわす黄色の頭巾を身につけて反乱を起こしたので「黄巾の乱」といわれる。

5．張陵が四川地方ではじめた五斗米道は，別名「天師道」という。この流れをくみ，北魏の寇謙之によって確立された道教は，別名「新天師道」という。

6．寇謙之は，太平道，五斗米道に神仙思想や老荘思想を加味して成立した道教の教団を確立した。

7．太武帝は，華北を統一した北魏第3代皇帝。彼は道教に帰依し，寇謙之を重用して廃仏を行った。

8．「孝」は父と息子，「悌」は兄弟の情愛をあらわす。儒教では，これらの家族道徳を統合するものとして「仁」の完成をめざした。

10．竜門石窟は，北魏第6代皇帝孝文帝の洛陽遷都を契機に開削された。北魏滅亡後も造営は続けられ，特に則天武后の時代（武周）に最盛期となった。

II 解答

1 —(ア)　2 —(キ)　3 —(サ)　4 —(ア)　5 —(ト)　6 —(セ)
7 —(エ)　8 —(テ)　9 —(ア)

A —(ウ)

◀解　説▶

≪11～20世紀ヨーロッパの都市と交易≫

1．マンジケルトの戦い（1071年）でセルジューク朝に敗北したビザンツ帝国は危機感を抱き，ローマカトリック教会に援軍を求めたことが十字軍の契機となった。

2．ウルバヌス2世は，ビザンツ帝国の救援要請を東西教会統一の好機とみて，十字軍派遣を提唱した。

3．ジェノヴァはイタリア半島北西部の付け根に位置する。なお，ヴェネツィアは，半島北東部の付け根に位置する。

4．カーリミー商人は，アラビア半島南部のアデンなどでインド商人からアジアの物産を買い付け，紅海を経由してアレクサンドリアなどの地中海沿岸にもたらし，イタリア商人と取引をした。

5．フランドル地方は現在のベルギーの地域。ガン（ヘント），ブリュージュ，アントワープ（アントウェルペン）などの諸都市が有名。

6．フッガー家は，アウクスブルクの鉱山業を中心とした商業資本家の代表的富豪。スペインやローマ教皇にも融資するほどの影響力をもった。

7．ダンツィヒ（現グダニスク）は，ヴェルサイユ条約でポーランドに与えられた海への通路（ポーランド回廊）の出口に位置する。ポーランド回廊をポーランドに与えた影響で，ドイツにとっては東プロイセンが飛び地となり，ナチスの領土要求につながった。

8．ネヴィル＝チェンバレンは，対独宥和政策をとり，ミュンヘン会談（1938年）でズデーテン地方をドイツに割譲することを認めた。

9．ズデーテン地方は，ドイツ系住民の多く住むチェコスロヴァキア領だった。ヒトラーは「最後の領土要求」としてこの地の併合を求め，ミュンヘン会談で認めさせたが，その後もポーランドなどへの領土要求は続いた。

III 解答

1－(ニ)　2－(イ)　3－(キ)　4－(ア)　5－(ウ)　6－(セ)
7－(ア)　8－(ケ)　9－(ア)　10－(チ)

問1．(ア)　問2．(エ)　問3．(エ)　問4．(ア)　問5．(イ)

◀解　説▶

≪朝鮮人の移住・移民の歴史≫

1．1989年マルタ島で行われた会談において，アメリカのブッシュ（父）大統領とソ連のゴルバチョフ大統領の間で，冷戦の終結が宣言された。

2．スターリンは，1930年代から1953年に死亡するまでソ連の独裁者として君臨した。

3．朝鮮総督府は，日本が1910年の日韓併合（韓国併合）後に朝鮮統治のためにおいた機関。なお，1905年の第二次日韓協約から1910年の日韓併合までの間に，日本が朝鮮支配のためにおいた機関は韓国統監府。大韓民国臨時政府は，1919年の三・一独立運動を契機に，上海で李承晩などを中心に組織された朝鮮人亡命政治団体。

5．満州（洲）国を成立させた軍事力は関東軍。1931年，関東軍が起こした自作自演の南満州鉄道爆破事件（柳条湖事件，満州事変）を契機として，満州国は設立された。

8・9．金大中は，1998年に韓国大統領に就任し，北朝鮮に対して融和策（太陽政策）を実施し，2000年には北朝鮮の平壌を訪問した。同年，ノーベル平和賞を受賞している。

10．ディアスポラは「離散」の意。ユダヤ人が故郷のパレスチナを離れて各地に散らばったことを指す。

問1．(ア)CISは，ソ連崩壊後に結成された「独立国家共同体」。ロシア，ベラルーシ，ウクライナを中心に旧ソ連11カ国で構成された。

問2．(エ)北京条約は，アロー戦争の講和を仲介したロシアが中国と結んだ条約（1860年）。これによりロシアは沿海州を獲得し，その南端にウラジヴォストークを建設した。

問3．(エ)イル＝ハン国は，フラグの遠征を契機に建国されたモンゴル人の国家。(イ)ブハラ＝ハン国，(ウ)ヒヴァ＝ハン国は，ティムール帝国を滅ぼした後に，ウズベク人が中央アジアに建国した国家。(ア)コーカンド＝ハン国は，18世紀初頭にブハラ＝ハン国から自立したウズベク人の国家。

問4．(a)上海事変は1932年。(b)北伐完成は1928年。(c)柳条湖事件は1931年。

問5．(イ)アメリカの株価暴落による世界恐慌のはじまりは1929年。

Ⅳ 解答

1―(ア) 2―(コ) 3―(ソ) 4―(ヒ) 5―(ア) 6―(ク)
7―(イ) 8―(テ) 9―(ア) 10―(カ) 11―(ア) 12―(エ)
13―(ノ)
A―(イ) B―(ウ)

◀解　説▶

≪古代から現代にいたる中東の歴史≫

2・3．ササン朝とパルティアの首都クテシフォンは，ティグリス川左岸に位置する。なお，セレウキアはセレウコス朝シリアの首都で，クテシフォンの対岸に位置する。
6．セネカはストア派の哲学者・詩人。ネロの師であったが，後にネロに自殺を強要された。
7．カラカラ帝は，212 年アントニヌス勅令を発布し，ローマ帝国内の全自由民にローマ市民権を付与した。
8．シャープール１世は，260 年にエデッサの戦いでローマ皇帝ウァレリアヌスを破り捕虜としている。
12．ドイツ帝国第２代皇帝ヴィルヘルム２世は，初代皇帝ヴィルヘルム１世の孫。政策的に対立したビスマルクを更迭し，帝国主義政策を推進したが，第一次世界大戦に敗北しオランダへ亡命した。
A．①誤り。ササン朝ペルシアは，バクトリアではなくパルティアを倒して建国された。②正しい。
B．③正しい。アッバース朝を建てたアブー＝アルアッバース（サッファーフ）は，ムハンマドの叔父アッバースの系統である。
④正しい。ラテン帝国は，第４回十字軍がヴェネツィア商人の意向に動かされて，コンスタンティノープルを占領して建国された。

❖講　評

Ⅰ　中国の儒教・仏教・道教の成り立ちと相互関係が問われている。内容は基本的で，難問は見られない。問題文中の「周（武周）の皇帝」が唐の則天武后であり，仏教に傾倒していたことなどにも注意しておきたい。

Ⅱ　11 世紀から 20 世紀にわたる広い範囲で，ヨーロッパの都市と交易，政治状況が問われている。十字軍と中世の遠隔地貿易，第二次世界大戦前夜の領土問題など，内容は多様だが基本的な事項なので，教科書事項をしっかり押さえておくことが重要である。

Ⅲ　近現代の政治的状況に翻弄された朝鮮人の移住や移民がテーマである。内容は基本的だが，第二次世界大戦後の 1990 年代まで範囲としているので，現代史も視野に入れて押さえておきたい。朝鮮の周辺情報も問われているので，国際関係にも要注意。

Ⅳ　内容がササン朝からローマ帝国，イスラーム，帝国主義と多岐にわたる。内容は基本的だが，文化史も含まれるので注意を要する。地図は示されないが，「ティグリス川流域」「ナイル川下流域」など，地理的知識も重要である。

地理

I　解答

(1)―(ウ)　(2)―(イ)　(3)―(イ)　(4)―(ウ)　(5)―(ウ)　(6)―(エ)
(7)―(ア)　(8)―(イ)　(9)―(ウ)　(10)―(エ)

◀解　説▶

≪湖沼と関連する用語・地名≫

(1)(ウ)誤。氷河湖は寒冷地にあって人間の居住も少ないため，貧栄養湖となる。ルゲ氷河湖はブータンの山中にあり，地球温暖化による氷河の溶解によって形成された。1994年に決壊し，その際，土石流がかつての首都であったプナカまで押し寄せ，大きな災害を発生させた。

(2)(イ)誤。ヴィクトリア湖はナイル川の源流域にあり，赤道直下でもあるため降水量が多く，塩湖ではない。塩湖は，乾燥地域の湖や海潟湖が相当する。

(3)(イ)誤。マラカイボ湖の成因は定かでないが，断層湖は細長い形状であることから，比較的丸い形状のマラカイボ湖は断層湖ではないと考える。湖の大部分は淡水であるが，北端部はベネズエラ湾に通じるため塩水化している。バイカル湖はシベリア南部に位置し，ユーラシアプレート内に新しい境界が生じることで形成されているとされる。マラウイ湖・タンガニーカ湖は，アフリカ大地溝帯に位置している。

(4)(ウ)誤。薩摩半島南東部に位置する池田湖は，カルデラ湖である。近くには火山の開聞岳がある。

(5)(ウ)誤。水無川は扇状地の扇央部に形成される。降雨時には水流があるが，平常時は河川水が伏流して河道に水が見られなくなる。

(6)(エ)誤。アラル海付近は砂漠気候にあたるため，高温多湿を必要とする天然ゴムの栽培はできない。オアシスで栽培されるのは，ナツメヤシである。

(7)(ア)誤。タナ湖はエチオピア高原，青ナイル川の源流域にあり，ダムでできたものではない。

(8)(イ)誤。カリバダムはザンビアとジンバブエ間を流れるザンベジ川に建設されている。ヴォルタ湖を形成するのは，アコソンボダムである。

⑼㈦誤。アイセル湖はオランダにあり，ゾイデル海を締め切ってできた人造湖である。

⑽㈣誤。トンレサップ湖付近はサバナ気候であるため，雨季は5～10月となる。この時期には，メコン川から水が逆流して湖に流れ込むため水位が上昇する。

II 解答

問1．㈦　問2．㈣　問3．㈣　問4．㈦　問5．㈡
問6．㈦　問7．※　問8．㈡　問9．㈦　問10．㈦

※問7については，解答を導くにあたって情報が不足しており，解答が困難な状況となっていたため，採点対象とはしない措置が取られたことが大学から公表されている。

◀解　説▶

≪新居浜市付近の地形図読図≫

問1．計曲線の間隔が100mごとに引かれているので5万分の1である。

問2．㈠誤文。「にいはま」駅付近には小規模な家屋の集積しかなく，密集した建物は見られない。商店街が形成されているのは，斜線で表示された建物の密集地が見られる海岸近くの港町から西原町にかけての一帯と考える。

㈡誤文。5万分の1地形図では300mは0.6cmに相当する。◎で示される市役所から税務署（◇），裁判所（♤）はおよそ300m内にあるが，西部にある最も近い老人ホーム（⌂）は，約1cm（500m）離れている。

㈦誤文。発電所の記号（☼）は変電所も兼ねているので，両者の正確な判別は難しい。平野部では発電所の記号は臨海部に多く立地しているが，「にいはま」駅の西方と東方にも立地している。

㈣正文。X付近は新居浜本港地区で，港の周囲はすべて住友関連企業しか立地していないことから，プライベートポートになっている。フェリーなどは図1の枠外東部の東港地区から発着している。

問3．d付近を南北に通っている道路は，北側が「にいはま」駅に直角に接しており，b地点の北の太線とつながるようにはなっていないので，鉄道路線跡とは考えにくい。

問4．「港町」は砂丘上に立地した新居浜の中心市街地の東端に当たる。江戸時代に漁村であった集落が，別子銅山の開発が進むにつれて浜宿や管理のための役所がおかれて発展したもので，埋立地ではない。他の町は，道路が破線で描かれており工場関連施設が立地しているので埋立地と考える。

問5．❸・❹は工場地区から離れており，整然とした家屋が立地していないので，社宅地区ではない。❶の地域も同様に社宅特有の整然とした街路と家屋配置が見られない。❷の「星越町」地区は長方形の整然とした街路形態と家屋配置が見られるので，社宅と判断できる。なお，この地区の西端には旧幹部社宅が保存されている。

問6．(ウ)誤文。「道の駅」は川の左岸である。右岸・左岸は，流れる方向に向かって右か左かで判断する。

問8．地形図の計曲線は，50mごとに引かれていることに注意。まず断面図から始点が約1150m，終点が約1200mであり，中間付近は約1300mのなだらかな起伏となっていることを読み取る。(ア)は西端が約1260m，東端が約1310m，その間の大半は1300mより高いので誤り。(イ)は北西端が約1130m，南東端が約1200m，「銅山峰ヒュッテ」付近は約1300m程度のなだらかな地形になっているので正解となる。(ウ)は南西端が約950m，北東端が約1100mで最高地点になっているので誤り。

問9．構造線は断層線であるので，平野（にいはま駅）と山地（立川町）の境界が直線状になる。「にいはま駅」は平野に，「立川町」は山地にあるので(ウ)が正解となる。なお，中央構造線に沿うように，松山自動車道が走っている。

問10．呉市には鉱山や炭鉱はなく，明治以降敗戦時まで，軍港や兵器工場が立地する海軍の町として発展してきた。

III　解答

(A)―エ　(B)―ア　(C)―ア　(D)―ウ　(E)―ウ
(F)―ウ　(G)―ア　(H)―ウ　(I)―エ　(J)―ア

◀解　説▶

≪資源・エネルギー≫

(A)①誤。メキシコではなくベネズエラがOPEC原加盟国である。

②誤。OPECの本部はウィーンに置かれている。

(B)①正。1973年で高度経済成長が終わった。

②誤。イランで発生した革命（イラン革命）に端を発した。

(C)①正。ブラジルは南部のパラナ川水系に多くのダムが建設されている。
②誤。水路式発電は別として，発電量の多いダム式発電の場合は，ダム建設による水没地域が広範囲に及び，住民移転や生態系の破壊などを引き起こし，建設時の環境負荷は大きいといえる。
(D)①正。石炭の輸入先（2016 年）は，オーストラリア 64.0%，インドネシア 17.0%，ロシア 9.5%の順で，2021 年も順位は変わっていない。
②正。原油の輸入先（2016 年）は，サウジアラビア 35.7%，アラブ首長国連邦 24.5%，カタール 9.2%の順で，2021 年は 3 位クウェート，4 位カタールとなっている（①，②とも『日本国勢図会 2017/18』他）。
(E)①正。日本は原油の輸入依存度が 99.7%（2021 年）に達するものの，わずかながら日本海側の秋田県（八橋油田など）・新潟県や北海道で産出されている。
②正。メタンハイドレートとは，天然ガスの原料であるメタンガスが海底下で氷状に固まっている物質のことで，火をつけると燃えるために「燃える氷」とも呼ばれている。日本の周辺海域にもメタンハイドレートは大量に存在しているとされ，北海道周辺の日本海，オホーツク海，太平洋や，本州から四国，九州西岸に至る太平洋側の大陸斜面などに確認されている。ただ，現時点では採掘技術は確定されていない。
(F)①正。2016 年の太陽光発電量は，1 位中国（22.2%），2 位アメリカ合衆国（14.9%），3 位ドイツ（11.3%）の順となっている。
②正。2015 年の地熱発電量は，1 位アメリカ合衆国（23.3%），2 位フィリピン（13.7%），3 位インドネシア（12.4%）の順となっている（①，②とも『世界国勢図会』2018/19，2019/20）。
(G)①正。日本の 1 次エネルギー供給の構成（2014 年）は，石油 43.5%，石炭 26.8%，天然ガス 24.4%の順で，依然として石油の割合が高い。
②誤。世界の 1 次エネルギー供給の構成（2015 年）は，石油 31.8%，石炭 28.1%，天然ガス 21.6%であり，低下したとはいえ依然石油の割合が高い（①，②『日本国勢図会 2017/18』，『世界国勢図会 2018/19』）。
(H)①正。中国の石炭産出量は，世界の 56.5%を占めている（2015 年）。
②正。露天掘りは坑道掘りよりも採掘コストが低く，大量生産が可能である。
(I)①誤。太陽光発電の世界計（2016 年）は 3385 億 kWh であるのに対し，

風力は9577億kWhで，太陽光よりも多い（『世界国勢図会2019/20』）。

②誤。西ヨーロッパには，貿易風ではなく偏西風が卓越している。

(J)①正。ニッケルは，充電できるニッケル・水素蓄電池として利用されている。

②誤。レアアースの生産は，中国が60.3%を占めており，2010年に中国の漁船と日本の海上保安庁の巡視船の衝突をきっかけとして外交問題が生じた際，中国から日本への供給が一時滞った（2019年）（『日本国勢図会2022/23』）。

Ⅳ 解答

問1．①―(ア)　③―(ウ)

問2．1―(ク)　2―(ウ)　3―(サ)　4―(エ)　5―(コ)

問3．(A)―ウ　(B)―ウ　(C)―イ

◀解　説▶

≪日本の離島≫

問1．①日本の有人島は，平成27年国勢調査によると416島となっている。

③三宅島は2000（平成12）年に噴火し，2005（平成17）年まで住民の帰島ができなかった。硫黄島は現在も一般住民の居住は認められていない。八丈島も火山島であるが，噴火活動は17世紀初頭以降発生していないとされる。屋久島には九州最高峰の宮之浦岳があるが，火山ではない。

問2．〔　1　〕の佐渡島，〔　2　〕の奄美大島の判断が難しい。まず，〔　3　〕が文末にも再出しており，図3からも対馬と判断できる。〔　4　〕は図1の形状と「北端と西端に架橋され交通の便が良くなった」とあるので淡路島，〔　5　〕は「宇宙センター」があることから種子島とそれぞれ判断できる。

問3．(A)X．正。伊豆諸島以南の小笠原諸島や最南端の沖ノ鳥島，最東端の南鳥島は東京都の所管となっていることに注意したい。

Y．正。小笠原諸島は母島と父島のみ一般住民の居住があり，聟島は最北端にある無人島である。

(B)X．正。五島列島のほか，壱岐島や対馬も長崎県に属している。

Y．正。「長崎と天草地方の潜伏キリシタン関連遺産」として，2018年7月に世界文化遺産に登録された。

(C)X．誤。最西端は与那国島である。

Y．正。イリオモテヤマネコは西表島のみに生息する希少動物で，このほかにもカエル，トカゲ，昆虫，鳥類など日本本土には存在しない動植物が多い。

❖講　評

Ⅰ　湖沼に関する基本的な用語・地名の知識・理解が問われている。不適当なものを正しい用語・地名に置き換えられれば正解に至る。(1)ルゲ氷河湖の知識がなくても，寒冷地の氷河湖が富栄養化することは考えられないことから判断すればよい。(6)アラル海は環境問題，(8)ヴォルタ湖，(9)アイセル湖は総合開発で取り上げられることが多い。(7)タナ湖はナイル川の洪水要因，(10)トンレサップ湖は気候関連問題ではあるが，最近はメコン川のダム建設に関わる水位低下など環境問題としても扱われる。

Ⅱ　新居浜市付近の地形図読図問題である。問1の縮尺の判定，問5の社宅の判別，問6の右岸・左岸の判断，問8の断面図の位置，問10の都市機能の判断は基本的である。問3，問6は設問文が長いので，出題意図を正確に把握する必要がある。問2の「平野部の発電所」について，「発電所」の地図記号は現在は発電所と変電所を表示している。5万分の1地形図は現在は改訂がなされておらず，「発電所・変電所」表記のままであるが，ここではすべて「発電所」と考えて判断すればよいであろう。問4の埋立地でない町の判断は，明瞭な埋立地から判断すればよい。

Ⅲ　資源・エネルギーに関する基本的理解をみる，関西大学特有の正誤判定の問題である。(A)はOPECの原加盟国と本部所在都市，(B)は石油危機の背景など基本的知識が求められている。(C)・(D)・(F)～(J)は一部に統計知識に基づく判断が必要で，基本的統計とはいえ再生可能エネルギーなど時事的な内容も多く，やや難しい。

Ⅳ　日本の離島に関する理解をみる問題である。問1の①の有人島の割合は，選択肢の数値差が大きいため判断しやすい。③の噴火による全島避難の問題は，20年以上前の出来事であったため，戸惑った受験生も多かったであろう。問2は島の面積の順を問われている。先に〔

〔　3　〕以下を解答した後で，〔　1　〕・〔　2　〕を解答するのがよい。問３はⅢと同様，正誤判定の問題である。(B)は時事的であるが，(A)・(C)は一般的な知識で解答できる。

政治・経済

I　解答

問(A). 1 ―(シ)　2 ―(タ)　3 ―(サ)　4 ―(ア)　5 ―(コ)　6 ―(エ)

問(B). (イ)　問(C). (エ)　問(D). (ア)　問(E). (イ)　問(F). (イ)　問(G). (エ)

◀解　説▶

≪難　民≫

問(A). 1・2. 国連難民高等弁務官事務所は1951年に設置され，ジュネーヴが本部であり，2度にわたってノーベル平和賞を受賞している。

5. 緒方貞子は国際政治学者で，日本人として初めて国連難民高等弁務官を10年間務めた。

問(B). 正答は(イ)。国連難民高等弁務官事務所は英語で The Office of the United Nations High Commissioner for Refugees といい，略称は UNHCR である。他の選択肢の国連の重要組織と合わせて押さえておこう。

問(C). (エ)が正文。

(ア)誤文。開催地はパリではなく，イギリスのグラスゴーである。

(イ)誤文。アメリカのトランプ前大統領が離脱したパリ協定に，2020年にバイデン大統領が復帰する手続きを行った。

(ウ)誤文。罰則付き削減義務が課せられたのは先進国だけで，発展途上国には課せられていない。

問(D). (ア)が正文。

(イ)誤文。「プラハの春」ではなく，「アラブの春」である。

(ウ)誤文。EU加盟国の中で最も多くシリアの難民を受け入れているのはフランスではなく，ドイツである。

(エ)誤文。シリア政府軍に武器供与を行ったのは北大西洋条約機構ではなく，ロシアである。

問(E). (イ)が誤文。「第三国定住プログラム」を通じて，日本政府は2010年からアフガニスタンではなく，ミャンマー出身の難民を受け入れている。

問(F). (イ)が正文。

(ア)誤文。ミャンマーの統治国はフランスではなく，イギリスである。

(ウ)誤文。ロヒンギャは仏教徒ではなく，イスラム教徒である。
(エ)誤文。ミャンマーの民主化運動の指導者はマララ＝ユスフザイではなく，アウン＝サン＝スー＝チーである。
問(G). (エ)が正文。
(ア)誤文。ルワンダの統治国はフランスではなく，ベルギーである。
(イ)誤文。ルワンダ紛争の要因はカトリックとプロテスタントの対立ではなく，ツチ族とフツ族との対立だった。
(ウ)誤文。ルワンダ紛争で多国籍軍の中心となったのはイギリスではなく，フランスであった。また，空爆は行われていない。

II 解答

問(A). 1―(ス)　2―(エ)　3―(セ)　4―(ケ)　5―(ウ)
問(B). (エ)　問(C). (ア)　問(D). (イ)　問(E). (オ)　問(F). (ウ)
問(G). (イ)　問(H). (エ)　問(I). (ア)　問(J). (イ)　問(K). (エ)

◀解　説▶

≪経済主体≫

問(A). 3. 正答は(セ)。資本の集中は，企業が合同や合併によって規模を拡大することを指す。それに対し，資本の集積は，企業が利潤蓄積により生産規模を拡大することを指す。
問(B). 正文は(エ)。生産財とは，生産過程において使用される財を指す。これに対して消費のために使用される財を消費財という。
問(C). (ア)が正答。(イ)のグレシャムの法則は，「悪貨は良貨を駆逐する」という法則。(ウ)の依存効果は，個人の消費行動が企業の流すCMや流行などに影響を受けること。(エ)のデモンストレーション効果は，個人の消費行動が他人の消費行動の影響を受けることを指す。
問(D). (イ)が正答。生産手段は機械設備などの労働手段と，原料などの労働対象からなる。
問(E). (オ)が正答。産業革命によって，マニュファクチュア（工場制手工業）から工場制機械工業へと移行した。
問(G). 正答は(イ)。設問文の中で「あることを選択したとき，他の選択肢をあきらめたために失われた最大の利益」と機会費用について定義しているので，掛け時計1台を生産した際の機会費用は，あきらめた腕時計1台を生産した際の利益の2万円となる。

問(H). (エ)が誤文。完全競争市場は抽象概念であり，ほとんど見られない。たとえば，完全競争市場の条件の一つとして製品の同質性（差別化がない）があるが，ほとんどの市場において，製品の差別化があり，企業は価格だけでなく，質の面においても競争している。

問(I). (ア)が誤文。寡占市場においては非価格競争に陥りがちではあるが，価格競争が行われることもある。

問(J). (イ)が正答。東京証券取引所の新しい市場区分（プライム・スタンダード・グロース）を押さえておこう。

Ⅲ 解答

問(A). (エ) 問(B). (イ) 問(C). (ア) 問(D). (ウ) 問(E). (エ)
問(F). x―(ウ) y―(イ) z―(ケ) 問(G). (ア) 問(H). (ウ)

◀解 説▶

≪労働問題≫

問(A). 正答は(エ)。女性の労働力率を縦軸に，年齢階級を横軸にとってグラフにすると，真ん中がへこんだM字型になるので，M字型雇用と呼ばれる。

問(B). (イ)が正文。

(ア)誤文。派遣労働者になったのは日本の若年層だけではないし，「積極的に選択した」ともいえない。

(ウ)誤文。就職がうまくいかなかった世代の「婚姻率・出生率」が高まった事実はない。

(エ)誤文。就職を諦めた若年層の多くが「専門性を高めて起業に挑戦」は事実と反する。

問(C). (ア)が正答。現代の正規雇用の男女間における賃金格差はおよそ8割，ということは押さえておこう。

問(D). (ウ)が正文。男女雇用機会均等法は，勤労権を定めた憲法第27条に関連した労働法である。憲法第28条は労働三権，憲法第21条は表現の自由をそれぞれ定めている。

問(E). (エ)が誤文。「男性の実労働時間は顕著に減少」や「育児休業取得率が女性並みに上昇」した事実はない。

問(G). (ア)が誤文。「令和3年情報通信白書」によれば，テレワーク実施率は情報通信業が55.7%に対し，医療・介護・福祉が4.3%と，業種・職種間での普及度合いの隔たりは大きい。

問(H). (ウ)が誤文。2018年の法改正で単純労働者ではなく，いわゆる「特定技能」を持つ外国人に在留資格を与えた。また，「特定技能」にも在留期限があり，「正式な移民として家族ごと受け入れる制度」ではない。

Ⅳ 解答

問(A). 1－(ア)　2－(セ)　3－(シ)　4－(コ)

問(B). (ウ)　問(C). (イ)　問(D). (ア)　問(E). (イ)

◀解　説▶

≪ビジネスと人権≫

問(B). (ウ)が正文。2000年から2019年にかけて，OECD加盟国の名目GDPの総和が世界全体に占める割合は減少した。

(ア)誤文。OECDの設立は1961年で，日本は1964年に加盟した。

(イ)誤文。OECDはマーシャル＝プランの受け入れのために1948年に発足したOEEC（欧州経済協力機構）が改組されたもので，国連の経済社会理事会の下部機関ではない。

(エ)誤文。OECDは発展途上国への援助促進などを行っているが，世界銀行グループの一機関ではない。

問(C). (イ)が正文。(ア)の人権委員会は安全保障理事会ではなく，経済社会理事会の下部機関であった。(ウ)の決議は国連人権理事会ではなく，国連総会の決議である。

問(D). (ア)が正文。

(イ)誤文。「実現が図られたため，国民の司法アクセスは大いに向上した」が誤り。行動計画の中では「今後行っていく具体的な措置」として述べられている。

(ウ)誤文。消費者契約法ではなく，消費者安全法である。

(エ)誤文。「法令は存在しない」が誤り。具体的には公益通報者保護法がある。

問(E). (イ)が正文。

(ア)誤文。社会権規約は国際人権A規約で，自由権規約は国際人権B規約と呼ばれる。

(ウ)誤文。社会権規約ではなく，自由権規約である。

(エ)誤文。社会権規約選択議定書については，日本は批准していない。

❖講 評

Ⅰ 難民をテーマにした問題。空所補充の難易度は標準的である。問(F)や問(G)の地域紛争の正誤判断問題は，歴史的経緯を含めてやや詳細な知識が必要とされる出題であった。

Ⅱ 経済主体をテーマにした問題であり，経済学の基礎となる知識を問う出題が多く見られた。問(G)の機会費用の具体例や，問(H)の完全競争市場の説明，問(I)の寡占や独占など，定義に基づいて落ち着いて考え，判断することを要する問題であった。

Ⅲ 労働問題をテーマとした出題であった。問(C)の男女間賃金格差は，近年のデータを知識として覚えているかどうかが問われた。問(E)のワーク・ライフ・バランスや問(G)のコロナ禍での働き方の変化など，時事的な問題も出題されている。

Ⅳ ビジネスと人権についての出題。問(D)の日本の取り組みを問う出題は，法整備の現状についての知識を前提として正誤判断する問題であった。問(E)の国際人権規約については，社会権・自由権規約の正確な理解が問われており，やや難しい。

数学

◀3教科型・2教科型（英語外部試験利用方式）▶

I

解答　① $\dfrac{1-\cos2\theta}{2}$　② $-\dfrac{\sqrt{3}}{2}$　③ $\dfrac{\sqrt{2}}{2}$　④ $\dfrac{5\pi}{6}$

⑤ $\dfrac{-2+\sqrt{2}}{2}$　⑥ $\dfrac{\sqrt{2}+\sqrt{3}}{2}$　⑦ $-\dfrac{\pi}{24}$, $\dfrac{5\pi}{24}$

◀解　説▶

≪三角関数の最大・最小≫

2倍角の公式より

$$\sin^2\theta=\frac{1-\cos2\theta}{2}\quad(\to①)$$

また

$$\cos^2\theta=\frac{1+\cos2\theta}{2},\quad \sin\theta\cos\theta=\frac{\sin2\theta}{2}$$

なので

$$f(\theta)=\frac{\sqrt{2}+\sqrt{3}}{2}\sin^2\theta-\sin\theta\cos\theta+\frac{\sqrt{2}-\sqrt{3}}{2}\cos^2\theta$$

に代入して

$$f(\theta)=\frac{\sqrt{2}+\sqrt{3}}{2}\cdot\frac{1-\cos2\theta}{2}-\frac{\sin2\theta}{2}+\frac{\sqrt{2}-\sqrt{3}}{2}\cdot\frac{1+\cos2\theta}{2}$$

$$=-\frac{1}{2}\sin2\theta-\frac{\sqrt{3}}{2}\cos2\theta+\frac{\sqrt{2}}{2}$$

したがって　　$b=-\dfrac{\sqrt{3}}{2}$,　$c=\dfrac{\sqrt{2}}{2}$　(→②，③)

$$\cos\frac{5\pi}{6}=-\frac{\sqrt{3}}{2},\quad \sin\frac{5\pi}{6}=\frac{1}{2}$$

なので

$$f(\theta)=\cos2\theta\cdot\cos\frac{5\pi}{6}-\sin2\theta\cdot\sin\frac{5\pi}{6}+\frac{\sqrt{2}}{2}$$

$$=\cos\left(2\theta+\frac{5\pi}{6}\right)+\frac{\sqrt{2}}{2}\quad (\to④)$$

$-\dfrac{\pi}{6}\leqq\theta\leqq\dfrac{\pi}{2}$ において

$$-\frac{\pi}{3}+\frac{5\pi}{6}\leqq 2\theta+\frac{5\pi}{6}\leqq\pi+\frac{5\pi}{6}$$

$$\frac{\pi}{2}\leqq 2\theta+\frac{5\pi}{6}\leqq\frac{11\pi}{6}$$

よって

$$-1\leqq\cos\left(2\theta+\frac{5\pi}{6}\right)\leqq\frac{\sqrt{3}}{2}$$

すなわち

$$\frac{-2+\sqrt{2}}{2}\leqq f(\theta)\leqq\frac{\sqrt{2}+\sqrt{3}}{2}$$

したがって　　$f(\theta)$ の $\begin{cases} 最小値\ \dfrac{-2+\sqrt{2}}{2} \\ 最大値\ \dfrac{\sqrt{2}+\sqrt{3}}{2} \end{cases}$　(→⑤, ⑥)

次に，$f(\theta)=0$ となるとき

$$\cos\left(2\theta+\frac{5\pi}{6}\right)=-\frac{\sqrt{2}}{2}$$

$\dfrac{\pi}{2}\leqq 2\theta+\dfrac{5\pi}{6}\leqq\dfrac{11\pi}{6}$ において

$$2\theta+\frac{5\pi}{6}=\frac{3\pi}{4},\ \frac{5\pi}{4}$$

$$\therefore\quad \theta=-\frac{\pi}{24},\ \frac{5\pi}{24}\quad (\to⑦)$$

Ⅱ　解答

①-1　②-1　③a_n-2b_n　④$2a_n-b_n$

⑤3　⑥$3^n$

◀解　説▶

≪1の3乗根，数列の漸化式≫

$$\omega^3-1=(\omega-1)(\omega^2+\omega+1)$$

$\omega^3=1$ のとき

$$(\omega-1)(\omega^2+\omega+1)=0$$

ω は虚数なので，$\omega \neq 1$ より

$$\omega^2+\omega+1=0 \qquad \omega^2=-\omega-1$$

すなわち　$p=-1,\ q=-1$　(→①，②)

次に

$$\begin{aligned}(1+2\omega)^{n+1}&=(1+2\omega)^n(1+2\omega)\\&=(a_n+b_n\omega)(1+2\omega)\\&=a_n+(b_n+2a_n)\omega+2b_n\omega^2\\&=a_n+(b_n+2a_n)\omega+2b_n(-1-\omega)\\&=a_n-2b_n+(2a_n-b_n)\omega\end{aligned}$$

これと，$(1+2\omega)^{n+1}=a_{n+1}+b_{n+1}\omega$ を比較して，a_n，b_n，a_{n+1}，b_{n+1} は実数であることと，複素数の実部・虚部の一意性より

$$a_{n+1}=a_n-2b_n \quad (\to③)$$

$$b_{n+1}=2a_n-b_n \quad (\to④)$$

次に，$a_n{}^2+b_n{}^2-a_nb_n=c_n$ とおくと，$a_1=1$，$b_1=2$ より

$$c_1=1+4-2=3 \quad (\to⑤)$$

$$\begin{aligned}c_{n+1}&=a_{n+1}{}^2+b_{n+1}{}^2-a_{n+1}b_{n+1}\\&=(a_n-2b_n)^2+(2a_n-b_n)^2-(a_n-2b_n)(2a_n-b_n)\\&=3(a_n{}^2+b_n{}^2-a_nb_n)\\&=3c_n\end{aligned}$$

したがって，数列 $\{c_n\}$ は初項３，公比３の等比数列であり，その一般項は

$$c_n=3^n \quad (\to⑥)$$

III　解答

(1)

$$y^2+xy+y-2x^2-x<0$$

$$y^2+(x+1)y-(2x+1)x<0$$

$$(y-x)(y+2x+1)<0 \quad \cdots\cdots①$$

ここで

$$① \Longleftrightarrow \begin{cases}y-x<0\\y+2x+1>0\end{cases} \text{ または } \begin{cases}y-x>0\\y+2x+1<0\end{cases}$$

したがって，①の表す領域は右図の網かけ部分で，境界は含まない。

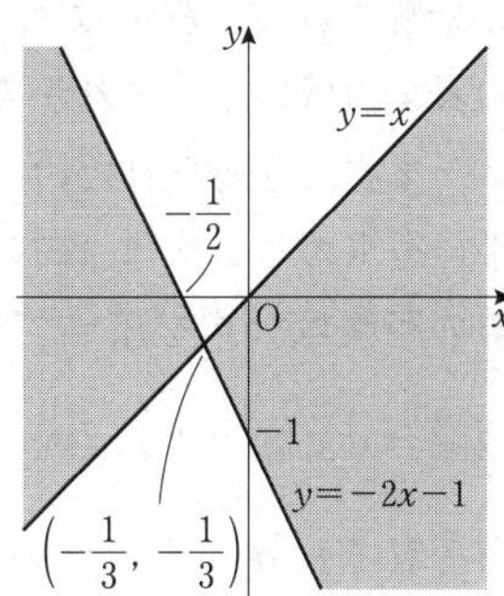

(2)　$x^2-2x+y^2+y+\frac{5}{4}-r^2=0$

$$(x-1)^2+\left(y+\frac{1}{2}\right)^2=r^2 \quad \cdots\cdots②$$

②は中心$\left(1,\ -\frac{1}{2}\right)$，半径$r$の円を表す。

点$\left(1,\ -\frac{1}{2}\right)$と直線$x-y=0$との距離を$d_1$，点$\left(1,\ -\frac{1}{2}\right)$と直線$2x+y+1=0$との距離を$d_2$とする。

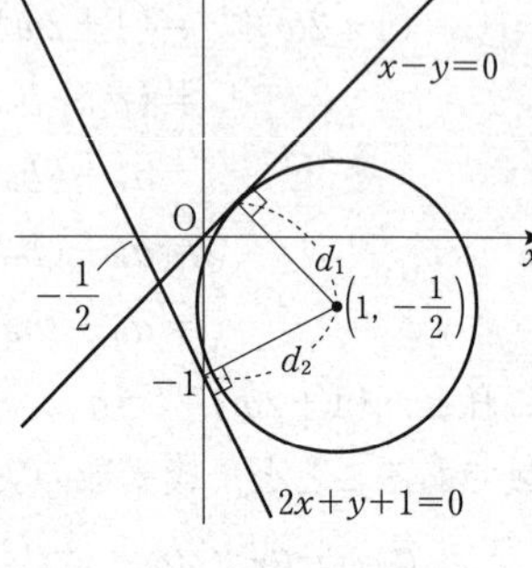

$$d_1=\frac{\left|1-\left(-\frac{1}{2}\right)\right|}{\sqrt{1^2+(-1)^2}}=\frac{1}{\sqrt{2}}\cdot\frac{3}{2}=\frac{3\sqrt{2}}{4}$$

$$d_2=\frac{\left|2\cdot1+\left(-\frac{1}{2}\right)+1\right|}{\sqrt{2^2+1^2}}=\frac{1}{\sqrt{5}}\cdot\frac{5}{2}=\frac{\sqrt{5}}{2}$$

${d_1}^2=\frac{9}{8}$，${d_2}^2=\frac{5}{4}=\frac{10}{8}$となり

$$ {d_1}^2<{d_2}^2 $$

したがって，求めるrの範囲は，$0<r\leqq d_1$となり

$$0<r\leqq\frac{3\sqrt{2}}{4} \quad \cdots\cdots(答)$$

◀解　説▶

≪不等式と領域，円と直線≫

(1)　不等式の左辺を因数分解する。yについて整理して，たすき掛けで因数分解できる。左辺はx，yの1次式の積になる。積で与えられた不等式の表す領域は，いずれかの1次式の正負で場合分けして考える。

(2)　まず，与えられた円の方程式を平方完成することにより，円の中心と半径を求める。次に，円の中心と境界の2直線との距離を求める。点と直線の距離は公式を用いて求める。点$(x_1,\ y_1)$と直線$ax+by+c=0$との距離をdとすると，$d=\frac{|ax_1+by_1+c|}{\sqrt{a^2+b^2}}$となる。円の中心と2直線の距離をそれぞれ$d_1$，$d_2$とする。このとき，$d_1<d_2$であれば，円の内部が(1)で

求めた領域に含まれる条件は，(円の半径)≦d_1 である。

❖講　評

2023 年度は大問 3 題のうち，Ⅰ・Ⅱが空所補充形式で，Ⅲが記述式であった。

Ⅰ　三角関数の合成による，三角関数の最大値・最小値を求める問題である。頻出タイプの問題で標準的なレベルである。

Ⅱ　前半が 1 の 3 乗根に関する問題で，後半は前半の結果から得られる数列の連立漸化式を解く問題である。漸化式の解法は誘導されていて，迷うところはない。

Ⅲ　(1)は積で表された不等式の表す領域の図示問題。(2)がその領域と円の関係を問う問題である。(1)の因数分解，(2)の円と直線の関係も基本的な解法である。

幅広い知識が要求されているが，いずれも教科書の例題，章末問題にある基本的な解法をマスターしていれば解ける問題である。

◀2教科型（英数方式〈総合情報〉・国数方式)▶

I **解答** (1)

$$t=\tan x+\frac{1}{\tan x}=\frac{\tan^2 x+1}{\tan x}$$

$$=\frac{1}{\cos^2 x}\cdot\frac{\cos x}{\sin x}=\frac{1}{\sin x\cos x}$$

$$=\frac{2}{\sin 2x}$$

$\dfrac{\pi}{12}\leqq x\leqq\dfrac{\pi}{3}$ より　　$\dfrac{\pi}{6}\leqq 2x\leqq\dfrac{2\pi}{3}$

よって　　$\dfrac{1}{2}\leqq\sin 2x\leqq 1$　　$1\leqq\dfrac{1}{\sin 2x}\leqq 2$

すなわち　　$2\leqq t\leqq 4$　……(答)

(2)　$\tan x=X$ とおく。

$$f(x)=(1-X+2X^2-3X^3)\left(1-\frac{1}{X}+\frac{2}{X^2}-\frac{3}{X^3}\right)$$

$$=15-9\left(X+\frac{1}{X}\right)+5\left(X^2+\frac{1}{X^2}\right)-3\left(X^3+\frac{1}{X^3}\right)$$

$t=X+\dfrac{1}{X}$ とおくと

$$X^2+\frac{1}{X^2}=\left(X+\frac{1}{X}\right)^2-2X\cdot\frac{1}{X}$$

$$=\left(X+\frac{1}{X}\right)^2-2$$

$$=t^2-2$$

$$X^3+\frac{1}{X^3}=\left(X+\frac{1}{X}\right)^3-3X\cdot\frac{1}{X}\left(X+\frac{1}{X}\right)$$

$$=t^3-3t$$

したがって

$$f(x)=15-9t+5(t^2-2)-3(t^3-3t)$$

$$=-3t^3+5t^2+5\quad\cdots\cdots(\text{答})$$

(3)　$f(x)=g(t)$ とおいて

$$g'(t)=-9t^2+10t=-t(9t-10)$$

$2\leqq t\leqq 4$ において　　$g'(t)<0$

よって，$g(t)$ は $2\leqq t\leqq 4$ で単調減少である。

$$g(2)=1,\ g(4)=-107$$

$t=2$ のとき，$2x=\frac{\pi}{2}$ より　　$x=\frac{\pi}{4}$

$t=4$ のとき，$2x=\frac{\pi}{6}$ より　　$x=\frac{\pi}{12}$

ゆえに，$f(x)$ の最小値は $-107\left(x=\frac{\pi}{12}\right)$，最大値は $1\left(x=\frac{\pi}{4}\right)$ である。

……(答)

◀解　説▶

≪三角関数の最大・最小，区間における３次関数の最大・最小≫

(1)　$\tan x=\frac{\sin x}{\cos x}$，$1+\tan^2 x=\frac{1}{\cos^2 x}$，$\sin 2x=2\sin x\cos x$ などの公式を使って，$\tan x+\frac{1}{\tan x}$ を $\frac{2}{\sin 2x}$ に変形する。$\sin 2x$ の値域が求まるので，$\frac{\pi}{12}\leqq x\leqq\frac{\pi}{3}$ における値域は容易に求められる。

(2)　$\tan x=X$ とおくと，$f(x)$ は X の対称式となる。次に，恒等式

$$a^2+b^2=(a+b)^2-2ab,\ a^3+b^3=(a+b)^3-3ab(a+b)$$

を用いて，$X^2+\frac{1}{X^2}$，$X^3+\frac{1}{X^3}$ を t を用いて表す。

(3)　$f(x)$ は t の３次式となるので，$f(x)=g(t)$ とおいて，t の関数として調べる。$g'(t)$ は(1)で求めた t の変域において常に負となり，$g(t)$ は単調減少関数となる。したがって，最大値，最小値は区間の端の値となる。

II　解答

(1)　$\angle \mathrm{ACB}=90^\circ$ より，辺 AB は外接円の直径となり，点 O は辺 AB の中点である。

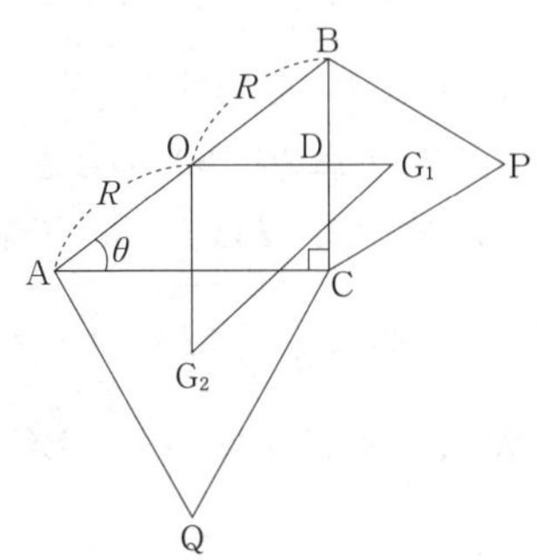

したがって，$\mathrm{AB}=2R$ となり

$$\mathrm{BC}=\mathrm{AB}\sin\theta$$
$$=2R\sin\theta\quad\cdots\cdots(答)$$
$$\mathrm{CA}=\mathrm{AB}\cos\theta$$

$=2R\cos\theta$　……(答)

次に，辺 BC の中点を D とする。このとき，$\angle \mathrm{ODB}=\angle \mathrm{BDP}=90°$ なので，点 D は辺 BC と線分 OP の交点である。

次に，中点連結定理により

$$\mathrm{OD}=\frac{1}{2}\mathrm{AC}=R\cos\theta$$

また，点 $\mathrm{G_1}$ は △BPC の中線 PD を 2：1 に内分する点なので

$$\mathrm{DG_1}=\frac{1}{3}\mathrm{DP}=\frac{1}{3}\mathrm{BP}\sin60°=\frac{1}{3}\mathrm{BC}\cdot\frac{\sqrt{3}}{2}=\frac{\sqrt{3}}{3}R\sin\theta$$

したがって

$$\mathrm{OG_1}=\mathrm{OD}+\mathrm{DG_1}=R\cos\theta+\frac{\sqrt{3}}{3}R\sin\theta \quad \cdots\cdots(\text{答})$$

(2)　$\mathrm{OG_1}$ と同様にして

$$\mathrm{OG_2}=R\sin\theta+\frac{\sqrt{3}}{3}R\cos\theta$$

$\mathrm{OG_1}/\!/\mathrm{AC}$，$\mathrm{OG_2}/\!/\mathrm{BC}$ で，$\mathrm{AC}\perp\mathrm{BC}$ より，$\angle \mathrm{G_1OG_2}=90°$ なので，三平方の定理より

$$\begin{aligned} d^2&=\mathrm{G_2G_1}^2=\mathrm{OG_1}^2+\mathrm{OG_2}^2\\ &=R^2\left(\frac{\sqrt{3}}{3}\sin\theta+\cos\theta\right)^2+R^2\left(\sin\theta+\frac{\sqrt{3}}{3}\cos\theta\right)^2\\ &=R^2\left(\frac{4}{3}\sin^2\theta+\frac{4}{3}\cos^2\theta+\frac{4\sqrt{3}}{3}\sin\theta\cos\theta\right)\\ &=\frac{2R^2}{3}(2+\sqrt{3}\sin2\theta)\end{aligned}$$

$$\therefore\quad d=R\sqrt{\frac{2}{3}(2+\sqrt{3}\sin2\theta)} \quad \cdots\cdots(\text{答})$$

(3)　$0°<\theta<90°$ より　　$0°<2\theta<180°$　　$0<\sin2\theta\leqq1$

$\sin2\theta=1$ は $2\theta=90°$ のときで　　$\theta=45°$

したがって，d は $\theta=45°$ で最大となり，最大値は

$$d=R\sqrt{\frac{2}{3}(2+\sqrt{3})}=\frac{3+\sqrt{3}}{3}R \quad \cdots\cdots(\text{答})$$

次に，$\theta=45°$ のとき　　$\mathrm{BC}:\mathrm{CA}:\mathrm{AB}=1:1:\sqrt{2}$　……(答)

◀解　説▶

≪三角比の図形への応用，三角関数の最大・最小≫

(1)　外接円における円周角 $\angle ACB=90°$ なので，辺 AB は外接円の直径となり，$AB=2R$ である。辺 BC，CA は三角比の定義通り求められる。次に，△BPC の重心 G_1 は中線 PD を 2：1 に内分する点であることを用いて，DG_1 の長さを求める。点 O，D，G_1，P は一直線上に並ぶので，$OG_1=OD+DG_1$ で，OG_1 の長さは求められる。

(2)・(3)　(1)と同様にして，OG_2 の長さを求める。次に，$\angle G_2OG_1=90°$ なので，三平方の定理より

$$G_2G_1{}^2=OG_1{}^2+OG_2{}^2$$

これを用いて，d^2 を θ で表す。

$d^2=\dfrac{2R^2}{3}(2+\sqrt{3}\sin2\theta)$ と変形され，$0°<\theta<90°$ における $\sin2\theta$ の値域は容易に求められる。

最後に，2重根号のはずし方は

$$\sqrt{a+b+2\sqrt{ab}}=\sqrt{a}+\sqrt{b}\quad（ただし，a>0，b>0）$$

を用いる。

III　解答　①$\dfrac{2}{9}$　②1，5，6　③$\dfrac{1}{3}$　④$\dfrac{1}{36}$　⑤76

◀解　説▶

≪倍数，連続する整数の積，確率の計算≫

(1)　n が4の倍数であるときは，b は偶数であり，$b=2$，4，6，8 のいずれかである。

$b=2$ のとき　　$a=1$，3，5，7，9

$b=4$ のとき　　$a=2$，6，8

$b=6$ のとき　　$a=1$，3，5，7，9

$b=8$ のとき　　$a=2$，4，6

以上より，$(a,\ b)$ の取り方は16通りある。

すべての $(a,\ b)$ の取り方は，${}_9P_2=9\times8=72$ 通りあるので，n が4の倍数である確率は，$\dfrac{16}{72}=\dfrac{2}{9}$ である。（→①）

(2) $n^2-n=n(n-1)$

$n>10$ で，n^2-n は連続する自然数の積である。

n^2-n は偶数なので，「n^2-n が10の倍数である」$\Longleftrightarrow$「n または $n-1$ が5の倍数である」となる。

(イ) n が5の倍数であるとき　$b=5$

a の取り方は8通りある。

(ロ) $n-1$ が5の倍数であるとき　$b=1,\ 6$

a の取り方は，それぞれ8通りある。

したがって，n^2-n が10の倍数であるとき　$b=1,\ 5,\ 6$　(→②)

$(a,\ b)$ の取り方は24通りある。だから，n^2-n が10の倍数である確率は，$\dfrac{24}{72}=\dfrac{1}{3}$ である。(→③)

(3) n と $n-1$ がともに5の倍数であることはないので，$n(n-1)$ が100の倍数であるためには，n または $n-1$ が25の倍数でなければならない。

(ハ) n が25の倍数であるとき，$b=5$ のときで条件に合う n は

$n=25,\ 75$

の2通りある。

$n=25$ のとき，$n^2-n=25\times24$ となり，100の倍数である。

$n=75$ のとき，$n^2-n=75\times74$ となり，100の倍数でない。

(ニ) $n-1$ が25の倍数であるとき，$b=1,\ 6$ のときで条件に合う n は

$n-1=25,\ 50,\ 75$　$\therefore$　$n=26,\ 51,\ 76$

$n=26$ のとき，$n^2-n=26\times25$ となり，100の倍数でない。

$n=51$ のとき，$n^2-n=51\times50$ となり，100の倍数でない。

$n=76$ のとき，$n^2-n=76\times75$ となり，100の倍数である。

(ハ)，(ニ)より，n^2-n が100の倍数である $(a,\ b)$ の取り方は

$(a,\ b)=(2,\ 5),\ (7,\ 6)$

の2通りある。

よって，n^2-n が100の倍数である確率は $\dfrac{2}{72}=\dfrac{1}{36}$ であり (→④)，n^2-n が100の倍数であるような最大の n は76である。(→⑤)

Ⅳ

解答　①$x-1$　②$2a$　③na　④$2$　⑤$-\frac{1}{8}$

◀解　説▶

≪恒等式，区間における２次関数の最大・最小≫

$$2f(x)=xf'(x)+x-2 \quad \cdots\cdots ㋑$$

$n=1$ のとき，$f(x)=a_1x+b_1$ とおける（ただし，a_1，b_1 は実数で，$a_1\neq 0$）。

$$f'(x)=a_1$$

㋑は　$2(a_1x+b_1)=x\cdot a_1+x-2$

$$(1-a_1)x-2(b_1+1)=0$$

これは x の恒等式なので，両辺の係数を比較して

$$1-a_1=0,\ b_1+1=0 \qquad \therefore\ a_1=1,\ b_1=-1$$

したがって　$f(x)=x-1$　（→①）

$n\geqq 2$ のとき，$f(x)$ の最高次の項が ax^n であるとき，㋑の左辺の x^n の係数は $2a$ である。（→②）

$f'(x)$ の最高次の項は nax^{n-1} なので，㋑の右辺の x^n の係数は na である。

（→③）

したがって　$2a=na$

$a\neq 0$ より　$n=2$　（→④）

このとき，$f(x)=ax^2+bx+c$ とおける（ただし，a，b，c は実数で，$a\neq 0$）。

$$f'(x)=2ax+b$$

㋑は

$$2(ax^2+bx+c)=x(2ax+b)+x-2$$

$$(b-1)x+2(c+1)=0$$

これは x の恒等式なので，両辺の係数を比較して

$$b-1=0,\ c+1=0 \qquad \therefore\ b=1,\ c=-1$$

したがって　$f(x)=ax^2+x-1$

(i)　$a>0$ のとき，$y=f(x)$ のグラフは下に凸な放物線で，$f(0)=-1$ なので，$f(x)=1$ をみたす x は必ず存在する。

(ii)　$a<0$ のとき，$y=f(x)$ のグラフは上に凸な放物線で，最大値が存在する。

したがって，$f(x)=1$ となる x が存在しない条件は

$(f(x)$ の最大値$)<1$

となる。

$$f(x)=a\left(x^2+\frac{1}{a}x\right)-1=a\left(x+\frac{1}{2a}\right)^2-\frac{1}{4a}-1$$

$f(x)$ は $x=-\dfrac{1}{2a}$ のとき，最大となり，最大値は $-\dfrac{1}{4a}-1$ である。

よって，求める条件は

$$-\frac{1}{4a}-1<1$$

$a<0$ より　　$-1>8a$　　$\therefore\ a<-\dfrac{1}{8}$　(→⑤)

❖講　評

2023 年度は大問 4 題のうち，**Ⅰ**・**Ⅱ**が記述式で，**Ⅲ**・**Ⅳ**が空所補充形式であった。

Ⅰ　対称式で与えられた三角関数を，変数変換により 3 次関数に直して，その最大値・最小値を求める問題である。誘導に従って解いていけばよい。標準的なレベルの問題である。

Ⅱ　三角比の図形への応用問題である。(1)，(2)で θ の三角関数を求めて，(3)でその最大値を求める問題となっている。これも誘導式で，標準的なレベルである。

Ⅲ　倍数に関する整数問題と確率の融合問題である。整数に関する知識が要求されている。全事象は多くないので，すべて数え上げげても解決できる。

Ⅳ　前半が恒等式に関する問題で，後半は 2 次関数のグラフに関する問題となる。どちらも基本的な知識で解ける問題である。

全体的には例年通り標準的な問題である。融合・混合問題が多く，幅広い知識が必要とされるが，教科書の例題，章末問題が解ける学力があれば十分である。

養を身につけるよう心がけたい。問8の記述問題については明確に着眼すべき文が存在するため、その文に基づく解答作成が肝になる。

二は『堤中納言物語』の「花桜折る少将」の冒頭部分であるが、『源氏物語』の場面を踏まえたような表現が多々見られる。中古の物語文学の定番・王道とも言える場面・表現に慣れていないと内容の理解は難しい。男が女の家に通い、明け方自宅に帰るという恋愛の形や後朝の文の作法、風情ある夜にかつての女性を訪ねるという定番の場面、垣間見、参詣が当時の女性にとっての大きな娯楽の面を持っていたこと、当時の建物は床が高く階段を下りねば外に出られなかったことなどがわかっているのが理想的である。ただし設問は重要単語、重要表現の訳の正しい組み合わせを選べば正解にたどりつける。きちんとした知識で正解にたどりつけば、選択肢はそのまま読解の助けになるようになっている。

り（この場合「青柳の糸」）と下へのつながり（「いとど…思ひみだるる」）で理解するようにするとよい。「青柳の」は「糸（いとど）」を掛詞を使って導く序詞である。序詞は①比喩、②掛詞、③同音反復などを使ってある言葉を導く修辞であり、訳に入れる。縁語は意味上関連する語（この場合「糸」に関連する語）をひそませる和歌修辞で、訳すときは考慮しない。女の歌が男の心を疑うものというのは後朝の文のお決まりの表現である。

問9　「侍り」は「候ふ」同様〝①お仕えする（謙譲）、②あります（丁寧）、③です・ます（丁寧の補助動詞）〟の意味がある。この場合「ここ（＝自宅）」にいたことを述べているので②が妥当。「しか」は係助詞「こそ」の結びで已然形になっている過去の助動詞「き」。「あやしかり（あやし）」は〝不思議だ、奇妙だ、みすぼらしい〟の意。「ける」は詠嘆の助動詞「けり」の連体形。「けることかな」「けるかな」の形になっているときは「ける」は詠嘆と解釈することがほとんどである。「かな」は詠嘆の終助詞である。女の所を訪れていて家にはいなかったことをとぼけている発言である。

❖講　評

傍線部を指定しない形式だが、設問は本文の内容のまとまりごとに設定されている。構成・展開をつかみながら本文を読み進めるとよい。現代文（評論）一題、古文一題の出題である。

一は近代日本における教養主義と教養主義批判という「教養」についての言説をテーマとする。我が国の教養主義のルーツを確認しつつ、その特徴と問題を述べる。近代の始まりに身分秩序の崩壊、資本主義社会の始まり＝中産階級（ブルジョア階級）の発展、宗教観の崩壊などがあり、その中でドイツで「教養」（＝自己形成）が重視されたこと、日本の「教養主義」が西洋の脅威とその没落に照応する形で展開したことが述べられる。設問は本文の内容ときちんと照合していけば解答はさほど困難ではないが、本文も選択肢も長く、すばやく正確な読み、内容・構成の把握が求められる。先述したような近代に関する基礎知識が頭にあれば誤りない速読が可能になるため、学習の際には意識して基礎教ばれ」は〝①ええい、ままよ、どうともなれ、②しかし〟の意。「近からむところに居て」は〝（御社に）近いところにとどまって〟ということで、「む」は婉曲の助動詞連体形。「御社へは参らじ」の「じ」は打消意志の助動詞終止形。この童が参詣にお供せず留守番なのは、御社に入れない事情（多分身体上の障り）があるからであり、それでも参詣にお供できないことはつらいといって《御社に入るのはできないけれど、近くまではお供をしてついて行くわよ》という発言である。ただし細かい事情は把握できなくとも、各語を順にそのまま訳せば正解は導ける。「ものぐるほし」は〝正気でない、まともでない〟の意。「や」は詠嘆の間投助詞（終助詞とする説もある）。

問7　「みなしたてて」は「皆、仕立てて」であり、「仕立て（仕立つ）」は〝仕立てる、支度をする〟の意。「なやましげに」は〝体を動かすのも苦しそうな様子で〟の意味。動詞「なやむ」から来た形容動詞で、「なやむ」は古語では心よりむしろ体が苦しい場合に用いることが多い。「児めい（児めく）」は〝子どもっぽい、無邪気でおっとりしている〟の意味で、この文脈では悪い意味では用いられていない。「らうたき（らうたし）」は〝可憐だ、いじらしい〟の意味で、「ものの」は「ものを」「ものから」と同様、逆接の接続助詞である。「ゆゑゆゑしく（ゆゑゆゑし）」は〝気品がある、風格がある〟の意味。「ゆゑ」に〝由緒、風情〟の意味があることと合わせて覚えておこう。「うれしくも見つるかな（＝よいところを見た）」と続くことから、好感をもって見ていることを読み取る。

問8　和歌解釈ははじめに歌い手を特定する。後朝(きぬぎぬ)の文（男女が情を交わした後の朝に送り合う歌で、歌の内容は形式的に相手の心を疑うようなものも多い）はまず男から送るものである。また「昨夜のところに文書きたまふ」の描写は主人公の男のものであることからもわかるだろう。「さらざりし」の「さら（さり）」は「さ-あり」からできた言葉で、〝そのようである〟の意味。「しかり」と同義。「さらざりし」で〝そのようではなかった〟となる。「いとど」は〝ますます〟の意。直訳すると《そのようではなかった昔よりも青柳のますます今朝は思いが乱れている》となる。するると「青柳の」の部分が解釈上浮いてくるので、この部分に和歌修辞があると判断する。柳の枝のことを「柳の糸」と表現する。知っていると理解が早い。「糸」と「いとど」は掛詞になっている。掛詞は上からの意味のつなが要がある。男が女に「あはれ」と思うのであれば〝いとしい〟、美しい月に対してであれば〝趣深い〟などの訳になる。ここでは家が荒れている様子に対して使用しているので、選択肢の〝気の毒なほど〟の訳が合致。「人け」は「人気」で〝人の気配〟。「とがむる（とがむ）」は「咎む」で〝責める、気にとめる、問いただす〟の意味。のぞくのをとがめる者もいないということである。

問4　主人公がかつて情を通わせた女の消息を尋ねている場面。「山人」は〝山に住む者、木こり、仙人〟の意味。「山人に物聞こえむと言ふ人あり」（＝山のお方に挨拶申し上げたいと言う人がいる）と取次を頼んでいることから、「山人」はこの桜が咲く荒れた家に住む女を揶揄して言った言葉と解釈する。「ものせよ（ものす）」は代動詞で文脈に合わせて訳す。当時は訪問の際はまず女房などに家の主人への取次を頼むものである。「住ませたまふ」の「せたまふ」は二重尊敬で、「せ」は尊敬の助動詞「す」の未然形、「たまふ」は尊敬の補助動詞。「うしろめたく（うしろめたし）」は〝心配だ、気がかりだ、不安だ〟の意味。対義語は「うしろやすし（＝安心だ）」。「あはじや」の「じ」は打消意志。「やはら」は「やをら」同様〝そっと、静かに〟の意味。

問5　「をのこども少しやりて」とあるのは、垣間見をする際は従者を遠ざけるものだったためである。「やり（遣る）」は〝行かせる、送る、気を晴らす〟の意味。「明けやしぬらむ」の「ぬ」はサ変動詞連用形「し」に接続し、現在推量の助動詞「らむ」に続いているため、終止形である。よって完了の助動詞「ぬ」であり、打消の助動詞の連体形ではない。動詞の連用形＋サ変動詞の表現は、間に係助詞などを入れて使う。意味は動詞だけの場合と変わらない。〝（夜が）明けたのだろうか〟となる。「おどろか（おどろく）」は〝気づく、はっとする、目を覚ます〟、「まほしけれ」は願望の助動詞「まほし」の已然形。「おとなし」は大人らしいということであり、〝大人びている、分別がある、年配である〟の意になる。古今異義語である。「などか…起きぬぞ」の「などか」は〝どうして〟で、文末は連体形となる。よって「ぬ」は打消の助動詞の連体形。完了の助動詞「ぬ」の終止形ではない。

問6　「わびしく（わびし）」は〝つらい〟であり、参詣には行かずに「とまる（＝家にとどまる）」童の言葉である。「さ

▲解　説▼

問1　第一段落を訳す。「はかられて」の「はから（はかる）」は「謀る・企る」で〝だます、たばかる〟の意。月の明るさに、夜明けかと思ってということである。「夜深し」は夜明け前のまだ暗い頃をいう。明るくなる夜明けは「あけぼの」「朝ぼらけ」である。「思ふらむ」の「らむ」のここでの文法的意味は婉曲であるが、元々は現在推量の助動詞で、目の前にないものや心中を推し量るときに使用する。よって、「思ふ」の主語は女であり、男がその心中を推し量って「いとほし」と感じている。「いとほし」は〝気の毒だ、不憫だ〟の意の重要語。ここまでで解答はeとわかる。選択肢の表現を参考に「たち帰らむ」は女の家へ帰ることとわかる。「くまなき」は「隈なき（隈なし）」で〝曇りのない、明るい〟の意。また、解答には必要ないが、「…にまがふ（紛ふ）」は〝…と見間違える（ほどの）〟の意で、知っておきたい表現。

問2　第一段落の月光と桜霞の描写を受けた部分。月と花は風流物の代表格であり、見事な様子に心引かれたという状況である。「いま」は〝もう、さらに〟の意。「おもしろく（おもしろし）」は「をかし」と同様にまず〝風情がある、趣深い〟と訳すべき語。「…がたき（がたし）」は〝…しづらい・できない〟の意。「そなた」は〝そちら〟。「あなた」「かなた」は〝あちら〟、「こなた」は〝こちら〟とまとめて覚えておきたい。「やる（遣る）」は動詞の下について〝すっかり…する、…しきる〟の意で、「…もやらず」で〝…しきれない・できない〟の意味になる。「やられず」の「れ」は受身・尊敬・自発・可能の助動詞「る」の未然形。打消表現とセットのときはまず可能の意味。「…もやられず」で合わせて〝…できない〟と訳す。「にほふ」は〝美しく映える〟で、香りよりまず見た目の美しさをいう。

問3　「はやく」は〝①以前、②（「はやく…けり」の形で）なんと〟の意。「物言ひ（物言ふ）」は「逢ふ」「見る」「語らふ」と同様〝男女の仲になる〟の意味を持つ。「やすらふ」は〝ためらう、たたずむ、滞在する〟の意。動詞の上につく「うち」「かき」「さし」「たち」はほぼ訳さなくてよい。「あはれげに」は〝「あはれ」そうな様子で〟の意味である。「あはれ」は心にしみじみとした感慨をもたらすすべての感情を表す言葉であるため、文脈に合わせて訳す必

「季光は、どうして今まで起きていないのか。弁の君さん。ここにいたの。参上なさいませ」と言うのは、どこかへ参詣でもするのだろう。さきほどの女の子は（家に）とどまるのだろう。「（留守番なんて）つらく思えてしまうわ。ええい、ただお供に参上して、近いところに居て、御社へはお参りしないつもり」などと言うと、「ばかなこと言わないでよ」などと言う。

皆支度して、（出かけようとする人が）五、六人いる。（出発のため階段を）下りるときもとても大変そうにして、「これこそ主人なのだろう」と思われる人を、よく見ると、衣を脱ぎ（肩に）かけた姿は、小柄で、たいそう子どもらしい。話している様子も、可憐だけれど、品があるように聞こえる。「うれしいことに（いいものを）見たな」と思うが、だんだん夜が明けてくるので、（自分の家へ）帰りなさった。

日が昇るころに起きなさって、昨夜の（女の）所に手紙を書きなさる。「とても（夜も心も）深かったのですが、（帰るのが）当然の（あなたの）ご機嫌に、（私があなたの家を）出ましたのは、（私の）耐えがたさもどれほどか（と察してください）」などと、青い薄様に（書いて）、柳の枝につけて、

そうではなかった（＝こんなにあなたが冷淡ではなかった）昔よりも、青柳の糸（＝柳の枝）ではないが「いとど」（＝ますます）今朝は心が乱れることよ

と（歌を）書いて、送りなさった。返事は見苦しくない様子に思われる。

（心に）かけていなかった（私の）方へ延びてきた柳の糸（のようなあなた）なので、打ち解けたと見た間にまた（他所で）乱れる（＝浮気する）ことよ

と書いてあるのをご覧になるうちに、源中将や、兵衛佐が、小弓を（お供に）持たせていらっしゃった。「昨夜は、どこに隠れなさっていたのか。内裏で管弦の宴があって（あなたに）お召しがあったのに、見つけ申し上げないで（いたのだよ）」とおっしゃると、「ここにいました。奇妙なことだなあ」などとおっしゃる。

◆全　訳◆

月（の明るさ）に（夜明けかと）だまされて、夜明け前に起きてしまったが、（それで早々に女の家を出て自宅へ帰ることになり、女がそれを薄情だと）思うところもかわいそうだけれど、引き返すとしても遠い距離だから、（女の家には戻らずに）おもむろに進んでいくと、（道中にある）小さな家などで普段立てられる（生活の）音も聞こえず、曇りない明るい月（の光）に、あちらこちらの桜の木々も、まったく霞と見まちがえてしまいそうな様子で咲いている。

もう少し、通り過ぎて見たところよりも、趣深く、行き過ぎがたい気持ちがして、

そちらへと通り過ぎてしまうことはできない。桜の花が美しく咲く木陰に向かって旅立たずにいられないなあと、口ずさんで、「以前ここに、情を通わせた人がいる」と思い出して、足をとめると、築地の崩れたところから、白い衣の者が、ひどく咳き込みながら出てくるようだ。気の毒なほどに荒れて、人のいるような様子のない所なので、あちらこちらのぞいてみるけれど、とがめる人もいない。さきほどいた（白い衣の）者が戻るのを呼び止めて、「ここに住みなさっていた人は、まだいらっしゃるか。『山のお方に挨拶申し上げたいと言う人がいる』と取り次いでくれ」と言うと、「そのお方は、ここにはいらっしゃらない。何々とかいう所に住んでいらっしゃる」と申し上げたので、「気の毒なことだな。尼にでもなってしまっているのだろうか」と、気がかりで、「あの光遠に逢わないというのだろうか」などと、にやにやと（偽名を）おっしゃるときに、妻戸をそっと開く音がするようだ。

供人たちを少し遠ざけて、透垣の（そばの）生え連なる一群のすすきの茂みの下に隠れて見ると、「少納言の君さん。夜が明けたのだろうか。出てご覧なさい」と（誰かが）言う。上品な様子の女の子で、姿の美しい、ひどく（着慣れて）柔らかくなりすぎ（た衣の）、宿直姿である者が、蘇芳であろうか、つやつやした袙に、櫛でとかした髪の先は、小袿に映えて、優美である。月の明るい方に、扇をかざして（顔を）隠して、「月と花とを」（注：〃もったいないほど美しい夜の月と桜の花を、同じことならものの情趣を理解しているような人に見せたい〃という意味の古歌）と口ずさんで、桜の花の方へ歩いて来るので、（歌でも詠んで、こちらに）気づかせたいけれど、しばらく見ていると、年長らしい女房が、

問8　第二十一段落に「教養主義批判とは、……そんな方法だけでは、自分自身は作りあげられないぞ、ということである」と明記されている。この一文をもとに、まず「そんな方法」の指示内容を明確にする。第二十段落に「教養主義とは、……思想書や文学書の読書を、自分自身を作りあげるための方法と捉えること」とある。また、説明問題では《Aではない、Aであってはならない》ことを述べた後は《Bであるべき》の部分を加えるのがよい。第二十五段落に「政治や経済に関わろうとしない大正教養主義への批判」とあることに着目する。よって、①教養主義批判とは、そんな方法では自己形成できないということ、という表現をもとに、②「思想書や文学書の読書」による方法という指示内容を明らかにし、③「政治や経済に関わ」るべきであることを加えて解答を作成する。

二

出典　『堤中納言物語』〈花桜折る少将〉

解答

問1　e

問2　e

問3　c

問4　b

問5　a

問6　a

問7　d

問8　b

問9　ここにいました。奇妙なことだなあ。

成」につながる表現であることが述べられる。第十四段落で「人格」とは「かけがえのない自分自身」「その内面」「強烈な個性」であり、ヴェルテル君やさまざまな教養小説の主人公が「強烈な個性」の持ち主であることが述べられている。高潔な人柄ではなく強烈な個性を作りあげるという「自己形成」を行う小説が教養小説（ビルドゥングスロマン）なのである。a・bはまず「教養をドイツ語に『翻訳』すると」が誤り。ドイツ語が元である。a、「教養を身につけていない」、b、「高潔な人柄から」、c、「傑作である」、e「高い知的教養の持ち主」とは本文に述べられていない。

問５　第十七段落で「伝統的身分秩序」等の解体の中で、「ブルジョア階級（＝中産階級）」の若い男性が自己形成の重要性を謳って自分たちの階級を差異化し、「教養市民」と呼ばれるようになったと述べられ、第十八段落でその方法として高等教育機関での学びが重視されたことが述べられている。「ブルジョア階級の若い男性」に自己形成の特権が与えられたことと、自己形成の重要性を謳って自分たちを差異化し「教養市民」と呼ばれたことは、同じ現象を別の言葉で表現したものであり、この二つを別ものとしているb・d・eは誤り。cは「もはや……見られなくなり」とあるが、これでは前提としてこれらの方法がドイツにあったことになってしまい誤り。dは「いかに生くべきか……考えに変わっていった」も誤り。第十九段落には「教養」が「青春」と結びつけられるようになったとある。

問６　第二十二段落で「教養主義」が大正時代に栄えたこと、その大正教養主義について第二十五段落で「明治の立身出世主義への反撥」があったことが述べられ、「文学的・哲学的」な特徴が示される。さらに最終段落でその明治の福沢諭吉の思想について説明され、第一次世界戦争と日本的教養主義の隆盛との重なりが指摘されている。a、「誰の眼にも明白」だったのは「教養主義批判の第一弾」がマルクス主義だったことである（第二十四段落）。c、最終段落より、「西洋からのキョウイとも結びついていた」のは福沢諭吉の思想の頃からである。d、最終段落より、「近代日本の栄光と悲惨に重なって」いるのは「日本的教養主義（＝大正教養主義）」も同じである。e、「科学や技術がもたらした」とは本文で言及されていない。

形成を促す点では同じであり、西洋からの考えと方法の輸入である。教養主義は近代日本の栄光と悲惨に重なり、「西洋の没落」と日本的教養主義の隆盛は重なるのである。

▲解　説▼

問2　「教養」の現状については第一～四段落で述べている。「とにかく」で始まる第三段落で筆者の言いたいことがまとめられており、その内容に合致しているcが正解である。本文中の「死亡宣告がなされている」は選択肢では「重んじられる時代は終わった」と言い換えられている。a、第一段落の内容を踏まえているが、「専門の反対語」の意味を帯び、教養があるという言い方は、小馬鹿にしたように聞こえる」という表現が不適切。「専門の反対語」であることが侮蔑につながっているわけではない。b、「異化効果を狙うことにしか用いられな」いという限定が不適切。d、第三段落で「その言葉を使う者の思想や希望」に加えて「思惑やセンドウ」まで含む多様な意味と述べられている。e、「一種の異化効果を狙おうとしている書名に使われるだけ」という限定が不適切。

問3　「教養についての言説」については第五～十段落で述べている。その「特徴」として第七段落に「問題なのは、……定義の曖昧さ」とあり、さらに第十段落で「ごもっとも」な定義の危険に触れている。bが正解。これらの特徴を踏まえて第九段落で「整理整頓」の必要性について述べ、第十段落で「先達の言葉」の引用という正攻法を挙げる。a、第九段落の「伝統」とは「定義の混乱にハクシャをかけ」ることを指す。「伝統に逆らい、その定義の混乱にハクシャをかけ」は誤り。c、従来の「教養論の作法」と筆者のやりたい「整理整頓」が混乱している。d、教養概念を絞りこむことは「本来の」教養論の作法ではない。また、「そうしなければ（＝絞りこまなければ）」は誤り。第十段落に「それでも（＝絞りこんだとしても）」とある。e、人生論にしかならない「ので」引用が正攻法、という論理ではないので、誤りとなる。

問4　第十四段落の「これで、ヴェルテル君も、教養の仲間入りであろう」の「これで」の前の部分を見る。第十二段落に「教養はドイツ語のBildungの訳語」とあり、第十三段落で「自分自身を作りあげる」こと、「人格陶冶」「自己形

国語

一

解答

出典　高田里恵子『グロテスクな教養』〈第一章　教養、あるいは「男の子いかに生くべきか」〉（ちくま新書）

問1　㋐神髄〔真髄〕　㋑崩壊〔崩潰〕
問2　c
問3　b
問4　d
問5　a
問6　b
問7　ⓐ―a　ⓘ―d　ⓤ―a　ⓔ―b　ⓞ―c
問8　思想書や文学書の読書という方法では自己形成は不可能であり、政治や経済に関わっていくべきだということ。（五十字以内）

◆要　旨◆

日本は教養についてドイツに倣った。教養とは人格陶冶、自己形成であり、重要なのは人格が認められ解放されて初めて自分自身で自己を形成するという認識である。その方法として上級学校での思想や哲学の読書の役割が強調され、いかに生くべきかを自覚する教養は青春と結びつけられ、大正の教養主義は隆盛した。しかしその教養主義への批判は初めから存在し続けている。マルクス主義や明治の立身出世主義は大正の教養主義と対立するものと見なされるが、実際は自己

■全学日程２：２月６日実施分

３教科型，３教科型（同一配点方式），２教科型（英語＋１教科選択方式），２教科型（英数方式〈総合情報〉〈社会安全〉）

▶試験科目・配点

●３教科型

教　科	科　　　目	配　点
外国語	コミュニケーション英語Ⅰ・Ⅱ・Ⅲ，英語表現Ⅰ・Ⅱ	200点
選　択	日本史Ｂ，世界史Ｂ，地理Ｂ，政治・経済，「数学Ⅰ・Ⅱ・Ａ・Ｂ」から１科目選択	100点
国　語	国語総合・現代文Ｂ・古典Ｂ（いずれも漢文を除く）	150点

●３教科型（同一配点方式）

教　科	科　　　目	配　点
外国語	コミュニケーション英語Ⅰ・Ⅱ・Ⅲ，英語表現Ⅰ・Ⅱ	150点
選　択	日本史Ｂ，世界史Ｂ，地理Ｂ，政治・経済，「数学Ⅰ・Ⅱ・Ａ・Ｂ」から１科目選択	150点
国　語	国語総合・現代文Ｂ・古典Ｂ（いずれも漢文を除く）	150点

●２教科型（英語＋１教科選択方式）

教　科	科　　　目	配　点
外国語	コミュニケーション英語Ⅰ・Ⅱ・Ⅲ，英語表現Ⅰ・Ⅱ	150点
選　択	日本史Ｂ，世界史Ｂ，地理Ｂ，政治・経済，「数学Ⅰ・Ⅱ・Ａ・Ｂ」，「国語総合・現代文Ｂ・古典Ｂ（いずれも漢文を除く）」から１教科選択	100点

●２教科型（英数方式〈総合情報〉〈社会安全〉）

区分	教　科	科　　　　目	配　点
英数方式〈総合情報〉	外国語	コミュニケーション英語Ⅰ・Ⅱ・Ⅲ，英語表現Ⅰ・Ⅱ	200点
	数　学	数学Ⅰ・Ⅱ・A・B	200点
英数方式〈社会安全〉	外国語	コミュニケーション英語Ⅰ・Ⅱ・Ⅲ，英語表現Ⅰ・Ⅱ	200点
	数　学	数学Ⅰ・Ⅱ・A・B	150点

▶備　考

- ３教科型と３教科型（同一配点方式），３教科型と２教科型（英数方式）は併願できない。
- ３教科型（同一配点方式）：文〈初等教育学専修〉・商・外国語・総合情報・社会安全学部を除く学部で実施。英語および選択科目は３教科型と同一問題を使用し，上記の配点に換算する。
- ２教科型（英語＋１教科選択方式）：外国語学部で実施。英語および国語は３教科型と同一問題を使用し，上記の配点に換算する。また，学部指定の英語外部試験のスコアが基準を満たし，それを証明する書類を提出した者は，英語を満点とみなし，選択科目の得点とあわせて250点満点で合否判定を行う。
- ２教科型（英数方式〈総合情報〉）：総合情報学部で実施。
- ２教科型（英数方式〈社会安全〉）：社会安全学部で実施。数学は３教科型と同一問題を使用し，上記の配点に換算する。
- 「数学B」は「数列，ベクトル」から出題する。

英語

(90 分)

〔Ⅰ〕A．次の会話文の空所(1)～(5)に入れるのに最も適当なものをそれぞれA～Dから一つずつ選び，その記号をマークしなさい。

Kana and Lucy are riding on a train in the same train car.

Kana: Excuse me. Do you mind if I ask you a question?

Lucy: (1)＿＿＿＿＿＿＿＿ Go ahead.

Kana: Weren't you a university exchange student a few years ago?

Lucy: Yes, I was. I was an international student in a one-year program. Were you a student at that university too? Have we met?

Kana: (2)＿＿＿＿＿＿＿＿ There was a special room on campus where students could go talk to international students. And one time, I was in the same conversation group as you.

Lucy: Really? Then I should remember, but everyone is wearing a mask these days. (3)＿＿＿＿＿＿＿＿

Kana: I'll pull it down, but just for a second.

Lucy: Yes, you do look familiar. Wait! Didn't you have long hair then? And you were having trouble with a friend.

(4)＿＿＿＿＿＿＿＿

Kana: Yes. I had a younger sister in high school who also wanted to go to our university. I was helping her study for the entrance exams, but...

Lucy: She just didn't study. (5)＿＿＿＿＿＿＿＿

Kana: Exactly. I'm so surprised you remember.

Lucy: Well then, how did she do?

(1) A. That depends.

B. Yes, I do.

C. Not at all.

D. Let's move on.

(2) A. Yes to both questions!

B. Hmm, I don't remember you.

C. I didn't go to university.

D. We eventually met in writing class!

(3) A. Why aren't you wearing yours?

B. You look rather unwell.

C. Should I keep mine on?

D. I can't tell who people are.

(4) A. Do you have many friends?

B. But you solved it, right?

C. Or were you the person?

D. Or was it a family member?

(5) A. Is that okay?

B. Am I right?

C. Did you approve?

D. Did she pass?

B. 下の英文A～Fは，一つのまとまった文章を，6つの部分に分け，順番をばらばらに入れ替えたものです。ただし，文章の最初にはAがきます。Aに続けてB～Fを正しく並べ替えなさい。その上で，次の(1)～(6)に当てはまるものの記号をマークしなさい。ただし，当てはまるものがないもの(それが文章の最後であるもの)については，Ｚをマークしなさい。

(1)　Ａの次にくるもの

(2)　Ｂの次にくるもの

(3)　Ｃの次にくるもの

(4)　Ｄの次にくるもの

(5)　Ｅの次にくるもの

(6)　Ｆの次にくるもの

A. Groundhog Day is an American holiday celebrated in the US on February 2. Let's find out more about this interesting holiday.

B. But that does not stop tens of thousands of people from traveling to see Punxsutawney Phil and millions more from checking the news for his prediction every year.

C. It comes between mid-winter and the beginning of spring. When early German immigrants came to America, they brought with them the legend of a small mammal with needle-like hair, the hedgehog, who could predict how long the winter would be.

D. Interestingly, people living in the small Pennsylvanian town of Punxsutawney claimed to have found the only groundhog that could really predict whether it would be a long winter or an early spring. Every year since, the groundhog called Punxsutawney Phil has been predicting the weather.

E. But how accurate have this little animal's predictions actually been? Not very. In fact, he has been right less than half of the time. Some say his accuracy is improving, but he has a long way to go.

F. When they did not find hedgehogs in America, they found the groundhog, a similar small animal that hibernates, or sleeps throughout the winter. It is believed that if a groundhog comes out of its hole, there will be an early spring. If it stays inside, then there will be six more weeks of winter.

〔Ⅱ〕A. 次の英文の空所(　1　)〜(　15　)に入れるのに最も適当なものをそれぞれA〜Dから一つずつ選び，その記号をマークしなさい。

On August 7, 1974, a young Frenchman caught the attention of bored New Yorkers by wire-walking between the Twin Towers of the World Trade Center. People in the street gasped at the sight 410 meters up, and the photo and film coverage of the unexpected event was extensive enough that news of this amazing high-wire act spread very quickly.

The 24-year-old entertainer who did the walk was named Philippe Petit. He was initially regarded by police as a criminal and was arrested as soon as he finished his act, (　1　) charges were soon dropped. Petit's feat was commemorated in James Marsh's 2008 documentary *Man on Wire*, and in *The Walk*, a film directed by Robert Zemeckis and starring Joseph Gordon-Levitt as Petit.

A magician from the age of six and former street juggler, Petit began (　2　) by walking on a wire as a teenager. In 1971, his first big public—and illegal—wire walk was between the towers of Notre-Dame Cathedral in Paris. His next came in 1973 when he walked between the tower-like structures of the enormous steel arch Sydney Harbour Bridge in Australia. Perhaps these were just warm-ups for (　3　) since Petit traces his obsession to an article he read about the World Trade Center in 1968, during the construction of the Twin Towers.

Petit first visited New York in January 1974, took a look at the Twin Towers, and took a deep breath. But soon, he had hired a helicopter to take aerial photographs—the better to construct a scale model. He also (4) to sneak to the roof of one of the towers for a close-up survey; accompanying him was his first partner, photographer Jim Moore. Others would follow: juggler Francis Brunn, who (5) some funding for the project; Petit's girlfriend Annie Allix, who faithfully provided whatever assistance was needed along the way; and Jean-Louis Blondeau, whose support was critical to carrying out the plan.

The towers, being so tall, were designed to bend in the wind. To compensate for this potentially (6) feature, Petit rehearsed the act in a similar setting. He positioned a 60-meter wire (the estimated distance between the two towers) on supports in a French field, and as he walked across with his 23-kilogram, 8-meter balancing pole, over and over again, day after day, his colleagues (7) the supports.

One major challenge Petit and his friends faced was how to get their equipment to the top of the World Trade Center. The wire he planned to walk across was made of steel cable, no more than two centimeters thick but, given the quantity Petit would need to link the towers, it would weigh anywhere from 230 to 450 kilograms. And once they got the cable up to the top, how were they going to position it? You cannot just toss hundreds of kilograms of wire across a 110-story-high, 60-meter-wide space.

Petit recruited other people along the way to assist in his quest, but (8) were as crucial as Barney Greenhouse, who worked for the New York State Insurance Department on the 82nd floor of the south tower. Fascinated by the plan, Greenhouse obtained fake building IDs for Petit and his crew, which allowed them to pretend to be workers and get in, along with documents that (9) them to bring equipment to the upper floors. After stepping on a nail during one scouting mission, Petit found he did not even need his fake ID—no one asked questions of an injured man.

The team settled on the idea of using a fishing line to put the steel cable between the towers, and after much consideration, Blondeau came up with the solution of using a bow and arrow to shoot the line from one tower to the other. Another operational feat was anchoring the supporting wires, which ordinarily make contact with the ground but in this case needed to be connected to the towers. None of this could be done without careful planning and rehearsal.

That night, on August 6, Petit and two teammates (10) the 104th floor of the south tower with their equipment. When a guard approached, one of the team members panicked and fled, while Petit and the other man hid under a waterproof sheet on a beam over an open elevator shaft. They remained there for hours, finally emerging (11) all seemed quiet, and made their way to the roof. Blondeau and another recruit had similarly sneaked up to the roof of the north tower, and they shot the fishing line across. All did not go (12): The line was so thin it was difficult to locate, and the steel cable flopped around for a while between the towers before the men managed to get it positioned.

Shortly after 7 a.m., Petit stepped off the south tower onto the wire and seemed to (13) his confidence immediately. He not only walked but knelt on one knee, laid down, conversed with birds and provoked police officers ready to arrest him on either end. (14), Petit crossed the 400-meter-high wire eight times.

After one unauthorized walk inside the Gothic structure on New York's Upper West Side, Petit was named artist-in-residence at the Cathedral of St. John the Divine. In September 1982, he wire-walked 46 meters over Amsterdam Avenue to the cathedral's west side as part of a dedication ceremony. But most (15), in 1999 he completed a 370-meter walk over a Little Colorado River branch of the Grand Canyon. This time, 490 meters separated the man on wire from the earth, where most of us can only stand and stare with our mouths open.

(1) A. and　　B. or
C. though　　D. because

(2) A. catching　　B. training
C. revealing　　D. enduring

(3) A. a short stop　　B. the big event
C. a small party　　D. the long journey

(4) A. imagined　　B. failed
C. jumped　　D. managed

(5) A. supplied　　B. guessed
C. wasted　　D. restricted

(6) A. blowing　　B. deadly
C. amusing　　D. primitive

(7) A. built　　B. collapsed
C. shook　　D. broke

(8) A. all　　B. some
C. none　　D. most

(9)　A．demanded　　B．authorized
　　C．prohibited　　D．prevented

(10)　A．ascended to　　B．competed on
　　C．turned into　　D．fell off

(11)　A．then　　B．though
　　C．afterwards　　D．when

(12)　A．back　　B．awkwardly
　　C．smoothly　　D．around

(13)　A．find　　B．crush
　　C．release　　D．search

(14)　A．For example　　B．In all
　　C．For good　　D．In contrast

(15)　A．peacefully　　B．spectacularly
　　C．disappointingly　　D．terribly

B．本文の内容に照らして最も適当なものをそれぞれA～Cから一つずつ選び，その記号をマークしなさい。

(1)　The author implies that Petit did his earlier wire walks

A．so that movie directors would take notice of him.

B．as practice for something more impressive.

C．to help overcome his fear of being in high places.

(2) The first step Petit took in preparation for his wire walk across the Twin Towers involved

A. collecting visual data about the site.

B. saving enough money to hire a crew.

C. getting permission from the authorities.

(3) According to the passage, Philippe Petit would

A. become anxious during his performances.

B. provide financial support for his acts himself.

C. readily break the law to achieve his goals.

(4) Petit was able to get the equipment to the top of the World Trade Center partly because

A. Barney Greenhouse paid employees to let him in.

B. fake materials were sent to upper floor staff.

C. a foot wound allowed him to enter without being stopped.

(5) According to the ninth paragraph, starting with "That night", Petit's Twin Tower wire-walk plan almost fell apart because

A. security staff came close to discovering Petit.

B. both key members of the crew suddenly decided to quit.

C. he realized the Twin Towers swayed in the wind.

(6) Based on the passage, Petit could be best described as

A. generous and lovable.

B. bold and rebellious.

C. mysterious and quiet.

(7) The best title for the article would be

A. “The Incredibly Long Career of a Wire Walker.”

B. “The Terrible Dangers of Walking on Wire.”

C. “The Story Behind a Remarkable Wire Walk.”

〔Ⅲ〕A. 次の英文の下線部①〜⑩について，後の設問に対する答えとして最も適当なものをそれぞれA〜Cから一つずつ選び，その記号をマークしなさい。

“Mom, will you come sleep with me?”

That is a question I do not hear much anymore. I sit upright in bed, shake myself awake and stumble into my teenage daughter's room. While this night-time mission used to be part of our regular routine when she was small, I am rarely called to help now. Dreamily, I crawl out of my bed and into hers, only too happy to be reminded that even big kids sometimes want to have their mom around.

①My joy does not last long. The kid tosses and turns, then throws off her covers and sighs: “I just can't fall asleep!” Desperate to go back to sleep I tell her to try to relax, because eventually she will fall asleep. She does not.

The next day she wearily drags herself into the kitchen and declares herself exhausted. “I didn't sleep at all last night. And I couldn't sleep the night before either!” She laments that she barely has the energy for her big plans with friends.

Then I witness something I have never seen before. ②Out of the corner of my eye, my daughter casually reaches for the coffee pot, pours a mouthful of the coffee into her cup, and drinks it in one swallow.

A little sleep-deprived myself, I did not quite catch it at first. It looks totally natural in our coffee-loving house to see someone drink a bit of coffee in the morning to get the day started. ③But then it hits me: That is my 14-year-old kid!

"You drink coffee now?" I ask her as she grimaces at the taste. I remind her that coffee has caffeine, which will likely ensure that she will not sleep again tonight. And then she wonders aloud, "Hmm... I wonder if the soda I've been drinking might be keeping me awake?"

It turns out my daughter has been consuming energy drinks filled with enough caffeine and sugar to ④interfere with her sleep. A friend offered her one of these neon-colored drinks one day, and suddenly she was addicted. The taste, the name, and the cool packaging made it a drink any teenager could love.

Only these drinks are not for kids. Many of them are dangerous for growing bodies. Some of the popular energy beverages contain as much as 350 mg of caffeine, a chemical that prevents sleep. For comparison, the average coffee has 95 mg of caffeine per cup. That means kids can walk into convenience stores and buy drinks with much more caffeine than your morning coffee.

Caffeine is a legal substance that many, myself included, enjoy every day. However, the side effects on kids can be scary, such as ⑤behavioral problems, irregular heartbeats, and nervousness. Even more disturbingly, these negative effects can even lead to death, as in the tragic case of one teenager in the US who drank a coffee, then a soda with a lot of caffeine, followed by an energy drink within two hours, ⑥leading to a fatal heart attack.

Experts at Health Canada advise that kids and teenagers should not drink more than 2.5 mg of caffeine per kg of body weight. And for an average 60-kg teenager, that amounts to about 150 mg a day, which is less than what you would typically find in a single energy drink.

Actually, the cans have warning labels that read "Not Recommended for Children." I tried to locate that on a can of what my daughter was drinking, and it was tough to find even though I was looking for it. I do not think most kids would notice it. The reality is anyone of any age can walk into a local store and purchase an energy drink. They are located next to soda and sports drinks, and they tend to be marketed to the young with appealing slogans that promise to "give you wings" or "release the beast." ⑦

Some energy drinks say right on the can that they are for students and athletes, making for ⑧ confusing messaging, especially for young consumers. And even more frightening is the popular trend of mixing energy drinks with alcohol. That is a whole other level of worry and potential for dangerous reactions that can have serious consequences.

If kids insist on drinking an energy drink occasionally, experts at Health Canada advise that they read the label and follow the instructions. They should consume the beverages in moderation ⑨, but not on an empty stomach. They should never mix with alcohol or drink because they are thirsty after playing sports.

My daughter did not fully comprehend ⑩ that consuming these energy drinks could negatively impact her health or get her addicted to caffeine. Of all my worries about raising a teenager, energy drinks were not really on my list of worries. I am glad I found out that she had been consuming them so that I could have a chance to explain what that amount of caffeine can do to her young body. Now we can both sleep a little easier.

(1) What does Underline ① refer to?

A. The author feels happy that her daughter can sleep on her own.

B. The author feels happy to follow her routine with her daughter.

C. The author feels happy that her daughter still needs her as before.

(2) What does Underline ② actually mean?

A. The author is not looking at her daughter directly.

B. The author does not watch what her daughter is doing.

出典追記：My Teen's Energy Drink Habit Led Me To Learn Of Their Dangers For Kids, CBC Parents on August 31, 2021 by Laura Mullin

C. The author cannot see where her daughter is.

(3) What does Underline ③ imply?

A. A family tradition makes a 14-year-old kid drink coffee.

B. It is unusual for a 14-year-old kid to drink coffee as adults do.

C. A 14-year-old kid is old enough to get a taste for coffee.

(4) Which of the following has a meaning closest to Underline ④?

A. prevent her from sleeping properly

B. contribute to her sleep significantly

C. make her sick no matter how long she sleeps

(5) What can be a concrete example for Underline ⑤?

A. having frequent headaches

B. shouting in anger

C. aging far too quickly

(6) What does Underline ⑥ actually mean?

A. The teenager died from a heart attack.

B. The teenager was at risk of dying from a heart attack.

C. The teenager survived a serious heart attack.

(7) What does Underline ⑦ actually mean?

A. help you control your urges like a tame animal

B. allow you to behave like an animal in flight

C. make you feel vigorous like a wild animal

(8) Which of the following has a meaning closest to Underline ⑧?

A. bringing back

B. leading to

C. replying with

(9) What does Underline ⑨ actually mean?

A. drink only when you have a prescription

B. purchase the drinks after you reach the legal age

C. take an appropriate amount of the drink

(10) Which of the following has a meaning closest to Underline ⑩?

A. totally affirm

B. completely recognize

C. perfectly comprise

B. 本文の内容に照らして最も適当なものをそれぞれA～Cから一つずつ選び，その記号をマークしなさい。

(1) The author is worried because her daughter

A. tries to disturb her sleep at night.

B. often experiences a lack of sleep.

C. still wants her mom to sleep with her.

(2) The author believes that energy drinks

A. will completely replace coffee soon because of their taste.

B. were banned because they contain more caffeine than coffee.

C. potentially cause serious health problems among teenagers.

(3) According to Health Canada, most adolescents should limit the amount of caffeine to

A. 150 mg per day.

B. 150 mg per kg.

C. 2.5 mg per day.

(4) Despite the message on warning labels, energy drinks

A. cause extreme tiredness in young people.

B. provide essential vitamins to young people.

C. are easily available for young people.

(5) According to the 14th paragraph, starting with “If kids insist,” experts at Health Canada strongly recommends that young people

A. fill their stomach with food after consuming energy drinks.

B. refrain from consuming energy drinks after physical activities.

C. consume energy drinks only when they are really thirsty.

(6) According to the last paragraph, the author never expected that

A. she would be concerned about energy drinks.

B. her daughter could shake off her addiction to energy drinks.

C. energy drinks would change her idea of health.

(7) The author believes that not only her daughter but also she can sleep more easily, because she

A. plans to learn more about the impact of caffeine on the quality of sleep.

B. believes her daughter is now informed enough about caffeine to have a better sleep.

C. has stopped drinking excessive amounts of caffeine herself before bedtime.

日本史

(60分)

〔Ⅰ〕次の(A)～(E)各文の(　1　)～(　10　)に入れるのに最も適当な語句を下記の語群から選び，その記号をマークしなさい。

(A) 1875年に大久保利通，木戸孝允，板垣退助が(　1　)で会談した結果，漸次立憲政体樹立の詔が出され，立法諮問機関である元老院などが設立された。この元老院では，翌年から憲法草案の起草が開始され，1880年になって「(　2　)」として完成したが，岩倉具視らの反対で廃案となった。

(B) 1882年には(　3　)事件が起こった。県令三島通庸が農民に労役を課し，強引に道路工事を進めようとしたことに対して農民らが抵抗し，これを支援したこの地の自由党員が大量に検挙された。河野広中もその一人であり，彼を中心にして1875年，この地の政社として(　4　)が設立されていた。

(C) 1891年，訪日中のロシア皇太子が，滋賀県大津で警備の巡査に切りつけられて負傷した。成立直後であった(　5　)内閣は，日露関係の悪化を恐れて犯人を死刑にするよう求めた。これに対して，(　6　)であった児島惟謙は，判事らを説得し，通常の謀殺未遂罪として犯人へ無期徒刑判決を出させることで，司法権の独立を守った。

(D) 1940年，日中戦争が長期化するなかで，立憲民政党の議員であった(　7　)は，軍部や政府による戦争政策を批判する反軍演説を議会で行い，議員を除名された。戦後になって彼は(　8　)内閣の国務大臣に任じられたので，この内閣で公布，施行された日本国憲法には，他の閣僚と並んで彼の署名も見られる。

(E) 1947年4月の総選挙では，日本社会党が衆議院第一党となり，委員長の片山哲を首班とする内閣が成立したが，民主党，(　9　)との連立内閣であったため，政策調整に苦しみ，翌年2月に総辞職した。その後，1959年10月には日本社会党右派が脱党し，翌年1月に(　10　)を結成した。

〔語群〕

(ア) 石陽社	(イ) 熱海	(ウ) 第2次伊藤博文
(エ) 日本憲法見込案	(オ) 枢密院議長	(カ) 福島
(キ) 石橋湛山	(ク) 第1次吉田茂	(ケ) 東洋大日本国国憲按
(コ) 日本共産党	(サ) 自助社	(シ) 尾崎行雄
(ス) 芦田均	(セ) 日本国家社会党	(ソ) 第1次松方正義
(タ) 斎藤隆夫	(チ) 名古屋	(ツ) 社会民衆党
(テ) 日本国憲按	(ト) 国民協同党	(ナ) 幣原喜重郎
(ニ) 司法大臣	(ヌ) 大阪	(ネ) 日本自由党
(ノ) 民主社会党	(ハ) 玄洋社	(ヒ) 高田
(フ) 広島	(ヘ) 黒田清隆	(ホ) 大審院長

〔Ⅱ〕 次の(A)～(C)各文の(　1　)～(　10　)に入れるのに最も適当な語句を下記の語群から選び，その記号をマークしなさい。

6世紀末以降，中国・朝鮮半島との交流のなかで，国家体制の充実がはかられ，8世紀初めに，律令制による統治機構を整えた中央集権国家が形成された。その中心である飛鳥・藤原地域の奈良県橿原市・桜井市・明日香村は文化庁や奈良県とともに，「飛鳥・藤原の宮都とその関連資産群」(以下，「飛鳥・藤原」)の世界遺産登録を推進している。「飛鳥・藤原」の構成資産は，宮殿・都城や祭祀空間，仏教寺院，庭園，墳墓など，考古学的な遺跡群で構成されている。

(A) 『日本書紀』によると，敏達・用明・崇峻・推古天皇の4代にわたって大臣(おおおみ)であり，嶋大臣とも称せられた(　1　)は，桃原墓に葬られたという。「飛鳥・藤原」の構成資産の一つである(　2　)古墳は，この桃原墓であるとする説が有力である。この大臣が活躍した時代は，中国(隋・唐)王朝の統一とその支配領域拡大の影響を受けて，東アジアの周辺諸国は緊迫した状況におかれていた。倭国もこの国際情勢に呼応して，600年，607年などに遣隋使を派遣した。607年に派遣された遣隋使の(　3　)は，「日出づる処の天子，書を日没する処の天子に致す」と記された国書を差し出した。

(B) 藤原京に所在した四大寺の一つである(　4　)寺の跡も，「飛鳥・藤原」の構成資産の一つである。『日本書紀』によると，その起源は舒明天皇11年(639)に創建された百済大寺(くだらのおおでら)にさかのぼる。この百済大寺は，天皇の勅願による最初の官大寺であった。発掘調査の成果から，この百済大寺の遺構は奈良県桜井市にある(　5　)寺跡がこれに相当する可能性が高い。天武天皇2年(673)には，百済大寺を継いで高市大寺(たけちのおおでら)が建立され，天武天皇6年(677)に(　4　)寺と改称されたという。その後，平城遷都にともない，この寺院は左京の地に移された。(　6　)寺と名を改められたこの寺院は，南北3町，東西2町の広大な寺地に，藤原宮大極殿と同規模の金堂をはじめとした中心伽藍が造営された。東大寺が造営されるまで，国家仏教の拠点にふさわしい最高位の官寺として寺容を誇った。

(C)　昭和 47 年(1972)に被葬者を納めた横口式石槨内から，極彩色壁画が検出された明日香村の高松塚古墳も，「飛鳥・藤原」の構成資産の一つである。石槨内部からは，金銅製の透彫飾金具や六花形座金具などの棺金具，直径 16.8cm の白銅製(　７　)鏡，銀製の大刀装具などが出土した。これらの副葬品は，高松塚古墳の造営時期を７世紀末から８世紀初めとする見解の根拠となっている。なお，高松塚古墳では盗掘により，石槨南面に描かれた四神図の一つである(　８　)図が失われていたが，その後に非破壊探査された同じ明日香村の(　９　)古墳で，その存在が確認された。また，近年の発掘調査の成果から，墳丘形態が(　10　)墳であることが確認された，牽牛子塚(けんごしづか)古墳や中尾山古墳なども同じく構成資産である。牽牛子塚古墳では令和４年(2022)，墳丘やその周辺の復元整備工事が完成し，凝灰岩の切石で覆われた墳丘の築造当初の姿が再現された。

〔語群〕

(ア)　石のカラト	(イ)　小野妹子	(ウ)　蘇我馬子
(エ)　豊浦	(オ)　川原	(カ)　梅山
(キ)　大安	(ク)　興福	(ケ)　海獣葡萄
(コ)　五条野丸山	(サ)　三角縁神獣	(シ)　大官大
(ス)　玄武	(セ)　粟田真人	(ソ)　蘇我蝦夷
(タ)　八角	(チ)　キトラ	(ツ)　朱雀
(テ)　青龍	(ト)　西大	(ナ)　内行花文
(ニ)　六角	(ヌ)　吉備池廃	(ネ)　本薬師
(ノ)　高向玄理	(ハ)　蘇我稲目	(ヒ)　マルコ山
(フ)　石舞台	(ヘ)　上円下方	(ホ)　元興

〔Ⅲ〕次の(A)～(C)の各史料に関する問1～問15について，(ア)～(ウ)の中から最も適当なものを選び，その記号をマークしなさい。

(A)　一　朝倉か館之外(ほか)，国内①□城郭を為構(かまえさせ)ましく候。惣別分限(ぶげん)あらん者，(　②　)へ引越，郷村には代官計(ばかり)可被置(おかるべき)事。

(「朝倉英林壁書」)

問1　この史料は，戦国大名の朝倉氏が文明3～13年(1471～81)ごろに定めたとされる分国法(家訓)の一部である。そのときの当主は誰か。

(ア)　朝倉義景　　(イ)　朝倉孝景　　(ウ)　朝倉広景

問2　下線部①の「国内」は，朝倉氏が支配した越前国のことである。越前と同じ北陸道に属した国は次のうちどれか。

(ア)　佐渡　　(イ)　丹後　　(ウ)　飛騨

問3　文中の(　②　)には朝倉氏の城下町(居城)の名称が入る。それは何か。

(ア)　府内　　(イ)　春日山　　(ウ)　一乗谷

問4　この史料について述べた文として誤っているものはどれか。

(ア)　家臣は，城下町に居住することが求められた。

(イ)　村々には代官が置かれた。

(ウ)　家臣は，自らの城をもつことを許された。

問5　この史料のように，戦国時代には各地の大名が分国法(家訓)を定めた。下総の大名による分国法(家訓)は何か。

(ア)　六角氏式目　　(イ)　結城氏新法度　　(ウ)　長宗我部氏掟書

問6　この史料から約100年後の元亀元年(1570)，朝倉氏は浅井氏と連合し，織田・徳川両氏の連合軍と戦って敗れた。その戦いは何か。

(ア)　姉川の戦い　　(イ)　小牧・長久手の戦い　　(ウ)　長篠の戦い

(B)　一　仰(おお)せ出(いだ)され候趣(おもむき)，(　③　)幷(ならびに)百姓共ニ合点(がてん)行(ゆき)候様ニ，能々(よくよく)申し聞(きか)すべく候。自然，相届かざる覚悟の輩(ともがら)之(これ)在(あ)るに於(おい)ては，城主にて候ハヽ，其もの城へ追入れ，各(おのおの)相談(あいだん)じ，一人も残し置かず，なでぎりニ申し付くべく候。百姓以下ニ至るまで，相届かざるニ付てハ，一郷も二郷も悉(ことごと)くなでぎり仕るべく候。(　④　)余州堅く仰せ付けられ，出羽・奥州迄そさうニハさせらる間敷(まじく)候。(中略)自然，各退屈するに於ては，⑤関白殿御自身御座(ござ)成され候ても，仰せ付けらるべく候。急(きっと)与此返事然(しか)るべく候也。

(天正十八年(1590))八月十二日　(秀吉朱印)

⑥浅野弾正少弼(だんじょうしょうひつ)とのへ

(『浅野家文書』)

問7　文中の(　③　)に入る語句は何か。

(ア)　地侍　　(イ)　庄屋　　(ウ)　国人

問8　文中の(　④　)に入る語句は何か。

(ア)　四十　　(イ)　五十　　(ウ)　六十

問9　下線部⑤の「関白殿」は，豊臣秀吉のことである。この史料は，天正18年(1590)8月に秀吉が検地の実施を命じたものであるが，直前の7月まで小田原城に立てこもって秀吉に抵抗した大名は誰か。

(ア)　北条氏綱　　(イ)　北条氏政　　(ウ)　北条氏康

問10　豊臣秀吉による全国的な検地(いわゆる太閤検地)では，度量衡の新たな基準が用いられた。それについて述べた文として正しいものはどれか。

(ア)　300歩を1段(反)とする。

(イ)　宣旨枡を採用する。

(ウ)　6尺5寸四方を1歩とする。

問11　下線部⑥の「浅野弾正少弼」は，浅野長政のことである。長政は豊臣秀吉の信頼が厚い家臣として五奉行の一人に数えられるが，次のうち五奉行に含まれないのは誰か。

(ア)　増田長盛　　(イ)　宇喜多秀家　　(ウ)　前田玄以

(C)　一　近年金銀出入(でいり)段々多く成り，(　⑦　)所寄合の節も此儀を専(もっぱ)ら取扱い，公事(くじ)訴訟ハ末に罷成(まかりなり)，(　⑦　)の本旨を失ひ候。借金銀・買懸(かいかか)り等の儀ハ，人々相対の上の事ニ候得(そうらえ)ば，自今(じこん)は三奉行⑧所ニて済口(すみくち)の取扱い致す間敷候。併(しかし)欲心を以て事を巧(たく)み候出入ハ，不届(ふとどき)を糺明(きゅうめい)いたし，御仕置申し付くべく候事。(後略)

(『御触書寛保集成』)

問12　この史料は，享保4年(1719)に8代将軍の徳川吉宗が出した法令の一部である。次のうち吉宗の子でないのは誰か。

(ア)　清水重好　　(イ)　田安宗武　　(ウ)　一橋宗尹

問13　文中の(　⑦　)に入る語句は何か。

(ア)　政　　(イ)　侍　　(ウ)　評定

問14　下線部⑧の「三奉行」を構成する幕府の役人は，次のうちどれか。

(ア)　普請奉行　　(イ)　寺社奉行　　(ウ)　大坂町奉行

問15　この史料について述べた文として誤っているものはどれか。

(ア)　金銭に関する悪だくみの紛争について，三奉行は今後，その不正を取り調べない。

(イ)　近年は金銭に関する紛争が増加し，それ以外の訴訟の処理が後回しになっている。

(ウ)　金銭に関する紛争について，三奉行は今後，その解決のことを取り扱わない。

〔Ⅳ〕 次の(A)〜(E)各文の(　1　)〜(　10　)について，最も適当な語句を(ア)〜(ウ)の中から選び，その記号をマークしなさい。あわせて，各文の下線部「この地」の位置を，地図の a 〜 o から選び，その記号もマークしなさい。なお，地図の一部は省略している。

(A) この地は，1617 年より亀井家が代々藩主をつとめる城下町であった。幕末に長崎浦上で再発見された潜伏キリシタンたちを明治政府は流罪にし，その流刑地の一つとしてここに移送した。その処置に対して外国公使団が明治政府に強く抗議し，キリスト教解禁のきっかけとなった。この地の出身の(　1　){(ア)　西周　(イ)　津田真道　(ウ)　中村正直}は，明六社を結成し，哲学という言葉をつくって西洋哲学の翻訳や紹介を行った。彼の生家の近くでは，陸軍の軍医としてドイツに留学し，のちに小説を執筆し，短歌も詠んだ(　2　){(ア)　斎藤茂吉　(イ)　幸田露伴　(ウ)　森鷗外}が生まれている。

(B) この地は，12 世紀には北条氏の本拠地であり，鎌倉幕府初代執権となった(　3　){(ア)　北条義時　(イ)　北条時政　(ウ)　北条時房}が創建した願成就院には，彼の墓と運慶に制作を依頼した仏像が残っている。平治の乱で父の(　4　){(ア)　源為朝　(イ)　源為義　(ウ)　源義朝}にしたがって出陣し，敗れた源頼朝の流刑地もこの付近だったと推定されている。19 世紀半ばにこの地の代官をつとめていた江川太郎左衛門英龍(坦庵)は，海防のために反射炉の建造に取り組み，子の英敏のときに完成して西洋式の大砲を鋳造した。

(C) (　5　){(ア)　奈良屋茂左衛門　(イ)　河村瑞賢　(ウ)　角倉了以}は，明暦の大火のために需要が高まった江戸に材木を運び，巨万の富を得た。さらに幕命を受け，江戸幕府の直轄地で収穫された米を江戸に輸送するため，寛文 12 年(1672)日本海側から下関を経由して大坂に向かう西廻り航路を整備し，この航路を使って多くの船が往来するようになった。その起点となったこの地に現在も建物が残る廻船問屋の鐙屋(あぶみや)が非常に繁昌していた様子が，井原西鶴の『(　6　)』{(ア)　日本永代蔵　(イ)　世間胸算用　(ウ)　冥途の飛脚}に記されている。

(D)　美濃国に設けられた(　7　){(ア)　不破関　(イ)　愛発関　(ウ)　鈴鹿関}は，三関の一つである。発掘調査によると，川や土塁によって防備を固め，中央を東山道が通過していた。この地は，壬申の乱の戦場でもあり，この乱に勝利した大海人皇子は，都を近江大津宮から(　8　){(ア)　飛鳥板蓋宮　(イ)　飛鳥浄御原宮　(ウ)　藤原宮}へ移し，即位して天武天皇となった。789年に三関は廃止されたが，その後も非常時に関の封鎖を命じることが行われた。16世紀末には，この関所跡の東方を主戦場として，大規模な合戦が行われた。

(E)　19世紀の初めから，この地では鍋島藩によって石炭の採掘が行われていた。幕末になると，イギリス人の(　9　){(ア)　パークス　(イ)　オールコック　(ウ)　グラバー}との合弁事業として，日本で最初の蒸気機関による竪坑がつくられた。その後，官営となった炭坑は，土佐出身の(　10　){(ア)　五代友厚　(イ)　後藤象二郎　(ウ)　古河市兵衛}へ払い下げられた。しかし，その経営が悪化すると三菱が買い取り，八幡製鉄所に石炭を供給した。同じ炭坑跡である端島(軍艦島)などとともに，ユネスコの世界文化遺産に登録されている。

《地図》

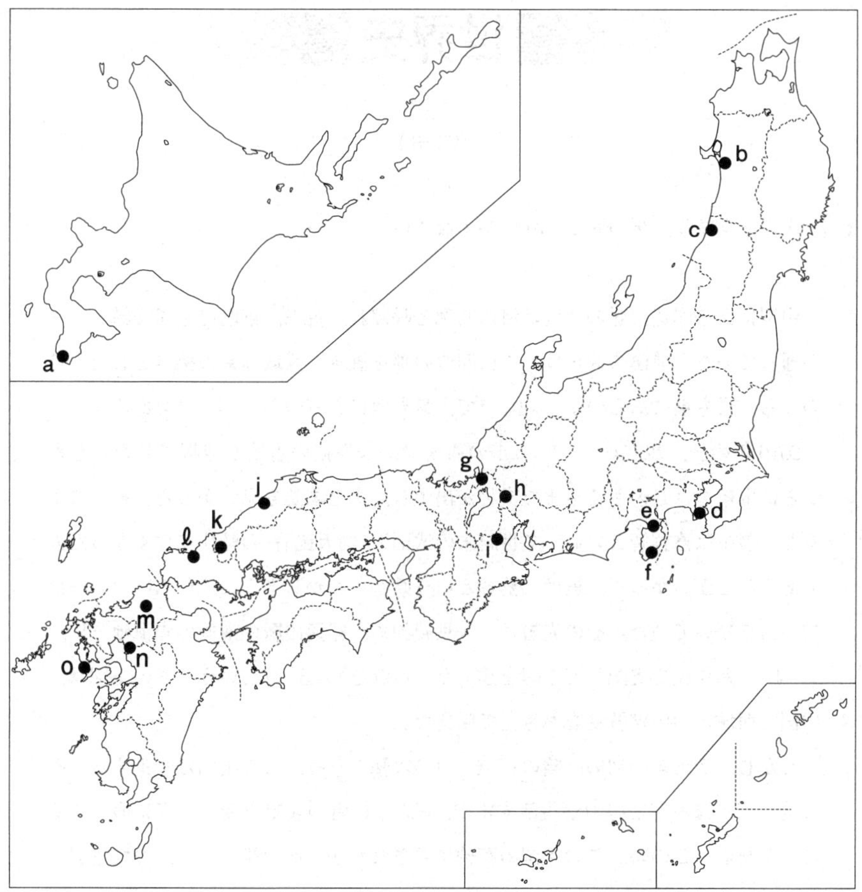

世界史

(60分)

〔Ⅰ〕次の文を読み，後の問1～10に答えなさい。

中国にある祁連(きれん)山脈の北側は河西回廊と呼ばれ，古来，東西を結ぶ交易ルートが通っていた。前漢の武帝はここに四つの郡を置き，西域経営の拠点とした。そのうち，最も東にあるのが(　1　)で，最も西にあるのが(　2　)である。

2019年の秋，現在の(　1　)市の西南で，未盗掘の古墳が発掘された。なかからは木棺をはじめさまざまな文物が出土し，また墓誌も見つかった。それによると，墓主は慕容智(ぼようち)といい，7世紀末の武則天(則天武后)の時代に亡くなった人であることがわかった。彼は，慕容という姓からわかるように，(　3　)の一部族の血をひいていた。その先祖は，4世紀初め，祁連山脈の南側の青海地方に，(　4　)系住民を支配して王国を建てた。これを(　5　)という。この王国は，中国と西域との中継貿易をおさえて栄えた。

しかし，7世紀の初め，隋の(　6　)の攻撃をうけ，この王国は衰退する。その後，隋がほろぶと勢力が復活するが，635年に唐の攻撃を受け，唐に服属することとなる。この時，この王国の存続は許されたが，その後，(　4　)で勃興した(　7　)の攻撃を受け，663年に王国はほろび，(　5　)の一部は，河西回廊の(　1　)付近に移動し，唐朝の支配をうけた。

唐代の(　1　)や(　2　)には，中央アジア出身でイラン系の(　8　)人の聚落があった。(　8　)人は東西交易に従事しており，本国から中国の華北にいたるルート上の主要都市に聚落を形成し，ネットワークをつくりあげていた。(　8　)人の血を引く(　9　)は，唐朝の軍人として頭角をあらわし，やがて節度使となって，現在の北京(唐の幽州)に駐屯していた。755年に(　9　)は唐朝に対し反乱を起こした。この反乱は，あしかけ9年も続き，唐朝を混乱の渦にまきこんだ。この時，(　7　)が，一時，唐の都長安を占領した。また，(　7　)

は河西回廊からタリム盆地にかけて進出し，この地域を支配した。８世紀半ばにはモンゴル高原に(　10　)という遊牧国家が生まれており，８世紀の後半から９世紀前半にかけて，ユーラシアの東部地域は，唐と(　7　)と(　10　)の三国が鼎立する状況となった。

問１　(　1　)と(　2　)に当てはまる語句の組み合わせとして最も適当なものを次の(ア)～(エ)から一つ選び，その記号をマークしなさい。

(ア)　1 酒泉 — 2 敦煌　　(イ)　1 武威 — 2 張掖

(ウ)　1 酒泉 — 2 張掖　　(エ)　1 武威 — 2 敦煌

問２　(　3　)と(　4　)に当てはまる語句の組み合わせとして最も適当なものを次の(ア)～(エ)から一つ選び，その記号をマークしなさい。

(ア)　3 突厥 — 4 トルコ　　(イ)　3 鮮卑 — 4 チベット

(ウ)　3 突厥 — 4 チベット　　(エ)　3 鮮卑 — 4 トルコ

問３　(　3　)のある部族は４世紀後半に国を建て，５世紀前半に華北を統一した。この国が建国当初，都を置いた場所を下の地図中の(ア)～(エ)から一つ選び，その記号をマークしなさい。

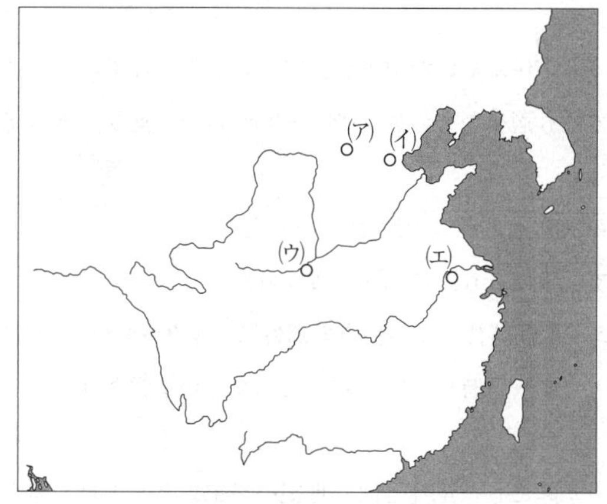

問4 (5)と(7)に当てはまる語句の組み合わせとして最も適当なものを次の(ア)～(エ)から一つ選び，その記号をマークしなさい。

(ア) 5 吐蕃 ― 7 吐谷渾 (イ) 5 吐蕃 ― 7 南詔

(ウ) 5 吐谷渾 ― 7 吐蕃 (エ) 5 吐谷渾 ― 7 南詔

問5 (6)は朝鮮半島北部にあった国に三度にわたって遠征したが失敗し，それをきっかけとし各地で反乱が起こるようになった。(6)の時代の出来事として最も適当なものを次の(ア)～(エ)から一つ選び，その記号をマークしなさい。

(ア) 大運河が完成した。

(イ) 塩・鉄・酒の専売が行われた。

(ウ) 両税法が施行された。

(エ) 九品官人法(九品中正)が導入された。

問6 7世紀，(4)に統一国家を建てた人物として最も適当なものを次の(ア)～(エ)から一つ選び，その記号をマークしなさい。

(ア) ソンツェン=ガンポ (イ) パスパ

(ウ) ダライ=ラマ (エ) ツォンカパ

問7 (8)人が住んでいた中央アジアのオアシス都市の一つについて述べたものとして最も適当なものを次の(ア)～(エ)から一つ選び，その記号をマークしなさい。

(ア) 後にキプチャク=ハン国の都となった。

(イ) 唐の支配下に入り，市舶司が置かれた。

(ウ) ティムール朝時代，この都市の郊外にウルグ=ベクの天文台が建設された。

(エ) サファヴィー朝時代，「王のモスク」などが造営された。

問8 (9)が起こした反乱と同じ世紀の出来事として最も適当なものを次の(ア)～(エ)から一つ選び，その記号をマークしなさい。

(ア)　ヴェルダン条約が結ばれた。

(イ)　ニハーヴァンドの戦いが起こった。

(ウ)　ガズナ朝が滅んだ。

(エ)　ハールーン=アッラシードが即位した。

問9　(　10　)に入れるのに最も適当な語句を次の(ア)〜(エ)から一つ選び，その記号をマークしなさい。

(ア)　柔然　　(イ)　突厥　　(ウ)　ウイグル　　(エ)　タタール

問10　11世紀前半，河西回廊の一部は(　4　)系のある集団が建てた国に支配された。北宋と争ったこの国の名と，それを建国した集団名の組み合わせとして最も適当なものを次の(ア)〜(エ)から一つ選び，その記号をマークしなさい。

(ア)　ヒヴァ=ハン国 — ウズベク　　(イ)　西夏 — タングート

(ウ)　遼 — 契丹　　(エ)　カラキタイ — オングート

〔Ⅱ〕 次の文の(　1　)〜(　9　)に入れるのに最も適当な語句を下記の語群から選び，その記号をマークしなさい。また，(　A　)の問に答えなさい。

世界の列強が参戦して長年にわたって激しい戦いが続いた第一次世界大戦は，1918年11月にドイツと連合国のあいだに休戦協定が結ばれ，終結した。翌年，連合国代表が集まったパリ講和会議で講和の条件についての議論がすすめられた。その結果，ドイツとのヴェルサイユ条約が締結されたのをはじめ，ハンガリーとの(　1　)条約，ブルガリアとの(　2　)条約などが結ばれ，ヴェルサイユ体制と呼ばれるあらたな国際秩序が成立した。

ヴェルサイユ体制における平和維持のための国際機構として設置されたのが国際連盟である。

第一次世界大戦前に各国が安全保障において主として依拠したのは同盟関係であった。ドイツのビスマルクが中心となって結ばれた三帝同盟や三国同盟，1907

年の露仏同盟①の成立により完成したイギリス・フランス・ロシアの三国間の提携関係である三国協商などが，それである。

これに対し，アメリカ合衆国大統領の(　3　)の提案にもとづき世界各国が参加する国際機構として第一次世界大戦後に設置された国際連盟は，総会・理事会・連盟事務局などを中心に運営され，(　4　)に本部が置かれた。

発足時の国際連盟がかかえていた問題点の一つとしては，当時の大国がこぞって参加したわけではなかった点があげられる。第一次世界大戦の敗戦国であったドイツや，1918年にドイツとブレスト=リトフスク条約を結んで大戦から離脱したソヴィエト=ロシアなどは排除されたし，アメリカ合衆国も上院がヴェルサイユ条約の批准を拒否したため不参加となった。

大戦後しばらくはドイツの賠償金支払いをめぐる対立などから国際的な緊張が高まることも多かったが，1923年にドイツの首相となり，その後29年まで外相をつとめた(　5　)は，国際協調をすすめるべく尽力し，25年にはドイツと西欧諸国との国境の現状維持などを定めたロカルノ条約が結ばれた。翌年ドイツは国際連盟に加入する。

しかし，1929年にアメリカ合衆国で始まった恐慌が世界に波及し，各国の社会・経済的な混迷が深まると，ドイツにナチス政権が誕生するなどヴェルサイユ体制のもとでの国際的な協調体制は困難になっていった。1933年3月に日本が国際連盟からの脱退を通告したのをはじめ，同年のうちにドイツも連盟から脱退する。

国際連盟から脱退する国が出る一方で，新規に連盟のメンバーとなったのがソ連である。1922年に結成されたのち国際社会とのかかわりを深めたソ連は，1934年に国際連盟に加盟した。

1935年にイタリアがエチオピアへの侵攻を開始した。イタリアはすでに19世紀にエチオピアに侵入し，1896年のアドワの戦い②で敗れしりぞいていたが，今回の侵攻では1936年にエチオピア全土を征服した。国際連盟はイタリアを侵略国と認めて経済制裁を実行したが，十分な効果はあげられず，37年にはイタリアも国際連盟から脱退する。

ドイツはヴェルサイユ条約により15年間国際連盟の管理下に置かれていた炭

鉱地帯である(　6　)地方を1935年に住民投票で編入した。

その後，1939年9月にドイツがポーランドに侵攻したのを機に第二次世界大戦がはじまると，同年11月にソ連は(　7　)に宣戦した。冬戦争ともいわれるこの戦争によってソ連は国際連盟を除名される。

こうして主要国の多くがメンバーでなくなった国際連盟にかわり，あらたな国際機構として構想されることになったのが国際連合である。1944年の(　8　)におけるアメリカ合衆国，イギリス，ソ連，中国の会議で協議されまとめられた国際連合憲章の草案が，45年の(　9　)会議で正式に採択されると，同年10月国際連合が発足した。

〔語群〕

(ア)　ウィルソン	(イ)　ルーマニア	(ウ)　シュトレーゼマン
(エ)　トリアノン	(オ)　フィンランド	(カ)　ブレトン=ウッズ
(キ)　ヌイイ	(ク)　ハーディング	(ケ)　サン=ジェルマン
(コ)　エーベルト	(サ)　ローザンヌ	(シ)　フィラデルフィア
(ス)　タフト	(セ)　ジュネーヴ	(ソ)　ヒンデンブルク
(タ)　セーヴル	(チ)　ルール	(ツ)　ボストン
(テ)　ザール	(ト)　スウェーデン	(ナ)　サンフランシスコ
(ニ)　ロンドン	(ヌ)　アルザス	(ネ)　ブリュッセル
(ノ)　ニューヨーク	(ハ)　ダンバートン=オークス	

(　A　)　下線部①・②について，①のみ正しければ(ア)を，②のみ正しければ(イ)を，両方正しければ(ウ)を，両方誤りであれば(エ)をマークしなさい。

〔Ⅲ〕 次の文の(　1　)～(　9　)に入れるのに最も適当な語句を{　　}内の(ア)～(エ)から選び，その記号をマークしなさい。また，問1～6に答えなさい。

現在の東南アジアには，フィリピンやミャンマーにおいてイスラーム関連の紛争が存在する。そもそも東南アジアとムスリムとの本格的な接触は(　1　){(ア)　アッバース朝　(イ)　ウマイヤ朝　(ウ)　ファーティマ朝　(エ)　後ウマイヤ朝}の時代に遡る。750年に成立した(　1　)は，中央アジア西部から北アフリカにいたる支配を安定させることで，東西のルートを首都(　2　){(ア)　カイロ　(イ)　ダマスクス　(ウ)　グラナダ　(エ)　バグダード}で結びつけた。ムスリム商人①は(　2　)からペルシア湾を経てインド・東南アジアにいたり，さらに中国沿岸へおもむいた。

このようにムスリム商人は古くから東南アジアで活動していたが，東南アジアでイスラーム化が進むのは数世紀後のことである。東南アジア最初のイスラーム国家は13世紀後半にスマトラ島②で成立したとされているが，イスラームが東南アジアで普及する契機となったのは，15世紀に(　3　){(ア)　アユタヤ　(イ)　マラッカ　(ウ)　シンガポール　(エ)　シュリーヴィジャヤ}の王がイスラームに改宗したことであった。(　3　)は，15世紀前半に明朝が東南アジアからインド洋へ大艦隊を派遣した際の拠点となったことから交易都市として大きく発展した。これ以後，(　3　)の商業ネットワークの拡大に伴って東南アジア諸島部全域にイスラームが伝播し，ジャワ島では中部に(　4　){(ア)　マジャパヒト　(イ)　シャイレンドラ　(ウ)　マタラム　(エ)　チャンパー}，西部にバンテンなどのイスラーム国家が成立した。

現在のフィリピン南部でもイスラームが普及し，ミンダナオ島やスールー諸島にイスラーム国家が成立した。一方，現在のフィリピン北部③は16世紀後半から(　5　){(ア)　ポルトガル　(イ)　スペイン　(ウ)　アメリカ合衆国　(エ)　イギリス}によって植民地とされ，(　6　){(ア)　カトリック　(イ)　プロテスタント　(ウ)　大乗仏教　(エ)　上座部仏教}が普及した。(　5　)はフィリピン南部のイスラーム諸国を直接支配下に置くことはできなかったが，19世紀末の戦争の結果(　5　)に代わってフィリピンを領有することになった(　7　){(ア)　ポルトガル

(イ) スペイン　(ウ) アメリカ合衆国　(エ) イギリス}がフィリピン南部における支配を確立した。それによってフィリピン南部はフィリピンの一部となり，当地のムスリムはフィリピン内部で少数派となった。フィリピン独立後の1960年代以降，フィリピン南部のムスリムの中から分離独立運動を起こす者が現れた。

一方，近年難民として有名になったミャンマーのロヒンギャは，ミャンマー西部のラカイン地域に居住するムスリムである。ラカイン地域には15世紀から18世紀後半までラカイン人の独立国が存在したが，この時期には既にムスリムが居住していた。ラカイン地域が初めてビルマ人王朝④の支配下に置かれたのは1780年代である。このビルマ人王朝は19世紀に(　8　){(ア) ポルトガル　(イ) スペイン　(ウ) アメリカ合衆国　(エ) イギリス}の侵略を受けて滅亡し，(　8　)の植民地支配下に置かれた。この時代のミャンマーが(　8　)領インド⑤の一部となったことで，多くのムスリムがミャンマーへ移住した。また第二次世界大戦後には，東パキスタン⑥で食糧不足に苦しむムスリムがラカイン地域に流入した。(　9　){(ア) カトリック　(イ) プロテスタント　(ウ) 大乗仏教　(エ) 上座部仏教}が多数派のミャンマーでは，イスラームに対する敵対感情が根強く存在しており，ネウィン指導下の軍事政権期(1962～1988年)に，ラカイン地域のムスリムに対する弾圧が始まった。

問1　下線部①に関して，ムスリム商人の活動について述べたものとして**誤っているもの**を次の(ア)～(エ)から一つ選び，その記号をマークしなさい。

(ア) 東アフリカの沿岸部にもムスリム商人が住みつき，これらの都市はインド洋交易の拠点として繁栄した。

(イ) 12～15世紀にはカーリミー商人と呼ばれるムスリム商人のグループがインド商人とイタリア商人を仲介する交易をおこなった。

(ウ) ムスリム商人は，インド洋ではジャンク船と呼ばれる帆船を使用した。

(エ) ムスリム商人は中国沿岸の広州や泉州で居留区をつくった。

問2　下線部②に関して，スマトラ島の歴史について述べたものとして**誤っているもの**を次の(ア)～(エ)から一つ選び，その記号をマークしなさい。

(ア) 7世紀頃から交易国家として栄えたシュリーヴィジャヤは，マレー半島のパレンバンにも拠点を置いていた。

(イ) 10～14世紀のマレー半島中部からスマトラ島南部にかけての地域では，ジャーヴァカ(三仏斉)と呼ばれる多数の港市国家が栄えた。

(ウ) 16世紀からスマトラ島北端ではイスラーム国家のアチェが交易中心地として発展した。

(エ) オランダは20世紀初頭にアチェを平定し，現在のインドネシアに当たるオランダ領東インド植民地を完成させた。

問3 下線部③に関して，16世紀後半にフィリピン北部で(　5　)が交易拠点とした都市として最も適当なものを次の(ア)～(エ)から一つ選び，その記号をマークしなさい。

(ア) マカオ　(イ) アンボイナ　(ウ) バタヴィア　(エ) マニラ

問4 下線部④に関して，このビルマ人王朝として最も適当なものを次の(ア)～(エ)から一つ選び，その記号をマークしなさい。

(ア) コンバウン朝　(イ) ラタナコーシン朝　(ウ) タウングー朝

(エ) アユタヤ朝

問5 下線部⑤に関して，植民地時代のインドについて述べたものとして**誤っているもの**を次の(ア)～(エ)から一つ選び，その記号をマークしなさい。

(ア) 1885年に発足したインド国民会議は，主に近代的な学校教育を受けたインド人エリートから構成されていた。

(イ) 1905年のベンガル分割令は，ヒンドゥー教徒とムスリムの対立を利用して民族運動を分裂させるために出された。

(ウ) ムスリムは国民会議派と協力して民族運動を展開するため，1906年に全インド=ムスリム連盟を結成した。

(エ) ガンディーの指導のもとでおこなわれた非暴力・不服従運動は，一時ムスリムとの協力にも成功したが，最終的に運動方針の対立や宗教対立が生じ，民族運動は混乱した。

問6　下線部⑥に関して，東パキスタンが第3次インド=パキスタン戦争の結果1971年に独立を果たした際の国名として最も適当なものを次の(ア)〜(エ)から一つ選び，その記号をマークしなさい。

(ア)　スリランカ　　(イ)　バングラデシュ　　(ウ)　カシミール

(エ)　ネパール

〔Ⅳ〕次の文の(　1　)〜(　15　)に入れるのに最も適当な語句を{　　}内の(ア)，(イ)ないし下記の語群から選び，その記号をマークしなさい。

イタリアのルネサンスを代表する芸術家ミケランジェロは，16世紀初頭に彫刻作品「ダヴィデ像」を制作した。(　1　){(ア)　アムル人　(イ)　ヘブライ人}の王ダヴィデの逸話を題材にしたこの作品は，(　2　){(ア)　フィレンツェ　(イ)　ローマ}の市庁舎前に置かれた。同じ頃(　2　)で活動した人物に，『君主論』の著者となる(　3　){(ア)　ダンテ　(イ)　ボッカチオ}がいる。

歴史上のダヴィデは，前10世紀に(　1　)の王国に繁栄をもたらしたが，その息子ソロモン王の死後，王国は南北に分裂した。そのうち北の王国は前722年に(　4　){(ア)　新バビロニア　(イ)　アケメネス朝}によって滅ぼされ，南の(　5　){(ア)　ユダ　(イ)　イスラエル}王国も前586年に(　6　){(ア)　新バビロニア　(イ)　アケメネス朝}に滅ぼされた。

ミケランジェロと並んでイタリアのルネサンスを代表するのが，レオナルド=ダ=ヴィンチである。彼が描いた「最後の晩餐」は，新約聖書のエピソードに基づく。新約聖書に含まれる主な文書は，2世紀末までに(　7　){(ア)　ラテン語　(イ)　ギリシア語}で書かれ，4世紀頃に27の文書が正典に定められた。

レオナルド=ダ=ヴィンチの代表作の一つ「モナ=リザ」は，現在フランスのルーヴル美術館に所蔵されている。ダ=ヴィンチは，(　8　){(ア)　カペー朝　(イ)　ヴァロワ朝}の(　9　){(ア)　アンリ4世　(イ)　シャルル9世}によってフランスに招かれ，かの地で没した。(　9　)は，神聖ローマ皇帝に選出されたスペイン王(　10　){(ア)　フェリペ2世　(イ)　フェリペ5世}とヨーロッパの覇権をめぐって激しく争ったことでも知られる。また，(　9　)は(　10　)に対抗するため，1520年に(　11　){(ア)　プランタジネット朝　(イ)　ステュアート朝}のイギリス王ヘンリ8世と会談している。

(　2　)で生まれた(　12　){(ア)　ラファエロ　(イ)　ジョット}は，15世紀後半にギリシア・ローマの神話に着想を得て，「ヴィーナスの誕生」を描いた。ヴィーナスを裸体で描いたのは，彼が最初だったと言われる。前700年頃に活躍したギリシアの叙事詩人(　13　){(ア)　ホメロス　(イ)　ピンダロス}は，『神統記』で神々の系譜をうたった。

1820年にエーゲ海のミロス島で出土した「ミロのヴィーナス」は，ヘレニズム彫刻の傑作として名高い。ヘレニズム期に活動した人物には，地球の円周を計測した(　14　){(ア)　アルキメデス　(イ)　アリスタルコス}や，精神的快楽を最高の善とする(　15　){(ア)　エピクロス　(イ)　ヘラクレイトス}がいる。

〔語群〕

(ウ)　ミラノ	(エ)　アッシリア	(オ)　カルロス1世
(カ)　ヘシオドス	(キ)　ペルシア語	(ク)　ゼノン
(ケ)　ブルボン朝	(コ)　フランソワ1世	(サ)　テューダー朝
(シ)　マキァヴェリ	(ス)　エラトステネス	(セ)　ボッティチェリ
(ソ)　アッカド	(タ)　メディア	(チ)　ミタンニ

地理

(60 分)

〔Ⅰ〕 低地に対して一段高くその頂部が平坦な台地は，水は得にくいものの，土地利用に様々な工夫がなされて，時代に合わせて効果的に活用されてきた。台地の持つその広がりは大陸から市町村程度まで多様で，その構成地質も多様なので，教科書では様々な単元で取り扱われる。そこでそのような台地に関する問いを準備した。以下の問１～問４について答えなさい。

問１　台地に関する次の文(1)～(5)の下線部①，②の正誤を判定し，①のみ正しい場合は**ア**を，②のみ正しい場合は**イ**を，①，②とも正しい場合は**ウ**を，①，②とも誤っている場合は**エ**をマークしなさい。

(1)　大洋底を基準に地形を見た時に，台地状に見える大陸棚があり，特に水深の浅い部分をバンク，すなわち海食台①というが，中でも著名なものとして，北海のドッガーバンクやグレートフィッシャー②バンクがある。

(2)　溶岩台地は粘性の高い①溶岩が大量に流出してできる広大な台地である。また，同性質の溶岩により楯状(たてじょう)火山②が形成される。

(3)　鹿児島県を中心に分布するシラス台地は，標高約 400 m ～ 500 m①の分布が多く，その特性として水はけがよいが，共通する成因と特性を持つ場所は青森県②にも分布する。

(4)　カルスト台地の地表には，複数のドリーネが集合しその境界が不明瞭になった凹地形のポリエ①が見られ，またそのような自然景観地には日本国内自給率 100%②の石灰石の鉱山が隣接することもある。

(5)　段丘は広義の台地の１つであり，古い三角州や扇状地①などが隆起したり海面が上昇②したりすることで作られる。

問2　**図1**は，鹿児島県と宮崎県の境界付近の5m間隔の等高線図であり，50m毎の等高線を太線で示した。**図1**を判読して，次の(1)～(3)の問いに答えなさい。

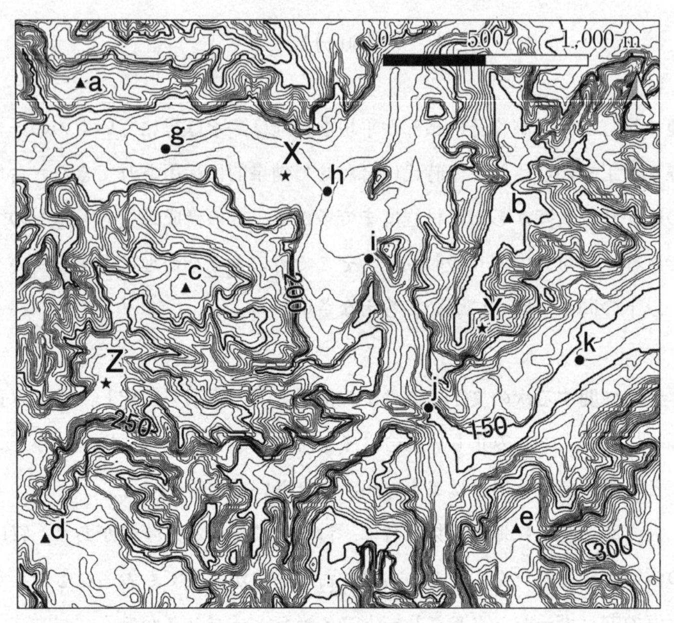

図1

(1)　台地では平坦面が階段状に発達することがあるが，**図1**では3段を区分できる。代表点a，b，c，d，eで示す平坦面を3段に区分した組合せと高い方からの順序として正しいものを(ア)～(ク)から選び，その記号をマークしなさい。

(ア)　[b，c]→a→[d，e]　　(イ)　[b，c]→[d，e]→a

(ウ)　[b，e]→a→[c，d]　　(エ)　[b，e]→[c，d]→a

(オ)　[c，d]→a→[b，e]　　(カ)　[c，d]→[b，e]→a

(キ)　[d，e]→[b，c]→a　　(ク)　[d，e]→a→[b，c]

(2)　台地縁で侵食が強い場所には滝が生じることがある。滝があると思われる最も適当な場所を**図 1** 中の g，h，i，j，k から選び，その記号をマークしなさい。

(ア)　g　　(イ)　h　　(ウ)　i　　(エ)　j　　(オ)　k

(3)　地形を等高線から判断し，地点 X，Y，Z 付近で地図記号で示される景観として最も適当な組合せを(ア)〜(カ)から選び，その記号をマークしなさい。

(ア)　X：針葉樹　Y：田　Z：茶畑

(イ)　X：針葉樹　Y：茶畑　Z：田

(ウ)　X：田　Y：針葉樹　Z：茶畑

(エ)　X：田　Y：茶畑　Z：針葉樹

(オ)　X：茶畑　Y：針葉樹　Z：田

(カ)　X：茶畑　Y：田　Z：針葉樹

問 3　畑と田の土地利用適正は地形に影響されるが，そこに都市化等の人為的要因も加わり，両者の比率は地域ごとに様々である。**表 1** は，茨城県，大阪府，鹿児島県，佐賀県，東京都の田，畑の面積と各都府県の総土地面積のうち両者が占める割合の耕地率を示した。①〜⑤から鹿児島県を選び，その記号をマークしなさい。

表 1

	田(ha)	畑(ha)	耕地率(%)
①	96,400	68,200	27.0
②	42,100	8,960	20.9
③	36,700	79,200	12.6
④	8,880	3,810	6.7
⑤	249	6,470	3.1

(出典)『日本の統計 2021』より作成。

(ア)　①　　(イ)　②　　(ウ)　③　　(エ)　④　　(オ)　⑤

問4　コロラド高原，イラン高原，デカン高原，チベット高原のような台地状地形を擁するアメリカ合衆国，イラン，インド，中国の耕地と永年作物地に関し，各国の陸地面積に対するそれぞれの割合を**図2**に示した。①～④の中からアメリカ合衆国を選び，その記号をマークしなさい。耕地は，一時的に作物の収穫が行われている土地，採草地，牧草地及び休閑地の合計であり，永年作物地は，ココア，コーヒーなどの収穫後の植替えが必要ない永年性作物を長期間にわたり栽培・収穫している土地である。

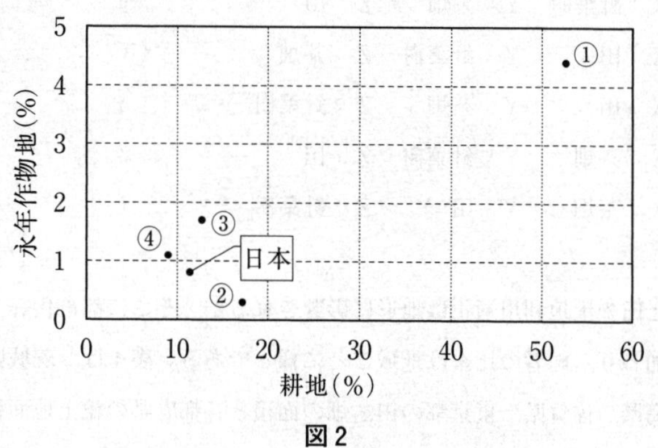

図2

(出典)『世界の統計2021』より作成。

(ア)　①　　(イ)　②　　(ウ)　③　　(エ)　④

〔Ⅱ〕 以下の2019年の貿易に関する**表１**および**表２**を見て問１～問３に答えなさい。なお，**表１**・**表２**中のＡ～Ｉは，日本，アメリカ合衆国，中国，韓国，ドイツ，イギリス，フランス，イタリア，オランダのいずれかの国である。

表１　各国・地域の主要輸出品(上…輸出／下…輸入)

国・地域	輸出－輸入 (百万 USドル)	食料品 (%)	原材料・ 燃料 (%)	工業製品 (%)	主要輸出入品上位３つ
香港	－54,167	2.1 4.7	1.3 4.0	91.7 88.5	機械類，金(非貨幣用)，精密機械 機械類，精密機械，ダイヤモンド
Ａ	－15,145	1.0 9.8	5.0 29.6	86.6 58.9	機械類，自動車，精密機械 機械類，（　ａ　），液化天然ガス
Ｂ	63,159	15.1 12.2	15.9 18.2	65.4 67.0	機械類，石油製品，（　ｂ　） 機械類，（　ａ　），自動車
Ｃ	49,658	1.5 6.2	11.0 33.3	87.4 60.3	機械類，自動車，石油製品 機械類，（　ａ　），液化天然ガス
Ｄ	429,696	2.9 5.8	3.6 29.6	93.2 61.0	機械類，衣類，繊維と織物 機械類，（　ａ　），精密機械
Ｅ	－81,403	12.2 9.3	5.5 13.5	78.3 75.2	機械類，（　ｃ　），自動車 機械類，自動車，（　ｂ　）
Ｆ	－852,787	8.3 6.2	16.5 11.2	63.5 77.8	機械類，自動車，石油製品 機械類，自動車，（　ｂ　）
Ｇ	－165,904	6.6 9.1	12.9 12.2	72.0 66.5	機械類，自動車，（　ｂ　） 機械類，自動車，金(非貨幣用)
Ｈ	254,727	5.5 7.8	5.5 13.7	84.8 73.3	機械類，自動車，（　ｂ　） 機械類，自動車，（　ｂ　）
Ｉ	59,151	9.0 10.1	5.8 18.9	81.7 68.9	機械類，自動車，（　ｂ　） 機械類，自動車，（　ｂ　）

(出典)『データブック オブ・ザ・ワールド 2021』

注)ただし，Ｄ国の食料品，原材料，燃料，工業製品，品目，相手国は2018年。

表2　各国・地域の主要輸出先(上位5カ国・地域)

国・地域	第1位	第2位	第3位	第4位	第5位
香港	D	F	インド	A	シンガポール
A	F	D	C	香港	タイ
B	H	ベルギー	E	G	F
C	D	F	ベトナム	香港	A
D	F	香港	A	C	ベトナム
E	H	F	I	スペイン	ベルギー
F	カナダ	メキシコ	D	A	G
G	F	H	E	B	D
H	F	E	D	B	G
I	H	E	F	スイス	G

(出典)『データブック オブ・ザ・ワールド 2021』

問1　**表1**・**表2**中のA～Fに該当する国として最も適当なものを以下の語群から選び，その記号をマークしなさい。

〔語群〕

(ア)　日本　　(イ)　アメリカ合衆国　　(ウ)　中国
(エ)　韓国　　(オ)　ドイツ　　(カ)　イギリス
(キ)　フランス　　(ク)　イタリア　　(ケ)　オランダ

問2　**表1**中の(　a　)～(　c　)に該当するものとして最も適当なものを選び，その記号をマークしなさい。

(ア)　鉄鋼　　(イ)　医薬品　　(ウ)　原油　　(エ)　航空機　　(オ)　石炭

問3　次の図中(X)～(Z)は日本の1935年，1975年および2017年の輸入品を示したものである。1935年→1975年→2017年の順に並べたものとして最も適当なものを選び，その記号をマークしなさい。

(ア)　(X)→(Y)→(Z)　　(イ)　(X)→(Z)→(Y)　　(ウ)　(Y)→(X)→(Z)

(エ)　(Y)→(Z)→(X)　　(オ)　(Z)→(X)→(Y)　　(カ)　(Z)→(Y)→(X)

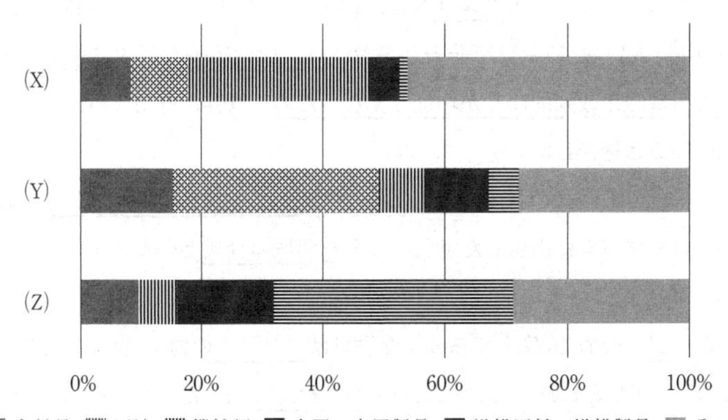

図

〔Ⅲ〕 世界や日本における人口に関する次の文(A)～(J)の下線部①，②の正誤を判定し，①のみ正しい場合は**ア**を，②のみ正しい場合は**イ**を，①，②とも正しい場合は**ウ**を，①，②とも誤っている場合は**エ**をマークしなさい。

(A)　人口における男女比を示す指標に性比がある。性比とは，女性100人に対する男性数を示したものである。西アジアの産油国では①性比が高い傾向にあるが，外国からの出稼ぎ労働者の受け入れが多いためである。なお，2020年における日本の性比は②100を下回っている。

(B)　人類が常住し，生活を営んでいる地域のことを①エクメーネという。一方，砂漠など人類が常住していない地域もあり，その面積は陸地全体の②約35%を占めている。

(C)　日本の総人口を確認できる統計として国勢調査と住民基本台帳がある。国勢調査は1920年から開始され，現在まで①10年ごとに実施されてきた。アンケート方式で調査され，②すべての日本国籍の住民が対象となっている。

(D)　20世紀に入り，世界の人口数は増加し続けている。1950年にはおよそ25億人となり，2020年には①75億人を超えている。その一方で，ヨーロッパの国々の中には，2000年代以降になると人口減少に転じている国がある。
②

(E) イギリスの経済学者のマルサスは，18世紀末のヨーロッパの動向を踏まえ，
①
1798年に『人口論(初版)』を発表しており，人口は等差数列的に増加していく
②
が，食糧は等比数列的にしか増加しえないため，世界は過剰人口によって食糧不足に陥ると警告した。

(F) 第二次世界大戦後の日本では，3回のベビーブームが発生しており，終戦直
①
後のベビーブームに出生した世代のことを団塊の世代という。
②

(G) 2020年時点における世界の人口を地域別に見てみると，最も多くなっているのがアジアの約46億人であり，2番目はアフリカの約13億人である。
①　②

(H) 15歳から64歳までの人口のことを生産年齢人口，15歳未満の年少人口と65歳
①
以上の老年人口を合わせたものを従属人口という。少子高齢化している先進国では，年少人口が減少し，老年人口が増加している。日本では，全人口に占める年少人口の割合は2020年時点で15%を下回っている。
②

(I) 高齢化社会は総人口に占める老年人口の割合が7%以上の社会，高齢社会は
①
老年人口の割合が14%以上の社会，超高齢社会は老年人口の割合が21%以上の社会，と定義される。なお日本の老年人口率は，2020年時点で35%を超え
②
ている。

(J) リプロダクティブ・ヘルス／ライツとは，出産に関して女性の意思が尊重さ
①
れ，自分らしく健康に生きられること，およびそれを享受できる権利のことをいう。この概念は1994年にエジプトで開催された国際人口開発会議において，
②
今後の人口開発計画の新しい指針として合意された。

〔Ⅳ〕 東アジアおよびその周辺地域の地誌に関わる次の問1～問4に答えなさい。

問1　東アジアおよびその周辺地域の都市についての説明文(A)～(G)に該当する都市を**図**中の**ア～ツ**から選び，その記号をマークしなさい。なお，**ア～ツ**は**図**下の点線内の都市のいずれかに該当している。また，一部の小さな島々と国境線は**図**中に記されていない。

(A)　首都の外港として発展してきたこの都市に2001年に開港した国際空港は，東アジアのハブ空港として大きな役割を担っている。

(B)　アジア版シリコンヴァレーの元祖ともいえる存在の都市で，半導体など先端産業が集積している。

(C)　軍港としての役割から1992年まで外国人の立ち入りが禁止されていたが，1992年に完全開放され，近年はアジア太平洋地域との交流が非常に活発化している。2012年にAPEC首脳会議が開催された。

(D)　典型的なリアス海岸の発達する風光明媚(めいび)な港町で，2012年に海洋万博が開催された。

(E)　第二次世界大戦後，日本の資本や技術援助によってアジア最大級の規模の製鉄所が建設され，その粗鋼生産量は世界有数である。

(F)　サハリン地方最大の都市。石油・ガス開発プロジェクト「サハリン２」で採掘されたサハリン北東部の天然ガスは，この都市の外港にあたるコルサコフまでパイプラインで運ばれ，プラントで液化後，専用船で日本へ輸出される。

(G)　1895年から1945年まで日本の植民地であり，中華民国を継承する国家であることを主張している地域の事実上の首都。

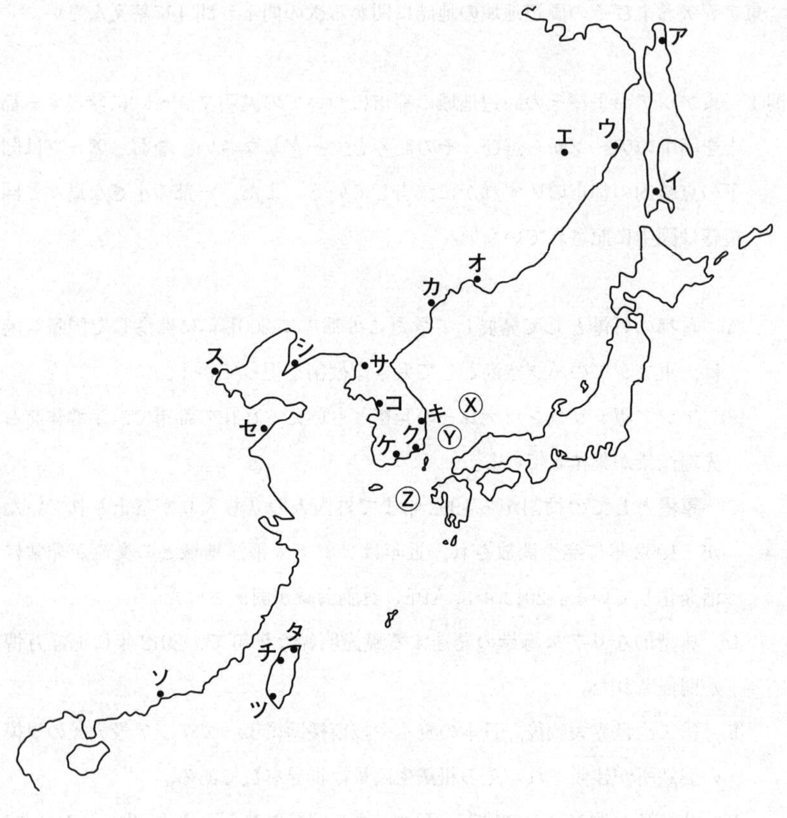

図

オハ	テンチン(天津)	ハバロフスク
ヨス(麗水)	チンタオ(青島)	ウラジオストク
プサン(釜山)	ピョンヤン(平壌)	インチョン(仁川)
ポハン(浦項)	カオシュン(高雄)	ターリエン(大連)
マカオ(澳門)	シンジュー(新竹)	ユジノサハリンスク
タイペイ(台北)	チョンジン(清津)	ソヴィエツカヤガヴァニ

問2　図中のⓍ～Ⓩのうち日本と韓国の間で領有権をめぐって紛争が続いている竹島の正しい位置を選び，その記号をマークしなさい。

(ア) Ⓧ　(イ) Ⓨ　(ウ) Ⓩ

問3　韓国の経済発展に関して述べた次の文について，下線部①，②の正誤を判定し，①のみ正しい場合は**ア**を，②のみ正しい場合は**イ**を，①，②とも正しい場合は**ウ**を，①，②とも誤っている場合は**エ**をマークしなさい。

1970年代以降，資本集約的工業を核に「ハンガン(漢江)の奇跡」と呼ばれる高い経済成長を遂げ，①台湾・香港・マレーシアとともにアジアNIEs(新興工業経済地域)の1つにあげられるようになった。1996年にはOECD（経済協力開発機構）に加盟したが，1997年にはアジア通貨危機の影響を受けて，後に②「失われた20年」と呼ばれる深刻な経済危機に陥った。

問4　韓国の生活文化に関して述べた次の文について，下線部①，②の正誤を判定し，①のみ正しい場合は**ア**を，②のみ正しい場合は**イ**を，①，②とも正しい場合は**ウ**を，①，②とも誤っている場合は**エ**をマークしなさい。

中国から伝わった儒教の影響が強く残り，父系・男系の血統が重視されてきたため，①夫婦別姓が一般的である。また，冬の寒さが厳しいため，②ゲルと呼ばれる独特の床暖房の仕組みが古来発達した。

政治・経済

(60 分)

〔Ⅰ〕 次の文章を読んで，問(A)〜問(E)に答えなさい。

家族にケアを要する人がいる場合に，大人が担うようなケア責任を引き受け，家事や家族の世話，介護，感情面のサポートを行っている 18 歳未満の子どもを「ヤングケアラー」という。2022 年，厚生労働省①は小学 6 年生を対象としたヤングケアラーの実態調査結果を公表した(令和 3 年度子ども・子育て支援推進調査研究事業「ヤングケアラーの実態に関する調査研究報告書」)。この調査によれば，世話をしている家族が「いる」と回答した小学 6 年生の割合は(　1　)%となっている。

子どもが家事を手伝ったり家族の手助けをしたりすることは，一般の家庭でごく日常的に行われている。しかし，ケアの負担が年齢に見合わないほど重くなると，学業や進路，交友関係，子ども自身の健康に支障が生じうる。厚生労働省の上記調査でも，世話をしている家族がいると回答した小学 6 年生は，健康状態が「よくない・あまりよくない」，遅刻や早退を「たまにする・よくする」と回答する割合が，世話をしている家族がいない人より 2 倍前後高くなっている。家族のケアがヤングケアラーの健康状態や学校生活に影響を与えていると考えられるのである。

ヤングケアラーの問題が深刻化している主たる理由は，ケアを必要とする人が増加する一方で，家庭内の人手やケアを主に担ってきた働く年齢層の時間が減少していることにある。澁谷智子『ヤングケアラーってなんだろう』(筑摩書房，2022 年)は，ヤングケアラーの問題を構造的なものと指摘する(同書 17 頁)。同書も参考にしながら，ヤングケアラーの問題について考えてみよう。

まず，ケアを必要とする人に関するデータを確認する。厚生労働省「令和 2 年簡易生命表の概況」によれば，女性より低い男性の平均寿命でさえ令和元年時点で(　2　)年であり，昭和 50 年時点の平均寿命より 10 年近く延びている。一方，健康上の問題で日常生活が制限されることなく生活できる期間を示す健康寿命を見ると，令和元年時点で男性の健康寿命は(　3　)年とされる(厚生労働省「健康寿命の令和元年値について」)。人生の最後にケアを必要とする期間が相当長く存在するのである。そして，こうした高齢者の人口は今後ますます増加することが予想される。国立社会保障・人口問題研究所の推計によれば，85 歳以上人口の増加がハイペースで続き，全人口に占める 85 歳以上人口の割合は 2019 年の 4.7% から 2040 年には 9.2% に達するという。

次に，ケアを行う人の数について見てみよう。日本の出生数は 1975 年に 200 万人を割り込むなど同時期から徐々に減少傾向に入り，2020 年の出生数は 84 万 835 人となった。合計特殊出生率も低下傾向が続き，1973 年に 2.14 あった合計特殊出生率は 2020 年に 1.33 にまで落ち込んでいる(内閣府「令和 4 年版少子化社会対策白書」)。②少子化は労働力人口の減少に直結するため，労働力人口を増加させるためのさまざまな政策が打ち出されている。しかし，労働市場という家庭外の問題への対応はなされても，家族のケアという家庭内の問題への対応は必ずしも十分でない。

大人が家事や家族のケアに充てる時間は，共働きか否かでも大きく異なる。総務省統計局「平成 28 年社会生活基本調査」によれば，夫と妻の家事関連時間(家事，介護・看護，育児，買い物にかける時間)は，夫が有業で妻が無業の世帯で計 8 時間 46 分であるのに対して，共働き世帯では計 5 時間 40 分に留まる。③子育て期のひとり親はさらに短く，その家事関連時間は男親で計 1 時間 9 分，女親でも 3 時間 59 分しかない。大人の家事関連時間が短くなれば，その分の負担は子どもが担うことになる。

以上のように，今後，ケアを必要とする人が増加する一方，家庭内でケアを担う人の数や大人がケアに使える時間は減少していくと予想される。そのしわ寄せは，家族，学校，自分の時間のバランスをどう取ればよいかを自立して判断できず，ケアのために利用できる制度に関する知識も十分でない子どもに向かうことになる。家庭内のケアという再生産の領域に着目し，④ケアの受け手だけでなく担い手の立場にも立った施策が求められる。

問(A)　文中の(　1　)～(　3　)に入れるのに最も適当な数値を下記の語群から

選び，その記号をマークしなさい。

〔語群〕

(ア) 1.5	(イ) 6.5	(ウ) 26.5	(エ) 36.5
(オ) 62.68	(カ) 67.68	(キ) 72.68	(ク) 81.41
(ケ) 86.41	(コ) 91.41		

問(B)　下線部①に関して，以下の語群のうち，厚生労働省に置かれる内部部局，委員会又は庁に該当するものはいくつあるか。その個数として最も適当なものを次の(ア)〜(エ)から一つ選び，その記号をマークしなさい。

〔語群〕

(1) 中央労働委員会	(2) 社会・援護局	(3) 中小企業庁
(4) 公正取引委員会	(5) 年金局	(6) 消費者庁

(ア) 2　(イ) 3　(ウ) 4　(エ) 5

問(C)　下線部②に関して，内閣府「働き方改革実行計画」(2017年3月)の説明として最も適当なものを次の(ア)〜(エ)から一つ選び，その記号をマークしなさい。

(ア)　この計画には，「長時間労働は，健康の確保だけでなく，仕事と家庭生活との両立を困難にし，少子化の原因や，女性のキャリア形成を阻む原因，男性の家庭参加を阻む原因になっている」という記述はない。

(イ)　この計画には，「正規と非正規の理由なき格差を埋めていけば，自分の能力を評価されていると納得感が生じる」という記述はない。

(ウ)　この計画には，「我が国経済社会の活性化に資する専門的・技術的分野の外国人材を更に積極的に受け入れていくためには，外国人材にとっても魅力ある就労環境等を整備していく必要がある」という記述がある。

(エ)　この計画には，「我が国の経済成長を阻害している要因として，少子高齢化，生産年齢人口減少すなわち人口問題という構造的な問題があるが，革新的技術への投資による付加価値生産性の向上は認められる」という記述がある。

問(D)　下線部③に関して，子育て期のひとり親の説明として最も適当なものを次の(ア)〜(エ)から一つ選び，その記号をマークしなさい。

(ア)　厚生労働省「2019年国民生活基礎調査の概況」によれば，2015年における「『子どもがいる現役世帯』の貧困率」は12.9%であるのに対して，子どもがいる現役世帯で「『大人が一人』の貧困率」は50.8%となっている。

(イ)　厚生労働省「ひとり親家庭等の支援について」(令和4年4月)によれば，就労母子家庭のうち親が「パート・アルバイト等」で就労している家庭の割合は6.4%であり，就労父子家庭のそれは43.8%である。

(ウ)　児童手当法は，「父又は母と生計を同じくしていない児童が育成される家庭の生活の安定と自立の促進」を目的として，父母が婚姻を解消した児童や両親のいずれか一方が死亡した児童など，「父又は母と生計を同じくしていない児童」に対して国が児童扶養手当を支給することを定めている。

(エ)　母子家庭や父子家庭の福祉を図ることを目的とする母子及び父子並びに寡婦福祉法は身体障害者福祉法や知的障害者福祉法，精神障害者福祉法，老人福祉法，生活保護法と並んで福祉六法を形成している。これらの社会福祉に必要な費用は，全額利用対象者から徴収される保険料で賄われる。

問(E)　下線部④に関して，子どもの立場に立った施策を進める際の指針となりうるものとして児童の権利に関する条約(子どもの権利条約。1989年採択，日本は1994年に批准)がある。児童の権利に関する条約に関する説明として最も適当なものを次の(ア)〜(エ)から一つ選び，その記号をマークしなさい。

(ア)　この条約では，「児童とは，20歳未満のすべての者をいう」と規定されている。

(イ)　この条約には，「締約国は，自己の意見を形成する能力のある児童がその児童に影響を及ぼすすべての事項について自由に自己の意見を表明する権利を確保する」という旨の規定はない。

(ウ) 婚外子相続差別訴訟(最大判平成25年9月4日)において，裁判所は，この条約に児童が出生によっていかなる差別も受けない旨の規定が設けられていることを指摘しつつ，「父母が婚姻関係になかったという，子にとっては自ら選択ないし修正する余地のない事柄を理由としてその子に不利益を及ぼすことは許されず，子を個人として尊重し，その権利を保障すべきであるという考えが確立されてきている」と判示した。

(エ) 夫婦別姓訴訟(最大判令和3年6月23日)において，裁判所は，この条約に嫡出子がいずれの親とも氏を同じくすることの利益に関する規定はないことを理由の一つとして，「婚姻の要件について，法が夫婦別氏の選択肢を設けていないことは，憲法24条の規定に違反する」から，「夫婦が，自分たちが称する単一の氏を婚姻届に記載していなかったとしても，市町村長は当該婚姻届を受理しなければならない」と裁判官全員一致の意見で判示した。

〔Ⅱ〕 次の文章を読んで，問(A)〜問(I)に答えなさい。

企業は財やサービスを生産する経済主体①であり，その活動には資金が必要不可欠である。企業が資金を調達する方法②の代表例として，株式の発行がある。株式を発行する企業は法的に株式会社③と呼ばれ，現代の企業の多くが株式会社の形態を採用していることからも資金調達の仕組み④として株式発行は有効であることがわかる。

ただし，企業が株式などの有価証券を市場で発行して資金を調達する場合，(　1　)の問題に留意すべきである。発行企業は証券の品質をよく理解している一方で，投資家⑤はその品質を見極めることが困難である。したがって，証券市場においては(　1　)の問題が生じ，結果として低品質の証券が市場を支配する「逆選択」あるいは「逆淘汰」と呼ばれる現象が生じる恐れがある。

(　1　)の問題を軽減し，証券市場の機能を適切に発揮する方策の一つとして(　2　)にもとづく企業内容等開示制度⑥がある。この制度で開示が義務付けられている各種書類を参照することにより，投資家は企業や証券の品質を評価可能となる。

また，企業内容等開示制度は法的に強制されたものであるが，自社の活動を自主的に開示する企業も存在する。例えば，自社の環境保全に関する重要課題と持続可能な開発目標(Sustainable Development Goals: SDGs)を関連づけてその成果を広く開示する企業が存在する。このような開示資料は，社会的課題に対する取り組み⑦といった新たな評価項目を投資家に提供するものであり，企業が投資家に自社の魅力を伝える有効な手段である。

問(A)　下線部①に関連して，代表的な経済主体として家計，企業および政府があげられる。次の説明(a)～(c)のうち正しい記述はどれか。当てはまる説明をすべて選び，その組合せとして最も適当なものを以下の(ア)～(ク)から一つ選び，その記号をマークしなさい。

(a)　家計は労働力，資本および土地を企業に生産要素として提供する代わりに，賃金，利子ならびに地代の形で所得を受け取る。

(b)　企業が生産規模を拡大して，大量生産を行い，製品一つあたりの販売価格を高くし，より多くの利益を得られるようにすることを，規模の経済という。

(c)　自由主義的経済政策を推し進めることにより，経済活動に積極的に介入せず，財政規模を縮小させる政府のことを，小さな政府という。

(ア)　a　　(イ)　b　　(ウ)　c
(エ)　aとb　　(オ)　aとc　　(カ)　bとc
(キ)　aとbとc　　(ク)　すべて不適当である

問(B)　下線部②に関連して，次の文章中の空欄(　a　)～(　c　)に当てはまる語句として最も適当なものを下の語群から選び，その記号をマークしなさい。

企業の資金調達の方法は，資金調達先に応じて，(　a　)と(　b　)に分けることができる。(　a　)は事業活動を通じた資金調達である。具体的には，内部留保や(　c　)があげられる。一方，(　b　)は企業外部から調達する資金であり，具体的には株式の発行や銀行借入などが該当する。

〔語群〕

(ア)　直接金融　　(イ)　間接金融　　(ウ)　内部金融
(エ)　外部金融　　(オ)　企業金融　　(カ)　消費者金融
(キ)　減価償却　　(ク)　税金　　(ケ)　配当金

問(C)　下線部③に関連して，次の文章中の空欄(　a　)～(　e　)に当てはまる語句として最も適当なものを下の語群から選び，その記号をマークしなさい。

株式会社の意思決定をし，株式会社の運営に携わるものを「機関」という。株式会社の機関は複数存在するが，(　a　)と(　b　)は株式会社が必ず設置しなければならない機関である。また，株式会社では出資者でないものが(　b　)として経営に携わることが可能となっている。このことを(　c　)という。

(　c　)が存在する状況では，経営者には出資者の利益ではなく，自分自身の利益を追求する動機が生じやすい。その結果，経営者は企業価値の最大化を目的とした努力を怠るかもしれない。そこで，企業価値の最大化を目的として行動するように経営者を動機づける(あるいは規律づける)ことが重要となる。このことを(　d　)といい，近年では企業の不祥事が生じたこと等を受けて，企業経営に関するチェック機能に関心が高まっている。

2014年の会社法改正により新たな機関設計として，(　e　)が導入された。制度導入後多くの上場企業が(　e　)に移行しており，2021年7月時点で東京証券取引所に上場する会社の約3割が(　e　)を採用している。

〔語群〕

(ア)　取締役　　(イ)　監査役

(ウ)　報酬委員会　(エ)　株主総会
(オ)　指名委員会　(カ)　監査委員会
(キ)　所有と経営の分離　(ク)　株主の有限責任
(ケ)　株式の譲渡性　(コ)　コーポレート・ガバナンス
(サ)　キャピタル・ゲイン　(シ)　フィランソロピー
(ス)　監査等委員会設置会社　(セ)　指名委員会等設置会社
(ソ)　監査役会設置会社

問(D)　下線部④に関連して，新規・成長企業等と資金提供者をインターネット経由で結び付け，多数の資金提供者から少額ずつ資金を集める仕組みを何というか。最も適当なものを次の(ア)〜(エ)から一つ選び，その記号をマークしなさい。

(ア)　クラウドファンディング
(イ)　マイクロファイナンス
(ウ)　ベンチャーキャピタル
(エ)　デットファイナンス

問(E)　文中の(　1　)に当てはまる語句として最も適当なものを次の(ア)〜(エ)から一つ選び，その記号をマークしなさい。

(ア)　囚人のジレンマ
(イ)　流動性のわな
(ウ)　公共財
(エ)　情報の非対称性

問(F)　文中の(　2　)に当てはまる語句として最も適当なものを次の(ア)〜(エ)から一つ選び，その記号をマークしなさい。

(ア)　独占禁止法
(イ)　特定商取引法
(ウ)　金融商品取引法
(エ)　製造物責任法

問(G)　下線部⑤に関連して，日本の上場企業における株式保有比率の推移について，最も適当なものを次の(ア)〜(エ)から一つ選び，その記号をマークしなさい。

(ア)　1980年以降，金融機関(信託銀行を除く)の株式保有比率は，外国法人等の株式保有比率を一貫して上回っている。

(イ)　1980年以降，外国法人等の株式保有比率は，金融機関(信託銀行を除く)の株式保有比率を一貫して上回っている。

(ウ)　2000年以降，金融機関(信託銀行を除く)の株式保有比率は上昇傾向にある。

(エ)　2000年以降，外国法人等の株式保有比率は上昇傾向にある。

問(H)　下線部⑥に関連して，企業の経済活動を計数的に測定した書類として貸借対照表と損益計算書がある。これらに関する記述として最も適当なものを次の(ア)〜(エ)から一つ選び，その記号をマークしなさい。

(ア)　貸借対照表は，ある一定時点における，資産，負債および資本(純資産)を表示するのに対し，損益計算書は，ある一定期間における，収益と費用を示すとともに，両者の差額である純利益を表示する。

(イ)　貸借対照表は，ある一定期間における，資産，負債および資本(純資産)を表示するのに対し，損益計算書は，ある一定時点における，収益と費用を示すとともに，両者の差額である純利益を表示する。

(ウ)　貸借対照表は，ある一定時点における，収益と費用を示すとともに，両者の差額である純利益を表示するのに対し，損益計算書は，ある一定期間における，資産，負債および資本(純資産)を表示する。

(エ)　貸借対照表は，ある一定期間における，収益と費用を示すとともに，両者の差額である純利益を表示するのに対し，損益計算書は，ある一定時点における，資産，負債および資本(純資産)を表示する。

問(I)　下線部⑦に関連して，企業が社会的責任を積極的に果たしているかどうかを判断材料として行う投資方法のことを何というか。最も適当なものを次の(ア)〜(エ)から一つ選び，その記号をマークしなさい。

(ア)　SRI

(イ)　TOB

(ウ)　CSR

(エ)　IPO

〔Ⅲ〕 次の文章を読んで，問(A)〜問(G)に答えなさい。

2020年に予定されていた東京オリンピック・パラリンピックは，新型コロナウイルス感染拡大の影響を受けて1年延期され，2021年夏に開催された。実は，1964年の東京オリンピックでも，大会直前にコレラ患者が確認され，発生地では消毒や街の封鎖が実施され，予防注射が急遽実施されるなど，厳戒態勢が敷かれた。

振り返れば，1920年のアントワープ大会も，感染症の世界的大流行直後に開催された。第一次世界大戦中に発生した「(　1　)風邪」により世界で数千万人が亡くなり，ドイツに侵攻された開催国ベルギーにはまだ戦争の傷跡が残っていた。戦争と感染症は深い関係にあり，第一次世界大戦ではアメリカの参戦によりヨーロッパにウイルスが持ち込まれた，という見方がある。交戦国は，病気や死者数に関する情報を秘匿していたが，中立国の(　1　)は情報を公開していたため，(　1　)が発生源である，という誤解が広まったといわれる。パリ講和会議に乗り込んだアメリカの(　a　)大統領は，(　1　)風邪に感染した。(　a　)は回復し会議に復帰したものの，気力を失い，それまで反対していたドイツへの厳しい賠償を認めた。

ドイツに課された過酷な賠償は，結果的にナチスの台頭を招いた。アドルフ・ヒトラーは，1936年のベルリン大会の際，聖火リレーを国威発揚と国民の戦争動員のためのプロパガンダとして初めて導入した。この大会から3年後，ドイツはポーランドに侵攻し，第二次世界大戦が始まった。

日本は1940年を神武天皇即位紀元2600年と位置付けて祝う一連の行事として，アジア初の東京オリンピック誘致に成功した。しかし，日中戦争の悪化を受け，開催権を返上した。ドイツ，イタリアと軍事同盟を結んだ日本は，1941年，アメリカや(　2　)とも戦争状態に入った。1945年，日本は敗北し，連合国の占領下に置かれた。

日本は独立回復後，1952年のヘルシンキ大会に出場した。同じ敗戦国のドイツは分断国家となっており，ドイツ連邦共和国(西ドイツ)のみが出場し，ドイツ民主共和国(東ドイツ)は欠場した。この大会には，社会主義陣営から，ソ連や中華人民共和国(中国)が登場した。なお，この当時(　2　)統治下にあった香港は，中国とは別に，「ホンコン・チャイナ(中国香港)」として初出場している。

1956年のメルボルン大会では，ソ連による(　3　)侵攻への抗議として，(　1　)，オランダ，スイスなどが参加しなかった。東西ドイツは連合チームで出場した。この年，日本はソ連と国交を正常化し，国際連合にも加盟した。

経済復興と国際社会への復帰を果たした日本は，1964年，ようやく東京オリンピックの開催にこぎつけた。しかし，①沖縄は未だアメリカの統治下に置かれており，沖縄を駆け巡った聖火リレーは日本本土への早期復帰を求める沖縄住民に希望を与えた。東京大会はアジア初のオリンピックであったが，中国，朝鮮民主主義人民共和国(北朝鮮)，ベトナム民主共和国(北ベトナム)，インドネシアといったアジアの国々は欠場している。東京大会期間中，中国は核実験に成功し，中国と対立を深めていたソ連では，②ニキータ・フルシチョフ首相が失脚した。

1972年のミュンヘン大会では，惨劇が起きた。パレスチナ人ゲリラが選手村の(　4　)宿舎を襲撃して2名を殺害し，選手らを人質にとり収監中のパレスチナ人の解放を求めたのである。人質救出作戦は失敗し，銃撃戦で人質全員が死亡した。2020東京大会の開会式では，(　4　)の長年の要望が叶えられ，(　4　)人選手に対する黙祷が初めて行われた。

1980年のモスクワ大会は，社会主義国で開催される初のオリンピックとなった。しかし，前年の(　5　)侵攻により，ソ連は西側諸国から非難されていた。アメリカの要請を受け，日本，西ドイツ，大韓民国(韓国)などがボイコットした。

1984年のロサンゼルス大会では，ソ連，東ドイツ，モンゴル，北朝鮮，キューバなどが報復ボイコットした。同じ社会主義国ながら，ソ連と対立する中国はモスクワ大会をボイコットしたが，ロサンゼルス大会には出場した。なお，中華民国(台湾)は同年のサラエボ冬季オリンピックから「チャイニーズ・タイペイ(中華台北)」の名称で出場することとなった。

1988年，アジアで二番目の夏季オリンピックとなるソウル大会が開催された。この大会には東西両陣営がそろって参加し冷戦の終わりを予感させたが，北朝鮮は欠場した。韓国では1961年以降，軍事政権が続いてきたが，大会を前に大統領直接選挙制の導入と政治犯の釈放を骨子とする民主化宣言を行った。時を同じくして台湾も民主化したが，中国は1989年，天安門広場で発生した民主化運動を弾圧した。

ソウル大会から20年後の2008年，アジアで三番目の夏季オリンピックとなる北京大会が開催された。しかし，中国当局が大会前に発生したチベット独立を求める大規模騒乱を弾圧すると，これに抗議する世界各地の人々が聖火リレーを妨害した。北京オリンピック開会式当日，(　6　)とロシアの武力衝突が始まった。当時首相職にあったウラジーミル・プーチンは，開会式に出席中であった。結果として，ロシアは南オセチアとアブハジアを掌握した。そして2014年，ロシアは自国開催のソチ冬季オリンピックが閉幕した直後，ウクライナ領クリミアに軍事侵攻した。

2018年の平昌冬季オリンピックの開会式には，北朝鮮の最高指導者(　b　)の妹・金与正が出席し，開催国の韓国大統領とも会談した。しかし，開会式に出席した日本の安倍晋三首相③やアメリカのマイク・ペンス副大統領と金与正との会談は実現しなかった。韓国と北朝鮮は，女子アイスホッケーに南北合同チームで出場した。

2022年，中国は，初の冬季オリンピックを北京で開催した。同じ都市で夏季と冬季のオリンピックが開催されるのは初である。アメリカ，(　2　)，カナダ，オーストラリア，リトアニアなどは，選手団は送るものの，中国の新疆ウイグル自治区などに対する人権侵害を問題視して，要人の出席を見送る「外交的ボイコット」を行った。これに対し，ロシアは組織的なドーピング問題で国家としての出場が認められていないにもかかわらず，プーチン大統領が開会式に出席した。開会式に先立ち，プーチンは中国の習近平国家主席④と会談し，NATO(北大西洋条約機構)の東方拡大反対と「ひとつの中国」原則について，相互に支持した。

2022北京冬季オリンピックが閉幕して間もなく，ロシアはウクライナに軍事侵攻した。前年末，国連総会はオリンピック・パラリンピック期間中に世界のあらゆる紛争の休戦を求める決議を採択したが，ロシアは共同提案国のひとつであった。パラリンピックに個人の資格で出場予定だったロシアと，ロシアを支援するベラルーシの選手は開幕直前に除外された。ウクライナは自国が戦時下という過酷な状況下にありながら，開催国中国に次ぐメダル数を獲得した。

問(A)　文中の(　1　)～(　6　)に入れるのに最も適当な語句を下記の語群から選び，その記号をマークしなさい。

〔語群〕

(ア)　フランス	(イ)　チェコスロバキア	(ウ)　イスラエル
(エ)　フィンランド	(オ)　ルーマニア	(カ)　イラン
(キ)　スペイン	(ク)　セルビア	(ケ)　イギリス
(コ)　アフガニスタン	(サ)　シリア	(シ)　イラク
(ス)　ポルトガル	(セ)　ハンガリー	(ソ)　モルドバ
(タ)　チェチェン	(チ)　パキスタン	(ツ)　トルコ
(テ)　オーストリア	(ト)　ジョージア(グルジア)	

問(B)　文中の(　a　)に入れるのに最も適当な語句を次の(ア)～(エ)から一つ選び，その記号をマークしなさい。

(ア)　フランクリン・ローズヴェルト

(イ)　セオドア・ローズヴェルト

(ウ)　ハリー・トルーマン

(エ)　ウッドロー・ウィルソン

問(C)　下線部①に関して，アメリカによる統治時代(1945～1972年)の沖縄に関する記述として**最も適当でない**ものを，次の(ア)～(エ)から一つ選び，その記号をマークしなさい。

(ア)　沖縄の米軍基地は，朝鮮戦争やベトナム戦争の出撃拠点となった。

(イ)　1965年，佐藤栄作首相は沖縄を訪問し，「私は沖縄の祖国復帰が実現しない限り，わが国にとつて『戦後』が終つていないことをよく承知しております」と声明した。

(ウ)　アメリカは沖縄に核兵器を配備していた。

(エ)　アメリカのリチャード・ニクソン大統領がドルと金の交換を停止すると，沖縄住民が保有するドルの価値は大幅に上がった。

問(D)　下線部②に関して，フルシチョフに関する記述として**最も適当でない**ものを，次の(ア)〜(エ)から一つ選び，その記号をマークしなさい。

(ア)　クリミア半島を，ロシア共和国からウクライナ共和国へと帰属替えした。

(イ)　第20回ソ連共産党大会において，ヨシフ・スターリンの功績を称賛した。

(ウ)　世界初の人工衛星「スプートニク」を打ち上げた。

(エ)　キューバにミサイルを配備した。

問(E)　文中の(　b　)に入れるのに最も適当な語句を次の(ア)〜(エ)から一つ選び，その記号をマークしなさい。

(ア)　金正日　　(イ)　金日成　　(ウ)　金正恩　　(エ)　金大中

問(F)　下線部③に関して，安倍晋三が首相在任中に行った政策として**最も適当でない**ものを，次の(ア)〜(エ)から一つ選び，その記号をマークしなさい。

(ア)　安全保障協力に関する日豪共同宣言に署名した。

(イ)　防衛庁を省に昇格させた。

(ウ)　平和安全法制関連二法を成立させた。

(エ)　日朝平壌宣言に署名した。

問(G)　下線部④に関して，習近平に関する記述として**最も適当でない**ものを，次の(ア)〜(エ)から一つ選び，その記号をマークしなさい。

(ア)　2018年に改正された中華人民共和国憲法で，毛沢東，鄧小平と並んで習近平の名前が書き込まれ，国家主席の任期は連続して二期を超えてはならないという規定が削除された。

(イ)　国賓として来日し，「戦略的互恵関係」の包括的推進に関する日中共同声明を発表した。

(ウ)　中国共産党創立100周年祝賀大会で演説し，「台湾問題を解決し，祖国の完全な統一を実現することは，中国共産党の終始変わらぬ歴史的任務」である，と述べた。

(エ)　香港での反体制活動を禁じる「香港国家安全維持法」に署名した。

〔Ⅳ〕 次の文章を読んで，問(A)～問(F)に答えなさい。

国民経済計算は，一国の経済の全体像を国際比較可能な形で体系的に記録するものである。経済活動をフロー面からとらえた指標の一つである<u>国内総生産(GDP)</u>①も，国民経済計算によって計測されている。GDPは，一国の経済活動の規模を把握するための指標として広く利用されているが，国の豊かさを示す指標としては問題もある。問題の一つは，<u>人々の生活の豊かさに影響するにもかかわらずGDPに含まれない要素が存在することである</u>②。そのため，これまでにさまざまな指標が考案されてきた。例えば，(　1　)や(　2　)がある。(　1　)は，ブータン王国で採用されている指標で，公正な社会経済発展，環境保全，文化保全，よい政治などの要素で構成されている。(　2　)は，国連開発計画が作成した指標で，保健水準，教育水準，所得水準を用いて算出されるものである。

<u>経済成長</u>③は，一国の経済活動の規模の拡大を意味し，通常GDPを使って計測される。GDPの前年比増加率は経済成長率と呼ばれ，とくに物価の変動の影響を取り除いたものを(　3　)経済成長率という。世界の国々の経済成長の経験には格差があり，大きな経済成長をとげた国もあれば，長期に渡って停滞している国もある。その結果として，世界には豊かな先進国と貧しい<u>発展途上国</u>④が存在する。両者の間の経済格差の問題は南北問題と呼ばれ，発展途上国における貧困問題を解決することは世界にとって重要な課題となっている。

また，一国の経済活動は，その長期的な趨勢(すうせい)とは別に，ある程度の周期性を

もって拡大と収縮を繰り返す。このように好景気と不景気が交互に生じる現象のことを，景気循環⑤という。景気循環の状況を判断するための統計としては，(　4　)や(　5　)をあげることができる。(　4　)は，内閣府が生産，雇用などに関するさまざまな指標の動きを統合して作成するものであり，(　5　)は，日本銀行が企業を対象に業況などについて問うアンケート調査である。激しい景気循環は国民生活の負担となりうるため，政府や中央銀行は，このような統計で景気の状況を詳しく把握し，状況に応じた財政政策や金融政策を実施することで，景気の安定を図ろうとしている。

問(A)　文中の(　1　)～(　5　)に入れるのに最も適当な語句を下の語群から選び，その記号をマークしなさい。

〔語群〕

(ア)　有効求人倍率　　(イ)　短観(全国企業短期経済観測調査)
(ウ)　経済構造実態調査　　(エ)　購買力平価
(オ)　NNW(国民純福祉)　　(カ)　景気動向指数
(キ)　消費者物価指数　　(ク)　GDPデフレーター
(ケ)　企業物価指数　　(コ)　名目
(サ)　実質　　(シ)　グリーンGDP
(ス)　GNH(国民総幸福)　　(セ)　HDI(人間開発指数)
(ソ)　BLI(ベターライフインデックス)
(タ)　経済センサス

問(B)　下線部①について述べた文として**最も適当でない**ものを次の(ア)～(エ)から一つ選び，その記号をマークしなさい。

(ア)　国内総生産は，一定期間に一国内で生産された総生産額から中間生産物の額を差し引いたものである。

(イ)　国内総生産は，一定期間に一国内で新たに生産された付加価値の総額のことである。

(ウ)　国内総生産から固定資本減耗を控除した額を国民純生産という。

(エ)　国内総生産に海外からの純所得を加えると国民総所得になる。

問(C)　下線部②に関連して，GDPに含まれる要素として，最も適当なものを次の(ア)～(エ)から一つ選び，その記号をマークしなさい。

(ア)　ボランティア活動

(イ)　余暇

(ウ)　公共サービス

(エ)　家事

問(D)　下線部③に関連して，経済成長を促進する要因として**最も適当でない**ものを次の(ア)～(エ)から一つ選び，その記号をマークしなさい。

(ア)　原油価格の上昇

(イ)　労働供給量の増大

(ウ)　設備投資による資本蓄積

(エ)　技術進歩による生産性向上

問(E)　下線部④に関連して，発展途上国が経済発展できない理由として**最も適当でない**ものを次の(ア)～(エ)から一つ選び，その記号をマークしなさい。

(ア)　教育が不足しているから。

(イ)　人口増加率が低いから。

(ウ)　政治が不安定だから。

(エ)　社会資本の整備が不十分だから。

問(F)　下線部⑤について述べた文として最も適当なものを次の(ア)～(エ)から一つ選び，その記号をマークしなさい。

(ア)　景気循環の一つの周期において，経済は好況，不況，回復，後退の順に局面が移り変わる。

(イ)　先進国では，適切なポリシー・ミックスにより，景気循環を完全になくすことが可能になった。

(ウ)　ジュグラーの波は，約 20 年程度の周期の循環である。

(エ)　キチンの波は，主に在庫投資の変動によって生じる。

数学

◀ 3 教科型，3 教科型（同一配点方式），2 教科型（英語＋1 教科選択方式），2 教科型（英数方式〈社会安全〉）▶

（60 分）

〔 I 〕 $AB = AC = 2BC$ を満たす二等辺三角形 ABC を考える。D を AB の中点とし，$\angle ACD = \alpha$，$\angle BCD = \beta$ とする。次の問いに答えよ。

(1) $\cos(\alpha + \beta)$ の値を求めよ。

(2) $\dfrac{\sin\alpha}{\sin\beta}$ の値を求めよ。

(3) $\sin\alpha$ の値を求めよ。

〔Ⅱ〕 次の □ をうめよ。ただし，①，②，④，⑤ は a の式で，③，⑥ は数値でうめよ。

曲線 $y=x^3-x$ を C とおき，a を 0 と異なる定数とする。P を x 座標が a である C 上の点とし，P における C の接線を ℓ とおく。C と ℓ の共有点のうち，P と異なるものを Q とすると，Q の x 座標は ① である。Q における C の接線を m とおく。このとき，m の傾きは ② である。m と x 軸が平行になるのは，$a^2=$ ③ のときである。

C と m が共有する点のうち，Q と異なるものを R とおくとき，R の x 座標は ④ である。R における C の接線を n とおくとき，n の傾きは ⑤ である。ℓ と n が垂直になるのは，$a^2=\frac{1}{96}\Big($ ⑥ $\Big)$ のときである。

〔Ⅲ〕 次の □ をうめよ。

ユークリッドの互除法を用いて，２つの整数 9563 と 7729 の最大公約数を求める。３回目の計算で求められる商と余りはそれぞれ ①，② であり，最大公約数は ③ である。ユークリッドの互除法で求められた商と余りに関する一連の等式を用いることにより，不定方程式

$$9563x+7729y=2\times \text{③}$$

の整数解を１つ求めると，$(x,\ y)=\Big($ ④ ，⑤ $\Big)$ となる。この不定方程式のすべての整数解 $(x,\ y)$ のなかで，不等式

$$|x|+|y|<1000$$

を満たすものの個数は ⑥ である。

◀英数方式〈総合情報〉▶

(90 分)

〔Ⅰ〕 a を正の実数とする。3 次関数 $f(x) = \frac{1}{3}x^3 - 3x$ と 2 次関数 $g(x) = -x^2 + a$ について，次の問いに答えよ。

(1) xy 平面内の 2 曲線 $y = f(x)$，$y = g(x)$ がちょうど 2 つの共有点をもつとき，a の値を求めよ。

(2) (1)のとき，2 曲線 $y = f(x)$，$y = g(x)$ で囲まれた部分 D の面積を求めよ。

(3) 直線 $x = 0$ によって(2)の D を 2 つの部分に分割し，x 座標が 0 以下である部分の面積を S_1，x 座標が 0 以上である部分の面積を S_2 とする。このとき，$\frac{S_2}{S_1}$ を求めよ。

〔Ⅱ〕 xy 平面上で点(1, 0)の位置に数字 1 を置き，以下，図のように格子点に反時計回りの渦巻き状に数字 2, 3, 4, …… を配置する。ただし，格子点とは x 座標，y 座標がともに整数である点をいう。

(1) x 軸の正の部分に位置する数字を，x 座標の小さいほうから並べて a_1, a_2, a_3, …… として数列 $\{a_n\}$ を定める。一般項 a_n を n の式で表せ。

(2) 直線 $y=x$ の第 1 象限にある部分に位置する数字を，x 座標の小さいほうから並べて b_1, b_2, b_3, …… として数列 $\{b_n\}$ を定める。一般項 b_n を n の式で表せ。また，初項から第 n 項までの和 $S_n=\sum_{k=1}^{n} b_k$ を求めよ。

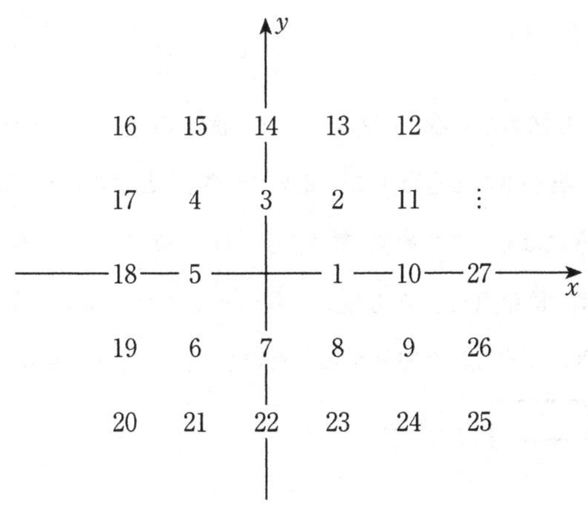

〔Ⅲ〕 空間内の四面体OABCにおいて，辺OAの中点をPとし，辺OBを2：1に内分する点をQとする。

$\overrightarrow{\mathrm{OA}}=\vec{a}$，$\overrightarrow{\mathrm{OB}}=\vec{b}$，$\overrightarrow{\mathrm{OC}}=\vec{c}$ とおくとき，次の □ をうめよ。

$\overrightarrow{\mathrm{PQ}}$ を $\vec{a}$ と $\vec{b}$ を用いて表せば，$\overrightarrow{\mathrm{PQ}}=$ ① $\vec{a}+$ ② $\vec{b}$ となる。

点Oから直線ACに垂線を引き，交点をRとする。$|\vec{a}|=|\vec{c}-\vec{a}|=2$，$\vec{a}\cdot\vec{c}=1$ であるとき，$\overrightarrow{\mathrm{PR}}=$ ③ $\vec{a}+$ ④ $\vec{c}$ となる。このとき，四面体OABCを3点P，Q，Rを通る平面で切断し，その切断面と直線BCの交点をSとすれば，$\dfrac{\mathrm{BS}}{\mathrm{SC}}=$ ⑤ である。

〔Ⅳ〕 Nを2以上の自然数とする。1枚のコインを投げて，表が出たときは続けてもう一度投げる。裏が出たときはそこで止めて「終了」とする。ただし，表が続けてN回出たときにはそこで止めて「終了」とする。「終了」したとき，表が続けてn回出ていれば，賞金$f(n)$円がもらえるものとする$(1\leqq n\leqq N)$。表が1度も出なかったときは，賞金は0円とする。ただし，$f(n)$は正の値をとるnの関数である。次の □ をうめよ。

0以上N以下の整数nに対して，「終了」したとき表が丁度n回出ている確率を$p(n)$とおく。表が1度も出ない確率$p(0)=$ ① である。また，$1\leqq n<N$のとき$p(n)=$ ② であり，$p(N)=$ ③ である。いま，$f(n)$が正数rを用いて$f(n)=2^{n+1}r^n$によって与えられているとき，$E=\sum_{n=1}^{N}p(n)f(n)$とおけば，$r=1$のとき$E=$ ④ であり，rが1でなければ$E=$ ⑤ である。

まちがえながらもここまで訪ねてまいりました」と源氏が贈ったのに対して、御息所は「神様にお仕えする少女がいるあたりだと思って、このようになつかしい榊の香にひかれながらここまで訪ねてこられたのですね」と返した。

e　いく月もの間途絶えていたことをもっともらしく言い訳申し上げるのも、きまり悪いくらいの無沙汰になってしまっていたので、榊を少しばかり折り取ってお持ちになっていたのを御簾の下から差し入れなさって、「ずっと変わらない気持ちをたよりに、禁忌を犯してやってきました。それなのにこの扱いはつらいことです」と、恨み言をいった。

問10　二人の歌のやり取りはどのようなものだったか。最も適当なものを選択肢から一つ選び、その記号をマークせよ。

a　二人ともこの場所に縁のある歌を引きながら、「ここの神垣には三輪山のように目印の杉もないのに、どうおまちがえになってこの榊を折ってここに訪ねていらっしゃったのでしょう」と御息所が贈ったのに対して、源氏は「神様にお仕えする少女がいるあたりだと確信して、榊の香にひかれて探し求めて折ってまいりました」と返した。

b　二人ともこの場所に縁のある歌を引きながら、「ここの神垣には三輪山のように目印の杉もないので、とんでもなくまちがったところに榊を差し入れなさったことですね」と御息所が贈ったのに対して、源氏は「神様にお仕えする少女がいるあたりだと思ったので、榊の香をたよりにここでまちがいないと確信して差し入れました」と返した。

c　二人ともこの場所に縁のある歌を引きながら、「ここの神垣には三輪山のように目印の杉がないにもかかわらず、かわりに榊を折り取って目印としてわざわざここまで訪ねてまいりました」と源氏が贈ったのに対して、御息所は「神様にお仕えする少女がいるあたりだと思って、なつかしい榊まで用意して、訪ねていらっしゃったのですね」と返した。

d　二人ともこの場所に縁のある歌を引きながら、「ここの神垣には三輪山のように目印の杉もないのに、道をまちがえながらも榊を折って、どのようにここをさがしあててくださったのでしょう」と御息所が贈ったのに対して、源氏は「神様にお仕えする少女がいるあたりだと思ったので、榊の香を道しるべとして手折りながらまいりました」と返した。

e　二人ともこの場所に縁のある歌を引きながら、「ここの神垣には三輪山のように目印の杉もないのに、よくもまあ道を

d　源氏は「こちらでは、私に簀子へ入るだけしかお許しくださらないのでしょうか」といって、廂の内にあがってお座りになった。折から美しい夕月に映えて、源氏のふとした動作の美しさは、たとえるものもないすばらしさである。

e　源氏は「こちらでは、私に簀子へ入る程度のお許しはくださるでしょうか」といって、簀子にあがっておいでになった。折から美しい夕月に映えて、源氏のふとした動作の美しさは、誰よりもすばらしい。

問9　上にあがった源氏はどうしたか。最も適当なものを選択肢から一つ選び、その記号をマークせよ。

a　いく月も積もり積もった思いをこの機会にまとめて申し上げるのも、きまり悪いくらいの無沙汰になってしまっていたので、榊を少しばかり折り取ってお持ちになっていたのを御簾の下から差し入れなさって、「ずっと変わらない気持ちのまま、無理をおしてやってきました。おつらかったでしょう」と、慰めのことばをかけた。

b　いく月も積もり積もった思いをこの機会にまとめて申し上げるのも、きまり悪いくらいの無沙汰になってしまっていたので、榊を少しばかり折り取ってお持ちになっていたのを御簾の下から差し入れなさって、「ずっと変わらない気持ちのまま、無理をおしてやってきました。今まで、とてもつらい思いをしていました」と、恨み言をいった。

c　いく月もの間途絶えていたことをもっともらしく言い訳申し上げるのも、きまり悪いくらいの無沙汰になってしまっていたので、榊を少しばかり折り取ってお持ちになっていたのを御簾の下から差し入れなさって、「ずっと変わらない気持ちのまま、無理をおしてやってきました。おつらかったでしょう」と、慰めのことばをかけた。

d　いく月も積もり積もった思いをこの機会にまとめて申し上げるのも、きまり悪いくらいの無沙汰になってしまっていたので、榊を少しばかり折り取ってお持ちになっていたのを御簾の下から差し入れなさって、「ずっと変わらない気持ちをたよりに、禁忌を犯してやってきました。今まで、とてもつらい思いをしていました」と、恨み言をいった。

膝行り出なさるようすは、とても奥ゆかしいものだった。

c　女房達の手前も見苦しいし、端近に出ておあいするなどいまさら気がひけることで、とてもつらいとお思いになるけれど、みっともない姿をお見せするのも、はばかられるので、あれこれとためらいながらも端の方まで膝行り出なさるようすは、とても奥ゆかしいものだった。

d　女房達の手前も見苦しいし、端近に出ておあいするなどいまさら気がひけることで、とてもつらいとお思いになるけれど、すげなく無愛想に扱って断るといっても、それほど気強くはなれないので、あれこれと嘆きとりみだして端の方まで膝行り出なさるようすは、とても不審なものだった。

e　女房達の手前も見苦しいし、端近に出ておあいするなど今となっては許されないことだと、とてもつらくお思いになるけれど、みっともない姿をお見せするのも、はばかられるので、あれこれと嘆きとりみだして端の方まで膝行り出なさるようすは、とても不審なものだった。

問8　御息所と対面する源氏はどのようなようすであったか。最も適当なものを選択肢から一つ選び、その記号をマークせよ。

a　源氏は「こちらでは、私に簀子へ入る程度のお許しはくださるでしょうか」といって、簀子にあがってお座りになった。折から美しい夕月に映えて、源氏のふとした動作の美しさは、たとえるものもないすばらしさである。

b　源氏は「こちらでは、私に簀子へ入るだけしかお許しくださらないのでしょうか」といって、廂の内にあがっておいでになった。趣深い夕月どきに、源氏のふとした動作にともなって漂う香りは、誰よりもすばらしい。

c　源氏は「こちらでは、私に簀子へ入る程度のお許しはくださるでしょうか」といって、簀子にあがってお座りになった。趣深い夕月どきに、源氏のふとした動作にともなって漂う香りは、誰よりもすばらしい。

a　「じつに気の毒なごようすで、御息所が立ちあがれずにいらっしゃるのは、おいたわしく思われて」と、ひそかに源氏へ伝えた。

b　「じつに気の毒なごようすで、御息所が茫然と立ちつくしていらっしゃるのは、おつらそうに思われて」と、ひそかに源氏へ伝えた。

c　「じつに気の毒なごようすで、源氏の君が立ちあがれずにいらっしゃいますのは、おいたわしいことで」と言って、御息所にとりなした。

d　「ほんとうに拝見するのも心苦しいほど、源氏の君が茫然と立ちつくしておられるのは、おいたわしいことで」と言って、御息所にとりなした。

e　「ほんとうに拝見するのも心苦しいほど、あなたさまが茫然と立ちつくしておられるのが、おつらそうなことで」と、ひそかに源氏へ伝えた。

問7　女房達の言葉をうけて御息所はどのようなようすであったか。最も適当なものを選択肢から一つ選び、その記号をマークせよ。

a　女房達の手前も見苦しいし、端近に出ておあいするなど今となっては許されないことだと、とてもつらくお思いになるけれど、みっともない姿をお見せするのも、はばかられるので、あれこれとためらいながらも端の方まで膝行り出なさるようすは、とても奥ゆかしいものだった。

b　女房達の手前も見苦しいし、端近に出ておあいするなどいまさら気がひけることで、とてもつらいとお思いになるけれど、すげなく無愛想に扱って断るといっても、それほど気強くはなれないので、あれこれとためらいながらも端の方までご自身では対面なさりそうな様子もないので、源氏はとてもつらいことだとお思いになった。

e　源氏は北の対のしかるべきところに立ち隠れなさって、ご来訪の由をお申し入れになると、管弦の音はぴたりとやんで、御息所たちの警戒する気配がさまざま伝わってくる。ただ、あれやこれやと取り次ぎの女房のご返事ばかりで、御息所ご自身では対面なさりそうな様子もないので、源氏はとてもつらいことだとお思いになった。

問5　御息所の対応に源氏はどのように言ったか。最も適当なものを選択肢から一つ選び、その記号をマークせよ。

a　こうして訪ねてまいったことも、今のわたしには似つかわしくないことと思っていらっしゃるなら、野宮の外に追い返すことはなさらないで、おあいください。気にかかっておりますことも、はっきりさせたく存じます。

b　こうして訪ねてまいったことも、おあいできないままでは徒労になるとお察しくださるなら、このようによそよそしく部外者としてお扱いなさらず、おあいください。あなたがご心配なさっていることを、はっきりさせたく存じます。

c　このような忍び歩きも、おあいできないままでは徒労になるとお察しくださるなら、野宮の外に追い返すことはなさらないで、おあいください。気にかかっておりますことも、断念してここに来てしまったのです。

d　このような忍び歩きも、今のわたしには似つかわしくないことと思っていらっしゃるなら、このようによそよそしく部外者としてお扱いなさらず、おあいください。あなたがご心配なさっていることも、はっきりさせたく存じます。

e　このような忍び歩きも、今のわたしには似つかわしくないこととお察しくださるなら、このようによそよそしく部外者としてお扱いなさらず、おあいください。気にかかっておりますことも、はっきりさせたく存じます。

問6　源氏の言動に対して、女房達はどうしたか。最も適当なものを選択肢から一つ選び、その記号をマークせよ。

世間から隔たって月日を過ごしていらっしゃることに思いをはせると、源氏はたいそう気がかりに思われた。

d　野宮のようすは、ほかのところとは違って見えたが、このようなところに、物思いをかかえていらっしゃる御息所が、世間から隔たって月日を過ごしていらっしゃることに思いをはせると、源氏はたいそう気の毒に思われた。

e　野宮のようすは、ほかのところとは違って見えたが、このようなところに、ずっと自分を思い続けている御息所が、世間から隔たって長い月日を過ごしていらっしゃることに思いをはせると、源氏はたいそう申し訳なく思われた。

問4　北の対での応対はどのようであったか。最も適当なものを選択肢から一つ選び、その記号をマークせよ。

a　源氏は北の対のしかるべきところに立ち隠れなさって、御息所のご機嫌をお尋ねになると、女房達の話し声はぴたりとやんで、御息所たちの警戒する気配がさまざま伝わってくる。ただ、女房に代筆させたお手紙をよこすばかりで、御息所ご自身では対面なさりそうな様子もないので、源氏はとてもつらいことだとお思いになった。

b　源氏は北の対のしかるべきところに立ち隠れなさって、御息所のご機嫌をお尋ねになると、管弦の音はぴたりとやんで、御息所たちの奥ゆかしい気配がさまざま伝わってくる。ただ、あれやこれやと取り次ぎの女房のご返事ばかりで、御息所ご自身では対面なさりそうな様子もないので、源氏はじつに不愉快にお思いになった。

c　源氏は北の対のしかるべきところに立ち隠れなさって、ご来訪の由をお申し入れになると、管弦の音はぴたりとやんで、御息所たちの奥ゆかしい気配がさまざま伝わってくる。ただ、あれやこれやと取り次ぎの女房のご返事ばかりで、御息所ご自身では対面なさりそうな様子もないので、源氏はじつに不愉快にお思いになった。

d　源氏は北の対のしかるべきところに立ち隠れなさって、ご来訪の由をお申し入れになると、女房達の話し声はぴたりとやんで、御息所たちの警戒する気配がさまざま伝わってくる。ただ、女房に代筆させたお手紙をよこすばかりで、御息所マークせよ。

a　親しくお仕えしている女房十人余りと従者はものものしい装いではなく、たいそう忍んでお供申し上げていた。けれども、源氏は格別に整えて気配りをした姿でたいそう華やかにおでましになった。

b　親しくお仕えしている女房十人余りと従者は厳めしい装いではなく、たいそうお忍びのご様子でいらっしゃった。けれども、格別に整えられた源氏の装いは、たいそうすばらしかった。

c　親しくお仕えしている先駆けのもの十人余りと従者は大げさな装いではなく、たいそうお忍びのご様子でいらっしゃった。けれども、格別に整えて気配りをした源氏の装いは、たいそうすばらしかった。

d　親しくしている友人十人余りと従者はきらびやかな装いではなく、たいそうお忍びのご様子でいらっしゃった。けれども、異様なまでにやつされた源氏の装いは、それでもすばらしく見えた。

e　親しくお仕えしている先駆けのもの十人余りと従者は人目を引くような装いではなく、たいそう忍んでお供申し上げていた。けれども、格別に整えられた源氏の装いは、たいそうすばらしかった。

問3　野宮のようすをうかがって、源氏はどのように思ったか。最も適当なものを選択肢から一つ選び、その記号をマークせよ。

a　野宮のようすは、以前とはさま変わりしていたが、このようなところに、ものに取り憑かれていたような御息所が、世間から隔たって月日を過ごしていらっしゃることに思いをはせると、源氏はたいそう気の毒に思われた。

b　野宮のようすは、以前とはさま変わりしていたが、このようなところに、ずっと自分を思い続けている御息所が、世間から隔たって月日を過ごしていらっしゃることに思いをはせると、源氏はたいそう申し訳なく思われた。

c　野宮のようすは、ほかのところとは違って見えたが、このようなところに、ものに取り憑かれていたような御息所が、問1　源氏が訪れた野宮のあたりの情景はどのようであったか。最も適当なものを選択肢から一つ選び、その記号をマークせよ。

a　源氏がはるばる広がる野辺を分け入りなさると、より一層しみじみとした情趣が感じられた。秋の花は皆しおれて、浅茅が原も枯れ枯れで、途切れ途切れ鳴く虫の音に、松風が激しく吹き合わさり、風の音とも琴の音とも聞き分けられないくらいに、楽の音が絶え絶えに聞こえてくるのは、まことに優艶な風情であった。

b　源氏がはるばる広がる野辺を分け入りなさると、より一層しみじみとした情趣が感じられた。秋の花は皆しおれて、浅茅が原も枯れ枯れで、途切れ途切れ鳴く虫の音に、松風がもの寂しく吹き合わさり、風の音とも人の声とも聞き分けられないくらいに、人の話し声が絶え絶えに聞こえてくるのは、まことに優艶な風情であった。

c　源氏がはるばる広がる野辺を分け入りなさると、すぐにしみじみとした情趣が感じられた。秋の花は皆しおれて、浅茅が原も枯れ枯れで、途切れ途切れ鳴く虫の音に、松風が激しく吹き合わさり、風の音とも人の声とも聞き分けられないくらいに、人の話し声が絶え絶えに聞こえてくるのは、とても優艶な風情であった。

d　源氏がはるばる広がる野辺を分け入りなさると、すぐにしみじみとした情趣が感じられた。秋の花は皆しおれて、浅茅が原も枯れ枯れで、途切れ途切れ鳴く虫の音に、松風が激しく吹き合わさり、風の音とも琴の音とも聞き分けられないくらいに、楽の音が絶え絶えに聞こえてくるのは、まことに優艶な風情であった。

e　源氏がはるばる広がる野辺を分け入りなさると、すぐにしみじみとした情趣が感じられた。秋の花は皆しおれて、浅茅が原も枯れ枯れで、途切れ途切れ鳴く虫の音に、松風がもの寂しく吹き合わさり、風の音とも琴の音とも聞き分けられないくらいに、楽の音が絶え絶えに聞こえてくるのは、とても優艶な風情であった。

問2　野宮を訪ねていった源氏の一行は、どのようなようすであったか。最も適当なものを選択肢から一つ選び、その記号をいと心にくし。

「こなたは、＊3簀子ばかりのゆるされははべりや」とて、上りゐたまへり。はなやかにさし出でたる夕月夜に、うちふるまひたまへるさまにほひ似るものなくめでたし。月ごろの積もりを、つきづきしう聞こえたまはむも、まばゆきほどになりにければ、榊をいささか折りて持たまへりけるをさし入れて、「＊4変らぬ色をしるべにてこそ、＊5斎垣も越えはべりにけれ。さも心うく」と聞こえたまへば、

神垣は＊6しるしの杉もなきものをいかにまがへて折れる榊ぞ

と聞こえたまへば、

＊7少女子があたりと思へば＊8榊葉の香をなつかしみとめてこそ折れ

おほかたのけはひわづらはしけれど、御簾ばかりはひき着て、長押におしかかりてゐたまへり。

(『源氏物語』賢木による)

注　＊1　松風＝「琴のねに峰の松風かよふらしいづれのをより調べそめけむ」(拾遺集)による。　＊2　注連＝神前に張り渡した縄。しめ縄。　＊3　簀子＝廂の外側の板敷。ここまでしか引き入れないことはよそよそしい対応を意味する。　＊4　変らぬ色＝「ちはやぶる神垣山の榊葉は時雨に色も変らざりけり」(後撰集)による。　＊5　斎垣＝神社など、神聖な場所の周囲にめぐらした垣。みだりに越えてはならないとされた。「ちはやぶる神の斎垣も越えぬべし大宮人の見まくほしさに」(伊勢物語)などによる。　＊6　しるしの杉＝「わが庵は三輪の山もと恋しくはとぶらひ来ませ杉立てる門」(古今集)などによる。　＊7　少女子＝ここでは神に仕える少女。「少女子が袖ふる山の瑞垣の久しき世より思ひそめてき」(拾遺集)による。　＊8　榊葉の香を＝「榊葉の香をかぐはしみとめ来れば八十氏人ぞまとゐせりける」(拾遺集)による。

二　次の文章は、『源氏物語』賢木(さかき)巻の一節である。六条御息所(みやすどころ)と源氏との関係は決定的にこじれていた。御息所は、娘が斎宮として伊勢に下るのに同行することによって、源氏との仲を清算しようと決意する。伊勢下向を目前にした九月はじめ、源氏は思い立って野宮(ののみや)(京にある斎宮の潔斎所)に御息所を訪ねる。これを読んで、後の問いに答えよ。

はるけき野辺を分け入りたまふより、いとものあはれなり。秋の花みなおとろへつつ、浅茅(あさぢ)が原もかれがれなる虫の音(ね)に、*1松風すごく吹きあはせて、そのことども聞きわかれぬほどに、物の音ども絶え絶え聞こえたる、いと艶なり。

睦(むつ)ましき御前十余人ばかり、御随身(みずいじん)ことことしき姿ならで、いたう忍びたまへれど、ことにひきつくろひたまへる御用意、いとめでたく見えたまへば、御供なるすき者ども、所がらさへ身にしみて思へり。御心にも、などて今まで立ちならさざりつらむと、過ぎぬる方悔しう思(おぼ)さる。ものはかなげなる小柴垣(こしばがき)を大垣にて、板屋ども、あたりあたりいとかりそめなめり。黒木の鳥居どもは、さすがに神々(かうがう)しう見わたされて、わづらはしきけしきなるに、神官(かむづかさ)の者ども、ここかしこにうちしはぶきて、おのがどち、ものうち言ひたるけはひなども、ほかにはさま変りて見ゆ。火焼屋(ひたきや)かすかに光りて、人げ少なくしめじめとして、ここにもの思はしき人の、月日を隔てたまへらむほどを思しやるに、いといみじうあはれに心苦し。

北の対(たい)のさるべき所に立ち隠れたまひて、御消息(せうそこ)聞こえたまふに、遊びはみなやめて、心にくきけはひあまた聞こゆ。何くれの人づての御消息ばかりにて、みづからは対面(たいめ)したまふべきさまにもあらねば、いとものしと思して、「かうやうの歩(あり)きも、今はつきなきほどになりにてはべるを思ほし知らば、かう、*2注連の外にはもてなしたまはで。いぶせうはべることをもあきらめはべりにしがな」と、まめやかに聞こえたまへば、人々、「げに、いとかたはらいたう、立ちわづらはせたまふに、いとほしう」などあつかひきこゆれば、いさや、ここの人目も見苦しう、かの思さむことも若々しう、出(い)でゐんが今さらにつつましきこと、と思すに、いとものうけれど、情けなうもてなさむにもたけからねば、とかくうち嘆きやすらひてゐざり出でたまへる御けはひ、

㋓ オウコウ

a 好奇心オウセイな若者たちに人気の商品。
b 乗用車がトラックに衝突してオウテンする。
c 自宅から駅まで自転車でオウフクする。
d 家宅捜索して証拠品をオウシュウする。
e 利用者にはオウブンの費用負担を求める。

㋔ セシュウ

a 水分をキュウシュウする。
b 委員長にシュウニンする。
c 辞典をカンシュウする。
d 自己弁護にシュウシする。
e 背後からシュウゲキする。

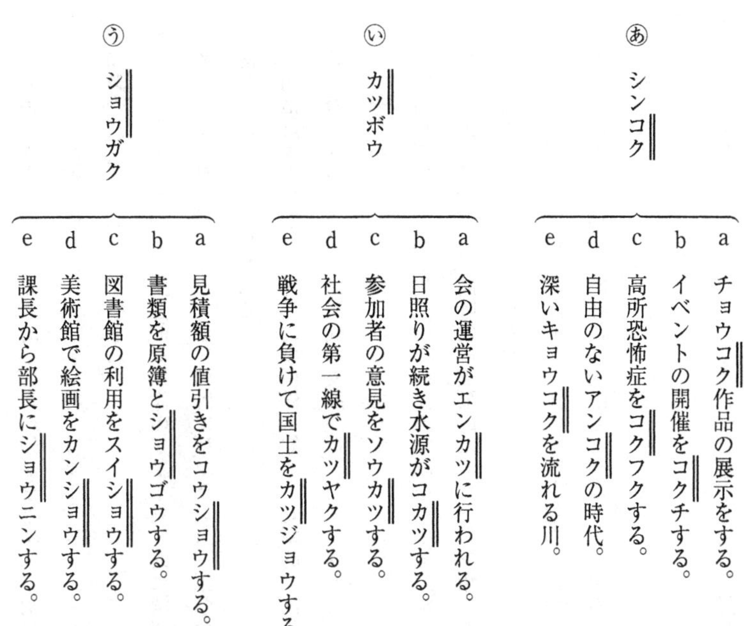

㋐ シンコク

a チョウコク作品の展示をする。
b イベントの開催をコクチする。
c 高所恐怖症をコクフクする。
d 自由のないアンコクの時代。
e 深いキョウコクを流れる川。

㋑ カツボウ

a 会の運営がエンカツに行われる。
b 日照りが続き水源がコカツする。
c 参加者の意見をソウカツする。
d 社会の第一線でカツヤクする。
e 戦争に負けて国土をカツジョウする。

㋒ ショウガク

a 見積額の値引きをコウショウする。
b 書類を原簿とショウゴウする。
c 図書館の利用をスイショウする。
d 美術館で絵画をカンショウする。
e 課長から部長にショウニンする。

問7　明治日本の大学の特徴を説明したものとして、最も適当なものを選択肢から一つ選び、その記号をマークせよ。

a　明治日本の大学は、先進的な西洋の知識を効率的に消化し、自国の近代化のために導入していくことを目指していたため、医学分野ではドイツ、法学分野ではフランス、工学分野ではスコットランドからの留学生を多数受け入れ、各分野の知識の「いいとこどり」がなされた。

b　明治日本の大学は、先進的な西洋の知識を効率的に消化し、自国の近代化のために導入していくことを目指していたため、医学分野ではドイツ、法学分野ではフランス、工学分野ではスコットランドからのお雇い外国人教師が各分野の体系的な知識の導入を仲介した。

c　明治日本の大学は、先進的な西洋の知識を効率的に消化し、自国の近代化のために導入していくことを目指していたため、帝国大学全体は、同時代に支配的だったドイツ型であったが、東大医学部、東大法学部、東大工学部となっていく系譜でモデルとした国はばらばらであった。

d　明治日本の大学は、先進的な西洋の知識を効率的に消化し、自国の近代化のために導入していくことを目指していたため、帝国大学全体は、同時代に支配的だったドイツ型であったが、それぞれの分野で西洋各国の「いいとこどり」がなされ、学問的体系性は重視されなかった。

e　明治日本の大学は、先進的な西洋の知識を効率的に消化し、自国の近代化のために導入していくことを目指していたため、帝国大学全体は、同時代に支配的だったドイツ型の知識を断片化して受容しつつ、個々の分野がモデルとした国はばらばらであった。

問8　二重傍線部ⓐⓘⓤⓔⓞのカタカナと同じ漢字を用いる語を選択肢から一つ選び、その記号をマークせよ。

問6　中世西欧の「ユニバーシティ」と日本の「大学」について説明したものとして、最も適当なものを選択肢から一つ選び、その記号をマークせよ。

a　中世西欧の「ユニバーシティ」は、キリスト教世界にボーダーレスに広がった都市の移動ネットワークを前提とし、聖職者、知識人、教師、学生らの「移動の自由」が基盤であったが、日本の「大学」は、世俗権力に奉仕するエリートを養成するために設置され、知識人や政治家だけの「移動の自由」を基盤としていた。

b　中世西欧の「ユニバーシティ」は、キリスト教世界にボーダーレスに広がった都市の移動ネットワークを前提とし、旅する教師と学生の協同組合として誕生したが、日本の「大学」は、世俗権力に奉仕するエリートを養成するために設置され、権力の垂直的二重性を有するものであった。

c　中世西欧の「ユニバーシティ」は、世俗の政治勢力を超越する自由の結界として誕生したが、日本の「大学」は、世俗権力に奉仕するエリートを養成するために設置され、世俗権力の武力や財力によって、権力の水平的横断性や垂直的二重性を保っていた。

d　中世西欧の「ユニバーシティ」は、世俗の政治勢力を超越する自由の結界として誕生し、旅する教師や学生の越境性が中世都市のネットワークに支えられていたが、日本の「大学」は、無数のムラや世間が統合されるリアリティの留め金の役割を果たしていた。

e　中世西欧の「ユニバーシティ」は、キリスト教世界にボーダーレスに広がった都市の移動ネットワークを前提とし、旅する教師と学生の協同組合として誕生したが、日本の「大学」は、無数のムラや世間の集合体として構成され、世俗の一元的かつ垂直的な権力秩序に包摂されていた。

時代を経て、試験や教育のクオリティが劣化し、存在根拠が失われていった、と述べている。

d　古代日本の大学は、もともと「国立」として存在したが、律令国家体制が崩れ、荘園制の時代に「私学」が栄えるようになったために、試験や教育のクオリティが劣化し、存在根拠が失われていった、と述べている。

e　古代日本の大学は、律令国家体制が崩れ、荘園制の時代に有力貴族が設立した「大学別曹」に優秀層が流れるようになったため、「大学頭」や「博士」の権威が衰退し、存在根拠が失われていった、と述べている。

問5　筆者は、明治期の大学と明治新政権の関係について、どのように述べているか。最も適当なものを選択肢から一つ選び、その記号をマークせよ。

a　明治新政権は、西洋の技術的な知を一刻も早く新国家に導入することにしか関心がなかったが、新政権がイデオロギーとして結んでいた国学とその教義を大学の中枢においたため、儒学派の反感をかった、と述べている。

b　明治新政権は、イデオロギー的には国学と結んでいたが、西洋の技術的な知を一刻も早く新国家に導入することにしか関心がなく、儒学の総本山だった湯島聖堂を「大学本校」とし、その伝統を権威として利用しようとした、と述べている。

c　明治新政権は、古代の大学寮や徳川幕府も正統教義とした儒学を、明治期に復活させた大学の学問中枢においたため、国家官僚制の基盤として、大学は再び象徴的権威性を帯びるようになった、と述べている。

d　明治新政権は、西洋の技術的な知を一刻も早く新国家に導入することにしか関心がなかったが、伝統的な教義をもつ儒学とその教義を大学の中枢においたため、儒学派の信頼を受けた、と述べている。

e　明治新政権は、西洋の技術的な知を一刻も早く新国家に導入することにしか関心がなかったため、大学の中枢に西洋哲学をおき、役に立たない儒学、国学を有害とした、と述べている。

記号をマークせよ。

a　日本は、古代以来中国から影響を受け、国家の垂直的な強制権力によって近代化を推し進めたため、学問の自由という考え方が育たず、水平的で広域的な横断性のある大学の基盤が生まれなかった、と述べている。

b　日本は、欧米からの影響を受け、風通しを良くする仕組みを発達させながら近代化を推し進めたため、学問の自由を重んじ、「世間」の常識の外に立ち横断する、真に学問的な知的創造を生む大学の基盤が生まれた、と述べている。

c　日本は、「世間」を維持しながらも、欧米から影響を受けて近代化を推し進めたため、閉ざされた内部から知的旅人が超越的権力を結ぶ自由な空間を構成し、異質な者たちの広域的な横断性をもつ大学の基盤が生まれた、と述べている。

d　日本は、国家の垂直的な強制権力を否定せず、「世間」がそのまま国家に呑みこまれるという近代化を経たために、異質な者たちの広域的な横断性が根幹をなす大学の基盤が生まれなかった、と述べている。

e　日本は、ジャーナリズムや学芸、様々な専門において横断的に形成される水平的な仕組みを整えず、国家の垂直的な強制権力によって近代化を推し進めてきたため、多様性のある自由な大学の基盤が生まれなかった、と述べている。

問４　筆者は、古代日本の大学についてどのように述べているか。最も適当なものを選択肢から一つ選び、その記号をマークせよ。

a　古代日本の大学は、中国の先進的な知識の輸入を重視し、初期には儒学優位だったが、やがて漢文が勢力を伸ばしたために、試験や教育のクオリティの劣化がみられるようになり、存在根拠が失われていった、と述べている。

b　古代日本の大学は、中国化によって支配体制を確立することに重きをおいていたが、律令国家体制が崩れ、荘園制の時代となると、支配体制が揺らいで「国立」が衰退し、存在根拠が失われていった、と述べている。

c　古代日本の大学は、中国化によって支配体制を確立するために必要なものであったが、律令国家体制が崩れ、荘園制のものを選択肢から一つ選び、その記号をマークせよ。

a　現代日本社会では、「世間」の実体的な基盤が脆弱化するなかで、ソーシャル・メディアを介したバーチャルな「世間」が成立していく流れにあるが、それはいっそう「世間」の実体を希薄なものにするだけであり、人々はますます自己承認の場を失っている、と述べている。

b　現代日本社会では、「世間」の実体的な基盤が脆弱化するなかで、実体的なムラやイエや職場の心理的拘束力が弱まり、逸脱を恐れる同調圧力も弱まりつつある一方で、人々は、ソーシャル・メディアを介したバーチャルな「世間」のなかに、新たな自己承認の場を見出すようになっている、と述べている。

c　現代日本社会では、「世間」の実体的な基盤が脆弱化するなかで、ソーシャル・メディアを介して自己承認の場を見出し、ネット上にバーチャルな「世間」を成立させていっているが、日本人はネット上の出会いをあまり信用しておらず、ネットのなかの「世間」は自己承認の場にはなり得ていない、と述べている。

d　現代日本社会では、「世間」の実体的な基盤が脆弱化するなかで、社会の底に空いてしまった穴を埋めるものとして、ネット上にバーチャルな「世間」を成立させていっているが、日本人はネット上の出会いをあまり信用しておらず、ネットのなかの「他人」を攻撃することで自己承認を行っている、と述べている。

e　現代日本社会では、「世間」の実体的な基盤が脆弱化するなかで、人々は新たな自己承認の場として、ネット上にバーチャルな「世間」を成立させていっているが、そこには、ネット上で語られる「正義」に同調したり、ネットのなかの「世間」の常識から外れる「他人」を攻撃するといった、ファシズムの心理が広がっている、と述べている。

問3　筆者は、日本の近代化と大学の位置づけについてどのように述べているか。最も適当なものを選択肢から一つ選び、その

＊4　フンボルト＝ドイツの言語学者、政治家。(一七六七〜一八三五)　＊5　天野郁夫＝日本の社会学者、教育学者。(一九三六〜　)
＊6　ボーダーレス＝境界がない、国境がない、などの意。　＊7　アジール＝侵すことのできない神聖な場所。　＊8　網野善彦＝日本の歴史学者。(一九二八〜二〇〇四)

問1　本文では、日本社会の「世間」についてどのように記されているか。最も適当なものを選択肢から一つ選び、その記号をマークせよ。

a　日本社会の「世間」は、近代化を経ても非近代的性格がずっと保持され続け、閉塞的なメディア環境との連動によって、自粛権力の影響する範囲をいっそう広げている。

b　日本社会の「世間」は、近代以降もその影響力が衰えなかったため、「身内」を越えた共同性の感覚が育たず、キリスト教のような超越的な神の観念が庶民までは浸透しなかった。

c　日本社会の「世間」は、「身内」のなかでのイメージから成り立っており、「世間」の内側の人間に対するイメージの同質性が高いため、イエやムラ、職場などの、自分が直接的に関係を持つ「身内」を越えた共同性の感覚が育たなかった。

d　日本社会の「世間」は、「内」を「外」から守る壁のようなものであり、この「世間」が日本社会の几帳面さや逸脱することを周囲が防いでいく強い同調圧力を生み出している。

e　日本社会の「世間」は、共同幻想としての「世間」が社会的事実として構築されたものだが、日本社会の几帳面さや逸脱することを周囲が防いでいく強い同調圧力の根底には、そこから排除されることを極度に怖れる感情がある。

問2　筆者は、現代日本社会におけるインターネット上のバーチャルな「世間」について、どのように述べているか。最も適当な威によって権力構造が二重化していたからである。この権力の二重性により、大学は地元の在地権力と敵対しても、武力や財力とは異なる方法で独立を守ることができた。これに対し、古代日本の大学寮から明治日本の帝国大学へと継承された「大学」の系譜は、そうした水平的横断性や垂直的二重性に基づいたものではなかった。それらはあくまで国家エリート養成のための機関として、世俗の一元的かつ垂直的な権力秩序に包摂されていた。

旅する教師と学生の協同組合から出発した「ユニバーシティ」と官吏養成機関として出発した「大学」という違いに加え、日本近代の大学には、もう一つのやっかいな歴史がつきまとってきた。すなわち、明治日本の大学が目指したのは、何よりも先進的な西洋の知識を効率的に消化し、自国の近代化のために導入していくことだったから、それぞれの分野で最も効験あらたかな国が選ばれ、その「いいとこどり」がなされた。たとえば帝国大学の場合、大学東校から東大医学部となる系譜に影響を与えたのはドイツ、司法省明法寮から東大法学部へと向かう系譜に影響を与えたのはフランス、工部大学校から東大工学部となっていく系譜に影響を与えたのはスコットランドである。各国出身のお雇い外国人教師が、この導入を仲介した。

帝国大学全体は、同時代に支配的だったドイツ型であるとしても、草創期に個々の分野がモデルとした国はばらばらである。近代に遅れてきた国家が、周縁からアジアの帝国にのし上がろうとしたとき、学問的体系性などどうでもいいから、「今の世界ですぐに役に立つ」知識を片っ端から断片化して摂取していったのだ。それが日本の大学の近代であり、そうしてばらばらなモデルを寄せ集めながら近代日本の「大学」の伝統が出来上がっていったのである。

（吉見俊哉『大学は何処へ　未来への設計』による）

注　＊1　佐藤直樹＝日本の法学者。（一九五一〜　）　＊2　鴻上尚史（こうかみしょうじ）＝日本の演劇家・演出家。（一九五八〜　）　＊3　ソーシャル・メディア＝個人の誰もが情報を発信でき、人と人とがコミュニケーションを取ることで、社会的つながりが広がっていくよう設計された媒体。

新しい大学は、これらの伝統的な知の継承ではなく、西洋近代の知の輸入にこそ向けられねばならない。それには「本校」を廃し、これに付設されていた「南校」と「東校」だけで新国家の「大学」を設立していくとの結論である。大学南校は、九段下にあった蕃書調所(ばんしょしらべしょ)の後裔(こうえい)で、後に東京大学理学部と文学部となる。大学東校は、神田岩本町のお玉が池から和泉(いずみ)町に移った種痘所の後裔で、後に東京大学医学部となる。つまり東京大学は、伝統ある「本校」を廃し、西洋の近代知を一刻も早く輸入するため、その「分校」を寄せ集めて設立された大学なのだった。そして、まさにこの目的のために、古代律令国家に由来する「大学」概念が、中世西欧に由来する「ユニバーシティ」と、あたかも重ねられていったのである。

だがここには、大いなるボタンの掛け違いがあったのではないか。もともと中世西欧で「ユニバーシティ」は、旅する教師と学生の協同組合として誕生した。その前提は、キリスト教世界にボーダーレス*6に広がった都市の移動的ネットワークで、都市から都市へと旅する商人、職人、聖職者、そして知識層がいた。彼らが有していた「移動の自由」が、大学誕生の基盤だった。これに対し、古代日本、またその原型の中国の「大学」は、世俗権力に奉仕するエリートを養成するために設置されたわけで、旅人たちの協同組合ではそもそもなかった。

この日本における「大学＝ユニバーシティ」の不在は、この国の歴史のなかでの「都市」の不成立とも対応する。もちろん、中世の堺や様々なアジール*7、かつて網野善彦*8が探究した自由の場がなかったわけではないが、全体として、日本社会の特徴は、ムラがそのまま巨大な企業や国家に包摂されていくところにある。大学も、都市も、国家もすべてが無数のムラや世間の集合体として構成されていく。天皇は、古代と近代の両方で、そのような無数のムラや世間があたかも統合されるリアリティの留め金の役割を果たしてきた。

中世西欧で、世俗の政治勢力を超越する自由の結界として「大学＝ユニバーシティ」が可能であったのは、一方では、世俗権力の支配圏を越えて旅する教師や学生の越境性が中世都市のネットワークに支えられ、他方では広域をカバーする教皇や皇帝の権なっていたが、だんだんそれが教授の推薦があれば無試験でも可能になり、試験の不正も(え)オウコウするようになったらしい。要するに、諸々の質的劣化こそが、古代の大学の存在根拠を失わせていったのである。

そうして長い年月が経ち、日本で「大学」が復活してくるのは明治期である。江戸を占領した薩長(さっちょう)政権は、儒学の総本山だった湯島聖堂にある昌平坂学問所を新国家の学問中枢に組み替えるべく「大学本校」と命名した。江戸時代には、「大学」は教育機関というよりも、この学問所を主宰する林家当主に付せられた(お)セシュウの役職名「大学頭」だったに過ぎない。しかし、新政府が新時代の学問中枢の呼称として再び「大学」を使い始めたことで、「大学」は国家官僚制の基盤として、再び象徴的権威性を帯びてくるのである。*5天野郁夫が指摘したように、このとき新政府は各藩に優秀な人材を「貢進」することを求めており、ここには古代の復活、すなわち「王政復古」の気分が満ちていた(天野『大学の誕生』)。

そうした気分に感染してか、ここにイデオロギー的混乱が発生する。古代の大学寮での知の根幹をなしたのは儒学である。徳川幕府も儒学を学問所の正統教義とした。これに対し、天皇制復活を政治的想像力の一部に組み込んでいた薩長の新政府は、イデオロギー的には国学と結んでいた。だから、この新しい流れに便乗して京都から江戸にやって来た国学者たちからすれば、復活する「大学」は、国学をその教義の中枢にすべきと思われた。だがこれは、長く続いた学問所の伝統からも、古代の大学寮からも逸脱である。当然、儒学派と国学派の間には「大学とは何か」をめぐる妥協なきイデオロギー抗争が生じることになった。

だが実は、新政権からすれば、そんなことはどうでもよかったのである。大切なのは儒学でも国学でもなく、西洋の技術的な知を一刻も早く新国家に導入することだった。「役に立つ」実学が重要で、「役に立たない」哲学など知ったことではない。湯島聖堂を「大学本校」としたのは、伝統を権威として利用したかっただけのことだ。ところがその権威が真っ二つに分かれ、収拾のつかない「大学紛争」を始めてしまった。新政権は、これほどまでに頭の固い学者たちは「役に立たない」どころか「有害」との結論に達し、儒学者も国学者もお払い箱にした。

離脱した知的旅人たちが都市に集合し、超越的権力を結ぶことで「自由な空間」を構成するという、否定の上に立つ肯定だった。ところがそれぞれが部分最適するムラが垂直統合されていく日本では、そもそもこの否定が成立せず、「世間」はそのまま「国家」に呑み込まれていたのだ。だから日本には、そもそも「大学＝ユニバーシティ」の基盤が存在しないとすら言える。

この絶望的な認識は、大学史を詳しく辿るほど確からしさを増す。実際、日本における「大学」の誕生は古く、古代律令国家にまで遡る。大宝律令が制定された八世紀初頭、全寮制の大学寮が設置された。そこでは学長に当たる「大学頭」が全学を仕切り、教授に当たる「博士」が教鞭をとり、試験に合格した学生に(う)ショウガク金を出し、国家運営の中枢を担うエリートを育成していた。同時代の唐では、この種の機関は「国子監」と呼ばれていたのだが、古代日本は漢代の「太学」に由来する「大学」を用いたようだ。

古代日本の大学で教えていたのは儒学、漢文、算術等の科目で、初期には儒学優位だったが、やがて漢文が勢力を伸ばし、法学も地位を固めたという。唐の高等教育は圧倒的に儒学中心だったのに対し、日本ではその唐の先進的な知識をいかに輸入するかが重要なので、翻訳学としての漢文の地位が上がったらしい。だから漢文の地位の高さは、近代日本における英独仏文学の地位の高さと重なる。要するに、明治日本が西洋化によって支配体制を固め、古代日本は中国化によって支配体制を確立したのであり、「大学」はそのために存在したのである。

しかし、やがて律令国家体制が崩れ、荘園制の時代となると、有力貴族は自分たちでそれぞれ大学寮相当の学校を設立し始める。それらは「大学別曹」と呼ばれ、羽振りのいい貴族は自分の学校の学生に元々の「大学寮」以上にいい待遇を保証したので、優秀層は「大学寮」よりも「大学別曹」に流れていった。

こうして「国立」は衰退し、「私学」が栄える時代となったが、実はそれも長くは続かなかった。古代的な大学制度を決定的に衰退させたのは、そこでの試験や教育のクオリティの劣化であった。古代の大学では卒業試験が官職への任官のゲートウェイと常識から外れる「他人」を攻撃する。明らかに、この高度なメディア環境のなかに広がるのは、ファシズムの心理である。

コロナ禍でその特異な姿が浮かび上がった「世間」の同調圧力は、日本社会の極度な「風通しの悪さ」を示している。日本では、欧米と比べてのみならず、他のアジア諸国と比べても弱い仕方でしか社会の「風通しを良くする」仕組みが発達しなかったのだ。たしかに中国のような共産党独裁国家の場合、風通しを封鎖する国家機構が強力である。国家の目に見える強制権力では、中国はもちろん、他のアジア諸国も概して日本よりも強い。それにもかかわらず、というかむしろだからこそ、これらの国々では国家の垂直的な力とは異なる水平的な仕組みが発達しており、それが幾分か社会の「風通し」を良くしてきたのである。

まさにここにおいて、それぞれの社会における「大学」の位置づけが決定的に重要な意味を持ってくる。近代化は、国家的な官僚制や工業化、軍隊や学校の整備としてまず進んでいくわけだが、同時に都市化やメディアの発達のなかで、ジャーナリズムや学芸、様々な専門において横断的な「学会 Society」や「公共 Public」も形成していく。そのような二重のプロセスを近代化は構造的に孕(はら)んでいる。大学は、本来、中世都市を渡り歩く知的旅人たちの協同組合として出発したという意味においても、また「研究と教育の一致」を旨とした*4フンボルト原理における「学問の自由」の考え方からも、国家的な学校制度の延長線上にあるのではなく、むしろそのような垂直性を横断する水平的な風通しの良さを本質としてきた。そうだとするならば、必然的な理由をもって、大学は、「世間」の風通しの悪さに穴を穿(うが)っていく「世間知らず」や「世捨て人」の集まりでなくてはならず、まさにそのような「世間」の常識の外に立ち、それらを横断する外部性こそが、真に学問的な知的創造を生むはずである。

日本の「大学」はそもそも官吏養成機関？

つまり、大学の根幹をなす自由とは、異質な者たちの広域的な横断性である。この横断性は、中世ヨーロッパ社会やアメリカ社会のように多様性を抱えた大陸社会にとりわけ顕現する。そもそもヨーロッパに大学を誕生させたのは、閉ざされた内部から申し開きができない」と考えて、やたらと頭を下げる。つまり、「世間」から排除されることを極度に怖れるのである。佐藤らは、こうした恐怖が、日本社会の几帳面さ、規則を杓子定規に守り、逸脱することを周囲が防いでいく極度に強い同調圧力の根底にある感情なのだとしている。

現代のソーシャル・メディア環境は、こうした恐怖心を基盤にした同調圧力をさらに強化している。九〇年代以降、新自由主義路線による非正規雇用の増大、格差拡大のなかで従来的な意味での「職場＝身内」感覚が崩れ始め、それ以前、すでに高度成長期からムラやイエの感覚は失われていたので、現代日本社会では、「世間」と言ってもその実体的な基盤はすでに脆弱になっている。まさにそのとき、人々の自己承認への(い)カツボウや不安をソーシャル・メディアが媒介し、社会の底に空いてしまった穴を埋める役割を果たしていくのだ。実体的なムラやイエや職場の心理的拘束力が脆弱化するなかで、人々はソーシャル・メディアでのやりとりに自己承認の場を見出していこうとする。そこで自分の感覚に近いと思える発言に「いいね！」を押して、ネット上にバーチャルな「世間」を成立させていくことに加担する。

佐藤と鴻上は、総務省の『情報通信白書』に基づいて二つの興味深い事実を指摘している。第一に、「SNSで知り合う人達のほとんどは信頼できるか」という問いに、「そう思う・ややそう思う」と答える人の割合が日本人は極端に低い。ドイツ人は約五割、アメリカ人は約六割、イギリス人は約七割が肯定的に答えるのに、日本人で肯定的に答える人は約一割に過ぎない。つまり、人々は実はSNS上の出会いをあまり信用してはいないのである。

第二に、日本ではツイッターの匿名率が極端に高い。この匿名率は、アメリカでは三五・七%、イギリスでは三一%、フランスでは四五%、韓国が三一・五%、シンガポールが三九・五%なのに対し、日本のツイッターの匿名率は七五・一%に上るという。つまり、日本人は、概してネット上の関係を信用してもおらず、自分の実名を明かすことも少ないのだが、それにもかかわらず、そのネット上で自己が承認されることを求め、そのためにネット上で語られる「正義」に同調し、ネットのなかの「世間」の

国語

（七五分）

一　次の文章を読んで、後の問いに答えよ。

メディア環境化する「世間」

佐藤直樹[*1]と鴻上尚史[*2]は、現代日本の至るところで自粛権力を作動させる「世間」は、近代化を経ても日本社会に保持され続けた非近代的性格と、マス・メディアやソーシャル・メディア[*3]が媒介しあう閉塞的なメディア環境が連動することでいっそう強化されていると考えている。この議論に従うならば、日本で「世間」の影響力が近代以降も衰えなかったのは、まずはキリスト教のような超越的な神の観念が庶民までは浸透せず、イエやムラ、職場などの、自分が直接的に関係を持つ「身内」を越えた共同性の感覚が育たなかったからである。日本人の多数派は、「内」を「外」から守るために壁を立て、「世間の内側の人間に対しては非常に親切にするけど、外側の人間に対しては無関心か排除する」（鴻上・佐藤『同調圧力』）。日本にはそのような「世間」が積層しており、人々はそれぞれ「身内」のなかで「世間」のイメージを抱いている。そのイメージの同質性が高いので、それらが積分されていったところに、共同幻想としての「世間」が社会的事実として構築されていくのである。

こうして構築された「世間」が、その影響圏にある人々が外に出てしまうのを禁じる際に発動するのが、「他人に迷惑をかけるな」（あ）という呪文であり、またそのような何事かが生じてしまった場合、関係者は「世間体が悪い」、もっとシンコクならば「世間に

解答編

英語

I 解答

A. (1)—C　(2)—A　(3)—D　(4)—D　(5)—B

B. (1)—C　(2)—Z　(3)—F　(4)—E　(5)—B　(6)—D

◆全　訳◆

A. ≪交換留学生と偶然電車内で出会う≫

カナとルーシーは電車の同じ車両に乗り合わせている。

カナ　　：すみませんが，ちょっとお聞きしてもいいですか？

ルーシー：ええ，構いませんよ。どうぞ。

カナ　　：数年前，大学の交換留学生ではなかったですか？

ルーシー：ええ，そうでした。１年間プログラムの国際留学生でした。あなたもあの大学の学生でしたか？　私たちは会ったことがありますか？

カナ　　：その両方とも正しいわ！　大学には特別な部屋があって，そこで学生たちは国際留学生のところへ行って話ができるようになっていました。あるとき，私はあなたと同じ会話グループにいたんです。

ルーシー：ほんとう？　じゃあ，覚えているはずだわ。でもこの頃はみんなマスクをしているから，誰が誰だかわからないわ。

カナ　　：マスクを下げるわね。でも少しの間だけね。

ルーシー：ああ，見覚えがあるわ。待って！　当時，あなたは髪が長くなかった？　それに友だちとの問題を抱えていたわね。それともそれは家族のことだったかしら？

カナ　　：ええ，私には高校生の妹がいて，妹も私の大学へ行きたがっていたわ。入試のために勉強の手助けをしていたんだけど，…。

ルーシー：妹さん，まったく勉強しなかったですよね。そうじゃあなかった？

カナ　　：その通りよ。覚えてるなんて，ほんとにビックリ。

ルーシー：で，それから妹さんはどうなったの？

B．≪グラウンドホッグデー≫

A．グラウンドホッグデーはアメリカで2月2日に祝われる祝日である。この面白い祝日についてもっと見てみましょう。

C．グラウンドホッグデーは冬の半ばから春の初めの期間にある。初期のドイツ人移民がアメリカにやってきたとき，彼らは針のような毛をした小さな哺乳動物のハリネズミの伝説も一緒に持ってきた。ハリネズミには冬がどれくらい長く続くか，それを予測できるというのである。

F．彼らはハリネズミがアメリカで見つけられなかったとき，グラウンドホッグという，冬眠，つまり冬の間眠っているハリネズミに似た小動物を見つけた。もしグラウンドホッグが穴から出てきたら春は早いと信じられている。もしグラウンドホッグが穴に閉じこもっていれば，さらに6週間冬は続くということである。

D．面白いことに，ペンシルベニアの小さな町のパンクサトーニーに住む人々は冬が長く続くか，それとも春が早く来るかということを本当に予測できるという唯一のグラウンドホッグを見つけたと主張した。それ以来，毎年，パンクサトーニー・フィルと呼ばれるこのグラウンドホッグが天気の予測を行っている。

E．しかし，この小動物の予測は実際のところ今までどれくらい正確であったろうか。あまり正確ではなかった。実際，正解は半分以下だった。フィルの正確さは改善してきていると言う人もいるが，それはまだまだである。

B．しかし，それで何万人という人がパンクサトーニー・フィルを見にやってくるのを止めることはできない。また，さらに何百万もの人々がフィルの毎年の予測のニュースをチェックすることも止められない。

◀解　説▶

A．⑴カナの「ちょっとお聞きしてもいいですか？」に Go ahead.「どうぞ」とルーシーは言っている。カナの Do you mind ～？という疑問文の直訳は「あなたは～を気にしますか？」という意味なので，「どうぞ」と肯定的意味になる選択肢はC．Not at all.「いいえ，全然気にしないですよ」が適切。B．Yes, I do. は「はい，私は気にします」ということで断るときの表現になるので注意。

⑵ルーシーが自分は交換留学生であったことを述べた後，「あなたもあの大学の学生でしたか？」と「私たちは会ったことがありますか？」と２つのことを聞いている。カナは，その大学でどのようにしてルーシーと会ったかを説明しているので，A.「その両方の質問には，イエスよ！」が適切。

⑶ルーシーが「この頃はみんなマスクをしている」と言い，何かを言うと，カナは「マスクを下げるわね」と言っている。したがって，ルーシーは，D.「誰が誰だかわからないわ」と言い，カナが顔を見せると理解するのが適切。

⑷ルーシーがカナのことを思い出し始め，カナの髪のこと，カナのトラブルのことに言及している。さらにルーシーが言った言葉にカナは「私には高校生の妹がいて」と妹のことを言っている。この応答にふさわしいルーシーの問いかけは，D.「それともそれは家族のことだったかしら？」と，カナの問題ではなく，「家族」の問題だったかしらと聞いていると理解するのが適切。

⑸ルーシーの問いかけに「その通りよ。覚えてるなんて，ほんとにビックリ」とカナは応答している。したがって，ルーシーはB.「そうじゃあなかった？」と確認していると考えられる。なお，Dの「彼女は合格した？」は最後にルーシーが「で，それから妹さんはどうなったの？」と聞いていることと整合性がなく，また，カナの応答とも合わない。

B. ⑴Aではアメリカのグラウンドホッグデーという祝日の一般的説明を行っており，この祝日について，Let's find out more「もっと見てみましょう」と言っている。さらに一般的な説明としては，Cの第１文「グラウンドホッグデーは冬の半ばから春の初めの期間にある」とグラウンドホッグデーがいつ行われるかの説明とうまくつながる。なお，文頭の It のような代名詞は大きなヒントになるので，代名詞や接続詞には気をつけること。この It はAの Groundhog Day を指している。

⑵Bでは「しかし，それは」と逆接の接続詞 But と代名詞 that から始まっている。また,「それは」パンクサトーニー・フィルに人々が殺到するのを止められない旨が述べられている。Bの段落につながるのは，Eの「この小動物」，つまりフィルの予測がまったく当てにならないと述べられ

ている段落である。つまり，当てにならないのに人々は殺到すると理解できる。したがって，Bの前はEであり，Bがこの文章の最終の結論部分と考えられる。

(3)Cでは，グラウンドホッグデーの歴史的経緯が説明され，その中でドイツ人移民が春の到来を予測するハリネズミの伝説を持ち込んだと説明されている。この歴史的説明に続くものとしては，Fの第1文の they がドイツ人移民を指すとわかれば，ドイツ人移民がハリネズミをアメリカで見つけられず，代わりにグラウンドホッグを見つけた話とうまくつながる。

(4)Dでは，ペンシルベニア州のパンクサトーニーという小さな町の人々が春の到来を予測する「唯一のグラウンドホッグを見つけた」と主張しているという面白い話が語られている。そのグラウンドホッグの名前が Phil である。この Phil を受けるのがEの第1文の this little animal である。Dで，フィルが春の到来を予測すると述べられているが，しかし，それはどれくらい正確なのかというEの話にうまくつながる。

(5)Eでは，Bのところで詳しく説明したように，「この小動物」，つまりグラウンドホッグのフィルの予測が当てにならないと述べられている。それにもかかわらず，フィルを見に何十万もの人々がパンクサトーニーに行くというBの話につながる。

(6)Fでは，ハリネズミの代わりにドイツ人移民はグラウンドホッグを見つけたと述べられている。このグラウンドホッグの一般的な話を転換するものとして，パンクサトーニーの人々が春の到来を予測するグラウンドホッグを自分たちが見つけたという話のDがうまくつながる。

II　解答

A. (1)―C　(2)―B　(3)―B　(4)―D　(5)―A　(6)―B　(7)―C　(8)―C　(9)―B　(10)―A　(11)―D　(12)―C　(13)―A　(14)―B　(15)―B

B. (1)―B　(2)―A　(3)―C　(4)―C　(5)―A　(6)―B　(7)―C

◆全　訳◆

≪驚くべき綱渡りの裏話≫

1974年8月7日，若いフランス人がワールドトレードセンターのツインタワー間で綱渡りを行い，退屈しているニューヨーカーたちの注目を集めた。通りにいる人々は410メートル上空の光景に息をのんだ。思わぬ出来事に写真や映画の取材が広く行われ，この驚くべき綱渡りのニュースは瞬く間に広まった。

この綱渡りを行った24歳の芸人の名前はフィリップ＝プティといった。彼のことを警察は最初，犯罪者と見なしており，彼は綱渡りを終えるやすぐに逮捕された。しかし，まもなく告訴は取り下げられた。プティの偉業を記念してジェームズ＝マーシュは2008年に，『マン・オン・ワイヤー』というドキュメンタリー映画を撮り，またロバート＝ゼメキス監督，プティ役がジョセフ＝ゴードン＝レヴィットで『ザ・ウォーク』という映画が作られた。

6歳で手品師となった元大道芸人のプティは，10代で綱渡りの訓練を始めた。1971年，彼の最初の公の，しかし違法な一大綱渡りがパリのノートルダム大聖堂の塔と塔の間で行われた。次の綱渡りは1973年に行われた。このときは，オーストラリアにある鋼鉄製の巨大アーチ型のシドニー・ハーバー・ブリッジの塔のような建造物と建造物の間で行われた。恐らくこれらの綱渡りは，ビッグイベントの単なるウォーミングアップにすぎなかっただろう。というのも，プティの執念はツインタワー建設中の1968年，ワールドトレードセンターについて彼が読んだ記事にまでさかのぼるからである。

プティが最初にニューヨークを訪れたのは1974年1月，このとき彼はツインタワーを見て息をのんだ。しかし，ほどなくして，プティはヘリコプターをチャーターして航空写真を撮った。そうすればよりよいスケールモデルが作れるからだ。また彼は1つのタワーの屋根になんとか忍んで上り，間近で調べた。彼と一緒に上ったのは最初のパートナーで写真家のジム＝ムーアであった。後に続く人間も出てきた。プティの計画に資金の一部を提供した曲芸師のフランシス＝ブルン，計画の途中で必要となる援助はどのようなものでも誠実に提供した恋人のアニー＝アリックス，そしてプティの計画を実行するのにその援助が決定的に重要なものとなったジャン＝ルイ＝ブロンデューである。

ツインタワーは非常に高い。それで，風でしなるように設計されていた。この死をもたらすような可能性のある特性を相殺するために，プティは類似の環境で綱渡りのリハーサルをした。フランスの平野で支柱を立て，その上に60メートルのワイヤー（2つのタワー間の推定距離）を置き，重さ23キロ，長さ8メートルのバランス棒を持って綱の上を何度も何度も，毎日毎日歩いた。このとき，彼の仲間たちが支柱を揺らした。

プティと彼の仲間たちが直面した1つの主要な難題は，いかにして彼らの装備をワールドトレードセンターの一番上まで運ぶかということであった。彼が綱渡り用に予定していたワイヤーは鋼鉄製ケーブルでできており，2センチの太さしかなかったが，彼がタワーとタワーとの間を渡すのに必要なワイヤーの量を考えると，だいたい230キロから450キロの重さになりそうだった。さらにケーブルをタワーの上まで持って行ったとして，どうやってそれを設置するつもりなのだろうか。110階の高さ，幅60メートルの距離を超えた所に何百キロもの重さのワイヤーをポンと放り投げることなどできないのである。

プティは計画途上で彼の冒険を手助けしてくれる人々をほかにも雇ったが，バーニー＝グリーンハウスほど決定的に重要な人間は誰もいなかった。グリーンハウスは南タワー82階のニューヨーク州保険局で仕事をしていた。グリーンハウスはプティの計画に魅力を感じて，ビルに入るための偽造IDをプティと彼の仲間のために手に入れてやった。これで彼らは作業員のふりをして，ビルの中に入ることができた。それに加えて彼らが装備品を上の階に持っていくのを承認する書類も手に入れてやった。偵察の使命を果たしているとき，プティは釘を踏みつけた。その後でわかったことだが，彼は偽造IDさえ必要ではなかった。誰もけがをした人間に問う者はいなかったからである。

プティのチームは鋼のケーブルをタワー間に渡すのに釣り糸を使うという考えに落ち着いた。ブロンデューは散々考えて，弓矢を使って，釣り糸を1つのタワーからもう1つのタワーへ撃ち込むという解決策を見つけた。もう1つの作業上の離れ業は，支え用のワイヤーの固定であった。支え用のワイヤーは通常地面と接触しているのだが，今回は2つのタワーにつなぐ必要があった。これは緻密な計画とリハーサルなしでは成し遂げられないことだった。

8月6日のその夜，プティと2人のチームメイトが南タワーの104階に装備を持って上った。ガードマンが近づいてきたとき，チームメイトの一人がパニックに陥って逃げたが，一方でプティともう一人の男は，開いていたエレベーターシャフトの上の梁に掛けてあった防水シートの下に隠れた。彼らはそこに何時間もいたが，ついにそこから出てきたときには，すべてが静まりかえっているようだった。そして彼らは屋根へと向かった。ブロンデューともう一人雇った人間は，同じように北タワーの屋根にこっそりと上っていて，彼らは向こう側に釣り糸を撃った。すべてが順調にいったわけではなかった。釣り糸は非常に細いものなので，場所を特定するのが困難であった。また，綱渡り用の鋼製ケーブルは2つのタワーの間でしばらくばたばたと揺れていたが，男たちはなんとかケーブルを設置した。

午前7時直後，プティは南タワーを離れ，ワイヤーに上がった。そして，すぐに自信をもったようだった。彼は歩いただけではない。片膝をつき，横になり，鳥たちと会話をかわし，両端で彼を逮捕しようと待ち構えていた警察官たちを挑発した。トータルで，プティは400メートル上空で綱渡りを8回行った。

プティは，ニューヨークのアッパー・ウエスト・サイドにあるゴシック建造物の内部で，無許可で1回綱渡りをしてからは，セント・ジョン・ザ・ディヴァイン大聖堂のアーティスト・イン・レジデンスに任命された。1982年9月，プティはアムステルダム・アベニューの上空46メートルのところで，落成式の一環として，この大聖堂の西側まで綱渡りをした。しかし，もっとも壮観だったのは，1999年，グランドキャニオンのリトル・コロラド川支流上空で達成した370メートルの綱渡りだった。このとき，地上とワイヤーの上の人間を隔てていた距離は490メートルだった。地上では私たちのほとんどがただ突っ立って，口をぽかんと開けてじっと見ていた。

◀解　説▶

A. (1)空所直前でプティは逮捕されたと述べられ，空所直後では，告訴がすぐ取り下げられたと述べられている。この逆接的内容をつなぐ接続詞は，C. though「～だけれども」である。Aでは，逮捕されて，告訴が取り下げられたことになり，逆接的ニュアンスが消える。

(2)プティはstreet juggler「大道芸人」であり，そうなるためには，B. training「訓練」が必要である。「訓練」はD. enduring「耐えること」も必要だが，「綱渡り」を「耐える」というのは，この文脈では不自然。また前置詞byはbeginと一緒に使われるときは「～から始める」の意味なので，「訓練を綱渡りから始めた」と理解するのが妥当。

(3)空所直前は warm-ups for～「～のためのウォーミングアップ」となっているので，この段落で述べられているノートルダム大聖堂やシドニー・ハーバー・ブリッジでの綱渡りが単なるウォーミングアップだとすれば，それよりもさらにすごいことでないといけない。それにふさわしいのはB．the big event「大きな出来事」である。その「出来事」が空所直後から述べられているワールドトレードセンターでの綱渡りである。

(4)空所直後からの説明では，プティがタワーの屋根に上ることに「失敗した」という記述はない。したがって，B．failed「失敗した」は不適。D．managed「なんとかやり遂げた」が適切。なお，manage to *do* は「なんとかして～する」の必須表現。

(5)空所直後の目的語 funding「資金」にふさわしい動詞は，A．supplied「～を提供した」である。C．wasted「～を無駄にした」やD．restricted「～を制限した」というのは，仲間や恋人が全力でプティを応援したという話と合わない。

(6)この空所を含む段落の第１文（The towers, being…）に，高層のタワーは風でしなるように設計されていると述べられている。このような特徴は，綱渡りを行うには揺れて非常に危険である。したがって，B．deadly「命にかかわる」ほどのその危険を compensate「相殺する」ために，似たものを作ってリハーサルをしたと考えられる。

(7)揺れるビルを想定して，プティの仲間は綱渡り用のワイヤーを支える支柱をC．shook「揺らした」ということ。こうして揺れるワイヤーの上で，プティはバランスを取る訓練を行ったということである。

(8)プティが雇った人々の中のバーニー＝グリーンハウスがプティのためにやってくれたことは，ビルに入って作業ができるように fake building IDs「ビルに入るための偽造身分証明書」と装備品を運び入れることを許可する documents「書類」を作ってくれたことである。このような仕事はプティの企てを成功させるのには必須のものであったろうから，C．none を入れ「バーニー＝グリーンハウスほど決定的に重要な人はいなかった」と理解するのが妥当。

(9)グリーンハウスが作ってくれた documents「書類」のおかげで，プティたちは装備品を上の階に運ぶことができたと理解されるから，B．authorized「～を許可した」が適切。ＣやＤでは反対の意味になってしまう。また，文法的にも，C．prohibited は，prohibit *A* from *doing*，D．prevented は，prevent *A* from *doing* と使い，後に to bring の不定詞はこない。

⑽空所直後が the 104th floor「104 階」となっている。つまり，プティたちはこの 104 階まで A．ascended to「上った」と考えるのが妥当。D．fell off だと「104 階から落ちた」ことになってしまって以下の記述と合わない。

⑾空所直前の finally emerging は「ついに隠れていたところから出た」ということ。それがいつだったかというと，all seemed quiet「すべてが静かになったように思われた」ときに，と理解するのが妥当。A．then「それから」，C．afterwards「その後」では，彼らが姿を現してから辺りが静かになったことになり，不適切。

⑿空所以下では，撃ち込んだ釣り糸が細く，綱渡り用のケーブルを設置するのが難しかったという趣旨のことが述べられている。したがって，C．smoothly を入れ，「すべてがスムーズにいったわけではなかった」とするのが適切。なお，All did not go smoothly. は「すべてが〜とは限らない」という意味の部分否定の構文である。

⒀空所以下の記述では，プティは綱渡りを楽々とこなしているのがわかる。したがって，プティは綱渡りを始めるとすぐに confidence「自信」がもてたことがわかる。「自信をもつ」に相当する動詞として使えるのは A．find である。B．crush では「自信をつぶす」ことになる。

⒁プティは綱渡りを 1 回しただけではなく，eight times「8 回」行ったと述べられている。この内容に合致する選択肢は，B．In all「全部で」である。ちなみに，C．For good は「永遠に」，D．In contrast は「対照的に」の意味である。

⒂ the Grand Canyon での綱渡りとなれば，それは相当すごい企画である。その修飾語句としては，B．spectacularly「壮大に，壮観に」が適切。ちなみに，C．disappointingly「失望したことには」，D．terribly「恐ろしく」では，人々が口をぽかんと開けて見上げていたという以下の記述と合わない。

B． ⑴プティの初期の綱渡りの意味については，第 3 段第 4 文（Perhaps these were …）に「これらの綱渡りは大きなイベントのウォーミングアップにすぎなかった」と述べられている。したがって，B.「もっと印象的な何かのための訓練として」が正解。

(2)プティが最初にしたことについては，第4段第2文（But soon, he …）で「ヘリコプターをチャーターして航空写真を撮った」と述べられている。この内容と一致するのは，A.「その場所の視覚的データを集めること」である。「視覚的データ」とは，この場合「航空写真」のことである。Bについては，プティは確かに相当お金を使っていると思われるが，そのためにお金を貯めたという記述はない。

(3)プティのことで本文の内容と一致するのは，C.「目的達成のためには進んで法も犯す」である。このプティの振る舞いについては，第7段第2文（Fascinated by the …）で偽造IDを手に入れたことや，第10段第2文（He not only …）で警察に逮捕される状況で綱渡りをしていることからわかる。

(4)プティがワールドトレードセンターの上まで道具を持っていけた理由については，C.「足のけがのために止められることなく入ることができた」が，第7段最終文（After stepping on …）に「偵察しているときに釘を踏みつけてけがをした後は偽造IDさえ必要でなかった」と述べられていることと一致する。

(5)プティが失敗しかかった理由については，A.「警備員にプティが発見されそうになった」が，第9段第2・3文（When a guard … to the roof.）の「警備員が近づいてきたときに一人がパニックになり逃げて，プティともう一人は数時間も隠れていた」という記述と一致する。Cは，第9段最終文（All did not …）で，揺れていたのは綱渡り用のケーブルだと述べられており，ツインタワーが揺れていたわけではないので不可。

(6)プティの人柄については，第10段第2文（He not only …）に，綱渡りのときに膝をついたり，横になったり，鳥たちと会話したり，警察官を挑発したりしていたと述べられている。この内容に一致するのは，B.「大胆で反抗的な」である。Aは，プティが鳥たちと会話などをして，lovable「愛すべき」ところは一致するが，generous「気前がよい，寛大な」であったかどうかは記述がないので不可。

(7)本文はプティの驚くべき綱渡りが実現するまでの話である。A.「綱渡り師の信じられないほどの長いキャリア」は関係がなく，B.「綱渡りの恐ろしい危険」については，危険そのものの具体的言及はなく，綱渡りが実現するまでの冒険談となっている。したがって，C.「驚くべき綱渡りの裏話」が正解。

Ⅲ 解答

A. (1)－C　(2)－A　(3)－B　(4)－A　(5)－B　(6)－A　(7)－C　(8)－B　(9)－C　(10)－B

B. (1)－B　(2)－C　(3)－A　(4)－C　(5)－B　(6)－A　(7)－B

◆全　訳◆

≪エナジードリンクと睡眠不足≫

「ママ，一緒に寝てくれる？」

もはや，そのように聞かれることもあまりなくなった。私はベッドで起き上がり，体を揺すって眠気を振り払い，10代になった娘の部屋によろめきながら入り込む。この夜の時間の務めは娘が幼かった頃の決まったルーチンの一つであったが，今ではこのように助けを求められることはめったにない。夢心地で，ベッドから這い出て，娘のベッドに入った。子どもは大きくなっても時に母親にそばにいてほしいのだということを思い出して，この上なく嬉しかった。

私の喜びは長続きしなかった。娘は寝返りをうって，掛け布団を投げやり，ため息をついて「全然眠れないの！」と言った。私はもう一度眠りたくて眠りたくてたまらず，娘に落ち着くように言った。娘は結局眠りに落ちるだろうから。しかし娘は眠らなかった。

次の日，娘は疲れて，体を引きずるように台所に入ってきて，自分は疲れ切っていると言い放った。「昨夜は全く一睡もできなかったわ。その前の晩もよ！」 娘は嘆きながら，友だちとの大きな計画のためのエネルギーがほとんどないということを言った。

それから私は以前には目にしたことのないことを目撃した。娘が何気なくコーヒーポットに手を伸ばし，コーヒー一口分をカップに注ぎ，一気に飲むのが私の視野の片隅に入った。

少々睡眠不足気味の私は，そのことに最初はあまり気づかなかった。コーヒー好きの我が家では，一日を始めるのに朝誰かがコーヒーを一口飲むのを目にするのは全く自然なように思われたからだ。しかし，このときは「あっ！」と思った。コーヒーを飲んでいるのは14歳の娘ではないか！

「コーヒーを飲むようになったの？」と私はコーヒーの味に顔を歪めている娘に聞いた。コーヒーにはカフェインが入っていて，きっと今夜もまた眠れなくなるかもしれない，とカフェインのことを娘に思い出させるように言った。すると娘は「ふうん，いつも飲んでいるソーダのせいで眠れないのかなあ」と大きな声で言った。

娘は睡眠を妨げるのに十分なカフェインと糖分入りのエナジードリンクを飲んでいたことがわかった。ある日，友だちからそうしたネオン色の飲み物の一つを渡されてから，娘は急にそれにはまってしまった。その味，名前，格好いいパッケージングのおかげで，10 代の子どもなら誰でも好きになってしまうだろう飲み物だった。

子ども向けでない飲み物はこのようなものに限らない。その多くは成長期の身体には危険なものだ。人気のあるエナジードリンクの中には，睡眠を妨げる化学物質であるカフェインが 350 mg も含まれているものもある。比較して言えば，平均的コーヒーに含まれるカフェインは，一杯につき 95 mg である。つまり，朝のコーヒーよりもはるかに多くのカフェインが含まれる飲み物を，子どもがコンビニに入って買えるということなのである。

カフェインは私自身を含め，多くの人々が毎日楽しんでいる合法的物質である。しかし，子どもに与える副作用には，問題行動，不整脈，不安など，時に恐ろしいものもある。それよりもはるかに憂慮すべきは，このような悪影響がアメリカの 10 代の子の悲劇的なケースに見られるように死をもたらすことさえあるということである。この子どもはコーヒーを飲み，カフェインがたっぷり入ったソーダを飲み，それから続けて 2 時間もしないうちにエナジードリンクを飲み，その結果，致命的となった心臓発作を起こしたのである。

カナダ保健省の専門家たちは，幼い子どもや 10 代の子どもたちは体重 1 キロにつき，2.5 mg 以上のカフェインを摂取しないように助言をしている。平均体重 60 キロの 10 代の子どもの場合，それは一日につき，約 150 mg に相当する。それは一般的には一本のエナジードリンクに含まれると思われる量よりも少ない。

実際，エナジードリンクの缶には「子どもには推奨できない」という警告表示がされている。娘が飲んでいるものの缶でその場所を見つけようとしたが，探してみても見つけるのがなかなか大変であった。ほとんどの子どもたちはそれに気づかないと思う。現実はどんな年齢，どんな人でも地元の店に入って，エナジードリンクが買えるということである。エナジードリンクはソーダやスポーツドリンクの隣に置かれていて，「翼をさずける」とか「野生を解き放つ」ことを約束する魅力的なスローガンで若者に売られる傾向がある。

エナジードリンクの中には，これは学生やスポーツ選手向けであると正しく表示してあるものもあるが，それが特に消費者が子どもの場合，彼らを惑わせるメッセージとなっている。さらにもっと恐ろしいのは，エナジードリンクをアルコールと混ぜる人気の流行である。それはまったく別次元の心配の種で，深刻な結果をもたらし得る危険な反応を引き起こす可能性がある。

もし子どもが時に，どうしてもエナジードリンクを飲みたいと言うなら，そのラベルを読み，指示に従うようにとカナダ保健省の専門家たちは助言している。子どもはエナジードリンクを飲むときは適量にすべきで，空腹時に飲んではいけない。また，決してアルコールと混ぜたり，スポーツをした後に口が渇いているからといって飲んだりしてはいけない。

これらのエナジードリンクを飲むと身体に悪い影響が出たり，カフェイン中毒になったりする可能性があるということを娘が完全に理解したわけではない。10代の子どもを育てることに関するすべての心配事のなかで，エナジードリンクは私の心配事リストにあまり入っていなかった。娘がエナジードリンクを飲んでいるということがわかり，それだけの量のカフェインが娘の幼い身体にどんな作用をするか説明する機会ができたことは嬉しいことである。これで，娘も私も2人とも少しは楽に睡眠を取ることができる。

◀解　説▶

A. (1)My joy「私の喜び」とは，前段最終文（Dreamily, I crawl …）に子どもが大きくなっても母親にそばにいてほしいのだと思い出したことがhappy「嬉しい」ことだったと述べられているのを受けている。そのきっかけとなったのは，第1段第1文（“Mom, will you …）にあるように，娘に一緒に寝てと言われたことである。したがって，C.「著者は娘がまだ自分を以前のように必要としていることが嬉しいと感じている」が正解。

⑵Out of the corner of my eye は「自分の視界の端に（見えた)」ということ。BとCは娘を見ていないということなので不可。A.「著者は娘をダイレクトには見ていない」が正解。ダイレクトには見ていないが「視界」には入っていたということ。

⑶it hits me とは「思い当たる，ピンとくる」という意味である。つまり，コーヒーを一気飲みしているのがまだ「14 歳の子ども」だということに気づいたということ。この内容に近いのは，B.「14 歳の子どもが大人のようにコーヒーを飲んでいるのは尋常ではない」である。

⑷interfere with her sleep は「彼女の睡眠に干渉する」という意味。つまり，睡眠を妨げるということである。この内容になっているのは，A.「彼女がちゃんと寝るのを妨げる」である。

⑸behavioral problems の意味は「問題行動」である。その具体例としては，B.「怒りにまかせて叫ぶ」である。A.「頻繁に頭痛がする」，C.「あまりにも早く老化する」は身体の不調であっても，「問題行動」ではない。

⑹leading to a fatal heart attack とは「致命的な心臓発作をもたらす」という意味。つまり，直前に述べられている，10 代の子どもがコーヒー，ソーダ，エナジードリンクを続けて飲んで心臓発作で死んだということ。したがって，A.「10 代の子どもが心臓発作で死んだ」が正解。Bは，the tragic case「悲劇的なケース」として実際に死んだ 10 代の子どもを例に挙げていると理解すべきところなので，「死ぬ危険性」だけでは不適切。

⑺release the beast は直訳すれば「獣を放つ」ということ。これは，自分の中の荒々しい心を解き放ち，自由になるという意味。したがって，C.「野生の動物のように活力にあふれる感じにさせる」が正解。ちなみに，Aの tame animal とは「飼い慣らされた動物」という意味。

⑻make for ～は多様な意味があるが，この文脈では「～になる」くらいの意味。つまり，confusing messaging「人を混乱させるようなメッセージ」を送ることになるということ。この意味に近いのは，B.「～をもたらす」である。

⑼in moderation とは「適度に」という意味。よって，consume the beverages in moderation とは「その飲料を適度に飲む」という意味。し

たがって，C.「その飲み物を適量飲む」が正解。

⑽fully comprehend とは「十分～を理解する」という意味。したがって，B.「完全に～を認識する」が正解。なお，did not fully comprehend は部分否定の文で「十分～を理解したわけではなかった」という意味になる。

B. ⑴第1・2段では，娘が一緒に寝てほしいと言ったことを喜んでいた著者だったが，第3段（My joy …）へと進むとその喜びが消え，第4段（The next day …）では娘の睡眠不足の異常さに気づき始めている。したがって，著者が娘を心配している理由としては，B.「しばしば睡眠不足になっている」が正解。

⑵エナジードリンクについては，第10段第2文（However, the side …）で子どもに与える副作用として，問題行動，不整脈，不安などが挙げられている。このことから，C.「潜在的に10代の子どもたちには深刻な健康上の問題を引き起こす」と著者が思っていることがわかる。

⑶思春期の子どもたちが飲めるカフェインの量については，第11段第2文（And for an …）に「平均体重60キロで，一日150mg」と述べられている。したがって，A.「一日につき150mg」が正解。

⑷エナジードリンクには警告表示があっても現実にはどうなっているかについては，第12段第4文（The reality is …）に，どんな年齢であれ誰でも地元のお店で買えると述べられている。したがって，C.「若い人も簡単に手に入る」が正解。

⑸カナダ保健省が勧めていることは，第14段第2・3文（They should consume … after playing sports.）に，「空腹時でないときに適量を飲むこと」「アルコールと混ぜないこと」また「スポーツの後，喉が渇いているときに飲まないこと」が挙げられている。Aは after が before の間違い。Cは「喉が本当に渇いているときにのみ」が間違い。したがって，B.「身体を動かした後はエナジードリンクを飲むことを控える」が正解。

⑹最終段第2文（Of all my …）に，子育ての心配事のなかで，エナジードリンクは著者の心配事リストに入っていなかったと述べられている。したがって，著者が予期していなかったことは，A.「自分がエナジードリンクを懸念するようになる」ことである。

⑺著者と著者の娘が眠れるようになる理由については，最終段（My daughter did …）で，「娘はエナジードリンクの悪影響を完全には理解し

ていない」(第1文 (My daughter did …)) が,「娘にはカフェインの影響を説明できた」(第3文 (I am glad …)) ことだと述べられている。この内容に近いのは, B.「娘は今ではもう, よりよく眠れるくらいカフェインに関する知識を得ていると思っている」である。Cは著者自身 (herself) が過度のカフェイン摂取をやめるという話ではないので不可。

❖講 評

大問の構成は, 会話文・段落整序1題, 長文読解2題の計3題で, 従来通りであった。

Iは, **A**が会話文の空所補充, **B**がひとまとまりの文章を6つに分けたものを並び替える整序形式。**A**は対話の流れをつかめば取り組みやすい問題。**B**は注意深く論旨の流れをつかむ力が求められる。文中の that, it, they などの代名詞, But のような接続詞には特に注意したい。代名詞が何を指しているか, それを手繰っていくと文や段落の流れがわかる。

Ⅱは, フランスの大道芸人による綱渡りの話。文と文の関係を問う, and, though, because などの接続詞の問題, manage to *do* のような頻出表現を問う問題, prohibit *A* from *doing*, prevent *A* from *doing* などの表現, 選択肢の中にある bold, rebellious などの語彙力も問われ, 文法, 内容把握, 語彙力などが幅広く問われている。

Ⅲは, エナジードリンクに含まれるカフェインが子どもに与える影響についての話である。interfere with ～ などの語彙を問う問題だけでなく, 子どもの behavioral problems「問題行動」の具体例を選ばせる問題, 英語力に加え国語力をみる設問や, エナジードリンクの宣伝文句である release the beast など, 前後の文脈が読めているかどうかを問う設問を含む総合的英語力が問われている。ただ単語を覚えるだけでなく, 日頃からこの英文は何を伝えようとしているのか, ということを考えながら読む習慣を身につけることが大切である。

多少, 難解な語句も出てくるが, 全体的には標準的な出題である。

日本史

I 解答

1 —(ヌ)　2 —(テ)　3 —(カ)　4 —(ア)　5 —(ソ)　6 —(ホ)
7 —(タ)　8 —(ク)　9 —(ト)　10—(ノ)

◀解　説▶

≪明治～昭和戦後期の政治≫

2．「日本国憲按」は，天皇の命によって元老院で起草されたが，君主権の制限が強いなどの理由で，不採択に終わった。

3．リード文の「県令三島通庸」や「強引に道路工事を進めようとした」がヒント。三島通庸は当時福島県令であったが，のちに栃木県令を兼ねて民権運動を弾圧し，自由党員が加波山事件を計画する契機となった。

4．難。政社とは明治前期に政治活動を目指して結成された団体のことで，国会開設運動の高揚期に多数結成され，そのうちの一つである石陽社は福島県で設立された。ちなみに，語群にある自助社は徳島県の政社である。

5．大津事件が起きた1891年は初期議会（第二議会）の時期なので，当時の内閣は第1次松方正義内閣であるとわかる。なお，条約改正交渉にあたっていた青木周蔵外相は，大津事件の責任を取って辞任した。

6．児島惟謙は大津事件のときの大審院長である。ロシアの報復を恐れた政府は，ロシア皇太子を傷つけた津田三蔵を死刑にするよう求めたが，児島は無期徒刑の判決を判事に指示し，司法権の独立を守ったとされる。児島惟謙は関西大学の創設者の一人であるから，受験生なら覚えておきたい人物である。

7．1940年に反軍演説を行った斎藤隆夫は，二・二六事件直後の1936年にも軍部を批判する粛軍演説を議会で行っている。

8．斎藤隆夫が戦後どのような役職に就任したのかはあまり教科書では触れられていないが，リード文の「この内閣で公布，施行された日本国憲法」をヒントに，第1次吉田茂内閣と判断しよう。

10．民主社会党は西尾末広を中心に結成された政党で，公明党などとともに1960～70年代の多党化現象の一翼を担った。1969年に民社党と改称し，1994年に解党して新進党に合流した。

Ⅱ　解答

1―(ウ)　2―(フ)　3―(イ)　4―(シ)　5―(ヌ)　6―(キ)
7―(ケ)　8―(ツ)　9―(チ)　10―(タ)

◀解　説▶

≪飛鳥・白鳳文化≫

1・2．リード文の「600年，607年などに遣隋使を派遣」した「大臣」という部分から，崇峻天皇を暗殺し，推古天皇を擁立してその地位を確立した蘇我馬子であると判断できる。古墳時代後期の古墳である石舞台古墳は蘇我馬子の墓とされる。

4．舒明天皇の時代に創建された百済大寺を継ぐ高市大寺を，天武天皇が改称したという部分から大官大寺を導きたい。

5．難。吉備池廃寺は奈良県桜井市で発見された巨大寺院であるが，教科書でもほとんど取り上げられておらず，語群にも候補となる寺院名が多数あることから，消去法でも解答は難しい。

7．難。正解となる海獣葡萄鏡（かいじゅうぶどうきょう）は教科書でも触れられていないので，候補として語群から正解となり得る三角縁神獣鏡，内行花文鏡（ないこうかもんきょう），海獣葡萄鏡の3つをまずは取り上げよう。三角縁神獣鏡は，主として古墳時代前期の古墳から多く発掘されているので，高松塚古墳が築かれた時期（古墳時代終末期）を知っていれば除外できる。しかし，内行花文鏡と海獣葡萄鏡の選択については，どちらも教科書で取り上げられていないので，消去法でも解答は難しい。海獣葡萄鏡は中国鏡の一つで，背面に獅子形のつまみを中心にして海獣文と葡萄唐草文をあしらっているもので，唐代に盛行した。

8．「四神」とは中国の思想にある四方の守護神で，東の青竜，西の白虎，南の朱雀，北の玄武の四獣を指す。「石槨南面」とあることから朱雀を導きたいが，やや詳細な知識を要するため，やや難しい。

10．八角墳は古墳の形態の一種で，古墳時代の終末期（7世紀）に分布している。被葬者は天皇や皇子である場合が多く，牽牛子塚古墳は斉明天皇陵，中尾山古墳は文武天皇陵とする説が現在有力である。

Ⅲ　解答

問1．(イ)　問2．(ア)　問3．(ウ)　問4．(ウ)　問5．(イ)
問6．(ア)　問7．(ウ)　問8．(ウ)　問9．(イ)　問10．(ア)
問11．(イ)　問12．(ア)　問13．(ウ)　問14．(イ)　問15．(ア)

◀解　説▶

≪中世～近世の史料からみる社会経済≫

問1．史料(A)自体は頻出で，家臣の城下町集住を規定するものである。この分国法は，『朝倉孝景条々』としてよく取り上げられるので，その名称から(イ)朝倉孝景を想起できればよい。

問2．北陸道に属したのは(ア)佐渡である。(イ)丹後は山陰道，(ウ)飛驒は東山道にあたる。五畿七道については，教科書には必ず記載があるので地図を確認しておこう。旧国名については，すべてを覚える必要はないが，例えば山城の国一揆や加賀の一向一揆など，事件名にもなっているものについては，地図もあわせて確認しておきたい。

問3．朝倉氏は越前国を領国とする戦国大名で，(ウ)一乗谷を城下町とした。(ア)府内は豊後の大友氏，(イ)春日山は越後の上杉氏の城下町である。

問4．(ウ)誤文。史料に「国内□城郭を為構ましく候」とあることから，家臣は自らの城を持つことが禁じられていたことがわかる。

問6．正解は(ア)姉川の戦い。浅井・朝倉氏は連合して織田信長と近江国（滋賀県）の姉川で戦い，敗北した。その後，浅井・朝倉氏と結んでいた延暦寺も，信長によって焼き打ちされた（1571年）。(イ)小牧・長久手の戦いは，徳川家康が信長の次男信雄を助けて豊臣秀吉と戦った合戦で，(ウ)長篠の戦いは，信長・家康の連合軍が甲斐の武田勝頼軍を破った戦いである。

問7．史料(B)は太閤検地に関するものである。太閤検地は，在地の武士（土豪）である(ウ)国人はもちろん，百姓でも反抗する者は「なでぎり（皆殺し)」するとして秀吉が厳しく命じている。

問8．太閤検地は，日本全土くまなく徹底して実施するという秀吉の考えのもと行われた。当時，日本全体で国が66カ国あると覚えていれば，その数字から(ウ)六十余が正解とわかる。

問10．(ア)正文。一方で，律令制下では1段（反）は360歩であったことに注意しよう。

(イ)誤文。太閤検地で用いられたのは宣旨枡ではなく，京枡である。宣旨枡は，平安時代後期の後三条天皇によって1072年に制定された公定枡である。

(ウ)誤文。1歩は6尺5寸四方ではなく，6尺3寸四方が正しい。

問12．史料(C)は享保の改革の相対済し令に関するものである。(ア)清水重好は9代将軍徳川家重の子で，8代将軍徳川吉宗からみて孫にあたる。清水・田安・一橋の三家を御三卿といい，御三家とともに将軍後嗣がないときに将軍家を継ぐ役目を担った。

問13. (ウ)評定所は幕府の最高司法機関であり，管轄のまたがる訴訟や重大な事柄を扱った。(ア)政所と(イ)侍所は，鎌倉・室町幕府に置かれた行政機関であり，江戸幕府には置かれていない。

問14. 「三奉行」とは，江戸町奉行・勘定奉行と(イ)寺社奉行の総称であり，その中でも寺社奉行は将軍直属で最高の格式を持っており，譜代大名から選出された。一方で，江戸町奉行と勘定奉行は老中配下の役職で，旗本から選出された。

問15. (ア)誤文。史料中「併欲心を以て事を巧み候出入ハ，不届を糺明いたし，御仕置申し付くべく候事」という部分を読み取ろう。ここから，悪だくみをしたような場合は，不届きの点を糾明して処罰するように命じていることがわかる。

Ⅳ　解答

1―(ア)　2―(ウ)　3―(イ)　4―(ウ)　5―(イ)　6―(ア)
7―(ア)　8―(イ)　9―(ウ)　10―(イ)

(A)―k　(B)―e　(C)―c　(D)―h　(E)―o

◀解　説▶

≪古代～近代の小問集合≫

1．選択肢の3人全員が明六社結成に携わっているため，この部分では判断できない。「哲学という言葉をつくって西洋哲学の翻訳や紹介」から，(ア)西周が正解であると判断しよう。

3．鎌倉幕府の初代執権は(イ)北条時政である。ちなみに，(ア)北条義時は2代執権，(ウ)北条時房は義時の弟で，六波羅探題に就任した後，初代連署に就任した。

5．「西廻り航路を整備」がヒント。(イ)河村瑞賢は，西廻り航路の他に酒田から津軽海峡を通り江戸に向かう東廻り航路を整備した。ちなみに，(ウ)角倉了以は，富士川を整備し，高瀬川を開削するなど，治水・土木開発事業に貢献した。

6．やや難。(ア)日本永代蔵が正解。井原西鶴の町人物で，金銭や出世を追求する町人たちを主人公とする作品である。(イ)世間胸算用も西鶴の町人物で，借金の取り立てが行われる大晦日の駆け引きを，喜怒哀楽を交えて描写した作品である。(ウ)冥途の飛脚は近松門左衛門の世話物である。(ア)，(イ)はともに井原西鶴の作品なので，「廻船問屋の鐙屋」という部分から判断するしかない。

7．(ア)不破関が正解。古代に置かれた「三関（さんげん）」とは，美濃国の不破関，伊勢国の鈴鹿関，越前国の愛発（あらち）関（のち近江国逢坂（おうさか）関に変わる）を指し，主に都で謀叛を企てた者の逃亡防止や，外敵の都への侵入防止という役割を担った。

8．(イ)飛鳥浄御原宮が正解。(ア)飛鳥板蓋宮は皇極・斉明天皇，(ウ)藤原宮は持統天皇の宮（皇居）である。当時，藤原京に遷都されるまで，天皇は即位するたびに宮を移すのが慣例であった。

10．やや詳細な知識を問う問題である。「土佐出身」という部分から(イ)後藤象二郎を導きたい。(ア)五代友厚は薩摩藩出身で，開拓使官有物払下げ事件の中心人物として非難を浴びた。また，(ウ)古河市兵衛は「鉱山王」と呼ばれ，足尾銅山の経営などに携わり古河財閥の基礎を作った。

(A)「この地」とは島根県の津和野で，位置はkが正解。「亀井家が代々藩主をつとめる」だけでは判断に難しく，西周や森鷗外の出身地というヒントから正解を導きたいが，やや詳細な知識を要し，受験生にとっては難しいと感じるであろう。

(B)「この地」とは静岡県の伊豆で，位置はeが正解。「12世紀には北条氏の本拠地」「源頼朝の流刑地」「反射炉の建造」から伊豆を指していると判断できる。地図上の位置をeとf（静岡県の下田）で間違うことのないように確認しておこう。

(C)「この地」とは山形県の酒田で，位置はcが正解。出羽国に属した酒田は，東廻り航路，西廻り航路の起点だった場所である。

(D)「この地」とは美濃国の関ヶ原で，位置はhが正解。「壬申の乱の戦場」という部分から選択するのはやや難しいが，「16世紀末には，…大規模な合戦が行われた」から，関ヶ原の戦いが想起できればよい。

(E)「この地」とは長崎県の高島で，位置はoが正解。「鍋島藩によって石炭の採掘」から判断しよう。明治時代中期，高島炭鉱の鉱夫が虐待されている事実が雑誌『日本人』で発表され，反響を呼んだ。

❖講　評

2023年度は，大問が4題，小問数が50，試験時間が60分であった。Ⅰ・Ⅱでは語群選択式の空所補充問題，Ⅲは史料問題，Ⅳはテーマ史からの出題で，形式や試験時間ともに変化はみられなかった。

Ⅰ　明治～昭和戦後期までの政治史が出題された。全体的に難度はやや高く，特に(E)の戦後史からの出題は受験生にとってやや盲点となりやすい箇所なので，難しく感じられたであろう。その他，2の日本国憲按や4の石陽社は，教科書などでも小さく取り扱われている程度なので難度が高い。6に関連する児島惟謙は関西大学の創設者の一人であるから，受験生はこの機会に覚えておきたい。

Ⅱ　「飛鳥・藤原の宮都とその関連資産群」を題材に，飛鳥・白鳳文化について出題された。文化史というテーマで，高松塚古墳をはじめとする白鳳文化期の終末期古墳を中心とする問題構成となっており，全体的に難度は高いと思われる。7の海獣葡萄鏡や，8の朱雀図については，図説や資料集などで確認しておきたい。ちなみに，高松塚古墳の発掘調査には関西大学も参加していた。Ⅰの児島惟謙とともに，志望者はぜひ確認しておこう。

Ⅲ　中世～近世の史料問題が出題された。(A)は朝倉氏の分国法（『朝倉英林壁書』，『朝倉孝景条々』），(B)は太閤検地（『浅野家文書』），(C)は相対済し令（『御触書寛保集成』）を題材にしたものであった。すべての史料が頻出であり，史料中の語句をしっかり読み取り，何について記された史料かを判断して確実に正答したい。ただし，問12などはやや詳細な知識を要するため，徳川家系図も確認しておこう。

Ⅳ　古代～近代における，ある地点を題材に，政治や社会経済・文化と幅広く出題された。空所補充問題の難度はそこまで高くはないが，関西大学で頻出の地図問題が出題されており，難度が少々上がっている。地図から場所を選択する問題では，特に(A)の津和野や(E)の長崎県の高島が，リード文から導くには難度が高いと言えるだろう。

世界史

I 解答

問1．(エ)　問2．(イ)　問3．(ア)　問4．(ウ)　問5．(ア)
問6．(ア)　問7．(ウ)　問8．(エ)　問9．(ウ)　問10．(イ)

◀解　説▶

≪中国と中央アジアの諸民族≫

問1．前漢の武帝が匈奴を討伐し，河西回廊においた四郡（河西四郡）は，東から武威・張掖・酒泉・敦煌である。

問2．「慕容」は鮮卑の部族のひとつであり，五胡十六国時代には前燕，後燕などの国家を華北に建てている。青海地方はチベット高原の北東部をさし，住民はチベット系である。

問3．（　3　）は鮮卑である。鮮卑の拓跋氏が建国した北魏は，5世紀前半に華北を統一し，最初の都を，地図上の(ア)平城においた。

問4．吐谷渾は鮮卑の慕容氏がチベットに建国した国家。その後，7世紀に吐蕃に滅ぼされた。

問5．（　6　）は隋の煬帝。高句麗遠征の失敗を契機として各地に反乱が起こり隋は滅亡した。

(ア)正文。大運河の完成は煬帝の時代。(イ)塩・鉄・酒の専売は前漢の武帝時代。(ウ)両税法施行は唐代。(エ)九品官人法（九品中正）の導入は三国時代の魏。

問7．「（　8　）人」はソグド人。ソグド人が住んでいたオアシス都市はサマルカンド。

(ウ)正文。サマルカンドはティムール朝の都。ウルグ＝ベクは第4代君主で，サマルカンド郊外に天文台を建設し，当時世界で最も精度の高い「ウルグ＝ベク天文表」を制作した。

問8．（　9　）は安禄山。安禄山は部下の史思明とともに8世紀（755～763年）に安史の乱を起こしている。

(ア)ヴェルダン条約は843年。(イ)ニハーヴァンドの戦いは642年。(ウ)ガズナ朝の滅亡は1186年。(エ)正答。ハールーン＝アッラシードの即位は786年。

問9．(ウ)ウイグルは8世紀半ばの744年にモンゴル高原に建国している。

問10. (イ)西夏は，チベット系タングート族によって建国された。建国者は李元昊。

Ⅱ 解答

1―(エ)　2―(キ)　3―(ア)　4―(セ)　5―(ウ)　6―(テ)
7―(オ)　8―(ハ)　9―(ナ)

A―(イ)

◀解　説▶

≪両大戦期の欧米≫

3．アメリカ大統領ウィルソンは「十四か条」で国際平和機関の設立を提唱し，それにもとづき国際連盟が設立された。しかし，提唱国のアメリカは，上院の反対で国際連盟に加盟しなかった。

5．シュトレーゼマンは国際協調に努め，ドーズ案やロカルノ条約の成立，国際連盟加盟に尽力し，1926年にはノーベル平和賞を受賞している。

6．ザール地方は，ヴェルサイユ条約で国際連盟の管理下に置かれたが，15年後の住民投票でドイツへの帰属が決定した。これはナチス政権下の合法的な領土拡大であった。

7．ソ連＝フィンランド戦争（冬戦争，1939～40年）は，ソ連の領土要求からはじまり，ソ連がカレリア地方を獲得して終結した。

A．①誤り。三国協商は，1891～94年に締結された露仏同盟，1904年の英仏協商，1907年の英露協商によって完成した。

②正しい。アドワの戦い（1896年）は，イタリアが植民地化をねらってエチオピアに侵攻し，大敗した戦い。この時点ではエチオピアは独立を堅持した。

Ⅲ 解答

1―(ア)　2―(エ)　3―(イ)　4―(ウ)　5―(イ)　6―(ア)
7―(ウ)　8―(エ)　9―(エ)

問1．(ウ)　問2．(ア)　問3．(エ)　問4．(ア)　問5．(ウ)　問6．(イ)

◀解　説▶

≪8世紀以降の東南アジア史≫

3．マラッカ王国は，15世紀前半，鄭和の南海遠征の際に拠点とされたことを契機として発展した。東南アジアの香辛料の集散地として，またイスラーム布教の中心ともなったが，1511年ポルトガルに滅ぼされた。

５．フィリピンは，マゼランが世界周航途上に立ち寄り，16世紀後半にスペイン領とされた。フィリピンの名称は，スペイン王フェリペ２世に由来する。

６．スペインは旧教国であり，フィリピンの植民地化はカトリックの布教と一体をなした。

７．アメリカは，スペイン領キューバの独立問題からスペインと戦い（米西戦争，1898年），勝利してフィリピンを獲得した。

８．イギリスは３次にわたるビルマ戦争でコンバウン朝を滅ぼし，1886年ビルマをインド帝国に併合した。

問１．(ウ)誤文。ムスリム商人が使用した帆船は，三角帆を特徴とするダウ船である。ジャンク船は中国商人が使用した船である。

問２．(ア)誤文。シュリーヴィジャヤの首都パレンバンはスマトラ島南部に位置している。

問３．(ア)マカオは中国。(イ)アンボイナはモルッカ諸島。(ウ)バタヴィア（現ジャカルタ）はジャワ島。

問４．(イ)ラタナコーシン朝と(エ)アユタヤ朝はタイの王朝。題意より，「1780年代」に「ラカイン地域」を初めて支配下に置いたのは(ア)コンバウン朝（1752～1885年）である。コンバウン朝は，1784～85年にかけて，ラカイン地域を支配していたアラカン王国を征服して領土としている。(ウ)タウングー朝（1531～1752年）もビルマ人の王朝であるが，年代的にも適さない。

問５．(ウ)誤文。当初親英的であったインド国民会議派がベンガル分割令（1905年）を契機として反英的となったため，イギリスはその対策として，1906年にイスラーム教徒による全インド＝ムスリム連盟を結成させて，ヒンドゥー教徒主体の国民会議派に対抗させようとした。「国民会議派と協力して民族運動を展開するため」ではなかった。

Ⅳ **解答**

1―(イ)　2―(ア)　3―(シ)　4―(エ)　5―(ア)　6―(ア)
7―(イ)　8―(イ)　9―(コ)　10―(オ)　11―(サ)　12―(セ)
13―(カ)　14―(ス)　15―(ア)

◀解　説▶

≪古典古代とルネサンス≫

3．マキァヴェリはフィレンツェ共和国の書記官として，軍事・外交に携わった。『君主論』では，イタリア統一を念頭に，目的のためには手段を選ばない権謀術数（マキァヴェリズム）を説いた。

4～6．ヘブライ王国は，ソロモン王の死後，北のイスラエル王国と南のユダ王国に分裂した。北のイスラエル王国はアッシリアに，南のユダ王国は新バビロニアに滅ぼされた。ユダ王国が滅ぼされた際に，その住民が新バビロニアの首都バビロンに連れ去られる「バビロン捕囚」（前6世紀）が起こった。

7．新約聖書は，ヘレニズム時代のギリシア語コイネーで書かれている。

8．ダ＝ヴィンチは，自作の「モナ＝リザ」を非常に気に入り，旅においても常に帯同していた。ヴァロワ朝のフランソワ1世に招かれた際も「モナ＝リザ」を持参しており，ダ＝ヴィンチがフランスで客死したために，「モナ＝リザ」もフランスに残された。

9～11．フランソワ1世は，神聖ローマ帝国の皇帝選挙でスペイン王カルロス1世に敗れた。カルロス1世は1519年に神聖ローマ皇帝カール5世として即位した。また，神聖ローマ皇帝カール5世が即位すると，1520年フランソワ1世は，対抗する必要からテューダー朝ヘンリ8世とフランス北部で会談している。

12．ボッティチェリはイタリアルネサンスを代表する画家のひとり。「ヴィーナスの誕生」のほかに「春（プリマヴェーラ）」を残している。

13．ヘシオドスは，神々の系譜を整理した『神統記』のほかに，労働の大切さを説いた『労働と日々』を残している。

15．エピクロスは，ヘレニズム時代に禁欲を説いたストア派に対して，精神的快楽を説いたエピクロス派の代表である。

❖講　評

Ⅰ　中国と中央アジア，チベットの諸民族の相互関係をテーマとしている。「慕容」など見慣れない用語もあるが，前後の文脈から推定できる。「河西四郡」の位置関係，単純な空所補充ではなく空所用語の特定を前提とした問題など，注意深く取り組む必要がある。

Ⅱ　第一次世界大戦前の同盟関係から，第二次世界大戦後にいたる期間について，ヨーロッパの情勢が問われている。内容は標準的であるが，エチオピア侵攻の名称に関する正誤判定問題や国際連合の成立過程にかかわる出題もあって，正確な知識が求められる。

Ⅲ　８世紀以降，イスラームが進出して以降の東南アジアの動向がテーマである。東南アジア諸地域の独自発展とともに大航海時代以降のヨーロッパ勢力との関係，隣接するインドの民族運動，20 世紀後半のバングラデシュの独立まで問われている。基本的な内容が大半であるが，パレンバンの位置，全インド＝ムスリム連盟結成の背景など，きめ細かな学習が必要である。

Ⅳ　ルネサンスを中心としながら，関連する古代オリエントや古典古代の事項が出題されている。標準的な内容であるが，ルネサンスと同時期のフランソワ１世，カルロス１世（カール５世)，ヘンリ８世の関係など政治分野との関連もしっかり押さえておきたい。

地理

I

解答

問１．(1)―イ　(2)―イ　(3)―イ　(4)―イ　(5)―ア

問２．(1)―(カ)　(2)―(エ)　(3)―(ウ)　問３．(ウ)　問４．(イ)

◀解　説▶

≪台地の特色と利用≫

問１．(1)①誤。バンクは浅堆のことである。②正。

(2)①誤。粘性が低いため，広い範囲に溶岩が達する。粘性が高いとドーム状の山体となる。

②正。粘性が高いと溶岩円頂丘が生じる。

(3)①誤。大隅半島の鹿屋市付近の笠野原は約40～170m，薩摩半島の南九州市付近の南薩台地は150m前後の高度である。

②正。青森県東部の三本木原台地は，八甲田山や十和田湖カルデラの噴火でできた火山灰が堆積した土地である。

(4)①誤。複数のドリーネが連結したものをウバーレという。さらに，複数のドリーネやウバーレが連結した溶食盆地をポリエという。

②正。日本にはカルスト台地が広く分布しており，石灰石が豊富に埋蔵されている。

(5)①正。天竜川沿いには隆起扇状地が多く，河岸段丘となっている。

②誤。海面が上昇すると低地は沈水する。逆に下降することで，海岸沿いの低地が台地化し海岸段丘となる。

問２．(1) a付近は約225m，b付近は約250m，c付近は約270m，d付近は約275m，e付近は約245mである。このことから最も高い平坦面はc・d付近で，次いでb・e付近の平坦面，最も低いのがa付近となる。

(2) g～kは谷をなしている。その中でj付近は等高線が密になっており，急傾斜になっていることがわかる。

(3) X付近は河川が流れる標高175～180mの谷底低地で水利がよいため，田が立地すると判断できる。Y付近は傾斜が急なため，森林となっていると考える。Z付近は高度約280mの台地で水はけがよいため，茶畑が立地すると判断する。

問3．⑤が耕地率が最も低いことから東京都，④は⑤に次いで低いことから大阪府と判断できる。①・②は田が畑を上回っていることから茨城県か佐賀県と考え，③は畑が田よりも広いことからシラス台地のある鹿児島県と判断する。なお，①は広い常総台地がある茨城県，②は低湿な筑紫平野が広い佐賀県と判断する。

問4．まず，耕地率が50%以上の①をインドと判断する。①〜③の中で耕地率の高い②をアメリカ合衆国と判断する。③は永年作物地率がやや高いことから，茶の他にリンゴ・オレンジ類・ブドウの生産も世界一である中国，④は最も耕地率が低いことから，乾燥地域が広いイランと判断する。イランの永年作物地ではナツメヤシ栽培を考えたい。なお，アメリカ合衆国にもカリフォルニア州やフロリダ州でブドウやオレンジの果樹栽培が行われているが，耕地に占める割合はさほど高くない。

Ⅱ　解答

問1．A—(ア)　B—(ケ)　C—(エ)　D—(ウ)　E—(キ)　F—(イ)

問2．a—(ウ)　b—(イ)　c—(エ)　問3．(カ)

◀解　説▶

≪主要国の貿易≫

問1．まず，Dは貿易黒字額が最大で輸出品に「衣類，繊維と織物」があり，輸出先の第2位が香港であることから中国と判断できる。次にFは貿易赤字額が10カ国・地域の中で最多であることと主要輸出先の上位にカナダ・メキシコがあることから，アメリカ合衆国と判断できる。Aは「食料品」の輸出が最も少なく，「原材料・燃料」の輸入割合が高いことから日本と考える。Bは「食料品」の輸出割合が最も高いことや輸出先の第2位にベルギーがあることから，オランダと判断できる。CもA（日本）と似た貿易状況にあることと，「原材料・燃料」の輸入割合が日本以上に高く輸出先第1位がD（中国）であることから韓国と判断する。EはBに次いで「食料品」輸出割合が高く輸出先第4位がスペイン，第5位がベルギーであるので，それぞれの隣国であるフランスと判断する。Gは貿易赤字額がFに次いで多く，輸入品に「金（非貨幣用）」とあるのでイギリス，Hは貿易黒字額が多く，B（オランダ）・E（フランス）の輸出先第1位となっているのでドイツ，Iは残ったイタリアとなる。

問2．aはA～D国に共通して見られることから原油である。bは欧米諸国に共通して見られるので医薬品と判断する。cはE国だけに現れ自動車よりも上位にあるので，航空機と判断する。

問3．まず，(Z)は「繊維原料・繊維製品」の割合が高いので，工業化の初期段階にあった1935年と判断する。(Y)は「原油」の比率が非常に高いことから石油危機直後の1975年，(X)は「機械類」の割合が高いことから2017年と判断する。

III 解答

(A)―ウ　(B)―ア　(C)―エ　(D)―ウ　(E)―ア　(F)―イ
(G)―ウ　(H)―ウ　(I)―ア　(J)―ウ

◀解　説▶

≪世界や日本の人口≫

(A)①正。出稼ぎ労働者は，主として男性である。

②正。日本では女性の平均寿命が男性（81.56年）と比べて長い（87.71年）ため，55歳以上では女性が多くなる（統計は2020年）。

(B)①正。居住していない地域をアネクメーネという。

②誤。エクメーネが約88%とされ，非居住地域は，高山地域や砂漠気候・氷雪気候の一部地域である。

(C)①誤。1920年から5年ごとに実施されている。

②誤。外国籍の人も含めてすべての日本の居住者が対象となっている。

(D)①正。2020年には約78億人に達している。

②正。ドイツ，イタリア，ハンガリーなど多くの国で自然増加率がマイナスとなっている。

(E)①正。社会主義思想家のマルクスと混同しないこと。

②誤。人口は等比数列的に，食糧は等差数列的に増加するとされる。

(F)①誤。戦後の第1次ベビーブームとその世代の子供世代となる第2次ベビーブームが発生した。しかし，顕著な第3次ベビーブームは発生しなかった。

②正。この世代が後期高齢者になっており，社会福祉費に大きな負担が生じている。

(G)①正。中国・インドの約14億人をはじめ，インドネシア2.8億人，パキスタン2.3億人，バングラデシュ1.7億人，日本1.3億人，フィリピン

1.12億人など人口大国が多い（2021年）。
②正。3番目はヨーロッパの7.5億人（2020年）となっている。
(H)①正。生産年齢人口とは生産活動の中心にいる人口層のことである。
②正。年少人口の割合は11.9%（2020年）である。
(I)①正。高齢化社会とは，高齢化率が7%を超えた社会のことで，1956年の国連の報告書において，65歳以上を高齢者と位置付けたことによる。
②誤。老年人口の割合は28.6%（2020年）である。
(J)①正。日本語では，「性と生殖に関する健康と権利」と訳されている。
②正。国際人口開発会議は，エジプトのカイロで開催された。

Ⅳ 解答

問1．(A)ーコ　(B)ーチ　(C)ーオ　(D)ーケ　(E)ーキ　(F)ーイ　(G)ータ
問2．(ア)　問3．エ　問4．ア

◀解　説▶

≪東アジア地誌≫

問1．(A)「首都の外港」「ハブ空港」からインチョン（仁川）である。
(B)東アジアで半導体産業が集積しているのは，台湾のシンジュー（新竹）である。
(C)「軍港」「外国人の立ち入りが禁止」「2012年にAPEC首脳会議が開催」からロシアのウラジオストクである。
(D)「リアス海岸」「2012年に海洋万博が開催」からヨス（麗水）である。
(E)「日本の資本や技術援助」「アジア最大級の規模の製鉄所が建設」からポハン（浦項）である。
(F)「サハリン地方最大の都市」「外港にあたるコルサコフ」からユジノサハリンスクである。
(G)「日本の植民地」，「中華民国を継承する」地域の「事実上の首都」からタイペイ（台北）である。
問2．(ア)のⓍ地点である。竹島は日本海西部に位置し，行政上は島根県隠岐の島町に属する。Ⓨ地点には島はない。また，Ⓩ地点は五島列島付近を示している。
問3．①誤。アジアNIEsは台湾，香港，韓国，シンガポールから構成されていた。

②誤。「失われた20年」とは，韓国ではなく日本において，バブル崩壊後の1990年代初頭から2010年代初頭までの20年間を指すことが多い。なお，1990年代初頭から現在までの間を「失われた30年」ということもある。

問4．①正。韓国での夫婦別姓は，家族の一員として嫁を認めない伝統的な慣習に基づいている。

②誤。独特の床暖房の仕組みをオンドルという。ゲルはモンゴルの移動式住居の名称である。

❖講　評

Ⅰ　台地の地形的特色とその利用についての理解をみる問題である。基本的知識をもとにしているが，等高線図の読図や統計読解など思考力・判断力を問う発展的な問題も含まれている。問1は関西大学特有の正誤問題で，数値の判断がやや難しい。問2は等高線図から台地面の標高や傾斜を読み取る地理的技能の有無が試されている。問3の田・畑の割合や耕地率から都府県の判定をする問題は，それぞれの統計数値の特色が明瞭なので判別はさほど難しくない。問4は「永年作物地」に戸惑うが，労働集約の度合いの観点から判断するのが正解への近道であろう。

Ⅱ　世界の国・地域の中で貿易額が多い10国・地域を取り上げ，それぞれの主要輸出入品の特徴および主要輸出先から国・地域を判別する。総合的な思考力・判断力が求められている問題である。2つの表を見比べながら，わかりやすいところから判断していくことが高得点につながる。「食料品」の輸出割合と「原材料・燃料」の輸入割合に着目することで，日本・韓国・アメリカ合衆国・オランダ・フランスの判別がしやすい。また，表示されている香港から輸出先第1位のD国（中国）が判別できることに気づくことや，輸出先として表中に示されているベルギー，カナダ，メキシコ，スペイン，スイスなどを手がかりにして解答していくことが効果的である。

Ⅲ　世界や日本の人口に関する基本的理解をみる問題である。関西大学特有の正誤問題であり，(B)の非居住地域の割合，(H)の年少人口の割合，(I)の老年人口率など統計数値の正誤判断の部分がやや難しい。

Ⅳ　東アジアおよびその周辺地域の地誌に関わる問題である。問1では中国・韓国・ロシア・台湾の代表的な都市の説明文から，各都市の立地位置を選ぶ形式で，各文に示されているキーワードから判断する基本的な問題である。問２は竹島の位置の判別，問３・問４は韓国の経済と生活文化の理解をみる正誤問題である。

政治・経済

I 解答

問(A). 1―(イ)　2―(ク)　3―(キ)　問(B). (イ)　問(C). (ウ)
問(D). (ア)　問(E). (ウ)

◀解　説▶

≪ヤングケアラー≫

問(A). それぞれ厚生労働省のデータからの出題。1のヤングケアラーの小学6年生の割合は，おおよその数値がわかっていることが好ましいが，語群の選択肢から，(ウ)の26.5%以上というのは考えにくいので，(ア)1.5%，(イ)6.5%の2つから絞り込む。2の男性の平均寿命については，おおよその数値として80歳ぐらいと覚えておけばよい。3の健康寿命は平均寿命から推測し，男女ともにおよそ10年短くなることを類推して，正答を選び出す。

問(B). 正答は(イ)。厚生労働省に置かれている内部部局として，(2)社会・援護局と(5)年金局の双方が正しい。委員会としては(1)中央労働委員会は正しいが，(4)公正取引委員会は内閣府の外局なので，誤り。庁としては(3)中小企業庁は経済産業省の，(6)消費者庁は内閣府のそれぞれ外局なので，誤り。以上から正解の個数は3つとなる。

問(C). 正文は(ウ)。(ア)と(イ)はそれぞれ「働き方改革実行計画」に記述があるため，誤り。(エ)は「革新的技術への投資による付加価値生産性の向上は認められる」が誤り。資料では投資不足が指摘されている。

問(D). 正文は(ア)。

(イ)誤文。就労母子家庭が「パート・アルバイト等」で就労している割合が，就労父子家庭のそれと数値として逆転している。

(ウ)誤文。児童手当法ではなく，児童扶養手当法についての記述。

(エ)誤文。社会福祉は全額公費負担。

問(E). 正文は(ウ)。

(ア)誤文。児童は20歳未満ではなく，18歳未満のすべての者である。

(イ)誤文。第12条に明記されている。

(エ)誤文。「憲法24条の規定に違反する」と「裁判官全員一致の意見で判示」が誤り。まず，この判決は，夫婦別姓は憲法に違反しない，との判断を下している。さらに裁判官全員ではなく，15人中4人が憲法違反だとしていた。

Ⅱ 解答

問(A). (オ)　問(B). a—(ウ)　b—(エ)　c—(キ)
問(C). a—(エ)　b—(ア)　c—(キ)　d—(コ)　e—(ス)
問(D). (ア)　問(E). (エ)　問(F). (ウ)　問(G). (エ)　問(H). (ア)　問(I). (ア)

◀解　説▶

≪企業と資金調達≫

問(A). 正答は(オ)。(b)は「販売価格を高くし」が誤り。規模の経済では大量生産を行うことで生産に関わるコストを低くし，それによってより多くの利益が得られるようになる。

問(B). 内部金融と外部金融の違いを説明する問題。b．直接金融や間接金融は，外部金融に属する。

問(C). a・b．株式会社の機関のうち，株主総会は会社の所有者である株主を代表する機関であり，取締役は会社の業務を遂行する機関なので，必ず設置しなければならない。

e．監査等委員会設置会社は2014年の会社法改正で導入されている。押さえておこう。

問(D). (ア)が正答。新規・成長企業等は，クラウドファンディングによって資金提供者を集めることが近年多くなっている。

問(F). (ウ)が正答。金融商品取引法にもとづく企業内容等開示制度は，ディスクロージャー制度とも呼ばれる。

問(G). (エ)が正文。(ア)と(イ)については，1980年以降，当初は金融機関の株式保有比率が高かったが，その後外国法人等の株式保有比率が逆転した。いずれの記述も「一貫して上回っている」が誤り。(ウ)については，「上昇傾向にある」が誤り。金融機関の株式保有比率は減少傾向にある。

問(H). (ア)が正文。貸借対照表はある一定時点（決算日）における資産，負債および資本（純資産）を表示しており，損益計算書はある一定期間（会計期間）における収益と費用，純利益を表示している。

問(I). (ア)が正答。社会的責任投資（socially responsible investment）といわれる。(イ)～(エ)のTOB(株式公開買い付け)，CSR（企業の社会的責任），

IPO（新規上場株）はいずれも現代の企業を理解する上で必須のタームである。押さえておこう。

Ⅲ 解答

問(A). 1―(キ)　2―(ケ)　3―(セ)　4―(ウ)　5―(コ)　6―(ト)

問(B). (エ)　問(C). (エ)　問(D). (イ)　問(E). (ウ)　問(F). (エ)　問(G). (イ)

◀解　説▶

≪オリンピックと世界情勢≫

問(A). 1．第一次世界大戦中に発生し，世界で数千万人が亡くなった感染症はスペイン風邪である。インフルエンザであった。

2．1952年当時の香港を統治していたのはイギリスである。アヘン戦争後の1842年から1997年までイギリスの植民地であった。

3．1956年にソ連は，民主化運動を弾圧するために，ハンガリーに侵攻した。

4．1972年のミュンヘン大会では，パレスチナ問題でイスラエルと対立するパレスチナ人ゲリラが，イスラエル選手団の宿舎を襲撃した。

5．1979年にソ連は，社会主義政権を支援するためにアフガニスタンに侵攻した。

6．2008年の北京オリンピックの開会式当日に，ロシアは南オセチアなどをめぐって対立するジョージア（グルジア）と武力衝突を起こした。

問(C). (エ)が誤文。1971年8月のニクソンショックにより，1ドル＝360円の固定相場は崩れ，同年12月のスミソニアン協定では1ドル＝308円となり，沖縄住民が保有するドルの価値は大幅に下がった。

問(D). (イ)が誤文。1956年のソ連共産党大会で，フルシチョフはスターリンの功績を称賛したのではなく批判した。このスターリン批判は社会主義陣営に衝撃を与え，同年のハンガリー動乱などをもたらした。

問(F). (エ)が誤文。日朝平壌宣言に署名したのは当時の小泉純一郎政権であり，2002年9月の出来事である。(ア)は2007年3月，(イ)は2007年1月，(ウ)は2015年9月であり，いずれも安倍晋三政権時の政策である。安倍晋三は2006年9月から翌年9月，さらに2012年12月から2020年9月と，2度にわたって政権についているため，注意が必要である。

問(G). (イ)が誤文。習近平は国賓として来日していない。当初その予定はあったがコロナ禍で延期となり，実現には至っていない。

Ⅳ 解答

問(A). 1―(ス)　2―(セ)　3―(サ)　4―(カ)　5―(イ)
問(B). (ウ)　問(C). (ウ)　問(D). (ア)　問(E). (イ)　問(F). (エ)

◀解　説▶

≪GDPと経済成長，景気循環≫

問(A). 1・2. ブータン王国のGNH（国民総幸福）や国連開発計画のHDI（人間開発指数）は，GDPでは測れない豊かさを表す指標の一つとして提示されている。

問(B). (ウ)が誤文。国内総生産（GDP）ではなく，国民総生産（GNP）から固定資本減耗を控除した額が国民純生産（NNP）となる。国内総生産（GDP）から固定資本減耗を控除した額は国内純生産（NDP）である。

問(C). (ウ)が正答。公共サービスはGDPに含まれる。(ア)のボランティア活動や，(イ)の余暇，(エ)の家事など，貨幣に換算できないものはGDPには計上されない。

問(D). (ア)が正答。原油価格の上昇は生産コストの増大をもたらすので，経済成長を促進する要因とはならない。

問(E). (イ)が誤文。発展途上国の人口増加率は一般的には高いため事実に反しており，経済発展できない主な要因にはならない。

問(F). (エ)が正文。

(ア)誤文。周期の順序が誤っており，正確には好況→後退→不況→回復の順に局面は移り変わる。

(イ)誤文。ポリシー・ミックスにより景気をある程度調整することはできるが，景気循環を完全になくすことは可能にはなっていない。

(ウ)誤文。ジュグラーの波は約10年程度の周期の循環である。

❖講　評

Ⅰ　ヤングケアラーをテーマにした問題。問(D)の厚生労働省のデータや法律について問う問題は，現状についての正確な知識を問うものであり，やや難しい。問(E)は子どもの権利条約に関連して近年の判例を含めて出題されており，難度が高い。

Ⅱ　企業と資金調達をテーマにした問題であり，経済学の用語の基本を問う出題が多く見られた。問(C)の近年の会社法改正についてや問(G)の日本の上場企業の株式保有比率の変化など，近年の経済をめぐる情勢について資料を見慣れておく必要があるだろう。

Ⅲ　オリンピックと世界情勢をテーマとしながら，国際政治について幅広く問う出題であった。問(F)の安倍晋三首相の在任中の政策を問う問題は，正確な年代を把握しているかどうかを問うもので，やや難しい。

Ⅳ　GDPと経済成長，景気循環についての出題であった。問(B)のGDPをはじめとしたフローの算出方法や，問(F)の景気循環は，いずれも標準的な難易度であるが，教科書レベルの正確な理解を問う出題であった。

数学

◀3教科型，3教科型（同一配点方式），2教科型（英語＋1教科選択方式），2教科型（英数方式〈社会安全〉）▶

I

解答　(1)　辺BCの中点をEとする。

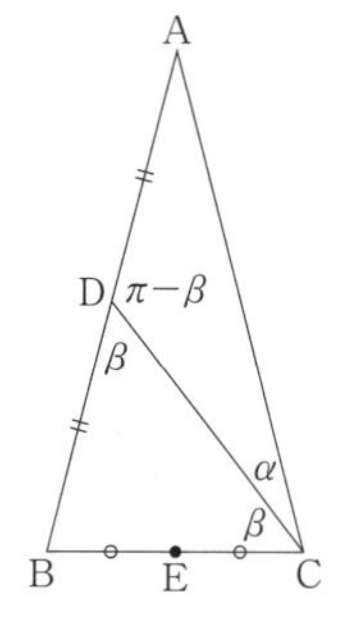

AB＝ACより　　$\angle \mathrm{AEC}=\dfrac{\pi}{2}$

したがって　　$\cos(\alpha+\beta)=\dfrac{\mathrm{EC}}{\mathrm{AC}}$

$\mathrm{EC}=\dfrac{1}{4}\mathrm{AC}$ より　　$\cos(\alpha+\beta)=\dfrac{1}{4}$　……(答)

別解　△ABCにおいて，余弦定理を用いて

$$\cos(\alpha+\beta)=\frac{\mathrm{AC}^2+\mathrm{BC}^2-\mathrm{AB}^2}{2\mathrm{AC}\cdot\mathrm{BC}}$$

ここで，AB＝AC＝2BCより

$$\cos(\alpha+\beta)=\frac{\mathrm{BC}^2}{4\mathrm{BC}^2}=\frac{1}{4}$$

(2)　点Dは辺ABの中点なので　　AD＝DB

よって　　(△ADCの面積)＝(△DBCの面積)

$$\frac{1}{2}\mathrm{AC}\cdot\mathrm{DC}\sin\alpha=\frac{1}{2}\mathrm{DC}\cdot\mathrm{BC}\sin\beta$$

$$\therefore\quad \frac{\sin\alpha}{\sin\beta}=\frac{\mathrm{BC}}{\mathrm{AC}}=\frac{1}{2}\quad\cdots\cdots(答)$$

別解　DB＝BCより，△BDCは二等辺三角形となり

$$\angle \mathrm{BDC}=\angle \mathrm{BCD}=\beta$$

$$\angle \mathrm{ADC}=\pi-\beta$$

△ADCにおいて，正弦定理を用いて

$$\frac{\mathrm{AD}}{\sin\angle \mathrm{ACD}}=\frac{\mathrm{AC}}{\sin\angle \mathrm{ADC}}$$

$$\frac{\mathrm{AD}}{\sin\alpha}=\frac{\mathrm{AC}}{\sin(\pi-\beta)}$$

$\sin(\pi-\beta)=\sin\beta$ なので

$$\frac{\sin\alpha}{\sin\beta}=\frac{\mathrm{AD}}{\mathrm{AC}}=\frac{1}{2}$$

(3)　(2)の結果より　　$\sin\beta=2\sin\alpha$

$\cos\alpha>0$，$\cos\beta>0$ より

$$\cos\alpha=\sqrt{1-\sin^2\alpha},\ \cos\beta=\sqrt{1-\sin^2\beta}=\sqrt{1-4\sin^2\alpha}$$

次に，加法定理より

$$\cos(\alpha+\beta)=\cos\alpha\cos\beta-\sin\alpha\sin\beta$$

よって

$$\frac{1}{4}=\sqrt{1-\sin^2\alpha}\cdot\sqrt{1-4\sin^2\alpha}-2\sin^2\alpha$$

ここで，$\sin^2\alpha=X$ とおくと

$$\frac{1}{4}=\sqrt{1-X}\sqrt{1-4X}-2X \quad \cdots\cdots ⊛$$

$$8X+1=4\sqrt{1-X}\sqrt{1-4X}$$

両辺を 2 乗して

$$(8X+1)^2=16(1-X)(1-4X)$$

$$64X^2+16X+1=16(4X^2-5X+1) \qquad 96X=15$$

$$\therefore \quad X=\frac{5}{32}$$

これは⊛をみたしている。

$\sin\alpha>0$ より　　$\sin\alpha=\sqrt{\dfrac{5}{32}}=\dfrac{\sqrt{5}}{4\sqrt{2}}=\dfrac{\sqrt{10}}{8}$　……(答)

◀解　説▶

≪三角比の図形への応用，余弦定理，正弦定理，加法定理≫

(1)　△ABC は AB=AC である二等辺三角形なので，辺 BC の中点を E とすれば，△AEC は ∠AEC=90° である直角三角形となる。したがって，$\cos(\alpha+\beta)=\cos\angle\mathrm{ACE}=\dfrac{\mathrm{EC}}{\mathrm{AC}}$ と定義通り計算できる。〔別解〕のように，余弦定理を用いても $\cos(\alpha+\beta)$ は求められる。

(2)　△ADC と △DBC の面積が等しいので，三角形の面積を考えること

により，$\dfrac{\sin\alpha}{\sin\beta}$ は求められる。正弦定理を用いると〔別解〕のようになる。

(3) (1), (2)の結果より，$\cos(\alpha+\beta)$ の値と $\sin\alpha$ と $\sin\beta$ の比の値がわかっているので，$\cos(\alpha+\beta)$ を加法定理で分解した式を $\sin\alpha$ で表せばよい。$\sin^2\alpha=X$ とおくと，その方程式は X の無理方程式となる。無理方程式の解法では，両辺を２乗して $\sqrt{\quad}$ をはずしているので，後で解の吟味が必要になる。なお，$A\geqq0$，$B\geqq0$ のとき，$A=B$ と $A^2=B^2$ は同値である。

Ⅱ

解答　①$-2a$　②$12a^2-1$　③$\dfrac{1}{12}$　④$4a$　⑤$48a^2-1$　⑥$17\pm\sqrt{161}$

◀解　説▶

≪３次関数のグラフと接線の方程式≫

$f(x)=x^3-x$　……㋑ とおく。

$$f'(x)=3x^2-1$$

接線 l の方程式は

$$y-f(a)=f'(a)(x-a)$$
$$y-a^3+a=(3a^2-1)x-3a^3+a$$
$$y=(3a^2-1)x-2a^3 \quad \cdots\cdots㋺$$

㋑，㋺より

$$x^3-x=(3a^2-1)x-2a^3$$
$$x^3-3a^2x+2a^3=0$$
$$(x-a)^2(x+2a)=0$$

点 Q の x 座標は，$x\neq a$ なので　　$x=-2a$　(→①)

したがって，接線 m の傾きは

$$f'(-2a)=3(-2a)^2-1$$
$$=12a^2-1 \quad (\to②)$$

$f'(-2a)=0$ となるのは，$12a^2-1=0$ より

$$a^2=\frac{1}{12} \quad (\to③)$$

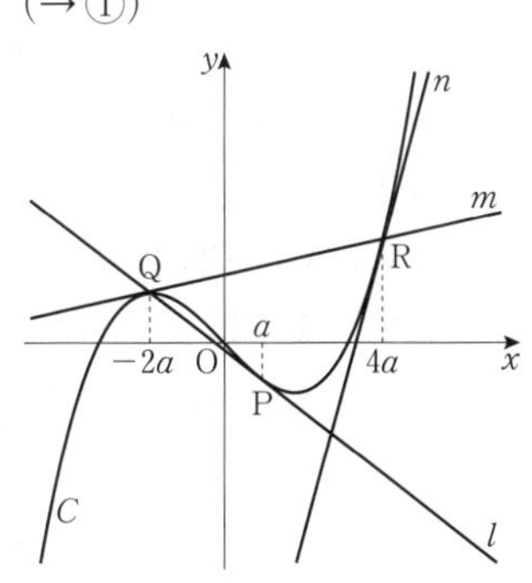

次に，点 Q の x 座標と同様にして，点 R

の x 座標を求めると

$x=4a$　(→④)

したがって，接線 n の傾きは

$f'(4a)=3(4a)^2-1=48a^2-1$　(→⑤)

接線 l と接線 n が直交する条件は　　$f'(a)\cdot f'(4a)=-1$

$(3a^2-1)(48a^2-1)=-1$

$144a^4-51a^2+2=0$

$\therefore\quad a^2=\dfrac{51\pm\sqrt{51^2-4\times144\times2}}{2\times144}$

$=\dfrac{17\pm\sqrt{161}}{96}$　(→⑥)

III 解答　①4　②262　③131　④17　⑤−21　⑥15

◀解　説▶

≪ユークリッドの互除法と不定方程式≫

$9563=1\times7729+1834$

$7729=4\times1834+393$

$1834=4\times393+262$

より，求める商は4，余りは262である。(→①，②)

393と262の最大公約数は　　131

したがって，9563と7729の最大公約数も131となる。(→③)

$1834=4(7729-4\times1834)+262$

$-4\times7729+17\times1834=262$

$-4\times7729+17\times(9563-7729)=262$

$17\times9563-21\times7729=262$

となって

$9563x+7729y=262$

の整数解の1つは

$(x,\ y)=(17,\ -21)$　(→④，⑤)

である。

$$\begin{array}{r} 9563x+7729y=262 \\ -)\quad 9563\times 17+7729\times(-21)=262 \\ \hline 9563(x-17)+7729(y+21)=0 \\ 73(x-17)+59(y+21)=0 \end{array}$$

73と59は互いに素なので，kを整数として

$$x-17=59k$$

とおける。このとき

$$y+21=-73k$$

となる。よって

$$(x,\ y)=(17+59k,\ -21-73k)$$

$$|x|+|y|<1000 \quad \cdots\cdots ⊛$$

に代入して

$$|59k+17|+|73k+21|<1000$$

$k\geqq 0$のとき　　$59k+17>0$，$73k+21>0$

よって，⊛は

$$59k+17+73k+21<1000$$

$$132k<962 \qquad \therefore \quad k<\frac{962}{132}\fallingdotseq 7.28$$

ゆえに　　$0\leqq k\leqq 7$

$k<0$のとき　　$59k+17<0$，$73k+21<0$

よって，⊛は

$$-(59k+17)-(73k+21)<1000$$

$$-132k<1038 \qquad \therefore \quad k>-\frac{1038}{132}\fallingdotseq -7.86$$

ゆえに　　$-7\leqq k<0$

したがって，不等式⊛をみたす整数解は $-7\leqq k\leqq 7$ のときで，kは15個ある。（→⑥）

❖講　評

2023年度は大問3題のうち，**I**が記述式で，**II**・**III**が空所補充形式の問題であった。

I　三角比の図形への応用問題である。(1)，(2)は三角比の基本問題で，(3)が無理方程式を解く問題となっている。標準的なレベルの問題である。

Ⅱ　3次関数のグラフと，その接線に関する問題である。頻出問題でもあり，解法は基本的である。計算に注意すればよい。

Ⅲ　ユークリッドの互除法と不定方程式に関する問題で，教科書の例題のような問題であるが，易しくはない。標準的なレベルの問題である。

いずれも教科書の例題にある基本的な解法をマスターしていれば解けるレベルの問題である。

◀英数方式〈総合情報〉▶

I 解答

(1)　$f(x)=\frac{1}{3}x^3-3x$,　$g(x)=-x^2+a$

$f(x)=g(x)$ とすると

$$\frac{1}{3}x^3-3x=-x^2+a$$

$$\frac{1}{3}x^3+x^2-3x=a$$

$F(x)=\frac{1}{3}x^3+x^2-3x$ とおく。

$$F'(x)=x^2+2x-3=(x+3)(x-1)$$

$F'(x)=0$ は　　$x=1,\ -3$

$y=F(x)$ の増減表は右のようになり，$F(x)$ は $x=-3$ で極大値9，$x=1$ で極小値 $-\frac{5}{3}$ をとる。

x	$\cdots$	-3	$\cdots$	1	$\cdots$
$F'(x)$	$+$	0	$-$	0	$+$
$F(x)$	↗	極大 9	↘	極小 $-\frac{5}{3}$	↗

$y=F(x)$ のグラフは右のようになり，$y=F(x)$ と $y=a$ が2つの共有点をもつのは，$a>0$ において　　$a=9$

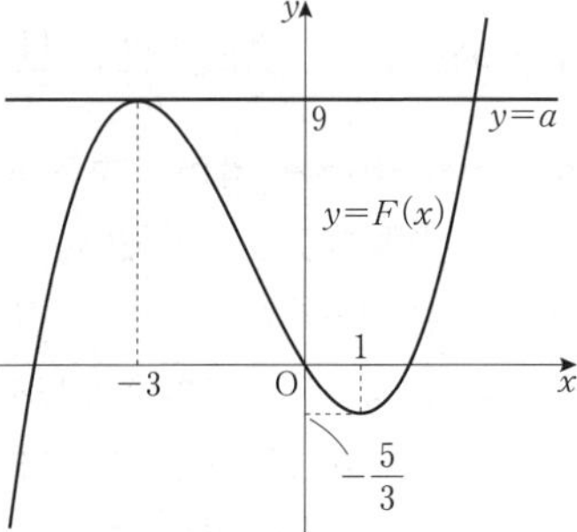

ゆえに，$y=f(x)$ と $y=g(x)$ が2つの共有点をもつ a の値は

$$a=9 \quad \cdots\cdots(答)$$

(2)　$a=9$ のとき，$f(x)=g(x)$ は

$$\frac{1}{3}x^3-3x=-x^2+9$$

$$x^3+3x^2-9x-27=0$$

$$(x+3)^2(x-3)=0$$

$\therefore\quad x=\pm 3$

$-3\leqq x\leqq 3$ において，$f(x)\leqq g(x)$ となるので

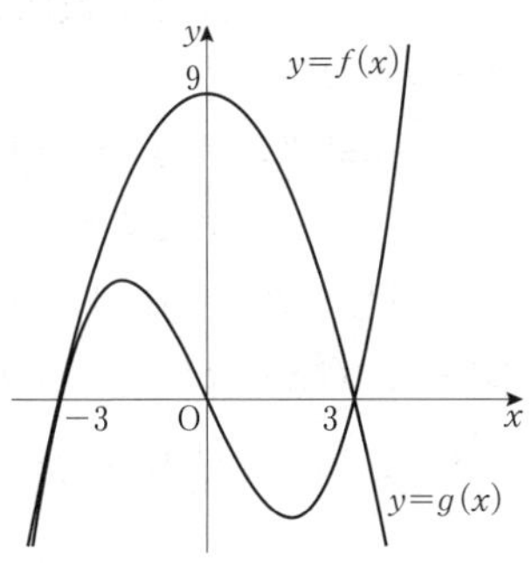

$$(D\text{の面積})=\int_{-3}^{3}\{g(x)-f(x)\}dx$$
$$=-\frac{1}{3}\int_{-3}^{3}(x+3)^2(x-3)dx$$
$$=-\frac{1}{3}\times\left(-\frac{1}{12}\right)\{3-(-3)\}^4$$
$$=36\quad\cdots\cdots(\text{答})$$

(3)　$$S_2=\int_0^3\left(-\frac{1}{3}x^3-x^2+3x+9\right)dx$$
$$=\left[-\frac{1}{12}x^4-\frac{1}{3}x^3+\frac{3}{2}x^2+9x\right]_0^3$$
$$=-\frac{27}{4}-9+\frac{27}{2}+27$$
$$=\frac{99}{4}$$
$$S_1=(D\text{の面積})-\frac{99}{4}=\frac{45}{4}$$

したがって　$\dfrac{S_2}{S_1}=\dfrac{99}{45}=\dfrac{11}{5}$　……(答)

◀解　説▶

≪3次関数のグラフと放物線の囲む部分の面積≫

(1)　2曲線 $y=f(x)$ と $y=g(x)$ が2つの共有点をもつ条件は，方程式 $f(x)=g(x)$ が2つの実数解をもつ条件と同値である。a の値の変化により，$f(x)=g(x)$ の実数解の個数が変わるので，$f(x)=g(x)$ を $F(x)=a$ と変形して，$y=F(x)$ のグラフと直線 $y=a$ の共有点の個数として調べる。ここで $F(x)$ は3次関数となっているので，微分して増減を調べてグラフを描く。

(2)　(1)の結果より，$f(x)=g(x)$ は $x=-3$ で接しているので，$f(x)-g(x)$ は $(x+3)^2$ を因数にもつ。このことから，残りの解は $x=3$ となる。2曲線 $y=f(x)$ と $y=g(x)$ が $x=a,\ b\ (a<b)$ で共有点をもち，$a\leqq x\leqq b$ において，$f(x)=g(x)$ ならば，$a\leqq x\leqq b$ で2曲線の囲む部分の面積は
$\displaystyle\int_a^b\{g(x)-f(x)\}dx$ と与えられる。

次に，$\displaystyle\int_{-3}^{3}(x+3)^2(x-3)dx$ の計算では，公式 $\displaystyle\int_a^b(x-a)^2(x-b)dx$

$=-\dfrac{1}{12}(b-a)^4$ を用いている。

(3)　$S_2=\int_0^3\{g(x)-f(x)\}dx$ は普通に計算して，$S_1=(D\text{ の面積})-S_2$ で求める。

II　解答

(1)　a_n の位置は点 $(n,\ 0)$

a_{n+1} の位置は点 $(n+1,\ 0)$

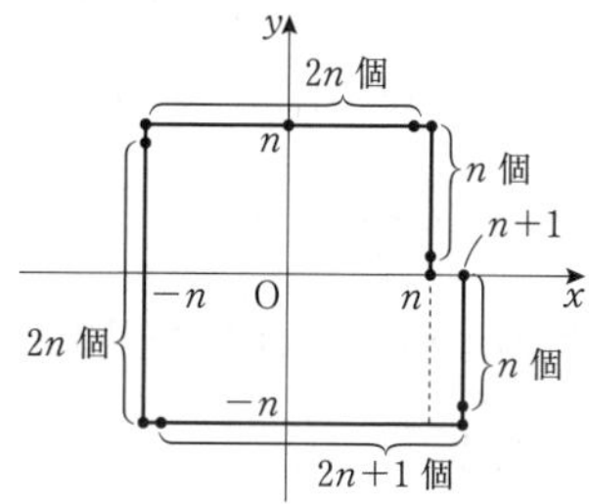

点 $(n,\ 1)$ から点 $(n,\ n)$ までは n 個

点 $(n-1,\ n)$ から点 $(-n,\ n)$ までは $2n$ 個

点 $(-n,\ n-1)$ から点 $(-n,\ -n)$ までは $2n$ 個

点 $(-n+1,\ -n)$ から点 $(n+1,\ -n)$ までは $2n+1$ 個

点 $(n+1,\ -n+1)$ から点 $(n+1,\ 0)$ までは n 個

の格子点があるので

$$a_{n+1}=a_n+n+2n+2n+(2n+1)+n$$
$$=a_n+8n+1$$

$n\geqq 2$ において

$$a_n=a_1+\sum_{k=1}^{n-1}(8k+1)$$
$$=1+\frac{(n-1)}{2}\times\{8(n-1)+1+8+1\}$$
$$=1+(n-1)(4n+1)$$
$$=4n^2-3n$$

これは，$a_1=1$ をみたすので，$n\geqq 1$ において

$$a_n=4n^2-3n\quad\cdots\cdots(\text{答})$$

(2)　b_n の位置は点 $(n,\ n)$

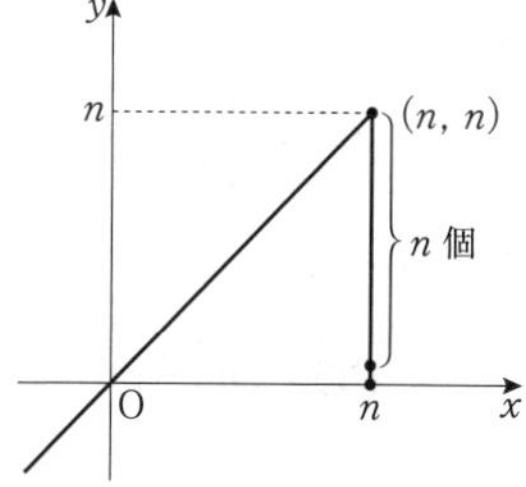

点 $(n,\ 1)$ から点 $(n,\ n)$ までに n 個の格子点があるので

$$b_n=a_n+n$$
$$=4n^2-2n\quad\cdots\cdots(\text{答})$$

$$S_n=\sum_{k=1}^{n}(4k^2-2k)$$
$$=4\times\frac{1}{6}n(n+1)(2n+1)-2\times\frac{1}{2}n(n+1)$$
$$=\frac{1}{3}n(n+1)(4n-1)\quad\cdots\cdots(答)$$

◀解　説▶

≪階差数列，数列の和≫

(1)　a_n，a_{n+1} の位置はそれぞれ，点 $(n,\ 0)$，$(n+1,\ 0)$ となっている。2 点の位置関係から，a_{n+1} と a_n の漸化式を求める。漸化式は階差数列となり，公式より，$n\geqq 2$ のとき，$a_n=a_1+\sum_{k=1}^{n-1}(a_{n+1}-a_n)$ となる。ここで，数列 $\{a_{n+1}-a_n\}$ は等差数列なので，その和は $\frac{(項数)}{2}\{(初項)+(末項)\}$ で求められる。

(2)　a_n，b_n の位置関係から，$b_n=a_n+n$ となっている。(1)の結果より，b_n は n の 2 次式となる。S_n は Σ の計算公式，$\sum_{k=1}^{n}k=\frac{1}{2}n(n+1)$，$\sum_{k=1}^{n}k^2=\frac{1}{6}n(n+1)(2n+1)$ を用いて計算する。

III　解答　①$-\frac{1}{2}$　②$\frac{2}{3}$　③$-\frac{1}{4}$　④$\frac{3}{4}$　⑤$\frac{3}{2}$

◀解　説▶

≪ベクトルの空間図形への応用≫

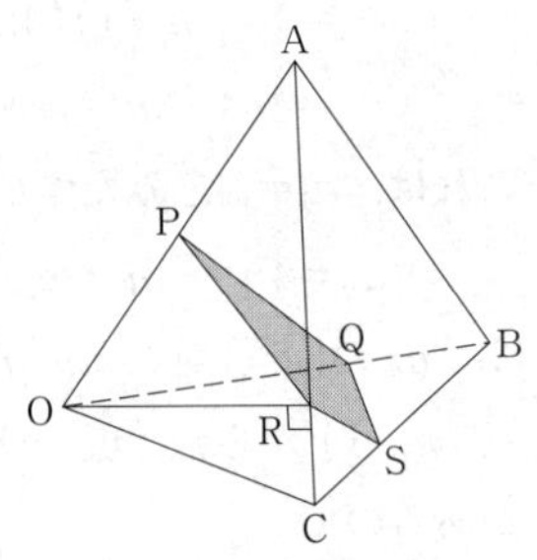

点 P は辺 OA の中点なので

$$\overrightarrow{OP}=\frac{1}{2}\vec{a}$$

点 Q は辺 OB を 2：1 に内分する点なので

$$\overrightarrow{OQ}=\frac{2}{3}\vec{b}$$

したがって

$$\overrightarrow{PQ}=\overrightarrow{OQ}-\overrightarrow{OP}=-\frac{1}{2}\vec{a}+\frac{2}{3}\vec{b}\quad(\to①,\ ②)$$

点Rは辺AC上の点なので，kを実数として

$$\overrightarrow{\mathrm{OR}}=(1-k)\vec{a}+k\vec{c}$$

と表される。

また，$\overrightarrow{\mathrm{OR}}\perp\overrightarrow{\mathrm{AC}}$より　$\overrightarrow{\mathrm{OR}}\cdot\overrightarrow{\mathrm{AC}}=0$

$$\{(1-k)\vec{a}+k\vec{c}\}\cdot(\vec{c}-\vec{a})=0$$

$$(1-2k)\vec{a}\cdot\vec{c}+k|\vec{c}|^2-(1-k)|\vec{a}|^2=0 \quad \cdots\cdots ㋑$$

次に，$|\vec{c}-\vec{a}|=2$より　$|\vec{c}-\vec{a}|^2=4$

$$|\vec{c}|^2-2\vec{a}\cdot\vec{c}+|\vec{a}|^2=4$$

$\vec{a}\cdot\vec{c}=1$，$|\vec{a}|=2$を代入して

$$|\vec{c}|^2-2+4=4 \qquad |\vec{c}|^2=2$$

$|\vec{a}|^2=4$，$|\vec{c}|^2=2$，$\vec{a}\cdot\vec{c}=1$を㋑に代入して

$$1-2k+2k-4(1-k)=0 \qquad \therefore \quad k=\frac{3}{4}$$

したがって

$$\overrightarrow{\mathrm{OR}}=\frac{1}{4}\vec{a}+\frac{3}{4}\vec{c}$$

$$\begin{aligned}\overrightarrow{\mathrm{PR}}&=\overrightarrow{\mathrm{OR}}-\overrightarrow{\mathrm{OP}}\\&=\frac{1}{4}\vec{a}+\frac{3}{4}\vec{c}-\frac{1}{2}\vec{a}\\&=-\frac{1}{4}\vec{a}+\frac{3}{4}\vec{c}\quad(\to③，④)\end{aligned}$$

次に，点Sは$\overrightarrow{\mathrm{PR}}$と$\overrightarrow{\mathrm{PQ}}$を通る平面上の点なので，$s$，$t$を実数として

$$\overrightarrow{\mathrm{OS}}=\overrightarrow{\mathrm{OP}}+s\overrightarrow{\mathrm{PR}}+t\overrightarrow{\mathrm{PQ}}$$

と表される。

$$\begin{aligned}\overrightarrow{\mathrm{OS}}&=\frac{1}{2}\vec{a}+s\left(-\frac{1}{4}\vec{a}+\frac{3}{4}\vec{c}\right)+t\left(-\frac{1}{2}\vec{a}+\frac{2}{3}\vec{b}\right)\\&=\frac{2-s-2t}{4}\cdot\vec{a}+\frac{2t}{3}\cdot\vec{b}+\frac{3s}{4}\cdot\vec{c}\end{aligned}$$

$\vec{a}$，$\vec{b}$，$\vec{c}$は互いに独立で，点Sは辺BC上の点でもあるので

$$2-s-2t=0 \quad \cdots\cdots ㋺$$

$$\frac{2t}{3}+\frac{3s}{4}=1 \quad \cdots\cdots ㋩$$

㋺，㋩より　　$s=\dfrac{4}{5}$，$t=\dfrac{3}{5}$

したがって

$$\overrightarrow{\mathrm{OS}}=\frac{2}{3}\times\frac{3}{5}\vec{b}+\frac{3}{4}\times\frac{4}{5}\vec{c}$$

$$=\frac{2}{5}\vec{b}+\frac{3}{5}\vec{c}$$

点Sは辺BCを3：2に内分する点である。

ゆえに　　$\dfrac{\mathrm{BS}}{\mathrm{SC}}=\dfrac{3}{2}$　(→⑤)

Ⅳ　解答

①$\dfrac{1}{2}$　②$\left(\dfrac{1}{2}\right)^{n+1}$　③$\left(\dfrac{1}{2}\right)^{N}$　④$N+1$

⑤$\dfrac{2r^{N+1}-r^{N}-r}{r-1}$

◀解　説▶

≪コインを投げるときの確率，数列の和≫

表が1度も出ない場合は，1回目に裏が出たときである。ゆえに

$$p(0)=\frac{1}{2} \quad (\to ①)$$

である。

$1\leqq n\leqq N-1$ のときは，表が n 回続けて出て，$n+1$ 回目に裏が出る場合である。ゆえに

$$p(n)=\left(\frac{1}{2}\right)^{n+1} \quad (\to ②)$$

$n=N$ のときは，N 回すべて表が出る場合である。その確率は

$$p(N)=\left(\frac{1}{2}\right)^{N} \quad (\to ③)$$

表の回数とその確率と賞金を表にすると以下のようになる。

表の回数	1	2	…	n	…	$N-1$	N
確　率	$\left(\frac{1}{2}\right)^2$	$\left(\frac{1}{2}\right)^3$	…	$\left(\frac{1}{2}\right)^{n+1}$	…	$\left(\frac{1}{2}\right)^N$	$\left(\frac{1}{2}\right)^N$
賞　金	$f(1)$	$f(2)$	…	$f(n)$	…	$f(N-1)$	$f(N)$

したがって

$$E=\sum_{n=1}^{N-1}\left(\frac{1}{2}\right)^{n+1}f(n)+\left(\frac{1}{2}\right)^N f(N)$$

$$=\sum_{n=1}^{N-1}\left(\frac{1}{2}\right)^{n+1}\cdot 2^{n+1}\cdot r^n+\left(\frac{1}{2}\right)^N\cdot 2^{N+1}\cdot r^N$$

$$=\sum_{n=1}^{N-1}r^n+2r^N$$

$r=1$ のとき　　$E=N-1+2=N+1$　(→④)

$r\neq 1$ のとき

$$E=\frac{r(r^{N-1}-1)}{r-1}+2r^N$$

$$=\frac{2r^{N+1}-r^N-r}{r-1}\quad(\to ⑤)$$

❖講　評

2023年度は大問4題のうち，Ⅰ・Ⅱが記述式で，Ⅲ・Ⅳが空所補充形式であった。

Ⅰ　3次関数のグラフと放物線が共有点をもつとき，2つの曲線で囲まれた部分の面積を求める問題である。面積と定積分の頻出問題で，標準的なレベルである。

Ⅱ　数列の漸化式を立てて，それを解く問題である。漸化式は階差数列であり，容易に解ける。基本的な問題である。

Ⅲ　ベクトルの空間図形への応用問題である。空間における直線，平面のベクトル方程式の知識が必要とされる。標準的なレベルの問題である。

Ⅳ　あるルールでコインを投げて，賞金を定める。E の計算は等比数列の和に帰着する。誘導式であり，素直に解ける。

全体的には，例年通り標準的なレベルである。教科書の例題，章末問題を解ける力があれば十分である。

は「内」と「外」を区別し、閉鎖的な同質性を維持する「世間」がそのまま社会に組み込まれたため、日本人の特質として几帳面さや同調圧力の強さが維持される一方、大学の根幹をなす「異質な者たちの広域的な横断性」による「自由」は生まれず、明治における新政権の支配体制確立のために断片的な「実学」を学ぶ場という伝統が出来上がったという文章。以上、基本的な「近代」への理解の上で読み進めるべき文章であり、それを日欧の対比、現在のメディア環境や大学の現状と結びつけるのはさほど難しくはない。解答の根拠も本文中に明記されている。因果関係や事象の順序に誤りのある選択肢は多少注意が必要である。問7は選択肢後半の微妙な表現について丁寧に読む必要がある。

二は『源氏物語』の中でも有名な場面である。嵯峨野は寺社の集まる土地であり、野宮がある。未婚の皇女が伊勢の斎宮に就任する前に潔斎を行う神聖な場であること、秋枯れの風情、その中での光源氏の美しさと御息所の懊悩など、魅力的な描写が続く。「黒木の鳥居」は野宮に設けられた鳥居である。ストーリーが大きく展開するわけではなく情景描写と和歌のやりとりが主であり、平安時代の物語の感性に理解をもって読み進められるとよい。設問は複数の重要単語や表現をポイントにして正解を選択でき、それぞれのポイントはほぼ二択、多くて三択である。また、選択肢の文は解釈の助けにもなる。

４にある通り、〝神垣山の榊の葉は時雨にも色が変わらないなあ〟という意味の古歌を踏まえた表現。「ちはやぶる」は枕詞。「榊」は神域にある常緑樹のことで、色が変わらない。現在でも「榊」は神棚にまつられる。また、植物の色が変わることは、心変わりの比喩としてよく用いられる。「しるべ」は〝道標〟。「斎垣」は注５の〝神域の垣根も越えていきたい。宮廷に仕える人を見たいがために〟の古歌を踏まえる。恋のために障壁も越えることをいう。「さも」は〝そう、そのように〟の「さ」を強調した表現。「心うく（心うし）」は〝つらい〟。第三段落より、御息所の対応に対する源氏の恨み言が続く。

問10　源氏が「…さも心うく」と言ったのに対してまず御息所が歌を詠む。「ものを」は「ものの」「ものから」と同様に逆接の確定条件を示す。「いかに」は〝どうして、どのように〟で、「まがへ（まがふ）」は〝間違える〟。御息所が源氏の来訪を間違いとしてやんわり拒否している内容の歌である。「少女子があたり」は神に仕える少女がいるあたり、すなわち野宮のこと。「思へば」は「思ふ」の已然形＋接続助詞「ば」で〝思うので〟である。「香をなつかしみ」は「Aを＋形容詞語幹＋み」（＝Aが〜なので）という和歌独特の表現。「なつかし」は〝心引かれる〟の意なので〝香りに心引かれるので〟となる。「とめ（とむ）」は〝探し求める〟。榊の葉の香りに心引かれてという表現に、あなたに心引かれての意を込める。

❖講　評

傍線部を指定しない形式だが、設問は本文の内容のまとまりごとに設定されている。構成・展開をつかみながら本文を読み進めるとよい。現代文（評論）一題、古文一題の出題である。

一は西欧の大学と日本の大学の違いを、近代の成立における違いからひもとく文章である。西欧の近代化においては封建社会の崩壊から技術や産業、経済の発展に伴い、民衆が「個」となって土地を離れて移動し、「個」の集合として「都市」を形成する。そこで身分や地域を越えた水平性を獲得し、社会体制の近代化が導かれた。それに対して日本で問6　第三段落の「人々」が女房たちを指す。源氏に対するよそよそしい御息所の対応を受けての言葉である。「かたはらいたう（かたはらいたし）」はそばにいるのがつらいことを表し、この場合は源氏を見ているのがつらいということである。「立ちわづらう」っているのは源氏。「いとほしう（いとほし）」は〝気の毒だ〟の意。「あつかふ）」には〝世話をやく、噂する、もてあます、仲裁する〟の意がある。この後、問7にもある通り御息所が態度を軟化させることからも、女房たちのとりなしがあったとわかる。

問7　第三段落「いさや」以降を踏まえる。「出でゐんが今さらにつつましきこと」の「出でゐ（出でゐる）」は〝出て座る〟こと、「ん」は仮定の助動詞「む（ん）」の連体形。「つつましき（つつまし）」は〝気が引ける、決まり悪い〟の意。御息所は源氏より年上の、非常に気品ある身分高い女性で、軽々しく思われることを嫌う。当時の建物は中心が母屋、その外側が廂の間、さらに外側に簀子があり、貴族の女性は中心部にいることがよく、端近に出ることは品がないとされた。「情けなし」「情けあり」はそれぞれ「情け」の〝思いやり、愛情、情趣（を解する心）〟の意味を踏まえて訳す。この場合〝思いやり〟である。「もてなす」は〝扱う、ふるまう〟。「たけからねば」は形容詞「たけし（＝気丈だ、強い）」の未然形＋打消の助動詞「ず」已然形＋原因・理由を表す「ば」で〝強くないので〟の意。「心にくし」は〝奥ゆかしい〟。他の設問でも問われている語がポイントになっている。

問8　第四段落の「めでたし」までを踏まえる。「ばかり」には〝だけ、程度〟両方の意味がある。「はべりや」の「はべり」は〝お仕えする、あります、～です〟の意があるが、ここは本動詞丁寧語の〝あります〟。終止形＋「や」は疑問の表現で、他に「ありや」「なしや」「いまだしや」などがある。「ゐたまへり」の「ゐる」は〝座る、とまる〟。「にほひ」はまず見た目の美しさをいう語。

問9　「月ごろ」は〝幾月も、数カ月〟の意。「積もり」（＝積み重ね）の解釈がわかりづらいが、「つきづきしう聞こえたまはむ」から選択肢を判断する。「つきづきし」は〝ふさわしい、似つかわしい〟、「聞こえ（聞こゆ）」は謙譲の本動詞〝申し上げる〟、「たまは（たまふ）」は尊敬の補助動詞、「む」は仮定の助動詞「む」の連体形。「変らぬ色」は注日を隔てたまへらむほどを思しやるに」とあり、「もの思はしき」は「もの思ふ」(=もの思いにふける)から、〝もの思いの続く〟様子をいう。リード文より、六条御息所のことである。御息所のもの思いは源氏のためであり、かつ、都の中心にいた女性がもの寂しい嵯峨野に住まう様子を「あはれに心苦し」と感じる。「あはれ」はさまざまな感情に使用する言葉であるが、ここは〝気の毒だ〟と訳すのが適当だろう。

問4　第三段落前半部分を踏まえる。「消息」は〝便り〟の他に〝訪問すること、取次を依頼すること〟の意味がある。貴人の家を訪問する際には、まず訪問の旨を主に取り次いでもらえるよう、女房などに申し入れる。「御消息聞こえたまふ」の「聞こえ」は謙譲〝申し上げる〟、「たまふ」は尊敬の補助動詞で〝(来訪したと家の主人に)取次を依頼申し上げなさる〟となる。「人づての御消息」は他者を介した取次のことである。「遊び」は〝詩歌、管弦に興じること〟。「心にくき(心にくし)」は〝奥ゆかしい、心引かれる様子である〟の意。「ものし」は〝不愉快だ、不気味だ〟の意。注3からもわかるように、取次を介した非常によそよそしい対応であるため、源氏は不快に思っている。貴人の家を訪問する際の作法と距離感を理解しておきたい。

問5　第三段落の発言を踏まえる。「歩き」は「歩(あり)く」が名詞化したもので、あちこちめぐることをいう。第二段落にあるとおり「忍び」歩きである。「つきなき(つきなし)」は〝とりつくすべがない、ふさわしくない〟の意。「つきづきし」が〝ふさわしい、似つかわしい〟の意であることに注意。忍び歩きは身分高い貴族にはふさわしくないものとされた。このとき源氏は右大将の身分である。「ほど」には〝時間、長さ、広さ、身分、様子〟など多くの意味があるので注意。「思ほし知ら(思ほし知る)」は「思ひ知る」の尊敬表現。「注連」は注にある通りしめ縄であり、神の領域として立ち入りを禁じるための標識である。御息所が源氏を近くに寄せ付けないことを、野宮という場所にちなんでこのように表現している。「もてなし(もてなす)」は〝扱う、ふるまう〟の意。「いぶせう(いぶせし)」は〝うっとうしい、気がかりだ〟の意。「あきらめ(あきらむ)」は〝明らかにする〟の意で古今異義語。「にしがな」は「てしがな」「がな」「もがな」同様、願望の表現。自分の思いを《明らかにしたい》と言っているのである。

(と源氏が詠む。) 辺り一帯の雰囲気ははばかられるけれど、(源氏は) 御簾だけはひきかぶって (首だけ中に入れ)、長押にもたれて座っていらっしゃる。

▲解　説▼

問1　第一段落の描写を踏まえる。格助詞「より」には〝…より、…を通って、…で〟の他に〝…とすぐに〟の意味がある。「ままに」「や遅きと」「もあへず」もすべて〝…とすぐに〟の意味をもつ表現なのでまとめて覚えておこう。「かれがれなる」には「枯れ枯れ」と「嗄れ嗄れ (=声などがかすれたさま)」の意味が掛けられており、選択肢のような訳になる。「すごく (すごし)」は「凄し」で、古今異義語。〝不気味だ、もの寂しい、殺風景だ〟の意味。「聞きわか」は「聞き分く」。「聞きわかれぬ」の「れ」は可能の助動詞「る」の未然形、「ぬ」は打消の助動詞連体形。「物の音」の「音」は人や動物の鳴き声や楽器の音のことであり、人の話し声ではない。

問2　第三段落の描写を踏まえる。「御前」は「ごぜん」と読み、高貴な人のそばや高貴な人そのものを指すほか、「御前駆」の略で先払いの人々を指す。身分高い貴族には外出の際、先導をする「前駆 (さき・ぜんく)」の者がいた。「御随身」は貴人の護衛。「御前」が「御随身」と並んで述べられていることから、女房を指すのではないことはわかる。「ことことしき (ことことし)」は「事事し」で〝仰々しい〟の意。「忍びたまへれど」の「たまへ (たまふ)」は尊敬の補助動詞で四段活用である。「れ」は「へ (エ段音)」の下にあるので存続・完了の助動詞「り」の已然形。「れ」がア段の音の下にある場合は助動詞「る」である。「ひきつくろひ (ひきつくろふ)」は〝身なりを整える、とりつくろう〟の意。「用意」は「意を用いる」であり、まず〝配慮〟の意味。「めでたく (めでたし)」は〝すばらしい〟の意で「めづ」(=ほめる) からできた語。

問3　第二段落「御心にも」以降、源氏の心情を述べる。供の者たちが嵯峨野であることを「身にしみて思へり」とあるのを受けて、源氏も嵯峨野の厳粛な雰囲気に感じ入る描写 (「神々しう」など) が続く。「ほかにはさま変りて見ゆ」の「ほか」は〝他所〟の意。他所と違って特別な土地柄なのである。同段落の最後に「ここにもの思はしき人の、月

（源氏が）北の対の適切な場所に立って隠れなさって、ご訪問の取次を申し入れなさると、（御息所側の人々は）管弦を楽しむことはみなやめて、（家の内の立ち居振る舞いの物音の）奥ゆかしい雰囲気がさまざまに聞こえてくる。何か人づてのご挨拶ばかりで、（御息所）自身で対面なさりそうな様子ではないので、（源氏は）たいへん不快にお思いになり、「このような忍び歩きも、（大将となった）今はふさわしくない身分になっていますことを理解なさってくださるならば、このように、しめ縄の外に（閉め出して）応対なさらないで（くださるはずです）。心に重くのしかかっておりますことを明らかにしたいのです」と、誠実に申し上げなさると、女房たちが、「本当に、たいへんお気の毒に、立ちくたびれなさっているので、おいたわしくて」などと取りなし申し上げるので、（御息所は）さてどうしよう、この場の人々の目にも見苦しく、彼（＝源氏）のお感じになることも（こちらが）年齢不相応の浅慮だとなり、対面に出て座るというのは今はもう気恥ずかしいことだ、とお思いになると、たいへんおっくうだけれど、薄情に対応するほどに気丈でもないので、あれこれ嘆息したり躊躇したりしつつもいざり出なさった（御息所の）ご様子は、たいへん奥ゆかしい。

（源氏は）「こちらは、簀子まで（上がること）ぐらいはお許しがありましょうか」と言って、上がってお座りになった。はなやかに出ていた夕月のために、立ち振る舞いなさっている（源氏の）美しさは比べるものがないほどすばらしい。（訪問することもなく）いく月も積み重ねたことを、もっともらしく（弁解）申し上げなさろうにも、決まり悪いほど（のご無沙汰）になってしまったので、（源氏は）榊の枝を少し折り取って持っていらっしゃったのを（御簾の中に）差し入れて、「（榊のように）変わらない色（＝私の変わらない心）を道標にして、斎垣も越えてきてしまいました。それなのにつらく（扱われました）」と申し上げなさると、

神の斎垣は恋人の訪問の目印となるような杉もないのに、どう間違えて（神聖な）榊の枝を折り取っ（て訪ねてき）たのか

と（御息所が）詠み申し上げなさると、

神に仕える少女がいる辺りと思うと、榊の葉の香りに心ひかれて、探し求めて折り取ったのだ

問6　d
問7　b
問8　a
問9　e
問10　a

◆全　訳◆

（源氏が）はるかに広がる野原に分け入りなさるとすぐに、たいへんしみじみとした情趣が感じられる。秋の花々はみなしおれている一方、荒涼とした雑草の野原も枯れおとろえて、かすれて絶え絶えな虫の鳴き声に加え、松風が寂しく吹き合わさり、何の曲の音色とも聞き分けられないくらいに、楽の音が絶え絶えに聞こえてくるのは、とても優艶な風情である。

気心の知れた前駆の者が十人あまりくらい、御随身も仰々しい姿ではなくて、とても目立たぬようになさっているけれど、格別に整えていらっしゃるご配慮（のある源氏の姿）は、とてもすばらしくていらっしゃるので、お供である風流好みたちは、（神域である嵯峨野という）場所柄までも身にしみて感じている。（源氏の）お心の中でも、どうして今まで訪ね慣れておかなかったのだろうと、過ぎ去ってしまった時間を悔しくお思いにならずにいられない。そうたいしたことのない様子の小柴垣を外囲いとして、板葺き屋根の家々が、あちらこちらかりそめの住まいという様子である。そこここの黒木の鳥居は、そうはいってもやはり神々しく見渡され、（忍び歩きも）気をつかう様子であるが、神官たちが、あちらこちらで咳払いをして、自分たち同士で、何かを言っている気配なども、他の場所と比べて様子が違っているように見える。（衛士が警護のために篝火をたいている）火焼屋（の火）はかすかに光って、人の気配は少なくしんみりとしていて、この場所にもの思いに沈みがちな人（＝六条御息所）が、長い月日を過ごしなさっている様子に思いをはせなさると、（源氏は）とてもひどく気の毒でつらい。

ｂ、「権力の垂直的二重性」は第十九段落にある通り「中世西欧」での特徴である。ｃ、同じく、「水平的横断性や垂直的二重性」に基づくのは中世西欧の「ユニバーシティ」である。ｄ、第十八段落より、「無数のムラや世間」が「統合されるリアリティの留め金の役割」を果たしているのは天皇である。大学は世間が統合された集合体である。

問７　最後から二段落目に「明治日本の大学が目指した」ものが示され、「それぞれの分野で最も効験あらたかな国が選ばれ、その『いいとこどり』がなされた」とある。また最終段落に「帝国大学全体は、同時代に支配的だったドイツ型であるとしても、草創期に個々の分野がモデルとした国はばらばらである」とある。「学問的体系性などどうでもいい」を「学問的体系性は重視されなかった」と言い換えたｄが正解。ａ、最後から二段落目より、明治日本の大学が受け入れたのは「各国出身のお雇い外国人教師」である。ｂ、最終段落に、「学問的体系性などどうでもいいから、……知識を片っ端から断片化して摂取」したとある。ｃ、先に述べた通り各学部の系譜というより「それぞれの分野」「個々の分野」について各国ばらばらの影響を受けたと主張している。東大各学部の系譜は「たとえば」として出されたのであり、知識の断片化は帝国大学（日本に七つあった）全体の話である。ｅ、最終段落より、「断片化」して摂取したのはドイツ型の知識だけではない。

二

出典　紫式部『源氏物語』〈賢木〉

解答

問１　ｅ

問２　ｃ

問３　ｄ

問４　ｃ

問５　ｅ

生まれなかった。e、「ジャーナリズムや……専門において」「水平的な仕組み」を整えるということは、自由な大学の基盤を整えることである。そうできなかったのは垂直的な強制権力の結果であり、記述の順序がおかしい。

問4　第十段落に「要するに、……古代日本は中国化によって支配体制を確立し」、大学は「そのために存在した」とある。第十一・十二段落では「荘園制の時代」に有力貴族の時代となり、「私学」が栄える中で官職の任官において「教授の推薦があれば無試験でも可能」、すなわち実力よりコネクションが重んじられるようになり、「試験や教育のクオリティ」が劣化し、「古代の大学の存在根拠」が失われたことが述べられている。a、「漢文が勢力を伸ばした」ことはクオリティ劣化の原因ではない。b、「国立」の衰退は存在根拠が失われる直接の原因ではない。d、「私学」が栄えることはクオリティ劣化の直接の原因ではない。e、同じく、「大学頭」や「博士」の権威の衰退は存在根拠が失われる直接の原因ではない。

問5　第十三段落に「儒学の総本山だった湯島聖堂」とあり、第十五段落には新政権にとって「西洋の技術的な知を一刻も早く新国家に導入すること」が大切であり、湯島聖堂を「大学本校」としたのは「伝統を権威として利用したかっただけ」とある。a、第十四段落に「国学者」が国学を大学の「教義の中枢にすべき」と考えたとあり、新政権は「儒学者も国学者もお払い箱にした」（第十五段落）のである。c・d、同様に、新政権は「儒学」を「大学の学問中枢に」おいていない。e、明治新政権は西洋の知識の導入に関心があったが、第十五段落に「『役に立つ』実学が重要で、『役に立たない』哲学など知ったことではない」とある。西洋の知識の中でも「役に立つ」実学が中心だったのである。

問6　第十七段落に、中世西欧の大学は「旅する教師と学生の協同組合として誕生」し、「その前提は、……都市の移動的ネットワーク」であるとある。これに対し日本については、「大学も、……無数のムラや世間の集合体として構成され」（第十八段落）、「世俗の一元的かつ垂直的な権力秩序に包摂されていた」（第十九段落）とある。a、第十七段落に「古代日本」の大学は「旅人たちの協同組合ではそもそもなかった」とあり、それは明治の大学でも同じである。

◀解　説▶

問1　第一・二段落の内容についての設問。第一段落最後に「日本には……共同幻想としての『世間』が社会的事実として構築されていく」とある。第二段落後半「つまり」以降に、「排除されることを極度に怖れ……こうした恐怖が、日本社会の几帳面さ、……極度に強い同調圧力の根底にある」とまとめられている。a、第一段落に「『世間』は、……非近代的性格と、……閉塞的なメディア環境が連動することでいっそう強化されている」とあり、「範囲をいっそう広げている」は誤り。b、第一段落に「超越的な神の観念」が浸透しなかったために「共同性の感覚」が育たなかったとある。選択肢は因果関係が逆。c、「共同性の感覚」が育たなかった原因は超越的存在の不在であり、イメージの同質性の高さはその結果である。d、「壁」が「世間」であるとは書いていない。

問2　第三段落に「現代日本社会では、『世間』と言ってもその実体的な基盤はすでに脆弱になっている」、同段落最後にその脆弱化を受けて「人々は……自己承認の場を見出して……ネット上にバーチャルな『世間』を成立させていく」とある。また、総務省の白書の内容を受け、第五段落「つまり」の後に、ネット上で自己承認を求めて正義に同調し他人を攻撃する「ファシズムの心理」が広がるとまとめられている。a、「『世間』の実体を希薄なものにする」のではなく、ネット上に「世間」が生まれるのである。b、ネット上のバーチャルな「世間」に同調圧力が生まれているのであって、「弱まりつつある」は不適。c、「自己承認の場にはなり得ていない」は不適。自己承認を求める場となっている。d、「『他人』を攻撃する」のは同調圧力の一面であって、これだけを挙げるのは不適切。

問3　第七段落の、西欧中世における「本来」の大学の本質が「垂直性を横断する水平的な風通しの良さ」であるという記述を受け、第八段落で西欧と日本の大学が対比される。「大学の根幹をなす自由とは、異質な者たちの広域的な横断性」であるはずなのに、日本では「ムラが垂直統合」され、「『世間』はそのまま『国家』に呑み込まれ」たため、大学の「基盤が存在しない」。a、第十・十五段落より、日本の近代化は中国化ではなく西洋化である。b、前述の通り日本では西欧のような「風通しを良くする仕組み」は発達しなかった。c、同じく、西欧のような大学の基盤は

国語

一

出典　吉見俊哉『大学は何処へ――未来への設計』〈終章　ポストコロナ時代の大学とは何か――封鎖と接触の世界史のなかで〉

解答

問1　e
問2　e
問3　d
問4　c
問5　b
問6　e
問7　d
問8　あ―a　い―b　う―c　え―b　お―e

◆要　旨◆

日本人は同質性の高い「世間」から排除されることを極端に恐れ、同調圧力の強い社会を形成する。ネット上でその傾向が顕著である。大学はその風通しの悪さに穴を穿ち、「世間」と外を横断する外部性が求められる。中世西欧に誕生した大学では地方の支配圏を越境して移動する知識人が都市に集結し、地方権力者を超越した権力と結ぶことで「自由な空間」を構成した。ところが日本では、ムラ社会がそのまま国家に包摂される一元的・垂直的な権力秩序のもとで、古代では中国、明治には西洋の実学を学び支配体制を強化するために大学が生まれ、水平的な自由を持ち得なかったのである。

2022年度

問題と解答

■全学日程1：2月1日実施分

3教科型，2教科型（英語外部試験利用方式），2教科選択型

▶試験科目・配点

区分	教　科	科　目	配　点
3教科型	外国語	コミュニケーション英語Ⅰ・Ⅱ・Ⅲ，英語表現Ⅰ・Ⅱ	200点
	選　択	日本史B，世界史B，地理B，政治・経済，「数学Ⅰ・Ⅱ・A・B」から1科目選択	100点
	国　語	国語総合・現代文B・古典B（いずれも漢文を除く）	150点
2教科型（英語外部試験）	選　択	日本史B，世界史B，地理B，政治・経済，「数学Ⅰ・Ⅱ・A・B」から1科目選択	100点
	国　語	国語総合・現代文B・古典B（いずれも漢文を除く）	150点
2教科選択型	選　択	「コミュニケーション英語Ⅰ・Ⅱ・Ⅲ，英語表現Ⅰ・Ⅱ」，「数学Ⅰ・Ⅱ・A・B」，「国語総合・現代文B・古典B（いずれも漢文を除く）」から2教科選択	各200点

▶備　考

- 2教科型（英語外部試験利用方式）は，学部指定の英語外部試験のスコアが基準を満たした者のみを対象とした方式。外部試験の証明書は出願時に提出する。文〈初等教育学専修〉・商・社会・外国語・総合情報学部では実施されていない。
- 2教科選択型は，総合情報学部で実施。
- 「数学B」は「数列，ベクトル」から出題する。

英語

(90分)

〔Ⅰ〕A. 次の会話文の空所(1)～(5)に入れるのに最も適当なものをそれぞれA～Dから一つずつ選び，その記号をマークしなさい。

Kaho, a Japanese exchange student, asks her friend Nora about a textbook.

Kaho: Tell me, Nora, have you heard about that introductory course on American literature?

Nora: Not only have I, but I enrolled for it.

Kaho: $\underset{(1)}{\underline{\qquad\qquad\qquad\qquad}}$ We'll be classmates, then! Have you bought the textbook yet?

Nora: No, I haven't. What about you?

Kaho: Well, I went to the university bookstore this morning to buy it but didn't have enough cash. It's 75 dollars!

Nora: That's unbelievable! Have you looked for a secondhand copy? More often than not, they have some in the used-book section.

Kaho: $\underset{(2)}{\underline{\qquad\qquad\qquad\qquad}}$ I had no idea.

Nora: Yes, and since it's a popular course, the store should have a bunch of secondhand copies left. But you should hurry, because bargain textbooks sell fast.

Kaho: $\underset{(3)}{\underline{\qquad\qquad\qquad\qquad}}$ I'm going back to the bookstore right away. Would you like to come with me?

Nora: Yes, I would. I need to save money as well. I've always wondered how poor college students manage to buy all these textbooks.

Kaho: $\underset{(4)}{\underline{\qquad\qquad\qquad\qquad}}$ I may have to drop a couple of classes if I can't get some of these textbooks at a cheaper price.

Nora: Don't worry just yet! If the bookstore's run out of secondhand copies, we can also search online. There's always a solution.

Kaho: I suppose you're right. (5)________________ I feel better now.

(1) A. I agree!
B. So did I!
C. I'm envious!
D. Not a chance!

(2) A. Is that so?
B. I forgot that.
C. Why not?
D. I doubt it.

(3) A. I'll buy a new copy.
B. Thanks for the tip.
C. I'm in no rush.
D. It's too late.

(4) A. It wouldn't change a thing.
B. I'm poor at reading.
C. I don't have that issue.
D. You're telling me.

(5) A. Forget about the bookstore.
B. Dropping a course is okay.
C. I shouldn't lose hope so easily.
D. I may have to reconsider my options.

B．下の英文A～Fは，一つのまとまった文章を，6つの部分に分け，順番をばらばらに入れ替えたものです。ただし，文章の最初にはAがきます。Aに続けてB～Fを正しく並べ替えなさい。その上で，次の(1)～(6)に当てはまるものの記号をマークしなさい。ただし，当てはまるものがないもの(それが文章の最後であるもの)については，Zをマークしなさい。

(1)　Aの次にくるもの
(2)　Bの次にくるもの
(3)　Cの次にくるもの
(4)　Dの次にくるもの
(5)　Eの次にくるもの
(6)　Fの次にくるもの

A．Staple foods such as rice and bread are well known around the world, but one lesser-known staple food that is gaining attention is quinoa, which is a kind of seed harvested from a plant of the same name.

B．One of these has to do with nutrition. To begin with, as a seed, quinoa contains a large amount of fiber, which we now know is an essential nutrient for digestion, weight management, and the regulation of blood sugar. In addition, it is a great source of lean protein, meaning it can be used to build and maintain muscle at the cost of little fat.

C．Long before quinoa started spreading to other areas, it was cultivated in the Andean region of northwestern South America, primarily in the region that is present-day Peru and Bolivia. While it was initially used to feed livestock, people began consuming it some 4,000 years ago, and for some good reasons.

D. Given these benefits, it should come as little surprise that the consumption of quinoa has increased worldwide in recent years, and it is probably safe to say that this trend will continue into the foreseeable future. So why not give it a try yourself sometime?

E. Aside from this, quinoa conveniently pairs quite well with many kinds of food. As a result, more and more people are including quinoa as part of their diet.

F. Quinoa's growing popularity in many regions can be attributed to various factors. But what are quinoa's origins?

〔Ⅱ〕A. 次の英文の空所(　1　)～(　15　)に入れるのに最も適当なものをそれぞれA～Dから一つずつ選び，その記号をマークしなさい。

When gallery director Patrick McCaughey arrived at the National Gallery of Victoria (NGV) on August 4, 1986, his staff was in crisis mode. The head of security approached him: "I think the Picasso is gone," he said, looking upset.

The NGV—a major gallery in Australia—had purchased Picasso's *Weeping Woman* less than a year earlier. At the time, it was the most (　1　) painting an Australian gallery had ever acquired. Its price was AU$1.6 million (over AU$4.3 million in today's dollars)—an eye-watering amount for the public to (　2　) at the time. After a plunge in the Australian dollar, it was valued at AU$2 million shortly after.

One of a (　3　) of works Picasso painted in the 1930s, *Weeping Woman* is considered a companion to his masterpiece, *Guernica*, and depicts his lover Dora Maar in bright greens and purples, holding a tissue up to her suffering, angled face. At the time of the purchase, McCaughey boasted,

"This face is going to haunt Melbourne for the next 100 years." But now, it had vanished from its wall.

The director and staff were baffled. In the painting's place was a note that said it had been taken to "The ACT." They assumed it had been relocated to a sister gallery in the ACT—the Australian Capital Territory—and started making calls to confirm. When the gallery said they didn't have *Weeping Woman*, things started to (4).

It wasn't long until exactly what the ACT was became clear. (5) that morning, *The Age*, a newspaper in Melbourne, received a letter signed by "The Australian Cultural Terrorists," which said the group had stolen the work and now had it in their (6). Addressing arts minister Race Mathews, they wrote that they were protesting "the clumsy, unimaginative stupidity of the administration." They made a list of demands, including more funding for the arts and a prize for young Australian artists. If Mathews didn't (7) the group's requests within a week, they said, the Picasso would be burned.

Police swept the NGV building. (8), they soon found the painting's frame, but the canvas eluded them. At one point they even drained the famous moat, a deep, wide defensive pit filled with water around the building, but still came up empty-handed.

Adding to the gallery's embarrassment about its lax security, the painting was not insured. If it were destroyed, there would be no financial recompense.

As the police struggled to make progress, newspapers around the world splashed the story across their pages. The city was full of theories. (9) suspected an "inside job": Not only was there no sign of forced entry to the gallery, but the painting had specialized screws attaching it to the wall, which would require certain tools—and expertise—to detach. Some said it was an act of high-stakes performance art: perhaps an homage to another infamous art robbery, the theft of the *Mona Lisa* in 1911, in

(　10　) Picasso himself was briefly involved.

Days flew by, and still there were no clues. A second ransom note harassed Minister Mathews, calling him a "tiresome old bag of swamp gas" and "pompous idiot." The Cultural Terrorists wrote: "(　11　) our demands are not met, you will begin the long process of carrying about you the smell of kerosene and burning canvas." In a third letter, Mathews received a burnt match.

The gallery's head at the time, Thomas Dixon, wrote in the *Sydney Morning Herald* in 2019 that, as the deadline passed, "staff morale was collapsing. More theories (　12　), then nothing."

But then, a tip. McCaughey was contacted by a local art dealer, who said a young artist she knew seemed to know something. McCaughey visited the artist's studio, where he found newspaper articles about the theft pinned to the wall. The gallery director mentioned that the painting could be returned (　13　) to a luggage locker at a train station or the city's airport. As Dixon wrote, "The artist remained stony faced throughout."

More than two weeks had passed since the theft when the press received an unidentified phone call. Go to Spencer Street Railway Station, the caller said, and look in locker 227.

The police, press, and gallery staff rushed to the location. When police pried open the locker, they found a neat, brown-paper parcel, which they quickly brought back to the station to unwrap. "And there it was," Dixon wrote. "No burns, no cuts, none of the things we feared." The painting had clearly been well cared for, by people who knew how to handle artwork.

To this day, the crime has not been (　14　). The case remains in the Australian popular imagination, inspiring movies and novels.

After the painting was returned, the National Gallery of Victoria tightened its security considerably. When a subsequent (　15　) director started in the role, one of the first things he asked Dixon was who was behind the theft. "Everyone knows," Dixon replied, "but nobody can agree."

(1) A. expanded　　B. exported
C. expensive　　D. experienced

(2) A. recall　　B. acquire
C. digest　　D. expose

(3) A. series　　B. picture
C. means　　D. symbol

(4) A. catch up　　B. get heated
C. cool off　　D. become alarmed

(5) A. Over　　B. Through
C. Since　　D. Later

(6) A. possession　　B. investment
C. account　　D. power

(7) A. give in to　　B. look down on
C. come up with　　D. get away with

(8) A. For example　　B. As a result
C. In effect　　D. For that matter

(9) A. Few　　B. Many
C. Everyone　　D. Nobody

(10) A. whose　　B. whom

出典追記：When Picasso's Weeping Woman Was Stolen By Art Terrorists, Mental Floss on March 24, 2021 by Kim Thomson

C．what　　D．which

(11) A．If　　B．Unless
C．Although　　D．Whenever

(12) A．practiced　　B．proved
C．circulated　　D．accepted

(13) A．unanimously　　B．anonymously
C．according　　D．alone

(14) A．revealed　　B．allowed
C．caught　　D．solved

(15) A．film　　B．painting
C．safety　　D．gallery

B．本文の内容に照らして最も適当なものをそれぞれA～Cから一つずつ選び，その記号をマークしなさい。

(1) The passage tells the story of an important artwork named
A．*Weeping Woman.*
B．*The Picasso.*
C．*Guernica.*

(2) The burglary of the painting was confirmed when
A．a related gallery in the ACT said they had not relocated it.
B．a note found in the gallery declared that "The ACT" had taken it.
C．a local newspaper received a letter from a group called "The ACT."

(3) One reason the painting was stolen was that

A. the robbers wanted Race Mathews to step down as arts minister.

B. the robbers were displeased with how the government treated the arts.

C. the robbers protested the lack of support for administrators of the arts.

(4) The passage mentions that before the painting was stolen, the staff at the National Gallery of Victoria

A. had requested funding from the gallery administration.

B. had experienced a crisis at the time the new director arrived.

C. had insufficient measures for safeguarding the painting.

(5) We can assume newspapers across the globe carried the story of the missing artwork mainly because

A. the purchased painting was the most high-priced in the world.

B. the puzzling nature of the case fascinated people.

C. the Australian arts minister received many harassing ransom notes.

(6) Some people believe that those who stole the painting knew about artwork because

A. they called themselves cultural terrorists.

B. the group had an art studio near the station.

C. the painting was found in excellent condition.

(7) Dixon suggests that

A. everyone has a different opinion about who committed the crime.

B. everyone knows the individuals who committed the crime.

C. everyone has the same idea about who committed the crime.

〔Ⅲ〕A．次の英文の下線部①～⑩について，後の設問に対する答えとして最も適当なものをそれぞれA～Cから一つずつ選び，その記号をマークしなさい。

Whenever the topic of cultural difference is discussed, ①the allegation of stereotyping usually is not far behind. For instance, if cultural patterns of men and women are being compared, a certain woman may well offer that she doesn't act "that way" at all.

Stereotypes arise when we act as if all members of a culture or group share the same characteristics. Stereotypes can be attached to any assumed indicator of group membership, such as race, religion, ethnicity, age, or gender, as well as national culture. The characteristics that are considered shared by members of the group may be respected by the observer, in which case it is a positive stereotype. In the more likely case that the characteristics are disrespected, it is a negative stereotype. Stereotypes of both kinds are problematic in intercultural communication for several obvious reasons. One is that they may give us a false sense of understanding our communication partners. Whether the stereotype is positive or negative, it is usually only partially correct. Additionally, ②stereotypes may become self-fulfilling prophecies, where we observe others in biased ways that confirm our prejudice.

Despite the problems with stereotypes, it is necessary in intercultural communication to make cultural generalizations. ③Without any kind of supposition or hypothesis about the cultural differences we may encounter in an intercultural situation, we may fall prey to naive individualism, where we assume that every person is acting in some completely unique way. Or we may rely ordinarily on "common sense" to direct our communication behavior. Common sense is, of course, common only to a particular culture. Its application outside of one's own culture is usually ethnocentric. Ethnocentric is defined as using one's own set of standards and customs to judge all people, often unconsciously.

Cultural generalization can be made while avoiding stereotypes by maintaining the idea of ④dominance of belief. Nearly all possible beliefs are represented in all cultures at all times, but each different culture has a preference for some beliefs over others. The description of this preference, derived from large-group research, is a cultural generalization. Of course, individuals can be found in any culture who hold beliefs similar to people in a different culture. There just aren't so many of them—they don't represent the majority of people who hold beliefs closer to the norm or "central tendency" of the group. As a specific example, we may note that despite the accurate cultural generalization that Americans are more individualistic and Japanese are more group-oriented, ⑤there are Americans who are every bit as group-oriented as any Japanese, and there are Japanese who are as individualistic as any American. However, these relatively few people are closer to the ⑥fringe of their respective cultures. They are, in the neutral sociological sense of the term, "deviant," which means unusual.

Deductive stereotypes occur when we assume that abstract cultural generalizations apply to every single individual in the culture. While it is appropriate to generalize that Americans as a group are more individualistic than Japanese, it is stereotyping to assume that every American is strongly individualistic; the person with whom you are communicating may be a deviant. Cultural generalizations should be used tentatively as working hypotheses that need to be tested in each case; sometimes they work very well, sometimes they need to be modified, and sometimes they don't apply to the particular case at all. The idea is to derive the benefit of ⑦recognizing cultural patterns without experiencing too much "hardening" of the categories.

Generalizing from too small a sample may generate an ⑧*inductive stereotype*. For example, we may inappropriately assume some general knowledge about Mexican culture based on having met one or a few Mexicans. This assumption is particularly troublesome, since initial cross-cultural contacts may often be conducted by people who are deviant in their own cultures. ("Typical" members of the culture would more likely associate only with people in the same culture—that's how they stay typical.) So generalizing cultural patterns from any one person's behavior (including your own) in cross-cultural contact is likely to be both stereotypical and inaccurate.

Another form of inductive stereotype is derived from what Carlos E. Cortes calls the "social curriculum." He notes that schoolchildren report knowing a lot about Gypsies, even though few of the children have ever met even one member of that culture. According to Cortes's research, the knowledge was gained from old horror movies! <u>Through media of all kinds we are flooded with images of "cultural" behavior</u>⑨: African Americans performing hip-hop or bringing warmth to medical practice; Hispanic Americans picking crops or exhibiting shrewdness in the courtroom; European Americans burning crosses or helping homeless people. When we generalize from any of these images, we are probably creating stereotypes. ⑩<u>Media images are chosen not for their typicality, but for their unusualness.</u> So, as with initial cross-cultural contacts, we need to look beyond the immediate image to the cultural patterns that can only be ascertained through research.

(1) Which does Underline ① actually mean?

A. A claim of stereotyping has serious consequences.

B. Stereotyping commonly follows discussion of culture.

C. There is likely to be an accusation of stereotyping.

(2) What does Underline ② actually mean?

A. Fixed concepts can sometimes lead to significant achievements.

B. Thoughts about our own culture can be applied to another culture.

C. Our existing ideas can determine what we will think in the future.

出典追記：Basic Concepts of Intercultural Communication: Selected Readings by Milton J. Bennett, Nicholas Brealey Publishing

(3) What does Underline ③ imply?

A. The context of cultural groups is important in understanding people.

B. Common sense is essential in understanding a certain group's culture.

C. Self-identity has an influence on how we respond to each new situation.

(4) What does Underline ④ actually mean?

A. the favoring of certain beliefs

B. the control of certain beliefs

C. the perpetuation of certain beliefs

(5) What does Underline ⑤ imply?

A. Japanese groups emphasize the importance of collectivism.

B. Japanese are more concerned with other people than Americans.

C. Some Americans do not demonstrate the values of individualism.

(6) Which of the following has a meaning closest to Underline ⑥?

A. outside

B. edge

C. trim

(7) What does Underline ⑦ refer to?

A. creating strict ways to organize cultural information usefully

B. retaining flexibility of thinking regarding cultural generalizations

C. making it easier to understand the advantages of cultural forms

(8) Which of the following has a meaning closest to Underline ⑧?

A. overgeneralization from specific examples

B. overgeneralization from broad experiences

C. overgeneralization from unreliable sources

(9) What does Underline ⑨ imply?

A. The images represented in the media determine people's actions.

B. There are so many such images that they are difficult to avoid.

C. Such images often display overwhelmingly positive stereotypes.

(10) What does Underline ⑩ imply?

A. You should not believe media images because of their authority.

B. You should not deny media images that are likely to be reliable.

C. You should not generalize cultural patterns from media images.

B. 本文の内容に照らして最も適当なものをそれぞれＡ～Ｃから一つずつ選び，その記号をマークしなさい。

(1) In the first paragraph, the woman mentioned likely believes that

A. it is important to maintain distinctions between men and women.

B. people cannot easily be characterized in terms of their gender.

C. we should break the stereotype that cultural diversity exists.

(2) In the second paragraph, the author's main point is that

A. holding stereotypes is helpful when another culture is unfamiliar.

B. positive stereotypes are more useful for understanding other people.

C. there are dangers in holding stereotypes if we fully believe them.

(3) Using our own "common sense" in intercultural communication is

A. an overgeneralization in its own way and should be avoided.

B. an example of how we should think in general terms about people.

C. a tool to apply in some settings when we interact with various cultures.

(4) Compared to cultural stereotypes, cultural generalizations

A. are true if we regard the culture as a whole, allowing for exceptions.

B. are better applied to individuals in a culture rather than entire groups.

C. are seen as being applied to cultures that are not individualistic.

(5) One point the author makes in the fifth paragraph, starting with "*Deductive* stereotypes," is that we shouldn't

A. believe that categorizing certain cultural groups is appropriate.

B. consider that individualistic people can sometimes be abnormal.

C. presume that a group defines the characteristics of any one person.

(6) The overall meaning of the sixth paragraph, starting with "Generalizing from," is that

A. positive stereotypes are easily learned from personal experiences.

B. experiencing person-to-person communication may not be informative.

C. avoiding talking with only one person from another culture is essential.

(7) The most appropriate title for this passage is

A. "Understanding Stereotypes in Intercultural Communication."

B. "Avoiding Common Stereotypes in Intercultural Communities."

C. "Considering Research into Intercultural Stereotypes."

日本史

(60分)

〔Ⅰ〕次の文の(　1　)～(　10　)に入れるのに最も適当な語句を下記の語群から選び，その記号をマークしなさい。

平安時代の文化を知る手がかりとして，漢文体で書かれた貴族の日記や，かなを用いて著された文学がある。前者には，藤原道長の『御堂関白記』や，藤原実資によって記された『(　1　)』などがあり，後者には，(　2　)によって書かれた『蜻蛉日記』や，最初のかな日記とされる『(　3　)』などがある。

この時代には和歌も盛んになり，10世紀初頭には最初の勅撰和歌集である『(　4　)』が撰上され，その後長く和歌の模範とされた。

仏教においても新しい動きが見られた。その一つが，現世よりも来世での救いを強調する浄土教の流行である。来世への願望は次第に高まり，10世紀末には(　5　)によって日本最初の往生伝である『日本往生極楽記』が著された。また，比叡山(　6　)の恵心院で修行・修学した源信は『往生要集』を著し，念仏往生の方法を示した。浄土教は唐代に流行し，五代十国をはさんで宋代にも受け継がれたが，五代十国のうち杭州に都を置いた(　7　)と日本との交流のなかで，浄土教の文献などが伝えられ，信仰の隆盛をもたらすことになる。

美術工芸の分野では，平等院鳳凰堂阿弥陀如来像に(　8　)が用いられるなど，新たな技法が取り入れられた。絵画に関しては大和絵が誕生し，その祖とされる(　9　)などが活躍した。詞書と絵を交互に書く絵巻物も作られた。とくに院政期に制作された『(　10　)』は，修行僧命蓮(みょうれん)にまつわる説話を描いたもので，庶民の生活や風俗を伝えている。

〔語群〕

(ア)　伴大納言絵巻　　(イ)　後周　　(ウ)　常盤光長

(エ) 西塔	(オ) 権記	(カ) 東塔
(キ) 菅原孝標の女	(ク) 寄木造	(ケ) 空也
(コ) 巨勢金岡	(サ) 慶滋保胤	(シ) 万葉集
(ス) 千載和歌集	(セ) 土佐日記	(ソ) 契丹
(タ) 三善為康	(チ) 信貴山縁起絵巻	(ツ) 横川
(テ) 台記	(ト) 藤原隆信	(ナ) 和泉式部日記
(ニ) 乾漆造	(ヌ) 古今和歌集	(ネ) 小右記
(ノ) 中宮彰子	(ハ) 呉越国	(ヒ) 年中行事絵巻
(フ) 藤原道綱の母	(ヘ) 紫式部日記	(ホ) 一木造

〔Ⅱ〕 次の(A)〜(C)の各文の(　1　)〜(　10　)に入れるのに最も適当な語句を下記の語群から選び，その記号をマークしなさい。

(A) 江戸幕府は1635(寛永12)年に日本人の海外渡航と在外日本人の帰国を禁止するとともに，中国船の寄港地を長崎に限定した。また，1639(寛永16)年に(　1　)船の来航を禁止した幕府は，その2年後に平戸のオランダ商館を長崎の出島へ移し，長崎奉行の監視下に置いた。これにより，中国・オランダとの貿易は長崎港に限られた。中国では，17世紀半ばに東北部から起こった満州民族の清が成立し，次第に中国大陸の動乱が収まると，日本と清の間の貿易額は年々増加した。日本から主に輸出されたのは，銀・(　2　)・海産物であった。

オランダは，(　3　)を拠点とする東インド会社の日本支店として出島に置いた商館を通じ，貿易の利益を求めた。幕府は出島を窓口としてヨーロッパの文物を輸入し，オランダ船の来港のたびに商館長が提出する風説書によって海外の事情を知ることができた。幕府は輸入の増加による金銀の流出をおさえるため，1715(正徳5)年には清船の来航を年間(　4　)隻に限った。

(B) 江戸時代の琉球王国は，薩摩藩の支配を受けるとともに，将軍の代替わりには(　5　)を江戸へ派遣したが，その一方で明朝や清朝にも朝貢するという複雑な両属関係にあった。明治政府はこれを日本領とする方針をとって，1871

(明治４)年に鹿児島県へ編入し，翌年には(　6　)を設置した。琉球王国最後の王となった(　7　)は華族に列せられ，後に上京を命じられた。

(C)　1875(明治８)年，日本は駐露公使の(　8　)を全権として，ロシアと樺太・千島交換条約を結び，樺太に持っていた一切の権利をロシアにゆずり，そのかわりに(　9　)以北の計18島を領有した。また，(　10　)は，幕府が1861(文久元)年に役人を派遣して領有を確認したものの，その後引き揚げていたので，1876(明治９)年，内務省が出張所を置いて統治を再開した。

〔語群〕

(ア)　マニラ	(イ)　尚泰	(ウ)　70
(エ)　砂糖	(オ)　スペイン	(カ)　冊封使
(キ)　井上馨	(ク)　慶賀使	(ケ)　生糸
(コ)　沖縄県	(サ)　バタヴィア	(シ)　得撫島
(ス)　尚寧	(セ)　ポルトガル	(ソ)　謝恩使
(タ)　30	(チ)　小笠原諸島	(ツ)　択捉島
(テ)　銅	(ト)　在番奉行	(ナ)　榎本武揚
(ニ)　伊豆諸島	(ヌ)　50	(ネ)　イギリス
(ノ)　黒田清隆	(ハ)　占守島	(ヒ)　尚豊
(フ)　琉球藩	(ヘ)　先島諸島	(ホ)　マカオ

〔Ⅲ〕 次の(A)～(C)の各史料に関する問1～問15について，(ア)～(ウ)の中から最も適当な語句を選び，その記号をマークしなさい。

(A)　今般地租改正ニ付，旧来田畑貢納ノ法ハ悉皆(しっかいあい)相廃シ，更ニ地券①調査相済(すみ)次第，土地ノ代価ニ随(したが)ヒ百分ノ三ヲ以テ地租ト相定ムヘキ旨仰セ出サレ候条，改正ノ旨趣別紙条例ノ通(とおり)相心得(こころう)ヘシ。(中略)

(別紙)地租改正条例

第二章　地租改正施行相成(なり)候上ハ，土地ノ原価ニ随ヒ賦税(ふぜい)致シ候ニ付，以後仮令(たとえ)豊熟ノ年ト雖(いえど)モ(　②　)税申シ付ケサルハ勿論，違作ノ年柄(としがら)之有リ候トモ(　③　)租ノ儀一切相成ラス候事

第六章　従前地租ノ儀ハ自ラ物品ノ税家屋ノ税等混淆(こんこう)致シ居候ニ付，改正ニ当テハ判然区分シ，地租ハ則(すなわち)地価ノ百分ノ(　④　)ニモ相定ムヘキノ処，未(いま)タ物品等ノ諸税目興(おこ)ラサルニヨリ，先ツ以テ地価百分ノ三ヲ税額ニ相定(さだめ)候(そうら)得共(えども)，向後(こうご)茶・煙草・材木，其他ノ物品税追々発行相成，歳入相増(まし)，其収入ノ額二百万円以上ニ至リ候節ハ，地租改正相成候土地ニ限リ，其地租ニ右新税ノ増額ヲ割合(わりあい)，地租ハ終(つい)ニ百分ノ(　④　)ニ相成候迄漸次(ぜんじ)減少致スヘキ事

(『法令全書』)

問1　下線部①の「地券」について，地券が発行された1872年には，田畑永代売買の禁止令も解かれた。この禁止令が江戸幕府によって出された当時の将軍は誰か。

(ア)　徳川家光　　(イ)　徳川綱吉　　(ウ)　徳川吉宗

問2　地租改正条例は，財政の安定化を目指して1873年7月に公布された。1875年の国税総額に占める地租の割合は，約何%か。

(ア)　約45%　　(イ)　約65%　　(ウ)　約85%

問3　文中の(　②　)と(　③　)に入る語句の組み合わせとして，正しいものはどれか。

(ア)　②減　③増　　(イ)　②増　③増　　(ウ)　②増　③減

問4　文中の(　④　)に入る数字はどれか。

(ア)　一　　(イ)　三　　(ウ)　五

問5　政府は従来の年貢による収入を減らさないように地租改正を進めたため，重い負担を課せられた農民は各地で一揆を起こした。この地租改正反対一揆のうち，真壁騒動と称される一揆が発生した県はどれか。

(ア)　熊本県　　(イ)　三重県　　(ウ)　茨城県

(B)　⑤日本程借金を拵らへて，貧乏震ひをしてゐる国はありゃしない。此借金が君，何時になったら返せると思ふか。そりゃ外債位は返せるだらう。けれども，それ許りが借金ぢゃありゃしない。日本は西洋から借金でもしなければ，到底立ち行かない国だ。それでゐて，一等国を以て任じてゐる。さうして，無理にも一等国の仲間入をしやうとする。だから，あらゆる方面に向って，奥行を削って，一等国丈の間口を張っちまった。なまじい張れるから，なほ悲惨なものだ。(　⑥　)と競争する(　⑦　)と同じ事で，もう君，腹が裂けるよ。其影響はみんな我々個人の上に反射してゐるから見給へ。斯う西洋の圧迫を受けてゐる国民は，頭に余裕がないから，碌な仕事は出来ない。悉く切り詰めた教育で，さうして目の廻る程こき使はれるから，揃って神経衰弱になっちまふ。話をして見給へ大抵は馬鹿だから。自分の事と，自分の今日の，只今の事より外に，何も考へてやしない。考へられない程疲労してゐるんだから仕方がない。精神の困憊と，身体の衰弱とは不幸にして伴なってゐる。のみならず，⑧道徳の敗退も一所に来てゐる。日本国中何所を見渡したって，輝いてる断面は一寸四方も無いぢゃないか。悉く暗黒だ。

(『それから』)

問6　この史料は，1909年に発表された小説『それから』である。作者は誰か。

(ア)　島崎藤村　　(イ)　夏目漱石　　(ウ)　武者小路実篤

問7　下線部⑤の「日本程借金を拵らへて」について，日露戦争の際，日本銀行副総裁として外債の募集に取り組み，後に大蔵大臣・内閣総理大臣などを歴任したが，二・二六事件で暗殺されたのは誰か。

(ア)　斎藤実　　(イ)　高橋是清　　(ウ)　渡辺錠太郎

問8　文中の(　⑥　)と(　⑦　)に入る語句の組み合わせとして，正しいものはどれか。

(ア)　⑥猿　⑦蟹　(イ)　⑥兎　⑦亀　(ウ)　⑥牛　⑦蛙

問9　下線部⑧の「道徳の敗退」について，勤勉・倹約などを国民に求める詔書が1908年に発せられた。この詔書の呼称にも用いられた1908年の干支はどれか。

(ア)　壬申　(イ)　甲午　(ウ)　戊申

問10　『それから』には，大日本製糖株式会社によって引き起こされた汚職事件が登場する。この日糖事件(疑獄)の捜査に司法省民刑局長兼大審院検事として関わり，後に思想啓蒙団体・国本社を組織し，枢密院議長，内閣総理大臣なども歴任したのは誰か。

(ア)　林銑十郎　(イ)　平沼騏一郎　(ウ)　幣原喜重郎

(C)　(1)　計画の目的

国民所得倍増計画は，速やかに国民総生産⑨を倍増して，雇用の増大による完全雇用の達成をはかり，国民の生活水準を大幅に引き上げることを目的とするものでなければならない。この場合とくに農業と非農業間，大企業と中小企業間，地域相互間ならびに所得階層間に存在する生活上および所得上の格差の是正につとめ，もって国民経済と国民生活の均衡ある発展を期さなければならない。

(2)　計画の目標

国民所得倍増計画は，今後(　⑩　)年以内に国民総生産二六兆円(三十三年度価格)に到達することを目標とするが，これを達成するため，計画の前半期において，技術革新の急速な進展，豊富な労働力の存在など成長を支える極めて強い要因の存在にかんがみ，適切な政策の運営と国民各位の協力により計画当初三ヵ年について三十五年度一三兆六〇〇〇億円(三十三年度価格一三兆円)から年平均九%の経済成長を達成し，昭和三十八年度に一七兆六〇〇〇億円(三十五年度価格)の実現を期する。

(3) 計画実施上とくに留意すべき諸点とその対策の方向

(イ) 農業近代化の推進⑪ (中略)

(ロ) 中小企業の近代化⑫ (中略)

(ハ) 後進地域の開発促進⑬ (中略)

(ニ) 産業の適正配置の推進と公共投資の地域別配分の再検討 (中略)

(ホ) 世界経済の発展に対する積極的協力 (後略)

(『国民所得倍増計画』)

問11　この史料は，1960年に閣議決定された「国民所得倍増計画の構想」である。当時の内閣総理大臣は誰か。

(ア) 鳩山一郎　(イ) 岸信介　(ウ) 池田勇人

問12　高度経済成長期には大衆消費社会が形成された。そのさなかの「国民所得倍増計画の構想」の閣議決定と同じ年の出来事はどれか。

(ア) インスタントラーメンの発売

(イ) カラーテレビの本放送開始

(ウ) 海外旅行の自由化

問13　下線部⑨の「国民総生産」について，英語表記の略称はどれか。

(ア) GNP　(イ) GNI　(ウ) GDP

問14　文中の(　⑩　)に入る数字はどれか。

(ア) 五　(イ) 十　(ウ) 十五

問15　下線部⑪の「農業近代化の推進」，⑫の「中小企業の近代化」，⑬の「後進地域の開発促進」について，これらのその後の取り扱いに関する説明として，誤っているものはどれか。

(ア)「農業近代化の推進」に基づいて，農業基本法が制定された。

(イ)「中小企業の近代化」に基づいて，企業合理化促進法が制定された。

(ウ)「後進地域の開発促進」に基づいて，全国総合開発計画が閣議決定された。

〔Ⅳ〕次の先生と学生の会話文の(　1　)～(　15　)について，{(ア)～(ウ)}の中から最も適当な語句を選び，その記号をマークしなさい。

先　生：去年に引き続いて，2021 年も新型コロナウイルス感染症の流行に悩まされた 1 年でした。世界中でコロナ禍の先行きがまだまだ見通せない状況です。遠隔授業が導入されたりして，みなさんの学生生活も大きく変わりましたね。日本でもワクチン接種が進み，少しずつ日常が戻りつつあるのは嬉しいことです。

学生A：旅行が簡単にはできなくなったので，海外にある世界遺産がすごく遠い存在になってしまいました。国内でも遠方の史跡や文化遺産を見に行くことが難しくなって，とても寂しいです。

先　生：そうだね。歴史を学ぶためには実際に現地に足を運び，史跡や文化遺産に触れることが大事なんだが，感染症流行のために，そうした普通のことができなくなってしまった。でも，近畿地方にもたくさんの史跡や文化遺産があるので，みんなの地元にも見るべきところはたくさんあるよ。

学生B：ぼくは堺市に住んでいるので，近所の大仙陵古墳を見学してきました。仁徳天皇陵といわれるもので，全長が 486 メートルもある巨大古墳です。(　1　){(ア)『魏志』倭人伝　(イ)『隋書』倭国伝　(ウ)『宋書』倭国伝}にみえる倭の五王のうち，珍は仁徳天皇に当たるとする意見があります。

先　生：2019 年に世界文化遺産に登録された「百舌鳥・古市古墳群」のうち，百舌鳥古墳群の盟主的な前方後円墳ですね。

学生C：わたしも友だちと一緒に，(　2　){(ア)　藤井寺市　(イ)　羽曳野市　(ウ)　富田林市}にある誉田御廟山古墳を見に行ってきました。応神天皇陵と呼ばれているもので，古市古墳群の中心的な存在です。

学生D：応神天皇も倭の五王の一人なのでしょうか。

先　生：近年はそれに含めない意見が多いけれど，1950年代には，倭の五王のうちの(　3　){(ア)　讃　(イ)　済　(ウ)　興}に当てる説が有力化したことがあって，教科書でもその意見は残されているよ。

学生A：世界文化遺産に登録されることで，これから研究が進んでいけばいいですね。

学生B：堺市には与謝野晶子の生家跡があって，歌碑や案内パネルが立てられています。

先　生：雑誌『(　4　)』{(ア)　太陽　(イ)　明星　(ウ)　アララギ}誌上で活躍した女流歌人だね。日露戦争中に反戦的な詩を詠んだことで反響を呼びました。

学生C：堺の大きな和菓子商の娘さんだったようですね。生家跡の近くには記念館も建てられています。

学生D：1918年から世界中で流行性感冒，いわゆるスペイン風邪が大流行しますが，与謝野晶子にはこれを題材にした随筆があるのですよね。

先　生：そう，よく知っているね。晶子には子どもが10人以上いたので，家族で何回も予防注射をうち，うがいを励行し，子どもには学校を休ませるなど，あらゆる手段で感染を防ごうとしたことが書かれているよ。

学生A：わたしは実家が和歌山県の田辺市にあるので，夏休みに熊野古道を歩いてきました。田辺からバスで近露王子まで移動し，そこから熊野本宮大社まで歩きました。マスクをしながら坂道を登るのは大変でしたが，空気がおいしくて気持ちよく熊野参詣の道を体感できました。

先　生：そう，それはいい経験をしたね。平安時代後期から上皇や貴族らが熊野に参詣することが大流行した。(　5　){(ア)　後三条　(イ)　後一条　(ウ)　後冷泉}天皇の皇子で，1086年に譲位した白河上皇が，1090年に熊野に参詣して以降，上皇たちの熊野詣が盛んになったんだよ。

学生D：のちには「蟻の熊野詣」といわれるほど盛んだったのですよね。

学生C：1201年に後鳥羽上皇に同行した藤原定家が，その日記に熊野参詣の全行程を書いています。彼の日記は『(　6　)』{(ア)　中右記　(イ)　明月記　(ウ)　海道記}と呼ばれます。

学生A：わたしも2年前に歩きました。足にマメができて大変だったけれど，上皇や貴族の足跡を訪ねるのは楽しかった。

学生C：わたしの祖父母が姫路市に住んでいるのですが，コロナ禍のためなかなか会いに行くことができません。姫路城をゆっくり見たいのですが，それもかなわず残念です。

先　生：姫路城は小寺氏や黒田氏も居城として利用したけれど，(　7　){(ア)　本能寺の変　(イ)　関ヶ原の戦い　(ウ)　大坂夏の陣}が終わったあと，池田輝政が入城して本格的な改修工事を行い，広大な規模をもつ城郭が整備されました。

学生A：姫路は播磨国の中心地で，古代から国府や国分寺もここに造られたんですよね。

学生C：姫路城の南東に接した位置に播磨国府が想定されています。その4キロほど東に国分寺の遺構が確認されています。

先　生：そう，よく調べたね。姫路付近は古くから山陽道の交通の要衝で，瀬戸内海を利用する水上交通でも重要な位置にあったんだ。

学生C：新幹線で姫路まで行ったことがありますが，山陽新幹線が姫路を通って岡山まで開通したのは1972年3月のことだそうです。

学生B：(　8　){(ア)　佐藤栄作　(イ)　三木武夫　(ウ)　福田赳夫}内閣のときですね。今から約50年前のことなんだ。

学生A：同じ年の5月には，前年に調印された協定に基づいて，沖縄の日本(本土)復帰が実現しています。

先　生：そうだね。新幹線がどんどん西へ延びていくのが楽しみだったし，沖縄の本土復帰が実現して嬉しかったことをよく覚えているよ。

学生D：ぼくは京都市に住んでいますので，京都の世界遺産をよく見に行きます。なかでも，鎌倉時代に明恵が復興した(　9　){(ア)　高山寺　(イ)　建仁寺　(ウ)　泉涌寺}がお気に入りです。

学生C：明恵は華厳宗の学僧ですね。

学生B：明恵は『(　10　)』{(ア)　歎異抄　(イ)　愚管抄　(ウ)　摧邪輪}を著して，法然が唱えた専修念仏を厳しく批判しました。

先　生：そうだよ。鎌倉時代には新しい仏教諸派が生まれる一方で，旧仏教の方も朝廷や幕府の保護を受けながら，新しい動きをみせるようになっていく。

学生Ｂ：京都は戦乱や災害などで何度も大きな火災に見舞われていますので，現在に残る文化遺産も建て替えられたり修復を受けたりしているのでしょうね。

学生Ｄ：平安京の羅城門の近くにあった東寺(教王護国寺)も何度も焼失しています。現在の金堂は1603年に(　11　){(ア)　豊臣秀吉　(イ)　豊臣秀次　(ウ)　豊臣秀頼}の資金援助を受けて再建されたものだそうです。

先　生：北野天満宮や相国寺など，彼の援助で再建された寺社は多いみたいだね。

学生Ｃ：わたしは奈良市に住んでいます。3回目の緊急事態宣言のときは感染対策をしっかりとりながら，平城宮跡を散策してきました。

学生Ｂ：2010年の平城遷都1300年祭のときには，政務・儀礼の中心的建物である(　12　){(ア)　朱雀門　(イ)　紫宸殿　(ウ)　大極殿}の推定復元が行われました。

学生Ａ：壮大な建物なので，電車の中からでもよく見えますね。

学生Ｄ：奈良時代前半の中心的建物が推定案に基づいて復元されたんだね。最近ではその前でさまざまな行事が行われていて，観光客や市民の人気を呼んでいます。

先　生：奈良では東大寺にも行きましたか。

学生Ｃ：はい，東大寺の大仏は奈良時代に疫病が流行したとき，疫病対策の一環で造営されたものなので，大仏にコロナ禍が収まることを祈ってきました。

学生Ａ：東大寺の大仏と大仏殿も何度か焼けているのですよね。

学生Ｂ：源平合戦のときに焼失したのと，戦国時代に(　13　){(ア)　荒木村重　(イ)　松永久秀　(ウ)　織田信長}が戦闘の中で焼失させたのとで，2回被災しています。

先　生：そう，その通りだよ。江戸時代になって，公慶という僧侶が勧進活動で資金を集め，20年以上かかって大仏と大仏殿を再建したんだよ。

学生Ｃ：わたしの家の近くに志賀直哉の旧居があります。約10年間ここに家族と一緒に住んで，有名な長編小説である『(　14　)』{(ア)　暗夜行路　(イ)　新しき村　(ウ)　城の崎にて}を書き上げました。

学生Ａ：ああ，(　15　){(ア)　新感覚派　(イ)　新思潮派　(ウ)　白樺派}を代表する作家ですよね。わたしも読んだことがあります。

先　生：彼の短編小説である『流行感冒』を少し前に読みました。これもスペイン風邪を題材にした作品です。流行が下火になってきたころ「私」が感染したことで，家庭内に感染が拡大していく様子を，心情の変化を巧みに表現しながら描いています。100 年後のわたしたちも同様の状況を経験しています。気を抜くことなく，いましばらくがんばりましょう。

世界史

(60分)

〔Ｉ〕次の文の下線部①～⑩について，その内容が正しければ(ア)をマークし，誤っている場合は最も適当な語句を下記の語群から選び，その記号をマークしなさい。

仏教は1世紀①頃にはすでに中国に伝来していたとされるが，仏教が中国社会に広く普及したのは魏晋南北朝の時代のことである。中国での仏教普及の背景には多くの訳経僧たちの活躍があった。なかでも，その貢献度において屈指の一人がクチャ(亀茲)の出身で後秦時代の長安で活動した道安②である。彼はおびただしい数の書物を漢訳したが，その中には，上座部仏教③の空の教えの大成者である竜樹(ナーガールジュナ)④の伝記も含まれている。彼と双璧をなす屈指の訳経僧が，「貞観の治」と称えられる時代に則天武后⑤の勅命を受け仏典翻訳に従事した玄奘である。彼の仏典翻訳のスタイルはそれまでの訳経僧たちのそれとは一線を画すもので，玄奘以前の訳は旧訳，玄奘以後の訳は新訳と称される。彼はグプタ朝⑥のハルシャ王⑦の保護を受けながらヴィクラマシーラ⑧僧院にてインド僧より直接に仏教を学んでいる。こうしたインドでの仏教研究が彼の翻訳スタイルにも影響を及ぼしているのであろう。彼が著わした『南海寄帰内法伝⑨』は歴史資料に乏しい中央アジア・南アジア地域の当時を知るための第一級の資料である。彼に先立って同様な旅行記を書いた訳経僧に法顕⑩がいる。

〔語群〕

(イ)　世親　　(ウ)　前2世紀　　(エ)　ウパニシャッド
(オ)　チャンドラグプタ2世　　(カ)　寇謙之　　(キ)　仏国記
(ク)　カニシカ王　　(ケ)　シュリーヴィジャヤ王国
(コ)　太宗　　(サ)　戒律　　(シ)　ヴァルダナ朝
(ス)　大唐西域記　　(セ)　鳩摩羅什　　(ソ)　アーナンダ

(タ)　クシャーナ朝　　(チ)　シャイレンドラ朝

(ツ)　密教　　(テ)　2世紀　　(ト)　ヴァルダマーナ

(ナ)　ナーランダー　　(ニ)　アンコール=ワット

(ヌ)　高宗　　(ネ)　大乗仏教　　(ノ)　入唐求法巡礼行記

(ハ)　義浄　　(ヒ)　達磨

〔Ⅱ〕次の文の(　1　)〜(　10　)に入れるのに最も適当な語句を下記の語群から選び，その記号をマークしなさい。

19世紀以来，アメリカ合衆国の経済発展は移民労働力によって支えられてきた。合衆国は，1840年代半ばにジャガイモ飢饉を経験した(　1　)からも大量の移民を迎えていた。そうした(　1　)系移民の子であり，のちに実業家として活躍するフォードは南北戦争中の1863年に生まれている。その2年後には南部の首都(　2　)が陥落して南軍が降伏し，合衆国は再統一された。フォードは，白熱電球や映画を発明した(　3　)が設立した会社で技師を経験したのち，自ら興した自動車会社でベルトコンベア方式を導入し，低価格の自動車の大量販売を実現した。

1920年代のアメリカ合衆国は，経済面や文化面で繁栄しており，大量生産・大量消費にもとづく生産様式をうみだしたが，フォードの自動車もその産物であった。この時代の合衆国は，ワシントン会議を提唱した(　4　)から3代にわたり(　5　)政権が続き，経済面では自由放任政策が採用された。

他方で，「旧き良きアメリカ」へ回帰する保守的な傾向も現れており，19世紀半ばに(　6　)が発表した進化論にもとづく教育への批判が強まった。また，1924年に成立した移民法では，東欧・南欧系移民の流入が制限されたのに加え，日本を含むアジア系移民の流入が事実上禁止された。さらに，アメリカ社会では白人至上主義を唱える(　7　)の活動が活発化するなど，排外主義が高まった。

フォードは反ユダヤ主義者の顔を持っていたが，同時代のドイツではナチ党がユダヤ人排斥を主張していた。ナチ党は政権を握ったのち，政治的反対派やユダヤ人を激しく迫害し，多数の人々を亡命に追い込んだ。亡命者の中には，『魔の山』などの作品で知られるノーベル文学賞作家の(　8　)もいた。(　8　)の故郷(　9　)は，中世に北ヨーロッパ商業圏を支配したハンザ同盟の盟主であった都市であり，(　8　)の作品の舞台にもなっている。ドイツからアメリカ合衆国に逃れた(　8　)は第二次世界大戦後にスイスへ移住し，(　10　)の近郊で余生を送った。(　10　)は，16 世紀にツヴィングリが宗教改革を開始した都市である。

〔語群〕

(ア) ハンブルク　(イ) ワシントン　(ウ) 民主党
(エ) エディソン　(オ) 自由党　(カ) クーリッジ
(キ) アイルランド　(ク) ブリュージュ　(ケ) ダーウィン
(コ) フーヴァー　(サ) クー=クラックス=クラン
(シ) ベル　(ス) チューリヒ　(セ) ロマン=ロラン
(ソ) 民族解放戦線　(タ) ハーディング　(チ) ファラデー
(ツ) ゲティスバーグ　(テ) リューベック　(ト) アインシュタイン
(ナ) ジュネーヴ　(ニ) イタリア　(ヌ) トーマス=マン
(ネ) コミンテルン　(ノ) リッチモンド　(ハ) 共和党
(ヒ) ポーランド

〔Ⅲ〕次の文の(　1　)～(　5　)に入れるのに最も適当な語句を下記の語群Ⅰから，(　6　)～(　10　)に入れるのに最も適当な語句を下記の語群Ⅱから，(　11　)～(　15　)に入れるのに最も適当な語句を下記の語群Ⅲから選び，その記号をマークしなさい。

A　中国・四川省の省都である成都は，古来「蜀」と呼ばれた四川盆地の中央に位置する。戦国時代には，七雄の一つで咸陽を都とした(　1　)が南下してこの地を征服し，灌漑施設を整備するなどして開発を進め，前漢時代には成都は長安に次ぐ大都市に成長した。周囲を山に囲まれた蜀は，外部に対して自守するのに適していたため，中国の混乱期には成都を中心とする王朝がしばしば自立した。前漢に代わって(　2　)を建てた王莽の時代には，公孫述という人物が蜀王を称して自立し，後漢による統一に最後まで抵抗したのがその最初である。220年，後漢に代わって魏が成立すると，(　3　)が漢の正統を称して帝位につき，成都を都として三国鼎立の状況を現出した。五胡十六国時代の成漢，唐末から五代十国時代の前蜀・後蜀などの諸王朝は，いずれも「蜀への道は青天にのぼるより難(かた)し」といわれた地理的特殊性を利用してこの地に割拠したものである。8世紀半ばに(　4　)の勃発によって長安を追われた玄宗が成都に逃れたのも，同様の理由であったと考えられる。また，玄宗時代の詩人で，詩仙と称された李白と並び詩聖と讃えられた(　5　)は，晩年の一時期に成都で暮らしたことがあり，その旧居は観光名所となっている。

〔語群Ⅰ〕(　1　)～(　5　)

(ア) 黄巾の乱	(イ) 劉備	(ウ) 周	(エ) 趙
(オ) 赤眉の乱	(カ) 劉淵	(キ) 王維	(ク) 新
(ケ) 柳宗元	(コ) 劉邦	(サ) 斉	(シ) 黄巣の乱
(ス) 白居易	(セ) 八王の乱	(ソ) 蘇軾	(タ) 晋
(チ) 安史の乱	(ツ) 劉秀	(テ) 杜甫	(ト) 秦

B　湖北省の省都である武漢は，西から東に流れる(　6　)と西北から南東に流れる漢水との合流地に位置し，武昌・漢陽・漢口のいわゆる武漢三鎮が合併し

て成立した都市である。水上交通の要衝であったため，歴史上この地をめぐって激しい争奪戦が起こった。三国時代には呉が夏口城を武昌に築いて軍事拠点とした。唐代には武昌軍節度使が置かれ，宋代には鄂州の治所が置かれた。1259 年，南宋の攻略をめざした(　7　)が鄂州を攻め，ここを攻略の拠点としようとしたのも，この地の軍事的重要性のためである。しかし，大ハンであった兄(　8　)の死を知ると(　7　)は鄂州の包囲を解いて北帰し，翌年大ハンの位に就いて，1271 年には国号を大元と定めた。また，(　9　)年の辛亥革命が，武昌にあった新軍の蜂起によって開始されたことは有名である。一方，沼沢地であった漢口は，明代から急速に発展した。1858 年にアロー戦争(第２次アヘン戦争)の講和条約として(　10　)が結ばれると，漢口は南京などとならんで開港場の一つとなり，やがてその貿易量は上海に次ぐほどの規模に達した。

〔語群Ⅱ〕(　6　)～(　10　)

(ア)　オゴタイ	(イ)　モンケ	(ウ)　北京条約	(エ)　淮水
(オ)　1919	(カ)　渭水	(キ)　1905	(ク)　1899
(ケ)　キャフタ条約	(コ)　チンギス=ハン		(サ)　1921
(シ)　南京条約	(ス)　アイグン条約		(セ)　洛水
(ソ)　ハイドゥ	(タ)　長江	(チ)　フビライ	(ツ)　1911
(テ)　黄河	(ト)　天津条約		

C　広東省の省都である広州は，珠江デルタの北端に位置する。都市としての起源は，前 220 年に始皇帝がこの地を征服し，番禺県を置いたことに始まる。始皇帝死後，中国が混乱すると地方官であった趙佗が自立して(　11　)国を建て，この地を都とした。1983 年には広州市内で趙佗の孫のものと考えられる壮大な王墓が発見されている。(　11　)は前 111 年に前漢の武帝によって滅ぼされ，この地は前漢の郡県となり，三国の呉はここに広州を置いた。これが広州の名の始まりである。古来，広州は南海貿易の拠点として東南アジアと結びつき，唐の玄宗時代には交易を管理する(　12　)が置かれた。明代にヨーロッパ勢力が中国に来航するようになると，1557 年には(　13　)が珠江河口に位置する

マカオの居住権を得て，広州を経由する明との貿易の拠点とした。1757年に清の(　14　)はヨーロッパ船の来航を広州一港に限定し，官許商人を通してのみ貿易を許す厳しい制限を課した。このころからめざましく進出しはじめたイギリスは，この制限に不満を持ち，1840年アヘン戦争を引き起こして制限の撤廃を図った。その後海外貿易の中心は，開港された上海に移るが，広州は革命運動の中心として重要な役割を担った。1926年に(　15　)を総司令とする国民革命軍の北伐が広州から開始されたことは，それを象徴しているであろう。

〔語群Ⅲ〕(　11　)～(　15　)

(ア)　オランダ	(イ)　南詔	(ウ)　乾隆帝	(エ)　張学良
(オ)　ポルトガル	(カ)　康熙帝	(キ)　毛沢東	(ク)　御史台
(ケ)　フランス	(コ)　大理	(サ)　蔣介石	(シ)　越南
(ス)　雍正帝	(セ)　孫文	(ソ)　スペイン	(タ)　南越
(チ)　市舶司	(ツ)　海関	(テ)　同治帝	
(ト)　総理各国事務衙門			

〔Ⅳ〕 次の文の(　1　)～(　15　)に入れるのに最も適当な語句を，{　　}内の(ア)，(イ)ないし下記の語群から選び，その記号をマークしなさい。

4世紀後半に始まったゲルマン人の大移動は，ローマ帝国の分裂を決定的なものとした。395年，(　1　){(ア)　コンスタンティヌス帝　(イ)　ディオクレティアヌス帝}は死に際して帝国を東西に二分して2子に分け与えた。西ローマ皇帝は(　2　){(ア)　5世紀前半　(イ)　5世紀後半}にゲルマン人の傭兵隊長によって退位させられたが，東ローマ皇帝(ビザンツ皇帝)はゲルマン人からも高い権威を認められた。

6世紀半ば，ビザンツ帝国のユスティニアヌス大帝はイタリアの(　3　){(ア)　ヴァンダル　(イ)　西ゴート}王国などを滅ぼし，地中海の覇権を回復した。また彼は，首都コンスタンティノープルに(　4　){(ア)　サン=ヴィターレ聖堂　(イ)　サン=ピエトロ大聖堂}を建立するなど，帝国の威信を高めた。中国から

(　5　){(ア)　養蚕技術　(イ)　製紙法}が導入されたのも，彼の治世下のことである。

しかしユスティニアヌス大帝の死後，新たな外民族の侵入が始まり，北イタリアにはゲルマン系の(　6　){(ア)　ブルグンド　(イ)　ザクセン}人が王国を建て，バルカン半島北部にはトルコ系の(　7　){(ア)　チェック　(イ)　マジャール}人が帝国を建国した。また東方では，(　8　){(ア)　アルダシール1世　(イ)　シャープール1世}が建国したササン朝ペルシアとの抗争が続いた。こうした危機に対処するため，7世紀以降，帝国をいくつかの軍管区に分け，その司令官に軍事と行政の両方を委ねる制度が導入されたが，司令官が次第に世襲貴族化したため，11世紀からは国家が軍事奉仕を条件として貴族に土地管理を委ねる(　9　){(ア)　テマ制　(イ)　イクター制}がとられるようになった。

その11世紀に，中央アジアで遊牧生活を営んでいたトルコ系の人々によってセルジューク朝が建国された。創始者トゥグリル=ベクは，1055年，(　10　){(ア)　アッバース朝　(イ)　マムルーク朝}を追ってバグダードに入城し，カリフからスルタンの称号を認められた。ついでセルジューク朝は西方に勢力を拡大し，アナトリアへ侵出した。これに脅威を感じたビザンツ皇帝はローマ教皇に援軍を求めた。こうして始まった十字軍の遠征はその後も繰り返されたが，13世紀初頭に，ローマ教皇(　11　){(ア)　ウルバヌス2世　(イ)　インノケンティウス3世}が提唱し，ヴェネツィア商人が主導した第4回十字軍は，聖地回復という当初の目的を逸脱し，ビザンツ帝国の首都コンスタンティノープルを占領した。ビザンツ帝国は1261年に首都を奪回するものの，1453年，オスマン帝国の(　12　){(ア)　バヤジット1世　(イ)　スレイマン1世}によって滅ぼされた。ビザンツ帝国滅亡後は，ビザンツ帝国最後の皇帝の姪ソフィアと結婚したモスクワ大公国の(　13　){(ア)　ウラディミル1世　(イ)　カジミェシュ大王(カシミール大王)}がローマ皇帝の後継者を任じ，ツァーリの称号を用いるようになった。(　14　){(ア)　ノルマン朝　(イ)　テューダー朝}のイギリスと(　15　){(ア)　カロリング朝　(イ)　カペー朝}のフランスの間で始まった百年戦争が終結したのは，ビザンツ帝国が滅亡したのと同じ1453年のことである。

〔語群〕

(ウ) 東ゴート	(エ) ホスロー1世	(オ) イヴァン3世
(カ) ランゴバルド	(キ) 6世紀前半	(ク) 木版印刷
(ケ) 恩貸地制	(コ) ヴァロワ朝	(サ) ブワイフ朝
(シ) プランタジネット朝	(ス) テオドシウス帝	(セ) ファーティマ朝
(ソ) イヴァン4世	(タ) 金属活字	(チ) アヴァール
(ツ) ブルガール	(テ) サンタ=マリア大聖堂	
(ト) ハギア(セント)=ソフィア聖堂		(ナ) プロノイア制
(ニ) メフメト2世	(ヌ) ボニファティウス8世	
(ネ) セリム1世	(ノ) ステュアート朝	
(ハ) グレゴリウス7世	(ヒ) ブルボン朝	

地理

(60分)

〔Ⅰ〕 山地は，その広がりも高さも様々であり，その成因も今後の変化もスケールに合わせて多様である。山地にはその成因や今後の変化を反映する地形特徴があり，地理では各種地理情報からそれを読み取れることも学習する。そこで山地に関する下の問1～問5について答えなさい。

問1　山地に関する次の文(1)～(6)の下線部①，②の正誤を判定し，①のみ正しい場合は**ア**を，②のみ正しい場合は**イ**を，①，②とも正しい場合は**ウ**を，①，②とも誤っている場合には**エ**をマークしなさい。

(1) 活発な噴火を繰り返す東京都の西之島の報道が2020年内にあった。西之島は東京都心の南約①1,000 kmにある火山島で，この噴火による島の②東への拡大は排他的経済水域を広げる。

(2) 地球を半径1 mの球と考えた際に，ヒマラヤ山脈の延長は約①60 cm以上あり，世界最高峰のエヴェレスト山の海抜高度は約②1.4 cmになる。

(3) 海底では，広がるプレート境界で①玄武岩質の溶岩が湧きだし，細長い高地である海嶺(かいれい)が形成されるが，そのような場所は②三大洋の全てに見られる。

(4) 陸上では，せばまる境界で造山運動が生じ，細長い高地である褶曲(しゅうきょく)山脈が形成されるが，そのような場所では①断層運動や②火山活動による自然災害も起こりやすい。

(5) 日本の山の高さは離島を除き①日本経緯度原点を基準に求められるが，その山頂と思しき場所に三角点記号がある場合，その標高値は②山の高さを示す最高地点のものである。

(6) アルプス山脈は①古期造山帯に属し，そこでは氷河地形の②モレーンが見られる。

問２　元号を冠する平成新山や昭和新山が誕生した火山活動は，関連する地域に多くの被害をもたらしたが，今日ではその復興もなされ，両火山の独特の地形は観光要素ともなって地域経済の活性化に役立っている。このうち火山活動から約 30 年が経過した平成新山の地形，所在地，特徴的な火山活動との正しい組合せを選び，その記号をマークしなさい。

(ア)　溶岩台地―長崎県―火砕流　　(イ)　溶岩台地―長崎県―土石流
(ウ)　溶岩台地―北海道―火砕流　　(エ)　溶岩台地―北海道―土石流
(オ)　溶岩円頂丘―長崎県―火砕流　　(カ)　溶岩円頂丘―長崎県―土石流
(キ)　溶岩円頂丘―北海道―火砕流　　(ク)　溶岩円頂丘―北海道―土石流

問３　**図１**は地理院地図で作成したものであり，そこではカルスト台地の存在を，特徴的な地図情報を根拠に推定できる。次に示す地図情報①～⑤の中で推定根拠として**不適当なもの**をマークしなさい。

(ア)　①補助曲線の存在　　(イ)　②急崖　　(ウ)　③谷の直線性
(エ)　④等高線の毛羽（けば）　　(オ)　⑤矢印の記号

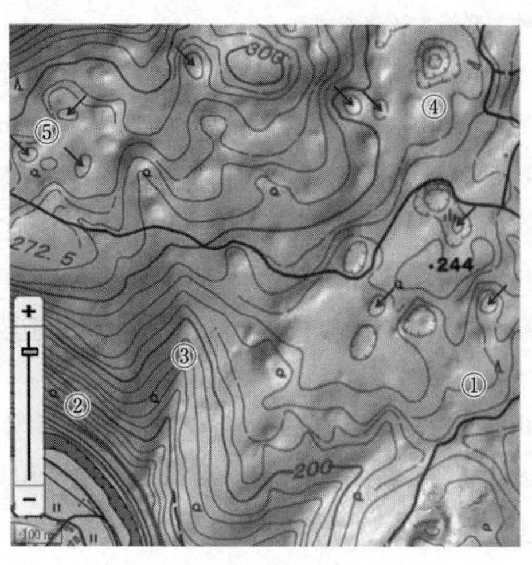

図１

問4　**図2**は地理院地図で作成した北アメリカ大陸一部の陰影図であり，そのa，b，cは，経度・緯度ともに2度範囲で抽出した。それぞれ南西端の緯度は北緯36度で共通するが，西経は82度，96度，106度のいずれかである。**図2**のa，b，cと西経82度，96度，106度との正しい組合せを選び，その記号をマークしなさい。

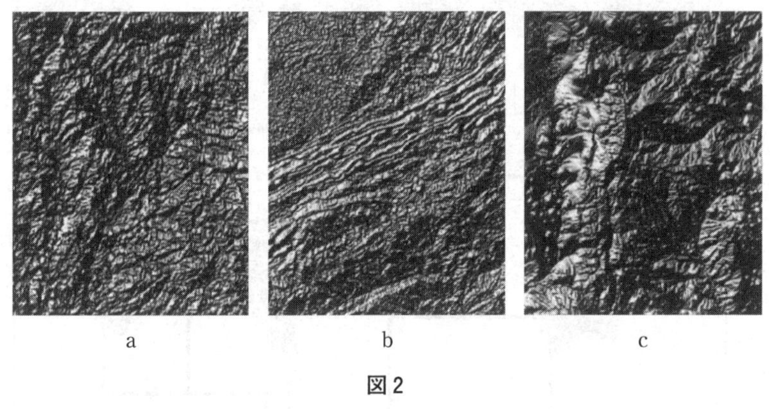

a　　b　　c

図2

(ア)　a—82度　b—96度　c—106度

(イ)　a—82度　b—106度　c—96度

(ウ)　a—96度　b—82度　c—106度

(エ)　a—96度　b—106度　c—82度

(オ)　a—106度　b—82度　c—96度

(カ)　a—106度　b—96度　c—82度

問5　次の**表**は地球表面の高度・深度別割合について，0mを境の1つとして2,000m間隔で示した。なお**表**の末端はある高度以上及び深度以下で集計した割合である。高度・深度別割合は順次配列されており，高度の高い方が**表**の左右のいずれかである。(ア)～(オ)の中から-2,000m～0mの割合を選び，その記号をマークしなさい。

表

単位：%

1.0	37.7	21.0	11.5	25.0	3.3	0.5
	(ア)	(イ)	(ウ)	(エ)	(オ)	

〔Ⅱ〕 世界の水産資源・水産業について，下の**図1**を見ながら該当するものを選び，その記号をマークしなさい。なお，この図は世界の漁場を，太平洋6区，大西洋6区に区分して示している。

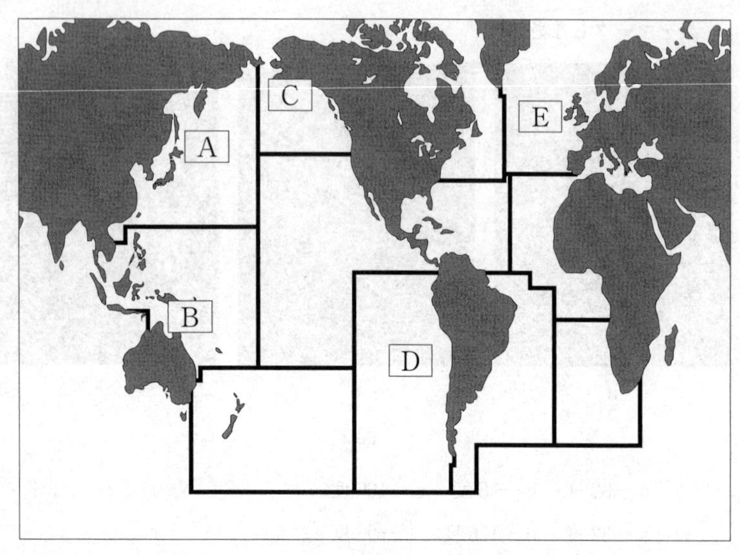

図1

(『令和二年度　水産白書』による。なお小さな島は省いてある。)

問1　世界で最も漁獲量の多い漁区は，**図1**のA～Eのうち，いずれか。

(ア)　A　　(イ)　B　　(ウ)　C　　(エ)　D　　(オ)　E

問2　排他的経済水域とは，国連の海洋法条約によって，領海の基線から200海里と定めた水域で，ここでは沿岸国の資源の探査，開発，保存・管理の主権を認めている。**図1**の漁区A～Eのうちで，その海面の面積に占める排他的経済水域の比率が最も高いと推定できるのは次のいずれか。

(ア)　A　　(イ)　B　　(ウ)　C　　(エ)　D　　(オ)　E

問3　漁業資源の宝庫である浅い水域のドッガーバンクが位置する漁区は，**図1**のA～Eのうちいずれか。

(ア)　A　(イ)　B　(ウ)　C　(エ)　D　(オ)　E

問４　飼料用の魚粉となるアンチョビが最も多く漁獲される漁区で，近年は海水温の異常などで漁獲量が減っている漁区は，**図１**のA～Eのうちいずれか。

(ア)　A　(イ)　B　(ウ)　C　(エ)　D　(オ)　E

問５　**図１**の漁区Aを主な漁場としている日本において，最も多く漁獲される魚種(トン)の組合せは，次のいずれか。

(ア)　まいわし，さば類　(イ)　かつお，ぶり類

(ウ)　すけとうだら，かに類　(エ)　いか，えび類

問６　次の**表**は，「魚類」と「甲殻類(えび・かに類)・軟体動物(いか・たこ類)」の輸出額と輸入額について，上位５位までの国あるいは地域を示したものである。**表**中の各記号は同じ国(地域)を示す。次の(1)～(3)の問題に答えなさい。

表

(単位)百万米ドル，(年次)2019 年

輸出				輸入			
魚類		甲殻類・軟体動物		魚類		甲殻類・軟体動物	
国	金額	国	金額	国	金額	国	金額
α	10,598	インド	5,279	γ	9,576	β	5,981
β	7,931	エクアドル	3,913	n	7,529	γ	5,792
m	5,436	β	3,609	β	6,547	n	3,101
スウェーデン	4,018	ベトナム	2,485	スウェーデン	4,381	スペイン	3,094
γ	3,511	インドネシア	1,857	フランス	3,425	イタリア	1,766

(『世界の統計 2021』より)

(1)　**表**中の α は**図１**の漁区Eに属する国である。その国は次のいずれか。

(ア)　フィンランド　(イ)　イギリス

(ウ)　ノルウェー　(エ)　オランダ

(2) **表**中のβは**図 1** の漁区Ａに属する国(地域)である。それは次のいずれか。

(ア) 日本　(イ) 韓国　(ウ) 台湾　(エ) 中国

(3) **表**中のγの国(地域)は，**図 1** の漁区Ａ～Ｅのうちで，次のいずれに属するか。

(ア) Ａ　(イ) Ｂ　(ウ) Ｃ　(エ) Ｄ　(オ) Ｅ

問 7　次の**図 2** は日本の漁業別漁獲量(万トン)について，沿岸漁業，沖合漁業，遠洋漁業の年次別推移を示したものである。このうちで遠洋漁業と沖合漁業の組合せとして正しいのは次のいずれか。

(ア) 遠洋漁業：X　沖合漁業：Y　(イ) 遠洋漁業：X　沖合漁業：Z

(ウ) 遠洋漁業：Y　沖合漁業：X　(エ) 遠洋漁業：Y　沖合漁業：Z

(オ) 遠洋漁業：Z　沖合漁業：X　(カ) 遠洋漁業：Z　沖合漁業：Y

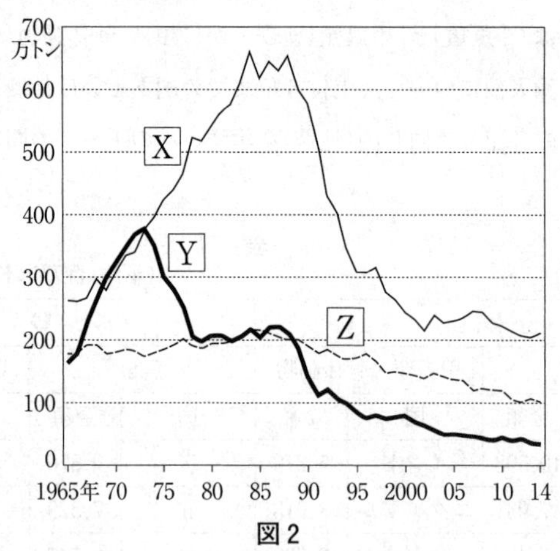

図 2

(『漁業・養殖業生産統計年報』より作成)

問 8　現在の日本の水産業で伸びているのは養殖漁業で，のり，ぶり類(はまちなど)，ほたて貝，真珠がその主要な品目である。次の県は 2017 年のそれぞれの品目で生産量が第 1 位である。このうち，ほたて貝に該当するのは次のいずれか。

(ア) 青森県　(イ) 愛媛県　(ウ) 佐賀県　(エ) 鹿児島県

〔Ⅲ〕 第三次産業について述べた次の文を読み，問1～問7に答えなさい。

世界の国々では，就業人口における第三次産業①の割合が高まっている。日本では，第二次世界大戦後，農村から都市への人口移動が進み，都市を中心として商業やサービス業が発展したことにより②，第三次産業人口の割合が高まった。そして，20世紀末以降になると，様々な産業の東京一極集中が顕著となり③，第三次産業の職種が多様化した。2010年代には海外からの観光客が増え，日本各地で外国人観光客の増加④に対応する業種が拡大している。

日本の各都市では，1990年代以降になると商業の立地が変化してきた。県庁所在都市の都心部では，〔　1　〕や〔　2　〕が中心的な存在であるが，近年，〔　3　〕によって郊外化が進み，ロードサイドに〔　4　〕などが展開するようになった。そして，都市の至る所に〔　5　〕が展開して人々の消費生活を支えている。一方，日本の農山村地域を中心に，買い物弱者問題⑤が発生した。

また，世界の各都市では土地利用が変化し，第三次産業が成長している。ロンドンのドックランズのように，荒廃した⑥〔(ア)　ウォーターフロント　(イ)　金融街　(ウ)　城郭跡　(エ)　住宅地〕が再開発される事例が増えている。なお日本では，東京都港区の“汐留”や埼玉県さいたま市の“さいたま新都心”など，⑦〔(ア)　卸売団地　(イ)　学校跡地　(ウ)　軍用地　(エ)　鉄道用地〕が再開発される例が見られる。

問1　下線部①について，下の図はアジア，ヨーロッパ，南アメリカ(アルゼンチンを除く)における人口上位10カ国における産業別人口比率(2019年)を三角グラフに示したものである。(1)アジア，(2)南アメリカとして適当なものを選び，その記号をマークしなさい。

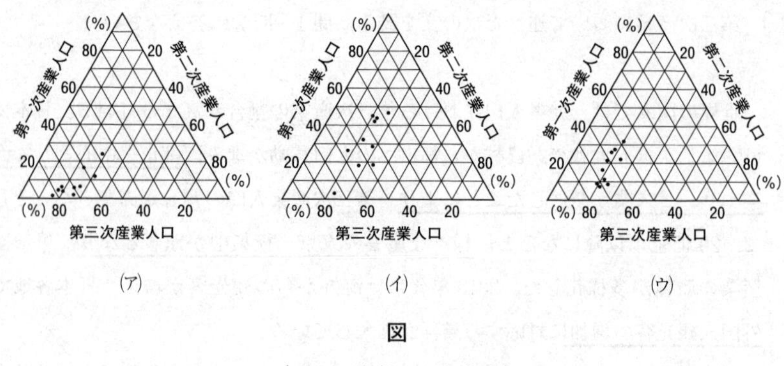

図

(ILOの資料により作成)

問2　下線部②について，日本の商業・サービス業における発展について述べた文として，**最も不適当なもの**を選び，その記号をマークしなさい。

(ア)　セルフサービス方式を採用したチェーン店が成長しており，個人商店の経営を圧迫してきた。

(イ)　東京などの大都市では，金融，広告や情報産業などの企業向けサービス業が発展している。

(ウ)　全国の地方都市では，ショッピングセンターの立地が増え，都市中心部が活性化している。

(エ)　大都市では単身世帯が増えており，コンビニエンスストア(コンビニ)が単身者の生活を支えるようになった。

問3　下線部③について，東京都への集中度(全国に占める東京都の割合)を示した下の**表**について，(1)小売業年間販売額(2016年)と，(2)ソフトウェア業年間売上高(2018年)に該当する指標として適当なものを選び，その記号をマークしなさい。なお，他の3つの指標は，卸売業年間販売額(2016年)，預金残高(2020年)と製造品出荷額等(2017年)である。

表

	人口	面積	(ア)	(イ)	(ウ)	(エ)	(オ)
東京都への集中度	10.3%	0.6%	2.4%	13.8%	35.3%	41.0%	52.0%

出典：『地域経済総覧2021年版』

問4　文中の〔　1　〕～〔　5　〕の空欄に入る言葉の組合せとして適当なものを選び，その記号をマークしなさい。

(ア)　1：商店街　2：コンビニ　3：情報化　4：百貨店　5：専門量販店

(イ)　1：百貨店　2：商店街　3：モータリゼーション　4：専門量販店　5：コンビニ

(ウ)　1：専門量販店　2：商店街　3：モータリゼーション　4：百貨店　5：コンビニ

(エ)　1：専門量販店　2：コンビニ　3：情報化　4：商店街　5：百貨店

問5　下線部④について，2010年代後半における，外国人観光客の増加に伴って生じた現象を説明した文として，**最も不適当なもの**を選び，その記号をマークしなさい。

(ア)　新幹線や航空機など，全国各地を結ぶ交通機関の利用が拡大した。

(イ)　千葉県や大阪府にあるテーマパークの入園者が増加した。

(ウ)　大都市ではビジネスホテルだけでなくゲストハウスの新規開業が続いた。

(エ)　東アジアからの観光客が増えているが，訪日旅行者数に占める割合は50%を超えていない。

問6　下線部⑤について，買い物弱者問題の発生要因として，**最も関連性の低いもの**を選び，その記号をマークしなさい。

(ア)　公共交通機関の衰退　　(イ)　人口の高齢化

(ウ)　個人商店の衰退　　(エ)　高速道路網の充実

問7　〔　⑥　〕と〔　⑦　〕の選択肢から適当なものを選び，その記号をマークしなさい。

〔Ⅳ〕 次の図はヨーロッパ(ユーラシア大陸のウラル山脈以西)に位置する内陸国A国・B国の国境線の全体と両国に国境が接する5カ国(C～G国)の国境線の一部を，位置関係がわかるように模式的に描いたものである。図の上方が北の方位である。D国は旧ソビエト連邦の構成国の1つである。また，F国は永世中立国であり，EU加盟国でもある。この図に関連する問1～問10に答えなさい。

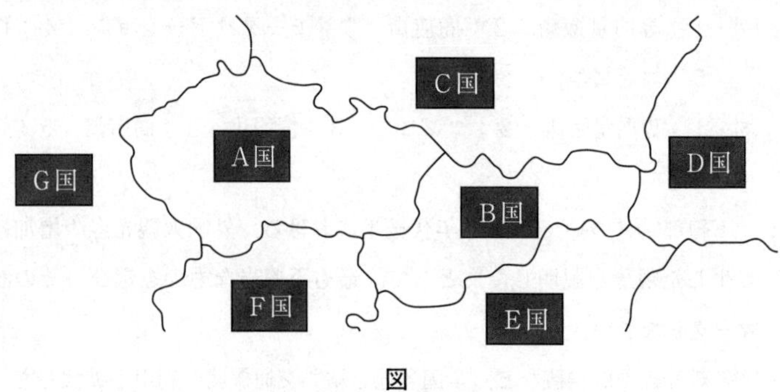

図

問1　図中の地域のおおよその緯度は次のいずれか。

(ア)　北緯30度前後　　(イ)　北緯40度前後

(ウ)　北緯50度前後　　(エ)　北緯60度前後

問2　次の表は，図中のD国の首都の平均気温(上段，単位℃)と平均降水量(下段，単位mm，全年のみ合計値)を示している。この都市の気候区分(ケッペンの気候区分)は次のいずれか。

(ア)　BS　　(イ)　Cfa　　(ウ)　Cfb　　(エ)　Dw　　(オ)　Df

表

1月	2月	3月	4月	5月	6月	7月	8月	9月	10月	11月	12月	全年
-3.5	-2.8	1.9	9.3	15.6	18.6	20.5	19.7	14.2	8.3	1.7	-2.2	8.4
36.4	37.1	36.4	44.8	58.4	83.9	70.1	58.7	59.0	36.6	48.4	41.3	611.1

『理科年表2021』による。

問３　**図**中の国々（Ａ～Ｇ国）のうち，2013 年６月，豪雨によって首都の中心部を流れるヴルタヴァ川（エルベ川の支流）が氾濫し，大きな被害を記録した国は次のいずれか。

(ア)　Ａ国　　(イ)　Ｂ国　　(ウ)　Ｅ国　　(エ)　Ｆ国

問４　**図**中の国々（Ａ～Ｇ国）の面積(2015 年)・人口(2018 年)・GDP(国内総生産，2016 年)に関して述べた次の文(ア)～(エ)のうち，最も適当なものを選び，その記号をマークしなさい。

(ア)　面積も人口も GDP もＧ国が最大である。

(イ)　人口と GDP はＧ国が最大であるが，面積はＤ国が最大である。

(ウ)　GDP はＧ国が最大であるが，人口と面積はＤ国が最大である。

(エ)　面積も人口も GDP もＤ国が最大である。

問５　**図**中の国々（Ａ～Ｇ国）のうち，石炭（無煙炭と瀝(れき)青炭）の産出量(2015 年)が第１位・第２位の国の正しい組合せは次のいずれか。

	第１位	第２位
(ア)	Ｃ国	Ｄ国
(イ)	Ｃ国	Ｅ国
(ウ)	Ｄ国	Ｃ国
(エ)	Ｄ国	Ｅ国
(オ)	Ｅ国	Ｃ国
(カ)	Ｅ国	Ｄ国

問６　**図**中の国々（Ａ～Ｇ国）に関して述べた次の文(ア)～(エ)のうち，**最も不適当なもの**を選び，その記号をマークしなさい。

(ア)　Ａ国とＢ国はかつて同じ国（連邦国家）であった。

(イ)　Ｃ国で最も多く信仰されているのはキリスト教のカトリック（旧教）である。

(ウ)　Ｅ国の民族構成は，ラテン系のワロン人が過半数を占めている。

(エ)　Ｆ国とＧ国は公用語が同じである。

問7　A国とG国との国境の一部をなす山脈(山岳国境)およびそれと最も関係の深い地体構造の正しい組合せは次のいずれか。

	山脈名	地体構造
(ア)	エルツ山脈	新期造山帯
(イ)	エルツ山脈	古期造山帯
(ウ)	アルプス山脈	新期造山帯
(エ)	アルプス山脈	古期造山帯
(オ)	カルパティア山脈	新期造山帯
(カ)	カルパティア山脈	古期造山帯

問8　D国の代表的な工業地帯は次のいずれか。

(ア)　ボヘミア　　(イ)　クズネック

(ウ)　ドニエプル　　(エ)　シロンスク(シュレジェン)

問9　生産量(2016年)においてD国が世界4位，G国が世界6位，C国が世界8位を占める農作物は次のいずれか。

(ア)　ブドウ　　(イ)　落花生　　(ウ)　オリーブ　　(エ)　ジャガイモ

問10　F国とスイスに国境が接する人口約4万人(2018年)の小国ながら，世界トップレベルの一人あたりGDP(2016年)を誇るのは次のいずれか。

(ア)　アンドラ　　(イ)　ルクセンブルク

(ウ)　モルドバ　　(エ)　リヒテンシュタイン

政治・経済

(60 分)

〔Ⅰ〕 次の会話文を読んで，問(A)～問(L)に答えなさい。なお，各問題は，2021 年７月１日までに参照することのできた各公表資料などの内容に沿って作成されたものである。

姉：おかえり。

妹：あ，お姉ちゃん。ただいま。お姉ちゃんは今日，家にいたんだね。

姉：今日は①テレワークだったからね。さっきまで，オンラインで同僚の人たちと会議していたよ。

妹：そっか。今さらだけど，家にいながら他の人たちと会議できるってすごいよね。

姉：確かにね。新型コロナウイルス感染症の影響はいろいろあるけれど，ウェブ会議を利用する機会がすごく増えたのもその一つだよね。仕事以外でも，オンラインで友達と一緒にご飯を食べたり話したりしているよ。

妹：ＳＮＳ(ソーシャル・ネットワーキング・サービス)を使う機会も増えた気がする。家にいる時間が増えた分，友達とＳＮＳでやり取りしたり，芸能人の写真や動画の投稿を見たりすることが多くなったな。コメントするとたまに反応があるから，芸能人もすごく身近に感じられるんだよね。

姉：分かる。昔はファンレターを送るくらいしか，ファンとしてメッセージを伝える方法がなかったと思うんだけど……。でも，気軽だからこそ，芸能人に対してＳＮＳで傷つけるようなコメントを書く人も多いよね。

妹：そうだね。②リアリティ番組に出演していた女子プロレスラーの方が，ＳＮＳで誹謗中傷を受けて，亡くなってしまうという痛ましい事件もあったね。

姉：こういったことを背景に，誹謗中傷対策について具体的な取り組みが進んでいるみたいだよ。例えば，誹謗中傷者の身元情報の開示手続の改革とかね。

妹：それはいいことだね。誹謗中傷するような人の情報はすばやく開示して，簡単に訴えられるようにしたほうがいいよ。

姉：そうなんだけど，なかなか簡単なことじゃないんだと思う。誹謗中傷対策をするときには，同時に，表現の自由③とのバランスを考える必要もあるだろうから。正当な批判と誹謗中傷との区別も重要だと思うし，正当な表現は守られないといけないよね。

妹：確かに。個人の名誉やプライバシー権④などをいかに守って被害者を保護するかということと，表現の自由などとのバランスが重要になるのか。ねえお姉ちゃん，もし私たちがインターネットの書き込みで誹謗中傷などの被害を受けたときは，どうすればいいのかな？法制度がしっかり整備されても，いざ自分が被害を受けたときにいきなりそれを使えるかというと，やっぱり難しそう。

姉：そうだねえ……。あ，今調べてみたんだけど，いろいろな相談窓口があるみたい。例えば，悩みや不安を聞いてほしいなら，厚生労働省⑤の「まもろうよこころ」というページで，相談窓口の紹介がされているよ。電話やＳＮＳなど，さまざまな方法による相談ができるんだって。もっと具体的に，誹謗中傷の書き込みの削除依頼の方法についてアドバイスがほしいときや，削除要請を代わりにやってほしいってときは，例えば，法務省⑥の「人権相談」が利用できそう。国の機関以外にも，相談を受けてくれるところはいろいろあるね。

妹：そうなんだ！自分だけで解決しようとしなくても，まず相談できるところがたくさんあるんだね。それにしても，今は本当にＳＮＳの影響力が大きいな。

姉：スマートフォンなどで手軽に見られることも一因なのかな。最新のニュースが見たいとき，まずニュースサイトやＳＮＳにアクセスすることが多いし。ただ，インターネット上ではいろんな人が自由に情報を発信できるから，間違った情報が拡散されることもあるんだよね。

妹：そうなんだよね。私もよくブログやニュースサイトを読むけど，情報をうのみにしないで，主体的に情報を読み解くこと⑦が大事だなと思ってるよ。

姉：それを意識できているのはえらいね。インターネットに限らず，マスメディア⑧から情報を受け取るときには，その意識を持つ必要があると思うな。そういえば，世論の形成において，客観的事実が感情や個人的信念へのアピールほど影響力を持たなくなった状況のことを(　1　)というけれど，今の時代をよく表しているように思うな。事実でなくても，面白かったり共感できたりする内容は特に拡散されやすいもんね。

妹：ＳＮＳだとボタン一つで気軽に情報を拡散できるからなあ。私自身も情報を発信したり，ＳＮＳ上で情報をシェアしたりすることがあるから，情報の真偽をきちんと意識しないと。他にも，インターネットを利用するときに注意すべきことはあるかな？

姉：そうだなあ。私は最近，インターネット上でなされる知的財産権の侵害が気になるな。

妹：知的財産権か……。商品やサービスに付けられるマークに関する(　2　)や，小説，美術，音楽などの著作者が有する著作権などだよね。特にインターネットでの著作権侵害といえば，漫画を無断で掲載した海賊版サイトの「漫画村」が大きな話題になったのを覚えているよ。ここまでの規模でなくても，ウェブ上に画像や動画などをアップロードするのはすごく手軽だから，違法だと気づかずにやってしまう人もいるのかも。

姉：そうかも。アップロードだけじゃなくて，⑨違法にインターネット上に掲載された海賊版だと知りながらダウンロードする行為も，違法となりうるから注意が必要だよ。

妹：こうして考えてみると，インターネットって便利だしものすごく身近な存在だけれど，気をつけるべきことも多いよね……。使うのがちょっと怖くなってきた。

姉：インターネットやＳＮＳなどを賢く活用する知識・知恵，ルールを守って使える健全な心，安全に利用するための危機管理意識が重要だと思うよ。正しく使えば，インターネットからたくさんの恩恵も受けられるわけだしね。例えば，私が今読んでいるこの本，日本では売られてなかったから，インターネットを通じて外国から取り寄せたんだ。インターネットのおかげで，⑩国際的な取引も簡単になったよね。

妹：そうだよね。インターネットのおかげで，海外の物や出来事にも触れやすくなったと思う。これからも，正しくインターネットと付き合っていけたらいいな。

問(A)　下線部①に関連して，総務省ホームページにおいて「テレワークの意義・効果」として挙げられているものは，次の(x)～(z)の中でいくつあるか。最も適当な数を次の(ア)～(エ)から一つ選び，その記号をマークしなさい。

(x)　家族と過ごす時間，自己啓発などの時間増加

(y)　オフィスの分散化による，災害時等の迅速な対応

(z)　交通代替によるCO2の削減等，地球温暖化防止への寄与

(ア)　0　(イ)　1　(ウ)　2　(エ)　3

問(B)　下線部②に関連して，放送における言論・表現の自由を確保しつつ，視聴者の基本的人権を擁護するため，放送への苦情や放送倫理の問題に対応する，ＮＨＫと民放連によって設置された第三者機関がある。この機関を指すものとして最も適当なものを次の(ア)～(エ)から一つ選び，その記号をマークしなさい。

(ア)　ＳＥＯ　(イ)　ＳＣＯ　(ウ)　ＩＳＯ　(エ)　ＢＰＯ

問(C)　下線部③に関する説明として最も適当なものを次の(ア)～(エ)から一つ選び，その記号をマークしなさい。

(ア)　立川反戦ビラ事件判決(最高裁平成20年4月11日判決)は，「表現の自由は，民主主義社会において特に重要な権利として尊重されなければならず，被告人らによるその政治的意見を記載したビラの配布は，表現の自由の行使ということができる」ため，「ビラの配布のための立ち入りを処罰することは，憲法二一条一項に違反する」とした。

(イ)　東京都公安条例事件判決(最高裁昭和35年7月20日判決)は，東京都公安条例における集団行動の事前許可制が「表現の自由に対する必要にしてやむを得ない最小限度の規制とはみとめ難く，憲法の趣意に沿わない」として，本件条例全体が憲法二一条一項に違反し無効であるとした。

(ウ)　チャタレイ事件判決(最高裁昭和32年3月13日判決)は，「憲法二一条の保障する表現の自由は，他の基本的人権に関する憲法二二条，二九条の場合のように制限の可能性が明示されていないから，絶対無制限であり，

公共の福祉によつても制限できない」とした。

(エ)　第一次家永訴訟(最高裁平成5年3月16日判決)は，当該事件において問題となった高等学校用の教科用図書の検定が，「一般図書としての発行を何ら妨げるものではなく，発表禁止目的や発表前の審査などの特質がないから，検閲に当たらず，憲法二一条二項前段の規定に違反するものではない」とした。

問(D)　下線部④に関する説明として最も適当なものを次の(ア)～(エ)から一つ選び，その記号をマークしなさい。

(ア)　石に泳ぐ魚事件判決(最高裁平成14年9月24日判決)は，「人格的価値を侵害された者は，人格権に基づき，加害者に対し，現に行われている侵害行為を排除し，又は将来生ずべき侵害を予防するため，侵害行為の差止めを求めることができる」とした。

(イ)　最高裁は，その平成29年1月31日決定において，「検索事業者が，ある者に関する条件による検索の求めに応じ，その者のプライバシーに属する事実を含む記事等が掲載されたウェブサイトのＵＲＬ等情報を検索結果の一部として提供する行為は，その者の忘れられる権利を侵害するものとして，違法となりうると解するのが相当である」と判断した。

(ウ)　犯罪捜査のための通信傍受に関する法律(通信傍受法)は，裁判官の令状に基づく，捜査機関による電話・メールなどの傍受を認めているが，いかなる方法の傍受においても常に通信事業者による立会いを要するとしており，これによってプライバシーの権利の保護が図られている。

(エ)　(ア)から(ウ)は，いずれも誤っている。

問(E)　下線部⑤に関連して，現在の厚生労働省の外局として最も適当なものを次の(ア)～(エ)から一つ選び，その記号をマークしなさい。

(ア)　スポーツ庁　　(イ)　社会保険庁

(ウ)　中央労働委員会　　(エ)　公害等調整委員会

問(F)　下線部⑥に関する説明として最も適当なものを次の(ア)～(エ)から一つ選び，

その記号をマークしなさい。

(ア)　2001年の中央省庁再編により，自治省と統合されてできたのが，現在の法務省である。

(イ)　法務大臣は，公正取引委員会の委員長及び委員を任命する。

(ウ)　内閣人事局の令和2年10月9日付の公表資料「国家公務員法第106条の25第2項等の規定に基づく国家公務員の再就職状況の公表について」によると，令和元年度において，国家公務員のうち一般職の管理職職員であった者等の再就職の届出(在職中の届出，離職後の事前届出及び離職後の事後届出の合計)は，法務省職員であった者から最も多くなされている。

(エ)　2001年の中央省庁再編より後に，出入国在留管理庁が法務省の外局として設置された。

問(G)　下線部⑦のような能力を示す語句として最も適当なものを次の(ア)～(エ)から一つ選び，その記号をマークしなさい。

(ア)　ポピュリズム　　(イ)　メディア・リテラシー

(ウ)　トレーサビリティ　　(エ)　スピン

問(H)　下線部⑧に関する説明として最も適当なものを次の(ア)～(エ)から一つ選び，その記号をマークしなさい。

(ア)　北方ジャーナル事件判決(最高裁昭和61年6月11日判決)は，「一定の記事を掲載した雑誌その他の出版物の印刷，製本，販売，頒布等の仮処分による事前差止めは，裁判の形式によるとはいえ……簡略な手続によるものであるため，憲法二一条二項前段にいう検閲に当たり，常に認められないものというべきである」と判示した。

(イ)　放送をする無線局に関する規定を置いている電波法によると，無線局を開設しようとする者は，法務大臣の免許を受けなければならない。

(ウ)　マスメディアの選挙報道においてある候補者を当選確実だと報じることが，当該候補者に投票する人を増やすという結果をもたらすことを，アンダードッグ効果という。

(エ)　博多駅テレビフィルム提出命令事件決定(最高裁昭和44年11月26日決

定)は,「報道の自由とともに,報道のための取材の自由も,憲法二一条の精神に照らし,十分尊重に値いするものといわなければならない」と判示した。

問(I)　文中の(　1　)に入れるのに最も適当な語句を次の(ア)～(エ)から一つ選び,その記号をマークしなさい。なお,(　1　)は,オックスフォード辞書の2016年の「今年の言葉」(the Oxford Dictionaries Word of the Year 2016)として選ばれたものである。

(ア)　ポスト真実　　(イ)　ファクトチェック

(ウ)　コマーシャリズム　　(エ)　ニューメディア

問(J)　文中の(　2　)には,「文字,図形,記号,立体的形状若しくは色彩又はこれらの結合,音その他政令で定めるもの」であって,「業として商品を生産し,証明し,又は譲渡する者がその商品について使用をするもの」,あるいは,「業として役務を提供し,又は証明する者がその役務について使用をするもの」につき,特許庁長官に登録出願をし,審査を経て登録査定となった後,登録料を納付することでなされる設定の登録により発生する権利が入る。(　2　)に入れるのに最も適当な語句を次の(ア)～(エ)から一つ選び,その記号をマークしなさい。

(ア)　実用新案権　　(イ)　特許権　　(ウ)　商標権　　(エ)　育成者権

問(K)　下線部⑨に関連して,「著作権法及びプログラムの著作物に係る登録の特例に関する法律の一部を改正する法律」が,令和2年6月5日に成立した(令和2年著作権法改正)。これにより改正された著作権法に関する説明として最も適当なものを次の(ア)～(エ)から一つ選び,その記号をマークしなさい。

(ア)　令和2年著作権法改正以前は,著作権を侵害してアップロードされた音楽であっても,そのダウンロードは違法となりえなかった。

(イ)　漫画などのアップロードが国外で行われていても,国内で行われたとしたならば著作権の侵害となるべきものである場合,そのダウンロードは違法となりうる。

(ウ)　著作権を侵害してアップロードされた漫画であっても，個人的に楽しむためにダウンロードするのであれば違法とはなりえない。

(エ)　令和 2 年著作権法改正により，著作権を侵害してアップロードされた小説をダウンロードする行為も違法とされたが，これは民事上違法であるにとどまり，いかなる態様のダウンロードであっても刑事罰の対象とはなりえない。

問(L)　下線部⑩に関連して，国際的な取引等をめぐる紛争の解決には，国際仲裁が用いられる場合がある。仲裁に関連して，以下の文中の(　a　)に入る語句として最も適当なものを次の(ア)～(エ)から一つ選び，その記号をマークしなさい。

平成 16 年に成立した，通称(　a　)法は，内外の社会経済情勢の変化に伴い，訴訟手続によらずに民事上の紛争の解決をしようとする紛争の当事者のため，公正な第三者が関与して，その解決を図る手続が，第三者の専門的な知見を反映して紛争の実情に即した迅速な解決を図る手続として重要なものとなっていることに鑑み，当該手続についての基本理念及び国等の責務を定めるとともに，民間紛争解決手続の業務に関し，認証の制度を設け，併せて時効の完成猶予等に係る特例を定めてその利便の向上を図ること等により，紛争の当事者がその解決を図るのにふさわしい手続を選択することを容易にし，もって国民の権利利益の適切な実現に資することを目的とする。

(ア)　ＡＤＲ　　(イ)　ＡＲＦ　　(ウ)　ＡＥＤ　　(エ)　ＡＴＴ

〔Ⅱ〕 第二次世界大戦後の自由貿易体制に関する以下の文章を読んで，問(A)～問(M)に答えなさい。

1929 年のニューヨークの株価大暴落に端を発した世界恐慌への対応として，自国やその植民地などを高い関税で保護し，他地域との貿易や資本の移動を制限する(　1　)を形成するような国が出現するようになった。こうした排他的な政策は 1930 年代の世界経済を大きく停滞させ，第二次世界大戦を引き起こす一つの要因となったと考えられている。この反省から，戦後においては外国為替相場の安定をはかり，これによって自由貿易による国際貿易の拡大を目指す体制がつくられた。この一つの大きな柱として，(　2　)年に発効したＧＡＴＴ(関税及び貿易に関する一般協定)がある。

ＧＡＴＴは，自由貿易，無差別(最恵国待遇①・内国民待遇)，多角主義の三原則にのっとり，多国間貿易交渉を通して貿易自由化の実現を目指してきた。例えば(　3　)・ラウンド(1964-1967 年)や(　4　)・ラウンド(1973-1979 年)では関税引き下げをはじめ，ダンピング②の禁止や輸出補助金，輸入の際の排他的な規格・検査手続きなどといった非関税障壁の撤廃も議論された。また，その後のウルグアイ・ラウンド(1986-1994 年)では，新たにサービス貿易や知的所有権に関するルール作りが行われた。その合意協定である(　5　)に基づき，モノの貿易(ＧＡＴＴ)にサービス貿易に関する協定である(　6　)および知的財産権に関する協定である(　7　)を統合し，新たに世界貿易機関(ＷＴＯ)が 1995 年１月に発足した。なお，ＷＴＯのルールでは輸入急増による国内産業の被害を軽減するための一時的な緊急輸入制限措置である(　8　)が認められている。

ＷＴＯ体制が成立するころ，発展途上国を含めてほぼすべての国が自由貿易体制に統合されるようになっていた。ウルグアイ・ラウンドでは，発展途上国の主要な輸出品目の一つである(　9　)の貿易に関しても議論され，当該分野の先進国市場の自由化も始まった。しかし，この全世界的な貿易自由化を中心とする経済のグローバル化が，南北格差を拡大させる傾向をみせはじめ，そうした途上国側の課題も交渉の場に上るようになった。こうした状況下で 2001 年に交渉が始まったドーハ・ラウンドが「ドーハ開発アジェンダ」と呼ばれるのはこのためである。しかしこのドーハ・ラウンドの交渉では，多くの場面において先進国と途上国間の対立が目立つようになり，ドーハ・ラウンドの一括合意が断念される事態に陥った。

こうした事態に対し，多くの国は近年，二国あるいは複数の国で協定を結び，自由貿易を促進する方向に転換し始めた。米国・カナダ・メキシコのＵＳＭＣＡや東南アジア諸国連合の(　10　)などがその具体的な協定の例である。日本も2002年に最初の二国間ＥＰＡ③を(　11　)と結んだのを皮切りに，メキシコ，マレーシア，チリなどともＥＰＡを締結するに至った。また日本はさらに地域的な包括的経済連携(　12　)のように，より広範囲にわたる国々と協定を結ぶことで連携を強めつつある。

問(A)　文中の(　1　)に当てはまる語句として最も適当なものを次の(ア)～(エ)から一つ選び，その記号をマークしなさい。

(ア)　経済通貨同盟　　(イ)　ブロック経済

(ウ)　カルテル　　(エ)　経済パートナーシップ

問(B)　文中の(　2　)に当てはまる年として最も適当なものを次の(ア)～(エ)から一つ選び，その記号をマークしなさい。

(ア)　1944　　(イ)　1945　　(ウ)　1947　　(エ)　1948

問(C)　下線部①に関して，最も適当な記述を次の(ア)～(エ)から一つ選び，その記号をマークしなさい。

(ア)　低所得国に対して，特別に有利な関税率を適用すること。

(イ)　輸入品に対し，同じ種類の国内産の商品と同様に，関税を全く課さないことで完全に同等に扱うこと。

(ウ)　自国にとって戦略的に重要な国に対して，特別な優遇措置で貿易上の便宜をはかること。

(エ)　ある国に与える通商上の有利な待遇を，他のすべての加盟国に対しても与えなければならないという原則。

問(D)　文中の(　3　)および(　4　)に当てはまる語句として最も適当なものを，

それぞれ次の(ア)～(キ)から一つ選び，その記号をマークしなさい。

(ア)　東京　(イ)　ハーグ　(ウ)　ブレトン・ウッズ

(エ)　ニクソン　(オ)　ディロン　(カ)　コロンボ

(キ)　ケネディ

問(E)　下線部②に関して，最も適当な記述を次の(ア)～(エ)から一つ選び，その記号をマークしなさい。

(ア)　ブランド商品等の模倣品(偽物)を販売すること。

(イ)　不当に国内市場よりも安い価格で商品を販売すること。

(ウ)　特定の国や民族を対象にした輸入を制限すること。

(エ)　環境や労働に関する規制を満たしていない商品を販売すること。

問(F)　文中の(　5　)に当てはまる語句として最も適当なものを次の(ア)～(エ)から一つ選び，その記号をマークしなさい。

(ア)　スミソニアン協定　(イ)　プラザ合意

(ウ)　マラケシュ協定　(エ)　キングストン合意

問(G)　文中の(　6　)および(　7　)に当てはまる語句として最も適当なものを，それぞれ次の(ア)～(カ)から一つ選び，その記号をマークしなさい。

(ア)　MERCOSUR　(イ)　TRIPS　(ウ)　GATS

(エ)　NAFTA　(オ)　UNCTAD　(カ)　START

問(H)　文中の(　8　)に当てはまる語句として最も適当なものを次の(ア)～(エ)から一つ選び，その記号をマークしなさい。

(ア)　セーフガード　(イ)　モラル・ハザード

(ウ)　協調介入　(エ)　特別引出権

問(I)　文中の(　9　)に当てはまる語句として最も適当なものを次の(ア)～(エ)から一つ選び，その記号をマークしなさい。

(ア)　軽工業品　(イ)　農産品　(ウ)　原油　(エ)　労働力

問(J)　文中の(　10　)に当てはまる語句として最も適当なものを次の(ア)～(エ)から一つ選び，その記号をマークしなさい。

(ア)　ＡＳＥＡＮ　　(イ)　ＡＰＥＣ　　(ウ)　ＡＦＴＡ　　(エ)　ＡＳＥＭ

問(K)　下線部③に関して，その日本語訳として最も適当なものを次の(ア)～(エ)から一つ選び，その記号をマークしなさい。

(ア)　経済連携協定　　(イ)　経済貿易協定

(ウ)　環境貿易協定　　(エ)　自由貿易協定

問(L)　文中の(　11　)に当てはまる国名として最も適当なものを次の(ア)～(エ)から一つ選び，その記号をマークしなさい。

(ア)　米国　　(イ)　タイ　　(ウ)　イギリス　　(エ)　シンガポール

問(M)　文中の(　12　)に当てはまる略称として最も適当なものを次の(ア)～(エ)から一つ選び，その記号をマークしなさい。

(ア)　ＴＰＰ　　(イ)　ＲＣＥＰ　　(ウ)　ＡＥＣ　　(エ)　ＴＩＣＡＤ

〔Ⅲ〕次の文章を読んで，問(A)〜問(E)に答えなさい。

近年，中国の海洋進出に伴い，東シナ海の緊張が高まっている。東シナ海における対立の歴史を振り返ってみよう。

太平洋戦争末期，米軍は日本本土を攻略する拠点として，沖縄に上陸した。沖縄では，住民を巻き込んだ激しい地上戦のすえ，日米双方で約20万人が亡くなった。1945年8月以降，①日本本土は連合国による間接統治を受けたが，沖縄はアメリカの直接統治下に置かれた。

1949年，中国大陸における内戦に勝利した中国共産党が中華人民共和国(中国)を樹立すると，国民党は台湾に撤退した。1950年には，朝鮮戦争が勃発した。アメリカを中心とする国連軍は大韓民国を助けて参戦したのに対し，朝鮮民主主義人民共和国の崩壊を恐れる中国は義勇軍を派遣した。アメリカと中国は朝鮮戦争で交戦し，米中関係は決定的に悪化した。

東アジアの緊張の高まりを受け，アメリカは沖縄の長期保有を決め，恒久的な軍事基地を建設し始めた。1951年，(　1　)首相はサンフランシスコ平和条約と日米安全保障条約に調印したが，平和条約第3条に基づき，沖縄は切り離され，引き続きアメリカの施政下に置かれることとなった。平和条約が発効した1952年4月28日，日本は中華民国と日華平和条約を結び，国交を樹立した。1953年に朝鮮戦争が休戦すると，中国は台湾の「解放」に本腰を入れ始め，国民党政権が実効支配する金門島に砲撃を加えた。

1960年代に入り，沖縄で日本本土への復帰運動が盛り上がると，アメリカは沖縄の潜在主権が日本にあることを認めた。しかし，②アメリカがベトナムへの軍事介入を本格化させると，出撃基地としての沖縄の軍事的価値は高まり，沖縄の施政権返還は遠のいた。(　2　)首相は，沖縄の「核抜き・本土並み」での施政権返還に取り組んだ。実際，沖縄の返還にあたり，核兵器は撤去されたが，米軍基地は他府県レベルにまで減らされることはなく，ほぼそのまま残された。

ところで，アメリカから日本に返還される島々の中には，尖閣諸島が含まれていた。国連アジア極東経済委員会が1969年，東シナ海に石油埋蔵の可能性がある，と報告すると，まず台湾が，続いて中国が，尖閣諸島の領有権を主張し始めた。

アメリカのニクソン大統領は，1971年，翌年の中国訪問を発表した。劇的な米中接近を受けて，日本は中国との国交正常化に動いた。日中共同声明において，「台湾が中華人民共和国の領土の不可分の一部である」という中国政府の立場を，日本は「十分理解し，尊重」する，という立場をとった。これに伴い，日本は中華民国との関係を断絶した。1978年，日中平和友好条約が結ばれたが，その交渉途中，中国の漁船が多数尖閣諸島周辺に集結するという事態が発生している。

1989年，冷戦は終結し，1991年にはソ連が解体した。これに対し，中国は天安門広場で発生した民主化運動を鎮圧し，共産党一党支配は生き残った。1992年，中国は尖閣諸島や南沙諸島などを自国領と定めた領海法を制定した。

1995年，沖縄に駐留する米兵が少女暴行事件を起こすと，沖縄では米軍基地の整理・縮小と日米地位協定の改定を求める大規模な運動が盛り上がった。しかし，アジアの冷戦構造は残っていた。③1996年の台湾初の直接総統選挙をめぐり，中国は台湾海峡でミサイル演習を行い，台湾を威嚇した。これに対し，アメリカは空母を派遣して中国の動きを牽制した。

これを受け，日米両政府は冷戦終結後も日米安保体制を堅持することを確認する一方で，沖縄の基地負担を減らすため，住宅街に近く危険な(　a　)飛行場を返還する，と発表した。しかし，代替施設を沖縄県北部の(　b　)に建設することが条件とされたため，反発が広がった。2009年，(　a　)飛行場の移設先を「最低でも県外」と選挙時に発言した民主党代表の(　3　)が首相に就任すると，多くの沖縄県民は期待した。しかし，(　3　)政権は(　a　)飛行場の移設を実現できず，沖縄県民の期待は失望に変わった。続く(　4　)政権下では，尖閣諸島沖で中国漁船と日本の海上保安庁の巡視船が衝突する事件が発生した。さらに，(　5　)政権が尖閣諸島の3島を国有化すると，中国各地では大規模な反日デモが発生した。

2010年，中国は名目国内総生産において日本を抜き，アメリカに次ぐ第2位となった。台頭する中国に危機感を募らせた(　6　)は2012年，首相に返り咲くと，長年にわたり膠着していた(　a　)飛行場移設を進めるべく(　b　)沖への土砂投入を開始するとともに，南西諸島防衛を重視する姿勢を鮮明にした。2013年に国家主席に就任した習近平は，南シナ海に人工島を造成するほか，東シナ海においても，中国公船による尖閣諸島周辺海域への接近を日常化させている。

問(A)　文中の(　1　)～(　6　)に入れるのに最も適当な人名を下記の語群から一つ選び，その記号をマークしなさい。

〔語群〕

(ア)　池田勇人	(イ)　田中角栄	(ウ)　鳩山由紀夫
(エ)　枝野幸男	(オ)　福田康夫	(カ)　吉田茂
(キ)　安倍晋太郎	(ク)　鳩山一郎	(ケ)　小泉純一郎
(コ)　菅直人	(サ)　森喜朗	(シ)　麻生太郎
(ス)　細川護熙	(セ)　福田赳夫	(ソ)　安倍晋三
(タ)　岸信介	(チ)　菅義偉	(ツ)　野田佳彦
(テ)　佐藤栄作	(ト)　村山富市	

問(B)　下線部①に関して，連合国による占領下の日本で起きた出来事に関する記述として**最も適当でない**ものを，次の(ア)～(エ)から一つ選び，その記号をマークしなさい。

(ア)　日本国憲法が施行された。　(イ)　内務省が廃止された。

(ウ)　女性に参政権が与えられた。　(エ)　保安隊が設立された。

問(C)　下線部②に関して，ベトナム戦争への対応を目的のひとつとして設立された国際組織として最も適当なものを，次の(ア)～(エ)から一つ選び，その記号をマークしなさい。

(ア)　ＣＯＭＥＣＯＮ　(イ)　ＮＡＴＯ　(ウ)　ＡＳＥＡＮ　(エ)　ＯＰＥＣ

問(D)　下線部③に関して，台湾の民主化を推進し，この選挙で当選した人物として最も適当なものを，次の(ア)～(エ)から一つ選び，その記号をマークしなさい。

(ア)　蔣介石　(イ)　鄧小平　(ウ)　蔡英文　(エ)　李登輝

問(E)　文中の(　a　)および(　b　)に入れる語句の組合せとして最も適当なものを次の(ア)～(オ)から一つ選び，その記号をマークしなさい。

	(a)	(b)
(ア)	普天間	嘉手納
(イ)	辺野古	普天間
(ウ)	普天間	辺野古
(エ)	嘉手納	辺野古
(オ)	嘉手納	普天間

〔Ⅳ〕次の文章を読んで，問(A)～問(G)に答えなさい。

日本の中小企業①は，企業数および従業者数において企業全体の大部分を占め，②経済活動の中で大きな役割を果たしている。日本経済が1955年～1973年の高度経済成長③を通して産業構造を高度化させる一方，高度成長期の前期には中小企業と大企業の間で発展速度に差が生じ，資本装備率，生産性，収益性，従業員の賃金などの面で，格差が見られるようになった。1957年度の経済白書において指摘されたこの問題を，経済の(　1　)と言う。

経済成長に伴い，生産する製品の種類が増加し，製造工程が複雑になってくると，大企業は生産工程の一部を請け負ったり，大企業が必要とする機械の部品を継続的に製造したりする(　2　)を求めるようになり，大企業を頂点とするピラミッド型の重層構造が形成された。しかし，1985年のプラザ合意以降，情報技術が発展④し，経済のグローバル化が進むと，大企業は国内の中小企業を中心に事業を進めることが困難となり，また中小企業の中にも，特定の大企業に依存することなく，独自の製品や生産技術を開発し，自ら新たな市場を開拓している企業⑤も見られるようになった。そこで，1999年に(　3　)を改正し，中小企業政策は，(　1　)を前提に大企業との間の格差是正を目的とした政策から，独立した中小企業の自主的な努力の助長と多様で活力ある中小企業の育成を基本理念とする政策へと転換した。

また，小売業においては，中小小売業の事業機会を確保するため，1973年，(　4　)が成立し大規模小売業の出店を抑制してきた。しかしながら，1982年をピークに小売商店数が減少し，1980 年代後半から始まった日米構造協議の中で(　4　)が非関税障壁となっていると指摘されたため，2000 年，(　4　)は廃止された。中小小売業は，身近な買い物の場であるとともに，地域コミュニティの拠点⑥として地域の消費者の生活を支える役割がよりいっそう求められるようになっている。

問(A)　文中の(　1　)～(　4　)に入れるのに最も適当な語句を下記の語群から選び，その記号をマークしなさい。

〔語群〕

(ア)　下請け企業	(イ)　中心市街地活性化法
(ウ)　大規模小売店舗法	(エ)　多国籍企業
(オ)　会社法	(カ)　所得倍増計画
(キ)　デジタル・デバイド	(ク)　労働組合法
(ケ)　ベンチャー企業	(コ)　二重構造
(サ)　大規模小売店舗立地法	(シ)　中小企業基本法

問(B)　下線部①に関して，(　3　)が定める「中小企業者の範囲」に**当てはまらないもの**を次の(ア)～(エ)から一つ選び，その記号をマークしなさい。

(ア)　資本金３億円ならびに従業員数 300 人の製造業

(イ)　資本金１億円ならびに従業員数 100 人の卸売業

(ウ)　資本金１億円ならびに従業員数 300 人の小売業

(エ)　資本金 5,000 万円ならびに従業員数 100 人のサービス業

問(C)　下線部②に関する下記の文章を読み，(　X　)～(　Z　)に当てはまる数字の組合せとして最も適当なものを次の(ア)～(エ)から一つ選び，その記号をマークしなさい。

2021 年度版中小企業白書によると，製造業における中小企業数の割合は(　X　)%，中小企業の従業者数の割合は(　Y　)%である。一方，中

小企業の売上高の中央値は1,500万円で，売上高1,000万円以下に約（　Z　）割の中小企業が存在していることが分かる。他方で，売上高10億円超の中小企業も約3％存在し，中小企業でも売上高の大きい企業は存在していることがわかる。

	（　X　）	（　Y　）	（　Z　）
(ア)	99.5	65.4	4
(イ)	99.5	87.3	6
(ウ)	65.4	46.7	4
(エ)	65.4	87.3	6

問(D)　下線部③の説明として，**最も適当でない**ものを次の(ア)～(エ)から一つ選び，その記号をマークしなさい。

(ア)　平均して年約10％の実質経済成長率で成長し，この間に日本のＧＮＰはほぼ6倍に拡大した。

(イ)　耐久消費財の普及が進み，1970年には電気洗濯機，電気冷蔵庫，カラーテレビの普及率がいずれも80％を超えた。

(ウ)　資本の自由化が段階的に推進されるとともに，ＯＥＣＤへの加盟を果たすなど国際経済社会への復帰が進んだ。

(エ)　アメリカやヨーロッパの先進技術を積極的に導入し，石油化学や鉄鋼産業では各地に関連産業を集めたコンビナートがつくられ，「集積の利益」が追求された。

問(E)　下線部④に関する次の記述のうち，**最も適当でない**ものを次の(ア)～(エ)から一つ選び，その記号をマークしなさい。

(ア)　新型コロナウイルス感染症が拡大する中，インターネットを利用した電子商取引が拡大している。

(イ)　ＩＴとは，ネットワークを利用することでコミュニケーションを活発にすることが意図された言葉である。

(ウ)　総務省の通信利用動向調査(2020年)によると，情報通信機器として，スマートフォンを保有している世帯の割合がパソコンを保有している世帯の割合を上回っていることが明らかとなった。

(エ) 「いつでも，どこでも，何でも，誰とでも」ネットワークに接続できるユビキタス社会は実用化され，あらゆるものがネットワークに接続できるＩｏＴ化が進展している。

問(F) 下線部⑤の説明として，**最も適当でない**ものを次の(ア)〜(エ)から一つ選び，その記号をマークしなさい。

(ア) 日本のベンチャー・ビジネスは，専門性が高く高度な技術を必要とする情報産業などの分野で多く見られる。

(イ) 既存企業が見落とした分野や市場規模が小さいがゆえに参入できなかった分野に活路を見出す企業をニッチ企業という。

(ウ) 新たに事業を開業しようとする人が増えたことにより，日本の開業率は上昇し，国際的にみても高い水準になっている。

(エ) 経済産業省の調査によると，2014年以降，大学での研究成果に基づく特許や新技術を事業化した大学発ベンチャー数が増加している。

問(G) 下線部⑥に関する説明として，**最も適当でない**ものを次の(ア)〜(エ)から一つ選び，その記号をマークしなさい。

(ア) 過疎化が進む農村だけでなく，政令指定都市や中核市においても，小売業の閉店や公共交通機関のサービス停止等により，自宅近くでの日常的な買い物に困っている消費者，いわゆる買い物弱者の存在が問題となっている。

(イ) 空き店舗が増加した商店街の一部では，ＮＰＯ法人や自治体などと協力して空き店舗を活用し，まちの活力を取り戻そうとする活動が広がっている。

(ウ) コンビニエンス・ストアは全国の自治体と，大規模災害が発生した際に帰宅支援サービスを提供したり，必要な物資を供給したりする協定の締結を進めている。

(エ) 地域の中小小売業の中には，商圏内人口の減少にともなって，インターネット上で取引するプラットフォームへ出店する企業が登場している。

数学

◀3教科型・2教科型（英語外部試験利用方式）▶

(60分)

〔Ⅰ〕 次の $\boxed{}$ をうめよ。ただし，$\boxed{③}$，$\boxed{④}$，$\boxed{⑥}$，$\boxed{⑦}$ は数値でうめよ。

p を実数とし，2次方程式

$$x^2 - px - \frac{1}{2}p + 2 = 0$$

の2つの解を α，β とする。このとき，$\alpha^2 + \beta^2$ および $\alpha^3 + \beta^3$ を p の式で表すと，

$$\alpha^2 + \beta^2 = \boxed{①}, \quad \alpha^3 + \beta^3 = \boxed{②}$$

である。また，

$$\left(\alpha + \boxed{③}\right)\left(\beta + \boxed{③}\right)$$

は p によらず，一定の値 $\boxed{④}$ をとる。

α が虚数であるとする。このとき，p のとりうる値の範囲は $\boxed{⑤}$ である。さらに，α の虚部が正の実数であるとすると，α の虚部は $p = \boxed{⑥}$ のとき，最大値 $\boxed{⑦}$ をとる。

〔Ⅱ〕 次の [　　] をうめよ。

次のように定められた数列 $\{a_n\}$，$\{b_n\}$ を考える。

$$\begin{cases} a_1 = 2 \\ b_1 = -1 \end{cases} \quad \begin{cases} a_{n+1} = 6a_n + 2b_n \\ b_{n+1} = 3a_n + 5b_n \end{cases} \quad (n = 1,\ 2,\ 3,\ \cdots\cdots)$$

$n = 1,\ 2,\ 3,\ \cdots\cdots$ に対して，

$$a_{n+1} + \alpha b_{n+1} = \beta(a_n + \alpha b_n)$$

を満たす実数 α，β を求めると，

$$(\alpha,\ \beta) = \left(-1,\ \boxed{\ ①\ }\right),\ \left(\boxed{\ ②\ },\ 8\right)$$

である。よって，数列 $\{a_n - b_n\}$ の一般項は

$$a_n - b_n = \boxed{\ ③\ }$$

となる。また，数列 $\left\{a_n + \boxed{\ ②\ }\ b_n\right\}$ の一般項は

$$a_n + \boxed{\ ②\ }\ b_n = \boxed{\ ④\ }$$

となる。さらに，$\{b_n\}$ の一般項は $b_n = \boxed{\ ⑤\ }$ となり，$\{a_n\}$ の一般項は $a_n = \boxed{\ ⑥\ }$ となる。

〔Ⅲ〕 次の問いに答えよ。

(1) 関数 $y = 2x^3 - 9x^2 - 60x + 275$ の極値を求めよ。

(2) 不等式

$$2x^3 - 9x^2 - 60x + 276 > 1$$

を解け。

(3) (2)で求めた x の範囲で，不等式

$$\log_{(2x^3-9x^2-60x+276)}(2x^2 - x - 1) > \log_{(2x^3-9x^2-60x+276)}(x^2 + x - 2)$$

を解け。

◀2教科選択型▶

(90分)

〔Ⅰ〕 nを3以上の自然数とし，$n \times n$ブロックの街区(各ブロックの大きさはすべて等しい)を考える。例えば$n = 3$の場合は図1のようになる。街区の左上端の点をA，右下端の点をBとして，点Aから点Bまで縦横の街路を通って最短距離で行く道順を考える。このとき，次の問いに答えよ。

(1) 図1のような3×3ブロックの街区について，点Aから点Bまで最短距離で行く道順は何通りあるかを求めよ。

(2) (1)の街区に対して，左から2番目で上から2番目のブロックに，図2のように横方向の街路CDを付け加える。このとき，点Aから点Bまで最短距離で行く道順は何通りあるかを求めよ。

(3) $n \times n$ブロックの街区に対して，左からk番目で上からk番目のブロックに横方向の街路をひとつ付け加えたとき，点Aから点Bまで最短距離で行く道順は，付け加える前と比べて何通り増えるかを，nとkを用いて表せ。ただし，kは$1 \leqq k \leqq n$を満たす自然数とする。

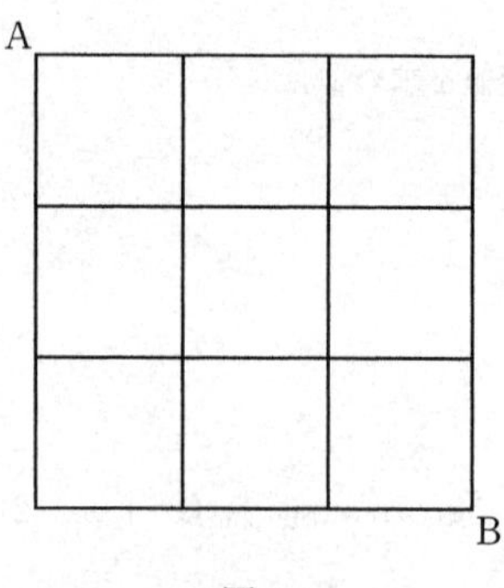

図1

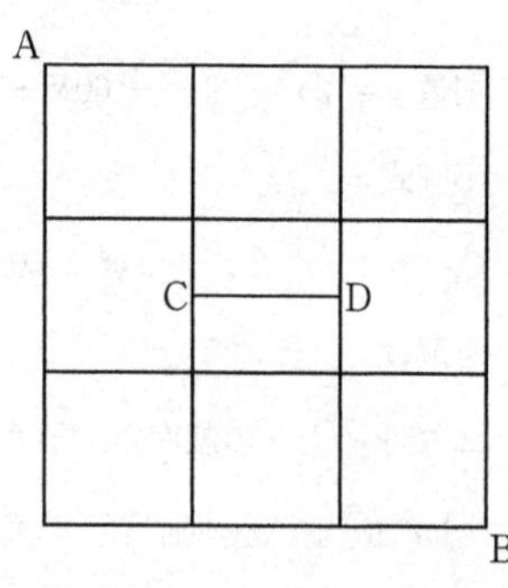

図2

〔Ⅱ〕２曲線

$$C : y = x^2 - \frac{1}{3}x - \frac{10}{3}$$
$$\ell : y = -2|x-1| + 2$$

がある。次の問いに答えよ。

(1) C と ℓ は異なる２つの共有点をもつ。それぞれの座標を求めよ。

(2) C と ℓ で囲まれた部分の面積を求めよ。

〔Ⅲ〕１個のさいころを２回投げて出た目を順に p, q とし，

$$a_1 = 0,\ a_{n+1} = pa_n + q \quad (n = 1,\ 2,\ 3,\ \cdots\cdots)$$

で与えられる数列 $\{a_n\}$ を考える。次の □ をうめよ。

ただし，①，③，⑤，⑥ は p, q, n を用いた式で表せ。

(1) $a_2 \geqq 5$ となる条件は ① であり，その確率は ② である。

(2) $a_3 \geqq 10$ となる条件は ③ であり，その確率は ④ である。

(3) $p = 1$ のとき $a_n =$ ⑤ であり，$p \neq 1$ のとき $a_n =$ ⑥ である。よって $a_5 \leqq 100$ となる確率は ⑦ である。

〔Ⅳ〕 a, b を正の実数とする。

$$f(x) = a\sin^3 x\cos x - b\sin^4 x + b\cos^4 x + a\sin x\cos^3 x - 1$$

とおくとき，次の $\boxed{}$ をうめよ。

$f(x) = \boxed{①}\sin 2x + \boxed{②}\cos 2x - 1$ のように変形できるから，$0 \leqq x \leqq \pi$ における $f(x)$ の最大値 M，最小値 m を a，b を用いて表せば $M = \boxed{③}$，$m = \boxed{④}$ となる。また a，b が $3M + m = 0$ を満たしながら変化するとき，$2a + \sqrt{3}b$ の最大値は $\boxed{⑤}$ である。

(2) 第一〜三節のそれぞれの見出しタイトルとして最も適当なものを選択肢からそれぞれ一つ選び、その記号をマークせよ。

a　プライバシーと法学
b　権利としての視点と統治としての視点
c　プライバシーとプライバシーの権利
d　プライバシーとは何か
e　ヨーロッパとアメリカのプライバシーの思想
f　統治としてのプライバシー
g　政府機関とデータ保護監督機関
h　プライバシーの権利と経済学
i　プライバシー無用論
j　「プライバシー・ナッジ」の可能性

二

▲３教科型・２教科型（英語外部試験利用方式）▼二に同じ。

b　プライバシーとは私秘性に関する多様な事象を指します。

c　このようにプライバシーの権利を説明すると、これを保護するための法制度は、プライバシー・リスクに対処するための無色透明の立法となることがあります。

d　本書では、日本におけるプライバシーの権利の核心にある利益を、憲法第一三条の個人の尊重の原理に照らした人格的利益であると主張します。

e　個人の権利の保障は、国会が制定する法律、行政による法令に基づく運用、そして裁判所による法令解釈を通じて行われます。

f　プライバシーは事後に回復することが困難な権利であるため、実質的害悪が生じていなくても、権利侵害を未然に防止するための統治システムが必要となります。

g　ヨーロッパにおいてプライバシーが統治の問題であるといった場合、個人データ保護の権利の擁護者としての独立した第三者機関(データ保護監督機関)による監視というのが一般的です。

h　プライバシーの権利を考えるにあたり、そもそもプライバシーなどいらない、という見解について考える必要があります。

i　人間は常に合理的な判断を下せないという前提に立ち、より実証的な観点からプライバシーの権利への異論が想定されます。

j　プライバシー権が人格形成の利益を有している以上、自らの人格をまわりの環境にすべて委ねてしまうという安易な方向性を肯定するべきではありません。

㋓　リレキ
a　役職をヘイリのごとく捨てる。
b　愛する人とのリベツを悲しむ。
c　リメン工作により事態を解決する。
d　集めたお金をカンリする。
e　エイリな刃物で切りつける。

㋔　ソチ
a　ウイルスのまん延をソシする。
b　何気ないキョソ進退に人柄がにじみ出る。
c　ソショクが長寿の一法だとの説がある。
d　師の説をソジュツする。
e　金属のソセイを分析する。

問8　現代的な意味において、なぜプライバシーは守られるべきだと筆者は述べているか、五十字以内で記せ。なお、句読点・符号も字数に含めるものとする。

問9　本文は大きく三つの節からなる。次の問いに答えよ。

(1)　第二、三節のそれぞれの節の冒頭の一文を、選択肢からそれぞれ一つ選び、その記号をマークせよ。

a　プライバシーの権利を考えるにあたり、プライバシー自体が相対的な概念であることを前提とせざるを得ません。

問7　二重傍線部㋐㋑㋒㋓㋔のカタカナと同じ漢字を用いる語を選択肢から一つ選び、その記号をマークせよ。

㋐　シャテイ
a　雑音をシャダンする。
b　景気がピークを過ぎてシャヨウ産業になりつつある。
c　実質をシャショウすると形式だけが残る。
d　レーザー光をショウシャする。
e　大自然の風景をビョウシャする。

㋑　ソショウ
a　国民からソゼイを徴収する。
b　何事もヘイソの心がけが大切だ。
c　彼はシンソの別なく誰にでも会う。
d　ソキュウリョクの高い広告で売上げを伸ばす。
e　今日の繁栄のソセキを築く。

㋒　シンサ
a　留学のビザをシンセイする。
b　防犯のためにフシン者に注意する。
c　古くなった家をフシンする。
d　医師が患者の自宅を訪問シンリョウする。
e　事のシンソウをつきとめる。

問6　人間にとってのデータについて、筆者はどのように述べているか。最も適当なものを選択肢から一つ選び、その記号をマークせよ。

a　「ナッジ」されると、人はその方向に動いてしまうが、データの指図に従う他律的な生き方それ自体は決して悪というわけではなく、個人の内面を操作し、個人の自律を脅かすようなナッジの設計自体が、プライバシーの統治の問題であり、それを規制の対象とすることによって、人間は情報から解放され自由に生きることができる。

b　人間は提示された情報に流されやすいので、「ナッジ」する広告を広告であると認識しうる透明性と、個人の自律による解決を図る場面が残されるべきだが、個人の自律を脅かすようなナッジの設計自体を規制の対象とするなら、人間が主体となり、データがその客体となることができる。

c　人間は提示された情報に流されやすく、ナッジには個人の内面を操作しうる危険性があるので、人間は自らの人格をまわりの環境にすべて委ねてしまうべきではなく、ときには「おすすめ」に逆らってでも、自らと向き合い、データに従属した生き方から解放されることが必要である。

d　ナッジの危険性は個人の内面を操作しうる点にあり、個人の自律を脅かすようなナッジの設計自体を規制の対象とする必要があるが、自らの人格をまわりの環境にすべて委ねることを否定することによって、人間はデータの隷従となることなく、あらゆる情報について合理的に判断できるようになる。

e　ナッジの危険性は個人の内面を操作しうる点にあるが、人間はすべて「おすすめ」に従って生きるのではなく、ときに「おすすめ」に逆らってでも、自らと向き合い、反芻のプロセスを経て、人格発展の道を進むものなので、人間が主体となり、データがその客体であって、その逆は成立しない。

問5　プライバシーをめぐるポズナーの見解について、筆者はどのように考えているか。最も適当なものを選択肢から一つ選び、その記号をマークせよ。

a　そもそもプライバシーなどいらない、というポズナーの見解は、企業の採用における面接の手間を省き、友人を作ろうとするときに相性の不一致により無駄な時間をかけなくてすむようになるので、合理的であることは認められるが、まだAIの性能が高くないので現実的ではない。

b　そもそもプライバシーなどいらない、というポズナーの見解は、あらゆる情報について各人が合理的に判断できることが前提とされるが、仮にすべての正確な情報を入手できたとしても、様々な情報を合理的に精査しても、将来を正確に予測できるとは限らないので、人間は常に合理的な判断を下せないという前提に立つべきである。

c　個人の秘密を隠し取引することは、取引の相手を欺く行為であって、プライバシーは取引コストを高めるというポズナーの見解は、企業の採用において面接の手間を省くことができるので有効だが、友人を作ろうとするときには、人間はAIではないので、私秘性を保有しながら、他者との交流をしていかざるを得ない。

d　個人の秘密を隠し取引することは、取引の相手を欺く行為であって、プライバシーは取引コストを高めるというポズナーの見解によれば、企業の採用や友人を作るにはプライバシーなどいらないことになるが、人間は合理的な判断も正確な未来の予測もできるとはかぎらないので、ポズナーを支持することはできない。

e　法と経済学の観点に立つポズナーの見解によれば、個人の秘密を隠し取引することは、取引の相手を欺く行為であって、プライバシーは取引コストを高めることとなるので、秘密を保持することは不合理なことなのかもしれないが、プライバシーの権利については、より実証的な観点から問題にしなければならない。

問４　個人データ保護について、筆者はどのように述べているか。最も適当なものを選択肢から一つ選び、その記号をマークせよ。

a　個人データ保護については、事後の裁判所による救済ソチとは別に、事前のチェック機能を果たすための独立した監督機関が必要であり、その監督機関は政府機関や民間企業への立入検査、個人データ処理の停止命令、違反に対する制裁金を科すことなどの強力な権限を持つことが重要となる。

b　個人データ保護については、個人データ保護の権利の擁護者としての独立した第三者機関による監視が一般的だが、その監視の多くは本人の知らないところで行われ、裁判所による損害の認定がしにくく、官民問わずあらゆる組織で侵害の可能性があるので、それをいかに統治していくかが課題となる。

c　個人データ保護については、ヨーロッパの場合、個人データ保護のための独立した監督機関の存在を設けることを規定しているのに対して、日本には、明文化された規定がなく、裁判所が個人データ保護を行っているが、それとは別にプライバシー保護に特化した機関の存在が必要となる。

d　個人データ保護については、ヨーロッパでは、事前のチェック機能を果たすための独立した監督機関が存在しているのに対して、アメリカでは、プライバシーに特化した機関が存在し、政府機関や民間企業への立入検査、個人データ処理の停止命令、違反に対する制裁金を科すことまで認められている。

e　個人データ保護については、権利が侵害されていることが認識されて初めてできるのであって、ソショウ要件などの制約があることから裁判所だけでは十分ではなく、侵害された権利を救済するためには、独立した行政機関こそがプライバシーと個人データ保護のアーキテクチャーの一つとして存在することが重要となる。

問3 インターネットとプライバシーの問題について、筆者はどのように述べているか。最も適当なものを選択肢から一つ選び、その記号をマークせよ。

a プライバシーについては、個人の権利の保障が、国会が制定する法律、行政による法令に基づく運用、裁判所の法令解釈を通じて行われるのとは異なり、「コード」という側面に着目する必要があり、特に国境のないインターネットの世界では、規制の設計材料を法令以外のところに求める必要がある。

b 特にインターネットの利用場面においては、本人に気付かれないように行動が監視されたり、パソコンがハッキングされ通信内容が見られるなどの問題を未然に防止するために、プライバシーについては、コンピュータのソフトウェアを通じた規制が求められるだけでなく、法律や社会規範や市場における規制も必要となる。

c プライバシーは、本人が気付かないうちに侵害されることがあり、事後に回復することが困難な権利であるため、権利侵害を未然に防止するための統治システムが必要であるが、特にインターネットの世界では、法令による規制以外にも、コンピュータのソフトウェアを通じた規制が求められる。

d インターネットにおけるプライバシーの保護には、ネットワークシステムの構造に着目し、権利侵害を未然に防止するための統治システムが必要であるが、それは、特に国境のないインターネットの世界では、喫煙を規制するときのような法律や社会規範や市場における価格の引き上げによる規制ができないからである。

e プライバシーの保護には、権利侵害を未然に防止するための統治システムが必要であり、個人情報が第三者に開示・公表される具体的な危険が生じていない場合でも、インターネットにおいては「システム技術上又は法制度上の不備」を理由として、その不備の有無をシステム技術・法制度の観点から検討すべきである。

問2　プライバシーの権利について、筆者はどのように述べているか。最も適当なものを選択肢から一つ選び、その記号をマークせよ。

a　法学では、どのように個人が自らのプライバシーを確保できるかという権利としての視点と、どのように各組織がプライバシーを保護できるかという統治としての視点がそれぞれ重要であり、さらに人々が日常生活で使うプライバシーという日本語についての視点よりも、法的承認を受ける価値を有するプライバシーの権利としての視点が重要となる。

b　人々が日常生活で使うプライバシーという日本語と、法的承認を受ける価値を有するプライバシーの権利は異なり、プライバシーそのものは実証的に捉えられるのに対して、プライバシーの権利には規範的な意味合いが含まれるが、プライバシー自体は相対的な概念であり、プライバシーの権利のシャテイもまた、時代、場所、文化によって異なりうる。

c　人々が日常生活で使うプライバシーという日本語と、法的承認を受ける価値を有するプライバシーの権利は異なるが、アメリカではプライバシーそのものを四類型に区分しており、人により、経済状況、健康状況、思想や信条など、何をどの程度センシティブと感じるのかは異なるため、プライバシーの権利は、今日でも共通了解を調達できていない。

d　プライバシーの権利とは、他者による評価の対象になることのない生活状況や人間関係が確保されている状態に対する正当な要求や主張と定義づけられ、実証的に捉えられるものであり、規範的な意味合いが含まれるが、プライバシーそれ自体もプライバシーの権利も、時代、場所、文化によって異なりうる文脈的概念である点では共通している。

e　プライバシーの権利とは、他者による評価の対象になることのない生活状況や人間関係が確保されている状態に対する正当な要求や主張と定義づけられてきたが、現代においては、家族という「親密な関係性」、家庭という「物理的な場所」、通信という「人の精神・経済活動に関する媒体」もまたプライバシー権の対象として保障されるように意味が変化している。

注　＊1　阪本昌成＝日本の法学者。(一九四五〜　)　＊2　ウィリアム・プロッサー＝アメリカの法学者。(一八九八〜一九七二)　＊3　センシティブ＝取り扱いに細心の注意を要すること。　＊4　ダニエル・ソロブ＝アメリカの法学者。(一九七二〜　)　＊5　一六類型＝ダニエル・ソロブはプライバシー権の侵害を、情報収集(①監視、②尋問)、情報処理(③集積、④識別、⑤安全管理の欠陥、⑥二次利用、⑦排除)、情報流通(⑧信頼義務違反、⑨開示、⑩漏洩(ろうえい)、⑪アクセス、⑫無断利用、⑬盗用、⑭誤認)、私事への侵略(⑮平穏への侵入、⑯意思決定への干渉)の四段階一六類型に整理している。　＊6　ローレンス・レッシグ＝アメリカの法学者。(一九六一〜　)　＊7　コード＝インターネット社会における規制のあり方。　＊8　ケンブリッジ・アナリティカ事件＝世界中のフェイスブック利用者の最大八七〇〇万人の個人データが、選挙活動のコンサルティングを行うデータ分析会社であるケンブリッジ・アナリティカなどへと流され、二〇一六年に実施されたイギリスのEU離脱をめぐる国民投票やアメリカ大統領選挙において、選挙活動に利用された事件。　＊9　アーキテクチャー＝社会環境の物理的・生物的・社会的条件を操作し、人間の行動を誘導する仕組み。　＊10　住民基本台帳ネットワークシステム＝住民票を世帯ごとに編成して作成した住民基本台帳を、地方公共団体共同のシステムとしてネットワーク化したもの。　＊11　アラン・ウェスティン＝アメリカの法学者。(一九二九〜二〇一三)　＊12　リチャード・ポズナー＝アメリカの法学者。(一九三九〜　)　＊13　プライバシー・ナッジ＝人々が自己のプライバシーに関してより良い選択を行うことができるよう「ナッジ」すること。「ナッジ(そっと押す)」とは、周囲の環境を人為的にデザインすることにより、人々の選択の自由を尊重しつつ、より良い選択をしやすいように手助けする手法をいう。　＊14　キャス・サンスティン＝アメリカの法学者。(一九五四〜　)

問1　太線部㋐「ケンイキ」、㋑「コウケン」を漢字に改めよ。

近くのおすすめのレストランを検索した場合、検索結果に出てきたすべてのレストランを精査することはほとんどなく、おすすめとして紹介されたページや多くの人は最初のページの上に表示されるレストランを見てそこに決めてしまいます。人間は提示された情報に流されやすいのです。

「ナッジ(そっと押す)」されると、人はその方向に動いてしまいます。進学、就職、結婚に至るまでデータの指図に従う他律的な生き方それ自体は決して悪ではないのかもしれませんが、ナッジの危険性は個人の内面を操作しうる点にあります。[*14]キャス・サンスティンがナッジについて、広告を広告であると認識しうる透明性の確保が不可欠であり、個人の自律による解決を図る場面が残されるべきだと論じています。また、このような個人の自律を脅かすようなナッジの設計自体が、プライバシーの統治の問題であり、規制の対象とする必要があります。

プライバシー権が人格形成の利益を有している以上、自らの人格をまわりの環境にすべて委ねてしまうという安易な方向性を肯定するべきではありません。人はすべて「おすすめ」に従って生きるのではなく、ときに「おすすめ」に逆らってでも、自らと向き合い、反芻(はんすう)のプロセスを経て、人格発展の道を進む時間を必要とするべきです。

このデータに従属した生き方から解放される瞬間こそが、人間が主体となり、データがその客体であり、その逆が成立しないときです。本書において、プライバシー権が自我を自ら造形する人格発展の権利といった背景には、個人として尊重されるという規範が何よりもまず改めて引き合いに出される必要があります。プライバシー権が想定する個人像とは、データの隷従となることなく、自己決定できる理性的な個人です。尊重されるべき者は、個人であって、国民全体やインターネット民といった集合体ではなく、ましてやデータではありません。この個人とデータの主従関係を逆転させることがあってはならない、というのが現代的意味における個人としての尊重を意味していると考えています。

(宮下紘『プライバシーという権利―個人情報はなぜ守られるべきか』による)

ことをあげていました。このような課題を克服するため、プライバシー保護に特化した機関の存在が必要となるのです。

これらの監督機関は強力な権限を有しており、政府機関や民間企業への立入検査のほか、個人データ処理の停止を命じたり、さらに違反に対する制裁金を科すことまで認められています。別の言い方をすれば、プライバシーや個人データ保護の権利を保護するためには、ソショウ要件などの制約があることから裁判所だけでは十分ではなく、独立した行政機関こそがまさにプライバシーと個人データ保護のアーキテクチャーの一つとして存在することが重要となります。

プライバシーの権利を考えるにあたり、そもそもプライバシーなどいらない、という見解について考える必要があります。たとえば、法と経済学の観点から、リチャード・ポズナー*12は、個人の秘密を隠し取引することは、取引の相手方を欺く行為であって、プライバシーは取引コストを高めることとなる、と論じています。企業の採用において、企業側の採用したい人物像と、志望者側の能力などに関するすべての情報が開示されれば、面接を何度も慎重に行う手間は省けるでしょう。また、初対面で友人を作ろうとするとき、多くの人が自分を飾り良く見せようと思いますが、そもそも相性として不一致の双方が自らの内心を隠すことはかえって無駄な時間を費やすことになるというわけです。

しかし、ポズナーのこの議論は、あらゆる情報について各人が合理的に判断できることが前提とされます。採用後のその人のコウケン度がどれほどのものか、また相手との相性が本当に不一致かどうかは、仮にすべての正確な情報を入手できたとしても、様々な情報を合理的に精査しても、将来を正確に予測できるとは限りません。すべての人間がAIのように計算高く行動できるのであれば、秘密を保持することは不合理なことなのかもしれませんが、人間はAIではありません。人間は、私秘性を保有しながら、他者との交流をしていかざるを得ないのです。

人間は常に合理的な判断を下せないという前提に立ち、より実証的な観点からプライバシーの権利への異論が想定されます。「プライバシー・ナッジ」*13という問題です。

判断しています。すなわち、住基ネットというネットワークシステムの構造に着目し、不備の有無をシステム技術・法制度の観点から検討しているため、システム構造それ自体を㋒シンサしたとみることができます。

さらに、このシステム構造としての統治の観点を一歩進めて検討すると、プライバシーは信頼の確保について考えることでもあります。自身の秘密を明かすことができるのは、信頼できる人だけです。信頼できる人は自分の秘密を守ってくれる人であり、共感してくれる人です。妊娠した女性が医師に話をするのは医師が患者の秘密を守ってくれるからであり、また妊娠したことを打ち明けるのを親しい友人のみにとどめておくのはその友人を信頼しているからです。これに対し、女性の買い物の㋓リレキから見ず知らずのスーパーが突然ベビー用品のクーポンを送りつけることは、信頼関係に基づかない私的㋐ケンイキへの侵略とみなされることがあるでしょう。プライバシーの保護は、大切な財産を信頼のおける人に託す信託という制度とのアナロジーが成り立ち、この信頼とプライバシーとの関係は重要になってきます。

ヨーロッパにおいてプライバシーが統治の問題であるといった場合、個人データ保護の権利の擁護者としての独立した第三者機関(データ保護監督機関)による監視というのが一般的です。他の人権規定にはみられませんが、ＥＵ基本権憲章第八条三項は、個人データ保護の権利について独立した監督機関の存在を設けることを規定しています。このデータ保護監督機関は、しばしば誤解されることがありますが、裁判所ではなく、日本の憲法で明文化されている会計検査院のような独立行政機関です。プライバシーや個人データの問題は、事後の裁判所による救済㋔ソチとは別に、事前のチェック機能を果たすための独立した監督機関が必要となります。裁判所への救済を求めることは、自らのプライバシーや個人データ保護の権利が侵害されていることが認識されて初めてできるのであって、その救済の前提となる権利侵害が秘密裏に行われていないかどうかをチェックするために独立した監督機関が設けられています。*11 アラン・ウェスティンがアメリカの古典的プライバシー権の課題を指摘した際に、監視の多くは本人の知らないところで行われ、裁判所による損害の認定がしにくく、そして官民問わずあらゆる組織で侵害の可能性がある守られなければならないのか、という別の問いを立てる必要があります。

本書では、日本におけるプライバシーの権利の核心にある利益を、憲法第一三条の個人の尊重の原理に照らした人格的利益であると主張します。より厳密には、データによる決定からの解放により、情報サイクルの中で人間を中心に据えて、本人自らがネットワーク化された自我を造形する利益、別の言い方をすれば、自らの情報に関する決定の利益こそが現代的プライバシー権の中核をなすものであると考えています。この利益を導き出す根底にある原理の考究が必要となりますが、この点については、アメリカとヨーロッパのそれぞれのプライバシーの思想をあぶり出す中で考えていくこととします。

個人の権利の保障は、国会が制定する法律、行政による法令に基づく運用、そして裁判所による法令解釈を通じて行われます。プライバシー権については、*6ローレンス・レッシグの言葉を借りれば、*7「コード」という側面についても着目する必要があります。すなわち、プライバシーは、本人が気付かないうちに侵害されることがあります。典型例が、*8ケンブリッジ・アナリティカ事件のように本人に気付かれないように行動が監視されたり、あるいはパソコンがハッキングされ通信内容が見られることです。そこで、特にインターネットの利用場面においては、プライバシーをめぐる問題について、コンピュータのソフトウェアを通じた規制が求められています。喫煙を規制するためには、法律によって年齢制限を設けるなどの規制ができ、社会規範において食事中の喫煙許可をしないことで規制でき、また市場においてたばこの価格を引き上げることで規制することができます。しかし、それ以外に、*9アーキテクチャーにおいてたばこのにおいを強くすることで喫煙する機会を減らすという規制を実現することができます。特に国境のないインターネットの世界では、規制の設計材料が法令以外のところからも調達できるのです。

プライバシーは事後に回復することが困難な権利であるため、実質的害悪が生じていなくても、権利侵害を未然に防止するための統治システムが必要となります。日本の最高裁判所も、*10住民基本台帳ネットワークシステムをめぐる(い)ソショウにおいて、「システム技術上又は法制度上の不備」が理由となって、個人情報が第三者に開示・公表される具体的な危険は生じていない、とない私事の公開、③事実の公表により誤った印象を与えること、④氏名・肖像の盗用、の四類型を公表したことが有名です。

プライバシーの権利を考えるにあたり、プライバシー自体が相対的な概念であることを前提とせざるを得ません。人により、経済状況、健康状況、思想や信条など、何をどの程度センシティブ[*3]と感じるのかは異なります。世界中の研究者が一世紀以上にわたり「プライバシーとは何か」という問いに取り組んできましたが、今日でも共通了解を調達できていない状況です。

プライバシーそれ自体が、時代、場所、そして文化によって異なりうる文脈的概念である以上、プライバシーの権利の(あ)シャテイもまた時代、場所、そして文化によって異なりうるのです。そこで、現代的な考究の対象は、プライバシーの権利の核心を構成する利益を明らかにすることとなっています。

プライバシーとは私秘性に関する多様な事象を指します。たとえば一九四八年の国連世界人権宣言第一二条においては、プライバシーと並んで家族、家庭または通信が列挙されています。家族という「親密な関係性」をプライバシーの権利は保護の対象とし、家庭という「物理的な場所」をプライバシー権のシャテイに入れ、そして通信という「人の精神・経済活動に関する媒体」もまたプライバシー権の対象として保障されることとなります。

ここでアメリカのプライバシー保護法の著名な研究者である、ダニエル・ソロブ[*4]によるプライバシー権の侵害類型の整理が参考になります。ソロブは、プライバシーが侵害されうる情報流通の動態に着目し、収集、処理、流通、侵略の四段階におけるプライバシー権の侵害を一六類型[*5]に区別しています。プライバシー保護立法も、これらの四段階におけるそれぞれのプライバシー・リスクに対処するための規定が整備されるのが一般的です。

このようにプライバシーの権利を説明すると、これを保護するための法制度は、プライバシー・リスクに対処するための無色透明の立法となることがあります。しかし、実際には、それぞれの段階におけるプライバシーの権利侵害の認定には、プライバシーを構成する核心的利益とは何かということが求められます。この核心的利益を明らかにするためには、なぜプライバシーは

▲2教科選択型▼

（九〇分）

一　次の文章を読んで、後の問いに答えよ。

プライバシーそれ自体は、法学、社会学、経済学または工学などの様々な分野において研究開拓されてきました。その中でも本書は、プライバシーを法学の視点から考えるものです。法学では、どのように個人が自らのプライバシーを確保できるか、という権利としての視点と、どのように各組織がプライバシーを保護できるか、という統治としての視点がそれぞれ重要となります。

ここで、プライバシーの権利とは何かについて紹介します。重要なのは、人々が日常生活で使うプライバシーという日本語と、法的承認を受ける価値を有するプライバシーの権利は異なるということです。

阪本昌成*1は、このことを意識して、プライバシーとは「他者による評価の対象になることのない生活状況または人間関係が確保されている状態」と定義し、プライバシーの権利とは「評価の対象になることのない生活状況または人間関係が確保されている状態に対する正当な要求または主張」と定義づけました。阪本も認めているとおり、プライバシーそのものは実証的に捉えられるものであり、プライバシーの権利には規範的な意味合いが含まれます。

アメリカでは、一九六〇年にウィリアム・プロッサー*2が不法行為上のプライバシーについて、①私事への侵入、②知られたく

b　桐壺院は「これは、少し不条理なものの報いである。私は、在位中の知らないうちに犯した罪を償うまでのあいだ、自分の生きた世の中を顧みることができなかったが、みなが深い悲しみを感じているのを見ると我慢できず、ここまで来た。それで、ひどくくたびれたけれども、帝に奏上することがあるので急いで京へ上るところだ」とおっしゃった。

c　桐壺院は「これは、ただほんの些細なものの報いである。私は、在位中の知らないうちに犯した罪を償うまでのあいだ、自分の生きた世の中を顧みることができなかったが、そなたが苦しんでいるのを見ると我慢できず、ここまで来た。それで、ひどく迷ったけれども、帝に奏上することがあるので急いで京へ上るところだ」とおっしゃった。

d　桐壺院は「これは、ただほんの些細なものの報いである。私は、在位中の知らないうちに犯した罪を償うまでのあいだ、今の世のことを顧みることができなかったが、みなが深い悲しみを感じているのを見ると我慢できず、ここまで来た。それで、おまえのことがひどく気にかかるけれども、帝に奏上することがあるので急いで京へ上るところだ」とおっしゃった。

e　桐壺院は「これは、ただほんの些細なものの報いである。私は、在位中の知らないうちに犯した罪を償うまでのあいだ、今の世のことを顧みることができなかったが、そなたが苦しんでいるのを見ると我慢できず、ここまで来た。それで、ひどく疲れたけれども、帝に奏上することがあるので急いで京へ上るところだ」とおっしゃった。

問9　傍線部Ⓐを、主語を補って現代語訳せよ。

身を捨てるしかないかもしれません」と申し上げた。

b　桐壺院が「住吉の神のお導きがあったならば、早く船を出してこの浦を去りなさい」とおっしゃったところ、光源氏は「おそるべき神々のお姿にお別れ申し上げた今となっては、いろいろと悲しいことばかりございましたので、今すぐにこの渚に身を捨てるしかないかもしれません」と申し上げた。

c　桐壺院が「住吉の神のお導きに従って、早く船を出してこの浦を去りなさい」とおっしゃったところ、光源氏は「院のお造りになったすばらしい都にお別れ申し上げてこのかた、いろいろと悲しいことばかりございますので、今はいっそのこと、この渚に身を捨ててしまいとうございます」と申し上げた。

d　桐壺院が「住吉の神のお導きに従って、早く船を出してこの浦を去りなさい」とおっしゃったところ、光源氏は「おそれ多い院のお姿にお別れ申し上げてこのかた、いろいろと悲しいことばかりございますので、今はいっそのこと、この渚に身を捨ててしまいとうございます」と申し上げた。

e　桐壺院が「住吉の神のお導きに従って、早く船を出してこの浦を去りなさい」とおっしゃったところ、光源氏は「おそるべき神々のお姿にお別れ申し上げた今となっては、いろいろと悲しいことばかりございますので、今はいっそのこと、この渚に身を捨ててしまいとうございます」と申し上げた。

問8　桐壺院が光源氏に言いおいたことはどのようなことか。最も適当なものを選択肢から一つ選び、その記号をマークせよ。

a　桐壺院は「これは、少し不条理なものの報いである。私は、在位中の知らないうちに犯した罪を償うまでのあいだ、今の世のことを顧みることができなかったが、みなが深い悲しみを感じているのを見ると我慢できず、ここまで来た。それで、ひどく気力が失われたけれども、帝(みかど)に奏上することがあるので急いで京へ上るところだ」とおっしゃった。

頼みにしなかったので、潮路の八重に集まる沖の海に漂ってしまったことだ」という歌を詠んだ。

問6　光源氏が眠りかかったところに、どのようなことが起こったか。最も適当なものを選択肢から一つ選び、その記号をマークせよ。

a　光源氏が物に寄りかかって座っていらっしゃると、桐壺院が、ご生前そのままのお姿で立っていらっしゃって、「どうしてこのような見苦しいところにいるのか」と、光源氏の手を取って引き起こしなさった。

b　光源氏が物に寄りかかって座っていらっしゃると、桐壺院が、光源氏が向いている先に立っていらっしゃって、「どうしてそのような不思議なところに行こうとするのか」と、光源氏の手を取ってとがめなさった。

c　光源氏が物に寄りかかって座っていらっしゃると、桐壺院が、光源氏が向いている先に立っていらっしゃって、「どうしてこのような神秘的なところにいるのか」と、光源氏の手を取って引き起こしなさった。

d　光源氏が物に寄りかかって座っていらっしゃると、桐壺院が、ご生前そのままのお姿で立っていらっしゃって、「どうしてそのような不吉なところに行こうとするのか」と、光源氏の手を取って引き起こしなさった。

e　光源氏が物に寄りかかって座っていらっしゃると、桐壺院が、ご生前そのままのお姿で立っていらっしゃって、「どうしてこのようなみすぼらしいところにいるのか」と、光源氏の手を取ってとがめなさった。

問7　桐壺院と光源氏のやりとりはどのようなものだったか。最も適当なものを選択肢から一つ選び、その記号をマークせよ。

a　桐壺院が「住吉の神のお導きがあったならば、早く船を出してこの浦を去りなさい」とおっしゃったところ、光源氏は「おそれ多い院のお姿にお別れ申し上げてこのかた、いろいろと悲しいことばかりございましたので、今すぐにこの渚にべっているのも、たいそう異様ではあるが、追い払うこともできないでいる。

問5 暴風雨に対して、光源氏はどのように感じて、どのような歌を詠んだか。最も適当なものを選択肢から一つ選び、その記号をマークせよ。

a 光源氏は、海人が「この風がもう少し止まずに続いていたら、高潮が襲って何もかもさらわれてしまっていただろう。神々の助けは並々ではなかったのだ」というのを聞くにつけても心細いどころではなく、「海にいらっしゃる神の助けを疑わなかったので、潮路の八重に集まる沖の海で生き延びていられるのだろう」という歌を詠んだ。

b 光源氏は、海人が「この風がもう少し止まずに続いていたら、高潮が襲って何もかもさらわれてしまっていただろう。神々の助けは物足りなくはなかったのだなあ」というのを聞くものの、心細さにおろかにも、「海にいらっしゃる神の助けが及ばなかったので、潮路の八重に集まる沖の海に漂ってしまったことだ」という歌を詠んだ。

c 光源氏は、海人が「この風がもう少し止まずに続いていたら、高潮が襲って何もかもさらわれてしまっていただろう。神々の助けは並々ではなかったのだ」というのを聞くにつけても心細いどころではなく、「海にいらっしゃる神の助けを受けなかったら、潮路の八重に集まる沖の海に漂っていたことだろう」という歌を詠んだ。

d 光源氏は、海人が「この風が長い間止まずに続いていたので、高潮が襲って何もかもさらわれてしまったのだなあ。神々の助けは及ばなかったのだろうか」というのを聞くものの、心細いと口に出すのもおろかなので、「海にいらっしゃる神の助けがなかったら、潮路の八重に集まる沖の海に漂っていたことだろう」という歌を詠んだ。

e 光源氏は、海人が「この風が長い間止まずに続いていたので、高潮が襲って何もかもさらわれてしまったのだなあ。神々の助けは及ばなかったのだろうか」というのを聞くにつけても心細いどころではなく、「海にいらっしゃる神の助けをうろしていたうえに、御簾なども跳ね飛ばしてしまったのです」「夜を明かしてからにしては」とみなで迷っていた。

問4　光源氏が柴の戸を押し開けたときの周囲の状況は、どのようだったか。最も適当なものを選択肢から一つ選び、その記号をマークせよ。

a　このあたりには、自分の心情をさとり、過去未来のこともよく理解し、あれはあれ、これはこれとてきぱきと判断できる人もいない。賤(いや)しい海人などが、貴いお方がお住まいだといって集まってきて、従者たちの話を聞いて知ったことを話し合っているのも、たいそう異様ではあるが、追い払うこともできないでいる。

b　このあたりには、物事の道理をわきまえ、過去未来のこともよく理解し、あれはあれ、これはこれとてきぱきと判断できる人もいない。賤しい海人などが、貴いお方がお住まいだといって集まってきて、従者たちの話を聞いて知ったことを話し合っているのも、非常にまれなことではあるが、追い払うこともしないでいる。

c　このあたりには、自分の心情をさとり、過去未来のこともよく理解し、あれはあれ、これはこれと明確に判断できる人もいない。賤しい海人などが、貴いお方がお住まいだといって集まってきて、光源氏が聞いてもわからない言葉を話しかけてくるのも、非常にまれなことではあるが、追い払うこともしないでいる。

d　このあたりには、自分の心情をさとり、過去未来のこともよく理解し、あれはあれ、これはこれと明確に判断できる人もいない。賤しい海人などが、貴いお方がお住まいだといって集まってきて、光源氏が聞いてもわからない言葉を話しかけてくるのも、たいそう異様ではあるが、追い払うこともできないでいる。

e　このあたりには、物事の道理をわきまえ、過去未来のこともよく理解し、あれはあれ、これはこれと明確に判断できる人もいない。賤しい海人などが、貴いお方がお住まいだといって集まってきて、光源氏が聞いてもわからない言葉をしゃように激しい波風を君が受けていらっしゃるのでしょうか。神々よ、この報いを退けてください」と祈った。

問3　風雨が静まった後の、従者たちの様子はどのようだったか。最も適当なものを選択肢から一つ選び、その記号をマークせよ。

a　従者たちは、雷により移った光源氏の御座所がとても異様なところであるのもたいそうやるせなく、光源氏を寝殿にお移ししようとするが、「焼け残った所も悲惨な感じだし、それにあちこちの人が音を立てて踏みならし、うろうろしていたうえに、御簾なども吹き飛ばされてしまったのです」「夜を明かしてからにしては」とみなで迷っていた。

b　従者たちは、雷により移った光源氏の御座所がとても異様なところであるのもたいそうおそれ多く、光源氏を寝殿にお移ししようとするが、「焼け残った所も不気味な感じだし、それに大勢の人が音を立てて踏みならし、うろうろしていたうえに、御簾なども吹き飛ばされてしまったのです」「夜を明かしてからにしては」とみなで迷っていた。

c　従者たちは、雷により移った光源氏の御座所がとても異様なところであるのもたいそう面目ないことで、光源氏を寝殿にお移ししようとするが、「焼け残った所も不気味な感じだし、それに大勢の人が足を踏みならして大声で願を立て、うろうろしていたうえに、御簾なども跳ね飛ばしてしまったのです」「夜を明かしてからにしては」とみなで迷っていた。

d　従者たちは、雷により移った光源氏の御座所がまったく不似合いなところであるのもたいそう珍しいことで、光源氏を寝殿にお移ししようとするが、「焼け残った所も悲惨な感じだし、それにあちこちの人が音を立てて踏みならし、うろうろしていたうえに、御簾なども吹き飛ばされてしまったのです」「夜を明かしてからにしては」とみなで迷っていた。

e　従者たちは、雷により移った光源氏の御座所がまったく不似合いなところであるのもたいそう非礼で、光源氏を寝殿にお移ししようとするが、「焼け残った所も不気味な感じだし、それに大勢の人が足を踏みならして大声で願を立て、うろと気強くかまえていらっしゃるけれども、従者たちが不安で落ち着かないので、さまざまの色の幣帛をお供えになり、「住吉の神よ、もし本当に御仏の化身でいらっしゃるのならば、どうかお助けください」と、願をお立てになる。

問２　従者たちは光源氏について、神仏にどのように祈ったか。最も適当なものを選択肢から一つ選び、その記号をマークせよ。

a　従者たちは、「君は帝王の奥深い宮に養われなさって、数々の楽しみを人びとにおふるまいなさっていらっしゃったために、奥深い優美さが国中に知れ渡って、悲しみに沈んでいる者たちを大勢お救いになったのです。今、何の報いで、このように並々でない波風を君が受けていらっしゃるのでしょうか。神々よ、理非を明らかにしてください」と祈った。

b　従者たちは、「君は帝王の奥深い宮に養われなさって、数々の楽しみに贅を尽くしなさったけれども、奥深い優美さが国中に知れ渡って、悲しみに沈んでいる者たちを大勢お救いになったのです。今、何の報いで、このように並々でない波風を君が受けていらっしゃるのでしょうか。神々よ、理非を明らかにしてください」と祈った。

c　従者たちは、「君は帝王の奥深い宮に養われなさって、数々の楽しみに贅を尽くしなさったけれども、奥深い優美さが国中に知れ渡って、悲しみに沈んでいる者たちを大勢お救いになったのです。今、何の報いで、このように激しい波風を君が受けていらっしゃるのでしょうか。神々よ、この報いを退けてください」と祈った。

d　従者たちは、「君は帝王の奥深い宮に養われなさって、数々の楽しみに贅を尽くしなさったけれども、深い御慈悲は国中に行き渡って、悲しみに沈んでいる者たちを大勢お救いになったのです。今、何の報いで、このように激しい波風を君が受けていらっしゃるのでしょうか。神々よ、理非を明らかにしてください」と祈った。

e　従者たちは、「君は帝王の奥深い宮に養われなさって、数々の楽しみを人びとにおふるまいなさっていらっしゃったために、深い御慈悲は国中に行き渡って、悲しみに沈んでいる者たちを大勢お救いになったのです。今、何の報いで、この

注　＊1　幣帛（みてぐら）＝神に奉納する物の総称。　＊2　迹を垂れたまふ神＝本地垂迹（すいじゃく）説による。神は仏の化身であると考えられていた。
＊3　大炊殿（おほひどの）＝食物を調理する建物。　＊4　海にます神＝海の神である住吉大明神と海竜王その他の神々。　＊5　潮のやほあひ＝潮流が八方から集まって深くなったところ。　＊6　故院＝今は亡き桐壺院（きりつぼいん）。源氏の父。

問1　暴風雨に遭った光源氏の様子について、最も適当なものを選択肢から一つ選び、その記号をマークせよ。

a　光源氏は、気持ちを落ち着けて、少しばかり罰を受けたとしても、この渚で運命をまっとうしようと強く思っていらっしゃるけれども、いっこうに嵐が静まらないので、さまざまの色の幣帛をお供えになり、「住吉の神よ、もし本当に御仏の化身でいらっしゃるのならば、どうかお助けください」と、願をお立てになる。

b　光源氏は、気持ちを落ち着けて、少しばかり罰を受けたとしても、この渚で運命をまっとうしようと強く思っていらっしゃるけれども、まだ自らの動揺が抑えられないので、さまざまの色の幣帛をお供えになり、「住吉の神よ、あなたはまさしく御仏の化身でいらっしゃるのだから、どうかお助けください」と、願をお立てになる。

c　光源氏は、気持ちを落ち着けて、多くの過ちを犯してしまったので、この渚で命を終えることになるだろうと強く感じていらっしゃるけれども、従者たちが不安で落ち着かないので、さまざまの色の幣帛をお供えになり、「住吉の神よ、もし本当に御仏の化身でいらっしゃるのならば、どうかお助けください」と、願をお立てになる。

d　光源氏は、気持ちを落ち着けて、一体、どんな過ちのために、この渚で死ななければならないのか、そんなはずはないと気強くかまえていらっしゃるけれども、いっこうに嵐が静まらないので、さまざまの色の幣帛をお供えになり、「住吉の神よ、あなたはまさしく御仏の化身でいらっしゃるのだから、どうかお助けください」と、願をお立てになる。

e　光源氏は、気持ちを落ち着けて、一体、どんな過ちのために、この渚で死ななければならないのか、そんなはずはないでて、潮の近く満ち来ける跡もあらはに、なごりなほ寄せかへる波荒きを、柴の戸おし開けてながめおはします。近き世界に、ものの心を知り、来し方行く先のことうちおぼえ、とやかくやとはかばかしう悟る人もなし。あやしき海人どもなどの、貴き人おはする所とて、集まり参りて、聞きも知りたまはぬことどもをさへづりあへるも、いとめづらかなれどえ追ひも払はず。「この風いましばし止まざらましかば、潮上りて残る所なからまし。神の助けおろかならざりけり」と言ふを聞きたまふも、いと心細しと言へばおろかなり。

＊4海にます神のたすけにかからずは潮の＊5やほあひにさすらへなまし

終日にいりもみつる雷の騒ぎに、さこそいへ、いたう困じたまひにければ、心にもあらずうちまどろみたまふ。かたじけなき御座所なれば、ただ寄りゐたまへるに、＊6故院ただおはしまししさまながら立ちたまひて、「などかくあやしき所にはものするぞ」とて、御手を取りて引き立てたまふ。「住吉の神の導きたまふままに、はや舟出してこの浦を去りね」とのたまはす。いとうれしくて、「かしこき御影に別れたてまつりにしこなた、さまざま悲しきことのみ多くはべれば、今はこの渚に身をや棄てはべりなまし」と聞こえたまへば、「いとあるまじきこと。これはただいささかなる物の報いなり。我は位に在りし時、過つことなかりしかど、おのづから犯しありければ、その罪を終ふるほど暇なくて、この世をかへりみざりつれど、いみじき愁へに沈むを見るにたへがたくて、海に入り、渚に上り、いたく困じにたれど、かかるついでに内裏に奏すべきことあるによりなむ急ぎ上りぬる」とて立ち去りたまひぬ。

飽かず悲しくて、Ⓐ御供に参りなんと泣き入りたまひて、見上げたまへれば、人もなく、月の顔のみきらきらとして、夢の心地もせず、御けはひとまれる心地して、空の雲あはれにたなびけり。

(『源氏物語』明石による)

二　次の文章は、『源氏物語』明石(あかし)巻の一節である。須磨に退去した光源氏（本文中では「君」）は祓(はら)えの日に暴風雨に襲われた。これを読んで、後の問いに答えよ。

君は御心を静めて、何ばかりの過ちにてかこの渚(なぎさ)に命をばきはめんと強う思(おぼ)しなせど、いともの騒がしければ、いろいろの＊1幣帛捧げさせたまひて、「住吉(すみよし)の神、近き境を鎮め護(まも)りたまふ。まことに＊2迹を垂れたまふ神ならば助けたまへ」と、多くの大願を立てたまふ。おのおのみづからの命をばさるものにて、かかる御身のまたなき例に沈みたまひぬべきことのいみじう悲しきに、心を起こして、すこしものおぼゆるかぎりは、身に代へてこの御身ひとつを救ひたてまつらむととよみて、もろ声に仏神を念じたてまつる。「帝王の深き宮に養はれたまひて、いろいろの楽しみに驕(おご)りたまひしかど、深き御うつくしみ大八洲(おほやしま)にあまねく、沈める輩(ともがら)をこそ多く浮かべたまひしか。今何の報いにか、ここら横さまなる浪風にはおぼほれたまはむ。天地(あめつち)ことわりたまへ。罪なくて罪に当たり、官位(つかさくらゐ)をとられ、家を離れ、境を去りて、明け暮れやすき空なく嘆きたまふに、かく悲しき目をさへ見、命尽きなんとするは、前(さき)の世の報いか、この世の犯しかと、神仏明らかにましまさば、この愁(うれ)へやすめたまへ」と、御社(みやしろ)の方に向きてさまざまの願を立てたまふ。また海の中の竜王、よろづの神たちに願を立てさせたまふに、いよいよ鳴りとどろきて、おはしますに続きたる廊に落ちかかりぬ。炎燃えあがりて廊は焼けぬ。心魂なくてあるかぎりまどふ。背後(うしろ)の方なる＊3大炊殿と思しき屋に移したてまつりて、上下(かみしも)となく立ちこみていとらうがはしく泣きとよむ声、雷(いかづち)にもおとらず。空は墨をすりたるやうにて日も暮れにけり。

やうやう風なほり、雨の脚しめり、星の光も見ゆるに、この御座所(おましどころ)のいとめづらかなるも、いとかたじけなくて、寝殿に返し移したてまつらむとするに、「焼け残りたる方も疎ましげに、そこらの人の踏みとどろかしまどへるに、御簾(みす)などもみな吹き散らしてけり」「夜を明かしてこそは」とたどりあへるに、君は御念誦(ねんず)したまひて、思しめぐらすに、いと心あわただし。月さし出(い)

㋐ リレキ

a 役職をヘイリのごとく捨てる。
b 愛する人とのリベツを悲しむ。
c リメン工作により事態を解決する。
d 集めたお金をカンリする。
e エイリな刃物で切りつける。

㋔ ソチ

a ウイルスのまん延をソシする。
b 何気ないキョソ進退に人柄がにじみ出る。
c ソショクが長寿の一法だとの説がある。
d 師の説をソジュツする。
e 金属のソセイを分析する。

問8　現代的な意味において、なぜプライバシーは守られるべきだと筆者は述べているか、五十字以内で記せ。なお、句読点・符号も字数に含めるものとする。

問7　二重傍線部ⓐⓘⓤⓔⓞのカタカナと同じ漢字を用いる語を選択肢から一つ選び、その記号をマークせよ。

ⓐ　シャテイ
- a　雑音をシャダンする。
- b　景気がピークを過ぎてシャヨウ産業になりつつある。
- c　実質をシャショウすると形式だけが残る。
- d　レーザー光をショウシャする。
- e　大自然の風景をビョウシャする。

ⓘ　ソショウ
- a　国民からソゼイを徴収する。
- b　何事もヘイソの心がけが大切だ。
- c　彼はシンソの別なく誰にでも会う。
- d　ソキュウリョクの高い広告で売上げを伸ばす。
- e　今日の繁栄のソセキを築く。

ⓤ　シンサ
- a　留学のビザをシンセイする。
- b　防犯のためにフシン者に注意する。
- c　古くなった家をフシンする。
- d　医師が患者の自宅を訪問シンリョウする。
- e　事のシンソウをつきとめる。

問６　人間にとってのデータについて、筆者はどのように述べているか。最も適当なものを選択肢から一つ選び、その記号をマークせよ。

a　「ナッジ」されると、人はその方向に動いてしまうが、データの指図に従う他律的な生き方それ自体は決して悪というわけではなく、個人の内面を操作し、個人の自律を脅かすようなナッジの設計自体が、プライバシーの統治の問題であり、それを規制の対象とすることによって、人間は情報から解放され自由に生きることができる。

b　人間は提示された情報に流されやすいので、「ナッジ」する広告を広告であると認識しうる透明性と、個人の自律による解決を図る場面が残されるべきだが、個人の自律を脅かすようなナッジの設計自体を規制の対象とするなら、人間が主体となり、データがその客体となることができる。

c　人間は提示された情報に流されやすく、ナッジには個人の内面を操作しうる危険性があるので、人間は自らの人格をまわりの環境にすべて委ねてしまうべきではなく、ときには「おすすめ」に逆らってでも、自らと向き合い、データに従属した生き方から解放されることが必要である。

d　ナッジの危険性は個人の内面を操作しうる点にあり、個人の自律を脅かすようなナッジの設計自体を規制の対象とする必要があるが、自らの人格をまわりの環境にすべて委ねることを否定することによって、人間はデータの隷従となることなく、あらゆる情報について合理的に判断できるようになる。

e　ナッジの危険性は個人の内面を操作しうる点にあるが、人間はすべて「おすすめ」に従って生きるのではなく、ときに「おすすめ」に逆らってでも、自らと向き合い、反芻のプロセスを経て、人格発展の道を進むものなので、人間が主体となり、データがその客体であって、その逆は成立しない。

問5　プライバシーをめぐるポズナーの見解について、筆者はどのように考えているか。最も適当なものを選択肢から一つ選び、その記号をマークせよ。

a　そもそもプライバシーなどいらない、というポズナーの見解は、企業の採用における面接の手間を省き、友人を作ろうとするときに相性の不一致により無駄な時間をかけなくてすむようになるので、合理的であることは認められるが、まだAIの性能が高くないので現実的ではない。

b　そもそもプライバシーなどいらない、というポズナーの見解は、あらゆる情報について各人が合理的に判断できることが前提とされるが、仮にすべての正確な情報を入手できたとしても、様々な情報を合理的に精査しても、将来を正確に予測できるとは限らないので、人間は常に合理的な判断を下せないという前提に立つべきである。

c　個人の秘密を隠し取引することは、取引の相手を欺く行為であって、プライバシーは取引コストを高めるというポズナーの見解は、企業の採用において面接の手間を省くことができるので有効だが、友人を作ろうとするときには、人間はAIではないので、私秘性を保有しながら、他者との交流をしていかざるを得ない。

d　個人の秘密を隠し取引することは、取引の相手を欺く行為であって、プライバシーは取引コストを高めるというポズナーの見解によれば、企業の採用や友人を作るにはプライバシーなどいらないことになるが、人間は合理的な判断も正確な未来の予測もできるとはかぎらないので、ポズナーを支持することはできない。

e　法と経済学の観点に立つポズナーの見解によれば、個人の秘密を隠し取引することは、取引の相手を欺く行為であって、プライバシーは取引コストを高めることとなるので、秘密を保持することは不合理なことなのかもしれないが、プライバシーの権利については、より実証的な観点から問題にしなければならない。

問4　個人データ保護について、筆者はどのように述べているか。最も適当なものを選択肢から一つ選び、その記号をマークせよ。

a　個人データ保護については、事後の裁判所による救済ソチとは別に、事前のチェック機能を果たすための独立した監督機関が必要であり、その監督機関は政府機関や民間企業への立入検査、個人データ処理の停止命令、違反に対する制裁金を科すことなどの強力な権限を持つことが重要となる。

b　個人データ保護については、個人データ保護の権利の擁護者としての独立した第三者機関による監視が一般的だが、その監視の多くは本人の知らないところで行われ、裁判所による損害の認定がしにくく、官民問わずあらゆる組織で侵害の可能性があるので、それをいかに統治していくかが課題となる。

c　個人データ保護については、ヨーロッパの場合、個人データ保護のための独立した監督機関の存在を設けることを規定しているのに対して、日本には、明文化された規定がなく、裁判所が個人データ保護を行っているが、それとは別にプライバシー保護に特化した機関の存在が必要となる。

d　個人データ保護については、ヨーロッパでは、事前のチェック機能を果たすための独立した監督機関が存在しているのに対して、アメリカでは、プライバシーに特化した機関が存在し、政府機関や民間企業への立入検査、個人データ処理の停止命令、違反に対する制裁金を科すことまで認められている。

e　個人データ保護については、権利が侵害されていることが認識されて初めてできるのであって、ソショウ要件などの制約があることから裁判所だけでは十分ではなく、侵害された権利を救済するためには、独立した行政機関こそがプライバシーと個人データ保護のアーキテクチャーの一つとして存在することが重要となる。

問3 インターネットとプライバシーの問題について、筆者はどのように述べているか。最も適当なものを選択肢から一つ選び、その記号をマークせよ。

a プライバシーについては、個人の権利の保障が、国会が制定する法律、行政による法令に基づく運用、裁判所の法令解釈を通じて行われるのとは異なり、「コード」という側面に着目する必要があり、特に国境のないインターネットの世界では、規制の設計材料を法令以外のところに求める必要がある。

b 特にインターネットの利用場面においては、本人に気付かれないように行動が監視されたり、パソコンがハッキングされ通信内容が見られるなどの問題を未然に防止するために、プライバシーについては、コンピュータのソフトウェアを通じた規制が求められるだけでなく、法律や社会規範や市場における規制も必要となる。

c プライバシーは、本人が気付かないうちに侵害されることがあり、事後に回復することが困難な権利であるため、権利侵害を未然に防止するための統治システムが必要であるが、特にインターネットの世界では、法令による規制以外にも、コンピュータのソフトウェアを通じた規制が求められる。

d インターネットにおけるプライバシーの保護には、ネットワークシステムの構造に着目し、権利侵害を未然に防止するための統治システムが必要であるが、それは、特に国境のないインターネットの世界では、喫煙を規制するときのような法律や社会規範や市場における価格の引き上げによる規制ができないからである。

e プライバシーの保護には、権利侵害を未然に防止するための統治システムが必要であり、個人情報が第三者に開示・公表される具体的な危険が生じていない場合でも、インターネットにおいては「システム技術上又は法制度上の不備」を理由として、その不備の有無をシステム技術・法制度の観点から検討すべきである。

問1　太線部㋐「ケンイキ」、㋑「コウケン」を漢字に改めよ。

問2　プライバシーの権利について、筆者はどのように述べているか。最も適当なものを選択肢から一つ選び、その記号をマークせよ。

a　法学では、どのように個人が自らのプライバシーを確保できるかという権利としての視点と、どのように各組織がプライバシーを保護できるかという統治としての視点がそれぞれ重要であり、さらに人々が日常生活で使うプライバシーという日本語についての視点よりも、法的承認を受ける価値を有するプライバシーの権利としての視点が重要となる。

b　人々が日常生活で使うプライバシーという日本語と、法的承認を受ける価値を有するプライバシーの権利は異なり、プライバシーそのものは実証的に捉えられるのに対して、プライバシーの権利には規範的な意味合いが含まれるが、プライバシー自体は相対的な概念であり、プライバシーの権利のシャテイもまた、時代、場所、文化によって異なりうる。

c　人々が日常生活で使うプライバシーという日本語と、法的承認を受ける価値を有するプライバシーの権利は異なるが、アメリカではプライバシーそのものを四類型に区分しており、人により、経済状況、健康状況、思想や信条など、何をどの程度センシティブと感じるのかは異なるため、プライバシーの権利は、今日でも共通了解を調達できていない。

d　プライバシーの権利とは、他者による評価の対象になることのない生活状況や人間関係が確保されている状態に対する正当な要求や主張と定義づけられ、実証的に捉えられるものであり、規範的な意味合いが含まれるが、プライバシーそれ自体もプライバシーの権利も、時代、場所、文化によって異なりうる文脈的概念である点では共通している。

e　プライバシーの権利とは、他者による評価の対象になることのない生活状況や人間関係が確保されている状態に対する正当な要求や主張と定義づけられてきたが、現代においては、家族という「親密な関係性」、家庭という「物理的な場所」、通信という「人の精神・経済活動に関する媒体」もまたプライバシー権の対象として保障されるように意味が変化している。

体ではなく、ましてやデータではありません。この個人とデータの主従関係を逆転させることがあってはならない、というのが現代的意味における個人としての尊重を意味していると考えています。

（宮下紘『プライバシーという権利—個人情報はなぜ守られるべきか』による）

注　＊1　阪本昌成＝日本の法学者。（一九四五〜　）　＊2　ウィリアム・プロッサー＝アメリカの法学者。（一八九八〜一九七二）　＊3　センシティブ＝取り扱いに細心の注意を要すること。　＊4　ダニエル・ソロブ＝アメリカの法学者。（一九七二〜　）　＊5　一六類型＝ダニエル・ソロブはプライバシー権の侵害を、情報収集（①監視、②尋問）、情報処理（③集積、④識別、⑤安全管理の欠陥、⑥二次利用、⑦排除）、情報流通（⑧信頼義務違反、⑨開示、⑩漏洩（ろうえい）、⑪アクセス、⑫無断利用、⑬盗用、⑭誤認）、私事への侵略（⑮平穏への侵入、⑯意思決定への干渉）の四段階一六類型に整理している。　＊6　ローレンス・レッシグ＝アメリカの法学者。（一九六一〜　）　＊7　コード＝インターネット社会における規制のあり方。　＊8　ケンブリッジ・アナリティカ事件＝世界中のフェイスブック利用者の最大八七〇〇万人の個人データが、選挙活動のコンサルティングを行うデータ分析会社であるケンブリッジ・アナリティカなどへと流され、二〇一六年に実施されたイギリスのEU離脱をめぐる国民投票やアメリカ大統領選挙において、選挙活動に利用された事件。　＊9　アーキテクチャー＝社会環境の物理的・生物的・社会的条件を操作し、人間の行動を誘導する仕組み。　＊10　住民基本台帳ネットワークシステム＝住民票を世帯ごとに編成して作成した住民基本台帳を、地方公共団体共同のシステムとしてネットワーク化したもの。　＊11　アラン・ウェスティン＝アメリカの法学者。（一九二九〜二〇一三）　＊12　リチャード・ポズナー＝アメリカの法学者。（一九三九〜　）　＊13　プライバシー・ナッジ＝人々が自己のプライバシーに関してより良い選択を行うことができるよう「ナッジ」すること。「ナッジ（そっと押す）」とは、周囲の環境を人為的にデザインすることにより、人々の選択の自由を尊重しつつ、より良い選択をしやすいように手助けする手法をいう。　＊14　キャス・サンスティン＝アメリカの法学者。（一九五四〜　）

ながら、他者との交流をしていかざるを得ないのです。

人間は常に合理的な判断を下せないという前提に立ち、より実証的な観点からプライバシーの権利への異論が想定されます。「プライバシー・ナッジ」[*13]という問題です。

近くのおすすめのレストランを検索した場合、検索結果に出てきたすべてのレストランを精査することはほとんどなく、おすすめとして紹介されたページや多くの人は最初のページの上に表示されるレストランを見てそこに決めてしまいます。人間は提示された情報に流されやすいのです。

「ナッジ(そっと押す)」されると、人はその方向に動いてしまいます。進学、就職、結婚に至るまでデータの指図に従う他律的な生き方それ自体は決して悪ではないのかもしれませんが、ナッジの危険性は個人の内面を操作しうる点にあります。キャス・サンスティン[*14]がナッジについて、広告を広告であると認識しうる透明性の確保が不可欠であり、個人の自律による解決を図る場面が残されるべきだと論じています。また、このような個人の自律を脅かすようなナッジの設計自体が、プライバシーの統治の問題であり、規制の対象とする必要があります。

プライバシー権が人格形成の利益を有している以上、自らの人格をまわりの環境にすべて委ねてしまうという安易な方向性を肯定するべきではありません。人はすべて「おすすめ」に従って生きるのではなく、ときに「おすすめ」に逆らってでも、自らと向き合い、反芻(はんすう)のプロセスを経て、人格発展の道を進む時間を必要とするべきです。

このデータに従属した生き方から解放される瞬間こそが、人間が主体となり、データがその客体であり、その逆が成立しないときです。本書において、プライバシー権が自我を自ら造形する人格発展の権利といった背景には、個人として尊重されるという規範が何よりもまず改めて引き合いに出される必要があります。プライバシー権が想定する個人像とは、データの隷従となることなく、自己決定できる理性的な個人です。尊重されるべき者は、個人であって、国民全体やインターネット民といった集合れて初めてできるのであって、その救済の前提となる権利侵害が秘密裏に行われていないかどうかをチェックするために独立した監督機関が設けられています。＊11アラン・ウェスティンがアメリカの古典的プライバシー権の課題を指摘した際に、監視の多くは本人の知らないところで行われ、裁判所による損害の認定がしにくく、そして官民問わずあらゆる組織で侵害の可能性があることをあげていました。このような課題を克服するため、プライバシー保護に特化した機関の存在が必要となるのです。

これらの監督機関は強力な権限を有しており、政府機関や民間企業への立入検査のほか、個人データ処理の停止を命じたり、さらに違反に対する制裁金を科すことまで認められています。別の言い方をすれば、プライバシーや個人データ保護の権利を保護するためには、ソショウ要件などの制約があることから裁判所だけでは十分ではなく、独立した行政機関こそがまさにプライバシーと個人データ保護のアーキテクチャーの一つとして存在することが重要となります。

プライバシーの権利を考えるにあたり、そもそもプライバシーなどいらない、という見解について考える必要があります。たとえば、法と経済学の観点から、＊12リチャード・ポズナーは、個人の秘密を隠し取引することは、取引の相手方を欺く行為であって、プライバシーは取引コストを高めることとなる、と論じています。企業の採用において、企業側の採用したい人物像と、志望者側の能力などに関するすべての情報が開示されれば、面接を何度も慎重に行う手間は省けるでしょう。また、初対面で友人を作ろうとするとき、多くの人が自分を飾り良く見せようと思いますが、そもそも相性として不一致の双方が自らの内心を隠すことはかえって無駄な時間を費やすことになるというわけです。

しかし、ポズナーのこの議論は、あらゆる情報について各人が合理的に判断できることが前提とされます。採用後のその人の(イ)コウケン度がどれほどのものか、また相手との相性が本当に不一致かどうかは、仮にすべての正確な情報を入手できたとしても、様々な情報を合理的に精査しても、将来を正確に予測できるとは限りません。すべての人間がＡＩのように計算高く行動できるのであれば、秘密を保持することは不合理なことなのかもしれませんが、人間はＡＩではありません。人間は、私秘性を保有しプライバシーは事後に回復することが困難な権利であるため、実質的害悪が生じていなくても、権利侵害を未然に防止するための統治システムが必要となります。日本の最高裁判所も、＊10住民基本台帳ネットワークシステムをめぐる(い)ソショウにおいて、「システム技術上又は法制度上の不備」が理由となって、個人情報が第三者に開示・公表される具体的な危険は生じていない、と判断しています。すなわち、住基ネットというネットワークシステムの構造に着目し、不備の有無をシステム技術・法制度の観点から検討しているため、システム構造それ自体を(う)シンサしたとみることができます。

さらに、このシステム構造としての統治の観点を一歩進めて検討すると、プライバシーは信頼の確保について考えることでもあります。自身の秘密を明かすことができるのは、信頼できる人だけです。信頼できる人は自分の秘密を守ってくれる人であり、共感してくれる人です。妊娠した女性が医師に話をするのは医師が患者の秘密を守ってくれるからであり、また妊娠したことを打ち明けるのを親しい友人のみにとどめておくのはその友人を信頼しているからです。これに対し、女性の買い物の(え)リレキから見ず知らずのスーパーが突然ベビー用品のクーポンを送りつけることは、信頼関係に基づかない私的(ア)ケンイキへの侵略とみなされることがあるでしょう。プライバシーの保護は、大切な財産を信頼のおける人に託す信託という制度とのアナロジーが成り立ち、この信頼とプライバシーとの関係は重要になってきます。

ヨーロッパにおいてプライバシーが統治の問題であるといった場合、個人データ保護の権利の擁護者としての独立した第三者機関(データ保護監督機関)による監視というのが一般的です。他の人権規定にはみられませんが、EU基本権憲章第八条三項は、個人データ保護の権利について独立した監督機関の存在を設けることを規定しています。このデータ保護監督機関は、しばしば誤解されることがありますが、裁判所ではなく、日本の憲法で明文化されている会計検査院のような独立行政機関です。プライバシーや個人データの問題は、事後の裁判所による救済(お)ソチとは別に、事前のチェック機能を果たすための独立した監督機関が必要となります。裁判所への救済を求めることは、自らのプライバシーや個人データ保護の権利が侵害されていることが認識さ

　このようにプライバシーの権利を説明すると、これを保護するための法制度は、プライバシー・リスクに対処するための無色透明の立法となることがあります。しかし、実際には、それぞれの段階におけるプライバシーの権利侵害の認定には、プライバシーを構成する核心的利益とは何かということが求められます。この核心的利益を明らかにするためには、なぜプライバシーは守られなければならないのか、という別の問いを立てる必要があります。

　本書では、日本におけるプライバシーの権利の核心にある利益を、憲法第一三条の個人の尊重の原理に照らした人格的利益であると主張します。より厳密には、データによる決定からの解放により、情報サイクルの中で人間を中心に据えて、本人自らがネットワーク化された自我を造形する利益、別の言い方をすれば、自らの情報に関する決定の利益こそが現代的プライバシー権の中核をなすものであると考えています。この利益を導き出す根底にある原理の考究が必要となりますが、この点については、アメリカとヨーロッパのそれぞれのプライバシーの思想をあぶり出す中で考えていくこととします。

　個人の権利の保障は、国会が制定する法律、行政による法令に基づく運用、そして裁判所による法令解釈を通じて行われます。プライバシー権については、ローレンス・レッシグ[*6]の言葉を借りれば、「コード」[*7]という側面についても着目する必要があります。すなわち、プライバシーは、本人が気付かないうちに侵害されることがあります。典型例が、ケンブリッジ・アナリティカ事件[*8]のように本人に気付かれないように行動が監視されたり、あるいはパソコンがハッキングされ通信内容が見られることです。そこで、特にインターネットの利用場面においては、プライバシーをめぐる問題について、コンピュータのソフトウェアを通じた規制が求められています。喫煙を規制するためには、法律によって年齢制限を設けるなどの規制ができ、社会規範において食事中の喫煙許可をしないことで規制でき、また市場においてたばこの価格を引き上げることで規制することができます。しかし、それ以外に、アーキテクチャー[*9]においてたばこのにおいを強くすることで喫煙する機会を減らすという規制を実現することができます。特に国境のないインターネットの世界では、規制の設計材料が法令以外のところからも調達できるのです。

状態に対する正当な要求または主張」と定義づけました。阪本も認めているとおり、プライバシーそのものは実証的に捉えられるものであり、プライバシーの権利には規範的な意味合いが含まれます。

アメリカでは、一九六〇年にウィリアム・プロッサー[*2]が不法行為上のプライバシーについて、①私事への侵入、②知られたくない私事の公開、③事実の公表により誤った印象を与えること、④氏名・肖像の盗用、の四類型を公表したことが有名です。

プライバシーの権利を考えるにあたり、プライバシー自体が相対的な概念であることを前提とせざるを得ません。人により、経済状況、健康状況、思想や信条など、何をどの程度センシティブ[*3]と感じるのかは異なります。世界中の研究者が一世紀以上にわたり「プライバシーとは何か」という問いに取り組んできましたが、今日でも共通了解を調達できていない状況です。

プライバシーそれ自体が、時代、場所、そして文化によって異なりうる文脈的概念である以上、プライバシーの権利のシャテイ[あ]もまた時代、場所、そして文化によって異なりうるのです。そこで、現代的な考究の対象は、プライバシーの権利の核心を構成する利益を明らかにすることとなっています。

プライバシーとは私秘性に関する多様な事象を指します。たとえば一九四八年の国連世界人権宣言第一二条においては、プライバシーと並んで家族、家庭または通信が列挙されています。家族という「親密な関係性」をプライバシーの権利は保護の対象とし、家庭という「物理的な場所」をプライバシー権のシャテイに入れ、そして通信という「人の精神・経済活動に関する媒体」もまたプライバシー権の対象として保障されることとなります。

ここでアメリカのプライバシー保護法の著名な研究者である、ダニエル・ソロブ[*4]によるプライバシー権の侵害類型の整理が参考になります。ソロブは、プライバシーが侵害されうる情報流通の動態に着目し、収集、処理、流通、侵略の四段階におけるプライバシー権の侵害を一六類型[*5]に区別しています。プライバシー保護立法も、これらの四段階におけるそれぞれのプライバシー・リスクに対処するための規定が整備されるのが一般的です。

国語

▲3教科型・2教科型（英語外部試験利用方式）▼

（七五分）

一　次の文章を読んで、後の問いに答えよ。

プライバシーそれ自体は、法学、社会学、経済学または工学などの様々な分野において研究開拓されてきました。その中でも本書は、プライバシーを法学の視点から考えるものです。法学では、どのように個人が自らのプライバシーを確保できるか、という権利としての視点と、どのように各組織がプライバシーを保護できるか、という統治としての視点がそれぞれ重要となります。

ここで、プライバシーの権利とは何かについて紹介します。重要なのは、人々が日常生活で使うプライバシーという日本語と、法的承認を受ける価値を有するプライバシーの権利は異なるということです。

阪本昌成[*1]は、このことを意識して、プライバシーとは「他者による評価の対象になることのない生活状況または人間関係が確保されている状態」と定義し、プライバシーの権利とは「評価の対象になることのない生活状況または人間関係が確保されている

解答編

英語

I **解答** A．(1)—B　(2)—A　(3)—B　(4)—D　(5)—C
B．(1)—F　(2)—E　(3)—B　(4)—Z　(5)—D　(6)—C

◆全　訳◆

A．≪日本人留学生，アメリカで古本の教科書を買う≫

日本人交換留学生のカホが友だちのノラに教科書について尋ねている。

カホ：ノラ，教えて，アメリカ文学の入門コースのこと聞いた？

ノラ：聞いただけじゃあないわ，受講申し込みもしたわよ。

カホ：私もよ！　じゃあ，私たち，クラスメートになるのね！　もうテキスト買った？

ノラ：まだよ。あなたは？

カホ：それがね，今朝，大学の本屋へ買いに行ったんだけど，現金が十分なくて。75ドルもするのよ！

ノラ：信じられないわね！　中古の本，探してみた？　たいてい，本屋の古本コーナーに何冊かはあるわよ。

カホ：そうなの？　知らなかったわ。

ノラ：そうよ，あの授業は人気なのでお店にはたくさん古本が残っているはずよ。でも急いだほうがいいわね，お得な本はすぐ売れてしまうから。

カホ：教えてくれてありがとう。すぐ本屋に戻ってみるわ。一緒に来る？

ノラ：ええ，行くわ。私もお金を節約する必要があるしね。貧しい学生がこんなテキストを全部どうして買えるのかといつも不思議に思っていたのよ。

カホ：同感ね。これらのテキストがもっと安い値段で買えなければ授業をいくつかあきらめなければいけないかも。

ノラ：まだ，心配しないで！　本屋で古本が品切れだったら，ネットで探すこともできるわよ。解決方法は常にあるものよ。

カホ：あなたの言うとおりだと思うわ。希望は簡単に捨ててはいけないわね。気分がよくなってきたわ。

B．≪人気上昇，キノア≫

A．米やパンのような主食は世界中によく知られている。しかし，あまり知られていないが今注目を集めている一つの主食がある。それはキノアである。キノアは同じ名前の植物から収穫される一種の種である。

F．多くの地域でキノアの人気が高まっているのには様々な要因があり得る。しかし，キノアの起源は何だろうか？

C．キノアが他の地域へ普及し始めるまで，南アメリカの北西部のアンデス地域，主に現在のペルーとボリビアに相当する地域で長い間栽培されていた。初めは家畜の飼料に使われていたが，4000年くらい前に人間もキノアを食べ始めた。それにはちゃんとした理由がいくつかあった。

B．これの理由の一つは栄養と関係がある。第一に，種子としてキノアには大量の繊維が含まれているが，現在知られているように繊維は消化，体重管理，血糖値の調整などに必要不可欠な栄養分である。さらに，キノアは素晴らしいリーンプロテイン源，つまり脂肪分をほとんど犠牲にすることなく筋肉を作り，維持するために使うことができるのである。

E．このことは別にして，便利なことにキノアは多くの他の食べ物と非常によく合う。その結果，自分たちの食事の一部にキノアを含める人々がますます増えてきているのである。

D．これらの利点を考えると，近年キノアが世界中でますます食べられるようになったのもそれほど驚くべきことでもない。また，近い将来においてもこの傾向は続くと言ってもおそらく大丈夫であろう。そうであるならば，あなたもいつか食べてみたらどうであろうか？

◀解　説▶

A．(1)下線部の直後でカホは「じゃあ，私たち，クラスメートになるのね」と言っているので，カホも受講申し込みをしたとわかる。したがって，Bが正解。So did I. は重要表現 So do I.「私もそうだ」の過去形。

(2)ノラから古本コーナーの話を聞いて，カホは下線部の直後で古本屋のことは「知らなかったわ」と言っている。また，ノラの次のセリフが Yes から始まっている。したがって，下線部には Yes で応答できる表現が入ると考えられる。よって，A.「そうなの？」が適切だとわかる。
(3)下線部の直前で，ノラは古本はたくさんあるが，売り切れるのも早いから急いだほうがいいと言っている。下線部では，この助言を受けてカホが「ありがとう」と言った場面だと考えられるので，Bが正解。tip は「チップ」の意味と「助言，情報」の意味があるが，ここではノラの助言のことを指している。
(4)下線部の直前で，貧乏学生が高い教科書をどうやって購入できるのか不思議だとノラが発言しているのに対して，下線部の直後でカホは自分も安いテキストが手に入らないと授業をいくつかあきらめないといけないと言っている。つまり，ノラの言葉に同意している。同意を表す選択肢は，D. You're telling me.「同感だ」である。これはイディオムとして覚えよう。
(5)下線部の前の発言で，ノラは解決方法は常にあると言っている。それを聞いたカホは下線部の直前でノラに同意し，下線部の直後では「気分がよくなってきたわ」と言っている。つまり，授業をいくつかあきらめないといけないと考えていたカホは，ノラの言葉によってそうしなくてもよいという希望があることを認識して気分がよくなったと考えられる。したがって，この文脈に当てはまるC.「希望は簡単に捨ててはいけないわね」が適切。

B. Aはキノアという主食が今注目を集めているという導入部分である。このgaining attention「注目を集めている」を受けて，Fの「人気が高まっているのは様々な要素がある」につながる。Fの最終文（But what are …）では，「起源は何だろうか」と質問を投げかけている。この質問に答える形で「起源」の説明をしているのがCである。Cではキノアが他の地域に普及する前に南アメリカのアンデス地域で栽培されていたという説明がなされている。Cの最終文（While it was …）では，キノアを人間も食べるようになったが，それには「理由がいくつかあった」と述べられている。この reasons「理由」を受けるのがBの冒頭の「これら（の理由）の一つは栄養と関係がある」である。One of these の後には reasons が省略されている。Bではキノアがもつ素晴らしい栄養素について二つの例が挙げられている。これを受けてつながりそうなのは，冒頭に「これらの利点を考えると」とあるDか，「これとは別に」から始まり，キノアが他の食べ物とよく合うという別の利点が述べられているEだが，Dは最終文が「あなたも試してみたらどうだろう」と結論的な表現となっているため，この文章全体の最後に来ると考えられる。したがって，B（キノアの二つの利点）の後にE（さらなる利点）が来て，最後にD（これらすべての利点を受けての結論）という順番になるのが適切。Eではキノアが他の食材とよく合うという利点が述べられている。Bの利点とEの利点を受けて，DのGiven these benefits「これらの利点を考えると」につながる。Dはキノアの人気の様々な理由を受け，今後も人気は続きそうだから，「あなたも試してみたら」と結論的表現が来ている。したがって，これが最終段落として適切。（A）→F→C→B→E→Dの順になる。

II 解答

A．(1)―C (2)―C (3)―A (4)―B (5)―D (6)―A (7)―A (8)―B (9)―B (10)―D (11)―A (12)―C (13)―B (14)―D (15)―D

B．(1)―A (2)―C (3)―B (4)―C (5)―B (6)―C (7)―A

◆全 訳◆

≪ピカソの絵，盗まれる≫

1986年8月4日，パトリック＝マッコイ美術館館長がビクトリア国立美術館に着くと，スタッフたちの間に危機的雰囲気が漂っていた。警備指令長が近づいてきて，動揺した面持ちで「あのピカソの絵がなくなったと思います」と言った。

ビクトリア国立美術館はオーストラリアの主要美術館だが，ピカソの「泣く女」を購入してからまだ1年も経っていなかった。購入時，この絵はオーストラリアの美術館が購入したものの中では最も高価なものであった。価格は160万オーストラリアドル（今日のドルでは430万オーストラリアドル以上)。当時一般の人には理解ができないほどの，とてつもない高額だった。オーストラリアドルは急落して間もなく，その絵の評価額は200万オーストラリアドルになっていた。

「泣く女」はピカソが1930年代に描いた一連の作品の一つで，傑作「ゲルニカ」の姉妹作と考えられている。「泣く女」はピカソの愛人ドラ＝マールを描いたもので，若草色と紫色で描かれ，女はハンカチを苦渋に満ちた角張った顔に当てている。この絵を購入したとき，マッコイは自慢げに「この顔は今後100年間，メルボルンの人々に取りついて離れることはないだろう」と言った。しかし今，この絵は壁から消えてしまったのだ。

館長とスタッフは当惑した。絵のあった場所には一枚の紙片があり，絵は The ACT へ持って行ったと書かれていた。館長とスタッフは，絵は the ACT —— the Australian Capital Territory（オーストラリア首都特別地域）——にある姉妹美術館へ移動したと考えて，確認のため電話をかけ始めた。しかし，「泣く女」はないとの回答だったため，状況は緊迫し始めた。

ほどなく the ACT が何者か明らかになった。その日の午前遅く，ジ・エイジというメルボルンの新聞社が The Australian Cultural Terrorists（オーストラリア文化テロリスト）という署名入りの手紙を受け取った。手紙にはそのグループが絵を盗み，現在グループの手にその絵はあると書かれていた。芸術大臣レース＝マシューズ宛てに，「我々はお粗末で想像を絶するほど愚かな美術行政」に抗議すると書かれていた。テロリスト集団は要求リストを作成していたが，その中には芸術資金の増額，若いオーストラリアの芸術家たちに与える賞が含まれていた。もしマシューズがグループの要求を１週間以内にのまなければ，ピカソの絵は焼かれるであろうと述べられていた。

警察が美術館の建物をくまなく捜索した。その結果，額は発見されたが，キャンバスは見当たらなかった。一時，警察は有名な堀，それは美術館の建物の周囲を囲む水をたたえた深く広い防御用のくぼみであり，その水を抜きさえしたが，何も出てこなかった。

美術館は，警備が甘かったことできまりの悪い思いをしたが，それに加えてこの絵には保険がかけられていなかった。もし絵が破損してしまうようなことがあっても，補償金は入ってこないのである。

警察が進展を求めて懸命に努力する中，世界中の新聞がこの事件で紙面を飾った。メルボルンの町では様々な説が満ちあふれた。「内部の犯行」を疑う者も多かった。なぜなら，美術館に無理矢理押し入った形跡がなかったばかりではなく，その絵は特別なネジで壁に留められており，それを外すにはある特定の道具と専門知識が必要であったと思われるからである。また，これはいちかばちかの一種のパフォーマンスアート行為であり，1911 年のピカソ自身も少し関わったもう一つの悪名高き強盗事件である「モナリザ」窃盗事件へのオマージュかもしれないという人もいた。

日は過ぎていったが，なんら手がかりはなかった。2通目の身代金要求の手紙はマシューズ芸術大臣を「うんざりするようなドブ沼の悪臭を放つガスの詰まったジジイ野郎」「もったいぶった馬鹿」と呼び，執拗に攻撃した。文化テロリスト団は次のように書いてきた。「もし我々の要求が満たされない場合，お前は今後ケロシンとキャンバスが燃える臭いにずっとつきまとわれることになるぞ」と。3通目の手紙で，マシューズ大臣は燃えかすのマッチを受け取った。

当時の美術館の責任者であったトーマス＝ディクソンが，2019年にシドニー・モーニング・ヘラルド紙に寄稿し，期限が過ぎると「館員たちの士気は崩壊していった。仮説はますます出回ったが，結局何も起きなかった」と述べている。

しかし，それから垂れ込みがあった。マッコイに地元の美術商が連絡を取ってきて，彼女の知っている若い芸術家が何か知っているようだと言ってきた。マッコイがその芸術家のアトリエを訪れると，壁にその窃盗に関する新聞記事がピンで留められていた。館長は，絵は匿名で駅か市の空港のロッカーに返しておいてもよいという話を出しておいた。ディクソンが書いているように，「その芸術家はその間ずっと石のように無表情のままだった」

その窃盗から2週間以上が経ったとき，新聞社が匿名の電話を受けた。電話の主は「スペンサーストリート駅へ行って番号が227のロッカーの中を見ろ」と言った。

警察，新聞記者，美術館のスタッフがその場所に駆けつけた。警察がロッカーをこじ開けると，きちんと茶色の紙に包んだ小荷物があった。一同はそれを急いで署へ持ち帰り，包みを開けてみた。「そうして絵は見つかったのだ。燃えた跡もなく，傷もなかった。我々が恐れていたようなことは何もなかった」とディクソンは書いている。その絵がだれか芸術作品の扱い方を知っている人間によって丁寧に管理されていたことは明らかだった。

今日までその犯罪は解明されていない。事件はオーストラリアの人々の想像の中に留まるものとなり，映画や小説のネタになっている。

絵が戻ってきてから，ビクトリア国立美術館は警備をかなり厳しくした。次の美術館長が仕事を始めたとき，彼がディクソンに最初に聞いたことの一つは，窃盗事件の背後にはだれがいたのかということであった。「みんなが知っている。だが，同じ意見の人間はだれもいない」とディクソンは答えた。

◀解　説▶

A．⑴ピカソの絵となれば高額である。次文で eye-watering amount「涙が出るほど高い」と述べられているので，C．「高価な」が適切。

⑵eye-watering は「涙が出るほど（高い・多い)」という意味。「絵の価格があまりにも高かったので the public「一般大衆」には理解することもできなかった」という文脈になるように，C．digest「(意味などを）飲み込む，理解する」を入れるのが適切。

⑶空所直後の works は「作品」の複数形である。of 以下に複数名詞をとるのは A のみである。a series of works「一連の作品」が正解。C．means は a means of～で「～の手段」の意となり不適。

⑷この段落では消えた絵が他の美術館にもないということがわかり，事態が悪い状況になっているという文脈である。したがって，B．get heated「緊迫する」が適切。D は alarmed「警戒している」と過去分詞になっているため不適。空所を含む節の主語は things「事態，状況」なので，alarming「心配な」と現在分詞にすれば可能。

⑸空所の前文が It wasn't long until～「まもなく～した」という時に関わる構文。また空所直後の that morning「その日の朝」という時の表現から考えて，D．Later を入れ，「その日の午前中の遅い時間に」と理解するのが適切。C．Since は「その日の朝から」という意味になるが，後に続く文が「手紙を受け取った」と過去形になっているので不自然。何通も何通も次から次へメールが連続して来ているというような文脈であれば可能。

⑹in *one's* possession で「～の手にある，～が所有している」の意。つまり，その絵が ACT 窃盗団の手にあるということ。よって，A が適切。

⑺選択肢はすべて必須イディオム表現。A.「～に屈する」 B.「～を見下す」 C.「～を考え出す，提案する」 D.「つかまらずに逃げおおせる」 この文脈は窃盗団が要求をのまなければ絵を焼いてしまうと脅している部分なので，A が適切。

⑻ここの選択肢も基本イディオム。A.「たとえば」 B.「結果として」

C.「実際」　D.「そのことでは」　警察が美術館の建物をくまなく捜索して，絵の額は見つけたがキャンバスはなかったという話になっている。したがって，「捜索した結果～を見つけた」と理解すべき。したがって，Bが正解。

⑼空所では窃盗が「内部の犯行」だと考える人がどのくらいいたかが問題になっている。空所の後にあるコロン以下の説明を読むと，無理矢理押し入った形跡もなく，絵画の取り外しにも専門家を思わせるところがあると述べられている。これらは「内部の犯行」の可能性が高いことを示している証拠だと考えられる。したがって，窃盗は「内部の犯行」と考える人はB.「多かった」か，C.「全員」だったと考えるのが妥当。空所を含む文の次の文にSome said … と別の考え方をする人もいたことが示されている。つまり，「内部の犯行」だと考えた人は「全員」ではない。よって，Bが適切。

⑽関係代名詞の問題。be involved in ～「～に関わる」の in が前に出た形。先行詞はピカソも関わった「窃盗（theft）事件」である。したがって，Dの目的格 which が適切。

⑾窃盗団の脅迫文であるから「要求が満たされなければ」と理解するのが適切。空所に続く節はすでに are not met と否定になっているので，否定の意味が含まれるB．Unless「もし～でなければ」は不適。単にA．If が適切。

⑿事件が解決しなければ theories「説」はいろいろ出てくる。その意味で使えるのはC．circulated「出回った」である。

⒀語彙の問題。空所前後は，何か事件に関する事情を知っていると思われる若い芸術家と美術館長が対面している場面。この芸術家が犯人（または犯人と関係がある）かもしれないので，館長はわざと「絵は駅か市の空港のロッカーに返しておいてもよい」ということを匂わせている。このとき，「身元は明かさなくてもよいので絵を返してほしい」と暗に告げていると考えられるので，B.「匿名で」が適切となる。

⒁空所の直後の文で「事件は人々の想像の中に留まるものとなった」と述べられていることから，犯人は特定されなかったことがわかる。したがって，Dを入れて「事件は解明されていない」と理解するのが適切。

⒂空所直前の subsequent は「後続の」という意味。つまり「次の美術館

長」が責任者のトーマス＝ディクソンに犯人のことを聞いたと理解するのが適切。よって，Dが正解。

B. ⑴第2段第1文（The NGV ― a …）にピカソの「泣く女」を購入したと述べられている。したがって，A.「泣く女」が正解。

⑵絵の窃盗がいつ確認されたかについては，第5段第1・2文（It wasn't long …）にジ・エイジという新聞がThe ACT（The Australian Cultural Terrorists）からの手紙を受け取り，この手紙の中で犯人が絵を盗んだことを認めている。したがって，C.「現地の新聞が“The ACT”と呼ばれるグループから手紙を受け取った」が正解。

⑶絵が盗まれた理由に関しては，第5段第3文（Addressing arts minister …）で芸術大臣に対して「我々はお粗末で想像を絶するほど愚かな美術行政」に抗議すると述べられている。この内容にふさわしいのはB.「窃盗団は政府の芸術に関する扱いに不満を抱いていた」である。

⑷絵画が盗まれる前のビクトリア国立美術館に関しては，第7段第1文（Adding to the …）でits lax security「甘い警備」と述べられている。この内容に一致するのはC.「絵の警備に対して不十分な手段しか持たなかった」である。

⑸盗まれた絵の話題を世界中の新聞が取り上げたことは第8段第1文（As the police …）で言及されており，その理由に関しては，直後の同段第2文（The city was …）に，この事件についての「様々な説」が出てきたことが述べられている。つまり，犯行が謎に満ちていた点にニュース価値があったためだとわかる。したがってB.「事件の謎に満ちた性格が人々を引きつけた」が適切。

⑹窃盗犯が美術品の知識があったことをうかがわせる理由については，第13段最終文（The painting had …）に「その絵がだれか芸術作品の扱い方を知っている人間によって丁寧に管理されていたことは明らかだった」と述べられている。この内容と一致するのはC.「絵は素晴らしい状態で見つけられた」である。

⑺ディクソンが示唆していることについては，最終段最終文（“Everyone knows,” Dixon …）に「みんなが知っている。だが，同じ意見の人間はだれもいない」とディクソンが述べたとあることから，説はいろいろあるが実はだれも犯人がわかっていないということだとわかる。この内容に近い

のはA.「すべての人がその犯行を犯した人について異なった意見を持っている」である。

Ⅲ 解答

A. (1)—C　(2)—C　(3)—A　(4)—A　(5)—C　(6)—B　(7)—B　(8)—A　(9)—B　(10)—C

B. (1)—B　(2)—C　(3)—A　(4)—A　(5)—C　(6)—B　(7)—A

◆全　訳◆

≪文化の一般化とステレオタイプの問題≫

文化的差違のテーマが議論されるときはいつでも，ステレオタイプ化に対する非難が普通ついて回る。たとえば，男女の文化様式について比較がなされている場合，ある女性が私は「そんな振る舞い」はまったくしないと言うことは十分ありうることだ。

ステレオタイプのレッテル貼りが起こるのは，ある一つの文化や集団に所属する人たちがすべて同じ特徴を持っているかのように私たちが振る舞うときである。ステレオタイプのレッテルは，国民的文化ばかりでなく，人種，宗教，民族性，年齢，性別など集団の成員の指標と仮定されたいかなるものにも貼ることができる。集団の成員が共有していると考えられる特徴は，観察者によって尊重されるかもしれず，その場合それは肯定的ステレオタイプである。だが，もっとありうることはその特徴が尊重されない場合であり，それは否定的ステレオタイプとなる。ステレオタイプは，その両方とも異文化コミュニケーションでは問題となるが，それにはいくつかの明白な理由がある。一つは，ステレオタイプは話をしている相手に関して間違った理解をさせるかもしれないからである。そのステレオタイプが肯定的であれ否定的であれ，通常は部分的にしか正しくない。さらに，ステレオタイプは自己成就的予言となるかもしれず，その場合偏った見方で相手を観察することによって自らの偏見を確かなものにすることになるのだ。

ステレオタイプに伴う問題があるとはいえ，異文化コミュニケーションにおいては，文化的一般化を行うことは必要なことである。異文化の中で出合う可能性がある文化的差違について何らの前提や仮説もなければ，すべての人間は完全にその人に固有なやり方で行動するものであるという素朴な個人主義の犠牲になるかもしれないのである。もしくは，普通に「常識」に頼って自分たちのコミュニケーションのとり方を決めるかもしれない。もちろん常識はある特定の文化において常識であるに過ぎない。その常識を自分たち自身の文化圏外に適用すると通常は自民族中心主義となる。自民族中心主義とは自分たち自身の決まった基準や習慣を使って，しばしば無意識にすべての人々を判断することと定義されている。

文化的一般化は，支配的信念という考え方を維持することによってステレオタイプを避けながら行うことができる。考えられるほとんどすべての信条はいつの時代でもあらゆる文化に見られるが，異なったそれぞれの文化にはある信条が他の信条よりも好まれる傾向がある。大きな集団の調査から引き出されるこの嗜好を記述することが文化的一般化である。もちろんどのような文化においても他の文化の人々と似た信条の持ち主は見つけられる。ただ，そのような人々はあまり多くないということだけだ。そのような人々は，集団の規範，すなわち「中心的傾向」に近い信念を抱いた大多数の人々を代表していないということである。具体的な例として，アメリカ人は日本人よりも個人主義的であり，日本人はアメリカ人よりも集団志向的であるという正確な文化的一般化に反して，日本人のだれと比べても寸分違わず集団志向的なアメリカ人もいれば，どのアメリカ人よりも個人主義的な日本人もいるということができる。しかしながら，このような相対的に数少ない人々はそれぞれの文化の周辺に近いところにいる人々である。言葉の中立な社会学的意味において，そういった人々は「逸脱者」，つまり普通とは違うということである。

「演繹的」ステレオタイプが行われるのは，抽象的な文化的一般化がその文化内のすべての個人に適用されるのが当然だと考えられるときである。集団としてアメリカ人は日本人よりも個人主義的であるという一般化は適切であるが，その一方ですべてのアメリカ人は非常に個人主義的だと当然のように考えるのはステレオタイプを行っていることになる。話している相手は逸脱者かもしれないからである。文化的一般化は作業仮説として暫定的に使われるべきもので，その仮説はそれぞれのケースにおいて検証される必要がある。その仮説は時には非常にうまくいく場合もあれば，修正を加える必要がある場合もあるし，特定のケースにはまったく当てはまらない場合もある。考え方としては，カテゴリーをあまりにも「固定化」することなく，文化様式を認識するメリットを引き出すことである。

あまりにも少ないサンプルから一般化すると「帰納的」ステレオタイプになる可能性がある。たとえば，1人か数人のメキシコ人に会ったことを元にしたメキシコ文化についての一般化された知識を当然視すると不適切なことになるかもしれない。このような前提が特に問題になるのは，最初の異文化接触がその文化の逸脱者との接触であることが多いからである。(その文化における「典型的」成員は同じ文化内の人々と交わっている可能性が高い。そうしているから，そのような人々は典型的でいられるのである。) したがって，異文化接触において，1人の人間（自分自身を含めて）の行動から文化様式を一般化することはステレオタイプ的であり，かつ不正確になる可能性がある。

帰納的ステレオタイプのもう一つの形態は，カルロス＝E. コルテスが「社会的カリキュラム」と呼んだものに由来する。児童たちが，ジプシーの文化に所属する人に1人でも会ったことがあるものはほとんどいないにもかかわらず，ジプシーのことをたくさん知っていると報告していることにコルテスは着目する。コルテスの研究によれば，この知識は古いホラー映画から得られたものであった！　あらゆる種類のメディアを通して「文化的」行動のイメージは満ちあふれている。ヒップホップをしたり医療にぬくもりを持ち込むアフリカ系アメリカ人とか，作物を収穫したり法廷でずる賢さを見せるヒスパニック系アメリカ人とか，十字架を燃やしたりホームレスの人々を助けたりするヨーロッパ系アメリカ人といったイメージである。このようなイメージの中の何か一つから一般化を行うとき，人はおそらくステレオタイプを生み出しているのである。メディアのイメージはそのイメージの一般性によって選び出されているのではなくて，その特異性によって選び出されているのである。したがって，初めての異文化接触と同じように，目の前にあるイメージの向こうにある，研究によって初めて確固たるものになりうる文化様式というものに目を向ける必要があるのだ。

◀解　説▶

A. (1)下線部の not far behind「はるか背後にはない」は，この文脈においては the allegation of stereotyping「ステレオタイプに対する批判」が，文化的差違のテーマが議論されるときはいつでもすぐ側にあるということ。この意味に近いのはC.「ステレオタイプに対する批判がありそうだ」である。

⑵下線部の self-fulfilling prophecies は「自己成就的予言」と言われるもので,「こうではないか」と思い込み，その思い込みを信じてその通りに行動した結果，その予言が本当に現実のものとして成就してしまう（ように見える）現象のことである。ここでは where 以下で「偏った見方で相手を観察することによって自らの偏見を確かなものにすることになる」と説明されている。つまり，偏見に満ちた見方で他人を見れば，その他人が本当にその偏見に合致する特徴を持っているように見えるのだが，それは実は自分の偏見（思い込み）を自分で確かめているに過ぎないということである。これに最も近いのはC.「私たちが元から持っている考え方がこれからの自分たちの考え方を決定することがあり得る」である。

⑶下線部の直前の文では「文化的一般化を行うことは必要」だと述べられている。つまり，不用意な一般化はステレオタイプを招くが，だからといってあらゆる一般化を退けてしまうのは,「すべての人間は完全にその人に固有」の振る舞いをすると断ずる「素朴な個人主義」に陥ってしまうのでよくないと論じているのである。これは，各個人を所属する文化的集団の観点からとらえるのが重要だということなので，A.「文化的集団という文脈が人々を理解するのに重要である」が適切。B.「常識はある集団の文化を理解するのに極めて重要である」は第３段第４・５文（Common sense is, …）と一致しない。C.「自己同一性は人が新しい状況にいかに反応するかに影響する」は本文に記述がない。

⑷dominance of belief の意味は「支配的信念」ということであるが，この説明は下線部の次の文の後半部にあり「ある信条が他の信条よりも好まれる傾向がある」とされている。この説明に一致するのはA.「ある信条を好むこと」である。

⑸下線部を含む文の下線部以前の部分では，日本人は「集団志向的」であり，アメリカ人は「個人主義的」だという一般化が行われている。この一般化に当てはまらない特殊なケースを例示しているのが下線部である。下線部は「日本人のだれと比べても寸分違わず集団志向的なアメリカ人もいる」という意味で，その例外的なアメリカ人は「典型的な」アメリカ人が共有するはずの「個人主義」を示していないことになる。よって，C.「アメリカ人の中にも個人主義的価値観を示さない人もいる」が適切。

⑹fringeの意味は「縁，周辺」。この意味に近いのはB.「端」である。

⑺下線部中の“hardening” of the categoriesは「(文化的) 範疇を固定化させる」ということである。これをせずに「文化様式」を認識するということ。この内容に近いのはB.「文化的一般化に関して思考の柔軟性を保持すること」である。

⑻*inductive* stereotypeとは「帰納的ステレオタイプ」という意味。この具体例は，下線部直後のFor example以下に挙げられているが，それは「ごく少数のメキシコ人に会ったことを元にしたメキシコ文化についての一般化された知識を当然視する」というものである。この内容に合うのはA.「特定の例から過剰に一般化すること」である。

⑼下線部中のwe are flooded with images of～は「私たちは～のイメージであふれている」の意味である。つまり下線部の意味は「あらゆる種類のメディアを通して『文化的』行動のイメージは満ちあふれている」ということ。この内容が暗に示しているのはB.「そのようなイメージが非常にたくさんあるので避けがたい」である。つまりメディアが作り出すイメージが多すぎて必然的に影響されるということ。Aは紛らわしいが，「行動を決定する」が不適切。ステレオタイプは「行動」ではなくて異文化の人たちに対する決まった「見方」である。

⑽下線部は「メディアのイメージはそのイメージの一般性によって選び出されているのではなくて，特異性によって選び出されている」という意味である。下線部の直前の文で「このような (メディアの取り上げる) イメージの中の何か一つから一般化を行うとき，ステレオタイプを生み出している」とされているので，正解はC.「メディアが作り出すイメージから文化様式を一般化してはいけない」である。

B. ⑴第1段最終文 (For instance, if …) で女性が「私はそんな『振る舞い』はまったくしない」と言うのは性別に基づいた一般化から生じるステレオタイプに対する異議の申し立てである。この内容に近いのはB.「人々は性の観点から容易には特徴づけられない」である。

⑵第2段第5文 (Stereotypes of both …) には「ステレオタイプは，異文化コミュニケーションでは問題となる」とあり，また同段第7文 (Whether the stereotype …) には「ステレオタイプは通常部分的にしか正しくない」と述べられている。これらが第2段の筆者の要点を端的に表

しているので，C.「もし私たちがステレオタイプを100%信じてしまうならば，ステレオタイプを持つことには危険性がある」が適切。

(3)異文化コミュニケーションの場において「常識」を使うことについては，第3段第3文（Or we may …）以下に述べられている。「常識」は特定の文化にのみ適用できるものであり，異文化に適用すると自民族中心主義になると否定的に説明されている。したがって，A.「それ相応に過剰な一般化をはらんでおり，避けられるべきだ」が「常識」の説明の主旨に合っている。

(4)文化的ステレオタイプに比較した場合の文化的一般化については，第4段第1文（Cultural generalization can …）に「文化的一般化はステレオタイプを避けながら行うことができる」と述べられている。また以下の具体例の中で文化的一般化から漏れる例外的なものがあることに言及している。この内容に合致しているのはA.「例外を考慮して文化を全体として考えれば文化的一般化は正しい」である。

(5)第5段では「演繹的ステレオタイプ」ということが説明されている。これは，第1文（*Deductive* stereotypes occur …）の when 以下に「抽象的な文化的一般化がその文化内のすべての個人に適用される」ことだと説明されている。この内容に最も近いのはC.「集団があらゆる個人の特徴を定義づけると思い込む」である。これが設問に与えられている英文の最後の we shouldn't とつながって「～と思い込むべきではない」となり，文意が通る。

(6)第6段は，第1文（Generalizing from too …）からわかるように「あまりにも少ないサンプルから一般化することによって生じる帰納的ステレオタイプの危険性」について述べたものだと要約することができる。B.「個人間のコミュニケーションを経験することは有益ではないかもしれない」は同段第3文（This assumption is …）の「最初の異文化接触がその文化の逸脱者との接触であることが多い」という記述から導き出すことができる。よってBが正解。A.「肯定的なステレオタイプは個人的な経験から容易に学習される」は第6段に記述がないため不適。C.「他の文化の人間一人だけと話をするのを避けることが必要不可欠である」は「少ないサンプル」という要素に言及しているが，「避けることが必要不可欠である」とまでは言い切れないため不適。

(7)本文では，ステレオタイプを避けながら文化的一般化を行う必要性が第3段第1文（Despite the problems…）や第4段第1文（Cultural generalization can…）などで述べられており，そのために「演繹的ステレオタイプ」と「帰納的ステレオタイプ」などを詳しく論じて，ステレオタイプに関する理解を深めることが目指されている。したがって，本文全体としては，A.「異文化コミュニケーションにおけるステレオタイプの理解」が適切。

❖講　評

2022年度の大問の構成は，会話文・段落整序1題，長文読解2題の計3題で，従来通りであった。

Iは，**A**が会話文の空所補充，**B**がひとまとまりの文章を6つに分けたものを並べ替える整序形式。**A**は対話の流れをつかめば取り組みやすい問題。**B**は注意深く論旨の流れをつかむ力が求められる。特に文中のthese，thisなどの指示代名詞には注意したい。指示代名詞が何を指しているか，それを手繰っていくと文や段落の流れがわかる。

Ⅱは，有名なピカソの絵「泣く女」がオーストラリアの美術館から盗まれた話。文の内容を把握する力だけでなく，anonymouslyのような語句を問う問題や関係代名詞，接続詞，give in toのようなイディオム，文法，語彙知識が幅広く問われている。

Ⅲは，比較文化における「文化的一般化」とそれが陥りやすいステレオタイプの問題が語られている。deductive stereotype「演繹的ステレオタイプ」，inductive stereotype「帰納的ステレオタイプ」といった抽象的概念が出てくる。英文中でこのような概念は具体的に説明されているが，「演繹」「帰納」という言葉を知っているに越したことはない。日頃から抽象概念にも親しむようにしたい。若干抽象度が高い英文であるが，全体的には標準的英文と標準的な設問である。

日本史

Ⅰ　解答

1—(ネ)　2—(フ)　3—(セ)　4—(ヌ)　5—(サ)　6—(ツ)
7—(ハ)　8—(ク)　9—(コ)　10—(チ)

◀解　説▶

≪平安時代の文化≫

1．藤原実資の『小右記』には，藤原道長の「望月の……」の歌が掲載されている。実資が右大臣（『小野宮右大臣日記』を略して『小右記』という）であったことも押さえておきたい。

2．国風文化期の女流文学作品として，『蜻蛉日記』（藤原道綱の母の著作）と『更級日記』（菅原孝標の女の著作）を混同しないように注意しよう。

3・4．最初の勅撰和歌集である『古今和歌集』は醍醐天皇の命により紀貫之らによって編纂された。紀貫之は最初のかな日記とされる『土佐日記』の作者としても知られる。

6．やや難。源信は比叡山横川の恵心院に居住したことから，恵心僧都とも呼ばれる。

7．難問。五代十国のうち，江南の杭州に都を置いたのは呉越国。呉越国については一部の教科書に記載があるが，日本史選択者が解答するのは難しい。なお，選択肢にある(イ)後周は，華北に興亡した五代（５王朝）の一つである。

8．平等院鳳凰堂阿弥陀如来像は定朝による寄木造の作品。寄木造により分業が可能となり仏像が量産できるようになった。

10.「修行僧命蓮にまつわる説話」だけをヒントに『信貴山縁起絵巻』を選択するのはやや難しいが,「修行僧にまつわる説話」より，応天門の変を題材にした『伴大納言絵巻』や，宮廷行事などを描いた『年中行事絵巻』とは考えにくいと判断し，消去法で解答できるとよい。

Ⅱ　解答

1—(セ)　2—(テ)　3—(サ)　4—(タ)　5—(ク)　6—(フ)
7—(イ)　8—(ナ)　9—(シ)　10—(チ)

◀解　説▶

≪江戸～明治時代初期の対外関係≫

1．ポルトガル船の来航は，1637～38 年に起きた島原の乱を契機として 1639 年に禁止とされた。

2・4．日清間の貿易では，主に銀や銅などが輸出された。金とともにこれらの流出を防ぐことを目的に 1715 年に出されたのが海舶互市新例である。海舶互市新例では，貿易額を年間で清船は 30 隻・取引高を銀 6000 貫，オランダ船は 2 隻・取引高を銀 3000 貫に制限した。

3．やや時期は前後するが，アジア貿易の拠点として，オランダのバタヴィアに加えて，ポルトガルのマカオ，スペインのマニラを押さえておきたい。

5．1609 年，薩摩藩主島津家久に降伏した琉球王国は，将軍の代替わりごとに慶賀使を，琉球国王の代替わりごとに謝恩使を幕府に派遣した。

8・9．樺太・千島交換条約は，黒田清隆の建議にもとづき，駐露公使榎本武揚が調印した。この条約によって，樺太全島がロシア領，千島全島が日本領となったが，千島列島については，択捉島以南は江戸時代に結ばれた日露和親条約で日本領とされており，同条約によって日本が新たに獲得した領土は得撫島以北であったことに注意したい。問題文には「樺太に持っていた一切の権利をロシアにゆずり，そのかわりに（　9　）以北の計 18 島を領有」とあるので，得撫島が該当する。なお，千島列島の最北端の島が占守島である。

Ⅲ　解答

問 1．(ア)　問 2．(ウ)　問 3．(ウ)　問 4．(ア)　問 5．(ウ)
問 6．(イ)　問 7．(イ)　問 8．(ウ)　問 9．(ウ)　問 10．(イ)
問 11．(ウ)　問 12．(イ)　問 13．(ア)　問 14．(イ)　問 15．(イ)

◀解　説▶

≪近現代の小問集合≫

問 2．国税総額に占める地租の割合は，1875 年には約 85％を占め，1877 年までは 80％を超えていた。松方財政が始まると，1882 年にはその割合は 65％程度まで低下した。

問 3．地租改正条例によって，地租は定額金納となった。したがって，史料では「豊熟ノ年」（豊作の年）であっても増税はしない，「違作ノ年」

(凶作の年) であっても減税はしないと表現している。

問４．史料の第六章の中ごろに「先ツ以テ地価百分ノ三ヲ税額ニ相定候得共」，最後に「地租ハ終ニ百分ノ（　④　）ニ相成候迄漸次減少致スヘキ事」とあり，地租は地価の３％（百分の三）に設定されたこと，地租はしだいに減少すべきとしていることがわかる。したがって(イ)の「三」や(ウ)の「五」を除外し，(ア)の一（百分の一）と判断したい。

問７．「日露戦争の際……外債の募集に取り組み」や「大蔵大臣・内閣総理大臣などを歴任」，「二・二六事件で暗殺された」から，この人物は高橋是清である。二・二六事件では，斎藤実内大臣，渡辺錠太郎陸軍教育総監も殺害された。

問８．やや難。空欄⑥・⑦の直後にある「もう君，腹が裂けるよ」という表現から，『イソップ寓話』の一つである「牛と競争する蛙」を想起する必要があった（子蛙から牛の話を聞いた母蛙が，牛のお腹の大きさに負けまいとお腹を膨らませすぎ，最終的にお腹を破裂させてしまうという話)。夏目漱石は，外国からの借金を背負って勝利した日露戦争後の日本を，無理して一等国になってしまったのではないか，と懸念した。

問 10．やや難。「国本社を組織」や「枢密院議長，内閣総理大臣なども歴任」から平沼騏一郎をさす。国本社は，1923 年の虎の門事件に衝撃を受けた平沼騏一郎が翌年に組織した右翼思想団体。諸外国から「日本ファシズムの総本山」ととらえられた。

問 12．やや難。池田勇人内閣時の「『国民所得倍増計画の構想』の閣議決定」は問 11 の設問文から 1960 年とわかる。「カラーテレビの本放送開始」がこの年の出来事であった。なお，「インスタントラーメンの発売」は 1958 年，「海外旅行の自由化」は 1964 年であるが，これらの判断は難しい。

問 13．「GNP」は国民総生産，「GDP」は国内総生産，「GNI」は国民総所得を指す。

問 15．やや難。(イ)誤文。企業合理化促進法は 1952 年に制定され，これにより企業の設備投資の促進をはかった。「その後（1960 年）の取り扱いに関する説明」として誤り。「中小企業の近代化」をめざしたものとしては，1963 年に制定された中小企業近代化促進法などがある。

Ⅳ 解答

1―(ウ)　2―(イ)　3―(ア)　4―(イ)　5―(ア)　6―(イ)
7―(イ)　8―(ア)　9―(ア)　10―(ウ)　11―(ウ)　12―(ウ)
13―(イ)　14―(ア)　15―(ウ)

◀解　説▶

≪世界遺産からみた古代～現代≫

2．誉田御廟山古墳は，大阪府羽曳野市誉田の古市古墳群の中心的存在で，日本第2位の規模をもつ古墳。第1位の規模をもつ，大阪府堺市にある百舌鳥古墳群の中心となる大仙陵古墳と比較して押さえたい。

3．倭の五王については，讃は応神・仁徳・履中のいずれか，珍は反正・仁徳のいずれかと考えられ，済は允恭，興は安康，武は雄略の諸天皇に比定されている。

4．与謝野晶子は日露戦争中に，「君死にたまふこと勿れ（旅順口包囲軍の中に在る弟を歎きて）」を『明星』に発表した。

5．当時の摂関家を外戚としない後三条天皇の皇子の一人にのちの白河天皇がいる。白河天皇は1086年に子（のちの堀河天皇）に譲位して，院政を開始した。

6．『明月記』は，藤原定家の日記。定家は，後鳥羽上皇の命によって勅撰和歌集である『新古今和歌集』の編纂にあたったことでも知られる。

7．やや難。姫路城は関ヶ原の戦いののち，池田輝政が城主となって改修を行い，1609年に完成した。

8．空欄8がある学生Bの発言の次に発言した，学生Aの「同じ年（1972年）……沖縄の日本（本土）復帰が実現しています」から，沖縄返還を実現させた佐藤栄作内閣と判断できるとよい。

9・10．京都栂尾にある高山寺は，明恵（高弁）が華厳宗道場として再興した。明恵は，『摧邪輪』を著し，法然が『選択本願念仏集』で説いた専修念仏を批判した。

11．東寺の現在の金堂を1603年に再建した人物を答えるのは難しいが，「1603年」から消去法で豊臣秀頼（1593～1615年）だと判断したい。豊臣秀吉は1598年，豊臣秀次は1595年と，関ヶ原の戦い（1600年）前に死去している。

12．大極殿は，政務・儀礼などが行われた宮城内の中心的建物である朝堂院にある施設の一つ。2010年の平城遷都1300年祭の際に，第一次大極殿が復元された。朱雀門は平安宮の正門，紫宸殿は天皇の住まいである内裏の正殿である。

13. 東大寺大仏殿は1180年と1567年の2度にわたって兵火で焼失した。1180年は平重衡，1567年は松永久秀によるものである。松永久秀は，13代将軍足利義輝を自殺に追い込んだことでも知られる人物。

❖講　評

2022年度は，2021年度同様，大問数が4題，小問数が50問，試験時間が60分と変化はなかった。大問ごとに出題された時代は同一ではなかったが，Ⅰ・Ⅱでは語群選択式の空所補充問題，Ⅲは史料問題，Ⅳはテーマ史であることに変化はなかった。

Ⅰでは，日記・文学・仏教・絵巻物などの平安時代の文化を中心に出題された。中国の五代十国の呉越国を問う7は難問，源信が居住した恵心院の場所を問う6はやや難問であったが，その他は基本～標準的な問題であった。関西大学では，文化史からの出題が多いため，対策を欠かすことはできない。平安時代の文学作品は2021年度も出題されている。

Ⅱでは，江戸時代から明治時代初期の対外関係が出題された。難問はなく標準的な問題で構成されていたため，取りこぼしなく得点を重ねたい。

Ⅲでは，近現代の史料問題が出題された。(A)は地租改正条例，(B)が夏目漱石の『それから』，(C)は池田勇人内閣の「国民所得倍増計画」が題材とされた。1960年代の出来事や法整備を問う問12・問15，設問文の説明から平沼騏一郎を判断する問10はやや難。その他史料内容の読解を要する問題も出題されていたため，日頃から史料を熟読する練習を積んでおきたい。

Ⅳでは，先生と学生の会話文を用いた，世界遺産を題材とした問題が出題された。姫路城の城郭整備の時期を問う7はやや難。全体としては標準的な問題が多かったが，古代から現代まで幅広く，文化史からの出題を基本としていたため，文化史学習が進んでいない受験生は苦戦したと思われる。

世界史

I　解答

①―(ア)　②―(セ)　③―(ネ)　④―(ア)　⑤―(コ)　⑥―(シ)
⑦―(ア)　⑧―(ナ)　⑨―(ス)　⑩―(ア)

◀解　説▶

≪中国仏教史≫

①正しい。仏教は 1 世紀頃に西域から中国に伝わっていた。なお，仏教が中国に広がったのは 4 世紀後半からである。

②誤り。西域から中国を訪れ，仏典の漢訳に多大な業績を残したのは鳩摩羅什である。ほぼ同時代に仏図澄も活躍したが，彼は漢訳を残さなかった。なお，道安は仏図澄の弟子。

③誤り。「空」の思想は大乗仏教の根本的な教えである。

④正しい。竜樹（ナーガールジュナ）は『中論』で「空」や「縁起」の思想を大成して大乗仏教を理論化した。

⑤誤り。「貞観の治」は，唐の第 2 代太宗の治世である。

⑥誤り。インドを訪れた玄奘を歓迎し優遇したのはヴァルダナ朝のハルシャ王である。玄奘は帰国後，ハルシャ王を「戒日王」として中国に紹介している。

⑧誤り。ナーランダー僧院はグプタ朝時代に創建された仏教の中心的研究機関。中国から訪れた玄奘と義浄はここに学んだ。

⑨誤り。玄奘は陸路インドへ往復し，中央アジア・南アジアなどの見聞を『大唐西域記』に記録した。『南海寄帰内法伝』は海路でインドを往復した義浄の著作。

II　解答

1 ―(キ)　2 ―(ノ)　3 ―(エ)　4 ―(タ)　5 ―(ハ)　6 ―(ケ)
7 ―(サ)　8 ―(ヌ)　9 ―(テ)　10―(ス)

◀解　説▶

≪19 世紀後半～20 世紀前半のアメリカ≫

1．ジャガイモ飢饉は，ジャガイモへの依存度がひときわ大きかったアイルランドで 1840 年代半ばに発生した。100 万人以上が餓死し，ほぼ同数がイギリスやアメリカに移住していった。アメリカ合衆国第35代大統領ケネディの曾祖父がアメリカに移住してきたのもこの時期である。

4・5．1920年代のアメリカは，ハーディング，クーリッジ，フーヴァーの3代にわたる共和党大統領の下で「永遠の繁栄」を謳歌した。しかし，その繁栄は，1929年10月24日の「暗黒の木曜日」の株価大暴落にはじまる大恐慌で幕を閉じた。

6．ダーウィンが『種の起源』で発表した進化論は，人間は神によって創造されたとするキリスト教世界観を否定するもので，宗教界から厳しく批判された。現在でも，アメリカを含むキリスト教会の一部には，進化論を全否定する教派が存在する。

7．クー＝クラックス＝クラン（KKK）は，南北戦争後の南部において，黒人の権利を認めず，黒人に味方する白人も攻撃した白人至上主義の結社。1920年代，アメリカ社会の保守化を背景として台頭した。

9．リューベックは北ドイツの商業都市で，ハンザ同盟の盟主として有名。トーマス＝マン（8の正解）の代表作の1つである『ブッデンブローク家の人々』は，故郷リューベックを舞台にマンの一族の自伝的物語として描かれた。

Ⅲ　解答

1―(ト)　2―(ク)　3―(イ)　4―(チ)　5―(テ)　6―(タ)
7―(チ)　8―(イ)　9―(ツ)　10―(ト)　11―(タ)　12―(チ)
13―(オ)　14―(ウ)　15―(サ)

◀解　説▶

≪成都・武漢・広州の歴史≫

2．王莽は前漢王室の外戚で，8年に実権を奪って新を建国した。新は周の時代を理想とし，復古主義の政策を実施したために，赤眉の乱（18～27年）をまねいて滅亡した。

3．劉備は後漢末期の豪族のひとり。諸葛亮らの賢臣に支えられて蜀を建国した。

4．安史の乱は755年，節度使安禄山とその部下史思明によっておこされた大反乱。当時の皇帝玄宗は長安を追われたが，北方の遊牧民ウイグルの援軍を得て次の皇帝の時代に鎮圧に成功した。

5．杜甫は，安史の乱に際してうたった『春望』や均田農民の苦難をテーマに『兵車行』などの作品を残した社会派詩人で,「詩聖」と称される。

7．フビライは，1260年に即位したモンゴル帝国第5代皇帝。1276年に南宋を滅ぼし，中国統一を完成した。

9．新軍は，清末期に創設された洋式軍隊で，この中の革命派が1911年に武昌で蜂起して辛亥革命が開始した。

10. 天津条約（1858年）では，漢口など10港が新たに開港されることとなった。この条約批准のために訪中した各国全権を中国側が攻撃したため再び戦争となり，1860年に北京条約が結ばれた。

11. 南越は，秦滅亡を契機に漢人の趙佗がベトナム北部に建てた国である。前111年に武帝はこれを滅ぼし，南海郡以下9郡をおいた。

14. 乾隆帝は，貿易港を広州一港に限定し，特許商人の組合である公行にのみ貿易を行うことを認めた。この貿易制限に不満を持ったイギリスは，マカートニー，アマーストらを派遣して自由貿易を求めたが拒否された。このことがアヘン戦争の背景となった。

15. 北伐は，蔣介石を司令官として広州から北上し，軍閥が割拠する中国を統一することをめざした軍事行動である。1927年に上海クーデタで第1次国共合作が崩壊したことにより一時中断されたが，1928年に完成した。

Ⅳ　解答

1―(ス)　2―(イ)　3―(ウ)　4―(ト)　5―(ア)　6―(カ)　7―(ツ)　8―(ア)　9―(ナ)　10―(サ)　11―(イ)　12―(ニ)　13―(オ)　14―(シ)　15―(コ)

◀解　説▶

≪ビザンツ帝国と周辺諸国≫

2．西ローマ帝国は，476年にゲルマン人傭兵隊長オドアケルによって国を奪われ滅亡した。

3．ユスティニアヌス帝は，北アフリカのヴァンダル王国，イタリア半島の東ゴート王国を征服し，かつてのローマ帝国領を一時的に回復したが，彼の死後は領域は後退していった。

4．ハギア（セント）＝ソフィア大聖堂は，ビザンツ様式の代表建築。1453年にイスラームのオスマン帝国に征服されて以降，モスクとして使用された。

5．ユスティニアヌス帝の導入した養蚕技術により，その後，ビザンツ帝国の絹織物業は，国内において中国産に匹敵する産業に成長した。

7．ブルガール人はトルコ系遊牧民。7世紀後半，バルカン半島に第1次ブルガリア帝国を建設した（681～1018年）。その間，ビザンツ帝国の影響を受けながらスラヴ化していった。その後ビザンツ帝国に併合されたが，12世紀後半に再独立した（第2次ブルガリア帝国，1187～1396年）。14世紀末にはオスマン帝国の支配下に入っている。

10．シーア派のブワイフ朝は946年にバグダードに入城し，アッバース朝カリフから大アミールの称号を受けて，事実上アッバース朝を支配下においた。セルジューク朝は1055年にバグダードに入城，ブワイフ朝を打倒してこの地にスンナ派を回復した。アッバース朝カリフは，この功績によりセルジューク朝の始祖トゥグリル＝ベクにスルタンの称号を与えた。

11．教皇インノケンティウス3世は第4回十字軍のほかに，イギリスのジョン王，フランスのフィリップ2世を屈服させ，教皇権の絶頂期を現出させた。

13．モンゴルの支配下にあったモスクワ大公国のイヴァン3世は，1480年にキプチャク＝ハン国から自立し，のちのロシア帝国の基礎を築いた君主。1453年に滅亡したビザンツ帝国の後継者を自認し「ツァーリ」を称したことから，モスクワは「第3のローマ」と言われるようになった。

14．百年戦争（1339～1453年）は，フランスのカペー朝が断絶してヴァロワ朝が成立した際，イギリスのプランタジネット朝エドワード3世が母方の血筋を理由にフランス王位を要求したことが発端であった。

❖講　評

Ⅰ　中国での仏教の発展をテーマに中国とインドから出題された。難問はないが，下線部について「その内容が正しければ㋐をマークし，誤っている場合は最も適当な語句を下記の語群から選び」という出題形式であるため，正確な知識が求められている。

Ⅱ　ヘンリー＝フォードやトーマス＝マンの評伝を織り込みながら，移民，ユダヤ人迫害，1920年代の保守化など，アメリカ社会の動向の基本的事項を中心に，一部ヨーロッパからも出題された。9のリューベックは文化・経済から，10のチューリヒは宗教改革との関連で問われている。技術史や文化史から複数出題されているが，いずれも標準レベルである。

Ⅲ　中国の3つの都市，成都・武漢・広州をとりあげて，それぞれの都市にまつわる歴史を古代から現代までたどっている。標準的な内容だが，6の長江は正確な地理への理解が求められた。

Ⅳ　ビザンツ帝国を軸とした東ヨーロッパ世界の展開，イスラーム世界との関係，十字軍や百年戦争などの基本的知識が問われている。トルコ系ブルガール人などバルカン半島における民族とビザンツ帝国の関係は学習が薄くなりがちなので十分な対策が求められる。

地理

I 解答

問1．(1)—ア　(2)—エ　(3)—ウ　(4)—ウ　(5)—エ　(6)—イ

問2．(オ)　問3．(ウ)　問4．(ウ)　問5．(ウ)

◀解　説▶

≪山地等の地形≫

問1．(1)①正。東京都心から小笠原諸島の中心である父島までの距離は約1,000kmで，西之島はその西方に位置する。地図帳や教科書に記載されている日本の排他的経済水域の図を思い起こしたい。

②誤。西之島の東側には父島や母島があり，排他的経済水域の東への拡大はない。

(2)①誤。半径1m（実際には約6,400km）の地球上での60cmは，約3,840kmに相当する。ヒマラヤ山脈が東西部分でインド・中国の国境地帯をなすと考え，北緯30度付近でおよそ東経75度から100度に至るとすると，北緯30度での経度差25度の長さは，25度×111km×cos30°（約0.87）≒2,400kmとなる。南北に傾いていることを考慮しても3,840kmは長すぎる。

②誤。エヴェレスト山の標高は8,848mなので約9kmと考えると，半径1mの地球では9km÷6,400km≒0.0014m＝0.14cmとなる。

(3)①正。主に海洋プレートは玄武岩，大陸プレートは花崗岩からなる。

②正。大西洋中央海嶺，インド洋中央海嶺，東太平洋海嶺がある。

(4)①正。断層運動により地震が発生する。

②正。アルプス山脈やヒマラヤ山脈のように大陸プレートの衝突ではあまり火山は生じず，環太平洋造山帯のロッキー山脈やアンデス山脈などで火山活動が活発である。

(5)①誤。高度の基準は，千代田区永田町に設置されている日本水準原点である。

②誤。三角点は山頂など相互に見通しのきく地点に設置されているのが通例であるが，最高地点とは限らない。立山など山頂部に神社がある場合に

は，それを避けて設置されている例もある。

⑹①誤。アルプス山脈は新期造山帯である。

②正。モレーンは氷河の侵食，運搬作用により砂礫が堆積した地形である。

問2．昭和新山は，北海道の有珠山山麓で1943（昭和18）年に噴火が始まり，次第に隆起して1945（昭和20）年にかけて溶岩ドームが生成された火山である。平成新山は，1990（平成2）年から1996（平成8）年にかけて，長崎県島原半島にある雲仙普賢岳の噴火で生じた溶岩ドームの名称である。溶岩ドームは成長と崩壊を繰り返し，崩壊の際にたびたび火砕流が起きて人的被害も発生した。

問3．㈦不適。カルスト台地上では，水は地中に吸い込まれやすいため河川は発達しにくい。そのため，直線状の谷はカルスト台地特有のものとはいえない。

㈠補助曲線は，台地上で傾斜が緩い地形を示す等高線である。カルスト台地上は，なだらかな傾斜となっている。

㈡等高線間隔が狭い部分は急な崖を示しており，石灰岩の土地が付近を流れる河川で溶食されて台地が形成されたと考える。

㈣・㈤は凹地の記号で，カルスト地形特有のドリーネを示している。

問4．ａは陰影の差が小さく起伏があまりないことと，南北方向に河川らしき影があることから中央平原(プレーリー)と考え，西経96度と判断する。

ｂは北東から南西にかけて線状の陰影があることからアパラチア山脈付近ととらえ，西経82度と判断する。

ｃは陰影の差が明瞭で標高差が大きいことからロッキー山脈の存在を想起して西経106度と判断する。

問5．海と陸の比率は約71：29であるので，㈣より右の合計が28.8%となっていることから㈣が高度0m～2,000mとわかる。よって，㈦が深度－2,000～0mとなる。

Ⅱ　解答

問1．㈠　問2．㈡　問3．㈤　問4．㈣　問5．㈠
問6．⑴―㈦　⑵―㈣　⑶―㈦　問7．㈦　問8．㈠

◀解　説▶

≪世界の水産資源と水産業≫

問1．中国・ロシア・日本などが出漁する太平洋北西部漁場での漁獲量が世界で最も多く，20.9%（2018年）を占めている。

問2．水域に多数の島があると，排他的経済水域が広くなると考える。Bの漁区にはフィリピン・インドネシアの群島国や多くの島国が存在するミクロネシア・メラネシアがあることから推定する。

問4．アンチョビ漁で有名なのがペルーである。冷水域を好むアンチョビは，エルニーニョ現象で水温が上昇すると漁獲が激減する。

問6．(1) α は世界一の輸出国となっており，輸入上位国でないことからノルウェーとなる。サケ養殖が盛んで，日本にも輸出されている。

(2) β は輸出・輸入とも上位にあることから中国を考える。

(3) γ は最大の輸入国となっていることからアメリカ合衆国とわかる。

問7．遠洋漁業は，排他的経済水域を設定する国の増加と石油危機による燃料費の高騰により1970年代には衰退し，沖合漁業が拡大した。しかし沖合漁業も，乱獲や消費者の嗜好の変化により1980年代後半以降衰退に転じ，水産物の輸入が急増した。Zの沿岸漁業も，資源の減少と漁業者の高齢化により漁獲量は減少傾向にある。

問8．ほたて貝は，青森県陸奥湾や北海道噴火湾での養殖が盛んである。2017年の生産量は，青森県が58%，北海道が36%を占め，両道県で生産の大部分を占める。愛媛県は真珠，佐賀県はのり，鹿児島県はぶり類が，それぞれ全国一の生産量である（2017年）。

III　解答

問1．(1)—(イ)　(2)—(ウ)　問2．(ウ)

問3．(1)—(イ)　(2)—(オ)　問4．(イ)　問5．(エ)　問6．(エ)

問7．⑥—(ア)　⑦—(エ)

◀解　説▶

≪第三次産業≫

問1．(1)アジアは日本・韓国・シンガポールを除くと発展途上国が多いことから，第一次産業人口比率が高い国の多い(イ)となる。

(2)南アメリカは都市人口率が高いことから第三次産業人口比率が高い(ア)または(ウ)となる。両者を比較すると，(ウ)の方が第一次産業人口比率が高い国が多いことから，(ウ)を南アメリカ，(ア)をヨーロッパと判断する。

問2．(ウ)誤文。地方都市におけるショッピングセンターは，広い駐車場を確保するため一般に郊外に立地する。このため都市中心部の商店街や百貨店は売り上げが減少し閉店するなど，中心部の衰退が進んでいる。

問3．(1)一般に小売業年間販売額は人口に比例する。東京は大都市ならではの商品を扱う専門店も多く，人口比率よりも販売額が多くなるので13.8%の(イ)と判断する。

(2)ソフトウェア業は知識集約型産業で情報が入手しやすく大企業の需要が多いことから東京に一極集中すると考え，52.0%の(オ)と判断する。(ア)は集中度が非常に低いことから製造品出荷額等，(ウ)が預金残高，(エ)が卸売業年間販売額である。

問4．県庁所在地の都心部に立地するのは，百貨店と都心商店街である。専門量販店の多くは，郊外に立地している。郊外化の要因は主にモータリゼーションによる。コンビニは都心部だけでなく郊外にも立地する。

問5．(エ)誤文。コロナ禍以前の日本への外国人観光客は，2019年には中国26.2%，韓国19.1%，台湾16.2%，ホンコン7.8%であり，東アジア諸国・地域で69.3%を占めていた。

問6．高速道路網の充実は都市間移動を容易にしたが，高齢者は自動車の運転が困難なことも多く，買い物弱者の発生とは関係が薄い。

問7．⑥ドックランズは，かつてはテムズ河畔に港湾施設が立地する地域であった。ウォーターフロント再開発の典型例となっている。

⑦「汐留」は1872（明治5）年に日本最初の鉄道が開通した際の東京側の起点である新橋駅の所在地で，1914（大正3）年の東京駅開業後は1986（昭和61）年まで貨物ターミナルとなっていた。「さいたま新都心」は，1984（昭和59）年に廃止された大宮操車場を中心に開発された。

Ⅳ 解答

問1．(ウ) 問2．(オ) 問3．(ア) 問4．(イ) 問5．(ア)
問6．(ウ) 問7．(イ) 問8．(ウ) 問9．(エ) 問10．(エ)

◀解　説▶

≪中央ヨーロッパ地誌≫

問1．北緯30度はカイロ付近，北緯40度はマドリード・アンカラ付近，北緯60度はオスロ・ストックホルム付近を通る。

問2．年降水量が600mmを越えているので乾燥帯とは考えにくく，最寒月平均気温が−3°未満であるのでD気候となる。降水量の季節的配分を見ても著しい乾燥月がないことから，冷帯湿潤気候（Df）と判定できる。

問3．ヴルタヴァ川が流れている首都は，A国（チェコ）のプラハである。

問4．面積はD国（ウクライナ）が最も大きく60.4万km^2，G国（ドイツ）が35.8万km^2でそれに次ぐ。人口はドイツが約8,400万人，次いでウクライナ約4,400万人，C国（ポーランド）約3,800万人となっている。他はB国（スロバキア）の約500万人を除き，チェコ・E国（ハンガリー）・F国（オーストリア）は1,000万人前後の人口規模である。GDPはこの地域で最も経済力のあるドイツが最大である（いずれも2019年）。

問5．シロンスク炭田のあるポーランドは，ロシアを除く欧州最大の石炭産出国であり，ドネツ炭田のあるウクライナは，これに次いで生産が多い。

問6．㋐正文。1993年に分離するまで，チェコスロバキア（分離直前はチェコとスロバキア）を構成していた。

㋑正文。一般にスラブ民族には東方正教徒が多いが，ポーランドは歴史的経緯からカトリック教徒が大部分を占めている。

㋒誤文。ハンガリーはウラル語族に属するマジャール人の国家である。ワロン人はベルギー南部に居住する民族である。

㋓正文。オーストリア・ドイツともにドイツ語が公用語である。

問8．ウクライナ南東部には，旧ソ連時代からドネツ炭田とクリボイログ鉄山を基盤としたドニエプルコンビナートが成立していた。ボヘミアはチェコ，クズネツクはロシア，シロンスクはポーランド南部の工業地域。

問9．冷涼な地域で栽培される農産物と考え，ジャガイモと判断する。ポーランドはブドウの栽培北限の北にあり，オリーブは地中海性気候の地域で，落花生は中国・インド・ナイジェリアなど温暖地で栽培される。

問10．オーストリア・スイス間の小国は，リヒテンシュタイン公国で，永世中立国である。一部を除いた外交はスイスに委任しており，EU非加盟国である。アンドラはスペイン・フランス間のピレネー山中にあり，ルクセンブルクはベネルクス三国の一角をなす小国である。モルドバは西をルーマニアに接する旧ソ連構成国の一つである。

❖講　評

Ⅰ　山地や台地など海抜高度が高い地形と関連した事項について，一部に応用的な問いもあるが，おおむね基本的な理解が問われている。問1は正誤判定問題で，教科書に記載のない内容も含まれている。問4の陰影図の問題は，アメリカ合衆国の大地形が，東部がアパラチア山脈，中部が中央平原，西部がロッキー山脈となっていることに基づいて判断するとよい。問5は地表面積の海と陸の比率をもとに判定すれば正解に至る。

Ⅱ　世界の水産資源・水産業に関する問題で，統計やグラフの読解に基づく思考力・判断力の有無が問われている。問1・問3・問4は基本的な問題で，確実に解答したい。問6は統計順位を知っていれば容易であるが，設問にαが漁区Eに属し輸出のみ，βが漁区Aに属し輸出入とも表示されていることから判断したい。最大の魚類輸入国のγは，輸出も多いことから日本ではなくアメリカ合衆国であると判断するのがやや難しい。

Ⅲ　第三次産業に関する基本事項の理解を問う問題で，グラフや統計の読解に基づく思考力・判断力の有無が問われている。問1の三角グラフの読解は，先進地域ほど第三次産業への就労人口が増加する，産業の高度化についての理解があれば容易に判断できる。問3の小売業年間販売額については，人口比に近いとの理解があれば判断しやすいが，ソフトウェア業年間売上高の判別は難しく，ソフトウェア業が東京への一極集中となっていると判断することが正解への道筋となる。卸売業年間販売額と預金残高も東京への集中度が高いと考えられるが，ソフトウェア業ほどではないと考えたい。問5はコロナ禍以前のインバウンド客が，経済成長が続いていた東アジアからが非常に多かったことを想起したい。

Ⅳ　中央ヨーロッパの内陸国であるチェコとスロバキアとその周辺諸国に関する，やや特異な地域設定の地誌問題である。A～G国の名称を確実に判別するのが前提となっている。問1は地理的位置を問う問題で，ヨーロッパ諸国がやや高緯度に位置していることから判断する。問3はヴルタヴァ川を知らなくても，「エルベ川の支流」と問いに示されていることから判断できる。問4・問5は統計的知識や地図を使った学習の有無で差がつく問題である。問6以降はおおむね基本的知識を問う設問で，確実に解答したい。

政治・経済

I 解答

問(A). (エ)　問(B). (エ)　問(C). (エ)　問(D). (ア)　問(E). (ウ)
問(F). (エ)　問(G). (イ)　問(H). (エ)　問(I). (ア)　問(J). (ウ)
問(K). (イ)　問(L). (ア)

◀解　説▶

≪言論・表現の自由≫

問(A). (エ)が正解。「テレワークの意義・効果」として，(x)のワーク・ライフ・バランスの実現，(y)の非常災害時の事業継続，(z)の環境負荷軽減を含めた8項目が挙げられている。

問(B). (エ)が正解。BPOは放送倫理・番組向上機構の略称である。

問(C). (エ)が正文。

(ア)誤文。立川反戦ビラ事件判決は，ビラの配布のための立ち入りを処罰することは憲法第21条1項に違反するものではないとした。

(イ)誤文。東京都公安条例事件判決は，集団行動の事前許可制は憲法第21条1項に違反しないとした。

(ウ)誤文。チャタレイ事件判決は，憲法21条の保障する表現の自由は公共の福祉によって制限されるとした。

問(D). (ア)が正文。

(イ)誤文。「投稿記事削除仮処分決定委認可決定に対する抗告審の取消決定に対する許可抗告事件」の判決であるが，「忘れられる権利」についての言及はなく，URL等情報を公表する行為の違法性の有無は諸事情を比較衡量して判断されると述べられている。

(ウ)誤文。通信事業者による立ち会いは2016年の法改正で不要になった。

問(F). (エ)が正文。

(ア)誤文。自治省は総務庁，郵政省と統合され総務省となった。

(イ)誤文。公正取引委員会の委員長および委員の任命を行うのは内閣総理大臣である。

(ウ)誤文。法務省ではなく，財務省である。

問(H). (エ)が正文。

(ア)誤文。出版物の印刷，製本，販売，頒布等の仮処分による事前差し止めは，憲法21条2項前段にいう検閲には当たらないとした。
(イ)誤文。法務大臣ではなく，総務大臣である。
(ウ)誤文。アンダードッグ効果とは，ある候補者を当選確実だと報道することが別の対立候補者に投票する人を増やす結果をもたらすことをいう。
問(J). (ウ)が正解。商標法第2条の規定である。
問(K). (イ)が正文。
(ア)誤文。平成21年の著作権法改正で，違法にアップロードされている音楽であると知りながらダウンロードすることは違法であると定められた。
(ウ)誤文。個人的に楽しむためのダウンロードでも違法となる。
(エ)誤文。正規版が有償で提供されているものを反復・継続してダウンロードした場合は刑事罰の対象となりうる。
問(L). (ア)が正解。ADRとは裁判外紛争解決手続きのことを指す。

II　解答

問(A). (イ)　問(B). (エ)　問(C). (エ)　問(D). 3―(キ)　4―(ア)
問(E). (イ)　問(F). (ウ)　問(G). 6―(ウ)　7―(イ)　問(H). (ア)
問(I). (イ)　問(J). (ウ)　問(K). (ア)　問(L). (エ)　問(M). (イ)

◀解　説▶

≪自由貿易体制≫

問(B). (エ)が正解。GATTは1947年のジュネーブ協定で調印され，1948年に発効した。
問(C). (エ)が正解。最恵国待遇とは，ある国に与えた通商上の有利な待遇を他のすべての加盟国にも適用しなければならない原則のことを指し，GATTの原則の一つである。
問(D). 3は(キ)，4は(ア)が正解。GATTのラウンドの名称は，年号とともに基礎知識として押さえておこう。
問(E). (イ)が正解。ダンピングとは国内価格より不当に安い価格で商品を輸出することを指す。
問(G). 6は(ウ)，7は(イ)が正解。GATSはサービスの貿易に関する一般協定，TRIPSは知的所有権の貿易関連の側面に関する協定の略称である。
問(H). (ア)が正解。WTOのルールとして，国内産業保護のための緊急輸入制限（セーフガード）を認めている。

問(I). (イ)が正解。ウルグアイ・ラウンドでは，農産物の例外なき関税化について交渉が行われた。

問(J). (ウ)が正解。東南アジア諸国連合はASEANであるが，ASEAN自由貿易地域をAFTAという。

問(K)・問(L). 日本は2002年にシンガポールと初の2国間EPA（経済連携協定）を結んだ。

問(M). (イ)が正解。(ア)TPPは環太平洋パートナーシップ，(ウ)AECはASEAN経済共同体，(エ)TICADはアフリカ開発会議の略称である。

III 解答

問(A). 1―(カ)　2―(テ)　3―(ウ)　4―(コ)　5―(ツ)　6―(ソ)

問(B). (エ)　問(C). (ウ)　問(D). (エ)　問(E). (ウ)

◀解　説▶

≪東シナ海の対立≫

問(B). (エ)が不適。連合国の占領はサンフランシスコ講和条約が発効した1952年4月28日まで続き，保安隊は同年10月15日に設立された。

問(C). (ウ)が正解。ASEANはベトナム戦争中の1967年に設立された。

問(E). (ウ)が正解。日米両政府は1996年に普天間基地の返還を発表し，1999年に移設先を名護市辺野古とすることが発表された。

IV 解答

問(A). 1―(コ)　2―(ア)　3―(シ)　4―(ウ)　問(B). (ウ)

問(C). (ア)　問(D). (イ)　問(E). (イ)　問(F). (ウ)　問(G). (エ)

◀解　説▶

≪日本の中小企業≫

問(B). (ウ)が不適。中小企業基本法が定める小売業における中小企業の範囲は，資本金5千万円以下または従業員数50人以下である。

問(C). (ア)が正解。正確に数値を暗記していなくても，製造業における中小企業の割合がほぼ99%であること，中小企業の従業者数の割合は約7割であることを把握していれば正解に至る。

問(D). (イ)が誤文。三種の神器と呼ばれる電気洗濯機，電気冷蔵庫，白黒テレビは1960年代には普及したが，3Cの一つであるカラーテレビの1970年の普及率は26.3%である。

問(E). (イ)が誤文。ネットワークを利用することでコミュニケーションを活発にすることが意図された言葉は，IT（情報技術）ではなくICT（情報通信技術）である。

問(F). (ウ)が誤文。日本の2019年の開業率は4.2%であり国際的にみて低い水準である。

問(G). (エ)が誤文。ネット出店は，販路開拓としては有望であるが，地域住民の対面交流の場としての役割を中小小売業が果たすことに，直接資するものではない。

❖講　評

Ⅰ　言論・表現の自由についての出題である。裁判例からの出題は，有名なものが多いとはいえ判決に関する正確な理解を前提としており，難度が高い。ポスト真実や，著作権法の改正による変更点など，時事問題の知識を問う出題もなされた。

Ⅱ　自由貿易についての出題であり，基本的な知識問題が多く見られた。難易度は標準だが，最恵国待遇やダンピングといった用語の意味を正確に理解しているかが問われている。国際経済で使用されるアルファベットの略語についてもきちんと押さえておく必要があるだろう。

Ⅲ　東シナ海の対立をテーマとしながら，沖縄をめぐる日本の政策の変化についての正確な理解を問う出題であった。沖縄の基地問題の経緯を十分に理解していなければ正解するのが難しい問題も出題された。

Ⅳ　日本の中小企業についての出題。中小企業の定義や割合など，資料集のデータを理解していなければ正解するのが難しい問題であった。ベンチャー・ビジネスなど，中小企業に関する時事問題の知識も求められている。

数学

◀３教科型・２教科型（英語外部試験利用方式）▶

I **解答**　① p^2+p-4　② $p^3+\frac{3}{2}p^2-6p$　③ $\frac{1}{2}$　④ $\frac{9}{4}$

⑤ $-4<p<2$　⑥ -1　⑦ $\frac{3}{2}$

◀解　説▶

≪解と係数の関係，２次関数の最小値≫

$$x^2-px-\frac{1}{2}p+2=0 \quad \cdots\cdots ⊛$$

２次方程式の解と係数の関係より

$$\alpha+\beta=p,\ \alpha\beta=2-\frac{1}{2}p$$

$$\begin{aligned}\alpha^2+\beta^2&=(\alpha+\beta)^2-2\alpha\beta\\&=p^2-2\left(2-\frac{1}{2}p\right)\\&=p^2+p-4 \quad (\to ①)\end{aligned}$$

$$\begin{aligned}\alpha^3+\beta^3&=(\alpha+\beta)^3-3\alpha\beta(\alpha+\beta)\\&=p^3-3\left(2-\frac{1}{2}p\right)p\\&=p^3+\frac{3}{2}p^2-6p \quad (\to ②)\end{aligned}$$

次に，k を定数として

$$\begin{aligned}(\alpha+k)(\beta+k)&=\alpha\beta+(\alpha+\beta)k+k^2\\&=2-\frac{1}{2}p+pk+k^2\\&=\left(k-\frac{1}{2}\right)p+2+k^2\end{aligned}$$

この式は p の値によらず一定の値をとるので

$$k=\frac{1}{2}\quad(\to③)$$

このとき，一定の値は　　$2+k^2=2+\frac{1}{4}=\frac{9}{4}$　$(\to④)$

㊟の判別式を D とする。

α が虚数であるとき　　$D<0$

$$D=p^2-4\left(2-\frac{1}{2}p\right)<0$$

$$p^2+2p-8<0$$

$$(p+4)(p-2)<0$$

$$-4<p<2\quad(\to⑤)$$

次に，$\alpha=a+bi$ とおく。ただし，$b>0$，a は実数。b が α の虚部である。

このとき　　$\beta=a-bi$

$$\alpha-\beta=2bi$$

$$(\alpha-\beta)^2=-4b^2$$

また

$$\begin{aligned}(\alpha-\beta)^2&=(\alpha+\beta)^2-4\alpha\beta\\&=p^2+2p-8\\&=(p+1)^2-9\end{aligned}$$

$-4<p<2$ において，$(\alpha-\beta)^2$ は $p=-1$ で最小となる。

このとき，b^2 は最大となり，最大値は　　$b^2=\frac{9}{4}$

$b>0$ より　　$0<b\leqq\frac{3}{2}$

すなわち，α の虚部 b は $p=-1$ のとき，最大値 $\frac{3}{2}$ をとる。$(\to⑥,\ ⑦)$

Ⅱ　**解答**　① 3　② $\frac{2}{3}$　③ 3^n　④ $\frac{4}{3}\cdot 8^{n-1}$

⑤ $\frac{4}{5}\cdot 8^{n-1}-\frac{1}{5}\cdot 3^{n+1}$　⑥ $\frac{4}{5}\cdot 8^{n-1}+\frac{2}{5}\cdot 3^n$

◀解　説▶

≪連立漸化式の解法≫

$$a_{n+1}+\alpha b_{n+1}=\beta(a_n+\alpha b_n) \quad \cdots\cdots ⊛$$

⊛の左辺に $a_{n+1}=6a_n+2b_n$, $b_{n+1}=3a_n+5b_n$ を代入して

$$a_{n+1}+\alpha b_{n+1}=6a_n+2b_n+\alpha(3a_n+5b_n)$$
$$=(6+3\alpha)a_n+(2+5\alpha)b_n$$

⊛が成り立つとき

$$6+3\alpha=\beta,\ 2+5\alpha=\alpha\beta$$

2式より，β を消去して

$$2+5\alpha=\alpha(6+3\alpha)$$
$$3\alpha^2+\alpha-2=0$$
$$(\alpha+1)(3\alpha-2)=0$$
$$\alpha=-1,\ \frac{2}{3}$$

$\alpha=-1$ のとき　　$\beta=3$

$\alpha=\dfrac{2}{3}$ のとき　　$\beta=8$

したがって　　$(\alpha,\ \beta)=(-1,\ 3),\ \left(\dfrac{2}{3},\ 8\right)$　(→①，②)

次に

$$a_{n+1}-b_{n+1}=3(a_n-b_n),\ a_1-b_1=3$$

数列 $\{a_n-b_n\}$ は初項3，公比3の等比数列なので，一般項は

$$a_n-b_n=3^n \quad (\to③) \quad \cdots\cdots ㋑$$

また

$$a_{n+1}+\frac{2}{3}b_{n+1}=8\left(a_n+\frac{2}{3}b_n\right),\ a_1+\frac{2}{3}b_1=\frac{4}{3}$$

数列 $\left\{a_n+\dfrac{2}{3}b_n\right\}$ は初項 $\dfrac{4}{3}$，公比8の等比数列なので，一般項は

$$a_n+\frac{2}{3}b_n=\frac{4}{3}\cdot 8^{n-1} \quad (\to④) \quad \cdots\cdots ㋺$$

㋺−㋑ より

$$\frac{5}{3}b_n=\frac{4}{3}\cdot 8^{n-1}-3^n$$

$$b_n=\frac{4}{5}\cdot 8^{n-1}-\frac{1}{5}\cdot 3^{n+1}\quad (\to⑤)$$

㋑より

$$a_n=b_n+3^n$$
$$=\frac{4}{5}\cdot 8^{n-1}-\frac{1}{5}\cdot 3^{n+1}+3^n$$
$$=\frac{4}{5}\cdot 8^{n-1}+\frac{2}{5}\cdot 3^n\quad (\to⑥)$$

Ⅲ 解答

(1)　$f(x)=2x^3-9x^2-60x+275$ とおく。

$$f'(x)=6x^2-18x-60$$

$f'(x)=0$ より

$$x^2-3x-10=0$$
$$(x+2)(x-5)=0$$
$$x=-2,\ 5$$

$f(x)$ の増減表は右のようになる。

x		-2		5	
$f'(x)$	$+$	0	$-$	0	$+$
$f(x)$	↗	極大	↘	極小	↗

$$f(-2)=343$$
$$f(5)=0$$

すなわち，$f(x)$ の極大値，極小値は

極大値 343　($x=-2$ のとき)
極小値 0　　($x=5$ のとき)　……(答)

(2)　与不等式より　　$2x^3-9x^2-60x+275>0$

左辺は $f(x)$ であり，(1)より　　$f(5)=f'(5)=0$

よって $f(x)$ は $(x-5)^2$ で割り切れる。割り算により

$$(2x+11)(x-5)^2>0$$

よって

$$-\frac{11}{2}<x<5,\ 5<x\quad ……(答)$$

(3)　(2)より　　$2x^3-9x^2-60x+276>1$

(底)>1 なので

$$\log_{(2x^3-9x^2-60x+276)}(2x^2-x-1)>\log_{(2x^3-9x^2-60x+276)}(x^2+x-2)$$

……①

$2x^2-x-1>x^2+x-2$

$x^2-2x+1>0$

$(x-1)^2>0$

$x\neq 1$ ……②

また，①で真数の条件より

$2x^2-x-1>0$ ……③

$x^2+x-2>0$ ……④

③より　$(2x+1)(x-1)>0$

$x<-\dfrac{1}{2}$，$1<x$ ……⑤

④より　$(x+2)(x-1)>0$

$x<-2$，$1<x$ ……⑥

また，(2)で求めた範囲より

$-\dfrac{11}{2}<x<5$，$5<x$ ……⑦

②，⑤，⑥，⑦をすべて満たす範囲が求めるものである。

$-\dfrac{11}{2}<x<-2$，$1<x<5$，$5<x$ ……(答)

◀解　説▶

≪3次方程式の極値，3次不等式，対数不等式≫

(1)　$f(x)$ は3次関数なので，$f(x)$ の極値は $f'(x)$ を計算して，増減表を書いて求める。

(2)　(1)において，$f(x)$ は $x=5$ のとき極小値0をとる。このことから，$f(x)$ は $(x-5)^2$ を因数にもつことがわかる。したがって，$f(x)$ は因数分解され，$f(x)=(2x+11)(x-5)^2$ となる。

(3)　(2)より $2x^3-9x^2-60x+276>1$ となっている。よって，(底)>1 となる。$a>1$ のとき，$\log_a A>\log_a B$ は $A>B$ となる。また，真数の条件より，$2x^2-x-1>0$，$x^2+x-2>0$ である。これらと(2)で求めた不等式とあわせて，4式の連立不等式となる。

❖講　評

2022年度は大問3題のうち，Ⅰ・Ⅱが空所補充形式で，Ⅲが記述式であった。

Ⅰ　2次方程式の解と係数に関する問題で，基本的な問題である。

Ⅱ　数列の連立漸化式の解法に関する問題である。誘導式であり，解き方に迷うことはない。標準的な問題である。

Ⅲ　底が3次関数で与えられた，対数不等式を解く問題である。(1)で3次関数の増減を調べ，(2)で3次不等式，(3)で対数不等式を解く形となっている。微分法と対数関数の融合問題となっている。1つ1つは基本的な解法で解けるレベルである。

全体的に，標準レベルの問題である。対策としては教科書の例題レベルの問題を確実に解けるようにしておけばよい。

◀2教科選択型▶

I **解答** (1)　右へ1つ移動をa，下に1つ移動をbとする。

aを3個，bを3個の並べ方が，点Aから点Bまで最短距離で行く道順の個数である。よって，その道順の個数は

$${}_6C_3=\frac{6!}{3!\cdot 3!}=20 \text{ 通り} \quad \cdots\cdots(\text{答})$$

(2)　点Cの上の格子点をE，点Dの下の格子点をFとする。

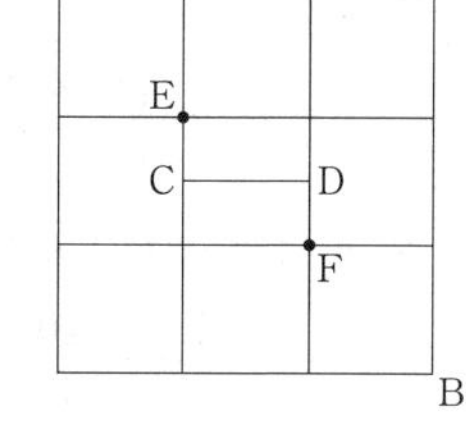

道順はA→E→C→D→F→Bとなり

E→C→D→Fは　　1通り

A→Eは　　${}_2C_1=2$ 通り

F→Bは　　${}_2C_1=2$ 通り

したがって，街路CDを通る道順は$2\times 2=4$通りある。

CDを通らない道順は(1)より20通りあるので，点Aから点Bまで最短距離で行く道順は24通りある。　……(答)

(3)　点Aから点Eは$(k-1)\times(k-1)$のブロックで，点Fから点Bは$(n-k)\times(n-k)$のブロックの街区である。したがって，その道順はそれぞれ${}_{2(k-1)}C_{k-1}$，${}_{2(n-k)}C_{n-k}$通りある。

したがって，CDを通る道順は

$${}_{2(k-1)}C_{k-1}\times{}_{2(n-k)}C_{n-k}=\frac{(2k-2)!\cdot(2n-2k)!}{\{(k-1)!\cdot(n-k)!\}^2} \text{ 通り} \quad \cdots\cdots(\text{答})$$

あり，これが増加分である。

◀解　説▶

≪最短経路の個数≫

(1)　縦l本，横m本の経路がある長方形である街路があるとき，左上から右下へ行く最短経路の道順は右へ1つ移動をa，下へ1つ移動をbと考えると，aとbの並べ方で決まる。このとき，aは$l-1$個，bは$m-1$個あるので，道順の個数は，同じものを含む順列と考えると$\dfrac{(l+m-2)!}{(l-1)!(m-1)!}$個，組み合わせとして考えると${}_{l+m-2}C_{l-1}$個ある。

(2)　CDを通る道順とCDを通らない道順に場合分けして数える。

(3)　増加分はCDを通る道順の個数である。Cの上の点をE，Dの下の点をFとすると，点Aから点Eへ行く街路は$(k-1)\times(k-1)$のブロック，点Fから点Bへ行く街路は$(n-k)\times(n-k)$のブロックとなっている。

II　解答

(1)　$f(x)=x^2-\frac{1}{3}x-\frac{10}{3}$，$g(x)=-2|x-1|+2$

とおく。

$$g(x)=\begin{cases}-2x+4 & (x\geqq 1)\\ 2x & (x<1)\end{cases}$$

$x\geqq 1$のとき，$f(x)=g(x)$は

$$x^2-\frac{1}{3}x-\frac{10}{3}=-2x+4$$

$$3x^2+5x-22=0$$

$$(3x+11)(x-2)=0$$

$$x=-\frac{11}{3},\ 2$$

$x\geqq 1$より　　$x=2$

$x<1$のとき，$f(x)=g(x)$は

$$x^2-\frac{1}{3}x-\frac{10}{3}=2x$$

$$3x^2-7x-10=0$$

$$(3x-10)(x+1)=0$$

$$x=-1,\ \frac{10}{3}$$

$x<1$より　　$x=-1$

したがって，交点の座標は

$(-1,\ -2)$，$(2,\ 0)$　……(答)

(2)　2曲線Cとlは右図のようになる。求める面積は網かけ部分の面積である。

$(-1,\ -2)$，$(2,\ 0)$，$(1,\ 2)$を順にP，Q，

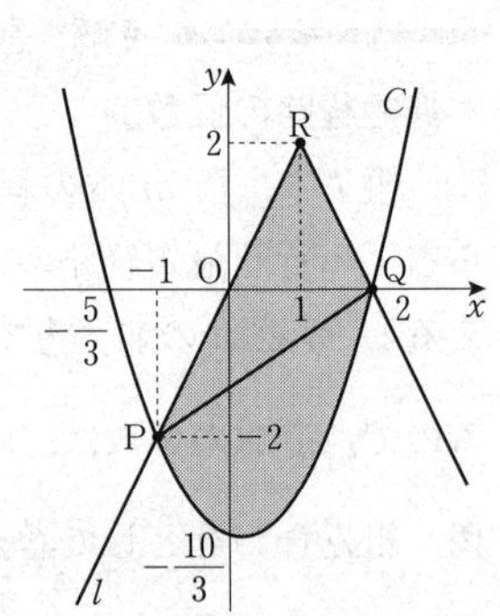

Rとする。

直線PQと曲線Cで囲まれた部分の面積をS_1とする。

$$S_1=\int_{-1}^{2}\left\{\frac{2}{3}(x-2)-\left(x^2-\frac{1}{3}x-\frac{10}{3}\right)\right\}dx$$
$$=-\int_{-1}^{2}(x+1)(x-2)dx$$
$$=\frac{1}{6}\{2-(-1)\}^3$$
$$=\frac{9}{2}$$

次に，△PQRの面積をS_2とする。

$$S_2=\triangle\mathrm{OQR}+\triangle\mathrm{OPQ}$$
$$=\frac{1}{2}\times2\times2+\frac{1}{2}\times2\times2$$
$$=4$$

したがって，Cとlで囲まれた部分の面積は

$$S_1+S_2=\frac{9}{2}+4=\frac{17}{2}\quad\cdots\cdots(答)$$

◀解　説▶

≪絶対値を含む1次関数，直線と放物線で囲まれた部分の面積≫

(1)　$x\geqq1$と$x<1$で場合分けをして，共有点を求める。

$$|x-1|=\begin{cases}x-1 & (x\geqq1)\\ -x+1 & (x<1)\end{cases}$$

となっている。

(2)　Cとlの交点をそれぞれP，Q，lの頂点をRとすると，Cとlで囲まれた部分は△PQRと線分PQとCで囲まれた部分の和である。△PQRは△OPQと△ORQに分割して面積を求める。線分PQとCで囲まれた部分の面積は定積分を用いて，$-\int_{-1}^{2}(x+1)(x-2)dx$となる。

定積分の計算は展開して求めてもよいし

$$公式\int_{\alpha}^{\beta}(x-\alpha)(x-\beta)dx=-\frac{1}{6}(\beta-\alpha)^3$$

を用いて求めてもよい。

Ⅲ　解答

①$q \geqq 5$　②$\dfrac{1}{3}$　③$(p+1)q \geqq 10$　④$\dfrac{2}{3}$

⑤$q(n-1)$　⑥$\dfrac{q}{p-1}(p^{n-1}-1)$　⑦$\dfrac{5}{12}$

◀解　説▶

≪隣接2項間漸化式，サイコロを2回投げるときの確率≫

(1)　$a_1=0,\ a_{n+1}=pa_n+q$

$a_2=q \geqq 5$　(→①)

$q=5,\ 6$，p は任意なので $(p,\ q)$ の取り方は12通りある。

したがって，$a_2 \geqq 5$ となる確率は $\dfrac{12}{36}=\dfrac{1}{3}$ である。(→②)

(2)　$a_1=0,\ a_2=q$ より　　$a_3=pq+q=(p+1)q$

よって，$a_3 \geqq 10$ は　　$(p+1)q \geqq 10$　(→③)

$p=1$ のとき，$q \geqq 5$，よって，q は2通り。

$p=2$ のとき，$q \geqq 4$，よって，q は3通り。

$p=3$ のとき，$q \geqq 3$，よって，q は4通り。

$p=4,\ 5,\ 6$ のとき，$q \geqq 2$ なので，$3\times 5=15$ 通り。

以上を合わせて　　$2+3+4+15=24$ 通り

したがって，$a_3 \geqq 10$ となる確率は $\dfrac{24}{36}=\dfrac{2}{3}$ である。(→④)

(3)　$p=1$ のとき　　$a_{n+1}-a_n=q$

数列 $\{a_n\}$ は初項0，公差 q の等差数列で，その一般項は

$$a_n=q(n-1)\quad (\to⑤)$$

$p\neq 1$ のとき，$k=\dfrac{q}{1-p}$ とおくと，$a_{n+1}=pa_n+q$ は

$$a_{n+1}-k=p(a_n-k)$$

と変形される。

数列 $\{a_n-k\}$ は初項 $-k$，公比 p の等比数列で，その一般項は

$$a_n-\frac{q}{1-p}=\frac{q}{p-1}\cdot p^{n-1}$$

$$a_n=\frac{q}{p-1}(p^{n-1}-1)\quad (\to⑥)$$

次に，$a_5 \leqq 100$ は

$p=1$ のとき

$4q\leqq 100 \qquad q\leqq 25 \qquad q$ は 6 通り

$p=2$ のとき

$15q\leqq 100 \qquad q\leqq \dfrac{20}{3} \qquad q$ は 6 通り

$p=3$ のとき

$40q\leqq 100 \qquad q\leqq \dfrac{5}{2} \qquad q$ は 1，2 の 2 通り

$p=4$ のとき

$85q\leqq 100 \qquad q$ は 1 のみの 1 通り

$p=5$，6 のとき

$$a_5=\frac{q}{p-1}(p^4-1)=q(p^3+p^2+p+1)$$

より，$a_5\leqq 100$ を満たす q はない。

以上を合わせて　　$6+6+2+1=15$ 通り

したがって，$a_5\leqq 100$ となる確率は $\dfrac{15}{36}=\dfrac{5}{12}$ である。（→⑦）

Ⅳ　解答

① $\dfrac{a}{2}$　② b　③ $\sqrt{\dfrac{a^2}{4}+b^2}-1$　④ $-\sqrt{\dfrac{a^2}{4}+b^2}-1$

⑤ $2\sqrt{19}$

◀解　説▶

≪三角関数の最大・最小≫

$$\begin{aligned}f(x)&=a\sin^3x\cos x-b\sin^4x+b\cos^4x+a\sin x\cos^3x-1\\&=a\sin x\cos x(\sin^2x+\cos^2x)\\&\qquad\qquad+b(\cos^2x-\sin^2x)(\cos^2x+\sin^2x)-1\\&=\frac{a}{2}(2\sin x\cos x)+b(\cos^2x-\sin^2x)-1\\&=\frac{a}{2}\sin 2x+b\cos 2x-1 \quad (\to ①,\ ②)\\&=\sqrt{\frac{a^2}{4}+b^2}\sin(2x+\alpha)-1\end{aligned}$$

ただし　　$\sin\alpha=\dfrac{b}{r}$，$\cos\alpha=\dfrac{a}{2r}$，$r=\sqrt{\dfrac{a^2}{4}+b^2}$

a, b は正なので，α は鋭角とする。

$0 \leqq 2x \leqq 2\pi$ より

$$|\sin(2x+\alpha)| \leqq 1$$

$$-\sqrt{\frac{a^2}{4}+b^2}-1 \leqq f(x) \leqq \sqrt{\frac{a^2}{4}+b^2}-1$$

したがって

$$M=\sqrt{\frac{a^2}{4}+b^2}-1,\ m=-\sqrt{\frac{a^2}{4}+b^2}-1 \quad (\to ③,\ ④)$$

次に，$3M+m=0$ より

$$3\sqrt{\frac{a^2}{4}+b^2}-3-\sqrt{\frac{a^2}{4}+b^2}-1=0$$

$$2\sqrt{\frac{a^2}{4}+b^2}=4$$

$$\frac{a^2}{4}+b^2=4$$

$$a^2+4b^2=16 \quad \cdots\cdots ㋑$$

ここで，$2a+\sqrt{3}\,b=k$ とおく。

$$\sqrt{3}\,b=k-2a$$

$$3b^2=(k-2a)^2 \quad \cdots\cdots ㋺$$

㋑，㋺より b^2 を消去して

$$a^2+\frac{4(k-2a)^2}{3}=16$$

$$19a^2-16ka+4k^2-48=0 \quad \cdots\cdots ㋩$$

a は実数なので，㋩の判別式を D とすると　　$D \geqq 0$

$$D=(16k)^2-4\times 19\times(4k^2-48) \geqq 0$$

$$16k^2-19(k^2-12) \geqq 0$$

$$k^2-4\times 19 \leqq 0$$

$$-2\sqrt{19} \leqq k \leqq 2\sqrt{19}$$

a, b は正なので　　$k>0$

よって　　$0<k \leqq 2\sqrt{19}$

すなわち，k の最大値は $2\sqrt{19}$ である。（→⑤）

❖講　評

2022 年度は大問 4 題のうち，Ⅰ・Ⅱが記述式で，Ⅲ・Ⅳが空所補充形式であった。

Ⅰ　最短経路の個数を求める問題で，基本的な問題である。

Ⅱ　放物線と絶対値を含む 1 次関数のグラフで囲まれた部分の面積を求める問題である。定積分で面積を求める頻出問題で，標準的なレベルである。

Ⅲ　係数をサイコロの目で決める，数列の隣接 2 項間漸化式の問題。数列と確率の両方の知識が要求されている。どちらも標準的なレベルである。

Ⅳ　三角関数の合成を用いて，三角関数の最大値・最小値を求める問題。頻出問題でレベルは標準的なもの。

全体的には例年通り標準的なレベルである。対策としては教科書の例題・章末問題等を確実に解けるようにしておけばよい。

❖講　評

本文中の該当箇所に傍線を付さない独特の設問形式だが、設問は本文の流れにそって前から順に設定されている。内訳は現代文（評論）一題、古文一題。

一は、プライバシーはなぜ保護しなければならないかを法的な観点から論じた文章。対立軸を明確にして持論を展開する評論文というよりも、一つの事柄を多方面から解説していく説明文に近い。説明される内容が多岐にわたるので、それらを一つずつ正確に押さえていくのがやっかいである。具体例も多く使われているので、たとえば具体例の部分を囲ってみると、それらによって説明しようとしている筆者の主張が浮かび上がってくる。各問、微妙な違いしかない選択肢が用意されているので、消去法によって一つ一つしぼっていく必要がある。特に、問6はどの選択肢も本文中の要所を踏まえており、明確な矛盾を見つけるのに苦労する。各選択肢を部分に分けて、各部分の因果関係にまで注意して間違いを見つけたい。問7の㋓のaは「弊履を捨てるがごとし（＝古くなった履き物を捨てるように躊躇しないさま）」という故事成語の一部。

二は、『源氏物語』〈明石巻〉からの出題。須磨で流浪する光源氏がなんとか嵐の夜を乗り切り、亡き父の霊と対面する有名な場面。どの設問も本文箇所を細部にわたって正確に訳している選択肢が正解となっている。問2は現代語の「おごる（費用を出してやる）」という語感に引っ張られるとaやeにひっかかる。また、やはり現代語の「うつくしい」のニュアンスから脱し切れていないとbやcを外すことができない。古文の「うつくし」は自分よりもか弱いものを〝かわいらしい〟と感じる様子を表し、その動詞形である「うつくしむ」は自分より弱いものを〝いつくしむ〟の意になる。問5は反実仮想などの文法事項の理解を問う問題。

▲2教科選択型▼

一

出典　宮下紘『プライバシーという権利―個人情報はなぜ守られるべきか』(岩波新書)

解答

問1～問8　▲3教科型・2教科型(英語外部試験利用方式)▼一の問1～問8に同じ。

問9　(1)　(第二節)e　(第三節)h

(2)　(第一節)c　(第二節)f　(第三節)i

▲解　説▼

問9　本文冒頭で筆者は、プライバシーに関する法学的な視点を二つ紹介している。一つは「個人」がプライバシーをいかに確保できるかという「権利」の視点であり、二つ目は「各組織」がプライバシーをどう保護するかという「統治」の視点である。この視点に気づけば第十段落までが〈個人の権利〉についての言及であり、第十一段落から〈組織の統治〉について述べていることに気づく。そして、それぞれの見出しタイトルも「権利」、「統治」を主眼としたものを選べばよい。この二つの視点に沿って読んでいくと、第十六段落で述べられるポズナーの議論がこれまでと異質であることに気づくだろう。ポズナーは「そもそもプライバシーなどいらない」という見解を示しているという。本文を大きく三つに分けるとすると、三つ目の段落の冒頭は第十六段落とし、見出しタイトルはｉの「プライバシー無用論」がよいだろう。

二

▲3教科型・2教科型(英語外部試験利用方式)▼二に同じ。

「…と聞こえたまへば」までの間に書かれている。aとbは「住吉の神のお導きがあったならば」が不可。本文には「住吉の神の導きたまふままに（＝住吉の神のお導きそのままに）」とあり、仮定条件の表現は見当たらない。cは「院のお造りになったすばらしい都」が、eは「おそるべき神々」がそれぞれ不可。本文中の「御影」は〝(死んだ人などを)心に思い浮かべる姿〟のことで、ここでは亡くなった父・桐壺院と解釈することで、この部分とこの後の文章とが呼応する。桐壺院はこの後、自分が死んでからしばらくは罪の償いのためにこの世を顧みる暇がなかったが、光源氏の悲しみを見るに堪えがたくて死後の世からやってきたと述べている。

問8　桐壺院が光源氏に言いおいたことは、問7の根拠箇所に続く「いとあるまじきこと…」から、その段落の末までに書かれている。aとbは「少し不条理なものの報い」が不可。本文中の「いささかなる」は〝わずかだ〟〝ほんのすこしだ〟の意。cは「自分の生きた世の中を顧みることができなかった」が不可。本文中で桐壺院が述べる「この世」とは、光源氏が不幸な境遇に追いやられている現実の世のことである。不幸な境遇にあるのは光源氏であるから、「みなが深い悲しみを感じているのを見ると」とあるdも誤り。

問9　「御供」は、前文で桐壺院が京の内裏に参上するという、その参内の従者を指す。その桐壺院を慕って泣き、供を申し出る人物であるから、この部分の主語は光源氏。格助詞「に」はここでは資格や立場を表し〝～として〟と訳す。「参る」は〝参る〟のままでよいが、桐壺院に随伴して京都に上ることを意味する。「な」は強意の助動詞の未然形。「む」は意志の助動詞の終止形である。「泣き入る」は〝ひどく泣く〟。「たまふ」は光源氏を高める尊敬の補助動詞である。

不可。海人たちはめいめい「さへづりあへる（＝さえずりあっている）」だけで「柴の戸」の内にいる光源氏に話しかけることはない。ちなみに「さへづる」は小鳥が鳴くことを言うのだが、これは光源氏からみると、地元の漁師たちの方言がまるで小鳥がさえずりあっているように聞こえて意味が取れなかったことを表している。

問5　暴風雨に対して光源氏がどのように感じどのような歌を詠んだかについては、「『この風いましばし止まざらましかば…』で始まる第二段落の最後の一文から、その後の「海にます…」の短歌に書かれている。dとeは「この風が長い間止まずに続いていたので」が不可。この部分にあたる本文には「この風いましばし止まざらましかば」とあり、「ましかば」の部分は〝もし～だったら〟のように反実仮想で訳さなければならない。aとbは短歌の「神のたすけにかからずは」の訳し方がおかしい。ここでの「ず」は未然形で、「ず＋は」は〝もし～でないなら〟などと仮定条件で訳さなければならない。「神のたすけにかかる」の意味は難しくても、少なくともa「疑わなかったので」、b「及ばなかったので」のように確定条件にはならない。この部分を「神の助けを受けなかったら」と訳しているcが正解。

問6　光源氏が眠りかかったところにどのようなことが起こったかについては、「海にます…」の歌の次の文とその次の文に書かれている。bとcは「光源氏が向いている先に立っていらっしゃって」が不可。本文には「故院（＝光源氏の父、桐壺院）ただおはしまししさながら立ちたまひて」とあり、〝今は亡き桐壺院がただ（生きて）いらっしゃった頃のご様子そのままでお立ちになって〟とある。仮にこの部分の解釈が困難でも、「おはしまし＋し＋さま」の「し」が過去の助動詞だとわかれば、現在形で訳しているbとcはおかしいと判断できる。dは「不吉なところに行こうとするのか」が不可。光源氏はただ物に寄りかかってまどろんでいるだけで、どこにも行こうとしてはいない。eは最後の「とがめなさった」が不可。桐壺院が〝どうしてこのように粗末なところにいるのか〟と言うのは、光源氏の境遇に同情してのことであり、とがめているわけではない。

問7　桐壺院と光源氏のやりとりについては、注6のある文の次の文の冒頭「住吉の神の…」から、その次の文の途中と強く思っていらっしゃる」が不可。本文には「何ばかりの過ちにてかこの渚に命をばきはめん（＝どれほどの過ちで、この渚に命を落とそうというのか、いや命を落としていいはずがない）」と書かれている。この反語が読めていればcの「この渚で命を終えることになるだろう」も誤りだとわかる。dとeにしぼられるが、本文の「まことに迹を垂れたまふ神ならば」の部分を「もし本当に御仏の化身でいらっしゃるのならば」としっかり仮定条件で訳しているeを選ぶ。

問2　従者たちが光源氏についてどのように祈ったかについては、第一段落の第三文「帝王の深き宮に養はれたまひて…」で始まる会話文に書かれている。aとeは「人びとにおふるまいなさっていらっしゃった」が不可。「楽しみに驕りたまひしかど（様々な享楽をほしいままになさってはいたけれど）」の「驕る」は自分が思い上がったり、贅沢をしたりすることを表すので、「人びとに」とあるのはおかしい。bとcは「（光源氏の）深き御うつくしみ」を「優美さ」と訳している点が不可。古文の「うつくしみ」は〝自分よりか弱いものへの慈しみ〟を表す。

問3　風雨が静まった後の従者たちの様子は第二段落冒頭から、同文中の「…『夜を明かしてこそは』とたどりあへるに」までの間に書かれている。aとdは本文中の「かたじけなし」と「疎ましげなり」の解釈に難がある。「かたじけなし」は身分の高い人物に対する〝畏れ多さ〟や〝面目のなさ〟を表すが、aはこれを「やるせなく」と訳し、dは「珍しいことだ」と訳している。また「疎ましげ」は対象に対する〝不快感〟や〝気味悪さ〟を表すが、aもdも「悲惨な感じだ」と訳している。cとeはともに「大声で願を立て」の部分が不可。本文には、どうしてよいかわからずうろうろしている人々の様子が「まどへる」という表現で書かれているだけである。

問4　光源氏が柴の戸を押し開けたときの周囲の状況は、第二段落の第二文「月さし出でて…」から第四文「…え追ひも払はず」までに書かれている。aとbは「（海人などが…）従者たちの話を聞いて知ったことを話し合っている」が不可。光源氏の周りに、その日何が起きたのかをはっきり理解できるものはおらず、地元の海人たちはそれぞれ勝手にその日の嵐の様子を話し合っているのである。cとdは「光源氏が聞いてもわからない言葉を話しかけてくる」がと話しているのも、大変普通ではないのだが追い払うこともできない。（海人たちが）「この嵐がもう少し収まらなかったら、潮が押し迫って（建物で）残るところはなかっただろうに。神の助けはひととおりではなかった」と言うのをお聞きになるのも、（言葉で）とても心細いと言ったところで言い尽くせるものではない。

海にまします神のご加護を受けなければ、（今頃は）潮の流れが集まる深みにきっと漂っていただろう

一日中荒れ狂った雷の騒ぎのために、そうはいっても（＝気を強く持とうと思いなさっていても）、ひどくお疲れになってしまったので、思わずうとうととお眠りになる。（光源氏には）畏れ多い（粗末な）御座所なので、ただ（物に）よりかかっていらっしゃったのだが、今は亡き桐壺院がただ生きていらっしゃった頃のご様子そのままでお立ちになって、「どうしてこのように粗末なところにいるのだ」といって、（光源氏の）お手をお取りになって引き立てなさる。「住吉の神のお導きのままに、すぐに船を出してこの浦を去ってしまえ」とおっしゃる。（光源氏は）大変嬉しくて、「畏れ多いお姿に別れ申し上げてからこのかた、さまざま悲しいことばかりが多くございますので、今はこの渚にきっと身を捨ててしまいましょうか」と申し上げなさると、「まったくあってはならないことだ。これはただ些細なことの報いである。私は（帝の）位にあったとき、過失はなかったが、知らず知らずに犯していたことがあったので、その罪を終えるまで暇がなくて、この世を顧みなかったが、（そなたが）ひどい悲しみに沈むのを見るに堪えがたくて、海に入り、渚に上り、ひどく疲れたけれど（そなたに会いにやってきた）、このような機会に帝に申し上げなければならないことがあるので急いで（京に）上るのだ」といって立ち去ってしまわれた。

（光源氏は）名残惜しく悲しくて、（私も）お供として（京に）参りましょうとひどくお泣きになって、（空を）見上げなさると、（すでに）人影もなく、月の面だけがきらきらとして、夢であったようにも思えず、（桐壺院の）御気配が残っている気がして、空の雲がしみじみとたなびいているのだった。

▲解　説▼

問1　暴風雨に遭った光源氏の様子は第一段落冒頭の第一文に書かれている。aとbは「この渚で運命をまっとうしよう

断できる者はみな、（我が）身に代えてこの（光源氏の）御身ひとつを救い申し上げようと大声をあげて、声をそろえて仏神に祈り申し上げる。「（光源氏の君は）帝の奥深い御殿で養われなさって、様々な享楽をほしいままになさってはいたけれど、深いお慈悲は日本全土に広く（行き渡って）、（苦境に）沈んでいる人々を多く（救って）お浮かべになられた。（それなのに）今何の報いによって、はなはだ道理に合わない波風におぼれ死になさろうとしているのか。天地（の神々）は道理をはっきりなさってください。罪がないのに罰せられ、官位を奪われ、屋敷を離れて、（都との）境の外に出て、明けても暮れても安心して空（を見ること）なくお嘆きになっていらっしゃるのに、このように悲しい目にまであって、命も尽きようとするのは、前世の報いか、この世の罪（のため）かと、神仏が本当にいらっしゃるなら、この悲しみを癒されよ」と、（住吉の）御社の方を向いてさまざまな願いを立てなさる。また海の中の竜王や、よろずの神々に願をお立てになるのだが、（雷は）ますます鳴りとどろいて、（光源氏が）いらっしゃる所（＝母屋）に続いている渡り廊下に落ちてきた。炎は燃え上がって廊下は焼けてしまった。（人々は）正気を失ってみなあわてふためく。後方にある大炊殿と思われる建物に（光源氏の御座所を）移し申し上げて、（そこに）身分の上下なく（人々が逃げて来て）込み合って大変騒がしく泣き叫ぶ声は、雷にも劣らない。空は墨をすったようで（暗く）日も暮れてしまった。

しだいに風もおさまり、雨脚も衰え、星の光も見える（ようになった）ので、この御座所がとても異常であるのも、大変畏れ多くて、（光源氏を）寝殿にお戻し申し上げようとするが、「焼け残った方（の建物）も不気味で、大勢の人が（焼け跡を）踏み鳴らしてうろうろしているうえに、御簾などもみな（風が）吹き散らしてしまった」「夜を明かして（からにしよう）」と（従者たちが互いに）途方にくれているとき、（光源氏の）君は念仏をお唱えになって、さまざまなことをお考えになっているのだが、お心はとても落ち着かない。月が出て、潮が近くまで満ちてきた後もありありと（見えて）、（嵐の）なごりでなお寄せては返る荒い波を、粗末な戸を押し開けてながめていらっしゃる。この界隈に、ものの意味を理解し、これまでのことやこれからのことを判断し、あれこれとはっきりわかっている人もいない。身分の低い海人たちが、尊い人がいらっしゃるところだといって、集まってきて、（光源氏が）お聞きになってもわからない言葉をべらべら

・個人が自ら自我を形成することを推奨すること。

二

出典　紫式部『源氏物語』〈明石〉

解答

問1　e
問2　d
問3　b
問4　e
問5　c
問6　a
問7　d
問8　e
問9　光源氏は、私もお供として参りましょうとひどくお泣きになって

◆全　訳◆

（光源氏の）君はお心を静めて、どれほどの過ち（を犯した罪）でこの渚に命を落とそうというのか（いや命を落としていいはずがない）と（気を）強く持とうと思おうとなさるが、（雨風の強さに周囲が）大変騒いでいるので、いろいろな供物を捧げさせなさって、「住吉の神、（あなたは）この近辺を鎮護なさっていらっしゃる。（あなたが）本当に仏から化身なさった神であるならお助けください」と、多くの大願をお立てになる。（光源氏に仕える者たちは）それぞれ自らの命（が大切なこと）は当然として、このような（立派な）お方がまたとない（不遇な）例（に挙げられるもの）としてきっと（海に）お沈みになってしまうであろうことが大変悲しいので、心を奮い立たせて、少しでもものを（正気に）判

の考えが何も書かれていない点が不可。「より実証的な観点」からの問題については第十九段落以降で述べられていくが、ポズナーとは無関係の内容である。

問6　人間にとってのデータについての筆者の考えは第十八〜最終段落に書かれている。aは「それを規制の対象とすることによって、人間は情報から解放され自由に生きることができる」が不可。個人の自立を脅かすナッジの設定は規制の対象とするべきだが、それだけではなく、最終二段落にあるように、我々が自らの人格を「自己決定」する意識をもたなければならない。bも同様の理由で「ナッジの設計自体を規制の対象とするなら、人間が主体となり、データがその客体となることができる」が不可。dは文末の「あらゆる情報について合理的に判断できるようになる」が不可。第十八段落で筆者は「人間は常に合理的な判断を下せない」という前提に立っていた。eは「ときに…進むものなので」が不適。最後から二段落目に「ときに…進む時間を必要とするべきです」とある。また、「その逆は成立しない」も、最終段落の「逆転させることがあってはならない」という主張と食い違う。成立するおそれがあるからこそ、筆者は「ナッジ」を「規制の対象とする必要があります」と述べるのである。

問8　現代的な意味でプライバシーが守られるべき理由についての筆者の考えは主に最終段落と第十段落に書かれている。現代は情報過多の時代であり、ともすれば情報に踊らされて自己の行動が決定されがちであることが特に第十八段落以降で述べられている。こうした状態を筆者は最終段落で「データに従属した生き方」「データの隷従」と呼び批判している。そしてやはり最終段落で「自我を自ら造形する人格発展」を呼びかけ「自己決定できる理性的な個人」であることを推奨する。実はこれらとほぼ同じ内容が第十段落でも「データによる決定からの解放」「人間を中心に据えて、本人自らが…自我を造形する」などと述べられていた。したがって解答はこれらの共通点である次の三点に留意して書けばよい。

・現代は情報過多の時代だと指摘すること。
・データに支配される生き方を否定すること。

や市場における価格の引き上げによる規制ができない」が不可。インターネットにおいてもこれらの規制は可能である。eは「『システム技術上又は法制度上の不備』を理由として…検討すべきである」という言い回しがおかしい。「不備」がすでにあり、それを「理由」として「不備の有無」を「検討」するのではなく、「システム技術上又は法制度上の不備」による人権上の「危険」が生じていないかを「検討」しなければならないのである。

問4　個人データの保護については第十三〜十五段落に書かれている。bは「独立した第三者機関」が本人の知らないところで「監視」を行っているように書かれている点がおかしい。「独立した第三者機関」はそうした「権利侵害」が秘密裏に行われていないかどうかをチェックする機関である。cは「日本には、明文化された規定がなく」が不可。日本の憲法には「会計検査院のような独立行政機関」が明文化されている（第十四段第三文）。dは後半の「アメリカでは…」以降の内容をアメリカに限定している点が不可。「プライバシーに特化した機関」が強い権限を持つのはアメリカだけではない。eは「訴訟要件などの制約があることから裁判所だけでは十分ではなく」が不可。「裁判所」だけでは不十分な理由は、プライバシーが侵害されてからでないと裁判所に救済を求めることができないからである。また「侵害された権利を救済するため」に「独立した行政機関」が必要だとしている後半もおかしい。そもそも「独立した行政機関」は権利の侵害を監督するために必要なのである。

問5　プライバシーをめぐるポズナーの見解は第十六段落に、それに対する筆者の考えは第十七段落に書かれている。aはいくつかおかしいが、文末の「AIの性能が高くないので現実的ではない」が明らかに不可。筆者は「人間はAIではありません」（第十七段落第三文）と述べており、たとえAIの機能が向上しても人間が機械のように合理的に振舞うとは考えていない。同様にbも「将来を正確に予測できるとは限らないので、人間は常に合理的な判断を下せない」が不可。筆者は「人間は、私秘性を保有しながら、他者との交流をして」いくものだと考えており、AIと人間を同一視していない。cは「友人を作ろうとするときには」という限定が狭すぎる。このことは本文中に書かれてはいるが、一部分だけ取り上げても筆者の考えを正確に述べたことにはならない。eはポズナーの見解に対する筆者り、個人を取り巻く世界がどうプライバシー権を保護するかが重要になる。各国は、プライバシー保護に特化した強力な第三者機関を有し、プライバシーの権利侵害防止に努めることになる。経済的効率性の観点からプライバシーを非合理的とみなす考えもあるが、人間は私秘性を保持しつつ他者と交流して生きる存在であり、プライバシー保護は必須である。外部から個人の行動を操作しかねない「プライバシー・ナッジ」の問題は看過できず、統治の問題として規制すべきだ。個人は自己の生き方を主体的に決定すべきであり、データはあくまで個人に追従するものでなければならない。

◀解　説▶

問2　プライバシーの権利については第一～十段落に書かれているが、選択肢a～eは主に第一～六段落の内容について述べている。aは後半の「日本語についての視点よりも…プライバシーの権利としての視点が重要となる」の部分が不可。第二段落で筆者は、「人々が日常生活で使うプライバシーという日本語」と「法的承認を受ける価値を有するプライバシーの権利」が「異なる」とは述べているが、両者を比較してはいない。cは「今日でも共通了解を調達できていない」という現状を「アメリカ」に限定している点が不可。dとeはそれぞれ前半で「プライバシーの権利」が「定義づけ」られてきたとする点が不可。どちらも第三段落で述べられている阪本昌成の個人的な定義を拡大解釈している。第五段落の最後にあるように「プライバシーとは何か」ということについては「今日でも共通了解を調達できていない」のである。

問3　インターネットとプライバシーの問題については第十一・十二段落に書かれている。aは前半の「プライバシーについては…のとは異なり」の部分が不可。「プライバシー」は「国会が制定する法律」「行政による法令」「裁判所の法令解釈」を通じて守られた上に、さらにインターネット上の規制を必要とするのである。同じ理由で、bは文末の「ソフトウェアを通じた規制が求められるだけでなく、法律や社会規範や市場における規制も必要となる」が不可。「ネット上の「プライバシー」は、まずは「法律や社会規範や市場における規制」によって守られ、それ以外にも「アーキテクチャー」による規制、つまり「ソフトウェア」による規制が必要なのである。また、dは「法律や社会規範

国語

▲3教科型・2教科型（英語外部試験利用方式）▼

一

出典　宮下紘『プライバシーという権利—個人情報はなぜ守られるべきか』（岩波新書）

解答

問1　㋐圏域　㋑貢献

問2　b

問3　c

問4　a

問5　d

問6　c

問7　あ—d　い—d　う—b　え—a　お—b

問8　情報が氾濫する現代において、個人がデータではなく自らの理性に基づき自我を形成する利益を確保するため。（五十字以内）

◆要　旨◆

個人のプライバシーの権利を守る核心的利益は、個人の私秘性を保ち他者の介入を許さずに人格を発展させることにあ

■全学日程２：２月６日実施分

３教科型，３教科型（同一配点方式），２教科型（英語＋１教科選択方式），２教科型（英数方式〈総合情報〉〈社会安全〉）

▶試験科目・配点

区分	教　科	科　　　目	配　点
３教科型	外国語	コミュニケーション英語Ⅰ・Ⅱ・Ⅲ，英語表現Ⅰ・Ⅱ	200 点
	選　択	日本史Ｂ，世界史Ｂ，地理Ｂ，政治・経済，「数学Ⅰ・Ⅱ・Ａ・Ｂ」から１科目選択	100 点
	国　語	国語総合・現代文Ｂ・古典Ｂ（いずれも漢文を除く）	150 点
３教科型（同一配点）	外国語	コミュニケーション英語Ⅰ・Ⅱ・Ⅲ，英語表現Ⅰ・Ⅱ	150 点
	選　択	日本史Ｂ，世界史Ｂ，地理Ｂ，政治・経済，「数学Ⅰ・Ⅱ・Ａ・Ｂ」から１科目選択	150 点
	国　語	国語総合・現代文Ｂ・古典Ｂ（いずれも漢文を除く）	150 点
２教科型（英語＋１教科）	外国語	コミュニケーション英語Ⅰ・Ⅱ・Ⅲ，英語表現Ⅰ・Ⅱ	150 点
	選　択	日本史Ｂ，世界史Ｂ，地理Ｂ，政治・経済，「数学Ⅰ・Ⅱ・Ａ・Ｂ」，「国語総合・現代文Ｂ・古典Ｂ（いずれも漢文を除く）」から１教科選択	100 点
２教科型（英数方式）	外国語	コミュニケーション英語Ⅰ・Ⅱ・Ⅲ，英語表現Ⅰ・Ⅱ	200 点
	数　学	数学Ⅰ・Ⅱ・Ａ・Ｂ	総合情報：200 点 社会安全：150 点

▶備　考

- ３教科型と３教科型（同一配点方式），３教科型と２教科型（英数方式）は併願できない。
- ３教科型（同一配点方式）：文〈初等教育学専修〉・商・外国語・総合情報・社会安全学部を除く学部で実施。英語および選択科目は３教科型と同一問題を使用し，傾斜配点方式によりそれぞれ150点満点に換算する。

- 2教科型（英語＋1教科選択方式）：外国語学部で実施。英語および国語は3教科型と同一問題を使用し，傾斜配点方式によりそれぞれ150点満点，100点満点に換算する。また，学部指定の英語外部試験のスコアが基準を満たし，それを証明する書類を提出した者は，英語を満点とみなし，選択科目の得点とあわせて250点満点で合否判定を行う。
- 2教科型（英数方式）：総合情報・社会安全学部で実施。社会安全学部の数学は3教科型と同一問題を使用し，傾斜配点方式により150点満点に換算する。
- 「数学B」は「数列，ベクトル」から出題する。

英語

(90分)

〔Ⅰ〕A．次の会話文の空所(1)～(5)に入れるのに最も適当なものをそれぞれA～Dから一つずつ選び，その記号をマークしなさい。

Eric is taking Yuya, his college roommate from Japan, to Charity Mart, a used-goods shop.

Eric: Here we are. This is Charity Mart, the place I told you about. (1)＿＿＿＿＿＿＿＿

Yuya: Well, I need a few things for our room: cups, a kettle, a lamp, things like that.

Eric: OK, they should have that stuff. (2)＿＿＿＿＿＿＿＿

Yuya: They have clothes? Are they used, too?

Eric: Yeah. They have a large selection, actually.

Yuya: Maybe I'll have a look as well. I kind of need a jacket.

Eric: (3)＿＿＿＿＿＿＿＿ We'll check it out.

Yuya: I know everything in here is used, but how does Charity Mart get all this stuff?

Eric: (4)＿＿＿＿＿＿＿＿ So the shop doesn't actually buy anything; it's all given to them for free.

Yuya: Wow! So everything in here was donated by individuals?

Eric: That's right. All the money we spend here goes to pay the employees. (5)＿＿＿＿＿＿＿＿

Yuya: Do you mean they try to take on people who are unemployed?

Eric: They do. That's a part of the charity. People who badly need work are helped by the money the shop makes.

Yuya: That's great. Let's hope they have some of the things we're looking for!

(1) A. When do we move into our place?
B. Do you need to buy a coat or jacket?
C. What is it that you want to get?
D. What do you think I should buy?

(2) A. I think I'll look for something to wear.
B. Supermarkets are available everywhere.
C. But I already have some of those things.
D. I don't think we should get any used items.

(3) A. Could I tell you my possible sizes?
B. Isn't it too warm outside for a jacket?
C. That will really help us out here.
D. They should have some in the back.

(4) A. Everything here is provided by people.
B. People leave their clothes in the store.
C. It could be from wholesale distributors.
D. You're really expected to help the store.

(5) A. The store manager isn't able to make any money herself.
B. Charity Mart tries to help people by hiring them to work.
C. My brother had a part-time job here, but he just got fired.
D. If we can't find a job, we may both end up working here.

B．下の英文A～Fは，一つのまとまった文章を，6つの部分に分け，順番をばらばらに入れ替えたものです。ただし，文章の最初にはAがきます。Aに続けてB～Fを正しく並べ替えなさい。その上で，次の(1)～(6)に当てはまるものの記号をマークしなさい。ただし，当てはまるものがないもの(それが文章の最後であるもの)については，Zをマークしなさい。

(1) Aの次にくるもの

(2) Bの次にくるもの

(3) Cの次にくるもの

(4) Dの次にくるもの

(5) Eの次にくるもの

(6) Fの次にくるもの

A．Dolphins are often regarded as one of Earth's most intelligent animals. They are social creatures, living in "pods" of up to a dozen individuals. In places with an abundance of food, pods can merge temporarily, forming a superpod. They communicate using a variety of clicks, whistle-like sounds, and other vocalizations.

B．Dolphins also display culture, something long believed to be unique to humans. In May 2005, dolphins in Australia were discovered teaching their young to use tools.

C．Membership in pods is not rigid; interchange is common. Dolphins can, however, establish strong social bonds: they will stay with injured or ill individuals, even helping them to breathe by bringing them to the surface if needed.

D．They have even been known to help humans. They have been seen protecting swimmers from sharks by swimming circles around the swimmers or attacking the sharks to make them go away.

E. This kindness does not appear to be limited to their own species. A dolphin in New Zealand has been observed guiding a female whale together with her calf out of shallow water where they had stranded several times.

F. For example, they covered parts of their heads with sponges to protect them while foraging (searching for food or provisions). Communicating the use of sponges as protection, as well as other transmitted behavior, proves dolphins' intelligence.

〔Ⅱ〕A. 次の英文の空所(1)～(15)に入れるのに最も適当なものをそれぞれA～Dから一つずつ選び，その記号をマークしなさい。

When people talk about "intercultural exchange" in terms of the Japanese community, it tends to evoke images of smiling people putting on yukata or making origami. However, Nao Hirano—a long-term Japanese resident of Australia and a police liaison officer (PLO)—knows this is just the tip of the iceberg.

Hirano decided relatively early in life that his (1) didn't lie in Japan. He joined a major firm in the restaurant industry in Tokyo after college in 1983, and then a few years later took a (2) to study English abroad for six months. Hirano was already married by this time, and while his wife also moved to Australia, the young couple spent most of the time living in different cities.

"I was studying in Melbourne, while my wife was working at the World Expo 88 in Brisbane. We decided to live (3) so we would really improve our English," recalls Hirano. "I'd taken time off from work to study and I knew I had to come back with good skills. So, for the first few months I (4) an Indonesian guy called 'Jackie' so I could avoid speaking in Japanese with fellow students!"

Within two years, the Hiranos moved to Australia permanently. Although their families were sorry to see them go, Hirano says they understood that the couple had made their plans carefully and were serious about their intentions to build a life abroad.

The major reason behind their decision was a wish to raise their future children in a more family-friendly environment. "My dad was a public servant and always came home very late, and so I hardly ever had a conversation with him. It was the same with the people at the company (5) I worked (in Tokyo)—they left the house early and came home late at night, so there was no time to spend with their families," he says. "I also disliked the uniformity of Japanese education and I wanted a system that would allow our children to develop their own personalities."

The timing for the move proved fortunate, as the couple found they were expecting their first child around the time their Australian visas were approved. Their daughter was born in Brisbane in January 1991. Hirano stayed home for several months with his wife and their newborn—a move that would be (6) for most fathers in Tokyo even today.

Although Hirano started out working in the retail sector in Australia, by 2005 he had found his niche as an officer for Multicultural Communities Council Gold Coast Ltd., a nonprofit organization. He was employed under a program known as CAMS (Community Action for a Multicultural Society), (7) various groups in the community.

While working for CAMS, Hirano began thinking more deeply about the needs of the local Japanese community, including the potential for a PLO specifically for this group. PLOs in Queensland wear the same blue uniforms as police officers, but they have special badges to designate their unique role. They are not police; their function is to liaise, or coordinate, with culturally specific groups to (8) understanding and advise on the needs of the community in which they work. In a state where more than one in five people were born overseas, this system helps the international community both to integrate and to have a voice.

Hirano submitted a report to the local police administration, suggesting the idea of a Japanese PLO in his area. It took "about three years" for his report to make its way through the various (9), but Hirano was eventually informed that his idea had been approved. He applied for the position of Japanese PLO for South East Queensland and began his new job in 2015. He was (10) promoted to senior police liaison officer last year.

While Hirano works with various groups within the community, around 70 percent of his workload involves Japanese, ranging from students or people on short-term work assignments, through to those married to Australians or who have chosen to live permanently in Australia. Over the years, Hirano had been involved with groups promoting friendship and social gatherings within the Japanese community, as well as helping to organize events, including the popular annual Gold Coast Japan & Friends Day. However, he gradually realized that a deeper (11) of support was also required for the Japanese around him. "I was seeing people with problems such as bullying, domestic violence, or cybercrime, but there wasn't an organization to offer practical and specific help for Japanese," he says. "Many Japanese tend not to talk about bad things, so they may become isolated."

(12) his network, Hirano joined forces with some like-minded people to create the Japan Community of Queensland Inc. He currently serves as president for the volunteer group, which sees a mixture of people devoting their time and talent to provide hands-on support in Japanese. "Anybody with a problem can reach out to us, but in particular, we aim to help (13) members of the community who have nowhere else to turn,"

Hirano says.

According to Hirano, the most challenging group to (14) are Japanese students coming to Queensland on working holidays. "They move around a lot and often have no fixed base. While it is fine when things go well, it is hard to connect with them if there are problems. And, of course, young people often don't want to talk to older people or those they see as authorities," he explains.

Speaking of young people, Hirano's three children are now all young adults in their mid-to-late 20s. All are (15) careers where communication with others is an important aspect of their roles. "We are a close family. That was really the main reason for coming to Australia in the first place," says this devoted family man. "So I'm very happy that my wife and I have achieved this."

(1) A. future　　B. faith
C. job　　D. survival

(2) A. route　　B. post
C. role　　D. break

(3) A. peacefully　　B. together
C. separately　　D. isolated

(4) A. intended to find　　B. took issue with
C. spoke ill of　　D. pretended to be

(5) A. when　　B. that
C. where　　D. which

出典追記：The Japan Times, February 15, 2020

(6) A. unthinkable B. undetectable
C. unimaginative D. unproductive

(7) A. supporting B. understanding
C. appreciating D. expecting

(8) A. focus B. foster
C. enlighten D. enforce

(9) A. categories B. programs
C. pipes D. channels

(10) A. substantially B. supposedly
C. subsequently D. superbly

(11) A. level B. amount
C. type D. degree

(12) A. Paid by B. In contrast with
C. In exchange for D. Drawing on

(13) A. honest B. vulnerable
C. risky D. diligent

(14) A. go around B. take to
C. work with D. search for

(15) A. excellent B. accumulating
C. pursuing D. essential

B．本文の内容に照らして最も適当なものをそれぞれA～Cから一つずつ選び，その記号をマークしなさい。

(1) Hirano and his wife chose their initial living situations in Australia mainly because

A. they wanted to develop their language skills.

B. they did not get along with each other.

C. they had different professional obligations.

(2) While enrolled in a language school, Hirano decided to hide his Japanese identity because of his

A. desire to become an Australian citizen.

B. unease at showing off his Japanese language ability.

C. determination to make the best of his time abroad.

(3) One reason Hirano decided to settle down in Australia was that

A. he respected his father's request to be a public servant abroad.

B. he thought overseas schooling would be good for his kids.

C. he wanted to spread a family-oriented philosophy to Australia.

(4) According to the passage, one of the PLOs' main responsibilities is to

A. police the community in their area.

B. protect new citizens in the area.

C. interact with cultural minorities.

(5) Hirano realized that many in the local Japanese community needed additional support because

A. they were less likely to seek help for their problems.

B. they were permanent residents with many needs.

C. they were often victims of hate crimes.

(6) Hirano had a hard time helping Japanese students on working holidays because

A. they were reluctant to confide in the elderly.

B. they were difficult to get in touch with.

C. they were afraid to speak to the authorities.

(7) The passage as a whole is best characterized as

A. an account of one man's journey toward helping his community.

B. an examination of the role of a PLO in Australia.

C. a look into the sufferings of Japanese people living abroad.

〔Ⅲ〕A. 次の英文の下線部①～⑩について，後の設問に対する答えとして最も適当なものをそれぞれA～Cから一つずつ選び，その記号をマークしなさい。

Serve spaghetti and meatballs to an Italian, and they may question why pasta and meat are being served together. Order a samosa, a type of fried pastry, as an appetizer, and an Indian friend might point out that this is similar to a British restaurant offering sandwiches as a first course. Each of these meals or dishes feels somehow odd or out of place, at least to one side, as though <u>an unspoken rule</u>① has been broken. Except these rules have indeed been discussed, written about extensively, and given a name: food grammar.

Much like language, cuisine—or a style of cooking—obeys grammatical rules that vary from country to country, and academics have documented and studied them. They dictate whether food is eaten sitting or standing; on the floor or at a table; with a fork, chopsticks, or fingers. Like sentence structure, explains Ken Albala, Professor of History at the University of the Pacific, <u>a cuisine's grammar can be reflected in the order in which it is served</u>②, and a grammar can dictate which foods can (or cannot) be paired, like cheese on fish, or barbecue sauce on ice cream. Grammars can even impose what is considered a food and what isn't: Horse and rabbit are food for the French but not for the English; insects are food in Mexico but not in Spain.

While a food grammar is far easier to grasp than a linguistic one, according to Albala, it's no less exempt from rule-breaking, especially when a dish appears in a new country that imposes a different grammar. ③<u>Someone attempting to recreate a foreign cuisine may find that their native grammar sneaks into their conception of the meal.</u> As a result, trying your home food abroad can prove confusing: Parisian restaurants may serve a hamburger with a knife and fork; a Japanese restaurant serving *yoshoku*, or "Western food," might place croquettes and omelet in a bento-like box along with tiny portions of pickled vegetables and miso soup.

④<u>The "mistranslations" of cooking traditions</u> are perhaps nowhere more evident than in chain restaurants offering an idealized vision of a foreign land. In his analysis of the Italian-American restaurant chain Fazoli's, Davide Girardelli, a communications researcher at the University of Gothenburg (Sweden), identifies color codes (red, white, and green) and other stereotypes of "the basic structure of the myth of Italian food in the United States" as ⑤<u>strategies to make the restaurant seem more Italian to American diners</u>. But much like someone speaking English with a fake Italian accent, something about the Fazoli's experience just doesn't ring true. Restaurants like Fazoli's at once change the nature of Italian food and lock it in time. Such devotion to a now-outdated tradition, says Albala, can have strange consequences for a cuisine taken out of its homeland. "Sometimes ⑥<u>it becomes fossilized</u>," he says, "because people think, 'Oh, this is the way the recipe is made, it has to be done this correct way.' Whereas back in the home country, it's evolved and changed already."

But bringing a food grammar into a new setting can also result in the creation of interesting, new dishes. ⑦<u>And just as some languages, like</u>

English, are super elastic, welcoming innovations easily, while others, like French, are less manipulable, some cuisines are more welcoming of novelty than others. "Japanese people will take anything and make it theirs," says Albala, citing *shokupan*, a Japanese white bread that's even sweeter and softer than American Wonder Bread. Other examples include the Napolitan, which sees Italian spaghetti stir-fried with vegetables and ketchup.

Today, in the West, diners desiring "authenticity" may shy away from these adapted foods, but in the past, ⑧such adaptation was expected and even encouraged. Mukta Das, food anthropologist and research associate at the SOAS Food Studies Centre, notes that from the 1950s, many Indian and Chinese restaurants adopted a grammar of the British high society by adopting "fine-dining concepts (table service from waiters in uniform, table cloths, napkins, etc.)."

"You don't really understand a culture unless you speak their language," says Albala, "and I think the same thing is true of a cuisine, when you're born into it and doing it all the time and understand all those weird, unwritten rules." But when someone who is, in essence, ⑨bilingual in terms of cooking traditions, attempts these adaptations, exciting discoveries abound. Elis Bond, the Franco-Caribbean chef behind Paris's widely celebrated Mi Kwabo, marries African cuisine with contemporary European techniques, reinterpreting the homely warmth of one large dish to pave the way, instead, for a procession of modern small plates. In ⑩marrying African flavors and a French grammar, Bond has managed to create something that pleases both locals and members of the African community with the fluency of a mother-tongue translator.

"I think it's silly to ever think that a cuisine or a language is ever going to stop," Albala continues. Referencing dictionaries and grammar textbooks, he adds, "The minute you write that stuff down, it's already changing. It's going to happen whether people want it to or not."

出典追記：Introducing 'Food Grammar,' the Unspoken Rules of Every Cuisine, Atlas Obscura on January 19, 2021 by Emily Monaco

(1) What does Underline ① actually mean?

A. a rule that is common but not actually traditional

B. a rule that is written but not verbally stated

C. a rule that is understood but not directly given

(2) What does Underline ② imply?

A. The sequence in which dishes appear is telling about a cuisine.

B. Food grammar sets rules about how dishes must be discussed.

C. The way dishes are consumed modifies their cooking procedure.

(3) What does Underline ③ imply?

A. A foreign chef won't necessarily prepare one's national dish in a recognizable way.

B. When cooking a foreign dish, adding your own style enhances flavor.

C. A dish is rarely as good as when it is prepared in its country of origin.

(4) What does Underline ④ actually mean?

A. the unpopularity of traditional cooking styles

B. the failure to recreate classic national cuisines

C. the difficulty in translating the name of foreign dishes

(5) What does Underline ⑤ imply?

A. American diners care more about a food's decoration than its taste.

B. Italian dishes must be mixed with local food to sell in America.

C. Pleasing diners is more important than serving authentic cuisine.

(6) Which of the following has a meaning closest to Underline ⑥?

A. The cooking process changes over time.

B. The adapted way to cook stays the same.

C．The method of cooking is easy to understand.

(7) What does the author want to express most in Underline ⑦?

A．Cooking traditions vary in their degree of flexibility.

B．English cuisine is considered very adaptable food.

C．Cuisines represent how welcoming the home language is.

(8) What idea does Underline ⑧ refer to?

A．Serving authentic food was once part of a great dining experience.

B．The restyling of foreign food to fit local taste was once the norm.

C．Diners in the West once rejected authentic cooking styles.

(9) What does Underline ⑨ actually mean?

A．Some chefs master cuisines from two different traditions.

B．Some chefs have experience working in two countries.

C．Some chefs can teach a cooking class in two languages.

(10) Which of the following has a meaning closest to Underline ⑩?

A．declaring and documenting

B．listing and defining

C．embracing and merging

B．本文の内容に照らして最も適当なものをそれぞれA～Cから一つずつ選び，その記号をマークしなさい。

(1) The author explains "food grammar" as the way

A．university professors, experts, and critics write about food.

B．food is prepared, served, and consumed in various cultures.

C．food reflects the linguistic rules and conventions of a nation.

(2) The third paragraph, starting with "While a food," suggests that food grammar rules are

A. essential for good cooking.

B. strict in most countries.

C. not always observed.

(3) The author's main point in the fourth paragraph, starting with "The 'mistranslations,'" is that

A. the names of traditional Italian dishes are altered in the US.

B. Italian food in the US does not resemble Italian food in Italy.

C. many restaurants in Italy and the US use red, white, and green.

(4) In the fifth paragraph, starting with "But bringing," the author argues that

A. foreign cuisine is often adapted to the tastes of the host country.

B. cooking styles remain the same and retain their traditional flavors.

C. many local customers are eager to experience authentic cuisine.

(5) The seventh paragraph, starting with "You don't really," indicates that

A. Ellis Bond can speak both French and African languages.

B. the dishes at Mi Kwabo satisfy both the French and migrants.

C. Mi Kwabo is popular thanks to its Caribbean heritage.

(6) In the last paragraph, Professor Ken Albala's remarks suggest that

A. traditional dishes may disappear in the future.

B. dictionaries and grammar textbooks are obsolete.

C. cuisine, like language, undergoes perpetual adjustment.

(7) The most appropriate title for this passage is

A. "Food Culture and Its Evolution."

B．“Ethnic Cooking Styles.”

C．“The End of Local Cuisine.”

日本史

(60分)

〔Ⅰ〕 次の(A)～(E)の各文の(　1　)～(　10　)に入れるのに最も適当な語句を下記の語群から選び，その記号をマークしなさい。

(A) 政府は西南戦争の軍事費を調達する必要から，不換紙幣を増発した。その一方で，1872(明治５)年に渋沢栄一らの尽力によって制定された(　1　)を1876(明治９)年に改正した。これに伴い，不換銀行券の発行も促されたため，激しいインフレーションが起こり，紙幣の価値が下落した。その結果として財政状況が悪化したことから，政府では1880(明治13)年，大蔵卿(　2　)が中心となって財政・紙幣整理に取りかかった。

(B) 日清戦争の講和条約である(　3　)条約によって清国から獲得した巨額の賠償金をもとに，貨幣制度改革が行われた。政府は1897(明治30)年に貨幣法を制定し，賠償金の一部を準備金として，欧米諸国にならった(　4　)を採用して，貨幣価値の安定をはかった。

(C) 政府は，関東大震災によって決済不能となった手形を震災手形に指定した。震災手形の処理法案が議会で審議される過程で，片岡直温蔵相の失言から取付け騒ぎが起こり，銀行，会社が休業，破綻するなど(　5　)が発生した。若槻礼次郎内閣は，経営破綻した鈴木商店への不良債権を抱えた(　6　)を緊急勅令で救済しようとしたが，枢密院の了承が得られず，総辞職した。

(D) 終戦後の日本では，物不足に加えて，終戦処理などに伴う通貨の増発で激しいインフレーションが発生した。政府は1946(昭和21)年２月に(　7　)を出し，預金の封鎖と旧円の流通を禁止するとともに，新円の引き出しを制限し，貨幣の流通量の削減をはかった。同年８月には，経済政策に関する企画調整を目的として(　8　)が設置された。

(E)　高度経済成長期の日本では，技術革新と設備投資を背景とした経済成長が実現した。貿易では輸出が急速に拡大し，1960(昭和35)年に「貿易・為替自由化計画大綱」が決定された。日本は，1964(昭和39)年に(　9　)８条国に移行するとともに，(　10　)に加盟し，為替と資本の自由化を行った。

〔語群〕

(ア)　朝鮮銀行	(イ)　金融緊急措置令	(ウ)　ＯＡＰＥＣ
(エ)　銀本位制	(オ)　台湾銀行	(カ)　新貨条例
(キ)　昭和恐慌	(ク)　経済安定九原則	(ケ)　天津
(コ)　世界銀行	(サ)　ＯＥＣＤ	(シ)　金銀複本位制
(ス)　三井銀行	(セ)　松方正義	(ソ)　下関
(タ)　経済安定本部	(チ)　ＧＡＴＴ	(ツ)　支払猶予令
(テ)　戦後恐慌	(ト)　企画院	(ナ)　ＩＭＦ
(ニ)　経済企画庁	(ヌ)　国立銀行条例	(ネ)　井上馨
(ノ)　ポーツマス	(ハ)　金本位制	(ヒ)　金融恐慌
(フ)　ＮＡＴＯ	(ヘ)　大隈重信	(ホ)　日本銀行条例

〔Ⅱ〕 次の文の(1)～(10)に入れるのに最も適当な語句を下記の語群から選び，その記号をマークしなさい。

江戸幕府は，上下の秩序を重んじる朱子学を積極的に取り入れた。なかでも京学派の影響は大きく，(1)の禅僧であった藤原惺窩が還俗して朱子学の啓蒙に努めた。また，その門人の林羅山は徳川家康に用いられ，その子孫は代々儒者として幕府に仕えた。慶長の役で日本に連行された(2)ら朝鮮の儒学者も日本の儒学者に影響を与えた。

諸藩も教育に力を入れ，藩士を教育する藩校以外に，庶民にも教育の機会を与える郷校も各地につくられた。なかでも(3)が設立した閑谷学校は有名である。また，大坂でも町人たちが出資して(4)のような学塾が設立され，『(5)』を著した山片蟠桃ら優れた学者たちを輩出した。初等教育機関としても多くの寺子屋が開かれ，福岡藩の儒学者(6)の著作をもとに作られたとされる『女大学』などを使用した女子教育も進められた。

明治政府も教育に力を入れた。1871(明治4)年には文部省が設置され，翌年には(7)の制度にならった学制が公布されて，国民皆学教育の建設が急がれた。1879(明治12)年には，学制を廃して自由主義的な(8)が公布されたが，強制から放任への急転換が混乱を招き，翌年には改正され，その後は次第に国家主義重視の方向へと傾いていった。(9)年には教育に関する勅語(教育勅語)が発布されて，忠君愛国を学校教育の基本とすることが強調された。教科書も文部省の著作に限定され，1907(明治40)年には義務教育が(10)年とされるなど，学校体系の整備が進められた。

〔語群〕

(ア) 明倫堂	(イ) 貝原益軒	(ウ) 保科正之
(エ) 草茅危言	(オ) 沈寿官	(カ) イギリス
(キ) 教育令	(ク) 夢の代	(ケ) 天龍寺
(コ) フランス	(サ) 池田光政	(シ) 稲生若水
(ス) 9	(セ) 懐徳堂	(ソ) 1886(明治19)
(タ) 南禅寺	(チ) 教学大旨	(ツ) 出定後語

(テ) 4	(ト) 1890(明治23)	(ナ) 姜沆
(ニ) 前田綱紀	(ヌ) 6	(ネ) 新井白石
(ノ) 1903(明治36)	(ハ) 相国寺	(ヒ) 学校令
(フ) 古義堂	(ヘ) ドイツ	(ホ) 李退渓

〔Ⅲ〕 次の(A)～(G)の各史料に関する問1～問15について，(ア)～(ウ)の中から最も適当な語句を選び，その記号をマークしなさい。

(A) (大化元年)冬十二月乙未の朔癸卯，天皇①，都を難波長柄豊碕②に遷す。老人等，相謂(あいかた)りて曰(いわ)く，春より夏に至るまでに，鼠の難波に向(ゆ)きしは，都を遷す兆(しるし)なりけり，と。(中略)

二年春正月甲子の朔，賀正の礼畢(おわ)りて，即ち改新之詔を宣(のたま)ひて曰く，(以下略)

(『日本書紀』)

問1 下線部①の「天皇」は，次の誰のことか。

(ア) 孝徳天皇 (イ) 皇極天皇 (ウ) 天智天皇

問2 下線部②「難波長柄豊碕」に都を遷す前は，どこに宮都が置かれていたか。

(ア) 飛鳥浄御原宮 (イ) 大津宮 (ウ) 飛鳥板蓋宮

(B) 凡(およ)そ田は，長さ卅(三十)歩，広さ(③)歩を段と為(せ)よ。十段を町と為よ。段の租稲二束二把。町の租稲廿(二十)二束。

凡そ口分田給はむことは，男に二段。女は(④)減せよ。五年以下には給はず。其れ地，寛(ゆたか)に，狭きこと有らば，郷土の法に従へよ。易田は倍して給へ。給ひ訖りなば，具(つぶさ)に町段及び四至(しし)録せよ。

(『令義解』「田令」)

問3 上の文の(③)に入る数字はどれか。

(ア) 十 (イ) 十二 (ウ) 十五

問４　上の文の(　④　)に入る語句はどれか。

(ア)　三分が一　　(イ)　三分が二　　(ウ)　二分が一

(C)　(天平十五年(743)五月)乙丑(27日)，詔して曰く，「聞くならく，墾田は(　⑤　)七年の格に依りて，限満つる後，例に依りて収授す。是に由りて農夫怠倦(たいけん)して，開ける地復(ま)た荒る，と。今より以後は，任(まま)に私財と為し，三世一身を論ずること無く，咸(みなことごと)悉くに永年取る莫(なか)れ。

(『続日本紀』)

問５　上の史料の(　⑤　)に入る年号はどれか。

(ア)　和銅　　(イ)　神亀　　(ウ)　養老

問６　この法令が発布されたときの政権の中心人物は，次の誰か。

(ア)　長屋王　　(イ)　藤原仲麻呂　　(ウ)　橘諸兄

(D)　予(われ)二十余年以来，東西の二京を歴(あまね)く見るに，西京は人家漸(ようや)くに稀(まれ)らにして，殆(ほとほと)に幽墟(ゆうきょ)に幾(ちか)し。人は去ること有りて来ること無く，屋は壊(やぶ)るること有りて造ること無し。其の移徙(いし)するに処無く，賤貧に憚(はばか)ること無き者は是れ居り。或は幽隠亡命を楽しび，当(まさ)に山に入り田に帰るべき者は去らず。自ら財貨を蓄へ，奔営(ほんえい)に心有るが若き者は，一日と雖(いえど)も住むこと得ず。往年一つの東閣有り。華堂朱戸，竹樹泉石，誠に是れ象外(しょうがい)の勝地なり。主人事有りて左転し，屋舎火有りて自らに焼く⑥。其の門客の近地に居る者数十家，相率て去りぬ。其の後主人帰ると雖も，重ねて修(つくろ)はず。子孫多しと雖も，永く住まはず。

問７　上の史料は 10 世紀後半に慶滋保胤が記した『池亭記』で，平安京の西京に住む人が少なくなって荒廃していた様子を記している。次の中で，慶滋保胤の著作はどれか。

(ア)　『日本往生極楽記』　　(イ)　『大日本国法華験記』　　(ウ)　『続本朝往生伝』

問８　下線部⑥は，この史料が記された少し前に政治の争いに敗れて，大宰権帥に左遷された人物の屋敷が不審火で焼失したことを記している。その人物は誰か。

(ア)　菅原道真　　(イ)　源高明　　(ウ)　藤原伊周

(E)　臣⑦，去(い)にし寛平五年に備中介に任ず。かの国の下道郡に，邇磨(にま)郷あり。ここにかの国の風土記を見るに，皇極天皇の六年に，大唐の将軍蘇定方，新羅の軍を率(ひき)ゐ百済を伐(う)つ。百済使を遣(つか)はして救はむことを乞ふ。天皇筑紫に行幸したまひて，将(まさ)に救(すくい)の兵を出さむとす。(中略) 路に下道郡に宿したまふ。一郷を見るに戸邑(こゆう)甚だ盛なり。天皇詔を下し，試みにこの郷の軍士を徴(め)したまふ。即ち勝兵二万人を得たり。天皇大に悦びて，この邑を名(なづ)けて二万郷と曰(のたま)ふ。後に改めて邇磨郷と曰(い)ふ。(中略) 天平神護(765〜767)年中に，右大臣(　⑧　)，大臣といふをもて本郡の大領を兼ねたり。試みにこの郷の戸口を計へしに，纔(わずか)に課丁千九百余人ありき。

問9　上の史料は，寛平五年(893)に備中介に任じられた人物が赴任地の人口調査をした史料である。下線部⑦の「臣」はこの人物を指す。文章博士としても知られた人物であるが，誰か。

(ア)　橘広相　　(イ)　紀長谷雄　　(ウ)　三善清行

問10　上の文の(　⑧　)には，当時この郡の大領を兼ねていた人物の名が入る。遣唐使として唐に渡ったこともあるこの人物は誰か。

(ア)　吉備真備　　(イ)　藤原豊成　　(ウ)　藤原永手

(F)　鹿子木⑨の事

一，当寺(時)の相承は，開発領主沙弥(しゃみ)，寿妙嫡々(ちゃくちゃく)相伝の次第なり。

一，寿妙の末流高方の時，権威を借らむがために，実政卿を以て領家と号し，年貢四百石を以て割(さ)き分ち，高方は庄家領掌進退の預所職(あずかりどころしき)となる。

一，実政の末流願西微力の間，国衙の乱妨を防がず。この故に願西，領家の得分二百石を以て，高陽院内親王(かやのいん)⑩に寄進す。件(くだん)の宮薨去(こうきょ)の後，御菩提の為め (中略) 勝功徳院を立てられ，かの二百石を寄せらる。其の後，美福門院の御計として御室⑪に進付せらる。これ則ち本家の始めなり。

問11　下線部⑨の「鹿子木」は荘園名である。この荘園があった国はどこか。

(ア)　筑前　　(イ)　肥後　　(ウ)　豊後

問12　下線部⑩の「高陽院内親王」は，ある上皇の娘である。彼女の父は誰か。

(ア)　白河上皇　　(イ)　鳥羽上皇　　(ウ)　後白河上皇

問13　下線部⑪の御室には，荘園が寄進された寺院があった。次のどれか。

(ア)　東寺　　(イ)　蓮華王院　　(ウ)　仁和寺

(G)　(文治元年(1185)十一月)廿(二十)八日丁未，陰晴定まらず。伝へ聞く，頼朝の代官北条丸⑫，今夜経房に謁すべしと云々。定めて重事等を示すか。又聞く，件の北条丸以下の郎従等，相分ちて五畿・山陰・山陽・南海・西海の諸国を賜はり，庄公を論ぜず，兵粮 段別五升，を宛て催すべし。啻(ただ)に兵粮の催のみに非(あら)ず，惣じて以て田地を知行すべしと云々。凡そ言語の及ぶ所に非ず。

問14　下線部⑫の「北条丸」は，次の誰のことか。

(ア)　北条時政　　(イ)　北条義時　　(ウ)　北条時房

問15　上の文が記された日記『玉葉』の著者は，次の誰か。

(ア)　中山忠親　　(イ)　九条兼実　　(ウ)　藤原定家

〔Ⅳ〕 次の(A)～(C)の各文の(　1　)～(　10　)について，語群の中から最も適当な語句を選び，その記号をマークしなさい。また，各文の下線部①～⑤の位置を，地図上のａ～ｏから選び，その記号もマークしなさい。なお，地図の一部は省略している。

(A) 足利義持は，至徳3年(1386)に3代将軍足利義満の子として生まれる。応永元年(1394)，元服して将軍職を譲られるが，実権は父の義満にあった。同15年に義満が死去すると，親政を開始した。将軍在任中の応永23年に関東で(　1　)が反乱を起こし，同26年には(　2　)の大軍が対馬①に来襲する事件があった。

応永30年，義持は子の義量に将軍職を譲ったが，同32年に義量が早世したため再び政務をとった。同34年，赤松満祐が亡父から継承するはずの所領を，義持が一族の赤松持貞へ譲らせようとしたため，満祐が播磨白旗城②に籠城の準備をする事態になった。翌35年に義持は死去するが，後継者を指名しなかったため，くじ引きにより同母弟の青蓮院義円が選ばれ，還俗して6代将軍の(　3　)となった。

(B) 徳川吉宗は，貞享元年(1684)に紀州徳川家の2代藩主(　4　)の子として生まれる。元禄8年(1695)に元服し，同10年，5代将軍の徳川綱吉より越前国丹生郡③に3万石の領地を与えられた。しかし，宝永2年(1705)に兄たちが相次いで病死したため，紀州徳川家55万石を相続することとなった。さらに，正徳6年(1716・改元して享保元年)には7代将軍徳川家継の死去を受けて，御三家出身で最初の将軍となる。吉宗は，紀州から連れてきた有馬氏倫や加納久通らを(　5　)として重用し，以後約30年にわたる在任中，幕政の改革や財政の再建に熱心に取り組んだ。人材の登用，勘定所の整備，法典の編纂，目安箱の設置，諸大名からの上米，新田開発，米価対策，貨幣の改鋳などは，その代表的なものである。また，御三家に準じるものとして，4男宗尹の(　6　)家などを新たに立てた。

(C)　西園寺公望は，嘉永2年(1849)に公家の徳大寺公純の子として生まれ，同4年，西園寺師季の養子となる。安政4年(1857)に元服し，のち孝明天皇の近習として仕えた。慶応3年(1867)に新政府の参与となり，明治元年(1868)の戊辰戦争では山陰道鎮撫や会津④征討などに加わった。明治4～13年にフランスに留学し，ソルボンヌ大学に学ぶ。明治15～16年には伊藤博文の憲法調査に随行して再びヨーロッパへ渡り，伊藤と親しくなった。明治17年に華族令が制定されると，侯爵を授けられた。

明治27年，第2次伊藤博文内閣の文部大臣として初入閣し，のちには病気の外務大臣(　7　)の臨時代理や後任の外務大臣もつとめた。このとき外務次官の原敬と関係を深めた。明治31年の第3次伊藤内閣では再び文部大臣となり，同33年には伊藤の主導する立憲政友会の創立に参加した。同年，枢密院議長に就任する一方，成立直後の第4次伊藤内閣では，伊藤が病気のため総理大臣を臨時に代理・兼任した。明治36年に伊藤が枢密院議長になると，入れ替わる形で立憲政友会の総裁に就き，盛岡⑤選出の衆議院議員となっていた原敬らの補佐を受けて，同党の立て直しに尽力する。

明治39年，総理大臣として第1次内閣を組織すると，日露戦争後の経営を積極的に推し進めた。同年には堺利彦らによる(　8　)の結成を認め，鉄道国有法を成立させている。しかし，財政難や社会主義運動の取り締りの不十分さなどを元老の山県有朋らに攻撃され，明治41年に退陣した。明治44年，第2次桂太郎内閣のあとを受けて再び総理大臣となり，第2次内閣を組織する。行財政整理の必要から陸軍の要求する2個師団の増設案を拒否したが，(　9　)陸軍大臣が単独で辞職してその後任を得られず，大正元年(1912)末に退陣した。その際，天皇の命で元老となる。大正3年には政友会総裁の座を原に譲った。大正8年，パリ講和会議に日本政府の首席全権委員として参加し，ヴェルサイユ条約に調印した功績により，翌9年に(　10　)を授けられた。松方正義が死去した大正13年以降は，最後の元老として，後継総理大臣の推薦や天皇の政治顧問の任にあたった。

〔語群〕

(ア)　宇垣一成　　(イ)　御用取次　　(ウ)　明

(エ)　上杉禅秀　　(オ)　田安　　(カ)　足利持氏

(キ)　徳川光圀　　(ク)　陸奥宗光　　(ケ)　足利義政

(コ)　男爵　　(サ)　高麗　　(シ)　老中

(ス)　清水　　(セ)　上原勇作　　(ソ)　日本社会党

(タ)　朝鮮　　(チ)　加藤高明　　(ツ)　足利義輝

(テ)　公爵　　(ト)　徳川頼宣　　(ナ)　一橋

(ニ)　側用人　　(ヌ)　社会民主党　　(ネ)　寺内正毅

(ノ)　徳川光貞　　(ハ)　土岐康行　　(ヒ)　小村寿太郎

(フ)　日本労農党　　(ヘ)　伯爵　　(ホ)　足利義教

《地図》

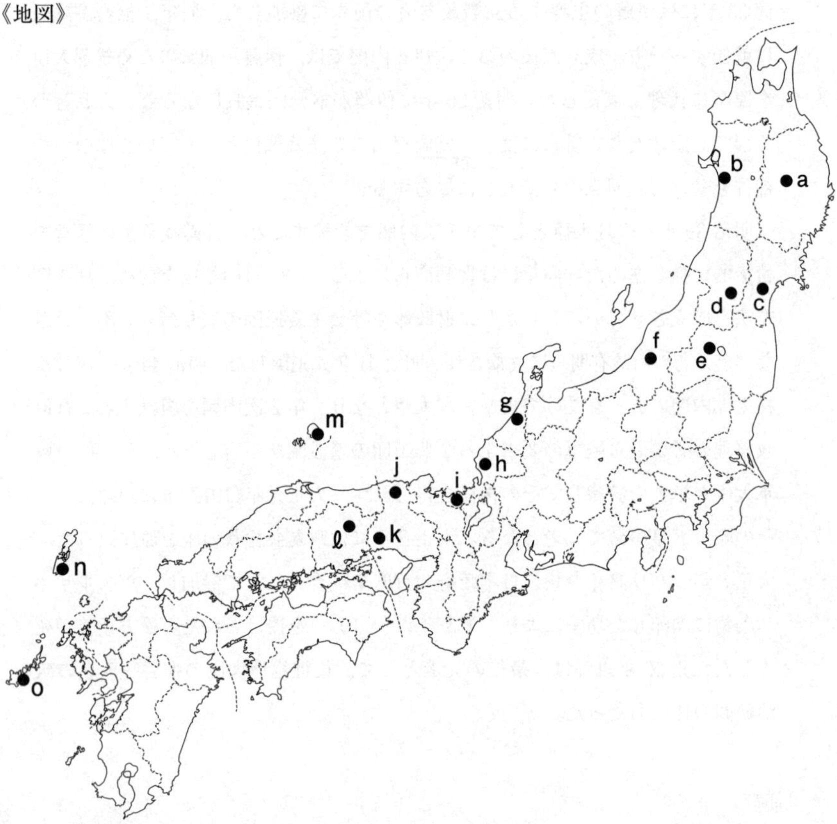

世界史

(60 分)

〔Ⅰ〕 次の文の(　1　)～(　3　)に入れるのに最も適当な語句を{　　}内の(ア)～(ウ)から選び，その記号をマークしなさい。また，問１～問７について答えなさい。

唐の都である長安は，６世紀後半に漢の長安城の東南に新たに建設され，(　1　){(ア)　隋の文帝　(イ)　隋の煬帝　(ウ)　唐の高宗}が都に定めた都城がもとになっている。長安城は図のように，最も北に位置する宮城から南にのびる朱雀門街を南北の軸線として東西対称のシンメトリー構造となっていた。城内はブロックに区切られ，それを坊といった。商業活動が許されていた坊は東西に二つ設けられ，東市と西市といった。また朱雀門街をはさんで，東に仏教①寺院の大興善寺，西に道教寺院の玄都観が配されていた。

唐代には仏教の他にも外国宗教が伝わっており，長安城内には様々な宗教施設が建立された。西方のキリスト教世界で異端とされた一派もその一つである。②長安城内におけるその一派の寺院は，現在１か所だけ，その位置が確認されている。イラン人が信仰し，(　2　){(ア)　セレウコス朝　(イ)　ササン朝　(ウ)　カラハン朝}の国教となっていた宗教も伝わった。またこの宗教とキリスト教や仏教とが融合した宗教も伝わっていた。ちなみにこの融合宗教は，８世紀半ばころにモンゴル高原にあった遊牧国家③を滅ぼした(　3　){(ア)　吐蕃　(イ)　ウイグル　(ウ)　柔然}で盛んに信仰された。

これら西方の諸宗教が中国へ伝わった背景には，イラン系のソグド人④などの中央アジアの人々の他，ペルシア人など西アジアの人々が政治的理由や交易などのためにユーラシア大陸を東西南北に往来したことがある。⑤西方から長安に至る交易路は長安の西側に到達し，そこから城内に入ると，そこには西市があった。西市では西方からもたらされた様々な品物が売り買いされていたと想像できるし，また西市の周辺に(　2　)の国教だった宗教の寺院が集中していたことは，このあたりに西域からやってきたソグド人などが住んでいたこともうかがわせる。

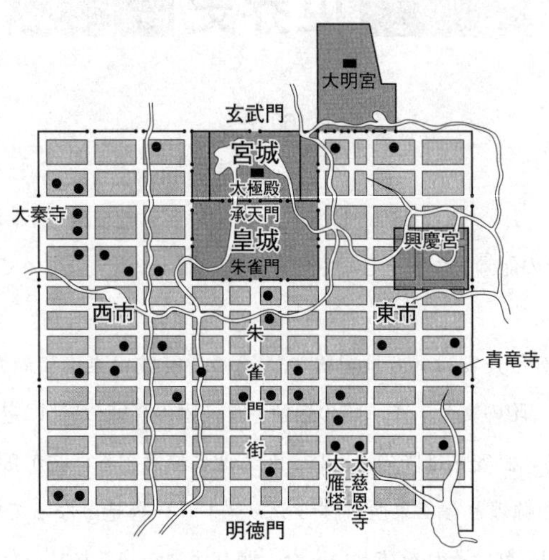

［図 唐の長安城］ ●は宗教施設

『新選 世界史B』東京書籍（2017年）

問1 唐の長安(都城制)をモデルとして建設された東アジアの都城として最も適当なものを，次の(ア)～(エ)から選び，その記号をマークしなさい。

(ア) 日本の江戸

(イ) 渤海の上京(東京)

(ウ) 吐蕃のラサ

(エ) ベトナムのフエ

問2 下線部①に関連し，東アジアの仏教について述べたものとして**誤っているもの**を，次の(ア)～(エ)から選び，その記号をマークしなさい。

(ア) 契丹（キタイ）や西夏では，仏教文化が栄えた。

(イ) 高麗は仏教を国教とした。

(ウ) 金や宋では禅宗が衰退した。

(エ) 奈良時代の天平文化は仏教色の強いものだった。

問3　下線部②に関連し，この宗教施設の名称は，ローマ帝国もしくはその東方領土を意味する言葉に由来する。この宗教施設の名称として最も適当なものを，次の(ア)～(エ)から選び，その記号をマークしなさい。

(ア)　大慈恩寺　　(イ)　大秦寺　　(ウ)　青竜寺　　(エ)　大雁塔

問4　下線部③について述べたものとして**誤っているもの**を，次の(ア)～(エ)から選び，その記号をマークしなさい。

(ア)　スキタイは，南ロシア平原から黒海北岸を支配した。

(イ)　匈奴の冒頓単于は前漢を破り，事実上の属国とした。

(ウ)　モンゴル高原の西方から鮮卑が台頭し，柔然を倒した。

(エ)　中央アジアのエフタルは，ササン朝やグプタ朝に侵入し，その国勢に大きな影響を与えた。

問5　下線部④に関連し，ソグド人の活動について述べたものとして最も適当なものを，次の(ア)～(エ)から選び，その記号をマークしなさい。

(ア)　ソグド人は，中国各地の大都市に会館・公所をつくって活動拠点とした。

(イ)　突厥はソグド人を交易・外交に活用し，ビザンツ帝国と外交関係をもった。

(ウ)　ソグド人が拠点とした都市は，木材や毛皮，海産物などの取引によって栄えた。

(エ)　ソグド人は十字軍の輸送を担当したため，彼らの都市は大きな富を得た。

問6　下線部⑤について，ユーラシア各地における交易に関連して述べたものとして**誤っているもの**を，次の(ア)～(エ)から選び，その記号をマークしなさい。

(ア)　前漢はタリム盆地に西域都護府を置き，オアシス諸都市を支配した。

(イ)　唐の広州には，アラブ・イラン系のムスリム商人が来航した。

(ウ)　10世紀にバグダードが政治的に混乱すると，イスラーム諸都市を結ぶ海上の交易ルートは，ペルシア湾ルートから紅海ルートへ変わった。

(エ)　リューベックを盟主とするロンバルディア同盟は，14世紀に北ヨーロッパ商業圏を支配した。

問7　長安城の宮城北門である玄武門には，皇帝の親衛隊である禁軍(近衛兵)が駐屯していた。唐の歴史では，この軍隊を掌握した者が，たびたび宮廷政変を起こしたことで有名である。こうした政変の一つで，皇太子だった兄と，弟とを殺害し，唐の第2代皇帝となった人物として最も適当なものを，次の(ア)〜(エ)から選び，その記号をマークしなさい。

(ア)　李淵　　(イ)　李自成　　(ウ)　李白　　(エ)　李世民

〔Ⅱ〕 次の文の(　1　)〜(　10　)に入れるのに最も適当な語句を下記の語群から選び，その記号をマークしなさい。

19世紀の後半，欧米では科学技術がめざましい発展をとげた。イギリスの(　1　)は電磁誘導の現象や電気分解の法則を発見し，電磁気学の礎を築いた。また，(　2　)や，ディーゼルによる内燃機関の技術革新が，新しい交通手段の発展につながった。通信の分野では，イタリアの(　3　)が無線電信を発明し，情報がより早く，より広い範囲に伝達されるようになった。重工業や電機工業など，新産業の発展にともなって金融資本の役割が増大し，独占資本が発達した。大銀行を中心に，異なる産業間の企業を単一の資本のもとで統合する市場独占形態のひとつである(　4　)は，ドイツや日本で発達した。医学の分野では，結核菌の発見やツベルクリンの製造に成功したドイツの(　5　)の研究などによって，公衆衛生についての知識が広がり，病気の治療法や予防医学が発達した。

19世紀後半は，ヨーロッパ列強によるアフリカの植民地化が進んだ時代でもある。イギリスは，1881年〜1882年の(　6　)の反乱を鎮圧しエジプトを保護下においた。1881年には(　7　)でも，ムハンマド=アフマド率いる反乱がおこったが，1898年，イギリスに制圧された。イギリスは，また，南アフリカ戦争で，(　8　)人の子孫であるブール人のトランスヴァール共和国とオレンジ自由国をケープ植民地に併合した。フランスはチュニジアやサハラ砂漠地域をおさえ，アフリカ横断政策を取った。また，大西洋に面した(　9　)がポルトガルの植民地となるなど，20世紀初頭にはアフリカ大陸のほとんどの地域が列強の植民地となった。

エジプトでは，第一次世界大戦後，ワフド党を中心とした独立運動が展開され，1922 年，エジプト王国が成立した。植民地宗主国からのアフリカ諸国の独立が達成されるのは，第二次世界大戦後である。1963 年，（　10　）で開催されたアフリカ諸国首脳会議ではアフリカ統一機構(OAU)が結成され，植民地主義の根絶を目指した。その後も植民地支配がつづいた（　9　）は，独立戦争をへて 1970 年代にポルトガルからの独立をはたすが，独立後も内戦で苦しむこととなった。

〔語群〕

(ア)　モロッコ	(イ)　スーダン	(ウ)　ベルギー
(エ)　オランダ	(オ)　ドイツ	(カ)　パストゥール
(キ)　フォード	(ク)　ムハンマド=アリー	(ケ)　コッホ
(コ)　コンツェルン	(サ)　ファラデー	(シ)　ヘルムホルツ
(ス)　マルコーニ	(セ)　アジスアベバ	(ソ)　ナイロビ
(タ)　マイヤー	(チ)　ダイムラー	(ツ)　トラスト
(テ)　カメルーン	(ト)　シエラレオネ	(ナ)　アンゴラ
(ニ)　アフガーニー	(ヌ)　ウラービー	(ネ)　モールス(モース)

〔Ⅲ〕 次の文の(　1　)〜(　8　)に入れるのに最も適当な語句を下記の語群から選び，その記号をマークしなさい。また，問1〜問7に答えなさい。

現在の東南アジアには，多数のチャイナタウンが存在することが知られている。東南アジアにおける中国商人の交易活動が本格化したのは宋代①の頃だと言われているが，現在につながるような中国人の居留区が東南アジア各地で形成され始めるのは，18世紀のことである。この時期に多くの中国人が東南アジアに渡航するようになった背景としては，中国における人口増が挙げられる。鄭氏勢力②を滅ぼすなどして清朝の支配が安定したこと，アメリカ大陸から伝来した新作物③によって山地開発が進んだこと，(　1　)によって人頭税が土地税に繰り込まれたことなどを理由として，18世紀に中国の人口は急増した。

中国での人口増により，中国市場で求められる商品は奢侈品から大衆向け商品，米などの食糧品に転換した。日本④からも，俵物や昆布といった海産物が中国に輸出されるようになった。中国から東南アジアへは商人だけでなく大量の労働者も渡航し，中国市場向け商品の栽培や採掘が進められた。その結果，東南アジアには，マレー半島南端のリアウ，チャオプラヤー川流域の(　2　)や(　3　)，ベトナム南部の(　4　)など，各地に中国向け産品の集荷地が出現した。フィリピン南部ではスールー王国やマギンダナオ王国，タイでは(　2　)朝や(　3　)を首都とするラタナコーシン朝，ベトナムでは19世紀初頭にベトナム全土を支配下に置いた(　5　)朝のもとで，活発な中国向け貿易がおこなわれた。このように中国・東南アジア間の貿易が活発化するなかで，東南アジア各地に中国人居留区が形成されたのである。

また，イギリスも東南アジアでの交易に参入した。それ以前の18世紀に北西ヨーロッパで中国産品⑤の需要が急増したことを背景に，イギリスは主に中国沿海部の都市(　6　)で交易をおこなっていたが，やがて中国市場で需要がある東南アジア産品の入手が重要になったためである。イギリスは東南アジアで中国への中継地と中国向け商品の交易拠点を求め，1819年に(　7　)を獲得する。これ以後(　7　)は，関税を賦課されない自由港として発展していく。また，イギリスは1824年にオランダ⑥と協定を結んで(　8　)を獲得すると同時にイギリス・オランダ間の境界を確定し，1826年に(　7　)，(　8　)，ペナンを海峡植民地とした。$\underset{⑦}{\text{}}$これ以後，イギリスは海峡植民地を拠点として，周辺のマレー半島諸国を次々に保護国としていく。

〔語群〕

(ア) バンコク	(イ) 両税法	(ウ) ハノイ
(エ) マラッカ	(オ) 杭州	(カ) 黎
(キ) スコータイ	(ク) プノンペン	(ケ) アユタヤ
(コ) 陳	(サ) コンバウン	(シ) マニラ
(ス) バンテン	(セ) 一条鞭法	(ソ) サイゴン
(タ) 地丁銀制	(チ) 阮	(ツ) シンガポール
(テ) 広州	(ト) クアラルンプール	(ナ) 寧波
(ニ) ヤンゴン		

問1　下線部①に関して，宋代の海上交易に関する記述として，最も適当なものを次の(ア)～(エ)の中から選び，その記号をマークしなさい。

(ア) 中国の貿易商人が日本に盛んに来航し，日本は中国へ定期的に使者を派遣した。

(イ) 交易には，貨幣として主に銀が使用された。

(ウ) 中国で建造されたダウ船と呼ばれる帆船が，海上交易で利用された。

(エ) 海上交易で繁栄した広州・泉州・明州などの港には，市舶司が置かれた。

問2　下線部②に関して，**誤っているもの**を次の(ア)～(エ)の中から選び，その記号をマークしなさい。

(ア) 鄭氏勢力は，オランダ人を駆逐して台湾を占領し，これを拠点とした。

(イ) 清朝は鄭氏勢力の財源を絶つため，民間の海上交易を禁止すると共に，沿海部の住民を強制的に内陸に移住させた。

(ウ) 鄭氏勢力が清朝に対して降伏した直後，三藩の乱が発生した。

(エ) 鄭成功は，明朝の皇室の生き残りから皇族の姓である「朱」をたまわったことに由来して，「国姓爺」と呼ばれた。

問3　下線部③に関して，16～18世紀頃にアメリカ大陸から中国に伝来した作物として**誤っているもの**を次の(ア)～(エ)の中から選び，その記号をマークしなさい。

(ア)　トウガラシ　　(イ)　サトウキビ　　(ウ)　サツマイモ

(エ)　トウモロコシ

問4　下線部④に関して，18世紀頃の日本の対外関係について**誤っているもの**を次の(ア)～(エ)の中から選び，その記号をマークしなさい。

(ア)　17世紀まで輸入に頼っていた生糸の国産化が進んだ。

(イ)　琉球は薩摩に服属していたため，中国に対する朝貢は断絶していた。

(ウ)　江戸幕府は松前氏にアイヌとの交易独占権を認めていた。

(エ)　対馬を通じて朝鮮との関係は維持され，たびたび朝鮮から日本へ使節が派遣された。

問5　下線部⑤に関して，18世紀の北西ヨーロッパで需要が高まっていた中国産品として最も適当なものを次の(ア)～(エ)の中から選び，その記号をマークしなさい。

(ア)　アヘン　　(イ)　茶　　(ウ)　綿花　　(エ)　生糸

問6　下線部⑥に関して，19世紀前半におけるオランダの植民地の状況に関する記述として最も適当なものを以下の(ア)～(エ)の中から選び，その記号をマークしなさい。

(ア)　オランダはスマトラ島北端を平定し，現在のインドネシアの領土に当たる地域を支配下に置いた。

(イ)　ジャワ島のバタヴィアを香辛料交易の拠点として獲得した。

(ウ)　独立を目指すスカルノらが，インドネシア国民党を組織した。

(エ)　コーヒーなどの作物を住民に低賃金で栽培させ，それらの販売によって得られた利益を本国政府の収入とする制度が開始された。

問7　下線部⑦に関して，イギリスがマレー半島諸国を保護国化していく契機となった当地の産品として最も適当なものを以下の(ア)〜(エ)の中から選び，その記号をマークしなさい。

(ア)　銀　　(イ)　錫　　(ウ)　米　　(エ)　胡椒

〔Ⅳ〕 次の文の(　1　)〜(　14　)に入れるのに最も適当な語句を，{　　}内の(ア)，(イ)ないし下記の語群から選び，その記号をマークしなさい。また，(　A　)の問に答えなさい。

第二次世界大戦後のアメリカ合衆国は，共産主義勢力の拡大を阻止するため世界中でさまざまな同盟網を作り出した。1951年にオーストラリア・(　1　){(ア)　ニュージーランド　(イ)　フィリピン}と太平洋安全保障条約(ＡＮＺＵＳ)を結んだのがその一例である。さらに1955年にはイギリス・パキスタン・イラク・(　2　){(ア)　サウジアラビア・シリア　(イ)　レバノン・エジプト}が参加するバグダード条約機構が結成された。

バグダードは，(　3　){(ア)　700　(イ)　750}年に開かれたアッバース朝の第2代カリフの(　4　){(ア)　マンスール　(イ)　ハールーン=アッラシード}が造営した都市であり，ティグリス川の流域に建てられた。

ティグリス川とその西方を流れるユーフラテス川の流域はメソポタミアと呼ばれ，世界で最も早く文明が成立した地域の一つである。メソポタミアでは，民族系統不明のシュメール人がウルやウルクなどの都市国家を形成し，楔形文字を使用するなどして文明を発展させた。その後，メソポタミアではさまざまな民族が勢力争いをくりひろげた。その一つがセム語系の(　5　){(ア)　カッシート　(イ)　アッカド}人であり，彼らがたてたバビロン第1王朝のハンムラビ王は，ハンムラビ法典を発布した。

古代世界の歴史を解明するのに不可欠の古代の文字の解読に向けては多くの研究者が努力を傾けてきた。フランスの(　6　){(ア)　エヴァンズ　(イ)　シャンポリオン}はナポレオンのエジプト遠征中に発見されたロゼッタ=ストーンをもとに神聖文字(ヒエログリフ)の解読に成功し，19世紀に活躍したイギリスの(　7　){(ア)　エヴァンズ　(イ)　シャンポリオン}は楔形文字の解読に大きな貢献をなした。

オリエントの諸地域の中でメソポタミアのティグリス川とユーフラテス川は南方の(　8　){(ア)　カスピ海　(イ)　紅海}に向かって流れている。一方，シリアやエジプトは地中海に面しており，その文明は，海路をつうじて地中海の各地の文明の発展に影響を与えた。

地中海の東部ではオリエントからの影響を受けて青銅器文明であるエーゲ文明が誕生した。エーゲ文明のうちクレタ島では，クノッソスの宮殿などに代表されるクレタ文明が栄えた。一方，ギリシア本土ではミケーネ文明がきずかれた。北方から移住してきてミケーネ文明の担い手となったギリシア人は城塞王宮を中心とする小王国をつくり，線文字B①を使用した。

ミケーネ文明が滅亡した後，暗黒時代と呼ばれる混乱の時代を経験したギリシア人は方言の違いからイオニア人・アイオリス人・ドーリア人にわかれつつアクロポリスやアゴラをそなえたポリスといわれる都市をつくって定住するようになった。また，活発な植民活動を展開し，地中海や黒海の各地に植民市を建設した。そのなかには(　9　){(ア)　シチリア島　(イ)　南フランス}に設けられたマッサリア(現マルセイユ)のように現在までつづき，その地方の中心的な都市となっているものもある。

ギリシアでは平民が自費で武具を調達し，重装歩兵として軍事上重要な役割をはたすようになった結果，平民の参政権が拡大し民主政の発達がうながされた。(　10　){(ア)　イオニア　(イ)　アイオリス}系のアテネでは，前7世紀に(　11　){(ア)　ソロン　(イ)　リュクルゴス}によって法律が成文化されたのち，前508年に指導者となった(　12　){(ア)　ペイシストラトス　(イ)　ペリクレス}によって，それまでの4部族制を10部族制に改める大改革が行われるなどして民主政の基礎がきずかれた。

一方，アテネの(　13　){(ア)　西方　(イ)　東方}にあったスパルタでは，支配的な立場にあったスパルタ市民のもとに，奴隷身分の農民や(　14　){(ア)　ヘイロータイ(ヘロット)　(イ)　ペリオイコイ}と呼ばれる商工業従事者がいた。スパルタでは，軍国主義的な特殊な体制のもとで市民のあいだの平等が徹底された。

全オリエントを統一する大帝国をきずいたアケメネス朝を相手どったペルシア戦争は，ギリシアの命運をかけた重大な戦いであった。強大なペルシア軍を相手にしたギリシア勢は，苦境に陥ることもあったものの，前480年のサラミスの海戦でペルシア軍をうち破り，さらに翌年マラトンの戦い②でも勝利し，戦争の行方を決定的なものにした。

〔語群〕

(ウ)　800	(エ)　ヴェントリス	(オ)　アブー=バクル
(カ)　ドラコン	(キ)　アラム	(ク)　ローリンソン
(ケ)　アラル海	(コ)　クレイステネス	(サ)　南イタリア
(シ)　インドネシア	(ス)　コロヌス	(セ)　テミストクレス
(ソ)　アムル	(タ)　シュリーマン	(チ)　ペルシア湾
(ツ)　ドーリア	(テ)　イラン・トルコ	(ト)　プレブス
(ナ)　バイバルス		

(　A　)　下線部①・②について，①のみ正しければ(ア)を，②のみ正しければ(イ)を，両方正しければ(ウ)を，両方誤りであれば(エ)をマークしなさい。

地理

(60分)

〔Ⅰ〕 気候条件の差異によって形成される侵食・堆積地形が異なるという考え方のもと，世界各地を気候地形で区分することが行なわれてきた。その端緒は，ヨーロッパ諸国，とりわけドイツやフランスが，植民地獲得のために世界のさまざまな地域の探検に関わり，そこでさまざまな地形景観に出会ったことである。地形と人々の生活について，世界の気候地形を区分した**図**(外的地形プロセスからみた区分図)を見て，下の問1～問8について該当するものを選んで，その記号をマークしなさい。

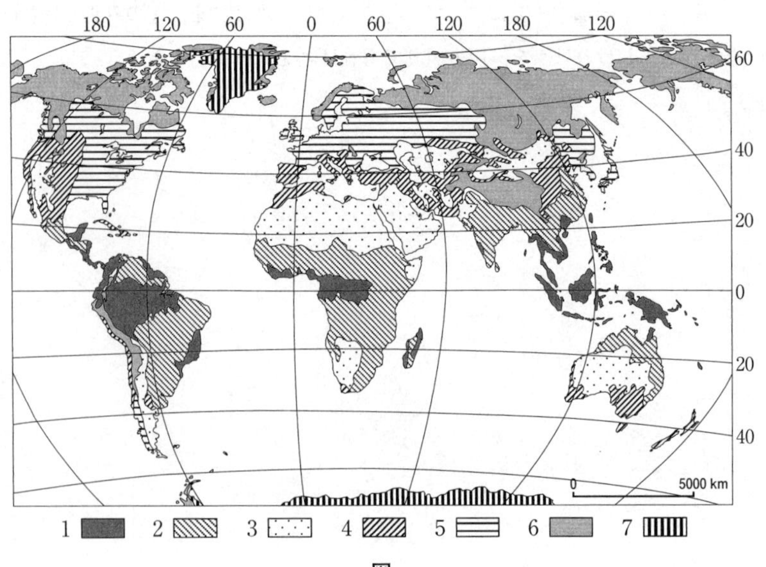

図

(『自然地理学事典』2017を一部簡略化して提示)

問１　**図**の凡例は世界の気候地形区を８つに区分したものである。このうち凡例８はカルスト地形区であるが，局地的でこの地図スケールでは表現されない。緯度や経度などに着目して，(A)　凡例１，(B)　凡例２，(C)　凡例５に該当するものはいずれか，次の語群から選びなさい。なお，周氷河気候地形区とは，氷河の直接の影響ではなく，寒冷地で凍結・融解が主要な地形形成の営力となった気候地形区をさす。

〔語群〕

(ア)　湿潤熱帯　　(イ)　乾湿熱帯　　(ウ)　半乾燥　　(エ)　乾燥
(オ)　周氷河　　(カ)　氷河　　(キ)　湿潤温帯

問２　凡例１の気候地形区にみられるものについて，**最も不適当なもの**は次のいずれか。

(ア)　ラトソルが分布する。
(イ)　ボーキサイト鉱山が多い。
(ウ)　高さ(樹高)の異なる樹木が密生する。
(エ)　ナツメヤシのプランテーションがみられる。

問３　凡例２の気候地形区に関する以下のことについて，**最も不適当なもの**は次のいずれか。

(ア)　カカオの栽培に適している。
(イ)　インドでは綿花栽培が盛んな地域がある。
(ウ)　ブラジルでは大豆の産地が見られる。
(エ)　東南アジアでは稲作が卓越する。
(オ)　アフリカではバオバブやアカシアの疎林が広がる。

問４　凡例３の気候地形区で**見ることができない風景や地形・土壌**は次のいずれか。

(ア)　塩湖　　(イ)　ワジ　　(ウ)　オアシス　　(エ)　テラローシャ

問5　凡例6の気候地形区でみられる風景と生活について述べた次の文の下線部について，**最も不適当なもの**は次のいずれか。

(ア)　タイガが広がり，林業が盛んであるが，農作物の生育には適さない。

(イ)　北極海へ流れる河川では，融雪洪水が発生する。

(ウ)　低温のため針葉樹の落葉の分解が遅く，腐植層が厚く堆積した灰白色のツンドラ土がみられる。

(エ)　融解した表土が冬に地下水を吸いあげ凍結するため，地面が持ち上がる凍上現象が発生する。

問6　石灰岩がつくるカルスト地形の土地利用について述べた次の文の下線部について，**最も不適当なもの**は次のいずれか。

(ア)　岩石が河川の運搬作用をうけて，地下に鍾乳洞が形成される。

(イ)　中国南部のコイリン(桂林)の景観はタワーカルストと呼ばれる。

(ウ)　地表で溶解が進むと，ドリーネというくぼ地ができる。

(エ)　セメント工場が域内に立地することがある。

問7　凡例4の気候地形区は表流水と重力による面的削剥(さくはく)が顕著である。この範囲に含まれるケッペンの気候区分のうち，**最も不適当なもの**は次のいずれか。

(ア)　BW　　(イ)　BS　　(ウ)　Cs　　(エ)　Cw

問8　河川による線的な流水侵食が著しい気候地形区が2つある。次の凡例の組合せのうち，正しいのはいずれか。

(ア)　凡例1と凡例3　　(イ)　凡例1と凡例5

(ウ)　凡例3と凡例7　　(エ)　凡例5と凡例7

〔Ⅱ〕 国家・領域に関する次の問題〔A〕〔B〕に答えなさい。

〔A〕 次の文を読み，問1～問7に答えなさい。

国家を構成する三要素は，主権・領域・国民であり，そのいずれが欠けても独立国(a)とは言えない。主権とは，他国からの干渉を受けることなく，領域や国民を統治するための最高の権力である。領域とは主権が及ぶ範囲であり，領土・領海・領空から構成される。国民とは法的には国籍をもつ国家の構成員をさす。

領土は，陸地のほかに河川・湖沼などの内水面も含んでいる。領土の形態には，一続きの陸地としてまとまっている国もあれば，多数の島々から成り立つ国もあり，陸続きだが領土の一部が外国の領土によって分断されている国(飛地国)(b)もある。

領海とは，通常，沿岸の①〔(ア) 最高 (イ) 最低 (ウ) 平均〕潮位線を基線として，そこから②〔(ア) 3 (イ) 8 (ウ) 12 (エ) 24〕海里までの範囲で国家が設定した帯状の水域であり，沿岸国の主権が及ぶ水域である。また，領海の外側でも，接続水域と呼ばれる海域では，出入国管理や衛生上必要な規制などに関する権利が沿岸国に認められる。さらに，領海の外側に領海の基線から測って200海里(c)までの距離内に設定される水域のことを排他的経済水域(d)と言い，水産資源や鉱産資源などに対する沿岸国の排他的な利用と管理が認められている。四方を海に囲まれている日本は(領海と接続水域を含む)排他的経済水域が約447万km^{2}もあり，これは世界第6位で，国土の約③〔(ア) 8 (イ) 12 (ウ) 16 (エ) 20〕倍の面積にあたる。

領土・領海の上空は領空と呼ばれ，主権が及ぶ空域である。領空は飛行機の飛行可能な大気圏内とされ，宇宙空間は含まれない。

国家の領域は，国家と国家の境界線である国境によって他国と隔てられている。国境には，山脈・河川・海洋などの自然の障壁がもとになった自然的国境(e)もあれば，経線や緯線に沿って引かれた人為(数理)的国境(f)もある。国境線の確定や島の領有などをめぐって，領土問題(g)が生じることがある。

問 1　〔　①　〕～〔　③　〕中の選択肢から最も適当なものを選びなさい。

問 2　下線部 a に関して，西サハラ・南スーダン・東ティモール・プエルトリコのうちで独立国として国際的に承認されているものはいくつあるか。

(ア)　4　(イ)　3　(ウ)　2　(エ)　1　(オ)　なし

問 3　下線部 b に関して，現在(2021 年)，ポーランドとリトアニアにはさまれたバルト海に面する地域は，ある国の飛び地となっている。ある国とは次のいずれか。

(ア)　ドイツ　(イ)　ロシア　(ウ)　ラトビア　(エ)　フィンランド

問 4　下線部 c に関して，200 海里はおよそ何 km に相当するか。なお，1 海里は地球表面上で緯度 1 分（1 度の 60 分の 1）の長さである。

(ア)　22 km　(イ)　37 km　(ウ)　220 km　(エ)　370 km

問 5　文中の下線部 d に関して，これの略称は次のいずれか。

(ア)　EEZ　(イ)　EPA　(ウ)　ODA　(エ)　PLO

問 6　下線部 e・f に関して，自然的・人為(数理)的国境とそれによって隔てられる 2 国の組合せとして**最も不適当なもの**は次のいずれか。

(ア)　アムール川(黒竜江)　―　中国とロシア

(イ)　セントローレンス川　―　アメリカ合衆国とカナダ

(ウ)　東経 25 度　―　エジプトとリビア

(エ)　東経 151 度　―　インドネシアとパプアニューギニア

問 7　下線部 g に関して，多くの島々からなる日本には，陸上の国境が存在しないため，地上の国境紛争は見られないが，他国との間にある島々の帰属をめぐって主張が対立している。その帰属をめぐって韓国と主張が対立している島あるいは島々は次のいずれか。

(ア)　竹島(島根県)　(イ)　色丹島　(ウ)　尖閣諸島　(エ)　南沙諸島

〔B〕 次の**写真**は日本の領土や排他的経済水域と密接な関係を有する3つの島X・Y・Zの写真である。これらの**写真**に関する問8・問9に答えなさい。

写真

Z：海上保安庁ホームページ(2020年11月撮影)より。

著作権の都合上，X・Yの写真は類似のものと差し替えています。
共同通信社，ユニフォトプレス提供

問8　X・Y・Zそれぞれの島名を選びなさい。

(ア)　西之島　　(イ)　南鳥島　　(ウ)　沖ノ鳥島　　(エ)　与那国島

問9　X・Y・Zのそれぞれに該当する説明文を選びなさい。

(ア)　日本最東端の島

(イ)　日本最西端の島

(ウ)　日本最南端の島

(エ)　断続的な火山活動によって島の面積を拡大させてきた

〔Ⅲ〕 自然環境や社会環境に関わる情報が地域的に整理された地理情報は，統計や地図として表現される。そして地理では，統計を用いてグラフや地図を作成したり，そこから地域の特徴を読み取ったりする。また作成に先立つ地理情報の取得や地図作成での表現も学習を進める。そこで地理情報の特徴や活用に関する理解程度を測るための問を準備した。以下の問 1～問 4 に答えなさい。

問 1　次の文(1)～(6)の下線部①，②の正誤を判定し，①のみ正しい場合は**ア**を，②のみ正しい場合は**イ**を，①，②とも正しい場合は**ウ**を，①，②とも誤っている場合は**エ**をマークしなさい。

(1)　5 万分の 1 地形図の等高線は，主曲線が普通の幅の実線とすれば，①50 m ごとにある計曲線は太い幅の実線で，補助曲線は普通の幅の②点線で描かれている。

(2)　リモートセンシングとは，①航空機や人工衛星から電磁波や音波を用いて地球を観測することであり，これより同時に広範囲の土地利用や②標高などの情報が得られる。

(3)　GNSS は，人工衛星が①受信した信号を発信し正確に位置を知る仕組みであり，アメリカの GPS，ロシアの GLONASS，②日本のひまわり等の衛星測位システムの総称である。

(4)　船舶の安全な航行に必要な情報が記載された海図は，通常，①ユニバーサル横メルカトル図法で描かれ②国土地理院が発行している。

(5)　平成 25 年度の図式改訂により 2 万 5 千分の 1 地形図にあった地図記号の①桑畑と②工場は廃止された。

(6)　2 万 5 千分の 1 の地形図は，地図の上が①磁北になるように描かれており，そこに 1 辺が 8 cm の正方形があれば，その面積は②2 km^2 となる。

問 2　隣接する a から e 市の 5 市を含む範囲に対し主題図を作成するため，各市の人口と面積の情報を調査した。a 市の人口を 1 とした時の比率は b 市が 2，c 市が 3，d 市が 4，e 市が 5 で，a 市の面積を 10 とした時の比率は b 市が 8，c 市が 6，d 市が 4，e 市が 2 とする。適切な主題図にするための描画の注意に関する(A)の文を読み注意したい点として，またより細かい主題図にするための情報入手先に関する(B)の文を読み適切な公的機関として，最も適当なものを(ア)〜(エ)から選びマークしなさい。

(A)　人口密度の違いを表現する主題図を描画する際に，a 市に対し，〔(ア)　大きな，(イ)　小さな，(ウ)　淡い，(エ)　濃い〕凡例を使用することに注意したい。

(B)　各市よりさらに細かい小地域と呼ばれる範囲の人口情報は，〔(ア)　環境省，(イ)　国土交通省，(ウ)　総務省，(エ)　文部科学省〕のホームページからダウンロードすればよい。

問３　**図１**はある公的機関のホームページで使用された地図である。そこでは「沖縄県の県庁所在地である那覇と東京間を半径とする，1500 km の円内には，上海や台北，香港，ソウル，マニラなど，アジアの主要都市があります」と説明が付されるが，背景に用いられている地図の直交する経緯線から考えて正確な説明とは言えない。用いられているその図法として，最も適当なものは次のいずれか，マークしなさい。

(ア)　円筒図法　　(イ)　円錐図法　　(ウ)　擬円筒図法　　(エ)　方位図法

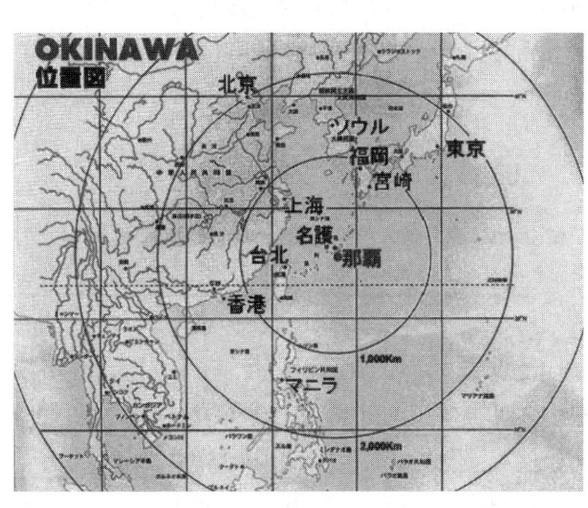

図１

外務省ホームページより

問4　**図2**は地理院地図の標準地図を背景に2つの地理情報を重ねて表示したものである。重ねた地理情報として正しい組合せを選び，その記号をマークしなさい。

(ア)　陰影起伏図，記念碑　(イ)　陰影起伏図，自然災害伝承碑

(ウ)　陰影起伏図，指定緊急避難場所　(エ)　傾斜量図，記念碑

(オ)　傾斜量図，自然災害伝承碑　(カ)　傾斜量図，指定緊急避難場所

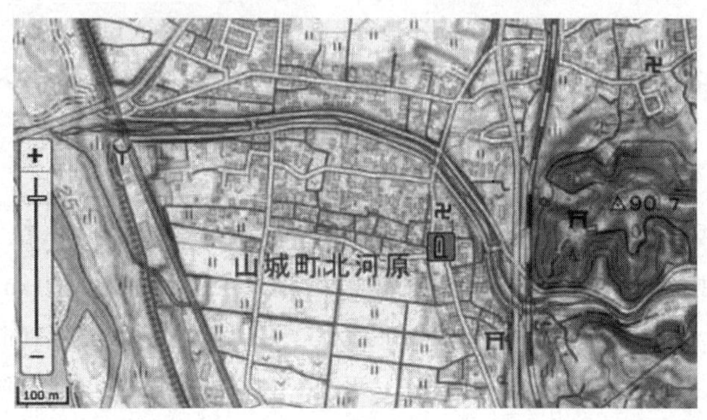

図2

〔Ⅳ〕　北米諸国(カナダ，アメリカ合衆国，中米諸国)に関して述べた次の文(A)～(J)の下線部①，②の正誤を判定し，①のみ正しい場合は**ア**を，②のみ正しい場合は**イ**を，①，②とも正しい場合は**ウ**を，①，②とも誤っている場合は**エ**をマークしなさい。

(A)　カナダ楯状(たてじょう)地は世界最大の広さを持つ楯状地であり，先カンブリア時代の古い岩石からなり，ハドソン湾①を中心にアメリカ合衆国のアラスカ西部②まで広がる。

(B)　カナダの国土面積は長らくロシアに次ぐ世界第2位であったが，国連の発行する『世界人口年鑑(Demographic Yearbook)』における算出方法が2016年度版から変更された結果，現在ではアメリカ合衆国，オーストラリア①に次ぐ世界第4位へと順位を落としている。それは，従来はウィニペグ湖②などの淡水域を含む面積(998万km^2)だったものが，淡水域を除く陸地のみの面積(909万km^2)

になったためである。

(C)　イヌイット(エスキモー)は，①ベーリング海峡を渡ってアラスカに入り，北米大陸に分散したと言われている。カナダでは，多文化主義を憲法に明記し，1999 年には彼らが大部分を占める②ヌナブト準州を設立した。

(D)　①リスボン条約に基づき，②オゾン層の保護のための国際的な枠組みを定めることを目的として，1987 年にカナダで採択された国際条約は，モントリオール議定書と呼ばれる。

(E)　①ブリティッシュコロンビア・アルバータ・サスカチュワンの平原３州は，肥沃(ひよく)なプレーリー土に恵まれたカナダを代表する穀倉地帯で，②冬小麦が栽培されている。

(F)　アルミニウムは「電気の缶詰」と呼ばれるが，①原料のボーキサイトから中間製品のアルミナを電気分解によって製造する工程で大量の電力が消費されるからである。原料のボーキサイトが産出しないにもかかわらず，カナダでアルミニウム工業が盛んなのは，②国内の全発電量のうち水力発電が５割以上を占めるほど水資源に恵まれ，大量の電力を安価に供給できるからである。

(G)　アメリカ合衆国の①サンディエゴとメキシコのティファナは国境をまたぐ双子都市の代表例である。ティファナは，②マキラドーラ制度によって 1960 年代後半から設置された，輸出向け加工工場の集積拠点となっている。

(H)　メキシコとドミニカ共和国の民族・人種構成を比較すると，メキシコでは①ムラートの割合が高いのに対して，ドミニカ共和国では②メスチーソの割合が高い。

(I)　カリブ海でキューバ島に次いで大きな島である①イスパニョーラ島は，東部をドミニカ共和国が，西部をハイチが占める。ハイチは 1804 年に世界初の黒人共和国としてフランスから独立したが，長年にわたる政情不安や頻発する自然災害の影響を受け，世界で最も貧しい国の一つと言われる。出稼ぎ労働者・移民からの郷里送金が重要な外貨獲得源となっており，海外送金受取額が同国の GDP に占める割合は②25％を超える(2016 年)。

(J)　世界の海上交通の要衝であるパナマ運河は，パナマ共和国のパナマ地峡を開削して太平洋と大西洋(カリブ海)をほぼ南北に結ぶ①水平式運河である。同国の首都パナマシティは運河の②太平洋側の玄関口に位置する。

■政治・経済■

(60分)

〔Ⅰ〕 次の新聞記事を読んで，問(A)～問(H)に答えなさい。なお，各問題は，2021年7月1日までに参照することができた各公表資料などの内容に沿って作成されたものである。

「同性同士の事実婚の不倫」というややこしい裁判の考察(…)です。判決は，このカップルが事実婚をしていたと認定した理由のひとつに，米国①で法律婚をしていたことを挙げました。(…)憲法と外国法の関係について，考えてみましょう。

「同性婚が法律で認められている米国ニューヨーク州で婚姻登録証明書を取得した」

宇都宮地裁真岡支部が出した判決には，こう書かれています。わざわざ明記したということは，外国法は日本でも一定の法的拘束力を持つと認めたことになります。

日本の法体系と外国法の関係について，日本国憲法②(　a　)条は，こう規定します。

「日本国が締結した条約及び確立された国際法規は，これを誠実に遵守することを必要とする」

以前の本欄で，日本政府は日本国民だけでなく，外国人の子供にも教育機会を与える義務を負っていると説明したのを覚えていますか。国連がまとめた「児童の権利条約」に日本が加盟した時点で，この(　a　)条に基づき，条約の中身は法律と同じ扱いになったわけです。

条約は日本の国会で批准という手続きを踏むので，日本の法律と同等に扱うのは当然でしょう。では，日本の法体系と直接関係ない外国法はどう扱うべきでしょうか。

以前の本欄に登場した明治時代の憲法学者，穂積八束(やつか)の兄に，穂積陳重(のぶしげ)という民法学者がいます。1899年，雑誌「法理精華」に掲載された「国際私法の性質を論ず」で，「外国法律は単に事実として自国裁判官の参考に供するに過ぎざるなり」との説を唱えました。あまり重視しなくてよい，といっているわけです。国際私法は商取引など③に関する国際慣習の総称です。

文明開化の明治の世で，外国との付き合いが増えると，欧州諸国などでは共通の国際慣習などに基づいて損害賠償訴訟④などが裁かれていることを日本人も知ります。明治政府は1898年，日本の法体系の適用範囲などを定めた「法例」という法律を制定しました。ちなみに法例は2006年，全面改正され，名称も「法の適用に関する通則法」に改められました。

(中略)

日本国憲法と外国法がぶつかる事例のほとんどが国際結婚に関わるものです。

配偶者の一方が外国人の場合，日本の役所に婚姻届を出すと，日本人の戸籍に国際結婚した旨が記載されます。離婚に関する訴訟を日本で起こす場合，原則として日本の民法が適用されます。

ところが，(　b　)人の夫との結婚生活が破綻した日本人の妻が「(　b　)法は異教徒同士の婚姻を禁じており，そもそも婚姻が無効」と訴えた裁判がありました。日本の民法で裁くならば，夫婦のどちらに破綻の責任があるのかなどを審理しないと離婚に至りませんし，宗教が違うだけでは婚姻無効にはなりません。

東京地裁は1991年，こんな判決を出しました。「婚姻を無効とすることは，信教の自由を保障する我が国の法体系のもとにおいては，公序良俗に反する」。(　b　)法だから無視するのではなく，その内容に踏み込んで検討したうえで，(　b　)法の当該部分は日本国憲法が定める「信教の自由」⑤と適合しないので使わない，と判断したのです。

この裁判のあとにできた法の適用に関する通則法でも，42条で「外国法によるべき場合において，その規定の適用が公の秩序又は善良の風俗に反するときは，これを適用しない」と定めています。

日本国憲法と外国法の関係について，東北大の中林暁生教授は 2014 年の法曹誌「論究ジュリスト」に発表した論文で，こう書いています。

「日本の近代憲法が外国法を参照することによって成立した以上，日本の憲法論において外国法を参照することは避けて通ることはできない」

日本国憲法の前文は，この憲法を「人類(　c　)の原理」と位置付けています。日本国憲法も国際慣習の一部をなしていると考えれば，外国法にも一定の法的拘束力があると捉えるのが自然でしょう。法体系も外交と同じく，国粋主義ではなく，国際協調主義でいきたいものです。
(2019 年 12 月 4 日付日本経済新聞(一部改変))

問(A)　下線部①に関連して，次に掲げるアメリカ合衆国憲法第 1 条第 3 節第 1 項中の(　i　)及び(　ii　)に入れるのに最も適当な数字の組み合わせを次の(ア)〜(エ)から一つ選び，その記号をマークしなさい。なお，この条文の日本語訳は，初宿正典・辻村みよ子編『新解説世界憲法集(第 5 版)』(三省堂，2020 年)70 頁によるものである。

合衆国の上院は，各州から(　i　)名ずつ選出される上院議員で組織する。≪上院議員の選出は，各州議会によって行われるものとし，≫その任期は(　ii　)年とする。上院議員はそれぞれ 1 票の投票権を有する。〔≪　≫内は，第 17 修正第 1 項により改正〕

	(　i　)	(　ii　)
(ア)	2	6
(イ)	3	4
(ウ)	4	3
(エ)	6	2

問(B)　下線部②に関連して，次の(w)〜(z)の記述のうち正しいものはいくつあるか。

最も適当な数を次の(ア)〜(オ)から一つ選び，その記号をマークしなさい。

(w)　日本国憲法は「行政権は，内閣総理大臣に属する」と定めている。

(x)　日本国憲法は「内閣総理大臣その他の国務大臣は，文民に限られない」と定めている。

(y)　日本国憲法は「内閣総理大臣は，国務大臣を任命する。但し，その過半数は，衆議院議員の中から選ばれなければならない」と定めている。

(z)　日本国憲法は「内閣総理大臣は，内閣を代表して議案を天皇に提出し，一般国務及び外交関係について天皇に報告し，並びに行政各部を指揮監督する」と定めている。

(ア)　0　　(イ)　1　　(ウ)　2　　(エ)　3　　(オ)　4

問(C)　文中(　a　)に入れるのに最も適当な数字を次の(ア)〜(オ)から一つ選び，その記号をマークしなさい。

(ア)　9　　(イ)　29　　(ウ)　41　　(エ)　76　　(オ)　98

問(D)　下線部③に関連して，次の(1)〜(3)に答えなさい。

(1)　次の(w)〜(z)の記述のうち正しいものはいくつあるか。最も適当な数を次の(ア)〜(オ)から一つ選び，その記号をマークしなさい。

(w)　会社法第331条第2項は「株主でない者は取締役になることはできない」と定めている。

(x)　会社法第331条第5項は「すべての株式会社において，取締役は，三人以上でなければならない」と定めている。

(y)　会社法第362条第1項は「取締役会は，代表取締役が指名する取締役のみで組織する」と定めている。

(z)　会社法第847条第1項は「株主は，株式会社のために，取締役の責任追及等の訴えを提起することができない」と定めている。

(ア)　0　　(イ)　1　　(ウ)　2　　(エ)　3　　(オ)　4

(2)　「ＣＥＯ」という欧文略語が一般に意味していると考えられるものとして

最も適当なものを次の(ア)～(エ)から一つ選び，その記号をマークしなさい。

(ア) 東証株価指数

(イ) 株式公開買付け

(ウ) 最高経営責任者

(エ) 新規株式公開

(3) 2021年4月16日付日本経済新聞(一部改変)には「株式市場でＥＳＧ(環境・社会・企業統治)を巡る投資家の目線が厳しくなってきた。中国の(　　　)自治区の人権問題への対応が不十分とみなされる良品計画などの株価は上値が重く(…)企業は『Ｅ(環境)』に加えて『Ｓ(社会)』への対応も重要になっている」という記載がある。空欄に入れるのに最も適当な語句を次の(ア)～(エ)から一つ選び，その記号をマークしなさい。

(ア) チェチェン

(イ) 新疆ウイグル

(ウ) カシミール

(エ) ダルフール

問(E) 下線部④に関連して，次の(x)～(z)の記述のうち正しいものはいくつあるか。最も適当な数を次の(ア)～(エ)から一つ選び，その記号をマークしなさい。

(x) 国家賠償法第１条第１項は「国又は公共団体の公権力の行使に当る公務員が，その職務を行うについて，故意又は過失によつて違法に他人に損害を加えたときは，国又は公共団体が，これを賠償する責に任ずる」と定めている。

(y) 製造物責任法第３条は「製造業者等は，その製造，加工，輸入又は前条第三項第二号若しくは第三号の氏名等の表示をした製造物であつて，その引き渡したものの欠陥により他人の生命，身体又は財産を故意又は過失によつて侵害したときは，これによつて生じた損害を賠償する責に任ずる」と定めている。

(z) 大気汚染防止法第25条第１項は「工場又は事業場における事業活動に伴う健康被害物質(ばい煙，特定物質又は粉じんで，生活環境のみに係る被害を生ずるおそれがある物質として政令で定めるもの以外のものをいう。)の大気中への排出(飛散を含む。)により，人の生命又は身体を故意又は過失によつて害したときは，当該排出に係る事業者は，これによつて生じた損害を賠償する責に任ずる」と定めている。

(ア)　0　　(イ)　1　　(ウ)　2　　(エ)　3

問(F)　文中の(　b　)に入る国が所有しているといわれている運河は，2021年3月に我が国の船主が実質的に所有するコンテナ船「EVER GIVEN(エバー・ギブン)」の座礁によって1週間近く航行が遮断された運河であり(外務省ＨＰ・国土交通省ＨＰ参照)，その遮断は国際的なサプライチェーン(供給網)に相当程度の影響を与えた，と考えられている。そのことに関連して，次の(1)〜(3)に答えなさい。

(1)　文中の(　b　)に入れるのに最も適当な国名を次の(ア)〜(エ)から一つ選び，その記号をマークしなさい。

(ア)　エジプト　　(イ)　パナマ　　(ウ)　ドイツ　　(エ)　アメリカ

(2)　次の(x)〜(z)の記述のうち正しいものはいくつあるか。最も適当な数を次の(ア)〜(エ)から一つ選び，その記号をマークしなさい。

(x)　我が国の外務省ＨＰによれば，海賊対処法(「海賊行為の処罰及び海賊行為への対処に関する法律」)成立以前に実施していた海上警備行動では，日本に関係する船舶のみ防護可能であったが，本法律により，船籍を問わず，すべての国の船舶を海賊行為から防護することが可能となるなど，より適切かつ効果的な海賊対処が可能となった。

(y)　国連海洋法条約(「海洋法に関する国際連合条約」)第3条は「いずれの国も，この条約の定めるところにより決定される基線から測定して二百海里を超えない範囲でその公海の幅を定める権利を有する」と定めている。

(z)　我が国の外務省ＨＰには，「尖閣諸島が日本固有の領土であることは歴史的にも国際法上も明らかであり，現に我が国はこれを有効に支配しています。したがって，尖閣諸島をめぐって解決しなければならない領有権の問題はそもそも存在しません」との記載がある。

(ア)　0　　(イ)　1　　(ウ)　2　　(エ)　3

(3)　「地域的な包括的経済連携(RCEP)協定」に2020年11月時点で署名していない国は，次の(v)～(z)のうちいくつあるか。最も適当な数を次の(ア)～(カ)から一つ選び，その記号をマークしなさい。

(v)　中国(中華人民共和国)

(w)　韓国(大韓民国)

(x)　アメリカ

(y)　ロシア

(z)　インド

(ア)　0　　(イ)　1　　(ウ)　2　　(エ)　3　　(オ)　4　　(カ)　5

問(G)　下線部⑤に関連して，信教の自由を定める日本国憲法第20条についての記述として正しいものは次の(x)～(z)のうちいくつあるか。最も適当な数を次の(ア)～(エ)から一つ選び，その記号をマークしなさい。

(x)　第1項は「信教の自由は，公共の福祉に反しない限り，何人に対してもこれを保障する。いかなる宗教団体も，国から特権を受け，又は政治上の権力を行使してはならない」と定めている。

(y)　第2項は「何人も，宗教上の行為，祝典，儀式又は行事に参加することを強制される」と定めている。

(z)　第3項は「何人も，宗教教育その他いかなる宗教的活動もしてはならない」と定めている。

(ア)　0　　(イ)　1　　(ウ)　2　　(エ)　3

問(H)　文中(　c　)に入れるのに最も適当な語句を次の(ア)～(カ)から一つ選び，その記号をマークしなさい。

(ア) 普遍　(イ) 不変　(ウ) 不偏　(エ) 享有　(オ) 共有
(カ) 協友

〔Ⅱ〕 次の文章を読んで，問(A)～問(O)に答えなさい。

近年，ヒトを含む霊長類の脳の中には「ミラーニューロン」と呼ばれる神経細胞の存在が知られるようになった。この神経細胞は，自分自身が行動する時と，他人が行動するのを見ている時の両方で活発に活動する神経細胞である。他人がしていることを見て，あたかも自分のことのように感じる能力を司っていると考えられている。この能力は「共感」と呼ばれる。

今から250年ほど前のイギリスで，『道徳感情論』という書籍を著し，「共感」を論じたのが(　1　)である。(　1　)は，『(　2　)』という書籍を著した人物としても有名であるが，脳科学の発展に先んじて「共感」を検討した研究者としても再評価されている。『(　2　)』は経済学の出発点とされる書籍で，①「分業の重要性」や②「見えざる手」といった重要な内容を含んでいる。また，(　1　)は，③夜警国家観が望ましいと考えた。19世紀に入ると，(　1　)が打ち立てた経済学は，トーマス=マルサス，デヴィッド=リカードらによって一層の発展を遂げた。

他方，19世紀前半は資本主義社会に多くの欠陥があることが明らかになった。具体的には，「恐慌」，「失業」，「貧富の差の拡大」，「独占」，「労働問題」といった弊害が次々に生じた。このような問題を前に，資本主義を批判し，生産手段を社会的に所有することで人間の平等を可能にする理論や運動として，(　3　)が登場した。当初は空想的(　3　)と呼ばれたが，(　4　)やフリードリヒ=エンゲルスによって，歴史的な視点や科学的視点を基礎に(　3　)を再構築し，科学的(　3　)として，19世紀後半から20世紀にかけて世界を席巻する社会思想となった。しかし，(　3　)は既存の社会経済体制に挑戦するものであったため，政治的な弾圧を受けることもあった。

1929年には，第一次世界大戦後，経済的活況を呈していた④アメリカにおける株価の大暴落によって，世界恐慌が始まり，文字通り世界経済に大きな打撃を与えた。⑤様々な国がこの恐慌を乗り越えようと経済政策を実施した。種々の経済政策が不況において重要であることを示したのが,『(5)』を著した(6)である。『(5)』において,(6)は不況期における失業問題の原因⑥を明らかにし,公共事業などで有効需要を高める必要があると論じた。彼の思想は経済学に(6)革命と呼ばれる衝撃をもたらし,第二次世界大戦後の世界各国の経済政策にも多大な影響を与えた⑦。

しかしながら,1970年代に発生した石油危機で(6)の考え方を基礎にした政策の効果が弱まった。その結果,1980年代には新自由主義に基づいた新たな経済政策が実行されるようにもなった⑧。

問(A) 文中の(1)に当てはまる人物として最も適当なものを次の(ア)〜(エ)から一つ選び,その記号をマークしなさい。

(ア) J・K・ガルブレイス (イ) ミルトン・フリードマン

(ウ) アダム・スミス (エ) マックス・ウェーバー

問(B) 文中の(2)に当てはまる書籍として最も適当なものを次の(ア)〜(エ)から一つ選び,その記号をマークしなさい。

(ア) 隷属への道 (イ) 職業としての政治

(ウ) 諸国民の富 (エ) 帝国主義論

問(C) 文中の(3)に当てはまる語句として最も適当なものを次の(ア)〜(エ)から一つ選び,その記号をマークしなさい。

(ア) 開発主義 (イ) 無政府主義

(ウ) 自由主義 (エ) 社会主義

問(D) 文中の(4)に当てはまる人物として最も適当なものを次の(ア)〜(エ)から一つ選び,その記号をマークしなさい。

(ア) フォン・ノイマン (イ) ローザ・ルクセンブルク

(ウ) ジョン・ヒックス (エ) カール・マルクス

問(E) 文中の(5)に当てはまる書籍として最も適当なものを次の(ア)〜(エ)から

一つ選び，その記号をマークしなさい。

(ア)　蜂の寓話

(イ)　雇用・利子および貨幣の一般理論

(ウ)　平和の経済的帰結

(エ)　貧乏人の経済学

問(F)　文中の(　6　)に当てはまる人物として最も適当なものを次の(ア)〜(エ)から一つ選び，その記号をマークしなさい。

(ア)　ヒックス

(イ)　ハイエク

(ウ)　マーシャル

(エ)　ケインズ

問(G)　下線部①に関連して，分業の例として**最も適当でない**ものを次の(ア)〜(エ)から一つ選び，その記号をマークしなさい。

(ア)　コンピュータのＣＰＵはインテル製，ハードディスクはサムスン製で，ＰＣの組み立ては日本のメーカーで行われる。

(イ)　金沢では，木地師，塗師，蒔絵師，彫刻師，金具師などが仏壇制作を行っている。

(ウ)　家電メーカーでは，下請け企業から調達した部品を組み合わせて完成品を製造する。

(エ)　ソバの実の栽培，収穫，製粉，ソバ打ちを一人で行い，ソバ屋を経営する。

問(H)　下線部②に関連して，「見えざる手」の例として最も適当なものを次の(ア)〜(エ)から一つ選び，その記号をマークしなさい。

(ア)　価格メカニズムの働きによって，需要と供給が自然に調節されること。

(イ)　資本主義の発展によって，市場の調整機能がうまく働かない場合が生まれること。

(ウ)　技術革新によって，より優れた財やサービスが登場し，社会が発展すること。

(エ)　政府は民間に比べて経済政策の立案能力・実行能力に優れていること。

問(I)　下線部③に関連して，このような国家観から導き出される国家の役割として**最も適当でない**ものを次の(ア)〜(エ)から一つ選び，その記号をマークしなさい。

(ア)　治安の維持　　(イ)　国土の防衛

(ウ)　福祉の充実　　(エ)　必要最小限の公共事業

問(J)　空欄(　4　)に関連して，この人物が著した書籍として**最も適当でない**ものを次の(ア)〜(エ)から一つ選び，その記号をマークしなさい。

(ア)『空想から科学へ』　　(イ)『共産党宣言』

(ウ)『資本論』　　(エ)『経済学・哲学草稿』

問(K)　下線部④に関連して，株価の大暴落は数度発生したが，その初日のことをどのように呼ぶか。最も適当なものを次の(ア)〜(エ)から一つ選び，その記号をマークしなさい。

(ア)　ブラック・マンデー　　(イ)　ブラック・チューズデー

(ウ)　ブラック・サーズデー　　(エ)　ブラック・フライデー

問(L)　下線部⑤に関連して，世界恐慌を乗り越えようと実施された各国の政策として最も適当なものを次の(ア)〜(エ)から一つ選び，その記号をマークしなさい。

(ア)　国民所得倍増計画

(イ)　ニューディール政策

(ウ)　ドイモイ政策

(エ)　グレートディール政策

問(M)　下線部⑥に関連して，(　6　)の人物が失業の本質的な問題であると指摘した形態の失業として最も適切な例を次の(ア)〜(エ)から一つ選び，その記号をマークしなさい。

(ア)　働き口があるにもかかわらず，就職しないために発生した失業

(イ)　自分の求める職種と雇用先の求める職種がずれているために発生した失業

(ウ)　会社の業績悪化によるリストラや倒産で発生した失業

(エ)　新しい会社に移ろうと思い，職探しをするために発生した失業

問(N)　下線部⑦に関連して，（　6　）の人物の考え方に依拠する経済政策の説明として最も適切なものを次の(ア)〜(エ)から一つ選び，その記号をマークしなさい。

(ア)　景気が悪くなったときには緊縮財政を行う。

(イ)　景気が悪くなったときには物価を下げるための政策を実施する。

(ウ)　景気が悪くなったときには政策金利を引き下げる。

(エ)　景気が悪くなったときには増税を行う。

問(O)　下線部⑧に関連して，この時期に実施された「新たな経済政策」として**最も適切でない**ものを次の(ア)〜(エ)から一つ選び，その記号をマークしなさい。

(ア)　アメリカで実施された「レーガノミックス」

(イ)　イギリスで実施された「サッチャリズム」

(ウ)　日本で実施された「行財政改革」

(エ)　日本で実施された「郵政民営化政策」

〔Ⅲ〕 次の文章を読んで，問(A)～問(E)に答えなさい。

選挙制度は国によって大きく異なる。日本の場合，衆議院議員の定数は(　1　)であり，衆議院議員選挙には小選挙区比例代表並立制が採用されている。参議院に関しては，比例代表選挙と選挙区選挙によって議員が選出される。参議院議員の定数は，2019年改選から2022年改選までの間は245で，2022年改選以降は248となる。248のうち，選挙区選出議員の定数は(　2　)である。衆議院議員の小選挙区選挙の候補者および参議院議員の選挙区選挙の候補者が支払う供託金は(　3　)万円であり，参議院議員の比例代表選挙に候補者を立てる政党が支払う供託金は候補者1名につき(　4　)万円である。

①日本の選挙制度は，②公職選挙法の改正により，たびたび変更されてきた。例えば，2013年に③インターネット選挙運動が解禁された。これは，比較的厳しいと言われてきた日本の選挙運動に関するルールが，時代に合わせて修正された例である。また，2015年には，選挙権年齢が満20歳以上から満18歳以上に変更された。

選挙運動などの様々な政治活動に関するルールを理解するうえでは，④政治資金規正法も重要である。この法律は，買収などの不正行為を防止し，過剰な金権選挙を抑止するため，個人や企業などの諸団体が政治家や政党などに対して行う政治献金に一定の制限を設けている。

問(A)　文中の(　1　)～(　4　)に入れるのに最も適当な数字を下記の語群から選び，その記号をマークしなさい。

〔語群〕

(ア) 100　(イ) 148　(ウ) 176　(エ) 200　(オ) 248
(カ) 300　(キ) 400　(ク) 465　(ケ) 475　(コ) 480
(サ) 500　(シ) 600

問(B)　下線部①に関する説明として，最も適当なものを次の(ア)～(エ)から一つ選び，その記号をマークしなさい。

(ア)　衆議院議員選挙においては，小選挙区制と比例代表制の両方の選挙に立候補する重複立候補が禁止されている。

(イ)　参議院議員選挙においては，拘束名簿式比例代表制と選挙区選挙制が併用されている。

(ウ)　衆議院議員と都道府県知事については満25歳以上，参議院議員と市町村長については満30歳以上の日本国民が被選挙権を持つ。

(エ)　都道府県知事および市町村長の任期は4年で，参議院議員の任期は6年である。

問(C)　下線部②に関する説明として，**最も適当でない**ものを次の(ア)〜(エ)から一つ選び，その記号をマークしなさい。

(ア)　1994年の公職選挙法の改正により，衆議院議員選挙における中選挙区制が廃止された。

(イ)　2003年の公職選挙法の改正により，期日前投票制度が導入された。

(ウ)　2006年の公職選挙法の改正により，国政選挙のうち，比例代表選出議員選挙に関してのみ在外投票制度が新たに導入された。

(エ)　2015年の公職選挙法の改正により，参議院選挙区選挙において，鳥取県選挙区と島根県選挙区が合区になった。

問(D)　下線部③に関連し，総務省のホームページに掲載されている2013年4月26日付の文書「改正公職選挙法(インターネット選挙運動解禁)ガイドライン」(https://www.soumu.go.jp/main_content/000222706.pdf，2021年9月9日閲覧)によると，現行の公職選挙法上できるとされている選挙運動に含まれる行為として最も適当なものを次の(ア)〜(エ)から一つ選び，その記号をマークしなさい。ただし，ここでいう有権者とは，公職選挙法などの法律で選挙運動をすることを禁止されている者ではないものとする。

(ア)　選挙期日に，候補者が自分への投票を呼び掛ける動画を，YouTubeなどの動画共有サービスを利用して新たに一般公開すること。

(イ)　選挙期日の前日に，ある有権者が特定の候補者への投票を依頼する電子メールをその候補者から受信し，その電子メールを別の有権者に転送すること。

(ウ) 選挙期日の２日前に，ツイッターなどのＳＮＳを利用し，ある有権者が他の有権者に特定の候補者への投票を呼び掛けること。

(エ) 選挙期日の３日前に，ツイッターなどのＳＮＳを利用し，16 歳の高校生が自発的に友人に特定の候補者への投票を呼び掛けること。

問(E) 下線部④に関する説明として，最も適当なものを次の(ア)〜(エ)から一つ選び，その記号をマークしなさい。

(ア) 政治資金規正法によれば，会社および労働組合は，年間の寄附総額制限を超えない範囲で，公職の候補者個人の資金管理団体に対して政治活動に関する寄附を行うことができる。

(イ) 政治資金規正法によれば，会社および労働組合は，年間の寄附総額制限を超えない範囲で，政党および政治資金団体に対して政治活動に関する寄附を行うことができる。

(ウ) 政治資金規正法によれば，個人が政党および政治資金団体に対して政治活動に関する寄附を行う場合，その額が年間３千万円を超えてはならない。

(エ) 政治資金規正法によれば，政党が公職の候補者の政治活動に対して寄附を行う場合，その額が年間５千万円を超えてはならない。

〔Ⅳ〕 次の文章を読んで，問(A)～問(H)に答えなさい。

通貨(貨幣)を発行するのは中央銀行で，日本の中央銀行は日本銀行である。日本銀行は，国全体の立場から金融活動を行う銀行として，政府から独立しており，(　あ　)と，経済の発展を目的として，金融政策①を行っている。企業や家計など民間の経済部門が保有している通貨量を(　1　)といい，中央銀行は，金融政策を通じて自ら供給する通貨量を操作することで，(　1　)に間接的に影響を及ぼし景気の調整をはかる。

1990年代に政策金利がほぼ0％になって以降，日本銀行は，実施する金融政策の目標や手段を変更するようになった。これは，②これまでの金融政策(伝統的金融政策)に対し，③非伝統的な金融政策と呼ばれている。こうした政策やその背景について見てみよう。

1990年代初頭にバブルが崩壊し，高騰していた資産価格が急落したため，借り入れを返済できなくなった投資家や企業が増え，金融機関は多額の(　2　)を抱えることとなった。その結果，銀行は貸し出しを抑制するようになり，日本経済は深刻な景気後退に陥った。この状況を打開するために様々な政策が行われてきた。しかしながら，1990年代後半には金融機関の破綻が相次ぎ，株価と地価の下落による資産デフレ，(　2　)問題による金融不安などが高まった。このため，1999年2月には，ゼロ金利政策((　3　)を実質0％に誘導する政策)が行われ，銀行の貸し出し金利などを低く抑え，企業への融資を円滑にすることが期待された。2001年には，日本経済が緩やかなデフレ④にあると発表された。このため，同年には，量的緩和政策として(　4　)を増額させた。

その後，2008年9月のリーマンショックは世界的な景気後退を引き起こし，日本でも(　5　)による景気の悪化懸念が高まった。このため，2010年から再度ゼロ金利政策が行われた。そして，2013年に日銀総裁に就任した(　6　)氏は，「異次元の金融緩和」といわれるように，さらに量的・質的金融緩和を行い，⑤マネタリーベースの増加による景気刺激策を進めているが，⑥2013年当初の目標は，2021年5月でも実現していない。

問(A)　文中の(　1　)～(　6　)に入れるのに最も適当な語句を下記の語群から

選び，その記号をマークしなさい。

〔語群〕

(ア) マネーストック	(イ) インターバンク	(ウ) マイナンバー
(エ) 借金	(オ) 内部留保	(カ) 不良債権
(キ) オーバーローン	(ク) 無担保コールレート	(ケ) レートチェック
(コ) 貨幣需要残高	(サ) 公定歩合	(シ) 日銀当座預金
(ス) 円高	(セ) 円安	(ソ) (選択肢削除)
(タ) 麻生太郎	(チ) 黒田東彦	(ツ) 白川方明

問(B) 日本銀行法にもとづく日本銀行の目的として，(　あ　)に入る最も適当なものを次の(ア)〜(エ)から一つ選び，その記号をマークしなさい。

(ア) 為替相場の安定

(イ) 物価の安定

(ウ) 硬貨の発行

(エ) 国債の引き受け

問(C) 下線部①に関して，日本において，2020年度までに行われた金融政策として最も適当なものを(ア)〜(エ)から一つ選び，その記号をマークしなさい。

(ア) 1989年5月から1年3か月の間に景気の過熱を抑えるため，公定歩合が引き上げられた。

(イ) 1985年のプラザ合意によって交易条件の改善が見込まれたため，金融引き締めが進められた。

(ウ) 1990年代後半のアジア通貨危機に対して，日銀は，1998年10月政策金利を引き上げた。

(エ) 2000年代に入り行われた金融緩和政策では，日銀が国債を売却した。

問(D) 下線部②に関して，伝統的金融政策として正しいものの組み合わせとして最も適当なものを次の(ア)〜(エ)から一つ選び，その記号をマークしなさい。

a．誘導目標をマネタリーベースにおき，金融調節を行う。

b．市中銀行は中央銀行に預金の一定割合を準備金として預け入れなければならないが，中央銀行がその準備率を変化させる。

c．中央銀行が，市中金融機関に対して，資金の貸し付けを行う時の金利を変更する。

d．市中銀行に対して，自己資本比率が８％以上なければ業務改善命令を出す。

(ア)　aとb　　(イ)　bとc　　(ウ)　cとd　　(エ)　aとd

問(E)　下線部③に関して，非伝統的金融政策に関する記述として最も適当なものを(ア)〜(エ)から一つ選び，その記号をマークしなさい。

(ア)　金融政策決定会合ではなく，総理大臣と日銀総裁の話し合いで金融政策を決めることとなった。

(イ)　日銀は，長期国債の売買をやめ比較的短期の資産のみを売買の対象とすることにした。

(ウ)　マイナス金利が導入され，企業などへの貸し出しが増加することが期待された。

(エ)　金融市場の活性化を促すため，預金金利・貸し出し金利が自由化された。

問(F)　下線部④に関して，最も適当なものを(ア)〜(エ)から一つ選び，その記号をマークしなさい。

(ア)　デフレ下では，企業は債務の返済額が減少するので，新規の投資を行いやすい。

(イ)　日本では，1973年の第一次石油危機の時にもデフレ問題を経験した。

(ウ)　デフレ下で所得が一定ならば，貨幣の購買力が上昇するので，消費者はより多くの商品を購入できる。

(エ)　第一次世界大戦後のドイツでは，激しいデフレに見舞われた。

問(G)　下線部⑤に関して，マネタリーベースの拡大は，信用創造を引き起こす。信用創造に関する記述として最も適当なものを次の(ア)〜(エ)から一つ選び，その記号をマークしなさい。

(ア)　信用創造は，銀行の帳簿上での数字が増えることなので，信用創造された預金は銀行から引き出せるわけではない。

(イ)　最初の預金額が 200 億円，預金準備率が 0.4 のとき，理論上の信用創造額は，経済全体で 80 億円となる。

(ウ)　預金準備率が 0.2 であるとしよう。このとき，銀行Ａは，預金された 100 億円のうち 20 億円を準備金とし，80 億円を新規に貸し出す。そのお金を借りた企業が自分の取引銀行である銀行Ｂに預ける。銀行Ｂは，16 億円を準備金として 64 億円を新規に貸し出す。この 2 回の取引での信用創造額は，64 億円である。

(エ)　最初に預金を受け入れた銀行Ａが，準備金の割合を増やせば，他の銀行の行動が変わらない場合，準備金の割合を増やす前と比べて経済は停滞する方向に動く。

問(H)　下線部⑥の目標として，最も適当なものを次の(ア)〜(エ)から一つ選び，その記号をマークしなさい。

(ア)　2 %のマネタリーベースの増加率

(イ)　2 %のＧＤＰ成長率

(ウ)　2 %のインフレターゲット

(エ)　2 %の自己資本比率規制

数学

◀３教科型，３教科型（同一配点方式），２教科型（英語＋１教科選択方式），２教科型（英数方式〈社会安全〉）▶

（60 分）

〔Ⅰ〕次の ☐ を数値でうめよ。

(1) t についての不等式

$$t^3 - 2t^2 - 5t + 6 \geqq 0$$

を解くと，［①］$\leqq t \leqq 1$ または ［②］$\leqq t$ である。

(2) x についての不等式

$$(\log_2 x)^3 - 2(\log_2 x)^2 - 5\log_2 x + 6 \geqq 0$$

を解くと，［③］$\leqq x \leqq 2$ または ［④］$\leqq x$ である。

(3) x についての不等式

$$(\log_2 x)^2 - 2\log_2 x + 6\log_x 2 \geqq 5$$

を解くと，

［⑤］$< x \leqq$ ［⑥］

または

［⑦］$< x \leqq 2$

または

［④］$\leqq x$

である。

〔Ⅱ〕 放物線 $y=x^2$ を C とおき，$a>0$ に対して，C 上の点 $\mathrm{P}(a,\ a^2)$ における接線を ℓ とおく。さらに，C 上の点 Q を，Q における C の接線 m が ℓ と垂直に交わるように選んでおく。このとき，ℓ と m の交点を R とおく。次の □ をうめよ。

Q の x 座標は □① であり，m の方程式は $y=$ □② である。また，R の x 座標は $\dfrac{\boxed{③}}{8a}$，y 座標は □④ である。さらに，a の関数 □① $-a$ は $a=$ □⑤ のとき，最大値をとる。このとき，ℓ と m および C で囲まれた図形の面積は □⑥ である。

〔Ⅲ〕 p を 3 以上の整数とし，次のように定められた数列 $\{a_n\}$ を考える。

$$a_1=1,\ a_2=2p,\ a_{n+2}-2pa_{n+1}+p^2a_n=0\quad(n=1,\ 2,\ 3,\ \cdots\cdots)$$

次の問いに答えよ。

(1) $b_n=a_{n+1}-pa_n$ とおく。b_{n+1} を b_n を用いて表せ。さらに，$\{b_n\}$ の一般項を求めよ。

(2) $c_n=\dfrac{a_n}{p^n}$ とおく。c_{n+1} を c_n を用いて表せ。

(3) $\{a_n\}$ の一般項を求めよ。

(4) 任意の $n=1,\ 2,\ 3,\ \cdots\cdots$ に対して，a_n を $p-1$ で割った余りと，n を $p-1$ で割った余りが等しくなることを，数学的帰納法を用いないで示せ。

◀２教科型（英数方式〈総合情報〉）▶

（90 分）

〔Ⅰ〕 空間に３点 A$(a,\ 0,\ 0)$，B$(0,\ b,\ 0)$，C$(0,\ 0,\ c)$をとる。ただし，$a>0$，$b>0$，$c>0$とする。線分 AC を$t:1-t$に内分する点をＰとし，線分 BC を$1-t:t$に内分する点をＱとする$(0\leqq t\leqq 1)$。

(1) ＰとＱの座標をそれぞれ求めよ。また，ベクトル$\overrightarrow{\mathrm{PQ}}$と$\vec{n}=\left(\dfrac{1}{a},\ \dfrac{1}{b},\ \dfrac{1}{c}\right)$との内積は$t$の値によらず一定であることを示せ。

(2) 線分 PQ の長さを直径とする円の面積$S(t)$を求めよ。また，$S(t)$が最小となるtの値を求めよ。

(3) (2)の$S(t)$について，積分$\displaystyle\int_0^1 S(t)\,dt$を求めよ。

〔Ⅱ〕 $f(x)=x(3-x)$とおく。曲線$y=f(x)$とx軸とで囲まれる部分の面積をSとする。x軸上の線分$\{x\mid 0\leqq x\leqq 3\}$を線分$I_k=\left\{x\,\middle|\,\dfrac{k-1}{n}\leqq x\leqq\dfrac{k}{n}\right\}$によって$3n$等分する$(k=1,\ 2,\ \cdots\cdots,\ 3n)$。$I_k$の長さと$f\left(\dfrac{k}{n}\right)$を縦と横の長さとする長方形の面積の総和を$S_n$とする。ただし，$n$は自然数である。

(1) S_1を求めよ。

(2) $S-S_n$を求めよ。

(3) $S-S_n<\dfrac{S}{10^4}$となるような最小の自然数nを求めよ。

〔Ⅲ〕 1から9までの自然数が1枚に1つずつ書かれた9枚のカードがある。それらをよくまぜてから1枚のカードを取り出し，取り出したカードに書かれた数を a とする。取り出したカードを元に戻し，同様に9枚のカードから1枚を取り出し，取り出したカードに書かれた数を b とする。円

$$C : x^2 - 2ax + y^2 - ay + \frac{5}{4}a^2 - b = 0$$

を考えるとき，次の □ をうめよ。ただし，□①，□③，□⑤ は a，b を用いた式でうめよ。

(1) 円 C の中心と原点との距離が 10 以下となる条件は □① であり，その確率は □② である。

(2) 原点が円 C の内部(円周上は含まない)にある条件は □③ であり，その確率は □④ である。

(3) 円 C と直線 $y = x$ が異なる2つの共有点をもつための条件は □⑤ であり，その確率は □⑥ である。

〔Ⅳ〕 数列 $\{a_n\}$ は $a_1 = 2$，$\dfrac{a_{n+1}}{a_n} = 2a_n^{-\frac{3}{2}}$ ($n = 1, 2, 3, \cdots\cdots$) を満たしている。$b_n = \log_2 a_n$ とおくとき，次の □ をうめよ。

正の実数 x に対して $\log_2\left(2x^{-\frac{3}{2}}\right) =$ □① ＋ □② $\log_2 x$ が成り立つので，与えられた $\{a_n\}$ の漸化式から $b_{n+1} +$ □③ $b_n +$ □④ $= 0$ が得られる。このことから数列 $\left\{b_n - \dfrac{2}{3}\right\}$ は公比 □⑤ の等比数列であることがわかり，$b_n =$ □⑥ となる。よって，$|b_n - b_{n-1}| < \dfrac{1}{1024}$ となる最小の n は □⑦ である。

が、春宮の女御は、「これでは十分でない」と帝を非難申し上げる。

b　行幸には、親王をはじめ一人残らずお供された。春宮もお出ましである。音楽を奏でる船は池を漕ぎめぐり、唐、高麗など数多くの舞は、とても種類が多い。管弦の声や鼓の音が、響き渡る。帝は、先日の源氏の夕方のお姿があまりにも悲しそうに思われ、厄除けの御誦経もお命じになられる。それを聞く人々もごもっともなことだとお察し申し上げるが、春宮の女御は、「度を越している」と帝を非難申し上げる。

c　行幸には、親王をはじめ一人残らずお供された。春宮もお出ましである。音楽を奏でる船は池を漕ぎめぐり、唐、高麗など数多くの舞には、由来があれこれとある。管弦の声や鼓の音が、響き渡る。帝は、先日の源氏の夕方のお姿があまりにも素晴らしすぎてかえってそら恐ろしく思われ、厄除けの御誦経もお命じになられる。それを聞く人々もごもっともなことだとお察し申し上げるが、春宮の女御は、「これでは十分でない」と帝を非難申し上げる。

d　行幸には、親王をはじめ一人残らずお供された。春宮もお出ましである。音楽を奏でる船は池を漕ぎめぐり、唐、高麗など数多くの舞は、とても種類が多い。管弦の声や鼓の音が、響き渡る。帝は、先日の源氏の夕方のお姿があまりにも素晴らしすぎてかえってそら恐ろしく思われ、厄除けの御誦経もお命じになられる。それを聞く人々もごもっともなことだとお察し申し上げるが、春宮の女御は、「これでは十分でない」と帝を非難申し上げる。

e　行幸には、親王をはじめ一人残らずお供された。春宮もお出ましである。音楽を奏でる船は池を漕ぎめぐり、唐、高麗など数多くの舞は、とても種類が多い。管弦の声や鼓の音が、響き渡る。帝は、先日の源氏の夕方のお姿があまりにも素晴らしすぎてかえってそら恐ろしく思われ、厄除けの御誦経もお命じになられる。それを聞く人々もごもっともなことだとお察し申し上げるが、春宮の女御は、「度を越している」と帝を非難申し上げる。

そのお返事を持経の上にひろげて、じっと見入っておられた。

b　この上もなくありがたいお返事だとご覧になり、舞楽のことまでもしっかりと心得ておられて、他国の朝廷にまで思いを馳せていらっしゃる、そのおことばには、皇后の風格が今から備わっていらっしゃるのだと、お顔をほころばせになり、そのお返事を持経のようにひろげて、じっと見入っておられた。

c　この上もなくありがたいお返事だとご覧になり、和歌の表現はすこしたどたどしいことがないわけではないが、他国の朝廷にまで思いを馳せていらっしゃる、そのおことばには、皇后の風格が今から備わっていらっしゃるのだと、お顔をほころばせになり、そのお返事を持経のようにひろげて、じっと見入っておられた。

d　この上もなく素晴らしいお返事だとご覧になり、舞楽の知識はすこしたどたどしいことがないわけではないが、他国の朝廷にまで思いを馳せていらっしゃる、そのおことばには、皇后の風格が今から備わっていらっしゃるのだと、お顔をほころばせになり、そのお返事を持経の上にひろげて、じっと見入っておられた。

e　この上もなくありがたいお返事だとご覧になり、舞楽の知識はすこしたどたどしいことがないわけではないが、他国の朝廷にまで思いを馳せていらっしゃる、そのおことばには、皇后の風格が今から備わっていらっしゃるのだと、お顔をほころばせになり、そのお返事を持経のようにひろげて、じっと見入っておられた。

問10　行幸当日の様子として、最も適当なものを選択肢から一つ選び、その記号をマークせよ。

a　行幸には、親王をはじめ一人残らずお供された。春宮もお出ましである。音楽を奏でる船は池を漕ぎめぐり、唐、高麗など数多くの舞には、由来があれこれとある。管弦の声や鼓の音が、響き渡る。帝は、先日の源氏の夕方のお姿があまりにも悲しそうに思われ、厄除け（やくよけ）の御誦経もお命じになられる。それを聞く人々もごもっともなことだとお察し申し上げるとなさったのだろうか、「唐の人が袖を振って舞ったのは遠い国の出来事ですが、立っていらっしゃるお姿を、しみじみ感慨深く拝見いたしました」という歌を返した。

b　これまで見たくても見られなかった舞のお姿やお顔立ち故に、源氏からの手紙をご覧になって、お返事を出すことをこらえられなかったのだろうか、「唐の人が袖を振って舞ったという故事には疎いのですが、立っていらっしゃるお姿を、しみじみ感慨深く拝見いたしました」という歌を返した。

c　正視できないほど素晴らしかった舞のお姿やお顔立ち故に、源氏からの手紙をご覧になって、お返事を出して偲ぼうとなさったのだろうか、「唐の人が袖を振って舞ったという故事には疎いのですが、あなたの舞の一挙一動を、しみじみ感慨深く拝見いたしました」という歌を返した。

d　正視できないほど素晴らしかった舞のお姿やお顔立ち故に、源氏からの手紙をご覧になって、お返事を出すことをこらえられなかったのだろうか、「唐の人が袖を振って舞ったという故事には疎いのですが、あなたの舞の一挙一動を、しみじみ感慨深く拝見いたしました」という歌を返した。

e　正視できないほど素晴らしかった舞のお姿やお顔立ち故に、源氏からの手紙をご覧になって、お返事を出すことをこらえられなかったのだろうか、「唐の人が袖を振って舞ったのは遠い国の出来事ですが、立っていらっしゃるお姿を、しみじみ感慨深く拝見いたしました」という歌を返した。

問９　藤壺からの手紙を受け取った源氏の反応として、最も適当なものを選択肢から一つ選び、その記号をマークせよ。

a　この上もなく素晴らしいお返事だとご覧になり、和歌のことまでもしっかりと心得ておられて、他国の朝廷にまで思いを馳せていらっしゃる、そのおことばには、皇后の風格が今から備わっていらっしゃるのだと、お顔をほころばせになり、

a　この手紙をどのようなお気持ちでご覧になるでしょうか。昨日は経験したことのないような取り乱した心地のままに舞いました。「物思いにふけったままでは舞うことなどできないと思いながらも、特にあなたのために袖を濡らしたこの心中をご存じでしょうか、とてもそうとは思えません」、ああ、恐れ多いことです。

b　この手紙をどのようなお気持ちでご覧になるでしょうか。昨日は経験したことのないような取り乱した心地のままに舞いました。「物思いにふけったままでは舞うことなどできないと思いながらも、特にあなたのために袖を打ち振ったこの心中をご存じでしょうか、とてもそうとは思えません」、ああ、悲しいことです。

c　昨日の私の舞をいかがご覧になったでしょうか。経験したことのないような取り乱した心地のままに舞いました。「物思いのために、とても舞うことなどできそうもない私が、特にあなたのために袖を打ち振ったこの心中をお察しくださいましたか」、ああ、恐れ多いことです。

d　昨日の私の舞をいかがご覧になったでしょうか。経験したことのないような取り乱した心地のままに舞いました。「物思いのために、とても舞うことなどできそうもない私が、特にあなたのために袖を打ち振ったこの心中をご存じでしょうか、とてもそうとは思えません」、ああ、悲しいことです。

e　昨日の私の舞をいかがご覧になったでしょうか。経験したことのないような取り乱した心地のままに舞いました。「物思いにふけったままでは舞うことなどできないと思いながらも、特にあなたのために袖を濡らしたこの心中をお察しくださいましたか」、ああ、恐れ多いことです。

問8　源氏からの手紙に対する藤壺の反応として、最も適当なものを選択肢から一つ選び、その記号をマークせよ。

a　これまで見たくても見られなかった舞のお姿やお顔立ち故に、源氏からの手紙をご覧になって、お返事を出して偲ぼう

b　帝は藤壺に「手のつなぎ方も悪くないように見えた。舞の様子にしても手の使い方にしても、良家の子弟はそこそこだ。世間で評判の舞人たちも、実際とても教養があるけれど、このような新鮮な美しさというものは見せてはくれない。試楽の日にこのように手を出し尽くしてしまったので、行幸当日の紅葉の木陰の舞は周りが騒々しい感じになるのではと思うけれども、あなたにお見せしようというつもりで準備させたのです」と話した。

c　帝は藤壺に「相手も悪くないように見えた。舞の様子にしても手の使い方にしても、良家の子弟は違うものだ。世間で評判の舞人たちも、実際とても教養があるけれど、おっとりとした新鮮な美しさというものは見せてはくれない。試楽の日にこのように手を出し尽くしてしまったので、行幸当日の紅葉の木陰の舞は周りが騒々しい感じになるのではと思うけれども、あなたにお見せしようというつもりで準備してもらったのです」と話した。

d　帝は藤壺に「相手も悪くないように見えた。舞の様子にしても手の使い方にしても、良家の子弟はそこそこだ。世間で評判の舞人たちも、実際とても上手ではあるけれど、おっとりとした新鮮な美しさというものは見せてはくれない。試楽の日にこのように手を出し尽くしてしまったので、行幸当日の紅葉の木陰の舞は物足りない感じになるのではと思うけれども、あなたにお見せしようというつもりで準備してもらったのです」と話した。

e　帝は藤壺に「手のつなぎ方も悪くないように見えた。舞の様子にしても手の使い方にしても、良家の子弟は違うものだ。世間で評判の舞人たちも、実際とても上手ではあるけれど、このような新鮮な美しさというものは見せてはくれない。試楽の日にこのように手を出し尽くしてしまったので、行幸当日の紅葉の木陰の舞は物足りない感じになるのではと思うけれども、あなたにお見せしようというつもりで準備させたのです」と話した。

問７　翌朝の源氏から藤壺への手紙の内容として最も適当なものを選択肢から一つ選び、その記号をマークせよ。

b　源氏との、当然とも思えた密通への苦悩がなかったら、もっと好ましく見えたでしょうとお思いになると、夢のような心地になられる。帝のお尋ねに対しては、不快に感じてお返事を申し上げにくく、「普通にございました」とだけ申し上げなさった。

c　源氏との、当然とも思えた密通への苦悩がなかったら、もっと好ましく見えたでしょうとお思いになると、夢のような心地になられる。帝のお尋ねに対しては、困り果ててお返事を申し上げにくく、「格別にございました」とだけ申し上げなさった。

d　源氏との、当然とも思えた密通への苦悩がなかったら、もっと素晴らしいものに見えたでしょうとお思いになると、夢のような心地になられる。帝のお尋ねに対しては、困り果ててお返事を申し上げにくく、「格別にございました」とだけ申し上げなさった。

e　源氏との、立場をわきまえない密通への苦悩がなかったら、もっと素晴らしく見えたでしょうとお思いになると、夢のような心地になられる。帝のお尋ねに対しては、不快に感じてお返事を申し上げにくく、「普通にございました」とだけ申し上げなさった。

問6　この後、帝は藤壺にどのような話をしたか。最も適当なものを選択肢から一つ選び、その記号をマークせよ。

a　帝は藤壺に「相手も悪くないように見えた。舞の様子にしても手の使い方にしても、良家の子弟は違うものだ。世間で評判の舞人たちも、実際とても上手ではあるけれど、おっとりとした新鮮な美しさというものは見せてはくれない。試楽の日にこのように手を出し尽くしてしまったので、行幸当日の紅葉の木陰の舞は物足りない感じになるのではと思うけれども、あなたにお見せしようというつもりで準備させたのです」と話した。

問４　源氏の青海波に対して春宮の女御はどのように反応し、それに対して若い女房たちはどうしたか。最も適当なものを選択肢から一つ選び、その記号をマークせよ。

ａ　源氏がこのように立派であるにつけても、趣き深いと思われ、「神などに魅入られそうな御様子だこと。ああ素晴らしい、恐れ多い」とおっしゃる。若い女房などは、情けないことだと、それを聞いて耳を塞ぐのであった。

ｂ　源氏がこのように立派であるにつけても、心穏やかではなく、「神などに魅入られそうな御様子だこと。ああ気味が悪い、忌まわしい」とおっしゃる。若い女房などは、心して聞こうと、聞き耳を立てるのであった。

ｃ　源氏がこのように立派であるにつけても、趣き深いと思われ、「神などに魅入られそうな御様子だこと。ああ素晴らしい、恐れ多い」とおっしゃる。若い女房などは、心して聞こうと、聞き耳を立てるのであった。

ｄ　源氏がこのように立派であるにつけても、心穏やかではなく、「神などに魅入られそうな御様子だこと。ああ気味が悪い、忌まわしい」とおっしゃる。若い女房などは、情けないことだと、それを聞いて耳を塞ぐのであった。

ｅ　源氏がこのように立派であるにつけても、心穏やかではなく、「神などに魅入られそうな御様子だこと。ああ気味が悪い、忌まわしい」とおっしゃる。若い女房などは、情けないことだと、聞き耳を立てるのであった。

問５　青海波について藤壺はどのように思ったか、また、その夜、帝からのお尋ねに、どのように対応したか。最も適当なものを選択肢から一つ選び、その記号をマークせよ。

ａ　源氏との、立場をわきまえない密通への苦悩がなかったら、もっと素晴らしく見えたでしょうとお思いになると、夢のような心地になられる。帝のお尋ねに対しては、困り果ててお返事を申し上げにくく、「格別にございました」とだけ申し上げなさった。

d　源氏は頭中将と一緒に舞った。頭中将は、顔だちといい心づかいといい、普通の人とは違って格別ではあるが、源氏と並んでは、やはり花のかたわらにある奥山に茂る木同然であった。西に傾く日の光があざやかにさして来て、楽の音が一段と美しく響き、情趣深い頃、頭中将の足拍子や表情は、この世のものとも思えない様子であった。

e　源氏は頭中将と一緒に舞った。源氏は、顔だちといい心づかいといい、普通の人とは違って格別ではあるが、頭中将と並んでは、やはり花のかたわらにある奥山に茂る木同然であった。西に傾く日の光が長い影を作り、楽の音が一段と美しく響き、情趣深い頃、源氏の足拍子や表情は、この世のものとも思えない様子であった。

問3　詠が終わったあとの様子として、最も適当なものを選択肢から一つ選び、その記号をマークせよ。

a　詠が終わって、舞の袖をおろしてお戻しになると、待ち受けていたように演奏する楽の音の活気あるさまに、お顔の色合いはまさって、いつもよりいっそう光り輝いていらっしゃる。

b　詠が終わって、見物の方々が涙に濡れた袖をととのえなさると、待ち受けていたように演奏する楽の音の騒々しさに、お顔の色合いはまさって、いつもよりもいっそう光り輝いていらっしゃる。

c　詠が終わって、見物の方々が涙に濡れた袖をととのえなさると、待ち受けていたように演奏する楽の音の騒々しさに、お顔の色合いはまさって、いつものことではあるが、とても光り輝いていらっしゃる。

d　詠が終わって、舞の袖をおろしてお戻しになると、待ち受けていたように演奏する楽の音の活気あるさまに、お顔の色合いはまさって、いつものことではあるが、とても光り輝いていらっしゃる。

e　詠が終わって、舞の袖をおろしてお戻しになると、待ち受けていたように演奏する楽の音の騒々しさに、お顔の色合いはまさって、いつもよりいっそう光り輝いていらっしゃる。

なられているので、試楽を前庭で催された。

d　朱雀院への行幸は、いつもとは違ってとても趣き深そうなものなので、女御・更衣などの方々は、物見遊山に参加できないことを悔しいと思っていらっしゃる。帝も藤壺が行幸に参加できず、行幸の様子をご覧にならないことをいつも気にしておられるので、試楽を前庭で催された。

e　朱雀院への行幸は、いつもとは違ってとても趣き深そうな旅なので、女御・更衣などの方々は、ご見物になれないことを残念だと思っていらっしゃる。帝も藤壺が行幸に参加できず、行幸の様子をご覧にならないことをいつも気にしておられるので、試楽を前庭で催された。

問２　青海波の舞はどのようなものであったか。最も適当なものを選択肢から一つ選び、その記号をマークせよ。

a　源氏は頭中将と一緒に手をつなぎながら舞った。源氏は、顔だちといい心づかいといい、普通の人とは違って格別ではあるが、頭中将と並んでは、やはり桜のかたわらにある奥山に茂る木同然であった。西に傾く日の光が長い影を作り、楽の音が一段と美しく響き、情趣深い頃、頭中将の足拍子や表情は、この世のものとも思えない様子であった。

b　源氏は頭中将と一緒に手をつなぎながら舞った。頭中将は、顔だちといい心づかいといい、普通の人とは違って格別ではあるが、源氏と並んでは、やはり桜のかたわらにある奥山に茂る木同然であった。西に傾く日の光があざやかにさして来て、楽の音が一段と美しく響き、情趣深い頃、源氏の足拍子や表情は、この世のものとも思えない様子であった。

c　源氏は頭中将と一緒に舞った。頭中将は、顔だちといい心づかいといい、普通の人とは違って格別ではあるが、源氏と並んでは、やはり花のかたわらにある奥山に茂る木同然であった。西に傾く日の光があざやかにさして来て、楽の音が一段と美しく響き、情趣深い頃、源氏の足拍子や表情は、この世のものとも思えない様子であった。

（『源氏物語』紅葉賀による）

注　＊1　朱雀院＝三条の南、朱雀大路の西。具体的には朱雀院に住む先帝。　＊2　御方々＝女御・更衣など。これらの人々は宮の外で開かれる行事に参加できない。　＊3　試楽＝舞楽の予行。　＊4　青海波＝舞楽の曲名。　＊5　大殿＝左大臣家。　＊6　頭中将＝葵の上の兄。源氏の従兄。　＊7　詠＝舞楽の途中に舞人によって吟詠される詩歌のこと。　＊8　迦陵頻伽＝極楽浄土にいるといわれる、声の美しい空想上の鳥。　＊9　春宮の女御＝弘徽殿の女御。春宮の生母。　＊10　家の子＝良家の子弟。　＊11　持経＝常に身につけている経典。

問1　朱雀院への行幸は、女御・更衣などの方々にはどのようにとらえられていたか。また、帝はどのように考えて試楽を催したか。最も適当なものを選択肢から一つ選び、その記号をマークせよ。

a　朱雀院への行幸は、いつもとは違ってとても楽しそうな旅なので、女御・更衣などの方々は、物見遊山に参加できないことを残念だと思っていらっしゃる。帝も藤壺が行幸に参加できず、行幸の様子をご覧にならないことをいつも気にしておられるので、試楽を前庭で催された。

b　朱雀院への行幸は、いつもとは違ってとても趣き深そうなものなので、女御・更衣などの方々は、ご見物になれないことを残念だと思っていらっしゃる。帝も藤壺が行幸に参加できず、行幸の様子をご覧にならないことを物足りなくお思いになられているので、試楽を前庭で催された。

c　朱雀院への行幸は、いつもとは違ってとても楽しそうなものなので、女御・更衣などの方々は、ご見物になれないことを悔しいと思っていらっしゃる。帝も藤壺が行幸に参加できず、行幸の様子をご覧にならないことを物足りなくお思いにたまひ、上達部、親王たちもみな泣きたまひぬ。詠はてて袖うちなほしたまへるに、待ちとりたる楽のにぎははしきに、顔の色あひまさりて、常よりも光ると見えたまふ。＊9春宮の女御、かくめでたきにつけても、ただならず思して、「神など空にめでつべき容貌かな。うたてゆゆし」とのたまふを、若き女房などは、心うしと耳とどめけり。藤壺は、おほけなき心のなからましかば、ましてめでたく見えましと思すに、夢の心地なむしたまひける。

宮は、やがて御宿直なりけり。「今日の試楽は、青海波にことみな尽きぬな。いかが見たまひつる」と聞こえたまへば、あいなう御答へ聞こえにくくて、「ことにはべりつ」とばかり聞こえたまふ。「片手もけしうはあらずこそ見えつれ。舞のさま手づかひなむ＊10家の子はことなる。この世に名を得たる舞の男どもも、げにいとかしこけれど、ここしうなまめいたる筋をえなむ見せぬ。試みの日かく尽くしつれば、紅葉の蔭やさうざうしくと思へど、見せたてまつらんの心にて、用意せさせつる」など聞こえたまふ。

つとめて中将の君、「いかに御覧じけむ。世に知らぬ乱り心地ながらこそ。

もの思ふに立ち舞ふべくもあらぬ身の袖うちふりし心知りきや

あなかしこ」とある御返り、目もあやなりし御さま容貌に、見たまひしのばれずやありけむ、

「から人の袖ふることは遠けれど立ちゐにつけてあはれとは見き

おほかたには」とあるを、限りなうめづらしう、かやうの方さへたどたどしからず、他の朝廷まで思ほしやれる、御后言葉のかねても、とほほ笑まれて、＊11持経のやうにひきひろげて見ゐたまへり。

行幸には、親王たちなど、世に残る人なく仕うまつりたまへり。春宮もおはします。例の楽の船ども漕ぎめぐりて、唐土、高麗と尽くしたる舞ども、くさおほかり。楽の声、鼓の音世をひびかす。一日の源氏の御夕影ゆゆしう思されて、御誦経など所どころにせさせたまふを、聞く人もことわりとあはれがりきこゆるに、春宮の女御は、「あながちなり」と憎みきこえたまふ。

㋔　ヒケン

- a　レンズをケンマする。
- b　会社のチュウケンとして活躍している。
- c　粉飾決算がロケンして社長が辞任する。
- d　赤字会社のサイケンに取り組む。
- e　国民の期待をソウケンに担う。

二　次の文章は、『源氏物語』の一節である。十二歳で元服した源氏(本文中では「中将の君」とも)は、左大臣の娘葵(あおい)の上と結婚した。しかし、彼の心は亡き母と生き写しの、父帝の妃藤壺(ふじつぼ)(本文中では「宮」とも)への恋慕で占められていた。十八歳の春、源氏は里に下がって静養していた藤壺に迫り、ついに思いをとげた。この密会によって藤壺は懐妊する。その年の十月、帝(みかど)は朱雀(すざく)院(いん)に行幸することになったが、それに先立って藤壺を慰めるべく、宮中において舞楽の予行を催すこととなった。以下はその場面である。これを読んで、後の問いに答えよ。

*1朱雀院の行幸(ぎやうがう)は神無月(かんなづき)の十日あまりなり。世の常ならずおもしろかるべきたびのことなりければ、*2御方々物見たまはぬことを口惜しがりたまふ。上(うへ)も、藤壺の見たまはざらむをあかず思(おぼ)さるれば、*3試楽を御前にてせさせたまふ。

源氏の中将は、*4青海波をぞ舞ひたまひける。片手には*5大殿の*6頭中将、容貌(かたち)用意人にはことなるを、立ち並びては、なほ花のかたはらの深山木(みやまぎ)なり。入り方の日影さやかにさしたるに、楽(がく)の声まさり、もののおもしろきほどに、同じ舞の足踏み面持ち、世に見えぬさまなり。*7詠などしたまへるは、これや仏の御*8迦陵頻伽の声ならむと聞こゆ。おもしろくあはれなるに、帝涙をのごひ

(い) ギジ

a シンギフメイの情報が広まる。
b ハンシンハンギに陥る。
c 巧みなサギにひっかかる。
d ギリニンジョウに厚い人。
e センタンギジュツを取り入れる。

(う) シダイ

a 事務手続きをダイコウする。
b 寺のケイダイに句碑がある。
c 岬にトウダイが建っている。
d 期末試験にキュウダイする。
e 興味のあるワダイで盛り上がる。

(え) キチャク

a 生活のキバンを固める。
b 学会のシンポジウムをキカクする。
c 被災地支援のキフを募る。
d 病気が治り職場にフッキする。
e キフクの激しい山道を行く。

c　日本では、明治以前には自画像というジャンルがなく、今でも自画像の中に傑作といえる作品は少ないが、これは、明治以前の日本人が「世間」という集団の中で生きており、自己を描く必要性がなかったためであり、現在も個人が自己を発揮できる環境が十分ではないことによると述べている。

d　日本では、明治以前には自画像というジャンルがなく、今でも自画像の中に傑作といえる作品は少ないが、これは、明治以前の日本人が「世間」という集団の中で生きており、自己を描くことを禁じられていたためであり、現在も個人が自己を発揮することが忌避されることによると述べている。

e　日本では、明治以前には自画像というジャンルがなく、今でも自画像の中に傑作といえる作品は少ないが、これは、明治以前の日本人が「世間」という集団の中で生きており、自己を描くことは禅宗の僧侶にのみ許されていたためであり、現在も子供の頃から自己主張をしないように教育されていることによると述べている。

問8　二重傍線部ⓐⓘⓤⓔⓞのカタカナと同じ漢字を用いる語を選択肢から一つ選び、その記号をマークせよ。

ⓐ　チュウコウ

a　けんかのチュウサイに入る。
b　係員をジョウチュウさせる。
c　主君にチュウセイを誓う。
d　出展場所はチュウセンにより決定する。
e　チュウシンより感謝する。

感じる時間の長さは異なっていると述べている。

b　日本では「世間」の中に共通の時間意識が流れており、初対面の人に対してもこれから同じ時間を過ごすことになるという感覚があるが、欧米では初対面の人とは同じ時間を過ごすという感覚がないと述べている。

c　日本では「世間」の中に共通の時間意識が流れており、過去に受けた恩恵には感謝の気持ちを持ち続けることになるが、欧米では過去に受けた恩恵をすぐに忘れてしまうと述べている。

d　日本では「世間」という共通の時間の中で生きていると意識されているが、欧米では一人一人が異なる時間意識をもっており、人間関係が恒久的ではないと述べている。

e　日本では「世間」という共通の時間の中で生きていると意識されているが、欧米では一人一人がそれぞれの時間を生きているという意識をもっており、共通の時間意識というものがないと述べている。

問７　日本における自画像の欠如について、筆者はどのように述べているか。最も適当なものを選択肢から一つ選び、その記号をマークせよ。

a　日本では、明治以前には自画像というジャンルがなく、今でも自画像の中に傑作といえる作品は少ないが、これは、明治以前の日本には個人という概念も社会という概念もなかったためであり、現在も個人と社会の区別が不明確であることによると述べている。

b　日本では、明治以前には自画像というジャンルがなく、今でも自画像の中に傑作といえる作品は少ないが、これは、明治以前の日本には個人という概念も社会という概念もなかったためであり、現在も個人や社会という概念への抵抗感があることによると述べている。

や企業の場合には礼状ですますことも出来るものであると述べている。

問5　筆者は、日本と西欧の人間関係のあり方の違いについてどのように考えているか。最も適当なものを選択肢から一つ選び、その記号をマークせよ。

a　日本では、人間関係はその人が置かれている場によって決まり、私的な関係が常にまとわりつくが、西欧の人間関係は人格をもった市民を主体とする公共的な関係であると考えている。

b　日本では、地位に基づく人間関係によって贈り物の価値に変動が生じるが、西欧では人格をもった個人間の人間関係には変化はなく、贈り物の価値も変動しないと考えている。

c　日本では、人間関係を良く保ちたいと思えば、丁重な礼状を書き、場合によっては返礼をし、それによって相手の敬意を受けるが、西欧ではそうした慣行はなく、返礼をすれば馬鹿にされることがあると考えている。

d　日本では、年長者に敬意を払うという長幼の序に基づく人間関係が重視されるが、西欧にはそうした慣行はなく、若年層が優位に立つと考えている。

e　日本では、人間関係を保つためにお礼の先払いや後払いの挨拶があるが、西欧では人間関係を保つための挨拶というものがないと考えている。

問6　日本と欧米の時間意識の違いについて、筆者はどのように述べているか。最も適当なものを選択肢から一つ選び、その記号をマークせよ。

a　日本では「世間」の中に共通の時間意識が流れており、人々の感じる時間の長さは共通しているが、欧米では一人一人が

c　明治政府の近代化政策は、個人の重視というハードの面ではある程度成功したが、教育勅語の思想を浸透させるというソフトの面では成功せず、二つのシステムが共存するダブルスタンダードの社会を生み出した。

d　明治政府の近代化政策は、国の制度のあり方の改革というハードの面ではある程度成功したが、教育勅語の思想を浸透させるというソフトの面では成功せず、二つのシステムが共存するダブルスタンダードの社会を生み出した。

e　明治政府の近代化政策は、国の制度のあり方の改革というハードの面ではある程度成功したが、人間関係を欧米化するというソフトの面では成功せず、二つのシステムが共存するダブルスタンダードの社会を生み出した。

問4　筆者は、日本の贈与・互酬の慣行についてどのように述べているか。最も適当なものを選択肢から一つ選び、その記号をマークせよ。

a　日本の贈与・互酬の慣行は、お中元やお歳暮、結婚の祝いや香典のように、その基礎には呪術があり、現世を越えて行われてきたものであると述べている。

b　日本の贈与・互酬の慣行は、ヨーロッパのような公共的な人間関係に基づくものではなく、私的な人間関係に対する返礼として生み出されたものであると述べている。

c　日本の贈与・互酬の慣行は、お中元やお歳暮、結婚の祝いや香典のように、自分が行った行為に対して相手から何らかの返礼があることが期待されており、その期待は事実上義務化しているというものであると述べている。

d　日本の贈与・互酬の慣行は、ヨーロッパのような公共的な人間関係に基づくものではなく、個人の人格に対する配慮によって生み出されたものであると述べている。

e　日本の贈与・互酬の慣行は、お中元やお歳暮、結婚の祝いや香典のように、返礼はしなければならないが、相手が俗物問2　筆者は、巌谷小波によって「世間」という言葉にはどのような新しい意味が与えられたと述べているか。最も適当なものを選択肢から一つ選び、その記号をマークせよ。

a　巌谷小波が『世間学』という書物の中でドイツ語の世界市民 Weltbuergertum の訳語として「世間」を用いたことにより、「世間」という言葉には、個人の集合したものという新しい意味が与えられたと述べている。

b　巌谷小波が『世間学』という書物の中でドイツ語の世界市民 Weltbuergertum の訳語として「世間」を用いたことにより、「世間」という言葉には、欧米とは異なる秩序のある社会という新しい意味が与えられたと述べている。

c　巌谷小波が『世間学』という書物の中でドイツ語の世界市民 Weltbuergertum の訳語として「世間」を用いたことにより、「世間」という言葉には、日本特有の秩序のない社会という新しい意味が与えられたと述べている。

d　巌谷小波が『世間学』という書物の中で「世間」を人間の集合したものを指すと述べたことにより、「世間」という言葉には、ドイツ語の世界市民 Weltbuergertum とは異なる新しい意味が与えられたと述べている。

e　巌谷小波が『世間学』という書物の中で「世間」を秩序のない社会を指すと述べたことにより、「世間」という言葉には、ドイツ語の世界市民 Weltbuergertum に相当する新しい意味が与えられたと述べている。

問3　明治政府の近代化政策についての説明として、最も適当なものを選択肢から一つ選び、その記号をマークせよ。

a　明治政府の近代化政策は、教育勅語の思想を浸透させるというハードの面ではある程度成功したが、人間関係を欧米化するというソフトの面では成功せず、二つのシステムが共存するダブルスタンダードの社会を生み出した。

b　明治政府の近代化政策は、個人の重視というハードの面ではある程度成功したが、人間関係を欧米化するというソフトの面では成功せず、二つのシステムが共存するダブルスタンダードの社会を生み出した。

学者、民族学者。(一九〇八〜二〇〇九)　＊5　雪舟＝日本の室町時代の水墨画家。(一四二〇〜一五〇六)　＊6　白隠＝江戸中期の禅僧。(一六八六〜一七六九)　＊7　良寛＝江戸時代後期の曹洞宗の僧侶、歌人、漢詩人、書家。(一七五八〜一八三一)　＊8　アルブレヒト・デュラー＝ドイツの画家、版画家、数学者。(一四七一〜一五二八)　＊9　レンブラント＝オランダの画家。(一六〇六〜一六六九)　＊10　フリーダ・カーロ＝メキシコの画家。(一九〇七〜一九五四)

問1　古代日本における「世間」という言葉の意味について述べたものとして、最も適当なものを選択肢から一つ選び、その記号をマークせよ。

a　古代日本では「世間」という言葉は、仏教の言葉として訳出され、ソサイエティに相当する意味をもっていたが、その訳語が出来ても社会の内容も個人の内容も全く実質をもたなかった。

b　古代日本では「世間」という言葉は、仏教の言葉として訳出され、その本来の意味は「壊されてゆくもの」というものであったが、もっぱらあの世の無常を意味する言葉として用いられた。

c　古代日本では「世間」という言葉は、「壊されてゆくもの」という意味をもつサンスクリットのローカの訳語として広まり、「この世は不完全なものである」という意味で用いられることが多かった。

d　古代日本では「世間」という言葉は、「壊されてゆくもの」という意味をもつサンスクリットのローカの訳語として仏教を介して広まり、無常な世という意味で用いられることが多かった。

e　古代日本では「世間」という言葉は、現世だけではなくあの世をも含む概念であるサンスクリットのローカの訳語として広まったが、この世の無常を意味する言葉として用いられることが多かった。

それ以前の日本人は「世間」という集団の中で生きており、そこに価値が置かれていたから、自己を描く必要性がなかったのである。明治以前の自画像のほとんどは、雪舟、白隠、良寛等であり、その多くが禅宗の僧侶のものである。*5 *6 *7

日本では今でも自画像の中に傑作といえる作品は少ない。個人が自己を発揮できる環境が必ずしも十分ではないからである。それと比べれば欧米では古くから十分に自己を発揮した作品が生まれている。アルブレヒト・デューラーは一三歳にしてすでに自画像を描いているし、レンブラントは生涯に数多くの自画像を描いている。またメキシコのフリーダ・カーロはきわめて特異な自画像を残している。それらに㋔ヒケンしうるものはまだ日本にはない。*8 *9 *10

このことは自画像だけの問題ではない。私たちの生き方が「世間」によって大きな部分で縛られていることを示してもいるのである。私たちは子供の頃から自己主張をしないように教育されてきた。出来るだけ謙虚に生きることが優れた生き方とされていた。まわりの人の中で自分を主張することは良くないこととされ、周囲の人の中で目立たない存在になるように心がけてきた。したがって自画像を描く動機がそもそもなかったのである。

一人の人間としての生き方だけでなく、政治家も「世間」の中で生きているから「世間」の掟に従って行動している。派閥はその典型であり、政治家たちは自分が属する派閥の中から大臣がたくさん出て、総理が出ることを最終的な目的としている。将来の日本のあり方などは言葉の上だけの議論に過ぎず、現実にはほとんど意識にのぼっていない。「世間」には時間が特異な形でしか流れていないからである。

（阿部謹也『近代化と世間―私が見たヨーロッパと日本―』による　※一部本文を変更した箇所がある）

注　*1　サンスクリット＝古代インド・アーリア語に属する言語。　*2　巌谷小波（いわやさざなみ）＝日本の児童文学者、俳人。（一八七〇～一九三三）

*3　マルセル・モース＝フランスの社会学者、文化人類学者。（一八七二～一九五〇）　*4　レヴィ＝ストロース＝フランスの社会人類

という挨拶があるが、これは日本特有のものであって、欧米にはそれに当たる挨拶はない。なぜなら日本人は「世間」という共通の時間の中で生きているので、初対面の人でも何時（いつ）かまた会う機会があると思っている。しかし欧米の人は一人一人の時間を生きているので、そのような共通の時間意識はない。

　これと関連して日本では「先日は有難うございました」という挨拶がしばしば交わされる。しかし同じ挨拶は欧米にはないのである。欧米ではそのときのお礼はそのときにするものであって、遡ってお礼をいう習慣はない。日本の「今後ともよろしく」という挨拶がお礼の先払いであるとすると、「先日は有難う」という挨拶は過去の行為に対するお礼の後払いということになる。

「世間」は広い意味で日本の公共性の役割を果たしてきたが、西欧のように市民を主体とする公共性ではなく、人格ではなく、それぞれの場をもっている個人の集合体として全体を維持するためのものである。公共性という言葉は公として日本では大きな家という意味であり、最終的には天皇に㋓<u>キチャク</u>する性格をもっている。そこに西欧との大きな違いがある。現在でも公共性という場合、官を意味する場合が多い。「世間」は市民の公共性とはなっていないのである。

自画像の欠如

このように「世間」の中で生きている日本人と「世間」をもたない欧米人との間にはこれだけの違いがある。このことを抜きにして欧米の文化と日本の文化を語ることは出来ないのである。日本で社会という言葉がソサイエティの訳語として生まれたのが明治一〇年であり、個人という言葉がインディヴィデュアルの訳語として生まれたのが明治一七年であるから、それ以前には個人という概念も社会という概念もなかったのである。

　個人という概念がなかったことは明治以前には日本には自画像というジャンルがなかったことにも示されている。明治以後、東京美術学校（現・東京芸術大学）が西洋画科の卒業生に自画像を描かせることを定めてから、自画像が描かれはじめたのである。

事実上義務化している。例えばお中元やお歳暮、結婚の祝いや香典などである。

　重要なのはその際の人間は人格としてそれらのやりとりをしているのではないという点である。贈与・互酬関係における人間とはその人が置かれている場を示している存在であって、人格ではないのである。こうした互酬関係と時間意識によって日本の世間はヨーロッパのような公共的な関係にはならず、私的な関係が常にまとわりついて世間を(い)ギジ公共性の世界としているのである。

　贈与の場合それは受け手の置かれている地位に送られるのであって、その地位から離れれば贈り物がこなくなっても仕方がないのである。贈り物の価値に変動がある場合も受け手の地位に対する送り手の評価が変動している場合なのであり、あくまでも人格ではなく、場の変化に過ぎないのである。しかし「世間」における贈答は現世を越えている場合もあり、あの世へ行った人に対する贈与も行われている。

　日本における人間関係を考える場合、この贈与・互酬慣行を無視することは出来ない。何らかの手助けをして貰(もら)ったときなどにもお礼としてものなどを送ることがある。その場合にも返礼はしなければならないが、場合によっては礼状ですますことも出来る。日本で人間関係を良く保ちたいと思えば、この慣行をうまく利用することが必要となる。単に場に対する贈り物であっても、自分の人格に貰ったものとして丁重な礼状を書き、場合によっては返礼をするのである。これは贈与・互酬慣行を逆手にとった手であって、それによって相手の敬意を受ける場合もある。しかしその場合も相手(う)シダイであって、相手がどうしようもない俗物や企業である場合にはその手は通用しない。

　次に問題になるのは長幼の序である。これは説明の必要はないかに見える。年長者に敬意を払うという意味であるが、ときには年長者を馬鹿にする場合もある。現実の日本では長幼の序は消えつつあり、若年者が優位に立ちつつある。

　次に時間意識の問題がある。「世間」の中には共通の時間意識が流れている。日本人の挨拶に「今後ともよろしくお願いします」

部洋学者の見解にとどまっていた。

では世間はどのような意味の言葉だったのだろうか。明治二三年には教育勅語が発布されている。その内容は父母や友人を大切にし、兄弟仲良く、夫婦も仲良くし、(あ)チュウコウに励むべきであり、教育こそが国の基礎であるといった趣旨のことが書かれている。しかしそこには小波が主張した個人の重視という思想は見られない。このころの世間という言葉にはまだ明確な位置づけがなされていなかったから、教育勅語には小波のような主張をも排除しようという意図があったかもしれない。

すでに述べたように明治政府は近代化政策を展開した。ハードの面ではある程度それは成功したが、ソフトの面には手もつけられなかった。ソフトの面とは人間関係である。親子関係から主従関係にいたるまで、欧米化することは出来なかったのである。そこでそれらの問題についてはは旧来のまま残してハードの面の近代化だけを進めざるを得なかったのである。個人という訳語は出来ても、その実質は欧米のそれとは比ぶべくもなかった。こうして日本の社会は二つのシステムが共存するダブルスタンダードの社会となったのであり、その状態は今も続いている。

日本における贈与・互酬関係

ではこの「世間」はどのような人間関係をもっていたのだろうか。そこにはまず贈与・互酬の関係が貫かれていた。贈与・互酬とは、マルセル・モース[*3]が提唱した人間関係の概念であるが、モースはニュージーランドのマオリ族やアメリカ先住民の慣行からこの概念を抽出しており、その基礎には呪術があったとしている。

しかし彼の呪術概念には問題点があり、そのまま採用するわけにはいかない。モース以後の研究者たちは例えばレヴィ＝ストロース[*4]などは欧米人の中にも贈与・互酬の慣行の痕跡があるといっている。この点についてはここでは問題として残しておきたい。いずれにしても「世間」の中には自分が行った行為に対して相手から何らかの返礼があることが期待されており、その期待ははかなり俗化され、無常な世という意味で用いられることが多かった。

＊2 巌谷小波の『世間学』

この言葉の歴史を辿ってみると江戸時代には西鶴の『世間胸算用』などが出て、現在の世間という意味に近くなっているが、明治以降には大きな変化を迎えている。明治四一年(一九〇八)に巌谷小波の『世間学』という書物が出されている。小波は独逸学協会学校の出であったからドイツ語が出来、ドイツ語の世界市民 Weltbuergertum の訳語として世間という言葉を用いている。

彼は「はしがき」で次のように述べている。

「『世間学』とは、大学の講座の中にも見ない名だ。それは其の筈、これは此度此書を出すに付いて、新たに案出した名であるもの。其意は読んで字の如く、世間を知るの学である。蓋し世間とは、人間の集合したものを指す。此故に、世間を知らんと欲せば、まず人間を知らざる可らず。人間を知らんと欲せば、まず自己を知らざる可らず。本書は其辺の消息について、折に触れ、事に感じて吐いた気炎を、試みに一冊と纏めたに過ぎない。今のこの時節にこの議論、著者が自己を知らざるの不明を、寧ろ表白したものと見られれば、それまで」

その内容について少しだけ引用すると「日本の社界は人前でおくびや屁をしても平気でいる社界だ。雪隠へ杓子を納れてかき回す社界だ。客の前へおまるを持ち出す社界だ。縁側から子供に小便をさせる社界だ。溝さらいの泥を路傍に置く社界で、大掃除の埃を大道に飛ばす社界だ。——而も所謂潔癖の国民が、此らに対しては一向に嘔吐を催さない社界だ。——日本の社界は醜業婦を公然貴賓に応対せしめる社界だ」

このように日本には秩序がないということをあげつらい、欧米の社会の秩序を真似なければならないと主張している。

世間という言葉は小波によって新しい意味を与えられたことになる。しかし小波の意見には当時は追随者はなく、明治期の一

国語

（七五分）

一　次の文章を読んで、後の問いに答えよ。

日本の社会は明治以後に欧米化したといわれている。欧米化とは近代化という意味である。近代化によって日本の社会は国の制度のあり方から、司法や行政、郵政や交通、教育や軍事にいたるまで急速に改革された。服装も変わった。

近代化は全面的に行われたが、それが出来なかった分野があった。人間関係である。親子関係や主従関係などの人間関係には明治政府は手をつけることが出来なかった。その結果近代的な官庁や会社の中に古い人間関係が生き残ることになった。

明治一〇年(一八七七)に英語のソサイエティが社会という言葉に翻訳され、明治一七年にインディヴィデュアルが個人という言葉に訳された。

しかし訳語が出来ても社会の内容も個人の内容も現在にいたるまで全く実質をもたなかった。西欧では個人という言葉が生まれてから九世紀もの闘争を経てようやく個人は実質的な権利を手に入れたのである。日本で個人と社会の訳語が出来てもその内容は全く異なったものだった。なぜなら日本では古代からこの世を「世間」と見なす考え方が支配してきたからである。それは仏教の言葉であり、サンスクリット[*1]のローカの訳語であった。その意味は「壊されてゆくもの」というもので、この世は不完全なものであるということであった。この「世間」という言葉は現世だけでなく、あの世をも含む広い概念であった。日本ではこの言葉

解答編

英語

I　解答

A．(1)—C　(2)—A　(3)—D　(4)—A　(5)—B

B．(1)—C　(2)—F　(3)—E　(4)—B　(5)—D　(6)—Z

◆全　訳◆

A．≪日本人ルームメイトをチャリティマートへ案内≫

エリックが大学の日本人ルームメイトのユウヤを中古品ショップのチャリティマートへ連れて行っている。

エリック：さあ，着いたよ。ここが僕が話していたチャリティマートだよ。君が買いたいものは何だい？

ユウヤ　：そうだな，僕たちの部屋に必要なもの，コップ，ヤカン，スタンドのようなものだね。

エリック：わかった，そういうものはあるはずだよ。僕は何か着るものを探すよ。

ユウヤ　：服もあるの？　それも中古品？

エリック：そうだよ。実際，品ぞろえはいいよ。

ユウヤ　：僕も見てみようかな。ちょっとジャケットが必要なんで。

エリック：奥にあるはずだよ。見てみよう。

ユウヤ　：ここにあるものはみな中古なんだね。でもどうやってチャリティマートはこれを全部手に入れているの？

エリック：みんなもらい物だよ。だから店は実際何も買っていないんだ。全部ただでもらったものだよ。

ユウヤ　：そうなんだ！　ここにあるものはすべて人の寄付ってこと？

エリック：そうだよ。僕たちがここで使うお金はすべて従業員の賃金になるんだよ。チャリティマートは人々を雇うことで助けてあげているんだよ。

ユウヤ　：チャリティマートが失業者を引き受けているということ？

エリック：そうだよ。それも慈善活動の一環だよ。仕事を本当に必要としている人々を店が稼いだお金で助けてあげているんだ。
ユウヤ　：それはすごいね。僕たちが探しているものがあるといいね！

B. ≪知性と文化を持つイルカ≫

A．イルカはしばしば地球上で最も知性の高い動物の一種だと考えられている。イルカは社会的動物であり，12頭までの「小群」を作って生活している。食べ物が大量にあるところでは，小群が一時的に集まって大きな群を作ることもある。イルカはカチカチといった音や笛のような音，また他の発声音など様々な音を使って交信をしている。

C．小群の構成員となるイルカは厳密に決まっておらず，他のイルカと入れ替わるのは普通のことである。しかし，イルカは強い社会的絆を作ることがある。イルカは怪我をしたり病気になったイルカの側を離れず，必要ならば水面まで連れていって息をするのを助けてやったりすることさえある。

E．このような親切心は，自分たち自身の種に限られないように思われる。ニュージーランドでは，イルカが雌クジラをその子クジラと一緒に以前に何度か身動きが取れなくなった浅瀬から助け出しているのが観察されている。

D．イルカは人間を助けることさえ知られている。イルカが泳いでいる人たちの回りに円陣を組んで泳いだり，サメを攻撃して近づけないようにして，泳いでいる人たちをサメから守っているのが目撃されている。

B．イルカはまた，人間固有のものだと長い間考えられてきた文化も持っている。2005年5月，オーストラリアのイルカが自分たちの子供に道具を使うことを教えているのが発見された。

F．たとえば，イルカは（食物，糧食を探す）えさ探しの時，スポンジを使って頭の一部を覆って身を守る。イルカは他の行動を伝達するのと同様に，身を守るためにスポンジを使うことも伝えるが，これはイルカの知性を証明している。

◀解　説▶

A. ⑴空所でエリックが言ったことに対して，ユウヤはコップ，ヤカン，スタンドなど日用品を羅列して答えている。ということは，エリックはユウヤに買いたいものを聞いたと理解できる。したがって，C．「買いたいものは何？」が適切。この選択肢はwhatを強調する強調構文のWhat is it that ～となっているので注意。

(2)空所でのエリックの発言に対して，ユウヤが「服もあるの？」と聞いている。ということは，エリックは「服」に関わることを言ったと考えられる。したがって，A.「僕は何か着るものを探すよ」が適切。

(3)空所の直前でユウヤが「ちょっとジャケットが必要なんで」と自分も服が欲しいと言っている。それに対してエリックは空所の直後でWe'll check it out「見てみよう」と言っている。つまり，D.「奥にあるはずだ」。だから調べてみようということ。in the backは「奥に」の意味。また，check it outは「それを調べる」の意。

(4)空所の直前でユウヤはチャリティマートがどうやって商品を手に入れているのか尋ねている。それに対してエリックは空所の直後で「店は実際何も買っていないんだ。全部ただでもらったものだよ」と説明している。この会話の流れに合うのはA.「ここにあるすべてのものは人々によって与えられた」である。

(5)空所のエリックの発言を受けて，空所の直後でユウヤは「チャリティマートは失業者を引き受けているということか」と確認している。このやり取りに合う内容はB.「チャリティマートは人々を雇って仕事をさせることによって彼らを助けようとしている」が適切。

B. Aではイルカがpod「小群」を作って通常は生活しているということと，様々な音を使って交信をしているということが述べられている。この2点の中で交信の話は以下になく，pod「小群」の話がCで追加説明されている。したがってAからCへつながっていると考えられる。Cの後半では，怪我をしたイルカや病気のイルカを他のイルカが助けるという話が述べられている。イルカのこのような親切な行為に関する話は，EとDでさらに詳しく述べられている。しかし，Eの方は段落の初めにThis kindness「この親切心」と指示代名詞thisがある。このthisはCの「仲間のイルカを助ける親切心」という内容を直接的に受けていると考えられる。したがって，Cの次に来るのはEが適切。Eではイルカの親切心の例が挙げられている。この親切心のもう一つの例が，Dの人間も助けるという話につながっている。Dの第1文の副詞evenは，Eのイルカがクジラを助けた話を受けて「(イルカと似たクジラばかりでなく) 人間を助けることさえ知られている」というニュアンスだと考えられる。したがって，Ｄが適切。
ＤもＣ・Ｅと同じく「イルカの親切心」に関する段落である。Ａでイルカが主題であることを示し，Ｃ・Ｅ・Ｄはそれを「イルカの親切心」というテーマで展開してきたという文章の流れをまずは理解する。ＢとＦには「イルカの親切心」の話題はないので，テーマが別のものに移っていると考えられる。そこで，Ｂの冒頭に also という語があるのに注目する。これは，それまでに述べてきた「親切心」というテーマに付け加える形で，新たなテーマを導入する役割をもつ語である。ＢがＤの後に来ることで「イルカは（親切心だけではなく）文化も持っている」のように話題の展開が自然になる。したがって，Ｂが適切。Ｂではイルカには文化があり，道具を使うという話が述べられている。道具に関してはＦでイルカが防護用にスポンジを使う例が挙げられている。したがって，Ｂの次はＦが来るとわかる。ＦはＢの「イルカが子供に道具を使うことを教えている」という記述の具体例であり，これに続くような内容の段落は選択肢にない。したがって，これが最終段となる。

II　解答

A．(1)―Ａ　(2)―Ｄ　(3)―Ｃ　(4)―Ｄ　(5)―Ｃ　(6)―Ａ　(7)―Ａ　(8)―Ｂ　(9)―Ｄ　(10)―Ｃ　(11)―Ａ　(12)―Ｄ　(13)―Ｂ　(14)―Ｃ　(15)―Ｃ

B．(1)―Ａ　(2)―Ｃ　(3)―Ｂ　(4)―Ｃ　(5)―Ａ　(6)―Ｂ　(7)―Ａ

◆全　訳◆

≪オーストラリアの日本人コミュニティで活躍する日本人≫

人々が日本人コミュニティという観点から「異文化交換」ということについて話をすると，浴衣を着たり折り紙を作ってニコニコしている人のイメージが湧きがちである。しかし，長期のオーストラリア在住者で連絡担当警察官（PLO）の平野ナオはこのようなことは氷山の一角に過ぎないことを知っている。

平野は比較的若い頃に，自分の将来が日本にはないと判断していた。彼は大学を 1983 年に卒業すると東京にあるレストラン業界では大手の会社に入社し，それから数年後，休暇を取って６カ月間海外で英語を勉強した。平野はこの時すでに結婚しており，妻もまたオーストラリアに引っ越してきたが，２人はほとんどの時間を別々の町で暮らした。

「妻がブリスベンのワールド・エキスポ 88 で仕事をする一方，私はメルボルンで勉強していた。私たちが別々に暮らすことに決めたのは，自分たちの英語力を本当に伸ばすためだった」と思い出しながら平野は言う。「私は会社に休みをもらって勉強していて，かなりの能力を身につけて帰らなければならないとわかっていた。だから，初めの数カ月は，仲間の学生たちと日本語で話すのを避けられるように『ジャッキー』というインドネシア人の振りをしていたんだ！」と彼は言う。

2 年しないうちに，平野夫妻はオーストラリアに移り，永住することにした。両家の家族は二人が行ってしまうのを残念に思ったが，二人が計画を念入りに立てていて，海外生活を構築する意図が真剣であることを家族の者はわかってくれていたと平野は言う。

二人の決心の背後にあった主要な理由は，自分たちの将来の子供たちをもっと家族に優しい環境で育てたいという願いであった。「私の父は公務員で，いつも夜かなり遅く帰ってきた。だから私は父と話をすることなどめったになかった。(東京で) 私が働いていた会社の人たちもそれは同じだった。彼らは朝早く家を出て，夜遅く帰宅していた。だから家族と過ごす時間はまったくなかった。また私は日本の教育の画一性が嫌で，子供たちが自分自身の個性を伸ばすことができる制度を求めていた」と彼は言う。

引っ越しのタイミングは結果的に幸運だった。二人に最初の子供ができたとわかったのはオーストラリアのビザが認められる頃だったからだ。娘は 1991 年 1 月にブリスベンで生まれた。平野は数カ月間，妻と生まれてきた赤ちゃんと一緒に家で過ごした。これは今日でさえ東京ではほとんどの父親にとって考えられないことであろう。

平野はオーストラリアの小売部門で仕事を始めたが，2005 年までには，Multicultural Communities Council Gold Coast Ltd.（法人の多文化社会カウンシル・ゴールド・コースト会社）という NPO の職員として自分に合った働き場所を見つけていた。彼は CAMS（Community Action for a Multicultural Society「多文化社会のための社会活動」）として知られているプログラムで雇用され，地域社会の様々な集団を支援した。

平野は CAMS で働く一方，現地の日本人コミュニティに必要なことについてより深く考え始めたが，それにはこの団体専門の PLO を配備する可能性も含まれていた。クイーンズランドの PLO は警察官と同じ青の制服を着ているが，自分たち固有の役割を示すための特別なバッジをつけていた。PLO は警察ではなく，その役割は文化的に特定の団体と連絡，協力して，自分たちが働いているコミュニティが必要とするものに関して理解を促進し，助言をすることだった。５人に１人以上が海外で生まれているような国では，この制度が国際的なコミュニティの統合を助けるとともに，発言権を持てるように手助けもしている。

平野は現地の警察業務を担当する部署にレポートを提出して，自分の住む地域に日本人 PLO を配備する案を出した。彼の案は様々な部署で承認を得るのに「約３年」かかったが，ついに案が承認されたという知らせを受けた。彼は南東クイーンズランドの日本人 PLO の仕事に応募し，2015 年に新たな仕事を始めた。彼はそれに引き続き，昨年上級警察連絡官に昇進した。

平野は日本人コミュニティの様々な団体と協力しながら仕事をしているが，その仕事の約 70％は，学生や短期任務の仕事で来ている人々からオーストラリアで結婚した人，もしくはオーストラリアに永住することを決めた人々まで含めて，日本人に関わる仕事である。過去何年間か平野は，毎年恒例の人気のあるゴールドコーストジャパン＆フレンズデイを含め，様々な行事の企画を手助けするばかりでなく，日本人コミュニティ内部の友好や社交的な集会を促進する団体と関わってきた。しかしながら，次第に彼は自分の周囲の日本人にはもっと深いレベルでの支援が必要だということがわかってきた。「いじめ，家庭内暴力，サイバー犯罪など，様々な問題を抱えた人々を私は見てきたが，日本人に実践的で具体的な援助を行う機関がなかった。多くの日本人は悪いことは言わない傾向がある。それで孤立するようになるかもしれない」と彼は言う。

平野は自分のネットワークを使って，同じ考えの人々と力を合わせて「法人クイーンズランド日本コミュニティ」を作った。彼は今そのボランティア団体の会長を務めている。この団体には自分たちの時間と才能を使って日本語で実践的支援を行う様々な人々がいる。「問題を抱えた人はだれでも私たちと連絡を取れるが，特に私たちが目的としているのは，コミュニティの仲間の中でも他に頼るところがない傷つきやすい人たちを助けることです」と平野は言う。

平野によれば，もっともやっかいな人たちは，ワーキングホリデーでクイーンズランドに来る日本人学生たちである。平野の説明によれば「学生たちはいろいろ動き回り，決まった拠点がないことが多い。物事がうまく行っている間はいいのだが，問題があった時に連絡を取るのが難しい。それに，もちろんのことだが，若者たちは年輩の人や権威があるとみなす人とは話をしたがらないことも多い」とのことである。

若い人と言えば，平野の3人の子供たちは今みんな20代半ばから後半の若き大人である。3人とも，他の人たちとコミュニケーションを取ることが役割の重要な一面となっている仕事をしている。「私たちは仲の良い家族なんですよ。そもそもオーストラリアに来た一番大事な理由はそれでした。だから妻と私はこのことが実現できてとても幸せですね」と，この家族を非常に大切にしている男は言う。

◀解　説▶

A．(1)第2段第2・3文（He joined a …）より，平野は日本を出て海外に行くことを目指していたことがわかる。したがって，A．「将来，未来」を入れて「自分の将来が日本にはないと判断していた」という内容にすればよい。

(2)第3段第3文（"I'd taken time …）に「会社に休暇をもらって勉強に来たので高い技能を身につけて帰らないといけない」という言葉がある。したがって，Dを入れる。take a break は「休暇を取る」の意味。

(3)平野は結婚していた。しかし，平野が同じ日本人と話をしないようにインドネシア人の振りをしていたと第3段最終文（So, for the …）では述べられている。したがって，妻ともできるだけ日本語を使わないように live separately「別々に暮らす」と考えるのが妥当。したがってCが適切。

(4)語彙の問題。平野は英語を身につけるために，日本人と付き合うのを避ける目的でインドネシア人の「振りをした」と考えるのが妥当。D．pretended to be は「～の振りをした」の意味。C．speak ill of ～ は「～の悪口を言う」の意味。

(5)関係詞の問題。先行詞は the company「会社」であり，「その会社で私は働いていた」と理解すべきところ。Aの when だと接続詞の意味になり「私が働いていたとき」となり意味が通らなくなる。したがってC．where が正解。

(6)赤ちゃんが生まれて数カ月間，妻とともに家にいて子育てをするということは日本では「考えられない」ということ。したがって，A. unthinkable「考えられない」が正解。C. unimaginative は「想像力がない」という意味で不適。unimaginable なら可。

(7)平野が働いているところは多文化社会に住む人々を「支援すること」が主目的であると考えられる。Bの「理解する」だけでは不十分。A.「支援する」が適切。

(8)空所は平野が働いていた団体の目的を説明している箇所の一部である。understanding「理解」を目的語とする動詞として適切なのは，B. foster「促進する，助長する」である。A.「集中する」とD.「強制する」は意味が通らないので不適。Cは「啓蒙する」だが，通常直接目的語に代名詞など「啓蒙される対象」となる名詞を取るため不適。

(9)この文中にある make its way は「進む」という意味の重要表現。つまり平野が提出したレポートが「様々な～を通って」3年もかかって承認されたということ。一つの提案がすぐ通るわけではなく「いろいろな部門，部署」の承認が必要。その意味として適切なのはD. channels「経路」である。C. pipes「管」はここでの channel のような比喩の意味はない。

(10)空所は平野が職を得て，そして昇進したという時系列を記述した文の一部である。この記述にふさわしい選択肢は，C. subsequently「その後に」である。なお，他の選択肢の意味は，A.「実質的に」，B.「おそらく」 D.「すばらしく」である。

(11)コロケーションの問題。形容詞 deeper「より深く」にふさわしい形容詞はA.「レベル」である。B.「量」やC.「種類」はこの形容詞にそぐわない。

(12)ここでは平野が自分のネットワークを使って，新たな法人を作ったという話である。その意味で使えるのは，Dである。draw on ～ は「～を頼る，使う」の意味。

(13)語彙の問題。助けを求めている人々を修飾する形容詞としては，B. vulnerable「傷つきやすい」が適切。

(14)空所を含む文の次の文以降に，学生は「連絡が取れない」「年長者や権威者と話したがらない」などの問題点が述べられている。これらが学生が the most challenging group「もっともやっかいな集団」である理由だが，つまり学生は扱いが難しく，難儀するということである。選択肢の中でこの内容にふさわしいのはCである。work with には「一緒に働く」という意味と，He is hard to work with.「彼は扱いづらい」のようなときに使う「～を扱う」という意味がある。ここでは後者の意味。

⒂目的語 career「仕事」にふさわしい動詞は pursue「追求する」である。pursue *one's* career で「仕事をする，キャリアを積む」の意味で使われる。したがって，Cが適切。

B．⑴平野夫妻が最初別々に暮らすことに決めた理由は，第3段第2文（We decided to …）に「英語力を伸ばすためだった」と述べられている。したがって，A.「二人は自分たちの語学能力を伸ばしたかった」が正解。

⑵平野が語学学校で日本人であることを隠した理由は，第3段第3文（"I'd taken time …）に「会社から休暇をもらって勉強に来ており，語学力をかなり身につけて帰らないといけなかった」と述べられている。この内容に近いのは，C.「海外での時間を最大限に活用するという決意」である。なお，make the best of は重要イディオムで「～を最大限活用する」の意。

⑶平野がオーストラリアに永住することに決めた理由は，第5段最終文（"I also disliked …）に「子供たちの個性を伸ばしてくれる教育制度を求めていた」と述べられている。この内容とB.「彼は海外の学校教育が子供たちにはよいと思った」が一致する。

⑷PLOの責任については第8段第3文（They are not …）に「文化的に特定の団体と連絡を取り協力することだ」と述べられている。これに近いのはC.「文化的少数者と交流する」である。

⑸日本人コミュニティがもっと支援を必要としていることがわかった理由については，第10段最終文（"Many Japanese tend …）に「多くの日本人は悪いことは話さない傾向があり，そのために孤立する可能性がある」と述べられている。この内容と一致するのはA.「日本人は自分たちの問題で助けを求める可能性が少ない」である。

⑹平野が日本人学生を助けるのに苦労した理由については，第12段第3文（While it is …）に「問題が起こったときに連絡を取るのが困難だ」ということが述べられている。この内容と一致するのはB.「学生たちは連絡を取るのが困難だった」である。A.「学生たちは年輩の人を信頼して話したがらない」は，第12段最終文に「もちろん若者は年輩の人と話

したがらないことが多い」と述べられているが，これは「若者一般」の話であり，この設問は「日本人学生」に限定されている。第12段第3文のthemは第12段第1文（According to Hirano…）のJapanese studentsを受けて「日本人学生」を指している。したがって，Bが適切。

(7)この英文全体の要旨は，平野という日本人がいかにしてオーストラリアで日本人コミュニティのために活躍するようになったかという話である。したがって，BのPLOの役割のことや，Cの「海外の日本人の苦労」などは平野が関わる活動の一面でしかないので不適。A.「一人の男の地域社会支援への道のりの話」が適切。なお，accountは「話，記述」の意味。

Ⅲ　解答

A. (1)—C　(2)—A　(3)—A　(4)—B　(5)—C　(6)—B　(7)—A　(8)—B　(9)—A　(10)—C

B. (1)—B　(2)—C　(3)—B　(4)—A　(5)—B　(6)—C　(7)—A

◆全　訳◆

≪料理の文法≫

スパゲッティとミートボールをイタリア人に出してみよ，そうすれば，どうしてパスタと肉を一緒に出すのかと聞くかもしれない。油で揚げた一種のペーストリーのサモサを前菜として注文してみよ，そうすれば，インド人の友だちは，これはイギリスのレストランがコース料理の最初の一品にサンドイッチを出すのと似たようなものだと指摘するかもしれない。このような食事や料理の一つ一つはどこか変な感じ，場違いな感じを少なくとも一方の側の人間は感じる。それはあたかも暗黙の規則が破られたかのようである。ただし，これらの規則は実際に今まで議論されたりいろいろ書かれたりしてきたし，食文法という名前さえ与えられているのだ。

言語と非常によく似て，料理法，つまり料理の形式は国ごとに異なる文法的規則に従い，学者たちはその規則を記録し，研究してきた。これらの規則によって，食べ物は座って食べるのか，立って食べるのか，床に置いて食べるのかテーブルで食べるのか，またフォークを使うのか，箸を使うのか，指で食べるのかが決められる。パシフィック大学の歴史学教授であるケン＝アルバラの説明によれば，文構造と同じように，料理文法は料理が供されるその順序に反映される場合もあるし，魚にチーズを乗せたり，アイスクリームにバーベキューソースをつけたりといったように，どの食べ物とどの食べ物が一緒に出すことができるか，またはできないかを決めるのも食文法である。ある物が食べ物と考えられるか考えられないか，そういうことさえ決めるのも食文法なのである。馬とウサギはフランス人にとっては食べ物であるが，イギリス人には食べ物ではない。昆虫はメキシコでは食べ物だが，スペインでは食べ物ではない。

アルバラによれば，食文法は言語の文法よりもはるかに理解しやすいが，一方で言語の文法と同様ルール破りは免れられないし，ある料理が異なった食文法を課する別の国に登場したときは特にそうなる。外国料理を再現しようとしている人は，その人の母国の文法がその料理の概念に忍び込んでしまうことに気づくかもしれない。その結果，人が自国の料理を外国で食べると頭が混乱することにもなる。パリのレストランではハンバーガーにナイフとフォークをつけて客に出すかもしれない。また日本のレストランが「洋食」，すなわち「西洋の食事」を出すとき，コロッケとオムレツを弁当箱のようなものに入れて，少量の野菜の漬け物と味噌汁と一緒に出すかもしれない。

料理の伝統の「誤訳」を，外国を理想化したと思われるものを提供しているレストランのチェーン店ほどはっきりと示しているところはおそらくほかにないであろう。ヨーテボリ大学（スウェーデン）のコミュニケーション研究者のダビデ＝ギラデリは，イタリア系アメリカンのレストランチェーン・ファゾリを分析して，カラーコード（赤，白，緑）と「アメリカにおけるイタリア料理の神話の基本構造」に関するほかのステレオタイプは，レストランをアメリカ人の客にもっとイタリア的だと思わせるための戦略であると見極めている。しかし，偽のイタリア語アクセントで英語を話す人と非常に良く似て，ファゾリでの食事体験は何か本物らしくない。ファゾリのようなレストランは，イタリア料理の本質を変えると同時に，それを時間の中に閉じ込めてしまっている。今や時代遅れとなった伝統にそんなに一生懸命になると，母国から持ち出された料理に奇妙な影響を与えることにもなるとアルバラは言う。「時にそのような料理は化石化してしまう。なぜなら人々が，『そうか，これこそがこの料理の作り方だ，この料理はこの正しい方法で作らなければいけない』と思ってしまうからだ。ところが母国では，その料理は進化してすでに変化してしまっているのである」とアルバラは言う。

しかし，ある料理文法を新たな環境に持ち込むと面白い，新たな料理が作り出されるということもある。言語の中には英語のように非常に柔軟性があって容易に新しいものを歓迎するものもある一方で，フランス語のように変化を加えることが難しい言語があるのとちょうど同じように，新規なものを他の料理よりも受け入れる料理もある。「日本人は何でも取り入れ，それを自分たちのものにしてしまう」とアルバラは言い，「食パン」，すなわちアメリカのワンダーブレッドよりもかなり甘く柔らかい日本の白いパンの例を挙げた。また他の例にはナポリタンがあり，これはイタリアのスパゲッティを野菜とケチャップと一緒に油で炒めたものである。

今日では西洋において，「本物」を求める客はこのように変えられた料理を避けるかもしれないが，過去にはそのような変更は期待もされ推奨さえされていた。食物人類学者であり，また SOAS フード研究所の研究員でもあるムクタ＝ダスは，1950 年代から多くのインドレストランや中国レストランが，「洗練された食事という概念（ユニフォーム着用のウェイター，テーブルクロス，ナプキンなどのテーブルサービス）」を採用することで，イギリスの上流社会の食文法を採用したと述べている。

「ある文化の言語が話せなければ，その文化をあまり理解したことにならない。同じことは料理にも言える。その料理文化の中に生まれて，いつもその料理をしていると，その奇妙な暗黙の規則がわかるのである」とアルバラは言う。しかし，料理の伝統という点で本質的にバイリンガルの人が料理にこのような変化を加えると，面白い発見が多々ある。パリの広く賞賛されているミ・クワボというレストランのフレンチカリブ料理のシェフであるエリス＝ボンドは，アフリカ料理を現代ヨーロッパの技と結びつけ，大皿料理の家庭的ぬくもりを再解釈して，大皿の代わりに現代的な小さな皿を並べるという方向に道を開いた。アフリカの味とフランス料理文法を結び合わせる中で，ボンドは母語翻訳者なみの流暢さで地元人もアフリカ人コミュニティの住民も両方が喜ぶようなものを創り出してしまった。

アルバラは続けて，「どの料理，どのような言語でもそれが変化を止めてしまうなどということは考えるだけでも馬鹿馬鹿しいことである」と言う。さらに，辞書や文法書に言及しながら，「そのようなものは書き留めるや否や，すでに変化しているのである。人々が望もうと望むまいと，変化は起きる」と付け加えている。

◀解　説▶

A. ⑴an unspoken rule「話されていない規則」とは「暗黙の了解」のこと。この意味になっているのはC.「理解はされているが直接与えられていない規則」である。

⑵下線部の「料理文法は料理が出される順序に反映されている」の意味は，料理にはそれぞれ一品一品出す順番が文法のように決まっているということ。この意味に近いのはA.「一品一品が現れてくる一連の流れがある料理についての本質を表している」である。この選択肢中の telling は形容詞で「そのものの本質を示している」という意味。

⑶下線部の sneak into は「～の中に忍び込んでくる」という意味。したがって，外国の料理を再現しようとしても知らぬまに自国の料理のやり方が入ってくるということ。この意味に近いのはA.「外国人シェフは必ずしも他の国の料理をそれとわかるように作らない」である。つまり無意識のうちに変えてしまうということ。

⑷「料理の伝統の『誤訳』」とは他の国の料理を実はその国と異なった方法で料理をしてしまうことを意味している。この内容に近いのは，B.「典型的な国民料理を再現できないこと」である。

⑸下線部の意味は「アメリカ人の客にこのレストランがもっとイタリア風であるように思わせる戦略」という意味である。つまり，実際のイタリア料理やレストランのあり方よりもアメリカ人が持つイタリアのイメージに合わせようとすることである。この意味に近いのはC.「客を喜ばせる方が本物の料理を出すことよりも重要である」である。

⑹下線部の fossilized は「化石化した」という意味である。つまり，ある料理の作り方や出し方が固定してしまっているということ。この意味に近いのは，B.「一度変えられた料理方法がずっと同じままで続くこと」である。

⑺elastic は「弾性がある」，つまり「変化しやすい」という意味。manipulable は「操作しやすい」という意味。また，novelty は「新奇さ」である。つまり，下線部で言いたいことは，料理の中には英語のように新しいものを受け入れるものもあればフランス語のようにそうでないものもあるということ。この内容になっているのは，A.「料理の伝統はその柔軟性の程度が様々に異なる」である。

⑻下線部の such adaptation は，ある国の料理が他の国に採用されたときにその国に適応するように変化を加えることを意味している。これはBの主部 The restyling of foreign food to fit local taste「その土地の人の口に合うように外国料理を作り直すこと」と一致している。Bの述部 was once the norm「かつては当然のことだった」の norm は「規範」だが，ここでは the norm で「当然行われること，標準的な状況」という意味。それが下線部の「(料理の変化は) 期待もされ推奨もされていた」という記述と近い内容となる。したがって，B.「その土地の人の口に合うように外国料理を作り直すことは，かつては当然のことだった」が適切。
⑼下線部の「料理の伝統に関してバイリンガル」であるという意味は，第７段第３文 (Elis Bond, the …) および同段最終文 (In marrying African …) にフランスとアフリカ双方の料理に精通するエリス＝ボンドの例があることからわかるように，A.「二つの異なった伝統料理をマスターした料理人もいる」が正しい。
⑽この文脈において「結婚させる」とはアフリカの味をフランスの料理文法と結婚させる，つまり結び合わせるということである。この意味に近いのはC.「取り込み，融合させること」である。
B. ⑴「料理文法」は第２段第２文 (They dictate whether …) から同段最終文 (Grammars can even …) までに具体的に説明されている。その内容と一致するのはB.「色々な文化における料理の作り方，出し方，食べ方」である。
⑵第３段第１文 (While a food …) に「料理文法も言語の文法と同様ルール破りは免れられない」とある。したがって，料理文法のルールはC.「いつも守られるとは限らない」が適切。なお，この選択肢における observe は「観察する」の意味ではなく「遵守する」の意味。
⑶第４段第２文 (In his analysis …) で言及されているイタリア系アメリカンレストランの例と，同段第６文 (“Sometimes it becomes …) および同段最終文 (Whereas back in …) の記述を合わせると，アメリカでイタリア料理だと考えられているものは本国イタリアの料理とは別物であると考えられる。したがって，B.「アメリカにおけるイタリア料理はイタリアのイタリア料理と似ていない」が適切。Aの「料理の名前」については本文に記述がない。Cの「赤，白，緑」という色については，第４段第

2文に関連する記述があるが，イタリア系アメリカンレストランがそれらの色を戦略的に利用していると述べられているだけで，イタリアで使われているかどうかについては記述がないため不適。

(4)第5段第3文・4文（“Japanese people will …）で，日本の「食パン」や「ナポリタン」の例を挙げて，外国の食品や料理がいかに日本人の味覚に合うように変えられているかについて述べられている。この段の内容にふさわしいのはA.「外国料理は受け入れられた国の味覚に合うようにしばしば変えられる」である。なお host country とは，この文脈では「外国料理を受け入れた国」という意味。

(5)第7段最終文（In marrying African …）の記述がB.「ミ・クワボの料理はフランス人と移民の双方を満足させている」に一致する。

(6)アルバラは最終段第2文（Referencing dictionaries and …）および同段最終文（It's going to …）で，言語の変化は望む望まないに関わらず決して止まらないと語っている。また，最終段第1文（“I think it's …）では料理と言語を並列しているので，アルバラはこの「変化が止まらない」という性質は料理にも同じように当てはまるのだと主張しているのがわかる。したがって，C.「料理は言語のように絶えず修正を受けていく」が適切。

(7)この出題文はある国の料理が他の国に移植されると必然的に変化を被るという主旨である。B.「民族料理の様式」では，この「変化」という主題に触れていないので不適。また，C.「現地料理の終焉」という話題は本文にないため不適。よって，A.「食文化とその発展」が最も適切。

❖講　評

2022年度の大問の構成は，会話文・段落整序1題，長文読解2題の計3題で，従来通りであった。

I は **A** が会話文の空所補充，**B** がひとまとまりの文章を6つに分けたものを並べ替える整序形式。**A** は対話の流れをつかめば取り組みやすい問題。**B** は注意深く論旨の流れをつかむ力が求められる。特に代名詞の they, their や副詞の also, for example などは段落と段落，また文と文のつながりを示しているので，注意が必要である。

II はオーストラリアの日本人コミュニティで活躍する日本人の話であ

る。語彙レベルはそれほど高くないが，subsequently, draw on など若干難易度の高いものもある。また unthinkable と unimaginative の able と ive の語尾の相違による意味の違いなど派生語の意味の差違を問う問題もある。関係詞の問題もあり，文法知識も問われている。

Ⅲは，料理にも言語のように「文法」があり，また言語のように料理は変化するという話。sneak into や fossilize など語句の意味を問う問題もあり，若干語彙レベルは高いが全体的には標準的な英文と標準的な設問である。

日本史

I　解答

1 —(ヌ)　2 —(ヘ)　3 —(ソ)　4 —(ハ)　5 —(ヒ)　6 —(オ)
7 —(イ)　8 —(タ)　9 —(ナ)　10—(サ)

◀解　説▶

≪明治～昭和戦後期の貨幣・金融史≫

1．1872 年，渋沢栄一が中心となって国立銀行条例が定められ，翌年から第一国立銀行など民間銀行が設立された。しかし，発行する銀行券には正貨兌換が義務づけられたため，国立銀行の設立は 4 行にとどまった。1876 年に条例が改正され，兌換義務が停止となると，設立は急増し，1879 年に第百五十三国立銀行が設立されるまで続いた。1882 年の日本銀行条例により日本銀行が設立されると，翌年に国立銀行は普通銀行に転換した。

2．1880 年に大蔵卿であったのは，大隈重信。松方正義は明治十四年の政変後の 1881 年に大蔵卿に就任した。

5．第 1 次若槻礼次郎内閣の蔵相片岡直温の失言を契機に発生したのは，金融恐慌（1927 年）。第一次世界大戦後の株式市場の大暴落を契機に発生した戦後恐慌（1920 年）や，関東大震災を契機に発生した震災恐慌(1923 年)，世界恐慌が日本に波及するさなか，浜口雄幸内閣の蔵相井上準之助の金解禁断行にともなって発生した昭和恐慌（1930 年）などと区別して覚えたい。

7・8．金融緊急措置令は，インフレ阻止を目的に通貨量の縮減をはかったもので，幣原喜重郎内閣時の 1946 年 2 月に出された。経済安定本部は，経済復興計画を遂行するため，第 1 次吉田茂内閣時の 1946 年 8 月に設置された。「経済政策に関する企画調整」とあるため，企画院と迷うかもしれないが，企画院は 1937 年に設置され，戦時の物資動員を計画・立案した機関。なお，経済安定本部はその後改組を重ね，1955 年 7 月に経済企画庁となった。

9・10．貿易と資本を自由化し，開放経済体制を実現させることで，先進工業国として世界経済に加わることをめざした日本は，1963 年には

GATT 11 条国に移行（GATT 加盟は 1955 年）し，翌年には IMF 8 条国に移行（IMF 加盟は 1952 年）するとともに，OECD（経済協力開発機構）に加盟した。

II 解答

1—(ハ)　2—(ナ)　3—(サ)　4—(セ)　5—(ク)　6—(イ)
7—(コ)　8—(キ)　9—(ト)　10—(ヌ)

◀解　説▶

≪江戸～明治時代の教育史≫

1．やや難。藤原惺窩は相国寺の禅僧であった。相国寺は室町時代に足利義満が創建し，京都五山の第2位に指定された臨済宗寺院。

2．やや難。姜沆は，慶長の役で日本に連行された朝鮮の儒学者。李退溪も藤原惺窩や林羅山に大きな影響を与えた朝鮮の儒学者であるが，来日はしておらず慶長の役の前に死亡している。

3．閑谷学校は，17 世紀後半に岡山藩主池田光政が藩内に築かせた郷校。これより少し前，岡山藩には最古の私塾とされる花畠教場も熊沢蕃山によって設立されている。

4・5．町人らの出資で設立された大坂の私塾懐徳堂は，『夢の代』を著した山片蟠桃や，『出定後語』の著者である富永仲基らを輩出した。

6．『女大学』は，福岡藩の儒学者貝原益軒の著作である『和俗童子訓』をもとに作られたとされる女子を対象にした教訓書。寺子屋の教科書としても用いられた。貝原益軒は本草学にも傾倒し，『大和本草』を著した。

7・8．1872 年に出された学制はフランスの制度を，1879 年に制定された教育令はアメリカの制度を参考にした。

III 解答

問1．(ア)　問2．(ウ)　問3．(イ)　問4．(ア)　問5．(ウ)
問6．(ウ)　問7．(ア)　問8．(イ)　問9．(ウ)　問10．(ア)
問11．(イ)　問12．(イ)　問13．(ウ)　問14．(ア)　問15．(イ)

◀解　説▶

≪古代～中世の小問集合≫

問1．「大化元年」や「難波長柄豊碕」，「改新之詔」などから，孝徳天皇の時代と判断したい。のちに天智天皇となる中大兄皇子は，このとき皇太子である。

問2．皇極天皇（飛鳥板蓋宮）→孝徳天皇（難波長柄豊碕宮）→斉明天皇（後飛鳥岡本宮）→天智天皇（近江大津宮）→天武天皇（飛鳥浄御原宮）の順に天皇・宮都は推移した。

問3．律令制下において，1段は360歩とされた。長さ三十歩×広さ（③　）歩＝1段（360歩）を計算すればよい。360歩÷30歩＝12歩となる。

問4．律令制下において，口分田は良民男子に二段，女子にはその3分の2が班給されたが，「三分が二」を選択しないように注意したい。空所④の直後には「減せよ」とあるため，「三分が一」が正しい（男子の二段から三分の一を減らした三分の二が女性に班給された）。

問8．問7の設問文とあわせて考えると，「この史料が記された10世紀後半の少し前」となることから，969年の安和の変により大宰権帥に左遷された源高明を想起したい。慶滋保胤の『池亭記』は982年に成立した。菅原道真は藤原時平の讒言により901年に，藤原道長との政争に敗れた藤原伊周は996年に大宰権帥に左遷されている。

問10．空所⑧の直前にある「天平神護(765~767)年中」や設問文の「遣唐使として唐に渡った」から吉備真備と判断できるとよい。吉備真備は唐に留学し帰国した後，橘諸兄政権で玄昉とともに活躍した。その後，藤原仲麻呂政権では冷遇されるが，764年に仲麻呂が敗死すると再び昇進し，右大臣となった。藤原豊成は仲麻呂の兄，藤原永手は北家の房前の子で，ともに仲麻呂と対立し，仲麻呂失脚後に政権の中枢にのぼっている。永手はその後，藤原百川とともに光仁天皇の即位実現に尽力した。

問12・問13．やや難。寄進の例を示した，肥後国鹿子木荘の史料（『東寺百合文書』）は頻出史料であるものの，「高陽院内親王」が鳥羽上皇の娘であることや，仁和寺に荘園が寄進されていたことまで把握するためには丁寧に史料を読み込んでおく必要がある。

問14．史料の「文治元年(1185)」「兵粮段別五升」から，守護・地頭の設置を朝廷と交渉している場面と考えたい。1185年当時，朝廷との交渉役を務めた「北条丸」とは，北条時政のことである。

Ⅳ 解答

(A) 1―(エ)　2―(タ)　3―(ホ)　①―n　②―k

(B) 4―(ノ)　5―(イ)　6―(ナ)　③―h

(C) 7―(ク)　8―(ソ)　9―(セ)　10―(テ)　④―e　⑤―a

◀解　説▶

≪足利義持・徳川吉宗・西園寺公望の人物史≫

(A) 1．「応永 23 年（応永元年が問題文中で 1394 年と示されていることからこれは 1416 年)」，「関東で……反乱」などを手がかりにしたい。もと関東管領の上杉禅秀（氏憲，禅秀は出家名）は 1416 年，鎌倉公方足利持氏に反逆したが敗北した。その後足利持氏は 1438～39 年の永享の乱で幕府に滅ぼされている。

2．1419（応永 26）年，朝鮮が対馬を倭寇の根拠地とみなして襲撃した，応永の外寇が起きた。

②播磨国（地図ｋ）の位置が問われているが，但馬国（地図ｊ）との区別が難しかったかもしれない。現在の兵庫県の南部が播磨国，北部が但馬国である。

(B) 4．紀州徳川家（三家の紀伊藩）の２代藩主徳川光貞は詳細な知識であるが，語群から消去法を用いて判断できるとよい。「徳川光圀」は水戸徳川家（三家の水戸藩）の２代藩主で『大日本史』の編纂を開始した人物，「徳川頼宣」は徳川家康の子で紀州徳川家の祖（初代紀伊藩主)。

5．御用取次は，吉宗の時代に新設され，将軍と幕閣の取次ぎなどを職務とするなど，廃止された側用人の機能を引き継いだ。語群の「老中」には譜代大名が就任したこと，「側用人」は徳川吉宗により廃止されたことから除外して正解を導けるとよい。

6．やや難。吉宗は徳川家の安泰をはかるため，子の宗武に田安家を，宗尹に一橋家を立てさせた。９代将軍徳川家重が子の重好に立てさせた清水家と合わせて，三卿という。

(C) 7．「第２次伊藤博文内閣の……外務大臣」から，陸奥宗光と判断したい。陸奥宗光は同内閣の外務大臣として，日英通商航海条約を締結し，法権を回復させた。また，その直後に始まった日清戦争の講和条約である下関条約の全権として活躍したことで知られる。

8．「日露戦争後」の 1906 年に結成された日本社会党は，第１次西園寺公望内閣によって公認された，初の政府公認の社会主義政党である。日本最初の社会主義政党である社会民主党と区別しよう。社会民主党は 1901 年に結成されたが，治安警察法により，即日解散させられている。

10．やや難。摂家の家柄に次ぐ清華家出身である西園寺公望は大正９

(1920) 年に公爵を授けられた。問題文の第1段落最後の「明治17年に華族令が制定されると，侯爵を授けられた」に注目し，五爵位の序列が上から公爵・侯爵・伯爵・子爵・男爵だという知識をふまえて正解の「公爵」を導くことが求められた。

❖講　評

2022年度は，大問が4題，小問数が50問，試験時間が60分であった。**I**・**II**では語群選択式の空所補充問題，**III**は史料問題，**IV**はテーマ史が出題された。

Iでは，明治～昭和戦後期の貨幣・金融史が出題された。1880年の大蔵卿から「大隈重信」を導く2は，松方正義と勘違いした受験生もいただろう。

IIでは，江戸から明治時代の教育史が出題された。1の藤原惺窩が所属していた「相国寺」や，2の朝鮮の儒学者の「姜沆」は差がついたと思われる。

IIIでは，古代～中世の史料問題が出題された。(A)は大化改新（『日本書紀』，(B)は律令制度下の田令（『令義解』)，(C)は墾田永年私財法（『続日本紀』)，(D)は平安京右京の荒廃（『池亭記』)，(E)は三善清行意見封事十二箇条（『本朝文粋』)，(F)は鹿子木荘の寄進（『東寺百合文書』)，(G)は守護・地頭の設置をめぐる交渉（『玉葉』）を題材としたものだった。(D)以外は頻出の史料であるが，問12・問13のように詳細な知識を要する出題もあった。教科書掲載の史料を中心に丁寧に読み込んでおきたい。

IVでは，足利義持・徳川吉宗・西園寺公望の人物史が題材とされた。空所6・10ではやや詳細な知識を要するが，10については問題文に手がかりが示されているなど，空所補充については全体的に問題文を注意深く読み取ることが求められていた。また，関西大学で頻出となる地図問題も出題されている。旧国名の位置を地図で正確に把握しておきたい。

世界史

I 解答

1 —(ア)　2 —(イ)　3 —(イ)
問1．(イ)　問2．(ウ)　問3．(イ)　問4．(ウ)　問5．(イ)
問6．(エ)　問7．(エ)

◀解　説▶

≪唐と東西交易≫

1．長安は，隋の文帝（楊堅）が建設した大興城を，唐代にも都として継承したものである。

2．ササン朝の国教となっていたのはゾロアスター教で，中国では祆教とよばれた。

3．ゾロアスター教・仏教・キリスト教が融合した宗教はマニ教で，ウイグルでは国教とされた。

問1．長安をモデルとして建設された東アジアの都城は，渤海の上京竜泉府と奈良の平城京などである。

問2．(ウ)誤文。金や宋では禅宗が盛んに信仰されている。宋では禅宗が士大夫層に支持され，中国仏教の主流となっていた。

問3．(イ)大秦寺の「大秦」はローマ帝国の意。この寺はネストリウス派キリスト教（中国では景教とよばれた）の寺院で，「大秦景教流行中国碑」が残されている。

問4．(ウ)誤文。モンゴル高原の西方から台頭し，柔然を滅ぼしたのは突厥。鮮卑は柔然の前にモンゴル高原で勢力を張り，その後中国に進出して北魏などを建国した。

問5．(ア)誤文。会館・公所は明代に中国国内の同郷・同業の商人や職人が，親睦と互助のために各都市に建設した施設。

(ウ)誤文。ソグド人が拠点としたのは内陸都市のサマルカンド。海産物の取引はなかった。木材や毛皮，海産物を扱ったのは北ヨーロッパ商業圏である。

(エ)誤文。ソグド人の活動地域は中央アジアから中国にかけてで，十字軍の輸送に関係していない。十字軍の輸送を担当した都市としては，第4回十字軍におけるヴェネツィア商人が有名。

問6．(エ)誤文。リューベックを盟主としたのはハンザ同盟。ロンバルディア同盟は，ミラノを盟主とした北イタリア諸都市の同盟。

Ⅱ 解答

1—(サ) 2—(チ) 3—(ス) 4—(コ) 5—(ケ) 6—(ヌ)
7—(イ) 8—(エ) 9—(ナ) 10—(セ)

◀解 説▶

≪19世紀後半における科学技術の発展，アフリカの植民地化と独立≫

2．ダイムラーはドイツの機械技術者。1883年に内燃機関を発明し，その後，ガソリン自動車を完成させた。

6．エジプトの軍人ウラービーは，イギリスの支配に対抗して「エジプト人のためのエジプト」をかかげて蜂起したが鎮圧され，エジプトは事実上イギリスの保護国となった。

7．ムハンマド＝アフマドに率いられたスーダンの反乱はマフディーの乱（マフディー運動）とよばれる。マフディーは「救世主」の意。長期に及ぶ反乱で，イギリスの将軍ゴードン（太平天国の乱の際，常勝軍を率いたことで知られる）も戦死した。

8．1652年，アジアへの中継基地として南アフリカにケープ植民地を築いたのはオランダであった。その後，1814年から開催されたウィーン会議でイギリス領になると，イギリス支配を嫌ったオランダ系子孫のブール人は，ケープ植民地の北にオレンジ自由国・トランスヴァール共和国を建設した。19世紀後半になると，両国にダイヤモンドや金が発見され，イギリスは南アフリカ戦争をしかけて両国を征服した。

9．アフリカにおけるポルトガルの植民地は，大西洋側のアンゴラとインド洋側のモザンビークの2つが重要。

10．アジスアベバはエチオピアの首都。アフリカ諸国首脳会議ではアフリカ統一機構（OAU）が結成され，その後2002年にアフリカ連合（AU）に基本理念が引き継がれた。

Ⅲ 解答

1—(タ) 2—(ケ) 3—(ア) 4—(ソ) 5—(チ) 6—(テ)
7—(ツ) 8—(エ)

問1．(エ) 問2．(ウ) 問3．(イ) 問4．(イ) 問5．(イ) 問6．(エ)

問７．(イ)

◀解　説▶

≪18 世紀から 20 世紀初頭の中国と東南アジア≫

１．地丁銀により事実上人頭税は消滅し，税逃れのために隠されていた人口が表面に出てくるようになったため，18 世紀の人口増加は実態を反映するようになった。

５．1802 年に阮朝を建てたのは阮福暎。建国の際，フランス人宣教師ピニョーの援助を受けたが，このことが後のフランス勢力進出の背景となった。

７．シンガポールは，1819 年にイギリス人のラッフルズが上陸して商館を建設した。

問１．(ア)誤文。日本が中国に定期的に使者を派遣したのは，明の時代。室町幕府第３代足利義満が明に冊封（「日本国王」に封ぜられた）されたことによる朝貢貿易である。

(イ)誤文。日宋貿易で使用されたのは銀ではなく銅銭（宋銭）であった。

(ウ)誤文。ダウ船は，アラビア海などのイスラーム世界で使われた帆船である。中国ではジャンク船が使われた。

問２．(ウ)誤文。三藩の乱の発生は 1673 年，鄭氏勢力の降伏は 1683 年。順序が逆である。

問３．(イ)サトウキビはニューギニア島などが原産地（諸説ある）とされ，各地に伝播した作物である。

問４．(イ)誤文。琉球は薩摩と中国に両属状態となったが，中国への朝貢は続いた。

問６．(ア)誤文。スマトラ島北端にあったアチェ王国をオランダが制圧したのは，20 世紀に入ってからの 1912 年。

(イ)誤文。オランダがバタヴィアを貿易拠点として獲得したのは 17 世紀。

(ウ)誤文。スカルノがインドネシア国民党（当初はインドネシア国民同盟）を結成したのは 1927 年。

(エ)正文。住民に低賃金で強制的に商品作物を栽培させる強制栽培制度は 1830 年に導入された。

Ⅳ　**解答**　1 —(ア)　2 —(テ)　3 —(イ)　4 —(ア)　5 —(ソ)　6 —(イ)
7 —(ク)　8 —(チ)　9 —(イ)　10—(ア)　11—(カ)　12—(コ)
13—(ア)　14—(イ)
A —(ア)

◀解　説▶

≪古代オリエント世界とギリシア≫

1．太平洋安全保障条約（ANZUS）はA（オーストラリア），NZ（ニュージーランド），US（アメリカ合衆国）の同盟である。

2．バグダード条約機構は，本部をバグダードにおき，イギリス，イラク，パキスタン，トルコ，イランで 1955 年に結成された。その後イラクで王政から共和政にかわるイラク革命が 1958 年に起き，イラクが条約から脱退したため，翌年から中東条約機構（METO）と名称変更した。

4．アッバース朝第 2 代カリフのマンスールは，ティグリス川のほとりに「平安の都」と名付けた円形の都城を建設した。これがバグダードのはじまりである。

6．フランスのシャンポリオンは，ロゼッタ＝ストーンに刻まれた神聖文字（ヒエログリフ），民用文字（デモティック），ギリシア文字を比較しながら神聖文字を解読した。

7．イギリスのローリンソンは，イランにあるベヒストゥーン碑文（アケメネス朝ダレイオス 1 世の事績を刻んだもの）から楔形文字を解読した。

12. クレイステネスは，従来の血縁にもとづく 4 部族制から，地縁的な 10 部族制への改革を行い，1 部族 50 人の代表からなる五百人評議会も設置された。また，僭主の出現を防止するために陶片追放（オストラシズム）を始めたのも彼である。

14. スパルタでは，完全市民（スパルティアタイ），商工業に従事する半自由民（ペリオイコイ），奴隷身分の農民（ヘイロータイ，ヘロット）に分かれていた。完全市民が圧倒的多数のヘイロータイの反乱に備えることが，スパルタの軍国主義体制を生んだ。

A．①正しい。ミケーネ文明では，先行したクレタ文明で使用されていた線文字A（未解読）を継承した線文字Bが使用された。線文字Bはイギリスのヴェントリスによって解読された。

②誤り。前 479 年の戦いは，ギリシア側が勝利したプラタイアの戦いであ

る。ペルシア戦争は，マラトンの戦い（前490年：アテネ勝利）→テルモピレーの戦い（前480年：スパルタ敗北）→サラミスの海戦（前480年：アテネ勝利）→プラタイアの戦い（前479年）の順で展開する。

❖講　評

Ⅰ　唐代の国際的文化と東西交流をテーマとして，語句選択と正文（誤文）選択で構成されている。正文（誤文）選択問題では，ヨーロッパやイスラーム世界の知識が問われており，問2では日本史からの選択肢も見られたので注意を要する。内容は標準的であるが，モンゴル高原や中央アジアの民族の知識が正確でないと失点しやすい。

Ⅱ　19世紀後半の科学技術の発展と，同時期のアフリカの植民地化が問われている。1～3・5の科学技術，医学関係の人名については，学習が不十分だと得点が伸びにくい。また，6～10のアフリカ史も同様で，9のポルトガル領アンゴラと10のアジスアベバは得点差が開きやすい問題であった。アフリカ関連は学習が手薄になりやすい分野だが，植民地化と独立の歴史はしっかり整理しておきたい。

Ⅲ　中国と東南アジアについて，日本やヨーロッパ勢力との関係を含めて出題されている。問4では18世紀頃の日本の状況が問われているが，基本的知識を押さえていれば十分対応できる問題であった。東南アジアからの出題が半分程度あるため，この地域をどれだけ学習していたかで得点差が生じると思われる。

Ⅳ　古代オリエントと古代ギリシアをテーマとしているが，1と2ではアメリカの対共産主義軍事同盟である太平洋安全保障条約とバグダード条約機構についても問われている。スパルタの位置を問う13は見逃しやすく，地図理解の重要性を認識させる出題であった。

地理

I　解答

問１．(A)―(ア)　(B)―(イ)　(C)―(キ)　問２．(エ)　問３．(ア)
問４．(エ)　問５．(ウ)　問６．(ア)　問７．(ア)　問８．(イ)

◀解　説▶

≪気候地形区の諸相≫

問１．気候地形区はなじみがないであろうが，ケッペンの気候区分と関連付けて考えたい。

(A)赤道付近に位置していることから熱帯雨林気候区（Af）とほぼ同じと考え，湿潤熱帯となる。

(B)凡例１の高緯度側に分布しておりサバナ気候区（Aw）と温暖冬季少雨気候（Cw）とおおむね一致している。よって雨季と乾季が明瞭であることから，乾湿熱帯と考える。

(C)凡例５は一部に冷帯気候区（Df・Dw）も含むが，西岸海洋性気候区（Cfb）と温暖湿潤気候区（Cfa）の地域が広いため，湿潤温帯と判断する。

なお，凡例３は乾燥，凡例４は半乾燥，凡例６は周氷河，凡例７は氷河である。

問２．(エ)誤文。ナツメヤシは砂漠気候のオアシスで栽培されている。熱帯雨林気候区ではアブラヤシのプランテーションが発達している。

問３．(ア)誤文。カカオは凡例１の地域が主産地である。

問４．テラローシャは凡例２に属するブラジル高原に発達する赤紫色の土壌である。

問５．(ウ)誤文。腐植層は薄く，灰白色のポドゾルや青灰色のツンドラ土が分布している。

問６．(ア)誤文。河川の運搬作用ではなく，雨水による溶食作用により形成される。

問７．「削剝」とは風化・侵食などによって地表がけずり取られ，地下の岩石が露出することである。BW 気候区は大半が凡例３（乾燥）の気候地形区に含まれ，表流水はほとんど存在しない。

問８．凡例３の地域には，日常的に流水のある河川はあまりない。凡例７

の地域には氷河が発達しており，面的な氷河侵食が中心である。

Ⅱ 解答

〔A〕問1．①—(イ)　②—(ウ)　③—(イ)　問2．(ウ)
問3．(イ)　問4．(エ)　問5．(ア)　問6．(エ)　問7．(ア)
〔B〕問8．X—(イ)　Y—(ウ)　Z—(ア)　問9．X—(ア)　Y—(ウ)　Z—(エ)

◀解　説▶

≪国家・領域≫

〔A〕問1．①領海の基準は，干潮時の最低潮位線である。
②現在は多くの国が領海12海里を採用している。
③日本の国土面積は約37.8万km^{2}であるので，447÷37.8≒12倍となる。
問2．西サハラは一部をモロッコが占領しており，独立をめざす勢力と対立が続いているため，国際的な独立は承認されていない。プエルトリコはアメリカ合衆国の自治領で，独立国ではない。
問3．第二次世界大戦前までドイツ領であったが，第二次世界大戦後にロシア領となり，飛び地のカリーニングラード州となっている。
問4．緯度1度の長さは約111kmであるので，緯度1分の長さは，111÷60≒1.85kmとなる。
問5．EEZはExclusive Economic Zoneの略である。EPAは経済連携協定（Economic Partnership Agreement），ODAは政府開発援助（Official Development Assistance），PLOはパレスチナ解放機構（Palestine Liberation Organization）の略称である。
問6．インドネシアとパプアニューギニアの国境は，一部を除き東経141度である。
問7．色丹島はロシアが占有中，尖閣諸島は中国や台湾が領有権を主張しているが，日本は固有の領土で領土問題は存在しないとの立場である。南沙諸島は南シナ海に分布する多数の島からなり，中国が領有権を主張していくつかの島に軍事施設を建設し，周辺諸国との対立が発生している。
〔B〕問8・問9．X・Yは日本の領域の学習で目にする島である。Xは三角形の隆起サンゴ礁からなる低平な島で，海上自衛隊や気象庁の職員が常駐している。南鳥島の名称ではあるが，最南端ではなく最東端の島である。Yは小さな岩礁を波食から守るために周囲を囲む保全工事がなされているので沖ノ鳥島となる。最南端の島であるので，日本の排他的経済水域設定上，重要な意味がある。Zは中央に大きな火口があるので，火山島であることがわかる。したがって最西端の与那国島ではなく，西之島となる。2013年の噴火で従来の西之島が新島と一体化し，面積が増加した。

III　解答

問1．(1)―エ　(2)―ウ　(3)―エ　(4)―エ　(5)―ウ　(6)―エ

問2．(A)―(ウ)　(B)―(ウ)　問3．(ア)　問4．(オ)

◀解　説▶

≪地理情報と地図≫

問1．(1)①誤。5万分の1地形図での計曲線は100mごとに引かれている。

②誤。補助曲線は破線（-------）である。

(2)①正。航空機にもセンサーを搭載して遠隔観測が行われている。

②正。観測衛星等から発信した電磁波の地上からの反射や，太陽の光の反射光を観測することで，標高を測定することができる。

(3)①誤。GNSSは全球測位衛星システムの略称であり，複数の人工衛星が発信する信号を受信することで，位置を知ることができる。

②誤。「ひまわり」は測位システム用ではなく気象観測用の衛星で，リモートセンシングによる天気予報に活用されている。日本のGNSSとしては，準天頂衛星の初号機「みちびき」が2010年に打ち上げられている。

(4)①誤。ユニバーサル横メルカトル図法は地形図作成用の図法であり，海図は特別なものを除きメルカトル図法で描かれている。

②誤。海図は海上保安庁海洋情報部（2002年3月末までは水路部）が作成している。

(5)①正。養蚕の衰退とともに関東内陸部など一部の地域を除いて栽培が見られなくなったため廃止された。

②正。工場の他に「樹木で囲まれた居住地」と「採石地」も平成25(2013）年図式から廃止されている。

(6)①誤。真北になるように描かれており，磁北との偏角は図の枠外に表記されている。

②誤。8cmは2kmに相当するので，面積は4km^{2}となる。

問2．(A)人口密度は相対分布図で示す必要があるので，階級区分図を使用

する。人口密度の比は，a 市 $\frac{1}{10}$，b 市 $\frac{1}{4}$，c 市 $\frac{1}{2}$，d 市 $\frac{1}{1}$，e 市 $\frac{5}{2}$ となり，a 市が最小で他は a 市より大きいので，a 市を淡く，b 市以降を段階的に濃くする必要がある。

⒝総務省統計局が実施する国勢調査では，小地域の人口情報についても集計している。

問３．経緯線がそれぞれ平行となるのは，メルカトル図法など円筒に投影する図法である。那覇を中心とする正しい距離と方位を示す地図としては，正距方位図法が適している。

問４．陰影起伏図では，起伏のある地表面の北西側が白く，南東側が黒くなるよう陰影が付くが，図の右側の山地をみるとそのようになっておらず，急傾斜ほど黒く表現される傾斜量図であるとわかる。また，寺院近くに新しい地図記号「自然災害伝承碑」が描かれている。記念碑との違いに注意。

Ⅳ　解答

⒜―ア　⒝―イ　⒞―ウ　⒟―イ　⒠―エ　⒡―イ
⒢―ウ　⒣―エ　⒤―ウ　⒥―イ

◀解　説▶

≪北アメリカ地誌≫

⒜①正。17 世紀に同地を探検したヘンリー＝ハドソンにちなんだ名称で，かつては大陸氷河に覆われていた。

②誤。アラスカ西部は環太平洋造山帯の地域である。

⒝①誤。アメリカ合衆国に次ぐ国土面積の国は，中国である。

②正。ウィニペグ湖などの，氷食により形成された湖沼が多く分布している。

⒞①正。イヌイット（エスキモー）はアジア系の民族とされ，現在もベーリング海峡の両岸に居住している。

②正。1999 年にノースウェスト準州の一部を分割し，イヌイットの自治準州として設立された。

⒟①誤。もとになったのは 1985 年に定められたウィーン条約である。リスボン条約は，マーストリヒト条約，ローマ条約などを修正し，EU の統治制度の簡素化や合理化を目指したもので，2009 年に発効した。

②正。国際的な枠組みを定めたウィーン条約に基づいて採択されたのが，

モントリオール議定書である。

(E)①誤。太平洋岸のブリティッシュコロンビア州ではなく，マニトバ州が含まれる。

②誤。冬季が寒冷なカナダでは，春小麦が栽培される。

(F)①誤。ボーキサイトから取り出した水酸化アルミニウムに処理を加えて得たアルミナを，アルミニウムに精錬する工程で大量の電力が必要となる。

②正。カナダの発電エネルギー源の6割近くが水力である。

(G)①正。サンディエゴは海軍基地のあるカリフォルニア州南部の都市で，メキシコ国境に接する。

②正。マキラドーラはメキシコのティファナなど，アメリカ合衆国との国境沿いに設けられた保税輸出加工区である。1965年に創設され，安価な労働力を求めて，自動車・電機などの企業が多数進出した。1994年のNAFTAの発効を受け，2000年末に北米向け保税制度は廃止されている。

(H)①誤。メキシコは白人とインディオとの混血であるメスチーソの割合が高く，人口の約6割を占める。

②誤。ドミニカ共和国は白人と黒人との混血であるムラートの割合が高く，人口の約7割を占める。

(I)①正。コロンブスが到達した際，小さなスペインの意で命名された。

②正。ハイチのGDPは約76億ドルで，海外送金受取額は約24億ドルあり，対GDP比は30%を超える（2016年)。ハイチが最貧国の一つで，近年自然災害が多発して経済が低迷していることから，海外送金受取額への依存が非常に高いと考える。

(J)①誤。パナマ運河は山地を通過するため，閘門式運河となっている。

②正。大西洋（カリブ海）側の玄関口は，コロンである。

❖講　評

I　気候地形区という教科書には記載がない地図を基にした問題であるが，ケッペンの気候区分図と対比することで解決できる。問1の凡例もケッペンの気候区から考えればよい。問2は熱帯雨林気候区（Af），問3はサバナ気候区（Aw），問4は砂漠気候区（BW），問5は冷帯冬季少雨気候区（Dw）とツンドラ気候区（ET）の，それぞれの特徴から考える。問7は地中海性気候区（Cs）が中心であるが，その周囲にはステップ気候区（BS）と砂漠気候区が位置することを読み取る。問8は流水侵食がさかんでない砂漠気候区と，氷河の侵食が見られる氷雪気候区（EF）を考える。

Ⅱ　国家・領域に関する標準的な問題である。問2は南スーダンと東ティモールが比較的最近独立した国であることと，領土を巡り紛争状態にある西サハラの知識が必要である。野球選手を輩出するプエルトリコがアメリカ合衆国の一部であることも比較的身近な事項であろう。〔B〕の問8・問9は写真を基にした日本の領域に関する問題である。写真Zは特徴的な火口を読み取って与那国島ではなく西之島と判断できるかがポイントとなる。南鳥島が最南端ではなく最東端であることは確認しておきたい。

Ⅲ　地理情報と地図に関する基本事項を問う問題であるが，やや応用的な問いも含まれている。問1は地形図，リモートセンシング，GNSS，海図，2万5千分の1地形図の図式改訂などに関する問いで，GNSSや地形図図式の改訂が新しい内容である。正誤判定問題であるので，正確な知識がないと正答できない点が難しい。問2は人口密度図の作成上の留意点は多少の計算が必要であり，人口情報データの入手先は人口問題と関係深い政府機関を考えるという点で応用的といえる。問4は地理院地図を活用して地理的技能の有無を見る新傾向の問題である。

Ⅳ　北アメリカの諸地域に関する基本的な地誌問題であるが，環境問題や工業等の問題を含む。正誤判定問題となっているので，**Ⅲ**の問1と同様，正確な知識が必要な点で，やや難しい。(I)のハイチの海外送金受取額は，同国が世界最貧国であり，地震（2010年）やハリケーン（2016年他）の被害で経済が低迷していることから，海外からの送金依存度が非常に高いと考えることが肝要である。

政治・経済

I　解答

問(A). (ア)　問(B). (ア)　問(C). (オ)　問(D). (1)―(ア)　(2)―(ウ)　(3)―(イ)　問(E). (イ)　問(F). (1)―(ア)　(2)―(ウ)　(3)―(エ)　問(G). (ア)　問(H). (ア)

◀解　説▶

≪日本国憲法と外国法≫

問(A). アメリカ合衆国の上院は各州から 2 名ずつ選出され，その任期は 6 年である。

問(B). (ア)が正解。すべて誤文である。

(w)誤文。憲法第 65 条は「行政権は，内閣に属する」と定めている。

(x)誤文。憲法第 66 条 2 項は「内閣総理大臣その他の国務大臣は，文民でなければならない」と定めている。

(y)誤文。憲法第 68 条は「内閣総理大臣は，国務大臣を任命する。但し，その過半数は，国会議員の中から選ばれなければならない」と定めている。

(z)誤文。憲法第 72 条は，「内閣総理大臣は，内閣を代表して議案を国会に提出し，一般国務及び外交関係について国会に報告し，並びに行政各部を指揮監督する」と定めている。

問(C). 憲法第 98 条 2 項の規定である。

問(D). (1)(ア)が正解。すべて誤文である。

(w)誤文。会社法第 331 条第 2 項は「株式会社は，取締役が株主でなければならない旨を定款で定めることができない」と定めている。

(x)誤文。会社法第 331 条第 5 項は「取締役会設置会社においては，取締役は，三人以上でなければならない」と定めている。

(y)誤文。会社法第 362 条第 1 項は「取締役会は，すべての取締役で組織する」と定められている。

(z)誤文。会社法第 847 条第 1 項は「株主は，株式会社のために，取締役の責任追及等の訴えを提起することができる」と定めている。

(2)(ウ)が正解。CEO は Chief Executive Officer の略語であり，一般に最高経営責任者と訳される。

問(E). (イ)が正解。(x)が正文である。
(y)誤文。製造物責任法第３条には「故意又は過失によつて」とは記されていない。
(z)誤文。大気汚染防止法第25条第１項には「故意又は過失によつて」とは記されていない。
問(F). (1)(ア)が正解。設問文でいわれる運河とはエジプトのスエズ運河を指す。
(2)(ウ)が正解。(x)と(z)が正文である。
(y)誤文。国連海洋法条約第３条は「いずれの国も，この条約の定めるところにより決定される基線から測定して十二海里を超えない範囲でその領海の幅を定める権利を有する」と定めている。
(3)(エ)が正解。(x)アメリカ，(y)ロシア，(z)インドは署名していない。RCEPに署名している国は，ASEAN 10カ国に加え，日本，中国，韓国，オーストラリア，ニュージーランドである。
問(G). (ア)が正解。すべて誤文である。
(x)誤文。第１項には「公共の福祉に反しない限り」とは記されていない。
(y)誤文。第２項は「何人も，宗教上の行為，祝典，儀式又は行事に参加することを強制されない」と定めている。
(z)誤文。第３項は「国及びその機関は，宗教教育その他いかなる宗教的活動もしてはならない」と定めている。

Ⅱ　解答

問(A). (ウ)　問(B). (ウ)　問(C). (エ)　問(D). (エ)　問(E). (イ)
問(F). (エ)　問(G). (エ)　問(H). (ア)　問(I). (ウ)　問(J). (ア)
問(K). (ウ)　問(L). (イ)　問(M). (ウ)　問(N). (ウ)　問(O). (エ)

◀解　説▶

≪近代経済思想史≫

問(A)・問(B). アダム＝スミスは『道徳感情論』，『諸国民の富』を著した。
問(C)・問(D). カール＝マルクスは科学的社会主義を構築した。
問(E)・問(F). ケインズは『雇用・利子および貨幣の一般理論』を著した。
問(G). (エ)が誤文。ソバの実の栽培，収穫，製粉，ソバ打ち，ソバ屋の経営を一人で行うことは，分業の例として不適切である。
問(H). (ア)が正解。市場メカニズムによって需要と供給が自然に調整されることを，アダム＝スミスは「見えざる手」と表現した。

問(I). (ウ)が不適。福祉の充実は夜警国家ではなく福祉国家の役割である。

問(J). (ア)が不適。『空想から科学へ』はエンゲルスの著作である。

問(K). (ウ)が正解。なお(ア)ブラック・マンデーとは1987年の株価大暴落を指し，1929年のブラック・サーズデーに倣ってつけられた言葉である。

問(M). (ウ)が正解。ケインズの指摘した失業はリストラや倒産を原因とする非自発的失業である。(ア)・(イ)・(エ)はすべて自発的失業の例である。

問(N). (ウ)が正解。(ア)・(イ)・(エ)は不況時に政府が経済に介入して有効需要を創出するというケインズに依拠する経済政策に反する。

問(O). (エ)が不適。郵政民営化政策は2007年に実施された。

III 解答

問(A). 1―(ク) 2―(イ) 3―(カ) 4―(シ)

問(B). (エ) 問(C). (ウ) 問(D). (ウ) 問(E). (イ)

◀解 説▶

≪選挙制度≫

問(B). (エ)が正文。

(ア)誤文。衆議院議員選挙においては重複立候補が禁止されていない。

(イ)誤文。参議院議員選挙においては，候補者名または政党名のいずれかを記載して投票する非拘束名簿式比例代表制が用いられている。

(ウ)誤文。衆議院議員と市町村長については満25歳以上，参議院議員と都道府県知事については満30歳以上の日本国民が被選挙権を持つ。

問(C). (ウ)が誤文。2006年の公職選挙法改正により比例代表選出議員選挙だけでなく，衆議院小選挙区選出議員選挙，参議院選挙区選出議員選挙とこれらに関わる補欠選挙および再選挙に関しても在外投票制度が導入された。

問(D). (ウ)が正文。

(ア)誤文。選挙運動用の動画を，動画共有サービスを利用して新たに一般公開することができるのは選挙期日の前日までである。

(イ)誤文。選挙運動用の電子メールを送信，転送することができるのは候補者と政党のみである。

(エ)誤文。16歳の高校生は選挙権を持たないため，特定の候補者への投票を呼びかけることはできない。

問(E). (イ)が正文。

(ア)誤文。会社および労働組合による候補者個人への寄付は一切禁止となっている。

(ウ)誤文。３千万円ではなく，２千万円の誤りである。

(エ)誤文。政党が公職の候補者の政治活動に対して寄付を行う場合，その額の制限はない。

Ⅳ 解答

問(A). 1 ―(ア)　2 ―(カ)　3 ―(ク)　4 ―(シ)　5 ―(ス)　6 ―(チ)

問(B). (イ)　問(C). (ア)　問(D). (イ)　問(E). (ウ)　問(F). (ウ)　問(G). (エ)　問(H). (ウ)

◀解　説▶

≪日本銀行の金融政策≫

問(B). (イ)が正解。日銀が金融政策を行う目的は，物価の安定と安定した物価を基盤とした国民経済の健全な発展である。

問(C). (ア)が正文。

(イ)誤文。プラザ合意後の円高による不況を克服するため，金融緩和が進められた。

(ウ)誤文。アジア通貨危機に対して，日銀は政策金利を引き下げた。

(エ)誤文。2000 年代の金融緩和政策では，日銀は国債の買い入れを行った。

問(D). (イ)が正解。ｂとｃが正しい。伝統的金融政策とは，公定歩合操作，公開市場操作，支払準備率操作等を通じて金融調節を行う政策である。

ａ．不適。誘導目標をマネタリーベースにおく金融政策は伝統的な金融政策ではない。

ｄ．不適。国際業務を行う銀行が経営危機に陥ることのないように設けられた BIS 規制の説明であり，金融政策と直接の関係はない。

問(E). (ウ)が正文。2016 年にマイナス金利が導入された。

(ア)誤文。現在も金融政策決定会合で政策を決定している。

(イ)誤文。日銀は長期国債の売買をやめていない。

(エ)誤文。預金金利・貸出金利の自由化は 1970 年代以降進められた金融制度改革であり，金融政策ではない。

問(F). (ウ)が正文。

(ア)誤文。デフレ下では企業の債務の返済額が増大するため新規の投資が行いにくい。

(イ)誤文。第一次石油危機の時に日本が経験したのは，景気停滞と物価上昇が同時に起きるスタグフレーションである。

(エ)誤文。第一次世界大戦後のドイツで起きたのは激しいインフレである。

問(G). (エ)が正文。準備金の割合を増やせば，貸し出しに用いる資金が減少し信用創造も減少するため，社会全体の通貨量が減少し経済は停滞する。

(ア)誤文。信用創造された預金は引き出すことができる。

(イ)誤文。理論上の信用創造額は200÷0.4−200＝300億円となる。

(ウ)誤文。この2回の取引での信用創造額は，80＋64＝144億円となる。

問(H). (ウ)が正解。2013年に日本銀行は物価安定の目標として消費者物価の前年比上昇率を2％と定めた。

❖講　評

I　日本国憲法と外国法をテーマとしながら，憲法や法律，条約について幅広く問う問題であった。すべての選択肢を正誤判定する問題が6問も出題されており，難易度は高い。条約や法律についても，正確な知識が必要である。RCEPの加盟国やEVER GIVEN号の座礁などの時事問題についても問われている。

II　近代経済思想史についての，オーソドックスな出題であった。思想家と著書，主要な考え方がわかっていれば，正答に至る問題が多かった。専門用語について具体例を交えて理解できているかどうかが問われている。

III　選挙制度についての細かな知識が出題された。政治資金規正法の寄付の範囲や，改正公職選挙法によるインターネット選挙運動についての出題など，法律について正確な理解を問う内容であった。

IV　日銀の金融政策についての出題であったが，伝統的金融政策と非伝統的金融政策がそれぞれ出題されるなど，金融政策についての深い理解が必要な問題であった。信用創造に関する簡単な計算問題も出題された。

数学

◀3教科型，3教科型（同一配点方式），2教科型（英語＋1教科選択方式），2教科型（英数方式〈社会安全〉）▶

I

解答　①-2　②$3$　③$\frac{1}{4}$　④$8$　⑤$0$　⑥$\frac{1}{4}$　⑦$1$

◀解　説▶

≪3次不等式，対数不等式≫

(1)　$f(t)=t^3-2t^2-5t+6$ とおく。

$$f(1)=1-2-5+6=0$$

なので，因数定理より $f(t)$ は $t-1$ を因数にもつ。

$$f(t)=(t-1)(t^2-t-6)$$
$$=(t-1)(t-3)(t+2)$$

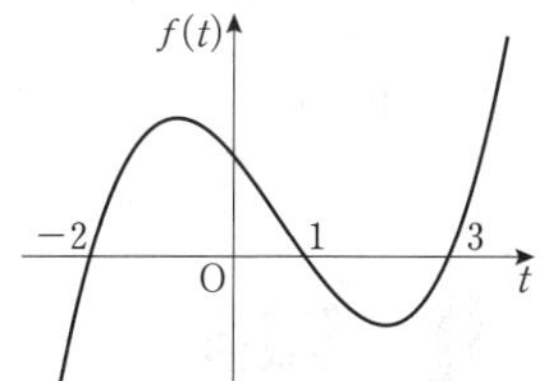

したがって，$t^3-2t^2-5t+6\geqq 0$ の解は

$$-2\leqq t\leqq 1,\ 3\leqq t \quad (\to ①,\ ②)$$

(2)　$(\log_2 x)^3-2(\log_2 x)^2-5\log_2 x+6\geqq 0$

(1)の結果より

$$-2\leqq \log_2 x\leqq 1,\ 3\leqq \log_2 x$$
$$\log_2 2^{-2}\leqq \log_2 x\leqq \log_2 2,\ \log_2 2^3\leqq \log_2 x$$

（底）>1 より

$$\frac{1}{4}\leqq x\leqq 2,\ 8\leqq x \quad (\to ③,\ ④)$$

（これらは真数の条件 $x>0$ をみたしている）

(3)　$(\log_2 x)^2-2\log_2 x+6\log_x 2\geqq 5$

x は真数であり，底でもあるから

$$0<x<1 \quad \text{または} \quad x>1$$

$$(\log_2 x)^2-2\log_2 x+\frac{6\log_2 2}{\log_2 x}\geqq 5 \quad \cdots\cdots ⊛$$

$\log_2 x>0$ のとき　　$x>1$

$\log_2 x<0$ のとき　　$0<x<1$

(イ)　$x>1$ のとき，㊟は

$$(\log_2 x)^3-2(\log_2 x)^2-5\log_2 x+6\geqq 0$$

(2)の結果より

$$\frac{1}{4}\leqq x\leqq 2,\ 8\leqq x$$

$x>1$ なので　　$1<x\leqq 2,\ 8\leqq x$

(ロ)　$0<x<1$ のとき，㊟は

$$(\log_2 x)^3-2(\log_2 x)^2-5\log_2 x+6\leqq 0$$

(2)の解を用いると，この不等式の解は

$$0<x\leqq\frac{1}{4},\ 2\leqq x\leqq 8$$

$0<x<1$ なので　　$0<x\leqq\dfrac{1}{4}$

(イ)，(ロ)より，㊟の解は

$$0<x\leqq\frac{1}{4},\ 1<x\leqq 2,\ 8\leqq x\quad(\to⑤〜⑦)$$

II　解答

① $-\dfrac{1}{4a}$　② $-\dfrac{x}{2a}-\dfrac{1}{16a^2}$　③ $4a^2-1$　④ $-\dfrac{1}{4}$

⑤ $\dfrac{1}{2}$　⑥ $\dfrac{1}{12}$

◀解　説▶

≪放物線とその2つの接線で囲まれる部分の面積≫

$f(x)=x^2$ とおくと　　$f'(x)=2x$

点Pにおける C の接線 l の方程式は

$$y-f(a)=f'(a)(x-a)$$

$$y-a^2=2a(x-a)$$

$$y=2ax-a^2$$

点Qを $(b,\ b^2)$ として，接線 m の方程式は

$$y=2bx-b^2$$

$l\perp m$ より　　$(2a)(2b)=-1$

$$4ab=-1$$

$$b=-\frac{1}{4a}\quad (\to ①)$$

したがって，$\mathrm{Q}\left(-\frac{1}{4a},\ \frac{1}{16a^2}\right)$

また，m の方程式を a で表すと

$$y=-\frac{x}{2a}-\frac{1}{16a^2}\quad (\to ②)$$

l，m の方程式より y を消去して

$$2ax-a^2=2bx-b^2$$

$$2(a-b)x=a^2-b^2$$

$a\neq b$ より　　$x=\frac{a+b}{2}$

したがって，R の x 座標は

$$x=\frac{1}{2}(a+b)=\frac{1}{2}\left(a-\frac{1}{4a}\right)=\frac{4a^2-1}{8a}\quad (\to ③)$$

このとき

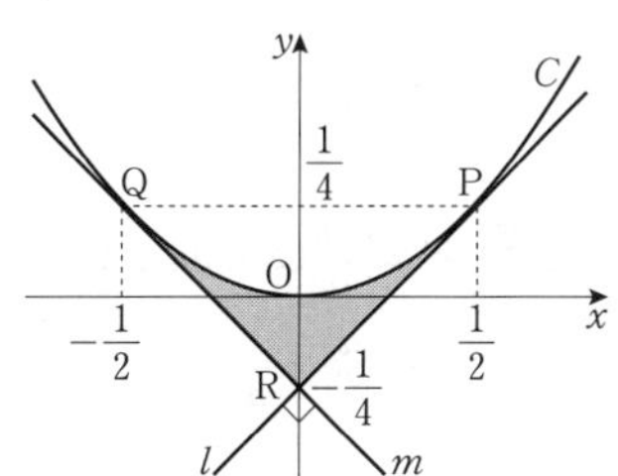

$$y=2a\left(\frac{4a^2-1}{8a}\right)-a^2$$

$$=-\frac{1}{4}\quad (\to ④)$$

さらに，$g(a)=-\frac{1}{4a}-a$ とおく。

$$g(a)=-\left(\frac{1}{4a}+a\right)$$

$a>0$ なので，相加平均と相乗平均の関係より

$$\frac{1}{4a}+a\geqq 2\sqrt{\frac{1}{4a}\cdot a}=1$$

よって　　$-\left(\frac{1}{4a}+a\right)\leqq -1$

等号は $\frac{1}{4a}=a$ のときで，$a>0$ で解くと　　$a=\frac{1}{2}$

すなわち，$g(a)$ は $a=\frac{1}{2}$ のとき最大値 -1 をとる。（→⑤）

$a=\dfrac{1}{2}$ のとき，l，m の方程式はそれぞれ

$$y=x-\frac{1}{4},\quad y=-x-\frac{1}{4}$$

となり

$$\mathrm{P}\left(\frac{1}{2},\ \frac{1}{4}\right),\ \mathrm{Q}\left(-\frac{1}{2},\ \frac{1}{4}\right),\ \mathrm{R}\left(0,\ -\frac{1}{4}\right)$$

△PQR の面積を S_1 とすると

$$S_1=\frac{1}{2}\times 1\times\frac{1}{2}=\frac{1}{4}$$

直線 PQ と C で囲まれた部分の面積を S_2 とすると

$$\begin{aligned}S_2&=\int_{-\frac{1}{2}}^{\frac{1}{2}}\left(\frac{1}{4}-x^2\right)dx\\&=\int_{-\frac{1}{2}}^{\frac{1}{2}}\left(\frac{1}{2}-x\right)\left(\frac{1}{2}+x\right)dx\\&=\frac{1}{6}\left\{\frac{1}{2}-\left(-\frac{1}{2}\right)\right\}^3\\&=\frac{1}{6}\end{aligned}$$

l と m および C で囲まれた部分の面積は S_1-S_2 となり

$$S_1-S_2=\frac{1}{4}-\frac{1}{6}=\frac{1}{12}\quad(\rightarrow⑥)$$

(注)　$S=2\displaystyle\int_0^{\frac{1}{2}}\left(x^2-x+\frac{1}{4}\right)dx$ で求めるのもよい。

III　解答

(1)　$a_{n+2}-2pa_{n+1}+p^2a_n=0$

$a_{n+2}-pa_{n+1}=p(a_{n+1}-pa_n)$

$a_{n+1}-pa_n=b_n$ とおくと

$$b_{n+1}=pb_n\quad\cdots\cdots(\text{答})$$

$a_1=1$，$a_2=2p$ より　　$b_1=a_2-pa_1=p$

数列 $\{b_n\}$ は初項 p，公比 p の等比数列なので，その一般項は

$$b_n=p^n\quad\cdots\cdots(\text{答})$$

(2)　$a_{n+1}-pa_n=p^n$

$$\frac{a_{n+1}}{p^{n+1}}-\frac{a_n}{p^n}=\frac{1}{p}$$

$c_n=\dfrac{a_n}{p^n}$ とおくと　　$c_1=\dfrac{1}{p}$

$$c_{n+1}-c_n=\frac{1}{p}$$

よって　　$c_{n+1}=c_n+\dfrac{1}{p}$　……(答)

(3)　数列 $\{c_n\}$ は初項 $\dfrac{1}{p}$，公差 $\dfrac{1}{p}$ の等差数列なので，その一般項は

$$c_n=\frac{n}{p}$$

よって　　$\dfrac{a_n}{p^n}=\dfrac{n}{p}$

$a_n=np^{n-1}$　……(答)

(4)　$n=1$ のとき，$a_1=1$ であるから成り立つ。

$n\geqq 2$ のとき

$$\begin{aligned} a_n&=np^{n-1}-n+n\\ &=n(p^{n-1}-1)+n\\ &=n(p-1)(p^{n-2}+p^{n-3}+\cdots+p+1)+n \end{aligned}$$

$$\frac{a_n}{p-1}=n(p^{n-2}+p^{n-3}+\cdots+p+1)+\frac{n}{p-1}$$

$n(p^{n-2}+p^{n-3}+\cdots+p+1)$ は整数なので

a_n を $p-1$ で割った余りと，n を $p-1$ で割った余りは等しくなる。

(証明終)

◀解　説▶

≪隣接3項間漸化式の解法≫

(1)　$a_{n+1}-pa_n=b_n$ とおくと，$a_{n+2}-2pa_{n+1}+p^2a_n=0$ は $b_{n+1}=pb_n$ と変形される。これは，数列 $\{b_n\}$ が公比が p の等比数列であることを表している。

(2)　(1)の結果より $\{a_n\}$ の漸化式 $a_{n+1}-pa_n=p^n$ が求められる。ここで，$c_n=\dfrac{a_n}{p^n}$ とおくと，$a_{n+1}-pa_n=p^n$ は $c_{n+1}-c_n=\dfrac{1}{p}$ と変形される。これ

は数列 $\{c_n\}$ が公差 $\dfrac{1}{p}$ の等差数列であることを表している。

(3)　$a_n=np^{n-1}=n(p^{n-1}-1)+n$ と分解して，a_n と n を作る。ここで，$p^{n-1}-1$ は $p-1$ を因数にもつので，a_n と n の $p-1$ で割ったときの余りは等しくなる。

❖講　評

2022 年度は大問 3 題のうち，Ⅰ・Ⅱが空所補充形式で，Ⅲが記述式であった。

Ⅰ　$\log_2 x=t$ とおくと，t の 3 次不等式になる。対数不等式の問題である。標準的なレベルの問題となっている。

Ⅱ　放物線における直交する 2 つの接線を求め，その 2 つの接線と放物線で囲まれた部分の面積を求める問題で，頻出問題である。

Ⅲ　数列の隣接 3 項間漸化式の解法に関する問題である。誘導式であり(1)〜(3)で解法に迷うところはない。(4)は整数問題の証明問題である。

全体的には，標準的なレベルである。融合，混合問題が多く，穴のない学習が求められている。

◀ 2 教科型（英数方式〈総合情報〉）▶

I **解答** (1) 点 P は線分 AC を $t:1-t$ に内分する点なので

$$\overrightarrow{\mathrm{OP}}=(1-t)\overrightarrow{\mathrm{OA}}+t\overrightarrow{\mathrm{OC}}$$

点 Q は線分 BC を $1-t:t$ に内分する点なので

$$\overrightarrow{\mathrm{OQ}}=t\overrightarrow{\mathrm{OB}}+(1-t)\overrightarrow{\mathrm{OC}}$$

よって，$\mathrm{P}((1-t)a,\ 0,\ tc)$，$\mathrm{Q}(0,\ tb,\ (1-t)c)$ ……(答)

$$\begin{aligned}\overrightarrow{\mathrm{PQ}}&=\overrightarrow{\mathrm{OQ}}-\overrightarrow{\mathrm{OP}}\\&=((t-1)a,\ tb,\ (1-2t)c)\end{aligned}$$

$$\begin{aligned}\overrightarrow{\mathrm{PQ}}\cdot\vec{n}&=(t-1)a\cdot\frac{1}{a}+tb\cdot\frac{1}{b}+(1-2t)c\cdot\frac{1}{c}\\&=t-1+t+1-2t\\&=0\quad(\text{一定値})\end{aligned}$$

(証明終)

(2)
$$\begin{aligned}|\overrightarrow{\mathrm{PQ}}|^2&=(t-1)^2a^2+t^2b^2+(1-2t)^2c^2\\&=(a^2+b^2+4c^2)t^2-2(a^2+2c^2)t+a^2+c^2\end{aligned}$$

$$\begin{aligned}S(t)&=\frac{\pi}{4}|\overrightarrow{\mathrm{PQ}}|^2\\&=\frac{\pi}{4}\{(a^2+b^2+4c^2)t^2-2(a^2+2c^2)t+a^2+c^2\}\quad\cdots\cdots(\text{答})\\&=\frac{\pi}{4}(a^2+b^2+4c^2)\left\{\left(t-\frac{a^2+2c^2}{a^2+b^2+4c^2}\right)^2-\left(\frac{a^2+2c^2}{a^2+b^2+4c^2}\right)^2\right\}\\&\qquad+\frac{\pi}{4}(a^2+c^2)\\&=\frac{\pi}{4}\left\{(a^2+b^2+4c^2)\left(t-\frac{a^2+2c^2}{a^2+b^2+4c^2}\right)^2\right.\\&\qquad\left.-\frac{(a^2+2c^2)^2}{a^2+b^2+4c^2}+a^2+c^2\right\}\end{aligned}$$

$a^2+b^2+4c^2>a^2+2c^2>0$ なので

$$0<\frac{a^2+2c^2}{a^2+b^2+4c^2}<1$$

したがって，$0\leqq t\leqq 1$ において，$S(t)$ は $t=\dfrac{a^2+2c^2}{a^2+b^2+4c^2}$ で最小となる。

……(答)

(3)　$\displaystyle\int_0^1 S(t)dt=\frac{\pi}{4}\int_0^1\{(a^2+b^2+4c^2)t^2-2(a^2+2c^2)t+a^2+c^2\}dt$

$$=\frac{\pi}{4}\left[\frac{1}{3}(a^2+b^2+4c^2)t^3-(a^2+2c^2)t^2+(a^2+c^2)t\right]_0^1$$

$$=\frac{\pi}{4}\left\{\frac{1}{3}(a^2+b^2+4c^2)-a^2-2c^2+a^2+c^2\right\}$$

$$=\frac{\pi}{12}(a^2+b^2+c^2)\quad\cdots\cdots(\text{答})$$

◀解　説▶

≪空間ベクトル，内積，定積分の計算≫

(1)　点Pが線分ABを $t:1-t$ に内分するとき

$\overrightarrow{\mathrm{OP}}=(1-t)\overrightarrow{\mathrm{OA}}+t\overrightarrow{\mathrm{OB}}$

2つのベクトル $\vec{a}$，$\vec{b}$ がそれぞれ $\vec{a}=(a_1,\ a_2,\ a_3)$，$\vec{b}=(b_1,\ b_2,\ b_3)$ と成分で表されている場合，$\vec{a}$ と $\vec{b}$ の内積は $\vec{a}\cdot\vec{b}=a_1b_1+a_2b_2+a_3b_3$ となる。

(2)　$S(t)$ は t の2次関数となるので，平方完成により $S(t)$ が最小となる t の値を求める。区間 $0\leqq t\leqq 1$ における2次関数の最小値なので，放物線の軸が $0\leqq t\leqq 1$ の範囲に含まれるかどうか確認しておく。

(3)　定積分は整関数の積分なので，$\displaystyle\int x^n dx=\frac{1}{n+1}x^{n+1}+C$ $(n\geqq 0)$ を用いて，項別に積分する。

II

解答　(1)　$\displaystyle S_1=\sum_{k=1}^{3}f(k)$

$=f(1)+f(2)+f(3)$

$=2+2+0=4$　……(答)

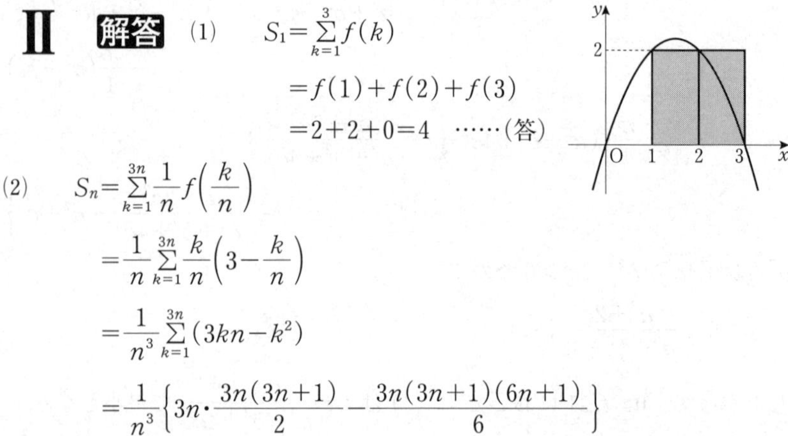

(2)　$\displaystyle S_n=\sum_{k=1}^{3n}\frac{1}{n}f\left(\frac{k}{n}\right)$

$$=\frac{1}{n}\sum_{k=1}^{3n}\frac{k}{n}\left(3-\frac{k}{n}\right)$$

$$=\frac{1}{n^3}\sum_{k=1}^{3n}(3kn-k^2)$$

$$=\frac{1}{n^3}\left\{3n\cdot\frac{3n(3n+1)}{2}-\frac{3n(3n+1)(6n+1)}{6}\right\}$$

$$=\frac{3n(3n+1)}{n^3}\left(\frac{3n}{2}-\frac{6n+1}{6}\right)$$

$$=\frac{(3n+1)(3n-1)}{2n^2}$$

$$=\frac{9}{2}-\frac{1}{2n^2}$$

一方　　$S=\int_0^3 x(3-x)\,dx=\frac{1}{6}(3-0)^3=\frac{9}{2}$

$$S-S_n=\frac{9}{2}-\left(\frac{9}{2}-\frac{1}{2n^2}\right)=\frac{1}{2n^2}\quad\cdots\cdots(答)$$

(3)　$\frac{1}{2n^2}<\frac{9}{2}\cdot\frac{1}{10^4}$

$10^4<9n^2$

$n^2>\frac{10^4}{9}$

$n>0$ より　　$n>\frac{100}{3}$

これをみたす最小の自然数 n の値は　　$n=34$　……(答)

◀解　説▶

≪数列の和と定積分，放物線と直線で囲まれた部分の面積≫

(1)　S_1 は幅 1，高さが $f(1)$，$f(2)$，$f(3)$ である 3 つの長方形の和である。

(2)　$\frac{1}{n}f\left(\frac{k}{n}\right)$ は k の 2 次式になる。展開して，Σ の計算公式を用いて S_n を求める。ここで，$\sum_{k=1}^{m}k=\frac{1}{2}m(m+1)$，$\sum_{k=1}^{m}k^2=\frac{1}{6}m(m+1)(2m+1)$ の m の部分に $3n$ を入れる。一方，S は放物線と直線の囲む部分の面積なので，定積分を用いて計算する。

III

解答　①$a^2\leqq 80$　②$\frac{8}{9}$　③$5a^2<4b$　④$\frac{4}{27}$　⑤$8b>a^2$

⑥$\frac{16}{27}$

◀解　説▶

≪円の方程式，復元抽出の確率≫

(1)　$x^2-2ax+y^2-ay+\frac{5}{4}a^2-b=0$

$(x-a)^2+\left(y-\frac{a}{2}\right)^2=b$

円 C の中心は $\left(a,\ \frac{a}{2}\right)$，半径は $\sqrt{b}$ である。

円 C の中心と原点との距離が 10 以下なので

$\sqrt{a^2+\frac{a^2}{4}}\leqq 10$

$a^2\leqq 80$　(→①)

a は $1\leqq a\leqq 9$ をみたす自然数なので，a の値は $1\leqq a\leqq 8$ をみたす自然数となり，8 個ある。b は $1\leqq b\leqq 9$ をみたす自然数なので，求める確率は $\frac{8}{9}$ である。(→②)

(2)　原点が円の内部（周上にはない）

$\iff$(円の中心と原点との距離)$<$(円の半径)

であるので，求める条件は

$\sqrt{a^2+\frac{a^2}{4}}<\sqrt{b}$

$5a^2<4b$　(→③)

$a=1$ のとき，$\frac{5}{4}<b\leqq 9$ より　　b の値は 8 個。

$a=2$ のとき，$5<b\leqq 9$ より　　b の値は 4 個。

$a\geqq 3$ のとき，$b>\frac{5a^2}{4}\geqq\frac{45}{4}$ より　　b の値はない。

したがって，求める確率は $\frac{12}{81}=\frac{4}{27}$ である。(→④)

(3)　$x^2-2ax+y^2-ay+\frac{5}{4}a^2-b=0$

$y=x$ を代入して

$2x^2-3ax+\frac{5}{4}a^2-b=0$

この2次方程式の判別式をDとする。

円Cと直線$y=x$が2つの異なる交点をもつとき　　$D>0$

$$D=(-3a)^2-4\times2\times\left(\frac{5}{4}a^2-b\right)>0$$

$$8b>a^2 \quad (\to⑤)$$

$a=1,\ 2$のとき，$1\leqq b\leqq 9$より，bの値は18個。

$a=3$のとき，$8b>9$より$2\leqq b\leqq 9$，よって，bの値は8個。

$a=4$のとき，$8b>16$より$3\leqq b\leqq 9$，よって，bの値は7個。

$a=5$のとき，$8b>25$より$4\leqq b\leqq 9$，よって，bの値は6個。

$a=6$のとき，$8b>36$より$5\leqq b\leqq 9$，よって，bの値は5個。

$a=7$のとき，$8b>49$より$7\leqq b\leqq 9$，よって，bの値は3個。

$a=8$のとき，$b>8$より$b=9$，よって，bの値は1個。

$a=9$のとき，bの値はない。

以上，合わせて$(a,\ b)$の取り方は

$$18+8+7+6+5+3+1=48 \text{ 通り}$$

したがって，求める確率は$\dfrac{48}{81}=\dfrac{16}{27}$である。(→⑥)

Ⅳ　**解答**　①$1$　②$-\dfrac{3}{2}$　③$\dfrac{1}{2}$　④-1　⑤$-\dfrac{1}{2}$

⑥$\dfrac{2}{3}+\dfrac{1}{3}\left(-\dfrac{1}{2}\right)^{n-1}$　⑦$12$

◀解　説▶

≪対数で表された数列，2項間漸化式の解法≫

$$\log_2(2x^{-\frac{3}{2}})=\log_2 2+\log_2 x^{-\frac{3}{2}}$$

$$=1-\frac{3}{2}\log_2 x \quad (\to①,\ ②)$$

次に，$a_1=2$と$\dfrac{a_{n+1}}{a_n}=2a_n{}^{-\frac{3}{2}}$　……(＊)より，すべてのnについて$a_n>0$

である。

(＊)の両辺の2を底とする対数をとると

$$\log_2 a_{n+1}-\log_2 a_n=1-\frac{3}{2}\log_2 a_n$$

$b_n=\log_2 a_n$ とおくと

$$b_{n+1}-b_n=1-\frac{3}{2}b_n \quad \cdots\cdots(**)$$

$$b_{n+1}+\frac{1}{2}b_n-1=0 \quad (\to ③,\ ④)$$

$$b_{n+1}-\frac{2}{3}=-\frac{1}{2}\left(b_n-\frac{2}{3}\right)$$

数列 $\left\{b_n-\frac{2}{3}\right\}$ は初項 $b_1-\frac{2}{3}=\log_2 2-\frac{2}{3}=\frac{1}{3}$，公比 $-\frac{1}{2}$ の等比数列なので　(→⑤)

$$b_n-\frac{2}{3}=\frac{1}{3}\left(-\frac{1}{2}\right)^{n-1}$$

$$b_n=\frac{2}{3}+\frac{1}{3}\left(-\frac{1}{2}\right)^{n-1} \quad (\to ⑥)$$

また，⑥と(**)より

$$\begin{aligned} b_n-b_{n-1}&=1-\frac{3}{2}b_{n-1} \\ &=1-\frac{3}{2}\left\{\frac{2}{3}+\frac{1}{3}\left(-\frac{1}{2}\right)^{n-2}\right\} \\ &=\left(-\frac{1}{2}\right)^{n-1} \end{aligned}$$

したがって

$$|b_n-b_{n-1}|=\frac{1}{2^{n-1}}$$

$|b_n-b_{n-1}|<\frac{1}{1024}=\frac{1}{2^{10}}$ より

$$\frac{1}{2^{n-1}}<\frac{1}{2^{10}}$$

$$n-1>10$$

$$n>11$$

これをみたす最小の n は 12 である。(→⑦)

❖講　評

2022 年度は大問 4 題のうち，Ⅰ・Ⅱが記述式で，Ⅲ・Ⅳが空所補充形式であった。

Ⅰ　空間座標に関する問題で，ベクトルと積分の混合問題である。(1)はベクトルの内積，(2)は２次関数の最小値，(3)は定積分の問題である。１つ１つは基本的な問題である。

Ⅱ　数列の和と定積分に関する問題である。(1)・(3)は易しい。(2)は標準的なレベルの問題となっている。

Ⅲ　図形と方程式と確率の融合問題である。円と点，円と直線がある条件をみたすときの確率を求める問題。図形と方程式と確率の両方の知識が要求されている。標準的なレベルの問題である。

Ⅳ　数列 $\{a_n\}$ の漸化式を，$b_n=\log_2 a_n$ とおいて漸化式を解くタイプの問題である。誘導式であり，基本的な知識があれば解ける。

全体的には標準的である。融合，混合問題が多く，幅広い知識が要求されるが，レベル的には教科書の例題，章末問題を超えるものはない。

問2の正答aの「(「世間」という言葉に)個人の集合したものという新しい意味が与えられた」の部分は、「巌谷小波の『世間学』」第二段落には「人間の集合したものを指す」と書いてありやや気になるが、第六段落まで読み進むと「小波が主張した個人の重視という思想」という記述があり、「人間」を「個人」と置き換えても差し支えないと判断できる。問3のキーワードである「ハードの面」という語は、本文中に明確な説明がないのでやや迷うが、たとえば学校や役所、会社などを創るといった、組織の近代化や産業化を指すと考えてよいだろう。

二は『源氏物語』〈紅葉賀〉からの出典。光源氏と頭中将が美しく舞う有名な箇所からの出題である。省略が多く、書かれていない部分を補って読むのが難しい文章であった。問1は基本古語の意味を確認する問題だが、現代語の感覚で解答すると間違える。「行幸」などの古文常識もしっかり学習しておきたい。問8は直訳するだけでなく、文脈を考えて意訳する必要があり難しい。また、単語だけでなく「目もあやなり」という慣用句の知識も問われている。

ぼうとなさった」が不可。本文には「しのばれずやありけむ」とあり、この部分の打消の意を落としている。eは和歌中の「遠けれど」をそのまま「遠い国の出来事ですが」と訳している点が不可。直訳としてはこれでよさそうだが、これではeの後半の文意が成り立たない（源氏が舞った青海波が遠い国の出来事であることと、源氏の姿をしみじみと見たということとの関連性が見出せない）。〈舞の故事には疎い自分が、それでもあなたの舞を見守った〉という文脈で意訳しているdが正解。

問9　藤壺からの手紙を受け取った源氏の反応は、第四段落の藤壺の歌の次の文から、その段落の最後までに書かれている。c・d・eはそれぞれ前半に「たどたどしいことがないわけではない」とあるのが不可。本文には「たどたどしからず（＝たどたどしくない）」と書いてある。aは「和歌のことまでもしっかりと心得ておられて」が不可。藤壺が和歌の中で触れていたのは「から人の袖ふること」、つまり、唐から伝わったという舞楽のことであった。

問10　行幸当日の様子については、最後の段落に書かれている。aとbは試楽での源氏の舞い姿を帝が「悲しそう」に思ったとしている点が不可。本文には「一日の源氏の御夕影ゆゆしう思されて」とある。「ゆゆし」は〈神聖なものへの禁忌〉を表し、対象が〝あまりにも不吉〟な場合や、反対に〝あまりにも立派〟な場合などを表し、ここでは後者。cとdは春宮の女御の台詞の「これでは十分ではない」が不可。春宮の女御は終始源氏に敵対しているのであるし、「あながちなり」は反対に〝あまりに度が過ぎている〟状態を意味する。

❖講　評

本文中の該当箇所に傍線を付さない独特の設問形式だが、設問は本文の流れにそって前から順に設定されている。内訳は現代文（評論）一題、古文一題。

一は、日本人の生き方を欧米と対置して述べた比較文化論であるが、両者の違いを明確にするというより、「世間」とは何かという説明に重点が置かれている。各段落で述べられている「世間」の特徴を端的にまとめつつ読み進めたい。

る点が不可。「あいなし」を〝不快だ〟と訳さないこともないが、この場面で后が天皇に対して抱く感情としては不適当。ここでの「あいなう」は〝むやみやたらに〟〝ただもう〟といった意味である。また「ことにはべりつ」を「普通にございました」と訳している点も不可。「ことに」は「異に」または「殊に」と書き、良くも悪くも〝普通ではない〟状態を表す。

問6　藤壺が宿直を勤めた夜、帝が藤壺にどのような話をしたかについては、第三段落の第三文「片手もけしうはあらずこそ…」以降に書かれている。問2でも解説したが「片手」は舞の〝相手〟のことであり、「手のつなぎ方」と訳しているbとeはまず外せる。次に本文の「家の子はことなる」を「良家の子弟はそこそこだ」としてあるdは不可。問5で解説した「ことに」と同様に「ことなる」は〝普通ではない〟状態を表す。cは「周りが騒々しい感じになる」が不可。本文中の「さうざうし」は、「さくさくし（索々し）」がウ音便化した語であり〝もの寂しい〟の意を表す。cは最後の「準備してもらった」も不可。本文には「用意せさせつる」とあり、aの「準備させた」のように「させ」は使役で訳すべきである。

問7　翌朝の源氏から藤壺への手紙の内容については、「つとめて中将の君…」から始まる第四段落の第一文と、続く和歌に書かれている。aとbは冒頭の「どのようなお気持ちでご覧になるでしょうか」が不可。本文には「いかに御覧じけむ」と過去推量の助動詞が使われているので、c・d・eの「いかがご覧になったでしょうか」のように過去形で訳すべきである。eは後半の「袖を濡らした」が誤り。和歌中には「袖うちふりし」とあり、源氏が藤壺に袖を振ったと書かれていた。ちなみに袖を振るとは、もちろん舞うことでもあるが、わが国では古来、思い人への求愛の仕草でもあった。dは「とてもそうとは思えません」が強すぎるし、「かしこ」を「悲しい」としている点も不可。

問8　源氏からの手紙に対する藤壺の反応については、第四段落の源氏の歌の次の文と、それに続く藤壺の和歌の中に書かれている。aとbは冒頭の「これまで見たくても見られなかった」が不可。本文の「目もあやなり」は、対象がまぶしいほど立派で正視できないことを表す慣用句。まずこの点を踏まえて訳しているc・d・eにしぼる。cは「偲が不可。この部分の主語は頭中将でなければならない。dは「頭中将の足拍子や表情は、この世のものとも思えない様子であった」が不可。この世のものとは思えない足拍子と表情の主は源氏でなければならない。

問3　詠が終わったあとの周囲と源氏の様子は、第二段落の第六文（「詠はてて袖うちなほしたまへるに…」で始まる文）に書かれている。「詠」は注にあるように、舞楽の途中で吟詠される舞人の詩歌。演奏の途中で舞人による独唱が入り、再び演奏が始まるという流れになっている。b・c・eは「楽のにぎははしき」を「演奏する楽の音の騒々しさ」と訳している点が不可。基本的に「にぎははし」に負のニュアンスはないし、荘厳な雰囲気の中で源氏が舞う場面にそぐわない。dは「いつものことではあるが」が不可。本文には「常よりも光る」とある。なお、bとcは「袖うちなほしたまへる（＝袖をお直しになった）」の主語を「見物の方々」としている点もおかしい。楽隊は袖を直した人を〝待ち受けて〟再び演奏を始めるのだから、袖を直したのは源氏である。

問4　源氏の青海波に対して春宮の女御がどのように反応し、それに対して若い女房たちはどうしたかについては、第二段落の終わりから二つ目の文（「春宮の女御、かくめでたきにつけても…」で始まる文）に書かれている。aとcは「ただならず思して」と「うたてゆゆし」を「趣き深いと思われ」「ああ素晴らしい、恐れ多い」と好意的に訳している点が不可。春宮の女御は、自分の息子である春宮の地位を脅かしかねない源氏を疎ましく思っている。また、bとcにある「心して聞こうと」は不可。若い女房たちは「心うし」、つまり〝不快な〟ものとして春宮の女御の言葉を聞いている。dは本文の「耳とどめけり」を「耳を塞ぐのであった」と訳している点が不可。「耳とどむ」は〝耳に留める〟〝留意して聞く〟の意であり、「聞き耳を立てる」と訳してあるeがよい。

問5　青海波について藤壺はどう思ったか、また、帝からのお尋ねにどのように対応したかについては、第二段落の最後の一文から、第三段落の始めの二文に書かれている。b・c・dは「当然とも思えた密通への苦悩」が不可。本文には「おほけなき心」とあり、これは〝源氏との恋に悩む身分不相応な心境〟を指す。したがってまずは本文中の「おほけなき」を「立場をわきまえない」と解しているaとeにしぼる。eは「あいなう」を「不快に感じて」としていで）限りなくありがたく、このような（舞楽の）方面までたどたどしくはなく（＝しっかりと心得ていらっしゃって）、外国の朝廷のことまで思いを馳せていらっしゃる、（そのお言葉には）皇后の言葉（の風格）があらかじめ（備わっていらっしゃる）、と自然にほほ笑まれて、（そのお手紙を大切な）持経のように広げて見入っていらっしゃった。

行幸には、親王方など、世に残る人なく（皆が）供奉なさった。（その中には）春宮もいらっしゃる。いつものように音楽の船が（庭の池を）漕ぎめぐって、中国、高麗と（曲目を）尽くした舞は、種類が多い。管弦の音、太鼓の音が世を響かせる。（帝は）先日の源氏の御夕影（＝夕陽の中で青海波を舞った源氏の姿）が（素晴らしすぎて）そら恐ろしいとお思いになって、（厄除けの）御誦経をあちらこちらでおさせになるのを、（それを）聞く人はもっともなことだと同情申し上げるのだが、春宮の女御は、「度を越している」と（帝を）非難申し上げなさる。

▲解　説▼

問1　朱雀院への行幸が、女御・更衣などの方々にどのようにとらえられたか、また帝はどのように考えて試楽を催したかについては、第一段落に書かれている。「行幸」は天皇が宮中を離れて外出すること。ここでは注にあるように帝（＝源氏の父である桐壺帝）が先帝の屋敷で行う催しに出かけることを指している。したがって「行幸」を「旅」や「物見遊山」と解しているa、d、eは不可。bとcで迷うが、cは「おもしろかるべき」を「楽しそうな」と訳している点と、「口惜し」を「悔しい」と訳している点に難がある。古文の「おもしろし」は〝目の前がぱっと明るくなるほどすばらしい〟〝趣がある〟といった意味で、まだ現代語の〝楽しい〟という意味にはなっていないことが多い。また古文の「口惜し」も〝期待や希望が満たされないのが残念だ〟〝がっかりだ〟という意味で、〝悔しい〟という意味になるのはもっと後世のことである。

問2　青海波の舞の様子は、第二段落の第一～三文に書かれている。aとbは「頭中将と一緒に手をつなぎながら」が本文中の「片手」のひっかけ。ここでの「片手」は舞の〝相方〟〝相手〟のことである。「書き手」「語り手」のように、「手」には〝人物〟の意があることを確認したい。eは「源氏は、顔だちといい心づかいといい…格別ではあるが」

色はまさって、いつもよりも光るように見えなさる。春宮の女御は、このように（源氏が）立派であるにつけても、穏やかならずお思いになって、「神などが空から魅入ってしまいそうなご様子だなあ。気味悪く忌まわしい」とおっしゃるのを、若い女房などは、情けないと耳に留めて（聞いて）いた。藤壺は、もし身分不相応な心（＝源氏との恋に悩む心）がなかったならば、いっそう素晴らしく（源氏の姿が）見えただろうにとお思いになられ、夢のような心地になりなさった。

（藤壺の）宮は、そのまま御宿直（＝一晩中帝の側にいる役目）であった。（帝が）「今日の試楽は、青海波に尽きた（＝なんといっても青海波がよかった）なあ。（あなたは）どのようにご覧になったか」と申し上げなさると、（藤壺は源氏とのことがあるので）ただもうお答え申し上げにくくて、「格別にございました」とだけ申し上げなさる。「（源氏の舞の）相手も悪くないように見えた。舞い方や手さばきも良家の子弟は違うものだ。世間に知られている舞手たちも、なるほどとても才知に優れているけれど、（子供のように）おおらかで新鮮な素質を見せることができない。試楽の日にこのように（素晴らしい舞楽を）やり尽くしてしまったので、紅葉の木陰（で行う当日の舞楽）は物足りなくなると思うが、（あなたに）お見せ申し上げようとの一心で、（今日の舞楽を）用意させたのだよ」などと申し上げなさる。

翌朝中将の君（＝源氏）（の藤壺への手紙に）、「（昨日の私の舞を）どのようにご覧になったでしょうか。（私は）これまでに経験したことのない乱れた心のまま（舞いました）。

（あなたへの）もの思いのために立ち振舞うこともできないはずの私が袖を振りました、その私の心を（あなたは）
　ご存知でしたか

ああ恐れ多いことです」とある（ことへの藤壺の）ご返事は、まぶしいほど立派であった（源氏の）お姿やお顔立ちのために、（源氏の手紙を）ご覧になり我慢なさることができなかったのであろうか、

「唐の人が袖を振って（舞った）という青海波の故事には疎い私ですが、（あなたの舞の）一挙一動を感慨深く拝見い
　たしました

（こうした私の気持ちは）並々のことでは（ございません）」とあるのを、（源氏は、藤壺からの手紙がめったにないこと

解答

問1　b
問2　c
問3　a
問4　e
問5　a
問6　a
問7　c
問8　d
問9　b
問10　e

◆全　訳◆

朱雀院への行幸は十月十日ほどである。(今回は源氏が舞を披露し)普段とは異なり趣深くなるはずの行幸であるので、(女御・更衣の)方々は見物なさらないことを残念にお思いになる。帝も、藤壺が(行幸での催しを)ご覧にならないのを物足りなくお思いになるので、舞楽の予行を(清涼殿の)前庭でおさせになる。

源氏の中将は、青海波をお舞いになった。(舞の)お相手には左大臣家の頭中将、お顔だちといい心づかいといい人よりも格別だが、(源氏の横に)立ち並んでは、やはり桜の横にある山奥の木(も同然)である。夕方の陽光がはっきりと差しているときに、雅楽の演奏がいちだんと響き、(宴が)趣き深い頃、同じ舞の足拍子や面持ち(であっても)、(源氏が舞うと)この世のものとは思えない様子である。(源氏が)詠唱などなさっているのは、これが仏の(世の)迦陵頻伽の声であろうかと聞こえる。(詠唱が)趣き深く感傷的なので、帝は涙をおぬぐいになり、上達部や、親王方も皆お泣きになった。詠唱が終わって(源氏が)袖をお直しになったところ、待ち受けていた雅楽が活気にあふれ、(源氏の)お顔問６　日本と欧米の時間意識の違いについては、「日本における贈与・互酬関係」の第七・八段落に書かれている。ａは日本と欧米人が感じる「時間の長さ」の違いについて述べている点が不可。筆者はそのような実測できる時間の違いについて述べているのではない。ｂは「欧米では初対面の人とは同じ時間を過ごすという感覚がない」が不可。欧米人は初対面であるかないかに関わらず、「一人一人の時間を生きている」のである（第七段落）。ｃは「欧米では過去に受けた恩恵をすぐに忘れてしまう」が不可。「欧米ではそのときのお礼はそのときにする」のである（第八段落）。ｄの「欧米では…人間関係が恒久的ではない」がやや言い過ぎ。「欧米では…共通の時間意識というものがない」と述べているｅが正解。

問７　日本における自画像の欠如については「自画像の欠如」に書かれている。ａは今でも日本に自画像の傑作が少ない理由を「個人と社会の区別が不明確であることによる」としている点が不可。第三段落の「個人が自己を発揮できる環境が必ずしも十分ではないからである」という理由と一致しない。同じ部分を根拠としてｂは「個人や社会という概念への抵抗感があることによる」が不可。ｄは「自己を描くことを禁じられていた」が言い過ぎ。「（日本人は）自己主張をしないように教育されてきた」（第四段落）とはあるが、自画像を描くことが禁止されていたわけではない。ｅは「禅宗の僧侶にのみ許されていたため」がやはり言い過ぎ。明治以前の自画像のほとんどは禅宗の僧侶の手によったものだとは述べられているが（第二段落）、禅宗の僧侶以外が自画像を描くことを禁止されていたわけではない。本文中に直接の記述はないが、禅宗は大陸由来の思想であり、「世間」の中で生きる日本人の感性とは一線を画すものと筆者はとらえているものと考えられる。

二

出典　紫式部『源氏物語』〈紅葉賀〉

目指すための政策ではない。同じ理由でcとdは「明治政府の近代化政策は…教育勅語の思想を浸透させるというソフトの面では成功せず」が不可。また、bは「個人の重視というハードの面ではある程度成功したが」が不可。日本では「個人」という概念は定着しなかったのだし、そもそも「個人の重視」は「ハードの面」ではない。

問4　日本の贈与・互酬の慣行についての筆者の考えは「日本における贈与・互酬関係」の第一～五段落に書かれている。aは「日本の贈与・互酬の慣行は…その基礎には呪術があり」が不可。筆者はマルセル＝モースの「呪術概念」には問題点があると指摘している。dは「日本の贈与・互酬の慣行は…個人の人格に対する配慮によって生み出された」が不可。第三段落にあるように、日本ではそもそも「個人の人格」を重視することが形式化されていた。eは「相手が俗物や企業の場合には礼状ですますことも出来る」が不可。筆者は「相手が俗物や企業の場合」には、丁寧な礼状や返礼で相手の敬意を受けようとする手は通用しないと述べている（第五段落）。bは「日本の贈与・互酬の慣行は…私的な人間関係に対する返礼として生み出されたものである」の部分の言い回しにズレがある。日本の人間関係はたしかに「私的な」関係なのだが、「日本の贈与・互酬」は「自分が行った行為」への「返礼」として行われると説明しなくてはならない。この点を正しく指摘しているcが正解。

問5　筆者が考える日本と西欧の人間関係のあり方の違いは、「日本における贈与・互酬関係」に書かれている。bは特に後半の「西欧では…贈り物の価値も変動しないと考えている」が不可。筆者は欧米人の贈与・互酬の慣行については「ここでは問題として残しておきたい」（第二段落）と述べており、何らかの結論めいたことは述べていない。同様の理由でcは「西欧では…返礼をすれば馬鹿にされることがあると考えている」が不可。dは「西欧にはそうした慣行はなく、若年層が優位に立つと考えている」が不可。筆者は第六段落で「現実の日本では…若年者が優位に立ちつつある」と述べている。eは「西欧では人間関係を保つための挨拶というものがないと考えている」が不可。筆者は「共通の時間意識」（第七段落）に基づいた挨拶が西欧にはないと述べているのであって、「人間関係」そのものを保つ挨拶がないとは述べていない。

に縛られて生きているのである。

▲解　説▼

問1　古代日本における「世間」という言葉の意味については、冒頭から第四段落までに書かれている。aは「その訳語が出来ても社会の内容も個人の内容も全く実質をもたなかった」が不可。この内容は古代日本についてではなく、明治以降に「社会」と「個人」の訳語が出来てからについての内容である。bは「(『世間』という言葉は)…もっぱらあの世の無常を意味する言葉として用いられた」が不可。「世間」は「あの世」も含むが基本的には「現世」を意味する。cは「『この世は不完全なものである』という意味で用いられることが多かった」が不可。これは原義であり、実際には「無常な世」という意味で用いられることが多かった。eは「あの世をも含む概念であるサンスクリットのローカ」の部分がおかしい。もともとのサンスクリットの「ローカ」は「この世は不完全なものである」という意味であった。

問2　巌谷小波によって「世間」にどのような新しい意味が与えられたか、そのことについての筆者の考えは「巌谷小波の『世間学』」の第一～五段落に書かれている。bは「欧米とは異なる秩序のある社会という新しい意味が与えられた」が不可。巌谷小波は「日本には秩序がないということ」をあげつらっていた。cは「日本特有の秩序のない社会という新しい意味が与えられた」が不可。巌谷は日本の秩序のなさを批判しているのであって、「世間」を「秩序のない社会」だと定義づけたのではない。巌谷は「世間とは、人間の集合したものを指す」(第二段落)と述べている。dは「ドイツ語の世界市民 Weltbuergertum とは異なる新しい意味が与えられた」が不可。巌谷小波は「世間」を「人間の集合したもの」と説明したが、これはドイツ語の世界市民 Weltbuergertum からの訳語である。eはcと同じ理由で「巌谷小波が…『世間』を秩序のない社会を指すと述べた」が不可。

問3　明治政府の近代化政策については「巌谷小波の『世間学』」の第六・七段落に書かれている。aは「教育勅語の思想を浸透させるというハードの面」が不可。「教育勅語」はむしろ近代化を排除しようとするものであり、近代化を

国語

一

出典　阿部謹也『近代化と世間―私が見たヨーロッパと日本』(朝日新書)

解答

問1　d
問2　a
問3　e
問4　c
問5　a
問6　e
問7　c
問8　あ―c　い―b　う―d　え―d　お―e

◆要　旨◆

古来日本には「社会」や「個人」という言葉はなかったが、それは日本人が欧米とは全く違った「世間」という比較的狭い人間関係の中で生きていたからであった。近代化によって日本社会はハード面では変化しえたが、人間関係を近代化するには至らなかった。この「世間」は贈与・互酬の関係によって維持され、長幼の序を重んじ共通の時間意識を有している。日本に傑作と呼べる自画像がないのは、「世間」を生きる我々に自己を描く必要がなかったからであり、今でも個人を発揮する環境は少ない。日本人は自己を主張せず目立たない存在になるよう心がけて生きてきた。私たちは「世間」

//////////////////// · memo · ////////////////////

////////////////////// · memo · //////////////////////

教学社 刊行一覧

2025年版 大学赤本シリーズ

374大学556点
全都道府県を網羅

国公立大学（都道府県順）

全国の書店で取り扱っています。店頭にない場合は，お取り寄せができます。

1 北海道大学(文系－前期日程)
2 北海道大学(理系－前期日程) 医
3 北海道大学(後期日程)
4 旭川医科大学(医学部〈医学科〉) 医
5 小樽商科大学
6 帯広畜産大学
7 北海道教育大学
8 室蘭工業大学／北見工業大学
9 釧路公立大学
10 公立千歳科学技術大学
11 公立はこだて未来大学 総推
12 札幌医科大学(医学部) 医
13 弘前大学 医
14 岩手大学
15 岩手県立大学・盛岡短期大学部・宮古短期大学部
16 東北大学(文系－前期日程)
17 東北大学(理系－前期日程) 医
18 東北大学(後期日程)
19 宮城教育大学
20 宮城大学
21 秋田大学 医
22 秋田県立大学
23 国際教養大学 総推
24 山形大学 医
25 福島大学
26 会津大学
27 福島県立医科大学(医・保健科学部) 医
28 茨城大学(文系)
29 茨城大学(理系)
30 筑波大学(推薦入試) 医 総推
31 筑波大学(文系－前期日程)
32 筑波大学(理系－前期日程) 医
33 筑波大学(後期日程)
34 宇都宮大学
35 群馬大学 医
36 群馬県立女子大学
37 高崎経済大学
38 前橋工科大学
39 埼玉大学(文系)
40 埼玉大学(理系)
41 千葉大学(文系－前期日程)
42 千葉大学(理系－前期日程) 医
43 千葉大学(後期日程) 医
44 東京大学(文科) DL
45 東京大学(理科) DL 医
46 お茶の水女子大学
47 電気通信大学
48 東京外国語大学 DL
49 東京海洋大学
50 東京科学大学(旧 東京工業大学)
51 東京科学大学(旧 東京医科歯科大学) 医
52 東京学芸大学
53 東京藝術大学
54 東京農工大学
55 一橋大学(前期日程)
56 一橋大学(後期日程)
57 東京都立大学(文系)
58 東京都立大学(理系)
59 横浜国立大学(文系)
60 横浜国立大学(理系)
61 横浜市立大学(国際教養・国際商・理・データサイエンス・医〈看護〉学部)
62 横浜市立大学(医学部〈医学科〉) 医
63 新潟大学(人文・教育〈文系〉・法・経済科・医〈看護〉・創生学部)
64 新潟大学(教育〈理系〉・理・医〈看護を除く〉・歯・工・農学部) 医
65 新潟県立大学
66 富山大学(文系)
67 富山大学(理系) 医
68 富山県立大学
69 金沢大学(文系)
70 金沢大学(理系) 医
71 福井大学(教育・医〈看護〉・工・国際地域学部)
72 福井大学(医学部〈医学科〉) 医
73 福井県立大学
74 山梨大学(教育・医〈看護〉・工・生命環境学部)
75 山梨大学(医学部〈医学科〉) 医
76 都留文科大学
77 信州大学(文系－前期日程)
78 信州大学(理系－前期日程) 医
79 信州大学(後期日程)
80 公立諏訪東京理科大学 総推
81 岐阜大学(前期日程) 医
82 岐阜大学(後期日程)
83 岐阜薬科大学
84 静岡大学(前期日程)
85 静岡大学(後期日程)
86 浜松医科大学(医学部〈医学科〉) 医
87 静岡県立大学
88 静岡文化芸術大学
89 名古屋大学(文系)
90 名古屋大学(理系) 医
91 愛知教育大学
92 名古屋工業大学
93 愛知県立大学
94 名古屋市立大学(経済・人文社会・芸術工・看護・総合生命理・データサイエンス学部)
95 名古屋市立大学(医学部〈医学科〉) 医
96 名古屋市立大学(薬学部)
97 三重大学(人文・教育・医〈看護〉学部)
98 三重大学(医〈医〉・工・生物資源学部) 医
99 滋賀大学
100 滋賀医科大学(医学部〈医学科〉) 医
101 滋賀県立大学
102 京都大学(文系)
103 京都大学(理系) 医
104 京都教育大学
105 京都工芸繊維大学
106 京都府立大学
107 京都府立医科大学(医学部〈医学科〉) 医
108 大阪大学(文系) DL
109 大阪大学(理系) 医
110 大阪教育大学
111 大阪公立大学(現代システム科学域〈文系〉・文・法・経済・商・看護・生活科〈居住環境・人間福祉〉学部－前期日程)
112 大阪公立大学(現代システム科学域〈理系〉・理・工・農・獣医・医・生活科〈食栄養〉学部－前期日程) 医
113 大阪公立大学(中期日程)
114 大阪公立大学(後期日程)
115 神戸大学(文系－前期日程)
116 神戸大学(理系－前期日程) 医
117 神戸大学(後期日程)
118 神戸市外国語大学 DL
119 兵庫県立大学(国際商経・社会情報科・看護学部)
120 兵庫県立大学(工・理・環境人間学部)
121 奈良教育大学／奈良県立大学
122 奈良女子大学
123 奈良県立医科大学(医学部〈医学科〉) 医
124 和歌山大学
125 和歌山県立医科大学(医・薬学部) 医
126 鳥取大学 医
127 公立鳥取環境大学
128 島根大学 医
129 岡山大学(文系)
130 岡山大学(理系) 医
131 岡山県立大学
132 広島大学(文系－前期日程)
133 広島大学(理系－前期日程) 医
134 広島大学(後期日程)
135 尾道市立大学 総推
136 県立広島大学
137 広島市立大学
138 福山市立大学 総推
139 山口大学(人文・教育〈文系〉・経済・医〈看護〉・国際総合科学部)
140 山口大学(教育〈理系〉・理・医〈看護を除く〉・工・農・共同獣医学部) 医
141 山陽小野田市立山口東京理科大学 総推
142 下関市立大学／山口県立大学
143 周南公立大学 新 総推
144 徳島大学 医
145 香川大学 医
146 愛媛大学 医
147 高知大学 医
148 高知工科大学
149 九州大学(文系－前期日程)
150 九州大学(理系－前期日程) 医
151 九州大学(後期日程)
152 九州工業大学
153 福岡教育大学
154 北九州市立大学
155 九州歯科大学
156 福岡県立大学／福岡女子大学
157 佐賀大学 医
158 長崎大学(多文化社会・教育〈文系〉・経済・医〈保健〉・環境科〈文系〉学部)
159 長崎大学(教育〈理系〉・医〈医〉・歯・薬・情報データ科・工・環境科〈理系〉・水産学部) 医
160 長崎県立大学 総推
161 熊本大学(文・教育・法・医〈看護〉学部・情報融合学環〈文系型〉)
162 熊本大学(理・医〈看護を除く〉・薬・工学部・情報融合学環〈理系型〉) 医
163 熊本県立大学
164 大分大学(教育・経済・医〈看護〉・理工・福祉健康科学部)
165 大分大学(医学部〈医・先進医療科学科〉) 医
166 宮崎大学(教育・医〈看護〉・工・農・地域資源創成学部)
167 宮崎大学(医学部〈医学科〉) 医
168 鹿児島大学(文系)
169 鹿児島大学(理系) 医
170 琉球大学 医

2025年版　大学赤本シリーズ

国公立大学 その他

- 171 〔国公立大〕医学部医学科 総合型選抜・学校推薦型選抜※ 医 総推
- 172 看護・医療系大学〈国公立 東日本〉※
- 173 看護・医療系大学〈国公立 中日本〉※
- 174 看護・医療系大学〈国公立 西日本〉※
- 175 海上保安大学校／気象大学校
- 176 航空保安大学校
- 177 国立看護大学校
- 178 防衛大学校 総推
- 179 防衛医科大学校(医学科) 医
- 180 防衛医科大学校(看護学科)

※No.171～174の収載大学は赤本ウェブサイト(http://akahon.net/)でご確認ください。

私立大学①

北海道の大学(50音順)

- 201 札幌大学
- 202 札幌学院大学
- 203 北星学園大学
- 204 北海学園大学
- 205 北海道医療大学
- 206 北海道科学大学
- 207 北海道武蔵女子大学・短期大学
- 208 酪農学園大学(獣医学群〈獣医学類〉)

東北の大学(50音順)

- 209 岩手医科大学(医・歯・薬学部) 医
- 210 仙台大学 総推
- 211 東北医科薬科大学(医・薬学部) 医
- 212 東北学院大学
- 213 東北工業大学
- 214 東北福祉大学
- 215 宮城学院女子大学 総推

関東の大学(50音順)

あ行(関東の大学)

- 216 青山学院大学(法・国際政治経済学部－個別学部日程)
- 217 青山学院大学(経済学部－個別学部日程)
- 218 青山学院大学(経営学部－個別学部日程)
- 219 青山学院大学(文・教育人間科学部－個別学部日程)
- 220 青山学院大学(総合文化政策・社会情報・地球社会共生・コミュニティ人間科学部－個別学部日程)
- 221 青山学院大学(理工学部－個別学部日程)
- 222 青山学院大学(全学部日程)
- 223 麻布大学(獣医、生命・環境科学部)
- 224 亜細亜大学
- 226 桜美林大学
- 227 大妻女子大学・短期大学部

か行(関東の大学)

- 228 学習院大学(法学部－コア試験)
- 229 学習院大学(経済学部－コア試験)
- 230 学習院大学(文学部－コア試験)
- 231 学習院大学(国際社会科学部－コア試験)
- 232 学習院大学(理学部－コア試験)
- 233 学習院女子大学
- 234 神奈川大学(給費生試験)
- 235 神奈川大学(一般入試)
- 236 神奈川工科大学
- 237 鎌倉女子大学・短期大学部
- 238 川村学園女子大学
- 239 神田外語大学
- 240 関東学院大学
- 241 北里大学(理学部)
- 242 北里大学(医学部) 医
- 243 北里大学(薬学部)
- 244 北里大学(看護・医療衛生学部)
- 245 北里大学(未来工・獣医・海洋生命科学部)
- 246 共立女子大学・短期大学
- 247 杏林大学(医学部) 医
- 248 杏林大学(保健学部)
- 249 群馬医療福祉大学・短期大学部
- 250 群馬パース大学 総推
- 251 慶應義塾大学(法学部)
- 252 慶應義塾大学(経済学部)
- 253 慶應義塾大学(商学部)
- 254 慶應義塾大学(文学部) 総推
- 255 慶應義塾大学(総合政策学部)
- 256 慶應義塾大学(環境情報学部)
- 257 慶應義塾大学(理工学部)
- 258 慶應義塾大学(医学部) 医
- 259 慶應義塾大学(薬学部)
- 260 慶應義塾大学(看護医療学部)
- 261 工学院大学
- 262 國學院大學
- 263 国際医療福祉大学 医
- 264 国際基督教大学
- 265 国士舘大学
- 266 駒澤大学(一般選抜T方式・S方式)
- 267 駒澤大学(全学部統一日程選抜)

さ行(関東の大学)

- 268 埼玉医科大学(医学部) 医
- 269 相模女子大学・短期大学部
- 270 産業能率大学
- 271 自治医科大学(医学部) 医
- 272 自治医科大学(看護学部)／東京慈恵会医科大学(医学部〈看護学科〉)
- 273 実践女子大学 総推
- 274 芝浦工業大学(前期日程)
- 275 芝浦工業大学(全学統一日程・後期日程)
- 276 十文字学園女子大学
- 277 淑徳大学
- 278 順天堂大学(医学部) 医
- 279 順天堂大学(スポーツ健康科・医療看護・保健看護・国際教養・保健医療・医療科・健康データサイエンス・薬学部) 総推
- 280 上智大学(神・文・総合人間科学部)
- 281 上智大学(法・経済学部)
- 282 上智大学(外国語・総合グローバル学部)
- 283 上智大学(理工学部)
- 284 上智大学(TEAPスコア利用方式)
- 285 湘南工科大学
- 286 昭和大学(医学部) 医
- 287 昭和大学(歯・薬・保健医療学部)
- 288 昭和女子大学
- 289 昭和薬科大学
- 290 女子栄養大学・短期大学部 総推
- 291 白百合女子大学
- 292 成蹊大学(法学部－A方式)
- 293 成蹊大学(経済・経営学部－A方式)
- 294 成蹊大学(文学部－A方式)
- 295 成蹊大学(理工学部－A方式)
- 296 成蹊大学(E方式・G方式・P方式)
- 297 成城大学(経済・社会イノベーション学部－A方式)
- 298 成城大学(文芸・法学部－A方式)
- 299 成城大学(S方式〈全学部統一選抜〉)
- 300 聖心女子大学
- 301 清泉女子大学
- 303 聖マリアンナ医科大学 医
- 304 聖路加国際大学(看護学部)
- 305 専修大学(スカラシップ・全国入試)
- 306 専修大学(前期入試〈学部個別入試〉)
- 307 専修大学(前期入試〈全学部入試・スカラシップ入試〉)

た行(関東の大学)

- 308 大正大学
- 309 大東文化大学
- 310 高崎健康福祉大学
- 311 拓殖大学
- 312 玉川大学
- 313 多摩美術大学
- 314 千葉工業大学
- 315 中央大学(法学部－学部別選抜)
- 316 中央大学(経済学部－学部別選抜)
- 317 中央大学(商学部－学部別選抜)
- 318 中央大学(文学部－学部別選抜)
- 319 中央大学(総合政策学部－学部別選抜)
- 320 中央大学(国際経営・国際情報学部－学部別選抜)
- 321 中央大学(理工学部－学部別選抜)
- 322 中央大学(5学部共通選抜)
- 323 中央学院大学
- 324 津田塾大学
- 325 帝京大学(薬・経済・法・文・外国語・教育・理工・医療技術・福岡医療技術学部)
- 326 帝京大学(医学部) 医
- 327 帝京科学大学 総推
- 328 帝京平成大学 総推
- 329 東海大学(医〈医〉学部を除く－一般選抜)
- 330 東海大学(文系・理系学部統一選抜)
- 331 東海大学(医学部〈医学科〉) 医
- 332 東京医科大学(医学部〈医学科〉) 医
- 333 東京家政大学・短期大学部 総推
- 334 東京経済大学
- 335 東京工科大学
- 336 東京工芸大学
- 337 東京国際大学
- 338 東京歯科大学
- 339 東京慈恵会医科大学(医学部〈医学科〉) 医
- 340 東京情報大学
- 341 東京女子大学
- 342 東京女子医科大学(医学部) 医
- 343 東京電機大学
- 344 東京都市大学
- 345 東京農業大学
- 346 東京薬科大学(薬学部) 総推
- 347 東京薬科大学(生命科学部) 総推
- 348 東京理科大学(理学部〈第一部〉－B方式)
- 349 東京理科大学(創域理工学部－B方式・S方式)
- 350 東京理科大学(工学部－B方式)
- 351 東京理科大学(先進工学部－B方式)
- 352 東京理科大学(薬学部－B方式)
- 353 東京理科大学(経営学部－B方式)
- 354 東京理科大学(C方式、グローバル方式、理学部〈第二部〉－B方式)
- 355 東邦大学(医学部) 医
- 356 東邦大学(薬学部)

2025年版　大学赤本シリーズ

私立大学②

357 東邦大学(理・看護・健康科学部)
358 東洋大学(文・経済・経営・法・社会・国際・国際観光学部)
359 東洋大学(情報連携・福祉社会デザイン・健康スポーツ科・理工・総合情報・生命科・食環境科学部)
360 東洋大学(英語〈3日程×3カ年〉)
361 東洋大学(国語〈3日程×3カ年〉)
362 東洋大学(日本史・世界史〈2日程×3カ年〉)
363 東洋英和女学院大学
364 常磐大学・短期大学 総推
365 獨協大学
366 獨協医科大学(医学部) 医

な行(関東の大学)

367 二松学舎大学
368 日本大学(法学部)
369 日本大学(経済学部)
370 日本大学(商学部)
371 日本大学(文理学部〈文系〉)
372 日本大学(文理学部〈理系〉)
373 日本大学(芸術学部〈専門試験併用型〉)
374 日本大学(国際関係学部)
375 日本大学(危機管理・スポーツ科学部)
376 日本大学(理工学部)
377 日本大学(生産工・工学部)
378 日本大学(生物資源科学部)
379 日本大学(医学部) 医
380 日本大学(歯・松戸歯学部)
381 日本大学(薬学部)
382 日本大学(N全学統一方式−医・芸術〈専門試験併用型〉学部を除く)
383 日本医科大学 医
384 日本工業大学
385 日本歯科大学
386 日本社会事業大学 総推
387 日本獣医生命科学大学
388 日本女子大学
389 日本体育大学

は行(関東の大学)

390 白鷗大学(学業特待選抜・一般選抜)
391 フェリス女学院大学
392 文教大学
393 法政大学(法〈Ⅰ日程〉・文〈Ⅱ日程〉・経営〈Ⅱ日程〉学部−A方式)
394 法政大学(法〈Ⅱ日程〉・国際文化・キャリアデザイン学部−A方式)
395 法政大学(文〈Ⅰ日程〉・経営〈Ⅰ日程〉・人間環境・グローバル教養学部−A方式)
396 法政大学(経済〈Ⅰ日程〉・社会〈Ⅰ日程〉・現代福祉学部−A方式)
397 法政大学(経済〈Ⅱ日程〉・社会〈Ⅱ日程〉・スポーツ健康学部−A方式)
398 法政大学(情報科・デザイン工・理工・生命科学部−A方式)
399 法政大学(T日程〈統一日程〉・英語外部試験利用入試)
400 星薬科大学 総推

ま行(関東の大学)

401 武蔵大学
402 武蔵野大学
403 武蔵野美術大学
404 明海大学
405 明治大学(法学部−学部別入試)
406 明治大学(政治経済学部−学部別入試)
407 明治大学(商学部−学部別入試)
408 明治大学(経営学部−学部別入試)
409 明治大学(文学部−学部別入試)
410 明治大学(国際日本学部−学部別入試)
411 明治大学(情報コミュニケーション学部−学部別入試)
412 明治大学(理工学部−学部別入試)
413 明治大学(総合数理学部−学部別入試)
414 明治大学(農学部−学部別入試)
415 明治大学(全学部統一入試)
416 明治学院大学(A日程)
417 明治学院大学(全学部日程)
418 明治薬科大学 総推
419 明星大学
420 目白大学・短期大学部

ら・わ行(関東の大学)

421 立教大学(文系学部−一般入試〈大学独自の英語を課さない日程〉)
422 立教大学(国語〈3日程×3カ年〉)
423 立教大学(日本史・世界史〈2日程×3カ年〉)
424 立教大学(文学部−一般入試〈大学独自の英語を課す日程〉)
425 立教大学(理学部−一般入試)
426 立正大学
427 早稲田大学(法学部)
428 早稲田大学(政治経済学部)
429 早稲田大学(商学部)
430 早稲田大学(社会科学部)
431 早稲田大学(文学部)
432 早稲田大学(文化構想学部)
433 早稲田大学(教育学部〈文科系〉)
434 早稲田大学(教育学部〈理科系〉)
435 早稲田大学(人間科・スポーツ科学部)
436 早稲田大学(国際教養学部)
437 早稲田大学(基幹理工・創造理工・先進理工学部)
438 和洋女子大学 総推

中部の大学(50音順)

439 愛知大学
440 愛知医科大学(医学部) 医
441 愛知学院大学・短期大学部
442 愛知工業大学 総推
443 愛知淑徳大学
444 朝日大学 総推
445 金沢医科大学(医学部) 医
446 金沢工業大学
447 岐阜聖徳学園大学 総推
448 金城学院大学
449 至学館大学 総推
450 静岡理工科大学
451 椙山女学園大学
452 大同大学
453 中京大学
454 中部大学
455 名古屋外国語大学 総推
456 名古屋学院大学 総推
457 名古屋学芸大学 総推
458 名古屋女子大学 総推
459 南山大学(外国語〈英米〉・法・総合政策・国際教養学部)
460 南山大学(人文・外国語〈英米を除く〉・経済・経営・理工学部)
461 新潟国際情報大学
462 日本福祉大学
463 福井工業大学
464 藤田医科大学(医学部) 医
465 藤田医科大学(医療科・保健衛生学部)
466 名城大学(法・経営・経済・外国語・人間・都市情報学部)
467 名城大学(情報工・理工・農・薬学部)
468 山梨学院大学

近畿の大学(50音順)

469 追手門学院大学 総推
470 大阪医科薬科大学(医学部) 医
471 大阪医科薬科大学(薬学部) 総推
472 大阪学院大学 総推
473 大阪経済大学 総推
474 大阪経済法科大学 総推
475 大阪工業大学 総推
476 大阪国際大学・短期大学部 総推
477 大阪産業大学 総推
478 大阪歯科大学(歯学部)
479 大阪商業大学 総推
480 大阪成蹊大学・短期大学 総推
481 大谷大学 総推
482 大手前大学・短期大学 総推
483 関西大学(文系)
484 関西大学(理系)
485 関西大学(英語〈3日程×3カ年〉)
486 関西大学(国語〈3日程×3カ年〉)
487 関西大学(日本史・世界史・文系数学〈3日程×3カ年〉)
488 関西医科大学(医学部) 医
489 関西医療大学 総推
490 関西外国語大学・短期大学部 総推
491 関西学院大学(文・法・商・人間福祉・総合政策学部−学部個別日程)
492 関西学院大学(神・社会・経済・国際・教育学部−学部個別日程)
493 関西学院大学(全学部日程〈文系型〉)
494 関西学院大学(全学部日程〈理系型〉)
495 関西学院大学(共通テスト併用日程〈数学〉・英数日程)
496 関西学院大学(英語〈3日程×3カ年〉) 新
497 関西学院大学(国語〈3日程×3カ年〉) 新
498 関西学院大学(日本史・世界史・文系数学〈3日程×3カ年〉) 新
499 畿央大学 総推
500 京都外国語大学・短期大学 総推
502 京都産業大学(公募推薦入試) 総推
503 京都産業大学(一般選抜入試〈前期日程〉)
504 京都女子大学 総推
505 京都先端科学大学 総推
506 京都橘大学 総推
507 京都ノートルダム女子大学 総推
508 京都薬科大学 総推
509 近畿大学・短期大学部(医学部を除く−推薦入試) 総推
510 近畿大学・短期大学部(医学部を除く−一般入試前期)
511 近畿大学(英語〈医学部を除く3日程×3カ年〉)
512 近畿大学(理系数学〈医学部を除く3日程×3カ年〉)
513 近畿大学(国語〈医学部を除く3日程×3カ年〉)
514 近畿大学(医学部−推薦入試・一般入試前期) 医 総推
515 近畿大学・短期大学部(一般入試後期) 医
516 皇學館大学 総推
517 甲南大学 総推
518 甲南女子大学(学校推薦型選抜) 新 総推
519 神戸学院大学 総推
520 神戸国際大学 総推
521 神戸女学院大学 総推
522 神戸女子大学・短期大学 総推
523 神戸薬科大学 総推
524 四天王寺大学・短期大学部 総推
525 摂南大学(公募制推薦入試) 総推
526 摂南大学(一般選抜前期日程)
527 帝塚山学院大学 総推
528 同志社大学(法、グローバル・コミュニケーション学部−学部個別日程)

2025年版　大学赤本シリーズ

私立大学③

529 同志社大学（文・経済学部－学部個別日程）
530 同志社大学（神・商・心理・グローバル地域文化学部－学部個別日程）
531 同志社大学（社会学部－学部個別日程）
532 同志社大学（政策・文化情報〈文系型〉・スポーツ健康科〈文系型〉学部－学部個別日程）
533 同志社大学（理工・生命医科・文化情報〈理系型〉・スポーツ健康科〈理系型〉学部－学部個別日程）
534 同志社大学（全学部日程）
535 同志社女子大学 [総推]
536 奈良大学 [総推]
537 奈良学園大学 [総推]
538 阪南大学 [総推]
539 姫路獨協大学 [総推]
540 兵庫医科大学（医学部） [医]
541 兵庫医科大学（薬・看護・リハビリテーション学部） [総推]
542 佛教大学 [総推]
543 武庫川女子大学 [総推]
544 桃山学院大学 [総推]
545 大和大学・大和大学白鳳短期大学部 [総推]
546 立命館大学（文系－全学統一方式・学部個別配点方式）／立命館アジア太平洋大学（前期方式・英語重視方式）
547 立命館大学（理系－全学統一方式・学部個別配点方式・理系型3教科方式・薬学方式）
548 立命館大学（英語〈全学統一方式3日程×3カ年〉）
549 立命館大学（国語〈全学統一方式3日程×3カ年〉）
550 立命館大学（文系選択科目〈全学統一方式2日程×3カ年〉）
551 立命館大学（IR方式〈英語資格試験利用型〉・共通テスト併用方式）／立命館アジア太平洋大学（共通テスト併用方式）
552 立命館大学（後期分割方式・「経営学部で学ぶ感性＋共通テスト」方式）／立命館アジア太平洋大学（後期方式）
553 龍谷大学（公募推薦入試） [総推]
554 龍谷大学（一般選抜入試）

中国の大学（50音順）

555 岡山商科大学 [総推]
556 岡山理科大学 [総推]
557 川崎医科大学 [医]
558 吉備国際大学 [総推]
559 就実大学 [総推]
560 広島経済大学
561 広島国際大学 [総推]
562 広島修道大学
563 広島文教大学 [総推]
564 福山大学／福山平成大学
565 安田女子大学 [総推]

四国の大学（50音順）

567 松山大学

九州の大学（50音順）

568 九州医療科学大学
569 九州産業大学
570 熊本学園大学
571 久留米大学（文・人間健康・法・経済・商学部）
572 久留米大学（医学部〈医学科〉） [医]
573 産業医科大学（医学部） [医]
574 西南学院大学（商・経済・法・人間科学部－A日程）
575 西南学院大学（神・外国語・国際文化学部－A日程／全学部－F日程）
576 福岡大学（医学部医学科を除く－学校推薦型選抜・一般選抜系統別日程） [総推]
577 福岡大学（医学部医学科を除く－一般選抜前期日程）
578 福岡大学（医学部〈医学科〉－学校推薦型選抜・一般選抜系統別日程） [医] [総推]
579 福岡工業大学
580 令和健康科学大学 [総推]

[医] 医学部医学科を含む
[総推] 総合型選抜または学校推薦型選抜を含む
[DL] リスニング音声配信　[新] 2024年 新刊・復刊

掲載している入試の種類や試験科目，収載年数などはそれぞれ異なります。詳細については，それぞれの本の目次や赤本ウェブサイトでご確認ください。

akahon.net
赤本｜ 検索

難関校過去問シリーズ

出題形式別・分野別に収録した
「入試問題事典」

定価2,310～2,640円（本体2,100～2,400円）

先輩合格者はこう使った！
「難関校過去問シリーズの使い方」

61年，全部載せ！
要約演習で，総合力を鍛える
東大の英語
要約問題 UNLIMITED

国公立大学

東大の英語25カ年［第12版］ [改]
東大の英語リスニング20カ年［第9版］ [DL] [改]
東大の英語 要約問題 UNLIMITED
東大の文系数学25カ年［第12版］ [改]
東大の理系数学25カ年［第12版］ [改]
東大の現代文25カ年［第12版］ [改]
東大の古典25カ年［第12版］ [改]
東大の日本史25カ年［第9版］ [改]
東大の世界史25カ年［第9版］ [改]
東大の地理25カ年［第9版］ [改]
東大の物理25カ年［第9版］ [改]
東大の化学25カ年［第9版］ [改]
東大の生物25カ年［第9版］ [改]
東工大の英語20カ年［第8版］ [改]
東工大の数学20カ年［第9版］ [改]
東工大の物理20カ年［第5版］ [改]
東工大の化学20カ年［第5版］ [改]
一橋大の英語20カ年［第9版］ [改]
一橋大の数学20カ年［第9版］ [改]
一橋大の国語20カ年［第6版］ [改]
一橋大の日本史20カ年［第6版］ [改]
一橋大の世界史20カ年［第6版］ [改]
筑波大の英語15カ年 [新]
筑波大の数学15カ年 [新]
京大の英語25カ年［第12版］
京大の文系数学25カ年［第12版］
京大の理系数学25カ年［第12版］
京大の現代文25カ年［第2版］
京大の古典25カ年［第2版］
京大の日本史20カ年［第3版］
京大の世界史20カ年［第3版］
京大の物理25カ年［第9版］
京大の化学25カ年［第9版］
北大の英語15カ年［第8版］
北大の理系数学15カ年［第8版］
北大の物理15カ年［第2版］
北大の化学15カ年［第2版］
東北大の英語15カ年［第8版］
東北大の理系数学15カ年［第8版］
東北大の物理15カ年［第2版］
東北大の化学15カ年［第2版］
名古屋大の英語15カ年［第8版］
名古屋大の理系数学15カ年［第8版］
名古屋大の物理15カ年［第2版］
名古屋大の化学15カ年［第2版］
阪大の英語20カ年［第9版］
阪大の文系数学20カ年［第3版］
阪大の理系数学20カ年［第9版］
阪大の国語15カ年［第3版］
阪大の物理20カ年［第8版］
阪大の化学20カ年［第6版］
九大の英語15カ年［第8版］
九大の理系数学15カ年［第7版］
九大の物理15カ年［第2版］
九大の化学15カ年［第2版］
神戸大の英語15カ年［第9版］
神戸大の数学15カ年［第5版］
神戸大の国語15カ年［第3版］

私立大学

早稲田の英語［第11版］ [改]
早稲田の国語［第9版］ [改]
早稲田の日本史［第9版］ [改]
早稲田の世界史［第2版］ [改]
慶應の英語［第11版］ [改]
慶應の小論文［第3版］ [改]
明治大の英語［第9版］ [改]
明治大の国語［第2版］ [改]
明治大の日本史［第2版］ [改]
中央大の英語［第9版］ [改]
法政大の英語［第9版］ [改]
同志社大の英語［第10版］
立命館大の英語［第10版］
関西大の英語［第10版］
関西学院大の英語［第10版］

[DL] リスニング音声配信
[新] 2024年 新刊
[改] 2024年 改訂

共通テスト対策関連書籍

共通テスト対策も赤本で

① 過去問演習

2025年版

共通テスト 赤本シリーズ

全12点

A5判／定価1,320円
（本体1,200円）

- 英国数には新課程対応オリジナル実戦模試 掲載！
- 公表された新課程試作問題はすべて掲載！
- くわしい対策講座で得点力UP
- 英語はリスニングを10回分掲載！ 赤本の音声サイトで本番さながらの対策！

● 英語 リーディング／リスニング DL
● 数学I, A／II, B, C
● 国語
● 歴史総合, 日本史探究
● 歴史総合, 世界史探究
● 地理総合, 地理探究
● 公共, 倫理
● 公共, 政治・経済
● 物理
● 化学
● 生物
● 物理基礎／化学基礎／生物基礎／地学基礎

DL 音声無料配信

② 自己分析

赤本ノートシリーズ

過去問演習の効果を最大化

▶共通テスト対策には

赤本ノート（共通テスト用）

赤本ルーズリーフ（共通テスト用）

共通テスト赤本シリーズ
新課程攻略問題集
全26点に対応!!

▶二次・私大対策には

赤本ノート（二次・私大用）

大学赤本シリーズ
全556点に対応!!

③ 重点対策

共通テスト赤本プラス

新課程攻略問題集

基礎固め&苦手克服のための分野別対策問題集!!
厳選された問題でかしこく対策

● 英語リーディング
● 英語リスニング DL
● 数学I, A
● 数学II, B, C
● 国語（現代文）
● 国語（古文, 漢文）
● 歴史総合, 日本史探究
● 歴史総合, 世界史探究
● 地理総合, 地理探究
● 公共, 政治・経済
● 物理
● 化学
● 生物
● 情報I

DL 音声無料配信

全14点 好評発売中！

A5判／定価1,320円（本体1,200円）

手軽なサイズの実戦的参考書

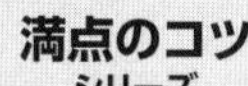

目からウロコのコツが満載！
直前期にも！

満点のコツ シリーズ

赤本ポケット

いつも受験生のそばに―赤本

大学入試シリーズ+α
入試対策も共通テスト対策も赤本で

入試対策

赤本プラス

赤本プラスとは，**過去問演習の効果を最大にする**ためのシリーズです。「赤本」であぶり出された弱点を，赤本プラスで克服しましょう。

大学入試 すぐわかる**英文法** DL
大学入試 ひと目でわかる**英文読解**
大学入試 絶対できる**英語リスニング** DL
大学入試 すぐ書ける**自由英作文**
大学入試 ぐんぐん読める **英語長文**〔BASIC〕DL
大学入試 ぐんぐん読める **英語長文**〔STANDARD〕DL
大学入試 ぐんぐん読める **英語長文**〔ADVANCED〕DL
大学入試 正しく書ける**英作文**
大学入試 最短でマスターする **数学I・II・III・A・B・C**
大学入試 突破力を鍛える**最難関の数学**
大学入試 知らなきゃ解けない **古文常識・和歌**
大学入試 ちゃんと身につく**物理**
大学入試 もっと身につく **物理問題集**（①力学・波動）
大学入試 もっと身につく **物理問題集**（②熱力学・電磁気・原子）

入試対策

英検® 赤本シリーズ

英検®（実用英語技能検定）の対策書。
過去問集と参考書で万全の対策ができます。

▶**過去問集（2024年度版）**
英検®準1級過去問集 DL
英検®2級過去問集 DL
英検®準2級過去問集 DL
英検®3級過去問集 DL

▶**参考書**
竹岡の英検®準1級マスター DL
竹岡の英検®2級マスター CD DL
竹岡の英検®準2級マスター CD DL
竹岡の英検®3級マスター CD DL

CD リスニングCDつき　DL 音声無料配信
新 2024年新刊・改訂

入試対策

赤本プレミアム

赤本の教学社だからこそ作れた、
過去問ベストセレクション

東大数学プレミアム
東大現代文プレミアム
京大数学プレミアム〔改訂版〕
京大古典プレミアム

入試対策

赤本メディカルシリーズ

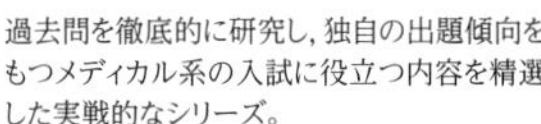

過去問を徹底的に研究し，独自の出題傾向をもつメディカル系の入試に役立つ内容を精選した実戦的なシリーズ。

〔国公立大〕医学部の英語〔3訂版〕
私立医大の英語〔長文読解編〕〔3訂版〕
私立医大の英語〔文法・語法編〕〔改訂版〕
医学部の実戦小論文〔3訂版〕
医歯薬系の英単語〔4訂版〕
医系小論文 最頻出論点20〔4訂版〕
医学部の面接〔4訂版〕

入試対策

体系シリーズ

国公立大二次・難関私大突破へ，自学自習に適したハイレベル問題集。

体系英語長文　体系世界史
体系英作文　体系物理〔第7版〕
体系現代文

入試対策

単行本

▶**英語**
Q&A即決英語勉強法
TEAP攻略問題集 CD
東大の英単語〔新装版〕
早慶上智の英単語〔改訂版〕

▶**国語・小論文**
著者に注目！ 現代文問題集
ブレない小論文の書き方 樋口式ワークノート

▶**レシピ集**
奥薗壽子の赤本合格レシピ

入試対策　共通テスト対策

赤本手帳

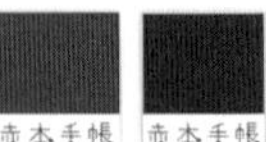

赤本手帳（2025年度受験用）プラムレッド
赤本手帳（2025年度受験用）インディゴブルー
赤本手帳（2025年度受験用）ナチュラルホワイト

入試対策

風呂で覚えるシリーズ

水をはじく特殊な紙を使用。いつでもどこでも読めるから，ちょっとした時間を有効に使える！

風呂で覚える英単語〔4訂新装版〕
風呂で覚える英熟語〔改訂新装版〕
風呂で覚える古文単語〔改訂新装版〕
風呂で覚える古文文法〔改訂新装版〕
風呂で覚える漢文〔改訂新装版〕
風呂で覚える日本史〔年代〕〔改訂新装版〕
風呂で覚える世界史〔年代〕〔改訂新装版〕
風呂で覚える倫理〔改訂版〕
風呂で覚える百人一首〔改訂版〕

共通テスト対策

満点のコツシリーズ

共通テストで満点を狙うための実戦的参考書。
重要度の増したリスニング対策は
「カリスマ講師」竹岡広信が一回読みにも
対応できるコツを伝授！

共通テスト英語〔リスニング〕 満点のコツ〔改訂版〕新 DL
共通テスト古文 満点のコツ〔改訂版〕新
共通テスト漢文 満点のコツ〔改訂版〕新

入試対策　共通テスト対策

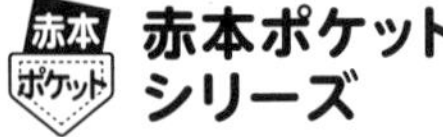

赤本ポケットシリーズ

▶**共通テスト対策**
共通テスト日本史〔文化史〕

▶**系統別進路ガイド**
デザイン系学科をめざすあなたへ

大学赤本シリーズ

赤本ウェブサイト

過去問の代名詞として、70年以上の伝統と実績。

新刊案内・特集ページも充実！
受験生の「知りたい」に答える

akahon.netでチェック！

志望大学の赤本の刊行状況を確認できる！

「赤本取扱い書店検索」で赤本を置いている書店を見つけられる！

赤本チャンネル & 赤本ブログ

赤本チャンネル

YouTubeやTikTokで受験対策！

人気講師の大学別講座や共通テスト対策など、**受験に役立つ動画**を公開中！

YouTube

TikTok

赤本ブログ

受験のメンタルケア、合格者の声など、**受験に役立つ記事**が充実。

2025年版　大学赤本シリーズ　No. 483

関西大学（文系）

編　集　教学社編集部
発行者　上原 寿明
発行所　教学社
〒606-0031
京都市左京区岩倉南桑原町56
電話　075-721-6500
振替　01020-1-15695
印　刷　共同印刷工業

2024年6月10日　第1刷発行
ISBN978-4-325-26542-9
定価は裏表紙に表示しています

- 乱丁・落丁等につきましてはお取替えいたします。
- 本書に関する最新の情報（訂正を含む）は，赤本ウェブサイト http://akahon.net/ の書籍の詳細ページでご確認いただけます。
- 本書は当社編集部の責任のもと独自に作成したものです。本書の内容についてのお問い合わせは，赤本ウェブサイトの「お問い合わせ」より，必要事項をご記入の上ご連絡ください。電話でのお問い合わせは受け付けておりません。なお，受験指導など，本書掲載内容以外の事柄に関しては，お答えしかねます。また，ご質問の内容によってはお時間をいただく場合がありますので，あらかじめご了承ください。
- 本書の無断複製は著作権法上の例外を除き禁じられています。本書を代行業者等の第三者に依頼してスキャンやデジタル化することは，たとえ個人や家庭内の利用でも著作権法違反です。
- 本シリーズ掲載の入試問題等について，万一，掲載許可手続等に遺漏や不備があると思われるものがございましたら，当社編集部までお知らせください。